Kurze
Vorsorgerecht

Vorsorgerecht

Vollmacht, Patientenverfügung, lebzeitige Verfügungen

Kommentar

Herausgegeben von

Dr. Dietmar Kurze
Rechtsanwalt und Fachanwalt für Erbrecht in Berlin

2. Auflage 2023

C.H.BECK

zitiert: Kurze/Bearbeiter Gesetz § Rn.

www.beck.de

ISBN 978 3 406 78898 7

Wilhelmstraße 9, 80801 München

Druck und Bindung: Beltz Bad Langensalza GmbH
Am Fliegerhorst 8, 99947 Bad Langensalza

Satz: Jung Crossmedia Publishing GmbH
Gewerbestraße 17, 35633 Lahnau

Umschlaggestaltung: Druckerei C.H. Beck Nördlingen

CO_2 neutral
chbeck.de/nachhaltig

Gedruckt auf säurefreiem, alterungsbeständigem Papier
(hergestellt aus chlorfrei gebleichtem Zellstoff)

Vorwort zur 2. Auflage

Bei der ersten Auflage dieses Werkes vor sechs Jahren lag die Zahl der im ZVR registrierten Vorsorgevollmachten schon bei über drei Millionen. Inzwischen ist sie auf über fünf Millionen gestiegen. Der Gesetzgeber hat sich trotz der offensichtlichen und weiter wachsenden Praxisrelevanz entschieden, die Vorsorgevollmachten im Rahmen der Reform des Vormundschafts- und Betreuungsrechts zum 1.1.2023 nur am Rande zu behandeln. Konflikte um Vorsorgeregelungen sollen und müssen in der Praxis gelöst werden.

Das gibt auch dem vorliegenden Kommentar seine besondere Rechtfertigung: Wo der Gesetzgeber sich mit Regelungen zurückhält, sind Rechtsprechung und juristische Literatur gefragt, Probleme zu diskutieren und Lösungen zu entwickeln. Dafür soll hier ein Nachschlagewerk geboten werden. Die Autorinnen und Autoren haben für die zweite Auflage die sich gleichwohl durch die Reform ergebenen, grundlegenden Änderungen in Systematik, Wortlaut und Regelungsinhalt der Normen des Vormundschafts- und Betreuungsrechts aufgenommen sowie Rechtsprechung und Literatur umfassend aktualisiert und ergänzt. Ausführungen zu besonders praxisrelevanten und umstrittenen Themen wurden ein- oder ausgebaut, wie zur Geschäftsfähigkeit, dem Ehegattenvertretungsrecht, der Grundbuchtauglichkeit der Vorsorgevollmacht nach dem Erbfall, ihrer Akzeptanz durch Banken, ihrer Suspendierung, der Vertretung bei der Abgabe eidesstattlicher Versicherungen, der Kontrollbetreuung, zu COVID-Regelungen in Patientenverfügungen, internationalen Aspekten u. v. m.

Besonders erfreulich ist, dass das Autorenteam mit den Strafrechtlern Professor Dr. Stefan König und Philpp Bruckmann, dem Rechtsanwalt und Notar Ulf Schönenberg-Wessel und dem Betreuungsspezialisten Horst Deinert erweitert werden konnte und damit um die Kommentierung wesentlicher Vorschriften im StGB, im BeurkG und dem BtOG. Der Kollege Schönenberg-Wessel hat zudem Teile der unternehmensrechtlichen Vorschriften übernommen, der Kollege Dr. Papenmeier die Norm zum Ehegattenvertretungsrecht.

Ihnen und allen anderen Autorinnen und Autoren sei für die oft mühsame, aber überaus sorgfältige und engagierte Arbeit und die Aktualisierung zum Januar 2023 gedankt. Besonderer Dank gesagt sei zudem dem C.H.Beck-Verlag und seinem Lektoratsleiter Dr. Thomas Schäfer, mit denen die Mamutaufgabe der Umsetzung der Reform sowie Integration der neuen Abschnitte in außerordentlich professioneller und immer freundlicher Art und Weise bewältigt werden konnte.

Aus der positiven Aufnahme und Resonanz der Kolleginnen und Kollegen wurden Gestaltungshinweise punktuell ausgebaut und deutlicher herausgestellt. Der schnellen Orientierung zu häufig relevanten Themen soll der neue Klappentext dienen, mit dem zu wesentlichen Fundstellen geführt wird. Das Sachverzeichnis lädt zur erweiterten Suche ein.

In diesem Sinne wünsche ich Ihnen gutes Finden für Ihre tägliche Arbeit und freue mich über Ihr Feedback und Ihre Impulse zu diesem wichtigen und spannenden Themengebiet.

Berlin, März 2023 Dr. Dietmar Kurze

Vorwort der ersten Auflage

Neue Zeiten erfordern neue Antworten. Streitigkeiten in Vorsorgefällen nehmen zu. Eine Schätzung der Häufigkeit von Vorsorgeverhältnissen in Deutschland ist schwer. Die Zahl der bei der BNotK registrierten Vorsorgevollmachten ist mit mehr als drei Millionen jedenfalls enorm. Sie umfasst aber einerseits nicht die vielen unregistrierten Vollmachten, auch keine Teilvollmachten zB bei Banken, welche zur Vorsorge errichtet wurden. Andererseits sagt sie nichts darüber aus, wie viele Vorsorgevollmachten schon genutzt werden. Jährlich beschließen die Gerichte rund 200000 neue Betreuungen, was belegt, dass es viele unterstützungsbedürftige Menschen gibt, allerdings nicht verrät, wie viele Betreuungen aufgrund von Vorsorgeregelungen nicht eingerichtet werden. Die Zahlen lassen aber einen Schluss zu, der angesichts der älter werdenden Gesellschaft, bei welcher durch die medizinisch-pflegerische Versorgung die Unterstützungsbedürftigkeit nicht nur häufiger auftritt, sondern auch länger andauert, nicht überraschend ist und durch die Vielzahl der Entscheidungen des BGH und anderer Gerichte auf diesem Gebiet gestützt wird: Die Zahl der angewandten Vorsorgeregelungen ist groß und wird weiter steigen.

Für den Juristen folgt daraus: Wo Rechtsbeziehungen bestehen, kommt es zu Konflikten. Dies gilt allgemein und in noch höherem Maße, wenn es um Geld und Emotionen geht. Beides ist bei vorsorgerechtlichen Streitigkeiten gegeben: Die Versorgung pflegebedürftiger Menschen ist teuer, die Angst der Angehörigen um das zukünftige Erbe groß. Dass Emotionen hohe Wellen schlagen können, wenn es um den Aufenthaltsort eines pflegebedürftigen Elternteils geht, den Zugang zu ihm oder das Zulassen seines Sterbens, liegt auf der Hand. Nachdem in den letzten 20 Jahren die Verbreitung von Vorsorgevollmachten und Patientenverfügungen massiv und erfolgreich gefördert wurde, werden sie nun angewandt. Auch weil vieles nicht gut geregelt wurde – das vergessene Innenverhältnis und der Hang zu kostenlosen Mustern seien exemplarisch erwähnt – kommt es zu zahlreichen Konflikten und damit zu juristischen Streitigkeiten.

Auseinandersetzungen um Vorsorgefälle sind daher Gegenstand dieses Werkes. Wenngleich es viele und auch gute Bücher zur Gestaltung von Vorsorgeregelungen gibt, fehlte bislang ein praxistaugliches, aber trotzdem umfassendes Nachschlagewerk für den Konflikt. Diese Lücke soll der Kommentar zum Vorsorgerecht füllen. Er wendet sich an Rechtsanwälte, Betreuer, Betreuungsbehörden und -vereine, Richter, Notare sowie Juristen in Krankenhäusern und Pflegeeinrichtungen. Inhaltlich geht es um Fragen bei Verfahren vor den Zivilgerichten, zB beim Vollmachtsmissbrauch, und den Betreuungsgerichten, etwa um die Einrichtung einer Betreuung, sowie bei außergerichtlichen Auseinandersetzungen, beispielsweise zwischen dem Vollmachtgeber und seinem Bevollmächtigten, den Erben, Betreuern oder neuen Bevollmächtigten mit einem früheren Bevollmächtigten. Zudem kann der Konflikt mit einem Arzt, einem Krankenhaus, einem Pflegeheim oder -dienst, unter Gesellschaftern eines Unternehmens oder mit einem Sozialleistungsträger bestehen, etwa bei Verarmung eines Schenkers oder beim Elternunterhalt. Kurze Gestaltungshinweise sind an geeigneten Stellen eingefügt.

Es ist sehr erfreulich, dass für dieses Thema ein Autorenteam aus Spezialisten für die jeweiligen Teilgebiete zusammengestellt werden konnte. Für Juristen wird dabei ganz besonders hilfreich sein, dass ein Mediziner die Kommentierungen zur Patientenverfügung und zur Sterbehilfe mit verfasst hat. Selbstverständlich stehen die Autoren aus dem Notariat und dem Gesellschaftsrecht, für Geschäftsunfähigkeit, Auslandsbezüge, Vorsorgevollmachten und Betreuungsrecht dem an Expertise nicht nach.

Vorwort

Allen Autoren, die sich mit einer neuen Fragestellung und mit einem sicher nicht immer einfachen Herausgeber befassen mussten, sei hiermit herzlich gedankt.

Ein Dank geht auch an den C.H.Beck Verlag und namentlich an seinen Lektoratsleiter Dr. Thomas Schäfer, der nicht nur Mut und Vision für dieses Projekt hatte, sondern auch die erforderliche Kreativität und Ausdauer mitbrachte.

Der Kommentar behandelt neben den Fragen um Vollmachtsgebrauch und -missbrauch, die Umsetzung einer Patientenverfügung, Herausgabeverlangen bei lebzeitigen Verfügungen, Betreuungsrechtskonflikten mit Vollmachtsbezug, Elternunterhalt und Sozialregress, zu denen schon einige Rechtsprechung vorliegt, auch Unternehmens- und Auslandbezüge bei Vorsorgefällen, bei denen die juristische Auseinandersetzung noch ganz am Anfang steht. In allen Bereichen waren die Autoren bestrebt, nicht nur aktuelle Entscheidungen und Literatur einzuarbeiten, sondern möglichst auch für von der Rechtsprechung noch ungeklärte Fragen erste Antworten zu geben. In diesem wachsenden und dynamischen Gebiet des Vorsorgerechts wird das voraussichtlich auch eine Herausforderung für die Zukunft sein.

Berlin, Februar 2017 Dr. Dietmar Kurze

Inhaltsübersicht

Inhaltsverzeichnis

Inhaltsverzeichnis

Inhaltsverzeichnis

11. Aktiengesetz (AktG)

Erstes Buch. Aktiengesellschaft

Vierter Teil. Verfassung der Aktiengesellschaft

Erster Abschnitt. Vorstand

Zweiter Abschnitt. Aufsichtsrat

Vierter Abschnitt. Hauptversammlung

Vierter Unterabschnitt. Stimmrecht

12. Umwandlungsgesetz (UmwG)

13. Strafgesetzbuch (StGB)

Allgemeiner Teil

Vierter Abschnitt. Strafantrag, Ermächtigung, Strafverlangen

Besonderer Teil

Neunter Abschnitt. Falsche uneidliche Aussage und Meineid

Sechzehnter Abschnitt. Straftaten gegen das Leben

Siebzehnter Abschnitt. Straftaten gegen die körperliche Unversehrtheit

Achzehnter Abschnitt. Straftaten gegen die persönliche Freiheit

Neunzehnter Abschnitt. Diebstahl und Unterschlagung

Zweiundzwanzigster Abschnitt. Betrug und Untreue

Dreißigster Abschnitt. Straftaten im Amt

14. Zivilprozessordnung (ZPO)

Buch 1. Allgemeine Vorschriften

Abschnitt 2. Parteien

Titel 1. Parteifähigkeit; Prozessfähigkeit

15. Gesetz über das Verfahren in Familiensachen und in den Angelegenheiten der freiwilligen Gerichtsbarkeit (FamFG)

Buch 1. Allgemeiner Teil

Abschnitt 1. Allgemeine Vorschriften

Buch 3. Verfahren in Betreuungs- und Unterbringungssachen

Abschnitt 1. Verfahren in Betreuungssachen

16. Zehntes Buch Sozialgesetzbuch – Sozialverwaltungsverfahren und Sozialdatenschutz – (SGB X)

Erstes Kapitel. Verwaltungsverfahren

Zweiter Abschnitt. Allgemeine Vorschriften über das Verwaltungsverfahren

Erster Titel. Verfahrensgrundsätze

Verzeichnis der Bearbeiterinnen und Bearbeiter

Philipp Bruckmann
Rechtsanwalt in Berlin

Horst Deinert
Dipl.-Verw.-Wirt in Duisburg

Maria Demirci
Rechtsanwältin und Fachanwältin für Familienrecht in München

André Elsing
Notariatsleiter in Hamburg

Nadine Heller
Rechtsanwältin in München

Prof. Dr. Dr. Ralf Jox, M.A.
Hochschullehrer an der Ludwig-Maximilians-Universität in München
und am Universitätsklinikum Lausanne

Dr. Dietmar Kurze
Rechtsanwalt und Fachanwalt für Erbrecht in Berlin

Prof. Dr. Stefan König
Rechtsanwalt und Fachanwalt für Strafrecht in Berlin

Martin Lang
Rechtsanwalt und Fachanwalt für Erbrecht in München

Dr. Thomas Papenmeier
Rechtsanwalt und Fachanwalt für Erbrecht in Chemnitz

Julia Roglmeier, LL.M.
Rechtsanwältin und Fachanwältin für Erbrecht in München

Ulf Schönenberg-Wessel
Rechtsanwalt und Fachanwalt für Erbrecht, Sozialrecht und Versicherungsrecht
und Notar in Kiel

Klaus Dieter Wülfrath
Rechtsanwalt und Fachanwalt für Steuerrecht in Karlsruhe

Finn Zwißler
Rechtsanwalt in München

Verzeichnis der Bearbeiterinnen und Bearbeiter

	Im Einzelnen haben bearbeitet:
Philipp Bruckmann	§§ §§ 77b, 156, 161, Vor 211 ff., 211, 212, 216, 222, 223, 224, 229, 239, 246, 247, 263, 263a, 266, 340 StGB (zusammen mit Stefan König)
Horst Deinert	BtOG
	§ 13 SGB X
Maria Demirci	Vor Art. 24, Art. 24 EGBGB
	Vor § 15, §§ 15, 16 ErwSÜ
André Elsing	§§ 78a, 78e BNotO; VRegGebS und TestRegGebS
	VRegV
Nadine Heller	Sachregister
Prof. Dr. Dr. Ralf Jox	§ 1827 Rn. 14–18, Rn. 29–72, Rn. 244–253, § 1828 Rn. 8–11, Rn. 22–25, Anh. § 216 Rn. 6–8, Rn. 12–17, Rn. 39–41, Rn. 48, Rn. 67–70 StGB
Prof. Dr. Stefan König	§§ 77b, 156, 161, Vor 211 ff., 211, 212, 216, 222, 223, 224, 229, 239, 246, 247, 263, 263a, 266, 340 StGb (zusammen mit Philipp Bruckmann)
Dr. Dietmar Kurze	Vor § 164, §§ 164–181, Vor § 662, §§ 662–675, §§ 1814, 1815; § 1820 Rn. 11–78; Vor § 1827, § 1827 Rn. 1–13, Rn. 19–28, Rn. 73–243, Rn. 254–264 §§ 1828 Rn. 1–7, Rn. 12–21, Rn. 26–31 BGB
	Anh. § 216 Rn. 1–5, Rn. 9–11, Rn. 18–38, Rn. 42–47; Rn. 49–66 StGB
Martin Lang	§§ 104, 105, 105a, 1825 BGB
	§§ 50–56, § 170a ZPO
	§§ 11, 275 FamFG
Dr. Thomas Papenmeier	§§ 259–261, § 313, §§ 516–527, §§ 530–534, § 687, §§ 812, 816, 818–822, §§ 823, 826; § 1358 BGB
Julia Roglmeier	§§ 1820 Rn. 1- 10; §§ 1829, 1830 BGB
Ulf Schönenberg-Wessel	§§ 7, 10–12, 17, 20a, 22–26, 28, 39, 40, 51, 54 BeurkG
	§§ 29, 40 GBO
	§§ 2, 3, 6, 7, 34, 35, 44, 47, 48, 49, 53, 54, 60 GmbHG
	§§ 76, 100, 134 AktG
Klaus Dieter Wülfrath	Vor § 705, §§ 705, 709, 710, 712, 717, 723, 736, 737 BGB
	§§ 1, 8a, 15, 48, 49, 53, 54, 105, 161 HGB
	§§ 123, 124 UmwG
Finn Zwißler	§§ 528, 529, §§ 1601–1615, §§ 1773, 1774, 1775, 1778, 1779, 1782–1785; § 1832 BGB

Abkürzungsverzeichnis

aA . . . . anderer Ansicht
abl. . . . . ablehnend
ABl . . . . Amtsblatt
Abs. . . . . Absatz
Abschn. . . . . Abschnitt
abw. . . . . abweichend
aE. . . . . am Ende
aF . . . . alte Fassung
AG . . . . Aktiengesellschaft, Amtsgericht, Ausführungsgesetz
AGB . . . . Allgemeine Geschäftsbedingungen
AktG . . . . Aktiengesetz
allg. M. . . . . allgemeine Meinung
Alt . . . . Alternative
aM . . . . anderer Meinung
Anh . . . . Anhang
Anl. . . . . Anlage
Anm. . . . . Anmerkung
AnwBl . . . . Anwaltsblatt (Zeitschrift)
AO . . . . Abgabenordnung
Art. . . . . Artikel
Aufl. . . . . Auflage
Az. . . . . Aktenzeichen

BAG . . . . Bundesarbeitsgericht
BAnz . . . . Bundesanzeiger
BayObLG . . . . Bayerisches Oberstes Landesgericht
BayObLGZ . . . . . . Amtliche Sammlung von Entscheidungen des BayObLG in Zivilsachen
BeckRS . . . . Elektronische Entscheidungsdatenbank in beck-online
BB . . . . Der Betriebs-Berater
Bd. . . . . Band
bestr. . . . . bestritten
betr. . . . . betrifft; betreffend
BNotO . . . . Bundesnotarordnung
BeurkG . . . . Beurkundungsgesetz
BewG . . . . Bewertungsgesetz
BFH . . . . Bundesfinanzhof
BFHE . . . . Sammlung der Entscheidungen des Bundesfinanzhofes
BGB . . . . Bürgerliches Gesetzbuch
BGBl . . . . Bundesgesetzblatt
BGH . . . . Bundesgerichtshof
BGHSt . . . . Amtliche Sammlung von Entscheidungen des Bundesgerichtshofes in Strafsachen
BGHZ . . . . Amtliche Sammlung von Entscheidungen des Bundesgerichtshofes in Zivilsachen
Bl. . . . . Blatt
BMJV . . . . Bundesminister(ium) der Justiz und für Verbraucherschutz
BNotO . . . . Bundesnotarordnung
BR-Drs. . . . . Drucksache des Deutschen Bundesrates
BRAO . . . . Bundesrechtsanwaltsordnung

Abkürzungsverzeichnis

BSG	Bundessozialgericht
Bsp.	Beispiel
bspw.	beispielsweise
BT	Bundestag
BtÄndG	Betreuungsrechtsänderungsgesetz
BtBG	Betreuungsbehördengesetz
BT-Drs.	Drucksache des Deutschen Bundestages
BVerfG	Bundesverfassungsgericht
BVerfGE	Amtliche Sammlung der Entscheidungen des BVerfG
BVerwG	Bundesverwaltungsgericht
BVerwGE	Amtliche Sammlung der Entscheidungen des BVerwG
BVormG	Gesetz über die Vergütung von Berufsvormündern
BWNotZ	Zeitschrift für das Notariat in Baden-Württemberg
bzgl.	bezüglich
bzw.	beziehungsweise
DAVorm	Der Amtsvormund
DB	Der Betrieb
dh	das heißt
DNotZ	Deutsche Notar-Zeitschrift
Drs.	Drucksache
DVO	Durchführungsverordnung
EG	Europäische Gemeinschaft; Einführungsgesetz
EGBGB	Einführungsgesetz zum BGB
Einf	Einführung
Einl	Einleitung
ErbSt	Erbschaftsteuer
ErbStG	Erbschaft- und Schenkungsteuergesetz
Erl.	Erlass
ErwSÜ	(Haager) Übereinkommen über den internationalen Schutz von Erwachsenen
EStG	Einkommensteuergesetz
EuErbVO	Europäische Erbrechtsverordnung
EuGH	Europäischer Gerichtshof
FamFG	Gesetz über das Verfahren in Familiensachen und in den Angelegenheiten der freiwilligen Gerichtsbarkeit
FamRZ	Zeitschrift für das gesamte Familienrecht
f./ff.	folgende
FEVG	Gesetz über das gerichtliche Verfahren bei Freiheitsentziehungen
FGG	Gesetz über die Angelegenheiten der freiwilligen Gerichtsbarkeit
Fn.	Fußnote
FS	Festschrift
FuR	Familie und Recht
GBO	Grundbuchordnung
GE	Das Grundeigentum
gem.	gemäß
GG	Grundgesetz
ggf.	gegebenenfalls
GKG	Gerichtskostengesetz
GmbH	Gesellschaft mit beschränkter Haftung
GmbHG	Gesetz betreffend die Gesellschaften mit beschränkter Haftung

GVBl. . . . . Gesetz- und Verordnungsblatt
GVG . . . . Gerichtsverfassungsgesetz

HeimG . . . . Heimgesetz
HGB . . . . Handelsgesetzbuch
hL . . . . herrschende Lehre
hM . . . . herrschende Meinung
Hs. . . . . Halbsatz
Hrsg. . . . . herausgegeben
HTÜ . . . . Haager Testamentsformübereinkommen

idF . . . . in der Fassung
idR. . . . . in der Regel
insbes. . . . . insbesondere
InsO . . . . Insolvenzordnung
IPRax . . . . Praxis des Internationalen Privat- und Verfahrensrechts
iR . . . . im Rahmen
iSd. . . . . im Sinne des/der
iSv . . . . im Sinne von
iÜ . . . . im Übrigen
iVm . . . . in Verbindung mit

JR . . . . Juristische Rundschau
JurBüro . . . . Das juristische Büro
JuS . . . . Juristische Schulung
Justiz . . . . Die Justiz
JW . . . . Juristische Wochenschrift
JZ . . . . Juristen-Zeitung

Kap. . . . . Kapitel
KG . . . . Kammergericht, Kommanditgesellschaft
Komm . . . . Kommentar
KostO . . . . Kostenordnung

Lit. . . . . Literatur
LM . . . . Lindenmaier/Möhring, Nachschlagewerk des BGH in Zivilsachen
LPartG . . . . Lebenspartnerschaftsgesetz
LS . . . . Leitsatz
LV . . . . Lebensversicherung

m. abl. Anm. . . . . . mit ablehnender Anmerkung
MDR . . . . Monatsschrift für Deutsches Recht
mE . . . . meines Erachtens
MedR . . . . Medizinrecht
mN . . . . mit Nachweisen
MittRhNotK . . . . . Mitteilungen der Rheinischen Notar-Kammer
Mot . . . . Motive zu dem Entwurf eines Bürgerlichen Gesetzbuches für das Deutsche Reich
MüKo . . . . Münchener Kommentar
mwN . . . . mit weiteren Nachweisen
MWSt . . . . Mehrwertsteuer
m. zust. Anm. . . . . . mit zustimmender Anmerkung

Abkürzungsverzeichnis

nF	neue Fassung
NJOZ	Neue Juristische Onlinezeitschrift
NJW	Neue Juristische Wochenschrift
NJW-FER	NJW-Entscheidungsdienst Familien- und Erbrecht
NJW-RR	NJW-Rechtsprechungs-Report Zivilrecht
NK-BGB	Nomos Kommentar BGB
Nr.	Nummer(n)
NWB	Neue Wirtschafts- Briefe für Steuer- und Wirtschaftsrecht
NZG	Neue Zeitschrift für Gesellschaftsrecht
og	oben genannte
OHG	Offene Handelsgesellschaft
OLG	Oberlandesgericht
OLGZ	Rechtsprechung der Oberlandesgerichte in Zivilsachen
OWi	Ordnungswidrigkeit
p. a.	per annum
Prot	Protokolle der Kommission für die 2. Lesung des Entwurfs des BGB
PStG	Personenstandsgesetz
Rn.	Randnummer
RG	Reichsgericht
RGBl.	Reichsgesetzblatt
RGZ	Entscheidungen des Reichsgerichtes in Zivilsachen
Rpfleger	Der Deutsche Rechtspfleger
RpflG	Rechtspflegergesetz
R & P	Recht und Psychiatrie
Rs.	Rechtssache
Rspr.	Rechtsprechung
RsprN	Rechtsprechungsnachweis(e)
RVG	Rechtsanwaltsvergütungsgesetz
s.	siehe
S.	Satz, Seite
sa	siehe auch
SeuffA	Seufferts Archiv für Entscheidungen der obersten Gerichte
s. o.	siehe oben
sog.	sogenannte(r)
StBerG	Steuerberatungsgesetz
StGB	Strafgesetzbuch
StPO	Strafprozessordnung
St. Rspr.	ständige Rechtsprechung
s. u.	siehe unten, siehe unter
TestG	Gesetz über die Errichtung von Testamenten und Erbverträgen
TestÜbk	Haager Testamentsübereinkommen
ua	unter anderem; und andere
uÄ	und Ähnliche(s)
UmwG	Umwandlungsgesetz
UN-BRK	Behindertenrechtskonvention der Vereinten Nationen
Urt.	Urteil
usw.	und so weiter
uU	unter Umständen

VBVG	Vormünder- und Betreuervergütungsgesetz
Verfg	Verfügung
vgl.	vergleiche
VO	Verordnung
VOBl	Verordnungsblatt
VRegV	Vorsorgeregisterverordnung
Vor/Vorbem.	Vorbemerkung
WM	Zeitschrift für Wirtschaft und Bankrecht, Wertpapiermitteilungen
WuM	Wohnungswirtschaft und Mietrecht
zB	zum Beispiel
ZErb	Zeitschrift für die Steuer- und Erbrechtspraxis
ZEV	Zeitschrift für Erbrecht und Vermögensnachfolge
Ziff.	Ziffer
ZIP	Zeitschrift für Wirtschaftsrecht und Insolvenzrecht
ZPO	Zivilprozessordnung
ZRP	Zeitschrift für Rechtspolitik
ZSEG	Gesetz über die Entschädigung von Zeugen und Sachverständigen
zB	zum Beispiel
zT	zum Teil
ZVG	Zwangsversteigerungsgesetz
zZ	zur Zeit
zzgl.	zuzüglich

Literaturverzeichnis

Armbrüster/Preuß/Renner	Beurkundungsgesetz und Dienstanordnung für Notarinnen und Notare, 8. Aufl. 2020
Arndt/Lerch/Sandkühler	Bundesnotarordnung, Kommentar, 8. Aufl. 2016
Albrecht/Albrecht/Böhm/Böhm-Rißler	Die Patientenverfügung, 2. Aufl. 2018
Hau/Poseck	Beck'scher Online-Kommentar BGB
Bauer/Klie/Lütgens	Heidelberger Kommentar zum Betreuungs- und Unterbringungsrecht, Loseblatt
Hopt	Handelsgesetzbuch mit GmbH Co., Kommentar zum HGB, 41. Aufl. 2022
Baumbach/Lauterbach/Albers/Hartmann	Zivilprozessordnung. Kommentar zur ZPO, 77. Aufl. 2019
Baumgärtel/Laumen/Prütting	Handbuch der Beweislast, Band 8, BGB Familienrecht, §§ 1297–1921, 3. Aufl. 2010
Bausewein/Roller/Voltz	Leitfaden Palliative Care, 7. Aufl. 2021
Bayerlein/Schmidt/Mattern/Ostermann	Betreuungspraxis und psychiatrische Grundlagen, 2. Aufl. 2011
Bengel/Reimann	Handbuch der Testamentsvollstreckung, 7. Aufl. 2020
Bienwald/Sonnenfeld/Hoffmann	Betreuungsrecht, Kommentar, 6. Aufl. 2016
Borasio	Über das Sterben, 11. Aufl. 2013
Borasio/Jox/Taupitz/Wiesing	Selbstbestimmung im Sterben – Fürsorge zum Leben. Ein Gesetzgebungsvorschlag zur Regelung des assistierten Suizids, 2014
Bormann/Diehn/Sommerfeldt	GNotKG, Kommentar, 4. Aufl. 2021
Böttcher/Habighorst/Schulte	Umwandlungsrecht, 2. Aufl. 2019
Burandt/Rojahn	Erbrecht, Kommentar, 4. Aufl. 2022
Brückner	Das medizinische Selbstbestimmungsrecht Minderjähriger, 2014
Coeppicus	Patientenverfügung, Vorsorgevollmacht, Sterbehilfe, 2. Aufl. 2016
Cording/Nedopil	Psychiatrische Begutachtungen im Zivilrecht – ein Handbuch für die Praxis, 4. Aufl. 2023
Damrau/Tanck	Praxiskommentar Erbrecht, 4. Aufl. 2020
Damrau/Zimmermann	Betreuungsrecht, 4. Aufl. 2010
Dauner-Lieb/Heidel/Ring	NK-BGB, 3. Aufl. 2019 (Bd. 6), 4. Aufl. 2021 (Bd. 1, 2, 4), 5. Aufl. 2022 (Bd. 3), 6. Aufl. 2022 (Bd. 5)
de Ridder	Wie wollen wir sterben, 3. Aufl. 2011
Demharter	Grundbuchordnung, 32. Aufl. 2021

Literaturverzeichnis

Diehn	BNotO, Kommentar, 2. Aufl. 2019
Deinert/Lütgens/ Meier	Die Haftung des Betreuers, 3. Aufl. 2017
Dodegge/Roth	Systematischer Praxiskommentar Betreuungsrecht, 5. Aufl. 2018
Dörries/Neitzke/Simon/Vollmann	Klinische Ethikberatung, 2. Aufl. 2010
Erman	Bürgerliches Gesetzbuch, 16. Aufl. 2020
Elsing	Erbrecht in der notariellen Praxis, 2. Aufl. 2019
Eule	Die über den Tod des Machtgebers erteilte Vollmacht unter besonderer Berücksichtigung der Generalvollmacht, 1933
Eylmann/Vaasen	Bundesnotarordnung, Beurkundungsgesetz, Kommentar, 4. Aufl. 2016
Feuerich/Weyland	Bundesrechtsanwaltsordnung (BRAO), Kommentar, 9. Aufl. 2016
Fischer	StGB, Kommentar, 70. Aufl. 2023
Fischer/Kühne	Anwaltformulare Bankvermögen im Erbfall, 2014 ((Krug/Rudolf/ Kroiß/Bittler, Anwaltsformulare Erbrecht, 6. Aufl. 2019))
Glanzer	Alternativen zur Sachwalterschaft, 2009
Grüneberg	Kommentar zum Bürgerlichen Gesetzbuch, 82. Aufl. 2023
Grziwotz/Heinemann	BeurkG, 3. Aufl. 2018
Guttenberger	Das Haager Übereinkommen über den internationalen Schutz von Erwachsenen, 2004
Heberer/Butzmann/ Eicher/Hüttl	Organtransplantation, Patientenverfügung, Aufklärung und Einwilligung, 2013
Heckschen/Herrler/ Münch	Beck'sches Notar-Handbuch, 7. Aufl. 2019
Herberger/Martinek/ Rüßmann/Weth	Juris-PK BGB, 9. Aufl. 2020
Heidel/Schall	HK-HGB, 3. Aufl. 2019
Heckschein/Heidinger/Berkefeld	Die GmbH in der Gestaltungs- und Beratungspraxis, 5. Aufl. 2023
Jochum/Pohl	Nachlasspflegschaft, 5. Aufl. 2014
Jurgeleit	Betreuungsrecht, Handkommentar, 4. Aufl. 2018
Jürgens	Betreuungsrecht, Kommentar, 7. Aufl. 2023
Kegel/Schurig	Internationales Privatrecht, 9. Aufl. 2004
Keidel/Kuntze/ Winkler	Freiwillige Gerichtsbarkeit (FGG), Kommentar, 15. Aufl. 2003
Keller/Munzig	Grundbuchrecht, vormals Kuntze/Ertl/Herrmann/Eickmann, 8. Aufl. 2019
Kersten/Bühling	Formularbuch und Praxis der freiwilligen Gerichtsbarkeit, 26. Aufl. 2018
Kurze	Die Reform des Vormundschafts- und Betreuungsrechts, 2023
Kurze/Goertz	Bestattungsrecht in der Praxis, 2. Aufl. 2016
Kroiß/Horn/Solomon	Nachfolgerecht, Kommentar, 2. Aufl. 2019
Lemmerz	Die Patientenverfügung, 2014
Lipp	Handbuch Vorsorgeverfügungen, 2009
Löhnig	Vorsorgevollmacht und Erwachsenenschutz in Europa, 2011

Lutter/Hommelhoff	GmbH-Gesetz, Kommentar, 20. Aufl. 2019
Markmann	Praxisbuch Ethik in der Medizin, 2. Aufl. 2022
Mayer/Bonefeld/Tanck	Handbuch Testamentsvollstreckung, 5. Aufl. 2022
Müller-Engels/Braun	Betreuungsrecht und Vorsorgeverfügungen in der Praxis, 6. Aufl. 2022
Noack/Servatius/Haas	GmbHG, Kommentar, 23. Aufl. 2022
Ott-Eulberg/Schebesta/Bartsch	Praxishandbuch Erbrecht und Banken, 3. Aufl. 2018
Ramser	Grenzüberschreitende Vorsorgevollmacht in Europa im Lichte des ErwSÜ, 2010
RGRK; Hrsg. von den Mitgliedern des BGH	Das Bürgerliche Gesetzbuch mit besonderer Berücksichtigung der Rechtsprechung des Reichsgerichts und des Bundesgerichtshofs, 12. Aufl. 2001
Rott/Kornau/Zimmermann	Praxishandbuch Testamentsvollstreckung, 3. Aufl. 2022
Rudolf/Bittler/Roth	Vorsorgevollmacht, Betreuungsverfügung und Patientenverfügung, 5. Aufl. 2020
Papenmeier	Transmortale und postmortale Vollmachten als Gestaltungsmittel, 2013
Putz/Steldinger/Unger	Patientenrechte am Lebensende, 7. Aufl. 2021
Ramser	Grenzüberschreitende Vorsorgevollmachten in Europa im Lichte des Haager Übereinkommens über den internationalen Schutz von Erwachsenen vom 13. Januar 2000, 2010
Soergel	Bürgerliches Gesetzbuch (BGB) mit Einführungsgesetz und Nebengesetzen, Kommentar, 13. Aufl. 2000ff./14. Aufl. 2021
Staudinger	Kommentar zum Bürgerlichen Gesetzbuch (BGB) mit Einführungsgesetz und Nebengesetzen, 18. Aufl. 2018ff.
Streit	Patientenverfügung Minderjähriger nach dem dritten Betreuungsrechtsänderungsgesetz, 2015
Thomas/Putzo	Zivilprozessordnung, ZPO, 43. Aufl. 2022
Tilman/Wetterling	Freier Wille und neuropsychiatrische Erkrankungen: Ein Leitfaden zur Begutachtung der Geschäfts- und Testierfähigkeit, 2. Aufl. 2020
Trimborn	Die Vollmacht vor und nach dem Erbfall, 3. Aufl. 2017
Tschauner	Die postmortale Vollmacht, 2000
Vetter	Selbstbestimmung am Lebensende, 2009
Verrel/Simon	Patientenverfügungen: Rechtliche und ethische Aspekte, 2000
Walter	Vorsorgevollmacht, 1987
Winkler	Vorsorgeverfügungen: Patientenverfügung, Vorsorgevollmacht, Betreuungs- und Organverfügung, 5. Aufl. 2016
Zimmermann	Nachlasspflegschaft, 6. Aufl. 2023
Zimmermann	Die Testamentsvollstreckung: Handbuch für die gerichtliche, anwaltliche und notarielle Praxis, 5. Aufl. 2020
Zimmermann	Vorsorgevollmacht – Betreuungsverfügung – Patientenverfügung für die Beratungspraxis, 3. Aufl. 2016
Zirngibl	Die Patientenverfügung, 5. Aufl. 2022
Zöller	Zivilprozessordnung, 34. Aufl. 2022.

1. Bürgerliches Gesetzbuch (BGB)

In der Fassung der Bekanntmachung vom 2.1.2002
(BGBl. I 42, ber. S. 2909 und BGBl. 2003 I 738)
Zuletzt geändert durch Art. 6 G zur Durchführung des Haager Übereinkommens über die Anerkennung und Vollstreckung ausländischer Entscheidungen in Zivil- und Handelssachen sowie zur Änd. der ZPO, des BGB, des WohnungseigentumsG und des G zur Modernisierung des Strafverfahrens vom 7.11.2022, BGBl. I 1982)

– Auszug –

Buch 1. Allgemeiner Teil

Abschnitt 3. Rechtsgeschäfte

Titel 1. Geschäftsfähigkeit

§ 104 Geschäftsunfähigkeit

Geschäftsunfähig ist:
1. **wer nicht das siebente Lebensjahr vollendet hat,**
2. **wer sich in einem die freie Willensbestimmung ausschließenden Zustand krankhafter Störung der Geistestätigkeit befindet, sofern nicht der Zustand seiner Natur nach ein vorübergehender ist.**

Übersicht

I. Einleitung

1. Grundzüge

1 Das BGB geht von dem **Grundsatz der Geschäftsfähigkeit** einer **natürlichen Person** aus.[1] Eine **altersbezogene Ausnahme** gilt nur bis zur Vollendung des 7. Lebensjahres (§ 104 Nr. 1 BGB). Im Übrigen gelten die Anforderungen an die Geschäftsunfähigkeit altersunabhängig, obwohl statistisch betrachtet mehr als ein Drittel der über 85-jährigen demenzkrank und damit von einer potentiellen Geschäftsfähigkeit bedroht sind.[2] § 104 Nr. 2 BGB definiert zur **Sicherheit des Rechtsverkehrs negativ abgrenzend,** wer aus Krankheitsgründen selbstständig keine rechtswirksamen Willenserklärungen (mehr) abgeben kann. Dabei wird **verhaltensunabhängig** an das Vorliegen einer geistigen Erkrankung mit Auswirkungen auf die Freiheit des Willensentschlusses angeknüpft, so dass andere Erkrankungen nicht zu einer Geschäftsunfähigkeit führen können.[3]

2 Das Gesetz setzt also die Willensfreiheit voraus und grenzt davon negativ das Vorliegen krankheitsbedingter Willensmängel ab. Dabei wird die Freiheit des Willens

---

1 BVerfG 1 BvR 68/07, BeckRS 2007, 33105; BGH XII ZR 19/11, NJW 2014, 1095.

2 Cording/Nedopil/Cording Psychiatrische Begutachtungen S. 69.

3 BeckOKBGB/Wendtland BGB § 104 Rn. 2; Cording/Nedopil/Cording Psychiatrische Begutachtungen S. 41; Busch ErbR 2014, 90.

vermutet und dies muss durch den Nachweis einer krankhaften Störung der Geistestätigkeit als Ausnahme von der Regel widerlegt werden.[4]

2. Vorübergehende Störungen der Geistestätigkeit

Der krankhafte Zustand darf **nicht nur vorübergehend** sein, wie zB bei zeitlich befristeten Folgen übermäßigen Alkoholkonsums, die dann aber über § 105 Abs. 2 BGB (→ § 105 Rn. 8) zu einer Geschäftsunfähigkeit führen können.[5] Das Vorliegen einer progredienten Erkrankung spricht nicht notwendigerweise für das Vorhandensein einer dauerhaften Geschäftsunfähigkeit. Denn entscheidend dafür sind der Schweregrad und die konkrete Beeinträchtigung im Einzelfall.[6] **3**

Die Willenserklärung eines Geschäftsunfähigen ist **nichtig** (§ 105 Abs. 1 BGB) (vgl. zu den Rechtsfolgen → § 105 Rn. 1). Volljährige Geschäftsunfähige können in Ausnahme davon mit geringwertigen Mitteln vollständig erfüllte Bagatellgeschäfte des täglichen Lebens rechtswirksam abschließen (§ 105a). **4**

Zu der Rechtsfolgenabgrenzung von geschäftsähnlichen Handlungen und Realakten vgl. die Kommentierung zu → § 105 Rn. 7. **5**

3. Schutzzweck

Schutzzweck von § 104 Nr. 2 BGB ist einerseits die **Wahrung der Privatautonomie und Selbstbestimmung,** welche die Fähigkeit zur Selbstbestimmung voraussetzt.[7] Der Schutz wird dadurch verwirklicht, dass die Geschäftsfähigkeit vermutet wird und das Gegenteil nur innerhalb der engen Wortlautgrenzen des § 104 Nr. 2 festgestellt werden kann. Andererseits werden **Personen** geschützt, die krankheitsbedingt zu einer **freien Willensbestimmung nicht in der Lage** sind. Die Sicherheit des Rechtsverkehrs muss dann zurücktreten, so dass die Willenserklärung selbst dann nichtig ist, wenn die Geschäftsunfähigkeit für den Vertragspartner nicht erkennbar war. Eine Rechtsscheinhaftung ist ausgeschlossen. **6**

II. Definition

Ein die freie Willensbestimmung ausschließender und vorübergehender Zustand krankhafter Störung der Geistestätigkeit: **7**

Der Gesetzgeber verwendet Rechtsbegriffe, die nicht mit der psychiatrischen Nomenklatur übereinstimmen.[8] Nach der BGH-Rechtsprechung ist ein **Ausschluss der freien Willensbestimmung** iSv § 104 Nr. 2 BGB gegeben, wenn eine Person nicht imstande ist, den eigenen Willen frei und unbeeinflusst von einer Geistesstörung zu bilden und nach zutreffend gewonnenen Einsichten zu handeln. Maßgeblich ist, ob eine freie Entscheidung nach Abwägung des Für und Wider im Rahmen einer sachlichen Prüfung der in Betracht kommenden Gesichtspunkte möglich ist oder ob umgekehrt von einer freien Willensbildung nicht mehr gesprochen werden kann, weil infolge der Geistesstörung Einflüsse dritter Personen den Willen übermäßig beherrschen.[9] Eine

---

[4] Mankowski AcP Bd. 211, 153; Cording/Nedopil/Cording Psychiatrische Begutachtungen S. 43.

[5] OLG Hamburg 4 U 31/15, BeckRS 2016, 121094; Cording/Nedopil/Cording/Hausner Psychiatrische Begutachtungen S. 42.

[6] OLG Brandenburg 5 U 229/97, BeckRS 2004, 10490.

[7] BVerfG 1 BvR 2161-94, NJW 1999, 1853.

[8] Cording/Nedopil/Cording Psychiatrische Begutachtungen S. 41.

[9] BGH XI ZR 157/07, BeckRS 2008, 26951; BGH XI ZR 70/95, NJW 1996, 918; OLG Brandenburg 5 U 158/19, BeckRS 2020, 17748; 5 U 49/10, BeckRS 2012, 25101, siehe auch Frieser ErbR 2020, 309; Zimmermann BWNotZ 2000, 97.

nur leichte Beeinflussbarkeit genügt nicht.[10] Cording/Roth gehen als Grundlage zivilrechtlicher Verantwortlichkeit von einem Begriff der „freien Willensbestimmung" aus, der die Fähigkeit erfordert, Entscheidungen auf der Basis von Erfahrung und Einsichten vernünftig abwägend treffen zu können.[11] Umgebungsinformationen müssen so aufgenommen werden, dass aus Handlungsalternativen eine Entscheidung gefunden und umgesetzt werden kann.[12] (→ Rn. 70) Der Betroffene muss die Folgen einer Willenserklärung verstehen und den notwendigen Überblick über den relevanten Gesamtzusammenhang haben.[13] Unschädlich dabei ist eine (neutrale) Beratung durch Dritte.[14] Gedächtnisleistungen setzen komplexe mentale Fähigkeiten voraus.[15] Maßgeblich ist die Fähigkeit zur Verarbeitung aktueller Informationen, so dass ein relativ gut erhalten gebliebenes Altgedächtnis weniger entscheidend ist[16] (→ Rn. 63). Indizien können auch **Sprachstörungen** und das **Kommunikationsverhalten** sein, da die Aufmerksamkeit über einen längeren Zeitraum hinweg aufrechterhalten werden muss (Vigilanz).[17]

8 Abzugrenzen ist eine pathologische Fremdbeeinflussbarkeit von einer weit verbreiteten psychologischen Beeinflussbarkeit, die aber nichts an der Freiheit des Willensentschlusses ändert.[18] Dies sind Fälle einer Willensschwäche oder leichten Beeinflussbarkeit.[19] Sobald Fremdeinflüsse aber pathologisch bestimmend werden und eine kritische Distanz, ein Abwägungsprozess sowie eigenständige Gegenvorstellungen nicht mehr möglich sind, ist eine Geschäftsunfähigkeit gegeben.[20] Eine Wankelmütigkeit oder ein häufiger Meinungswechsel reicht für sich genommen nicht aus.[21] Eine krankhafte Fremdbeeinflussbarkeit erkennt man nach Wetterling und Cording oft an einer erhöhten emotionalen Ansprechbarkeit, die sich insbesondere in einer überschießenden Dankbarkeit für vergleichsweise kleine Gefälligkeiten[22] äußern sowie einer erhöhten Vertrauensseligkeit und der Neigung zur raschen Bildung pseudofamiliärer Beziehungskonstellationen (Pflegepersonal, Betreuer etc) zeigen können.[23] Das kognitive Kontrollvermögen ist dann reduziert und die übliche soziale Distanz kann nicht mehr eingehalten werden[24] (→ Rn. 54). Weitere Anhaltspunkte sind Abhängigkeiten von Dritten und eine soziale Isolation.[25] Zu weiteren Indizien → Rn. 69f.

Der Betroffene muss die **Bedeutung einer Willenserklärung** erkennen und sich bei Entscheidungen von normalen Erwägungen leiten lassen.[26] Eine Entscheidung

---

[10] OLG Brandenburg 5 U 158/19, BeckRS 2020, 17748; OLG Bamberg 8 U 175/17, BeckRS 2018, 40958.

[11] Cording/Roth NJW 2015, 26.

[12] KG 19 W 10/20, ErbR 2021, 854 zur Testierfähigkeit.

[13] OLG Hamm 10 U 5/20, ErbR 2021, 955 mAnm Cording.

[14] Wetterling ErbR 2015, 544.

[15] OLG Hamm 10 U 5/20, ErbR 2021, 955 mAnm Cording.

[16] OLG München 31 Wx 16/07, ZErb 2007 458.

[17] Wetterling ErbR 2018, 433.

[18] KG 19 W 10/20, ErbR 2021, 854 mwN Cording ZEV 2010, 115.

[19] OLG Düsseldorf 18 U 175/09, BeckRS 2011, 6925.

[20] KG 19 W 10/20, ErbR 2021, 854 mwN Cording ZEV 2010, 115; OLG Frankfurt a. M. 20 W 4/16, ErbR 2018, 516.

[21] KG 19 W 10/20, ErbR 2021, 854.

[22] Wetterling ErbR 2015, 544.

[23] Wetterling ErbR 2015, 544.

[24] Cording ZEV 2010, 115; OLG Frankfurt a. M. 20 W 4/16, ErbR 2018, 516.

[25] Wetterling ErbR 2015, 544.

[26] KG 1 W 49/09, FamRZ 2010, 835.

muss auf einer sachlichen Prüfung der in Betracht kommenden Gesichtspunkte beruhen. Ein Geschäftsfähiger darf nicht von fremden Willenseinflüssen gesteuert sein.[27]

Eine geistige Erkrankung ändert nichts an der Wirksamkeit eines Rechtsgeschäfts, 9
wenn die Willenserklärung **nicht** von der Erkrankung beeinflusst ist. Entscheidend ist, ob die **Urteils- und Kritikfähigkeit** krankheitsbedingt so sehr beeinträchtigt ist, dass der Betroffene nicht mehr fähig ist, die Bedeutung der Willenserklärung einzusehen und nach dieser Einsicht zu handeln. Krankhafte Vorstellungen dürfen die Bestimmbarkeit des Willens aufgrund normaler, vernünftiger Erwägungen nicht aufgehoben haben[28] und sämtliche Entscheidungen nicht unter Fremdeinfluss fallen, vergleichbar einem Kind, das dem Ratgeber vertraut.[29] Auch bei einem längeren Fortdauern geistiger Störungen besteht **keine Vermutung** für den Ausschluss der freien Willensbildung.[30]

Die Abwägung der für und gegen ein Rechtsgeschäft sprechenden Gründe **frei von** 10
Einflüssen Dritter setzt voraus, dass der Betroffene sich an Sachverhalte und Ereignisse erinnern, Informationen aufnehmen und Zusammenhänge erfassen kann.[31] Die zivilrechtliche Sichtweise steht dabei mit den Erkenntnissen der forensischen **Psychiatrie** und der **Neurobiologie** in Einklang.[32]

Die juristische Prüfung erfolgt ausgehend vom Wortlaut des § 104 Nr. 2 in **zwei** 11
Stufen:[33]

(1) Lag zum Zeitpunkt der Abgabe der Willenserklärung eine **psychische Störung** vor, die den juristischen Krankheitsbegriffs iSv § 104 Nr. 2 BGB erfüllt und grundsätzlich geeignet ist, sich auf die freie Willensbildung negativ auszuwirken? Ist diese Frage zu verneinen, so muss man von einer Geschäftsfähigkeit ausgehen. (→ Rn. 7, 8).

(2) Ob und wodurch wirkte sich diese Krankheit auf die **freie Willensbestimmung** aus? (Ebene der psychopathologischen Funktionsstörungen → Rn. 29 ff.).

Bei dem Prüfungsschritt Nr. 1 muss der Krankheitsbegriff iSv § 104 Nr. 2 BGB 12
„diagnostisch und psychopathologisch untermauert" sein.[34] Der Prüfungsschritt Nr. 2 ist selbst bei einem schwersten Krankheitsverlauf nicht entbehrlich.[35] Selbst schwerwiegende psychiatrische Störungen reichen für sich genommen nicht zur Feststellung einer Geschäftsunfähigkeit aus, solange die Erkrankung keine Auswirkungen auf die Willensbildung hatte.[36]

---

[27] OLG Brandenburg 5 U 229/97, BeckRS 2004, 10490 mwN; BGH IV ZR 83/69, NJW 1970, 1680; BGH XI ZR 157/07, BeckRS 2008, 26951; OLG Karlsruhe 4 U 124/04, BeckRS 2010, 02234; OLG Düsseldorf 18 U 175/09, BeckRS 2011, 06925.

[28] KG 1 W 49/09, FamRZ 2010, 835 zur Testierfähigkeit mwN; BayObLG 1 Z BR 107/04, ZEV 2005, 345; OLG Düsseldorf 18 U 175/09, BeckRS 2011, 06925 mwN; BGH V ZR 97/52, NJW 1953, 1342; BayObLG, NJW 1989, 1678; OLG Schleswig 1 W 52/07, BeckRS 2008, 14041.

[29] OLG München 20 U 2996/15, BeckRS 2016, 06614.

[30] OLG Celle 4 U 65/18, BeckRS 2019, 35393.

[31] BayObLG 1Z BR 100/04, BeckRS 2005, 44199.

[32] Cording/Roth NJW 2015, 26.

[33] Cording/Nedopil/Cording Psychiatrische Begutachtungen S. 37; Cording ZEV 2010, 23 u. 115; OLG Schleswig 3 Wx 122/15, NJW-RR 2016, 1229.

[34] Cording/ Nedopil/Hausner Psychiatrische Begutachtungen S. 120; KG 19 W 10/20, ErbR 2021, 854.

[35] Cording/Nedopil/Cording Psychiatrische Begutachtungen S. 39.

[36] OLG Karlsruhe 4 U 124/04, BeckRS 2010, 02234.

III. Arten der Geschäftsfähigkeit

1. Partielle Geschäftsfähigkeit

13 Allgemein anerkannt ist in der Rechtsprechung, dass die Geschäftsfähigkeit – anders als die Testierfähigkeit – **nur für einen beschränkten** Kreis von Angelegenheiten **(Querulantenwahn)** bzw. besonders schwierigen Rechtsgeschäften ausgeschlossen sein kann.[37] Die kognitiven Defizite wirken sich dann in anderen Bereichen nicht aus.[38] Das OLG Hamm nimmt dies nur für besondere Einzelfälle an.[39] Das OLG München bejaht eine partielle Geschäftsfähigkeit, wenn eine Vollmachtserteilung bewusst und in freier Willensentschließung erfolgt und leichtere kognitive Defizite nicht ausschließbar sind.[40] Der Bereich der partiellen Geschäftsunfähigkeit umfasst dann zB den Bereich, in denen Menschen einer (oft finanziellen) Fremdbeeinflussung ausgesetzt sind.[41] Wer in Bezug auf das eigene Erbe oder eine bestimmte Person wahnhaften Vorstellungen unterliegt, kann uU seinen Willen in Bezug auf Alltagsgeschäfte (noch) frei bilden. Eine abweichende Ansicht vertritt das OLG Brandenburg, wonach eine klare Grenze zwischen Geschäftsfähigkeit und Geschäftsunfähigkeit zu ziehen ist.[42]

14 Ob eine Person bei einer Rechtshandlung als partiell geschäftsunfähig einzustufen ist, kann stets nur aufgrund der **konkreten Umstände des Einzelfalls** und – mangels Vergleichbarkeit mit anderen Fällen – nicht typisierend festgestellt werden.[43] Denn die psychopathologischen Defizite müssen sich immer auf ein konkretes Rechtsgeschäft ausgewirkt haben.[44] Es gibt keinen Erfahrungssatz, dass eine Störung der Geistestätigkeit mit hoher Wahrscheinlichkeit zu einem Ausschluss der freien Willensbestimmung führen muss. Es gibt deswegen auch **keine prozessualen Beweiserleichterungen** (→ Rn. 101).[45]

2. Relative Geschäftsfähigkeit und Intelligenzentwicklung

15 Eine auf den jeweiligen **Schwierigkeitsgrad des Rechtsgeschäfts** bezogene **relative Geschäftsfähigkeit** existiert nicht.[46] Eine Abgrenzung zur Geschäftsunfähigkeit wäre erschwert, wenn nicht das Ausmaß der willensbeeinträchtigenden

---

[37] BVerfGE 1 BvR 2509/15, BeckRS 2016, 48238; BGH I ZB 15/13, NJW 2014, 2288; BGH III ZR 9/07, NJW 2008, 840; BGH III ZR 156/01, NJW-RR 2002, 1424; BGH III ZR 306/98, NJW 2000, 289; BGH IV ZR 83/69, NJW 1970, 1680; OLG Stuttgart 6 U 130/10, BeckRS 2011, 23851; OLG Brandenburg 5 U 229/97, BeckRS 2004, 10490; OLG Hamburg 9 U 141/03, OLGR Hamburg 2005, 137; OLG München 8 U 2279/12, BeckRS 2013, 09214; OLG München 3 U 4789/09, BeckRS 2013, 16015; aA OLG München 3 U 1522/16, BeckRS 2016, 19496.

[38] Cording/Nedopil/Cording Psychiatrische Begutachtungen S. 69.

[39] OLG Hamm 10 U 5/20 ErbR 2021, 955.

[40] OLG München 33 Wx 278/08, ZEV 2010, 150.

[41] OLG München 8 U 2279/12, BeckRS 2013, 9214.

[42] OLG Brandenburg 3 U 1/12, BeckRS 2013, 06305.

[43] OLG Stuttgart 6 U 130/10, BeckRS 2011, 23851.

[44] Cording/Nedopil/Cording Psychiatrische Begutachtungen S. 69.

[45] OLG Karlsruhe 4 U 124/04, BeckRS 2010, 02234 mN; BGH WM 1965, 895.

[46] OLG Saarbrücken 6 UF 130/18, NJW-RR 2019, 772; OLG München 31 Wx 16/07, NJW-RR 2008, 164 mwN; BayOblG BReg. 3Z 182/91, NJW 1992, 2100; BayObLG 1Z BR 100/04, BeckRS 2005, 44199; Cording/Nedopil/Cording Psychiatrische Begutachtungen S. 40.

Störung der Geistestätigkeit, sondern der Intelligenzgrad und die Allgemeinbildung des Betroffenen entscheidend wären.[47]

Das Maß der **intellektuellen Fähigkeiten** ist jedoch unerheblich, solange ein **16**
Willensentschluss frei möglich ist.[48] Aus einer **Intelligenzminderung** kann nicht ohne weitere Feststellungen zur Willensbildung auf eine Geschäftsunfähigkeit geschlossen werden,[49] es sei denn die Ausprägung ist so groß, dass sie zu einer mangelnden Durchsetzungsfähigkeit gegenüber Dritten führt[50] oder eine freie Willensbildung intelligenzbedingt ausgeschlossen ist.[51] Wer realitätsbezogen und einsichtig in der Lage ist, seinen Willen frei zu bestimmen, ist noch nicht geschäftsunfähig, wenn seine **intellektuellen Fähigkeiten** generell nicht ausreichend sind, um schwierige rechtliche Beziehungen verstandesmäßig zu erfassen.[52] Eine geistige Behinderung vom Ausmaß einer leichten Intelligenzminderung (ICD11 F70) begründet keine Geschäftsunfähigkeit.[53] Davon abweichend geht das OLG Düsseldorf bei einem IQ von unter 60 von einer Geschäftsunfähigkeit aus.[54]

Der **Intelligenzquotient (IQ)** ist nur eine grobe Richtschnur zur Klassifizierung **17**
der geistigen Fähigkeiten. Defizite können durch lebenspraktische Fähigkeiten im Alltag ausgeglichen werden. Umgekehrt steht ein hoher Intelligenzquotient nicht der Annahme entgegen, dass eine Person ihre Entscheidungen krankheitsbedingt nicht von vernünftigen Erwägungen abhängig machen kann.[55] Intellektuelle Fähigkeiten können zusammen mit einem optisch ansprechenden Äußeren dazu führen, dass Außenstehende sich durch eine blendende Fassade über das Fortschreiten einer Demenzerkrankung täuschen lassen[56] (vgl. → Rn. 40 f.). Ein hoher Intelligenzgrad und ein entsprechendes Bildungsniveau machen tiefgehende diagnostische Erhebungen erforderlich, um die kognitiven Defizite aufzudecken und „charakteristischen Bagatellisierungstendenzen" zu erkennen.[57]

Eine Klassifizierung erfolgt unabhängig von dem weltweit anerkannten Diagnose- **18**
klassifikationssystem **ICD-11,** sondern psychopathologisch, wobei in allen Fällen dieselben Beurteilungskriterien gelten.[58] Alle wissenschaftlich anerkannten psychischen Störungen, die als mögliche Folge zu einem Ausschluss der freien Willensbestimmung führen, können jede für sich genommen den Krankheitsbegriff iSv § 104 Nr. 2 BGB erfüllen.[59] Trotzdem kann eine ICD11-basierte Diagnose für Gerichtsgutachter sehr hilfreich sein. (Zu den Schwierigkeiten einer retroperspektivischen Begutachtung → Rn. 40, 71). Es kommt aber nicht auf die konkreten Krankheits-

---

[47] Cording/Nedopil/Cording Psychiatrische Begutachtungen S. 34.

[48] KG 18 UF 73/13, BeckRS 2014, 6406; OLG Düsseldorf 18 U 175/09, BeckRS 2011, 06925 mwN; BayObLG 3Z 149/88, FamRZ 1989, 664; OLG Hamm 15 W 393/01, FamRZ 2004, 659.

[49] BGH XII ZB 206/13, NJW-RR 2013, 1473; KG 18 UF 73/13, BeckRS 2014, 6406; BayObLG 1Z BR 60/03, BeckRS 2003, 30331583; OLG Hamm 15 W 393/01, FamRZ 2004, 659 mwN OLG Hamm 15 W 205/92, FamRZ 1993, 823; Wetterling ErbR 2015, 544.

[50] OLG Köln 11 U 199/10, BeckRS 2011, 05668.

[51] OLG München 20 U 358/20, BeckRS 2020, 47755.

[52] KG 18 UF 73/13, BeckRS 2014, 5406.

[53] KG 18 UF 73/13, BeckRS 2014, 5406 mN; BGH IV ZR 83/69, NJW 1970, 1680.

[54] OLG Düsseldorf 4 U 169/94, VersR 1996, 1493.

[55] OLG Frankfurt a. M. 15 U 13/89, NJW-RR 1992, 763; OLG München 3 U 4789/09, BeckRS 2013, 16015.

[56] OLG Düsseldorf 18 U 175/09, BeckRS 2011, 06925; BayObLG 1Z BR 100/04, BeckRS 2005, 44199; Delius ErbR 2008, 182; Wetterling ErbR 2015, 355.

[57] BayObLG 1Z BR 100/04, BeckRS 2005, 44199.

[58] Cording/Nedopil/Cording Psychiatrische Begutachtungen S. 45.

[59] Cording/Nedopil/Cording Psychiatrische Begutachtungen S. 37.

ursachen und Merkmale, sondern auf die **Diagnose eines psychopathologischen Syndroms** an.[60] Eine **exakte Diagnose** ist unerheblich, solange die in Betracht kommenden Krankheiten potentiell einschlägig sein können.[61] Nicht ausschlaggebend ist, ob aus dem großen Formenkreis von Demenzerkrankungen konkret Morbus Alzheimer diagnostizierbar ist, solange ein ausreichend fortgeschrittener (→ Rn. 49) Hirnabbauprozess erwiesen ist.

19 Die „Kontinuität der Lebensentwicklung" im Sinne eines seit der Kindheit fortlaufenden Lernprozesses **(Persönlichkeitsentwicklung)** muss krankheitsbedingt dazu geführt haben, dass auf die „biographische Lernerfahrung" (auch nur vorübergehend) nicht mehr zurückgegriffen werden kann und deswegen im konkreten Fall ein objektiv abwägendes Agieren nicht mehr möglich ist.[62]

20 Ist hingegen jemand aus psychopathologischer Sicht zu einem **sachgerechten Entscheidungsprozess** in der Lage, so führen **unvernünftige,** ungerechte oder auch leichtfertige **Entscheidungen** nicht zur Geschäftsunfähigkeit.[63] Gedächtnisstörungen und psychiatrisch bedingte Persönlichkeitsveränderungen machen eine Urteilsbildung in komplexen Situationen unmöglich, während einfache Ja/Nein-Entscheidungen mit leicht zu überblickenden Konsequenzen noch möglich sein können.[64]

IV. Abgrenzung

1. Einwilligungsfähigkeit

21 Die Einwilligung in medizinische Therapiemaßnahmen setzt keine Geschäftsfähigkeit voraus, sondern muss von einer natürlichen Einwilligungsfähigkeit getragen sein.[65] Der Betroffene muss mit seinem Verstand die Art und Bedeutung sowie die Tragweite und Risiken seiner Entscheidung jedenfalls in groben Zügen erfassen und seinen Willen hiernach ausrichten können.[66] Das eine Einwilligungsfähigkeit bejahende Votum eines konsiliarisch hinzugezogenen Psychiaters lässt nur in Kombination mit einer sachverständigen Beratung des Gerichts einen Rückschluss auf die Geschäftsfähigkeit zu.[67]

2. Freie Willensbestimmung § 1814 Abs. 2 BGB

22 Der Begriff der **freien Willensbestimmung iSd § 1814 Abs. 2 BGB** und der Krankheitsbegriff iSv § 104 Nr. 2 BGB sind im Kern deckungsgleich.[68]

---

[60] Cording/Nedopil/Cording Psychiatrische Begutachtungen S. 41.

[61] OLG Hamburg 4 U 31/15, BeckRS 2016, 121094; Cording/Nedopil/Cording Psychiatrische Begutachtungen S. 41.

[62] Cording/Nedopil Psychiatrische Begutachtungen S. 38 mit Hinweis auf Schneider Beurteilung der Zurechnungsfähigkeit 3. Aufl. 1956.

[63] Cording/Nedopil/Cording Psychiatrische Begutachtungen S. 40.

[64] BayObLG 1Z BR 100/04, BeckRS 2005, 44199.

[65] BGH XII ZB 554/20, NJW-RR 2021, 1086.

[66] Grüneberg/Ellenberger BGB Übl v. § 104 BGB Rn. 8 mwN; BGH XII ZB 554/20, NJW-RR 2021, 1086; BGH III ZR 222/62, NJW 1964, 1177.

[67] BGH XII ZB 554/20, NJW-RR 2021, 1086.

[68] BGH XII ZB 158/21, BeckRS 2022, 41847; BGH XII ZB 554/20, NJW-RR 2021, 1086; XII ZB 577/13, NJW-RR 2014, 770 mwN; BGH XII ZB 526/10, FamRZ 2011, 630; OLG Köln 16 Wx 5/06, FGPrax 2006, 117; BGH XII ZB 455/15, NJW-RR 2016, 643; jeweils zu § 1896 BGB aF.

3. Betreuungsbedürftigkeit

23 Nach § 1814 Abs. 1 S. 1 BGB ist notwendig, dass ein Volljähriger auf Grund einer Krankheit oder Behinderung seine Angelegenheiten ganz oder teilweise nicht besorgen kann.[69] In subjektiver Sicht muss neben einem medizinischen Befund noch die dadurch bedingte fehlende Eignung zur Besorgung eigener Angelegenheiten hinzukommen. Nicht notwendig ist für eine Betreuerbestellung, dass eine (partielle) Geschäftsunfähigkeit vorliegt.[70] Dass das Betreuungsgericht den Aufgabenkreis Vermögenssorge abgelehnt hat, bedeutet nicht zwingend, dass ein zweifelsfreier Beweis der Geschäftsunfähigkeit unmöglich wäre. Dies gilt insbesondere bei Feststellungen im Widerspruch zu anderen Zeugenaussagen, so dass dem Gericht eine Fehleinschätzung unterlaufen sein könnte.[71]

Eine **Pflegebedürftigkeit** begründet per se keine Geschäftsunfähigkeit, da die Prüfungskriterien unterschiedlich sind. Die 2017 eingeführten Pflegegrade können bezüglich der Prüfungskriterien jedoch wichtige Anhaltspunkte für die Beurteilung der Geschäftsfähigkeit bilden (§§ 14 Abs. 2 Nr. 2 SGB XI).

Ein Wunsch oder eine Ablehnung des Betroffenen hinsichtlich der Person des Betreuers (§ 1816 Abs. 2, 3 BGB) erfordert keine Geschäftsfähigkeit.[72] Dies ergibt sich auch aus § 275 FamFG.[73] (→ § 275 Rn. 2)

4. Testierfähigkeit

24 Nach § 2229 Abs. 4 BGB ist testierunfähig, wer wegen krankhafter Störungen der Geistestätigkeit, wegen Geistesschwäche oder wegen Bewusstseinsstörungen nicht in der Lage ist, die Bedeutung einer von ihm abgegebenen Willenserklärung einzusehen und nach dieser Einsicht zu handeln.[74] Die Testierfähigkeit ist ein **Unterfall der Geschäftsfähigkeit** bzw. eine spezielle Ausprägung davon.[75] Die psychiatrischen Beurteilungskriterien sind identisch.[76] Aus psychiatrischer Sicht ist die Geistesschwäche iSv § 2229 Abs. 4 BGB einer krankhaften Störung der Geistestätigkeit iSv § 104 Nr. 2 BGB gleichzusetzen.[77] Deswegen ist es unerheblich, wenn die Beweisaufnahme zur Wirksamkeit eines **Erbvertrages** sich statt auf die gemäß § 2275 BGB erforderliche Geschäftsfähigkeit auf eine Testierfähigkeit bezieht.[78]

25 Die Fähigkeit zur Testamentserrichtung ist – anders als die Geschäftsfähigkeit (vgl. → Rn. 13, 15) – entweder gegeben oder sie fehlt vollständig.[79] Es gibt keine nach dem Schwierigkeitsgrad eines Testaments abgestufte Testierfähigkeit. Das BayObLG

---

[69] Kurze ZErb 2021, 345.

[70] BT-Drs. 11/4528, 60 zu § 1896 idF bis 31.12.2022 und BT-Drs. 19/24445, 52.

[71] OLG Hamm 15 W 26/19, BeckRS 2020, 31379.

[72] BGH XII ZB 151/20, BeckRS 2021, 27717; XII ZB 589/17, NJW 2018, 1878; XII ZB 57/17, NJW 2017, 3301; XII ZB 558/17, BeckRS 2018, 6332; XII ZB 521/17, BeckRS 2018, 11933 jeweils zur alten Rechtslage in § 1897 Abs. 4 idF bis 31.12.2022.

[73] BT-Drs. 19/24445, 234.

[74] OLG Hamm 15 W 453/17, ErbR 2020, 482.

[75] BGH IV ZB 18/16, ZEV 2017, 278; OLG München 31 Wx 16/07, NJW-RR 2008, 164; OLG Hamburg 2 W 96/11, NJW-RR 2012, 242; OLG Rostock 3 W 47/09, ZErb 2009, 331.

[76] Cording/Nedopil/Cording Psychiatrische Begutachtungen S. 31; BGH IV ZB 18/16, ZEV 2017, 278; OLG Koblenz 1 U 1198/17, ErbR 2019, 584; OLG Schleswig 5 U 36/15, BeckRS 2016, 12410.

[77] Cording/Nedopil/Cording Psychiatrische Begutachtungen S. 42; OLG Koblenz 1 U 1198/17, ErbR 2019, 584.

[78] OLG Koblenz 1 U 1198/17, ErbR 2019, 584.

[79] OLG München 31 Wx 16/07, NJW-RR 2008, 164; BayObLG 1a Z 37/90, NJW 1990, 248; aA Baumann ZEV 2020, 193.

geht hingegen in einer älteren Entscheidung von der Möglichkeit einer partiellen Testierunfähigkeit aus.[80]

Wie bei der Geschäftsfähigkeit genügt es nicht, dass der Betroffene überhaupt einen Wunsch äußern oder eine Meinung artikulieren kann.[81] (vgl. → Rn. 32) Eine allgemeine Vorstellung über die Errichtung eines Testaments und dessen Inhalt reichen nicht aus.[82] Dies gilt auch für das Wiedererkennen von Bezugspersonen und das Erfassen einfacher Sachverhalte.[83]

26 Nach ständiger Rechtsprechung müssen Erwägungen und Willensentschlüsse auf einer dem allgemeinen Verkehrsverständnis entsprechenden Würdigung der Außenwelt beruhen und dürfen nicht durch krankhaftes Empfinden oder krankhafte Vorstellungen und Gedanken derart beeinflusst werden, dass sie tatsächlich nicht mehr frei sind.[84]

27 Es ist kein Indiz für eine Testierunfähigkeit, wenn statt des einzigen Kindes eine **familienfremde Person** oder eine erst seit kurzer Zeit bekannte Person zum **Erben** eingesetzt wird.[85] Jeder Erblasser hat das Recht, unvernünftige bzw. ungerechte Entscheidungen zu treffen, solange er zur Abwägung des Für und Wider in der Lage ist. Denn es geht nicht darum, den Inhalt einer letztwilligen Verfügung auf eine Angemessenheit zu beurteilen, sondern nur darum, ob sie frei von krankheitsbedingten Störungen gefasst werden konnte.[86] Abzugrenzen ist dies von der Frage, ob die Motivbildung nicht mehr frei und unabhängig von einer Wahnvorstellung erfolgte.[87] Diese Grundsätze sind auf alle zivilrechtlichen Vertragsabschlüsse und Vollmachtserteilungen übertragbar.

5. Delikts- und Schuldfähigkeit

28 Maßgeblich ist, ob der Handelnde iSe Einsichts- und Steuerungsfähigkeit gemäß § 20 StGB unfähig ist, das Unrecht der Tat einzusehen oder nach dieser Einsicht zu handeln. Entscheidend ist insbesondere die fehlende Steuerungsfähigkeit, die auf fehlender Einsichtsfähigkeit, aber auch auf anderen Umständen beruhen kann. Es wird bei der Beurteilung der Einsichts- und Steuerungsfähigkeit keine Willensfreiheit vorausgesetzt.[88] Deswegen ist eine Schuldunfähigkeit für sich genommen noch nicht ausreichend. Bei einer Rechtsmittelrücknahme eines geschäftsunfähigen Angeklagten kommt es darauf an, ob er die Bedeutung der Willenserklärung erfassen konnte, wobei verbleibende Zweifel zu seinen Lasten gehen.[89]

---

[80] BayObLG 1 Z 53/84 BeckRS 2009, 29032; aA Fn. 76.

[81] OLG München 31 Wx 16/07, NJW-RR 2008, 164.

[82] OLG Hamm 15 W 26/19, BeckRS 2020, 31379; OLG Rostock 3 W 47/09, ZErb 2009, 331.

[83] OLG München 31 Wx 16/07, ZErb 2007, 458.

[84] OLG München 31 Wx 81/15, ZErb 2015, 253; 1Z BR 136/02, BeckRS 2003, 16581; OLG Düsseldorf 3 Wx 273/11, NJW-RR 2012, 1100; OLG München 31 Wx 81/15, ZErb 2015, 253; BayObLG 1Z BR 136/02, BeckRS 2003, 16581; OLG Düsseldorf 3 Wx 373/11, NJW 2012, 1100.

[85] KG 19 W 10/20, ErbR 2021, 854; OLG Celle 6 W 16/03, ZErb 2003, 321.

[86] OLG Frankfurt a. M. 20 W 188/16, ErbR 2017, 721; KG 6 W 95/16, ErbR 2018, 443; BayObLG 1Z BR 100/04, BeckRS 2005, 44199 mwN; BayObLGZ 1Z BR 122/98, NJW-RR 2000, 206; OLG München 31 Wx 16/07, NJW-RR 2008, 164.

[87] OLG Frankfurt a. M. 20 W 188/16, ErbR 2017, 721.

[88] Roxin/Greco StrafR AT Bd. 1 § 20 Rn. 28.

[89] BGH 4 StR 491/15, BeckRS 2016, 2164.

V. Medizinische Befunde und Diagnosen

1. Einführung

Entscheidend ist nicht die **Art der Erkrankung,** sondern deren Auswirkung auf die freie Willensbestimmung.[90] Das Gesetz verbindet also nicht mit jeder Geisteskrankheit oder -schwäche die Rechtsfolge der Nichtigkeit einer Willenserklärung. Es genügt nicht, dass jemand einen Wunsch äußert, eine Absicht verfolgt oder eine Meinung artikuliert.[91] Auch ein Geschäftsunfähiger kann einen **„natürlichen Willen"** bilden und diesen äußern.[92] 29

Laien können im Regelfall nicht zwischen der Äußerung eines natürlichen Willens und einer auf einer freien Willensbestimmung beruhenden Äußerung unterscheiden[93] (→ vertiefend Rn. 111 f.). Dabei kommt es nicht darauf an, ob das Rechtsgeschäft auch in einem Zustand unbeschränkter Willensbildung abgeschlossen worden wäre. Ein **Kausalzusammenhang** ist also nicht notwendig.[94] 30

Die freie Willensbildung muss **vollständig ausgeschlossen** sein. Bloße Einschränkungen reichen nicht aus. **Abzugrenzen** ist dies negativ gegenüber einer **bloßen Willensschwäche**[95] oder einer **leichten Beeinflussbarkeit,** welche jeweils keine Auswirkungen auf die Geschäftsfähigkeit haben.[96] 31

Das entscheidende Abgrenzungskriterium ist nach Ansicht von Cording die **Kritik- und Urteilsfähigkeit.**[97] Geschäftsunfähige zeigen zumeist eine mangelnde Krankheitseinsicht, bemerken kognitive Defizite nicht oder nur unzureichend und beurteilen daher die Auswirkungen ihrer Erkrankung auf das tägliche Leben falsch.[98] Die psychiatrische Fachliteratur spricht von Einbußen an Selbstvergegenwärtigung und Selbstreflexion, Einsichtsfähigkeit und Realitätsbezug.[99] Die Fähigkeit zur kritischen Distanz ist verlorengegangen. Cording bezeichnet dies als „Verlust des Wissens um diesen Verlust".[100] 32

Dass die betroffene Person **wusste, was sie gerade tut oder getan hat** oder aus Sicht von Zuhörern ihren Willen klar zum Ausdruck gebracht hat, schließt die Geschäftsunfähigkeit gerade nicht aus (→ Rn. 7 f.).[101] Eine der **zentralen kognitiven Fähigkeiten** von Menschen ist es, das Wichtige vom Unwichtigen zu unterscheiden, Akzente zu setzen und in diesem Sinne vernünftige Erwägungen anzustellen.[102] Es 33

---

[90] OLG Karlsruhe 4 U 124/04, BeckRS 2010, 02234 mwN; BGH WM 1965, 895.

[91] OLG München 31 Wx 16/07, NJW-RR 2008, 164.

[92] BayObLG 1Z BR 100/04, BeckRS 2005, 44199.

[93] Cording/Nedopil/Cording Psychiatrische Begutachtungen S. 32 f.

[94] OLG München 8 U 2279/12, BeckRS 2013, 09214; OLG Hamburg 2 W 96/11, NJW-RR 2012, 242; Cording/Nedopil/Cording Psychiatrische Begutachtungen S. 32.

[95] OLG München 3 U 152/16, BeckRS 2016, 19496; OLG München 20 U 2996/15, BeckRS 2016, 06614.

[96] OLG Düsseldorf 18 U 175/09, BeckRS 2011, 06925 mwN; BGH V ZR 103/54, NJW 1961, 261; OLG Düsseldorf 7 U 210/95, FamRZ 1998, 1064; OLG Schleswig 1 W 52/07, BeckRS 2008, 14041.

[97] Cording/Nedopil/Cording Psychiatrische Begutachtungen S. 46; BayObLG 1Z BR 25/02, BeckRS 2014, 20337; OLG Hamburg 2 W 96/11, NJW-RR 2012, 242.

[98] Cording/Nedopil/Cording Psychiatrische Begutachtungen S. 46.

[99] Cording/Nedopil/Cording Psychiatrische Begutachtungen S. 46.

[100] Cording/Nedopil/Cording Psychiatrische Begutachtungen S. 46.

[101] BGH XI ZR 70/95, NJW 1996, 918; OLG München 31 Wx 16/07, NJW-RR 2008, 164; OLG Hamburg 2 W 96/11, NJW-RR 2012, 242.

[102] OLG München 3 U 4789/09, BeckRS 2013, 16015.

kann eine Rolle spielen, ob sich Personen bei wichtigen Entscheidungen **Hilfe** einholen, was dann für eine gewisse Kritikfähigkeit und Freiheit eines Willensentschlusses nach Abwägung fremden Rats spricht.[103] Das ist wiederum davon abzugrenzen, ob die Hilflosigkeit einen Grad angenommen hat, der zu einer nahezu **beliebigen Formbarkeit** des Willens geführt hat, was dann ein klassisches Zeichen für eine Geschäftsunfähigkeit ist.[104] Es ist stets zu prüfen, ob die nachfolgenden psychopathologischen Symptome im konkreten Fall bereits für sich genommen (zB zumeist bei einer Altersdemenz) oder erst in der Summe die Freiheit der Willensbestimmung ausschließen.[105]

34 Da stets der **individuelle Einzelfall** zu prüfen ist, kann man die Annahme einer Geschäftsunfähigkeit nicht per se an **bestimmte Stadien und Schweregrade** einer Erkrankung knüpfen.[106] Zudem existiert kein allgemeingültiger Bewertungsmaßstab, so dass das Ausmaß einer psychischen Störung personenbezogen zu ermitteln ist.[107] Grundsätzlich wird bei psychischen Störungen zwischen kurz andauernden bzw. fluktuierenden Verlaufstypen, länger anhaltenden, aber meist spontan oder unter Therapie abklingenden Erkrankungen und chronischen bzw. chronisch-progredienten Störungen (dementielle Syndrome) (vgl. → Rn. 35, 39, 71) unterschieden.[108]

2. Demenz

35 Die Demenz ist ein **mehrteiliges Krankheitsbild,** das sich aus kognitiven Störungen, Wahrnehmungs- und Gedächtnisstörungen, emotionalen Störungen sowie Störungen der Entscheidungsfähigkeit und der Fähigkeit zu vernünftigen Erwägungen zusammensetzt.[109] Als Ursache für den Ausbruch kommen mehrere Krankheiten in Betracht, die aber neuropathologisch erst posthum diagnostizierbar sind. Demenzpatienten leiden zumeist an mehreren Erkrankungen, wobei die Todesursache sehr häufig eine körperliche Erkrankung ist bzw. deren organische Folgen sind.[110]

36 Die Beurteilung des Ausmaßes einer Demenz ist nur durch eine **Gesamtbewertung aller Faktoren** möglich.[111] Es ist auf das Gesamtverhalten und das Gesamtbild der Persönlichkeit[112] unter Einbeziehung der Vorgeschichte abzustellen und nicht allein auf einen bestimmten Schweregrad einer von Wahnvorstellungen[113] (→ Rn. 54 ff.) geprägten Demenz.[114] Nach Wetterling kann aus einer **Vermüllung** und **Verwahrlosung** nicht zwingend auf eine bestimmte psychiatrische Diagnose geschlossen werden, da der Schweregrad neuropsychologischer Auffälligkeiten zu klären ist.[115] Entscheidend sind vielmehr die psychischen Funktionen, welche die Motiv- und Willensbildung wesentlich beeinflussen.[116] Für eine Begutachtung sind

---

[103] OLG Brandenburg 5 U 229/97, BeckRS 2004, 10490.

[104] OLG München 3 U 4789/09, BeckRS 2013, 16015.

[105] Cording/Nedopil/Cording Psychiatrische Begutachtungen S. 47.

[106] Cording/Nedopil/Cording Psychiatrische Begutachtungen S. 44; OLG Hamm I-4 U 75/12, 4 U 75/12, BeckRS 2012, 18012.

[107] Cording/Nedopil/Cording Psychiatrische Begutachtungen S. 44.

[108] OLG Hamburg 2 W 63/17, ZErb 2018, 280.

[109] OLG München 3 U 4789/09, BeckRS 2013, 16015.

[110] Wetterling ErbR 2015, 101.

[111] OLG München 3 U 4789/09, BeckRS 2013, 16015.

[112] OLG Hamm 10 U 76/16, ErbR 2018, 210; OLG Düsseldorf 43 Wx 115/13, BeckRS 2014, 16681; BayObLG 1Z BR 6/04, FamRZ 2004, 1386.

[113] OLG Düsseldorf 3 Wx 115/13, ErbR 2014, 391.

[114] BayObLG 1Z BR 6/04, FamRZ 2004, 1386; Zimmermann BWNotZ 2000, 97.

[115] OLG München 31 Wx 144/15, ZEV 2017, 148; Wetterling ErbR 2020, 531; siehe auch BayObLG 1 ZBR 124/00 ZEV 2002, 234.

[116] BayObLG 1Z BR 6/04, FamRZ 2004, 1386.

die kognitiven Fähigkeiten und das psychopathologische Zustandsbild entscheidend.[117] Die Existenz oder das Fehlen inhaltlicher Denkstörungen (insbesondere Wahnvorstellungen und -ideen) lässt für sich genommen keinen Rückschluss zu, da es auf ein massiv herabgesetztes Denkvermögen und eine Beeinträchtigung von Kritik- und Urteilsfähigkeit ankommt.[118]

Die Demenz ist im **ICD 11** (Internationale Klassifikation der Krankheiten) gelistet.[119] In Deutschland gibt es rund 200.000 Neuerkrankungen jährlich. Demenzen sind in aller Regel nicht heilbar und führen im Endstadium bis zu einem totalen körperlichen Verfall. Die häufigste Form ist die **Alzheimer-Demenz.** Es folgen vaskuläre Demenzen sowie Mischformen zu Alzheimer-Erkrankungen, ferner Lewy-Körper- und frontotemporale[120] (→ Rn. 43) Demenzen. In der medizinischen Fachliteratur wird die Zahl der reversiblen Demenzen mit 1% beziffert, wobei dies im Regelfall Patienten unter 65 Jahren und behandelbare Grunderkrankungen betrifft.[121] Aber auch hier bilden sich die kognitiven Defizite im Regelfall nur Schritt für Schritt und nicht vollständig zurück.[122] **37**

In rund 5% aller Fälle ist der Krankheitsausbruch **genetisch bedingt.** In anderen Fällen weisen Gen-Träger ein erhöhtes Krankheitsrisiko auf, soweit nicht Schlaganfälle oder Schädelverletzungen die Ursache sind (hirnorganisches Psychosyndrom).[123] In neurologischer Sicht können Tests und Untersuchungen (MRT, Rückenmarksflüssigkeit etc) durchgeführt werden, um Gedächtnisdefizite zu objektivieren, typische Veränderungen der Gehirnstruktur durch bildgebende Verfahren zu erkennen,[124] sowie andere Möglichkeiten eines Leistungsabbaus (Altersdepression[125]) auszuschließen. Das Risiko einer Fehldiagnose beträgt rund 5%. Dies betrifft insbesondere Fälle mit einer uneingeschränkten Alltagskompetenz. Erst posthum besteht nach mikroskopischen Untersuchungen des Gehirns absolute Gewissheit über die exakte Diagnose. Diese ist aber keine zwingende Voraussetzung für den Nachweis einer Geschäftsunfähigkeit (→ Rn. 18). **38**

Der **Verlauf von Demenzerkrankungen** beginnt in Form von degenerativen Erkrankungen des Gehirns **schleichend**[126] und ist nicht reversibel[127] bzw. führt idR binnen sieben bis zehn Jahren zum Tod.[128] Mehrere Jahre vor dem Auftreten äußerlich sichtbarer Symptome bricht die Erkrankung aus, bei einem kleinen Teil von Patienten bereits vor dem 60. Lebensjahr, idR aber erst nach Vollendung des 80. Lebensjahres.[129] Für die Begutachtung ist von Bedeutung, dass die Erkrankung meist aus einer bestehenden physischen Gesundheit heraus entsteht.[130] Nervenzellen, Synapsenverbindungen und der Zelltransport werden in einem fortlaufenden Prozess zerstört. Die ersten Symptome sind Gedächtnis-, Wortfindungs-, Lern- und Orientie- **39**

---

[117] Wetterling in ErbR 2015, 99.
[118] OLG Hamm 15 W 26/19, BeckRS 2020, 31379.
[119] Zu den diagnostischen Kriterien siehe Wetterling ErbR 2015, 99.
[120] OLG Düsseldorf 3 Wx 115/13, BeckRS 2014, 16681.
[121] Wetterling ErbR 2015, 99.
[122] Wetterling ErbR 2015, 99.
[123] Wetterling ErbR 2015, 99f.
[124] Wetterling ErbR 2015, 100.
[125] OLG Frankfurt a. M. 20 W 4/16, ErbR 2018, 516; Wetterling ErbR 2022, 285.
[126] Wetterling ErbR 2015, 100; Stoppe/Lichtenwimmer DNotZ 2005, 806; Neubauer/Wetterling ZEV 1995, 46.
[127] OLG Köln 2 Wx 124/19, BeckRS 2019, 13403.
[128] Lichtenwimmer MittBayNot 2002, 240.
[129] Losch ZErb 2018, 188 mwN → Rn. 13.
[130] Delius ErbR 2008, 182.

rungsstörungen, wobei zunächst nur das Neugedächtnis betroffen ist und die Vergangenheit noch unbeeinträchtigt erscheint.[131]

40 Den Betroffenen gelingt es in diesem Stadium oft noch, die Krankheitssymptome zu überspielen und eine wache und für Außenstehende **blendende Fassade** zu bewahren, obwohl bereits erhebliche Störungen bei der Verarbeitung komplexer und neuer Informationen, ausgeprägte Störungen des Kurzzeitgedächtnisses, der Orientierung sowie der Kritik- und Urteilsfähigkeit vorliegen können.[132] Andererseits können von Zeugen bemerkte auffällige Verhaltensweisen auf einer Minderversorgung beruhen und werden dann – manchmal irrig – als Symptome einer dauerhaften Demenz fehlinterpretiert.[133] (→ Rn. 107) Der Krankheitsbeginn ist oft retroperspektiv nicht mehr eindeutig bestimmbar.[134] Es kann auf der **Symptomebene** zu einem **sekundären Intelligenzverlust** kommen, welcher sich auf die Urteils- und Lernfähigkeit auswirkt.[135] Wetterling bezeichnet Merkfähigkeits- und Wortfindungsstörungen, eine örtliche und dann situative Desorientierung, Schwierigkeiten bei der Verrichtung mehraktiger Handlungen und schließlich Verhaltens- und Persönlichkeitsveränderungen bis hin zu einer „Entdifferenzierung der Primärpersönlichkeit" (Wetterling) als die charakteristische Reihenfolge einer Alzheimer-Demenz, wobei ein atypischer Verlauf nicht selten vorkommt.[136]

41 Die **Fassadenbildung** ist auch von dem Intelligenzgrad und der Allgemeinbildung abhängig (vgl. → Rn. 17).[137] Erst in einem deutlich fortgeschrittenen Stadium der Erkrankung kommt es zu einer auf den ersten Blick erkennbaren Verwirrtheit und Wesensänderungen bis hin zum Verlust des sprachlichen Äußerungsvermögens. Krankheitsverläufe mit diskret beginnenden und nicht durchgängigen demenziellen Symptomen können sich trotz einer anfänglichen Kompensation von Defiziten infolge von äußeren Umständen **schlagartig verschlechtern** (→ Rn. 151).[138] Bei **Parkinsonpatienten** ist eine Demenzdiagnose schwierig, da die Krankheit zu einer passiven, zurückgezogenen Haltung führt und Demenztests dann wenig aussagekräftig sein können.[139]

42 **Arten von Demenzerkrankungen und deren Auswirkungen:**

Grundsätzlich ist nicht eine (medizinisch exakte) Demenz-Diagnose, sondern die Schwere der kognitiven Beeinträchtigungen und Verhaltensauffälligkeiten entscheidend.[140] Diese sind bei den einzelnen Demenzformen unterschiedlich. Demenzbedingte geistige Einbußen reichen für sich nicht aus.[141]

43 Innerhalb des Formenkreises ist insbesondere zwischen **Alzheimer-Demenzen**[142] einerseits und **vaskulären Demenzen** aufgrund Durchblutungsstörungen im Gehirn andererseits zu unterscheiden. Auch Mischformen sind möglich.[143] Bei Ers-

---

[131] BayObLG 1Z BR 100/04, BeckRS 2005, 44199.

[132] BayObLG 1Z BR 100/04, BeckRS 2005, 44199.

[133] OLG Hamburg 2 W 63/17, ZErb 2018, 280 mwN Wetterling ErbR 2015, 355; OLG Frankfurt a. M. 20 W 4/16, ErbR 2018, 516.

[134] Wetterling ErbR 2015, 100.

[135] Cording/Nedopil/Cording Psychiatrische Begutachtungen S. 52.

[136] Wetterling ErbR 2015, 100.

[137] BayObLG 1Z BR 100/04, BeckRS 2005, 44199; OLG München 3 U 4789/09, BeckRS 2013, 16015.

[138] BayObLG 1Z BR 4/04, BeckRS 2004, 35126.

[139] KG 19 W 10/20, ErbR 2021, 854.

[140] OLG Bamberg 8 U 175/17, BeckRS 2018, 40958; OLG Düsseldorf 18 U 175/09, BeckRS 2011, 06925.

[141] OLG München 3 U 1522/16, BeckRS 2016, 20496.

[142] Zimmermann BWNotZ 2000, 97.

[143] OLG Düsseldorf 3 Wx 259/17, BeckRS 2018, 22617; OLG Frankfurt a. M. 20 W 4/16, ErbR 2018, 516; OLG München 3 U 4789/09, BeckRS 2013, 16015.

teren verschlechtert sich der Krankheitsverlauf chronisch-progredient und akute Verschlechterungen sind selten, aber möglich[144], während bei vaskulären Demenzen sprunghafte Verschlechterungen und Verbesserungen vorkommen.[145] Nach Delius ist dies selten und in der Regel auch erst im längerfristigen Verlauf der Fall.[146] Hinsichtlich Schwere und Komplexität ausgeprägte **Frontotemporale Demenzen** (→ Rn. 37) bilden sich nicht binnen weniger Wochen aus, so dass anderslautende Zeugenaussagen im Widerspruch zu fachärztlichen Feststellungen nicht entscheidend sein können.[147] (→ Rn. 111 ff.) In einem Anfangsstadium vor Beginn der mnestisch-kognitiven Störungen sind starke **Schwankungen** in Verhalten und Leistungsfähigkeit möglich.[148] Fluktuationen können in neurologisch guten Phasen zu einer Geschäftsfähigkeit führen.[149] Es müssen dann aber Dauerveränderungen von überlagernden oder begleitenden Zusatzsymptomen abgegrenzt werden, wie zB Delir (→ Rn. 60), Austrocknung (Exsikkose), Entzugserscheinungen etc.[150] Eine Exsikkose kann die kognitive Verfassung (zusätzlich) beeinträchtigen. Für eine entscheidungserhebliche Besserung müsste gewährleistet sein, dass die Austrocknung nicht nur zu einer Überlagerung einer diagnostizierten Demenz führt.[151] Das neurologische Störungsbild einer **vaskulären Demenz** ist stark wandelbar und im Gegensatz zu Alzheimer-Demenzen wird die Krankheit nicht durch einen Gedächtnisverlust geprägt, was sich dann auch auf die Einsichts- und Urteilsfähigkeit positiv auswirken kann.[152] Krankheitstypisch sind vielmehr fluktuierende Beeinträchtigungen des Stammhirns mit Störungen der Aufmerksamkeit, vermehrter Perseveration (Wiederholung von Worten) und Verlust der kognitiven Flexibilität, sowie Vigilanzschwankungen.[153] Bei fortgeschrittenem Verlauf unterscheiden sich die verschiedenen Demenzformen nur noch wenig, so dass die ICD11-Kriterien das Vollbild einer Demenz belegen.[154] Umstritten ist, ob bei einem mittelgradigen Verlauf einer vaskulären Demenz eine Geschäft- oder Testierunfähigkeit gegeben sein kann.[155] Man muss dies aber immer von der Frage trennen, ob eine Besserung einer Durchblutungsstörung bei vaskulären Demenzen den zweifelsfreien Beweis der Geschäftsunfähigkeit erschwert.[156]

Jedenfalls bei Alzheimer-Erkrankungen sind **lichte Momente (luzide Intervalle)** praktisch ausgeschlossen.[157] Dies gilt insbesondere bei hochgradigen Einschränkungen des Gedächtnisses über einen Zeitraum von mehreren Jahren. Diese irreversiblen Strukturveränderungen des Gehirns schließen ein längeres luzides Inter- **44**

[144] KG 19 W 10/20, ErbR 2021, 854; OLG Düsseldorf 18 U 175/09, BeckRS 2011, 06925; OLG Brandenburg 4 U 192/04, BeckRS 2009, 05840; Wetterling ErbR 2015, 101.

[145] OLG Jena 9 W 612/04, ZEV 2005, 343; BayObLG 1 Z BR 40/01, NJW-RR 2002, 1088; OLG Brandenburg 5 U 229/97, BeckRS 2004, 10490; Lichtenwimmer MittBayNot 2022, 240.

[146] Delius ErbR 2008, 182.

[147] OLG Düsseldorf 3 Wx 115/13, BeckRS 2014, 16681.

[148] OLG Düsseldorf 3 Wx 115/13, BeckRS 2014, 16681.

[149] OLG Frankfurt a. M. 20 W 4/16, ErbR 2018, 516.

[150] OLG Frankfurt a. M. 20 W 4/16, ErbR 2018, 516.

[151] OLG Hamm 15 W 26/19, BeckRS 2020, 31379 mAnm Reinert ErbR 2021, 487.

[152] OLG Bamberg 4 W 16/14, ZErb 2015, 314.

[153] OLG Bamberg 4 W 16/14, ZErb 2015, 314.

[154] Wetterling ErbR 2015, 100.

[155] Dagegen: BayObLG 1Z BR 100/04, BeckRS 2005, 44199; dafür: OLG Bamberg 4 W 16/14, ZErb 2015, 314.

[156] OLG Brandenburg 5 U 229/97, BeckRS 2004, 10490.

[157] OLG Frankfurt a. M. 20 W 4/16, ErbR 2018, 516; OLG Hamm 10 U 76/16, ErbR 2018, 210; OLG München 31 Wx 266/12, ZEV 2013, 504; OLG München 3 U 4789/09, BeckRS 2013, 16015.

vall aus.[158] (zur Beweislast → Rn. 98ff.). Demenzerkrankungen führen in den meisten Fällen zu unumkehrbaren **Daueränderungen,** bei denen die Urteilsfähigkeit nicht kurzfristig wiedererlangt werden kann. Die gravierenden **Persönlichkeitsveränderungen** führen im Endstadium zu einem „Abbruch der Kontinuität der Person".[159] Die morphologischen Veränderungen des Gehirns verhindern eine kurzzeitige Rückgewinnung der Fähigkeit zu einer freien Willensbildung.[160] Anderseits kann aus einzeln dokumentierten kognitiven Defiziten erst dann auf eine dauerhafte Beeinträchtigung geschlossen werden, wenn die Ursachen der einzelnen Defizite aufgeklärt sind.[161] Dies kann in seltenen Fällen bei vaskulären Demenzen[162] (→ Rn. 43) oder bei einem fortgeschrittenem Diabetes mellitus mit Über- oder Unterzuckerungen der Fall sein (episodische Bewusstseinsstörung).[163]

45 Demenzkranke reagieren oft aggressiv und impulsiv,[164] gleichzeitig dann aber oft auch hilflos oder resignativ. Der damit verbundene Versuch einer **Kompensation eigener Funktionsstörungen** führt oft zu einer Überforderung und einer kritiklosen Zuwendung gegenüber Menschen, von denen man sich Schutz und Hilfe erhofft. Patienten sind zumindest im mittelgradigen Stadium (→ Rn. 50) **Einflussnahmen** weitgehend unkontrollierbar ausgeliefert und damit form- und steuerbar.[165] Zuneigung und Ablehnung werden den jeweils An- und Abwesenden zuteil,[166] wodurch das persönliche Umfeld oft voneinander einen falschen Eindruck vermittelt erhält.

46 Für die Bewältigung des Alltags und das Abwägen von Entscheidungen notwendige Informationen können nicht realitätsgerecht abgespeichert werden. Selbst im seltenen Fall einer sprunghaften oder weitgehenden Besserung bliebt eine „erhebliche Lücke in der geistigen und psychischen Repräsentanz relevanter Umweltinformationen und der eigenen Biografie zurück".[167] Diese muss erst wieder adäquat mit Informationen gefüllt werden, bevor „die persönliche Sinnkontinuität des eigenen Lebens" wieder hergestellt werden kann.[168]

47 Die späte Erkennbarkeit einer Demenzerkrankung für Außenstehende erschwert die **Abgrenzung** von plötzlich auftretenden **(schweren) Depressionen,** die durch belastende Lebensereignisse verursacht werden und häufig keine Auswirkungen auf die Geschäftsfähigkeit haben.[169] Das ändert aber nichts daran, dass ausgeprägte Depressionen grundsätzlich geeignet sind, die Urteilsfähigkeit entscheidend zu beeinträchtigen (sog. **Pseudodemenz**).[170] Anders als bei Demenz-Patienten ist in diesen Fällen eine **Krankheitseinsicht** zumeist gegeben und die Patienten suchen die Schuld für die persönliche Situation bei sich selbst[171] (vgl. auch Suizid→ Rn. 67). Depressionen führen oft zu einer gestörten Entscheidungsambivalenz.[172]

---

158 BayObLG 1Z BR 100/04, BeckRS 2005, 44199.

159 OLG München 3 U 4789/09, BeckRS 2013, 16015.

160 Busch ErbR 2014, 90.

161 KG 19 W 10/20, ErbR 2021, 854.

162 Delius ErbR 2008, 182.

163 KG 19 W 10/20, ErbR 2021, 854; Delius ErbR 2008, 182.

164 OLG Brandenburg 4 U 192/04, BeckRS 2009, 05840.

165 OLG München 3 U 4789/09, BeckRS 2013, 16015.

166 OLG München 3 U 4789/09, BeckRS 2013, 16015.

167 OLG München 31 Wx 266/12, ZEV 2013, 504.

168 OLG München 31 Wx 266/12, ZEV 2013, 504.

169 OLG München 31 Wx 298/11, ZEV 2012, 43.

170 Wetterling ErbR 2022, 285; ErbR 2015, 544; Cording/Nedopil/Cording/Hausner/ Psychiatrische Begutachtungen S. 88; Delius ErbR 2008, 182.

171 Cording/Nedopil/Cording/Hausner/ Psychiatrische Begutachtungen S. 89.

172 Wetterling ErbR 2022, 285; ErbR 2015, 544.

In der Anfangsphase ist die Demenz von einem im Regelfall nicht zu einer Geschäftsunfähigkeit führenden MCI-Syndrom **(mild cognitive impairment)** abzugrenzen. Es liegen leichte kognitive Beeinträchtigungen (Sprach- und Gedächtnisstörungen) vor, ohne dass Einschränkungen der Alltagskompetenz festzustellen sind. Es ist in der medizinischen Forschung noch ungeklärt, ob die Erkrankung das Demenzrisiko erhöht oder eine Vorstufe darstellt. **48**

Schweregrade: Die Frage, ob eine Demenz **leichtgradig, mittelschwer oder schwer** ist, muss im Hinblick auf die **vier** verschiedenen **Dimensionen** (Gedächtnisleistungen, kognitive Leistungen, Fähigkeit zu vernünftigen Erwägungen, erhöhte Formbarkeit) beurteilt werden.[173] Anhaltspunkte sind innere Unfreiheit, hilfloses Verhalten in Alltagssituationen, Anlehnungsbedürftigkeit und damit eine deutlich ausgeprägte Formbarkeit des Willens.[174] **49**

Auch bei einer **leichten Demenz** kann eine **Einzelfallprüfung** zu einem Ausschluss der freien Willensbildung führen.[175] Im Regelfall kann man aber nicht davon ausgehen.[176] Bei einer **mittelgradigen** Demenz[177] bestehen im Regelfall erhebliche Zweifel an einer Geschäfts- oder Testierfähigkeit,[178] erst recht bei einer schweren oder **weit fortgeschrittenen** Demenz.[179] Dies gilt bei einer **mittelgradigen vaskulären** Demenz auch dann, wenn der Erblasser zwar die Folgen einer einfach gelagerten letztwilligen Verfügung verstehen kann, jedoch aufgrund schwerer Beeinträchtigungen des Gedächtnisses nicht in der Lage ist, das Pro und Contra seiner Entscheidung eigenständig abzuwägen.[180] Dies sind nur grobe Faustregeln, da immer die individuelle Psychopathologie in Bezug auf das konkrete Rechtsgeschäft entscheidend ist.[181] Konkrete Verhaltensweisen können entscheidender sein als ein hirnorganischer Befund.[182] **50**

Bei einer **mittelgradigen** Demenz kann sich jedoch ein **Mischbild** aus hochgradig gestörten und erhalten gebliebenen intellektuellen Funktionen ergeben, so dass insgesamt noch kein fortgeschrittener intellektueller Abbau belegt ist.[183] Das OLG Bamberg geht jedoch davon aus, dass eine vaskuläre Demenz erst bei einer mittelgradigen bis schweren Ausprägung die freie Willensbestimmung entscheidend beeinträchtigt.[184] **51**

Der Annahme einer mittelschweren Demenz stehen musikalische Aktivitäten oder überdurchschnittliche Leistungen in Spezialgebieten oder bei Hobbys nicht ent- **52**

---

[173] OLG München 3 U 4789/09, BeckRS 2013, 16015.

[174] OLG München 3 U 4789/09, BeckRS 2013, 16015.

[175] OLG Hamburg 2 W 96/11, BeckRS 2014, 15126.

[176] OLG Hamm 15 Wx 316/08, NJW-RR 2010, 799.

[177] OLG Hamm 15 W 26/19, BeckRS 2020, 31379.

[178] Cording ZEV 2010, 115; OLG Frankfurt a. M. 20 W 4/16, ErbR 2018, 516; OLG Hamm 10 U 76/16, ErbR 2018, 210; OLG Jena 9 W 612/04, ZEV 2005, 343; OLG Brandenburg 4 U 192/04, BeckRS 2009, 05840; aA OLG Düsseldorf 3 Wx 115/13, BeckRS 2014, 16681 (nicht ohne weiteres); Wetterling ZEV 1995, 46.

[179] OLG München 3 U 4789/09, BeckRS 2013, 16015; OLG Düsseldorf 18 U 175/09, BeckRS 2011, 06925; Wetterling/Neubauer Testierfähigkeit von Dementen, Psychiatrische Praxis 23 (1996), zit. nach OLG München 3 U 4789/09, BeckRS 2013, 16015.

[180] OLG Frankfurt a. M. 20 W 4/16, ErbR 2018, 516; BayObLG 1Z BR 100/04, BeckRS 2005, 44199.

[181] OLG Hamburg 2 W 63/17, ZErb 2018, 280 mN Cording ZEV 2010, 115.

[182] OLG Hamburg 2 W 63/17, ZErb 2018, 280 mN OLG München 31 Wx 16/07, ZEV 2008, 37; BayObLG 1 ZBR 124/00, ZEV 2002, 234.

[183] BayObLG 1Z BR 78/04, BeckRS 2005, 44182.

[184] Zur Testierfähigkeit OLG Bamberg 4 W 16/14, ZErb 2015, 314.

gegen, die man weite Teil des Lebens über und lange vor Ausbruch der Erkrankung erlernte.[185]

53 Der **zeitliche Krankheitsverlauf** kann von den ersten Anfängen einer leichten Demenz über eine mittelgradige Phase bis hin zu einer schweren Demenz mehr als zehn Jahre andauern. Die Lebenserwartung beträgt statistisch betrachtet zwischen 3,3 und 11,7 Jahren.[186] Grundsätzlich ist die **Geschwindigkeit des kognitiven Abbaus** individuell unterschiedlich.[187] Bei auf Schlaganfällen, Gehirntumoren und Autoimmunerkrankungen beruhenden Demenzen kann der kognitive Abbau binnen weniger Monate rasant voranschreiten.[188]

3. Psychose, Manie, Wahn- und Verwirrtheitszustände

54 Studien belegen, dass rund 1/3 aller **Alzheimer-**Patienten unter **Wahnvorstellungen (endogene Psychosen,** vgl. ICD 11 F 22.0) leiden und entsprechende paranoide Syndrome treten bei älteren Menschen in Form eines übersteigerten Misstrauens auf.[189] Neben isoliert bestehenden wahnhaften Störungen können Wahnvorstellungen auch im Rahmen psychiatrischer Erkrankungen wie Psychosen,[190] Delir (→ Rn. 60), Depression (→ Rn. 44) oder Medikamenten- oder Alkoholvergiftungen (→ Rn. 66) auftreten.[191] Das gilt auch für Psychosen aus dem Formenkreis der Schizophrenie (→ Rn. 57).[192] Der Realitätsbezug geht oft auch aufgrund medikamentöser Nebenwirkungen wahnbedingt verloren und eine Überzeugungsbildung wird dadurch verzerrt.[193] Das Bewusstsein wird eingeengt und es bildet sich eine gedankliche Fixierung heraus.[194] Eine Geschäftsunfähigkeit setzt voraus, dass der Betroffene von der Wahnidee ganz beherrscht wird.[195] Bei testamentarischen Verfügungen ist dann an einen Irrtumsanfechtung (§ 2078 BGB Motivirrtum) zu denken,[196] wobei auch ein sich in eine Psychose steigernder **Hass** nicht zwingend eine Geschäftsunfähigkeit begründet.[197] Aus einer fehlenden Wiederholung wahnhafter Äußerungen kann in der Regel nur dann auf eine Geschäftsfähigkeit geschlossen werden, wenn eine selbstkritische Distanz nach außen erkennbar war.[198] **Abzugrenzen** ist dies von beiläufigen Schuldzuweisungen und „alterstypisch verbohrten Meinungen",[199] die eine Geschäftsunfähigkeit nur dann begründen, wenn eine krankheitsbedingte Abkoppelung von Erfahrung, Logik und (sub-)kulturellem Konsens sowie ein Verlust der diesbezüg-

---

[185] OLG München 3 U 4789/09, BeckRS 2013, 16015.

[186] Wetterling ErbR 2015, 101.

[187] Wetterling ErbR 2015, 101.

[188] Wetterling ErbR 2015, 100.

[189] Cording/Nedopil/Cording Psychiatrische Begutachtungen S.55.

[190] BayObLG BeckRS 2004, 9699.

[191] Wetterling ErbR 2018, 10.

[192] Delius ErbR 2008, 182.

[193] Cording/Nedopil/Cording Psychiatrische Begutachtungen S. 54; BayObLG 1Z BR 6/04, BeckRS 2004, 17247.

[194] OLG Celle 6 W 26/03, BeckRS 2003, 30316656; BayObLG 1 Z BR 40/01, NJW-RR 2002, 1088.

[195] BayObLG 1 Z BR 40/01, NJW-RR 2002, 1088.

[196] BayObLG 1 Z BR 40/01, NJW-RR 2002, 1088; BayObLG 1a Z 37/90, NJW 1992, 248.

[197] BayObLG 1a Z 37/90, NJW 1992, 248.

[198] Cording/Nedopil/Cording Psychiatrische Begutachtungen S. 57; OLG München 31 Wx 266/12, ZEV 2013, 504.

[199] OLG Frankfurt a. M. 20 W 188/16, ErbR 2017, 721; BayObLG 1 Z BR 40/01, NJW-RR 2002, 1088.

lichen Kritik- und Urteilsfähigkeit feststellbar ist.[200] Dies ist wiederum von einer nicht zu einer Geschäftsunfähigkeit führenden Psychopathie mit einer extrem schweren Form der antisozialen Persönlichkeitsstörung abzugrenzen.[201] Auch bei einer **querulatorischen Veranlagung** oder einer abnormen Persönlichkeitsstruktur liegt eine Geschäftsunfähigkeit erst dann vor, wenn die Grenze zur Wahnerkrankung überschritten ist.[202] Bei einer meist auf einer Arterienverkalkung beruhenden **Hirnarteriosklerose** sind im fortgeschrittenem Stadium Angst- und Wahnvorstellungen sowie Verwirrtheitszustände typisch.[203] Auch zu einer Geschäftsunfähigkeit führende Fälle eines **Eifersuchtswahns**[204] oder einer monothematischen Wahnerkrankung (zB Sektenmitgliedschaft) sind möglich.[205] Für Wetterling ist für Wahnerkrankungen eine subjektive Gewissheit und Unkorrigierbarkeit charakteristisch, die nur dann sicher feststellbar ist, wenn der Patient mit der Unrichtigkeit seiner Vorstellungen konfrontiert wird.[206]

Ein auffälliges Sozialverhalten wird in gravierenden Fällen von der Umgebung **55**
schnell bemerkt. Wenn sich Gespräche aber ausschließlich um Alltagsdinge drehen, bleiben Wahnvorstellungen oft unbemerkt, gerade auch bei **Hausarztterminen** im Minutentakt mit einer Konzentration auf akut aufgetretene Beschwerden[207], Notarzteinsätzen, bei denen die Lebensrettung über allem steht oder **Notarterminen,** in denen im Wesentlichen nur Urkunden verlesen werden. (→ Rn. 111 f.)[208]

Wenn zum Ausschluss einer freien Willensbildung führende **Wahnvorstellungen** **56**
erwiesen sind, dann ist im Regelfall die Realitätsverzerrung tiefgreifend und anhaltend.[209] Unvernünftiges Verhalten kann aber auch nur eine Eigenart einer extrovertierten Persönlichkeit sein.[210]

Bei einer chronischen **Schizophrenie** (vgl. auch → Rn. 54 Wahnerkrankungen) **57**
kann aus schweren Verhaltensstörungen keine sichere Schlussfolgerung gezogen werden, dass dies auch für spätere oder frühere Zeiträume gelten muss.[211] Bei einer Diagnose kommt es auf die konkrete Ausprägung der psychopathologischen Symptomatik und deren Auswirkung auf die freie Willensbestimmung an.[212] Zudem können psychotische Symptome unterschiedliche Krankheitsursachen haben.

Psychosen führen bei fehlender Krankheits- und Behandlungseinsicht im Regel- **58**
fall zur Geschäftsunfähigkeit.[213] Anders ist dies bei **akuten Psychosen,** die jedoch nicht andauernd bestehen oder beschränkt wirken. Nach deren Abklingen stellt sich – anders als bei Wahnerkrankungen – im Zuge einer Distanzierung von früheren Ansichten oft rasch wieder eine Geschäftsfähigkeit ein.[214]

---

[200] OLG Frankfurt a. M. 20 W 188/16, ErbR 2017, 721.

[201] OLG Frankfurt a. M. 20 W 188/16, ErbR 2017, 721; aA BayObLG 1a Z 37/90, NJW 1990. 248 (Testierunfähigkeit).

[202] BayObLG 1 Z 45/91, BeckRS 2011.3510.

[203] BayObLG 1a Z 80/88, NJW-RR 1991, 1098.

[204] BayObLG 1 ZR 53/84, BeckRS 2009, 29032.

[205] OLG Celle 6 W 26/03, BeckRS 2003, 30316656.

[206] Wetterling ErbR 2015, 544; OLG München 31 Wx 144/15, ZEV 2017, 148.

[207] Cording/Nedopil/Cording/Hausner Psychiatrische Begutachtungen S. 98.

[208] OLG München 31 Wx 298/11, ZEV 2012, 43; 31 Wx 266/12, ZEV 2013, 504.

[209] Cording/Nedopil/Cording Psychiatrische Begutachtungen S. 56.

[210] OLG Brandenburg 5 U 229/97, BeckRS 2004, 10490.

[211] OLG Karlsruhe 4 U 124/04, BeckRS 2010, 02234.

[212] OLG München 7 U 4628/15, ErbR 2021, 870; OLG Karlsruhe 4 U 124/04, BeckRS 2010, 02234; BayObLG 1Z BR 25/02, BeckRS 2014, 20337; Zimmermann BWNotZ 2000, 97.

[213] BGH XII ZR 19/11, NJW 2014, 1095.

[214] Cording/Nedopil/Cording Psychiatrische Begutachtungen S. 56.

59 Die **Manie** gehört zum Formenkreis der psychotischen Erkrankungen und ist damit als geistige Störung iSv § 104 Nr. 2 BGB einzustufen.[215]

60 Auch **Verwirrtheitszustände (Delir)** können eine Geschäftsunfähigkeit begründen (vgl. auch → Rn. 67).[216] Die diagnostischen ICD11-Kriterien (Bewusstseins-, kognitive und psychomotorische Störungen, Schlaf- und Wachrhythmus, Änderungen der Symptomausprägung)[217] sind im Hinblick auf feststellbare psychopathologische Auffälligkeiten zu überprüfen, die zu einer Beeinträchtigung der freien Willensbildung führen können. Ein Delir klingt zumeist jedenfalls binnen zweier Wochen wieder ab, während es sich in wenigen Stunden entwickelt.[218] In nicht seltenen Fällen sind die kognitiven Fähigkeiten über einen Zeitraum von sechs Monaten hinaus beeinträchtigt.[219] Die weitaus häufigste Ursache sind alkoholbedingte Entzugserscheinungen[220] (→ Rn. 66.). Aber auch bei Krankenhausaufenthalten älterer und schwer erkrankter Menschen treten medikamentenbedingt Delirzustände in bis zur Hälfte aller Fälle auf.[221] Behandlungen auf Intensivstationen sind mit einem hohen Risiko an kognitiven Störungen gebunden, dies jedoch in Abhängigkeit von Alter und Bildungsstand (kognitive Reserve).[222] Bei schwankenden oder wechselnden[223] Verwirrtheitszuständen binnen kurzer Zeit reichen gute Phasen nicht aus, um die für eine freie Willensbildung notwendige „Erlebniskontinuität" zu wahren.[224]

Der **Verlauf** von Wahnstörungen ist von der psychiatrischen Grunderkrankung und davon abhängig, ob es schwankende Verläufe gibt und wie lange es dauert, bis die Erkrankung sich zurückgebildet hat.[225]

4. Erinnerungsvermögen – Aufmerksamkeits- und Konzentrationsstörungen

61 In ausgeprägter Form schließen sie eine freie Willensbildung in der Regel aus, da dem Betroffenen die Entscheidungsgrundlage fehlt und es zu Fehlfunktionen im Gedächtnis kommt.[226] Dies wird bei Demenztests durch einfache Rechenaufgaben überprüft (zB Mini-Mental-State-Test MMST, → Rn. 116). Das Gleiche gilt für Störungen der **Auffassungsgabe,** die dazu führen, dass Wahrnehmungen nicht mehr sachgerecht eingeordnet werden können, was aber Voraussetzung für eine freie Willensbestimmung ist.[227]

62 Dass sich eine Vertragspartei „einige Zeit" nach Abschluss eines Vertrages daran **nicht mehr erinnern** kann, lässt noch nicht zwingend den Schluss auf eine Geschäftsunfähigkeit zu.[228] Entscheidend ist, ob man sich bei Abschluss des Rechtsgeschäfts an die Grundlagen der eigenen Entscheidung (Sachverhalte und Ereignisse) erinnern, Informationen aufnehmen, Zusammenhänge erfassen sowie Abwägungen

---

[215] OLG Hamm 15 W 453/17, ErbR 2020, 482; OLG Schleswig 1 W 52/07, NotBZ 2008, 205.

[216] OLG München 31 Wx 144/15, ZEV 2017, 148; Wetterling ErbR 2015, 544.

[217] Wetterling ErbR 2015, 95.

[218] Wetterling ErbR 2015, 95.

[219] Wetterling ErbR 2015, 98 Fn. 33 mwN.

[220] Delius ErbR 2008, 182.

[221] OLG Koblenz 1 U 1198/17, ErbR 2019, 584.

[222] Wetterling ErbR 2021, 115.

[223] Wetterling ErbR 2015, 544.

[224] Wetterling ErbR 2015, 95.

[225] Wetterling ErbR 2018, 10.

[226] Cording/Nedopil/Cording Psychiatrische Begutachtungen S. 48.

[227] Cording/Nedopil/Cording Psychiatrische Begutachtungen S. 48.

[228] OLG Saarbrücken 4 UH 754/03, BeckRS 2005, 01467.

vornehmen konnte.[229] Solange die Gedächtnislücken von den betroffenen Personen bemerkt und zB durch die Anfertigung von Notizen oder to-do-Listen kompensiert werden, so spricht diese Selbsterkenntnis für eine freie Willensbestimmung.[230]

63 Da das **Altgedächtnis** häufig noch lange intakt bleibt, gewinnen Freunde aus früheren Zeiten oft einen unauffälligen Eindruck.[231] Für die Geschäftsfähigkeit kommt es aber auf das Neugedächtnis und die möglicherweise dann fehlende Einsicht in erhebliche Gedächtnisdefizite an.[232] Eine **zeitliche Desorientierung** kann ein Indiz für eine Beeinträchtigung auch des Neugedächtnisses sein, wobei ein Umkehrschluss psychiatrisch nicht möglich ist.[233] Die Merkfähigkeit wird regelmäßig mit Demenztests abgeprüft, wo nachgesprochene Begriffe in kurzem zeitlichem Abstand wiederholt werden müssen. Gelingt dies nicht, so ist dies ein wesentliches Indiz, wobei das Bestehen der Testaufgabe für sich noch nicht für eine Geschäftsfähigkeit spricht.[234] Denn **Demenztests** sagen nichts über eine erhalten gebliebene Fähigkeit zu einer freien Willensbildung aus.

64 Es ist auch zu prüfen, welche Lebensbereiche die Gedächtnislücken betreffen, da ein **vollständiger Gedächtnisausfall** als Ergebnis eines länger dauernden Prozesses die **Ausnahme** ist.[235] Es kommt also weniger darauf an, wie weitgehend die Gedächtnisfunktion generell beeinträchtigt ist, sondern ob die wesentlichen Umstände des streitigen Rechtsgeschäfts betroffen sind bzw. sich die betroffene Person nur an Nebensächlichkeiten nicht mehr erinnern kann.[236]

65 Dass Demenzpatienten selbst in einem mittelschweren Stadium noch in Bezug auf die Gedächtnisleistung langjährige Hobbys – wie Musik oder Kartenspielen – passabel ausüben können, steht einer Geschäftsunfähigkeit nicht entgegen.[237] Eine fehlende **zeitliche und örtliche Orientiertheit** hat keine unmittelbare Auswirkung auf die Willensbestimmung, ist aber ein wichtiges Indiz je gravierender die zeitliche oder örtliche Fehleinschätzung ist. Cording sieht bei Fehleinschätzungen von mehreren Jahren Anzeichen für eine mittelschwere Demenz (→ Rn. 49 ff.).[238] Eine **bloße Hörigkeit** gegenüber engsten Bezugspersonen erfüllt in der Regel den juristischen Krankheitsbegriff nicht.[239]

5. Suchterkrankungen, insbesondere Alkohol

66 Eine Geschäftsunfähigkeit ist anzunehmen, wenn durch eine zwanghafte Spielautomatennutzung schwerste Persönlichkeitsveränderungen eingetreten sind.[240] Das gilt auch für andere **„nicht stoffgebundene Abhängigkeiten“**.[241] Eine **Alkoholabhängigkeit** führt für sich genommen zu keiner Geschäftsunfähigkeit, solange nicht andere Befunde hinzukommen, zB ein Hirnabbauprozess (Alkoholdemenz

---

[229] BayObLG 1Z BR 100/04, BeckRS 2005, 44199.

[230] Cording/Nedopil/Cording Psychiatrische Begutachtungen S. 49.

[231] OLG München 3 U 4789/09, BeckRS 2013, 16015.

[232] Cording/Nedopil/Cording Psychiatrische Begutachtungen S. 49; OLG München 3 U 4789/09, BeckRS 2013, 16015; OLG München 31 Wx 16/07, ZEV 2008, 37.

[233] Cording/Nedopil/Cording Psychiatrische Begutachtungen S. 49.

[234] Cording/Nedopil/Cording Psychiatrische Begutachtungen S. 49 f.

[235] Cording/Nedopil/Cording Psychiatrische Begutachtungen S. 50.

[236] Cording/Nedopil/Cording Psychiatrische Begutachtungen S. 50.

[237] OLG München 3 U 4789/09, BeckRS 2013, 16015.

[238] Cording/Nedopil Psychiatrische Begutachtungen S. 49.

[239] Cording/Nedopil/Cording/Hausner Psychiatrische Begutachtungen S. 73.

[240] BGH III ZR 9/07, NJW 2008, 840; OLG Stuttgart 6 U 130/10, BeckRS 2011, 23851; OLG Hamburg 9 U 141/03, OLGR Hamburg 2005, 137.

[241] BGH III ZR 156/01, NJW-RR 2002, 1424; Cording/Nedopil/Cording/Hausner Psychiatrische Begutachtungen S. 73.

ICD11 bzw. Enzephalopathie[242]), ggf. verbunden mit einer schweren depressiven Belastung.[243] Dies gilt für schwer alkoholkranke und damit alkoholgewöhnte Menschen auch bei hohen Alkoholwerten (4 Promille).[244] Der Alkoholmissbrauch muss zu organischen Veränderungen im Gehirn und zu einem dauerhaften Abbau der Persönlichkeit geführt haben.[245] Chronischer Alkoholmissbrauch kann unabhängig von einer Alkoholvergiftung zu einer Geschäftsunfähigkeit führen, wenn das Suchtverhalten jeden anderweitigen vernünftigen Gedanken ausschließt[246] oder ein Delir[247] (→ Rn. 60) oder andere Entzugssyndrome[248] auftreten.[249] Dem steht dann nicht entgegen, dass eine normale Alltagsbewältigung möglich ist.[250] Ein singulärer Vollrausch führt zu einer vorübergehenden Geschäftsunfähigkeit iSd § 105 Abs. 2 BGB.

6. Bewusstseinsstörungen bei Todkranken

67 Wenn Patienten in Erwartung eines nahen Todes Verträge oder Verfügungen von Todes wegen unterschreiben, so sind oft keine psychopathologischen Symptome dokumentiert. Das hängt dann mit der kurzen Dauer des finalen Lebensstadiums zusammen. Die Dokumentation des geistigen Zustands fällt dann auch in Krankenhäusern oft unzureichend aus, weil unaufschiebbare Therapiemaßnahmen oder eine **palliative Behandlung** bzw. lebenserhaltende Maßnahmen auf Intensivstationen oder in Notaufnahmen im Vordergrund stehen. Bei Palliativpatienten treten psychiatrische Symptome wie Delir (→ Rn. 60) und Verwirrtheit häufig auf.

Die Schwere einer Erkrankung und die verordneten Medikamente sind für sich genommen nicht zum Nachweis einer psychischen Störung iSd des Krankheitsbegriffs des § 104 Nr. 2 BGB ausreichend, sondern nur mögliche Ursachen einer solchen Störung.[251] Auch internistische Diagnosen, wie zB Herz- und Nierenversagen können Ursache einer Geschäftsunfähigkeit sein.[252] Man muss prüfen, welche **Grunderkrankung** zu einem hirnorganischen Psychosyndrom geführt hat, das sich dann bei körperlich geschwächten Menschen oft nie mehr oder nur noch unvollständig zurückbildet.[253] Bei der **Vergabe psychotroper Substanzen,** wie zB den **Opiaten** Fentanyl oder Morphin kommt es auf Grad und Ausmaß der konkreten Symptomatik an, wobei eine Geschäftsunfähigkeit nur im Ausnahmefall einer akuten Intoxikation (Vergiftung) anzunehmen ist.[254] Bei kurz vor einem **Freitod** abgeschlossenen Rechtsgeschäften ist zu berücksichtigen, dass unterschiedliche Störungen die freie Willensbestimmung hinsichtlich des Suizids und des getätigten Rechtsgeschäfts

---

242 OLG Hamburg 4 U 31/15, BeckRS 2016, 121094.

243 BGH XII ZB 7/2016, NJW-RR 2016, 711; XII ZA 12/15, NJW-RR 2015, 770; XII ZB 241/11, NJW 2011, 3518; OLG Dresden 4 U 1228/18, BeckRS 2018, 40866; BayObLG 1Z BR 60/03, BeckRS 2003 30331583 mwN; BayObLG 1Z BR 45/01, NJW 2003, 216; BGH XII ZB 7/16, NJW-RR 2016, 711.

244 OLG Schleswig 7 U 147/20, BeckRS 2021, 8662.

245 OLG Brandenburg 5 U 229/97, BeckRS 2004, 10490; OLG Naumburg 4 W 43/04, NJW 2005, 2017.

246 OLG Koblenz 12 U 1677/06, OLGR Koblenz 2008, 323 mwN; BGH XII ZB 145/91, FuR 1992, 238; BayObLG 3Z 121/90, FamRZ 1991, 608.

247 BayObLG 1 Z BR 6/03, BeckRS 2004, 3756.

248 OLG Düsseldorf 3 Wx 115/13, ErbR 2014, 391.

249 Cording/Nedopil/Cording/Hausner Psychiatrische Begutachtungen S. 91.

250 OLG Hamburg 4 U 31/15, BeckRS 2016, 121094.

251 Cording/Nedopil/Cording Psychiatrische Begutachtungen S. 68.

252 OLG Koblenz 1 U 1198/17, ErbR 2019, 584.

253 Cording/Nedopil/Cording Psychiatrische Begutachtungen S. 69.

254 OLG Koblenz 1 U 1198/17, ErbR 2019, 584: zur Testierunfähigkeit.

beeinflusst haben können.[255] Denn Selbstmorde werden oft in einem Zustand einer nur eingeschränkt möglichen Willensbildung begangen (vgl. auch Depressionen → Rn. 47).

7. Weitere Erkrankungen

68 Ein mehrere Monate zurückliegender **Schlaganfall** hat für sich genommen noch keine Beeinträchtigung der Willensbildung zur Folge.[256] Die damit häufig verbundenen Sprachstörungen können kognitive Störungen (Gedächtnis- und exekutive Störungen) überdecken, was eine Prüfung der Geschäftsfähigkeit erschwert und oft die Konsultation eines Neurologen erforderlich macht.[257]

Diabetes Mellitus (Zuckerkrankheit) ist ein wesentlicher Risikofaktor für den Ausbruch einer Alzheimer-Erkrankung und kann zu einer weiteren Verschlechterung der kognitiven Fähigkeiten führen. Anderseits sind aber auch nur episodische Bewusstseinsstörungen möglich.[258] Dies gilt auch für andere Stoffwechsel- und Kreislauferkrankungen.[259]

Eine palliative **Chemotherapie** führt zusammen mit einer **medikamentösen Schmerztherapie** ohne Nachweis einer Bewusstseinstrübung nicht zu einer Geschäftsunfähigkeit.[260] Dies gilt auch für das fortgeschrittene Stadium einer Krebserkrankung.[261]

Eine **Herzschwäche** verbunden mit Herzrhythmusstörungen, eine Zuckerkrankheit, mehrere Schlaganfälle, Alkohol- und Schlaftablettenabhängigkeit mit mehreren Entzugsdelirien können in der Summe nicht ausreichend sein, wenn sich die reversiblen Krankheitszustände ohne eine kognitive Restsymptomatik wieder gebessert haben.[262]

Auch eine **Multimorbidität** (mehr als zwei chronische Erkrankungen) kann eine Geschäftsunfähigkeit auslösen.[263]

Eine Coronavirus-Erkrankung (COVID 19) kann zu mehreren neurologischen Krankheitsbildern, insbesondere neu auftretende Demenzen, führen, die sich nach Wetterling hinsichtlich des Verlaufs von den klassisch langsam progredienten Verläufen unterscheiden.[264]

8. Indizien

69 Eine Veränderung eines bislang sprachlich differenzierten **Schreibstils** und der inhaltlichen Tiefe von Brieftexten kann ein Indiz sein.[265] Dies gilt auch für einen Wechsel des Schriftbilds[266], wobei das bloße Nachlassen der körperlichen Kräfte auch eine

---

[255] Cording/Nedopil/Cording/Hausner Psychiatrische Begutachtungen S. 76.

[256] OLG Düsseldorf 3 Wx 116/13, ZEV 2014, 194; OLG München 31 Wx 298/11, ZEV 2012, 43.

[257] Wetterling ErbR 2018, 433.

[258] KG 19 W 10/20, ErbR 2021, 854.

[259] OLG Düsseldorf 18 U 175/09, BeckRS 2011, 06925.

[260] OLG Brandenburg 3 W 49/13, ErbR 2014, 141; OLG Schleswig 3 Wx 122/15, NJW-RR 2016, 1229.

[261] OLG Bamberg 6 W 20/12, ZErb 2012, 212.

[262] OLG Brandenburg 5 U 229/97, BeckRS 2004, 10490.

[263] Wetterling ErbR 2018, 283.

[264] Wetterling ErbR 2021, 194.

[265] OLG München 3 U 4789/09, BeckRS 2013, 16015; BayObLG 1Z BR 124/00, ZEV 2002, 234.

[266] OLG München 3 U 4789/09, BeckRS 2013, 16015.

mögliche Erklärung sein kann.[267] Die Handschrift lässt daher nur sehr beschränkte Rückschlüsse auf den geistigen Zustand zu.[268] Neu auftretende gravierende Defizite in sprachlicher oder grammatikalischer Hinsicht können aber aussagekräftig sein.[269] Im Regelfall ist aber nicht erkennbar, inwieweit interessierte Dritte einen vernünftig wirkenden Schreibstil inhaltlich beeinflusst haben. Zudem muss der Inhalt in einen oft nicht mehr feststellbaren (gedanklichen) Kontext gesetzt werden.[270] Undankbare Entscheidungen sind kein Indiz für eine Geschäftsunfähigkeit, da eine falsche Entscheidung keine Aussagekraft in Bezug auf einen Krankheitswert hat, solange sie nicht auf Wahnentschlüssen beruht.[271] Dies gilt auch für **unvernünftig** wirkende Entscheidungen wie zB einen Grundstücksverkauf erheblich unter Wert, da sich der Betroffene frei und unbeeinflusst entsprechend entschieden haben kann.[272] Bei der Beurteilung der Geschäftsfähigkeit findet keine juristische Inhaltskontrolle im Hinblick auf die Angemessenheit einer Entscheidung statt.[273]

70 Bloße Schreibfehler bei dem Vornamen eines Testamentserben besagen nichts über eine Geschäftsunfähigkeit, vor allem dann, wenn die Schreibweise der anderen Namen in dem Testament richtig ist.[274] Aus der **zeitlichen Abfolge von Schriftstücken** mit entgegengesetzten Inhalten binnen weniger Wochen und ggf. in Anwesenheit oder nach einem Kontakt mit begünstigten Personen[275] kann auf eine Sprunghaftigkeit und Widersprüchlichkeit geschlossen werden[276], wobei das für sich genommen nicht entscheidungserheblich sein muss, aber ein Indiz für eine krankhafte Formbarkeit des Willens sein kann.[277] Auf **unvernünftigen Erwägungen** basierende Testamente bleiben wirksam, sofern das dahinter stehende Verhalten keinen Krankheitswert besitzt, der sich auf die freie Willensbildung auswirkt (→ Rn. 7).

9. Vergangenheitsdiagnosen

71 Gutachten werden meist retroperspektiv erstellt, so dass die Ermittlung des Gesundheitszustandes auf einen früheren Zeitpunkt bezogen, oft sogar erst nach dem Ableben erfolgt. Letzteres steht der Annahme einer Testier- oder Geschäftsunfähigkeit grds. nicht entgegen.[278] Eine klassische Diagnosenerstellung ist aber erschwert und nach dem weltweit verwendet Klassifikationensystem ICD11 nicht mehr möglich. In vielen Fällen wurden Patienten zu Lebzeiten nicht psychiatrisch untersucht. Entscheidend ist, ob der Krankheitsverlauf von der ersten Wahrnehmung von Krankheitssymptomen bzw. einer Demenzdiagnose bis zum Ableben des Patienten gleichförmig verläuft und ggf. welche den Verlauf beeinflussbare Faktoren beweisbar sind.[279] Ein Rückschluss ist jedenfalls dann möglich, wenn eine Geschäftsunfähigkeit

---

[267] Cording/Nedopil/Cording/Hausner Psychiatrische Begutachtungen S. 77.

[268] OLG Düsseldorf 3 Wx 40/10, BeckRS 2015, 14359; BayObLG 1 ZBR 56/95, NJW-RR 1996, 457.

[269] Cording/Nedopil/Cording/Hausner Psychiatrische Begutachtungen S. 77.

[270] OLG München 31 Wx 144/15, ZEV 2017, 148.

[271] Cording/Nedopil/Cording/Hausner Psychiatrische Begutachtungen S. 77.

[272] OLG München 31 Wx 144/15, ZEV 2017, 148.

[273] OLG München 31 Wx 16/07, ZEV 2008, 37.

[274] OLG Brandenburg 3 W 49/13, ErbR 2014, 141.

[275] Wetterling ErbR 2015, 544.

[276] OLG Hamburg 2 W 60/19, ErbR 2020, 475; OLG München 3 U 4789/09, BeckRS 2013, 16015.

[277] OLG München 3 U 4789/09, BeckRS 2013, 16015.

[278] OLG Brandenburg 5 U 158/19, BeckRS 2020, 17748; OLG Hamburg 2 W 63/17, ZErb 2018, 280; OLG Hamm 15 W 26/19, BeckRS 2020, 31379.

[279] Wetterling ErbR 2015, 101.

vor und nach Abschluss des Rechtsgeschäfts belegt ist.[280] Ansonsten ist dies oft nur in ganz klaren Fällen und für einen Zeitraum von wenigen Wochen möglich.[281] Das OLG Hamburg lässt 16 Tage zwischen einer gerichtlichen Anhörung und einem danach wahrgenommenen Notartermin ausreichen.[282] Ist ein langsamer stetig progredienter Verlauf eindeutig belegt (zB Alzheimertyp), so ist im Einzelfall ein Rückschluss von dem Beginn der Dokumentation eines bestimmten Krankheitsabschnitts um mehrere Tage bis zu einigen Wochen möglich.[283] Nach Cording[284] können aus vor und nach dem Stichtag dokumentierten Befunden bzw. Beobachtungen Rückschlüsse gezogen werden, wenn der Ausschluss einer freien Willensbildung mindestens für einen Zeitpunkt zuvor und danach belegt ist und man von einem konstanten oder progredienten Verlauf ausgehen muss, wobei mögliche Schwankungen nicht erheblich sein dürfen. **Wahnstörungen** sind oft von einem subjektiven Erleben geprägt, das der Außenwelt verborgen bleibt und damit eine nachträgliche bzw. postume Diagnose auch deswegen erschwert, da diese im Rahmen einer psychiatrischen Untersuchung zumeist einen längeren Patientenkontakt voraussetzt.[285] Wetterling weist darauf hin, dass wegen eines völlig unterschiedlichen Fortschreitens der Demenzerkrankungen eine Rückrechnung von **mehr als sechs Monaten** mit großen Unsicherheiten behaftet ist, da auch Fälle schnell sich entwickelnder Alzheimer-Demenzen bekannt sind.[286] Wegen eines möglicherweise sehr variablen Verlaufs sind Rückschlüsse auf einen vorherigen Zeitpunkt nur mit einem erheblichen Unsicherheitsfaktor möglich.[287]

Wenn bei Erteilung einer **Vorsorgevollmacht** für das soziale Umfeld des Voll- **72**
machtgebers einschließlich des Hausarztes keine geistigen Beeinträchtigungen erkennbar sind, sind an eine rückschauende Diagnose durch einen Sachverständigen mehr als **vier Monate** nach einer Vollmachtserteilung **strenge Anforderungen** zu stellen.[288] Eine damals diagnostizierte „graduell fortschreitende demenzielle Erkrankung" lässt für sich genommen keinen hinreichenden Schluss auf den Zustand zum Zeitpunkt der Vollmachtserteilung zu.[289] Ohne weitere Anhaltspunkte kann auch alleine aus einem rund **acht Monate** nach Testamentserrichtung erstatteten fachärztlichen Gutachten in einem **Betreuungsverfahren** nicht geschlossen werden, dass die Erblasserin bereits im Zeitpunkt der Testamentserrichtung an einer Altersdemenz in einem Umfang litt, der eine Testierfähigkeit ausschloss.[290]

Die Feststellung einer **fortgeschrittenen Alzheimer-Demenz** mit schweren **73**
kognitiven Beeinträchtigungen und Verhaltensauffälligkeiten kann den Schluss zulassen, dass bereits **zwei Jahre** zuvor eine Geschäftsunfähigkeit bestand.[291] Aus dem Zeitpunkt des erstmaligen Auftretens eines aggressiven und impulsiven Verhaltens

---

[280] KG 19 W 10/20, ErbR 2021, 854 (zur Testierfähigkeit) mwN Cording ZEV 2010, 115.

[281] KG 19 W 10/20, ErbR 2021, 854 mwN Cording ZEV 2010, 115.

[282] OLG Hamburg 4 U 31/15, BeckRS 2016, 121094.

[283] OLG Hamburg 2 W 63/17, ZErb 2018, 280.

[284] OLG Hamburg 2 W 63/17, ZErb 2018, 280 mwN Cording ZEV 2010, 115.

[285] Wetterling ErbR 2018, 10.

[286] Wetterling ErbR 2015, 101.

[287] Wetterling Freier Wille und neuropsychiatrische Erkrankungen 2020 S. 63 ff.; KG 6 W 95/16, ErbR 2018, 443.

[288] OLG München 33 Wx 285/09, FamRZ 2010, 756; OLG München 33 Wx 278/09, FamRZ 2010, 756.

[289] OLG München 33 Wx 285/09, FamRZ 2010, 756; OLG München 33 Wx 278/09, FamRZ 2010, 756.

[290] OLG Celle 6 W 16/03, ZErb 2003, 321.

[291] OLG Düsseldorf 18 U 175/09, BeckRS 2011, 06925.

sind Rückschlüsse auf den Zeitpunkt einer krankheitsbedingten Persönlichkeitsveränderung mit Hinweis auf eine mittelgradige Demenzerkrankung möglich.[292]

VI. Juristische Fallgruppen

1. Adoption

74 Bei einer **Adoption** muss sowohl zum Zeitpunkt des Notartermins, als auch der gerichtlichen Entscheidung eine Geschäftsfähigkeit bestanden haben.[293] Eine Stellvertretung scheidet aus (§§ 1767 Abs. 2, 1752 Abs. 2).[294] Eine Geschäftsunfähigkeit des Annehmenden führt nicht zu einer Nichtigkeit, sondern gemäß § 1760 Abs. 2a BGB zu einer Aufhebung mit Wirkung ex-nunc.[295]

2. Betreuungsverfahren und Betreuerbestellung

75 Die Einrichtung einer **Betreuung** gem. → 1814 BGB setzt keine Geschäftsunfähigkeit voraus und begründet diese auch nicht.[296] Dies ergibt sich verfahrensrechtlich aus den §§ 50ff. ZPO und materiell-rechtlich aus dem Wortlaut von § 1814 BGB nF, der zudem – anders als die Vorgängernorm § 1896 BGB aF – in geringerem Maß auf medizinische Defizite, sondern auf den Unterstützungsbedarf abstellt.[297] Dies gilt auch für die Aufgabenbereiche Aufenthaltsbestimmung und Vermögenssorge.[298] Im Betreuungsverfahren wird jedoch in aller Regel nicht die Fähigkeit zur freien Willensbildung, sondern nur die Betreuungsbedürftigkeit geprüft.[299] Ein Rückschluss von sachverständigen Feststellungen zum freien Willen auf die Geschäftsfähigkeit ist nicht möglich, da zwei unterschiedliche Fragestellungen vermischt würden und die Tatbestandsvoraussetzungen nicht deckungsgleich sind.[300] Wem es an einem freien Willen hinsichtlich der Einrichtung einer Betreuung fehlt, kann dennoch voll geschäftsfähig sein.[301] Zur Auswertung der Betreuungsakte im Hinblick auf eine Geschäftsfähigkeit (vgl. → Rn. 126). Auch die Anordnung eines Einwilligungsvorbehalts iSv § 1825 BGB begründet per se noch keine Geschäftsunfähigkeit.[302] Denn zusätzliche Voraussetzung ist, dass dies zur Abwendung einer erheblichen Gefahr erfolgt und das ist in einem Demenzfall nicht regelmäßig gegeben, da die Patienten oft krankheitsbedingt nicht mehr am Rechtsverkehr teilnehmen können. Für die **Verjährung des Pflichtteils** eines Geschäftsunfähigen ist auf die Bestellung des Vormunds bzw. Betreuers und dessen Kenntnis abzustellen (§ 210 BGB).[303]

---

[292] OLG Brandenburg 4 U 192/04, BeckRS 2009, 05840.

[293] OLG München 31 Wx 3/10, ZErb 2010, 181; vgl. auch § 1768 Abs. 2 BGB.

[294] Brandt RNotZ 2013, 459 (477).

[295] OLG Oldenburg 11 UF 116/18, NJW-RR 2019, 580.

[296] BT-Drs. 19/27287, 27; OLG Brandenburg 7 U 24/06, BeckRS 2008, 13996; OLG Celle 6 W 16/03, ZErb 2003, 321, jeweils zu § 1896 idF bis 2022.

[297] BT-Drs.19/24445, 134.

[298] OLG Frankfurt a. M. 20 W 107/94, BeckRS 1995, 06596 (zur Testierunfähigkeit).

[299] OLG München 31 Wx 298/11, ZEV 2012, 43: OLG Frankfurt a. M. BeckRS 1995, 06596 zur Testierunfähigkeit.

[300] BGH XII ZB 581/15, NJW 2016, 2745.

[301] BGH XII ZB 581/15, NJW 2016, 2745.

[302] OLG Brandenburg 7 U 24/06, BeckRS 2008, 13996; Cording/Nedopil/Cording Psychiatrische Begutachtung S. 31, jeweils zu § 1903 idF bis 31. 12. 2022.

[303] OLG Hamm 10 U 103/19, ZErB 2021, 196.

a) Betreuerbestellung. Der Vorschlag des Betroffenen zur Bestellung einer bestimmten Person als Betreuer erfordert weder eine Geschäftsfähigkeit noch ein natürliche Einsichtsfähigkeit.[304] Notwendig ist das Verständnis, dass ein gesetzlicher Vertreter bestellt wird, der eigenständige Entscheidungen in den ihm übertragenen Aufgabenbereichen treffen kann.[305] Die tatrichterliche Feststellung, dass der Widerstand des Betroffenen gegen eine Betreuerbestellung nicht auf einem freien Willen beruht, setzt grundsätzlich voraus, dass der Tatrichter zu dieser Frage eine sachverständige Stellungnahme eingeholt hat.[306] **76**

b) Betreuerbestellung trotz Vorliegen einer Vorsorgevollmacht. Die Diagnose einer fortschreitenden Demenz steht der Wirksamkeit einer früher erteilten **notariellen Vorsorgevollmacht** nicht entgegen, solange nicht die Geschäftsunfähigkeit des Betroffenen bereits zum Zeitpunkt der Beurkundung hinreichend sicher feststeht[307] oder im Wege einer Amtsermittlung (§ 26 FamFG) positiv festgestellt werden kann.[308] Wenn die **Bevollmächtigung** einer **Vertrauensperson** auf einer bewussten und freien Willensentschließung beruht, stehen der Annahme einer (partiellen) Geschäftsfähigkeit nicht leichtere kognitive Defizite entgegen, die Zweifel an der Unwirksamkeit anderer Willenserklärungen wecken können.[309] **77**

Zweifel an der Geschäftsfähigkeit bei Vollmachtserteilung beeinträchtigen die Eignung der Vollmacht als Alternative zur Betreuung nur, wenn sie konkrete Schwierigkeiten des Bevollmächtigten im Rechtsverkehr erwarten lassen,[310] wobei entscheidend ist, ob durch einen Bevollmächtigten die Angelegenheiten des Betroffenen ebenso gut wie durch einen Betreuer besorgt werden können.[311] Dies ist der Fall, wenn die Vollmacht im Rechtsverkehr nicht anerkannt und so die Aufgabenerfüllung des Bevollmächtigten erschwert wird.[312] Beispielsfälle sind auch eine für das Umfeld bemerkbare fortschreitende dementielle Entwicklung oder Streitigkeiten im persönlichen Umfeld über eine Eignung der Bevollmächtigten.[313] Ohne entsprechende Anhaltspunkte rechtfertigen **bloße Zweifel** an der Wirksamkeit der Vollmacht eine Betreuung nicht.[314] Das OLG München bejaht eine **partielle Geschäftsfähigkeit** (→ Rn. 13), wenn eine Vollmachtserteilung bewusst und in freier Willensentschließung erfolgt ist und leichtere kognitive Defizite nicht ausschließbar sind.[315] **78**

c) Vorsorgevollmacht und Bestellung eines Kontrollbetreuers. Legt ein Betroffener in einer Vorsorgevollmacht fest, dass ein Überwachungsbetreuer nur bestellt werden soll, wenn dem Gericht konkrete Tatsachen über den Missbrauch der Voll- **79**

---

[304] BGH XII ZB 206/13, NJW-RR 2013, 1473 mwN; XII ZB 165/10, NJW 2011, 925; XII ZB 601/10, NJW-RR 2011, 723; aA KG 1 W 213/09, FamRZ 2010, 924 (natürliche Einsichtsfähigkeit).

[305] KG 1 W 213/09, FamRZ 2010, 924.

[306] OLG Köln 16 Wx 5/06, FGPrax 2006, 117.

[307] OLG München 33 Wx 278/08, ZEV 2010, 150.

[308] BGH XII ZB 554/20, ErbR 2021, 846 mAnm Wendt ErbR 2021, 833 und 846; BGH XII ZB 106/20, NJW 2021, 63; BGH XII ZB 339/22, NJW 2023, 365.

[309] OLG München 33 Wx 278/08, ZEV 2010, 150.

[310] OLG München 33 Wx 285/09, FamRZ 2010, 756; OLG München 33 Wx 278/09, ZEV 2010, 150; aA BayObLG 3Z BR 190/93, FamRZ 1994, 720.

[311] OLG München 33 Wx 285/09, FamRZ 2010, 756; OLG München 33 Wx 278/09, ZEV 2010, 150.

[312] OLG München 33 Wx 285/09, FamRZ 2010, 756; OLG München 33 Wx 278/09, ZEV 2010, 150.

[313] OLG München 33 Wx 285/09, FamRZ 2010, 756; 33 Wx 278/09, ZEV 2010, 150.

[314] OLG München 33 Wx 285/09, FamRZ 2010, 756; 33 Wx 278/09, ZEV 2010/150.

[315] OLG München 33 Wx 278/08, ZEV 2010, 150.

macht bekannt sind, so hat dies das Gericht grundsätzlich zu beachten.[316] Erklärt der geschäftsunfähige Betroffene jedoch im Rahmen seiner Anhörung, dass er nunmehr mit der Bestellung eines Überwachungsbetreuers einverstanden ist, ist das Gericht nicht mehr an die frühere Erklärung gebunden.[317]

80 Die Anordnung einer **Kontrollbetreuung (§ 1815 Abs. 3 BGB)** richtet sich nach § 1820 Abs. 3, wenn der Betreute zum einen krankheits- oder betreuungsbedingt seine Rechte gegenüber dem Bevollmächtigten nicht mehr ausüben kann (Abs. 3 Nr. 1) und zum anderen gemäß Abs. 3 Nr. 2 aufgrund konkreter Anhaltspunkte davon ausgegangen werden muss, dass der Bevollmächtigte die Angelegenheiten vereinbarungswidrig oder dem erklärten oder mutmaßlichen Willen zuwider ausübt. Eine Kontrollbetreuung kann nach der zu § 1896 Abs. 3 aF ergangenen Rechtsprechung geboten sein, wenn der Betroffene nach Erteilung der Vollmacht geschäftsunfähig geworden ist und die Ausübung der Vollmacht nicht mehr kontrollieren oder widerrufen kann. Hinzukommen müssen aber konkrete und einzelfallbezogene Umstände, die eine Überwachung des Bevollmächtigten angezeigt erscheinen lassen.[318] Die **Bestellung eines Kontrollbetreuers** ist gegenüber der Bestellung eines Betreuers für den Aufgabenkreis des Bevollmächtigten die mildere Form des Eingriffs und daher im Rahmen einer **Verhältnismäßigkeitsprüfung** vorrangig zu prüfen.[319]

81 Die **Erforderlichkeit** einer **Kontrollbetreuung** ist auch gegeben, wenn der Betroffene den Bevollmächtigten aufgrund seiner psychischen Erkrankung nicht mehr selbst kontrollieren kann und konkrete Anhaltspunkte dafür bestehen, dass er die Vollmacht nicht zum Wohle des Betroffenen verwendet, sei es, weil er dem Umfang und der Schwierigkeit der vorzunehmenden Geschäfte nicht gewachsen ist oder weil er die Vollmacht für eigene Zwecke missbraucht.[320]

82 Bei Zweifeln an der Geschäftsfähigkeit sind von Amts wegen Aufklärungsmaßnahmen geboten.[321] Dabei muss durch Einholung eines Sachverständigengutachtens geklärt werden, ob der Betroffene zum Zeitpunkt der Vollmachtserteilung an einer Erkrankung litt, die seine Willensfreiheit jedenfalls nachhaltig beeinträchtigte und bei Ausschöpfung aller Erkenntnisquellen lediglich offen bleibt, ob es bereits zu einer völligen Aufhebung der Willensfreiheit im Sinne des § 104 Nr. 2 BGB gekommen war (vgl. → Rn. 7 ff.).[322]

3. Nachlassgerichtliche Verfahren[323]

83 Zur **Testierfähigkeit** vgl. → Rn. 24 ff.

Zu Rechtsfragen rund um geschäftsunfähige oder unter Betreuung stehende **Testamentsvollstrecker** vgl. Zimmermann ErbR 2020, 452.

Zur Errichtung einer **Verfügung von Todes wegen** vgl. → Rn. 95a.

Rücknahme einer Verfügung von Todes wegen aus der amtlichen Verwahrung: Bei einem Notartestament stellt der Rücknahmeakt zugleich eine Verfügung von Todes wegen dar und setzt eine Testierfähigkeit zum Zeitpunkt der

---

316 OLG München 33 Wx 159/06, NJW-RR 2007, 294 zu § 1896 aF.

317 OLG München 33 Wx 159/06, NJW-RR 2007, 294 zu § 1896 aF.

318 OLG Köln 16 Wx 203/06, OLG-Report Hamm 2007, 410; OLG Köln 16 Wx 44/99, FamRZ 2000, 908.

319 OLG Brandenburg 11 Wx 38/03, BeckRS 2005, 04121.

320 BayObLG 3Z BR 271/04, FamRZ 2005, 1777; OLG Brandenburg 11 Wx 38/03, BeckRS 2005, 04121.

321 OLG Brandenburg 2.11.2006 – 11 Wx 44/06, FamRZ 2008, 303.

322 OLG Hamm 22.6.2011 – 15 Wx 118/11, NJW-RR 2011, 1638.

323 Zimmer NJW 2007, 1713.

Rücknahme voraus.[324] Die Rückgabe setzt nicht voraus, dass die Testierfähigkeit zur Überzeugung feststeht; sie ist nur dann zu verweigern, wenn der Erblasser zweifelsfrei nicht testierfähig ist.[325] Die Rücknahme eines privatschriftlichen Testaments setzt eine Geschäftsfähigkeit voraus und ist nach den gleichen Grundsätzen zu beurteilen.[326] Nach Ansicht des BayObLG kann ein Bericht eines staatlichen Gesundheitsamts ausreichend sein.[327]

Erbscheinverfahren: Eine Geschäftsunfähigkeit steht der Abgabe einer eidesstattlichen Versicherung durch die betroffene Person entgegen, wobei eine eidesstattliche Versicherung eines Vorsorgebevollmächtigten oder gesetzlichen Vertreters ausreichend ist.[328] Dies erhöht die Richtigkeitsgewähr.

Erbausschlagung: Annahme- oder Ausschlagung können trotz der Höchstpersönlichkeit[329] auch durch einen Vorsorgebevollmächtigten erklärt werden.[330]

Bei Zweifeln an der Geschäftsfähigkeit eines gesetzlichen Vertreters kommt als Fürsorgemaßnahme die Anordnung einer **Nachlasspflegschaft** in Betracht.[331]

4. Juristische Personen

Die Geschäftsunfähigkeit des gesetzlichen Vertreters einer juristischen Person führt 84
zum Ende der Organstellung und zur Nichtigkeit der von ihm abgegebenen Willenserklärungen.[332]

5. Lebensversicherungsverträge

Bei einer Bezugsrechtsänderung muss sowohl bei der Abgabe der Erklärung als 85
auch bei dem Zugang der Erklärung bei der Versicherungsgesellschaft eine Geschäftsfähigkeit bestanden haben. Denn eine unwirksame Abgabe einer Erklärung ist einer fehlenden Erklärung gleichzusetzten.[333]

6. Prozessrecht

Zur **Prozessfähigkeit** wird auf die Kommentierungen zu ZPO §§ 50–53 ver- 86
wiesen.

7. Prozesskostenhilfe

Voraussetzung für einen wirksamen Prozesskostenhilfeantrag ist die **Prozess-** 87
fähigkeit des Antragstellers (→ ZPO § 51 Rn. 16). Nach den Vorgaben des BVerfG[334] ist Prozesskostenhilfe nicht bereits deswegen zu bewilligen, weil ein Antragsteller seine eigene Geschäftsunfähigkeit behauptet und dies durch ein fachärztliches Privatgutachten substantiiert begründet. Die Gerichte müssen sich aber auf-

[324] BayObLG 9.3.2005 – 1Z BR 108/04, ZEV 2005, 480 mwN; DNotI-Report 2002.

[325] OLG Köln 2 Wx 177/13, ZErb 2013, 304.

[326] OLG Hamm 15 W 266/12, FamRZ 2013, 582.

[327] BayObLG 1Z BR 108/04, ZEV 2005, 480.

[328] OLG Düsseldorf 25 Wx 68/17, ZEV 2019, 422; OLG Bremen 5 W 27/21 ZEV 2021, 765 mAnm Zimmermann; OLG Celle 6 W 78/18ZEV 2018, 728 mAnm Litzenburger.

[329] OLG München 31 Wx 370/14, ZEV 2015, 219.

[330] OLG Düsseldorf 25 Wx 68/17, ZEV 2019, 422; ebenso Grüneberg/Weidlich BGB § 1945 Rn. 4; aA OLG Zweibrücken 3 W 198/07, ZEV 2008, 194 mablAnm Zimmer.

[331] OLG Rostock 3 W 110/19, BeckRS 2020, 34856.

[332] BGH II ZR 292/90, NJW 1991, 2566.

[333] BGH IV ZR 39/02, NJW-RR 2003, 384.

[334] BVerfG 1 BvR 68/07, 1 BvR 72/07, BeckRS 2007, 33105.

grund des Gebots der Rechtsschutzgleichheit mit dem Gutachten und den dort getroffen Schlussfolgerungen näher auseinandersetzen.[335] Eine vorweggenommene Beweiswürdigung ist wegen nur kraft besonderer Sachkunde beantwortbarer Fragen nur stark eingeschränkt möglich.[336]

8. Grundbuchrecht

88 Das Grundbuchamt hat ein Prüfungsrecht und eine Prüfungspflicht[337]. Es muss in **Eintragungsverfahren** vom Grundsatz der Geschäftsfähigkeit ausgehen[338] und diese im Zweifelsfall **autonom** prüfen. Bei ernsthaften sich auch aus Umständen außerhalb der Eintragungsunterlagen ergebenden Zweifeln ist in einer **Zwischenverfügung** deren Ausräumung aufzugeben.[339] Dies kann bei Bekanntwerden eines Betreuungsverfahrens die Vorlage eines Gutachtens sein.[340] Dabei braucht der **volle Nachweis** der Geschäftsfähigkeit **nicht** geführt zu werden; vielmehr genügt es, dass die ernsthaften Zweifel so ausgeräumt werden, dass wieder vom **Grundsatz der Geschäftsfähigkeit** ausgegangen werden kann (zur **Beweislast** → Rn. 102).[341] An im Widerspruch zu Gerichtsgutachten stehende Privatgutachten sind hohe Anforderungen zu stellen, wobei kritisch zu würdigen ist, wenn keine Exploration des Betroffenen stattgefunden hat.[342] Ernsthafte Zweifel an der Geschäftsfähigkeit können sich auch aus Umständen außerhalb der vorgelegten Eintragungsunterlagen ergeben, zB ein bereits (länger zurückliegendes) Betreuungsgutachten mit einer Demenzdiagnose, das eine Geschäftsunfähigkeit ausdrücklich erwähnt.[343] Diese Zweifel können durch ein (weiteres) Gutachten widerlegt werden, wobei der volle Nachweis der Geschäftsfähigkeit jedoch nicht geführt werden muss.[344].

89 Das Grundbuchamt ist nicht an die Beurteilung der Geschäftsfähigkeit durch den Notar gebunden.[345] Das Grundbuchamt kann von dem **Erfahrungssatz** ausgehen, dass die **Geschäftsfähigkeit die Regel** und die **Geschäftsunfähigkeit** die **Ausnahme** ist.[346] Bei einer Berichtigung einer Eintragung nach § 22 GBO ist für die Unrichtigkeit der Eintragung der volle Nachweis der Geschäftsunfähigkeit in der Form des § 29 GBO zu führen (Gutachten).[347] Wenn sich aus einem Betreuungsgutachten

---

335 BVerfG 1 BvR 68/07, 1 BvR 72/07, BeckRS 2007, 33105; OLG München 34 Wx 235/16, BeckRS 2016, 17111.

336 OLG Koblenz 5 W 219/15, BeckRS 2015, 20735.

337 OLG München 34 Wx 18/19, BeckRS 2019, 19299.

338 OLG Celle 4 W 196/10, ZEV 2011, 200.

339 OLG München 34 Wx 18/19, BeckRS 2019, 19299; OLG Koblenz 1 U 1382/03, BeckRS 2013, 13488; OLG Frankfurt a. M. 20 W 151/05, NJW-RR 2006, 450.

340 OLG Celle 4 W 196/10, ZEV 2011, 200; OLG Frankfurt a. M. 20 W 151/05, NJW-RR 2006, 450.

341 OLG München 34 Wx 18/19, BeckRS 2019, 19299; 34 Wx 235/16, BeckRS 2016, 17111; OLG Koblenz 1 U 1382/03, BeckRS 2013, 13488; OLG Celle 4 W 196/10, ZEV 2011, 200; OLG Frankfurt a. M. 20 W 151/05, NJW-RR 2006, 450.

342 OLG München 34 Wx 18/19, BeckRS 2019, 19299.

343 OLG München 34 Wx 18/19, BeckRS 2019, 19299; OLG Düsseldorf 3 Wx 259/17, BeckRS 2018, 22617; OLG Hamm 15 W 427/13, ErbR 2015, 93.

344 OLG München 34 Wx 91/13, NJW-RR 2013, 919.

345 OLG Koblenz 1 U 1382/03, BeckRS 2013, 13488; Zimmermann BWNotZ 2000, 97.

346 OLG Hamm 15 W 452/14, Rpfleger 2015, 129 mwN; BayObLG BReg 2 Z 33/89, NJW-RR 1989, 910; OLG München 34 Wx 421/14, NJW-RR 2015, 1043; OLG München 34 Wx 91/13, NJW-RR 2013, 919; OLG Frankfurt a. M. 20 W 414/04, BeckRS 2005, 14052 mwN; OLG Frankfurt a. M. 20 W 151/05, NJW-RR 2006, 450; OLG Celle 4 W 196/10, ZEV 2011, 200; OLG Düsseldorf 3 Wx 33/13, FamRZ 2014, 71.

347 OLG Frankfurt a. M. 20 W 151/05, NJW-RR 2006, 450.

die Feststellung einer Geschäftsunfähigkeit aufgrund eines demenziellen Syndroms mit einer ausgeprägten Störung des Kurzzeitgedächtnisses ergibt, dann darf das Grundbuchamt auf die Vorlage eines Erbscheins bestehen. Ein Notartestament nebst Eröffnungsprotokoll ist dann nicht ausreichend.[348]

Wenn eine **Vollmacht** zum Grundstücksverkauf unter der **Bedingung** steht, dass der Vollmachtgeber aus gesundheitlichen Gründen seine Angelegenheiten nicht mehr selbst regeln kann, dann muss ein Gutachten den Bedingungseintritt klären. Eine notarielle Beurkundung eines Arztattests oder eine Unterschriftsbeglaubigung sind nicht ausreichend.[349] Bestanden für das **Grundbuchamt** bei der Eintragung **keine Zweifel** an der Geschäftsfähigkeit eines Beteiligten, so sind im Beschwerdeverfahren nachträglich eingereichte Gutachten nicht geeignet, die Rechtmäßigkeit der Eintragung in Frage zu stellen.[350] Für einen möglichen Verfahrensverstoß ist auf die dem Grundbuchamt zum Zeitpunkt der Eintragung bekannte Sachlage abzustellen.[351] **90**

Ein **Nießbrauch** ist eintragungsfähig, wenn das Entstehen an die Geschäftsunfähigkeit des Bestellers und eine dann noch bestehende Lebensgemeinschaft geknüpft ist (Bestimmtheitsgrundsatz).[352] **90a**

9. Familiensachen, insb. Ehegeschäftsfähigkeit

§ 1304 BGB regelt, dass ein Geschäftsunfähiger eine Ehe nicht eingehen kann.[353] Die Definition in § 104 Nr. 2 BGB (→ Rn. 7) ist aber im Licht der in Art. 6 Abs. 1 GG verfassungsrechtlich garantierten **Eheschließungsfreiheit**[354] als spezielle „Ehegeschäftsfähigkeit" auszulegen.[355] Bei diesem Unterfall der Geschäftsfähigkeit kommt es darauf an, ob eine Person in der Lage ist, das **Wesen der Ehe** zu begreifen und insoweit eine freie Willensentscheidung zu treffen.[356] Die Ehegeschäftsfähigkeit hängt nicht allein von der Intensität der Geistesstörung ab, sondern von einer krankheitsbedingt beeinträchtigten Freiheit des Willensentschlusses. Es ist ausreichend, dass man den **Sinn einer Ehe** und die **Veränderung in seinem Leben erkennen und begreifen** kann.[357] Dies muss insbesondere bei einem großen Altersunterschied auch die erbrechtlichen Konsequenzen einer Eheschließung betreffen. Eine durch einen Geschäftsunfähigen geschlossene Ehe ist gerichtlich aufhebbar (§§ 1313, 1314 Abs. 1 BGB). **91**

§ 21 LPartG stellt mittelbar klar, dass § 1304 BGB auch für nach früherem Recht **eingetragene Lebenspartnerschaften** anwendbar ist.

In Ehesachen ist ein in der **Geschäftsfähigkeit beschränkter** Ehegatte verfahrensfähig (§ 125 Abs. 1 FamFG). Für einen **geschäftsunfähigen** Ehegatten wird das Verfahren durch den **gesetzlichen Vertreter** geführt, wobei dieser für den Aufhebungs- oder einen **Scheidungsantrag** der Genehmigung des Familien- oder Betreuungsgerichts bedarf (§ 125 Abs. 2 FamFG). Die Vertretung eines Ehegatten durch **92**

---

[348] OLG Hamm 15 W 452/14, Rpfleger 2015, 129 mwN; BayObLG BReg 2Z 33/89, NJW-RR 1989, 910.

[349] OLG Schleswig 2 W 178/09, NJW-RR 2010, 1316 mwN; OLG Köln FGPrax 2007, 102.

[350] OLG Düsseldorf 3 Wx 178/14, ErbR 2015, 146.

[351] OLG Düsseldorf 3 Wx 178/14, ErbR 2015, 146.

[352] OLG München 34 Wx 417/16, BeckRS 2016, 20920.

[353] KG 6 W 95/16, ErbR 2018, 443.

[354] BVerfG 1 BvL 14/02, NJW 2003, 1382.

[355] BGH XII ZR 99/10, NJW-RR 2012, 897.

[356] BGH XII ZR 99/10, NJW-RR 2012, 897.

[357] OLG Brandenburg 13 UF 55/09, FamRZ 2011, 216.

einen Betreuer ist damit nur für den Fall der Geschäftsunfähigkeit geboten.[358] Dann kommt eine Betreuung mit dem Aufgabenkreis „Vertretung im Ehescheidungsverfahren“ (Eheaufhebungsverfahren[359]) in Betracht.[360]

Scheidungsverfahren: Wenn demenzbedingt zum Schluss der letzten mündlichen Verhandlung kein natürlicher Trennungs- und Scheidungswille mehr feststellbar ist, so ist dies unerheblich. Wer nicht mehr in der Lage, das Wesen einer Ehe und einer Ehescheidung erfassen zu können, hat den einen Zustand „äußerster Eheferne“ erreicht, so dass die Ehe bei Erfüllung der sonstigen Voraussetzung geschieden werden kann.[361]

Gerichtliche Maßnahmen nach den §§ 1666ff. BGB aufgrund einer Gefährdung des Kindeswohls kommen nicht in Betracht, wenn die **elterliche Sorge** wegen einer Geschäftsunfähigkeit ruht (§ 1673 BGB).[362]

93 Eine mögliche Geschäftsunfähigkeit bei Eheschließung lässt das **Pflichtteilsrecht** nicht entfallen, da die Verfahren über die Aufhebung der Ehe grds. nur durch richterliche Entscheidung für die Zukunft gemäß den §§ 1313ff. BGB enden.[363]

10. Zwangsvollstreckungsverfahren

94 Bei einer fehlenden **Prozessfähigkeit** des Schuldners ist die Abgabe der Vermögensauskunft und der eidesstattlichen Versicherung gem. § 51 Abs. 3 ZPO durch einen Vorsorgebevollmächtigten als Vertreter möglich, der dazu aber nicht verpflichtet ist.[364] Auch ein gesetzlicher Vertreter kann tätig werden.[365] Bei der Zwangsvollstreckung zur Abgabe einer unvertretbaren Handlung gemäß § 888 Abs. 1 S. 1 ZPO (zB Pflichtteilsauskunft gemäß § 2314) darf bei einer Prozessunfähigkeit des Schuldners ein **Zwangsgeld** nur gegen den Schuldner und nicht gegen einen Bevollmächtigten verhängt werden.[366] Mangels einer hinreichenden Einsichts- und Steuerungsfähigkeit zur Bildung eines natürlichen Willens darf gegen den Schuldner keine **Zwangshaft** verhängt werden.[367] Das gilt auch gegenüber einem General- oder Vorsorgebevollmächtigten, wobei keine Unmöglichkeit vorliegt, wenn die Handlung durch den Bevollmächtigten ausgeführt werden kann.[368]

11. Bank- und Versicherungsverträge

95 Die Legitimationswirkung des Versicherungsscheins wirkt sich zu Lasten (unerkannt) geschäftsunfähiger Versicherungsnehmer aus. Dafür spricht der Wortlaut des § 808 BGB, auf den § 4 Abs. 1 VVG Bezug nimmt.[369] Bankrechtliche Informationspflichten können nur gegenüber gesetzlichen Vertretern erfüllt werden.[370]

---

[358] KG 25 WF 150/13, FamRZ 2014, 1482; OLG Zweibrücken 2 WF 166/10, FamRZ 2011, 1814; OLG Celle 6 W 106/13, ZEV 2014, 40.

[359] BGH XII ZB 260/16, NJW-RR 2017, 641.

[360] KG 25 WF 150/13, FamRZ 2014, 1482.

[361] OLG Hamm 3 UF 43/13, NJW 2014, 158; Schäfer NZFam 2014, 676.

[362] KG 18 UF 73/13, FamRZ 2014, 1038.

[363] KG 6 W 95/16, ErbR 2018, 443.

[364] BGH I ZB 60/18, NJW 2020, 1143.

[365] BGH I ZB 60/18, NJW 2020, 1143.

[366] BGH I ZB 20/21. ZEV 2022, 23; OLG Hamburg 2 W 76/20, NJW-RR 2021, 572; Damrau ZEV 2022, 121.

[367] BGH I ZB 20/21. ZEV 2022, 23; OLG Hamburg 2 W 76/20, NJW-RR 2021, 572.

[368] BGH I ZB 20/21. ZEV 2022, 23; OLG Hamburg 2 W 76/20, NJW-RR 2021, 572.

[369] OLG Saarbrücken 5 U 73/13, VersR 2015, 306.

[370] OLG Schleswig 5 U 36/15, NJW-RR 2016, 1245.

12. Verfügungen von Todes wegen

Zur **Testierfähigkeit** vgl. → Rn. 24ff. **95a**

Die Ausübung des Bestimmungsrechts bei sog. **Supervermächtnissen** erfolgt durch Abgabe einer Willenserklärung, so dass das Handeln eines Geschäftsunfähigen zur Nichtigkeit führt. Ob das Bestimmungsrecht durch einen rechtsgeschäftlichen Vertreter ausgeübt werden kann, hängt davon ab, ob es als höchstpersönlich ausgestaltet ist.[371]

Die Ausübung des in einem **Erbvertrag** vorbehaltenen Rücktrittsrechts ist gegenüber einer zwischenzeitlich geschäftsunfähig gewordenen Person weiter möglich und kann dann grds. wirksam gegenüber dessen Vorsorgebevollmächtigtem erfolgen, so dass es keiner Betreuerbestellung bedarf.[372] Weitere Rechtsfragen ergeben sich bei mehreren Bevollmächtigten oder einer Personenidentität zwischen Betreuer/Bevollmächtigten und dem Widerrufenden.[373]

VII. Rechtsfolgen

96 Die **Willenserklärungen Geschäftsunfähiger** sind **nichtig** (§ 105 Abs. 1 BGB). Diese Rechtsfolge ist wegen des Normzwecks (vgl. → Rn. 6) auch in Allgemeinen Geschäftsbedingungen **rechtsgeschäftlich nicht abdingbar.** Der Zugang von Willenserklärungen Dritter gegenüber dem Geschäftsunfähigen werden erst mit dem **Zugang bei dem gesetzlichen Vertreter** (Betreuer) wirksam (§ 131 BGB). War im Bankverkehr ein Anweisender geschäftsunfähig, dann hat dieser mangels einer wirksamen Anweisung einen Bereicherungsanspruch aus § 812 Abs. 1 Fall 2 BGB gegen den Anweisungsempfänger, nicht aber gegen den Zuwendungsempfänger.[374] Wird ein **Kontoguthaben** an einen Geschäftsunfähigen ausgezahlt, so ist dieser der **Bank** gegenüber zur Herausgabe des erlangten Geldbetrages bzw. zum Wertersatz verpflichtet (§§ 812 Abs. 1, 818 Abs. 2 BGB).[375] Zur Beweislast beim Einwand der Entreicherung vgl. → § 105 Rn. 1, → Rn. 103f. Zu prüfen ist auch eine Sittenwidrigkeit (§ 138 BGB).[376]

VIII. Prozess- und Verfahrensrecht

Zur **Prozesskostenhilfe** vgl. → Rn. 87. **97**

Zum **Einstweiligen Rechtsschutz** vgl. OLG Köln 28 U 23/15, BeckRS 2016, 3114.

Nach dem OLG Celle kommt es bei einer bei Abschluss des **Prozessvergleichs** ordnungsgemäß vertretenen und im Termin anwesenden Partei nicht darauf an, ob sie damals vorübergehend geschäftsunfähig war.[377]

Die Geschäftsfähigkeit wird in einem **Zivilprozess** im Rahmen eines **selbstständigen Beweisverfahrens** (§§ 485ff. ZPO)[378] oder einer **Leistungs-** oder **Feststellungsklage** (Wirksamkeit eines Rechtsverhältnisses) inzidenter geprüft. Wer die

---

[371] Kurth ZEV 2021, 357.

[372] BGH XII ZB 450/20, ZEV 2021, 245 mwN aA Literaturstimmen und Anm. Reimann sowie ErbR 2021, 410 mAnm Horn.

[373] Reimann ZEV 2021, 245 Anm. zu BGH XII ZB 450/20, BeckRS 2021, 3387.

[374] BGH IX ZR 212/19, BeckRS 2020, 31084; XI ZR 243/13, NJW 2015, 3093.

[375] OLG Düsseldorf 17 U 15/11, BeckRS 2012, 24305.

[376] Vgl. BGH X ZR 3120, NJW 2022, 3147.

[377] OLG Celle 14 U 37/09, BeckRS 2009, 22952.

[378] OLG Karlsruhe 19 W 72/21, ZEV 2022, 185.

Geschäftsunfähigkeit behauptet, wird im Regelfall gehalten sein, umfassend und ausführlich vorzutragen und Beweisangebote zu unterbreiten. Anders als in FamFG-Verfahren (§ 26 FamFG) gibt es keinen Amtsermittlungsgrundsatz, wobei dieser auch in FamFG-Verfahren nicht zwingend eine förmliche Beweisaufnahme durch Einholung eines Sachverständigengutachtens gemäß § 280 FamFG gebietet.[379] In der Regel sind zuvor die Vorgeschichte und alle äußeren Umstände zu ermitteln, da es auf Gesamtverhalten und Gesamtbild der Persönlichkeit[380] bzw. auffällige Verhaltensweisen ankommt.[381] Nach Wetterling kann aus einer Vermüllung und Verwahrlosung nicht zwingend auf eine bestimmte psychiatrische Diagnose geschlossen werden, da neuropsychologische Auffälligkeiten auf ihren Schweregrad hin zu untersuchen sind.[382] Aus dem zu ermittelnden medizinischen Befund sind die notwendigen Schlüsse zu ziehen.[383] Soweit Verhaltensweisen (Autofahren, Haushaltsführung etc) für die Begutachtung nicht relevant sind, können sie als wahr unterstellt werden, ohne dass es einer Beweisaufnahme bedürfte.[384] Es kommt nicht darauf an, dass der Betroffene sich im Straßenverkehr bewegt hat, sondern wie er es tat bzw. ob er alleine zu Hause zurechtkam.

Es empfiehlt sich, dass zu Lebzeiten zur **Beweissicherung** fachärztliche Atteste (Neurologie oder Psychiatrie) eingeholt werden. Gespräche mit Betroffenen oder Zeugenaussagen über Verhaltensauffälligkeiten können mit deren Einverständnis visuell oder audiotechnisch dokumentiert werden, wobei die Äußerung eines bestimmten Willens noch kein Beweis für die Geschäftsfähigkeit ist (→ Rn. 7 f., 33). Eine lebzeitige Entbindung von der ärztlichen Schweigepflicht (vgl. → Rn. 117 ff.) ist ratsam. Arztunterlagen sollten kopiert und Notare um Protokollierung ihrer Feststellungen gebeten werden, bevor das Erinnerungsvermögen an den Beurkundungsvorgang schwindet. Der Versuch einer **Zeugenbeeinflussung** ist als Beweis- bzw. Feststellungsvereitelung zu werten und kann ein Indiz für eine bewusst unwahre Behauptung sein.[385]

Das Gericht muss **auffällige Verhaltensweisen** aufklären, sich Klarheit über den medizinischen Befund verschaffen und hieraus entsprechend Schlüsse ziehen.[386]

Ein **Verfahrensmangel** liegt vor, wenn sich nicht ausschließen lässt, dass eine weitere Aufklärung, insbesondere die Ergänzung oder Neueinholung eines Gutachtens, zu einer anderen Entscheidung führen würde.[387]

Zum Beweismaß → Rn. 150.

1. Beweislast

98 Da das Gesetz die Geschäftsfähigkeit als Normalfall und die Geschäftsunfähigkeit als Ausnahmefall ansieht, trifft die Darlegungs- und Beweislast nach der Rechtsprechung des BVerfG und des BGH denjenigen, der sich auf die Geschäftsunfähigkeit beruft.[388] Die Oberlandesgerichte schließen sich dem fast ausnahmslos

---

[379] BGH XII ZB 554/20, NJW-RR 2021, 1086.

[380] OLG Düsseldorf, 3 Wx 115/13, ErbR 2014, 391.

[381] OLG Hamburg 2 W 63/17, ZErb 2018, 280.

[382] Wetterling ErbR 2020, 531.

[383] KG 6 W 95/16, ErbR 2018, 443.

[384] OLG Hamburg 2 W 63/17, ZErb 2018, 280.

[385] OLG Hamburg 2 W 60/19, ErbR 2020, 475.

[386] KG 19 W 10/20, ErbR 2021, 854; OLG Frankfurt a. M. 20 W 188/16, ErbR 2017, 721; OLG Düsseldorf 3 Wx 98/13, ErbR 2014, 140.

[387] OLG Frankfurt a. M. 20 W 4/16, ErbR 2018, 516.

[388] BVerfG – 1 BvR 68/07, 1 BvR 72/07; OLG Hamm 10 U 5/20, ErbR 2021, 955; BGH IV ZR 49/11, ZEV 2012, 100; BGH XII ZR 19/11, NJW 2014, 1095; BGH Iva ZR 206/82, FamRZ 1984, 1003; BGH V ZR 235/02, NJW 2003, 3271; BGH V ZR 66/15, BeckRS 2015, 20730; BGH X ZR 3120, NJW 2022, 3147.

an.[389] Ist allerdings eine Geschäftsunfähigkeit vor und nach dem fraglichen Zeitpunkt erwiesen, so gilt der Beweis des ersten Anscheins zugunsten desjenigen, der sich auf eine Unwirksamkeit des Rechtsgeschäfts beruft.[390] Ist die Richtigkeit einer Datumsangabe widerlegt und steht eine Geschäftsunfähigkeit im fraglichen Zeitraum fest, so liegt die Feststellungslast bei dem, der sich auf die Wirksamkeit beruft.[391]

Das OLG Koblenz und das OLG Celle[392] nehmen bei dementiellen Abbausyndromen für Evidenzfälle offenbar eine **Beweislastumkehr** an. Der **Regel-Ausnahme-Grundsatz** gilt auch für die **Testierfähigkeit,**[393] wobei die Frage nach der Feststellungslast erst entscheidend wird, wenn nach Durchführung der erforderlichen Ermittlungen nicht behebbare Zweifel verbleiben.[394] **99**

Das Vorliegen eines **lichten Augenblicks (lucidum intervallum)** (→ Rn. 43 f.) muss nur dann bewiesen werden, wenn ein Zustand feststeht, welcher geeignet ist, eine Geschäftsunfähigkeit gerade für den Zeitpunkt der Abgabe der maßgeblichen Willenserklärung zu begründen.[395] Der Beweis des ersten Anscheins spricht für eine Geschäftsunfähigkeit, wenn für das Gericht erwiesen ist, dass dies vor und nach Abschluss des streitigen Rechtsgeschäfts der Fall war.[396] Für eine Erschütterung reicht die ernsthafte Möglichkeit einer gesundheitlichen Besserung aus.[397] Bei Demenzerkrankungen ist dies jedoch aufgrund der morphologischen Veränderungen im Gehirn in der Regel ausgeschlossen.[398] Die Beweislast trägt, wer sich auf einen lichten Moment beruft.[399] Nach OLG München gilt dies jedenfalls dann, wenn die Geschäftsunfähigkeit grundsätzlich nachgewiesen oder unstreitig ist.[400] **100**

Es gibt **keinen Erfahrungssatz,** dass eine Geisteskrankheit bzw. eine sonstige krankhafte Störung der Geistestätigkeit mit **hoher Wahrscheinlichkeit** zu einem Ausschluss der freien Willensbestimmung führen muss. Es gibt insoweit auch **keine Beweiserleichterungen.**[401] **101**

Die Beweislast erstreckt sich bei einem **Grundstücksverkauf** auch auf Anknüpfungstatsachen (bestimmte Verhaltensweisen der Verkäuferin in der Vergangenheit), **102**

---

[389] KG 19 W 10/20, ErbR 2021, 854; OLG Karlsruhe 4 U 124/04, BeckRS 2010, 2234; OLG Saarbrücken 4 UH 754/03, BeckRS 2005, 0146; OLG Karlsruhe 4 U 124/04, BeckRS 2010, 2234; OLG Brandenburg 5 U 49/10, BeckRS 2012, 25101.

[390] BGH IV ZR 49/11, ZEV 2012, 100: zur Testierunfähigkeit.

[391] OLG Hamburg 2 W 60/19, ErbR 2020, 475 zur Testierunfähigkeit, vgl. § 2247 Abs. 5 S. 1 BGB.

[392] OLG Koblenz 5 U 1389/14, NJW-RR 2015, 917; OLG Celle 6 U 22/20, ZEV 2021, 386; 6 W 4/18, ErbR 2018, 269; aA OLG Hamm 15 W 453/17, ZEV 2020, 558; Griwotz DNotZ 2020, 389; Schmoeckel NJW 2016, 433.

BGH IV ZR 49/11, ZEV 2012, 100: zur Testierunfähigkeit.

[393] OLG Celle 6 W 16/03, Zerb 2003, 321; BayObLG 1Z BR 073/04, FamRZ 2005, 555.

[394] BayObLG 1Z BR 60/03, FamRZ 2004, 1404 mwN; BayObLG NJW 2003, 216; BayObLG 1Z BR 4/04, BeckRS 2004, 35126 mwN; BayObLGZ Breg. 1Z 74/82, 1982, 309; BayObLG 1Z BR 163/95, FamRZ 1996, 1438.

[395] OLG Saarbrücken 4 UH 754/03, BeckRS 2005, 01467; Lichtenwimmer MittBayNot 2002, 240.

[396] Zur Testierfähigkeit Busch ErbR 2014, 90 mwN; OLG Köln 13 W 59/01, BeckRS 2002, 17570.

[397] Schmitz ErbR 2018, 262; Busch ErbR 2014, 90 mwN; OLG Köln 13 W 59/01, BeckRS 2002, 17570; BayObLG 1a Z 61/89, BeckRS 2009, 89188.

[398] OLG München 31 Wx 266/12, ZEV 2013, 504; Busch ErbR 2015, 93.

[399] OLG Frankfurt a. M. 20 W 4/16, ErbR 2018, 516; OLG Hamm 10 U 76/16, ErbR 2018, 210; BayObLG 1a Z 61/89, BeckRS 2009, 89188; Klingelhöffer ZEV 2007, 361.

[400] OLG München 13 W 463/20, BeckRS 2020, 13673.

[401] OLG Karlsruhe 4 U 124/04, BeckRS 2010, 02234.

die eventuell von einem Sachverständigen hinsichtlich einer psychiatrischen Erkrankung in der Vergangenheit auswertbar sind.[402] Dieser Grundsatz gilt auch für das **grundbuchrechtliche Eintragungsverfahren**[403] (→ Rn. 88) und im Rahmen von § 816 Abs. 1 BGB bei Verfügungen eines Nichtberechtigten. Die Beweislast trifft, wer die Geschäftsunfähigkeit behauptet.[404]

103 Beruft sich ein Geschäftsunfähiger auf den **Wegfall der Bereicherung,** so obliegt ihm, nicht anders als einem Geschäftsfähigen, die Darlegungs- und Beweislast hinsichtlich der den Wegfall der Bereicherung begründenden Umstände.[405] Dass ein Betreuer den Geldbetrag bei Übernahme der Betreuung nicht vorgefunden hat, reicht nicht aus.[406]

104 Die Geschäftsunfähigkeit hat auf die Regeln der Darlegungs- und Beweislast keinen Einfluss.[407] Der Geschäftsunfähige wird im Rechtsverkehr dadurch geschützt, dass er Rechtsgeschäfte selbst nicht wirksam tätigen kann (§§ 104, 105 BGB) und bei der **bereicherungsrechtlichen Rückabwicklung** unwirksamer Verträge die Saldotheorie (§ 818 BGB) keine Anwendung findet.[408]

2. Beweiserhebung

105 Ein Beweisantritt muss (und kann in der Regel) mögliche Bekundungen nicht im Einzelnen vorwegnehmen.[409] Es müssen aber **Anknüpfungstatsachen** vorgetragen werden.[410] Das Zeugenbeweisangebot des behandelnden Hausarztes kann einen unzulässigen Ausforschungsbeweis darstellen, wenn allgemein das Vorliegen einer Suchterkrankung erwähnt wird und kein konkreter Rückschluss auf den Zeitpunkt des Vertragsschlusses möglich ist.[411] Der Sachvortrag muss einen Zustand schildern, der geeignet sein kann, infolge einer krankhaften Störung zu einer unfreien Willensbildung zu führen.[412] Der Parteivortrag muss so umfassend sein, dass dem Gericht eine Entscheidung über die Tatbestandsvoraussetzungen des § 104 Nr. 2 möglich ist.[413] Die Wahrscheinlichkeit des Vortrags ist unerheblich.[414] Ein fortgeschrittenes Stadium einer Krebserkrankung ist für sich genommen noch nicht ausreichend.[415]

106 Ein Vortrag ist schlüssig und hinreichend substantiiert, wenn die vorgetragenen Tatsachen in Verbindung mit einem Rechtssatz geeignet sind, das geltend gemachte Recht als bestehend erscheinen zu lassen.[416] Dafür reicht jedoch nicht die **bloße Behauptung einer Geschäftsunfähigkeit** aus.

---

[402] OLG Karlsruhe 4 U 124/04, BeckRS 2010, 02234.

[403] OLG Hamm 15 W 452/14, Rpfleger 2015, 129.

[404] BGH XII ZR 19/11, NJW 2014, 1095.

[405] BGH V ZR 235/02, NJW 2003, 3271 mwN; BGHZ VIII ZR 309/93, 126, 105 und BGHZ V ZR 457/99, 146, 298; OLG München 20 U 3996/08, BeckRS 2009, 08111.

[406] OLG Düsseldorf 17 U 15/11, BeckRS 2012, 24305.

[407] BGH V ZR 235/02, NJW 2003, 3271 mwN; BGHZ VIII ZR 309/93,126, 105; BGHZ V ZR 457/99, 146, 298.

[408] BGH V ZR 235/02, NJW 2003, 3271 mwN; BGHZ VIII ZR 309/93,126, 105; BGHZ V ZR 457/99, 146, 298.

[409] BGH V ZR 286/12, BeckRS 2013, 18356.

[410] OLG Dresden 4 U 1228/18, BeckRS 2018, 40866; OLG Hamburg 9 U 141/03, OLGR Hamburg 2005, 137.

[411] OLG Dresden 4 U 1228/18, BeckRS 2018, 40866.

[412] OLG Brandenburg 4 U 130/12, ZEV 2015, 17; BGH X ZR 3120, NJW 2022, 3147.

[413] BGH XI ZR 74/17, BeckRS 2018, 26275.

[414] BGH XI ZR 74/17, BeckRS 2018, 26275; VI ZR 225/16, BeckRS 109294; XI ZR 157/07, BeckRS 2008, 26951; BGH XI ZR 70/95, NJW 1996, 918.

[415] OLG Bamberg 6 W 20/12, ZErb 2012, 212 (zur Testierunfähigkeit).

[416] BGH X ZR 84/90, NJW-RR 1993, 189.

a) Zeugenvernehmung. Ausreichend sind unter Zeugenbeweis gestellte Verhaltensauffälligkeiten, wenn die Einvernahme der Zeugen Feststellungen und Rückschlüsse ermöglichen können.[417] Vermutungen und bestimmte Wahrscheinlichkeiten für mögliche Krankheitsbilder sind ohne ein auffälliges symptomatisches Verhalten nicht ausreichend.[418] Beobachtungsnahe Beschreibungen (ggf. mit Zitaten) sind aussagekräftiger als abstrahierende Interpretationen oder Schlussfolgerungen.[419] Da der Krankheitsausbruch einer Alzheimer-Demenz schleichend erfolgt, sind Zeugenaussagen oft widersprüchlich.[420] Auch spielt eine Rolle, dass oft noch sehr lange eine wache und blendende **Fassade** erhalten bleibt[421] (→ Rn. 17, 40 f.). Zeugen sollten in Anwesenheit des Gerichtsgutachters vernommen werden, dem dann vorher die Akten zu einer ersten Durchsicht überlassen werden sollten.[422] 107

aa) Privatpersonen (medizinische Laien). Bei der **Vernehmung medizinischer Laien** ist Vorsicht geboten,[423] auch wenn deren Wahrnehmungen in Form von Anknüpfungstatsachen eine wesentliche Grundlage für die sachverständige Begutachtung (→ Rn. 126) bilden können.[424] Entscheidend ist auch, ob die Aussagen im Widerspruch zu verlässlichen medizinischen Dokumentationen stehen.[425] Zeugen verfügen über keine psychiatrische Ausbildung und können im Idealfall nur präzise wiedergeben, wie sich die betroffene Person geäußert hat. Für Laien ist aber fast ausnahmslos nicht erkennbar ist, ob eine psychische Erkrankung sich auf die freie Willensbestimmung ausgewirkt hat. Laien können im Regelfall auch nicht erkennen, ob der Gesprächspartner nur seinen natürlichen Willen geäußert hat, der nicht mehr von einer freien Willensäußerungen iSv § 104 Nr. 2 BGB getragen ist.[426] Auch eine Differenzierung zwischen psychiatrischen Erkrankungen und altersbedingten Marotten ist ihnen in aller Regel nicht möglich.[427] Zudem sind nur kurz andauernde Begegnungen für eine Einschätzung ungeeignet.[428] Dies gilt auch für Berufe, in denen häufiger Kontakt zu älteren Personen besteht, wie zB Rechtspfleger oder Bankangestellte.[429] Oft beschränkte sich privater Kontakt auch auf schon längere Zeit gemeinsam ausgeübte Freizeitaktivitäten und Hobbies, so dass der psychiatrische Allgemeinzustand falsch eingeschätzt wird, da jahrelang Geübtes bei Demenzpatienten noch im fortgeschrittenen Zustand der Erkrankung erhalten bleiben kann.[430] Auch oberflächliche Gespräche anlässlich eines nicht geplanten Zusammentreffens sind im Regelfall nicht aussagekräftig. 108

---

[417] OLG Hamm 22.6.2011 – 15 Wx 118/11, NJW-RR 2011, 1638.

[418] OLG Düsseldorf 3 Wx 273/11, NJW-RR 2012, 1100.

[419] Cording ErbR 2021, 955.

[420] Wetterling ErbR 2015, 100.

[421] OLG Hamburg 2 W 63/17, ZErb 2018, 280 mwN Wetterling ErbR 2015, 355.

[422] OLG Frankfurt a. M. 20 W 4/16, ErbR 2018, 516.

[423] OLG Köln 2 Wx 124/19, BeckRS 2019, 13403; OLG Brandenburg 5 U 229/97, BeckRS 2004, 10490; OLG Düsseldorf 18 U 175/09, BeckRS 2011, 06925.

[424] BGH V ZR 286/12, BeckRS 2013, 18356; BGH V ZR 66/15, BeckRS 2015, 20730; OLG München 13 W 463/20, BeckRS 2020, 13673; OLG Hamburg 4 U 31/15, BeckRS 2016, 121094; OLG Düsseldorf 1 U 175/09, BeckRS 2011, 06925.

[425] OLG München 31 Wx 144/15, ZEV 2017, 148.

[426] OLG Düsseldorf 18 U 175/09, BeckRS 2011, 6925; Cording/Nedopil/Cording Psychiatrische Begutachtungen S. 32.

[427] Cording/Nedopil/Cording/Hausner Psychiatrische Begutachtungen S. 96.

[428] BVerfG 1 BvR 69/07.

[429] OLG Düsseldorf 3 Wx 40/10, BeckRS 2015, 14359.

[430] OLG München 3 U 4789/09, BeckRS 2013, 16015.

109 Abzulehnen ist die Auffassung des OLG Brandenburg,[431] wonach der von einer Rechtsanwältin gewonnene Eindruck bei der Besprechung eines Vertragsentwurfs aussagekräftiger sein soll, als retrospektive Erwägungen des Gutachters und der Einschätzung eines behandelnden Arztes.

110 Dass der Erblasser Dritte über seinen geistigen Zustand täuschen konnte, rechtfertigt es nicht, generell von der Anhörung der Zeugen abzusehen.[432] Die Einführung **schriftlicher Zeugenberichte** im Wege des **Urkundenbeweises** ist nicht möglich, wenn der Beweisführer auf einer Zeugenvernehmung besteht.[433] Eine **Befragung von Zeugen** durch einen Gerichtssachverständigen kann wegen einer psychopathologisch richtigen Fragestellung sinnvoll sein.[434] Eine Zeugenvernehmung wird nicht dadurch entbehrlich, dass ein Privatgutachter Äußerungen eines Zeugen ihm gegenüber wiedergibt.[435]

111 **bb) Amtspersonen (Notare, Rechtspfleger, Betreuungsgerichte und -behörden) sowie Rechtsanwälte und medizinisches Personal. Notare und Rechtsanwälte** verfügen nicht über die erforderliche psychiatrische Sachkunde, um eine die Freiheit der Willensbestimmung ausschließende psychische Krankheit abschließend feststellen zu können, die nicht offen zu Tage tritt.[436] Sie kennen im Regelfall weder die genaue Vorgeschichte, noch die medizinische Dokumentation. Die bei einem Notartermin zu klärenden Dinge unterscheiden sich von einem psychiatrischen Untersuchungstermin.[437] Der Überzeugung von Notaren kann jedoch eine gewichtige indizielle Bedeutung zukommen.[438] Dies gilt insbesondere hinsichtlich konkreter Wahrnehmungen.[439] Das OLG Koblenz geht von einer jedoch widerlegbaren indiziellen Bedeutung aus.[440] Zimmermann knüpft an das positive Votum eine **Vermutung** der Geschäftsfähigkeit.[441] Aussagen auch anderer nur in sozialem Kontakt stehender Personen ist kein besonderer Beweiswert zuzumessen[442] (vgl. → Rn. 108 f.). Der persönliche Eindruck kann vor allem dann nicht entscheidend sein, soweit er mit der ärztlichen Einschätzung bzw. Diagnose nicht vereinbar ist.[443] Auch **Rechtspfleger** oder Mitarbeiter einer **Betreuungsbehörde** sind kein medizinisch geschultes Fachpersonal und daher nicht zu einem Votum hinsichtlich einer freien Willensbildung in der Lage.[444] Dennoch darf ein entsprechendes **Zeugenbeweisangebot** nicht übergangen werden.[445] Selbst bei Personen mit **medizinischer Ausbildung** ist erforder-

---

431 OLG Brandenburg 11 Wx 44/06, FamRZ 2008, 303.

432 OLG Düsseldorf 18 U 175/09, BeckRS 2011, 06925.

433 BGH V ZR 286/12, BeckRS 2013, 18356; BGH X ZR 3120, NJW 2022, 3147.

434 Cording/Nedopil/Cording/Hausner Psychiatrische Begutachtungen S. 96.

435 BGH V ZR 286/12, BeckRS 2013, 18356.

436 BVerfG 28.11.2007 – 1 BvR 69/07; OLG Hamburg 2 W 63/17, ZErb 2018, 280; OLG Hamburg 4 U 31/15, BeckRS 2016, 121094; Cording ErbR 2020, 256; Cording/Nedopil/Cording/Hausner Psychiatrische Begutachtungen S. 96.

437 Cording ErbR 2021, 955.

438 BGH V ZR 66/15, BeckRS 2015, 20730; OLG Düsseldorf 3 Wx 259/17, BeckRS 2018, 22617; BayObLG 1 Z BR 53/04, BeckRS 2004, 9699.

439 Cording ErbR 2021, 955.

440 OLG Koblenz 5 W 219/19, BeckRS 2015, 20735.

441 Zimmermann BWNotZ 2000, 97.

442 OLG Hamm 10 U 5/20, ErbR 2021, 955 mAnm Cording.

443 OLG München 31 Wx 144/15, ZEV 2017, 148; OLG Düsseldorf 3 Wx 115/13, ErbR 2014, 391; BayObLG 1 Z BR 53/04, BeckRS 2004, 9699.

444 OLG Celle 6 W 16/03, ZErb 2003, 321; OLG Brandenburg 3 U 1/12, BeckRS 2013, 06305; Griwotz DNotZ 2020, 389 Fn. 21.

445 OLG Brandenburg 3 U 1/12, BeckRS 2013, 06305.

lich, dass im relevanten Zeitraum naher Kontakt bestand.[446] Betreuungsrichter können über eine vergleichsweise gesteigerte Sensibilität für medizinische Feststellungen verfügen.[447]

Eine Beurkundung darf gem. § 15 Abs. 1 S. 1 BNotO nicht ohne einen ausreichenden Grund abgelehnt werden. Hiergegen wäre dann eine Beschwerde möglich (§ 15 Abs. 2 S. 1 BNotO). Der **Notar** hat jedoch trotz einer berufsrechtlichen Soll-Formulierung die Amtspflicht[448], eine Beurkundung abzulehnen, wenn nach seiner Überzeugung entgegen der gesetzlichen Vermutung aufgrund gewisser Anhaltspunkte die Geschäftsfähigkeit fehlt (§§ 11 Abs. 1, 17 BeurkG).[449] Indizien können Verhalten, äußeres Erscheinungsbild oder eine zeitliche oder örtliche Desorientierung, ebenso wie fehlende Einsicht oder eine mangelnde intellektuelle Aufnahmefähigkeit sein.[450] Das gilt auch für die Frage, ob im Beurkundungstermin jedenfalls überwiegend nur ein Erbprätendent zu Wort kam.[451] Es wird auch die Auffassung vertreten, dass jeder vernünftige Zweifel, ob eine Geschäftsfähigkeit nicht doch gegeben sein könnte, ausgeschlossen erscheinen muss[452] oder eine Verständigung nicht mehr möglich ist.[453] Ist ein Beteiligter schwer krank, so soll dies in der Niederschrift vermerkt und angegeben werden, welche Feststellungen der Notar über die Geschäftsfähigkeit getroffen hat (§ 11 Abs. 2 BeurkG).[454] Für **Verfügungen von Todes wegen** besteht ergänzend die Amtspflicht des § 28 BeurkG. Es existieren aber für Notare keine offiziellen Prüfungsrichtlinien, deren Einführung auch daran scheitern würde, dass Notare nicht psychiatrisch ausgebildet sind und damit nicht allwissend sein können.[455] (vgl. → Rn. 111). Eine Notarurkunde besitzt hinsichtlich darin enthaltener notarieller Wahrnehmungen (und nicht bezüglich rechtlicher Schlussfolgerungen zu § 104 BGB) eine Beweiskraft nach § 418 Abs. 1 ZPO.[456] **112**

Grundsätzlich darf ein Notar daher bei der Überprüfung der Geschäftsfähigkeit im Beurkundungszeitpunkt von einer **Geschäftsfähigkeit ausgehen.** Er kann sich auf den nach einem eingehenden Gespräch gewonnenen Eindruck verlassen. Bei Zweifeln an der Geschäftsfähigkeit besteht eine urkundenbezogene[457] Vermerkpflicht, die möglichst detailliert (aber nicht altersdiskriminierend) ausfallen sollte.[458] Das gilt insbesondere für **Auswärtsbeurkundungen** wie zB Krankenhausbesuche oder Gespräche mit dem Ärzteteam.[459] Das OLG Hamm nimmt aufgrund der steigenden Lebenserwartung und Zahl von Demenzerkrankungen an, dass bereits ein hohes Lebensalter Anlass zu Nachforschungen geben kann und verneint dabei eine **113**

---

[446] OLG Hamm 10 Un 5/20, ErbR 2021, 955 mAnm Cording.

[447] OLG München 31 Wx 144/15, ZEV 2017, 148.

[448] Zimmermann BWNotZ 2000, 97 mN BayObLG 3 ZBR 58/92, BayObLGZ 1992, 220.

[449] OLG Hamm 11 U 180/14, BeckRS 2015, 14717; OLG Celle Not 16/07, BeckRS 2009, 8614.

[450] OLG Hamm 11 U 180/14, BeckRS 2015, 14717; OLG Celle Not 16/07, BeckRS 2009, 8614; Griwotz MDR 2016, 737.

[451] OLG Celle 6 W 43/06, ZEV 2007, 17.

[452] Huber/Schmieder/Dengler BWNotZ 2012, 150.

[453] Zimmermann BWNotZ 2000, 97.

[454] OLG Hamm 11 U 180/14, BeckRS 2015, 14717; Lichtenwimmer MittBayNot 2002, 240.

[455] Busch ErbR 2014, 90.

[456] Busch ErbR 2014, 90 mwN; OLG Düsseldorf Wx 27/12, ZEV 2014, 194; Zimmermann BWNotZ 2000, 97.

[457] Zimmermann BWNotZ 2000, 97 mwN BayObLG 3 ZBR 58/92, BayObLGZ 1992, 220.

[458] Griwotz DNotZ 2020, 389; OLG Celle Not 16/07, BeckRS 2009, 8614.

[459] Zimmermann BWNotZ 2000, 97.

Altersdiskriminierung.[460] Der **Ermittlungsumfang** ist einzelfallbezogen und steht im pflichtgemäßen Ermessen, wobei nach Ansicht des OLG Hamm ein testähnliches Gespräch über nicht mit dem Beurkundungsgegenstand zusammenhängende Themen geboten sein kann.[461] Da aber psychische Erkrankungen nicht ohne weiteres erkennbar sind, ist nach Auffassung des OLG Celle in der Regel ein längeres Gespräch mit Befragung nötig.[462] Beides ist abzulehnen, da Demenzpatienten sich sehr lange eine wache und blendende Fassade bewahren und bei einem Gespräch über Alltagsthemen zB Wahnvorstellungen oft unentdeckt bleiben (vgl. → Rn. 40 f., 111). Eine Einschätzung, die auch vertieften fachärztlichen Untersuchungen standhalten würde, kann von einem Notar nicht gefordert werden. Ergeben sich daran auf Tatsachen beruhende **Zweifel,** so müssen diese – durch ein **ärztliches Gutachten** – ausgeräumt werden, wobei der **volle Nachweis** der Geschäftsfähigkeit **nicht geführt** werden muss.[463] Das kommt in Betracht bei einer fehlenden zeitlichen oder örtlichen Orientierung des Betroffenen, einer fehlenden Einsicht in die Auswirkungen der Entscheidung, einer nicht vorhandenen intellektuellen Aufnahmefähigkeit etc. Bei schweren körperlichen und psychischen Erkrankungen ist der Notar in besonderem Umfang verpflichtet, die Geschäftsfähigkeit zu prüfen und ggf. einen **Arzt beizuziehen.**[464] Die obigen Grundsätze gelten auch für **Konsularbeamte** (§ 10 Abs. 3 KonSG).

114 Die Feststellung in einer Notarurkunde, wonach an der Geschäfts- oder Testierfähigkeit keine Zweifel bestehen, sagt nichts darüber aus, auf welche Art und Weise sich der Notar von der Geschäftsfähigkeit hat Gewissheit verschaffen können.[465]

115 **Notare** sind in aller Regel **regresspflichtig,** wenn eine Beurkundung abgelehnt wird und die Urkundsperson tatsächlich geschäftsfähig war.[466]

Mit Vornahme einer Beurkundung ist der entsprechende Kostentatbestand verwirklicht, ohne dass die Geschäftsfähigkeit eine Rolle spielt, sofern für Notare nicht eine Geschäftsunfähigkeit zweifelsfrei feststeht.[467] Eine Beurkundung ist für den Notar damit im Regelfall risikolos. Nur in den Fällen einer zweifelsfreien Geschäftsunfähigkeit kommt die Nichterhebung von Gebühren und Auslagen wegen einer **unrichtigen Sachbehandlung** in Betracht **(§ 21 GNotKG).**[468] Dies gilt auch bei einer Beurkundung in Kenntnis einer Geschäftsunfähigkeit, wenn die Möglichkeit einer kostenlosen Nachbesserung bestand.[469] Zu Schadenersatzansprüchen wegen einer angeblich zu einer Formunwirksamkeit führenden Amtspflichtverletzung vgl. OLG Karlsruhe,[470] OLG Hamm,[471] OLG Celle,[472] ferner OLG Celle[473] zu einem disziplinarrechtlichen Verfahren.

[460] OLG Hamm 11 U 180/14, BeckRS 2015, 14717; aA Litzenburger ZEV 2016, 1.

[461] OLG Hamm 11 U 180/14, BeckRS 2015, 14717.

[462] OLG Celle Not 16/07, BeckRS 2009, 8614.

[463] OLG Celle 4 W 196/10, ZEV 2011, 200 mwN; OLG Frankfurt a. M. 20 W 151/05, NJW-RR 2006, 450; OLG Celle Not 16/07, MittBayNot 2008, 492.

[464] OLG Celle Not 16/07, MittBayNot 2008, 492.

[465] OLG Celle 4 W 196/10, ZEV 2011, 200.

[466] OLG München 14. 10. 2005 – 1 U 3063/05, BeckRS 2005, 33895.

[467] OLG München 32 Wx 286/11, ZEV 2012, 109; aA Lichtenwimmer MittBayNot 2010, 240.

[468] OLG München 32 Wx 286/11, ZEV 2012, 109 zu § 16 KostO.

[469] OLG Düsseldorf 10 W 115/16, BeckRS 2016, 15176.

[470] OLG Karlsruhe 14 U 99/17, ZErb 2020, 92.

[471] OLG Hamm 11 U 180/14, BeckRS 2015, 14717.

[472] OLG Celle 11 W 117/08, BeckRS 2009, 23488.

[473] OLG Celle Not 16/07, BeckRS 2009, 8614.

Weit verbreitet sind auch von Laien durchführbare neurophysiologische Tests zur Prüfung der Gedächtnisleistung und der kognitiven Fähigkeiten, auch Demenztests genannt.[474] Die am häufigsten verwendete Testung ist der **Mini-Mental-Status-Test (MMST).**[475] Weitere verbreitete Testformen sind der Uhrentest, PANDA-Test, DemTect-Test sowie das Clinical Dementia Rating. Die Ergebnisse sind auch vom Bildungsstand abhängig.[476] Werden im MMST-Verfahren weniger als 25 von 30 möglichen Punkten erreicht, so spricht das bei Vorliegen von psychopathologischen Symptomen[477] für einen Krankheitswert, wobei weniger als 20 Punkte für eine leichte bzw. mittlere Demenz sprechen und weniger als 10 Punkte für eine hochgradige Demenz. Nicht geprüft werden kann mit diesen Testverfahren die Fähigkeit zur Bildung eines unbeeinflussten Willens sowie dessen Verteidigung gegenüber Dritten. Das gilt auch für die Frage einer Krankheitseinsicht.[478] Deswegen werden solche Testungen aus psychiatrischer Sicht in der Regel nicht als sinnvoll erachtet.[479] Bei **Parkinsonpatienten** sind wegen einer oft passiven, zurückgezogenen Haltung Demenztests wenig aussagekräftig.[480] Voneinander abweichende Testergebnisse innerhalb kurzer Zeit gebieten eine Prüfung, inwieweit Versäumnisse bei der Medikamenten- oder Flüssigkeitseinnahme die tatsächliche Ursache bilden[481] (→ Rn. 39 f., 43). 116

Den Aussagen sachverständiger Zeugen kommt grundsätzlich ein erhöhter Beweiswert zu.[482]

cc) Berufliche Verschwiegenheitspflichten. Ärzte,[483] **Notare und Rechtsanwälte** unterliegen einer beruflichen Verschwiegenheitspflicht. Dies gilt nach § 35 Abs. 3 SGB I (Sozialgeheimnis) auch für Sozialleistungsträger, wobei nach Abs. 5 der mutmaßliche Wille des Versicherten (Allgemeines Persönlichkeitsrecht[484], Art. 2 Abs. 1 GG) dem entgegenstehen kann.[485] Von der Pflicht zur Verschwiegenheit kann eine Vertragspartei den Notar **entbinden.** Nach deren Tod kann der örtlich zuständige **Landgerichtspräsident** aufgrund seiner Aufsichtsbefugnisse für den Notar die Entbindung erklären (§ 18 Abs. 2 BNotO).[486] Auf den mutmaßlichen Erblasserwillen kommt es bei Zweifeln über die Willensbildung nicht an.[487] Anders muss man dies wohl beurteilen, wenn es darum geht, wie die Wortwahl des Notars auszulegen und damit der Erblasserwille zu verstehen ist (→ Rn. 119). 117

Den Erben steht unter dem Vorbehalt eines anderslautenden Patientenwillens gemäß § 630g Abs. 3 BGB wegen vermögensrechtlicher Ansprüche ein ermessensgebundenes Recht auf **Einsicht in die Patientenakte** zu, soweit nicht der ausdrückliche oder mutmaßliche Wille entgegensteht. Das Einsichtsrecht kann sich auch aus § 810 BGB und Art. 15 DSGVO ergeben. Nach dem **Tod eines Arztes** geht die Aufbewahrungspflicht (§ 630f Abs. 3 BGB: 10 Jahre nach Behandlungs-

---

474 Stoppe/Lichtenwimmer DNotZ 2005, 806 und Lichtenwimmer MittBayNot 2002, 240.

475 Stoppe/Lichtenwimmer DNotZ 2005, 806.

476 Wetterling ErbR 2021, 115.

477 Cording ErbR 2021, 955.

478 Stoppe/Lichtenwimmer DNotZ 2005, 806.

479 Wetterling ErbR 2015, 355.

480 KG 19 W 10/20, ErbR 2021, 854.

481 OLG Frankfurt a. M. 20 W 4/16, ErbR 2018, 516.

482 BayObLG BReg 1 Z 6/85, BeckRS 2009, 29148 zur Lesefähigkeit.

483 Heß ZEV 2006, 479; Bartsch NJW 2001 861.

484 BVerfG 2 BvR 443/02, NJW 2006, 1116.

485 OLG Bamberg 7 UF 50/87, BeckRS 2010, 26264; AG Augsburg VI 1163/12, ZEV 2014, 36.

486 BGH NotZ(Brfg) 1/19, NJW 2021, 316.

487 OLG Frankfurt a. M. 20 W 275/19, ZEV 2021, 525.

abschluss) bezüglich der Patientenakten auf die Erben über und ggf. kommt bei einer ungeklärten Erbfolge eine Nachlasspflegschaft in Betracht.[488]

118 **Nach dem Tod** muss sich die zur Berufsverschwiegenheit verpflichtete Person die Frage stellen, ob der Mandant bzw. der Patient zu Lebzeiten **ausdrücklich** oder **konkludent** ein **Schweigen** über den Tod angeordnet hat (vgl. § 203 StGB[489]).[490] Das könnte zB das Geständnis einer Straftat oder eine unangenehme medizinische Diagnose sein, von der außer dem Arzt niemand wusste. Heß vertritt die Auffassung, dass die Einwilligung eine Geschäftsfähigkeit des Patienten voraussetzt.[491] Dies ist abzulehnen, da selbst für lebensgefährdende Eingriffe nur eine natürliche Einwilligungsfähigkeit (→ Rn. 21) notwendig ist. Das **Schweigerecht** ist **höchstpersönlich** und damit **nicht vererbbar,** so dass eine Entbindung durch Dritte nicht möglich ist.[492] Auch Vorsorgebevollmächtigten steht postum gegen den ausdrücklich erklärten oder mutmaßlichen Willen kein Recht auf Einsicht in (psychotherapeutische) Behandlungsunterlagen zu.[493]

119 Ist **kein Wille** ermittelbar, so ist nach dem **mutmaßlichen Willen** zu fragen.[494] Im **Regelfall** liegt eine Klärung im Interesse jedes Geschäfts(un)fähigen, ob ein von ihm in früheren Zeiten abgeschlossenes Rechtsgeschäft aus gesundheitlichen Gründen wirksam war oder nicht.[495] Andersherum liegt es in aller Regel nicht im Interesse eines Versicherungsnehmers, dass nach dessen Tod durch Befragung von Ärzten geklärt wird, ob bei Abschluss des Versicherungsvertrages eine arglistige Täuschung über bekannte Vorerkrankungen vorlag.[496] Die berufsrechtliche **Ermessensentscheidung** von Geheimnisträgern ist nur begrenzt gerichtlich überprüfbar, wobei erläutert werden muss, welche Gründe einer Offenlegung entgegenstehen sollen.[497] Die Grenze bildet rechtsmissbräuchliches Verhalten des Berufsträgers in Form von sachfremden Erwägungen (zB Vereitelung etwaiger Haftungsansprüche[498]), da dann das Geheimhaltungsinteresse postum einzelfallbezogen entfallen sein könnte.[499]

120 **Streitigkeiten** über die Schweigepflicht sind in einem **Zwischenrechtsstreit** zu klären.[500]

121 **b) Sachverständigengutachten. aa) Einholung eines Sachverständigengutachtens.** Nach der Erhebung von Anknüpfungstatsachen in Form von Momentaufnahmen zu bestimmten Zeitpunkten (Betreuungsgutachten, Zeugenaussagen etc) ist bei einem entsprechenden Beweisangebot der beweisbelasteten Partei[501] mittels eines Gutachtens zu entscheiden, ob auf dieser Basis (ggf. über einen fraglichen Zeit-

---

[488] OLG Rostock 3 W 7/19, BeckRS 2020, 27636; OLG Brandenburg 3 W 137/19, BeckRS 2020, 5441.

[489] Spickhoff NJW 2005, 1984; Bartsch NJW 2001, 861.

[490] OLG Köln 2 Wx 202/18, ZEV 2018, 530; OLG München 13 U 1223/15, ZEV 2019, 35.

[491] Heß ZEV 2006, 479.

[492] Bartsch NJW 2001, 861.

[493] OLG Karlsruhe 7 U 238/18, ZEV 2019, 715.

[494] BGH VI ZR 259/81, NJW 1983, 2627; BGH IVa ZB 18/83, NJW 1984, 2893; OLG München 13 U 1223/15, ZEV 2019, 35; OLG Hamm 10 U 76/13, FamRZ 2014, 1817; Spickhoff NJW 2005, 1982.

[495] BGH VI ZR 259/81, NJW 1983, 2627; 4.7.1984 – IVa ZB 18/83, NJW 1984, 2893.

[496] OLG Karlsruhe 3.9.2014 – 12 W 37/14, ZErb 2015, 94.

[497] OLG Karlsruhe 7 U 238/18, ZEV 2019, 715 mN BGH VI ZR 359/11, BeckRS 2013, 6020; VI ZR 259/81, NJW 1983, 2627; OLG München 1 U 2500/08, ZEV 2009, 40.

[498] OLG München 1 U 2500/08, ZEV 2009, 40.

[499] OLG Karlsruhe 7 U 238/18, ZEV 2019, 715.

[500] OLG München 13 U 1223/15, ZEV 2019, 35.

[501] OLG Brandenburg 5 U 158/19, BeckRS 2020, 17748.

raum hinweg) eine Geschäftsunfähigkeit feststellbar ist.[502] Dafür sind aus objektivierbaren Tatsachen oder Hilfstatsachen herzuleitende **Zweifel an der Geschäftsfähigkeit** notwendig.[503] In einem ZPO-Verfahren muss der Klagevortrag die Tatbestandsvoraussetzungen erfüllen, wobei es dabei nicht auf eine genaue Diagnose oder Wahrscheinlichkeitserwägungen ankommt.[504] Ob und in welchem Umfang eine krankhafte Störung iSv § 104 Nr. 2 BGB vorliegt, kann in aller Regel nur mit sachkundiger Hilfe festgestellt werden.[505]

Es ist daher im Regelfall ein **psychiatrischer** oder **neurologischer Sachverständiger** zu beauftragen,[506] wobei auf diesen Fachgebieten erfahrene Klinikärzte, Amtsärzte der Gesundheitsämter mit einer psychiatrischen Vorbildung sowie – in Bayern – auch die Landgerichtsärzte ausreichend sein können.[507] Das KG fordert eine psychopathologische Spezialausbildung.[508] Dass eine nebenberufliche Gutachterin als Ärztin für einen Klinikträger tätig ist und der Patient in einem Haus der Klinikgruppe behandelt wurde, begründet für sich genommen keine **Befangenheit.**[509] Zu dem Pflichtenprogramm von Sachverständigen siehe OLG Düsseldorf[510] und OLG Frankfurt a. M.[511]. Cording weist darauf hin, dass die Schwerpunktbezeichnung „Forensische Psychiatrie“ ua eine 5-jährige Weiterbildung voraussetzt, die aber auf die Begutachtung psychisch krank erscheinender Straftäter ausgerichtet ist.[512] Offengelassen wurde seitens des BGH, ob die nachträgliche Bestellung von ärztlichen Mitarbeitern des Gerichtsgutachters zulässig ist.[513] 122

Gerichte sollen psychiatrischen Sachverständigen über den Beweisbeschluss hinaus die gerichtlich festgestellten Anknüpfungstatsachen vorgeben.[514] Der Gutachter muss dann den „inneren Zustand und das Empfinden“ des Patienten zu ermitteln versuchen.[515] Der innere Zustand wird durch Umstände bestimmt, die selbst (innere) Tatsachen darstellen, aus denen der Sachverständige Schlüsse zieht. Diese Tatsachen sind aber keine Anknüpfungstatsachen im Sinne von § 404a ZPO, sondern sog. Befundtatsachen, die der Sachverständige aufgrund seiner Sachkunde selbst erheben, feststellen und bewerten muss.[516] Ohne eigene Sachkunde darf das Gericht entsprechende Befundtatsachen nicht selbst bewerten.[517] 123

---

[502] KG 19 W 4/20, ErbR 2021, 430 zur Testierunfähigkeit.

[503] OLG Brandenburg 13.1.2014 – 3 W 49/13, ErbR 2014, 141 mwN; BayObLG 7.9.2004 – 1 Z BR 073/04, FamRZ 2005, 555.

[504] BGH VI ZR 225/16, BeckRS 109294.

[505] OLG München 6 U 2416/06, OLG-Report München 2007, 461; OLG Düsseldorf 3 Wx 116/13, ZEV 2014, 194.

[506] OLG Frankfurt a. M. 20 W 188/16, ErbR 2017, 721 und zu FamFG-Verfahren BGH XII ZB 554/20, NJW-RR 2021, 1086; OLG München 31 Wx 466/19, ErbR 2020, 256 (Fachärzte für Psychiatrie) mAnm Cording; OLG Brandenburg 3 W 49/13, ErbR 2014, 141 mwN; BayObLG 1Z BR 136/02, BeckRS 2003, 16581; BayObLG 1Z BR 108/04, ZEV 2005, 480; OLG Köln 2 U 19/11, BeckRS 2014, 02954; OLG Köln 2 U 19/11, BeckRS 2014, 02954.

[507] OLG Köln 2 U 19/11, BeckRS 2014, 02954.

[508] KG 19 W 4/20, ErbR 2021, 430.

[509] OLG Düsseldorf 3 Wx 115/13, ErbR 2014, 391.

[510] OLG Düsseldorf 3 Wx 115/13, ErbR 2014, 391.

[511] OLG Frankfurt a. M. 20 W 4/16, ErbR 2018, 516.

[512] Cording ErbR 2020, 256.

[513] BGH V ZR 214/20, BeckRS 2021, 13351.

[514] OLG Celle 6 W 26/03, BeckRS 2003, 30316656; BayObLG 1 Z BR 124/00, ZEV 2002, 234, Lauck/Goratsch ZEV 2019, 192.

[515] OLG Naumburg 10 U 17/12, BeckRS 2013, 01877.

[516] OLG Naumburg 10 U 17/12, BeckRS 2013, 01877.

[517] OLG Naumburg 10 U 17/12, BeckRS 2013, 01877.

124 Die **Feststellung der Geschäftsunfähigkeit** darf ebenfalls nicht dem gerichtlichen Sachverständigen überlassen werden, sondern ist vom Gericht als **Rechtsfrage** selbst zu entscheiden. Die Geschäftsfähigkeit ist kein medizinischer Befund, sondern ein Rechtsbegriff deren Voraussetzungen im Rahmen einer kritischen Würdigung eines Gutachtens festzustellen sind.[518] Der Sachverständige kann **nur zur Feststellung von Tatsachen** herangezogen werden, die den Schluss auf das Vorliegen der Geschäftsfähigkeit bzw. auf deren Fehlen zulassen.[519] Das Gericht ist bei schwierigen psychiatrischen Fragen verpflichtet, die Schlüssigkeit eines Sachverständigengutachtens zu prüfen und kritisch zu würdigen (vgl. → Rn. 130 ff.).[520] Es darf sich in den Entscheidungsgründen nicht mit der Floskel begnügen, die Ausführungen des Sachverständigen wären widerspruchsfrei und nachvollziehbar.[521]

125 Die Verwertung eines **Arztattests** im Wege des **Urkundenbeweises** anstelle der beantragten Anhörung des (sachverständigen) Zeugen ist unzulässig, wenn sich der Beweisantritt auf die dem Attest zugrunde liegenden tatsächlichen Feststellungen bezieht.[522] Das gilt auch für die Verwertung eines Zeugenprotokolls aus einem anderen gerichtlichen Verfahren.[523]

126 Bei der Beziehung von Betreuungsakten ist der **Gutachtensauftrag** eines **Betreuungsgerichts** kritisch zu prüfen. Es wird meist nur dann explizit nach der Geschäftsfähigkeit gefragt, wenn ein (anwaltlicher) Betreuer die Wirksamkeit einer Willenserklärung rechtlich überprüfen soll. Beobachtungen des Betreuungsgutachters über die Leistungsfähigkeit des Alt- und Neugedächtnisses können aber hilfreich sein. Zu berücksichtigen ist auch der auf Betreuungsgutachter lastende Zeit- und Kostendruck.[524] Die Betreuungsakte enthält aber öfters Angaben zu einer Anamnese, ärztliche Befundberichte von Fachärzten oder gesammelte Arztbriefe von **Hausärzten** als **Lotsen im Gesundheitssystem** oder im Idealfall psychopathologische Befundberichte.[525] Auch persönliche Eindrücke im Rahmen der Anhörungen durch **Betreuungsrichter** bzw. Berichte von **Verfahrenspflegern** können im Einzelfall wertvolle Indizien liefern, ohne dass subjektiven Beobachtungen medizinischer Laien für sich genommen entscheidungserhebliches Gewicht beigemessen werden kann.

127 Eine zivilprozessuale Bindung an früher eingeholte Gutachten besteht nicht. Eine **Verwertung** nach **§ 411a ZPO** ist aber möglich und setzt nicht das Einverständnis der Parteien voraus.[526] (→ Rn. 144 ff.).

128 Am aussagekräftigsten sind Diagnosen von Fachärzten für Psychiatrie und Neurologie, die den Erblasser zu Lebzeiten untersucht haben, idealerweise im Hinblick auf die Geschäftsfähigkeit (zu den besonderen Schwierigkeiten lebzeitiger Begutachtungen → Rn. 131). Gutachter dürfen die Exploration und Untersuchung des Betroffenen auf ärztliche Mitarbeiter delegieren.[527] Sämtliche ärztliche, pflegerische und psychologische Dokumentationen können wertvolle Hinweise liefern, auch wenn die Verfas-

---

518 BGH XII ZB 106/20, NJW 2021, 63; V ZR 69/19, BeckRS 2019, 35392.

519 OLG München 6 U 2416/06, OLG-Report München 2007, 461.

520 BGH XII ZB 554/20, NJW-RR 2021, 1086; OLG Karlsruhe 4 U 124/04, BeckRS 2010, 02234.

521 OLG München 3 U 4789/09, BeckRS 2013, 16015.

522 BGH V ZR 169/13, BeckRS 2014, 08038; BGH V ZR 286/12, BeckRS 2013, 18356 mwN; BGH III ZR 69/96, FamRZ 1997, 1270.

523 BGH V ZR 169/13, BeckRS 2014, 08038; BGH V ZR 286/12, BeckRS 2013, 18356 mwN; BGH III ZR 69/96, FamRZ 1997, 1270.

524 Cording/Nedopil/Cording Psychiatrische Begutachtungen S. 30.

525 Cording/Nedopil/Cording Psychiatrische Begutachtungen S. 30; OLG München 3 U 4789/09, BeckRS 2013, 16015.

526 OLG München 20 U 358/20, BeckRS 2020, 47755.

527 OLG München 8 U 2279/12, BeckRS 2013, 9214.

ser mangels einer entsprechenden Qualifikation oder einer entsprechenden Befunderhebung keine psychiatrische Diagnose erhoben haben oder keine medizinische Notwendigkeit zur Dokumentation psychopathologischer Auffälligkeiten gesehen wurde. Auch dauern viele Arzttermine nur wenige Minuten und das ist für eine psychiatrische Untersuchung nicht ausreichend. Oft liefern aber Arztbriefe von Fachärzten und Krankenhäusern wertvolle Hinweise. Die **Pflegedokumentation** einer Heimeinrichtung bzw. die **Patientenakte** eines Krankenhauses können aufschlussreich sein. Mögliche Ermittlungsansätze für Sachverständige bieten auch **Pflegegutachten des Medizinischen Dienstes** einschließlich der Pflegegradeingruppierung (siehe → Rn. 23). Auch im Nachlass aufgefundene Schriftstücke des Erblassers können aufschlussreich sein, da sie über ein geordnetes Alltagsleben Auskunft erteilen können, sofern nicht Dritte die Erledigung des Schriftverkehrs übernommen haben.[528]

Statt einer kritiklosen Übernahme früherer Diagnosen, deren Beurteilungsgrundlage später oft nicht mehr überprüfbar ist, ist die Bewertung von Befunden und Feststellungen zum Zustand und Verhalten des Patienten von Bedeutung.[529] **129**

bb) Überprüfung von Sachverständigengutachten. Das Gutachten muss zu dem **Fachgebiet des Sachverständigen** gehören (→ Rn. 122) und das Gericht muss dem Sachverständigen **Anknüpfungstatsachen** vorgegeben haben, ggf. Sachverhaltsalternativen (Beweiswürdigung). Beweisbeschlüsse und Verfügungen sind darauf hin zu prüfen. **130**

Bei der Untersuchung eines lebenden Patienten durch den Gerichtsgutachter ist zu berücksichtigen, dass sich der Gesundheitszustand gegenüber dem für die Gutachtensfrage maßgeblichen Zeitpunkt geändert haben kann (→ Rn. 43 f.). **131**

Das Gutachten muss eine „biographische und psychopathologische Krankheitsanamnese" enthalten und die Anknüpfungstatsachen sollten mit Quellenangaben versehen werden.[530] **132**

Die gerichtlich gestellte Gutachtensfrage muss eindeutig beantwortet werden. Dazu muss in einem ersten Schritt der **juristische Krankheitsbegriff** „diagnostisch und psychopathologisch untermauert" werden.[531] In einem zweiten Schritt muss das **Verhalten** der Gutachtensperson im Hinblick auf die „psychopathologischen Symptome und Funktionsdefizite"[532] **analysiert** und im Hinblick auf die Beeinträchtigung der freien Willensbildung **bewertet** werden (→ Rn. 8 ff.). **133**

Die medizinische Diagnose ist unerheblich, solange die in Betracht kommenden Krankheiten potentiell einschlägig sein können. Es kommt also juristisch nicht darauf an, ob aus dem großen Formenkreis der Demenzerkrankungen konkret Morbus Alzheimer diagnostizierbar ist, solange ein ausreichend fortgeschrittener (→ Rn. 18) Hirnabbauprozess erwiesen ist.[533] **134**

Der Gutachter muss seine Beurteilung immer an den spezifischen Anforderungen des streitigen Rechtsgeschäfts ausrichten und darf sich nicht nur mit pauschalen Aussagen zur Geschäftsfähigkeit begnügen.[534] Er muss berücksichtigen, dass der Auftraggeber bzw. dessen gesetzliche Vertreter oft ein erhebliches Interesse an der Attestierung eines bestimmten Ergebnisses haben.[535] Die von Sachverständigen schwer zu beantwortende Frage ist, wo die **Schwelle zur Geschäftsunfähigkeit** beginnt.[536] **135**

---

[528] Cording/Nedopil/Cording/Hausner Psychiatrische Begutachtungen S. 96.
[529] Cording/Nedopil/Cording/Hausner Psychiatrische Begutachtungen S. 96.
[530] Cording/Nedopil/Cording/Hausner Psychiatrische Begutachtungen S. 96.
[531] Cording/Nedopil/Cording/Hausner Psychiatrische Begutachtungen S. 96.
[532] Cording/Nedopil/Cording/Hausner Psychiatrische Begutachtungen S. 96.
[533] Cording/Nedopil/Cording Psychiatrische Begutachtungen S. 41.
[534] Cording/Nedopil/Cording Psychiatrische Begutachtungen S. 32.
[535] Cording/Nedopil/Cording Psychiatrische Begutachtungen S. 72.
[536] Cording/Nedopil/Cording Psychiatrische Begutachtungen S. 33.

Der Gutachter darf nicht nur einzelne Symptome eines Krankheitsbilds isoliert betrachten, sondern muss sich auf eine **Zusammenschau aller Kriterien** stützen.[537] Er muss die kognitiven Funktionsdefizite im Hinblick auf eine Persönlichkeitsveränderung und eine „Kontinuität von persönlichkeitsspezifischen Überzeugungen" würdigen.[538] Er hat die juristische Begriffswelt fester Kategorien mit der aus fließenden Übergängen bestehenden „dimensional strukturierten" psychiatrischen Sichtweise in Einklang bringen.[539]

136 Diagnosen nach dem **ICD11-Klassifikationssystem** können hilfreich sein. Sie sind aber für die Begutachtung nicht zwingend notwendig[540] und liegen in vielen Fällen auch nicht vor. In den meisten Fällen sind Gutachter ganz oder teilweise auf **fremdanamnestischen Angaben nach Aktenlage** angewiesen.[541] Der Sachverständige muss eine größere Anzahl von Symptomen aus verschiedenen Informationsquellen zusammenführen und aufzeigen, welche Punkte für das Ergebnis von entscheidender Bedeutung sind.[542] Er hat ausgehend von dem festgestellten Sachverhalt zwischen den mitgeteilten Befunden und Beobachtungen einerseits und den Wertungen und Schlussfolgerungen andererseits zu differenzieren.[543]

137 Ein Gutachten muss dem Gericht eine **verantwortliche Prüfung auf wissenschaftliche Fundierung, Logik und Schlüssigkeit** ermöglichen. In komplizierten Fällen kommt eine mündliche Erläuterung durch den Sachverständigen in Betracht.[544] Ein Gutachten, das nicht dazu Stellung nimmt, wie sich der psychopathologische Befund auf die freie Willensbildung ausgewirkt hat, ist als solches **unverwertbar**[545], was zur Beauftragung eines weiteren Gutachters führen kann.[546]

138 Das Gericht muss die **Fachkunde** des Gutachters prüfen und dabei beachten, dass der Gutachtensauftrag einen **sehr hohen Schwierigkeitsgrad** aufweist.[547] Ist der Gutachter nicht hinreichend qualifiziert, darf sein Gutachten nicht verwertet werden.[548] Sachverständige müssen neben den jeweiligen verfahrens- oder prozessrechtlichen Grundlagen den Gesetzeswortlaut und die diesbezügliche Rechtsprechung kennen, da ansonsten ein psychiatrisches Gutachten lege artis nicht möglich ist.[549] Sachverständigengutachten müssen nach Inhalt und logischer Schlüssigkeit sowie darauf überprüft werden, ob die vorgegebenen Anknüpfungstatsachen berücksichtigt wurden.[550] Das gilt auch für die richtige Verwendung des **Rechtsbegriffes** der Geschäfts- bzw. Testierfähigkeit und einer nachvollziehbaren Begründung des gutachterlichen Votums.[551] Gutachter müssen Außenseitermeinungen ausdrücklich als solche kennzeichnen, soweit eine Entscheidung darauf gestützt wird.

---

[537] Cording/Nedopil/Cording Psychiatrische Begutachtungen S. 34, 45.

[538] OLG München 3 U 4789/09, BeckRS 2013, 16015.

[539] Cording/Nedopil/Cording Psychiatrische Begutachtungen S. 33.

[540] Cording/Nedopil/Cording Psychiatrische Begutachtungen S. 41.

[541] OLG Düsseldorf 18 U 175/09, BeckRS 2011, 06925.

[542] OLG München 3 U 4789/09, BeckRS 2013, 16015.

[543] BayObLG 1Z BR 78/04, BeckRS 2005, 44182.

[544] BayObLG 1Z BR 100/04, BeckRS 2005, 44199; OLG München 34 Wx 400/11, DNotZ 2012, 298.

[545] OLG Celle 6 W 43/06, ZEV 2007, 127; BayObLG 1Z BR 124/00, ZEV 2002, 234; BayObLG 3Z 182/91, NJW 1992, 2100.

[546] BayObLG 1Z BR 100/04, BeckRS 2005, 44199.

[547] Cording/Nedopil/Cording/Hausner Psychiatrische Begutachtungen S. 124.

[548] BGH XII ZB 256/10, NJW-RR 2011, 649 mwN; BGH XII ZB 383/10, NJW 2011, 520.

[549] Cording/Nedopil/Cording Psychiatrische Begutachtungen S. 35.

[550] BayObLG 1Z BR 124/00, ZEV 2002, 234.

[551] BayObLG 1Z BR 124/00, ZEV 2002, 234.

Eine bewusste **Überschreitung des Gutachtensauftrags** kann zu einer Befangenheit führen[552], ebenso eine eigene Beweiswürdigung bzw. eine Kontaktaufnahme mit Ärzten, Zeugen, Parteien oder Beteiligten im Alleingang. Eine Befangenheit kann einzelfallbezogen auch gegeben sein, wenn Sachverständige den Eindruck erwecken, eine streitige Behauptung zulasten einer Partei als bewiesen zu erachten.[553] Ein Sachverständiger muss die **fachliche Plausibilität** von Zeugenaussagen im Gesamtzusammenhang der Anknüpfungstatsachen ermitteln[554], so dass dem Gericht eine Beweiswürdigung ermöglicht wird. Es ist nicht zu beanstanden, wenn das Gericht dem Sachverständigengutachten mehr Gewicht beimisst als einem Betreuungsgutachter als sachverständigen Zeugen. Dies gilt jedenfalls dann, wenn dieser sich nur zur Betreuungsbedürftigkeit geäußert hatte.[555] **139**

Die Gerichte sind an das **Ergebnis** eines **Sachverständigengutachtens nicht gebunden,** sondern müssen über das Vorliegen einer krankhaften Störung iSv § 104 Nr. 2 BGB und den Ausschluss der freien Willensbestimmung gemäß **§ 286 Abs. 1 ZPO** in freier Würdigung des Gutachtens entscheiden.[556] Das gilt auch bei einer vollständigen Übernahme der Feststellungen des Gutachters, wenn keine ausreichenden Feststellungen über die Einschränkung der Willensbildung vorliegen.[557] Es muss erkennbar sein, dass das Gericht die Argumentation nachvollzogen, Feststellungen und Schlussfolgerungen **selbstständig geprüft** und sich eine **eigene Überzeugung** gebildet hat.[558] Das Gericht ist nicht berechtigt, den Gutachtensinhalt ohne ausreichende Begründung unberücksichtigt zu lassen, sondern muss seine **abweichende Überzeugung** begründen und erkennen lassen, dass diese nicht von einem Mangel an Sachkunde auf Seiten des Gerichts beeinflusst ist.[559] Deswegen wird dann in aller Regel vorher eine sachverständige Beratung geboten sein.[560] Geht die Vorinstanz aufgrund eines Sachverständigengutachtens von einer vorübergehenden Störung iSv § 105 Abs. 2 aus, dann ist die Berufungsinstanz daran nicht gebunden.[561] Würdigt das Berufungsgericht das Gutachten anders als die I. Instanz, dann ist eine erneute Anhörung des Gutachters notwendig.[562] In **Rechtsbeschwerdeverfahren** ist Prüfungsmaßstab ua auch, ob sich das Gericht mit dem Gutachten hinreichend auseinandergesetzt und seine dazu erforderliche Sachkunde ausreichend dargetan hat.[563] **140**

Der Anspruch auf rechtliches Gehör umfasst in ZPO-Verfahren grundsätzlich auch die **Anhörung gerichtlicher Sachverständiger,** und zwar auch wenn kein Erläuterungsbedarf vorgetragen wurde.[564] Dies gilt insbesondere dann, wenn Gerichte die Sachverhaltsaufklärung im Wesentlichen Sachverständigen überlassen haben, insbesondere bei einer vertieften Auseinandersetzung des Antragstellers oder **141**

---

552 OLG Karlsruhe 2 WF 239/14, FamRZ 2015, 1126.

553 OLG Nürnberg 1 W 238/19, ErbR 2020, 258.

554 Cording/Nedopil/Cording/Hausner Psychiatrische Begutachtungen S. 98.

555 BayObLG 1Z BR 6/04, BeckRS 2004, 17247.

556 BayObLG BReg 1 Z 6/85, BeckRS 2009, 29148: zur Lesefähigkeit; OLG München 6 U 2416/06, OLG-Report München 2007, 461.

557 KG 18 UF 73/13, FamRZ 2014, 1038.

558 OLG Celle 6 W 43/06, ZEV 2007, 127.

559 BGH XII ZB 554/20, NJW-RR 2021, 1086.

560 BGH III ZR 45/10, NJW 2011, 852.

561 OLG Celle 4 U 65/18, BeckRS 2019, 35393.

562 BGH V ZR 69/19, BeckRS 2019, 35392.

563 BGH XII ZB 554/20, NJW-RR 2021, 1086.

564 BVerfG 1 BvR 909-94, NJW 1998, 2773; BGH VI ZR 257/17, BeckRS 2019, 13131; OLG München 31 Wx 239/13, ZErb 2015, 18.

Beschwerdeführers mit den gutachtlichen Stellungnahmen.[565] Eine mündliche Erläuterung ist in FamFG-Verfahren mit Amtsermittlung und in ZPO-Verfahren ausnahmsweise nicht geboten, wenn keine weiteren entscheidungserheblichen Erkenntnisse zu erwarten sind.[566] Amtsermittlungen dürfen erst dann beendet werden, wenn weitere Maßnahmen ein die Entscheidung beeinflussendes Ergebnis nicht erwarten lassen.[567]

Einholung eines weiteren Gutachtens: Wenn Gerichte in tatsächlichen Fragen von anderen Voraussetzungen als ein Gerichtsgutachter ausgehen, so ist eine **erneute Begutachtung** oder zumindest eine **Anhörung des Sachverständigen**[568] zu seinem schriftlichen Gutachten veranlasst.[569]

142 Erweist sich ein Sachverständigengutachten bei kritischer Würdigung als **lückenhaft,** muss das Gericht ergänzende Maßnahmen der Sachverhaltsaufklärung treffen.[570] Ein weiteres Gutachten ist notwendig, wenn das vorliegende Gutachten **grobe Mängel** oder **Widersprüche** aufweist, Zweifel an der Sachkunde des Gutachters bestehen oder ein anderer Sachverständiger über überlegenes Wissen verfügt.[571] Ein solcher Schritt steht im **pflichtgemäßen Ermessen** des Gerichts und ist nur rechtlich eingeschränkt überprüfbar.

143 Ob mit einer **an Sicherheit grenzender Wahrscheinlichkeit** eine Geschäftsunfähigkeit festgestellt werden kann, ist wegen der Anwendung von Rechtsbegriffen (→ Rn. 7) durch das Gericht zu entscheiden. Es ist dabei nicht an das Votum des Sachverständigen gebunden. Cording hält statt „pseudoexakter Wahrscheinlichkeitsangaben" eine klare Subsumtion unter die anerkannten psychopathologischen Beurteilungskriterien für notwendig.[572]

144 **cc) Verwertung von Privatgutachten und früher eingeholter Gutachten (§ 411a ZPO).** Eine Verwertung eines Betreuungsgutachtens gemäß § 411a ZPO ist verfahrensrechtlich möglich[573] und in **PKH-Verfahren** bei der Erfolgsprognose vorweg zu prüfen.[574] Die Verwertung setzt nicht das Einverständnis der Parteien voraus.[575] Den Parteien muss aber zu dem Gutachtensinhalt rechtliches Gehör gewährt werden, wobei Kopien nur zur Verfügung gestellt werden müssen, wenn der Inhalt nicht bereits aus dem vorherigen Verfahren bekannt ist. Dann reicht eine Anhörung im Termin aus.[576] Die Beiziehung der Nachlassakte ersetzt eine Verwertung nach § 411a ZPO nicht.[577]

---

565 BVerfG 1 BvR 1055/01, BeckRS 2001, 22112; OLG München 31 Wx 239/13, ZErb 2015, 18.

566 KG 19 W 10/20, ErbR 2021, 854; OLG München 31 Wx 239/13, ZErb 2015, 18; OLG Düsseldorf 3 Wx 115/13, ErbR 2014, 391.

567 KG 19 W 4/20, ErbR 2021, 430.

568 Cording/Nedopil/Cording/Hausner Psychiatrische Begutachtungen S. 123.

569 BGH XII ZB 554/20, NJW-RR 2021, 1086; OLG München 3 U 4789/09, BeckRS 2013, 16015 mwN; BGH V ZR 126/00, BeckRS 2001, 05445.

570 OLG Hamm 15 Wx 316/08, NJW-RR 2010, 799.

571 BGH XII ZB 554/20, NJW-RR 2021, 1086; XII ZB 106/20, NJW 2021, 63; BayObLG 1Z BR 100/04, BeckRS 2005, 44199; BayObLG 1Z BR 4/04, BeckRS 2004, 35126; OLG München 6 U 2416/06, OLG-Report München 2007, 461; OLG Frankfurt a. M. 20 W 107/94, BeckRS 1995, 06596 (zur Testierunfähigkeit).

572 Cording/Nedopil/Cording/Nedopil Psychiatrische Begutachtungen S. 35.

573 OLG Hamm 15 W 26/19, BeckRS 2020, 31379; OLG Köln 12 U 20/13, BeckRS 2015, 03470; OLG Celle 11 W 117/08, BeckRS 2009, 23488.

574 OLG Celle 11 W 117/08, BeckRS 2009, 23488, BGH III ZA 15/09, BeckRS 2009, 23485.

575 OLG München 20 U 358/20, BeckRS 2020, 47755.

576 OLG Köln 12 U 20/13, BeckRS 2015, 03470.

577 BGH IV ZR 49/11, ZEV 2012, 100.

Privatgutachten sind **qualifizierter Parteivortrag.**[578] Eine Vernehmung bzw. Anhörung des Privatgutachters als Zeugen ist daher nicht möglich.[579] Lebzeitig erstellte Gutachten und Atteste sollen in aller Regel dem Nachweis einer Geschäftsfähigkeit dienen.[580] Ein Privatgutachter sollte sich ausreichend Zeit für ein Gespräch unter vier Augen ausbedingen.[581] Die Auftraggeberseite legt oft nur das gewünschte Ergebnis stützende Informationen und Schriftstücke vor und Ärzte schrecken dann möglicherweise vor kritischen Fragen zurück, die ihnen negativ ausgelegt werden könnten.[582] Die Vorlage eines Privatgutachtens zwingt nicht stets zur Einholung eines Obergutachtens.[583] Widersprechen sich beide Gutachten in einem entscheidenden Punkt, dann ist zumindest eine ergänzende Stellungnahme des Gerichtsgutachters[584] einzuholen, ggf. bei einer Anhörung mit einem Fragerecht des Privatgutachters.[585] Dies gilt jedoch nicht, wenn das Ergebnis des Privatgutachtens auf einer abweichenden Tatsachenbeurteilung beruht.[586] **145**

Das ändert aber nichts daran, dass ein Gericht sich mit dem Inhalt eines Privatgutachtens auseinandersetzen und eine abweichende Entscheidung begründen muss, ggf. mit eigener richterlicher Sachkunde.[587] Wird dem Gerichtsgutachten der Vorzug gegeben, so muss dies in Gründen logisch und nachvollziehbar dargelegt werden.[588] **146**

Der Sachverständige steht bei der **Begutachtung lebender Personen** vor der schwierigen Aufgabe, das Nichtvorhandensein sämtlicher grundsätzlich in Frage kommender geistiger Störungen festzustellen und kann sich nicht nur auf eine bestimmte Diagnose beschränken.[589] **147**

dd) Sachverständigenhonorar. Der gerichtlich bestellte Sachverständige hat Anspruch auf eine Entschädigung nach dem **JVEG,** das in Anlage 1 Teil 2 für medizinische oder psychologische Gutachten drei Honorargruppen M1–M3 enthält. **Maßstab** sind im Wesentlichen der **objektiv erforderliche Zeitaufwand** und der **Schwierigkeitsgrad.** Die Stundensätze betragen danach 80 EUR (M1), 90 EUR (M2) und 120 EUR (M3 Nr. 17 „Geschäftsfähigkeit, Testierfähigkeit oder Prozessfähigkeit"). Auch wenn die Kostenrechtsprechung von regionalen Besonderheiten geprägt ist, so werden Betreuungsgutachten (Bestellung) nach Honorargruppe M2 Nr. 6 honoriert und Geschäfts- und Testierfähigkeitsgutachten sind nach M3 zu vergüten. Ausschlaggebend ist aber die **konkrete Schwierigkeit im Einzelfall.**[590] **148**

Grundsätzlich ist nur der Zeitaufwand erforderlich, den ein Sachverständiger mit durchschnittlichen Fähigkeiten und Kenntnissen benötigt, um sich nach sorgfältigem Aktenstudium ein Bild von den zu beantwortenden Fragen machen zu können und nach eingehenden Überlegungen seine gutachtliche Stellungnahme zu verfassen.[591] Zwischen dem erforderlichen **Zeitaufwand** und dem **Stundensatz** besteht eine Wechselwirkung, weshalb der höchstmögliche Stundensatz auch im Hinblick auf die **149**

---

[578] BGH V ZR 286/12, BeckRS 2013, 18356; IV ZR 49/11, ZEV 2012, 100.

[579] OLG Brandenburg 6.12.2012 – 5 U 49/10, BeckRS 2012, 25101.

[580] Cording/Nedopil/Cording/Hausner Psychiatrische Begutachtungen S. 126.

[581] Cording/Nedopil/Cording/Hausner Psychiatrische Begutachtungen S. 126.

[582] Cording/Nedopil/Cording/Hausner Psychiatrische Begutachtungen S. 127.

[583] KG 19 W 10/20, ErbR 2021, 854; OLG Saarbrücken 6 UF 130/18, NJW-RR 2019, 772.

[584] OLG Hamburg 4 U 31/15, BeckRS 2016, 121094.

[585] OLG München 31 Wx 144/15, ZEV 2017, 148 mN BGH VIII ZR 304/00, NJW 2002, 1651.

[586] OLG München 31 Wx 144/15, ZEV 2017, 148.

[587] BVerfG 1 BvR 68/07, BeckRS 2007, 33105.

[588] BGH IV ZR 49/11, ZEV 2012, 100.

[589] Cording/Nedopil/Cording Psychiatrische Begutachtungen S. 127.

[590] OLG Nürnberg 6 W 1936/10, BeckRS 2010, 30508.

[591] BGH X ZR 65/03, BeckRS 2006, 15357 mwN; BGH X ZR 27/86, NJW-RR 1987.

Erforderlichkeit der angesetzten Zeit zu prüfen ist.[592] Schlagworte wie „Literaturrecherche", „Sichtung von Unterlagen" etc. sind zur Dokumentation des Zeitaufwands nicht ausreichend.[593]

Dies gilt auch, wenn die Kosten erkennbar außer Verhältnis zum Wert des Streitgegenstandes stehen oder einen angeforderten Kostenvorschuss erheblich übersteigen. Es besteht eine **„Kostenwarnpflicht".**[594] Zur Erstattungspflicht der Kosten von Privatgutachten vgl. OLG Düsseldorf.[595]

150 **c) Beweismaß.** Für die richterliche Überzeugungsbildung ist eine **Wahrscheinlichkeit von annähernd 100%** im Sinne einer absoluten Gewissheit **nicht notwendig.**[596] Eine **persönliche Gewissheit,**[597] welchen Zweifeln Schweigen gebietet, ohne sie völlig auszuschließen, ist ausreichend.[598] Dass ein Sachverständiger von einer **95%igen Wahrscheinlichkeit**[599] oder einer **hohen Wahrscheinlichkeit** ausgeht, genügt.[600] Eine an Sicherheit grenzende Wahrscheinlichkeit muss gutachterlicherseits nicht erwiesen sein. Gerichte müssen nach **freier Überzeugung** über das Ergebnis eines Sachverständigengutachtens entscheiden und eine absolute Gewissheit im naturwissenschaftlichen Sinne ist fast nie zu erreichen bzw. die theoretische Möglichkeit des Gegenteils ist selten auszuschließen.[601] Ein **brauchbarer Grad von Gewissheit,** der vernünftige Zweifel ausschließt, ist **ausreichend.**[602]

151 Entscheidend ist also, von welchem Wahrscheinlichkeitsgrad das Gericht ausgeht. Denn das Beweismaß des Sachverständigen ist an wissenschaftlichen Maßstäben orientiert, während für den Tatrichter das Beweismaß der persönlichen Überzeugung gilt.[603] Die Bewertung eines Gutachtens ist als Bestandteil der tatrichterlichen **Beweiswürdigung** nur **eingeschränkt überprüfbar,** und zwar darauf, ob grundsätzlich fehlerhafte Erwägungen angestellt wurden, ob Rechtsvorschriften, Denkgesetze oder Erfahrungssätze verletzt oder wesentliche Tatumstände außer Acht gelassen wurden.[604] Die Beweisanforderungen dürfen nicht überspannt und der volle Nachweis der Geschäftsfähigkeit nicht gefordert werden.[605] Auch bei einem längeren Fortdauern geistiger Störungen besteht **keine Vermutung** für den Ausschluss der freien Willensbildung.[606]

152 **d) Besonderheiten der Beweiserhebung bei Betreuungsverfahren.** Ein in einem **Betreuungsverfahren** eingeholtes **mündliches Kurzgutachten** ist jeden-

---

[592] BGH X ZR 65/03, BeckRS 2006, 15357.

[593] BGH X ZR 65/03, BeckRS 2006, 15357.

[594] OLG Hamm 10 U 104/11, BeckRS 2015, 02072; OLG Karlsruhe 7 W 44/14, BeckRS 2014, 16556.

[595] OLG Düsseldorf 3 Wx 278/14, BeckRS 2016, 10432.

[596] BGH V ZR 69/19, BeckRS 2019, 35392; OLG Brandenburg 4 U 192/04, BeckRS 2009, 05840 mwN; BGH IX ZR 238/91, NJW 1993, 935.

[597] KG 19 W 10/20, ErbR 2021, 854; BayObLG 1Z BR 021/04, FamRZ 2005, 1014.

[598] KG 19 W 10/20, ErbR 2021, 854; OLG Hamburg 2 W 63/17, ZErb 2018, 280; OLG Brandenburg 4 U 192/04, BeckRS 2009, 05840.

[599] OLG Brandenburg 4 U 192/04, BeckRS 2009, 05840.

[600] BayObLG 1Z BR 021/04, FamRZ 2005, 1014.

[601] BayObLG 1Z BR 021/04, FamRZ 2005, 1014.

[602] OLG Hamm 10 U 5/20 ErbR 2021, 955; OLG Hamburg 2 W 63/17, ZErb 2018, 280; OLG München 33 Wx 278/08, ZEV 2010, 150; OLG Frankfurt a.M. 20 W 151/05, BeckRS 2006, 450; BayObLG 1Z BR 021/04, FamRZ 2005, 1014.

[603] BayObLG 1Z BR 021/04, FamRZ 2005, 1014.

[604] OLG Frankfurt a. M. 20 W 414/04, BeckRS 2005, 14052.

[605] OLG Frankfurt a. M. 20 W 414/04, BeckRS 2005, 14052.

[606] OLG Celle 4 U 65/18, BeckRS 2019, 35393.

falls dann nicht ausreichend, wenn es sich nicht mit der Geschäftsfähigkeit auseinandersetzt.[607]

Bei **Betreuungen** kommt es auf das Spannungsverhältnis zwischen dem Selbstbestimmungsrecht **(Vorrang einer Vorsorgevollmacht)** und der **Fürsorgepflicht des Staates** für eine betreuungsbedürftige Person an. Nicht jeder Zweifel ist relevant, so dass von Dritten geschilderte Verhaltensauffälligkeiten nicht nachgegangen werden muss, wenn der gesetzlich geregelte **Vorrang einer Bevollmächtigung** sonst unterlaufen werden könnte.[608] Nicht ausräumbare Zweifel an der Wirksamkeit einer Vollmacht bestehen nur bei einer sachverständig festgestellten Erkrankung mit einer nachhaltigen Beeinträchtigung der Willensfreiheit (vgl. → Rn. 82).[609] **153**

Nach § 280 Abs. 1 S. 2 FamFG soll der Sachverständige Arzt für Psychiatrie sein oder als Arzt „Erfahrung auf dem Gebiet der Psychiatrie" besitzen. Ergibt sich die Qualifikation nicht ohne weiteres aus einer Facharztbezeichnung, so ist die Sachkunde durch das Gericht zu prüfen und zu begründen.[610] **154**

§ 105 Nichtigkeit der Willenserklärung

(1) **Die Willenserklärung eines Geschäftsunfähigen ist nichtig.**

(2) **Nichtig ist auch eine Willenserklärung, die im Zustand der Bewusstlosigkeit oder vorübergehender Störung der Geistestätigkeit abgegeben wird.**

I. Normzweck

1 Die Willenserklärung eines Geschäftsunfähigen (§ 104 Nr. 1, 2 BGB) ist zu dessen Schutz unheilbar **nichtig,** auch wenn sie für die betroffene Person wirtschaftlich oder rechtlich vorteilhaft ist. Dies gilt nach Abs. 2 auch bei Bewusstlosigkeit oder bei einer vorübergehenden Störung der Geistestätigkeit.[1] Eine **Ausnahme** bildet **§ 105a** für Rechtsgeschäfte volljähriger Geschäftsunfähiger im Rahmen des täglichen Lebens, die mit geringwertigen Mitteln bewirkt werden.

Nach der gesetzgeberischen Wertung müssen die Belange des Rechtsverkehrs gegenüber dem **Schutz Geschäftsunfähiger** zurücktreten, und zwar auch dann, wenn der Geschäftsunfähige seinen Zustand selbst verschuldet hat (Bewusstlosigkeit aufgrund Volltrunkenheit[2]). Die Nichtigkeit wirkt **absolut gegenüber jedermann,** ohne dass dies – anders als bei der Anfechtung – geltend gemacht werden muss. Anders als im Anfechtungsrecht steht dem gutgläubigen Erklärungsempfänger auch kein Schadenersatzanspruch zu. § 122 BGB ist nicht analog anwendbar. Wird ein nichtiges Rechtsgeschäft von demjenigen, welcher es vorgenommen hat, bestätigt, so ist die Bestätigung als erneute Vornahme zu beurteilen (§ 141 BGB). Auf Minderjährige ist § 105 BGB unanwendbar.

---

[607] OLG Düsseldorf 9 U 60/00, BeckRS 2000, 30126572.

[608] OLG Hamm 15 Wx 118/11, NJW-RR 2011, 1638 mwN; OLG München 33 Wx 278/08, ZEV 2010, 150.

[609] OLG Hamm 15 Wx 118/11, NJW-RR 2011, 1638.

[610] BGH XII ZB 256/10, NJW-RR 2011, 649 mwN; BGH XII ZB 383/10, NJW 2011, 520; BayObLG 3Z BR 71/01, FamRZ 2001, 1403.

[1] BGH V ZR 69/19, BeckRS 2019, 35392; II ZR 100/91, NJW 1992, 1503.

[2] OLG Nürnberg 8 U 75/76, NJW 1977, 1496.

II. Anwendungsbereich

1. Allgemeines

2 Der Personenkreis Geschäftsunfähiger iSv Abs. 1 ist in § 104 Nr. 2 definiert (vgl. → § 104 Rn. 1). In Abs. 2 werden vorübergehende Zustände des Ausschlusses der freien Willensbestimmung mit der Geschäftsunfähigkeit gleichgesetzt.

3 Die Norm regelt die **Abgabe** einer **Willenserklärung** eines Geschäftsunfähigen, während die Wirksamkeit von gegenüber dem betroffenen Personenkreis abgegebenen Willenserklärungen in **§ 131 BGB** geregelt ist (**Zugang** beim gesetzlichen Vertreter).[3]

4 Bevollmächtigt ein Geschäftsunfähiger einen Dritten zur Abgabe einer Willenserklärung, so handelt der Bevollmächtigter als **Vertreter ohne Vertretungsmacht** (§§ 177 ff.). § 105 ist auch auf Willenserklärungen eines Geschäftsunfähigen als Bevollmächtigter anwendbar (Umkehrschluss zu § 165).

5 Die Geschäftsunfähigkeit des gesetzlichen Vertreters einer **juristischen Person** führt zur Beendigung von dessen Organstellung und zur Nichtigkeit der von ihm abgegebenen Willenserklärungen.[4]

6 § 105 ist **auf geschäftsähnliche Handlungen** entsprechend anwendbar,[5] da der Wille des Geschäftsunfähigen hier trotzdem auf einen tatsächlichen Erfolg des eigenen Handelns gerichtet ist, der dann kraft Gesetzes eintritt. Bei **Realakten** muss differenziert werden, ob das Handeln des Betroffenen von einer Willenskomponente im Sinne einer gewissen natürlichen Erkenntnisfähigkeit[6] getragen ist. Dies gilt zB für eine Besitzaufgabe eines Geschäftsunfähigen im Rahmen einer Kaufvertragserfüllung.[7]

2. Bewusstlosigkeit (Abs. 2)

7 Bei einem kompletten Bewusstseinsverlust (Ohnmacht) ist die Abgabe einer Willenserklärung bzw. eine geschäftsähnliche Handlung (→ Rn. 6) faktisch unmöglich.[8] Der verbleibende Anwendungsbereich einer massiven Bewusstseinstrübung überschneidet sich faktisch weitgehend mit dem Krankheitsbegriff und einer Willensbeeinträchtigung[9] iSv § 104 Nr. 2, schließt aber auch **Volltrunkenheit** ein, wobei der BGH ab einem Blutalkoholgehalt von 2 Promille von einer erheblich eingeschränkten Schuldfähigkeit ausgeht,[10] was in Abhängigkeit von einer Alkoholgewöhnung auf § 105 Abs. 2 BGB übertragbar erscheint, wobei Anzeichen für den Verlust der Steuerungsfähigkeit erwiesen sein müssen. Anwendbar ist Abs. 2 auch auf Folgen von **Drogenkonsums** sowie einer Überdosierung oder bei extremen Nebenwirkungen von **Medikamenten.**

---

[3] BGH II ZR 228/64, BGHZ 47, 352; Grüneberg/Ellenberger BGB § 105 BGB Rn. 1.
[4] BGH II ZR 292/90, ZIP 1991, 1002.
[5] BGH II ZR 228/64, BGHZ 47, 352; Grüneberg/Ellenberger BGB § 105 BGB Rn. 1.
[6] Grüneberg/Ellenberger BGB Übl. vor § 104 BGB Rn. 10.
[7] OLG München 29 U 6420/90, NJW 1991, 2571.
[8] Grüneberg/Ellenberger BGB Übl. vor § 104 BGB Rn. 10.
[9] BGH XI ZR 70/95, NJW 1996, 918.
[10] BGH 4 StR 117/90, BGHSt 37, 231.

3. Vorübergehende Störung der Geistestätigkeit (Abs. 2)

Hierunter fallen alle geistigen Störungen iSv § 104 Nr. 2, soweit diese in Abgrenzung dazu nur vorübergehend aufgetreten sind.[11] Dies können auch Depressionen sowie Angst- und Zwangsstörungen sein.[12] Die Störung muss ein solches Ausmaß erreicht haben, das die **freie Willensbestimmung ausgeschlossen,** wobei eine Schwächung oder Minderung nicht zu einer Nichtigkeit führt.[13] Hochgradige alkoholbedingte Störungen reichen nicht ohne weiteres aus, aber eine krankhafte Trunksucht kann genügen.[14] Nach dem OLG Celle kommt es bei einer ordnungsgemäß vertretenen und bei Vergleichsschluss anwesenden Partei nicht darauf an, ob sie vorübergehend geschäftsunfähig war.[15] Geht die Vorinstanz von einer vorübergehenden Störung aus, ist die Berufungsinstanz daran nicht gebunden, sofern die Begründung vernünftige Zweifel an der Richtigkeit der Feststellungen weckt.[16] **8**

III. Beweislast

Wer sich auf die Nichtigkeit beruft, trägt die Darlegungs- und Beweislast für die Tatbestandsvoraussetzungen.[17] **9**

§ 105a Geschäfte des täglichen Lebens

[1]Tätigt ein volljähriger Geschäftsunfähiger ein Geschäft des täglichen Lebens, das mit geringwertigen Mitteln bewirkt werden kann, so gilt der von ihm geschlossene Vertrag in Ansehung von Leistung und, soweit vereinbart, Gegenleistung als wirksam, sobald Leistung und Gegenleistung bewirkt sind. [2]Satz 1 gilt nicht bei einer erheblichen Gefahr für die Person oder das Vermögen des Geschäftsunfähigen.

I. Normzweck

Die Willenserklärung eines Geschäftsunfähigen (§ 104 Nr. 1, 2 BGB) ist zu dessen Schutz unheilbar **nichtig,** auch wenn sie für die betroffene Person wirtschaftlich oder rechtlich vorteilhaft ist (§ 105 BGB). § 105a BGB hingegen ermöglicht als **Ausnahme** von diesem Grundsatz volljährigen Geschäftsunfähigen (→ § 104 Rn. 1) die Teilnahme am Rechtsverkehr dergestalt, dass mit geringwertigen Mitteln vollständig erfüllte **Bagatellgeschäfte des täglichen Lebens** als **rechtswirksam** abgeschlossen gelten. Die Rechtsfolge hängt nicht von der Abgabe der Willenserklärung ab, sondern tritt kraft gesetzlicher Fiktion mit Erbringung der Leistungshandlung ein. Bereicherungsansprüche scheitern dennoch an dem Bestehen eines Rechtsgrundes.[1] Zum Schutz des Geschäftsunfähigen müssen diesem über einen wirksamen Leistungs- **1**

[11] OLG Hamburg 4 U 31/15, BeckRS 2016, 121094.
[12] BGH V ZR 69/19, BeckRS 2019, 35392.
[13] BGH II ZR 119/70, BecksRS 1972, 31122911.
[14] BGH II ZR 119/70, BecksRS 1972, 31122911.
[15] OLG Celle 14 U 37/09, BeckRS 2009, 22952.
[16] OLG Celle 4 U 65/18, BeckRS 2019, 35393.
[17] BGH II ZR 119/70, BeckRS 1972, 31122911; OLG Dresden 4 U 1228/18, BeckRS 2018, 40866.
[1] BT-Drs. 14/9266, 43.

anspruch hinaus auch alle Rechte aus dem Vertragsverhältnis (einschließlich einer Mängelgewährleistung) zustehen.[2]

2 Dieser Fiktion muss eine vom **natürlichen Willen** des Geschäftsunfähigen zur „Vertragserfüllung" getragene Leistungserbringung vorausgegangen sein.

3 Sofern die Nichtigkeit des Rechtsgeschäfts auf einer **Bewusstlosigkeit oder** einer **vorübergehenden Störung** der Geistestätigkeit iSv § 105 Abs. 2 BGB beruht, so ist die letztere Norm vorrangig. Die Geschäftsunfähigkeit muss darüber hinaus der **einzige Unwirksamkeitsgrund** sein.

4 Nach dem Gesetzeswortlaut werden **Minderjährige** nicht geschützt. Die Norm ist aber nach ihrem Zweck auf Rechtsgeschäfte mit einem Minderjährigen oder zwischen zwei volljährigen Geschäftsunfähigen anwendbar.

5 Die Fiktion der Wirksamkeit erfasst den von dem Geschäftsunfähigen geschlossenen Vertrag. Nach dem Willen des Gesetzgebers ist die Norm auf alle entgeltlichen und unentgeltlichen Verträge anwendbar.[3] Dies geht auch aus dem sprachlichen Einschub im Gesetzestext („soweit vereinbart") hervor, wobei Darlehensverträge oder Schenkungen[4] nur dann von der Norm erfasst sind, wenn es um ein Geschäft des täglichen Lebens geht. Dies gilt auch für Haustür- und Fernabsatzgeschäfte[5] ab einer vollständigen Kaufpreiszahlung.

II. Geschäft des täglichen Lebens

6 Der Gesetzgeber versteht darunter **„existenznotwendige Geschäfte im engsten Sinne".**[6] Maßgeblich ist, ob es um Bargeschäfte über geringwertige Gegenstände, wie zB den Kauf zeitnah zu verbrauchender Lebensmittel oder notwendiger Bedarfsgegenstände, Dienstleistungen und Vertragsabschlüsse geht (Öffentlicher Nahverkehr, Eintrittskarten, Friseur etc).[7] Es ist entscheidend, ob die Geschäfte jeden Tag notwendig werden könnten und nicht, ob sie tatsächlich täglich abgeschlossen werden.[8]

III. Geringwertige Mittel

7 Anders als bei § 1825 Abs. 3 S. 2 BGB kommt es nicht auf die individuellen finanziellen Verhältnisse des Geschäftsunfähigen an, sondern auf das **durchschnittliche Preis- und Einkommensniveau.**[9] Nicht entscheidend ist, ob ein Kaufpreis deutlich niedriger ist, als der tatsächliche Verkehrswert. § 105a BGB soll auch vermögende Personen vor finanziellen Nachteilen schützen, die sie finanziell verkraften könnten. In der Literatur wird häufig eine Parallele zur Wertgrenze bei dem Diebstahl **geringwertiger Sachen iSv § 248a StGB** vertreten, deren Obergrenze in der Strafjustiz bei 25 EUR gesetzt wird. § 105a BGB schützt auch vor dem Einkauf mehrerer Waren, deren Kaufpreis jeweils als geringwertig einzustufen ist, wenn die Kaufsumme 25 EUR übersteigt.[10] Die Abgrenzung ist nicht nach der Zahl der Vertragsabschlüsse zu ziehen, sondern es kommt auf einen einheitlichen Lebenssachverhalt an.

---

[2] Grüneberg/Ellenberger BGB § 105a Rn. 6; MüKoBGB/Spickhoff BGB § 105a Rn. 21; aA BeckOK BGB/Wendtland BGB § 105a Rn. 7.

[3] BT-Drs. 14/9266, 43.

[4] Grüneberg/Ellenberger BGB § 105a Rn. 3.

[5] Grüneberg/Ellenberger BGB § 105a Rn. 3.

[6] BT-Drs. 14/9266, 43.

[7] BT-Drs. 14/9266, 43.

[8] BT-Drs. 14/9266, 43.

[9] BT-Drs. 14/9266, 43.

[10] BT-Drs. 14/9266, 43.

IV. Erhebliche Gefahr für die Person oder das Vermögen des Geschäftsunfähigen (S. 2)

Der Wille des Gesetzgebers ist, dass die zum Schutz des Geschäftsunfähigen „angesetzte Schwelle bewusst hoch" ist.[11] Eine erhebliche finanzielle Gefahr kann bei täglichen Hamsterkäufen gegeben sein und eine Gefährdung der Person kann zB bei Alkoholkäufen durch einen Alkoholiker gegeben sein.[12] 8

V. Beweislast

Wer sich auf die Wirksamkeit des Vertrages kraft gesetzlicher Fiktion beruft, trägt die Beweislast für S. 1 der Norm.[13] Das Vorliegen einer erheblichen Gefahr iSv S. 2 hat zu beweisen, wer sich darauf beruft.[14] 9

Titel 5. Vertretung und Vollmacht

Vorbemerkungen zu §§ 164–181

1. Gegenstand der Kommentierung

Die §§ 164–181 BGB werden aus dem Blickwinkel der **Vorsorge** beleuchtet. Dieser ist aber zum einen nicht auf Vorsorgevollmachten beschränkt, sondern erfasst auch andere Vollmachten, die zur Vorsorge errichtet wurden und/oder im Vorsorgefall genutzt werden; zum anderen ist die Kommentierung in zeitlicher Hinsicht nicht auf die Verwendung der Vollmachten zu Lebzeiten verengt, sondern umfasst auch die Zeit nach dem Tod des Vollmachtgebers. Ziel ist die Hilfestellung in **Konflikten** bei der Anwendung von Vollmachten, wobei an geeigneter Stelle auch **Gestaltungshinweise** gegeben werden (zusammenfassend → § 164 Rn. 103–112). 1

2. Bedeutung und Entwicklung

Die gestiegene und **weiter zunehmende Bedeutung** von Vorsorgevollmachten (zum Begriff → § 164 Rn. 7) wird in der Literatur sowie von Seiten der Politik und anderer gesellschaftlicher Kräfte durchgängig betont. Sie ist nicht unmittelbar in der bloßen demographischen Tatsache der längeren Lebenszeit begründet, sondern aus deren mittelbaren Folge des häufigeren und längeren Lebens trotz geistig-körperlicher Einschränkungen, welche die eigene Vertretung erschweren oder unmöglich machen.[1] Vorsorgevollmachten haben sich seit längerer Zeit etabliert. Es häufen sich nun die Fälle, in denen sie bei Eintritt des Vorsorgefalles **angewandt** werden, und damit auch die Anwendungsprobleme und **Konflikte.** 2

Sowohl mit dem **Bewerben** der Vorsorgevollmacht durch Standardmuster, Broschüren und Informationen als auch durch **gesetzliche Regelungen** soll die Vorsorgevollmacht gestärkt werden. Zu nennen sind zB die Möglichkeit der kostengünstigen Beglaubigung durch Betreuungsbehörden jedenfalls bis zur Reform zum 3

---

[11] BT-Drs. 14/9266, 43.

[12] Grüneberg/Ellenberger BGB § 105a Rn. 5.

[13] Grüneberg/Ellenberger BGB § 105a Rn. 7.

[14] Grüneberg/Ellenberger BGB § 105a Rn. 7.

[1] Entsprechend: von Oertzen/Windeknecht ZEV 2019, 8.

1.1.2023 (→ § 167 Rn. 47–49), welche vielfach genutzt wurde, und die Pflicht der Betreuungsbehörden gem. §§ 5f. BtOG (früher §§ 3f. BtBG) sowie der Betreuungsvereine gem. § 15 BtOG zur Unterstützung von Bevollmächtigten. Es bleibt abzuwarten, ob und ggf. wie weit diese Unterstützung über die Bereitstellung von Vollmachtsmustern und allgemeinen Informationsmaterial hinausgehen wird.

4 Insgesamt wurde in der **Reform des Vormundschafts- und Betreuungsrecht** die Vorsorgevollmacht nur **wenig beachtet.**[2] Die Rechtsprechung des BGH zur Kontrollbetreuung wurde in → §§ 1815 Abs. 3, 1820 Abs. 3 BGB kodifiziert, der Widerruf in → § 1820 Abs. 5 BGB neu geregelt und eine Suspendierungsmöglichkeit in → § 1820 Abs. 4 BGB eingeführt; in sprachlicher Hinsicht soll die Änderung bezüglich ihrer Tauglichkeit zur Vertretung von „ebenso gut" zu „gleichermaßen" in → § 1814 Abs. 3 BGB den Vorrang vor der Betreuung klarstellen. Im Übrigen wurden weder Anwendungs- noch Missbrauchsprobleme angegangen. Durch die Einführung des Ehegattenvertretungsrecht in → § 1358 BGB wurde die Bedeutung der Vorsorgevollmacht gemindert und nach hiesiger Ansicht ein fatales Signal in die Bevölkerung gesandt, nach welchem von der Errichtung einer Vorsorgevollmacht abgesehen werden könne.[3]

5 Auch sonst unterstützt die Gesetzgebung **noch nicht in allen Bereichen** die Selbstbestimmung durch Vorsorgevollmachten. So gibt es einige Normen, die eine gesetzliche Vertretung vorschreiben, so dass davon ausgegangen werden muss, dass eine rechtsgeschäftliche Vertretung nicht möglich ist. Dies beeinträchtigt den praktischen Wert der Vollmacht und führt dazu, dass trotz ihr eine Betreuung angeordnet werden muss. Grundsätzlich sollte in diesen Fällen die Betreuung auf das fragliche Geschäft bzw. die Erklärung beschränkt und der Vorsorgebevollmächtigte auch Betreuer werden. In der Praxis funktioniert das leider nicht immer. Der Gesetzgeber sollte prüfen, ob nicht zumindest bei einigen Normen das Wort „gesetzlich" gestrichen werden kann, damit eine rechtsgeschäftliche Vertretung möglich ist.

6 Denkbar wäre auch, eine rechtsgeschäftliche Vertretung zu ermöglichen, aber – wie die gesetzliche – unter Genehmigungsvorbehalt des Betreuungsgerichtes zu stellen. So wäre der Schutz des Vollmachtgebers gewährleistet. Während dies für persönliche Angelegenheiten nach §§ 1829, 1830f. BGB schon praktiziert wird, ist es in vermögensrechtlichen Angelegenheiten bislang noch nicht möglich. Zur Missbrauchserschwerung wäre die Möglichkeit, in Vorsorgevollmachten für Immobiliengeschäfte des Bevollmächtigten ein gerichtliches **Genehmigungserfordernis anzuordnen,** ein Meilenstein.

Ungünstig und in der Reform zum 1.1.2023 leider ebenfalls nicht geändert, ist der Umstand, dass ein **Einwilligungsvorbehalt** nur im Rahmen einer Betreuung angeordnet werden kann. Bei Bestehen einer sonst ausreichenden Vorsorgevollmacht ist trotzdem kein vereinfachtes Verfahren möglich und im Ergebnis muss der Bevollmächtigte sich doch an Vorgaben für einen Betreuer halten.

7 **Korrekturbedürftig** sind § 492 BGB (Verbraucherkreditvertrag), der im Ergebnis eine Beurkundung verlangt, und § 2 Abs. 2 GmbHG, in dem das Wort „notariell" enthalten ist.

§ 164 Wirkung der Erklärung des Vertreters

(1) [1]**Eine Willenserklärung, die jemand innerhalb der ihm zustehenden Vertretungsmacht im Namen des Vertretenen abgibt, wirkt unmittelbar für und gegen den Vertretenen.** [2]**Es macht keinen Unterschied, ob die Erklärung**

---

[2] Ausführlich: Kurze Reform §§ 5–7.

[3] Vgl. Kurze Reform § 10 Rn. 8.

ausdrücklich im Namen des Vertretenen erfolgt oder ob die Umstände ergeben, dass sie in dessen Namen erfolgen soll.

(2) **Tritt der Wille, in fremdem Namen zu handeln, nicht erkennbar hervor, so kommt der Mangel des Willens, im eigenen Namen zu handeln, nicht in Betracht.**

(3) **Die Vorschriften des Absatzes 1 finden entsprechende Anwendung, wenn eine gegenüber einem anderen abzugebende Willenserklärung dessen Vertreter gegenüber erfolgt.**

Übersicht

I. Einleitung

1. Normzweck

1 Durch Vollmachten wird zugelassen, dass einer Person rechtliche Erklärungen zugerechnet werden, ohne dass sie diese persönlich äußert oder entgegennimmt und ohne dass sie selbst anwesend ist. Dies ermöglicht einen **effektiven Rechtsverkehr.**[1]

2 Vorsorgevollmachten dienen der Aufrechterhaltung der **Selbstbestimmung** für den Fall von alters- oder krankheitsbedingten Einschränkungen. Als Mittel der privaten Vorsorge sollen sie auch zur Entlastung der öffentlichen Kassen rechtliche Betreuungen gem. § 1814 BGB entbehrlich machen.

3 Eine Vollmacht kann für den Vollmachtgeber und die Erben in vielerlei Hinsicht nützlich sein. Zu Lebzeiten wird der Vollmachtgeber im Vorsorgefall durch eine von ihm bestimmte Person vertreten und eine **Betreuung** grundsätzlich **entbehrlich.** Durch die Erben muss regelmäßig **kein Erbschein** beantragt und bezahlt werden. Die (Not-)Verwaltung und Abwicklung des Nachlasses werden wesentlich beschleunigt bzw. sogar erst ermöglicht.

4 Die **Gestaltung** der Vorsorgevollmacht sollte mit anderen Vollmachten (zB bei einer Bank) und einer Patientenverfügung abgestimmt sein, für den Erbfall zudem mit der letztwilligen Verfügung und einer Bestattungsregelung (→ Rn. 103–112).

5 Die Vollmacht birgt aber auch erhebliche **Gefahren,** wenn sie unbedacht erteilt oder fehlerhaft verwendet wird.[2] Dies gilt sowohl für den Vollmachtgeber zu Lebzeiten, der den Bevollmächtigten im Vorsorgefall meist nicht mehr überwachen und kontrollieren kann, als auch für die Erben, denen der Zugriff auf den Nachlass oder sogar der Nachlass selbst entzogen werden kann.[3] Ersatzansprüche gegen den Bevollmächtigten sind regelmäßig nur sehr mühsam zu realisieren.

6 Die Vorsorgevollmacht kann schließlich für den Bevollmächtigten die so genannte **„Vollmachtsfalle"** eröffnen: Unter Umständen ist er gegenüber dem Vollmachtgeber oder den (Mit-)Erben für einen langen Zeitraum rechenschafts- und im Einzelfall schadensersatzpflichtig (→ § 662 Rn. 14; § 666 Rn. 6–10).

2. Definition und Begrifflichkeit

7 Die Vollmacht wird in § 166 Abs. 2 S. 1 BGB legaldefiniert als durch Rechtsgeschäft erteilte Vertretungsmacht. Eine **Vorsorgevollmacht** wird grundsätzlich als Vollmacht für den Vorsorgefall verstanden, in dem der Vollmachtgeber seine Angelegenheiten ganz oder teilweise aufgrund von Alter, Unfall oder Krankheit nicht mehr erledigen kann oder möchte und dies dem Bevollmächtigten ermöglichen will. Eine Koppelung an Einwilligungs-, Geschäftsunfähigkeit oder Betreuungsbedürftigkeit ist regelmäßig nicht gewünscht, da die Vollmacht auch bei Hilfsbedürftigkeit früher oder

---

[1] Ausführlich zum Repräsentationsprinzip: Klingbeil ZfPW 2020, 150.

[2] Zu dieser Problematik unter dem Schlagwort der „Erbschleicherei": Bonefeld ZErb 2014, 241 (245).

[3] Vgl. Trimborn Vollmacht § 1 Rn. 4.

später nach dem Tod gebraucht werden soll. Sie ist meist eine Generalvollmacht, auch wenn einige Gestalter zwischen einer Vorsorgevollmacht für persönliche Angelegenheiten und einer Generalvollmacht für Vermögensangelegenheiten unterscheiden (→ Rn. 59–66). Die Definition der Vorsorgevollmacht als zur Vermeidung einer Betreuung erstelltes Dokument ist bedenklich, da die Errichtung als Abwehrmaßnahme gegen ein vermeintlich drohendes Unheil[4] zwar Ziel sein kann, aber kein treibendes Motiv sein muss, wenn etwa das Instrument der Betreuung nicht als grundsätzlich negativ angesehen wird.

Eine Vollmacht, die zu Lebzeiten des Vollmachtgebers und auch danach wirken soll, wird „**transmortale** Vollmacht", also „Vollmacht über den Tod hinaus",[5] genannt.[6] Soll die Vollmacht erst nach dem Tod des Vollmachtgebers wirksam sein,[7] handelt es sich um eine „**postmortale** Vollmacht", also eine „Vollmacht auf den Todesfall"[8] (zur Frage der Wirksamkeit über den Tod hinaus → § 168 Rn. 14).

8 In der Praxis sind regelmäßig Vorsorge- oder Bankvollmachten relevant.[9] Der Begriff **„Vorsorgevollmacht"** wird seit der Reform des Vormundschafts- und Betreuungsrechts zum 1.1.2023 ua in der Überschrift des § 1820 BGB verwandt und wurde auch schon davor an einzelnen Stellen erwähnt (§§ 1901a, 1901c, 1908f BGB aF). Die Vorsorgevollmacht wird in § 1820 Abs. 1 BGB beschrieben als „Dokument …, in dem der Volljährige eine andere Person mit der Wahrnehmung seiner Angelegenheiten bevollmächtigt hat" (vorher ähnlich in § 1901c Abs. 2 BGB aF). Der Vorläufer „Altersvorsorgevollmacht" stammt wohl von Müller-Freienfels.[10] Aus der Bezeichnung in der Urkunde als „Vorsorgevollmacht" ergeben sich keine Einschränkungen der Vollmacht. Sie verdeutlicht vielmehr die rechtliche Einordnung als umfassende Bevollmächtigung. Entscheidend sind die in der Vollmacht enthaltenden Formulierungen (im Einzelnen → Rn. 58–64, § 168 Rn. 4).

3. Grundgeschäft

9 Die Vollmacht ermöglicht dem Bevollmächtigten, den Vollmachtgeber wirksam zu vertreten. Was er tun soll und darf und wie dies geschehen soll, ist davon rechtlich unabhängig („abstrakt") zu beurteilen, so genanntes **Abstraktionsprinzip.**[11] Dies richtet sich nach dem zugrundeliegenden Rechtsgeschäft, welches Grundgeschäft, Grundverhältnis, Innenverhältnis oÄ genannt wird. Bei der Vorsorgevollmacht handelt es sich regelmäßig um einen Auftragsvertrag gem. § 662 BGB (→ § 662 Rn. 2–14). Da der Auftrag meistens nicht ausdrücklich ausgestaltet und den besonderen Anforderungen angepasst wird, gelten die gesetzlichen Regelungen, was als unangemessen empfunden werden kann („Vollmachtsfalle" → Rn. 6).

---

[4] Die Verbreitung dieses Empfindens ist erstaunlich, da Betreuungen sowohl von der gesetzlichen Konzeption her als auch in der Praxis keineswegs immer schlechter als Vorsorgebevollmächtigungen sind, ähnlich schon Müller DNotZ 1997, 100 (100).

[5] Tschauner Vollmacht S. 1; in der Nachlassabwicklung: Joachim/Lange ZEV 2019, 62.

[6] Bayer ZfPW 2020, 385; Trapp ZEV 1995, 314 (315).

[7] RG IV 194/26, RGZ 114, 351 (354).

[8] Tschauner Vollmacht S. 1; vgl. zudem: Papenmeier Vollmachten S. 1; Trapp ZEV 1995, 314.

[9] Ivo ZErb 2006, 7 (9).

[10] FS Coing (1982), Bd. II, S. 395ff.; frühe Überlegungen: Gernhuber FamRZ 1976, 189; unter dem Begriff etwa noch: Müller DNotZ 1997, 100.

[11] BGH IX ZR 209/91, NJW 1992, 3237; zur Vollmacht eines Rechtsanwaltes: BGH V ZR 36/92, NJW 1993, 1926; OLG Köln 13 U 17/88, ZIP 1988, 1203; Lieder JuS 2014, 393; Papenmeier Vollmachten S. 2ff.; Lipp/Spalckhaver Vorsorgeverfügungen § 8 Rn. 5–8.

II. Handeln im fremden Namen (Abs. 1) – Abgrenzung

1. Handeln in fremden Namen (Abs. 1)

10 Eine Stellvertretung nach § 164 Abs. 1 BGB liegt vor, wenn jemand (Bevollmächtigter) im Namen eines anderen (Vollmachtgeber) ein Geschäft abschließt. Dies wirkt für und gegen den Vollmachtgeber, wenn der Bevollmächtigte innerhalb seiner Vertretungsmacht handelt.

Ob eine Erklärung im fremden Namen erfolgt, ist ggf. auszulegen, Abs. 1 S. 2.[12] Entscheidend ist die Sicht des Geschäftsgegners.[13] Relevant können die Umstände sein. Eine enge (verwandtschaftliche) Beziehung kann ein wesentlicher Hinweis sein, wie auch frühere Stellvertretungen, besonders bei Ehegatten.[14] Handelt jemand auch im eigenen Interesse, steht das einer Stellvertretung nicht entgegen. Dass „im Interesse" oder „auf Rechnung" eines anderen gehandelt wird, genügt für eine Stellvertretung nicht.[15] Es ist allerdings weder erforderlich, dass der Geschäftsgegner weiß, wer vertreten wird, noch dass der Vollmachtgeber von dem konkreten Geschäft Kenntnis hat.[16]

2. Betreuung

11 Das Rechtsinstitut der rechtlichen Betreuung zur **Vertretung Volljähriger** hat zum 1.1.1992 die Vormundschaft sowie die Gebrechlichkeitspflegschaft einschließlich der Entmündigung abgelöst. Gemäß § 1815 Abs. 1 S. 2 BGB darf eine Betreuung nur in den Bereichen angeordnet werden, in denen sie erforderlich ist, und gem. § 1814 Abs. 2 BGB nicht gegen den freien Willen des Betroffenen.

Solange der Betroffene **geschäftsfähig** ist, vertritt der Betreuer ihn daneben (also zusätzlich) in den zugewiesenen Aufgabenkreisen, §§ 1823 f. BGB, sonst grundsätzlich alleine, ggf. mit Genehmigungserfordernissen, vgl. §§ 1829–1834, 1848–1854 BGB. Der Betreuer ist gesetzlicher Vertreter[17] (nicht aber der Verfahrenspfleger).[18] Für den Umfang ist der Betreuungsbeschluss und nicht die Bestallungsurkunde („Betreuerausweis") maßgeblich.[19]

Ein Geschäftsfähiger ist nur dann an der Abgabe wirksamer Willenserklärungen gehindert (nach alter Diktion „entmündigt"), wenn ein **Einwilligungsvorbehalt** angeordnet wurde, § 1825 BGB, welcher wiederum eine Betreuung voraussetzt (→ § 1825 Rn. 1, 13). Durch eine Vorsorgebevollmächtigung kann ein solcher Selbstschutz zum Teil nicht erreicht werden. Für rechtlich lediglich vorteilhafte Geschäfte sowie geringfügige Angelegenheiten des täglichen Lebens kann die Einwilligung des Betreuers entbehrlich sein, § 1825 Abs. 3 BGB.

Eine **Vorsorgevollmacht** schließt eine Betreuung grundsätzlich aus, § 1814 Abs. 3 S. 2 Nr. 1 BGB (→ § 1814 Rn. 13–26). Eine Betreuung kann auch neben einer (Vorsorge-)Vollmacht bestehen, wenn zB die Vollmacht nicht umfassend ist. Betreuer kann dann auch der Bevollmächtigte sein.

---

[12] BGH II ZR 21/87, NJW 1988, 1585 (1588).

[13] OLG Brandenburg 11 U 72/07, BeckRS 2007, 09534.

[14] ZB: BGH V ZR 109/12, NJW-RR 2014, 326.

[15] Staudinger/Schilken BGB 2019 § 164 Rn. 3 mwN.

[16] Staudinger/Schilken BGB 2019 § 164 Rn. 5.

[17] ZB BGH XII ZB 236/05, NJW 2006, 1277; Schwab FamRZ 2009, 493 (503 f.).

[18] BGH XII ZB 474/11, NJW 2012, 3509.

[19] MüKoBGB/Schneider BGB § 1902 Rn. 2.

3. Botenschaft

Der Bote **übermittelt** („transportiert") im Gegensatz zum Vertreter lediglich eine fremde Willenserklärung und gibt keine eigene im fremden Namen ab.[20] Die Abgrenzung gegenüber der Stellvertretung erfolgt durch das für die Stellvertretung geltende Offenkundigkeitsprinzip, wonach das Handeln in fremden Namen durch den Vertreter erkennbar gemacht wird.[21] Es ist also nach dieser ganz hM auf den Eindruck des Erklärungsempfängers abzustellen. Bei Zeichnung „i. A." (bzw. „im Auftrag") ist auszulegen,[22] wenn auch grundsätzlich von einer Botenstellungen in Abgrenzung zu „i. V." (bzw. „in Vertretung") auszugehen ist.[23] Macht jemand geltend, nur als Bote für einen anderen gehandelt zu haben, muss er dies beweisen. 12

Eine dem Boten gegenüber als **Empfangsboten** abgegebene Willenserklärung ist erst zugegangen, wenn mit der Weiterleitung zu rechnen ist (§ 130 BGB).

Während der Bote **nicht geschäftsfähig** sein muss, ist die Geschäftsfähigkeit des Erklärenden erforderlich.[24] Da auch das Rechtsverhältnis zwischen Erklärendem und Boten **(Innenverhältnis)** grundsätzlich als Auftrag gem. § 662 BGB zu verstehen ist,[25] ergibt sich regelmäßig keine Abweichung von den Regeln bei der Stellvertretung. Bei einem Übermittlungsfehler durch den Boten ist gem. § 120 BGB die Anfechtung wie nach § 119 BGB möglich.

4. Ehegatten

Seit der Reform des Vormundschafts- und Betreuungsrecht zum 1.1.2023 können sich Ehegatten unter bestimmten Bedingungen in **Gesundheitsangelegenheiten** und damit zusammenhängenden Fragen gesetzlich vertreten, ohne dass eine Vollmacht erteilt wurde, → § 1358 BGB. Darüber hinaus gibt es **kein gesetzliches Vertretungsrecht** unter Ehegatten. Allerdings gibt § 1357 BGB dem einen Ehegatten die Berechtigung „Geschäfte zur angemessenen Deckung des Lebensbedarfs der Familie mit Wirkung auch für den anderen Ehegatten zu besorgen", was auch „Schlüsselgewalt" genannt wird. Es handelt sich dabei nicht um eine gesetzliche Vertretung oder eine (verdeckte) Stellvertretung nach § 164 BGB, sondern um ein Recht sui generis.[26] Die Verpflichtung muss nicht offengelegt werden. 13

5. Einzelverfügungsbefugnis, zB bei Oder-Konten

Die Einzelverfügungsbefugnis (häufig von Ehegatten) über ein Konto oder ein Depot stellt **keine Vertretung** dar, sondern eine vertragliche Vereinbarung mit dem Kreditinstitut, nach welcher zwei Personen Kontoinhaber (Gesamtgläubiger nach § 428 BGB) sind und jeder alleine verfügen kann.[27] Die Inhaber eines Und-Kontos bilden dagegen eine Gemeinschaft nach Bruchteilen nach den §§ 741 ff. BGB,[28] bei denen jeder nur über seinen Anteil verfügen kann. Eine Auflösung eines Oder-Kontos kann demnach nicht durch einen Inhaber alleine erfolgen.[29] Im Zusammenhang 14

---

[20] BGH XII ZB 225/05, NJW 2008, 917 (918).

[21] BGH II ZR 63/53, NJW 1954, 797 (798); Staudinger/Schilken BGB 2019 Vorb. zu §§ 164 ff. Rn. 74, 35 je mwN.

[22] BAG 6 AZR 45/07, NJW 2008, 1243.

[23] BGH VI ZB 81/05, FamRZ 2007, 1638; V ZR 139/87, NJW 1988, 210.

[24] Staudinger/Schilken BGB 214 Vorb. zu §§ 164 ff. Rn. 78.

[25] Staudinger/Schilken BGB 214 Vorb. zu §§ 164 ff. Rn. 77.

[26] BeckOKBGB/Hahn BGB § 1357 BGB Rn. 4.

[27] BGH XI ZR 352/89, NJW 1991, 420 mwN; Papenmeier Vollmachten S. 13.

[28] BGH XI ZR 352/89, NJW 1991, 420.

[29] In diese Richtung: BGH II ZR 219/91, NJW-RR 1993, 233.

mit einer Kontovollmacht, die auch nicht zur Kündigung eines Kontos ermächtigt, soll nach Hack eine Umwandlung in ein Einzelkonto zulässig sein. Dies mag zwar der Zweck der Regelungen sein, ist aber trotzdem nicht von ihnen umfasst. Wenn die Bank sich einer Umwandlung verschließt, ist daher an eine unstreitig zulässige Übertragung des (fast) gesamten Guthabens auf ein anderes Konto zu denken. Allerdings kann schon alleine durch die Einrichtung eines Oder-Kontos unter Ehegatten gewollt sein, dass das Guthaben nach dem Erbfall im Wege der Abtretung an den überlebenden Ehegatten übergeht.[30]

6. Elterliche Sorge

15 Die elterliche Sorge für ein **minderjähriges Kind** steht den Eltern gemeinsam zu, § 1626 BGB. Sie **vertreten** das Kind gem. § 1629 BGB, wobei Ausschlüsse nach §§ 1629, 1824 BGB oder durch eine Pflegerbestellung nach § 1630 BGB möglich sind. Das Vertretungsrecht kann beschränkt sein, etwa hinsichtlich ererbten oder geschenkten Vermögens, wenn der Schenker oder Erblasser dies bei der Zuwendung oder in der letztwilligen Verfügung nach § 1638 BGB angeordnet hat, oder durch Genehmigungserfordernisse wie für eine mit einer Freiheitsentziehung verbundenen Unterbringung, § 1631 b BGB.

Eine **Sorgeerklärung** gem. §§ 1626 a ff. BGB ist die Erklärung nicht miteinander verheirateter Eltern, die Sorge für ein gemeinsames Kind gemeinsam übernehmen zu wollen.

Bei **Geschäftsunfähigkeit** eines Elternteils ruht dessen elterliche Sorge, § 1673 BGB.[31] Ein Betreuer des Elternteils kann sie nicht für diesen wahrnehmen. Nach § 1688 BGB hat eine Pflegeperson begrenzte Vertretungsrechte.

Liegt die elterliche Sorge bei beiden Eltern und **verstirbt** ein Elternteil, so steht die elterliche Sorge dem überlebenden Elternteil alleine zu, § 1680 Abs. 1 BGB. Wenn nur ein Elternteil sorgeberechtigt war und verstirbt, ist gem. § 1680 Abs. 2 BGB zu differenzieren: In Fällen des § 1671 BGB (Übertragung der Sorge auf ein Elternteil bei Getrenntlebenden) und § 1672 BGB (Übertragung auf den Vater bei ursprünglich alleiniger Sorge der Mutter gem. § 1626 a Abs. 2 BGB – nicht miteinander verheiratete Eltern) kommt es zur Übertragung auf den überlebenden Elternteil, wenn es „dem Wohl des Kindes nicht widerspricht" – also im Regelfall. Hatte die Mutter gem. § 1626 a Abs. 2 BGB die alleinige Sorge inne und verstirbt, erhält der Vater die elterliche Sorge, wenn es „dem Wohl des Kindes dient." Nach der Entscheidung des BVerfG vom 21.7.2010[32] ist zu erwarten, dass die Fälle der alleinigen Sorge der Mutter nach § 1626 a Abs. 2 BGB seltener werden, da § 1626 a Abs. 1 BGB so anzuwenden ist, dass es im Ergebnis sehr viel häufiger zur gemeinsamer Sorge auch bei unverheirateten Eltern kommen wird.[33]

Entfallen beide Eltern, wird ein Vormund vom Familiengericht eingesetzt, dessen Auswahl die Eltern durch eine **Vormundbestimmung** gem. § 1782 BGB beeinflussen können (→ § 1782 Rn. 2–25). Es ist grundsätzlich möglich, die Ausübung der elterlichen Sorge mit einer **Sorgerechtsvollmacht** einer anderen Person oder dem Jugendamt zu übertragen (→ Rn. 39 „Sorgerecht").

---

[30] BGH VIa ZR 198/84, NJW-RR 1986, 1133; Fischer/Kühne/Warlich/Bredemeyer Banken § 5 Rn. 240.

[31] Vgl. ausführlich Ehinger FPR 2005, 253.

[32] BVerfG 1 BvR 420/09, NJW 2010, 3008.

[33] Vgl. dazu Preisner NZFam 2014, 359; allgemeiner: Grziwotz FPR 2013, 326.

7. Geschäftsähnliche Handlungen

Erklärungen, welche keine Willenserklärungen sind, aber über tatsächliches Handeln hinausgehen, können geschäftsähnliche Handlungen sein. Auf sie sind die für Willenserklärungen geltenden Vorschriften entsprechend anzuwenden.[34] Darunter werden grundsätzlich keine Einwilligungen in Rechtsverletzungen verstanden, auch wenn eine entsprechende Anwendung denkbar ist;[35] die Stellvertretung wird insofern auch als „Einwillungsermächtigung" bezeichnet.[36] **16**

8. Gesellschaftsrechtliche Vertretung

Die Vertretung juristischer Personen des Privatrechts erfolgt grundsätzlich nach den handels- und gesellschaftsrechtlichen Vorgaben (zur Vertretung der handelnden (natürlichen) Personen, auch zur **Prokura.** insbesondere im Vorsorgefall → § 15 HGB Rn. 1, § 49 HGB Rn. 1). **17**

9. Gesetzliche Vertretung

Die gesetzliche Vertretung ermöglicht das Handeln einer Person für eine andere, wenn eine rechtsgeschäftliche Bevollmächtigung zB aufgrund Minderjährigkeit oder geistigem Zustand nicht möglich ist (zur Betreuung → Rn. 11, zur elterlichen Sorge und zur Vormundschaft → Rn. 15). Eine gesetzliche Vertretung durch Angehörige allgemein, wie in Österreich gem. §§ 268–270 ABGB,[37] gibt es in Deutschland nicht, seit dem 1.1.2023 aber für Ehegatten gem. → § 1358 BGB (→ Rn. 13). **18**

10. Pflegschaften

Der Nachlasspfleger nach § 1960 BGB ist **gesetzlicher Vertreter** der Erben.[38] Er vertritt weder den Nachlass, noch ist er eine treuhänderische Amtsperson.[39] Ähnlich ist es bei der **Prozesspflegschaft** nach § 1961 BGB, der Pflegschaft für die Leibesfrucht nach § 1810 BGB, der Abwesenheitspflegschaft nach § 1884 BGB, der Pflegschaft für unbekannte Beteiligte nach § 1882 BGB, bei dem besonderen Vertreter für Vollstreckungshandlungen nach § 669 Abs. 2 ZPO, dem gesetzlichen Vertreter nach § 11b VermG, dem gesetzlichen Vertreter gem. Art. 233 § 2 Abs. 3 EGBGB zur Wohnraummodernisierung, dem Pfleger nach § 17 SchenRBerG oder nach § 3 VerkFlBerG und der **Nachlassverwaltung** nach §§ 1975 ff. BGB.[40] Besondere Vertreter werden zur Durchführung von **gerichtlichen Verfahren** bestellt, vgl. § 57 ZPO, § 15 SGB X, § 72 SSG.[41] Dies ist aber bei einer ausreichenden Vorsorgebevollmächtigung unzulässig.[42] **19**

---

[34] BGH V ZR 196/93, NJW 1995, 45.

[35] BGH VI ZR 266/57, BGHZ 29, 33 (36); Staudinger/Schilken BGB 2019 Vorb. zu §§ 164 ff. Rn. 38.

[36] Kern NJW 1994, 753 (757).

[37] Glanzer Alternativen zur Sachwalterschaft 2009.

[38] BGH XI ZR 142/84, NJW 1985, 2596.

[39] Damrau/Tanck/Gleumes Erbrecht BGB § 1960 Rn. 32, 48–54 mwN.

[40] Übersichten: Damrau/Tanck/Gleumes Erbrecht BGB § 1960 Rn. 35–40.

[41] Deinert BtPrax 2017, 135 (141); auch bei Unbetreubarkeit: LSG Baden-Württemberg L 6 VG 2874/20, BeckRS 2021, 32480.

[42] OLG Koblenz 5 W 232/16, ZEV 2016, 462.

Die Anordnung einer **Nachlasspflegschaft** kann entfallen, wenn ein Bevollmächtigter die Angelegenheiten erledigt,[43] was aber bei umfangreichem und schwierigem Nachlass[44] oder unzuverlässigem Bevollmächtigten[45] problematisch sein kann. Dem Bevollmächtigten steht aus eigenem Recht keine Beschwerdebefugnis zu, wenn ein Nachlasspfleger bestellt wurde.[46] Notmaßnahmen kann und muss in gewissen Grenzen auch ein ehemaliger Betreuer ergreifen, § 1874 Abs. 2 BGB, wobei dies die Einrichtung einer Nachlasspflegschaft nicht verhindert (im Gegenteil).

11. Realakte, Handlungen

20 Nicht rechtsgeschäftliche Tätigkeiten können Realakte (auf einen tatsächlichen Erfolg gerichtete Willenserklärungen, die kraft Gesetzes eine Rechtsfolge hervorbringen,[47] wie der Besitzerwerb nach § 854 Abs. 1 BGB[48]) oder Handlungen (ein der Bewusstseinskontrolle und Willenslenkung unterliegendes, beherrschbares Verhalten[49]) sein, zB lediglich Begleitung bei Geldabhebungen. Dort, wie auch bei **unerlaubten** Handlung nach § 823 BGB, ist eine Stellvertretung insofern nicht möglich.[50] Es ist aber trotzdem denkbar, dass dem Handeln ein Auftrags- oder Gefälligkeitsverhältnis zu Grunde liegt (→ § 662 Rn. 2–14) und bei einer unerlaubten Handlung die Haftung für den Verrichtungsgehilfen nach § 831 BGB eintritt.

12. Testamentsvollstreckung

21 Nach der ganz hM ist der Testamentsvollstrecker gem. §§ 2197–2228 BGB **kein Vertreter** der Erben, des Erblassers oder der Erben,[51] sondern ein „Treuhänder und Inhaber eines privaten Amtes".[52] Er übt sein Amt aus eigenem Recht und daher weitgehend frei gegenüber den Erben aus. Seine Stellung hat sich aber der des gesetzlichen Vertreters angenähert, so dass er sich bei seinen Erklärungen als Testamentsvollstrecker bezeichnen muss, um nicht uU selbst verpflichtet zu werden.[53] Ist der Testamentsvollstrecker zugleich Bevollmächtigter, muss er im Zweifel deutlich machen, in welcher Funktion er tätig wird, da sie unterschiedliche Befugnisse haben können[54] (zur Bevollmächtigung des Testamentsvollstreckers → Rn. 96–100, zur Bevollmächtigung durch den Testamentsvollstrecker → Rn. 47, zum Einfluss einer Testamentsvollstreckung auf eine Bevollmächtigung → Rn. 54, zum Widerruf der Vollmacht des Testamentsvollstreckers → § 168 Rn. 33; zum Widerruf durch den Testamentsvollstrecker → § 168 Rn. 34).

---

[43] KG 12 U 2379/97, ZEV 1999, 395; DNotI-Report 2013, 84; insgesamt Zimmer ZEV 2013, 307 (311); Everts NJW 2010, 2318.

[44] OLG Karlsruhe 14 Wx 3/03, FGPrax 2003, 229.

[45] BGH IV ZB 23/11, ZEV 2013, 36.

[46] OLG München 31 Wx 016/10, NJW 2010, 2364; Zimmer ZEV 2013, 307 (311) mwN.

[47] Grüneberg/Ellenberger BGB Überbl v BGB § 104 Rn. 9.

[48] BGH VII ZR 10/59, NJW 1960, 860 (861); IV ZR 188/54, NJW 1955, 866.

[49] BGH VI ZR 70/62, BGHZ 39, 103.

[50] BGH VII ZR 10/59, NJW 1960, 860 (861); IV ZR 188/54, NJW 1955, 866; Staudinger/Schilken BGB 2019 Vorb. zu §§ 164 ff. Rn. 39.

[51] BGH IV ZR 152/53, NJW 1954, 1036 (1037).

[52] BGH IV ZR 217/57, NJW 1957, 1916; Bengel/Reimann/Bengel/Dietz Testamentsvollstreckung Kap. 1 Rn. 12.

[53] Bengel/Reimann/Bengel/Dietz Testamentsvollstreckung Kap. 1 Rn. 12.

[54] OLG München 34 Wx 388/11, ZEV 2012, 376; Zimmer ZEV 2013, 307 (311).

13. Treuhänder, Strohmann

Der Treuhänder handelt im Gegensatz zum Vertreter grundsätzlich **im eigenen Namen,** ihm wurde eine eigene Rechtsposition eingeräumt.[55] Er hat die Interessen des Treugebers wahrzunehmen.[56] Bei einem Geschäft eines Strohmannes, der im eigenen Namen auftritt, aber für einen Hintermann tätig wird, kann es sich um eine „geheime Treuhandschaft" oder eine mittelbare Stellvertretung handeln.[57] Grundsätzlich wird der Strohmann und nicht der Hintermann verpflichtet.[58] **22**

14. Verfügungsermächtigung

Eine Verfügungsermächtigung kann nach **§ 185 BGB** erteilt werden. Anwendungsfälle sind etwa die Verkaufskommission nach §§ 383ff. HGB und die Ermächtigung zum Weiterverkauf beim verlängerten Eigentumsvorbehalt nach § 449 BGB.[59] Im Unterschied zur Stellvertretung gibt hier ein Nichtberechtigter eine Erklärung im eigenen Namen ab,[60] zu welcher der Berechtigte einwilligen (§ 185 Abs. 1 BGB) oder die er genehmigen kann (§ 185 Abs. 2 BGB). **23**

15. Vormund, Verfahrensbeistand, Ergänzungs- und Umgangspfleger

Entfallen beide Eltern oder wird dem überlebenden Elternteil die Sorge nicht übertragen, so erhält ein Minderjähriger einen **Vormund,** § 1773 BGB. Die Eltern können dafür eine Vormundbestimmung nach § 1782 BGB treffen (→ § 1782 Rn. 1–5). Der Vormund ist gesetzlicher Vertreter des Mündels. **24**

In einem familiengerichtlichen Verfahren kann als „Anwalt des Kindes" dem Minderjährigen ein **Verfahrensbeistand** bestellt werden, § 158 FamFG. Er ist kein gesetzlicher Vertreter des Kindes. Dem **Ergänzungspfleger** wird nach § 1809 BGB ein Teil der elterlichen Sorge übertragen. Eine mildere Form soll die **Umgangspflegschaft** nach § 1684 BGB sein, welche in Umgangsangelegenheiten helfen soll, ohne die Sorge zu entziehen.[61]

III. Zulässigkeit und Grenzen

1. Grundsatz, höchstpersönliche Rechtsgeschäfte

Die rechtsgeschäftliche Vertretung ist **zulässig,** wenn sie nicht ausnahmsweise unzulässig ist. Grenzen findet die Stellvertretung im höchstpersönlichen Bereich. Dieser ist allerdings nicht fest definiert. Vielmehr bedeutet ein Ausschluss der Vertretungsmöglichkeit, dass ein Rechtsgeschäft nur persönlich abgeschlossen werden kann, damit **höchstpersönlich** ist. Der Ausschluss kann durch Gesetz oder durch rechtsgeschäftliche Vereinbarung erfolgen,[62] wobei er in beiden Fällen oft nur durch **25**

---

[55] Staudinger/Schilken BGB 2019 Vorb. zu §§ 164ff. Rn. 48.
[56] BGH VII ZR 103/93, NJW 1994, 2228.
[57] Staudinger/Schilken BGB 2019 Vorb. zu §§ 164ff. Rn. 49.
[58] BGH XI ZR 19/94, NJW 1995, 727.
[59] Grüneberg/Ellenberger BGB § 185 Rn. 9.
[60] Staudinger/Klumpp BGB 2019 § 185 Rn. 20.
[61] Zu allen Dreien: Kuleisa-Binge FPR 2012, 363.
[62] Vgl. dazu in Bezug auf das Betreuungsrecht: Müller/von Münchow NotBZ 2010, 31; Zimmermann BWNotZ 1998, 101.

Auslegung festgestellt wird. Eine rechtsgeschäftliche Vertretung kann zudem ausgeschlossen sein, da nur eine **gesetzliche Vertretung** möglich ist (→ Rn. 27–44).

Die Möglichkeit, eine Vertretungshandlung aufgrund einer Vollmacht vorzunehmen, kann auch eine besondere Form (§ 167 BGB), die Befreiung von den Beschränkungen des § 181 BGB oder eine zusätzliche gerichtliche Genehmigung (§§ 1829, 1831 f. BGB) erfordern.

2. Zeitliche und örtliche Grenzen

26 Eine Vollmacht kann zeitlich begrenzt oder unbegrenzt erteilt werden. Der Eintritt der Geschäftsunfähigkeit nach Erteilung der Vollmacht lässt sie nicht unwirksam werden, § 130 Abs. 2 BGB. Die Zulässigkeit der Vertretung über den **Tod** hinaus, also durch eine trans- oder postmortale Vollmacht (zu den Begriffen → Rn. 7), ist inzwischen **unbestritten,** auch wenn es zu Überschneidungen und Spannungen zu erbrechtlichen Anordnungen und Instrumenten wie der Testamentsvollstreckung kommen kann[63] (vgl. auch → Rn. 46, 89, § 168 BGB Rn. 2–6).

Im **Ausland** ist die Bevollmächtigung zum Teil nur sachlich oder zeitlich (zT Verbot der post- oder transmortalen Vollmacht) eingeschränkt zulässig.

3. Einzelfälle

27 **Adoption:** siehe Annahme als Kind.

Akteneinsicht: siehe Patientenakte.

Annahme, Ausschlagung, Anfechtung einer Erbschaft: siehe Erbschaft, Annahme, Ausschlagung, Anfechtung.

Annahme als Kind: unzulässig für die Einwilligung des Kindes nach § 1746 BGB; unzulässig für einen Aufhebungsantrag, § 1762 Abs. 1 Nr. 3 BGB; unzulässig für den Antrag des Volljährigen, aber gesetzliche Vertretung bei Geschäftsunfähigkeit des Anzunehmenden möglich, § 1768 Abs. 2 BGB.

Anrechnungsbestimmungen, bei Zuwendungen auf den Pflichtteil gem. § 2315 BGB: zulässig; wie bei Ausgleichungsanordnungen nach § 2050 Abs. 3 BGB[64] handelt es sich um die Modifizierung einer Schenkung und nicht um eine letztwillige Verfügung.

Anwaltliche Schweigepflicht, § 43a Abs. 2 BRAO: zulässig, jedenfalls als ausdrückliche Befreiung, da eine Ausübung der Bevollmächtigtentätigkeit sonst nicht möglich ist (allgemein zur Schweigepflicht → Rn. 39).

Ärztliche Maßnahme: siehe Gesundheit.

Ärztliche Schweigepflicht: zulässig, jedenfalls als ausdrückliche Befreiung, da eine Ausübung der Bevollmächtigtentätigkeit sonst nicht möglich ist (allgemein zur Schweigepflicht → Rn. 39). Die Befreiung von ihr ist keine Willenserklärung.[65] Als geschäftsähnliche Handlung sind die Grundsätze der §§ 104 ff. BGB aber auf sie anzuwenden.[66] Grundsätzlich[67] gilt sie über den Tod hinaus und ist nicht vererblich, steht auch nicht nahe Angehörigen als solchen zu.[68] Der Arzt kann sie bei einem mutmaßlichen Willen des Patienten brechen.[69] Zu beachten ist auch die Sonderreglung des § 1358 Abs. 2 BGB für Ehegatten.

---

[63] Zu früheren Zweifeln: RG V 108/26, RGZ 114, 351 (354); Trapp ZEV 1995, 314 (315).

[64] Fröhler BWNotZ 2010, 94.

[65] BayObLG BReg 3 Z 5/85, Z 1985, 53.

[66] Arndt/Lerch/Sandkühler BNotO § 18 BNotO Rn. 96 mwN.

[67] Allgemein und auch zu Ausnahmen: Hess ZEV 2006, 479.

[68] Auch zum möglichen Übergang: BGH VIa ZB 18/83, NJW 1984, 2893.

[69] BAG 9 AZN 876/09, NJW 2010, 1222.

Ärztliche Zwangsmaßnahme: zulässig bei schriftlicher Vollmacht, §§ 1832, 1820 Abs. 2 Nr. 3 BGB.

Aufenthalt: zulässig (vgl. auch → Rn. 31 „Freiheit"), da nach § 1831 BGB auch zu einer Unterbringung bevollmächtigt werden kann. Es kann ein Pflichtverstoß vorliegen, welcher eine Kontrollbetreuung oder einen (teilweisen) Widerruf durch einen Betreuer rechtfertigt (→ § 666 Rn. 46, 50).[70]

Ausgleichsanordnung nach § 2050 Abs. 3 BGB: zulässig;[71] es handelt sich um die Modifikation einer Schenkung und nicht um eine letztwillige Verfügung.

Beistandschaft für ein Kind, Beantragung: unzulässig, § 1713 Abs. 1 S. 4 BGB; zulässig für den gesetzlichen Vertreter bei geschäftsunfähiger, werdender Mutter § 1713 Abs. 2 S. 3 BGB.[72] 28

Behörden: zulässig,[73] zudem → Rn. 39 „Steuerangelegenheiten" sowie → Rn. 42 „Verwaltungsverfahren"

Bestattung/Totenfürsorge: zulässig, wobei es sich bei der „Bevollmächtigung" einer Person für die eigene Bestattung um eine Übertragung des Totenfürsorgerechts handelt, also der Berechtigung, über die Art und Weise der Bestattung und den Umgang mit dem Leichnam zu entscheiden.[74] Dies kann formlos geschehen sowie in einer Bestattungsverfügung[75] oder Vorsorgevollmacht. Ohne ausdrückliche Anordnung ist in einer Vollmacht aber eine Übertragung des Totenfürsorgerechts nach hier vertretener Ansicht nicht enthalten, auch wenn sie über den Tod hinaus wirksam sein soll, da es sich um eine Verfügung handelt. Solange die Vollmacht nicht widerrufen wurde, kann der Bevollmächtigte die Bestattung aber regeln und mit den entsprechenden Verträgen die Erben verpflichten, § 1968 BGB.

Digitale Angelegenheiten: grdstl. zulässig.[76] 28a

Eheschließung: unzulässig, § 1311 S. 1 BGB; auch wenn dies für Ausländer nach deren Heimatrecht zulässig wäre,[77] wobei dies bei einer Eheschließung im Ausland anders sein kann;[78] bei einer verbotswidrigen Vertretung ist die Ehe nach § 1314 BGB aufhebbar;[79] aber eine partielle Geschäftsfähigkeit ist möglich,[80] § 1304 BGB. Für die **Lebenspartnerschaft** gilt gem. § 1 Abs. 1 S. 1 LPartG Entsprechendes. 29

Ehegatte, Verfügung über Vermögen im Ganzen, § 1365 BGB: zulässig, durch den Ehegatten aber nur bei Befreiung von den Beschränkungen des § 181 BGB.[81]

Ehevertrag, Abschluss, Änderung, Aufhebung: zulässig.[82] Das Erfordernis der gleichzeitigen Anwesenheit nach § 1410 BGB schließt die Vertretung nicht aus, die gem. § 167 Abs. 2 BGB bei einer widerruflichen Vollmacht auch formfrei möglich ist. § 1411 BGB regelt nur die gesetzliche Vertretung. Missbrauch muss durch notari-

---

[70] Zur Betreuung Engelfried BtPrax 2022, 77.

[71] DNotI-Report 2011, 43; Fröhler BWNotZ 2010, 94.

[72] Vgl. auch MüKoBGB/v. Sachsen Gessaphe BGB § 1713 Rn. 18.

[73] Vgl. Deinert BtPrax 2017, 135, 139f.

[74] Kurze/Goertz Bestattungsrecht § 15 Rn. 17f.

[75] Muster: Kurze/Goertz Bestattungsrecht § 17 Rn. 21.

[76] Naczinsky ZEV 2020, 665 (mit Gestaltungsvorschlägen); Gloser DNotZ 2014, 4; ders. MittBayNot 2016, 12 (Teil 1), 101 (Teil 2); ders. MittBayNot 2015, 537; Steiner/Holzer ZEV 2015, 262 (265); Herzog NJW 2013, 3745 (3750); Singer NWB 2017, 3421.

[77] BGH IV ZR 87/58, NJW 1959, 717.

[78] BGH XII ZB 309/21, NZFam 2021, 1049.

[79] Entsprechend bei einer „verdeckten Stellvertretung": OLG Karlsruhe 11 Wx 79/93, BeckRS 1994, 07756.

[80] BVerfG 1 BvL 14/02, NJW 2003, 1382.

[81] Müller ZNotP 2005, 419.

[82] BGH XII ZR 278/96, NJW 1998, 1857; Kanzleiter NJW 1999, 1612.

elle Aufklärung und die Schadensersatzpflicht des pflichtwidrig handelnden Bevollmächtigten begegnet werden. Für die Eintragung in das Güterrechtsregister ist eine öffentliche Beglaubigung der Vollmacht erforderlich.[83]

Eidesstattliche Versicherung: zulässig, aber nicht zu erzwingen. Die eidesstattliche Versicherung ist eine Wissenserklärung,[84] weshalb eine rechtsgeschäftliche Stellvertretung als nicht möglich angesehen wurde,[85] aber eine Vertretung durch einen Betreuer.[86] Der BGH hat inzwischen in zwei Entscheidungen die Vertretung als zulässig angesehen, aber die Verhängung einer Zwangshaft zur Erzwingung der Abgabe einer Vermögensauskunft abgelehnt.[87]

Entsprechend kann bei anderen eidesstattlichen Versicherungen wie des Erben bei der **Auskunft** gegenüber **dem Pflichtteilsberechtigten** gem. §§ 2316, 260 Abs. 2 BGB oder dem **Beauftragten** gegenüber dem Auftraggeber nach §§ 666, 259 Abs. 2, 260 Abs. 2 BGB verfahren werden.

Einwilligungsvorbehalt: unzulässig; er ist nur bei einer Betreuung möglich, § 1825 BGB (→ Rn. 11). Eine sich selbst verdrängende Vollmachtserteilung ist unzulässig.[88]

Elterliche Sorge: → Rn. 39 „Sorgerecht".

30 **Erbauseinandersetzung:** zulässig; gem. § 2042 BGB formlos,[89] wogegen der gesetzliche Vertreter eine gerichtliche Genehmigungen benötigt, § 1851 Nr. 1 BGB.[90]

Erbschaft, Annahme, Ausschlagung, Anfechtung gem. §§ 1943, 1945, 1954 BGB: zulässig;[91] bei der Annahme ist keine Form erforderlich, bei der Ausschlagung nach § 1945 Abs. 3 BGB die öffentliche Beglaubigung der Vollmacht. Laut Ivo ist eine ausdrückliche Erwähnung in einer General- und Vorsorgevollmacht nicht erforderlich.[92]

Erbschaftskauf gem. § 2371 BGB: zulässig, aber notarielle Beurkundung der Vollmacht wird gefordert, wenn mit der Vollmacht schon eine ähnliche Bindung eintritt.[93]

Erbscheinsantrag: → Rn. 29 „Eidesstattliche Versicherung".

Erbteil, Verfügung gem. § 2033 BGB: zulässig, aber notarielle Beurkundung der Vollmacht wird gefordert, wenn mit der Vollmacht schon eine ähnliche Bindung eintritt, nicht aber bei einer **Abschichtungsvereinbarung.**[94]

---

[83] KG 1 W 9102/00, FPR 2002, 186.

[84] Zimmermann Vorsorgevollmacht Rn. 141.

[85] Vorauflage (aber Ersetzung möglich) sowie BayObLG BReg 1 ZS 143/58, Z 1961, 4 (10).

[86] Müller-Engels/Braun//Renner/Braun Betreuungsrecht Kap. 2 Rn. 169; Zimmermann Vorsorgevollmacht Rn. 141.

[87] BGH I ZB 20/21, ZEV 2022, 23 mkritAnm Damrau; I ZB 60/18, NJW 2020, 1143; OLG Bremen 5 W 27/21, ZEV 2021, 765 zum Erbscheinsverfahren mwN; Spernath notar 2023, 3 (4); kritisch: Damrau ZEV 2022, 121; zuvor zB Hoffmann/Danylak DGVZ 2018, 199 auch zu LG Berlin 51 T 122/18, DGVZ 2018, 214; wie der BGH: OLG Düsseldorf 25 Wx 68/17, ErbR 2019, 523.

[88] Zimmermann Vorsorgevollmacht Rn. 334.

[89] Keim RNotZ 2003, 375 (382).

[90] Dazu: Mahlmann FPR 2011, 271; ders. ZEV 2009, 320; Keim RNotZ 2003, 375.

[91] Zimmer ZEV 2013, 307; Gothe MittRhNotK 1998, 193; falsch insofern: OLG Zweibrücken 3 W 198/07, ZEV 2008, 194 – dazu Müller DNotZ 2015, 403 (410) mwN.

[92] Ivo ErbR 2018, 674 (675) am Ende.

[93] BeckOK BGB/Litzenburger BGB § 2371 Rn. 17; Hügel ZEV 1995, 121; Keller Formproblematik der Erbteilsveräußerung 1995.

[94] BeckOK BGB/Lohmann BGB § 2033 Rn. 6 mwN; MüKoBGB/Gergen BGB § 2033 Rn. 23; BayObLG 2 Z 116, 117/54, BayObLGZ 1954, 225.

Erbvertrag, Abschluss: unzulässig für den Erblasser, § 2274 BGB; zulässig für den Vertragsgegner, der keine Verfügung trifft.[95]

Erbvertrag, Anfechtung: unzulässig, § 2282 Abs. 1 BGB;[96] gesetzliche Vertretung (zB durch einen Betreuer) bei Geschäftsunfähigkeit zulässig, § 2282 Abs. 2 BGB.[97] Es spricht nichts gegen die Zulässigkeit der Vertretung des Anfechtungsgegners. Für die Bestätigung gilt nach § 2284 BGB Entsprechendes.

Erbvertrag, Aufhebung nach § 2290 BGB: unzulässig für den Erblasser, Abs. 2; zulässig für den nicht verfügenden Vertragspartner, da keine andere Regelung. Abs. 3 konstituiert nur bei einer Vormundschaft ein Genehmigungserfordernis.

Erbvertrag, Rücknahme aus der amtlichen oder notariellen Verwahrung, § 2300 BGB: unzulässig, zumindest beim Erblasser; trotz Manipulationsmöglichkeiten (die immer bestehen) nach bestr.[98] Ansicht zulässig für den Vertragsteil, der keine letztwillige Verfügung getroffen hat.[99]

Erbvertrag, Rücktritt, § 2296 Abs. 2 S. 1 BGB: unzulässig für den Erblasser (auch keine gesetzliche Vertretung); zulässig für den Erklärungsempfänger[100] Das ist problematisch, wenn der testier- und geschäftsunfähige Vertretene selbst nicht mehr reagieren kann, → Rn. 40 Testament, gemeinschaftliches, Widerruf. Eine Grenze besteht beim Missbrauch der Vollmacht, wenn sie zB von dem bevollmächtigten und von den Beschränkungen des § 181 BGB befreiten Ehegatten genutzt wird, obwohl die intern vereinbarte Bedingung („Betreuungsbedürftigkeit") noch nicht vorliegt.[101] Allerdings wird dies auch in anderen Fällen einen Vollmachtsmissbrauch darstellen.

Erbverzicht und Pflichtteilsverzicht: unzulässig für den Erblasser, § 2347 Abs. 2 S. 1 BGB,[102] aber gesetzliche Vertretung (etwa Betreuer) mit gerichtlicher Genehmigung möglich, § 2347 Abs. 2 S. 2 BGB.[103] Zulässig ist eine rechtsgeschäftliche Vertretung für den Verzichtenden, da es keine einschränkende Regelung gibt;[104] wie Zimmer ausführt, müsste es eigentlich umgekehrt sein, damit der Verzichtende belehrt wird.[105] Für die **Aufhebung** gelten § 2347 Abs. 2 erster HS, S. 2 BGB gem. § 2351 BGB und damit die vorangegangenen Ausführungen entsprechend.[106]

Freiheit: zulässig. Es ist möglich, eine Vollmacht zu Entscheidungen über die eigene Freiheit oder Gesundheit sogar gegen den natürlichen Willen zu erteilen, **31**
§§ 1831 f. BGB (ähnlich §§ 1827, 1829 BGB). Dazu sind lediglich besondere Form- und Verfahrensfragen zu beachten (→ § 167 Rn. 28, 35).[107] **Zwangsmaßnahmen** gegen den natürlichen Willen dürfen nur unter den gesetzlichen Voraussetzungen

---

[95] Damrau/Tanck/Kind Erbrecht § 2274 BGB Rn. 4.

[96] Brandenburg OLG 3 W 67/19, ZEV 2020, 417; kritisch: Zimmer ZEV 2021, 295 (296).

[97] Dazu: Lange ZEV 2008, 313.

[98] Kroiß/Ann/Mayer/Seiler/Horn Erbrecht BGB § 2300 Rn. 10 mwN.

[99] Keim ZEV 2003, 55 (56); von Dickhuth-Harrach RNotZ 2002, 384 (390).

[100] BGH XII ZB 450/20, ErbR 2021, 410; zuvor schon: OLG Nürnberg 15 W 764/13, ZEV 2013, 450; LG Leipzig 4 T 549/08, NJW-Spezial 2010, 71; Jestaedt Die Auswirkungen der Geschäftsunfähigkeit 2015; ders. ZErb 2015, 56.

[101] DNotI-Report 2015, 105.

[102] BGH V ZR 14/61, Z 37, 319; OLG Düsseldorf I-Wx 3 56/11, ZErb 2011, 201 (zum Pflichtteilsverzicht); Damrau/Tanck/Kurze Erbrecht BGB § 2347 Rn. 2.

[103] Damrau/Tanck/Kurze Erbrecht BGB § 2347 Rn. 12–14.

[104] Damrau/Tanck/Kurze Erbrecht BGB § 2347 Rn. 8 f.

[105] Zimmer ZEV 2021, 295 (295).

[106] Zimmer ZEV 2021, 295 (298).

[107] Zudem muss die Vollmacht den Umfang deutlich bestimmen: vgl. LG Hamburg 301 T 222/99, DNotZ 2000, 220 mAnm Langenfeld; ähnlich – insbesondere mit Bezug zu §§ 1904, 1906 BGB – BGH XII ZB 61/16, NJW 2016, 3297; OLG Stuttgart 8 W 534/98, BWNotZ 1994, 67 mAnm Bühler.

(zB §§ 1831 f. BGB) nach den entsprechenden Verfahrensregeln (für die Unterbringung zB §§ 312–341 FamFG) und von den befugten Personen (zB durch polizeiliche Vollzugsorgane, welche die zuständige Behörde anfordert, § 326 Abs. 1, 2 FamFG) durchgeführt werden. Zwangsmaßnahmen gegen den Willen eines Einwilligungs- bzw. Geschäftsfähigen sind ohnehin unzulässig, da ein Widerspruch des Vollmachtgebers als Einschränkung der Vollmacht oder eine solche Zwangsmaßnahme als von vornherein nicht von ihr erfasst angesehen werden muss.[108]

Ob andere als im Gesetz genannte Einschränkungen der Freiheit, wie den Aufenthalt (→ Rn. 27), das Betreten der Wohnung des Vollmachtgebers (→ Rn. 43), die Post- und Telekommunikationskontrolle (→ Rn. 38) und die Umgangsbestimmung (→ Rn. 40), Gegenstand einer Vollmacht sein können, wird vereinzelt angezweifelt.[109] Dies geschieht aber zu Unrecht. Ohne eine Begrenzung durch den Gesetzgeber gibt es keine Einschränkung in der Möglichkeit der Vollmachtserteilung. Eine Grenze beim Gebrauch der Vollmacht besteht beim offensichtlichen Vollmachtsmissbrauch, also einer Nutzung der Vollmacht bewusst zum Nachteil und gegen den Willen des Vollmachtgebers, oder wenn die Vollmacht einschränkend ausgelegt werden kann (was nach hier vertretener Ansicht aber zurückhaltend geschehen sollte, da es sonst zu einer systemwidrigen „Nachbesserung" kommen kann). Ansonsten bleibt bei einer pflichtwidrigen Verwendung der Vollmacht nur deren Widerruf, ggf. durch einen (Kontroll-)Betreuer (→ Rn. 28–33, → § 1820 Rn. 63–78.).

32 **Gesundheit:** zulässig. Begründung und Einschränkungen wie bei (→ Rn. 31 „Freiheit"); zudem → Rn. 27 „Ärztliche Zwangsmaßnahme"; die Einsichtnahme in **Behandlungsunterlagen** gem. § 630g BGB durch Erben auf der Grundlage einer Vorsorgevollmacht gegen den Willen eines Verstorbenen soll unzulässig sein.[110]

33 **Kind, Annahme/Adoption:** → Rn. 27 „Annahme als Kind".

Kirchenaustritt: weitgehend unklar, da es oft an eindeutigen Regelungen fehlt und die Zulässigkeit der Untersagung in einzelnen Landesvorschriften nach hier vertretener Ansicht fraglich ist, da der Austritt ggf. unmöglich gemacht werden würde und Bundesregelungen vorgehen könnten. Die Regelungen sind unterschiedlich nach Bundesland:[111] Baden-Württemberg: „persönlich", aber keine klare Regelung; Bayern, Mecklenburg-Vorpommern, Sachsen, Thüringen: unklar; unzulässig, aber grdstzl. durch Betreuer (meist mit Genehmigung) möglich: Berlin, Brandenburg, Bremen, Hamburg, Hessen, Niedersachsen, Nordrhein-Westfalen, Rheinland-Pfalz, Saarland, Sachsen-Anhalt (unklare Regelung), Schleswig-Holstein.

Körperverletzung: → Rn. 32 „Gesundheit".

34 **Lebenspartnerschaft:** unzulässig, § 1 Abs. 1 S. 1 LPartG, vgl. auch → Rn. 29 „Ehe".

35 **Meldepflicht:** zulässig; das am 1.11.2015 in Kraft getretene BundesmeldeG enthält keine Beschränkung.

36 **Namensänderung:** unzulässig; nur gesetzliche Vertretung möglich, § 2 Abs. 1 NamÄndG.

Notarielle Verschwiegenheitspflicht, Entbindung: unzulässig.[112] Der BGH bezieht sich allerdings auf § 18 Abs. 2 BNotO, der aber keine Einschränkung für die Vertretung enthält. Es erscheint fraglich, ob das Befreiungsrecht tatsächlich höchst-

---

[108] Zum „Vorrang" der Erklärung eines Einwilligungsfähigen gegenüber der des Bevollmächtigten in Gesundheitsangelegenheiten vgl. OLG Stuttgart 6 W 534/93, DNotZ 1995, 687.

[109] Zimmermann Vorsorgevollmacht Rn. 332; MüKoBGB/Schneider BGB § 1896 Rn. 65: „klärungsbedürftig".

[110] OLG Karlsruhe 7 U 238/18, ErbR 2020, 433.

[111] Im Folgenden nach: http://www.lexikon-betreuungsrecht.de/Kirchenaustritt; vgl. zur Betreuung zudem Deinert FamRZ 2006, 243.

[112] BGH NotZ 23/08, ZEV 2009, 351; bestätigt in NotZ (Brfg) 3/21, BeckRS 2021, 41820.

persönlich ist. Nur für den verstobenen Beteiligten enthält § 18 Abs. 2 BNotO eine Regelung (Zuständigkeit der Aufsichtsbehörde). Bei einer Vollmacht war der Betroffene aber selbst tätig, weshalb nach hier vertretener Ansicht eine Entbindung zulässig sein sollte. Es spricht allerdings viel dafür, dass eine Befreiung von der notariellen Verschwiegenheitspflicht in der Vollmacht ausdrücklich ausgesprochen werden muss, da eine Auslegung sonst – jedenfalls bei Testamenten, Erb- und Eheverträgen uä – zu dem Ergebnis führen kann, dass sie nicht umfasst war.

Notarielles Nachlassverzeichnis, Aufnahme: grundsätzlich persönliche Anwesenheit des Erben erforderlich,[113] jedenfalls bei Geschäftsunfähigkeit des Erben muss nach hier vertretener Ansicht aber eine rechtsgeschäftliche Vertretung möglich sein.

Obduktion: zulässig, wobei es sich um die (teilweise) Übertragung des Totenfürsorgerechts handelt (→ Rn. 28 „Bestattung"). Über eine Ablehnung kann sich aber zB die Staatsanwaltschaft grundsätzlich hinwegsetzen, §§ 87ff. StPO.[114] **37**

Organspende: → Rn. 40 „Transplantation".

Patientenakte, Einsicht: zulässig, aus § 630g BGB geht nichts Gegenteiliges hervor.[115] **38**

Personalausweis, Beantragung: zulässig, bei einer handlungs- oder einwilligungsunfähigen Person mit einer öffentlich beglaubigten oder beurkundeten Vorsorgevollmacht, § 9 Abs. 1 S. 5 PAuswG.

Pfändungsschutzkonto, Einrichtung, zulässig. Die Unklarheiten in § 850k ZPO sind zum 1.12.2021 mit der Streichung ua der Absätze 7 und 8 entfallen.

Pflichtteil, Forderung: zulässig; es handelt sich um einen schuldrechtlichen Anspruch; zu Anrechnungsbestimmungen, bei Zuwendungen auf den Pflichtteil gem. § 2315 BGB → Rn. 27 „Anrechnungsbestimmungen".

Pflichtteilsverzicht: → Rn. 30 „Erbverzicht".

Post- und Telekommunikation: zulässig. Da meistens eine „alles" umfassende Vertretung gewünscht wird, ist grundsätzlich von der entsprechenden Befugnis auszugehen und das Gegenteil zu beweisen.[116] Nach außen ist die Weisung eines insofern Bevollmächtigten wirksam, die Post an ihn herauszugeben,[117] umzuleiten oder den Telefonanschluss einzuschränken (zB für Auslands- oder Shoppingnummern) oder abzustellen. Es kann aber ein Pflichtverstoß vorliegen, welcher eine Kontrollbetreuung oder einen (teilweisen) Widerruf durch einen Betreuer rechtfertigt (→ § 662 Rn. 47, → § 1820 Rn. 15–42, 63–78).[118] Die Vertretung gegenüber einem Telekommunikationsdienstleister ist zulässig, § 4 TTDSG.[119]

Auf die Vorsorgevollmacht findet § 1815 Abs. 2 Nr. 6 BGB keine (entsprechende) Anwendung.[120] Es ist also zwar sinnvoll, die Postkontrolle in der Vollmacht zu erwähnen, aber bei einer sonst umfassenden nicht unbedingt notwendig.

Prozess: → Zivilprozess.

Scheidung: zulässig.[121] Bei einem geschäftsunfähigen Ehegatten wird zwar eine gesetzliche Vertretung (§ 125 Abs. 2 S. 1 FamFG) gefordert, was grundsätzlich nach einem Betreuer[122] verlangt (der eine Genehmigung braucht, § 125 Abs. 2 S. 2 **39**

---

[113] OLG Koblenz 1 W 662/06, ZEV 2007, 493.
[114] Vgl. auch Kurze/Goertz Bestattungsrecht § 4 Rn. 10–17.
[115] Allgemein, aber nicht zur Stellvertretung: Müller ZEV 2014, 401.
[116] Zur Postentgegennahme ebenso: DNotI-Report 2013, 148.
[117] Entsprechend: Müller DNotZ 2015, 403 (407f.).
[118] So schon Perau MittRhNotK 1996, 285 (294).
[119] Außner ErbR 2022, 362 (366).
[120] Müller DNotZ 2015, 403 (407f.); dies. Gutachten DNotI-Report 2013, 148.
[121] Insgesamt zur Ehescheidung bei Demenzerkrankten: Schäfer NZFam 2014, 676.
[122] Zu dessen Aufgabenkreis: OLG Celle 6 W 106/13, ZEV 2014, 40 mwN.

FamFG).[123] Nach § 51 Abs. 3 ZPO ist der Bevollmächtigte aber bei einer entsprechenden Vollmacht dem gesetzlichen Vertreter gleichgestellt, so dass auch ein Scheidungsantrag möglich ist.[124] Zu Aussetzung oder deren Ausbleiben bei einem Prozessbevollmächtigten vgl. § 246 ZPO. Dass der bevollmächtigte Ehegatte den anderen im Scheidungsverfahren vertritt, wird aufgrund des Interessengegensatzes als unzulässig angesehen.[125]

Schenkungen: zulässig.[126] Es gibt keine gesetzliche Einschränkung, wie etwa für den Betreuer nach § 1854 Nr. 8 BGB. Ein pflichtwidriger Gebrauch kann aber eine (Kontroll-)Betreuung erforderlich machen (→ § 1820 Rn. 15–42); zur Anrechnungsbestimmung bei Zuwendungen auf den Pflichtteil gem. § 2315 BGB → Rn. 27 „Anrechnungsbestimmung"; zum Widerruf → § 531 Rn. 6.

Schwangerschaftsabbruch: grds. unzulässig; sowohl eine gesetzliche als auch eine rechtgeschäftliche Vertretung sollen ausgeschlossen sein. Ist allerdings die Gesundheit der Betroffenen, etwa bei einem Wachkoma, in Gefahr, wird grundsätzlich die Regelung zu Heilbehandlungen mit der Möglichkeit der Stellvertretung anzuwenden sein,[127] siehe auch → § 1827 BGB Rn. 119.

Schweigepflicht: Es ist zu unterscheiden, ob Dritte gegenüber dem Bevollmächtigten von ihrer Schweigepflicht entbunden werden sollen oder der Bevollmächtigte ermächtigt werden soll, Dritte von ihrer Schweigepflicht zu entbinden. Ersteres ist grundsätzlich unproblematisch zulässig.[128] Es handelt sich aber nicht um eine Willenserklärung, sondern um eine geschäftsähnliche Handlung (→ Rn. 27 „ärztliche Schweigepflicht"). Ob eine allgemeine Vorsorge- und Generalvollmacht auch eine Entbindung von der Schweigepflicht enthält, muss bei Fehlen einer (zu empfehlenden) ausdrücklichen Anordnung durch Auslegung ermittelt werden. Soweit der Bevollmächtigte zur Ausübung seiner Tätigkeit Informationen benötigt, die der Schweigepflicht unterliegen, wird eine Befreiung anzunehmen sein, beispielsweise bei der Entscheidung über eine ärztliche Behandlung, welche ohne Kenntnis der Krankengeschichte nicht sorgfaltsgemäß getroffen werden kann.

Zu der weitegehenden Frage nach der Möglichkeit der Bevollmächtigung zur Abgabe einer Befreiung sind hier weder Rechtsprechung noch Literatur bekannt. Allerdings wird sie zulässig sein, denn die Person, gegenüber der die Befreiung erklärt wurde, kann die Informationen ohnehin weitergeben. Um sich bei einem anderen Arzt oder Rechtsanwalt Rat zu holen, wird der Bevollmächtigte den ersten Arzt diesem gegenüber eine Entbindung erklären müssen bzw. diesem den direkten Informationszugriff ermöglichen. Ohne eine ausdrückliche Regelung wird zumindest in diesen Fällen eine umfassende Vorsorgevollmacht so auszulegen sein, dass auch eine Befreiung gegenüber Dritten möglich ist (→ Rn. 27 zur anwaltlichen und ärztlichen Schweigepflicht, → Rn. 36 zur notariellen).

Sorgerecht: zulässig,[129] hinsichtlich der Ausübungen, nicht aber die Übertragung,[130] zudem nur in dem Rahmen, der für den Sorgeberechtigten gilt, also zB nicht

---

[123] Zur während des Verfahrens eingetretener Geschäftsunfähigkeit: OLG Hamm 4 UF 221/88, FamRZ 1990, 166; zu weiteren Fragen beim Scheidungsverfahren eines Geschäftsunfähigen: BGH XII ZR 247/00, NJW 2002, 671; IVb ZR 34/88, NJW 1989, 1988.

[124] OLG Naumburg 3 UF 157/08, BeckRS 2011, 27393.

[125] OLG Hamm 3 UF 43/13, NJW 2014, 158.

[126] Vgl. auch Stascheit RNotZ 2020, 61 (71 f.) mwN.

[127] Walter FamRZ 1999, 685 (694).

[128] Vgl. etwa BGH IVa ZB 18/83, NJW 1984, 2893.

[129] BGH XII ZB 112/19, NJW 2020, 2182; XII ZB 80/04, NJW 2005, 221; vgl. ausführlich Prinz NZFam 2020, 747; Weber FamRZ 2019, 1125; Hoffmann JAmt 2015, 6; dies. BtPrax 2014, 151 je mwN; DNotI-Report 2010, 203.

[130] BGH XII ZB 80/04, NJW 2005, 221.

bei Angelegenheiten, die ein Minderjähriger selbst entscheiden kann. Der BGH sieht eine Sorgerechtsvollmacht als eine Möglichkeit, einem Entzug der Sorge gem. § 1671 Abs. 1 S. 2 Nr. 2 BGB durch Vollmachtserteilung an den anderen Elternteil zu entgehen,[131] wobei die Erteilung aber nicht nur in Aussicht gestellt werden darf.[132] Zu der Frage der Bevollmächtigung einer anderen, nicht-sorgeberechtigten Person äußert er sich nicht.[133] Unzulässig soll eine **Sorgerechtsvollmacht** für die Ausübung von Zwang und Freiheitsentziehung nach § 1631b BGB sein, da dafür eine gesetzliche Grundlage erforderlich ist.[134] Eine Sorgerechtsvollmacht ist nur angezeigt, wenn der Sorgerechtsinhaber die Sorge grundsätzlich ausüben kann und will,[135] die Bevollmächtigung freiwillig erfolgt und er den Bevollmächtigten überwachen kann. Die Widerrufsbefugnis darf nicht abgedungen werden.[136]

Nach hier vertretener Ansicht ist eine **zur Vorsorge** erteilte Vollmacht zulässig.[137] Sie verhindert aber nicht, dass das Familiengericht die Sorge anderweitig überträgt[138] oder Maßnahmen nach § 1666 Abs. 3 BGB ergriffen werden.[139] Im Innenverhältnis ist der Bevollmächtigte an die Vorgaben des Sorgerechtsinhabers gebunden, was auch nicht abbedungen werden darf, weil sonst eine (unzulässige) Übertragung der Sorge vorliegen würde. Genutzt werden Sorgerechtsvollmachten, damit beispielsweise psychisch erkrankten Eltern die Sorge nicht ganz entzogen werden muss, sondern sie diese behalten, aber Pflegepersonen oder dem **Jugendamt** die Ausübung ermöglichen, ggf. auch ein Elternteil dem anderen die Alleinvertretung ermöglicht.[140] Die Entziehung der Sorge kann dann als unzulässig bewertet werden.[141] Ob das Jugendamt zu einer Vollmachtsübernahme (mit entsprechenden Pflichten im Innenverhältnis) verpflichtet sein kann, wird aber mangels gesetzlicher Regelung nach hier vertretener Ansicht eher abzulehnen sein. Allerdings wird eine Pflicht auch aus § 18 SGB VIII gefolgert.[142]

Eine Sorgerechtsvollmacht kann auch zur Ermittlung des mutmaßlichen Willens der Eltern bei einer Vormundbestimmung nach § 1778 BGB herangezogen werden,[143] insbesondere bei Fehlen einer Vormundbenennung (dazu → § 1782), die im Übrigen auch nach der Reform nur für den Verlust des Sorgerechts durch den Tod und nicht durch Entfallen der Sorge zu Lebzeiten erfolgen kann.

---

[131] BGH XII ZB 112/19, NJW 2020, 2182; OLG Brandenburg 10 UF 43/21, NZFam 2022, 493; OLG Frankfurt a.M. 8 UF 61/18 B, NJOZ 2021, 1031; OLG Hamburg 12 WF 105/20, NJW-RR 2021, 197; kritisch bei Konflikten: OLG Brandenburg 9 UF 174/19, BeckRS 2019, 49627; zur BGH-Entscheidung: Löhnig NJW 2020, 2150; Rake NZFam 2022, 344.

[132] BGH XII ZB 112/19, NJW 2020, 2182; OLG Düsseldorf II-1 UF 151/17, NJOZ 2018, 449.

[133] BGH XII ZB 112/19, NJW 2020, 2182.

[134] Hoffmann BtPrax 2014, 151 (153).

[135] OLG Hamm II-13 UF 19/13, FamRZ 2015, 1906; OLG Koblenz 11 U 153/11, FamRZ 2011, 1517; entsprechend BGH XII ZB 80/04, NJW 2005, 221, der die grundsätzliche Wirksamkeit einer Vollmacht in diesem Fall fraglich erscheinen lässt.

[136] BGH XII ZB 112/19, NJW 2020, 2182.

[137] Ebenso: Löhnig NJW 2020, 2150 (2152).

[138] In diese Richtung auch: OLG Karlsruhe 18 UF 350/11, BeckRS 2014, 08239.

[139] OLG Bremen 4 UF 137/17, NZFam 2018, 178.

[140] OLG Schleswig 10 WF 263/11, NJW-RR 2012, 520; Ehinger FPR 2005, 253.

[141] OLG Oldenburg 13 UF 33/20, NJOZ 2021, 582.

[142] Rake NZFam 2022, 344 (349f.) mit Bezug auf OLG Bremen 4 UF 137/17, NZFam 2018, 178 (180f.), dieses wiederum auf ein DIJuF-Rechtsgutachten vom 18.12.2015, JAmt 2016, 82, verweisend; vgl. auch Prinz NZFam 2020, 747 (757f.) mwN zum Streitstand.

[143] In diese Richtung: AG Berlin-Tempelhof-Kreuzberg 124 F 8467/07, BeckRS 2008, 12899.

Steuerangelegenheiten: zulässig, allerdings muss die Vertretung zum Teil erforderlich sein, vgl. etwa persönliche Verhinderung des Steuerpflichtigen für die Unterschrift durch einen Vertreter, § 150 Abs. 3 S. 1 AO.[144] Eine Stellvertretung ist offen zu legen.[145]

Sterilisation: str.,[146] eher unzulässig. § 1830 BGB ist lex specialis zu § 1829 BGB. Da § 1830 BGB den Bevollmächtigten nicht erwähnt, könnte §§ 1829, 1820 Abs. 2 BGB gelten, mit dem Erfordernis der ausdrücklichen, umfassenden und schriftlichen Vollmacht und eventueller Genehmigungspflicht bei Dissens zwischen Arzt und Bevollmächtigten. Mit Schneider[147] ist § 1830 BGB jedenfalls nach der Reform, in der keine Befugnis für einen Bevollmächtigten aufgenommen wurde, abschließend und eine Bevollmächtigung daher in diesem Bereich unzulässig. Praktisch werden die Fälle selten sein, da Sterilisationsüberlegungen meist Personen betreffen, die nie einwilligungsfähig und damit nie zur Vollmachtserteilung in der Lage waren.

Strafverfahren: Nach § 81c Abs. 3 StPO (Untersuchung Nicht-Beschuldigter) und § 52 Abs. 2 StPO (Zeugnisverweigerungsrecht) entscheidet bei Betreuten ggf. der gesetzliche Vertreter. Offen bleibt, was bei einwilligungsunfähigen Personen, die eine Vollmacht erteilt haben, geschieht. Da das Gesetz insofern unvollständig ist, kann nach hier vertretener Ansicht eine Befugnis des Bevollmächtigten für eine Erklärung zu Lasten des Vollmachtgebers nicht analog angenommen werden, wohl aber bei einer Verweigerung zu Gunsten des Vollmachtgebers. Zum Strafantrag vgl. § 77 Abs. 3 StGB. Auch Rechtsmittel können durch einen Bevollmächtigten eingelegt werden.[148]

40 **Telekommunikation:** → Rn. 38 „Post- und Telekommunikation".

Testament, Anfechtung nach § 2080 BGB: zulässig,[149] mit Ausnahme der Anfechtung des Erblassers selbst (str.). Grundsätzlich kann er neu verfügen, so dass eine Vertretung nur für die Fälle der Testierunfähigkeit erwogen werden kann, weitgehend aber unbeschränkt gesehen wird[150] (vgl. auch → Rn. 40 zum „Testament, gemeinschaftliches, Widerruf").

Testament, Errichtung: nicht zulässig, § 2064 BGB.[151]

Testament, Entnahme aus der Hinterlegung: unzulässig. Zu notariellen oder nach § 2249 BGB errichteten Testamenten vgl. → Rn. 40 „Widerruf". Beim eigenhändigen Testament führt eine Rücknahme aus der Hinterlegung nicht zur Unwirksamkeit, weshalb der Ausschluss der Stellvertretung nicht zwangsläufig ist. Allerdings verweist § 2256 Abs. 3 BGB für eigenhändige Testamente ausdrücklich auf Absatz 2, der eine persönliche Rückgabe vorschreibt, weshalb nach richtiger und hM eine Stellvertretung ausgeschlossen ist.[152] Bei einem bewegungsunfähigen Erblasser müsste sich das Nachlassgericht notfalls eines Boten bedienen. Meist wird aber die Errichtung einer neuen letztwilligen Verfügung praktikabler sein.

Testament, Hinterlegung gem. § 2248 BGB: zulässig.[153]

---

[144] Zu Recht kritisch zu dieser Rechtslage: Dieckmann/Jurgeleit BtPrax 2002, 135 (140).

[145] BGH VI R 45/97, BB 1998, 198.

[146] Vgl. im Folgenden und Bienwald Rpfleger 1998, 231; Walter FamRZ 1999, 685.

[147] MüKoBGB/Schneider BGB § 1905 Rn. 39; entsprechend: BeckOK BGB/Müller-Engels BGB § 1905 Rn. 3.

[148] OLG Hamm 4 Ws 108/16, BeckRS 2016, 10156.

[149] BayObLG BReg 2 Z 37/89, Z 1989, 116 (121).

[150] MüKoBGB/Leipold BGB § 2080 Rn. 15; Lange ZEV 2008, 313.

[151] Keine Bestimmung des Nacherben durch den Testamentsvollstrecker: BGH IV ZR 152/54, Z 15, 199 = NJW 1955, 100.

[152] LG Augsburg 5 T 629/98, Rpfleger 1998, 344.

[153] Vgl. OLG München 31 Wx 213/12, NJW-RR 2012, 1288.

Testament, Widerruf: grundsätzlich unzulässig. Bei dem Widerruf durch **Vernichtung** gem. § 2255 BGB kann sich der Erblasser aber eines Dritten als „Werkzeug" bedienen.[154] Der Auftrag muss aber zu Lebzeiten des Erblassers ausgeführt werden.[155] Eine Bevollmächtigung in dem Sinne, dass der Bevollmächtigte über die Testamentsaufhebung entscheiden kann, ist unzulässig.[156] Ein Widerruf eines notariellen oder nach § 2249 BGB errichteten Testamentes durch **Rücknahme** aus der amtlichen Verwahrung ist – nach zwar str., aber richtiger und hM[157] – als Verfügung von Todes wegen anzusehen und daher nicht durch einen Vertreter möglich[158] (wohl aber die Antragsstellung dazu). Zum eigenhändigen Testament → Rn. 40 „Testament, Entnahme aus der Hinterlegung".

Testament, gemeinschaftliches, Widerruf §§ 2271, 2296 BGB: unzulässig für den Widerrufenden, §§ 2271 Abs. 1 S. 1, 2296 Abs. 1 S. 1 BGB; nach bestrittener[159] Ansicht zulässig für den Widerrufsempfänger, obwohl dieser bei Testierunfähigkeit nicht mehr mit einer neuen letztwilligen Verfügung reagieren kann (siehe auch → Rn. 30 „Erbvertrag, Rücktritt").[160] Auch die Aufhebung einer wechselbezüglichen Verfügung aufgrund Fehlverhaltens eines Pflichtteilsberechtigten stellt eine letztwillige Verfügung dar, die bei Testierunfähigkeit nicht mehr möglich ist.[161] Äußerst problematisch ist, dass ein testierunfähiger Ehegatte nicht mehr auf beeinträchtigende, lebzeitige Verfügungen des anderen Ehegatten reagieren kann.[162] In diesen Fällen sollte nach dem Erbfall § 2287 BGB analog auch auf Verfügungen vor dem Erbfall angewandt werden können.[163]

Totenfürsorge: → Rn. 28 „Bestattung".

Transplantation, Organspende: unzulässig zu **Lebzeiten;** nach § 8 Abs. 1 Nr. 1 a) TransplantG muss der Spender volljährig und einwilligungsfähig sein. Bei Minderjährigen ermöglicht § 8 a TransplantG in bestimmten Fällen eine Spende, ggf. aber nur mit dessen Einwilligung (Nr. 5).

Zulässig ist eine Übertragung/Vertretung für Transplantationen **nach dem Tod.** Die Entscheidung über die Spende, Entnahme und Übertragung von Organen und Gewebe nach dem Tod kann der Betroffene selbst treffen, § 3 TransplantG, oder die Entscheidung einer bestimmten Person übertragen, § 4 Abs. 3 TransplantG. Entsprechend dem Totenfürsorgerecht liegt eine Verfügung und keine Bevollmächtigung vor. Aus der Bezeichnung „Bevollmächtigter für Organspende" ist aber die Übertragung auszulegen. Liegt keine Erklärung des Betroffenen vor und hat er die Entscheidung nicht übertragen, entscheiden die nächsten Angehörigen nach Maßgabe der §§ 4, 1 a Nr. 5 TransplantG.[164]

---

[154] BayObLG BReg 1 Z 57/91, FamRZ 1992, 1350.

[155] OLG München 31 Wx 33/11, ZEV 2011, 652.

[156] Müller/Freienfels JuS 1967, 125.

[157] Vgl. Burandt/Rojahn/Lauck Erbrecht BGB § 2257 Rn. 5 mwN.

[158] OLG Saarbrücken 5 W 96/91, NJW-RR 1992, 586.

[159] Zimmer ZEV 2007, 159; Eickelberg ZEV 2019, 557 (562); nur allgemein und am Rande: Lange ZEV 2008, 313 (319); ablehnend schon für die Betreuerbestellung: Damrau/Bittler ZErb 2004, 77.

[160] BGH XII ZB 450/20, BeckRS 2021, 3387 Rn. 21; LG Leipzig 4 T 549/08, NJW-Spezial 2010, 71; Keim ZEV 2010, 358.

[161] AA Zimmer NJW 2007, 1713 (1714).

[162] Vgl. BGH VIa ZR 186/11, NJW 1983, 1487.

[163] So auch Zimmer NJW 2007, 1713 (1715 f.); ders. ZEV 2007, 159.

[164] Vgl. auch Kurze/Goertz Bestattungsrecht § 4 Rn. 18–26.

41 **Umgang:** zulässig.[165] Das Gesetz stellt für die Bevollmächtigung in diesem Bereich keine besonderen Erfordernisse auf, so dass auch eine besondere Bezeichnung in der Vollmacht nicht erforderlich ist. Einem Betreuer muss die Befugnis seit der Reform ab dem 1.1.2023 nach § 1815 Abs. 2 Nr. 4 BGB ausdrücklich zugewiesen werden.[166] Bis dahin war sie generell in der „Personensorge" enthalten,

Das Umgangsrecht für und mit einem Kind ist in § 1684 BGB kodifiziert. Es wirkt in zwei Richtungen: Recht des Kindes auf Umgang mit den Eltern und Pflicht und Recht der Eltern auf Umgang mit dem Kind. Volljährige können den Umgang mit anderen Menschen verweigern. § 1684 BGB kann nicht analog als Rechtsgrundlage für Umgang durch Dritte angewandt werden.[167]

Der Bevollmächtigte kann bei einer umfassenden Vollmacht ein Hausverbot erteilen oder das Pflegeheim anweisen, bestimmte Personen nicht zum Vollmachtgeber zu lassen. Ist der Vollmachtgeber noch geschäftsfähig, geht seine Anweisung vor. Sonst kann die Verweigerung des Umgangs pflichtwidrig sein und zu einem Widerruf der Vollmacht ggf. durch einen (Kontroll-)Betreuer führen (→ § 168 Rn. 28–32).[168] Dafür hat die Änderung in § 1815 Abs. 2 Nr. 4 BGB ein weiteres Argument geliefert, unterstreicht sie doch die Bedeutung solcher Eingriffe.

Unterbringung: zulässig nach den Vorgaben des § 1831 BGB; vgl. auch → Rn. 31 „Freiheit"; problematisch ist die Zustimmung zu einer öffentlich-rechtlichen Unterbringung zum Schutze Dritter, bei der eine rechtsgeschäftliche Vertretung nicht möglich sein soll.[169]

42 **Vaterschaft, Anerkennung und Anfechtung:** unzulässig, §§ 1596 Abs. 4, 1600 a Abs. 1 BGB, aber gesetzliche Vertretung möglich, §§ 1596 Abs. 1 S. 2, 1600 a Abs. 2 S. 3 BGB.

Vermächtnis, Annahme, Forderung und Verzicht: zulässig; es handelt sich um einen schuldrechtlichen Anspruch, § 2174 BGB.[170]

Verwaltungsverfahren: zulässig, vgl. zB § 13 Abs. 1 SGB X (→ Rn. 44 zur „Zustellung") der Bevollmächtigte muss handlungsfähig sein.[171]

43 **Wahlen,** Teilnahme an politischen: unzulässig, § 14 Abs. 4 S. 2 BWahlG (str. hinsichtlich der Vertretung Minderjähriger[172]); eine Stimmabgabe für eine andere Person ist strafbar gem. § 107 a StGB;[173] seit dem 1.7.2019 ist eine Wahlassistenz möglich, § 14 Abs. 5 BWahlG.[174]

Wertpapiergeschäfte: zulässig; zT erlaubnispflichtig nach §§ 32, 43 KWG (bzw. dem WertpapierG[175]).

Wohnung, Betreten: zulässig. Es gibt keine gesetzliche Einschränkung. Gegen den Willen des Einwilligungs-/Geschäftsfähigen ist die Ausübung unzulässig (→ Freiheit). Bei einer Pflichtwidrigkeit des Bevollmächtigten kommt eine (Kontroll-)Betreuung in Betracht (→ § 1820 Rn. 15–42).

---

165 So auch MüKoBGB/Schneider BGB § 1896 Rn. 107.

166 Vgl. Engelfried BtPrax 2022, 77.

167 AG Ettlingen 2 F 99/99, FamRZ 2001, 369; allgemein ein subjektives Recht Dritter ablehnend: BayObLG 3Z BR 279/01, FamRZ 2002, 907.

168 Vgl. auch BGH XII ZB 164/20, NJW-RR 2021, 794.

169 Bühler FamRZ 2001, 1585 (1586).

170 Vgl. BGH V ZB 3/61, NJW 1961, 1915.

171 LSG Baden-Württemberg L 9 AS 3091/19, BeckRS 2021, 17569.

172 Vgl. Peschel-Gutzeit NJW 1997, 2861.

173 Grziwotz FamRZ 2013, 1630 (1632).

174 Dazu: Deinert BtPrax 2020, 21.

175 Vgl. etwa Wolf BKR 2002, 892.

Zivilprozess: zulässig, seit der Neufassung des § 51 Abs. 3 ZPO.[176] Dies gilt auch für die **Zwangsvollstreckung,**[177] sowie für eine Vollmacht zur Unterwerfung unter die sofortige Zwangsvollstreckung.[178] 44

Zustellung, im Verwaltungsverfahren: zulässig, § 7 VwZG.

Zwang: → Rn. 27 „Ärztliche Zwangsmaßnahme", Rn. 31 „Freiheit", Rn. 32 „Gesundheit", Rn. 43 „Wohnung, Betreten", Rn. 41 „Umgang" und „Unterbringung", vgl. § 309 FamFG zum Einwilligungsvorbehalt.

IV. Vollmachtgeber

Der Vollmachtgeber muss zumindest für Vermögensangelegenheiten wenigstens beschränkt **geschäftsfähig** sein, → § 104. Im Rahmen eines Betreuungsverfahrens muss ggf. von Amts wegen aufgeklärt werden, ob bei Vollmachtserteilung Geschäftsfähigkeit vorlag.[179] Bei nur beschränkt Geschäftsfähigen ist eine Vollmachtserteilung für lediglich rechtlich vorteilhafte Geschäfte möglich.[180] Minderjährige werden jedenfalls in Vermögensangelegenheiten im Übrigen durch die Sorgeberechtigten vertreten (→ Rn. 15). 45

Ob für persönlich-gesundheitliche Angelegenheiten die Einwilligungsfähigkeit genügt, ist str.[181] Da bei diesen Angelegenheiten für das eigene Handeln des Bevollmächtigten die **Einsichtsfähigkeit** (der BGH spricht von „natürlicher Einsichts- und Steuerungsfähigkeit")[182] ausreicht, sollte sie es nach hier vertretener Ansicht auch bei der Ermächtigung zur Vertretung in diesem Bereich, wenn sich das Verständnis des Vollmachtgebers zusätzlich auch auf das Vertretungsverhältnis bezieht.

Auch wenn die Kriterien zur Ermittlung der Geschäfts- und Einsichtsfähigkeit sich ähneln bzw. Überschneidungen haben, kann damit im Einzelfall eine **getrennte Prüfung** angezeigt sein.[183]

Eine nach der Abgabe aber vor Zugang der Willenserklärung eintretende **Geschäftsunfähigkeit** ist unschädlich, § 130 Abs. 2 BGB. Die Vollmacht erlischt nicht, wenn der Vollmachtgeber geschäftsunfähig wird oder **stirbt** (→ Rn. 90-102, dazu und zu Bedingungen → § 167 Rn. 1, § 168 Rn. 4–18); bei einer „Altersvorsorgevollmacht" ohne Bestimmung in der Vollmacht kann dies anders gesehen werden (→ § 168 Rn. 4). Bei einer Insolvenz erlischt die Vollmacht gem. § 117 Abs. 1 InsO[184] in den dort beschriebenen Teilen. 46

Der **Testamentsvollstrecker** (vgl. zudem → Rn. 96-100) kann im Rahmen seiner Rechtsmacht Vollmachten erteilen und bestehende Vollmachten widerrufen (→ § 168 Rn. 33f.).[185] Eine durch den Testamentsvollstrecker ausgestellte General- 47

---

[176] Vgl. auch BGH XII ZB 29/15, ZEV 2015, 536; Zimmer ZEV 2021, 295 (296); kritisch zur Formulierung: Sonnenfeld FamRZ 2005, 941; zur Stellung des Betreuers im Sorge- und Umgangsrechtsverfahren: Dodegge FPR 2005, 233.

[177] Sahm NJW 2017, 1207; Zimmermann Vorsorgevollmacht Rn. 332.

[178] BGH XI ZR 332/02, NJW 2004, 844; OLG Düsseldorf I-3 Wx 148/15, ZEV 2015, 601.

[179] BGH XII ZB 339/22, BeckRS 2022, 33239.

[180] MüKoBGB/Schubert BGB § 167 Rn. 3; zu Vorratsvollmachten beschränkt geschäftsfähiger Kinder vgl. Daragan ZErb 2015, 168.

[181] Zimmermann Vorsorgevollmacht Rn. 41 mwN.; Müller-Engels/Braun//Renner/Müller-Engels Betreuungsrecht Kap. 2 Rn. 98 mwN.; Horn/Sticherling Vorsorgevollmachten § 2 Rn. 7–17.

[182] BGH XII ZB 554/20, ErbR 2021, 846 (848); von dieser Entscheidung ausgehend: Wendt ErbR 2021, 833.

[183] BGH XII ZB 554/20, ErbR 2021, 846 (848); von dieser Entscheidung ausgehend: Wendt ErbR 2021, 833.

[184] Zur Prozessvollmacht vgl. OLG Karlsruhe 19 U 2/04, MDR 2005, 231.

[185] Vgl. ausführlich Strobel ZEV 2020, 589.

vollmacht ist wirksam, wobei sie widerruflich sein muss und nicht dem Willen des Erblassers widersprechen darf.[186] Er darf seine Aufgabe aber nicht komplett auf eine andere Person übertragen, §§ 2203, 2205 BGB. Die vom Testamentsvollstrecker erteilten Vollmachten enden mit der Beendigung der Testamentsvollstreckung insgesamt, aber nicht mit einem Wechsel der Person des Testamentsvollstreckers.[187]

V. Bevollmächtigter

48 Der Bevollmächtigte muss zumindest beschränkt **geschäftsfähig** sein, § 165 BGB. Bei einer späteren Geschäftsunfähigkeit erlischt die Vollmacht nach hier vertretener Ansicht nicht (→ § 168 Rn. 43). Es kann auch eine **juristische Person** bevollmächtigt werden, wenngleich bei Vorsorgebevollmächtigungen ein Verstoß gegen das RDG naheliegend ist (→ § 675 Rn. 14).[188]

49 **Verstirbt** der Bevollmächtigte, erlischt die Vollmacht (jedenfalls im Zweifel), da das Grundverhältnis erlischt, §§ 168 S. 1, 673 S. 1 BGB (→ § 168 Rn. 42).[189] Nach Zimmermann kann bei der Bevollmächtigung eines Rechtsanwaltes anzunehmen sein, dass der Kanzleinachfolger die Aufgabe übernimmt und daher die Vollmacht nicht erlischt.[190] Es müsste allerdings aus der Vollmacht zu erkennen sein, dass die Kanzlei und nicht die Person des Rechtsanwalts bevollmächtigt sein sollte.

50 Eine **berufsmäßige Übernahme** von Vorsorgebevollmächtigungen ist aufgrund des RDG nach hier vertretener Ansicht **Rechtsanwälten** vorbehalten (→ § 675 Rn. 23–28).[191]

51 **Beamte** müssen die Übernahme einer Betreuung gem. § 97 Abs. 4 BBG anzeigen. Für die Übernahme einer Bevollmächtigung gibt es keine entsprechende Vorschrift und eine Pflicht geht auch nicht aus dem Wortlaut des § 99 BBG hervor, wobei ein Umkehrschluss aus § 100 Abs. 1 Nr. 1 BBG denkbar ist.

52 Trotz des §§ 1816 Abs. 6 BGB ist eine Vollmacht an einen **Mitarbeiter** eines Heimes, Pflegedienstes[192] oÄ nur im Ausnahmefall (zB Erschleichen der Vollmacht)[193] nichtig. Grundsätzlich ist sie wirksam,[194] verhindert aber keine Betreuerbestellung.[195] Im Regelfall wird wegen eines Interessenkonfliktes, aber auch den Umständen der Vollmachtserteilung zumindest eine Kontrollbetreuung nach § 1815 Abs. 3 BGB einzurichten sein.

53 Es ist auch möglich, seinen **Betreuer** zu bevollmächtigten, wenn Geschäftsfähigkeit (wieder) gegeben ist.[196] Bei Angehörigen oder Freunden als (ehrenamtliche) Betreuer erscheint dies meistens unproblematisch. Sehr bedenklich sind Fälle, in denen

---

[186] KG 1 W 323/18, BeckRS 2018, 29931; auch dazu: Wendt ErbR 2020, 15; Müller-Engels ZEV 2019, 251.

[187] BeckOK BGB/Lange BGB § 2218 Rn. 7.

[188] Insgesamt zur RDG-Problematik: Müller-Engels/Braun/Renner/Müller-Engels Betreuungsrecht Kap. 2 Rn. 46–51, sowie zu juristischen Personen: „Vorsicht ist … geboten", Rn. 45; vgl. auch DNotI-Report 2020, 57 (58).

[189] Zimmermann Vorsorgevollmacht Rn. 255; ausführlich: Papenmeier Vollmachten S. 21–29.

[190] Zimmermann Vorsorgevollmacht Rn. 255.

[191] So auch Werner ErbR 2022, 674; differenzierend betrachtend: Müller-Engels/Braun/Renner/Müller-Engels Betreuungsrecht Kap. 2 Rn. 46–51; vgl. auch DNotI-Report 2020, 57 (58); Spernath MittBayNot 2021, 425 (429f.).

[192] Zu diesen vor dem 1.1.2023: LG Bielefeld 23 T 598/11, FamRZ 2012, 1326.

[193] Bienwald Betreuungsrecht § 1896 BGB Rn. 96.

[194] OLG München 33 Wx 115/05, FamRZ 2006, 441.

[195] So auch Zimmermann Vorsorgevollmacht Rn. 335.

[196] Falsch insofern: OLG Köln 19 U 128/99, FamRZ 2000, 1525; mwN für die zutreffende hM: Zimmermann Vorsorgevollmacht Rn. 136.

ein Berufsbetreuer sich von dem Betreuten eine Vollmacht erteilen lässt.[197] Wenn es sich nicht um einen Rechtsanwalt handelt, stellt dies nach hier vertretener Ansicht auch einen Verstoß gegen das RDG dar (→ § 675 Rn. 23–28). Insgesamt ist dieses Vorgehen zwar nicht ausdrücklich verboten, stellt aber eine Arbeitsbeschaffung für die Betreuer/Bevollmächtigten durch eine staatliche Stelle (Betreuungsgericht) dar. Diese nutzen zumeist – wenn es sich nicht um einen besonderen Einzelfall handelt, sondern systematisch vorgegangen wird – unredlich die ihnen als „staatlich bestellte Vertrauensperson" zugewiesene Stellung aus. Für zukünftige Betreuungen ist ein solcher Betreuer nicht geeignet. Zudem ist, wenn nicht ein zweiter, tauglicher und unabhängiger (Überwachungs-) Bevollmächtigter eingesetzt wurde, eine Kontrollbetreuung, § 1820 Abs. 3 BGB (→ § 1820 Rn. 32), erforderlich, da bei einem ehemals Betreuten nicht angenommen werden kann, dass er seinen Bevollmächtigten überwachen kann, und die Gewinnerzielungsabsicht des Bevollmächtigten auch mittels zweifelhafter Methoden offenkundig ist.

Es ist als Erblasser sinnvoll, den **Testamentsvollstrecker** zu bevollmächtigen (→ Rn. 96–99). **54**

Auf die Bevollmächtigung eines **Dritten** hat die Testamentsvollstreckung keinen Einfluss. Sie wird durch die Anordnung – grundsätzlich – nicht beeinträchtigt.[198] Gegebenenfalls ist eine andere Auslegung von einer im Zusammenhang mit der Testamentsvollstreckerbestimmung erstellten Vollmacht denkbar.[199]

Zur **Abwicklung eines Nachlasses** können mehrere **Erben** (→ Rn. 94) einen von ihnen oder eine dritte Person bevollmächtigen, da sie selbst keinen Testamentsvollstrecker einsetzen können.[200] Der Bevollmächtigte unterliegt allerdings, wenn keine andere Regelung getroffen wurde, den Pflichten aus dem Auftragsrecht (→ § 662 Rn. 2–15) und seine Vollmacht kann widerrufen werden. **55**

Ohne, aber auch trotz einer Testamentsvollstreckung kann ein **Vermächtnisnehmer** zur Erfüllung des ihm zugedachten Vermächtnisses (unter Befreiung von den Beschränkungen des § 181 BGB, was uU aber auch durch Auslegung angenommen werden kann)[201] bevollmächtigt werden.[202] Wird der Vermächtnisnehmer auch zum Testamentsvollstrecker für die Vermächtniserfüllung benannt, sichert ihn das ab. Dem Erben ist die Verfügungsbefugnis gem. § 2211 Abs. 1 BGB entzogen. Der Vermächtnisnehmer braucht das Amt aber nicht annehmen, wenn er das Vermächtnis mittels der Vollmacht erfüllen kann.[203] **56**

Es können unbeschränkt viele Personen bevollmächtigt werden, also **mehrere Bevollmächtigte** existieren.[204] Es sollte aber auf Praxistauglichkeit und Widerrufsregelungen (→ § 168 Rn. 24–27) geachtet werden. Von Standardmustern ist abzuraten. Wenn die Bevollmächtigten in einen nicht aufzulösenden Konflikt geraten, wird sonst später eine Betreuung eingerichtet werden.[205] Sinnvoll kann die Bevollmächtigung einer zweiten Person als Kontroll- oder Unterstützungsbevollmächtigter sein **57**

---

[197] Vgl. auch Keilbach FamRZ 2003, 969 (982); weniger kritisch in einem Einzelfall: LG Leipzig 14 T 2895/99, FamRZ 2000, 190.

[198] OLG München 34 Wx 248/12, ErbR 2013, 33; LG Neuruppin 5 T 217/03, MittBayNot 2004, 46 mwN; Weidlich MittBayNot 2013, 196; Bengel/Reimann/Bengel/Dietz Testamentsvollstreckung Kap. 1 Rn. 36; Mayer/Bonefeld Testamentsvollstreckung § 15 Rn. 3.

[199] BGH IV ZB 34/21, ZErb 2022, 466 mAnm Becker.

[200] Vgl. dazu Welter MittRhNotK 1986, 140.

[201] Papenmeier Vollmachten S. 19.

[202] OLG München 34 Wx 388/11, ZEV 2012, 376; OLG Köln 2 Wx 50/91, NJW-RR 1992, 1357.

[203] Papenmeier Vollmachten S. 19.

[204] Ausführlich: Stascheit RNotZ 2020, 61 (82–85).

[205] BGH XII ZB 527/17, NJW 2018, 1257.

(→ § 675 Rn. 22).[206] Neben der Vollmacht sollte zudem – uU abgesehen von Ehegatten – das Innenverhältnis geregelt werden (→ Rn. 9, § 662 Rn. 65–75). Bei einer Bevollmächtigung in einer Urkunde sollte an die beschränkte Anzahl von Exemplaren gedacht werden, wenn keine notarielle Beurkundung stattfindet. Der Widerruf gegenüber nur einem von mehreren Bevollmächtigten ist auch bei nur einer Urkunde möglich (→ § 168 Rn. 12, § 175 Rn. 4), wenngleich eventuell umständlicher.

58 Ist bei mehreren Bevollmächtigten **„Einzelvertretungsbefugnis"** angeordnet, kann jeder Bevollmächtigten den Vollmachtgeber alleine und ohne Zutun der anderen Bevollmächtigten vertreten. Bei angeordneter **„Gesamtvertretung"** müssen alle Bevollmächtigten gemeinsam handeln, wobei nichts gegen ein Umlaufverfahren spricht, solange währenddessen niemand seine Zustimmung zurückzieht. Fehlt eine klare Regelung, ist die Vollmacht auszulegen. Eine nummerierende Aufzählung kann für eine Einzelvertretung sprechen, da jeder Bevollmächtigte einzeln gesehen wird, eine einfache Auflistung entsprechend für die Gesamtvertretung.[207]

Die Gesamtvertretung ist sicherer, aber deutlich schwerfälliger. Eine Einzelvertretung kann zu Auseinandersetzungen und Widersprüchen führen. Eine Kombination ist möglich, nach der zB Immobilienveräußerungen, der Abschluss eines Heimvertrages oder die Zustimmung zu einer Maßnahme nach §§ 1829, 1831 f. BGB oder die Umsetzung einer Patientenverfügung nur gemeinsam erfolgen können. Eine kurze Regelung nur des Innenverhältnisses insofern in der Vollmacht[208] oder separat kann Streit (und damit im Ergebnis meist eine Betreuung) selten verhindern.

VI. Bezeichnung und Umfang der Vollmacht

59 Es gibt **Spezial-, Teil- und Generalvollmachten.** Spezialvollmachten decken ein bestimmtes Geschäft (zB Immobilienverkauf) oder die Verfügung über eine bestimmte Vermögensposition (zB Kontovollmacht) ab, was genau bezeichnet werden muss.[209] Teilvollmachten werden für einen abgegrenzten Bereich erteilt (zB Gesundheitsangelegenheiten). Bei einer Generalvollmacht wird soweit rechtlich zulässig zur Vertretung ermächtigt.

60 Die **Bezeichnung** ist nur ein Indiz für den Umfang der Vollmacht, der aus dem gesamten Text zu folgern ist. Die meisten **Vorsorgevollmachten** sind **Generalvollmachten** (zu der Frage einer Bedingung der Vollmacht durch die Bezeichnung → § 167 Rn. 4), auch wenn dies aufgrund der Missbrauchsgefahr mitunter nicht sinnvoll und notwendig ist.[210] Allerdings lassen komplizierte Ausnahmen den Vollmachtsgebrauch schwerfälliger und Lücken eine Betreuung wahrscheinlicher werden.[211]

60a Von einer ausdrücklichen **Definition** der „Vorsorgevollmacht" wurde auch bei der Reform des Vormundschafts- und Betreuungsrecht zum 1.1.2023 bewusst abgesehen, auch wenn der Begriff verwandt wird (so in der Überschrift des § 1820 BGB). Es wird allgemein-umfassend beschrieben („Dokument …, in dem der Volljährige eine andere Person mit der Wahrnehmung seiner Interessen bevollmächtigt hat", § 1820 Abs. 1 BGB), negativ („wenn diese zu dem Zweck erteilt wird, die Bestellung eines Betreuers zu vermeiden", § 7 Abs. 2 BtOG) oder positiv („Vollmacht, die den Bevollmächtigten zu Maßnahmen der Personensorge oder zu Maßnahmen in wesentlichen Bereichen der Vermögenssorge ermächtigt", § 1820 Abs. 5 BGB).

---

[206] So schon Perau MittRhNotK 1996, 285 (297); Stascheit RNotZ 2020, 61 (84 f.).

[207] In diese Richtung auch: OLG Düsseldorf 3 Wx 31/14, FGPrax 2014, 172.

[208] Vgl. Bühler FamRZ 2001, 1585.

[209] Vgl. zB OLG Karlsruhe 11 Wx 64/13, ZEV 2014, 671.

[210] So auch Zimmermann Vorsorgevollmacht Rn. 70; ders. NJW 2014, 1573 (1574); Bonefeld ZErb 2014, 241 (245).

[211] Rudolf/Bittler/Roth/Scharf/Hack Vorsorgevollmacht § 1 Rn. 192.

Mit einer Ergänzung des „oder" um ein „/und" ist die positive Beschreibung als Definition zu präferieren. Sie beschreibt den Regelungsgedanken und manifestiert nicht den auch emotional anscheinend negativ besetzten Gedanken an Betreuungen.

Die bei einigen Notaren zu beobachtende Differenzierung zwischen „Vorsorgevollmachten" in persönlichen und „Generalvollmachten" für Vermögensangelegenheiten kann für sich reklamieren, dass eine Vertretung in persönlichen Angelegenheiten nur bei Einwilligungsunfähigkeit möglich sein soll, die in Vermögensangelegenheiten jederzeit. Allgemein wird aber wohl „Vorsorgevollmacht" als Oberbegriff verstanden und zwar mit einer umfassenden Berechtigung des Bevollmächtigten für den Vorsorgefall, wenn also der Vollmachtgeber einzelne oder alle seine Angelegenheiten nicht mehr erledigen kann oder will, unabhängig vom Vertretungsgegenstand.

Der **Umfang** der Vollmacht richtet sich bei einer dem Bevollmächtigten erteilten Innenvollmacht nach dem Verständnis von Vollmachtgeber und Bevollmächtigten[212] und bei einer dem Erklärungsempfänger gegenüber erklärten Vollmacht nach dessen Verständnis (zu Innen- und Außenvollmacht → § 167 Rn. 20). Ggf. ist die Vollmacht als Willenserklärung nach § 133 BGB auszulegen.[213] Bei der **Auslegung** des Umfangs einer Innenvollmacht kommt es darauf an, „wie der Bevollmächtigte als Empfänger der Erklärung diese bei objektiver Würdigung aller Umstände unter Berücksichtigung von Treu und Glauben verstehen musste", so dass das Verständnis des Geschäftsgegners unbedeutend ist.[214] Er wird durch § 172 BGB geschützt.[215] Ist das Ergebnis einer Auslegung der Vollmacht unklar, ist im Zweifel der geringere Umfang anzunehmen,[216] wobei nach hier vertretener Ansicht die Zweifel einiges Gewicht haben müssen. Es kommen ggf. auch die Rechtsscheintatbestände der §§ 170–172 BGB und die der Anscheins- und Duldungsvollmacht in Betracht (→ § 167 Rn. 24–26). Jedenfalls bei Vorsorgevollmachten wird grundsätzlich von einem Willen zur Generalbevollmächtigung auszugehen sein,[217] da sonst eine Betreuung nicht umfassend vermieden werden kann, was wiederum oft ein wesentliches Ziel des Vollmachtgebers ist. Eine knapp gefasste „Generalvollmacht" umfasst auch die Vertretung in persönlichen Angelegenheiten, selbst wenn die Maßnahmen nach §§ 1829, 1831 f. BGB nicht erwähnt werden (für die dann keine Vertretungsbefugnis besteht).[218] Zumindest in Grundbuchangelegenheiten sind aber außerhalb der Vollmacht liegende Umstände grundsätzlich nicht zu beachten.[219] Insgesamt ist für Grundbucherklärungen eine Eindeutigkeit besonders wichtig.[220] Erläuterungen – wie „Für Immobiliengeschäfte, Aufnahme von Darlehen sowie für Handelsgewerbe ist eine notarielle Vollmacht erforderlich!" – ergeben keine Einschränkung der Vollmacht.[221] **61**

Eine als Generalvollmacht gestaltete Vorsorgevollmacht bei „ganz **außergewöhnlichen** Geschäften" einschränkend auszulegen, ist denkbar,[222] aber problematisch. **62**

---

212 BGH III ZR 173/09, NJW 2010, 1203 mwN; V ZR 216/97, NJW 1999, 486.

213 BGH V ZR 194/13, DNotZ 2015, 367 (stillschweigende Bevollmächtigung); OLG München 34 Wx 513/13, ZEV 2015, 651.

214 BGH III ZR 173/09, NJW 2010, 1203 mwN.

215 Papenmeier Vollmachten S. 10.

216 OLG München 34 Wx 385/11, ZEV 2012, 429; 34 Wx 133/10, NJW-RR 2011, 524 (zur Finanzierungsvollmacht); OLG Köln 19 U 128/99, NJW-RR 2001, 652.

217 In diese Richtung auch: OLG Sachsen-Anhalt 12 Wx 45/13, FGPrax 2014, 109.

218 AG Schleswig 4 XVII B 11924, SchlHA 2013, 439.

219 OLG Hamm 15 W 61/05, FGPrax 2005, 240.

220 Vgl. aaO sowie OLG Düsseldorf 3 Wx 172/12, FGPrax 2013, 13; OLG München 34 Wx 258/12, NotBZ 2012, 472.

221 OLG Düsseldorf I-3 Wx 148/15, ZEV 2015, 601.

222 Müller-Engels/Braun/Renner/Braun Betreuungsrecht Kap. 2 Rn. 157 mwN; OLG Frankfurt a. M. 20 W 247/86, NJW-RR 1987, 482.

Nach hier vertretener Auffassung ist die Vollmacht nicht als von vornhinein eingeschränkt anzusehen. Der Erklärung an sich ist nicht anzusehen, was „außergewöhnlich" und ausgeschlossen ist und daher nicht von der Vertretungsmacht umfasst sein soll. Die Definition des „Außergewöhnlichen" ist eine nachträgliche und kann daher nicht Erklärungsinhalt gewesen sein. Eine konkrete Verwendung kann sich aber als offensichtlich missbräuchlich darstellen, wodurch das Geschäft wegen Kollusion unwirksam wird,[223] oder Schadensersatzansprüche begründen. Trotz unterschiedlicher, dogmatischer Begründung werden die Ergebnisse beider Wege meist identisch sein. In dem von Renner aufgezeigten Beispielsfall einer Neugründung einer Gesellschaft durch eine 91-jährige Vollmachtgeberin,[224] ist diese nicht unbedingt abwegig. Gehört der 91-Jährigen ein großer Unternehmenskomplex werden Gesellschaftsneugründungen sogar angezeigt sein. Erst durch die Kenntnis weiterer Umstände, zB dass die 91-Jährige nie geschäftlich aktiv war etc., kann sich ergeben, dass die Vertretungshandlung zu missbilligen und aufgrund offensichtlichen Missbrauchs unwirksam ist. Entsprechend ist die Ansicht abzulehnen, dass eine Bürgschaftsübernahme durch eine Generalvollmacht nicht gedeckt sei.[225] Es kommt auf den Einzelfall **beim Gebrauch** der Vollmacht an. Ein Schutz wird durch die Ausdehnung des Schriftformerfordernisses des § 766 BGB auf die Vollmacht entgegen § 167 Abs. 2 BGB gegeben.[226] Nur zu vorsätzlichen, **strafbaren Handlungen** wird eine Vollmacht nicht legitimieren können, da dazu eine Vollmacht nicht erteilt wird[227] oder deren Erteilung gegen die guten Sitten oder ein gesetzliches Verbot verstößt und daher nichtig ist, §§ 134, 138 BGB (zur – unzulässigen – Vertretung bei unerlaubten Handlungen → Rn. 20).

63 Unter einer **Bankvollmacht** soll hier eine bei der Bank (meist auf deren Formularen) erteilte Vollmacht (Außenvollmacht) verstanden werden. Der Begriff „Kontovollmacht" wird oft synonym verwandt, aber teilweise als nur zu Kontoverfügen berechtigend angesehen.[228] Der Umfang einer Bankvollmacht, ergibt sich aus deren Inhalt, der bei den verschiedenen Instituten nicht einheitlich ist. Sie ermächtigen regelmäßig nicht dazu, Konten aufzulösen[229] (wohl aber bis zu einem Mindestbestand zu leeren), was oft mit dem „Schutz des Vollmachtgebers" begründet wird,[230] aber zugleich die Bank vor schnellem Vermögensabfluss bewahrt. Auch das Einrichten neuer Konten etc. sowie Kontoüberziehungen[231] sind meist nicht möglich (zu Formerfordernissen → § 167 Rn. 27–37). Oft gibt es eine transmortale und eine nichttransmortale Version. Ob eine Befreiung von den Beschränkungen des § 181 BGB enthalten ist und Online-Banking ermöglicht wird, ist dem Vollmachtstext zu entnehmen (zu Akzeptanzproblemen von Vollmachten im Bankverkehr aus formalen Gründen → § 167 Rn. 69–81). Zu Oder-Konten und Oder-Depots → Rn. 14. **Schließfächer** sind meist ebenfalls nicht von der üblichen Bankvollmacht umfasst. Für diese gibt es „Schließfachvollmachten" mit Sonderbedingungen, nach denen zB eine Vollmacht nur von allen Mietern gemeinsam erteilt werden darf.[232] Bei Vorlie-

---

[223] In diese Richtung auch: BGH VI ZR 229/09, WM 2011, 1995; wie hier: Papenmeier Vollmachten S. 11 f.

[224] Müller/Renner, 5. Auflage, Betreuungsrecht Rn. 361, der sich bezieht auf: OLG Zweibrüchen 3 W 9/90, NJW-RR 1990, 931.

[225] So aber OLG Düsseldorf 6 U 54/03, DNotZ 2004, 313.

[226] BGH IX ZR 153/95, NJW 1996, 1467.

[227] BGH VIII ZR 266/56, NJW 1958, 57; OLG Hamm 22 U 84/98, OLGR 1999, 269.

[228] Fischer/Kühne/Warlich Banken § 5 Rn. 32, 34.

[229] BGH XI ZR 191/08, ZEV 2009, 306; Bredemeyer ZEV 2016, 65 (68 f.).

[230] Fischer/Kühne/Warlich Banken § 5 Rn. 37.

[231] Rudolf/Bittler/Roth/Hack Vorsorgevollmacht § 1 Rn. 89.

[232] Fischer/Kühne/Warlich Banken § 5 Rn. 59.

gen entsprechender Bedingungen darf auch ein durch eine Vorsorgevollmacht Bevollmächtigter nicht allein ohne den anderen Schließfachinhaber auf das Fach zugreifen. Es muss angenommen werden, dass diese Einschränkung auch als Absprache unter den Inhabern gilt. Die Bank muss dem Bevollmächtigten aber die Existenz des Schließfaches mitteilen. Für den **unternehmerischen Bereich** sind Besonderheiten zu beachten (→ Vor § 705 Rn. 5–10).

64 Existiert nur eine Bankvollmacht, ist der Umfang der Befugnisse unklar. Die Bankvollmacht ermächtigt **nur** dazu, Erklärungen und Anweisungen gegenüber der Bank abzugeben. Sie deckt aber beispielsweise nicht den Vertragsschluss mit dem Handwerker ab, dessen Rechnung dann mittels der Bankvollmacht bezahlt wird. Entsprechendes gilt für Schenkungs-,[233] Miet-, Arzt- und Heimverträge. Es muss in diesen Fällen also zumindest eine mündliche, weitergehende Vollmacht erteilt worden sein. Deren Erteilung zu beweisen, kann dem angeblich Bevollmächtigten Schwierigkeiten bereiten.

65 Damit die Vollmacht bestimmte Befugnisse, wie die in **§§ 1829, 1831 f. BGB** genannten (→ § 1829 Rn. 13, → § 1831 Rn. 17, → 1827 Rn. 207–210), umfasst, müssen diese in ihr (schriftlich) genannt werden, § 1820 Abs. 2 BGB.[234] Im Übrigen genügt grundsätzlich eine **Generalformel,** wie „… wird hiermit für alle Bereiche bevollmächtigt, für die eine Bevollmächtigung zulässig ist".[235] Zum Teil wird die „Klauselfreude" bei der ausführlichen Gestaltung von Vollmachten gerügt.[236] Richtig ist, dass gerade Vorsorgevollmachten für juristische Laien verständlich sein sollten.[237] Das hat aber oft eher längere statt kürzerer Formulierungen zur Folge. Ausführliche Vollmachten haben die Vorteile, dem Vollmachtgeber und dem Bevollmächtigten Umfang und Bedeutung der Vollmacht zu verdeutlichen sowie im Rechtsverkehr uU besser zu gebrauchen zu sein, weil die Geschäftsgegner sich wiederfinden. Allerdings können sie zumindest bei komplizierten Formulierungen in der Anwendung oder beim Verständnis des Mandanten Schwierigkeiten hervorrufen.

66 Zu **Schenkungen** ist der in einer Generalvollmacht Bevollmächtigte befugt, wenn diese nicht ausdrücklich ausgenommen wurden. Das Verbot unentgeltlicher Verfügungen (oder eine Einschränkung auf den Rahmen „der einem Betreuer rechtlich gestattet ist")[238] in einer Vollmacht kann aber zB dazu führen, dass eine Bank die Ausführung einer Überweisung ablehnt, weil sie nicht erkennen kann, ob ihr eine Gegenleistung entgegensteht. Eine detaillierte Prüfungspflicht wird man nach hier vertretener Ansicht der Bank nicht aufbürden können,[239] so dass die Vollmacht zumindest zum Teil unbrauchbar wird. Außerdem hat sich diese Befugnis mit der Reform zum 1. 1. 2023 geändert, so dass unklar ist, ob auf die alte Regelung (hier vertretene Ansicht, da der Vollmachtgeber nur diese kannte bzw. hätte kennen können) oder die neue Regelung im Sinne einer dynamischen Verweisung verwiesen wird.[240] Ein genereller Ausschluss bestimmter Verfügungen (zB über Immobilien oder Wertpapiere) oder eine durch einen zweiten Bevollmächtigten abgesicherte Regelung im Innenverhältnis sind besser. Zu Geschäften des **Bevollmächtigten mit sich selbst** ist er nur berechtigt, wenn er von den Beschränkungen des § 181 BGB befreit ist. Bei einem **Missbrauch** der Vollmacht kann die Vertretungswirkung entfallen (→ Rn. 70–73).

---

[233] Rudolf/Bittler/Roth/Hack Vorsorgevollmacht § 1 Rn. 87.

[234] BGH XII ZB 61/16, NJW 2016, 3297.

[235] OLG Naumburg 12 Wx 45/13, FGPrax 2014, 109.

[236] AG Schleswig 4 XVII B 11924, SchlHA 2013, 439; ähnlich und dabei ausführlich abwägend auch Müller-Engels/Braun/Renner/Braun Betreuungsrecht Kap. 2 Rn. 668.

[237] So auch Zimmermann Vorsorgevollmacht Rn. 78.

[238] So aber in dem Muster des BMJ.

[239] So aber wohl Zimmermann Vorsorgevollmacht Rn. 98.

[240] Wie hier: Renner NotBZ 2022, 15 (19); DNotI-Report 2023, 1.

VII. Wirkung

1. Stellvertretung

67 Die **Bevollmächtigung** ist die Erteilung der Vollmacht (§ 172 Abs. 1 BGB), was die **Vertretungsmacht** entstehen lässt (§ 166 Abs. 2 S. 1 BGB).[241] Zur Erteilung → § 167 BGB, zum Erlöschen/Widerruf → § 168 BGB; ob es sich um eine Innen- oder Außenvollmacht handelt, hängt auf dem Erklärungsempfänger ab (Vertreter oder Geschäftsgegner, vgl. → § 167 Rn. 20). Eine Vollmacht kann **keine verdrängende Wirkung** haben.[242] Der Vollmachtgeber bleibt also – solange er geschäfts-/einwilligungsfähig ist – immer befugt, auch selbst Erklärungen abzugeben. Der geschäftsfähige Vollmachtgeber kann weiter auch **gegenläufige Verträge** schließen. Alle Verträge sind wirksam, was Schadensersatzpflichten nach sich ziehen kann. Wird zB über Eigentum verfügt, ist die frühere Verfügung wirksam.

Die **Rechtswirkungen** der Stellvertretungshandlung des Bevollmächtigten treten nach der Repräsentationstheorie unmittelbar in der Person des Vollmachtgebers ein.[243] Eine automatische Mitverpflichtung des Bevollmächtigten in AGB ist unzulässig.[244] Wer einen angeblich Vertretenen in Anspruch nehmen möchte, muss die Vertretung **beweisen,** also die Erklärung im Namen des Vertretenen und die Vertretungsmacht.[245] Entsprechend muss der Vertretene die Vertretung beweisen, wenn er den Geschäftsgegner in Anspruch nehmen will. Bleibt für den Geschäftsgegner unklar, wer in Anspruch zu nehmen ist, kommt eine Streitverkündung in Betracht.[246]

2. Pflicht zur Akzeptanz

68 Aufgrund der Vertragsfreiheit muss ein Geschäftsgegner eine **neue Vertragsbeziehung** grundsätzlich nicht eingehen, soweit nicht ausnahmsweise ein Kontrahierungszwang (Abschlusszwang) – gesetzlich festgelegt für Teilbereiche der Daseinsvorsorge und in weiteren Einzelfällen (lebenswichtige Güter dürfen nur aus sachlichen Gründen und beim Fehlen einer Ausweichmöglichkeit vorenthalten werden) – vorliegt,[247] und sich entsprechend auch **nicht auf eine Stellvertretung einlassen.**

69 In einer **laufenden Vertragsbeziehung** ist eine Stellvertretung grundsätzlich als **zulässig** anzusehen,[248] da nach der Rechtsordnung eine Stellvertretung zulässig ist. Eine **Pflicht zur Akzeptanz** eines Bevollmächtigten aus § 164 BGB hat der BGH abgelehnt, aber für einen Versicherungsvertrag aus § 241 Abs. 2 BGB als vertragliche Nebenpflicht bejaht.[249] Eine Übertragung aus dem Mietrecht wurde befürwortet.[250] Der nach hiesiger Ansicht allgemeine, nebenvertragliche Anspruch, eine Bevollmächtigung akzeptieren zu müssen, ist nur dann eingeschränkt, wenn die Einschaltung eines Bevollmächtigten für den anderen Teil unzumutbar ist. Eine Unzumutbar-

---

[241] Papenmeier Vollmachten S. 1.
[242] BGH II ZR 229/54, NJW 1956, 1198 (zur Stimmrechtsvollmacht).
[243] Staudinger/Schilken BGB 2019 § 164 BGB Rn. 9.
[244] BGH VIII ZR 84/87, NJW 1988, 2465.
[245] Baumgärtel/Laumen/Prütting/Laumen Beweislast § 164 BGB Rn. 1.
[246] Siehe im Einzelnen: Baumgärtel/Laumen/Prütting/Laumen Beweislast BGB § 164 Rn. 18–29.
[247] Vgl. Grüneberg/Ellenberg BGB Einf. v. § 145 Rn. 8–12 mwN.
[248] So auch: Tersteegen NJW 2007, 1717 (1718).
[249] BGH IV ZR 165/12, NJW 2013, 2354.
[250] Schmid IMR 2013, 309; zum Recht, die Übersendung von Unterlagen an den Mietverein zu verlangen: AG Bremen 8 C 148/01, WuM 2002, 32.

keit kann insbesondere in der Person des Bevollmächtigten begründet sein oder in einem nicht zuzumutenden Mehraufwand für die andere Seite.

Auch **Banken** müssen in einer laufenden Geschäftsbeziehung eine Vollmacht grundsätzlich akzeptieren (→ im Einzelnen § 167 Rn. 69–79).[251] Das AG Bad Segeberg hat einer Sparkasse die Kosten eines Betreuungsverfahrens auferlegt, weil sie eine Vorsorgevollmacht nicht akzeptiert hatte und das Gericht daher eine Betreuung eingerichtet hatte.[252] Ob das Gericht die Betreuung einrichten durfte, ist fraglich. Schließlich hätte der Bevollmächtigte für den Vollmachtgeber auch eine zivilrechtliche Feststellungsklage gegen die Bank erheben können, um das Problem zu lösen. Zuzugeben ist, dass in der Zeit des Klageverfahrens nicht über das Geld hätte verfügt werden können, was durch ein (einstweiliges) Betreuungsverfahren uU schneller zu regeln war. Jedenfalls reichte dem AG das Argument der Sparkassen, der Bevollmächtigte lebe zu weit entfernt, um die Vollmacht nutzen zu können, nicht. Das AG Lübeck vertrat die Meinung, dass der Bevollmächtigte die Akzeptanz einer nur im Innenverhältnis bedingten Vollmacht gegenüber dem Grundbuchamt durchsetzen muss, da eine Betreuung in diesem Fall nicht einzurichten ist.[253] Das LG Hamburg legte der Sparkasse, die eine Vollmacht mit unsubstantiierten Zweifeln an der Geschäftsfähigkeit nicht akzeptiert hatte, die Kosten des Verfahrens auf.[254] Das LG Detmold verurteilte eine Sparkasse zu Schadensersatz, da sie eine privatschriftliche Vorsorgevollmacht nicht akzeptierte, ohne dies zu begründen;[255] ähnlich tat dies das AG Altötting in Bezug auf die Kosten des unnötigen Betreuungsverfahrens.[256] Nach dem AG Brandenburg muss eine Bank grundsätzlich auch den Eintritt einer Bedingung bei einer bedingten Vollmacht prüfen.[257] Das LG Konstanz bestätigte die Akzeptanzpflicht bei einer privatschriftlichen Ankreuzvollmacht.[258] Das LG Duisburg erkannte Schadensersatz zu, weil die Bank fälschlicher Weise meinte, nicht zusammengeheftete Einzelseiten würden das Schriftformerfordernis nicht erfüllen und die Vorsorgevollmacht nicht akzeptierte.[259] Das LG Memmingen sah die Einwände einer Bank gegen eine Unterschrift und, dass die Bank nicht prüfen könne, wann die Vollmacht zustande gekommen sei, als unzulässig an.[260]

In Vorsorgeangelegenheiten ist dies **differenziert nach Geschäftsgegner** zu sehen. In Versicherungs- und Bankangelegenheiten wird eine Akzeptanzpflicht anzunehmen sein, da diese Geschäftsgegner über eine entsprechende Organisation verfügen. Bei privaten Personen (zB Nachbarn, Freunde, Familie) oder Geschäftsgegnern, die einzeln agieren (zB Rechtsanwalt, Arzt, Weinhändler), könnte differenziert werden. In Anwendung der vom BGH entwickelten Grundsätze kann dies aber auf der Ebene der Zumutbarkeit geschehen, so dass von einer grundsätzlichen Pflicht zur Akzeptanz auszugehen ist. Bei den zuletzt genannten Personen und Geschäftsgegnern kann eine **Unzumutbarkeit** aufgrund erhöhten Aufwandes (zB rechtliche Prüfung der Vollmacht) eher gegeben sein. Ein Mehraufwand des Geschäftsgegners könnte die Erhöhung seiner Vergütung rechtfertigen. **70**

---

[251] LG Detmold 10 S 110/14, ZEV 2015, 353.

[252] AG Bad Segeberg 3 XVII 7655, BeckRS 2012, 21275.

[253] AG Lübeck 4 XVII H 23481, FamRZ 2012, 898.

[254] LG Hamburg 301 T 280/17, ErbR 2018, 354; instruktiv auch die Vorinstanz: AG Hamburg-Wandsbek 706 XVII 53/17, NJW 2018, 564.

[255] LG Detmold 10 S 110/14, ZEV 2015, 353.

[256] AG Altötting XVII 406/20, BeckRS 2020, 40593.

[257] AG Brandenburg 85 XVII 79/21, BeckRS 2021, 12849.

[258] LG Konstanz C 11 S 19/20, BeckRS 2020, 11815.

[259] LG Duisburg 12 T 214/17, BeckRS 2018, 46397.

[260] LG Memmingen 22 O 257/19, ErbR 2020, 131, 132f.

71 Ein **Kontaktverbot** durch den Bevollmächtigten, nach dem ein **Dritter** keinen direkten Kontakt zu dem Vollmachtgeber aufnehmen kann, ist problematisch. Es ist grundsätzlich bei entsprechender Vollmacht zulässig, wenn zusätzlich ein Abwehranspruch des Vollmachtgebers besteht. Allein aus der Bevollmächtigung heraus kann einem Dritten nicht untersagt werden, Kontakt zu Vollmachtgeber aufzunehmen.[261] Allerdings kann der Bevollmächtigte Unterlassungsansprüche des Vollmachtgebers aus §§ 1004 analog, 823 Abs. 2 BGB iVm Art. 1 Abs. 1, Art. 2 Abs. 1 GG für diesen gelten machen.[262] Wünscht ein Geschäftsgegner auf eigene Kosten den direkten Kontakt mit dem geschäftsfähigen Vollmachtgeber und wird ihm dieser grundlos verwehrt, muss der Geschäftsgegner die Vollmacht nach hier vertretener Ansicht nicht akzeptieren.

3. Subjektives Recht

72 Umstritten ist, ob die Vollmacht dem Bevollmächtigten ein subjektives Recht gibt, also eine eigene Rechtsposition. Die ganz hM **verneint** dies, wie zuletzt vom BGH auch noch einmal deutlich betont.[263] Daraus resultiert mit Blick auf die Vorsorgevollmacht eine Schwächung des Bevollmächtigten, zB durch den Ausschluss der Beschwerdemöglichkeit im eigenen Namen im Betreuungsverfahren. Zudem kann nicht aus eigenem Recht auf die Feststellung geklagt werden, dass die Vollmacht wirksam erteilt wurde.

73 Nach hier vertretener Ansicht spricht viel für das Entstehen eines subjektiven Rechts des Bevollmächtigten. Schließlich ist ihm (regelmäßig durch das zugrunde liegende Auftragsverhältnis) eine Aufgabe übertragen worden. Die Aufgabe kann der Beauftragte aber nur sinnvoll ausüben, wenn ihm dazu die Vollmacht erteilt wird und er diese Erteilung auch verteidigen kann. Wird das subjektive Recht aber – wie zur Zeit von der ganz hM – verneint, sollte über den Ausgleich der daraus resultierenden Nachteile für die Stellung des Bevollmächtigten nachgedacht werden.[264] Punktuell hat der BGH dem entgegengewirkt und ua ein Beschwerderecht des Bevollmächtigten bejaht.[265] Wenn die Rechtsprechung ansonsten keine eigenen Rechte des Bevollmächtigten (ggf. aus dem Auftrag) entwickelt, sollte der Gesetzgeber handeln, da das geförderte Instrument der Vorsorgevollmacht sonst erheblich an Wert verliert und das Ziel der Betreuungsvermeidung zum Teil nicht erreicht werden kann.

4. Missbrauch

74 Ein Missbrauch wird angenommen, wenn die „vom Bevollmächtigten getroffenen Vermögensverfügungen dem früher geäußerten Willen der Betroffenen widersprachen oder sie eine konkrete Gefahr für das Wohl der Betroffenen begründeten".[266] Auch bei einem Missbrauch der Vollmacht durch den Bevollmächtigten ist die Vertretung **nur ausnahmsweise unwirksam.** Grundsätzlich trägt also auch bei der Vorsorgevollmacht der Vollmachtgeber das Risiko des Missbrauches der Vollmacht[267] zu eventuellen Ersatzansprüchen → § 662 Rn. 32–54, § 812. Das ist eine häufig unterschätzte Gefahr bei Vorsorgevollmachten.[268] Dem Vollmachtgeber wird mit dem In-

---

[261] BGH VI ZR 311/09, VersR 2011, 544.

[262] Vgl. VI ZR 311/09, VersR 2011, 544 mwN.

[263] BGH XII ZB 117/14, NJW 2015, 407; aA Papenmeier Vollmachten S. 4–9 mwN.

[264] Ähnlich auch Müller DNotZ 2015, 403 (414).

[265] BGH XII ZB 674/14, DNotZ 2015, 848.

[266] BGH XII ZB 647/12, NJW 2013, 1085.

[267] BGH XI ZR 239/93, Z 127, 239 = ZEV 1995, 189; VII ZR 291/88, Z 113, 315 = NJW 1991, 1812; Trapp ZEV 1995, 314 (315).

[268] Entsprechend unter dem Schlagwort „Erbschleicherei": Bonefeld ZErb 2014, 241 (245).

strument der Vollmacht die erhebliche Erweiterung seiner rechtsgeschäftlichen Aktivitäten ermöglicht. Im Gegenzug dazu hat er das daraus resultierende Risiko zu tragen und der Rechtsverkehr einen Anspruch auf Schutz.

Nur in Ausnahmefällen hat ein Missbrauch zur Folge, dass das getätigte Geschäft **75**
unwirksam ist. Es muss zusätzlich noch eine Komponente beim Geschäftspartner gegeben sein. Diese liegt vor, wenn er den Missbrauch kennt und mit dem Bevollmächtigten zusammen bewusst zum Nachteil des Vollmachtgebers handelt, sog. **„Kollusion“.** Das Rechtsgeschäft verstößt gegen die guten Sitten und ist damit nichtig, § 138 BGB.[269]

Ist es für den Geschäftsgegner offensichtlich oder muss es offensichtlich sein, dass der Bevollmächtigte zwar aufgrund der Vollmacht handeln *kann,* aber im Innenverhältnis nicht handeln *darf,* liegt ein **evidenter Missbrauch** vor. Die Hürden sind hoch: „Notwendig ist dabei eine massive Verdachtsmomente voraussetzende Evidenz des Missbrauchs."[270] Auch einfache Nachforschungen können grundsätzlich nicht verlangt werden.[271] Auch das Grundbuchamt muss grundsätzlich eine Eintragung auch bei Missbrauchsverdacht vornehmen.[272]

Eine Überweisung des Bevollmächtigten vom Konto des Vollmachtgebers an sich selbst stellt noch keine evident missbräuchliche Handlung dar. Auch das Ableben des Kontoinhabers ist kein Grund für den Geschäftsgegner, die transmortale Vollmacht anzweifeln zu müssen. Denkbar ist ein offensichtlich evidenter Missbrauch einer Vorsorgevollmacht **beispielsweise,** wenn der Bevollmächtigte mit der Vollmacht auch eine Regelung zum Grundverhältnis vorlegt, aus der eine Beschränkung zu genau einem solchen Geschäft hervorgeht.[273] Auch die Zwischenschaltung eines arglosen Untervertreters steht einer Kollusion nicht entgegen.[274] Vollzieht ein von den Beschränkungen des § 181 BGB befreiter Bevollmächtigter mit sich selbst ein Geschäft, welches für den Vollmachtgeber nachteilig ist, liegt ein Missbrauch nahe (siehe auch → § 662 Rn. 41).

Es liegt nach der einen Meinung beim evidenten Vollmachtsmissbrauch durch den **76**
Geschäftsgegner ein Verstoß gegen die Grundsätze von Treu und Glauben vor, was den Anspruch des Geschäftsgegners gegen den Vollmachtgeber nicht entstehen lassen würde.[275] Nach der anderen Meinung handelte der Bevollmächtigte gem. § 177 BGB analog ohne Vollmacht, so dass das Geschäft ebenfalls nicht wirksam zu Stande kam. Bei identischen **Rechtsfolgen** ist die Begründung zweitrangig, wenn auch der Weg über § 242 BGB vorteilhafter erscheint: Es kann bei der Abwägung besser ein besonders sorgloses Vorgehen des Vollmachtgebers berücksichtigt werden. Der Vollmachtgeber hat gegen den Geschäftsgegner einen Anspruch auf Wiederherstellung des Zustandes, der ohne die rechtswidrige Handlung gegeben wäre. Das können insbesondere ein Schadensersatzanspruch gem. § 280 BGB oder ein Anspruch nach § 812 BGB sein, zB auf Wiederherstellung des ursprünglichen Kontostandes. Ein

---

[269] BGH IV ZR 23/01, NJW 2002, 1497; VI ZR 233/87, NJW 1989, 26; Papenmeier Vollmachten S. 85 mwN.

[270] BGH XI ZR 239/93, Z 127, 239 = NJW 1995, 250; vgl. zudem: II ZR 337/05, NJW 2006, 2776; XI ZR 277/98, NJW 1999, 2883; XI ZR 18/93, NJW 1994, 2082; XI ZR 164/91, NJW-RR 1992, 1135; VII ZR 125/65, NJW 1966, 1911; Stascheit RNotZ 2020, 61, 72–79 (auch zu notariellen Aufklärungspflichten); Horn/Schnabel NJW 2012, 3473; Zimmermann BKR 2007, 231 f. mwN; Werkmüller ZEV 2001, 97 (100); kritisch: Krampe ZEV 1995, 189; Schulz NJW 1995, 3345.

[271] Vgl. Bühler FamRZ 2001, 1585.

[272] OLG Köln 2 Wx 61/20, NJW-RR 2020, 898.

[273] OLG Düsseldorf I-3 Wx 129/20, BeckRS 2020, 27665.

[274] BGH II ZR 371/12, WM 2014, 628.

[275] MüKoBGB/Schubert BGB § 242 Rn. 296; Bredemeyer ZEV 2016, 65 (70).

Rechtsanwalt muss bei der Beratung eines Bevollmächtigten ggf. darauf hinweisen, wenn ein Rechtsgeschäft wegen Missbrauchs unwirksam und später wieder rückabzuwickeln sein kann.[276]

77 **Beweispflichtig** für den Missbrauch und auch dafür, dass keine dem Missbrauch entgegenstehende Tatsachen vorliegen,[277] ist der Vertretene. Er muss auch eine Kollusion beweisen.[278]

VIII. Fehlende Offenkundigkeit (Abs. 2)

78 Der Abs. 2 beschreibt in erster Linie eine Selbstverständlichkeit: Wenn der Bevollmächtigte die Stellvertretung nicht ausreichend offenlegt, wird der Vertrag mit ihm geschlossen. Dies dient dem Schutz des Geschäftsgegners und auch dem des Rechtsverkehrs allgemein.[279] Darüber hinaus – und insofern hat die Regelung eine Bedeutung – kann der Bevollmächtigte seine Erklärung **nicht** als irrtümlich getätigt **anfechten.**[280]

79 Der Vertreter muss zudem im Zweifel die für die Stellvertretung sprechenden Tatsachen **beweisen.**[281] Dies entspricht der ganz herrschenden Einwendungstheorie.[282] Am besten ist dies durch die entsprechend Kennzeichnung möglich, also Unterzeichnung mit „in Vertretung für …". Wenn dem Geschäftsgegner die Vorsorgevollmacht früher zugesandt wurde und nun (mündlich) weitere Bestellungen getätigt werden, die offensichtlich dem Vollmachtgeber dienen, kann ebenfalls von einer Stellvertretung ausgegangen werden.

IX. Entgegennahme einer Erklärung (Abs. 3)

80 Um eine andere Person umfassend zu vertreten, reicht es nicht, Erklärungen für diese abgeben zu können. Willenserklärungen müssen von dem Stellvertreter auch entgegengenommen werden, sog. „passive Stellvertretung". Dies ermöglicht der Absatz 3.

Das Bestehen einer **Empfangsvollmacht** richtet sich wie sonst auch bei der Stellvertretung nach der Vollmacht, die uU auszulegen ist.[283] Es ist zum reinen Empfangsboten abzugrenzen, der die Erklärung lediglich weiterträgt.[284] Wird ein Vertreter aktiv in einem Geschäftsbereich tätig, ist anzunehmen, dass er auch zur Entgegennahme von Erklärungen befugt ist.[285] Dass die aktive Vertretungsmacht beschränkt ist, hat

---

[276] OLG Stuttgart 12 U 178/09, NJOZ 2010, 2177.

[277] BGH II ZR 99/61, NJW 1962, 1718.

[278] BGH IVa ZR 59/87, NJW 1988, 3012; insgesamt auch Baumgärtel/Laumen/Prütting/Laumen Beweislast § 164 BGB Rn. 31–33.

[279] MüKoBGB/Schubert § 164 BGB Rn. 17.

[280] Staudinger/Schilken BGB 2019 § 164 BGB Rn. 17 mwN.

[281] BGH VIII ZR 97/91, NJW-RR 1992, 1010.

[282] Dazu sowie zur anderen (Leugnungs-)Theorie: Baumgärtel/Laumen/Prütting/Laumen Beweislast § 164 BGB Rn. 4–8 mwN.

[283] Für Anlageverträge: OLG Bamberg 4 U 95/06, WM 2007, 1211.

[284] Etwa: BGH VIII ZR 11/63, NJW 1965, 965; OLG Düsseldorf 22 U 57/13, NJW-RR 2014, 530.

[285] LG Berlin 95 S 422/10, Grundeigentum 2011, 1310 (Bevollmächtigung eines Rechtsanwaltes in einem Kündigungsverfahren macht ihn auch zum Empfangsvertreter für Kündigungen); aber: OLG Stuttgart 18 UF 105/07, FamRZ 2007, 1908 (Bevollmächtigung eines Rechtsanwaltes in einem abgeschlossenen Scheidungsverfahren macht ihn nicht auch zum Empfangsvertreter für Forderung eines Kindesunterhaltanspruches).

nicht unbedingt zur Folge, dass diese Beschränkung auch für die Entgegennahme einer Erklärung gilt.[286] Ein Vertreter kann ausschließlich zur Entgegennahme von Erklärungen bevollmächtigt werden.[287]

Bei einem Mietverhältnis und einem Kreditvertrag wird die **formularmäßige** Einräumung einer Empfangsvollmacht für den Mitmieter bzw. Mitdarlehensnehmer als zulässig angesehen.[288] Es erscheint fraglich, ob dies zB auf einen Pflegeheimvertrag zu übertragen ist, bei dem ein Angehöriger von Beginn an bevollmächtigt wird. Nach hier vertretener Ansicht wäre dies zu weitgehend und daher unzulässig. Zudem läge kein Fall der gegenseitigen Bevollmächtigung vor, sondern der einseitigen. **81**

Eine **Abgabe der Erklärung** kann in die Richtung des Vertreters erfolgen, aber ebenfalls in die (auch) des Vollmachtgebers.[289] Regelmäßig werden bei Vorsorgebevollmächtigungen Erklärungen an die Anschrift des Vollmachtgebers gesandt. Nimmt der Bevollmächtigte sie dort entgegen oder – bei einem geschäftsunfähigen Vollmachtgeber – hat er Zugriff auf den Briefkasten,[290] liegt ein Empfang der Willenserklärung vor. Beim **Empfangsboten** ist ein Zugang erst dann gegeben, wenn nach den üblichen Gegebenheiten mit der Weiterleitung an den tatsächlichen Empfänger gerechnet werden kann.[291] **82**

X. Untervollmacht

1. Arten

Erteilt der Bevollmächtigte einem Dritten eine Vollmacht, den Vollmachtgeber zu vertreten, ist dies eine Untervollmacht. Der Unterbevollmächtigte handelt grundsätzlich im Namen des Vollmachtgebers.[292] Vertritt der Dritte den Vollmachtgeber direkt, geschieht dies auf der Grundlage einer eigenen Vollmacht, sog. **„direkte Untervollmacht“.** Beruft sich der unterbevollmächtigte Dritte auf die Hauptvollmacht und gibt eine Erklärung im Namen des Hauptbevollmächtigten ab, wird dies **„Durchgangsvertretung“** genannt.[293] Sie ist zulässig, schon weil sonst der Vertreter einer juristischen Person keine Vollmachten erteilen könnte.[294] Die Differenzierung ist wichtig, wenn es an einer Hauptvollmacht fehlt: Bei einer behaupteten direkten Untervollmacht haftet alleine der Unterbevollmächtigte nach § 179 BGB, im anderen Fall auch der Hauptbevollmächtigte, wenn es an der Hauptvollmacht fehlt.[295] **83**

2. Erteilungsbefugnis

Ob die Hauptvollmacht auch die Befugnis umfasst, Untervollmachten zu erteilen, ist durch **Auslegung** zu ermitteln.[296] Viele Muster enthalten Regelungen, die von der vollständigen Befugnis bis zum vollständigen Ausschluss der Unterbevollmächti- **84**

---

[286] OLG Oldenburg 2 U 180/90, NJW-RR 1991, 857.

[287] BGH VIII ZR 38/01, NJW 2002, 1041.

[288] BGH VIII ARZ 1/97, NJW 1997, 3437 (3440); III ZR 72/88, NJW 1989, 2383; Staudinger/Schilken BGB 2019 § 164 Rn. 23.

[289] Entsprechend: Staudinger/Schilken BGB 2019 § 164 Rn. 22.

[290] Ähnlich zu einer Zustellung an eine GmbH: BGH III ZR 353/02, NJW 2003, 3270.

[291] BeckOKBGB/Schubert BGB § 164 Rn. 92.

[292] Vgl. BGH X ZR 70/00, NJW-RR 2003, 51 (52).

[293] Strobel NJW 2020, 2433.

[294] Papenmeier Vollmachten S. 69; Bous RNotZ 2004, 483.

[295] BGH VIII ZR 18/76, NJW 1977, 1535; III ZR 83/59, NJW 1960, 1565.

[296] BGH II ZR 110/57, WM 1959, 377, 378 = BeckRS 1958, 31375409; OLG Hamm 15 W 52/13, BeckRS 2013, 6343; OLG München 34 Wx 223/13, BeckRS 2013, 15885.

gung reichen. Beim Muster des BMJ werden die beiden Extreme zur Wahl durch Ankreuzen gestellt. Wird eine solche Wahl offen gelassen, muss eine Unterbevollmächtigung nach hier vertretener Ansicht nicht akzeptiert werden, weil ein Zweifel vorliegt und bei solchen der engere Umfang anzunehmen ist.[297] Entsprechendes gilt bei einer unklar formulierten Einschränkung der Untervollmachtsbefugnis. Ein Verweis auf unbestimmte Rechtsbegriffe, auch aus dem Betreuungsrecht, kann zu Auslegungsproblemen führen (zB „geringfügige Angelegenheiten des täglichen Lebens" nach § 1825 Abs. 3 S. 2 BGB[298]).

85 Fehlt jede Regelung und ist die Hauptvollmacht im Übrigen ausdrücklich umfassend (zB „zu allen Rechtsgeschäften"), so ist nach hier vertretener Ansicht auch eine **umfassende** Unterbevollmächtigung **möglich.** Eine Einschränkung muss deutlich gemacht werden. Dass bei einer Vorsorgevollmacht im Zweifel keine Unterbevollmächtigung erlaubt sein soll,[299] ist nach hier vertretener Ansicht zu weit gegriffen. Der Vollmachtgeber will und formuliert grundsätzliche eine umfassende Vertretung, um eine Betreuung zu vermeiden. Ohne Untervollmachten kann das unmöglich sein. Möchte ein Vollmachtgeber eine Einschränkung auf die Person des Hauptbevollmächtigten, muss er dies deutlich anordnen. Die **andere Ansicht** führt an, dass bei Fehlen einer Regelung in der Vollmacht danach zu fragen sei, ob der Vollmachtgeber ein „schutzwürdiges persönliches Interesse daran hatte, dass gerade sein Vertreter und nicht irgendein Untervertreter tätig wird".[300] Danach muss der Einzelfall betrachtet werden, also um was für eine Angelegenheit es geht und was der Vollmachtgeber gewollt hat oder sich vorgestellt hätte. Bei einzelnen und weniger persönlichen oder wesentlichen Angelegenheiten wird eine Berechtigung eher anzunehmen sein, als bei einer umfassenden Unterbevollmächtigung und bei persönlich (wesentliche Gesundheits- oder Aufenthaltsfragen) oder wirtschaftlich (große Vermögensverfügungen) relevanterer Angelegenheiten.

86 Ein **Betreuer** kann zB einem Rechtsanwalt oder Hausverwalter eine Vollmacht erteilen.[301] Dabei handelt es sich nicht um eine Untervollmacht,[302] da der Betreuer selbst nicht bevollmächtigt ist.

3. Legitimation

87 Der Unterbevollmächtigte wird zur Legitimation **regelmäßig beide Vollmachten** vorlegen. Erteilt der Bevollmächtigte zum Zeitpunkt des Bestandes seiner Vollmacht dem Unterbevollmächtigten aber eine eigene Vollmacht zur direkten Vertretung des Vollmachtgebers, ist diese für sich wirksam, so dass grundsätzlich nur die Untervollmacht vorgelegt werden muss.[303] Dass die Hauptvollmacht bei Erteilung der Untervollmacht vorlag, kann bei einer notariellen Urkunde durch die Beifügung einer Abschrift bewiesen werden und/oder die Bestätigung des Notars in der Urkunde, dass die Vollmacht vorgelegen hat.[304] Ist dies nicht geschehen (was praktisch häufig der Fall sein wird), sollte dem Unterbevollmächtigten die Hauptvollmacht gegeben werden, denn sonst kann der Geschäftsgegner die Untervollmacht ohne Hauptvollmacht zurückweisen (zur Frage der Pflicht zur Akzeptanz bei Vorlage einer

---

[297] OLG München 34 Wx 1/11, BeckRS 2011, 22446.

[298] Empfohlen von Kropp für 2012, 9 (13).

[299] Zimmermann Vorsorgevollmacht Rn. 110; ders. BKR 2007, 226 (230).

[300] OLG München 23 U 5834/83, BeckRS 1984, 3995, Rn. 22 mwN (nicht zu einer Vorsorgevollmacht).

[301] Neuhausen RNotZ 2003, 158.

[302] So aber Neuhausen RNotZ 2003, 158 (169).

[303] Nach Renner/Braun der Regelfall: Müller-Engels/Braun/Renner/Braun Betreuungsrecht Kap. 2 Rn. 97.

[304] So auch Müller-Engels/Braun/Renner/Braun Betreuungsrecht Kap. 2 Rn. 97.

Untervollmacht → § 172 Rn. 5f.). Strobel sieht dies weitegehend ebenso, schränkt letzteres aber ein und meint, die Vorlage einer ggf. auch einfachen Abschrift der Hauptvollmacht sei ausreichend.[305] Zuzugeben ist, dass nicht grundsätzlich von Fälschungen ausgegangen werden muss (und darf?). Allerdings muss eine Vollmacht ohnehin nicht immer akzeptiert und ein Geschäft abgeschlossen werden. Zumindest in sensiblen Bereichen (zB größere Verfügungen bei einer Bank) wird der Forderung einer besseren Absicherung nachgekommen und muss zumindest eine beglaubigte Kopie der Hauptvollmacht vorgelegt werden müssen.

Auf eine direkte (→ Rn. 83) Untervollmacht hat der **Tod des Hauptbevollmächtigten** keine Auswirkungen,[306] wenn die Hauptvollmacht (wie üblich) transmortal war, also auch zur Erteilung einer transmortalen Untervollmacht ermächtigte. Die direkte Untervollmacht bleibt also wirksam (zum Widerruf → § 168 Rn. 46) und der Vollmachtgeber kann weiter vertreten werden. Bei der Durchgangsuntervollmacht (→ Rn. 83) ist dies anders, da die erforderliche Vollmacht des Hauptbevollmächtigten erlischt (→ Rn. 49). **88**

4. Gestaltung

Um Unklarheiten zu vermeiden, sollte eine Vorsorgevollmacht eine Bestimmung zur Untervollmachtserteilung enthalten. Damit der Bevollmächtigte effektiv und umfassend tätig werden kann, ist in einer Vorsorgevollmacht entweder die allgemeine Befugnis zur Erteilung von Untervollmachten[307] sinnvoll oder die Unterbevollmächtigung für einzelne Geschäfte oder bestimmte Bereiche[308] zu erlauben (oder zu untersagen, wie zB in persönlichen Angelegenheiten,[309] wobei bei umfassender Untersagung die Vollmacht schnell an Grenzen stoßen kann). Denkbar ist es auch, gleichzeitig eine Ersatzbevollmächtigungsregelung zu treffen oder eine umfassende Unterbevollmächtigung nur für in der Urkunde benannte Personen zuzulassen.[310] So bleibt die Bestimmung des Bevollmächtigten bei dem Vollmachtgeber. Ein vollständiger Ausschluss ist auch denkbar, aber keineswegs ein „Muss".[311] Eine Unterbevollmächtigung zB eines Rechtsanwaltes kann einem zweiten Bevollmächtigten eine bessere Kontrolle des ersten Bevollmächtigten ermöglichen.[312] Für Berufsträger und im unternehmerischen Bereich ist eine Unterbevollmächtigung grundsätzlich sehr wichtig.[313] Für die dauerhafte Tätigkeit als Bevollmächtigter, ohne bei jedem Geschäft eine Urkunde vorlegen zu müssen, ist bei einer Befreiung von den Beschränkungen des § 181 BGB eine Selbst-Unterbevollmächtigung denkbar (→ § 172 Rn. 6). **89**

XI. Vertretung nach dem Erbfall

1. Grundsatz

Eine Vollmacht **gilt über den Tod** des Vollmachtgebers **hinaus,** wenn aus ihr ausnahmsweise nichts anderes hervorgeht, §§ 168 S. 1, 672 S. 1 BGB (im Einzelnen → § 168 Rn. 4). Strittig ist, wessen Interessen der Bevollmächtigte nach dem Erbfall **90**

---

[305] Strobel NJW 2020, 2433.
[306] Papenmeier Vollmachten S. 71.
[307] So aber Walter ZEV 2003, 449 (450, 452).
[308] Alberts FPR 2007, 73 (75).
[309] Langenfeld ZEV 2003, 449; Walter ZEV 2000, 353 (354).
[310] Noch einschränkender: Zimmermann Vorsorgevollmacht Rn. 112.
[311] So aber Zimmer NJW 2014, 1573 (1575).
[312] LG Oldenburg 8 T 340/13, BeckRS 2013, 17260; Spernath MittBayNot 2021, 425 (429f.).
[313] Reymann ZEV 2006, 12.

verpflichtet ist: denen des Erblassers oder denen des Erben[314] (→ § 662 Rn. 62–64).

Grundbuchrechtlich[315] ist eine Voreintragung der Erben entbehrlich (§ 40 GBO) und auch der Nachweis des Erbrechts nach § 35 GBO jedenfalls bei der Bevollmächtigung nur eines Erben einer Erbengemeinschaft nicht erforderlich.[316] Dies gilt auch für die Finanzierungsgrundschuld ohne Voreintragung der Erben.[317] Anderes gilt nach zum Teil vertretener Meinung, wenn sie isoliert (also ohne Eigentumsvormerkung) eingetragen werden soll,[318] was unzutreffend ist.[319] Unzutreffend wird vereinzelt der Verzicht auf die Voreintragung bei der Eintragung eines vermächtnisweise zugewandten Nießbrauches abgelehnt.[320] Auch beim Alleinerben behält eine Vollmacht nach hier vertretener Ansicht[321] ihre Legitimationswirkung, selbst wenn die Meinung vertreten werden kann, dass dies jedenfalls nicht mehr gilt, wenn ein Erbnachweis vorliegt[322] (→ Rn. 91 aE).

2. Vor- und Nacherbschaft

90a Nach hM gilt die Vollmacht weiter und erlischt nicht durch Konfusion, wenn der Alleinerbe nur Vorerbe ist.[323]

Ob der Bevollmächtigte nur den Vorerben oder auch den Nacherben vertreten kann, ist **umstritten.** Die wohl überwiegende, auch hier vertretene Meinung **bejaht** eine Befugnis auch zur Vertretung des Nacherben.[324] Die Einschränkungen durch die Vorerbschaft werden durch den Testierenden eher in Kauf genommen (zB um Pflichtteilsansprüche in einer Patchwork-Konstellation zu verringern), als dass sie die-

---

314 Fischer/Kühne/Warlich/Fischer Banken S. 49, Grunewald ZEV 2014, 579 (580 f.); zu steuerlichen Fragen bei Schenkungen nach dem Tod des Vollmachtgebers: Wedemann ZEV 2013, 581.

315 Vgl. dazu ua Wendt ErbR 2021, 657; ders. ErbR 2023, 18; ua dabei zu KG 1 W 1357/20, ErbR 2021, 702 und KG 1 W 1503/20, ErbR 2021, 705; ders. ErbR 2020, 99; ders. ErbR 2020, 461 zugleich zu OLG Köln 2 Wx 343/19, ErbR 2020, 499; ders. ErbR 2020, 99 zugleich zu OLG Celle 18 W 33/19, ErbR 2020, 126; ders. ErbR 2023, 59 zugleich zu OLG Bremen 3 W 22/21, ErbR 2023, 57; OLG Hamburg 13 W 162/21, ErbR 2023, 55; Baumann ErbR 2019, 69, auch zu OLG Celle 6 W 78/18, ErbR 2019, 113; Plottek ZErb 2021, 253; Dressler-Berlin in einer Anmerkung zu OLG Oldenburg 12 W 38/21, FGPrax 2021, 153; Kollmeyer ZEV 2021, 557, auch zu KG 1 W 1503/20, ErbR 2021, 705; Milzer DNotZ 2021, 494; von Schwander RNotZ 2019, 57; Herrler DNotZ 2017, 508.

316 Böttcher NJW 2018, 831 (834); OLG Frankfurt a. M. 20 W 49/15, ZEV 2015, 648; 20 W 179/17, BeckRS 2017, 127778; OLG München 34 Wx 431/21, BeckRS 2022, 11026; 34 Wx 388/11, ZEV 2012, 376; KG 1 W 1503/20, ZEV 2021, 332.

317 OLG Karlsruhe 19 W 72/21, ErbR 2023, 60; OLG Hamburg 13 W 162/21, ErbR 2023, 55; aA OLG Bremen 3 W 22/21, ErbR 2023, 57; für den Fall der Bevollmächtigung eines Miterben: OLG Celle 18 W 33/19, ErbR 2020, 126; OLG Stuttgart 8 W 311/18, DNotZ 2019, 194; aA OLG Köln 2 Wx 82/19, BeckRS 2019, 16249.

318 OLG Oldenburg 12 W 38/21, FGPrax 2021, 153 mit instruktiver, den engen Anwendungsbereich der Entscheidung herausstellenden Anmerkung von Dressler-Berlin.

319 KG 1 W 1357/20, ErbR 2021, 702; ua dazu: Wendt ErbR 2021, 657 (661).

320 Vgl. dazu Wendt ErbR 2020, 461 zugleich zu OLG Köln 2 Wx 343/19, ErbR 2020, 499.

321 Ebenso: Herrler DNotZ 2017, 508; aA OLG München 34 Wx 273/16, NJW 2016, 3381.

322 OLG München 34 Wx 383/16, ZEV 2017, 280.

323 Bengel/Reimann Testamentsvollstreckung Kap. 1. Rn. 51b; Kurze ZErb 2008, 399 (404 f.); Weidlich ZEV 2016, 57 (64); Reinmann in Anmerkung zu OLG München 34 Wx 383/16, ZEV 2017, 280.

324 OLG Stuttgart 8 W 160/19, ZEV 2019, 530; aA bei einer anderen Konstellation (keine Befreiung) OLG München 34 Wx 237/18, ZEV 2019, 533; sehr instruktiv: Spernath MittBayNot 2021, 425 (433–435); Keim ZEV 2020, 1.

sem wichtig sind. Zudem ist er derjenige, der auch durch die Vorsorgevollmacht verfügt, und sollte damit der Maßstab sein.

3. Alleinerbe

91 Beim Alleinerben tritt eine Art der sog. „Konfusion" ein, durch welche die Vollmacht **erlischt** (hM).[325] Zwar ist der Begriff der „Konfusion"[326] nicht zutreffend,[327] da er die Vereinigung von Schuld und Forderung beschreibt, die bei einer Vollmacht nicht vorliegt. Der Gedanke ist allerdings derselbe: Niemand kann sein eigener Vertreter sein. Aus der Begrifflichkeit ergibt sich auch, dass es sich bei „Ausnahmen" um keine solchen handelt: Nach hM gilt die Vollmacht weiter, wenn eine andere Person als Testamentsvollstrecker eingesetzt ist (§ 2211 BGB)[328] und wenn der Alleinerbe nur Vorerbe ist.[329] In beiden Fällen ist es nicht zu einer Vereinigung von dem, der die Verfügungsberechtigung inne hat, und dem, der sie übertragen bekam, gekommen. Beim Erben sind die Wirkungen der Gesamtrechtsnachfolge nicht umfassend eingetreten: Er ist weiter nicht (Testamentsvollstreckung) oder nur eingeschränkt (als Vorerbe) verfügungsbefugt.

Es besteht aber weitgehend Einigkeit darüber, dass der Vollmacht für den Alleinerben eine **Legitimationswirkung** zukommt, die im Ergebnis deren Fortbestand bedeutet:[330] Es ist logisch zwingend, dass ein bevollmächtigter Alleinerbe entweder aus seiner Stellung als Alleinerbe oder – wenn diese noch nicht nachzuweisen ist – als Bevollmächtigter zu Handlungen für den Nachlass berechtigt sein muss **(„So-oder-So-Bevollmächtigter").**[331] In der Praxis würden Vollmachten sonst entwertet, weil immer nachgewiesen werden müsste, dass der Vollmachtgeber noch lebt. Dass der Bevollmächtigte nicht Alleinerbe wird, kann zu Lebzeiten nicht festgestellt werden.

92 Weiß der Bevollmächtigte, dass er Alleinerbe ist, handelt aber unter Berufung auf die Vollmacht, **haftet** er grundsätzlich auch mit seinem eigenen Vermögen, denn die Vollmacht ist erloschen.[332] Etwas anderes kann nur angenommen werden, wenn die

---

[325] Wie hier: OLG München 34 Wx 383/16, ZEV 2017, 280; OLG Hamm 15 W 79/12, DNotI-Report 2013, 70; OLG Stuttgart 1 Rs 49/48, NJW 1947/48, 627; Bengel/Reimann Testamentsvollstreckung Kap. 1. Rn. 51ff.; Papenmeier Vollmachten S. 47ff.; aA: LG Bremen 5 T 829/92, Rpfleger 1993, 235; Mensch NotBZ 2013, 420 (421); Zimmermann Vorsorgevollmacht Rn. 267.

[326] Grundsätzliche Überlegungen: Lieder ZfPW 2022, 345.

[327] Joachim/Lange ZEV 2019, 62 (64).

[328] OLG München 34 Wx 248/12, ErbR 2013, 33; Muscheler ZEV 2008, 213 (215f.); Reinmann in Anmerkung zu OLG München 34 Wx 383/16, ZEV 2017, 280.

[329] Bengel/Reimann Testamentsvollstreckung Kap. 1. Rn. 51b; Kurze ZErb 2008, 399 (404f.); Weidlich ZEV 2016, 57 (64); Reinmann in Anmerkung zu OLG München 34 Wx 383/16, ZEV 2017, 280.

[330] Ebenso: KG 1 W 1503/20, ZEV 2021, 332; Herrler DNotZ 2017, 508; OLG München 34 Wx 110/16, ZEV 2016, 656; anders aber in OLG München 34 Wx 273/16, NJW 2016, 3381.

[331] Wie hier: OLG München 34 Wx 110/16, ErbR 2017, 40; OLG München 34 Wx 248/12, ErbR 2013, 33; LG Bremen 5 T 829/92, RPfleger 1993, 235; Weidlich MittBayNot 2013, 196 (199); ders. ZEV 2016, 57 (63); Mensch ZEV 2016, 423; Wendt ErbR 2017, 19; Pamp ErbR 2013, 194 (197); Süß ZEV 2008, 69 (72); Böttcher NJW 2018, 831 (835); Trapp ZEV 1995, 314 „gewohnheitsrechtlich"; Bengel/Reimann Testamentsvollstreckung Kap. 1 Rn. 51a als Auslegung der Erklärung, im eigenen Namen handeln zu wollen; anders – und falsch, weil Formerfordernisse keinen Selbstzweck haben und zwingende Logik nicht aushebeln können: OLG Hamm 15 W 79/12, DNotI-Report 2013, 70; ablehnend: OLG München 34 Wx 273/16, NJW 2016, 3381.

[332] So Muscheler ZEV 2008, 213 (216).

Behauptung der Stellvertretung als vertragliche Vereinbarung der Begrenzung der Haftung auf den Nachlass verstanden wird. Ähnlich kann dies gesehen werden, wenn der Bevollmächtigte seine Alleinerbenstellung nicht kennt.[333]

4. Erbengemeinschaft

93 Nach der wohl hM zerfällt die Vollmacht nach dem Erbfall bei der Nachfolge durch eine Erbengemeinschaft in Vollmachten der einzelnen Miterben, aber beschränkt auf den Nachlass. Dagegen spricht aber, dass Rechtsnachfolger des Erblassers die Erbengemeinschaft ist. Vollmachtgeber müsste nach dem Erbfall die Erbengemeinschaft insgesamt sein. Ein Zerfallen der Vollmacht in Einzelvollmachten würde dem Grundsatz der Universalsukzession widersprechen. Nach hier vertretener Ansicht[334] besteht daher eine **einheitliche Vollmacht für die Erbengemeinschaft** weiter. Folgen hat dies zum einen für die Frage des Widerrufs (→ § 168 Rn. 36–39), zum anderen für die Haftung, insbesondere wenn ein Miterbe Bevollmächtigter war.

94 Wird der überwiegenden Meinung gefolgt, erlischt die Vollmacht für den bevollmächtigten **Miterben** mit dem Erbfall durch Konfusion wie beim Alleinerben. Die von ihm auf der Grundlage der Vollmacht abgegebenen Erklärungen würden für seine Miterben eine Nachlassverbindlichkeit und für ihn eine Eigenverbindlichkeit entstehen lassen. Bei Maßnahmen der ordnungsgemäßen Verwaltung gewährt allerdings ein Mehrheitsbeschluss dem handelnden Miterben eine Vollmacht, die Erbengemeinschaft zu vertreten. Wenn die Erbengemeinschaft in diesen Fällen vertreten werden kann, sollte sie es auch durch eine Vollmacht des Erblassers werden können. Nach hier vertretener Meinung begründet die Erklärung eines vom Erblasser bevollmächtigten Miterben daher insgesamt eine Nachlassverbindlichkeit. Diese Ansicht ermöglicht auch, dass ein Erbnachweis nach **§ 35 GBO** (Erbschein) nicht notwendig ist und auch keine Voreintragung der Erben, wenn ein Miterbe bevollmächtigt wurde.[335] Auch eine Finanzierungsgrundschuld kann ohne Voreintragung der Erben in das Grundbuch eingetragen werden.[336]

5. Dritter als Bevollmächtigter

95 Nach dem Tod des Vollmachtgebers vertritt der Bevollmächtigte den oder die Erben (unstr.),[337] jedenfalls wenn der Bevollmächtigte nicht selbst Erbe ist.

Nach dem Tod wird der Nachlass verpflichtet. Str. ist, ob **Verbindlichkeiten** zugleich Eigenschulden der Erben werden. Nach hier – mit der hM – vertretener Ansicht gibt es keine Besonderheiten zu sonstigen Nachlassverbindlichkeiten und der Erbe muss ggf. Haftungsbeschränkungsmaßnahmen in Anspruch nehmen bzw. ausschlagen. Seine Haftung ist daher auf den Nachlass **beschränkbar.**[338] Zu einer Eigenverbindlichkeit des Erben kommt es nur, wenn er zustimmt.[339] Zwar können die Erben durch das Weiterhandeln eines Bevollmächtigten Nachlassverbindlichkeiten begründen, auch wenn es sich nicht um ordnungsgemäße Verwaltungsmaßnahmen handelt (daher billigt Papenmeier eine reine Nachlassverbindlichkeit nur bis

---

333 Papenmeier Vollmachten S. 49.

334 Ähnlich: Zimmer NJW 2016, 3341 (3343); OLG Schleswig 2 W 48/14, ZEV 2015, 225.

335 OLG München 34 Wx 431/21, BeckRS 2022, 11026; im Ergebnis: OLG Schleswig 2 W 48/14, ZEV 2015, 225; OLG Celle 18 W 33/19, ErbR 2020, 126.

336 OLG Celle 18 W 33/19, ErbR 2020, 126, dazu Wendt ErbR 2020, 99.

337 BGH VIa ZR 186/81, Z 87, 19 = NJW 1983, 1487 (1489); OLG München 34 Wx 513/13, NJW-RR 2015, 1382.

338 Ivo ZErb 2006, 7; kritisch: Grunewald ZEV 2014, 579 (580f.).

339 BGH II ZR 99/61, NJW 1962, 1718.

zur Möglichkeit des Erben, die Vollmacht zu widerrufen, zu).[340] Die Gläubiger sind aber gewarnt, da sie sich auf ein Vertretungsgeschäft einlassen. Zu der Frage, wessen Interessen (Erblasser oder Erbe) der Bevollmächtigte zu beachten hat[341] → § 662 Rn. 62–64.

6. Testamentsvollstrecker

Zur Vollmacht durch den Testamentsvollstrecker → Rn. 47. Das Amt des Testamentsvollstreckers beginnt mit der Annahme, § 2202 BGB. Bis nach dem Erbfall das Testamentsvollstreckerzeugnis vorliegt, kann es je nach Arbeitsweise des Nachlassgerichtes einige Zeit dauern. Unmittelbar nach dem Erbfall sind allerdings regelmäßig schon wichtige Angelegenheiten zu regeln, seien es die Bestattung oder die Haushaltsauflösung. Es ist deshalb allgemein anerkannt, dass zumindest für die Zeit zwischen dem Erbfall und der Amtsannahme bzw. der Erteilung des Testamentsvollstreckerzeugnisses vorgesorgt werden sollte.[342] Bei Vollmachten an andere Personen kann es im Einzelfall zu Abgrenzungsproblemen kommen.[343] 96

Die Bevollmächtigung kann **in der letztwilligen Verfügung** geschehen. Es können aber Nachweisprobleme auftreten,[344] weil ein handschriftliches Testament einzureichen und ein notarielles schon hinterlegt ist. Es kann verfügt werden, dass eine Fotokopie des Testamentes zusammen mit der Sterbeurkunde oder das (allerdings wiederum uU erst nach Wochen) eröffnete Testament mit Eröffnungsprotokoll als Nachweis gilt. Die Alternative ist eine **separate Vollmacht.** Soll sie als postmortal erst ab dem Erbfall gültig sein (Nachweis: Sterbeurkunde),[345] womit lebzeitiger Missbrauch verhindert und zum Vorsorgebevollmächtigten abgegrenzt wird, ist dies zu vermerken.[346] 97

Der Testamentsvollstrecker kann dann auch mittels der Vollmacht handeln, wobei er nicht den Beschränkungen unterliegt, die er bei der Ausübung des Testamentsvollstreckeramtes hätte.[347] Sowohl zur eigenen Absicherung (Haftung nach § 179 BGB) als auch für die Offenkundigkeit im Rechtsverkehr kann eine Klarstellung der Grundlage der Tätigkeit wichtig sein. Für die Erben stellt sich die Frage, ob sie bei einer Vollmacht des Erblassers auch selbst mit ihrem Eigenvermögen verpflichtet werden oder ob nur der Nachlass haftet. Wie bei anderen Dritten sollte eine Eigenhaftung nur bei Mitwirkung der Erben eintreten (→ Rn. 95). Der **Umfang** der Vertretungsmacht aufgrund der Vollmacht ist durch deren Auslegung zu ermitteln.[348] 98

Die Vollmacht neben der Testamentsvollstreckung ist insbesondere bei **Gesellschaftsbeteiligungen** erforderlich, wenn der Testamentsvollstrecker die Kontrolle sonst nicht ausüben kann, weil die Testamentsvollstreckung etwa aufgrund der Kernbereichstheorie nicht zulässig ist.[349] Sie hat im Gegensatz zur Treuhandlösung insbesondere bei Personengesellschaften den Vorteil, dass der von den Erben be- 99

---

[340] S. 73–82 mwN zur Mindermeinung.

[341] Wie hier Grunewald ZEV 2014, 579 (581 ff.).

[342] Bengel/Reimann/Bengel/Dietz Testamentsvollstreckung Kap. 1 Rn. 35; Mensch NotBZ 2013, 420; Strobel ZEV 2020, 589.

[343] BGH IV ZB 34/21, ZErb 2022, 466 mAnm Becker.

[344] Mayer/Bonefeld/Mayer Testamentsvollstreckung § 15 Rn. 6.

[345] So auch Strobel ZEV 2020, 589.

[346] Vgl. auch Michalski WuM 1997, 658; Weidlich ZEV 2016, 57 (62).

[347] BGH II ZR 99/61, NJW 1962, 1718.

[348] BGH IV ZB 34/21, ZEV 2022, 71 mAnm Keim = RFamU 2022, 513 mAnm Bonefeld; Zimmer NJW 2022, 3392 (3393); Werner ErbR 2023, 13.

[349] Dazu: BGH II ZR 229/54, Z 20, 363; zur – zulässigen – Testamentsvollstreckung bei einem Kommanditanteil vgl. Schneider NJW 2015, 1142.

vollmächtigte Testamentsvollstrecker keine persönliche Haftung für die Erben eingeht.[350]

100 Der Erblasser kann verfügen, dass die Erben dem Testamentsvollstrecker eine Vollmacht zur Verfügung über den Nachlass geben müssen (**Auflage,** §§ 1940, 2192ff. BGB) und dies mit einer **Bedingung** (§§ 2074ff. BGB) verbinden, welcher die Erbenstellung bei Nichtbefolgung der Auflage entfallen lässt, also bei Nichterteilung oder Widerruf der Vollmacht ohne wichtigen Grund. Die hM sieht dies als zulässig an, mit dem grundsätzlich guten Argument, dass es Erben freisteht, auszuschlagen und ggf. den Pflichtteil geltend zu machen.[351] Dies ist allerdings in der Praxis problematisch, weil die Ausschlagungsfrist kurz ist, und dogmatisch bedenklich, da die erbrechtlichen Gestaltungsmittel ausgeweitet werden. Ein Bevollmächtigter kann zB vom Nachlassgericht nicht entlassen werden. Ein Widerruf der Vollmacht kann die Bedingung auslösen und stellt so ein erhebliches Risiko dar. Dies würde bei einer Testamentsvollstreckung einer auflösenden Bedingung entsprechen, die bei Einreichung eines im Ergebnis nicht erfolgreichen Abberufungsantrages greift. Insofern spricht nach hier vertretener Ansicht einiges entweder für eine einschränkende Auslegung einer solchen Klausel („Kontrollmittel" bis hin zu einer Feststellungsklage, nach welcher ein Widerruf der Vollmacht begründet ist, sind möglich, ohne die Sanktion auszulösen) oder deren Unzulässigkeit.[352]

7. Pflichtteilsberechtigter

101 Es kann für den Pflichtteilsberechtigten problematisch sein, wenn der **Erbe auch Bevollmächtigter** des Erblassers war (und uU auch bei Handlungen des Bevollmächtigten nach dem Tod des Vollmachtgebers).[353] Der Pflichtteilsberechtigte hat im Gegensatz zum (Mit-)Erben die Schwierigkeit, nicht selbst nachforschen zu können. Er hat zwar einen Anspruch gegen den Erben auf Auskunft sowie auf Wertermittlung, aber weder ein Recht, die Vorlage von Belegen zu fordern, noch einen Rechenschaftsanspruch. Wenn der Erbe auch Bevollmächtigter war und vor dem Erbfall das Vermögen auf sich oder Dritte übertragen hat, wird das Nachlassverzeichnis fast leer sein.

Der Pflichtteilsberechtigte hat ein Recht, zu erfahren, ob Geld unrechtmäßig abgehoben wurde. Der Erbe muss in das Nachlassverzeichnis auch **Forderungen** des Erblassers aufnehmen, eventuell als unsichere iSv § 2313 BGB. Wenn ein Bevollmächtigter Vermögen veruntreut hat, hatte der Erblasser einen Herausgabe- oder Ersatzanspruch gegen den Bevollmächtigten. Obwohl diese Forderung durch Konfusion erlischt, wenn der Erbe auch Bevollmächtigter war, muss sie in das Nachlassverzeichnis aufgenommen werden. Meint der Erbe, diese Ersatzansprüche seien ihm **„erlassen"** worden, würde dies eine ebenfalls anzugebende **Schenkung** darstellen. Es bestehen also Auskunftspflichten. Der Erbe hat aber noch mehr als sonst die Möglichkeit, Tatsachen zu verschleiern und sich notfalls später auf eine fahrlässige, rechtliche Unkenntnis zu berufen.

102 Sinnvoll ist es für den Pflichtteilsberechtigten, **schon zu Lebzeiten** des Vollmachtgebers eine Kontrollbetreuung anzuregen, §§ 1815 Abs. 3, 1820 Abs. 3 BGB. Damit kann unter Umständen jedenfalls ein Vermögensstand dokumentiert werden. Allerdings darf eine Betreuung nicht zum Schutz eines Dritten, wie eines potentiellen Pflichtteilsberechtigten, sondern nur im Interesse des betroffenen Vollmachtgebers

---

[350] Vgl. Weidlich ZEV 1994, 205 (211).

[351] Hübner/Hammes BB 2013, 2307 (2311); eher am Rande: BGH II ZR 75/67, WM 1969, 493.

[352] Ebenfalls in diese Richtung, wenn auch nicht eindeutig ablehnend: Ulmer ZHR 146 (1982), 555; Bengel/Reimann/Pauli Testamentsvollstreckung Kap. 5 Rn. 138, 170.

[353] Vgl. Sagmeister MittBayNot 2013, 107 (111f.).

eingerichtet werden. Das kann gegeben sein, wenn sein Vermögen und seine Versorgung durch den Bevollmächtigten gefährdet werden.

XII. Gestaltung

Für die Gestaltung von Vorsorgevollmachten gibt es inzwischen **unzählige** Empfehlungen, Lehrbücher und **Muster.**[354] Problematisch ist zum einen, dass viele Vorsorgevollmachten „aus dem Internet" ohne juristische Beratung verwandt werden. Sie sind dann zum Teil nicht brauchbar, weil sie inhaltlich unklar, (unbewusst) beschränkt oder formal nicht ausreichend sind, oder sie sind für den Vollmachtgeber gefährlich, da unbeschränkte Befugnisse ohne entsprechendes Bewusstsein erteilt werden. Zum anderen ist problematisch, dass das Innenverhältnis fast nie geregelt wird, wodurch für den Vollmachtgeber (Vollmachtsmissbrauch, → Rn. 74–77) und den Bevollmächtigten („Vollmachtsfalle", → § 662 Rn. 14) Gefahren bestehen. **103**

Vorsorgevollmachten (zum Begriff → Rn. 8) werden als Innenvollmachten dem Bevollmächtigten gegenüber erteilt (→ § 167 Rn. 20). Sie können durch Außenvollmachten zB bei Banken ergänzt werden (→ § 172 Rn. 1–9). Von letztwilligen Verfügungen sowie von der Regelung des abstrakten (→ Rn. 9, → Vor §§ 662 Rn. 2) **Innenverhältnisses** (→ § 662 Rn. 2–14, 65–77) und einer **Patientenverfügung** (→ § 1827 Rn. 78–118) sollte die Vorsorgevollmacht nach hier vertretener Ansicht **abgegrenzt** werden, also in separaten Schriftstücken enthalten sein. So werden zB Patientenverfügungen öfter bestätigt, geändert oder ergänzt, was gerade bei notariellen Kombinationsurkunden problematisch sein kann, ohne die Vollmacht zu beeinträchtigen oder eine neue Beurkundung vornehmen zu müssen. Soweit es bei einer **Bestattungsverfügung** lediglich um die Bestimmung eines Totenfürsorgeberechtigten geht, kann dies in eine Vorsorgevollmacht integriert werden. Ein Kernelement einer **Betreuungsverfügung,** die Bestimmung des Wunschbetreuers, sollte in die Vollmacht für die Fälle integriert werden, dass die Vollmacht nicht ausreicht (dann ist meist der Bevollmächtigte der Wunschbetreuer) oder der Bevollmächtigte wegfällt (Dritter als Wunschbetreuer als Ersatz mit betreuungsgerichtlicher Kontrolle). Ein zweites Kernelement kann und sollte, insbesondere seit der Wunschbetonung durch die Reform zum 1.1.2023, die Darlegung der Vorstellungen und Wünsche des Betroffenen sein (zur Betreuungsverfügung als Alternative oder Ergänzung → Rn. 107), was bei einer Vorsorgevollmacht in der Regelung des Innenverhältnisses enthalten sein sollte. Soweit ein **Auslandsbezug** besteht, sollte entsprechend spezialisierte Rechtskenntnis, ggf. durch einen ortsansässigen Anwalt, hinzugezogen werden (→ Art. 15 ErwSÜ Rn. 31). **104**

Zu den **Form**erfordernissen → § 167 Rn. 27–37, wobei das Schriftformerfordernis gem. §§ 1820 Abs. 2, 1829, 1831 f. BGB sowie die grundsätzliche Erforderlichkeit der notariellen Beurkundung für Verbraucherkreditgeschäfte (→ § 167 Rn. 36), die der notariellen Beglaubigung für bestimmte GmbH-Angelegenheiten (→ § 167 Rn. 31) und die Beglaubigung für Grundbuchangelegenheiten (→ § 167 Rn. 31) besonders zu erwähnen sind. Zur Abwägung der möglichen Formen → § 167 Rn. 38–68, wobei nach hier vertretener Ansicht **zumindest** eine **Beglaubigung** (ggf, durch die Betreuungsbehörde), sonst die Beurkundung gewählt werden sollte. **105**

Die Vollmacht sollte mit „Vorsorgevollmacht" oder „General- und Vorsorgevollmacht" **überschrieben** sein (→ Rn. 59–61). Bei **notariellen Urkunden** sind Erklärungen zur Geschäftsfähigkeit (→ § 167 Rn. 1, 51–53), zur Identitätsfeststellung und zur Vorbefassung aufzunehmen. Der Vollmachtgeber (→ Rn. 45–47) und die **106**

---

[354] Genannt werden sollen hier nur exemplarisch: Zimmermann Vorsorgevollmacht; Rudolf/Bittler/Roth Vorsorgevollmacht; Müller-Engels/Braun Betreuungsrecht; Horn/Sticherling Vorsorgevollmachten § 1; Einzelformulierung: Gallus ErbStB 2017, 186.

bevollmächtigten Personen (→ Rn. 48–58) sind eindeutig zu bezeichnen, am besten mit Namen, Geburtsdatum und -ort sowie Anschrift. Ein Notar ist bei einer Beurkundung zu einem Hinweis auf die Möglichkeit der Registrierung im ZVR verpflichtet, bei einer Beglaubigung ist dies unklar, sollte aber geschehen.[355] Im Übrigen sind **Hinweise** auf den erheblichen Umfang der Vollmacht, Genehmigungsbedürfnisse und angebrachte Maßnahmen beim Widerruf sinnvoll.[356] Bei **mehreren Bevollmächtigten** (zur Auswahl → § 675 Rn. 19–22, zur berufsmäßigen Übernahme und zum RDG → § 675 Rn. 23–28) ist deren Verhältnis zueinander zu klären (→ Rn. 57 f.) und eine Einzelvertretungsbefugnis (→ Rn. 48–58) sollte ggf. ausdrücklich ausgesprochen werden. Bei sich gegenseitig bevollmächtigenden **Ehegatten** sind zwei **getrennte Urkunden** nach hier vertretener Auffassung vorzugswürdig, da sie einfacher separat voneinander genutzt und ggf. geändert werden können. Dies soll auch bei der Beurkundung keine höheren Kosten (mehr) auslösen, da die Werte bei einer Beurkundung in einer Urkunde nicht zusammengerechnet werden sollen.[357] Eine Parallelbeurkundung ist möglich, § 13 Abs. 2 S. 1 BeurkG.

107 Meist wird eine Bevollmächtigung „soweit gesetzlich möglich" gewünscht. Allerdings gibt es Fälle, in denen **kein 100-prozentiges Vertrauen** zum Bevollmächtigten besteht oder bestehen sollte. Das kann die Bevollmächtigung einer sich erst seit einiger Zeit kümmernden Person sein, zu der keine lange und enge persönlich-verwandtschaftliche Beziehung besteht, also ein Nachbar, eine Pflegeperson, eine neue, helfende „Bekanntschaft" im Gegensatz zum langjährigen Ehegatten oder vertrauenswürdigen und kompetenten Kind. Es kann auch ein Kind sein, in dessen Fähigkeiten oder Uneigennützigkeit (auch gegenüber Geschwistern) kein absolutes Vertrauen besteht. In diesen Fällen sollte über einen zweiten, kontrollierenden und unterstützenden Bevollmächtigten nachgedacht werden (→ § 675 Rn. 23–28)[358] und über eine Einschränkung der Vorsorgevollmacht[359] auch im Außenverhältnis, zB für Immobilienverfügungen, die Geldanlage bei einem bestimmten Kreditinstitut oder die Umgangsbestimmung.[360]

Es ist dann nicht auszuschließen, dass für eine Verfügung in dem Bereich dann (vorübergehend) eine Betreuung eingerichtet wird. Diese wirkt dann aber durch das Verfahren und die Einschaltung externer Person schützend. Auch insgesamt sollte der Ausschluss einer Betreuung nicht als das primäre Ziel einer Vorsorgevollmacht gesehen werden, sondern im Einzelfall eher eine **Betreuungsverfügung** errichtet werden mit dem Ziel, die gewünschte Person zum Vertreter zu erhalten, der aber (ggf. als befreiter Betreuer) einer gewissen Kontrolle durch das Betreuungsgericht unterliegt.

Von Bedingungen zum Inkrafttreten der Vollmacht wird hier grundsätzlich abgeraten (→ § 167 Rn. 4–18).

108 Viele Befugnisse sollten in der Vorsorgevollmacht – nach der Erteilung der umfassenden Vertretungsmacht – (zT beispielhaft) ausdrücklich benannt werden, um tatsächlichen, rechtlichen Anforderungen (zB nach §§ 1820 Abs. 2, 1829, 1831 f. BGB) oder Klarstellungsbedürfnissen (zB Unterbevollmächtigung, Schweigepflichtentbindung) zu entsprechen. Dies lässt die Vorsorgevollmachten zwar recht umfangreich werden, was bedauerlich ist. Es hilft aber sowohl als Verdeutlichung für den Vollmachtgeber und den Bevollmächtigten, als auch für eine bessere, spätere Akzeptanz. Die Sprache sollte soweit wie möglich auch für Laien verständlich sein.

---

355 Horn/Horn Vorsorgevollmachten § 7 Rn. 14.

356 Vgl. zB Horn/Sticherling Vorsorgevollmachten § 1 Rn. 7.

357 Horn/Sticherling Vorsorgevollmachten § 1 Rn. 18.

358 Dies ebenfalls empfehlend: Spernat MittBayNot 2021, 425 (429 f.).

359 Gestaltungshinweise unter diesem Aspekt: Weigl MittBayNot 2017, 538.

360 Vgl. auch Horn NJW 2018, 2611 (2612 f.).

Typische, wichtige **Regelungspunkte** in einer Vorsorgevollmacht sind: 109
- Klarstellung der Geltung über den Tod hinaus → Rn. 7, 26
- Übertragung des Totenfürsorgerechts → Rn. 28
- Transplantation, Organspende → Rn. 40
- Gesellschaftsrechtliche Handlungsvollmacht → § 54 HGB Rn. 1
- Bankangelegenheiten einschließlich Onlinebanking, Schließfach → Rn. 63; Verbraucherkredit → § 167 Rn. 36
- Befugnisse gem. §§ 1829, 1831f. BGB → Rn. 31, § 167 Rn. 28, 35, § 1815 Rn. 4f., § 1831 Rn. 17
- Schenkungsbefugnisse[361] sollten nach hier vertretener Ansicht nicht in der Vollmacht, sondern im Innenverhältnis geregelt werden → Rn. 39, § 516 Rn. 33
- Ausdrückliche Entbindung von Schweigepflicht → Rn. 39
- Rechtswahl[362] → Art. 15 ErwSÜ Rn. 4, 21–29
- Unterbevollmächtigung → Rn. 89
- Befreiung von den Beschränkungen des § 181 BGB → § 181 Rn. 8–16
- Prozessführung nach § 81 ZPO
- Regelung von Erbangelegenheiten → Rn. 30
- Aufenthaltsbestimmung und Umgang → Rn. 40
- Digitales → Rn. 28a

110 Bei Beurkundungen ist besonderes Augenmerk auf die Vorgaben zur Erteilung von **Ausfertigungen** zu legen, damit der Bevollmächtigte sie vom Notar auch erhalten kann, wenn der Vollmachtgeber nicht mehr geschäftsfähig ist. Eine **Registrierung** im Zentralen Vorsorgeregister → § 78a BNotO Rn. 7–9 ist sinnvoll, insbesondere da seit der Reform zum 1.1.2023 diese nicht nur bei einem Betreuungsverfahren vom Betreuungsgericht abgefragt werden kann, sondern auch von Ärzten. Wohlgemerkt ist dort die Vollmacht weder im Original noch in anderer Art hinterlegt. So sind weitere Maßnahmen wie Notfallkarten anzuraten. Denkbar ist es, das Wirksamwerden an den **Besitz** zu koppeln (→ § 167 Rn. 20–23); zur **Unterzeichnung** durch den **Bevollmächtigten** → § 167 Rn. 19.

111 Nach hier vertretener Ansicht sollte die Gestaltung durch einen spezialisierten **Juristen** erfolgen. Diese sind auch unter Notaren zu finden, mehr aber unter Rechtsanwälten. Viele Notare sind anders ausgerichtet und lassen eine Standardvollmacht weitgehend vom Vorzimmer vorbereiten. Zudem besteht die Gefahr, dass zB das Innenverhältnis und eine Rechtswahl nicht aus inhaltlichen Gründen, sondern aus Kostenerwägungen (→ § 167 Rn. 46, 57–60) nicht geregelt werden. Für **Betreuungsbehörden**[363] ergibt sich auch aus § 5 Abs. 1 BtOG nach hier vertretener Ansicht keine Befugnis zur Einzelfallberatung, sondern nur zur allgemeinen Aufklärung, Förderung (§ 6 BtOG) und Beratung. Für die Beratung bei der Errichtung einer Vorsorgevollmacht durch anerkannte Betreuungsvereine sah der BGH allerdings in § 1908f Abs. 4 BGB aF eine Erlaubnis nach § 1 Abs. 3, § 3 Fall 2 RDG.[364] Allgemein ist die Einzelfallberatung zur Erstellung des juristischen Dokumentes der Vorsorgevollmacht, deren Bedeutung und mögliche Folgen weitgehend unterschätzt werden, nach hier vertretener Ansicht eine den Notaren und Rechtsanwälten vorbehaltende Rechtsdienstleistung (zur RDG-Problematik bei der Ausübung einer Vorsorgebevollmächtigung → § 675 Rn. 23–28).[365]

---

[361] Vgl. zB Spernat MittBayNot 2021, 425 (428f.).
[362] Bücken RNotZ 2018, 213.
[363] Vgl. dazu auch Klasen BtPrax 2017, 62; HK-BUR/Deinert § 4 BtBG.
[364] BGH I ZR 227/19, ZfBR 2021, 401, Rn. 38.
[365] Ebenso Gallus ErbStB 2017, 186 (191); vgl. auch DNotI-Report 2020, 57 (58).

112 **Rechtsanwälte** sollten die **Vergütung** vereinbaren,[366] wobei grundsätzlich Pauschalvergütungen für den Mandanten am transparentesten sind. Bei komplexen Gestaltungen kann auch eine Zeitvergütung nach üblichem Stundensatz angebracht sein, wobei eine vorhersehbare, nachvollziehbare und (minuten)genaue Abrechnung empfohlen wird. Ansonsten liegt bei dem einseitigen Entwurf einer Vorsorgevollmacht ohne Regelung des Innenverhältnisses (dazu → § 662 Rn. 99) keine Vertretung vor, so dass eine Geschäftsgebühr nicht entsteht, sondern sich gem. § 34 Abs. 1 RVG eine Höchstgebühr von (unangemessenen) 250 EUR zzgl. USt. und Auslagen ergibt (wie bei der Patientenverfügung → § 1829 Rn. 115).[367] Aufgrund starker regionaler Unterschiede in Deutschland (Ost-West, Nord-Süd sowie Stadt-Land) und den vielen, unterschiedlichen Gestaltungssituationen ist eine allgemeine Empfehlung nicht möglich. Eine Pauschalvergütung wird sich insbesondere an dem Aufwand orientieren (erwarteter Zeitaufwand multipliziert mit dem für Spezialisten üblichen Stundensatz), zudem auch sonst übliche Kriterien berücksichtigen, wie Haftungsrisiko, Sorgfaltspflichten bei großem Vermögen usw. Bei einer Gestaltung einer Vorsorgevollmacht und einer Patientenverfügung ohne wesentliche Besonderheiten könnte eine Pauschale von 400 bis 800 EUR vorgeschlagen werden, bei Ehegatten statt einer Verdoppelung eine Anhebung um 200 bis 400 EUR. Eine Gestaltung des Innenverhältnisses und sinnvolle Begleitmaßnahmen wie Informationsleitfäden und Notfallkarten können (deutliche) Erhöhungen rechtfertigen. Für den Mandanten muss erkennbar sein, dass es sich beim Gestalter um einen Rechtsanwalt handelt, wenn dieser eine entsprechende Vergütung geltend machen möchte.[368] Bei Teilleistung des Rechtsanwalts muss diese nach einer vorzeitigen Kündigung gem. § 627 BGB substantiiert dargelegt werden, um eine Teilvergütung beanspruchen zu können.[369]

§ 165 Beschränkt geschäftsfähiger Vertreter

Die Wirksamkeit einer von oder gegenüber einem Vertreter abgegebenen Willenserklärung wird nicht dadurch beeinträchtigt, dass der Vertreter in der Geschäftsfähigkeit beschränkt ist.

1 Der Vertreter **kann** beschränkt geschäftsfähig (§ 106 BGB) sein. Seine Rechtshandlungen sind für ihn nicht rechtlich nachteilig (§ 131 BGB), da nicht er, sondern der Vollmachtgeber verpflichtet wird. Das Geschäft ist auch nicht schwebend unwirksam.[1] Eine Haftung als Vertreter ohne Vertretungsmacht kommt gem. § 179 Abs. 3 S. 2 BGB nur bei einer Zustimmung des gesetzlichen Vertreters zu der Handlung in Betracht.

2 Im **Innenverhältnis** kann es aufgrund der nur beschränkten Geschäftsfähigkeit des Vertreters an einem Vertrag (zB Auftrag nach § 662 BGB) zwischen ihm und dem Vollmachtgeber fehlen, wenn er schwebend oder endgültig unwirksam ist.[2] Der Vertreter haftet dann nur ggf. aus unerlaubter Handlung.[3]

3 Im Umkehrschluss stellt die Norm klar, dass **Geschäftsunfähige** keine Vertreter sein können.[4] Ihre Erklärungen sind unwirksam. Dies kann problematisch werden,

---

[366] Zu erbrechtlichen Mandanten, was aber zum Teil übertragen werden kann: Schons ErbR 2021, 664.

[367] Zum Testament: BGH IX ZR 115/17, BeckRS 2018, 4248.

[368] AG Schwäbisch Hall 6 C 1023/08, BeckRS 2011, 00808.

[369] OLG Koblenz 5 U 1190/13, JurBüro 2014, 532.

[1] AG Freiburg 5 C 4613/08, BeckRS 2009, 20581.

[2] MüKoBGB/Schubert BGB § 165 Rn. 5.

[3] Staudinger/Schilken BGB 2019 § 165 BGB Rn. 4.

[4] BGH X ZR 117/02, NJW 2004, 1315; II ZR 137/69, NJW 1970, 806.

wenn ein Vertreter längere Zeit unerkannt geschäftsunfähig war. Es ist dann zu überlegen, ob der Vollmachtgeber oder ein anderer Vertreter zu einer besseren Überwachung verpflichtet gewesen ist und sich daraus Ersatzansprüche für den Geschäftsgegner ergeben.

§ 166 Willensmängel; Wissenszurechnung

(1) **Soweit die rechtlichen Folgen einer Willenserklärung durch Willensmängel oder durch die Kenntnis oder das Kennenmüssen gewisser Umstände beeinflusst werden, kommt nicht die Person des Vertretenen, sondern die des Vertreters in Betracht.**

(2) [1]**Hat im Falle einer durch Rechtsgeschäft erteilten Vertretungsmacht (Vollmacht) der Vertreter nach bestimmten Weisungen des Vollmachtgebers gehandelt, so kann sich dieser in Ansehung solcher Umstände, die er selbst kannte, nicht auf die Unkenntnis des Vertreters berufen.** [2]**Dasselbe gilt von Umständen, die der Vollmachtgeber kennen musste, sofern das Kennenmüssen der Kenntnis gleichsteht.**

I. Maßgeblichkeit des Bevollmächtigten

1 Der Bevollmächtigte gibt eine **eigene Willenserklärung** ab. Sie ist daher Ausdruck seines rechtsgeschäftlichen Willens.[1] Entsprechend kommt es für einen Willensmangel, das Kennen oder Kennenmüssen (vgl. § 122 Abs. 2 BGB) von relevanten Umständen auf seine Person an, nicht auf die des Vollmachtgebers.

2 Die Grundaussage des § 166 BGB wird vom BGH verallgemeinert zu einer Wissenszurechnung **(„Wissensvertreter")**, wenn eine Person eine andere mit der Erledigung bestimmter Angelegenheiten in eigener Verantwortung betraut, auch ohne dass ein Vertretungsverhältnis vorliegt.[2] Daraus sollte für Vorsorgefälle geschlossen werden können, dass bei einer Wissenszurechnung die Berufung auf das Fehlen einer Vollmacht nicht greifen muss. Es ist also unerheblich, wenn behauptet wird, die maßgebliche Person habe nie als Vertreter gehandelt.

3 Die Wissenszurechnung greift auch bei einem **Vertreter ohne Vertretungsmacht,** dessen Erklärung später genehmigt wird.[3]

4 Relevant ist die Norm auch für eine **Irrtumsanfechtung** nach § 119 BGB: Sie richtet sich nach den Vorstellungen des Bevollmächtigten.[4] Dies gilt auch für eine Anfechtung gem. § 123 BGB.[5] Auch ein **gutgläubiger Erwerb** ist nach Maßgabe des Kennens bzw. Kennenmüssens des Bevollmächtigten zu bewerten.

II. Mehrere Bevollmächtigte

5 Sind mehrere Bevollmächtigte (→ § 164 Rn. 58) nur zur **gemeinsamen** Vertretung berechtigt, reicht ein Willensmangel, das Kennen oder Kennenmüssen eines einzelnen Bevollmächtigten aus.[6] Ob die Kenntnis eines Vertreters bei **Einzelvertretungsbefugnis** einem anderen Vertreter zuzurechnen ist, ist im Einzelfall zu ent-

---

[1] Grüneberg/Ellenberger BGB § 166 Rn. 1.
[2] BGH V ZR 183/13, NJW 2014, 2861; III ZR 436/12, NJW 2014, 1294 mwN.
[3] BGH V ZR 137/87, NJW-RR 1989, 650.
[4] Staudinger/Schilken BGB 2019 § 166 Rn. 13 mwN.
[5] BGH II ZR 214/66, NJW 1969, 925.
[6] BGH XI ZR 201/98, NJW 1999, 2882.

scheiden.[7] Es kommt insbesondere darauf an, ob eine Organisationspflicht hin zu einem Wissensaustausch besteht. Da bei Vorsorgebevollmächtigungen – im Gegensatz zu Unternehmen – regelmäßig keine Akten und Dokumentationen geführt werden, ist Zurückhaltung geboten. Allerdings könnte sich aus einer ständigen Übung die Annahme entwickeln, nach welcher der Geschäftsgegner von einem Austausch ausgehen könnte.

§ 167 Erteilung der Vollmacht

(1) **Die Erteilung der Vollmacht erfolgt durch Erklärung gegenüber dem zu Bevollmächtigenden oder dem Dritten, dem gegenüber die Vertretung stattfinden soll.**

(2) **Die Erklärung bedarf nicht der Form, welche für das Rechtsgeschäft bestimmt ist, auf das sich die Vollmacht bezieht.**

Übersicht

[7] Vgl. zB BGH IX ZR 145/98, NJW 1999, 284.

I. Wirksamkeit der Vollmachtserteilung

1. Geschäftsfähigkeit

Bei der Erklärung der Vollmacht (Definition → § 164 Rn. 7) muss der Vollmachtgeber (zu seiner Person, auch als Testamentsvollstrecker → § 164 Rn. 45–47, 96-100) geschäftsfähig sein (→ § 104 BGB), da die Vollmacht sonst gem. § 105 BGB nichtig ist.[1] Die Vollmacht wird nicht unwirksam, wenn der Vollmachtgeber nach der Erteilung geschäftsunfähig wird oder stirbt (→ § 168 Rn. 4), auch wenn dies nicht in der Vollmacht steht.[2] 1

Grundsätzlich ist von der Geschäftsfähigkeit einer Person auszugehen.[3] Ein Geschäftsgegner darf die Vollmacht daher nicht pauschal zurückweisen, wenn er grundsätzlich zur Akzeptanz verpflichtet ist (dazu → Rn. 69–71, → § 164 Rn. 68–71). Es müssen konkrete Zweifeln an der Geschäftsfähigkeit vorliegen.

2. Vertretung in Gesundheitsangelegenheiten

Es ist str., ob die Vollmacht in persönlichen Angelegenheiten mit Erteilung oder erst bei und während der Einwilligungsunfähigkeit des Vollmachtgebers wirksam ist. Nach hier vertretener Ansicht ist sie **mit Erteilung wirksam**[4] (zur Frage der Einwilligungsfähigkeit bei der Erteilung → § 168 Rn. 45). Alles andere wäre dem System der Vollmacht fremd. Wenn eine Bevollmächtigung in persönlichen Angelegenheiten als zulässig angesehen wird, muss sie auch den allgemeinen und praktikablen Regeln folgen. Es ist selbstverständlich, dass die Vollmacht in persönlichen Angelegenheiten nicht verdrängend ist. Der Vollmachtgeber kann also bei Einwilligungsfähigkeit immer noch selbst zustimmen oder untersagen und damit ggf. dem Bevollmächtigten in maßgeblicher Art und Weise widersprechen. Die Gegenansicht[5] meint, die Vollmacht sei nur bei Einwilligungsunfähigkeit wirksam, da sie sonst den Vollmachtgeber verdränge. Dies stimmt nicht, wie ausgeführt. 2

Fraglich könnte sein, wen der Arzt vor einer Behandlung **aufklären** (§ 630d BGB) muss: Den Vollmachtgeber oder den Bevollmächtigten? Eine Einwilligung kann er von beiden erhalten. Nach hier vertretener Ansicht begeht der Arzt eine Pflichtverletzung, wenn er nicht zumindest versucht, (auch) den Vollmachtgeber aufzuklären, da der Arzt sonst an einer eventuellen Pflichtwidrigkeit des Bevollmächtigten mitwirkt, wenn dieser fahrlässig (zB ohne Nachfrage, auch wenn sie möglich und angezeigt ist) oder vorsätzlich nicht im Sinne des Vollmachtgebers handelt. Dafür spricht auch die Formulierung des § 630d BGB. 3

3. Bedingungen

a) Allgemein. Die Wirksamkeit einer Vollmacht **kann** von dem Eintritt einer aufschiebenden Bedingung (§ 158 BGB) abhängig gemacht werden.[6] Die **Überschrift** „Vorsorgevollmacht" stellt die Vollmacht nicht unter eine Bedingung (auch → § 164 Rn. 60), wie es auch Erläuterungen nicht tun.[7] Ist der **Tod des Vollmachtgebers** die 4

---

[1] BGH II ZR 137/69, NJW 1970, 806.

[2] Cypionka NJW 1992, 207 (208).

[3] BGH XII ZB 106/20, BtPrax 2020, 223.

[4] So auch: Zimmermann Vorsorgevollmacht Rn. 43.

[5] Keilbach FamRZ 2003, 969.

[6] AG Brandenburg 85 XVII 79/21, BeckRS 2021, 12849.

[7] OLG Düsseldorf I-3 Wx 148/15, ZEV 2015, 601.

Bedingung, handelt es sich um eine postmortale Vollmacht.[8] Nach inzwischen allgemeiner Ansicht soll eine Vorsorgevollmacht zumindest im Außenverhältnis ohne Bedingung erteilt werden. Es gibt zwar Risiken und Missbrauchsgefahren,[9] denen aber besser durch Ausnahmen von der Vertretungsmacht und einem zweiten Bevollmächtigten begegnet werden sollte (auch → § 164 Rn. 58).[10] Es kann durch eine Bedingung problematisch werden, die Wirksamkeit der Vollmacht nachzuweisen. Ist eine Bedingung enthalten, muss je nach ihrer Art beurteilt werden, ob der Geschäftsgegner sich auf eine Prüfung des Bedingungseintritts einlassen muss oder ob auch Formerfordernisse erfüllt werden können, insbesondere nach §§ 29 GBO, 12 HGB.

5 **b) Gesundheitszustand.** Ein Anknüpfen an den Gesundheitszustand des Vollmachtgebers ist zwar grundsätzlich zulässig. Denkbar sind Bedingungen wie „Betreuungsbedürftigkeit", „Geschäftsunfähigkeit", „bei Eintritt des Vorsorgefalls" oder „wenn ich meine Angelegenheiten nicht mehr erledigen kann". Grundsätzlich sind solche Vollmachten aber **nicht zu gebrauchen.** Ältere Vollmachten (meist von vor den Jahren 2004/2005) enthalten oft noch solche Bedingungen, was sie entwerten kann.[11] Es ist fraglich, ob eine solche Vollmacht postmortal genutzt werden kann, weil an einen Gesundheitszustand angeknüpft wird,[12] was für eine Begrenzung auf Verwendung zu Lebzeiten des Vollmachtgebers sprechen kann.

Der Eintritt einer solchen Bedingung ist in der Praxis meistens **nicht so nachzuweisen,** dass der Geschäftsgegner die Vollmacht akzeptieren muss.[13] Es kann nicht erwartet werden, dass der Geschäftsgegner sich selbst von dem gesundheitlichen Zustand des Vollmachtgebers überzeugt. Zudem wird er auch regelmäßig eine „Betreuungsbedürftigkeit" oder „Geschäftsunfähigkeit" nicht beurteilen können und müssen. Bei unpräzisen Begriffen („Angelegenheiten nicht mehr besorgen kann") darf der Geschäftsgegner sich darauf berufen, dass bei Zweifeln der geringere Umfang der Vollmacht gilt (→ § 164 Rn. 61).

6 Die „Betreuungsbedürftigkeit" als Bedingung aufzustellen und die Vorlage eines **„Negativattestes"** vom **Betreuungsgericht** zu verlangen, nach dem trotz Betreuungsbedürftigkeit wegen der Vollmacht keine Betreuung einzurichten ist, stellt wohl eine im Gesetz nicht vorgesehene Instrumentalisierung des Betreuungsgerichtes dar. Allerdings müsste das Gericht die Einrichtung einer Betreuung von Amts wegen prüfen, weil ihm ja ein Hinweis darauf vorliegt, dass eine Person betreuungsbedürftig ist, ohne dass eine wirksame Vorsorgevollmacht vorliegt. Ein Betreuungsverfahren wird also durchgeführt werden (müssen), wobei genau geprüft werden wird, ob diese Vollmacht tatsächlich zur Vertretung tauglich ist. Dem steht entgegen, dass Geschäftsgegner sich im Zweifel immer auch den die Betreuung ablehnenden Beschluss vorlegen lassen und ihn nicht nur im Tenor sondern auch in seiner Begründung inhaltlich werten müssen. Zudem wird durch diese Gestaltung ein zeit- und kostenaufwendiges Betreuungsverfahren initiiert, welches durch eine Vorsorgevollmacht meist vermieden werden soll.[14]

7 Die Verbindung mit einem **„ärztlichen Attest"** kann beim Geschäftsgegner Zweifel an der Echtheit des Attestes, der ausreichenden Prüfung durch den Arzt, des zum Zeitpunkt der Vorlage immer noch bestehenden Zustandes etc. begründen,

---

[8] Ausführlich zur – inzwischen – unstr. Zulässigkeit: Papenmeier Vollmachten S. 38–40.

[9] Worauf Wienand bei unbedingten Vollmachten hinweist FuR 2015, 20 (21).

[10] Ebenfalls einen Kontrollbevollmächtigten befürwortend: Bonefeld ZErb 2014, 241 (244 f.).

[11] So auch Milzer NJW 2003, 1836; für damals zugrunde liegende Überlegungen siehe zB Müller DNotZ 1997, 100.

[12] Vgl. OLG Koblenz 5 U 1153/06, ZEV 2007, 595.

[13] Vgl. OLG Stuttgart 12 U 178/09, NJOZ 2010, 2177; KG 1 W 49/09, BtPrax 2010, 90; zu Problemen nach dem Tod des Vollmachtgebers: OLG Koblenz 5 U 1153/06, ZEV 2007, 595.

[14] Ebenso zu dieser Konstruktion: Zimmermann Vorsorgevollmacht Rn. 62.

welche eine Zurückweisung rechtfertigen.[15] Ein neurologisches Gutachten kann zwar Zweifel an der Qualität der Diagnose erheblich verringern. Die Befassung mit einem solchen Gutachten kann dem Geschäftsgegner aber so gut wie nie zugemutet werden.

Zudem muss später ein Arzt gefunden werden, der zu der Attesterstellung bereit ist. Der Arzt hat erhebliche und unterschätzte Haftungsrisiken. Zudem ist eine Befreiung von seiner Verschwiegenheitspflicht zumindest problematisch. Die Vollmacht selbst, für deren Geltungszeitraum die Schweigepflicht regelmäßig aufgehoben wird, ist noch nicht verfügbar. Selten wird sie in der Vollmacht für die Attesterstellung ausdrücklich aufgehoben sein. Dann muss sie aber durch Auslegung ermittelt werden, was für den Arzt unsicher sein kann.

Im **Grundbuchverkehr** ist eine solche Vollmacht unbrauchbar, da die Voraussetzungen des Bedingungseintritts in der Form des § 29 GBO nachgewiesen werden müssen,[16] was zB mit einem ärztlichen Attest nicht möglich ist, da es keine „öffentliche Urkunde" darstellt[17] und nur die Abgabe der Erklärung, nicht aber den Inhalt beweist.[18] Da auch eine andere Art der Vollmachtserteilung möglich gewesen wäre (bedingungslos), muss sich der Gundbuchverkehr auf solche Mittel nicht einlassen. Dies ist ein anderer Fall als der, bei dem das Grundbuchamt Zweifel an der Geschäftsfähigkeit des Verfügenden hat. Dort kann es ein Attest ausreichen lassen, da grundsätzlich von der Geschäftsfähigkeit auszugehen ist. 8

Bei der **Gestaltung** ist von einer solchen Bedingung **abzuraten.** Die Formulierung ist kaum sinnvoll zu fassen. Sie kann zu eng sein („Geschäftsunfähigkeit"), so dass die Vollmacht nicht früh genug genutzt werden kann, gar nicht zu erfüllen (ein konkret benannter Arzt ist nicht mehr tätig) oder unpräzise, so dass ein aufwendiges und teures Sachverständigengutachten erforderlich wird. Meist muss die Vollmacht im Vorsorgefall schnell einsatzfähig sein, was die Nachweiserbringung verhindert. Die Missbrauchsgefahr wird schließlich kaum gemindert, da ein „Gefälligkeitsattest" meist erlangt werden kann.[19] 9

c) Verhinderung. Auch eine aufschiebende Bedingung der Wirksamkeit der Vollmacht für einen **zweiten Bevollmächtigten** bis zu einer Verhinderung des ersten Bevollmächtigten ist zwar grundsätzlich zulässig, aber – jedenfalls in einer § 29 GBO genügenden Form – kaum nachzuweisen. Alleine das **Versterben** des ersten Bevollmächtigten kann durch eine Sterbeurkunde nachgewiesen werden. Allerdings muss eine solche Sterbeurkunde zunächst erlangt werden. Aus dem der Vollmacht zugrunde liegenden Auftragsverhältnis kann als Nebenpflicht die Pflicht zur Herausgabe einer Sterbeurkunde gefolgert werden, welche die Erben des Bevollmächtigten trifft. Das AG Brandenburg sah eine solche Vollmacht als von der Bank zu akzeptieren an, wobei es in dem Fall nicht um den Ersatzbevollmächtigten, sondern die erste Bevollmächtigte ging.[20] 10

Eine sonstige „Verhinderung" ist nur durch eine – meist unsichere – **Auslegung** zu definieren,[21] worauf sich die andere Seite nicht einlassen muss, zumindest aber im Zweifel den geringeren Umfang annehmen darf (→ § 164 Rn. 61). Ob eine Ortsabwesenheit oder zeitliche Verhinderung genügen, kann selten sicher festgestellt wer- 11

---

[15] Ebenfalls in diese Richtung: Zimmermann Vorsorgevollmacht Rn. 60; zudem: Staschei RNotZ 2020, 61 (81 f.).

[16] OLG Frankfurt a. M. 20 W 278/11, ZEV 2012, 378; Böttcher NJW 2010, 1647 (1654); Weidlich ZEV 2016, 57 (58).

[17] OLG Köln 2 Wx 20/07, ZEV 2007, 592.

[18] OLG Schleswig-Holstein 2 W 178/09, NJW-RR 2010, 1316.

[19] Zimmermann Vorsorgevollmacht Rn. 63.

[20] AG Brandenburg 85 XVII 79/21, BeckRS 2021, 12849.

[21] Vgl. etwa OLG München 34 Wx 97/09, NJW-RR 2010, 747.

den. Ob bei „krankheitsbedingt" eine Erkrankung von ein paar Tagen genügt oder Dauerhaftigkeit (ab wann ist sie anzunehmen?) erforderlich ist, wird unsicher sein. Ein Nachweis – aber auch nicht in der Form des § 29 GBO, da nur die Erklärung, nicht aber der Inhalt dokumentiert wird[22] – kann eventuell erbracht werden, wenn der verhinderte Bevollmächtigte mitwirkt, etwa durch ein Attest bei gesundheitlichen Gründen oder eine schriftliche Mitteilung, die ggf. zu beglaubigen ist. Kann oder will er aber nicht mitwirken, ist der Nachweis kurzfristig kaum möglich. Er könnte aus einer Nebenpflicht zu dem der Vollmacht zugrunde liegendem Auftrag auf eine Mitwirkung in Anspruch genommen werden, was allerdings einigen Aufwand bedeutet.

12 Es ist schon keine grundsätzliche Pflicht zur Akzeptanz von (Vorsorge-)Vollmachten gegeben (→ § 164 Rn. 68–71). Wenn der Geschäftsgegner aber begründete Zweifel an der Wirksamkeit der Vollmacht haben kann, wie es bei einer nicht eindeutig nachzuweisenden (eindeutig wäre bei Tod als Bedingung die Vorlage der Sterbeurkunde) Bedingung im Außenverhältnis regelmäßig der Fall ist, die auch noch vom Vollmachtgeber durch die Formulierung der Vollmacht hervorgerufen wurde, oder wenn die Prüfung unzumutbaren Mehraufwand bedeutet, darf der Geschäftsgegner die Vollmacht **zurückweisen.**

13 **d) Besitz.** Die Wirksamkeit der Vollmacht kann davon abhängig gemacht werden, dass der Bevollmächtigte das Original oder eine Ausfertigung im Besitz hat.[23] Der Geschäftsgegner wird dann regelmäßig die **Vorlage** verlangen, auch wenn dies nicht in der Vollmacht angeordnet wird. Eine solche Regelung rechtsdogmatisch einzuordnen, ist problematisch. Bei Besitzerlangung tritt die Vollmacht durch Bedingungseintritt in Kraft. Wenn der Besitz aber zwischenzeitlich nicht mehr besteht, könnte die Vollmacht erlöschen und müsste dann vor einer neuen Besitzergreifung durch den Vollmachtgeber wieder erteilt werden, was aber regelmäßig nicht geschieht. Die Regelung wird daher als rechtsscheinzerstörend anzusehen sein, wobei die Vollmacht bis zu einem Widerruf oder einer Kraftloserklärung nicht erlischt.

14 Bei der **Gestaltung** ist trotz der missbrauchserschwerenden Wirkung von einer solchen Regelung eher abzuraten, da die Vollmacht bei jeder Rechtshandlung vorzulegen ist, was aufwendig oder unmöglich sein kann, zB bei Überweisungen, Onlinebanking, telefonischen Erklärungen. Zumindest sollte daneben noch eine Bankvollmacht erteilt werden und/oder mehrere Vollmachten (ggf. durch notarielle Beurkundung) erstellt und deren Hinterlegung (bei Banken, in Pflegeheimen, Krankenhäusern) als gleichwertig zu dem Besitz des Bevollmächtigten zugelassen werden.

15 **e) Innenverhältnis.** Eine Verwendungsbedingung im Innenverhältnis (zB „Unterstützungsbedürftigkeit" oder „Weisung des Vollmachtgebers") ist **zulässig** und schränkt die Vollmacht nach außen grundsätzlich nicht ein. Wird einer nur im Innenverhältnis bedingten Vollmacht die Akzeptanz verweigert, muss der Bevollmächtigte sie – zB gegenüber dem Grundbuchamt – durchsetzen, da eine Betreuung nicht einzurichten ist.[24] Ist zweifelhaft, ob die Bedingung nur im Innen- oder auch im Außenverhältnis gilt, kann jedenfalls das Grundbuchamt von einer im Außenverhältnis bedingten Vollmacht ausgehen.[25]

16 Der Geschäftsgegner ist **nicht verpflichtet,** den Eintritt der Bedingung **zu prüfen.** Auch einfache Nachforschungen müssen vom Geschäftsgegner nicht angestellt werden. Die **Grenze** bildet allerdings der Vollmachtsmissbrauch durch kollusives Zu-

---

[22] OLG München 34 Wx 97/09, NJW-RR 2010, 747.

[23] Zu verschiedenen Formulierungen: Papenmeier Vollmachten S. 45 f.; zur „Schuhladenlösung": Stascheit RNotZ 2020, 61 (80–82).

[24] AG Lübeck 4 XVII H 23481, FamRZ 2012, 898.

[25] OLG Frankfurt 20 W 399/10, DNotZ 2011, 745.

sammenwirken von Bevollmächtigtem und Geschäftsgegner (→ § 164 Rn. 74–77). Wenn es für den Geschäftsgegner aus der Verwendungsbedingung im Innenverhältnis und eigener Sachverhaltskenntnis offensichtlich ist, dass die Bedingung nicht vorliegt, wäre der Gebrauch der Vollmacht nicht zulässig. Ist zB nur die „Betreuungsbedürftigkeit" als Bedingung in das Innenverhältnis aufgenommen worden und weiß der Geschäftsgegner, dass diese nicht vorliegt, weil der Vollmachtgeber nur verreist oder uU nur „zu faul" zur eigenen Vornahme des Geschäftes ist, wäre die Unwirksamkeit der Vollmacht offensichtlich und das Vertretungsgeschäft nicht wirksam. Entsprechendes gilt, wenn der Bevollmächtigte in der Art und Weise vorgeht, die ihm im Innenverhältnis deutlich untersagt wurde, zB eine ausdrücklich nicht erlaubte Schenkung an sich selbst vornimmt.[26]

Nach hier vertretener Auffassung sollte bei der **Gestaltung** eine solche Bedingung 17
in die Vollmacht **nicht** aufgenommen werden. Sie ist meist ohnehin aus dem (stillschweigend) geschlossenen Auftragsvertrag zu entnehmen oder sollte (besser) in einen separaten Vertrag aufgenommen werden, dessen Einhaltung wiederum durch einen zweiten Bevollmächtigten überwacht wird. Das Außen- und Innenverhältnis sollten getrennt werden. Bei einer unklaren Formulierung in der Vollmacht oder nicht fachkundiger oder eiliger Prüfung der Vollmacht kann es beim Geschäftspartner zu Irritationen und unbegründet, aber nachvollziehbar zur Zurückweisung der Vollmacht kommen. Für eine Aufnahme könnte zwar sprechen, dass damit ganz offensichtliche Missbrauchsfälle eher verhindert werden können.[27] Allerdings können und sollten Beschränkungen (zB zu Immobilienverfügungen oder Darlehensaufnahmen) konsequenterweise in das Außenverhältnis aufgenommen oder durch einen zweiten Bevollmächtigten überwacht werden.[28]

f) Aushändigungsbedingungen beim Notar. Es ist zulässig, die Aushändigung 18
einer Ausfertigung an den Bevollmächtigten an eine (der behandelten) Bedingung zu knüpfen (zur Verwahrung bei einer anderen Person → Rn. 21). Auf Aushändigungsbedingungen nach einer Beurkundung sollte sich ein Notar höchstens sehr **zurückhaltend** einlassen,[29] da er mit der Prüfungsplicht Verantwortung und ein Haftungsrisiko übernimmt. Wenige Bedingungen sind eindeutig (Vorlage einer Sterbeurkunde) und gerade die Vorlage eines ärztlichen Attestes mit einem bestimmten Wortlaut[30] bezieht sich auf den nur problematisch zu bestimmenden Gesundheitszustand des Vollmachtgebers (→ Rn. 5–9).

Für den Notar fällt zusätzlich eine 0,5 **Bearbeitungsgebühr** nach Nr. 22200 Anm. Nr. 3 KV nach dem Wert der Vollmachtsurkunde (§ 113 Abs. 1 GNotKG) an.[31]

4. Unterschrift des Bevollmächtigten

Es ist für die Wirksamkeit der Vollmacht **nicht notwendig,** dass der Bevollmäch- 19
tigte sie ebenfalls unterzeichnet. Ggf. wird der Zugang der Willenserklärung dokumentiert. Die Unterzeichnung kann aber auch für Probleme sorgen, weil ihr Zweck unklar ist.[32] Es kann mit ihr das Auftragsverhältnis bestätigt worden sein (→ § 662 Rn. 2–14), eine unverbindliche „moralische" Tätigkeitspflicht geschaffen oder eine Aufklärung des Bevollmächtigten über Risiken und Pflichten dokumentiert werden.

---

[26] Vgl. OLG Stuttgart 12 U 178/09, NJOZ 2010, 2177; OLG München 32 Wx 79/06, RNotZ 2006, 426.

[27] So in OLG München 32 Wx 79/06, RNotZ 2006, 426.

[28] Ebenfalls einen Kontrollbevollmächtigten befürwortend: Bonefeld ZErb 2014, 241 (244f.).

[29] Ebenso: Zimmermann Vorsorgevollmacht Rn. 64.

[30] So noch Klie/Bauer FPR 2004, 671 (672).

[31] Drummen/Wudy Notarkosten S. 117.

[32] So auch Zimmermann Vorsorgevollmacht Rn. 55.

5. Zugang, Erteilung

20 Die Bevollmächtigung als einseitige Willenserklärung (→ § 164 Rn. 1) wird mit dem Zugang beim **Erklärungsempfänger** wirksam, die Vollmacht ist dann erteilt gem. Abs. 1 (zum Umfang → § 164 Rn. 59–66). Wird sie dem Bevollmächtigten gegenüber erklärt **(Innenvollmacht)** kommt es auf den Zugang bei ihm an, wird sie dem Geschäftsgegner gegenüber erklärt **(Außenvollmacht),** ist der Zugang bei ihm maßgeblich. Eine Annahmeerklärung ist nicht erforderlich.[33] Trotz fehlender Innenvollmacht kann auch stillschweigend eine Außenvollmacht erteilt worden sein.[34] Wenn der Geschäftsgegner die Erteilung einer Innenvollmacht behauptet, ist seine Darlegungs- und Beweislast erleichtert, da ihm die einzelnen Umstände zur Erteilung der Vollmacht, wie Zeit und Ort, regelmäßig nicht bekannt sein können.[35] Die Vollmacht erlischt durch Widerruf oder nach dem der Erteilung zugrunde liegenden Rechtsverhältnis (§ 168 BGB), kann aber gem. §§ 169–178 BGB weiter wirksam sein.

21 Behält der Vollmachtgeber die Vollmacht zunächst bei sich **(Schublade)** oder gibt er sie einer dritten Vertrauensperson, **geht** sie dem Bevollmächtigten jedenfalls **mit** dessen **Zugriff zu.**[36] Ob die Übergabe einer Kopie eine Vollmachtserteilung oder nur Inkenntnissetzung sein soll, ist im Einzelfall zu prüfen (→ Rn. 22). Wenn der Vollmachtgeber die Vollmacht aber schon mündlich erteilt hat, ist sie damit zugegangen. Die Vollmacht ist erteilt, eine Vertretung kann erfolgen, wenngleich sie ohne Nachweis praktisch schwierig sein wird. Entsprechendes gilt, wenn der Notar angewiesen wird, dem Bevollmächtigten auf dessen Anforderung Ausfertigungen zu erteilen. Eine zwischenzeitliche Geschäftsunfähigkeit des Vollmachtgebers schadet nicht, denn er hat die Voraussetzungen für den Zugang geschaffen, §§ 130 Abs. 2, 672 BGB.[37] Der Vollmachtgeber muss den Bevollmächtigten nicht einmal informieren.[38] Ob ein „Entäußerungswille" vorliegen muss, ist str.[39] Jedenfalls wird nach hier vertretener Ansicht bei einer unterschriebenen Vorsorgevollmacht im Zweifel von einer wirksamen Erklärung auszugehen sein, da der Vollmachtgeber die Tätigkeit des Bevollmächtigten möchte und den nach seiner Ansicht wesentlichen Schritt getan hat, auch wenn die Vollmacht erst später zugehen soll. Wer also einen gegenteiligen Willen behauptet, müsste ihn als untypisch darlegen und beweisen (Anscheinsbeweis) oder gegen die Beweiskraft einer Privaturkunde nach § 416 ZPO vorgehen.[40] Dies gilt entsprechend, wenn die Vertrauensperson die Vollmacht herausgibt, ohne dass die von dem Vollmachtgeber dafür aufgestellten Voraussetzungen vorliegen.[41]

22 Dass eine notarielle Vollmacht schon mit dem Zugang einer einfachen **Abschrift** wirksam werden soll,[42] kann nicht allgemein, sondern nur bei entsprechender Auslegung des Willens des Vollmachtgebers angenommen werden. Entsprechendes gilt bei einer privatschriftlichen Vollmacht. Eine Willenserklärung muss nur in einer be-

---

[33] Staudinger/Schilken BGB 2019 § 167 Rn. 10.

[34] BGH V ZR 194/13, DNotZ 2015, 367.

[35] BGH III ZR 174/97, NJW-RR 1999, 361.

[36] Ebenso: Zimmermann Vorsorgevollmacht Rn. 44–66 zu Praktikabilitätszweifeln; zweifelnd, aber auch eher zustimmend: Müller-Engels/Braun/Renner/Braun Betreuungsrecht Kap. 2 Rn. 619; ausführlich Stascheit RNotZ 2020, 61 (80–82).

[37] RG III 111/49, Z 170, 380 (382); OLG Köln 2 Wx 50/91, NJW-RR 1992, 1357.

[38] AllgAnsicht vgl. Britz RNotZ 2001, 271; Zimmermann Vorsorgevollmacht Rn. 44.

[39] Ihn nicht für erforderlich haltend: Britz RNotZ 2001, 271; vgl. auch Hartmann RNotZ 2001, 273.

[40] Vgl. dazu Papenmeier Vollmachten S. 158 f.

[41] Papenmeier Vollmachten S. 157 f.

[42] Jeweils recht kurz begründet: Schippers DNotZ 2006, 726 (737); Müller-Engels/Braun/Renner/Braun Betreuungsrecht Kap. 2 Rn. 619.

stimmten Form zugehen, wenn diese für ihre Abgabe vorgeschrieben ist.[43] Soweit also eine mündliche Bevollmächtigung ausreicht, kann auch der Zugang einer Abschrift einer Vollmacht ausreichen. Das ist allerdings für die Fälle problematisch, in denen bewusst auf die Erteilung einer Ausfertigung für den Bevollmächtigten verzichtet wurde, um Missbrauch zu vermeiden und einen Widerruf zu erleichtern bzw. unnötig zu machen, da vor der Ausfertigungsaushändigung gar keine Erteilung vorliegen sollte. Konsequenterweise müsste auch die mündliche Mitteilung an den Bevollmächtigten, eine umfassende, notarielle Vorsorgevollmacht sei beim Notar unterzeichnet worden, für die wirksame Bevollmächtigung genügen. Das wird aber nicht vom Willen des Vollmachtgebers getragen. Nach hier vertretener Ansicht enthält eine notariell beurkundete Vorsorgevollmacht (und ebenso eine Privaturkunde), über die der Bevollmächtigte zwar mündlich oder durch Abschrift informiert wurde, bei der aber nicht ausdrücklich die sofortige Wirksamkeit erklärt wurde und von welcher der Bevollmächtigte auch noch keine Ausfertigung erhalten hat, eine Bedingung für das Wirksamwerden, selbst wenn von einem Zugang ausgegangen wird: Die Vorsorgevollmacht soll erst dann wirksam sein, wenn der Vollmachtgeber dies dem Bevollmächtigten (konkludent) wissen lässt oder der Bevollmächtigte sich eine Ausfertigung erteilen lässt. Der Zugang der Abschrift einer (notariellen) Vorsorgevollmacht beim Bevollmächtigten lässt diese daher **nur** wirksam werden, **wenn** deutlich ist, dass diese sofortige Wirksamkeit vor Ausfertigungserteilung vom Vollmachtgeber **gewollt** war, etwa durch eine Formulierung in der Vollmacht wie „Die Vollmacht ist mit der Unterzeichnung wirksam."

Die in einem **Testament** enthaltene, postmortale Vollmacht kann – wenn es dem Bevollmächtigten nicht direkt übergeben wird – auch nach dem Tod des Vollmachtgebers noch wirksam zugehen, § 130 Abs. 2 BGB (vgl. auch → § 164 Rn. 26, 46). Jedenfalls gesetzliche Erben sowie im Testament benannte gewillkürte Erben, Auflagenbegünstigte, Vermächtnisnehmer und Testamentsvollstrecker werden vom Nachlassgericht durch Zusendung einer Abschrift des Testamentes benachrichtigt, so dass der Zugang vorliegt.[44] Problematisch kann es nur in dem – eher seltenen – Fall werden, dass der Bevollmächtigte vom Nachlassgericht nicht zu benachrichtigen ist.[45] Nachweisprobleme können sich ergeben, da das Original des Testamentes beim Nachlassgericht verbleibt.[46] Eine mit dem Eröffnungsprotokoll verbundene Abschrift des Testamentes wird aber regelmäßig ausreichend sein, zumindest bei entsprechender Formulierung in dem die Vollmacht enthaltenden Testament. **23**

6. Anscheins- und Duldungsvollmacht

Eine **Anscheinsvollmacht** entsteht, wenn das Handeln des angeblichen Vertreters dem Betroffenen nicht bekannt war, es bei pflichtwidriger Sorgfalt aber gewesen wäre, und er dann das Handeln hätte verhindern können, wobei der Geschäftsgegner annehmen durfte, dass das Handeln geduldet und gebilligt sei.[47] Die Beauftragung mit der selbständigen Erledigung bestimmter Aufgaben kann zu einer Anscheinsvollmacht führen.[48] Bei einer **Duldungsvollmacht** lässt der Betroffene den angeblichen Vertreter bewusst gewähren, so dass beim Geschäftsgegner der Eindruck der Bevollmächtigung entsteht.[49] **24**

[43] Grüneberg/Ellenberger BGB § 130 Rn. 10.
[44] Staudinger/Schilken BGB 2019 § 167 Rn. 15, § 168 Rn. 29.
[45] Papenmeier Vollmachten S. 149 f.
[46] Papenmeier Vollmachten S. 151.
[47] Grüneberg/Ellenberger BGB § 172 Rn. 11 mwN.
[48] Vgl. etwa BGH V ZR 194/13, NJW 2015, 1510.
[49] Grüneberg/Ellenberger BGB § 172 Rn. 8 mwN.

25 In einer **Vorsorgesituation** kann ebenfalls eine Anscheins- oder Duldungsvollmacht entstehen, solange der Vollmachtgeber geschäftsfähig war[50] und an dem Rechtsschein mitgewirkt hat. Ist eine Person nicht mehr in der Lage, ihre Angelegenheiten zu erledigen, scheidet auch eine Rechtsscheinsetzung durch sie aus und damit in Vorsorgeangelegenheiten auch meist eine Anscheins- oder Duldungsvollmacht. Eine Rechtsscheinsetzung erfordert mindestens fahrlässiges Verhalten des Betroffenen.[51] Ein Unterlassen des Eingreifens kann nur vorgeworfen werden, wenn dem Betroffenen ein Eingreifen möglich war.[52] Behauptet zB ein Kind, immer nur – ob nun ausdrücklich oder durch konkludentes Handeln – im Auftrag der Mutter tätig zu sein, weil diese versorgt werden müsse, ist von der Mutter an einem Rechtsschein nicht zurechenbar mitgewirkt worden. Gibt die Mutter dem Kind Unterlagen „zur Erledigung", wird darin regelmäßig schon eine Bevollmächtigung zu sehen sein, nicht nur ein Rechtsschein.[53] Nimmt sich das Kind von der passiven, das Ganze nicht mehr verstehenden (verstehen wollenden) Mutter „herumliegende" Unterlagen, wird regelmäßig auch keine Rechtsscheinsetzung zu sehen sein, weil die Mutter nichts dazu beigetragen hat, um einen Anschein zu erwecken, und – mangels Willen – nichts geduldet hat. Die allgemeine Gewährung des Zutrittes zur Wohnung durch Schlüsselüberlassung allein lässt nicht darauf schließen, dass die Mutter an einer Rechtsscheinsetzung bezüglich einer Vollmacht mitwirken wollte.

26 In **Gesundheitsangelegenheiten** kommt es häufig vor, dass der Ehegatte oder ein Kind den Betroffenen zu einem Arzt begleiten.[54] Daraus wird aber selten eine Vollmacht zu entnehmen sein, Entscheidungen für den Betroffenen zu treffen. Schließlich ist der Betroffene bei den Gesprächen immer noch selbst dabei und entscheidet. Allenfalls kann im Einzelfall mit Vorsicht und Zurückhaltung die Berechtigung des Ehegatten/Kindes angenommen werden, ebenfalls Informationen vom Arzt zu erhalten.

II. Form (Abs. 2)

1. Grundsatz

27 Eine Vollmacht kann **formfrei** erteilt werden. Nach Absatz 2 gilt das auch ausdrücklich für die Bevollmächtigung zu Rechtsgeschäften, die selbst formbedürftig sind. Das kann Missbrauch ermöglichen, wenn dadurch eine Beurkundung und die damit zusammenhängende Aufklärung des Vertretenen umgangen werden, zB beim Pflichtteilsverzicht. Eine Ausnahme besteht nur für unwiderrufliche Vollmachten, die der Form des Vertretungsgeschäfts bedürfen (→ Rn. 35). Eine Vorsorgevollmacht kann nicht unwiderruflich erteilt werden (→ § 164 Rn. 67, § 168 Rn. 17f.). Schließlich kann im Einzelfall eine bestimmte Form der Vollmacht gefordert werden.

2. Einzelfälle

28 **Anfechtung der Erbschaftsannahme:** öffentlich beglaubigt, §§ 1955, 1945 Abs. 3 BGB.

---

[50] LG München II 2 T 2629/19, BeckRS 2019, 15775; MüKoBGB/Schubert BGB § 167 Rn. 121.

[51] Staudinger/Schilken BGB 2019 § 167 Rn. 40.

[52] MüKoBGB/Schubert BGB § 167 Rn. 120.

[53] In diese Richtung für die Duldungsvollmacht allgemein Staudinger/Schilken BGB 2019 § 167 Rn. 29a.

[54] Ähnlich: Jürgens/Winterstein Betreuungsrecht BGB § 167 Rn. 3.

Ärztlichen Maßnahmen, erhebliche: ggf. schriftlich,[55] §§ 1820 Abs. 2, 1829 BGB, für die Einwilligung und Nichteinwilligung oder den Widerruf (im Einzelnen → § 1829 Rn. 13f.); Schriftform für die ärztliche Zwangsmaßnahme und die Verbringung dafür, §§ 1802 Abs. 2, 1832 BGB.

Ausschlagung einer Erbschaft: öffentlich beglaubigt, § 1945 Abs. 3 BGB, zudem → § 164 Rn. 30.

Bankangelegenheiten: → Rn. 75, § 164 Rn. 69 29

Behörden: zT Schriftform,[56] zudem → Rn. 34 „Sozialrechtliches Verfahren", → Rn. 36 „Verfahrensvorschriften", → § 164 Rn. 39 „Steuerangelegenheiten" sowie → § 164 Rn. 42 „Verwaltungsverfahren"

Bürgschaft: schriftlich, von der Rechtsprechung als Ausnahme zu Abs. 2 entwickelt.[57]

Erbschaft, zukünftige: formbedürftig, von der Rechtsprechung mit Bezug auf 30
§ 311 Abs. 5 BGB entwickelt für Verträge über den künftigen gesetzlichen Erbteil oder den Pflichtteil (nicht aber für den Erb- und Pflichtteilsverzicht, zu dem formfrei bevollmächtigt werden kann),[58] entsprechend für Verträge über das gesamte gegenwärtige Vermögen nach § 311b Abs. 3 BGB,[59] zudem → § 164 Rn. 30.

Gesellschaftsvertrag: notarielle Beglaubigung oder Beurkundung, § 2 Abs. 2 31
GmbHG für die Vertretung beim Abschluss. Eine Beglaubigung durch die Betreuungsbehörde ist insofern bis zu einer (sinnvollen) Gesetzesänderung nicht angezeigt (für die **Aktiengesellschaft:** § 23 Abs. 1 AktG; „Textform" für Stimmrecht, § 134 Abs. 3. S. 3 AktG; für die **Genossenschaft:** schriftlich, § 45 Abs. 5 S. 2 GenG, für Stimmrecht).[60]

Grundbuch: öffentliche oder öffentlich beglaubigte Urkunde, § 29 GBO,[61] für die Eintragungsbewilligung oder die sonstigen zu der Eintragung erforderlichen Erklärungen sowie für den Nachweis von anderen Voraussetzungen der Eintragung, soweit sie nicht bei dem Grundbuchamt offenkundig sind. Es genügt, wenn der Notar eine einfache Abschrift der Vollmacht mit der Urkunde (zB einem Kaufvertrag) verbindet und bestätigt, dass das Original bei der Beurkundung vorgelegen hat.[62] Eine Vollmachtsbestätigung, die den Anforderungen des § 29 GBO entspricht, kann nicht von einem weiteren Vertreter des ursprünglichen Vollmachtgebers erklärt werden.[63] Zur Grundbuchtauglichkeit nach einem **Erbfall**[64] → § 164 Rn. 90–94.

Grundstücksverträge: formfrei, trotz § 311b Abs. 1 S. 1 BGB.[65] Nur für die seltenen Ausnahmefälle, bei denen die Vollmacht schon alles enthält, was der Verkäufer zu erklären hat, kann eine Ausnahme gemacht und die Beurkundung verlangt wer-

---

[55] BGH XII ZB 61/16, NJW 2016, 3297.

[56] Vgl. Deinert BtPrax 2017, 135 (139f.).

[57] BGH IX ZR 153/95, NJW 1996, 1467; Staudinger/Schilken BGB 2019 § 167 Rn. 20a mwN.

[58] Damrau/Tanck/Kurze Erbrecht BGB § 2347 Rn. 8.

[59] Henssler RNotZ 2010, 221; v. Proff ZEV 2013, 183; Staudinger/Schilken BGB 2019 § 167 Rn. 22.

[60] Papenmeier Vollmachten S. 146

[61] OLG München 34 Wx 97/09, NJW-RR 2010, 747; LG Stuttgart 1 T 37/07, ZEV 2008, 198; Zimmermann Vorsorgevollmacht Rn. 50; Spanl Rpfleger 2006, 455; Michalski WuM 1997, 658; zum Problem der Voreintragung bei § 39 GBO: Milzer DNotZ 2009, 325; ders. NotBZ 2009, 482.

[62] LG Gera 5 T 307/96, Rpfleger 1996, 507; Spieker notar 2013, 237 (240).

[63] OLG Nürnberg 15 W 2126/20, NJW-RR 2020, 1402.

[64] Vgl. auch von Schwander RNotZ 2019, 57.

[65] OLG Celle 18 W 33/19, ErbR 2020, 126.

den,[66] wie auch bei einer Auflassungsvollmacht für den Käufer.[67] Bei Vorsorgevollmachten ist das nicht zu sehen. Bei Enteignungsverfahren ist nach §§ 110 Abs. 4 BauGB, 37 Abs. 1 S. 4 LBG die Beglaubigung erforderlich.

32 **Handelsregister:** öffentlich beglaubigt, § 12 Abs. 1 HGB, für Anmeldungen zum Handelsregister.

33 **Patientenverfügung,** Durchsetzung: grds. formfrei, auch wenn die Patientenverfügung gem. § 1827 Abs. 1 S. 1 BGB (→ § 1827 Rn. 19–22) schriftlich sein muss, da es keine Formvorschrift gibt. Aus Nachweiszwecken ist eine schriftliche Vollmacht sinnvoll. Zudem wird es meist zum Schriftformerfordernis kommen, da die Zustimmung zu bzw. Ablehnung von Maßnahmen nach § 1829 BGB eine schriftliche, ausdrückliche[68] Vollmacht erfordern.

Personalausweis, öffentlich beglaubigte oder beurkundete Vorsorgevollmacht, § 9 Abs. 1 S. 5 PAuswG.

34 **Schiedsvereinbarung:** formfrei, trotz Schriftformerfordernis der Vereinbarung selbst, § 1031 Abs. 1 ZPO.[69]

Selbstkontrahierung, Befreiung von ihr, § 181 BGB: formfrei. Nur ausnahmsweise formbedürftig, wenn das Geschäft faktisch schon vorweggenommen und der Vollmachtgeber gebunden wird,[70] was bei Vorsorgevollmachten nicht der Fall ist.

Sozialrechtliches Verfahren: auf Verlangen schriftlich, § 13 Abs. 1 S. 3 SGB X.[71]

35 **Unterbringung:** schriftlich, §§ 1820 Abs. 2, 1831 BGB, (im Einzelnen → § 1831 Rn. 17).

Unwiderrufliche Vollmacht: grundsätzlich Form des Vertretungsgeschäfts, insbes. bei einem Grundstücksgeschäft oder faktischer Bindung.[72] Dass der Vollmachtgeber die Vollmacht zB aufgrund von Geschäftsunfähigkeit nicht mehr widerrufen kann, lässt sie nicht unwiderruflich (und damit formbedürftig) werden und macht auch an sich keine Betreuung erforderlich[73] (uU aber eine Kontrollbetreuung → § 1820 Rn. 15–42). Auch der Entschluss des Vollmachtgebers, die Vollmacht nicht mehr zu widerrufen, führt zu keiner Unwiderruflichkeit.[74] Eine Vorsorgevollmacht kann insgesamt nicht unwiderruflich erteilt werden (vgl. → § 164 Rn. 67, → § 168 Rn. 17).

36 **Verbraucherdarlehensvertrag:** spezielle Schriftform, notarielle Beurkundung, § 492 Abs. 1, 2, 4 BGB. Nach § 492 Abs. 4 S. 1 BGB muss eine Vollmacht zum Abschluss eines Verbraucherdarlehensvertrages die in § 492 Abs. 1 und 2 BGB aufgestellten Anforderungen erfüllen (das VerbraucherkreditG trat zum 1.1.2002 außer Kraft).[75] Neben der Schriftlichkeit (§ 492 Abs. 1 BGB) sind dies nach § 492 Abs. 2 BGB iVm Art. 247 §§ 6 bis 13 EGBGB eine Vielzahl von Angaben zu dem Darlehen,[76] die in eine vorsorglich erteilte Vorsorgevollmacht, bei welcher die Verwen-

---

[66] Staudinger/Schilken BGB 2019 § 167 Rn. 21; Gegenbeispiel: OLG Frankfurt a. M. 4 U 84/12, NJW-RR 2013, 722.

[67] BGH V ZR 156/64, WM 1965, 1006.

[68] BGH XII ZB 61/16, NJW 2016, 3297.

[69] Heskamp RNotZ 2012, 415 (418).

[70] BGH V ZR 80/52, NJW 1952, 1210; Staudinger/Schilken BGB 2019 § 167 Rn. 22; abgelehnt zB in BGH V ZR 171/77, NJW 1979, 2306.

[71] Bühs NZS 2017, 169.

[72] BGH V ZR 171/77, NJW 1979, 2306; V ZR 80/52, NJW 1952, 1210; OLG Brandenburg 5 U 48/09, NZM 2010, 712 (714); Papenmeier Vollmachten S. 148.

[73] Vgl. OLG Schleswig 2 W 197/02, NotBZ 2003, 432.

[74] BGH V ZR 171/77, NJW 1979, 2306.

[75] Zur Rechtslage vor dem 1.1.2002: BGH XI ZR 198/00, NJW 2001, 2963; XI ZR 40/00, NJW 2001, 1931.

[76] BGH XI ZR 332/02, NJW 2004, 844; OLG Düsseldorf I-3 Wx 148/15, ZEV 2015, 601.

dung für ein konkretes Darlehen nicht abzusehen ist, praktisch nicht aufgenommen werden können. Die Norm ist gesetzgeberisch verunglückt, da sie die Anwendungsmöglichkeit eigentlich geförderter Vorsorgevollmachten einschränkt. Allerdings kann für den Vorsorgefall auch auf die Befugnis zum Eingehen von Verbraucherdarlehensverträgen verzichtet werden:[77] Soll der Bevollmächtigte sie wirklich zu Lasten des Vollmachtgebers abschließen dürfen? Wird das Kreditinstitut in diesen Fällen überhaupt ein solches Darlehen anbieten?

Vereinsregister: Beglaubigung, § 77 BGB analog, für die Anmeldung.

Verfahrensvorschriften: Prozessvollmacht (auf Verlangen) schriftlich, §§ 80 Abs. 1 S. 1 ZPO (schriftlich zu den Gerichtsakten), 54 Abs. 3 ZPO (schriftlich), 11 FamFG (schriftlich zu den Gerichtsakten), 14 Abs. 1 S. 3 VwVfG (auf Verlangen schriftlich), 7 VwZG (schriftlich für Zustellungen im Verwaltungsverfahren), 67 Abs. 6 S. 1 VwGO (schriftlich zu den Gerichtsakten), 71 Abs. 2, 81 Abs. 3 ZVG (beglaubigt), 22 Abs. 2 S. 1 BVerfGG (schriftlich und ausdrücklich auf das Verfahren bezogen), 123 Abs. 1 FlurbG (schriftlich).[78] Ist eine Vollmacht nicht nur schriftlich, sondern auch „zu den Gerichtsakten" oder „ausdrücklich auf das Verfahren bezogen" zu erteilen, reicht nach hier vertretener Ansicht für die Vorsorgevollmacht die Schriftform aus, auf deren Grundlage dann eine einzureichende oder auf das Verfahren bezogene Untervollmacht erteilt werden kann. Wenn kein Original und keine Ausfertigung der Vorsorgevollmacht hinterlegt werden kann, sollten das Einreichen einer Kopie sowie die Vorlage der Vorsorgevollmacht genügen, da der Wert der Vorsorgevollmachten sonst unverhältnismäßig geschmälert würde.

Verfügen über Vermögen im Ganzen, § 1365 BGB: formfrei; eine Vollmacht, die unwiderruflich und unter Befreiung von den Beschränkungen des § 181 BGB erteilt wird, bedarf nicht der Zustimmung des anderen Ehegatten nach § 1365 BGB, da die Verfügung mit der Vollmachtserteilung noch nicht erfolgt.[79]

Zwangsmaßnahmen, ärztliche: schriftlich, → Rn. 28 Ärztliche Maßnahmen. 37

Zwangsvollstreckung, Unterwerfung unter die sofortige: keine Formbedürftigkeit.[80]

3. Formen

38 **a) Mündlich oder konkludent.** Eine Vollmacht **kann** mündlich erklärt werden oder durch konkludentes Handeln sowohl gegenüber dem Bevollmächtigten (Innenvollmacht) als auch gegenüber dem Geschäftsgegner (Außenvollmacht), wenn nicht ausdrücklich eine bestimmte Form vorgeschrieben ist. Der Zugang richtet sich nach den allgemeinen Regeln (→ Rn. 20–23).

39 Der **Geschäftsgegner** kann, aber muss sich nach hier vertretener Ansicht **nicht** auf eine solche Vollmacht einlassen, da er die Vollmachtserteilung später ggf. nur schwer (Zeugen) oder gar nicht beweisen kann.

40 Schon die Formerfordernisse der §§ 1820 Abs. 2, 1829, 1831 f. BGB zeigen, dass bei der **Gestaltung** einer Vorsorgevollmacht eine mündliche Erteilung nicht sinnvoll ist. Auch der Nachweis der Vollmacht ist praktisch nicht möglich, erst recht nicht in der Form der Außenvollmacht (also Bestätigung durch den Vollmachtgeber), wenn der Vollmachtgeber geschäftsunfähig geworden ist.

41 **b) Schriftform.** Nach **§ 126 Abs. 1 BGB** bedeutet Schriftform die eigenhändige Namensunterschrift oder ein notariell beglaubigtes Handzeichen unter einer Urkunde. Varianten sind die elektronische Form nach § 126a BGB, welche gem. § 126

---

[77] Ähnlich: Papenmeier Vollmachten S. 147.

[78] Vgl. auch Papenmeier Vollmachten S. 153 mwN.

[79] BGH V ZB 15/12, FGPrax 2013, 142.

[80] Was wohl übersehen wurde von OLG Düsseldorf I-3 Wx 148/15, ZEV 2015, 601.

Abs. 3 BGB die schriftliche Form ersetzt, wenn sich aus dem Gesetz nichts anderes ergibt, und die Textform nach § 126b BGB, die einer geforderten Schriftform grundsätzlich nicht genügt.

42 Schriftlichkeit der **Urkunde** bedeutet Herstellung mit der Hand durch den Unterzeichnenden oder einen Dritten, Druck von privat (PC) oder durch Dritte (Muster, Formulare) oder durch Fotokopie.[81] Die Urkunde muss einheitlich sein, was aber zB bei mehreren Blättern nicht unbedingt die körperliche Zusammenfügung (Heftung oÄ) erfordert, sondern auch durch Nummerierung oder inhaltlichen Zusammenhang erreicht wird.[82]

43 Die **Unterschrift** hat den Zweck, die Identität des Ausstellers kenntlich zu machen, muss aber nicht lesbar sein. Sie muss eigenhändig sein und die Urkunde räumlich abschließen, was gegen eine „Oberschrift" spricht.[83] Die schriftliche Vollmacht ist erst **zugegangen,** wenn sie dem Erklärungsempfänger zugeht, was eine Übermittlung per Telefax nicht ausreichen lässt.[84]

44 **c) Öffentliche Beglaubigung.** Sie wird oft verkürzt als „Beglaubigung" bezeichnet, was aber den Kreis der Berechtigten für eine Beglaubigung, welche zur Einhaltung der Formvorschrift des nach § 129 BGB führt, nicht genügend einengt.[85] Das Verfahren ist in §§ 39f. BeurkG geregelt. Es wird von Notaren durchgeführt sowie nach § 7 BtOG von Betreuungsbehörden und nach § 11 Abs. 2 PStG von Standesbeamten. Andere „Beglaubigungen" zB durch Behörden erfüllen nicht die Anforderung des § 129 BGB. Eine Besonderheit ist die Beglaubigung durch die Ortsgerichte in Hessen, die eine öffentliche ist, § 13 Abs. 1 OGerO. Für Vorsorgevollmachten sind die Beglaubigung durch einen Notar oder die Betreuungsbehörde von Bedeutung, in Hessen noch die der Ortsgerichte.

45 **aa) Notarielle Beglaubigung.** Bei der Beglaubigung wird bestätigt, dass die **Unterschrift** von der bezeichneten Person stammt, §§ 39, 40 BeurkG. Sie soll in Gegenwart des Notars geleistet oder anerkannt[86] werden, § 40 Abs. 1 BeurkG. Die erschienene Person muss so genau bezeichnet werden, dass Zweifel und Verwechslungen ausgeschlossen sind, §§ 40 Abs. 4, 10 Abs. 1 BeurkG.[87] Zudem soll sich aus der Beglaubigung ergeben, ob die Person dem Notar bekannt war oder wie sie sich ausgewiesen hat, §§ 40 Abs. 4, 10 Abs. 2 S. 1 BeurkG. Auch bei der Beglaubigung muss der Notar prüfen, ob Gründe bestehen, die seiner Tätigkeit entgegenstehen (so genannte „Vorbefassung"), § 40 Abs. 2 BeurkG. Bei Anzeichen für ein Fehlen der Geschäftsfähigkeit muss ein Notar bei der Beglaubigung im Ergebnis gem. §§ 40 Abs. 2, 4 BeurkG entsprechend einer Beurkundung handeln[88] (vgl. auch → Rn. 51–53). Insgesamt fehlt es aber an klaren Vorgaben für eine Prüfungspflicht.[89]

---

[81] Grüneberg/Ellenberger BGB § 126 Rn. 2.

[82] BGH XII ZR 253/01, NJW 2003, 1248; XII ZR 234/95, NJW 1998, 58; LG Duisburg 12 T 214/17, BeckRS 2018, 46397 (direkt zur Vorsorgevollmacht).

[83] Grüneberg/Ellenberger BGB § 126 BGB Rn. 6, 10.

[84] BGH IX ZR 259/91, NJW 1993, 1126 (zur Bürgschaft).

[85] Überblick: Boczek/Lührs JuS 2020, 916.

[86] Dazu DNotI-Report 2015, 153.

[87] Bohrer MittBayNot 2005, 460 (462).

[88] Str., wie hier: Müller/Renner Betreuungsrecht Rn. 750 (5. Auflage; einschränkend in der 6. Auflage: Müller-Engels/Braun/Renner/Braun Betreuungsrecht Kap. 2 Rn. 611f.); Zimmermann Vorsorgevollmacht Rn. 50: ablehnen, wenn die Geschäftsunfähigkeit eindeutig ist; Rudolf/Bittler/Roth/Hack Vorsorgevollmacht § 1 Rn. 20: Verweigerung nur bei Überzeugung von Geschäftsunfähigkeit, keine Hinweise bei Zweifeln; mit Hinweisen zu Differenzen in Theorie und Praxis (weniger Prüfung bei Beglaubigung): Tersteegen NJW 2007, 1717 (1720).

[89] So auch Pyhrr ErbR 2020, 773 (777); Renner NotBZ 2022, 15 (17).

Gemäß § 39 BeurkG muss keine Niederschrift erstellt werden, sondern ein Vermerk, also eine Urkunde, die das Zeugnis, die Unterschrift und das Siegel des Notars enthalten muss und Ort und Tag der Ausstellung angeben soll. Den Inhalt der Urkunde muss der Notar nicht prüfen.[90] Wenn ihm etwas auffällt, kann er es nach hiesiger Ansicht bei einem allgemeinen Hinweis belassen, muss aber nur bei offensichtlich gegen Treu und Glauben, das Gesetz oder die guten Sitten verstoßenden Regelungen aktiv werden, was selten „auf einen Blick" zu erkennen sein wird. Eine inhaltliche Überprüfung ist Entwurfstätigkeit nach dem GNotKG.

Es fällt nach Nr. 23100 KV GNotKG eine 0,2-**Gebühr** an, die mindestens 20 EUR und höchstens 70 EUR beträgt. Hinzu kommt die Umsatzsteuer gem. 32014 KV GNotKG, so dass beispielsweise bei einem Wert (zu seiner Bestimmung → Rn. 57) von 20.000 EUR 21,40 EUR netto (25,47 EUR inkl. USt) anfallen, bei 50.000 EUR 33 EUR netto (39,27 EUR inkl. USt) und ab einem Gegenstandswert von 155.000 EUR die Höchstgebühr von 70 EUR netto (91,63 EUR inkl. USt). Die Gebühr fällt für jede Beglaubigung an, so dass sich bei mehreren, benötigten Exemplaren (zB bei mehreren Bevollmächtigten) die Beglaubigung bei niedrigen Werten teurer sein kann als die Beurkundung. Entwirft der Notar die zu beglaubigende Urkunde, kann dies aufgrund von Nr. 24101 GNotKG ebenfalls insgesamt genauso teuer wie eine Beurkundung werden. Bis zum 1.8.2013 konnten nach § 45 KostO Kosten bis zu 130 EUR entstehen. Bei Auswärtsbeglaubigungen ist die Festgebühr des 26003 KV GNotKG zu beachten. 46

bb) Beglaubigung durch Betreuungsbehörde. Die Beglaubigung durch die Betreuungsbehörde ist jedenfalls seit einer Gesetzesänderung eine **„öffentliche"** Beglaubigung, § 7 Abs. 1 S. 1 BtOG.[91] Sie stand damit der notariell beglaubigten Vollmacht gleich. Einzige Ausnahme war die Vertretung beim Abschluss eines GmbH-Gesellschaftsvertrag, wofür § 2 Abs. 2 GmbHG die „notarielle Beglaubigung" verlangt, was aber bei vielen Vorsorgevollmachten nicht relevant ist und wofür bei den anderen ohnehin eine Beurkundung zu empfehlen ist. 47

Durch die Betreuungsrechtsreform zum 1.1.2023 wurde die Wirkungsdauer der Beglaubigung durch die Betreuungsbehörde auf die Lebenszeit begrenzt, ist also **nicht mehr transmortal.**[92] Nach hier vertretener Ansicht ist sie damit **entwertet.** Dies geht zurück auf eine Stellungnahme der Bundesnotarkammer,[93] die auch von Seiten des BMJ übernommen wird.[94] Trotz Einwänden des Bundesrates[95] und aus dem Schrifttum[96] blieb es bei der Regelung des § 7 Abs. 1 S. 2 BtOG; nur für Beglaubigungen vor dem 1.1.2023 wurde in der Sonderregelung des § 34 BtOG die transmortale Wirkung als fortdauernd anerkannt. 47a

Dabei hatte der **BGH** gerade noch die transmortale Wirkung der Betreuungsbehördenbeglaubigung, wie deren Grundbuchtauglichkeit und die Wirksamkeit auch ohne Bedingung der Betreuungsbedürftigkeit im Außenverhältnis anerkannt.[97] Aus unerfindlichen Gründen wurde diese Entscheidung vom 12.11.2020 aber erst am 15.3.2021 veröffentlicht, also nach dem Gesetzgebungsbeschluss. Allerdings hätte die Kritik auch später noch umfassender aufgenommen und nicht nur mit § 34 BtOG für Altbeglaubigungen nachgebessert werden können. Möglich und sinnvoll ist eine Korrektur immer noch durch eine einfache Streichung des § 7 Abs. 1 S. 2 BtOG.

---

[90] Zimmermann Vorsorgevollmacht Rn. 50.

[91] Hin zu § 6 Abs. 2 S. 1 BtBG: BGBl 2009 I 1696 (1700 f.).

[92] DNotI-Report 2023, 4.

[93] Vom 10.8.2020, online abrufbar beim BMJ.

[94] Vgl. Interview in der ErbR 2022, 999.

[95] BTDruck 20/1416.

[96] Kurze FamRZ 2021, 1934 (1935); ders. Reform § 5 Rn. 16–19.

[97] BGH V ZB 148/19, ZEV 2021, 267.

47b Nach hier vertretener Ansicht sind ab dem 1.1.2023 bei der Betreuungsbehörde beglaubigte Vorsorgevollmachten nicht nur ab dem Tod des Vollmachtgebers **nicht mehr grundbuchtauglich.** Auch zu Lebzeiten ist zumindest in Grundbuchangelegenheiten die Praxistauglichkeit aufgehoben, wenn nicht sogar die Wirkung. Der Notar wird sich davon zu überzeugen haben, ob der Vollmachtgeber noch lebt, da sonst keine wirksame Beglaubigung mehr vorliegt. Wenn er sich aber für einen Lebensnachweis zum Vollmachtgeber begeben muss, ist der Sinn der Vorsorgevollmacht verfehlt. Zudem erscheint es fraglich, ob nicht auch die Grundbuchämter Zweifel an der Wirksamkeit der Beglaubigung zum Zeitpunkt der Eintragung geltend machen, die in grundbuchmäßiger Form nicht behoben werden können. Selbst wenn, wie Schnellenbach/Waßenberg/Heyder[98] meinen, die Grundbuchämter nur bei konkreten Anhaltspunkten Zweifeln anmelden dürfen, liegen diese doch bei der Nutzung von Vorsorgevollmachten schnell vor: Der Vollmachtgeber ist körperlich-geistig so eingeschränkt, dass er seine Angelegenheiten nicht mehr selbst regeln kann und der Vorsorgebevollmächtigte tätig sein muss. Dann liegt aber auch der Verdacht nahe, dass sich der Zustand des Vollmachtgebers hin zum Tode verschlechtert haben kann. Becker überlegt, ob Grundbuchämter das „Erreichen der durchschnittlichen Lebenserwartung (Männer: ca. 78 Jahre, Frauen: ca. 83 Jahre)" als Kriterium anwenden könnten.[99]

48 Allerdings **bleibt** die Vollmacht selbst **transmortal wirksam,** nur die Beglaubigungswirkung entfällt. Ein gegen Verstoß von § 29 GBO erfolgte Eintragung soll wirksam sein, da es sich um eine reine Ordnungsvorschrift handelt.[100] Es ist allerdings paradox, dass die Feststellung der Identität des Unterzeichnenden durch den die Beglaubigung bei der Behörde ermächtigten Beamten oder Angestellten ab dem Tod des Unterzeichnenden plötzlich nicht mehr richtig und anerkennenswert sein soll. Durch den Tod ändert sich die Ausstellerschaft nicht. Zu befürchten ist, dass andere Erklärungsempfänger wie Banken sich ebenfalls auf das Entfallen der transmortalen Wirkung bei Betreuungsbehördenbeglaubigungen berufen und Vorsorgevollmachten noch häufiger ablehnen, auch wenn dies nicht rechtmäßig wäre. Insgesamt **leidet** die **Akzeptanz** der Betreuungsbehördenbeglaubigung und deren Attraktivität zudem: Neben der Verwirklichung der Selbstbestimmung des Vollmachtgebers zu Lebzeiten und der Vermeidung einer Betreuung ist die Möglichkeit, einen Nachlass oft ohne Erbschein abwickeln zu können, ein Anreiz für die Vorsorgevollmachten und die Beglaubigung gewesen.

Die Argumentation, dass ein sonst „ohne Not das gut austarierte System der gesetzlich vorgesehenen Erbnachweise in Frage" gestellt würde,[101] ist nicht nachvollziehbar. Ein „austariertes System" ist nicht zu sehen, gibt es doch als Nachweis mit Gutglaubensschutz nur den Erbschein. Eröffnete notarielle letztwillige Verfügungen stehen dem nicht gleich, können sie doch durch eine zu einem anderen Zeitpunkt eröffnete letztwillige Verfügung entkräftet sein. Zudem sollen und werden notariell beurkundete und beglaubigte (!) Vorsorgevollmacht weiter transmortale Wirkung haben. Die transmortale Wirkung von Vollmachten ist aber auch dem **deutschen Rechtssystem eigen.** Lediglich bei Beglaubigungen durch die Betreuungsbehörden soll sie entfallen, so dass die Wirkung (wieder) nur noch bei einem Notar erreicht werden kann.

49 **Zuständig** ist die Behörde im Bezirk des Betroffenen, § 2 BtOG. Die Beglaubigung kostet 10 EUR, § 7 Abs. 4 BtOG. Nimmt die Betreuungsbehörde an, dass der Vollmachtgeber geschäftsunfähig ist, hat sie die Beglaubigung zu verweigern (§ 40

[98] Schnellenbach/Waßenberg/Heyder BtPrax 2022, 155 (159).

[99] Becker MittBayNot 2021, 549 (550).

[100] Becker MittBayNot 2021, 549 (551).

[101] Stellungnahme der Bundesnotarkammer vom 10.8.2020, online abrufbar beim BMJ, S. 30; wie hier kritisch: Renner NotBZ 2022, 15 (19).

Abs. 2, 4, 1 Abs. 2 BeurkG).[102] Beglaubigt werden dürfen nur Vorsorgevollmachten und Betreuungsverfügungen (§ 7 Abs. 1 S. 1 BtOG), wobei eine enthaltene Patientenverfügung nach Sinn und Zweck der Regelung unschädlich ist.[103] Gem. § 7 Abs. 2 S. 1 BtOG muss die Vollmacht (auch) zur Vermeidung einer Betreuung erteilt werden. Dies ist ein Motiv und erfordert keinesfalls Bedingung der Vollmacht im Außenverhältnis, was diese unbrauchbar machen würde. Bedauerlich ist die negative Definition der Vorsorgevollmacht, welche die Vorbehalte gegen Betreuer aufnimmt und damit verstärkt. Die Motivation zur Erteilung einer Vorsorgevollmacht kann auch positiv die Wahrung der Selbstbestimmung für den Vorsorgefall sein und damit nur die indirekte Wirkung (aber nicht zwangsläufig auch Motivation) der Betreuungsvermeidung umfassen.

Eine inhaltliche Prüfungspflicht besteht nicht. Vielmehr ist der Behörde für Vorsorgevollmachten nur eine „allgemeine" Beratungsaufgabe zugwiesen worden, § 5 Abs. 1 BtOG, was **nicht** auf eine **individuelle Beratung** abzielt, § 8 Abs. 1 RDG. Dies bedeutet, die Bevölkerung und einzelne Personen, die zu einer Beratung kommen, über die Möglichkeit einer Vorsorgebevollmächtigung zu informieren. Eine inhaltliche Beratung (geschweige denn Beurteilung fremder Entwürfe) darf nicht vorgenommen werden, weder bei einer Beratung noch anlässlich einer Beglaubigung. In der Praxis wird dies aber unterschiedlich gehandhabt. Eine Prüfung der Geschäftsfähigkeit findet nicht statt, was aber – wie bei der notariellen Beglaubigung – klarer geregelt werden könnte.[104]

d) Notarielle Beurkundung. aa) Notarpflichten, Verfahren. Auch bei der **50**
Beurkundung prüft der Notar die **Identität** des Vollmachtgebers, § 10 Abs. 2 BeurkG.[105] Die Vollmacht wird – im Gegensatz zur Beglaubigung – vollständig verlesen. Die notarielle Beurkundung ersetzt die Schriftform, § 126 Abs. 4 BGB, und die öffentliche Beglaubigung, § 129 Abs. 2 BGB.

Der Notar ist nicht zu einer Prüfung[106] der **Geschäftsfähigkeit** (→ § 104 **51**
Rn. 7 ff.) verpflichtet,[107] sondern muss nach § 11 BeurkG lediglich bei der Überzeugung vom Fehlen der Geschäftsfähigkeit die Beurkundung ablehnen (Abs. 1 S. 1) und Zweifel in der Urkunde festhalten (Abs. 1 S. 2). Für eine fachlich fundierte Geschäftsfähigkeitsprüfung besitzt der Notar – wenn er nicht gleichzeitig Neurologe oder Psychiater sein sollte – auch nicht die erforderliche Kompetenz. Bei dokumentierten **Zweifeln** muss die Vollmacht nicht akzeptiert werden, was sie entwertet.

Zwar ist bei einem Volljährigen grundsätzlich von Geschäftsfähigkeit auszugehen. Trotzdem ist gerade bei Vorsorgevollmachten, die häufig von Menschen erstellt werden, die aufgrund von Alter oder Erkrankung einer Geschäftsunfähigkeit näher sind als andere Menschen, vom Notar eine **besondere Aufmerksamkeit** zu erwarten. Es kann für den Notar sonst zu berufsrechtlichen oder schadensersatzrechtlichen Folgen kommen. In jedem Fall wird ein Gespräch zu führen sein und zwar mit dem Vollmachtgeber und nicht mit den Begleitpersonen. Das Gespräch sollte offene statt geschlossene Fragen beinhalten, die beim Vollmachtgeber eigene Überlegungen erfordern. Sinnvoll sind Fragen nach der Motivation für die Bevollmächtigung insgesamt und die Auswahl des Bevollmächtigten insbesondere und dem eventuellen Ausschluss von Personen, die üblicher Weise bevollmächtigt werden, wie Kinder. Der Notar wird genauer nachfragen müssen, wenn ihm eine Erkrankung mitgeteilt wurde oder eine solche aus den Umständen als wahrscheinlich zu schließen ist, wenn

---

[102] DNotI-Report 2005, 121 (124).
[103] So auch DNotI-Report 2005, 121 (124).
[104] So auch Pyhrr ErbR 2020, 773 (777).
[105] Im Einzelnen: Bohrer MittBayNot 2005, 460 (462).
[106] Ausführlich Brak, Die Feststellung der Testierfähigkeit durch den Notar, 2013, 44–52.
[107] Bamberger/Roth/Litzenburger BeurkG § 11 Rn. 2 f.

der Notar sich etwa in ein Krankenhaus, Pflegeheim und ggf. auch zu einer Person nach Hause begeben hat. Auskünfte von Ärzten oder Pflegekräfte können und sollten ggf. eingeholt werden,[108] müssen aber selbst gewertet werden.

52 In Zweifelsfällen sind neurologische **Gutachten** sinnvoll, die erst kurz vor der Beurkundung erstellt worden sein sollten, am besten am selben Tag. Es braucht noch nicht das gesamte Gutachten vorliegen; das Ergebnis reicht zunächst. Ärztliche **Atteste** – gerade von Hausärzten – werden zu häufig aus Gefälligkeit und ohne fachgerechte Prüfung erstellt. Der Notar darf sich auf solche Bescheinigungen auch nicht verlassen, sondern muss sie ggf. hinterfragen. Diese Schriftstücke können zur Urkunde genommen werden. Sie müssen dann aber auch verbunden und mit ausgefertigt werden, was vom Vollmachtgeber mitunter nicht gewünscht wird, weil damit persönliche Angaben Dritten zugänglich gemacht werden. Allerdings hat der Vollmachtgeber es meist selbst versäumt, frühzeitig Vorsorge zu treffen.

53 Die Beurkundung **beweist** die Geschäftsfähigkeit **nicht.** Die Schlussfolgerung des Notars aus seiner Wahrnehmung ist nicht Teil der Beweiskraft der Urkunde, § 418 ZPO.[109] In einem Prozess würde der Notar als Zeuge vernommen. Wie Zimmermann zutreffend ausführt, wird „der aber meist nichts Wesentliches über die Beurkundung mehr in Erinnerung" haben, so dass ein Sachverständigengutachten erstellt werden muss.[110] Für dieses kann eine Aussage des Notars wesentlich sein.

54 Der Notar hat **Belehrungspflichten,** § 17 Abs. 1 BeurkG, muss insbesondere den Sachverhalt klären und über die rechtliche Tragweite des Geschäfts belehren. Bei größerem Vermögen, Vermögen im Ausland, häufigen Auslandsaufenthalten oder unternehmerischen Vermögen kann eine besondere Gestaltung zu empfehlen sein. Die Belehrung hinsichtlich der Reichweite in gesundheitlichen Angelegenheiten ist wichtig, sollte aber nicht der einzige Belehrungsgegenstand sein und ist auch bei einer ausführlichen Formulierung zu den in §§ 1829, 1831 f. BGB genannten Befugnissen dort enthalten. Die Befugnis, Untervollmachten zu erteilen, die Befreiung von den Beschränkungen des § 181 BGB sowie die sofortige Geltung und auch die über den Tod hinaus sind weitere belehrungswürdige Punkte.

55 Bei **Zweifeln,** ob die Erklärung dem Willen der Person entspricht, sind diese Bedenken mit dem Beteiligten zu erörtern, § 17 Abs. 2 BeurkG. Bei der Beurkundung einer Vorsorgevollmacht ist beim Notar eine besondere Sensibilität bezüglich eventueller Beeinflussung durch die zu bevollmächtigende Person erforderlich. Ganz auszuschließen ist dies durch Notare sicher nicht. Es können aber Sicherungsmaßnahmen vorgeschlagen werden, wenn beispielsweise bei einer älteren, zwar geschäftsfähigen aber anscheinend beeinflussbaren (uU weil von Versorgung abhängigen) Person Sorgen über den Umfang der Bevollmächtigung zu erkennen sind. Solche Maßnahmen können die inhaltliche Beschränkung der Vollmacht sein (Ausnahme zB von Immobilienangelegenheiten) oder die Bevollmächtigung einer weiteren, unabhängigen Person.

56 Der Notar soll auf die Möglichkeit der Registrierung im **Zentralen Vorsorgeregister** hinweisen, § 20a BeurkG (→ § 78a BNotO Rn. 7–9).

57 **bb) Gebühren.** Nach hier vertretener Ansicht sollte der Notar zu Beginn auch offen über die entstehenden Kosten **aufklären,** auch wenn die Rechtsprechung zum Teil zurückhaltend ist.[111] Die Kosten der Beurkundung[112] richten sich seit dem 1.8.2013 nach dem **GNotKG.** Die Berechnung des **Geschäftswerts** geht vom

---

[108] Zimmermann/Diehn Erbrechtliche Nebengesetze BeurkG § 28 Rn. 7.

[109] Rudolf/Bittler/Roth/Hack Vorsorgevollmacht § 1 Rn. 19.

[110] Zimmermann Vorsorgevollmacht Rn. 51.

[111] LG Düsseldorf 25 OH 28/19 und 25 OH 29/19, ErbR 2021, 720.

[112] Vgl. auch Korintenberg/Tiedtke GNotKG 2022 § 98 Rn. 21–23; Horn/Schons Vorsorgevollmachten § 9.

Bruttovermögenswert aus, also ohne Abzug von Schulden, § 38 GNotKG. Es wird dann ein Abschlag von 50% vorgenommen, §§ 98 Abs. 3, 38 S. 1 GNotKG. Da zumindest im Innenverhältnis meistens vereinbart ist, dass die Vollmacht erst später genutzt werden soll, kann von einem Eventualcharakter gesprochen werden. Es wird daher auch ein weiterer Abschlag befürwortet, je nach Wahrscheinlichkeit der baldigen Nutzung (also meist nach Alter) von 20 bis 50%.[113] Allerdings ist durch § 98 GNotKG schon ein Abschlag vorgenommen worden und die Vorsorgevollmacht ist im Außenverhältnis (jedenfalls bei fachgerechter Gestaltung) unmittelbar wirksam.[114] Daher spricht nach hier vertretener Ansicht viel gegen einen weiteren Abschlag oder zumindest viel für einen nur geringen Prozentsatz. In jedem Fall beträgt der Wert höchstens 1 Mio. EUR, § 98 Abs. 4 GNotKG. Die **Gebühr** beläuft sich nach Nr. 21200 KV auf 1,0, mindestens 60 EUR. Sind mehrere Vorsorgebevollmächtigungen enthalten, also zB eine gegenseitige Vorsorgevollmacht von Ehegatten oder Vorsorgevollmachten von beiden Ehegatten für ein Kind, sind zwei Vorsorgevollmachten zu berechnen.[115] Bei der Bevollmächtigung durch eine Person für mehrere Personen („Ersatz") soll es sich nur um eine Vollmacht handeln.[116] Bei Auswärtsbeglaubigungen ist die Festgebühr des 26003 KV GNotKG zu beachten.

Bei einem Geschäftswert von **beispielsweise** 8.000 EUR ergibt dies 63 EUR (74,97 EUR inkl. USt), bei 50.000 EUR sind es 165 EUR (196,35 EUR inkl. USt), bei 200.000 EUR sind es 435 EUR (517,65 EUR inkl. USt), bei 500.000 EUR ergeben sich 935 EUR (1.112,65 EUR inkl. USt) und bei 1 Mio. EUR (und mehr) schließlich 1.735 EUR (2.064,65 EUR inkl. USt). Bei auswärtigen Beurkundungen fällt eine zusätzliche Festgebühr von 50 EUR zzgl. USt an, Nr. 26003 KV. Für die Regelung einer Rechtswahl erhält der Notar eine anteilige Gebühr von 30 Prozent, § 104 Abs. 1 GNotKG. **58**

Die Gebühr betrug bis zum 1.8.2013 nach der **KostO** aufgrund der Wertbegrenzung auf 500.000 EUR (§ 41 Abs. 4) höchstens 403,50 EUR. Es war str., ob wegen des Eventualcharakters der Vollmacht vom Vermögenswert gem. § 30 Abs. 1 KostO ein Abschlag von bis zu 50% vorzunehmen war.[117]

Wird das **Grundverhältnis** (→ § 662 Rn. 2–14) unter Beteiligung des Bevollmächtigten mitbeurkundet, verdoppelt sich die Gebühr gem. Nr. 21100 KV auf 2,0.[118] Daher wird empfohlen, das Grundverhältnis separat und formlos zu regeln, als Notar zumindest auf diese Möglichkeit hinzuweisen.[119] Das ist zutreffend, wird aber oft dazu führen, dass auf eine – an sich sinnvolle – Regelung des Grundverhältnisses verzichtet wird. Das spricht wiederum für eine Gestaltung der Vorsorgeregelung insgesamt bei einem Rechtsanwalt, von dem dann ggf. für eine Beurkundung oder Beglaubigung der Vorsorgevollmacht ein Notar hinzugezogen wird. Bleibt das Grundgeschäft einseitig, bleibt es auch bei der Gebühr von 1,0. Nach Vorb. 2.1 Abs. 2 Nr. 1 bzw. 2 KV ist die Übermittlung des Antrages an das **Vorsorgeregister** gebührenfrei **59**

---

[113] Ausführlich: Müller-Engels/Braun/Renner/Braun Betreuungsrecht Kap. 2 Rn. 677–682; vgl. auch Vossius notar 2013, 383.

[114] Problematisch daher die Feststellung bei Bormann/Diehn/Sommerfeldt GNotKG § 36 Rn. 46, dass eine Aushändigungsanweisung, nach welcher nur an den Vollmachtgeber Ausfertigung erteilt werden dürfen, was die Vollmacht entwerten kann, zu einem weiteren Abschlag führen soll.

[115] Bormann/Diehn/Sommerfeldt GNotKG § 98 Rn. 42; Korintenberg GNotKG § 98 Rn. 32–36.

[116] Tiedtke MittBayNot 2006, 397 (400); Korintenberg GNotKG § 98 Rn. 32–36.

[117] Vgl. zu den Regelungen nach der KostO Müller/Renner Betreuungsrecht 3. Auflage Rn. 794–815, bes. 810 mwN.

[118] Drummen/Wudy Notarkosten S. 117.

[119] Korintenberg GNotKG § 98 Rn. 29.

(→ § 78e BNotO Rn. 3f.), wobei die Auslagen ersetzt verlangt werden können, Nr. 32015 KV.[120]

60 **Betreuungs- und Patientenverfügung** haben ebenfalls den Gebührensatz von 1,0, Nr. 21200 KV. Eine Vergleichsberechnung entfällt daher.[121] Diese beiden sind zueinander derselbe Beurkundungsgegenstand, § 109 Abs. 2 S. 1 Nr. 1 GNotKG, zu der Vorsorgevollmacht verschieden, § 110 Nr. 3 GNotKG.[122]

Der **Geschäftswert** kann bei nichtvermögensrechtlichen Angelegenheiten gem. § 36 Abs. 2 GNotKG nach Ermessen, insbesondere unter Berücksichtigung von Umfang und Bedeutung, festgesetzt und sonst auf den Hilfswert von 5.000 EUR gem. § 36 Abs. 3 GNotKG zurückgegriffen werden. Letzteres geschieht bei Betreuungs- und Patientenverfügungen regelmäßig,[123] nach hiesiger Ansicht zu Unrecht. Eine Betreuung bezieht sich neben den nichtvermögensrechtlichen Angelegenheiten häufig auf das gesamte Vermögen, was für eine Orientierung an diesem spricht. Alternativ kann der „Wert" einer Betreuungsausführung geschätzt werden. Dann wird man allerdings nicht weit über die 5.000 EUR-Marke kommen. Bei Patientenverfügungen wird über nicht weniger als das Leben bzw. das Zulassen des Sterbens entschieden. Ein Wert, der sich eher an den Schadensersatz- und Schmerzensgeldzahlungen bei der Verletzung von Körper und Leben orientiert, erscheint angemessen.[124] Dies wäre ein sehr hoher Betrag, der wiederum durch den Eventualcharakter der Patientenverfügung erheblich (nach hiesiger Schätzung um 80 bis 90 Prozent) reduziert werden müsste. Trotzdem müsste sich wohl zumindest ein deutlich fünfstelliger Wert ergeben. Zwar würde dies die Attraktivität der (Mit-)Beurkundung der Patientenverfügung deutlich mindern. Allerdings ist eine Beurkundung einer Patientenverfügung weder vorgeschrieben, noch nach hier vertretener Ansicht sinnvoll, so dass eine „Förderung" durch günstige Kosten nicht zwangsläufig ist. Schließlich fehlt es an einer entsprechenden, gesetzlichen Vorgabe.

4. Gestaltung

61 **a) Grundsatz.** Bei einer Vorsorgevollmacht ist zumindest die **Schriftform unerlässlich,** da sonst ein Nachweis nicht möglich ist (der Vollmachtgeber kann die Vollmacht im Vorsorgefall nicht mehr bestätigen) und bestimmte, für den Vorsorgefall typische Vertretungsfälle sonst nicht abgedeckt sind, da sie die Schriftform erfordern: Unterbringung (§ 1831 BGB → Rn. 35), gefährliche, ärztliche Behandlung und ärztliche Zwangsmaßnahme (§§ 1829, 1832 BGB → Rn. 28).

62 Zu **empfehlen** ist jedenfalls die **Beglaubigung.** Es können Grundbuchgeschäfte vorgenommen werden (→ Rn. 31). Insbesondere ist eine Zurückweisung durch den Geschäftsgegner wegen – berechtigten oder unberechtigten – Zweifeln an der Urheberschaft der Vollmacht grundsätzlich unzulässig (→ Rn. 73–75). Die Beglaubigung bei der Betreuungsbehörde war bis zum 1.1.2023 (außer bei Unternehmern) der beim Notar gleichwertig, aber billiger → Rn. 47f. Nun kann sie nur noch empfohlen werden, wenn Grundbuchangelegenheiten nicht sicher möglich sein müssen und die Akzeptanz bei den Banken gesichert ist.

63 Die **Beurkundung** ist formal nur bei der Befugnis zum Abschluss von Verbraucherkreditverträgen erforderlich, auf die aber bei Vorsorgevollmachten eigentlich immer verzichtet werden kann (→ Rn. 36). Eine auch nur partielle Unwiderruflichkeit

---

[120] Drummen/Wudy Notarkosten S. 117.

[121] Dörndorfer/Neie/Petzold/Wendtland/BeckOK KostR GNotKG § 109 Rn. 67.

[122] Sikora/Tiedtke NJW 2013, 2310 (2315); Bormann/Diehn/Sommerfeldt GNotKG § 109 Rn. 55.

[123] Tiedtke DNotZ 2014, 575 (590).

[124] Anders mit der unangebrachten Begründung, es sei eine einfache notarielle Tätigkeit (was nichts mit dem Wert zu tun hat): OLG Hamm 15 W 148/05, MittBayNot 2006, 449.

in einer Vorsorgevollmacht wird nicht vorkommen (wozu?) und eine vollständige Unwiderruflichkeit ist unzulässig (→ Rn. 35). Die – relativ teure – Beurkundung einer Vorsorgevollmacht ist also aus formalen Gründen nicht notwendig, ggf. aber aus Praktibilitätsgründen zu empfehlen.

b) Beglaubigung oder Beurkundung. Welche Form vorzuziehen ist, muss im Einzelfall entschieden werden.[125] Formale Gründe sprechen nur bei Unternehmern für eine Seite (die Beurkundung) und sind sonst nicht erheblich. Relevant sind die Kosten und die Praktibilität. **64**

Wesentliche **Vorteile der Beglaubigung:** Jedenfalls die Beglaubigung bei der Betreuungsbehörde ist kostengünstiger. Bei der Beglaubigung kann der Vollmachtgeber den Text bestimmen und es wird ihm nicht – wie in der Praxis oft üblich – der (unter Umständen schlechtere) Standardtext des Notars aufgedrängt. Der Widerruf ist aufgrund der beschränkten Anzahl an Exemplaren einfacher sicherzustellen, wie auch die Missbrauchsgefahr geringer ist. Wesentliche **Nachteile** der Beglaubigung: Geht das einzige Exemplar verloren, ist keine Vertretung mehr möglich. Nach einer Hinterlegung bei einer Bank oder der Übersendung zum Grundbuchamt oder bei der Erklärung eines einseitigen Rechtsgeschäfts verfügt der Bevollmächtigte nicht mehr über die Vollmacht (bei vielen Stellen wie einem Krankenhaus reicht aber regelmäßig die einmalige Vorlage des Originals und die Übergabe einer Kopie aus). **65**

Wesentliche **Vorteile der Beurkundung:** Es können auch noch später weitere Ausfertigungen erstellt werden. Das kann bei vielen Bankverbindungen hilfreich sein oder bei der Notwendigkeit, viele Arbeits- oder Mietverhältnisse zu kündigen, bei denen ohne Vollmachtsbeifügung die Zurückweisung nach § 174 S. 1 BGB droht,[126] sogar erforderlich. Werden viele Personen bevollmächtigt, kann dies mit einer Beurkundung kostengünstiger geschehen. Als **Nachteile** können die im Vergleich zur Beglaubigung meistens höheren Kosten sowie die häufige Vorgabe eines Standardtextes durch den Notar gesehen werden. **66**

Oft wird die **Beratung** durch einen Notar gem. § 17 Abs. 1 BeurkG als Vorteil der Beurkundung dargestellt. Dies ist nach hier vertretener Ansicht nicht immer zutreffend. Nicht alle Notare beraten tatsächlich ausführlich und individuell. In zumindest einer Vielzahl von Fällen werden in einen Standardtext lediglich die Daten eingefügt. Angesichts der Breite der notariellen Tätigkeit und der mit Blick auf den erforderlichen Beratungsaufwand im Vergleich zu anderen Geschäften überschaubaren Vergütung ist das sogar nachzuvollziehen. Der vermeintliche Beratungsvorteil kann sich daher aber durch nicht individuelle, unbegrenzte und damit missbrauchsanfällige Vollmachten in einen Nachteil wandeln. **67**

Nach **hier vertretener Ansicht** ist zu differenzieren: Eine **Beglaubigung** ist jedenfalls dann **ausreichend,** wenn bei der Bevollmächtigung einer einzelnen Person überschaubares inländisches Vermögen ohne Immobilien- und Unternehmensanteile vorliegt, für Bankangelegenheiten dort direkt Vollmachten erteilt wurden und der Text fachgerecht ist. Dies ist durchaus häufig der Fall, gerade wenn die Vorsorgevollmacht im Zusammenhang mit einer Patientenverfügung erteilt wird. Bestehen auch Immobilien- oder Unternehmensbeteiligungen oder Auslandvermögen oder nicht bei allen Banken Vollmachten, ist **abzuwägen,** ob der Vollmachtgeber insoweit tatsächlich verfügen können soll oder muss bzw. im Zweifel später besondere Mühen in Kauf zu nehmen hat. Die Beglaubigung kann also trotzdem ausreichen, muss es aber nicht. Die **Beurkundung** ist **vorzuziehen,** wenn für mehrere Bevollmächtigte Ausfertigungen benötigt werden, und auch bei Einzelbevollmächtigungen, wenn weitere Ausfertigungen beispielsweise an das Grundbuchamt zu senden oder bei einer Bank zu hinterlegen sein werden. Jedenfalls im Vergleich zur notariellen Beglaubigung ist **68**

[125] Allgemeiner Überblick: Boczek/Lührs JuS 2020, 916.

[126] Papenmeier Vollmachten S. 147f.

eine behauptete bessere Akzeptanz der Beurkundung im Rechtsverkehr aufgrund der (meist nicht stattfindenden) Prüfung der Geschäftsfähigkeit des Vollmachtgebers bei der Vollmachtserteilung sehr fraglich, da Dritte selten den Unterschied von Beurkundung und Beglaubigung (er)kennen. Durch eine auch optisch ansprechende Anfertigung der beglaubigten Vollmacht können dieser sogar noch weiter egalisiert werden. Tatsächlich hat der Rechtsverkehr ohnehin so gut wie keine höhere Bestandsgewähr (→ Rn. 53).

5. Forderung einer (bestimmten) Form durch den Geschäftsgegner

69 **a) Grundsätze.** Als Ausgangspunkt ist wegen der Vertragsfreiheit anzunehmen, dass sich außerhalb bestehender Vertragsverhältnisse und eines Kontrahierungszwangs ein Geschäftsgegner auf ein Vertretungsgeschäft **nicht einlassen** muss, wie auch sonst nicht auf ein Geschäft. Auch bei einem bestehenden Vertragsverhältnis kann sich der Geschäftsgegner uU verweigern, wenn dies dem Vertragsverhältnis entspricht oder sonst unzumutbar ist (→ auch § 164 Rn. 69).

70 **Unklar** ist noch, welche **Form** der Vollmacht und welche **Häufigkeit der Vorlage** der Geschäftspartner fordern darf und welche er fordern muss, etwa die Bank bei der Entgegenahme eines Überweisungsauftrages, der Vermieter bei einer Kündigung und der Arzt bei der Weisung zur Durchsetzung einer Patientenverfügung. Vollmachten haben insofern mitunter Akzeptanzprobleme. Besonders **Banken** zeigen sich oft weder inhaltlich noch in der Bearbeitungsweise kooperativ.

71 Unstreitig ist, dass eine Bank Vollmachten **nicht pauschal zurückweisen** darf mit der Begründung, sie würde nur die eigenen Vollmachten akzeptieren. Eine Bank ist zur textlich/inhaltlichen Prüfung einer vorgelegten Vollmacht verpflichtet, ggf. durch die Rechtsabteilung. Sie macht sich sonst **schadensersatzpflichtig**[127] (→ § 164 Rn. 69). Grenzen bestehen nur in Ausnahmesituationen (uU Vollmachten in anderen Sprachen als Deutsch, unleserliche Vollmachten etc.). Unabhängig davon kann die Bank aufgrund des GeldwäscheG eine Legitimation des Vertreters verlangen.

72 Nach hier vertretener Ansicht ist darüber hinaus **nach dem Einwand** des Geschäftsgegners zu **differenzieren.**[128] Das bedeutet im Umkehrschluss, dass – wenn grundsätzlich ein Vertretungsgeschäft akzeptiert werden muss, wovon im Folgenden ausgegangen werden soll – eine pauschale Zurückweisung nicht zulässig ist. Die häufigsten formalen Einwände gegen die Akzeptanz von Vollmachten sind, Unsicherheiten über die Urheberschaft der Vollmacht durch den Vollmachtgeber, also die Echtheit der Unterschrift, Zweifel hinsichtlich des Fortbestandes („Nicht-Widerruf") der Vollmacht und an der Geschäftsfähigkeit des Vollmachtgebers zum Zeitpunkt der Unterzeichnung.

73 **b) Urheberschaftszweifel. Ausreichend** für den Beweis der **Urheberschaft** sind jedenfalls Beurkundung und Beglaubigung[129] (zu Untervollmachten → § 164 Rn. 87). Der Geschäftspartner muss die Vollmacht grundsätzlich akzeptieren, weil er sich auf die Urheberschaft des Vollmachtgebers verlassen kann. Selten werden trotzdem berechtigte, massive Zweifel an der Urheberschaft des Vollmachtgebers bei Unterschriftsleistung vorliegen, die wiederum eine Zurückweisung begründen würden. Es müsste aufgrund des Eindruckes von der Urkunde zB eine Fälschung der gesamten Vollmacht (einschließlich Stempel des Notars oder der Betreuungsbehörde etc.) zu vermuten sein. Sieht die Vollmacht echt aus, weicht aber die beglaubigte Unterschrift

---

[127] LG Detmold 10 S 110/14, ZEV 2015, 353; LG Hamburg 301 T 280/17, ErbR 2018, 354; instruktiv auch die Vorinstanz: AG Hamburg-Wandsbek 706 XVII 53/17, NJW 2018, 564; LG Duisburg 12 T 214/17, BeckRS 2018, 46397.

[128] Ebenso differenzierend bei Testamenten (wenngleich jeweils mit nur kurzen Begründungen): Bonefeld ZErb 2014, 157.

[129] Tersteegen NJW 2007, 1717; DNotI-Report 2015, 65 (66).

mit der dem Geschäftsgegner bekannten ab, kann der Geschäftsgegner sich vorübergehend verweigern und bei der Beglaubigungsstelle nachfragen.

74 Für den Nachweis der Erbfolge sind **AGB** für unwirksam erklärt worden, nach denen ein Nachweis durch ein eröffnetes privatschriftliches Testament als nicht ausreichend angesehen werden kann,[130] was bei Vollmachten ähnlich zu sehen wäre.[131] Zu Vollmachten fehlt es allerdings regelmäßig an AGB, so dass auf allgemeine Regelungen zurückgegriffen werden muss.

75 Eine Bank muss auch eine privatschriftliche Vollmacht **grundsätzlich akzeptieren**[132] (auch → § 164 Rn. 69). Sie entspricht einer Weisung des Kunden an die Bank. Diese akzeptiert die Bank auch sonst in privatschriftlicher Form ohne Anwesenheit des Kunden, namentlich bei Überweisungen. Die Unterschrift des Kunden ist hinterlegt. Bei größeren Summen wird diese verglichen und im Zweifel beim Kunden nachgefragt. In dieser Art kann und muss die Bank auch bei privatschriftlichen Vollmachten verfahren. Das bedeutet aber auch, dass eine Bank bei größeren Summen die Vollmacht zurückweisen darf, wenn begründete Zweifel an der Urheberschaft bestehen. Zwar könnte auch versucht werden, die Echtheit der Unterschrift durch Zeugen und Sachverständigengutachten zu beweisen. Bindend ist das aber erst nach einem Gerichtsprozess. Erweisen sich die angeblichen Beweise außergerichtlich als falsch, erleidet nicht der Vollmachtgeber einen Schaden, sondern die Bank. Ersatz kann sie nur von dem angeblichen Bevollmächtigten und/oder den Zeugen verlangen, was ins Leere gehen kann. Die Bank muss sich auf solche einseitig vorgetragenen Beweismittel nicht verlassen, so dass sie keinen praktikablen Weg bilden. Im Ergebnis ist also eine pauschale Zurückweisung einer privatschriftlichen Vollmacht unzulässig, eine mit auch sonst zulässigen Motiven begründete aber zulässig. Bei einer unzulässigen Zurückweisung ist die Bank schadensersatzpflichtig, was das LG Detmold bejahte, als die Bank eine privatschriftliche Vollmacht zurückwies, trotzdem die Unterschrift mit der hinterlegten übereinstimmte.[133]

76 **c) Fortbestandszweifel.** Es ist fraglich, ob der Geschäftsgegner fordern kann, dass die Vollmacht bei jeder Handlung neu vorgelegt wird. Begründet wird dieses Verlangen regelmäßig mit der Möglichkeit, dass die Vollmacht seit der letzten Vorlage widerrufen worden sein könne. Handelt es sich um eine dem Bevollmächtigten gegenüber erklärte (Innen-)Vollmacht, **berechtigt** dieser Zweifel zur Forderung nach Wiedervorlage, da sonst kein Rechtsschein besteht, § 172 Abs. 2 BGB (im Einzelnen → § 172 Rn. 8; zu Untervollmachten → § 164 Rn. 87). Notare müssen ggf. über Risiken und Folgen aufklären, wenn bei einer Beurkundung eine Vollmacht nicht in öffentlich beglaubigter Form oder in Ausfertigung vorgelegt wird. Da ein Nachreichen der Vollmachtsurkunde keinen rückwirkenden Vertrauensschutz nach § 172 BGB schafft, kann eine (Kosten auslösende) Vollmachtsbestätigung bzw. Nachgenehmigung notwendig sein.[134]

77 Wird die Vollmacht dem Geschäftsgegner gegenüber erklärt, ist die Zurückweisung nicht zulässig. Ansonsten kann versucht werden, das Problem bei entsprechend formulierter Vollmacht durch eine **Selbst-Unterbevollmächtigung** zu lösen (→ § 172 Rn. 6).

---

[130] BGH XI ZR 401/12, WM 2013, 2166; dazu: Bonefeld ZErb 2014, 157; DNotI-Report 2013, 174; Keim ZEV 2014, 277; zuvor schon in diese Richtung: BGH XI ZR 311/04, ZEV 2005, 388; Ivo ZErb 2006, 7; Keim WM 2006, 753; Starke NJW 2005, 3184.

[131] Ebenso: Horn/Trappe/Plottek Vorsorgevollmachten § 17 Rn. 13.

[132] Entsprechend: LG Detmold 10 S 110/14, ZEV 2015, 353; LG Konstanz C 11 S 19/20, BeckRS 2020, 11815.

[133] LG Detmold 10 S 110/14, ZEV 2015, 353 (354).

[134] Umfassend zum Vorgehen von Notaren bei nicht vorliegenden Vollmachten: Thelen/Hermanns DNotZ 2019, 725.

78 **d) Geschäftsfähigkeitszweifel.** Vor dem (unerkannt) **Geschäftsunfähigen** ist der Geschäftspartner nicht geschützt. Er darf nach hier vertretener Ansicht die durch den Bevollmächtigten geäußerte Willenserklärung unter den gleichen Voraussetzungen und mit den gleichen Konsequenzen zurückweisen, wie er es gegenüber dem Vollmachtgeber tun könnte. Wenn also bei einer Person erhebliche Anzeichen der Geschäftsunfähigkeit festzustellen sind, muss sich ein Geschäftsgegner nicht ohne weiteres auf ein Geschäft einlassen, auch wenn er es grundsätzlich müsste. Problematisch ist, dass bei einer gegenüber dem Bevollmächtigten erteilten Vollmacht der Geschäftsgegner sich keinen eigenen Eindruck von der Geschäftsfähigkeit des Vollmachtgebers bei der Unterzeichnung der Vollmacht machen kann. Da Bevollmächtigungen aber möglich und zulässig sind, muss der Geschäftsgegner diese Einschränkung in Kauf nehmen.[135] Eine Zurückweisung kann daher nicht mit pauschalen Zweifeln an der Geschäftsfähigkeit begründet werden,[136] ebenso nicht bei rein körperlichen Einschränkungen des Vollmachtgebers.[137] Es ist grundsätzlich von der Geschäftsfähigkeit bei der Vollmachtserteilung auszugehen.[138] Die konkreten Zweifel (zB eigener Eindruck, dass der Vollmachtgeber geschäftsunfähig ist, der noch nicht lange her ist, oder entsprechende Informationen Dritter) müssen aber bei einer privatschriftlichen Vollmacht weniger erheblich sein, als bei einer beglaubigten oder beurkundeten, da bei diesen zumindest eine andere Person den Vollmachtgeber bei der Unterzeichnung gesehen hat (Notar oder Betreuungsbehördenmitarbeiter). Dass das Unterschriftenbild unsicher ist oder das Datum und sonstige Angaben von einer anderen Person stammen, können Indizien für eine Beeinträchtigung des Vollmachtgebers sein, reichen aber für eine Zurückweisung wegen Zweifeln an der Geschäftsfähigkeit nicht (ggf. aber für eine wegen Zweifeln an der Urheberschaft), wie auch eine Unklarheit über den Zeitpunkt, zu dem die Vollmacht errichtet wurde.[139]

79 **Falsch** ist es, die Geschäftsfähigkeit bei einer **Beurkundung** als bewiesen anzusehen (→ Rn. 53). In diese Richtung argumentiert allerdings zB Kühne, der von einem „höheren Beweiswert hinsichtlich der Geschäftsfähigkeit des Vollmachtgebers zum Zeitpunkt der Vollmachtserteilung“ bei einer Beurkundung spricht. Er intendiert zudem, dass die Bank das Risiko einer Geschäftsunfähigkeit nicht tragen würde, wenn sie bei Vorlage einer notariellen Vollmacht auszahlen würde.[140] Da die Beurkundung die Geschäftsfähigkeit nicht beweist, trägt die Bank weiter das Risiko, dass der Vollmachtgeber bei Vollmachtserteilung geschäftsunfähig war.

80 **e) Vollmacht bei Patientenverfügung.** Eine privatschriftliche **Patientenverfügung** ist ausreichend und kann vom Arzt und anderen nicht aufgrund von **Zweifeln an der Echtheit** zurückgewiesen werden, wenn sie von dem Aussteller noch selbst (zB bei der Aufnahme in das Krankenhaus) oder von einem ausreichend Bevollmächtigten vorgelegt wurde. Der Arzt darf darauf vertrauen, dass der Bevollmächtigte eine echte Patientenverfügung vorlegt, wenn es kein seltener Fall des evidenten Missbrauchs ist (→ § 164 Rn. 70f.). Entscheidend ist der **Vollmachtsnachweis** (vgl. → Rn. 73). Der Vollmachtgeber hat eine Vertretungssituation geschaffen. Er muss sich Fehler des Bevollmächtigten zurechnen lassen und trägt für sie das Risiko. Ersatzansprüche gegen den Arzt kommen bei Weisungen und sonstigen Tätigkeiten des Bevollmächtigten nach hier vertretener Ansicht nur bei evidentem Missbrauch in Betracht.

---

[135] In diese Richtung auch: Tersteegen NJW 2007, 1717 (1719).

[136] Ähnlich für Testamente: Bonefeld ZErb 2014, 157.

[137] LG Hamburg 301 T 280/17, ErbR 2018, 354.

[138] BGH XII ZB 106/20, BtPrax 2020, 223.

[139] LG Memmingen 22 O 257/19, ErbR 2020, 131, 132f.

[140] Kühne ZErb 2015, 33 (34).

Eine Patientenverfügung **ohne** beglaubigte oder beurkundete **Vollmacht** (in separaten Dokumenten oder in demselben Dokument) und ohne Betreuungsverfügung ist nach hier vertretener Ansicht grundsätzlich ein Gestaltungsfehler. Der Arzt ist zur Akzeptanz der Patientenverfügung nicht verpflichtet, wenn er ihr nicht aus anderen Gründen vertrauen muss (zB Übergabe noch durch den Aussteller selbst oder frühere Äußerung des Ausstellers gegenüber dem Arzt, nach welcher die Patientenverfügung bzw. Vollmacht besteht). Ohne eine Vollmacht ist die Patientenverfügung allerdings ohnehin nicht umzusetzen, da es an einem Vertreter fehlt (→ § 1827 Rn. 139–163). Es ist dann zunächst ein **Betreuer** zu bestellen. Dieser muss sich ein Urteil über die Echtheit der Patientenverfügung bilden. Er trägt das Risiko. Seine Prüfungspflicht sollte aber nicht überspannt werden. Hat er zB die Patientenverfügung von einem Angehörigen oder von Pflegeheimangestellten erhalten, welche die Urheberschaft kennen, darf auch der Betreuer grundsätzlich auf sie vertrauen. Das Ergebnis der Prüfung muss wiederum der Arzt akzeptieren, wenn kein Fall des evidenten Missbrauchs vorliegt. **81**

§ 168 Erlöschen der Vollmacht

[1]Das Erlöschen der Vollmacht bestimmt sich nach dem ihrer Erteilung zugrunde liegenden Rechtsverhältnis. [2]Die Vollmacht ist auch bei dem Fortbestehen des Rechtsverhältnisses widerruflich, sofern sich nicht aus diesem ein anderes ergibt. [3]Auf die Erklärung des Widerrufs findet die Vorschrift des § 167 Abs. 1 entsprechende Anwendung.

Übersicht

I. Einleitung

1 Satz 1 der Norm ist unglücklich formuliert, was auf die Entstehungsgeschichte zurückzuführen ist. Ursprünglich sollten für das Erlöschen der Vollmacht die Regeln des Auftragsrechts gelten.[1] Tatsächlich ist die Vollmacht von dem Grundverhältnis abstrakt (→ § 164 Rn. 9). Wann sie erlischt, ergibt sich aus der Vollmacht selbst, bei deren Auslegung ggf. auf das Grundverhältnis zurückzugreifen ist.[2]

II. Erlöschen

1. Grundsatz

2 Eine Vollmacht gilt unbegrenzt und auch über den Eintritt der Geschäftsunfähigkeit (→ § 164 Rn. 46, § 167 Rn. 1) oder den Tod des Vollmachtgebers hinaus (→ Rn. 4), wenn aus ihr selbst keine Begrenzung hervorgeht und solange kein anderer Beendigungsgrund vorliegt. Begrenzt werden kann die Vollmacht durch eine auflösende Bedingung oder eine Zeitbestimmung.

2. Bedingungen

3 **Auflösende Bedingungen** können besonders bei Vorsorgevollmachten zu Unsicherheiten führen, so wie es aufschiebende für das Wirksamwerden tun (→ § 167 Rn. 4–18). Unklare Bedingungen können den Geschäftsgegner dazu berechtigten, sich nicht auf das Vertretergeschäft einlassen zu müssen, also die Vollmacht zurückzuweisen. Im **Grundbuchverfahren** kann der Beweis, dass eine Bedingung nicht eingetreten oder ein Widerruf nicht erklärt wurde, als negative Tatsache ggf. durch eidesstattliche Versicherung geführt werden.[3]

3. Tod

4 Immer wieder wird bei Vorsorgevollmachten bezweifelt, ob sie über den **Tod** des Vollmachtgebers hinaus wirksam sind. Die Vollmacht ist auszulegen, wenn sie keine eindeutige Regelung enthält.[4] Grundsätzlich muss gem. §§ 168 S. 1, 672 S. 1 BGB nach hier vertretener Ansicht von einem **Fortbestand** ausgegangen werden, auch wenn dies nicht in der Vollmacht ausdrücklich erwähnt wird[5] und eine Auslegung nicht deutlich anderes erbringt, etwa bei einer Betitelung „Altersvorsorgevollmacht zur Betreuungsvermeidung".[6] Eine wichtige Funktion der Vorsorgevollmacht ist die Regelung von Angelegenheiten nach dem Tod des Vollmachtgebers und der Beweis, dass die Vollmacht noch wirksam ist (Lebensnachweis), ist praktisch kaum möglich, so dass im Zweifel ein Weitergeltungswille beim Vollmachtgeber anzunehmen ist, der das Funktionieren der Vollmacht wünscht. Nur im Ausnahmefall kann etwas anderes gelten. Die **Bezeichnung** als „Vorsorgevollmacht" und die Begründung, dass die Voll-

---

[1] Staudinger/Schilken BGB 2019 § 168 Rn. 1.
[2] Übersicht: Metzing JA 2018, 413.
[3] OLG Saarbrücken 5 W 40/14, BeckRS 2015, 06749.
[4] BGH V ZR 179/65, NJW 1969, 1245; Papenmeier Vollmachten S. 34f.
[5] Cypionka NJW 1992, 207 (208); aA Böttcher NJW 2018, 831 (834) mit Verweis auf OLG München 34 Wx 265/14, NJW 2014, 3166.
[6] So OLG München 34 Wx 265/14, NJW 2014, 3166.

macht der Vermeidung einer Betreuung dient, reichen nicht.[7] Problematisch ist es allerdings, wenn die Vollmacht aus „Altersvorsorgevollmacht" bezeichnet und inhaltlich allein als Betreuungsersatz dargestellt wird. Das OLG München hat einen Fortbestand – nach hier vertretener Ansicht durch eine zu weitgehende Auslegung – abgelehnt.[8] Im Zweifel gilt gem. Satz 1 die gesetzliche Regelung für das zugrunde liegende Rechtsverhältnis. Für den Regelfall, bei dem als Grundverhältnis ein Auftrag oder ein Geschäftsbesorgungsvertrag vorliegt, ergeben die §§ 168 S. 1, 672 S. 1 BGB den Fortbestand der Vollmacht.[9] Daher muss nach hier vertretener Ansicht deutlich werden, wenn ausnahmsweise ein Erlöschen beim Tod des Vollmachtgebers gewollt ist, etwa indem die Befugnis für Nachlassangelegenheiten ausdrücklich ausgenommen wird.

Bei dem **Alleinerben** als Bevollmächtigten kommt es aufgrund Konfusion zum Erlöschen der Vollmacht.[10] Das hat aber insofern keine Auswirkungen, da er dann **„So-oder-So-Berechtigter"** ist, also als Erbe oder Bevollmächtigter (ua zur Legitimation des Alleinerben → § 164 Rn. 91). Bei einem bevollmächtigten Miterben der **Erbengemeinschaft** erlischt die Vollmacht nach der herrschenden Meinung für den bevollmächtigten Miterben mit dem Erbfall durch Konfusion wie beim Alleinerben; nach hier vertretener Ansicht besteht eine einheitliche Vollmacht für die Erbengemeinschaft weiter (→ § 164 Rn. 93; zum Widerruf → Rn. 34)

3. Weitere Erlöschensgründe

Der wichtigste Beendigungsgrund ist der Widerruf (→ Rn. 6–41). Zudem kann die Vollmacht durch eine Kraftloserklärung zum Erlöschen gebracht werden (§ 176 BGB). Aufgrund eines Rechtsscheins kann die Vollmacht trotz Widerruf, Bedingungseintritt oder Zeitablauf gem. → §§ 169–173 BGB weiter wirken. 5

III. Widerrufserklärung

Der Widerruf ist eine einseitige, empfangsbedürftige Willenserklärung, wie sich aus Satz 3 ergibt, der auf § 167 Abs. 1 BGB verweist. Er ist gegenüber demjenigen zu erklären, gegenüber dem die Vollmacht erteilt wurde, also dem Bevollmächtigten (Innenvollmacht) oder dem Dritten (Außenvollmacht, § 170 BGB). Ein **teilweiser** Widerruf der Vollmacht ist möglich, so dass sie im Übrigen wirksam bleibt.[11] 6

Eine **Form** ist nicht einzuhalten, auch wenn das zugrunde liegende Rechtsgeschäft formbedürftig ist.[12] Die Schriftform ist zu Beweiszwecken zu empfehlen[13] (zur Frage der Selbstbindung durch Form- oder Fristvereinbarung → Rn. 18). Muster[14] sind genau auf die Tauglichkeit für den Einzelfall zu überprüfen. 7

Zugegangen ist der Widerruf unter Anwesenden, wenn von ihm der (mündlich erklärte) Widerruf wahrgenommen[15] oder ihm der (schriftliche) Widerruf übergeben 8

---

[7] Falsch insofern: OLG Hamm 15 W 338/02, ZEV 2003, 470; wie hier: OLG Frankfurt 20 W 258/13, ZEV 2014, 313.

[8] OLG München 34 Wx 265/14, NJW 2014, 3166; dazu Kurze ErbR 2014, 473.

[9] OLG Zweibrücken 3 W 12/82, DNotZ 1983, 104 (105); Keim DNotZ 2008, 175; zur Schenkung: BayObLG BReg 2 Z 83/89, MittBayNot 1989, 308; zu steuerrechtlichen Folgen bei unentgeltlichen Zuwendungen vgl. Wedemann ZEV 2013, 581.

[10] Joachim/Lange ZEV 2019, 62.

[11] DNotI-Report 2021, 105 (106).

[12] AG Saarlouis 27 C 501/12, BeckRS 2014, 05873.

[13] Zimmermann Vorsorgevollmacht Rn. 232.

[14] Klinger/Stahl Münchener Prozessformularbuch Erbrecht Q. II. 1. (für Kontovollmacht); Trimborn Vollmacht § 2 Rn. 33, 40, 64.

[15] BGH IVb ZR 44/88, NJW 1989, 1728.

wurde.[16] Eine berechtigte Annahmeverweigerung (fehlende Frankierung) bewirkt keinen Zugang, eine unberechtigte Annahmeverweigerung bewirkt einen Zugang zum Zeitpunkt des Angebotes der Aushändigung.[17]

9 Ein Recht auf eine **Empfangsquittung** kann sich nur aus dem zugrunde liegenden Vertragsverhältnis ergeben. Dies wird (bei unentgeltlichen Vollmachtsübernahmen) ebenso selten anzunehmen sein wie ein Anspruch aus § 242 BGB, da die Vollmacht regelmäßig zum Nutzen des Vollmachtgebers bestand und er daher auch die Mühen des Nachweises des Widerrufszuganges zu tragen hat. Behauptet ein Bevollmächtigter aber trotz Widerruf, dass dieser nicht zugegangen sei, kann gegen ihn auf Feststellung geklagt werden, wobei der Vollmachtgeber den Zugang des Widerrufes beweisen muss.

10 Der Vertretene (auch der Erbe des Vollmachtgebers) muss das Erlöschen einer Vollmacht **beweisen,** wenn die Vollmacht einmal wirksam erteilt worden war, da der Fortbestand von der anderen Seite nicht bewiesen werden muss. Kommt es auf den Zeitpunkt des Erlöschens an, so trägt derjenige die Beweislast für den Abschluss des Vertretungsgeschäfts vor dem Erlöschen, der sich auf den wirksamen Vertragsschluss beruft.[18]

Ein mündlicher Widerruf kann ggf. durch Zeugen bewiesen werden sowie im Prozess auch durch Parteivernahme des Gegners gem. § 445 Abs. 1 ZPO, wenn er der Bevollmächtigte war. Der Zugang[19] eines schriftlichen Widerrufs wird durch eine Zustellung durch den Gerichtsvollzieher sicher bewiesen[20] bzw. gem. § 132 Abs. 1 S. 1 BGB fingiert. Denkbar ist auch die direkte Übergabe oder ein Zur-Post-Geben eines Einwurf-Einschreibens durch einen Zeugen, der den Inhalt kennt. Bei einem Einwurf-Einschreiben wird überwiegend ein Anscheinsbeweis für den Zugang angenommen,[21] wenngleich der Beweiswert eingeschränkt ist, wenn der Name des Zustellers vom Dienstleister nicht gespeichert wird. Ein Einschreiben-Rückschein muss nicht angenommen werden und gibt dem Gegner eher Zeit. Ein Telefax gilt erst nach Ausdruck als zugegangen, so dass es jedenfalls bei Privaten nur in Verbindung mit einem nachfolgenden Kontrollanruf eines Zeugen sinnvoll ist.[22]

11 Da der Bevollmächtigte mit der Vollmachtsurkunde noch wirksam vertreten kann (§ 171 BGB), sollte ein Widerruf (potenziellen) **Geschäftsgegnern** wie Banken mitgeteilt werden, da die Wirkung des § 171 BGB bei Kenntnis oder fahrlässiger Unkenntnis des Erklärungsempfängers ausgeschlossen ist, § 173 BGB. Ein Ersatz ist die (zeit- und kostenaufwendige) Kraftloserklärung nach § 176 BGB (zum Nachweis der Widerrufsbefugnis → Rn. 26, 40 f.). Zudem ist bei Beurkundungen der **Notar** zu informieren und anzuweisen, keine neuen Ausfertigungen mehr zu erteilen.[23]

12 Die Vollmachtsurkunde ist **herauszuverlangen** und vom Bevollmächtigten herauszugeben, § 175 BGB. Widerruft nur einer von mehreren Bevollmächtigten, ist der teilweise Widerruf auf der Urkunde zu vermerken (→ § 175 Rn. 4 f.).

13 Der Hauptbevollmächtigte sollte dazu aufgefordert werden, über erteilte **Untervollmachten** Auskunft zu geben, die Unterbevollmächtigten zu informieren und

---

[16] BGH II ZR 40/97, NJW 1998, 3344.

[17] BGH VIII ZR 22/97, NJW 1998, 976; Grüneberg/Ellenberger BGB § 130 Rn. 16 f.

[18] Staudinger/Schilken BGB 2019 § 168 Rn. 36; insgesamt: Baumgärtel/Laumen/Prütting/Laumen Beweislast BGB § 168 Rn. 1 f.

[19] Allgemein zu seinem Nachweis: Mrosk NJW 2013, 1481.

[20] Keilbach DNotZ 2004, 751.

[21] AG Paderborn 51 C 76/00, NJW 2000, 3722; Putz NJW 2007, 2450; aA AG Kempten 11 C 432/05, NJW 2007, 1215.

[22] Trimborn Vollmacht § 2 Rn. 49–54.

[23] Zur eventuellen Pflichtverletzung des Notars: LG Wuppertal 9 T 132/20, ErbR 2021, 171.

von ihnen die Herausgabe der Untervollmachten zu verlangen.[24] Aus dem zugrunde liegenden Auftragsverhältnis ist er als Nebenpflicht zu dieser Auskunft verpflichtet. Der Unterbevollmächtigte ist wie der Hauptbevollmächtigte zur Urkundenherausgabe verpflichtet (→ § 175 Rn. 3).

IV. Widerruf zu Lebzeiten

1. Grundsatz

Eine Vollmacht kann nur im Ausnahmefall unwiderruflich erteilt werden. Eine Vorsorgevollmacht als Generalvollmacht ist **immer widerruflich** (→ Rn. 15–32, zum Ausschluss für die Erben → Rn. 33). Das schützt den Vollmachtgeber einerseits vor einer übermäßigen Selbstbindung. Andererseits ermöglicht es auch, dass Vorsorgeregelungen, die in „guten Zeiten" mit Bedacht errichtet wurden, in einem späteren Zustand der Beeinflussbarkeit widerrufen und durch missbräuchliche Regelungen ersetzt werden. Der Widerruf ist dann sozusagen die **„Achillessehne der Vorsorgevollmacht"**. Der Widerruf kann vom Vollmachtgeber selbst (→ Rn. 21–23) oder einem Vertreter erklärt werden, also regelmäßig andere (neue) Bevollmächtigte (→ Rn. 24–27) oder ein Betreuer (→ Rn. 28–32). Nach dem Tod des Vollmachtgebers kommt ein Widerruf durch den oder die Erben (→ Rn. 35–41) oder einen Testamentsvollstrecker, Nachlasspfleger oÄ (→ Rn. 34) in Betracht. 14

2. Ausschluss

In einer Vollmacht kann eine Regelung enthalten sein, nach welcher die Vollmacht nicht widerruflich sein soll. Das Widerrufsrecht kann auch stillschweigend ausgeschlossen werden.[25] Eine Unwiderruflichkeit der Untervollmacht kann nicht angenommen werden.[26] 15

a) Für den Vollmachtgeber. Bei sachlich begrenzten **Spezialvollmachten** kann aus dem zugrunde liegenden Rechtsverhältnis heraus die Unwiderruflichkeit vereinbart werden, insbesondere bei einem besonderen, eigenen Interesse des Bevollmächtigten.[27] Dies besteht etwa, wenn der Bevollmächtigte einen Anspruch auf Vollzug eines Verpflichtungsgeschäfts hat.[28] Aber auch dann ist die Vollmacht aus wichtigem Grund widerruflich.[29] 16

Bei **Vorsorgevollmachten** kann die Unwiderruflichkeit aufgrund von § 138 BGB **nicht vereinbart** werden, wie es auch bei anderen Generalvollmachten nicht möglich ist. Eine den Vollmachtgeber umfassend „verdrängende" Vollmacht kann es nicht geben.[30] Auch wenn in der Vorsorgevollmacht steht, sie sei „unwiderruflich", ist sie widerruflich.[31] 17

---

[24] Keilbach DNotZ 2004, 751; Bous RNotZ 2004, 483.

[25] BGH V ZR 32/84, WM 1985, 646; OLG München 34 Wx 513/13, ZEV 2015, 651.

[26] BGH XII ZB 438/11, NJW 2012, 2885.

[27] BayObLG 2Z BR 110/01, NJW-RR 2002, 443.

[28] OLG Schleswig 2 W 20/63, MDR 1963, 675; LG Itzehohe 4 T 192/04, ZErb 2004, 273; Zimmermann BWNotZ 1993, 35.

[29] Zimmermann Vorsorgevollmacht Rn. 231.

[30] BGH VII ZR 310/69, WM 1971, 956; II ZR 111/50, NJW 1952, 178; Bayer DNotZ 2020, 373 (377f.); DNotI-Report 2018, 89 (90).

[31] So auch Zimmermann BKR 2007, 226 (228); Müller-Engels/Braun/Renner/Braun Betreuungsrecht Kap. 2 Rn. 519; insofern problematische Formulierung in Horn/Burandt/Auf der Horst Vorsorgevollmachten § 14 Rn. 5.

18 Es gibt Überlegungen zum **Selbstschutz** des Vollmachtgebers in einer Situation der Beeinflussbarkeit,[32] bei der die Geschäftsunfähigkeit aber noch nicht vorliegt oder später nicht bewiesen werden kann. Ein neuer Bevollmächtigter soll sich nicht oder schwerer einschleichen können, indem er den Vollmachtgeber die ursprüngliche Vorsorgevollmacht widerrufen und eine neue errichten lässt. Dafür wird vorgeschlagen, dass für den Widerruf die notarielle Beurkundung (ggf. unter Vorlage einer Geschäftsfähigkeitsbescheinigung) oder **Schriftform**[33] oder eine (ggf. sehr kurze 24-Stunden-)**Frist**[34] vereinbart wird. Innerhalb der Frist kann der Vollmachtgeber „bekehrt" werden und den Widerruf, der beeinflusst oder „im Affekt" erklärt wurde, zurücknehmen oder das Betreuungsgericht zur Kontrolle eingeschaltet werden.

Zu beachten ist aber, dass dies eine erhebliche Einschränkung der Widerruflichkeit in einem Bereich darstellt, in dem Unwiderruflichkeit unzulässig ist und damit **problematisch** ist. Eine AGB-gleiche Formulierung in Mustern macht dem Vollmachtgeber die besondere Bedeutung nicht bewusst. Zu beachten ist zudem, dass auch bei einer erschwerten Widerrufsmöglichkeit keine verdrängende Vollmacht besteht, der Vollmachtgeber also immer noch entgegen dem Bevollmächtigten handeln und auch einen neuen, zweiten Bevollmächtigten einsetzen kann. Nach hier vertretener Ansicht ist eine Vorsorgevollmacht auch bei vereinbarter Schriftform oder Frist mündlich und fristlos aus wichtigem Grund widerruflich. Zudem ist eine vereinbarte Schriftform entbehrlich, wenn deren Einhaltung dem Vollmachtgeber nicht ohne weiteres möglich ist, etwa aus gesundheitlichen Gründen.

18a Ob die genannten Vorschläge zur Einschränkung der Widerruflichkeit zulässig sind, ist noch **nicht** richterlich **entschieden** worden.[35] Sie können einen gewissen Selbstschutz ergeben, aber ggf. auch in einer Missbrauchssituation erfüllt oder zB durch eine zweite Bevollmächtigung umgangen werden. Eine **gesetzliche Regelung** wäre **wünschenswert.** Danach könnte zB der Vollmachtgeber bei der Erteilung der Vollmacht anordnen, dass er den Widerruf gegenüber einem Notar erklären muss unter Vorlage der Bescheinigung der Geschäftsfähigkeit oder dass bei einem Widerruf das Betreuungsgericht ein Verfahren einleiten soll. Die Vollmacht könnte während des Verfahrens entsprechend § 1820 Abs. 4 BGB suspendiert werden. Solange eine gesetzliche Regelung fehlt, könnte dem Bevollmächtigten in der Vorsorgevollmacht die **Anweisung** gegeben werden, bei einem Widerruf das **Betreuungsgericht zu informieren** und eine (Kontroll)Betreuung zu initiieren, wenn der Widerruf nicht einvernehmlich mit dem Bevollmächtigten erfolgt. Das setzt allerdings voraus, dass bei den Betreuungsgerichten in diesen Konstellationen schnelle und sachgerechte Verfahren durchgeführt werden, was zurzeit nach hiesiger Ansicht leider nicht immer geschieht.

19 **b) Für Dritte.** Einem **Bevollmächtigten** kann der Widerruf der Vorsorgevollmacht eines anderen Bevollmächtigten untersagt werden.[36] Dies ist eine Einschränkung der Vollmacht. Wird in der Vollmacht der Widerruf durch andere Bevollmächtigte ausgeschlossen, kann der Vollmachtgeber dies (durch direkten oder konkludenten Widerruf) später wieder ändern. Ein Selbstschutz durch den Ausschluss des Widerrufes durch zukünftige Bevollmächtigte ist daher wohl nicht möglich. Jedenfalls kann er durch eigenen Widerruf umgangen werden, den der neue Bevollmächtigte dann ggf. als Bote überbringt.

20 Einem durch das Betreuungsgericht eingesetzten **(Kontroll-)Betreuer** kann vom Vollmachtgeber ein Widerruf nicht (prophylaktisch) untersagt werden. Er leitet seine

---

[32] Vgl. auch OLG Celle 6 U 22/20, NJW 2021, 1681.

[33] Papenmeier Vollmachten S. 110.

[34] Zimmermann Vorsorgevollmacht Rn. 229.

[35] DNotI-Report 2018, 89 (90): „Die Rechtslage ist daher nicht hinreichend geklärt.".

[36] Bühler BWNotZ 1990, 1 (3).

Rechtsmacht nicht vom Vollmachtgeber/Betreuten ab, der diese damit nicht einschränken kann. Eine solche Anordnung ist als beachtliche Willensäußerung des Betroffenen zu werten, nach welcher der Bevollmächtigte weitgehend unkontrolliert handeln können und daher grundsätzlich keine (Kontroll-)Betreuung eingerichtet werden soll,[37] vgl. die Formulierungen „entsprechend der Vereinbarung oder dem erklärten … Willen des Vollmachtgebers" in § 1820 Abs. 3 Nr. 2 BGB. Nimmt das Betreuungsgericht aber an, dass der Betroffene bei Kenntnis des eingetretenen Sachverhaltes anderes wollen würde, kann es trotzdem eine (Kontroll-)Betreuung anordnen und der Betreuer die Vollmacht widerrufen, § 1820 Abs. 3 Nr. 2 BGB (→ § 1820 Rn. 38–40).

3. Durch Vollmachtgeber

21 Vorsorgevollmachten sind jedenfalls zu Lebzeiten durch den Vollmachtgeber immer widerruflich (zum Ausschluss in der Vollmacht → Rn. 15–20). Er muss **geschäftsfähig**[38] (bzgl. Vermögen; vgl. auch → § 104 Rn. 7–12) bzw. **einwilligungsfähig** (bzgl. Gesundheitsangelegenheiten) sein. Eine Vertretung in Gesundheitsangelegenheiten gegen den natürlichen Willen des einwilligungsfähigen Betroffenen ist ohnehin nicht möglich auch (→ Rn. 31 f.). Wehrt sich der Vollmachtgeber gegen eine medizinische Behandlung, kann diese vom Bevollmächtigten ohne Genehmigung nicht zwangsweise veranlasst werden, so dass ohnehin eine Kontrolle über das Betreuungsgericht gem. § 1823 BGB erfolgt.[39]

22 In der Praxis kann die **Geschäftsfähigkeit zweifelhaft** sein, wenn zB bei einer diagnostizierten aber im Stadium unklarer Demenz nicht sicher ist, inwieweit Misstrauen gegen den Bevollmächtigten krankheitsbedingt ist. Der Zustand kann „Beeinflussbarkeit" genannt werden. Die Feststellung kann für den Vollmachtgeber und den Bevollmächtigten wichtig sein: Wenn der Widerruf bei Geschäftsunfähigkeit erklärt wurde, so ist gerade der Zustand eingetreten, für den die Vorsorgevollmacht errichtet wurde. Auch wenn sich der Vollmachtgeber – bei Demenz zumeist nur eine gewisse Zeit lang – gegen die Tätigkeit des Bevollmächtigten wehrt, ist sie meistens gerade in seinem Sinne – und auch im Sinne des Bevollmächtigten, der dem Vollmachtgeber helfen wollte und will.

23 Um Rechtsklarheit zu schaffen, sollte eine Beweissicherung stattfinden. Für ein Gerichtsverfahren (Feststellungsklage) kann das Rechtschutzbedürfnis fehlen und es ist zeit- und kostenaufwendig. Ein „behördliches Verfahren" gibt es nicht. Daher ist in erster Linie eine **freiwillige Begutachtung** des Vollmachtgebers sinnvoll. Diese sollte möglichst durch einen Neurologen oder Psychiater stattfinden. Oft ist der Vollmachtgeber zu dieser Untersuchung auch bereit.

Verweigert er sie, kann ein **Betreuungsverfahren** angeregt werden, in dem die Geschäftsfähigkeit festgestellt werden soll: Ohne Geschäftsfähigkeit wäre der Widerruf unwirksam (§ 105 Abs. 1 BGB) und das Betreuungsverfahren aufgrund der Vorsorgevollmacht als nicht erforderlich einzustellen (§ 1814 Abs. 3 Nr. 1 BGB). Sonst gilt der Widerruf als wirksam. Es ist über eine (Kontroll-)Betreuung gem. §§ 1815 Abs. 3, 1820 Abs. 3 BGB zu entscheiden, die trotz Geschäftsfähigkeit erforderlich sein kann. Eine Pflicht des Gerichtes zur Amtsermittlung besteht, weil der Vollmachtgeber durch den (versuchten) Widerruf Misstrauen gezeigt hat, welchem nachzugehen ist, auch wenn der Vollmachtgeber nicht mehr geschäftsfähig ist. Das Ergebnis kann selbstverständlich auch eine Einstellung des Betreuungsverfahrens ohne Betreuungsanordnung sein. Wenn sich – was noch seltener ist – der Betroffene gegen die vom Gericht angeordnete Untersuchung wehrt, kann das Gericht Zwangsmittel

---

[37] Ähnlich mit Bezug auf § 1896 Ia: BGH XII ZB 502/12, NJW-RR 2012, 773.

[38] BayObLG 3Z BR 40/02, FamRZ 2002, 1220; DNotI-Report 2021, 105 (106).

[39] Vgl. auch Zimmermann Vorsorgevollmacht Rn. 227.

anordnen, regelmäßig die Vorführung zur Untersuchung gem. § 283 Abs. 1, 3 FamFG.[40] Das wird allerdings oft unverhältnismäßig sein. Zuvor wird das Gericht versuchen müssen, irgendwie doch zu den ärztlichen Erkenntnissen zu kommen, und abwägen, ob das Ergebnis – eine eventuelle Betreuung – für den Betroffenen so wichtig ist, dass es diese erheblichen Zwangsmittel rechtfertigt. Kommt es letztlich doch zu keiner Untersuchung der Geschäftsfähigkeit, muss der Bevollmächtigte entscheiden, ob er die Vollmacht „niederlegen" will (→ Rn. 44) oder versucht, durch eine zivilgerichtliche Feststellungsklage Klarheit zu schaffen.

4. Durch anderen Bevollmächtigten

24 Ein anderer Bevollmächtigter kann die Vollmacht widerrufen, wenn dies von seiner Vollmacht umfasst ist. Handelt es sich um eine vom widerrufenden Bevollmächtigten erteilte Untervollmacht, ist die Befugnis zum Widerruf anzunehmen, da der Bevollmächtigte die Vollmacht auch erteilen konnte.

25 Im Übrigen ist die Vollmacht auszulegen. **Ohne** konkrete **Regelungen** in der Vollmacht ist nach hier vertretener Ansicht bei einer umfassenden, unbeschränkten Vollmacht auch das gegenseitige Widerrufsrecht enthalten. Das führt zwar zu dem so genannten „Windhund-Prinzip", das aber gewollt oder in Kauf genommen worden sein kann, um auf jeden Fall eine Bevollmächtigung zu erhalten und eine Betreuung auszuschließen. Bei Streit unter mehreren Bevollmächtigten wird es ohne Widerrufsmöglichkeit zu einer Betreuung kommen. Das kann zwar auch bei dem Widerruf eines Bevollmächtigten durch den anderen geschehen, aber ist weniger zwangsläufig, wenn er als dem Willen des Vollmachtgebers entsprechend angesehen wird. Für eine Ausnahme von der Unbeschränktheit müsste es einen Anknüpfungspunkt in der Vollmacht geben. Herrschend scheint allerdings die Ansicht zu sein, dass der Widerruf der Vollmacht des einen Bevollmächtigten durch einen anderen Bevollmächtigten grundsätzlich oder zumindest meistens **unzulässig** sei.[41] Nach Zimmermann sei der Widerruf vom „stillschweigenden Umfang der Vollmacht nicht gedeckt", weil die Bevollmächtigten „auf gleicher Stufe" stünden.[42] In dieser Richtung argumentierte auch das OLG Karlsruhe, weil der Vollmachtgeber keinen „Wettlauf der Bevollmächtigten" um den Widerruf gewollt habe.[43] Das bekräftigte das OLG Karlsruhe im Jahr 2022.[44] Es lehnt das „Windhundprinzip" ausdrücklich ab.

Es besteht nach hier vertretener Ansicht aber die Gefahr, dass in die Vorsorgevollmacht von den Gerichten mehr hineininterpretiert wird, als der Vollmachtgeber sich auch nur ansatzweise gedacht hat. Dann hat er ggf. im Rahmen seiner Selbstbestimmung eine schlechte Gestaltung vorgenommen, die nur durch ein Betreuungsverfahren, aber nicht durch eine Auslegung über den Erklärungsinhalt hinaus repariert werden kann. Der Vollmachtgeber kann aber auch eine gegenseitige Kontrolle der Bevollmächtigten gewünscht haben, so dass die generelle Annahme einer Vollmachtsbegrenzung nach hier vertretener Ansicht nicht zulässig ist. Dem Argument, dass die gegenseitige Kontrolle verloren ginge (so das OLG Karlsruhe), greift nicht, da ohne die Widerrufsmöglichkeit eine effektive Kontrolle nicht möglich ist. Renner meint, dass der Vollmachtswiderruf für den einen durch den anderen Bevollmächtigten offensichtlich missbräuchlich und damit unwirksam sein könne.[45] Er sieht also einen Verstoß gegen (stillschweigende) Anweisungen im Innenverhältnis, was aber auch

[40] Vgl. dazu BGH XII ZB 179/14, NJW 2014, 3445.
[41] Abwägend: Staschelt RNotZ 2020, 61 (83f.).
[42] Zimmermann Vorsorgevollmacht Rn. 236.
[43] OLG Karlsruhe 19 U 124/09, FamRZ 2010, 198.
[44] OLG Karlsruhe 10 W 8/21, NJW-RR 2022, 436.
[45] Müller-Engels/Braun/Renner/Braun Betreuungsrecht Kap. 2 Rn. 540.

wieder durch unsichere Vermutungen über dessen Inhalt ermittelt werden muss, da schriftliche Regelungen meist fehlen. Es wird dann aber sehr schwer sein, einen „offensichtlichen Missbrauch" festzustellen, da zB im Auftragsrecht grundsätzlich die Kündigung anderer Beauftragter zulässig ist. Zutreffen kann das eigentlich nur auf den – von Renner auch benannten – Fall, dass der zwar nach außen unbeschränkt Bevollmächtigte schriftlich im Innenverhältnis (was ggf. in der Vollmacht enthalten ist) nur zum Ersatz (aber nicht zum Kontrolleur) bestimmt wurde und trotzdem die Vollmacht des Hauptbevollmächtigten widerrufen möchte.

Dass der andere Bevollmächtigte den Vollmachtgeber beim Widerruf vertreten **26** kann, muss er auf Verlangen wie bei anderen Vertretungsgeschäften belegen (→ § 164 Rn. 79).

Wenn mehrere Personen bevollmächtigt werden sollen, ist von dem **Gestalter** der **27** Widerrufsproblematik besondere Aufmerksamkeit zu widmen. Gerade unter bevollmächtigten Geschwistern kommt es nämlich öfter zu Auseinandersetzungen, als zum Teil angenommen wird. Denkbar ist eine Widerrufsrangfolge, was letztlich Klarheit schafft. Bei einem gegenseitigen Vollmachtsausschluss oder bei der Zulässigkeit des gegenseitigen Widerrufs muss der Vollmachtgeber zumindest darüber aufgeklärt werden, dass es im Konfliktfall doch zu einem Betreuungsverfahren kommen kann.[46] Denn selbst wenn eine Klärung vor den ordentlichen Gerichten möglich ist, wird sie einige Zeit in Anspruch nehmen, in welcher es zu Unsicherheiten oder einem „Vertretungsvakuum" kommt. Jedenfalls wird das **Betreuungsgericht** meistens eine Betreuung für erforderlich halten: Entweder als Ersatz für alle Bevollmächtigten, weil diese ungeeignet sind, oder als Kontrolle des verbliebenen Bevollmächtigten, da die vom Vollmachtgeber gewollte Kontrolle durch den anderen Bevollmächtigten nicht mehr existiert, der Konflikt aber eine Kontrolle regelmäßig als erforderlich erscheinen lässt. Der Vollmachtgeber kann auch in der Form einer in der Vorsorgevollmacht enthaltenen Betreuungsverfügung wünschen, dass bei Streit unter den Bevollmächtigten, die ausdrücklich nicht zum gegenseitigen Widerruf berechtigt sind, eine Betreuung eingerichtet wird, ggf. mit einem bestimmten Bevollmächtigten als ggf. befreiten Wunschbetreuer, der dann aber vom Betreuungsgericht kontrolliert wird.

5. Durch Betreuer

In dringenden Fällen kann das **Betreuungsgericht** die Vollmacht widerrufen, **28** §§ 1867, 1820 Abs. 5 BGB. Zusätzlich kann es gem. → § 1820 Abs. 4 BGB seit dem 1.1.2023 den Gebrauch der Vollmacht untersagen und die Herausgabe an den Betreuer anordnen. Ein „Aussetzen" der Wirksamkeit ist weiter nicht möglich.[47] Meistens bestellt das Betreuungsgericht aber einen **Betreuer,** der die Vollmacht in seinem Aufgabenkreis unter bestimmten Voraussetzungen und mit gerichtlicher Genehmigung widerrufen darf (Einzelheiten → § 1820 Rn. 63–78). Bei einem Vollmachtsmissbrauch ist sofort ein „Vollbetreuer" zu bestellen, dem auch die Aufgabe des Vollmachtswiderrufs haben wird, und kein Kontrollbetreuer.[48]

---

[46] BGH XII ZB 527/17, NJW 2018, 1257.

[47] LG München 13 T 12519/07, NJW-RR 2008, 812.

[48] BGH XII ZB 584/12, NJW 2011, 2135; BayObLG 3Z BR 242/02, FGPrax 2003, 171; Mehler MittBayNot 2000, 16.

V. Widerruf nach Erbfall

1. Ausschluss

29 Ob den Erben das Recht zum Widerruf vom Erblasser genommen werden kann, ist **streitig.**[49] Bei Testamentsgestaltungen wird allerdings zB empfohlen, dem Vermächtnisnehmer eine unwiderrufliche Vollmacht zur Erfüllung des Vermächtnisses zu erteilen.[50] Dagegen spricht, dass der Erblasser nur eine Position weitergeben kann, die er selbst innehat.[51] Konnte er keine Unwiderruflichkeit für sich herbeiführen, kann er es danach auch nicht für seine Erben. Zudem wird erheblich in die Rechtsstellung der Erben eingegriffen, was eigentlich der Testamentsvollstreckung vorbehalten ist.[52] Dafür spricht, dass die Erben ihre Rechtsposition vom Erblasser ableiten, dieser also bestimmen kann, wie weit jene geht. Die Erben können die Erbschaft ausschlagen.[53] Es ist zu beachten, dass nach hier vertretener Ansicht der Bevollmächtigte ohnehin die Interessen der neuen Auftraggeber – der Erben – zu berücksichtigen hat (→ § 662 Rn. 26–28) und bei einem pflichtwidrigen Handeln haftet. Widerruflich ist die Vollmacht jedenfalls analog § 2287 BGB, wenn sie Vertrags- oder Schlusserben beeinträchtigen würde. Es spricht aber im Ergebnis mehr für die Ansicht des BGH, welche eine Unwiderruflichkeit für die Erben **verneint:** Eine Rechtsnachfolge ist auch negativ nur soweit möglich, wie der Erblasser über das Recht verfügt.

2. Durch Dritte

30 Eine Vertretungsmacht können nach dem Erbfall zB **Testamentsvollstrecker** (→ § 164 Rn. 37, 96-100) und **Nachlasspfleger** erhalten. Diese Personen sind befugt, (Vorsorge)vollmachten – auch zugunsten von Erben – zu widerrufen, da dies in ihrer Verwaltungsbefugnis (§§ 2205, 1960 BGB) enthalten ist,[54] wenn nicht ausnahmsweise etwas anderes angeordnet wurde: Bei der Testamentsvollstreckung kann dies durch den Erblasser geschehen sein, beim Nachlasspfleger durch das Nachlassgericht.

3. Durch Alleinerben

31 Erben können die Vollmacht gegenüber Dritten widerrufen, **wie** es **der Erblasser** konnte, § 1922 BGB,[55] wenn der Widerruf nicht ausgeschlossen wurde (→ Rn. 33). Auch die einem Testamentsvollstrecker erteilte Vollmacht kann widerrufen werden. Wurde die Erbeinsetzung unter die Bedingung gestellt, die Vollmacht nicht zu widerrufen, entfällt zwar die Erbenstellung, ist der Widerruf aber trotzdem wirksam. Dem Erben kann zur Auflage gemacht werden, die Vollmacht nicht zu widerrufen, was mit einer diesbezüglichen Testamentsvollstreckung abgesichert wer-

---

[49] Ausführlich: Papenmeier Vollmachten S. 115–120.

[50] Halding/Hoppenheit RNotZ 2005, 311.

[51] BGH IV ZR 123/75, WM 1976, 1130.

[52] Muscheler Erbrecht Rn. 2807.

[53] Papenmeier Vollmachten S. 115; vgl. auch Trapp ZEV 1995, 314.

[54] Für den Testamentsvollstrecker: Bengel/Reimann/Bengel/Dietz Testamentsvollstreckung 1. Kapitel Rn. 57; Rott/Kornau/Zimmermann Testamentsvollstreckung § 4 Rn. 22; für den Nachlasspfleger: BGH XI ZR 239/93, NJW 1995, 250; OLG Brandenburg 13 W 37/06, BeckRS 2011, 16784; DNotI-Report 2013, 84; zu Folgen beim Erlöschen der Vollmacht: Strobel ZEV 2020, 589.

[55] BGH IV ZR 172/73, NJW 1975, 382.

den kann.[56] Nach hier vertretener Ansicht hindert dies den Erben nicht daran, einen wirksamen (und auch nicht rückgängig zu machenden) Vollmachtswiderruf zu erklären. Die Auflage verpflichtet den Erben (§ 1940 BGB) und gibt dem Begünstigten einen schuldrechtlichen Anspruch, bewirkt aber keine unmittelbare Rechtsänderung. Es wäre sonst möglich, eine im Gesetz nicht vorgesehene Beschränkung des Erben zu schaffen, welche über die vorgesehene Testamentsvollstreckung (mit der Möglichkeit der Entlassung, § 2227 BGB) hinausgeht.

4. Durch Erbengemeinschaft

Nach der überwiegenden Meinung hat jeder Miterbe für sich das Recht zum Widerruf, sei es gegenüber einem bevollmächtigten Dritten oder Miterben. Die Vollmacht bleibt im Übrigen bestehen. Die Vertretungsmacht des Bevollmächtigten für die anderen Miterben wird dadurch nicht berührt.[57] Eine wirksame Vertretung ist nur für diese weiter möglich. Der Bevollmächtigte kann nach dem Widerruf eines Miterben folglich nicht mehr über einzelne Nachlassgegenstände verfügen, sondern nur zusammen mit dem Miterben, der widerrufen hat.[58] Der Widerruf ist damit auch keine Verwaltungsmaßnahme iSv § 2038 BGB.[59] **32**

Die in der Kommentarliteratur vertretene Meinung beruht nach hier vertretener Ansicht zumindest teilweise auf einem missverstandenen BGH-Urteil (weil auf eine *nach* dem Erbfall erteilte Vollmacht bezogen)[60] und ist im Ergebnis abzulehnen.[61] Die **Erbengemeinschaft muss** eine Vollmacht des Erblassers **widerrufen,** nicht jeder einzelne Miterbe. Durch die Vollmacht wird nicht jeder Erbe direkt und einzeln verpflichtet, sondern der Nachlass, also die Erbengemeinschaft (→ § 164 Rn. 93 f.). Da der Bevollmächtigte zur Verfügung allein über den Nachlass als gesamthänderisches Sondervermögen der Erbengemeinschaft berechtigt ist, kommt eine Repräsentation der einzelnen Miterben nicht in Betracht.[62] **33**

Geht man von einer Widerrufsbefugnis der Erbengemeinschaft aus, kann der Widerruf eine Verwaltungsmaßnahme nach § 2038 BGB[63] oder eine Verfügung nach § 2040 BGB sein. Auch wenn die Rechtsnatur der Vollmacht noch nicht geklärt ist,[64] spricht mehr dafür, dass sie nicht gegenstandsähnlich ist, so dass auch nicht über sie verfügt werden kann. Der Widerruf sollte daher als eine **Verwaltungsmaßnahme** gem. § 2038 BGB angesehen werden.[65] Dabei ist bei der Abstimmung über den Widerruf ein bevollmächtigter Miterbe ausgeschlossen, wie es auch bei Gesellschaftsbeschlüssen geschieht.[66] **34**

---

[56] Bengel/Reimann/Bengel/Dietz Testamentsvollstreckung 1. Kapitel Rn. 59.

[57] RG 4.4.1938, JW 1938, 1892 (ohne Begründung der Ansicht); LG Berlin 84 T 256/19, ErbR 2021, 361; OLG Köln I-2 Wx 184/21, ZErb 2022, 76 (77); Grüneberg/Weidlich BGB Einf v § 2197 Rn. 13; Zimmermann Vorsorgevollmacht Rn. 266; Mensch NotBZ 2013, 420 (422, 424); Bredemeyer ZEV 2016, 65 (70); Böttcher NJW 2018, 831 (834) (wobei diese Konstellation in der von ihm in FN 42 zitierten Entscheidung des BGH (IV ZR 172/73, NJW 1975, 382) nicht vorlag).

[58] LG Aachen 1 O 138/16, NJW-Spezial 2018, 135; Grüneberg/Weidlich BGB Einf v § 2197 Rn. 13.

[59] Jedenfalls für eine nach dem Erbfall erteilte Vollmacht: BGH II ZR 46/59, Z 30, 391 (397).

[60] BGH II ZR 46/59, Z 30, 391.

[61] Ebenso: Papenmeier Vollmachten S. 129–133; ders. ErbR 2015, 12 (13–15); Eule Vollmacht S. 102–105; Madaus ZEV 2004, 448.

[62] Eule Vollmacht S. 102–105; Madaus ZEV 2004, 448.

[63] Vgl. BGH III ZR 208/63, FamRZ 1965, 267 (269).

[64] Vgl. Flume BGB AT (1979) II, § 45 II 1; Papenmeier Vollmachten S. 4–9.

[65] So auch Madaus ZEV 2004, 448 (449).

[66] Kurze ZErb 2008, 399 (408).

35 Es kann auch eine notwendige Verwaltung gem. § 2038 Abs. 1 S. 2 BGB gegeben sein, bei welcher ein Miterbe für die gesamte Erbengemeinschaft handeln darf.[67] Hat der Erblasser eine auf einen Einzelfall beschränkte, konkrete Vollmacht erteilt (also keine Vorsorgevollmacht), liegt dem auch ein bestimmtes Rechtsgeschäft des Erblassers zugrunde. Ist der „Widerruf" des Rechtsgeschäfts eine Notverwaltungsmaßnahme, ist es der Widerruf der Vollmacht auch. Vorsorgevollmachten sind dagegen regelmäßig abstrakte Generalvollmachten. Nach hier vertretener Ansicht müsste der Bevollmächtigte zwar nach den Interessen der Erbengemeinschaft handeln. Durch die Vorsorgevollmacht hat er aber ein Werkzeug zur Hand, mit dem er auch abweichend tätig werden kann. Die Gefahr des Missbrauchs ist der Vorsorgevollmacht immanent. Der Widerruf einer Vorsorgevollmacht ist daher meist eine **Notverwaltungsmaßnahme** gem. § 2038 Abs. 1 S. 2 2. Halbs. BGB,[68] die ein einzelner Erbe vornehmen kann.

5. Erbennachweis

36 Nach Ansicht des BGH muss zB eine **Bank** nach dem Erbfall den Widerruf eines Erben, der sich (noch) nicht legitimieren kann (fehlender Erbschein), ignorieren und einer Weisung des Bevollmächtigten befolgen.[69] Das Abwarten eines Erbscheinverfahrens oder auch nur einer Testamentseröffnung kann vom Geschäftspartner nicht verlangt werden, da die Vollmacht gerade schnelles Handeln ermöglichen soll und der Erblasser dieses Risiko auch für seine Erben geschaffen hat. Ein schlichter Hinweis, Erbe zu sein, reicht nicht.[70] Allein die Testamentsvorlage genügt unter Umständen nicht, wenn es ein neueres Testament geben kann. Eine eröffnete, notarielle letztwillige Verfügung ist ausreichend. Im Übrigen ist, nachdem der BGH AGB für unwirksam erklärt hat,[71] welche nur bestimmte Legitimationsformen ausreichen lassen, noch nicht eindeutig geklärt, welche Nachweise die Bank ausreichen lassen muss. Auch neue AGB zu der Frage werden für unwirksam gehalten.[72] Als Grundlinie ist anzunehmen, dass eine Bank Testamente als Nachweis ablehnen kann, wenn es konkrete Zweifel an der Gültigkeit (Urheberschaft, Testierfähigkeit, Konkurrenz zu anderen letztwilligen Verfügungen) oder dem Inhalt (unklare Formulierungen) des Testamentes gibt.[73] Sonst sind aber auch privatschriftliche Testamente zu akzeptieren. Für den Nachweis der gesetzlichen Erbfolge ist weiter ein Erbschein erforderlich.

37 Dass ein Widerruf oft zu spät kommen wird, ist im Hinblick auf den Zweck dieser Vollmachten hinzunehmen. Da die Ansicht vertreten wird, der Bevollmächtigte sei nicht den Erben, sondern dem Erblasser verpflichtet (→ § 662 Rn. 61–64), muss sich ein evidenter Missbrauch (→ § 164 Rn. 69–72) des Bevollmächtigten nach dem Erbfall der Bank nicht in Bezug auf die Erben, sondern auf die Interessen des Erblassers aufdrängen, was selten überzeugend darzulegen ist. Praktisch ist es allerdings häufig möglich, bei einer Bank trotzdem eine – rechtlich zweifelhafte – Kontensperrung zu erreichen,[74] wenn erhebliche Zweifel geweckt und Haftungsrisiken aufgezeigt werden können.

[67] So auch: Eule Vollmacht S. 104; Madaus ZEV 2004, 448 (449).

[68] Ähnlich Papenmeier Vollmachten S. 137.

[69] BGH XI ZR 239/93, NJW 1995, 250.

[70] Schebesta EWiR § 164 2/95, 21.

[71] BGH XI ZR 401/12, ZEV 2014, 41 mAnm Werkmüller.

[72] Papenmeier ErbR 2015, 12 (13).

[73] Ausführlich und differenziert: Bonefeld ZErb 2014, 157.

[74] Trimborn Vollmacht § 2 Rn. 62.

VI. Tod, Geschäftsunfähigkeit des Bevollmächtigten

Stirbt der Bevollmächtigte, führt dies gem. §§ 168, 673, 675 BGB grundsätzlich zum **Erlöschen** der Vollmacht (→ auch § 164 Rn. 48).[75] Die Vollmacht kann beim Tod des Bevollmächtigten im Einzelfall wirksam bleiben, wenn sie im Interesse des Bevollmächtigten erteilt wurde. Dies ist bei einer Auflassungsvollmacht zugunsten des Käufers denkbar.[76] Die Rechtsnachfolge geschieht dann nicht gem. § 1922 BGB, sondern durch eine stillschweigende Bevollmächtigung der Erben.[77] Hat der Bevollmächtigte eine direkte Untervollmacht erteilt (→ § 164 Rn. 78), ist diese auch beim Tod des Bevollmächtigten weiter wirksam. **38**

Zum Teil wird auch bei **Geschäftsunfähigkeit** des Bevollmächtigten das Erlöschen der Vollmacht angenommen[78] (→ § 164 Rn. 47). Allerdings wird bei einer nur vorübergehenden Geschäftsunfähigkeit kein Erlöschen der Vollmacht gewollt sein, da sie dann neu erteilt werden müsste, was bei einer Vorsorgevollmacht aufgrund einer Geschäftsunfähigkeit des Vollmachtgebers unmöglich sein kann. Ein Erlöschen ist aber auch nicht notwendig, da der Bevollmächtigte ohnehin eine eigene Willenserklärung abgibt, die bei Geschäftsunfähigkeit unwirksam wäre. Der Vollmachtgeber wird geschützt. Die Vollmacht kann also nicht ausgeübt werden,[79] bleibt aber wirksam. Auch Papenmeier bejaht den Fortbeststand der Vollmacht, allerdings begründet mit der nach seiner Ansicht anzunehmenden Vererblichkeit.[80] **39**

VII. „Verzicht" durch Bevollmächtigten

Ein „Verzicht" auf die Vollmacht oder ihr „Widerruf" oder „Kündigung" durch den Bevollmächtigten ist nicht möglich, da es sich um eine einseitige Willenserklärung des Vollmachtgebers handelt. Lehnt der Bevollmächtigte die Bevollmächtigung sofort ab, entsteht kein Auftragsverhältnis und damit auch keine Pflicht zum Handeln. Zimmermann sieht die Grundlage für die Zurückweisung zutreffend in § 333 BGB analog,[81] da der Bevollmächtigte nach hM kein eigenes, subjektives Recht erwirbt (→ § 164 Rn. 73). Möchte der Bevollmächtigte **später** nicht mehr tätig sein, muss er den zugrunde liegenden **Auftrag kündigen** (zur Kündigung zur Unzeit → § 672 Rn. 4 f.), bei Geschäftsunfähigkeit des Vollmachtgebers gegenüber einem anderen (befugten) Bevollmächtigten oder einem einzusetzenden Betreuer (für die Zeit bis dahin → § 672 Rn. 4 f.). Die Vollmacht erlischt dann gem. § 168 S. 1 BGB.[82] **40**

---

[75] AA Papenmeier Vollmachten S. 21–24.

[76] OLG Köln 2 Wx 29/69, Z 1969, 304 (306) mwN; OLG Schleswig 2 W 20/63, MDR 1963, 675.

[77] MüKoBGB/Schubert BGB § 168 Rn. 9.

[78] Schöner/Stöber Grundbuchrecht Rn. 3537; BeckOK GBO/Reetz Vertretungsmacht Rn. 68: „grds".

[79] So auch MüKoBGB/Schubert BGB § 168 Rn. 7.

[80] Papenmeier Vollmachten S. 101.

[81] Zimmermann Vorsorgevollmacht Rn. 55.

[82] Papenmeier Vollmachten S. 107.

VIII. Wirkung

1. Allgemein

41 Mit dem wirksamen Widerruf **erlischt** die Vollmacht ex nunc.[83] Der Bevollmächtigte kann – abgesehen von Rechtsscheintatbeständen – keine Erklärungen mehr für den Vollmachtgeber abgeben. Ein eventuell neben der Vollmacht bestehendes Auftragsverhältnis kann aufgrund des Abstraktionsverhältnisses wirksam bleiben. Grundsätzlich ist der Widerruf der Vollmacht auch als (konkludente) Kündigung des Auftragsvertrages zu verstehen. Im Einzelfall können noch nachvertragliche Pflichten bestehen sowie die Pflichten nach §§ 666, 667 BGB (Herausgabe, Rechenschaft) sowie die Pflicht zur Herausgabe der Vollmachtsurkunde (§ 175 BGB). Ein **teilweiser** Widerruf der Vollmacht ist möglich, so dass sie im Übrigen wirksam bleibt.[84] Bei **mehreren Bevollmächtigten** ist auf jeder Urkunde bzw. Ausfertigung der Widerruf für den Bevollmächtigten, gegenüber dem widerrufen wurde, zu vermerken (→ § 175 Rn. 4).[85] Ein Widerruf des Widerrufs ist jedenfalls dann nicht mehr möglich, wenn die Erklärung des Widerrufs den Bevollmächtigten erreicht hat. Dann ist der Widerruf wirksam und die Vollmacht erloschen,[86] was nicht rückgängig zu machen ist. Es ist eine neue Vollmacht zu erteilen.

2. Untervollmachten

42 Das Fortbestehen einer Unterbevollmächtigung hängt nur von der Hauptvollmacht ab, wenn der Vollmachtgeber nicht direkt vertreten wird (→ § 164 Rn. 83–89). Bei einer indirekten Bevollmächtigung erlischt die Untervollmacht mit dem Wegfall der Hauptvollmacht.[87] Sonst muss sie einzeln widerrufen werden.[88] Das OLG Frankfurt geht bei einer direkten Untervollmacht von einem Fortbestand aus, lässt aber eine Auslegung zu.[89] Dazu sind der Vollmachtgeber bzw. vertretungsbefugte Dritte oder seine Erben sowie – wenn seine Vollmacht noch besteht – grundsätzlich der Hauptbevollmächtigte berechtigt.

§ 169 Vollmacht des Beauftragten und des geschäftsführenden Gesellschafters

Soweit nach den §§ 674, 729 die erloschene Vollmacht eines Beauftragten oder eines geschäftsführenden Gesellschafters als fortbestehend gilt, wirkt sie nicht zugunsten eines Dritten, der bei der Vornahme eines Rechtsgeschäfts das Erlöschen kennt oder kennen muss.

1 Nach §§ 169, 674 BGB gilt eine Vollmacht zu Gunsten eines Beauftragten bis zu seiner Kenntnis oder seinem Kennenmüssen des Erlöschens als fortbestehend, wenn die Vollmacht nicht durch einen Widerruf erloschen war. Danach kann also ein Beauftragter in Einzelfällen trotz Erlöschens der Vollmacht den Vollmachtgeber weiter vertreten. Entsprechendes gilt bei einem ehemaligen geschäftsführenden Gesellschaf-

[83] BGH IX ZR 238/15, NJW 2017, 3373.
[84] DNotI-Report 2021, 105 (106).
[85] BGH V ZR 198/87, NJW 1990, 507.
[86] BGH IX ZR 238/15, NJW 2017, 3373.
[87] Bous RNotZ 2004, 483.
[88] DNotI-Report 1998, 126.
[89] OLG Frankfurt 20 W 548/11, NJW-RR 2014, 1503.

ter nach § 729 BGB. Ohne einen Auftrag oÄ, also bei einer isolierten Vollmacht, greift die Norm nicht. §§ 674, 729 BGB dienen dem Schutz des Bevollmächtigten. § 169 BGB stellt klar, dass dies aber nicht zu Gunsten des Geschäftsgegner wirkt, wenn dieser das Erlöschen kannte oder hätte kennen müssen. Die Norm ist Teil des Gutglaubens- bzw. Rechtsscheinschutzes.[1] Sie begrenzt diesen gegenüber bösgläubigen Geschäftsgegnern und **schützt** so den **Vertreter.** Die Bösgläubigkeit des Geschäftsgegners muss der Vertretene beweisen.[2]

Es reicht nicht, dass die Vollmacht auf einen Teilbereich beschränkt war. Sie muss erloschen sein.[3] Die Norm wird analog zu Lasten desjenigen angewandt, der mit einem Abwesenheitspfleger einen Vertrag schließt, obwohl er weiß, dass dessen Willenserklärung dem tatsächlichen Willen und der objektiven Interessenlage des Vertretenen widerspricht.[4] Die Haftung des Vertretenen wird zudem durch § 179 Abs. 3 S. 1 BGB beschränkt. 2

§ 170 Wirkungsdauer der Vollmacht

Wird die Vollmacht durch Erklärung gegenüber einem Dritten erteilt, so bleibt sie diesem gegenüber in Kraft, bis ihm das Erlöschen von dem Vollmachtgeber angezeigt wird.

Die Vorschrift regelt einen der drei gesetzlich normierten Fälle der **Rechtsscheinvollmacht** und zwar den zur **Außenvollmacht** Die weiteren finden sich in § 171 BGB (kundgegebene Innenvollmacht) und § 172 BGB (dem Bevollmächtigten ausgehändigte Vollmachtsurkunde).[1] Weitergehende (subsidiäre) Rechtsscheinvollmachten (Anscheins- und Duldungsvollmachten) werden ebenfalls aus den §§ 170–172 BGB abgeleitet[2] (→ § 167 Rn. 24–26). 1

Eine Vollmacht, die gegenüber einem Dritten (also dem Geschäftsgegner) erteilt wird, ist eine **Außenvollmacht** (→ § 167 Rn. 20). Für den Widerruf einer Innenvollmacht ist auf die → §§ 168f. BGB zurückzugreifen. Um eine Außenvollmacht unwirksam werden zu lassen, reicht ein Widerruf gegenüber dem Bevollmächtigten nicht aus.[3] Er muss ihm gegenüber nicht einmal erklärt werden, sondern ist ggf. in der **Erlöschenserklärung** enthalten.[4] Das Erlöschen muss auf jeden Fall dem Geschäftsgegner mitgeteilt werden. Die Mitteilung ist eine geschäftsähnliche Erklärung, auf welche die Vorschriften zur Willenserklärung anzuwenden sind, oder eine Willenserklärung, wenn sie den Widerruf beinhaltet.[5] Entscheidend ist der Zugang; die Kenntnisnahme ist ohne Belang.[6] Bei einer Bank genügt die Widerrufserklärung gegenüber einem Mitarbeiter.[7] Bei einer Stimmrechtsvollmacht durch einen Aktionär hat er den Widerruf der Gesellschaft gegenüber in Textform zu erklären, § 134 Abs. 3 S. 3 AktG.[8] 2

---

[1] BGH XII ZR 159/12, NJW-RR 2013, 897; LG Tübingen 1 S 137/83, BeckRS 2010, 04688.

[2] Staudinger/Schilken BGB 2019 § 169 Rn. 8.

[3] LSG Berlin-Brandenburg 2 L U 201/12 WA, BeckRS 2013, 67059.

[4] OLG Hamm 33 U 53/92, OLGR Hamm 1994, 48 (L).

[1] Grundlegend dazu: Lorenz JuS 2010, 771.

[2] BGH IX ZR 121/90, VersR 1991, 1003.

[3] BeckOK BGB/Schäfer BGB § 170 Rn. 7: sieht ein Erlöschen und Fortgeltung als Rechtsscheinsvollmacht.

[4] BeckOK BGB/Schäfer BGB § 170 Rn. 8.

[5] Staudinger/Schilken BGB 2019 § 170 Rn. 7.

[6] MüKoBGB/Schubert BGB § 170 Rn. 11.

[7] AG Schwabach 3 C 771/00, WM 2001, 902.

[8] Kiefner/Friebel NZG 2011, 887.

3 Der Zugang der Erlöschensanzeige muss ggf. vom Vollmachtgeber **bewiesen** werden,[9] so dass er durch einen Gerichtsvollzieher oder unter Zeugen vollzogen werden wollte (→ auch § 168 Rn. 8–10). Die Wirkung des § 170 BGB rechtfertigt es, den Anspruch auf Rückgabe der Vollmachtsurkunde gem. § 175 BGB mit einer einstweiligen Verfügung durchzusetzen, auch wenn dies der Vorwegnahme der Hauptsacheentscheidung gleichkommt.[10]

4 Auch bei einer **Einschränkung** der Außenvollmacht ist § 170 BGB anwendbar. Sie muss also entsprechend dem Geschäftsgegner mitgeteilt werden. Der Schutz des Geschäftsgegners entfällt bei **Bösgläubigkeit** gem. § 173 BGB sowie bei Eröffnung eines **Insolvenzverfahrens,** § 117 InsO.[11]

5 In Vorsorgeangelegenheiten ist die **Bankvollmacht,** welche also vom Vollmachtgeber bei und gegenüber der Bank erklärt wurde, ein typischer Anwendungsfall des § 170 BGB. Durch das Forcieren solcher Vollmachten erreichen die Banken, dass auch ein Widerruf direkt bei ihnen erklärt werden muss, um zu wirken. Für den Vollmachtgeber, andere Bevollmächtigte und seine Rechtsnachfolger erschweren solche Vollmachten den Widerruf von Vollmachten, weil oft nicht einmal alle Vollmachten bekannt sind und uU (Erb-)Nachweise verlangt werden. Daher sollte im Rahmen der **Gestaltung** von Vorsorgeregelungen zurückhaltend mit Bankvollmachten umgegangen werden.

§ 171 Wirkungsdauer bei Kundgebung

(1) **Hat jemand durch besondere Mitteilung an einen Dritten oder durch öffentliche Bekanntmachung kundgegeben, dass er einen anderen bevollmächtigt habe, so ist dieser auf Grund der Kundgebung im ersteren Falle dem Dritten gegenüber, im letzteren Falle jedem Dritten gegenüber zur Vertretung befugt.**

(2) **Die Vertretungsmacht bleibt bestehen, bis die Kundgebung in derselben Weise, wie sie erfolgt ist, widerrufen wird.**

1 Die Vorschrift regelt einen der drei gesetzlich normierten Fälle der **Rechtsscheinvollmacht** und zwar den der **dem Bevollmächtigten ausgehändigten Vollmachtsurkunde.** Die weiteren finden sich in § 170 BGB (Außenvollmacht) und § 172 BGB (dem Bevollmächtigten ausgehändigte Vollmachtsurkunde).[1] Weitergehende (subsidiäre) Rechtsscheinvollmachten (Anscheins- und Duldungsvollmachten) werden ebenfalls aus den §§ 170–172 BGB abgeleitet[2] (→ § 167 Rn. 24–26).

2 Es muss eine **Bevollmächtigung** durch Erklärung eines Geschäftsfähigen[3] gegenüber dem Bevollmächtigten (Innenvollmacht → § 167 Rn. 20) erfolgt oder vom Vollmachtgeber **gegenüber dem Dritten behauptet** worden sein. Im ersten Fall ergibt sich die Vertretungsmacht schon aus § 167 BGB. Im zweiten Fall entfaltet § 171 BGB seine Relevanz: Es wird ein Vertrauensschutz geschaffen, ohne dass eine Vollmacht vorliegt.[4] Der Geschäftsgegner muss aber gutgläubig sein, darf also die Nichtbevollmächtigung nicht kennen. Der Rechtsschein reicht nur soweit, wie der Vollmachtsumfang aus der Kundgabe zu entnehmen war.

---

[9] Baumgärtel/Laumen/Prütting/Laumen Beweislast BGB § 170 Rn. 1.
[10] OLG Brandenburg 13 W 37/06, BeckRS 2011, 16784.
[11] Grüneberg/Ellenberger BGB § 170 Rn. 2.
[1] Grundlegend dazu: Lorenz JuS 2010, 771.
[2] BGH IX ZR 121/90, VersR 1991, 1003.
[3] LG München II 2 T 2629/19, BeckRS 2019, 15775.
[4] MüKoBGB/Schubert BGB § 171 Rn. 2.

3 Die **Mitteilung** an den Dritten bedarf keiner besonderen Form, kann also auch mündlich erfolgen. Dem Dritten muss sie vom Vollmachtgeber bewusst gegeben worden sein, darf diesem also nicht nur zufällig bekannt werden.[5] Exemplarisch wäre die Mitteilung an den Dritten „Es kommt Herr XY zu Ihnen, den ich bevollmächtigt habe.", obwohl keine (wirksame) Vollmacht erteilt wurde. In Betracht kommt auch eine unwirksame Vollmacht,[6] wenn sie vorgelegt wird, was aber zeitlich vor dem Vertretungsgeschäft geschehen muss.[7]

4 Die Kundgabe kann auch durch **öffentliche Bekanntmachung** erfolgen, was zB in Zeitungsanzeigen geschehen kann, durch das Verteilen von Handzetteln oder durch Eintragung in das Handelsregister.[8]

5 Im Absatz 2 wird geklärt, wie der **Rechtsschein zu beseitigen** ist. Der Begriff des „Widerrufes" ist dabei irreführend, da keine Vollmacht widerrufen wird, sondern nur die einen Rechtsschein setzende Erklärung. Entscheidend ist der Zugang des Widerrufs beim Dritten, nicht seine Kenntnisnahme. Unabhängig von der Form der Erklärung kann der Widerruf formlos erfolgen.[9] Bei Kundgabe durch eine öffentliche Bekanntmachung muss der Widerruf auch durch eine solche erfolgen.

§ 172 Vollmachtsurkunde

(1) **Der besonderen Mitteilung einer Bevollmächtigung durch den Vollmachtgeber steht es gleich, wenn dieser dem Vertreter eine Vollmachtsurkunde ausgehändigt hat und der Vertreter sie dem Dritten vorlegt.**

(2) **Die Vertretungsmacht bleibt bestehen, bis die Vollmachtsurkunde dem Vollmachtgeber zurückgegeben oder für kraftlos erklärt wird.**

1 Die Vorschrift regelt einen der drei gesetzlich normierten Fälle der **Rechtsscheinvollmacht** und zwar den der kundgegebenen Innenvollmacht. Die weiteren finden sich in § 170 BGB (Außenvollmacht) und § 171 BGB (kundgegebene Innenvollmacht).[1] Weitergehende (subsidiäre) Rechtsscheinvollmachten (Anscheins- und Duldungsvollmachten) werden ebenfalls aus den §§ 170–172 BGB abgeleitet[2] (→ § 167 Rn. 24–26). Ein typischer Fall für den Rechtsschein des § 172 BGB ist, dass die Vollmacht dem Bevollmächtigten gegenüber widerrufen wurde, dieser aber noch über eine Vollmachtsurkunde verfügt und sie dem Geschäftsgegner vorlegt. Dann ist das Geschäft auf der Grundlage einer Rechtsscheinsvollmacht wirksam.

2 Die **Vollmachtsurkunde** besteht aus dem Vollmachtstext sowie der Unterschrift (bzw. dem notariell beglaubigten Handzeichen) des Vollmachtgebers, § 126 BGB.[3] Sie muss im Original oder als notarielle Ausfertigung vorgelegt werden. Eine mündliche Vollmacht ist nicht tauglich, aber auch nicht die Vorlage einer Kopie, einer beglaubigten Abschrift oder eines Telefaxes.[4] Entsprechend müssen vom Bevollmächtigten gem. § 175 BGB grundsätzlich nur Originale und Ausfertigungen zurückgegeben werden. Bei einer gefälschten Vollmacht ist der Geschäftsgegner nicht nach

---

[5] MüKoBGB/Schubert BGB § 171 Rn. 3.
[6] BGH XI ZR 239/04, NJW 2006, 2118.
[7] BGH XI ZR 149/07, NJW 2008, 3355.
[8] BeckOK BGB/Schäfer BGB § 171 Rn. 8.
[9] MüKoBGB/Schubert BGB § 171 Rn. 17.
[1] Grundlegend dazu: Lorenz JuS 2010, 771.
[2] BGH IX ZR 121/90, VersR 1991, 1003.
[3] Staudinger/Schilken BGB 2019 § 172 Rn. 1 mwN.
[4] BGH II ZR 235/86, NJW 1988, 697; vgl. auch Staudinger/Schilken BGB 2019 § 172 Rn. 4 mwN.

§ 172 BGB geschützt (zur Akzeptanzverweigerung wegen Echtheitszweifel → § 167 Rn. 73–75) und muss sich ggf. an den angeblichen Vertreter wenden, § 179 BGB.

3 Die Vollmacht muss dem Bevollmächtigten vom geschäftsfähigen[5] Vollmachtgeber willentlich[6] **ausgehändigt** worden sein. Das kann auch durch einen Dritten geschehen, der auf Anweisung des Vollmachtgebers handelt,[7] zB einen Notar, wenn in der Vollmacht die Erteilung von Ausfertigungen an den Bevollmächtigten ermöglicht wurde. Der Bevollmächtigte muss die Urkunde wiederum dem Geschäftsgegner **vorgelegt** haben.[8] Der muss in die Lage versetzt worden sein, sich Kenntnis von der Urkunde zu verschaffen, auf eine tatsächliche Einsichtnahme kommt es nicht an.[9]

4 Auch nach einem Widerruf entfaltet eine vorgelegte Vollmachtsurkunde durch einen **Rechtsschein** Vertretungsmacht. Geschützt wird dabei nur der gutgläubige Geschäftsgegner.[10] Dem Schutz des § 172 BGB unterfällt nur der Geschäftsgegner, dem die Vollmacht vorgelegt wurde, nicht aber ein Dritter, der durch das Geschäft berührt wird.[11] Die Norm ist auf die Prozessvollmacht und auch auf die Vollmacht zur Unterwerfung unter die sofortige Zwangsvollstreckung nicht anzuwenden, §§ 78ff. ZPO.[12] Durch die Vorlage der Vollmachtsurkunde wird zwar nicht das Bestehen der Vertretungsmacht bewiesen, denn die Vollmacht kann durchaus widerrufen sein. Zum Nachweis der Vertretungsmacht genügt die Urkunde aber, wie auch gegenüber dem Grundbuchamt, denn dies kann sich auf den Rechtsschein nach § 172 BGB verlassen.[13]

5 Bei einer **Untervollmacht** ist zu differenzieren: Ist sie von der Hauptvollmacht abhängig, ermächtigt also nur zur Vertretung des Hauptbevollmächtigten, muss die Hauptvollmacht mit vorgelegt werden, um den Rechtsschein zu Lasten des Vollmachtgebers entstehen zu lassen. Bei der direkten Untervollmacht, bei welcher der Unterbevollmächtigte Erklärungen im Namen des Vollmachtgebers und nicht des Hauptbevollmächtigten abgibt (→ § 164 Rn. 83), muss die Hauptvollmacht nur bei Erteilung der Untervollmacht vorgelegen haben. Im Zweifel kann dies bei einer notariellen Untervollmacht durch die Urkunde[14] oder durch einmalige Vorlage der Hauptvollmacht bewiesen werden. Wenn die Hauptvollmacht dem Dritten einmal vorlegen hat, nachdem die Untervollmacht erteilt wurde, reicht bei einer direkten Unterbevollmächtigung also die Vorlage nur der Untervollmacht.[15]

6 Wenn die Vollmacht zur direkten Unterbevollmächtigung ermächtigt (was jedenfalls anzunehmen ist, wenn die Unterbevollmächtigung erlaubt und nicht eingeschränkt wurde, vgl. → § 164 Rn. 84f.), kann daher auch bei laufenden Geschäftsbeziehungen das Problem gelöst werden, die Vollmacht **jedes Mal neu vorzulegen,** zB bei Banken, wenn die dauerhafte Übergabe des Originals oder einer Ausfertigung der Vollmacht an den Geschäftsgegner nicht möglich ist (weil etwa nur ein Exemplar der Vollmacht existiert). Es kann nach hier vertretener Ansicht bei Befreiung von den Beschränkungen des § 181 BGB eine **Selbst-Unterbevollmächtigung** vorgenommen werden. Der Bevollmächtigte unterbevollmächtigt sich selbst durch Erklärung

---

[5] LG München II 2 T 2629/19, BeckRS 2019, 15775.

[6] BGH V ZR 206/73, NJW 1975, 2101.

[7] OLG Karlsruhe 1 U 22/05, ZIP 2005, 09267.

[8] BGH XI ZR 194/02, NJW 2004, 2378.

[9] BGH II ZR 235/86, NJW 1988, 697; vgl. auch MüKoBGB/Schubert BGB § 172 Rn. 21.

[10] BGH XI ZR 116/04, NJOZ 2005, 4598.

[11] OLG Naumburg 2 U 42/02, NJOZ 2003, 699.

[12] Grüneberg/Ellenberger BGB § 172 Rn. 1.

[13] OLG Frankfurt a. M. 20 W 324/12, NJOZ 2013, 889.

[14] Bous RNotZ 2004, 483 (489).

[15] Str., ausführlich und in die hier vertretene Richtung argumentierend: Schüller RNotZ 2014, 585 (587f.); ähnlich: Staudinger/Schilken BGB 2019 § 172 Rn. 4.

gegenüber dem Dritten gem. § 167 Abs. 1 2. Fall BGB. Der Geschäftsgegner kann sich auf den Rechtsschein des § 171 BGB verlassen (→ auch § 167 Rn. 77f.).[16] Da der Hauptbevollmächtigte auch eine dritte Person insofern hätte unterbevollmächtigen können, ist dies keine Umgehung, sondern eine zulässige Erhöhung der Brauchbarkeit der Vollmacht. Wenn der Vollmachtgeber dies nicht will, kann er die Wirksamkeit der Vollmacht unproblematisch an die Vorlage der Urkunde bei jeder Vertretungshandlung knüpfen und so eine Selbst-Unterbevollmächtigung ausschließen.

Der Rechtsschein **erlischt** gem. Absatz 2 nach Rückgabe der Urkunde an den Vollmachtgeber (§ 175 BGB) oder nach Kraftloserklärung (§ 176 BGB). Nach einem Widerruf (→ § 168 Rn. 6–41) sollten der Vollmachtgeber oder der Erbe Vollmachtsurkunden daher herausverlangen. Das kann auch mittels einer einstweiligen Verfügung geschehen. 7

Dass der Rechtsschein mit der Rückgabe an den Bevollmächtigten erlischt, kann die **wiederholte Vorlage** der Vollmacht bei einem Geschäftsgegner auf dessen Verlangen notwendig machen. Die Formulierung des Absatz 2 ist insofern eindeutig: Wenn die Vollmacht nach der ersten Vorlage zurückgegeben wurde (Widerruf genügt nicht), erlischt der Rechtsschein. Der Geschäftsgegner trägt dann dieses Rückgaberisiko.[17] Der Notar muss darüber ggf. aufklären.[18] Er kann es eingehen (und sich notfalls an den Vertreter gem. § 179 BGB wenden), muss es aber nach hier vertretener Ansicht nicht. Das kann die Praxistauglichkeit von Vollmachten zwar beeinträchtigen, die aber wiederum durch eine fachgerechte Gestaltung bewahrt werden kann. Ein Ausweg kann die Selbst-Unterbevollmächtigung sein (→ Rn. 6). 8

Bei der **Gestaltung** einer (Vorsorge)Vollmacht sollte dem Problem des Nachweises des Fortbestandes der Vollmacht Beachtung geschenkt werden. Dass der Bevollmächtigte im Besitz der Vollmachtsurkunde ist, kann zur Bedingung der Wirksamkeit der Vollmacht gemacht werden (→ § 167 Rn. 13f.), was allerdings die Praxistauglichkeit der Vollmacht erheblich mindert. Soll keine Vollmachtsurkunde weggegeben werden, kann auf die Selbst-Unterbevollmächtigung zurückgegriffen werden, wenn die Vollmacht Unterbevollmächtigungen zulässt und von den Beschränkungen des § 181 BGB befreit (→ Rn. 6). Ansonsten hat der Vollmachtgeber vier Möglichkeiten: (1) Erstellen mehrerer (beglaubigter) Originale, die den Geschäftsgegnern gegeben werden können; (2) Notarielle Beurkundung mit der Möglichkeit für den Bevollmächtigten, weitere Ausfertigungen ausstellen zu lassen und diese den Geschäftsgegnern zu geben; (3) (Zusätzliche) Bevollmächtigung durch Erklärung gegenüber den Geschäftsgegnern; (4) Inkaufnahme der Schwerfälligkeit des Vollmachtsgebrauchs für den Bevollmächtigten, was aber einen Missbrauch erschwert. 9

§ 173 Wirkungsdauer bei Kenntnis und fahrlässiger Unkenntnis

Die Vorschriften des § 170, des § 171 Abs. 2 und des § 172 Abs. 2 finden keine Anwendung, wenn der Dritte das Erlöschen der Vertretungsmacht bei der Vornahme des Rechtsgeschäfts kennt oder kennen muss.

Nach den §§ 170–172 BGB wird nur der gutgläubige Geschäftsgegner geschützt. Bei Kenntnis oder Kennenmüssen des Erlöschens der Vertretungsmacht entfällt die Rechtsscheinswirkung. Der Geschäftsgegner musste das Erlöschen kennen, wenn er aufgrund von Fahrlässigkeit keine Kenntnis hatte, § 122 Abs. 2 BGB. Eine aktive 1

---

[16] Vgl. auch OLG Frankfurt 20 W 548/11, NJW-RR 2014, 1503.

[17] So auch Staudinger/Schilken BGB 2019 § 172 Rn. 5.

[18] Umfassend zum Vorgehen von Notaren bei nicht vorliegenden Vollmachten: Thelen/Hermanns DNotZ 2019, 725.

Nachprüfung muss durch den Geschäftsgegner **nicht** erfolgen.[1] Ein Kennenmüssen liegt nicht vor, wenn das der Vollmacht zu Grunde liegende Geschäft aufgrund einer Rechtsprechung unwirksam ist, die zum Zeitpunkt des Vertretergeschäfts noch nicht bekannt war.[2] Zweifel können grundsätzlich entstehen, wenn zwischen Vollmachtserteilung und -ausübung eine lange Zeit liegt.[3] Für Vorsorgevollmachten ist dies nach hier vertretener Ansicht nicht der Fall, denn diese werden regelmäßig erst lange nach Erteilung eingesetzt. Den bösen Glauben des Geschäftsgegners muss der Vollmachtgeber nachweisen.[4] Über den Wortlaut hinaus gilt die Norm auch, wenn die Vollmacht von Beginn an unwirksam war.[5]

2 Str. ist, ob der Geschäftsgegner auch geschützt ist, wenn der Bevollmächtigte eine notarielle **Ausfertigung** vorlegt, die nicht auf ihn sondern auf einen **anderen Bevollmächtigten** ausgestellt ist. Es wird die Meinung vertreten, dass kein Rechtsschein bestehe, weil eine solche Vollmacht den Besitz des Bevollmächtigten nicht belege.[6] Das ist nach hier vertretener Ansicht falsch. Für den Besitz benötigt der Bevollmächtigte die tatsächliche Gewalt über die Urkunde, § 854 Abs. 1 BGB. Wenn er sie vorlegt, hat er diese. Ob er ihn rechtmäßig erworben hat, kann freilich nicht belegt werden. Das ist aber auch dann nicht der Fall, wenn er eine auf ihn ausgestellte Vollmacht vorlegt: Auch diese kann widerrufen, herausgegeben und vom Bevollmächtigten wieder unrechtmäßig in Besitz genommen werden. Ausfertigungen von Vollmachten werden immer wieder für den Vollmachtgeber erteilt. Er kann dann über sie verfügen. Entsprechend kann er auch eine Ausfertigung, die für den einen Bevollmächtigten erteilt wurde und wieder in seinen Besitz gelangt, einem anderen Bevollmächtigten geben. Zudem kann sich der Vollmachtgeber nach einem Widerruf schützen, indem er auf allen Ausfertigungen den teilweisen Widerruf vermerkt. Es besteht also kein Anlass, von dem Grundsatz[7] abzuweichen, dass die Wirksamkeit der Vollmacht nicht davon abhängt, ob die Ausfertigung dem Bevollmächtigten erteilt wurde, § 47 BeurkG.

§ 174 Einseitiges Rechtsgeschäft eines Bevollmächtigten

[1]Ein einseitiges Rechtsgeschäft, das ein Bevollmächtigter einem anderen gegenüber vornimmt, ist unwirksam, wenn der Bevollmächtigte eine Vollmachtsurkunde nicht vorlegt und der andere das Rechtsgeschäft aus diesem Grunde unverzüglich zurückweist. [2]Die Zurückweisung ist ausgeschlossen, wenn der Vollmachtgeber den anderen von der Bevollmächtigung in Kenntnis gesetzt hatte.

I. Anwendungsbereich

1 Die Norm gilt für einseitige, empfangsbedürftige Willenserklärungen und auch (analog) für die Annahme eines Vertrags.[1] Auf den Boten ist die Vorschrift ent-

---

[1] BGH III ZR 152/05, NJW 2006, 1971; XI ZR 108/99, NJW 2000, 2270; Hauk JuS 2011, 967.

[2] BGH XI ZR 60/03, NJW 2004, 2090; OLG Braunschweig 7 U 65/10, BeckRS 2013, 18188.

[3] BeckOK BGB/Schäfer BGB § 173 Rn. 4.

[4] MüKoBGB/Schubert BGB § 173 Rn. 11.

[5] BGH III ZR 132/83, NJW 1985, 730; BeckOK BGB/Schäfer BGB § 173 Rn. 2 mwN.

[6] OLG München 34 Wx 023/08, DNotZ 2008, 844 mwN; aA und damit wie hier: OLG Köln 2 Wx 42/01, RNotZ 2001, 407.

[7] Den räumt auch das OLG München 34 Wx 023/08, DNotZ 2008, 844, ein.

[1] BGH KZR 26/05, NJW-RR 2007, 1705; Grüneberg/Ellenberger BGB § 174 Rn. 2.

sprechend anzuwenden.[2] Sie dient dem Geschäftsgegner dazu, Klarheit schaffen zu können.[3]

Wichtige **Anwendungsbereiche** sind die **Kündigung** eines Arbeitnehmers[4] 2
oder Mieters sowie das Herbeiführen von Verzugsfolgen.[5] Zudem kann die Norm bei der Stimmabgabe für einen Wohnungseigentümer in einer Versammlung,[6] bei der Tätigkeit des Verwalters, der namens einer WEG handelt,[7] aber grundsätzlich nicht bei einer wettbewerbsrechtlichen Abmahnung, die mit einem Angebot einer Unterlassungserklärung verbunden ist,[8] und gem. § 651 g Abs. 1 S. 2 BGB bei der Anmeldung von Ersatzansprüche im Reiserecht[9] angewandt werden.

Ist ein **Rechtsanwalt** in einem Prozess durch eine Prozessvollmacht bevollmäch- 3
tigt, ist eine Anwendung des § 174 BGB ausgeschlossen, da die Regelungen der ZPO vorgehen, und der Schutz des § 174 BGB in diesem Zusammenhang nicht erforderlich ist.[10]

Bei **gesetzlicher Vertretungsmacht** kann nicht gem. § 174 BGB zurückgewie- 4
sen werden. Die mit der Inanspruchnahme gesetzlicher Vertretung verbundene Unsicherheit, ob die Vertretungsmacht wirksam besteht, wird dem Empfänger der Erklärung zugemutet.[11] Weil also zB ein Betreuerausweis oder ein Betreuungsbeschluss nicht beigefügt war, kann keine Zurückweisung erfolgen.

Wird ein Schreiben oder ähnliches eines Bevollmächtigten zurückgewiesen, ohne 5
dass darin eine einseitige Willenserklärung (sondern zB **nur** eine **Mitteilung**)[12] enthalten war, ist zu differenzieren. In einem ersten Schritt ist zu ermitteln, ob der Geschäftsgegner ein Vertretergeschäft grundsätzlich verweigern darf (→ § 164 Rn. 68–71), etwa weil er sich aufgrund der Vertragsfreiheit insgesamt nicht auf das Geschäft einlassen muss. Wird dies bejaht, ist fraglich, ob der Geschäftsgegner die Vorlage der Vollmacht im Original fordern kann. Dies ist, wenn die Bevollmächtigung nicht ohnehin ihm gegenüber vorgenommen wurde (Außenvollmacht), aufgrund des begrenzten Gutglaubensschutzes grundsätzlich der Fall (§ 172 BGB).

II. Vorlage und Zurückweisung

Es muss ein **Original** oder eine notarielle **Ausfertigung** vorgelegt werden. Auch 6
eine beglaubigte Abschrift genügt nicht.[13] Ungenügend ist das Angebot, die Vollmacht einsehen zu können[14] (zu Untervollmachten → § 164 Rn. 87).

Problematisch ist der Nachweis der Vertretungsbefugnis eines **Rechtsanwaltes,** 7
wenn vom Mandanten nur die Sozietät (ohne Nennung des einzelnen Rechtsanwaltes) bevollmächtigt wurde. Es kommt praktisch kaum in Betracht, den Original-Gesellschaftsvertrag mit zu versenden. Sicher ist daher nur eine Erklärung oder Bevoll-

---

[2] BGH KZR 26/05, NJW-RR 2007, 1705.

[3] OLG Düsseldorf I-15 U 225/02, NZG 2004, 141 (143).

[4] Dazu Odemer JA 2015, 449; Rudolf ArbRAktuell 2015, 213; Meyer/Reufels NZA 2011, 5.

[5] BGH II ZR 92/82, NJW 1983, 1542; im Familienrecht: Bergschneider/Wolf NZFam 2014, 159; Sauer FamRZ 2010, 617.

[6] Kümmel ZWE 2000, 292.

[7] BGH III ZR 443/13, NJW 2014, 1587.

[8] BGH I ZR 140/08, GRUR 2010, 1120.

[9] Früher noch anders: BGH X ZR 97/99, NJW 2001, 289; Tempel NJW 2001, 1905 mwN.

[10] BGH VIII ZR 72/02, NJW 2003, 963; Paulus/Henkel NJW 2003, 1692.

[11] BGH XI ZR 184/09, BeckRS 2010, 09780; LwZR 4/01, WM 2001, 2442 (2443).

[12] Bergschneider/Wolf NZFam 2014, 159.

[13] BGH VIII ZR 313/79, NJW 1981, 1210.

[14] BeckOKB BGB/Schäfer BGB § 174 Rn. 7.

mächtigung durch die anderen Gesellschafter der Sozietät, auch wenn andere Modelle erwogen werden.[15]

8 Die Zurückweisung muss **unverzüglich** erfolgen, also ohne schuldhaftes Zögern (§ 121 Abs. 1 BGB). Es darf angemessen überlegt und Rechtsrat eingeholt werden. Bei einer Zurückweisung durch einen Vertreter sollte dieser wiederum eine Originalvollmacht beigefügt werden.[16] Eine feste **Frist** gibt es nicht. Eine Woche und auch schon sechs Tage können zu lang sein.[17] Die Eintragung im Handelsregister rechtfertigt den Ausschluss der Zurückweisung nach § 174 S. 2 BGB nicht.[18]

9 Eine **Erklärung** kann neben einer Beanstandung nach § 180 BGB auch eine Zurückweisung iSv § 174 BGB enthalten.[19] Es muss aus ihr hervorgehen, dass die Zurückweisung wegen des Fehlens der Vollmacht geschieht. Ein Vorbehalt des Zurückweisungsrechtes ist nicht möglich, wohl aber die Zurückweisung unter einer Bedingung (Nachreichen der Vollmacht).[20]

10 **Unterlässt** der Geschäftsgegner die Zurückweisung, so ist das Rechtsgeschäft wirksam, wenn es auch die Vollmacht war.[21] Fehlt es an der Vollmacht, kann **§ 180 BGB** angewandt werden.

III. Gestaltung

11 Aufgrund von § 174 BGB ist immer zu überlegen, ob später uU **mehrere Exemplare** der Vollmacht benötigt werden. Ist der Vollmachtgeber Arbeitgeber oder Vermieter, sollten entweder mehrere Vollmachten erstellt oder es sollte die notarielle Beurkundung mit der Möglichkeit der Anfertigung einer Vielzahl von Ausfertigungen gewählt werden. Zu erwägen ist in solchen Fällen auch, ob neben der umfassenden Vorsorgevollmacht für diese bestimmten Bereiche Teilvollmachten erteilt werden sollten, damit nicht immer die Vorsorgevollmacht mit den zum Teil persönlichen Verfügungen und ausführlichen Formulierungen mitgesandt werden muss. Eine Alternative sind auszugsweise Ausfertigungen; bei diesen können allerdings die Lücken zu Akzeptanzproblemen führen.

§ 175 Rückgabe der Vollmachtsurkunde

Nach dem Erlöschen der Vollmacht hat der Bevollmächtigte die Vollmachtsurkunde dem Vollmachtgeber zurückzugeben; ein Zurückbehaltungsrecht steht ihm nicht zu.

I. Anspruch nach Erlöschen

1 Die Vollmachtsurkunde (Original und Ausfertigung) ist nach Erlöschen der Vollmacht (zB durch Widerruf) vom Bevollmächtigten auf Verlangen herauszugeben, damit der **Rechtsschein** des § 172 Abs. 2 BGB nicht mehr genutzt werden kann. Es kommt nicht darauf an, ob die Vollmacht wirksam war. Auch eine wegen Geschäftsunfähigkeit bei der Erteilung **unwirksame** Vollmacht ist gem. § 175 BGB analog he-

15 Henssler/Michel NJW 2015, 11.
16 Rudolf ArbRAktuell 2015, 213 (214).
17 Grüneberg/Ellenberger BGB § 174 Rn. 6 mwN.
18 Lux NZA-RR 2008, 393.
19 BGH V ZB 5/12, NJW 2013, 297.
20 Vgl. MüKoBGB/Schubert BGB § 174 Rn. 26.
21 BeckOK BGB/Schäfer BGB § 174 Rn. 11.

rauszugeben.[1] Solange die Vollmacht noch nicht erloschen ist, kann der Bevollmächtigte ein Recht zum Besitz haben, damit er seine Bevollmächtigung nachweisen kann.[2]

Der **Erbe** des Vollmachtgebers tritt an seine Stelle,[3] der Erbe des Bevollmächtigten an dessen Stelle. Der Bevollmächtigte muss die Urkunde besitzen[4] (zur Leistungsstörung → Rn. 14). 2

Auch einem **Dritten** gegenüber ist ein Rückgabeanspruch gegeben.[5] Er kann zwar mit der Vollmacht nicht handeln, sie aber dem Bevollmächtigten geben, der sie dann missbrauchen könnte.[6] Allerdings besteht der Anspruch zumindest nicht nach § 175 BGB direkt, da der Dritte nicht Bevollmächtigter ist, sondern aus Eigentum, Besitzrecht, anderem Rechtsgrund[7] (§ 242 BGB) oder § 175 BGB analog. Entsprechendes gilt für den **Unterbevollmächtigten** hinsichtlich der vom Vollmachtgeber ausgestellten Hauptvollmacht. Ist eine Untervollmacht auch ohne die Hauptvollmacht zu verwenden (vgl. → § 164 Rn. 87), muss ebenfalls ein Herausgabeanspruch nach § 175 BGB analog bestehen. Dem Dritten oder Unterbevollmächtigten gegenüber muss das Erlöschen der Vollmacht nachgewiesen werden. 3

II. Umfang

Sind in der Vollmacht **mehrere Personen** bevollmächtigt oder mehrere Personen Vollmachtgeber und nicht alle Bevollmächtigungen erloschen, bleibt die Vollmacht teilweise wirksam. Die Urkunde ist nur vorübergehend zum Anbringen eines **Vermerkes** herauszugeben[8] („Vollmacht für XY erloschen."). Bei notariellen Beurkundungen ist dies auch dem Notar mitzuteilen, welcher weitere Ausfertigungen dann nur noch mit einem entsprechenden Vermerk erteilen darf. 4

Sind in der Urkunde noch **andere Erklärungen** enthalten, die noch wirksam sind, kann keine endgültige Herausgabe verlangt werden, sondern nur eine solche zum Anbringen eines **Vermerkes** bezüglich der Vollmacht.[9] Dies wird damit begründet, dass der Bevollmächtigte Eigentümer der Urkunde sei oder aus § 242 BGB.[10] 5

Kopien sind grundsätzlich **nicht herauszugeben** (str.).[11] Nach hier vertretener Ansicht sind aber beglaubigte Abschriften gem. § 175 BGB analog oder aufgrund § 242 BGB herauszugeben, da sie im Rechtsverkehr weitgehend wie Originale akzeptiert werden und daher eine erhebliche Missbrauchsgefahr besteht. In jedem Fall muss der Bevollmächtigte eine Möglichkeit haben, später seine frühere Bevollmächtigung zu belegen. Eine Fotokopie, die etwa durch einen Vermerk („Kopie, nicht zum Nachweis der Vollmacht bestimmt, Vollmacht ist erloschen") unbrauchbar gemacht wurde, darf er daher auch behalten, wenn der Meinung gefolgt wird, Kopien seien grundsätzlich herauszugeben. 6

---

[1] LG München II 5 O 4308/09, BeckRS 2013, 09215.

[2] LG Düsseldorf 21 S 262/02, NJW 2003, 1330.

[3] KG 12 U 98/70, NJW 1971, 566.

[4] LG München II 5 O 4308/09, BeckRS 2013, 09215.

[5] LG Düsseldorf 21 S 262/02, NJW 2003, 1330.

[6] BeckOK BGB/Schäfer BGB § 175 Rn. 6.

[7] Staudinger/Schilken BGB 2019 § 175 BGB Rn. 5.

[8] Zum Widerruf einzelner Miterben: BGH V ZR 198/87, NJW 1990, 507; OLG München 33 Wx 81/09, NJW-RR 2009, 1379.

[9] BGH V ZR 1998/87, NJW 1990, 507.

[10] MüKoBGB/Schubert BGB § 175 Rn. 3.

[11] So BGH III ZR 235/86, NJW 1988, 697; Staudinger/Schilken BGB 2019 § 175 Rn. 4; anders: FG Köln 7 K 1798/10, BeckRS 2011, 96357; Grüneberg/Ellenberger BGB § 175 Rn. 1.

7 Aus dem Grundverhältnis oder aus § 242 BGB ist der Bevollmächtigte auch zur Auskunft über Existenz und Verbleib ihm bekannter Vollmachtsurkunden verpflichtet **(Negativauskunft).** Ohne solche Informationen können zB Erben des Vollmachtgebers ihren Anspruch nach § 175 BGB nicht nutzen.

8 Bei notariell beurkundeten Vollmachten sind die Ausfertigungen herauszugeben. Die Urschrift verbleibt beim Notar. Beim **Notar** ist die Zahl der erteilten Ausfertigungen zu erfragen und ihm ist mitzuteilen, dass keine weiteren Ausfertigungen erteilt werden dürfen, was er zu bestätigen hat. Die Rückgabe wird zum Teil über den Notar abgewickelt. Jedenfalls bei Notaren, die auch Rechtsanwälte sind, kann das nach hier vertretener Ansicht zu einer Interessenkollision bzw. Vorbefassung führen. Jedenfalls sollte klargestellt werden, in welcher Funktion der Notar/Rechtsanwalt tätig ist und bei einem Tätigwerden als Notar diesem bewusst sein, dass es zu einer Rechtsberatung kommen kann.

9 Eine nach § 80 ZPO zu den Gerichtsakten gereichte **Prozessvollmacht verbleibt** dort und kann nicht herausverlangt werden. Dies gilt nicht für die einem **Gerichtsvollzieher** gegebene Geldempfangsvollmacht.[12]

10 Aufgrund des Bedürfnisses einer schnellen Erledigung handelt es sich um eine **Schickschuld** gem. § 269 BGB. Der Wortlaut („zurück"- statt „heraus"-geben wie bei § 812 BGB) gibt auch den als typisch anzusehenden Leistungsort wieder: Er ist beim Vollmachtgeber.[13] Der Bevollmächtigte kann Kostenersatz verlangen, § 670 BGB.

11 Der Bevollmächtigte ist bei **Verzug** zum Schadensersatz gem. §§ 280, 286 BGB verpflichtet.[14] Nach § 275 BGB kann seine Verpflichtung zur Herausgabe entfallen. Es kommt dann ein Anspruch ua auf **Ersatz** der Kosten einer Kraftloserklärung nach § 176 BGB in Betracht.[15]

12 Die Herausgabe kann auch mit einer **einstweiligen Verfügung** geltend gemacht werden.[16] Ausnahmsweise kann dort das Hauptsacheverlangen realisiert werden, da eine Schadensabwendung sonst nicht möglich ist.[17] Eine missbräuchliche Nutzung muss nicht konkret dargelegt werden.[18]

III. Rechte des Herausgebenden

13 Der Bevollmächtigte **kann** eine Bestätigung der Rückgabe **verlangen** (Quittung, § 386 BGB).[19] Ein **Zurückbehaltungsrecht** hat der Bevollmächtigte **nicht,** auch nicht ein Rechtsanwalt trotz § 50 BRAO, ebenso kein Steuerberater trotz § 66 StBerG.[20] Dass die Vollmacht existierte, kann später zB durch eine (gekennzeichnete) Kopie belegt werden.[21] Auch wenn der Rückgabeanspruch nicht aus § 175 BGB resultiert (sondern zB aus § 985 BGB), besteht aufgrund des Schutzzweckes kein Zurückbehaltungsrecht.[22]

---

[12] AG Brake 6 M 1855/06, DGVZ 2007, 45.

[13] Ähnlich für eine Bürgschaftsurkunde: OLG Celle 13 U 37/09, MDR 2010, 398; für ein Arbeitszeugnis: BAG 5 AZR 848/93, NJW 1995, 2373.

[14] LG München II 5 O 4308/09, BeckRS 2013, 09215.

[15] OLG Düsseldorf I-3 Wx 97/12, FGPrax 2014, 44.

[16] Muster: Trimborn Vollmacht § 2 Rn. 10.

[17] OLG Brandenburg 13 W 37/06, BeckRS 2011, 16784.

[18] OLG Köln 19 W 7/93, MDR 1993, 512.

[19] MüKoBGB/Schramm BGB § 175 Rn. 7.

[20] Bruns/von Hartz DStR 2011, 330 (331).

[21] OLG Köln 19 W 7/93, MDR 1993, 512.

[22] Staudinger/Schilken BGB 2019 § 175 Rn. 9.

Eine **Hinterlegung** ist **möglich** und bei Ungewissheit über die Person des Widerrufsberechtigten sinnvoll,[23] wobei nach hM das Rücknahmerecht nach § 376 BGB ausgeschlossen werden sollte.[24] 14

IV. Gestaltung

Die Bevollmächtigung mehrerer Personen in **einzelnen Urkunden** erleichtert einen späteren, teilweisen Widerruf, kann einen vollständigen aufgrund der Vielzahl von Urkunden aber auch erschweren. 15

Um insbesondere gegenüber Dritten nicht auf Ansprüche nach §§ 175, 985 BGB angewiesen zu sein, kann in die Vollmacht eine Art „Eigentumsvorbehalt" für den Vollmachtgeber aufgenommen werden.[25]

§ 176 Kraftloserklärung der Vollmachtsurkunde

(1) **Der Vollmachtgeber kann die Vollmachtsurkunde durch eine öffentliche Bekanntmachung für kraftlos erklären; die Kraftloserklärung muss nach den für die öffentliche Zustellung einer Ladung geltenden Vorschriften der Zivilprozessordnung veröffentlicht werden. Mit dem Ablauf eines Monats nach der letzten Einrückung in die öffentlichen Blätter wird die Kraftloserklärung wirksam.**

(2) **Zuständig für die Bewilligung der Veröffentlichung ist sowohl das Amtsgericht, in dessen Bezirk der Vollmachtgeber seinen allgemeinen Gerichtsstand hat, als das Amtsgericht, welches für die Klage auf Rückgabe der Urkunde, abgesehen von dem Wert des Streitgegenstands, zuständig sein würde.**

(3) **Die Kraftloserklärung ist unwirksam, wenn der Vollmachtgeber die Vollmacht nicht widerrufen kann.**

I. Einleitung

Eine nicht (willentlich)[1] zurückgegebene Vollmachtsurkunde entfaltet nach § 172 BGB auch nach einem Widerruf den **Rechtsschein** der Bevollmächtigung. **Neben**[2] der Pflicht des Bevollmächtigten zur **Rückgabe** der Vollmachtsurkunde (§ 175 BGB) besteht für den Vollmachtgeber die Möglichkeit, sie mit derselben Wirkung für kraftlos erklären zu lassen. Ist der Verbleib von Originalen oder Ausfertigungen der Vollmacht unbekannt, ist dies ein zwar zeitaufwendiges, aber sicheres Vorgehen. 1

Die Kraftloserklärung ist eine rechtsgestaltende Erklärung[3] und zugleich eine empfangsbedürftige Willenserklärung des Vollmachtgebers,[4] da die öffentliche Zustellung die Fiktion der Zustellung einschließt, § 132 BGB.[5] 2

---

[23] So auch KG 16 U 1560/56, NJW 1957, 754.
[24] BeckOK BGB/Schäfer BGB § 175 Rn. 3.
[25] Mehler/Braun DNotZ 2008, 810 (823).
[1] Vgl. dazu Waldner/Mehler MittBayNot 1999, 261 (263).
[2] Einheitliche Meinung; vgl. auch Staudinger/Schilken BGB 2019 § 176 Rn. 1 mwN.
[3] MüKoBGB/Schubert BGB § 176 Rn. 2; BeckOK BGB/Schäfer BGB § 176 Rn. 1.
[4] KG 1 W 480/14, FGPrax 2015, 95.
[5] Staudinger/Schilken BGB 2019, § 176 Rn. 2.

II. Antragsteller und Gegenstand

3 Der **Vollmachtgeber** kann den Antrag selbst stellen oder sich wie sonst auch **vertreten** lassen.

4 Als Vollmachtsurkunden kommen **Originale** (privatschriftliche) und **notarielle Ausfertigungen** in Betracht, nicht aber Kopien. Zwar besteht zumindest bei beglaubigten Abschriften ein erhöhtes Interesse des Vollmachtgebers daran, Missbrauch zu vermeiden. Im Gegensatz zum Herausgabeanspruch, der bejaht werden sollte (→ § 175 Rn. 6), könnte eine Kraftloserklärung aber gar keine zusätzliche Wirkung herbeiführen, weil eine beglaubigte Abschrift keinen Rechtsschein schafft.

5 Gemäß Abs. 3 darf die Vollmacht **nicht unwiderruflich** sein. Dies ist meistens und insbesondere bei Generalvollmachten wie Vorsorgevollmachten ohnehin unzulässig (→ § 168 Rn. 15–18). Dann ist die Vollmacht gem. § 138 BGB unwirksam und eine Kraftloserklärung nicht erforderlich. Bei einem entsprechenden Antrag prüft das Gericht die Widerruflichkeit aber nicht. Das Verfahren wird durchgeführt. Dem Wortlaut des Abs. 3 entsprechend tritt alleine die Wirkung der Kraftloserklärung nicht ein.

III. Ablauf

6 Für das Verfahren gibt es keine ausdrückliche gesetzliche Regelung. Nach einheitlicher Ansicht ist es eines der **freiwilligen Gerichtsbarkeit,**[6] wofür auch die Nennung in § 1 Abs. 2 Nr. 17 GNotKG spricht. Über die Bewilligung der öffentlichen Zustellung entscheidet das Amtsgericht durch Beschluss, § 38 Abs. 1 S. 1 FamFG, gegen den die Beschwerde möglich ist, §§ 58 ff. FamFG.

7 Es ist ein **Antrag** auf Bewilligung der öffentlichen Zustellung beim Amtsgericht zu stellen, Abs. 2. Die Vollmacht sollte identifizierbar beschrieben werden; zweckmäßig ist – wenn möglich – die Beifügung einer Kopie. Zu einem Widerruf muss nichts vorgetragen werden. Er ist keine Voraussetzung für die Kraftloserklärung.

8 **Zuständig** ist gem. Abs. 2 das **Amtsgericht,** bei dem der Vollmachtgeber seinen Wohnsitz hat (§§ 12 ff. ZPO) oder bei dem Amtsgericht (unabhängig vom Streitwert), welches für die Herausgabeklage zuständig sein würde,[7] also jedenfalls das des Wohnsitzes des Bevollmächtigten.

9 Das Gericht muss nur feststellen, dass eine Erklärung des Vollmachtgebers vorliegt, wonach die Vollmachtsurkunde kraftlos werden soll.[8] Es stellt **keine inhaltliche Prüfung** an, so dass zB kein Missbrauchsverdacht erforderlich ist.[9] Es prüft auch (nach hier abgelehnter Meinung → Rn. 12) **nicht** die **Geschäftsfähigkeit** des Vollmachtgebers. Das Absehen von einer inhaltlichen Prüfung, also der Frage, ob eine Berechtigung zum Widerruf bzw. der Kraftloserklärung vorliegt, ist aufgrund der Eilbedürftigkeit einer Kraftloserklärung sinnvoll, zumal unwiderrufliche Vollmachten selten (zulässig) sind[10] (→ Rn. 5).

---

[6] OLG Frankfurt 20 W 145/13, BeckRS 2014, 11224; KG 1 W 480/14, FGPrax 2015, 95 je mwN.

[7] BeckOK BGB/Schäfer BGB § 176 Rn. 2.

[8] OLG Frankfurt 20 W 145/13, BeckRS 2014, 11224.

[9] OLG München 34 Wx 438/17, ZErb 2018, 235; OLG Köln 2 Wx 248/19, BeckRS 2019, 22459.

[10] So auch unter Auseinandersetzung mit den Motiven: OLG Frankfurt 20 W 145/13, BeckRS 2014, 11224.

Die **Veröffentlichung** erfolgt nach den für die öffentliche Zustellung einer Ladung geltenden Vorschriften der Zivilprozessordnung (Abs. 1 S. 1 2. HS). Meist geschieht sie nach § 186 ZPO durch Aushang einer Benachrichtigung an der Gerichtstafel.[11] Sie ist von Amts wegen zu veranlassen.[12] 10

Die Anordnung der Veröffentlichung im Bundesanzeiger kann nach § 187 ZPO erfolgen.[13]

Der **Geschäftswert** kann bei einer Vorsorge- und Generalvollmacht, angelehnt an die Kraftloserklärung bei Grundschuldbriefen,[14] bei 20% des Vermögens des Vollmachtgebers zuzüglich eines Betrages für die persönlichen Angelegenheiten (zB 5.000 EUR) angesetzt werden. 11

IV. Rechte des Bevollmächtigten

Der Bevollmächtigte darf nach dem KG und dem OLG Köln gegen die Bewilligung der öffentlichen Zustellung durch das Amtsgericht **keine Beschwerde** einlegen.[15] Er sei nicht in einem eigenen Recht betroffen und somit nicht beschwerdeberechtigt gem. § 59 Abs. 1 FamFG, denn die Vollmacht gebe ihm kein subjektives Recht. Insofern stimmt diese – hier abgelehnte – Argumentation mit der des BGH überein.[16] Die Konsequenz zeigt aber ihre Fragwürdigkeit: Die Vollmacht wird wertlos, auch wenn dies durch einen Geschäftsunfähigen – oder durch eine im Zustand der Geschäftsunfähigkeit neu (und unwirksam) bevollmächtigte Person – betrieben wurde.[17] Praktisch ist es kaum möglich, den Geschäftsunfähigen oder seinen neuen Bevollmächtigten an einer Antragstellung zu hindern. Selbst wenn der Bevollmächtigte Kenntnis erlangt, ist fraglich, ob eine Rücknahme des Antrages durch ihn in Vertretung für den Vollmachtgeber akzeptiert wird. Ein eingeschaltetes Betreuungsgericht handelt meist zu langsam. Zuzugeben ist, dass die Missbrauchsgefahr durch eine Vollmacht keine langen Auseinandersetzungen duldet. Allerdings hat der Vollmachtgeber diese Situation selbst geschaffen und es entspricht seinem Interesse, dass eine Selbstschädigung bei Geschäftsunfähigkeit durch Zerstörung der im Zustand der Geschäftsfähigkeit arrangierten Vertretungskonstellation verhindert wird. Ein substantiierter Vortrag zur Geschäftsunfähigkeit des Antragsstellers sollte also berücksichtigt und dem Bevollmächtigten im Interesse des Vollmachtgebers ein Beschwerderecht zugebilligt werden. 12

V. Wirkung

Durch die öffentliche Zustellung und den Ablauf der **Monatsfrist** nach Abs. 3 S. 2 (zu berechnen nach §§ 187f. BGB) wird die Vollmacht kraftlos, Abs. 1, §§ 186, 188 ZPO. Die Kraftloserklärung **beinhaltet** zugleich auch einen **Widerruf,** wenn dieser nicht schon erklärt wurde. Gem. Abs. 3 ist die Kraftloserklärung bei unwiderruflichen Vollmachten unwirksam (→ Rn. 5). 13

---

[11] OLG Frankfurt 20 W 145/13, BeckRS 2014, 11224.

[12] MüKoBGB/Schubert BGB § 176 Rn. 5.

[13] OLG Frankfurt 20 W 145/13, BeckRS 2014, 11224.

[14] Dazu: Fackelmann MittBayNot 2014, 129 (140).

[15] KG 1 W 480/14, FGPrax 2015, 95; OLG Köln 16 Wx 96/10, NotBZ 2011, 298.

[16] XII ZB 117/14, NJW 2015, 407; entsprechend: OLG München 31 Wx 16/10, NJW 2010, 2364; OLG Köln 16 Wx 96/10, NotBZ 2011, 298; BayObLG 3Z BR 242/02, FGPrax 2003, 171.

[17] So vom Bevollmächtigten im Fall des KG vorgetragen, 1 W 480/14, FGPrax 2015, 95.

14 Die Kraftloserklärung kann jedem vorgehalten werden, der sich auf eine (frühere) Vorlage der Vollmachtsurkunde nach § 172 BGB beruft. Der Dritte muss sich vergewissern, dass keine Kraftloserklärung erfolgt ist.[18] Dass dies im Zweifel schwer möglich ist und den Wert der Vollmacht beeinträchtigt,[19] ist ein offenes Problem. Der Dritte kann versuchen, sich durch eine (schadensersatzbewehrte) Zusicherung des Bevollmächtigten, dass es keine Kraftloserklärung gibt, abzusichern.

15 Dem **Bevollmächtigten** können die **Kosten** gem. § 81 FamFG auferlegt werden, wenn er die Vollmachtsurkunde auf Aufforderung (Verzug) nicht herausgegeben hat, selbst wenn der Verlust eidesstattlich versichert wurde,[20] also auch bei zu vertretender Unmöglichkeit[21] (zB Behauptung der Vernichtung). Aufgrund der formellen Beteiligung kommt es nicht darauf an, ob er sich auf das Verfahren tatsächlich eingelassen hat.[22] Dies ist richtig, da das Risiko bei einer Vollmacht zu groß ist. Es kann ein erheblicher Schaden entstehen, wenn der Bevollmächtigte sich irrt oder lügt, welcher von diesem unter Umständen nicht ersetzt werden kann.

16 Haben der **Vollmachtgeber** oder sein Rechtsnachfolger bzw. Vertreter (auch des Nachlasses als Nachlasspfleger oder Testamentsvollstrecker) die Kraftloserklärung pflichtwidrig herbeigeführt, etwa weil sie nicht dem Grundverhältnis entsprach oder die Vollmacht unwiderruflich war, kann dies eine **Schadensersatzpflicht** begründen.[23]

17 Wird eine **Prokura** widerrufen, genügen Widerruf, Rückgabe oder Kraftloserklärung nicht.[24] Das Erlöschen ist gem. § 53 Abs. 3 HGB zur Eintragung in das Handelsregister anzumelden. Es besteht sonst für einen Unwissenden (§ 15 Abs. 3 HGB) ein Rechtsschein, auch wenn die Eintragung nur deklaratorisch ist.

§ 177 Vertragsschluss durch Vertreter ohne Vertretungsmacht

(1) **Schließt jemand ohne Vertretungsmacht im Namen eines anderen einen Vertrag, so hängt die Wirksamkeit des Vertrags für und gegen den Vertretenen von dessen Genehmigung ab.**

(2) **Fordert der andere Teil den Vertretenen zur Erklärung über die Genehmigung auf, so kann die Erklärung nur ihm gegenüber erfolgen; eine vor der Aufforderung dem Vertreter gegenüber erklärte Genehmigung oder Verweigerung der Genehmigung wird unwirksam. Die Genehmigung kann nur bis zum Ablauf von zwei Wochen nach dem Empfang der Aufforderung erklärt werden; wird sie nicht erklärt, so gilt sie als verweigert.**

1 Die Norm fördert das **Offenkundigkeitsprinzip** bei der Stellvertretung. Der Bevollmächtigte soll deutlich benennen, dass er nicht für sich sondern einen anderen handelt, damit sich der Geschäftspartner darauf einstellen kann. Zudem begründet er – zusammen mit § 179 BGB – eine **Haftungsgefahr** für den Bevollmächtigten, wenn er die Vertretung nicht offenlegt oder ohne Vertretungsmacht handelt.

2 **Anwendbar** ist die Vorschrift – wie auch die folgenden – bei einer nicht oder unwirksam erteilten Vollmacht, aber auch, wenn die Vollmacht (zB durch Widerruf) erloschen ist oder der Bevollmächtigte seine Vertretungsmacht (ggf. nur zum Teil)[1]

---

[18] LG Düsseldorf 21 S 262/02, NJW 2003, 1330.
[19] So auch das LG Düsseldorf 21 S 262/02, NJW 2003, 1330.
[20] OLG Düsseldorf I-3 Wx 97/12, FGPrax 2014, 44.
[21] Staudinger/Schilken BGB 2019 § 176 Rn. 11.
[22] Staudinger/Schilken BGB 2019 § 176 Rn. 11.
[23] In diese Richtung auch: OLG Düsseldorf I-3 Wx 97/12, FGPrax 2014, 44.
[24] Kirchner MittBayNot 1996, 423.
[1] BGH III ZR 266/11, NJW 2013, 464 (468).

überschreitet. Handelt der Bevollmächtigte ausdrücklich nicht aufgrund einer (tatsächlich existierenden) Vollmacht, so liegt ebenfalls eine vollmachtlose Vertretung vor, die genehmigt werden muss.[2] Sie gilt auch bei gesetzlicher Vertretung.

Die Folge des Handelns ohne Vertretungsmacht ist die **schwebende Unwirksamkeit** des Geschäfts. Die Genehmigung kann auch konkludent erklärt werden.[3] Sie wirkt zurück, § 184 Abs. 2 BGB. Ohne eine Aufforderung kann die Erklärung auch dem Bevollmächtigten gegenüber abgegeben werden.[4] Folgt aber eine Aufforderung, muss die Erklärung dem Geschäftsgegner gegenüber erneut abgegeben werden. Dies muss in der Frist von zwei Wochen geschehen. Die Erklärung ist sonst unwirksam. Der Geschäftsgegner kann seine Erklärung nach § 178 BGB widerrufen und damit den Schwebezustand beenden. Dies kann er auch tun, trotzdem er zur Erklärung der Genehmigung aufgefordert hat.[5] 3

Gegen den Bevollmächtigten kann es zu Ansprüchen nach § 179 BGB kommen. Denkbar ist auch eine **Haftung** des Vollmachtgebers, wenn ihn Verantwortung trifft, wobei ihm Verschulden des Bevollmächtigten uU gem. § 278 BGB zugerechnet werden kann.[6] Nicht auszuschließen ist eine Haftung bei einer unzureichenden Gestaltung der Vollmacht, welche diese unwirksam sein lässt. Allerdings ist der Geschäftsgegner gehalten, eine Vollmacht zu prüfen und er kann sie grundsätzlich bei Zweifeln ablehnen. Alternativ sollte zudem zunächst geprüft werden, ob nicht eine Anscheinsvollmacht besteht (→ § 167 Rn. 24). 4

Bei **Vorsorgevollmachten** ist die Regelung grundsätzlich ebenfalls anwendbar. Allerdings muss die Genehmigung als Willenserklärung von einem (zumindest beschränkt) Geschäftsfähigen erklärt werden. Ist der Vorsorgefall eingetreten, ist das oft nicht mehr möglich. Sollte bis zum Fristablauf ein Betreuer mit dem entsprechenden Aufgabenkreis bestellt werden, kann er die Genehmigung erklären. 5

§ 178 Widerrufsrecht des anderen Teils

Bis zur Genehmigung des Vertrags ist der andere Teil zum Widerruf berechtigt, es sei denn, dass er den Mangel der Vertretungsmacht bei dem Abschluss des Vertrags gekannt hat. Der Widerruf kann auch dem Vertreter gegenüber erklärt werden.

Die Norm ergänzt § 177 BGB und dient ebenfalls der Rechtssicherheit, insbes. für den Geschäftsgegner. Sein Widerruf ist an keine Form gebunden. Aus ihm muss aber hervorgehen, dass er wegen der nicht bestehenden Vertretungsmacht widerruft.[1] Das kann auch in der Geltendmachung eines Anspruches aus § 812 BGB gesehen werden.[2] Der Berechtigung zum Widerruf kann Treu und Glauben entgegenstehen, etwa wenn ein von beiden Seiten unerkannter Rechtsverstoß vorliegt.[3] Ausgeschlossen ist der Widerruf nur, wenn der Mangel an Vertretungsmacht bekannt war,[4] wobei Kennenmüssen und selbst grob fahrlässige Unkenntnis nicht reicht,[5] da der Geschäfts- 1

[2] BGH V ZR 185/08, MittBayNot 2010, 39.
[3] OLG I-34 U 6/11, BeckRS 2012, 17712.
[4] Staudinger/Schilken BGB 2019 § 177 Rn. 10a.
[5] MüKoBGB/Schubert BGB § 177 Rn. 23f.
[6] Staudinger/Schilken BGB 2019 § 177 Rn. 23f. mwN.

[1] BGH V ZR 55/64, NJW 1965, 1714; V ZR 115/70, FamRZ 1973, 370; nicht bei Anfechtung: BGH IVa ZR 273/88, NJW-RR 1990, 220.
[2] BGH II ZR 92/87, NJW 1988, 1199.
[3] BGH V ZR 217/11, NJW 2012, 3424.
[4] BGH VIII ZR 114/72, NJW 1973, 798.
[5] MüKoBGB/Schubert BGB § 178 Rn. 6.

gegner dann keines Schutzes bedarf. Die Erklärung kann sowohl dem Bevollmächtigten als auch dem Vollmachtgeber gegenüber erklärt werden. Durch den Widerruf ist eine Genehmigung gem. § 177 BGB nicht mehr möglich. Damit entfällt auch eine Haftung des Bevollmächtigten nach § 179 BGB.[6] Nach einer Genehmigung oder auch nach dem fruchtlosen Ablauf der Genehmigungsfrist ist ein Widerruf nicht mehr möglich, da der Vertrag entweder wirksam oder unwirksam ist.

§ 179 Haftung des Vertreters ohne Vertretungsmacht

(1) **Wer als Vertreter einen Vertrag geschlossen hat, ist, sofern er nicht seine Vertretungsmacht nachweist, dem anderen Teil nach dessen Wahl zur Erfüllung oder zum Schadensersatz verpflichtet, wenn der Vertretene die Genehmigung des Vertrags verweigert.**

(2) **Hat der Vertreter den Mangel der Vertretungsmacht nicht gekannt, so ist er nur zum Ersatz desjenigen Schadens verpflichtet, welchen der andere Teil dadurch erleidet, dass er auf die Vertretungsmacht vertraut, jedoch nicht über den Betrag des Interesses hinaus, welches der andere Teil an der Wirksamkeit des Vertrags hat.**

(3) **Der Vertreter haftet nicht, wenn der andere Teil den Mangel der Vertretungsmacht kannte oder kennen musste. Der Vertreter haftet auch dann nicht, wenn er in der Geschäftsfähigkeit beschränkt war, es sei denn, dass er mit Zustimmung seines gesetzlichen Vertreters gehandelt hat.**

1 Es handelt sich um die zentrale **Haftungsnorm des Bevollmächtigten** gegenüber dem Geschäftspartner, der auf die Vollmacht vertraut hat. Die Haftung des Bevollmächtigten ist schuldunabhängig.[1] Der Bote haftet entsprechend.

2 Der Haftung nach § 179 BGB **geht** die Verweigerung der Genehmigung bzw. der Fristablauf nach **§ 177 BGB voraus.** Der Schutz des Geschäftsgegners und damit die Haftung des Bevollmächtigten entfallen nach Absatz 3, wenn der Geschäftsgegner den Mangel der Vertretungsmacht **kannte oder kennen musste.**[2] Dies wird bei Vorsorgevollmachten dazu führen, dass sich die Geschäftsgegner sie regelmäßig vorlegen lassen, da eine Bestätigung des Vollmachtgebers (die zumindest zu einer Anscheinsvollmacht, wenn nicht sogar zu einer Außenvollmacht, führen kann) meist nicht zu erhalten ist. Sagt der Bevollmächtigte zu, die Vollmacht nachzureichen, teilt er so mit, dass die Vollmacht existiert. Dies führt zu keinem Kennenmüssen beim Geschäftsgegner.[3] Wenn der Vertreter angibt, vollmachtslos zu handeln, weiß der Geschäftsgegner von dem Mangel. Dass noch ein weiterer Grund besteht (Nichtexistenz des Vollmachtgebers, zB einer GbR), ist dann unerheblich.[4]

3 Nach Absatz 1 kann der Geschäftsgegner die **Erfüllung** verlangen, also im Ergebnis die Durchführung des Vertrages, auch wenn es sich um einen gesetzlichen und nicht um einen vertraglichen Anspruch handelt. Der **Schadensersatzanspruch** umfasst das Erfüllungsinteresse und ist auf Geldersatz gerichtet, nicht auf Naturalrestitution.[5] Gemildert auf den Vertrauensschaden ist die Haftung des Bevollmächtigten nach Absatz 2, wenn er den Vollmachtsmangel nicht gekannt hat, wobei Kennenmüssen nicht schadet.[6]

---

[6] MüKoBGB/Schubert BGB § 178 Rn. 11.

[1] BGH VIII ZR 12/99, NJW 2000, 1407.

[2] BGH VII ZR 219/87, NJW 1989, 894; II ZR 16/89, NJW 1990, 387.

[3] BGH 2 VIII ZR 12/99, NJW 2000, 1407.

[4] BGH VIII ZR 170/07, NJW 2009, 215.

[5] Grüneberg/Ellenberger BGB § 179 Rn. 6.

[6] BeckOK BGB/Schäfer BGB § 179 Rn. 25–27.

Auch eine **Haftung des Vollmachtgebers** ist daneben möglich, wenn er den Bevollmächtigten, der zB seine Vertretungsmacht überschreitet, nicht ordnungsgemäß ausgewählt oder überwacht hat. In Vorsorgefällen ist dem Vollmachtgeber meist eine Überwachung nicht mehr möglich. Mit einer Vorsorgevollmacht, die „versteckte" Lücken enthält, welche der Bevollmächtigte aber (zB aus eigenem Unverständnis) nicht offenbart, kann er aber einen Grund für seine eigene Haftung gesetzt haben. Zu prüfen wird daneben auch immer sein, ob Lücken in der Vollmacht nicht durch eine Anscheinsvollmacht „ausgefüllt" werden können (→ § 167 Rn. 24). Ob der Geschäftsgegner neben einer Anscheinsvollmacht auch die Haftung des Bevollmächtigten nach § 179 BGB wählen kann, ist umstritten.[7] 4

§ 180 Einseitiges Rechtsgeschäft

Bei einem einseitigen Rechtsgeschäft ist Vertretung ohne Vertretungsmacht unzulässig. Hat jedoch derjenige, welchem gegenüber ein solches Rechtsgeschäft vorzunehmen war, die von dem Vertreter behauptete Vertretungsmacht bei der Vornahme des Rechtsgeschäfts nicht beanstandet oder ist er damit einverstanden gewesen, dass der Vertreter ohne Vertretungsmacht handele, so finden die Vorschriften über Verträge entsprechende Anwendung. Das Gleiche gilt, wenn ein einseitiges Rechtsgeschäft gegenüber einem Vertreter ohne Vertretungsmacht mit dessen Einverständnis vorgenommen wird.

Wichtige, einseitige Rechtsgeschäfte sind die Kündigung durch den Vermieter 1
oder Arbeitgeber sowie die Mahnung[1] (vgl. auch → § 174 Rn. 2 mwN). Um Rechtssicherheit zu erhalten, sind bei diesen Vertretungen ohne Vertretungsmacht **nicht möglich.**[2] Behauptet der Vertreter aber die Stellvertretung, muss der Geschäftsgegner reagieren und **beanstanden.**[3] Die Beanstandung ist wie eine Zurückweisung zu verstehen[4] und muss sich auf die Vertretungsmacht beziehen.[5]

Bei einem Einverständnis oder dem Fehlen einer Beanstandung[6] durch den Ge- 2
schäftsgegner wird allerdings die wirksame Vertretung gem. Satz 2 **fingiert.** Ob dies auch eine nachträgliche Genehmigung ermöglicht, ist str.[7] Eine Beanstandung nach Satz 2 kann auch eine Zurückweisung nach § 174 BGB enthalten.[8] Gemäß Satz 3 gelten diese Regeln auch für die passive Stellvertretung.

Auf Prozesshandlungen ist die Norm nicht anwendbar.[9] § 89 ZPO ermöglicht 3
eine einstweilige Zulassung.[10] Im **Grundbuchverfahren** können Vollmachten nach einer Zwischenverfügung nachgereicht werden.[11]

---

[7] Staudinger/Schilken BGB 2019 § 179 Rn. 6, § 177 Rn. 26.

[1] Vgl. BGH VI ZR 126/04, NJW 2006, 687.

[2] Staudinger/Schilken BGB 2019 § 180 Rn. 1.

[3] BGH III ZR 46/06, NJW-RR 2008, 1484.

[4] Staudinger/Schilken BGB 2019 § 180 Rn. 7.

[5] BGH V ZR 161/66, BeckRS 1968, 31172005.

[6] BGH Xa ZR 124/09, NJW 2010, 2950.

[7] BGH V ZR 234/11, NJW-RR 2013, 335; OLG Koblenz 11 WF 230/92, NJW-RR 1992, 1093.

[8] BGH V ZB 5/12, NJW 2013, 297.

[9] Staudinger/Schilken BGB 2019 § 180 Rn. 13.

[10] Lindemeier RNotZ 2009, 37 (42f.).

[11] MüKoBGB/Schubert BGB § 180 Rn. 4.

§ 181 Insichgeschäft

Ein Vertreter kann, soweit nicht ein anderes ihm gestattet ist, im Namen des Vertretenen mit sich im eigenen Namen oder als Vertreter eines Dritten ein Rechtsgeschäft nicht vornehmen, es sei denn, dass das Rechtsgeschäft ausschließlich in der Erfüllung einer Verbindlichkeit besteht.

I. Normzweck

1 Kann der Bevollmächtigte mit sich selbst Geschäfte als Vertreter des Vollmachtgebers abschließen, besteht die Gefahr, dass er sich einen Vorteil verschafft und nicht im Sinne des Vollmachtgebers handelt. Dies wird in § 181 BGB untersagt und auch als Verbot des Selbstkontrahierens bezeichnet. Mit dem grundsätzlichen Verbot soll einem **Interessenkonflikt** vorgebeugt werden.[1] Allerdings ist eine Befreiung von den Beschränkungen möglich.

II. Umfang

1. Grundsatz

2 **Erfasst werden** auch dingliche Einigungen, erb- und familienrechtliche Verträge und einseitige Rechtsgeschäfte.[2] Beim Testamentsvollstrecker gilt die Norm ebenfalls, wenn er nicht befreit wurde. Nicht unter den Anwendungsbereich sollen nach der hM für den Vollmachtgeber rechtlich lediglich vorteilhafte oder neutrale Geschäfte fallen.[3] Dies ist nach hier vertretener Ansicht aber bei Vorsorgefällen mit Zurückhaltung anzunehmen, da eine Wertung für den Vollmachtgeber meist nur spekulativ möglich ist. Wenn der Bevollmächtigte zusammen mit dem Vollmachtgeber ein Geschäft mit einem Dritten abschließt, greift § 181 BGB nicht.

3 Wenn der Bevollmächtigte eine andere Person **unterbevollmächtigt,** kann diese den Vertrag mit dem Hauptbevollmächtigten ebenfalls nicht abschließen, da dadurch § 181 BGB umgangen werden würde.[4] Auch bei der Befreiung von den Beschränkungen kann bei der Einschaltung eines „arglosen Untervertreters" trotzdem ein Vollmachtsmissbrauch vorliegen.[5]

4 Ein Verstoß gegen das Verbot des § 181 BGB lässt das Geschäft **schwebend unwirksam** werden. Es kann also genehmigt werden. Wenn der Vollmachtgeber nicht mehr geschäftsfähig ist, kann ggf. ein Betreuer für die Genehmigung bestellt werden. Es kann auch ein zweiter Bevollmächtigter genehmigen, wenn dies nicht eine Umgehung der Schranken der Vollmacht darstellt.

2. Ausnahmen

5 Zulässig sind **Erfüllungen von Verbindlichkeiten.** Diese müssen vollwirksam, fällig und nicht einredebehaftet sein.[6] Sie liegen nicht vor bei dem Vollzug eines for-

---

[1] BGH II ZR 167/89, NJW 1991, 691; II ZR 57/67, Z 51, 209 (215).
[2] Grüneberg/Ellenberger BGB § 181 Rn. 6.
[3] Staudinger/Schilken BGB 2019 § 181 Rn. 32 mwN.
[4] OLG Hamm 15 W 117/80, NJW 1982, 1105; Papenmeier Vollmachten S. 84.
[5] BGH X ZR 94/12, NJW 2014, 3021; dazu Kurze ErbR 2014, 473 (475).
[6] Grüneberg/Ellenberger BGB § 181 Rn. 22.

mungültigen Schenkungsversprechens oder der Auflassung aufgrund eines nichtigen Grundstückkaufvertrages.[7]

Die Entnahme von **Aufwendungen** und auch einer **Vergütung** sind Erfüllungen von Verbindlichkeiten und bedürfen daher keiner Befreiung von den Beschränkungen des § 181 BGB, wenn für ihre Fälligkeit keine weiteren Voraussetzungen bestehen.[8] Der Bevollmächtigte kann sich also zB Fahrtkosten selbst erstatten oder ein fälliges Darlehen aus dem Vermögen des Vollmachtgebers zurückzahlen.[9] 6

Auch ohne eine Befreiung darf zudem eine Bank bei einem **Überweisungsauftrag** auf ein Konto des Bevollmächtigten keine Einwände erheben, wenn sie nicht beurteilen kann, ob der Weisung eine (zulässige) Auslagenerstattung oder eine (unzulässige) Schenkung zugrunde liegt: Es handelt sich nur um einen Auftrag des Vollmachtgebers vertreten durch den Bevollmächtigten einerseits an die Bank andererseits.[10] 7

3. Befreiung

Zur Vornahme von Geschäften mit sich selbst einerseits und als Vertreter des Vollmachtgebers andererseits kann der Bevollmächtigte vom Verbot des Selbstkontrahierens befreit werden. Dies ist auch **formfrei** möglich, kann sogar durch Auslegung ermittelt werden.[11] Heißt es in der Vollmacht aber nur, dass die Vertretung „soweit gesetzlich zulässig" erfolgen soll, stellt das jedenfalls nicht ohne weiteres[12] und nach hier vertretener Ansicht grundsätzlich keine (derart weitgehende) Befreiung dar. Ist der Zweck der Vollmacht eine Übertragung auf den Bevollmächtigten, geht die Befreiung aus dem Sinn hervor.[13] 8

Wer sich auf die Wirksamkeit eines Insichgeschäfts beruft, muss die Befreiung ggf. **beweisen.**[14] Im Grundbuchverfahren muss dies in der Form des § 29 GBO geschehen.[15] 9

Ist ein Bevollmächtigter von den Beschränkungen befreit, kann er zB mit sich selbst einen Vertrag über die Erbringung von Pflegeleistungen für den Vollmachtgeber schließen.[16] Gegen einen Vertrag mit angemessener Vergütung unter Beachtung steuer- und sozialversicherungsrechtlicher Vorgaben im Interesse des Vollmachtgebers wird nichts einzuwenden sein. Liegt eine der genannten Eigenschaften nicht vor, kann der Vertrag wegen Vollmachtsmissbrauch unwirksam sein (→ § 164 Rn. 74) oder der Bevollmächtigte ist wegen Verletzung des Auftrages schadensersatzpflichtig (→ § 662 Rn. 38, 41). Dies gilt entsprechend für andere Verträge des Bevollmächtigten mit sich selbst, wie Schenkungen oder gemischte Schenkungen.[17] 10

---

[7] Staudinger/Schilken BGB 2019 § 181 Rn. 62.
[8] Papenmeier Vollmachten S. 84.
[9] Zimmermann Vorsorgevollmacht Rn. 105.
[10] BGH XI ZR 220/03, NJW 2004, 2517.
[11] BGH II ZR 167/89, NJW 1991, 691 (692).
[12] Trimborn Vollmacht § 1 Rn. 36.
[13] Vgl. OLG Frankfurt a. M. 20 W 142/13, ZEV 2014, 202; dazu Kurze ErbR 2014, 473 (474).
[14] Baumgärtel/Laumen/Prütting/Laumen Beweislast BGB § 181 Rn. 1.
[15] Baumgärtel/Laumen/Prütting/Laumen Beweislast BGB § 164 Rn. 2.
[16] Zimmermann Vorsorgevollmacht Rn. 104.
[17] Vgl. dazu auch Rudolf/Bittler/Roth/Scharf/Hack Vorsorgevollmacht § 1 Rn. 155–172.

III. Gestaltung

11 Bei der Gestaltung wird grundsätzlich zu Recht **Zurückhaltung** mit der Befreiung empfohlen.[18] Eine Ausnahme ist es, wenn der Vollmachtgeber auch gesellschaftsrechtlich vertreten werden soll. Dann ist eine Befreiung (ggf. mit einer Absicherung durch einen zweiten Bevollmächtigten) meistens sinnvoll und notwendig. Wenn zwischen dem Vollmachtgeber und dem Bevollmächtigten schon ein Rechtsverhältnis besteht (zB Miete), sollte erörtert werden, ob der Bevollmächtigte es auch selbst abwickeln können soll.

12 **Nachteilig** an einer Befreiung ist, dass sich die Missbrauchsmöglichkeit erhöht. Der Bevollmächtigte kann jedenfalls grundsätzlich zunächst wirksam Vermögen auf sich übertragen und entsprechende Verträge abschließen. In der Folge kann die Befreiung ein Argument (aber nicht alleiniges) für eine Kontrollbetreuung nach §§ 1815, 1820 Abs. 3 BGB sein.

13 Zuzugeben ist allerdings, dass auch sonst eine **Umgehung** mittels eines „Strohmannes“ und Überweisungsaufträge mit dem Bevollmächtigten als Empfänger möglich ist. Im Ergebnis hilft die Beibehaltung des Verbots der Selbstkontrahierung gegen einen gezielten Vollmachtsmissbrauch nur wenig. Besser – ggf. zusätzlich – sind Ausnahmen von der umfassenden Vertretungsmacht und die Einsetzung eines zweiten (Kontroll- oder Unterstützungs-)Bevollmächtigten.[19]

14 **Vorteilhaft** kann eine Befreiung sein, wenn Vermögensverschiebungen zwischen dem Vollmachtgeber und dem Bevollmächtigten gewollt und absehbar sind. Dies kann die Übertragung eines Pkw von dem einen auf den anderen sein, wenn der Vorsorgefall eintritt. Zur (mehrfachen) Ausnutzung der 10-Jahresfrist des § 14 ErbStG kann eine Befreiung notwendig sein, wie auch zu Vermögensverschiebungen, die eine „Verarmung“ des Vollmachtgebers zum Ziel haben, damit bei einer Pflegesituation nicht auf sein Vermögen zugegriffen wird. Der erste Fall mag bei vermögenden Personen ab und zu vorkommen, wobei der Vollmachtgeber nach der Übertragung noch zehn Jahre leben muss. Beim zweiten ist zu beachten, dass für den Sozialhilfeträger Rückforderungsansprüche bestehen (→ § 528 Rn. 17) und – noch wesentlicher – eine schlechtere finanzielle Versorgung auch meist eine schlechtere medizinisch-pflegerische Versorgung bedeutet.

15 Vorteilhaft ist auch, dass die Vollmacht mit einer Befreiung **„leichtläufiger“** wird. Zwar sind zB Überweisungen durch den Bevollmächtigten an sich selbst auch ohne Befreiung möglich (→ Rn. 7). Wenn dies aber der Bank nicht bekannt ist, kann es zu Verzögerungen kommen. Zudem wird eine **Betreuung** besser ausgeschlossen. Wird ohne Befreiung doch ein Insichgeschäft erforderlich, muss ein Betreuungsverfahren durchgeführt werden. Der Bevollmächtigte wird nicht Betreuer werden, auch wenn eine Betreuungsverfügung vorliegt, da ein Interessenkonflikt vorliegt und der Vollmachtgeber dieses Geschäft dem Bevollmächtigten bewusst nicht alleine überlassen wollte. Meist wird es sich dann auch um ein Geschäft handeln, für das eine gerichtliche Genehmigung eingeholt und zuvor noch ein Sachverständigengutachten erstellt werden muss.

16 Für juristische Laien, die Vorsorgevollmachten erstellen, sollte nicht nur „von den Beschränkungen des § 181 BGB/des Selbstkontrahierens befreit“, sondern in **verständlichen Worten** beschrieben werden, was dies bedeutet, also etwa „dass der Bevollmächtigte auch Geschäfte mit sich selbst einerseits und für den Vollmachtgeber andererseits“ abschließen darf.

---

[18] Zimmermann Vorsorgevollmacht Rn. 107; ders. NJW 2014, 1573 (1574); anders zB Langenfeld ZEV 2003, 449 (450); Lipp/Spalckhaver Handbuch § 14 Rn. 178.

[19] Letzteres auch: LG Oldenburg 8 T 340/13, BeckRS 2013, 17260.

Buch 2. Recht der Schuldverhältnisse

Abschnitt 1. Inhalt der Schuldverhältnisse

Titel 1. Verpflichtung zur Leistung

§ 259 Umfang der Rechenschaftspflicht

(1) **Wer verpflichtet ist, über eine mit Einnahmen oder Ausgaben verbundene Verwaltung Rechenschaft abzulegen, hat dem Berechtigten eine die geordnete Zusammenstellung der Einnahmen oder der Ausgaben enthaltende Rechnung mitzuteilen und, soweit Belege erteilt zu werden pflegen, Belege vorzulegen.**

(2) **Besteht Grund zu der Annahme, dass die in der Rechnung enthaltenen Angaben über die Einnahmen nicht mit der erforderlichen Sorgfalt gemacht worden sind, so hat der Verpflichtete auf Verlangen zu Protokoll an Eides statt zu versichern, dass er nach bestem Wissen die Einnahmen so vollständig angegeben habe, als er dazu imstande sei.**

(3) **In Angelegenheiten von geringer Bedeutung besteht eine Verpflichtung zur Abgabe der eidesstattlichen Versicherung nicht.**

Übersicht

I. Bedeutung

1 Die Vorschrift ist keine Anspruchsgrundlage, sondern setzt eine solche voraus. Der Anspruch auf Rechnungslegung dient der Vorbereitung weiterer Ansprüche auf Herausgabe oder Schadensersatz. Er wird häufig nach dem Widerruf der Vollmacht oder nach dem Tod des Vollmachtgebers geltend gemacht. § 259 BGB regelt, wie die Rechnungslegung erfolgen muss.

2 Der Anspruch auf Rechnungslegung ergibt sich aus § 666 3. Alt. BGB für den Beauftragten, auf den auch § 675 Abs. 1 BGB für den Geschäftsbesorger und § 681 S. 2

BGB für den Geschäftsführer ohne Auftrag verweisen. Für den Betreuer besteht die Rechnungslegungspflicht nach § 1872 Abs. 2, 3 BGB. Weiterhin kann und sollte sich der Anspruch aus der vertraglichen Regelung des Grundverhältnisses zur Vorsorgevollmacht ergeben, → § 666 Rn. 8f.

3 Nach dem Wortlaut der Vorschrift muss der Verpflichtete „Rechenschaft ablegen". Häufig wird jedoch auch von der „Rechnungslegung" gesprochen. Beide Formulierungen sind inhaltlich gleich.

4 Die Rechnungslegung geht über die Erteilung einer Auskunft hinaus. Sie enthält neben der – auch mit der Auskunft verbundenen – Unterrichtung die weitergehende genaue Information durch Vorlage einer geordneten Aufstellung der Einnahmen und Ausgaben. Soweit derselbe Gegenstand betroffen ist, schließt die Rechnungslegung den Auskunftsanspruch aus.[1]

II. Rechnungslegung

1. Formale Anforderungen

5 Der Verpflichtete schuldet eine geordnete Zusammenstellung der Einnahmen und der Ausgaben. Diese muss verständlich sein und die Tatsachen nachprüfbar wiedergeben.[2] Beruht die Rechnungslegung auf Schätzungen, so sind die der Schätzung zugrunde liegenden Tatsachen vollständig anzugeben. Die Rechnungslegung muss **schriftlich** erfolgen.[3] Allein die Vorlage von Kontoauszügen und anderen Schriftstücken genügt nicht. Vielmehr muss die Rechnungslegung aus sich heraus verständlich sein.[4] Es ist die Aufgabe des Verpflichteten, hierzu die vorliegenden Belege durchzuarbeiten.[5] Es genügt auch nicht, wenn der Verpflichtete dem Berechtigten anbietet, die Belege mündlich zu erläutern.[6]

6 Die Rechnungslegung beginnt mit dem ggf. übernommenen Vermögensbestand.[7] Danach sind alle Einnahmen und Ausgaben mit Datum, Betrag und Verwendungszweck bzw. Erläuterung aufzulisten. Ihnen sind die jeweiligen Belege zuzuordnen, zB durch Nummerierung.[8] Die Erläuterung der Einnahme oder Ausgabe muss den Berechtigten in die Lage zu der Prüfung versetzen, ob ihm hieraus Ansprüche zustehen. Eine stichwortartige Angabe genügt nur, wenn sich aus der Angabe unschwer erkennen lässt, welches Rechtsgeschäft vorgenommen wurde, zB „Kränze und Blumen".[9] Nicht aus sich heraus verständlich sind Verwendungszwecke wie „Schuldentilgung", „Auftragsüberweisung Enkel", „Renovierungsarbeiten".[10] Die Rechnungslegung endet mit dem Vermögen zum Ende des Rechnungslegungsabschnitts.[11] Es wird vorgeschlagen, die **Kontoauszüge** zu übersenden und mit ergänzenden Erläuterungen zu versehen.[12] Das kann genügen, wenn der Bevollmächtigte ein gesondertes Konto führt oder alle Buchungen vom Bevollmächtigten veranlasst wurden. Die

---

[1] BGH I ZR 160/77, NJW 1980, 1275.

[2] Burandt/Rojahn/Kurze Erbrecht BGB § 666 Rn. 4.

[3] OLG Köln 20 U 103/88, NJW-RR 1989, 528; OLG Köln 2 W 228/88, NJW-RR 1989, 568.

[4] OLG Saarbrücken 1 U 1004/98, NJW-RR 2000, 229.

[5] OLG Köln 2 W 228/88, NJW-RR 1989, 568.

[6] Meier FamRB 2015, 144 (147).

[7] Burandt/Rojahn/Kurze Erbecht BGB § 666 Rn. 6.

[8] OLG Köln 2 W 228/88, NJW-RR 1989, 568.

[9] Meier FamRB 2015, 144 (147).

[10] OLG München 7 U 1519/17, ZEV 2018, 149.

[11] Für die Testamentsvollstreckung: Zimmermann Testamentsvollstreckung Rn. 320.

[12] Anders: Trimborn Vollmacht § 3 Rn. 85.

Übersendung der Kontoauszüge ist jedoch keine übersichtliche Rechnungslegung, wenn sich zwischen den Buchungen des Bevollmächtigten viele andere Buchungen befinden. Ausreichend ist es hingegen, wenn der Bevollmächtigte auf den Kontoauszügen markiert, welche Verfügungen er veranlasst hat und in einer separaten Aufstellung den Rechtsgrund der jeweiligen Verfügung darlegt.[13] Übersichtlicher ist es, die Buchungen von den Kontoauszügen und die Erläuterungen in einer einheitlichen Tabelle zusammenzufassen. Der zusätzliche Arbeitsaufwand ist nicht so hoch, dass diese Art der Rechnungslegung unzumutbar wäre. Nicht erforderlich ist, dass der Bevollmächtigte darlegt, ob bzw. warum er im Innenverhältnis zu der jeweiligen Buchung berechtigt war.[14] Die rechtliche Prüfung ist Aufgabe desjenigen, der den Herausgabe- oder Schadensersatzanspruch verfolgt. Fraglich ist, ob der Bevollmächtigte sich die Belege von einer Buchhaltungskraft sortieren lassen und die Kosten dann nach § 670 BGB als Aufwendungsersatz geltend machen kann.[15] Verwaltet der Bevollmächtigte **mehrere Gebäude oder Unternehmen,** so muss jeweils eine getrennte Einnahmen und Ausgabenrechnung vorgelegt werden.[16] Zur Frage, ob Teilverzeichnisse und Korrekturen zulässig sind → § 260 Rn. 3.

a) Negativerklärung. Die Rechnungslegung kann in einer Negativerklärung 7
bestehen, wenn zB der Bevollmächtigte erklärt, er habe von der Vollmacht keinen Gebrauch gemacht. Zu dieser Negativerklärung ist der Bevollmächtigte verpflichtet.

Unzutreffend ist die Ansicht des OLG Köln, es genüge die Angabe, dass das abgehobene Bargeld „weitgehend" zur Deckung des täglichen Lebensbedarfs ausgegeben worden sei. Es hätten sich nie größere Beträge auf dem Konto befunden, sondern die Ausgaben hätten sich im Rahmen der Einnahmen gehalten. Es könne nicht verlangt werden, dass man über jede Ausgabe genau Buch führe und jeden gekauften Artikel genau buchhalterisch erfasse.[17] Damit würde der Anspruch auf Rechnungslegung leer laufen. Es hätten mindestens die Kontoauszüge ausgewertet werden müssen.

b) Formale Unrichtigkeit oder Unvollständigkeit. Aus § 259 Abs. 2 BGB 8
lässt sich ableiten, dass die Rechnungslegung vollständig und richtig sein muss. Eine Erklärung, die nicht ernst gemeint, von vornherein unglaubhaft oder unvollständig ist, genügt nicht.[18] Ist bereits aus der Rechnungslegung erkennbar, dass sie unvollständig oder unrichtig ist, so erfüllt sie den Anspruch nicht.[19] In diesem Fall besteht mindestens ein Ergänzungsanspruch,[20] in vielen Fällen aber auch ein Anspruch auf eine vollständig neue Rechnungslegung. Zur Zulässigkeit der Rechnungslegung in Teilen und zur Berichtigung der Rechnungslegung → § 260 Rn. 3. Der Verpflichtete kann jederzeit eine neue Rechnungslegung vorlegen und diese für maßgeblich erklären. Wegen der Verpflichtung zur Abgabe einer eidesstattlichen Versicherung kann ihm dies nicht verwehrt werden.[21] Wenn nacheinander unterschiedliche Auskünfte erteilt werden, muss der Verpflichtete ergänzende Angaben zum Grund der Abweichung machen.[22]

---

[13] Trimborn Vollmacht § 3 Rn. 87.

[14] Trimborn Vollmacht § 3 Rn. 180.

[15] Für die Testamentsvollstreckung: Bengel/Reimann/Klumpp Testamentsvollstreckung Kap. 6 Rn. 302.

[16] OLG Köln 16 U 196/11 ZEV 2013, 339.

[17] BGH I ZR 42/93, NJW 1994, 1958.

[18] Burandt/Rojahn/Kurze Erbrecht § 666 BGB Rn. 17.

[19] BGH X ZR 34/83, NJW 1984, 2822; OLG Hamburg 3 U 72/01, NJW-RR 2002, 1292.

[20] BGH X ZR 54/81, MDR 1983, 128.

[21] BGH X ZR 54/81, MDR 1983, 128.

[22] BGH VII ZR 156/62, BGHZ 41, 318.

2. Inhaltliche Anforderungen

9 Die Rechnungslegung muss nicht nur formal nach ihrem äußeren Anschein, sondern auch inhaltlich richtig sein. Andernfalls droht eine Strafbarkeit wegen (versuchten) Betrugs (§ 263 Abs. 1 StGB). Die Auskünfte müssen auch dann erteilt werden, wenn sich der Verpflichtete dadurch selbst strafrechtlich belastet. Die §§ 259ff. BGB enthalten keine Lücke, die eine analoge Anwendung von § 384 Nr. 2 ZPO rechtfertigen würde. Es gibt keinen übergeordneten Rechtssatz, der die Selbstbelastung im Rahmen der Auskunftserteilung verbietet. Zudem würden die Auskunftsansprüche dadurch entwertet, da gerade in den wichtigsten Fällen keine Auskünfte erteilt werden müssten.[23]

Der Verpflichtete darf sich nicht auf eigenes Wissen beschränken, sondern muss sich die erforderlichen Informationen beschaffen, zB indem er Auskunftsansprüche gegenüber einer Bank durchsetzt.[24]

10 **a) Vertragliche Einschränkungen.** Der Umfang der Rechnungslegung kann vertraglich verändert werden, zB für Ausgaben bis 500 EUR im Monat ausgeschlossen werden. Die Rechnungslegung kann gegenüber bestimmten Personen ausgeschlossen werden, zB gegenüber den Erben des Vollmachtgebers.[25] In diesen Fällen müssen die ausgeschlossenen Positionen nicht in der Rechnungslegung auftauchen.

11 **b) (Nur) inhaltliche Unrichtigkeit oder Unvollständigkeit.** Eine formal ordnungsgemäße Rechnungslegung erfüllt den Anspruch auch dann, wenn sie unrichtig oder unvollständig ist.[26] In diesem Fall besteht jedoch ein Anspruch des Berechtigten auf Schadensersatz.[27] Der Schadensersatz wird durch Erstellung einer neuen Rechnungslegung geleistet. Im Ergebnis wird damit die Beweislast für die Unrichtigkeit oder Unvollständigkeit der Rechnungslegung dem Berechtigten auferlegt. Wenn er den Beweis führen kann, besteht sein Anspruch auf eine inhaltliche richtige Rechnungslegung weiterhin, auch wenn schon eine formal ordnungsgemäße Rechnungslegung vorliegt. Unrichtig ist daher auch die beliebte Floskel, der Berechtigte sei auf das Verfahren zur Abgabe der eidesstattlichen Versicherung zu verweisen, wenn einmal eine formal ordnungsgemäße Rechnungslegung vorliege.

3. Erneute Rechnungslegung

12 Mit der Erfüllung des Rechnungslegungsanspruchs (§ 362 Abs. 1 BGB) kann im Grundsatz keine nochmalige Rechnungslegung verlangt werden. Das kann für den Anspruchsteller misslich sein, wenn der Verpflichtete gegenüber dem Erblasser oder nun geschäftsunfähigen Vollmachtgeber bereits Rechnung gelegt hat, die Rechnungslegung aber verschwunden ist. Dem Bevollmächtigten wird hierzu empfohlen, sich regelmäßig die Erfüllung des Rechnungslegungsanspruchs quittieren und sich Entlastung erteilen zu lassen.[28] Aus § 242 BGB kann sich eine Verpflichtung zur erneuten Rechnungslegung ergeben, soweit diese dem Verpflichteten leicht möglich

---

[23] BGH XI ZR 103/88, NJW-RR 1990, 131.

[24] Bengel/Reimann/Klumpp Testamentsvollstreckung Kap. 6 Rn. 278; MüKoBGB/Krüger BGB § 259 Rn. 24; BeckOK BGB/Lorenz BGB § 259 Rn. 12; jurisPK-BGB/Toussaint BGB § 259 Rn. 11.

[25] BGH XI ZR 91/88, NJW 1989, 1601.

[26] BGH III ZR 136/18, BeckRS 2020, 23375.

[27] BGH III ZR 136/18, BeckRS 2020, 23375.

[28] BGH XI ZR 91/88, NJW 1989, 1601; BGH III ZR 144/84, NJW 1985, 2699; Burandt/Rojahn/Kurze Erbrecht BGB § 666 Rn. 10.

ist, zB weil er noch eine Kopie der Zusammenstellung hat. Bisher wurde dies nur für Ansprüche gegenüber Banken von der Rechtsprechung entschieden.[29]

4. Belegvorlage

13 Nach dem Gesetzeswortlaut sind die Belege vorzulegen, soweit sie erteilt zu werden pflegen. Daraus lässt sich nicht ableiten, dass unübliche Belege vom Verpflichteten zurückgehalten werden können, sondern nur, dass er sie nicht von sich aus beschaffen muss. Fehlen übliche Belege, muss der Verpflichtete für jeden Einzelfall darlegen, dass es ihm trotz seines Bemühens nicht gelungen ist, die Belege zu erhalten.[30] Befinden sich die Belege bei Dritten, muss der Verpflichtete darlegen, dass er die Herausgabe ernsthaft verlangt hat, die Belege aber nicht erhalten hat.[31] Sind Belege verlorengegangen, muss sie der Verpflichtete rekonstruieren, soweit ihm das möglich ist.[32] Übliche Belege sind Kontoauszüge, Sparbücher bzw. Kopien von Sparkontenblättern, Bescheinigungen über den Wertpapierbestand, Rechnungen und Quittungen.[33] Bei Grundstücksgeschäften gehört eine Abschrift der jeweiligen Notarurkunde zu den üblichen Belegen.[34]

14 Belegvorlage im Sinne des § 259 Abs. 1 BGB bedeutet im Grundsatz nur Einsicht, nicht dauerhafte Überlassung. Der Vollmachtgeber hat aber regelmäßig Anspruch auf Herausgabe der Originalbelege aus dem Grundverhältnis (bei Auftrag → § 667 Rn. 3) und aus § 985 BGB, weil der Vollmachtgeber nach § 164 Abs. 1 S. 1 BGB Eigentümer der Belege wird, wenn ein Vertreter für ihn handelt. Wird in diesen Fällen nur eine Kopie vorgelegt, so erfüllt dies den Rechnungslegungsanspruch. Der Berechtigte kann das Original aber aus den anderen Anspruchsgrundlagen gesondert einfordern. Zu beachten ist, dass dem Bevollmächtigten die Rechnungslegung (teilweise) unmöglich werden kann, wenn der Berechtigte die Belege herausverlangt und sie dem Bevollmächtigten danach nicht mehr zur Verfügung stellt. In diesem Fall wird der Bevollmächtigte von seiner Verpflichtung (teilweise) frei (§ 275 Abs. 1 BGB). Demgegenüber vertrat das OLG München, der Bevollmächtigte müsse die Unterlagen in diesem Fall bei der Bank neu beschaffen.[35] Wenn die Vollmacht zwischenzeitlich erloschen ist, ist das ohnehin unmöglich. Aber auch sonst dürfte es nicht angemessen sein, wenn sich der Bevollmächtigte Unterlagen anderswo beschaffen muss, die der Vollmachtgeber schon hat.

15 Der Berechtigte kann vom Verpflichteten nicht die Vorlage von **Fotokopien** verlangen. Die zusätzliche Kopierarbeit ist dem Verpflichteten nicht zumutbar. Die Einsichtnahme in die Belege bietet zudem die Möglichkeit, Unklarheiten im Gespräch zu erläutern.[36]

16 **Leistungsort** für die Vorlage der Belege wird regelmäßig die Wohnung des Vollmachtgebers sein, weil dort die Hauptpflichten aus dem Auftrag zu erfüllen waren und die Nebenpflicht zur Rechnungslegung den Hauptpflichten folgt.[37] Wenn die Wohnung des Vollmachtgebers nicht mehr zur Verfügung steht, so ist der Leistungsort

---

[29] Burandt/Rojahn/Kurze Erbrecht BGB § 666 Rn. 4.

[30] Bengel/Reimann/Klumpp Testamentsvollstreckung Kap. 6 Rn. 270.

[31] Bengel/Reimann/Klumpp Testamentsvollstreckung Kap. 6 Rn. 271.

[32] Meier FamRB 2015, 144 (147).

[33] Trimborn Vollmacht § 3 Rn. 90 fordert sogar eine Ausfertigung. Diese kann wohl jedenfalls dann nicht verlangt werden, wenn der Bevollmächtigte nur eine (beglaubigte) Abschrift hat.

[34] BGH VIII ZR 78/05, NJW 2006, 1419.

[35] OLG München 7 U 1519/17, ZEV 2018, 149.

[36] OLG Karlsruhe 3 W 47/69, NJW 1969, 1968.

[37] BGH II ZR 149/52, BGHZ 10, 385; BAG 9 AzR 188/04, BeckRS 2005, 42059; OLG Naumburg 4 UF 29/06, FamRZ 2007, 1813; OLG Hamburg 3 U 72/01, NJW-RR 2002, 1292.

beim Bevollmächtigten, soweit dieser ausnahmsweise nur die Einsicht in die Belege und nicht die Herausgabe schuldet → Rn. 14.

III. Eidesstattliche Versicherung

17 Die Abgabe der eidesstattlichen Versicherung kann erst verlangt werden, wenn die Rechnung gelegt ist und der Berechtigte keine Ergänzung mehr verlangen kann.[38] Der Anspruch auf Abgabe der eidesstattlichen Versicherung kann aber sofort im Wege der Stufenklage mit eingeklagt werden, → § 261 Rn. 4. Parallel dazu kann der Berechtigte auch erst dann auf das Verfahren zur Abgabe der eidesstattlichen Versicherung verwiesen werden, wenn er keine Ergänzung der Rechnungslegung mehr verlangen kann.[39]

18 Die vorsätzliche Abgabe einer falschen eidesstattlichen Versicherung ist strafbar nach § 154 StGB. Sie wird mit Freiheitsstrafe bis zu drei Jahren oder mit Geldstrafe bestraft. Auch die fahrlässige eidesstattliche Versicherung ist strafbar nach § 161 Abs. 1 StGB. Sie wird mit Freiheitsstrafe bis zu einem Jahr oder Geldstrafe bestraft. Nach § 161 Abs. 2 StGB ist der Täter im Fall der fahrlässigen falschen eidesstattlichen Versicherung straflos, wenn er die falsche Angabe rechtzeitig berichtigt.

1. Voraussetzung des Anspruchs

19 Voraussetzung des Anspruchs ist, dass Grund zu der Annahme besteht, dass die Angaben in der Rechnungslegung nicht mit der erforderlichen Sorgfalt gemacht worden sind. Nach dem Gesetzeswortlaut schaden nur ungenügende Angaben über die Einnahmen. Die Rechtsprechung dehnte die Verpflichtung jedoch auch auf die Ausgaben aus, um Machenschaften des Schuldners bei den Passiva zu verhindern.[40]

20 Die Feststellung, dass die Rechnungslegung unvollständig oder unrichtig ist, ist für sich genommen weder erforderlich, noch ausreichend. Sie begründet jedoch den Verdacht der mangelnden Sorgfalt.[41] Dieser Verdacht ist entkräftet, wenn den Umständen nach anzunehmen ist, dass die mangelhafte Rechnungslegung auf unverschuldeter Unkenntnis oder auf einem entschuldbaren Irrtum des Auskunftspflichtigen beruhte.[42] In diesem Fall besteht nur ein Anspruch auf ergänzende Auskunft.[43] Zu beurteilen ist das gesamte Verhalten des Verpflichteten im Zusammenhang mit der Auskunftserteilung.[44]

21 Für die Verpflichtung zur Abgabe der eidesstattlichen Versicherung sprechen:
– wenn der Verpflichtete zunächst unvollständige Angaben gemacht hat, die er später ergänzt bzw. berichtigt hat.[45]

---

[38] BGH X ZR 54/81, MDR 1983, 128.

[39] BGH X ZR 34/83, NJW 1984, 2822.

[40] BGH IX ZR 41/83, NJW 1984, 484.

[41] BGH IX ZR 41/83, NJW 1984, 484.

[42] BGH IX ZR 41/83, NJW 1984, 484.

[43] BGH IV ZR 125/75, FamRZ 1978, 677; OLG Frankfurt 17 U 152/91, NJW-RR 1993, 1483.

[44] BGH IXa ZB 181/03, NJW-RR 2005, 221; BGH IV ZR 125/75, FamRZ 1978, 677; OLG Hamburg 3 U 91/04, BeckRS 2009, 09886; OLG Köln 6 U 113/01, BeckRS 2001, 30222182; OLG Köln 6 U 91/96, NJW-RR 1998, 126.

[45] BGH I ZR 42/93, NJW 1994, 1958; BGH IV ZR 125/75, FamRZ 1978, 677; OLG Frankfurt 2 U 34/06, BeckRS 2011, 14586; OLG Bamberg 7 WF 5/07, FamRZ 2007, 1181; OLG Karlsruhe 16 UF 2/05, BeckRS 2005, 14842.

– wenn der Verpflichtete im Laufe der Auskunftserteilung widersprüchliche oder unplausible Angaben gemacht hat.[46] Dabei genügt es auch, wenn Angaben unplausibel sind, die der Verpflichtete gar nicht hätte machen müssen.[47]
– wenn die erteilte Auskunft (nachweisbar) unrichtig ist[48] oder nach dem Inhalt der Auskunft oder dem Auskunftsverhalten des Auskunftsschuldners Grund zu der Annahme besteht, dass die erteilte Auskunft unvollständig ist.[49]
– wenn der Verpflichtete die Auskunft in mehreren Etappen „scheibchenweise" erteilt.[50]
– wenn sich der Verpflichtete fortlaufend unberechtigt weigert, die Auskünfte zu erteilen und alle möglichen Rechtsmittel (erfolglos) ausschöpft und ggf. noch Zwangsgeld gegen sich verhängen lässt, bevor er die Auskünfte erteilt. Dann entsteht der Verdacht, dass der Verpflichtete ein Interesse daran hat, bestimmte Tatsachen gerade nicht zu offenbaren.[51]
– wenn sich der Verpflichtete weigert, Unterlagen zum Beweis seiner Angaben vorzulegen, die er leicht beschaffen kann, zB Bankauskünfte, Kontoauszüge, Depotauszüge[52]
– wenn sich der Verpflichtete weigert, Auskünfte über frühere, inzwischen aufgelöste Konten zu erteilen. Allerdings ging es im Fall des BGH um zwei Ehegatten, die während der Ehezeit dazu verpflichtet waren, sich über ihre Vermögensbewegungen zu informieren.[53]

Hält sich der Verpflichtete für berechtigt, bestimmte Angaben zu verweigern und legt er dies offen, so besteht kein Anspruch auf Abgabe der eidesstattlichen Versicherung. Ob die Weigerung berechtigt ist, muss beim Streit darüber geklärt werden, ob die Rechnungslegung erfüllt ist. **22**

2. Angelegenheiten von geringer Bedeutung (Abs. 3)

Nach § 259 Abs. 3 BGB besteht in Angelegenheiten von geringer Bedeutung kein Anspruch auf Abgabe der eidesstattlichen Versicherung. Das gilt, wenn die Angelegenheit insgesamt unbedeutend ist oder wenn der beanstandete Mangel der Rechnungslegung unbedeutend ist.[54] Unbedeutend sind Differenzen von wenigen Euro.[55] **23**

3. Vererblichkeit der Verpflichtung

Die Verpflichtung zur Abgabe der eidesstattlichen Versicherung ist vererblich. Der Erbe muss die eidesstattliche Versicherung auch dann abgeben, wenn der Erblasser die Rechenschaft abgelegt hat. Dazu muss sich der Erbe bis zur Grenze der Unzumutbarkeit das erforderliche Wissen verschaffen. Die eidesstattliche Versicherung kann dann dahin formuliert werden, dass und in welchem Umfang der Erbe die ihm zugänglichen Erkenntnisquellen ausgeschöpft hat und dass er die Aufstellung nach bestem Wissen so vollständig berichtigt und ergänzt hat, als er dazu imstande ist.[56] **24**

---

[46] OLG Karlsruhe 16 UF 2/05, BeckRS 2005, 14843.
[47] BGH KZR 13/92, BeckRS 1998, 31175299.
[48] OLG Frankfurt 2 U 34/06, BeckRS 2011, 14586.
[49] OLG München 20 U 126/15, ErbR 2016, 405.
[50] OLG Düsseldorf I-16 U 209/06; OLG Frankfurt 17 U 152/91, NJW-RR 1993, 1483.
[51] BGH IV ZR 125/75, FamRZ 1978, 677.
[52] BGH IV ZR 125/75, FamRZ 1978, 677.
[53] Grüneberg/Grüneberg BGB § 259 Rn. 14.
[54] Grüneberg/Grüneberg BGB § 259 Rn. 14.
[55] BGH IVa ZR 57/87, NJW 1988, 2729.
[56] BGH KZR 13/92, BeckRS 1993, 31175299.

IV. Verjährung

25 Zur Verjährung des Anspruchs auf Rechnungslegung → § 666 Rn. 30. Der Anspruch auf Abgabe der eidesstattlichen Versicherung folgt der Verjährung des Hauptanspruchs.[57] Zwar wurde in der Vergangenheit immer wieder betont, dass Hilfsansprüche selbständig verjähren. Dies ist aber mit der Erkenntnis überholt, dass der Hilfsanspruch nicht vor dem Hauptanspruch verjähren kann und in der Regel auch nicht mehr geltend gemacht werden kann, wenn der Hauptanspruch verjährt ist.[58]

V. Verfahren und Kosten

26 Die Rechnungslegung und die Verpflichtung zur Abgabe der eidesstattlichen Versicherung müssen im ordentlichen Zivilprozess eingeklagt werden. Eine Stufenklage ist in der Regel zweckmäßig, → § 261 Rn. 4. Die Beweislast liegt beim Berechtigten, sowohl für die Voraussetzungen der Rechnungslegung, als auch für die Gründe, die den Anspruch auf Abgabe der eidesstattlichen Versicherung tragen.[59] Zur in der Regel fehlenden Beschwer bei Verurteilung zur Abgabe der eidesstattlichen Versicherung → § 261 Rn. 5.

27 Die Rechnungslegung ist eine unvertretbare Handlung und wird nach § 888 ZPO vollstreckt.[60] Das Gericht setzt auf Antrag des Berechtigten ein Zwangsgeld bis zu 25.000 EUR oder Zwangshaft fest. Das Zwangsgeld kann mehrfach angeordnet werden. In der Regel beginnen die Gerichte bei Beträgen zwischen 1.000 EUR und 5.000 EUR und steigern sich dann. Erfüllt der Verpflichtete seine Rechnungslegungsverpflichtung, kann er die Vollstreckung des Zwangsmittels abwenden. Hierzu kann er bis zum Eintritt der formalen Rechtskraft des Zwangsmittelbeschlusses die sofortige Beschwerde (§ 793 ZPO) einlegen und danach eine Vollstreckungsabwehrklage (§ 767 ZPO) erheben.[61]

28 Die Kosten der Rechnungslegung trägt der Verpflichtete. Der Wert der Auskunftsstufe wird mit einem Bruchteil von 1/10 bis 1/4 der Leistungsstufe bewertet. Er ist umso höher, je geringer die Kenntnisse des Berechtigten sind.[62] Die Kosten der Abgabe der eidesstattlichen Versicherung trägt der Berechtigte nach § 261 Abs. 2 BGB, → § 261 Rn. 10.

29 Zum Verfahren über die Abgabe der eidesstattlichen Versicherung → § 261 Rn. 1.

§ 260 Pflichten bei Herausgabe oder Auskunft über Inbegriff von Gegenständen

(1) **Wer verpflichtet ist, einen Inbegriff von Gegenständen herauszugeben oder über den Bestand eines solchen Inbegriffs Auskunft zu erteilen, hat dem Berechtigten ein Verzeichnis des Bestands vorzulegen.**

(2) **Besteht Grund zu der Annahme, dass das Verzeichnis nicht mit der erforderlichen Sorgfalt aufgestellt worden ist, so hat der Verpflichtete auf**

---

[57] BGH VI ZR 222/16, NJW 2017, 2755.
[58] BGH VI ZR 222/16, NJW 2017, 2755.
[59] BGH XII ZB 224/05, NJW 2008, 917.
[60] BeckOK ZPO/Stürner ZPO § 888 Rn. 19.
[61] BGH IX ZR 75/07, BeckRS 2009, 29333; IV ZR 195/04, ZEV 2006, 265.
[62] BGH IX ZR 75/07, BeckRS 2009, 29333; IV ZR 195/04, ZEV 2006, 265.

Verlangen zu Protokoll an Eides statt zu versichern, dass er nach bestem Wissen den Bestand so vollständig angegeben habe, als er dazu imstande sei.

(3) **Die Vorschrift des § 259 Abs. 3 findet Anwendung.**

I. Bedeutung

Die Vorschrift setzt einen Anspruch auf Herausgabe oder Auskunft über einen Inbegriff von Gegenständen voraus. Ein **Inbegriff** ist jede Mehrheit von Vermögensgegenständen, bei welcher der Berechtigte nicht in der Lage ist, die einzelnen Gegenstände zu bezeichnen, unabhängig davon, ob die Gegenstände üblicherweise unter einem gemeinsamen Namen zusammengefasst werden.[1] Beispiele für einen Inbegriff: Das vom Beauftragten herauszugebende „Alles" in § 667 BGB, das vom Betreuer herauszugebende „Vermögen" in § 1872 Abs. 1 BGB und das erlangte „Etwas" in § 812 BGB und § 852 BGB, wenn es sich nicht um einzeln benennbare Gegenstände handelt. Wenn der Bevollmächtigte nach dem Tod des Vollmachtgebers eine Sache aus dem Nachlass in Besitz nimmt, muss er nach § 2027 Abs. 2 BGB Auskunft über den Bestand der Erbschaft erteilen. Es genügt zB, wenn der Bevollmächtigte nach dem Tod Unterlagen an sich nimmt.[2] Nicht ausreichend ist es, wenn der Bevollmächtigte die Gegenstände bereits zu Lebzeiten des Vollmachtgebers in Besitz genommen hat (dann aber § 666 BGB). 1

II. Bestandsverzeichnis

1. Formale Anforderungen

Der Verpflichtete hat dem Berechtigten ein Bestandsverzeichnis vorzulegen. Es gibt keine Vorschriften, wie das Bestandsverzeichnis genau auszusehen hat. Es muss jedoch übersichtlich sein. Die Gegenstände sind einzeln aufzuführen. Sammelposten sind unzulässig.[3] Die einzelnen Gegenstände müssen so genau beschrieben werden, dass die Beschreibung für eine Vollstreckung durch den Gerichtsvollzieher ausreichen würde. In vielen Fällen empfehlen sich Fotos. Wenn es einen Auskunftstitel gibt, muss das Bestandsverzeichnis Angaben zu jedem Punkt enthalten, der im Titel vorgegeben ist.[4] Bei **Grundbesitz** ist anzugeben: das Grundbuchamt, die Gemarkung, das Grundbuchblatt, die laufende Nummer des Grundstücks, die Fläche, die Nutzung/Bebauung und – soweit vorhanden – die Straße und die Hausnummer. Wurden Gebäude auf einem fremden Grundstück errichtet, ist darzustellen, wer dies finanziert hat. Bei **Bankkonten** sind anzugeben: die Bank und die Kontonummer bzw. die IBAN. Bei gemeinschaftlichen Bankkonten oder Depots ist anzugeben, ob es Absprachen zwischen den Beteiligten gab, wem das Guthaben im Innenverhältnis zusteht. Falls es keine Absprachen gab, ist anzugeben, wer das Guthaben eingezahlt hat und wer welche Abhebungen getätigt hat. Wenn die Rente oder das Gehalt des Vollmachtgebers auf dem Konto einer anderen Person eingegangen ist, ist diese Tatsache mitzuteilen. Sodann sind für das Konto dieser Person sämtliche Auskünfte so zu erteilen, als ob es sich um ein gemeinschaftliches Konto handelt. Bei **Forderungen** ist der Schuldner, der Rechtsgrund und die Forderungshöhe anzugeben. Bei **Fahrzeugen** sind die Fahrzeugidentifikationsnummer und das amtliche Kennzeichen anzugeben. 2

---

[1] Mugdan, Band 2 S. 499.
[2] Trimborn Vollmacht § 3 Rn. 40.
[3] OLG Düsseldorf 7 W 36/93, BeckRS 1993, 09437.
[4] OLG Bamberg 4 W 42/16, RNotZ 2016, 530.

Das Datum der Erstzulassung und die Laufleistung des Fahrzeugs sind zweckmäßige Angaben, die jedoch für die Individualisierung des Fahrzeugs nicht erforderlich sind. Bei **technischen Geräten** ist die Marke, der Typ und sofern vorhanden die Seriennummer anzugeben. Bei **Hausratsgegenständen** können nach der hier vertretenen Ansicht weniger werthaltige Positionen zu Sachgruppen zusammengefasst werden (Wäsche, Besteck). Gegenstände sind bereits dann aufzunehmen, wenn der Vollmachtgeber an ihnen lediglich Besitz hatte.

3 **a) Teilverzeichnisse.** Der Gesetzeswortlaut spricht von „einem" Verzeichnis und nicht von mehreren Verzeichnissen. Die Auskünfte sind deshalb im Grundsatz in einem einzigen Bestandsverzeichnis zusammenzufassen.[5] Ausnahmsweise sollen mehrere Teilverzeichnisse zulässig sein, wenn die Übersichtlichkeit gewahrt bleibt.[6] Es genügt nicht, wenn sich die Auskünfte aus einer Mehrzahl von Schriftsätzen oder Schreiben ermitteln lassen. Es ist nicht Aufgabe des Berechtigten, sich die Auskunft aus einer Mehrzahl von Erklärungen selbst zusammenzustellen.[7] Wenn man mehrere Teilverzeichnisse für zulässig hält, stellt sich die Frage, wann diese noch übersichtlich sind. Zu fordern ist eine Schlusserklärung im zeitlich letzten und abschließenden Auskunftsakt, aus der sich der Umfang der gesamten Auskunft erkennen lässt.[8] Die Schlusserklärung muss die Aussage enthalten, dass die Teilauskünfte in ihrer Gesamtheit den Auskunftsanspruch vollständig erfüllen sollen.[9] Überdies wird man fordern müssen, dass sich aus jedem Teilverzeichnis erkennen lässt, dass es sich nur um ein Teilverzeichnis handelt. Wenn mehrere Teilverzeichnisse zum Zeitpunkt ihrer Abgabe für sich genommen Anspruch auf Vollständigkeit erheben und sich dennoch inhaltlich nicht decken, dann können sie zusammen genommen kein einheitliches Bestandsverzeichnis darstellen.[10] Ein Teilverzeichnis erfüllt den Auskunftsanspruch nicht teilweise.[11] Der Gläubiger kann den Auskunftsanspruch daher vollständig verfolgen, wenn nur ein Teilverzeichnis vorgelegt wird.

4 Eine **Berichtigung** von Angaben durch ein weiteres Teilverzeichnis ist **nicht zulässig.** In diesem Fall würden die Teilverzeichnisse einander widersprechen. Das Bestandsverzeichnis ist nicht mehr übersichtlich, wenn man es von der letzten Auskunft zur ersten Auskunft lesen muss, um zu erkennen, welcher Teil der ursprünglichen Auskünfte noch Bestand hat. Im Zweifel ist das Bestandsverzeichnis komplett neu auszudrucken, was technisch auch keine Hürde darstellt.

5 Wenn der Verpflichtete in Folge eines Irrtums, insbesondere einer fehlerhaften Rechtsansicht, einen Teil des Bestandes verschwiegen hat, soll der Berechtigte einen Anspruch auf Ergänzung der Auskünfte haben.[12] Diese Ansicht scheint im Interesse des Berechtigten zu liegen. Sie übergeht aber die Frage, ob nicht stattdessen ein Anspruch auf ein komplett neues Bestandsverzeichnis besteht. Dazu muss danach gefragt werden, ob der Verpflichtete von Anfang an die Auskünfte in der Form hätte erteilen dürfen, in der sie am Ende vorliegen würden, wenn die Auskunft nur ergänzt wird. Dabei entsteht das Problem, dass das erste Bestandsverzeichnis nicht als Teilverzeichnis ausgewiesen ist. Im Ergebnis würde dem Verpflichteten, der zunächst Gegenstände verschweigt, mehr zugestanden als dem Verpflichteten, der von Anfang an

---

[5] LG Flensburg 8 O 81/13 nv.

[6] OLG Saarbrücken 5 W 121/13, BeckRS 2014, 03646; OLG Brandenburg 10 W 37/96, LSK 1998, 210392.

[7] OLG Saarbrücken 5 W 81/10, DNot I-Report 2010, 160.

[8] OLG Saarbrücken 5 W 121/13, BeckRS 2014, 03646.

[9] BGH XII ZB 385/13, NJW 2014, 3647.

[10] LG Berlin 22 O 377/13 juris PR-FamR 25/2015 Anm. 1.

[11] BGH XII ZB 385/13, NJW 2014, 3647.

[12] OLG München 19 U 3606/13, ZEV 2014, 365.

umsichtig und redlich seine Auskünfte erteilt. Deshalb wird in der Regel ein komplett neues Bestandsverzeichnis erforderlich sein, wenn sich nicht aus dem ersten Bestandsverzeichnis deutlich ergibt, dass zu einem bestimmten Punkt ausdrücklich keine Auskünfte erteilt wurden.

b) Unterschrift. Das Bestandsverzeichnis muss in Form einer verkörperten Erklärung erstellt werden. Die gesetzliche Schriftform nach § 126 BGB muss nicht eingehalten werden. Das Bestandsverzeichnis muss insbesondere nicht unterschrieben werden.[13] Es muss aber feststellbar sein, dass die Erklärung vom Auskunftspflichtigen herrührt.[14] 6

c) (Keine) Vorlage von Belegen. In § 260 BGB ist kein Anspruch auf Vorlage von Belegen normiert. Im Umkehrschluss zu § 259 Abs. 1 BGB besteht daher im Fall des § 260 BGB kein Anspruch auf Belegvorlage.[15] Ein Anspruch auf Vorlage von Belegen oder sogar auf Herausgabe der Originalbelege kann sich aber aus einem anderen Rechtsgrund ergeben. Zu § 667 BGB und § 985 BGB → § 259 Rn. 14. Aus Treu und Glauben soll sich ein Anspruch auf Belegvorlage ergeben, wenn der Gläubiger hierauf angewiesen ist und dem Schuldner die zusätzliche Verpflichtung zugemutet werden kann.[16] Diese Rechtsprechung wurde jedoch soweit ersichtlich bisher nicht auf Vorsorgerechtsfälle übertragen. Die Ausgangslage ist aber gleich und daher kann auch der Bevollmächtigte nach Treu und Glauben zur Belegvorlage verpflichtet sein. Banken wird für die Nacherstellung von Kontoauszügen zugestanden, dass sie dafür Kosten erheben. Diese Kosten ergeben sich in der Regel aus den allgemeinen Geschäftsbedingungen, speziell dem Preis- und Leistungsverzeichnis der Bank. Der BGH erklärte eine Klausel für unwirksam, in der 15 EUR je Auszug gefordert wurden, weil diese Kosten über den tatsächlichen Kosten der Bank lagen.[17] Der Anspruch des Bevollmächtigten auf Erstattung von Kosten richtet sich nach dem Grundverhältnis (Vertrag oder § 670 BGB). 7

d) Keine Angabe wertbildender Faktoren. Im Pflichtteilsrecht verweist § 2314 Abs. 1 BGB für das Nachlassverzeichnis auf § 260 BGB. Die Rechtsprechung verlangt für das Nachlassverzeichnis, dass die wertbildenden Faktoren der einzelnen Nachlassgegenstände angegeben werden. Dies ist auf das Vorsorgerecht nicht übertragbar. Im Pflichtteilsrecht geht es um die Ermittlung des Nachlasswertes, im Vorsorgerecht soll hingegen nur ein Herausgabeanspruch vorbereitet werden, bei dem die Werte in der Regel keine Rolle spielen. Im Vorsorgerecht genügt es daher, dass die Gegenstände notfalls vom Gerichtsvollzieher identifiziert werden können. 8

2. Inhaltliche Anforderungen

Aus § 260 Abs. 2 BGB lässt sich ableiten, dass das Bestandsverzeichnis vollständig und richtig sein muss. Es müssen auch dann Auskünfte erteilt werden, wenn der Verpflichtete dadurch eine strafbare Handlung offenbaren muss, → § 259 Rn. 9. 9

---

[13] BGH XII ZB 225/05, NJW 2008, 917.
[14] BGH XII ZB 225/05, NJW 2008, 917.
[15] BGH I ZR 140/99, NJW-RR 2002, 1119.
[16] BGH I ZR 140/99, NJW-RR 2002, 1119.
[17] BGH XI ZR 66/13, NJW 2014, 922.

III. Verfahren

1. Vergleich über den Auskunftsanspruch

10 Bei Vergleichen über den Auskunftsanspruch ist auf Seiten des Berechtigten große Vorsicht geboten. Der Vergleich darüber, dass bestimmte Auskünfte erteilt werden, kann später als Verzicht auf alle weiteren Auskünfte ausgelegt werden.[18]

2. Abgabe der eidesstattlichen Versicherung

11 Die Verpflichtung zur Abgabe der eidesstattlichen Versicherung besteht wie bei → § 259 Rn. 17ff. Auch die Abgabe der eidesstattlichen Versicherung kann erst verlangt werden, wenn die Auskunft in formaler Hinsicht vollständig erteilt ist.[19] In diesem Fall sind die Rechte des Berechtigten auf das Verfahren über die Abgabe der eidesstattlichen Versicherung beschränkt. Falls die Auskunft nachweisbar falsch ist, besteht jedoch ein Schadensersatzanspruch auf erneute Auskunftserteilung → § 259 Rn. 11. Zur Abgabe der eidesstattlichen Versicherung → § 261 Rn. 2ff.

12 In Angelegenheiten von geringer Bedeutung besteht nach § 260 Abs. 3 BGB kein Anspruch auf Abgabe der eidesstattlichen Versicherung, → § 259 Rn. 23.

§ 261 Änderung der eidesstattlichen Versicherung; Kosten

(1) **Das Gericht kann eine den Umständen entsprechende Änderung der eidesstattlichen Versicherung beschließen.**

(2) **Die Kosten der Abnahme der eidesstattlichen Versicherung hat derjenige zu tragen, welcher die Abgabe der Versicherung verlangt.**

I. Verfahren

1 Das Verfahren zur Abgabe der eidesstattlichen Versicherung unterscheidet sich danach, ob der Verpflichtete die eidesstattliche Versicherung freiwillig abgibt oder ob die Abgabe erzwungen werden muss.

1. Freiwillige Abgabe

2 Die freiwillige Abgabe der eidesstattlichen Versicherung wird ergänzend in §§ 410ff. FamFG geregelt. **Örtlich zuständig** ist das Gericht, in dessen Bezirk die Verpflichtung zur Auskunft zu erfüllen ist (§ 411 Abs. 1 S. 1 FamFG). Der Leistungsort richtet sich nach § 269 BGB. Weiterhin zuständig sind die Gerichte am Wohnsitz oder Aufenthaltsort des Verpflichteten, wenn diese Orte im Inland liegen (§ 411 Abs. 1 S. 2 FamFG). **Sachlich zuständig** ist das Amtsgericht (§ 23 Abs. 1 S. 1 Nr. 2, Abs. 2 Nr. 5 GVG) und dort der Rechtspfleger (§ 3 Nr. 1b) RPflG). Der Antrag kann nach § 413 FamFG sowohl vom Berechtigten, als auch vom Verpflichteten gestellt werden. Der Verpflichtete muss im Termin anwesend sein (§ 413 S. 2 FamFG), da er dort die eidesstattliche Versicherung abgibt. Zur Stellvertretung bei der Abgabe der eidesstattlichen Versicherung → § 164 Rn. 29.

[18] OLG Celle 4 W 137/05, BeckRS 2005, 09287.

[19] OLG Naumburg 1 U 73/10, BeckRS 2011, 25163.

2. Keine freiwillige Abgabe

Gibt der Verpflichtete die eidesstattliche Versicherung nicht freiwillig ab, muss die Verpflichtung tituliert und dann nach § 889 ZPO vollstreckt werden. 3

a) Stufenklage. Der Anspruch auf Abgabe der eidesstattlichen Versicherung kann im Wege der Stufenklage mit eingeklagt werden.[1] Gegen die Verurteilung zur Rechnungslegung oder Abgabe der eidesstattlichen Versicherung ist in vielen Fällen kein Rechtsmittel gegeben, weil die Beschwer für die Berufung nach § 511 Abs. 2 Nr. 1 ZPO nicht erreicht wird. Das führt zu der misslichen Situation, dass Streitfragen regelmäßig erst in der Zahlungsstufe vom Rechtsmittelgericht geklärt werden können. 4

Die **Beschwer** des Verpflichteten richtet sich nach dem Aufwand an Zeit und Kosten, die die Erfüllung des titulierten Anspruchs erfordert, sowie nach einem – in der Regel nicht vorliegenden – Geheimhaltungsinteresse des Verpflichteten, nicht aber nach dem Wert des Auskunftsanspruchs.[2] Der Aufwand für die Erfüllung weiterer Fragen des Berechtigten, die nicht im Tenor enthalten sind, ist nicht zu berücksichtigen.[3] Die Kosten für die Abgabe der eidesstattlichen Versicherung gehören nicht zur Beschwer, weil sie nach § 261 Abs. 2 BGB vom Berechtigten zu tragen sind.[4] Der für die Rechnungslegung erforderliche Zeitaufwand ist analog § 22 S. 1 JVEG mit maximal 25 EUR je Stunde zu bemessen.[5] Die Kosten eines Rechtsanwalts gehören zum erforderlichen Aufwand, wenn für dessen Hinzuziehung besondere Gründe vorliegen. Dies wurde bejaht, 5

- wenn der Titel der nicht hinreichend bestimmt ist[6] sowie
- in einem Fall, in dem die Verurteilung viel zu weit ging, so dass unklar war, ob und wie diese erfüllt werden kann.[7]

Nach einer verbreiteten Ansicht in der obergerichtlichen Rechtsprechung wird **Prozesskostenhilfe** für die Stufenklage für jede Stufe einzeln gewährt.[8] Das führt dazu, dass der Prozesskostenhilfeantrag für die höheren Stufen vom Gericht nicht beschieden wird. Der Rechtsanwalt wird dadurch gezwungen, die Klage zunächst nur in der ersten Stufe zu erheben. Es ergeben sich schwierige Folgeprobleme, wenn das Verfahren zwischendurch erledigt wird, die Stufenklage stecken bleibt oder die Verjährung im Raum steht. Die Praxis ist bedenklich, da ein Kläger, der sich die Prozessführung leisten kann, die Stufenklage mit einem Mal erheben würde. 6

b) Zwangsvollstreckung. Die Zwangsvollstreckung richtet sich nach § 889 ZPO, wenn der Verpflichtete die eidesstattliche Versicherung nicht freiwillig abgibt.[9] Zuständig ist das Amtsgericht, in dessen Bezirk der Schuldner seinen Wohnsitz hat. Besteht kein Wohnsitz im Inland, kommt es auf den Aufenthaltsort an. Besteht auch kein Aufenthalt im Inland, ist das Gericht zuständig, in dessen Bezirk das Prozessgericht des ersten Rechtszuges seinen Sitz hat (§ 889 Abs. 1 S. 1 ZPO). Erscheint der Schuldner nicht zum Termin oder verweigert er die Abgabe der eidesstattlichen Versicherung, verfährt das Vollstreckungsgericht nach § 888 ZPO (§ 889 Abs. 2 ZPO). 7

---

[1] BGH II ZR 149/52, BGHZ 10, 385.

[2] BGH IV ZR 264/17, ZEV 2018, 410; IV ZB 31/14, BeckRS 2015, 2714; IV ZB 2/14, ZEV 2014, 424; GSZ 1/94, NJW 1995, 664.

[3] BGH IV ZB 3/01, NJW-RR 2001, 1571.

[4] BGH III ZB 2/00, NJW 2000, 2113.

[5] BGH IV ZR 42/11, ZEV 2013, 332.

[6] BGH IV ZB 21/16, ZEV 2017, 648; IV ZR 42/11, ZEV 2013, 332; IV ZB 19/95, IV ZB 19/95.

[7] BGH IV ZB 2/14, NJW-RR 2014, 1102.

[8] OLG Naumburg 8 WF 208/11, FamRZ 2012, 466; 8 WF 98/07, FamRZ 2007, 1755; KG 3 WF 189/04, FamRZ 2005, 461, aA OLG München 33 W 861/21, ErbR 2022, 254.

[9] Muster: Trimborn Vollmacht § 3 Rn. 161.

3. Anpassung der Eidesformel

8 Das Gericht kann nach § 261 Abs. BGB die Eidesformel anpassen. Die Befugnis zur Anpassung der Eidesformel an die Umstände des Einzelfalls steht bereits dem erkennenden Gericht zu.[10] Dieses kennt den Einzelfall viel besser als das Gericht, das die eidesstattliche Versicherung entgegen nimmt. Die Eidesformel muss das Schriftstück, mit dem die Auskünfte erteilt worden sind, konkret benennen.[11]

9 Aus dem Wortlaut des § 261 Abs. 1 BGB lässt sich nicht entnehmen, ob auch das Vollstreckungsgericht die eidesstattliche Versicherung ändern kann. Dem könnte die Rechtskraft des Titels aus dem Erkenntnisverfahren entgegenstehen. Eine Änderung durch das Vollstreckungsgericht muss jedoch jedenfalls dann möglich sein, wenn der Verpflichtete seine Angaben berichtigt. Andernfalls würde er gezwungen, eine strafbare falsche eidesstattliche Versicherung abzugeben. Deshalb wird die Änderung der eidesstattlichen Versicherung durch das Vollstreckungsgericht in diesen Fällen für zulässig gehalten.[12]

II. Kosten

10 Die **Kosten** sind von demjenigen zu tragen, der die Abgabe der eidesstattlichen Versicherung verlangt (§ 261 Abs. 2 BGB).

1. Freiwillige Abgabe der eidesstattlichen Versicherung

11 Für die freiwillige Abgabe der eidesstattlichen Versicherung entsteht nach Ziffer 15212 KV GNotKG eine 0,5 Gebühr nach Tabelle A. Kostenschuldner ist nach § 22 Abs. 1 GNotKG derjenige, der den Antrag gestellt hat. Nach § 81 Abs. 1 S. 1 FamFG kann das Gericht die Kosten dem Berechtigten auferlegen, weil dieser nach § 412 Nr. 1 FamFG Beteiligter ist. Wenn dies unterblieben ist und der Verpflichtete den Antrag gestellt hat, muss er seinen materiellrechtlichen Kostenerstattungsanspruch notfalls im Zivilprozess verfolgen.[13] Aus diesem Grund kann der Verpflichtete den Berechtigten darauf verweisen, den Antrag selbst zu stellen.[14]

2. Zwangsvollstreckung

12 **Gerichtskosten:** Verfahren über den Antrag auf Abnahme der eidesstattlichen Versicherung: 35 EUR nach Ziffer 2115 KV GKG. Weitere 22 EUR können nach Ziffer 2111 KV GKG anfallen, wenn das Vollstreckungsgericht nach §§ 889 Abs. 2, 888 ZPO verfahren muss. **Anwaltskosten:** Ziffern 3309 und 3310 VV RVG. Die Kosten des Rechtsstreits um die Abgabe der eidesstattlichen Versicherung und die Kosten des Erzwingungsverfahrens nach §§ 889 Abs. 2, 888 ZPO muss der Gläubiger nicht nach § 261 Abs. 2 BGB tragen.[15] Dafür gelten §§ 91 ff., 788 ZPO.[16]

---

[10] RG I 327/28, RGZ 125, 256 (260 f.); KG Berlin 1 U 32/13, ErbR 2016, 278.
[11] BayObLG 2Z BR 203/04, BeckRS 2005, 01588.
[12] BGH IXa ZB 181/03, NJW-RR 2005, 221; OLG Bamberg 1 W 6/69, NJW 1969, 1304.
[13] KG Berlin 1 W 2970/92, NJW-RR 1993, 63.
[14] OLG Schleswig 3 W 92/15, BeckRS 2016, 12409.
[15] BGH III ZB 2/00, NJW 2000, 2113.
[16] MüKoBGB/Krüger BGB § 261 Rn. 7; Grüneberg/Grüneberg BGB § 281 Rn. 3.

Abschnitt 3. Schuldverhältnisse aus Verträgen

Titel 1. Begründung, Inhalt und Beendigung

Untertitel 3. Anpassung und Beendigung von Verträgen

§ 313 Störung der Geschäftsgrundlage

(1) **Haben sich Umstände, die zur Grundlage des Vertrags geworden sind, nach Vertragsschluss schwerwiegend verändert und hätten die Parteien den Vertrag nicht oder mit anderem Inhalt geschlossen, wenn sie diese Veränderung vorausgesehen hätten, so kann Anpassung des Vertrags verlangt werden, soweit einem Teil unter Berücksichtigung aller Umstände des Einzelfalls, insbesondere der vertraglichen oder gesetzlichen Risikoverteilung, das Festhalten am unveränderten Vertrag nicht zugemutet werden kann.**

(2) **Einer Veränderung der Umstände steht es gleich, wenn wesentliche Vorstellungen, die zur Grundlage des Vertrags geworden sind, sich als falsch herausstellen.**

(3) **[1]Ist eine Anpassung des Vertrags nicht möglich oder einem Teil nicht zumutbar, so kann der benachteiligte Teil vom Vertrag zurücktreten. [2]An die Stelle des Rücktrittsrechts tritt für Dauerschuldverhältnisse das Recht zur Kündigung.**

I. Bedeutung

Verträge in der Familie sind häufig mit Erwartungen verbunden, zB dass ein Haus- 1
grundstück im Familienbesitz bleibt oder in einer bestimmten Form weiter genutzt wird. Diese Erwartungen werden häufig nicht in Form von Widerrufs- oder Rückforderungsrechten in die abgeschlossenen Verträge aufgenommen. Die Vorschrift kann hier Abhilfe schaffen. Vorrangige Sonderregelungen zur Störung der Geschäftsgrundlage enthält das Gesetz in §§ 527, 528 und 530 BGB. Außerhalb des Bereichs dieser Vorschriften ist das in § 313 BGB geregelte allgemeine Rechtsinstitut der Störung der Geschäftsgrundlage anwendbar.[1]

II. Störung der Geschäftsgrundlage

1. Geschäftsgrundlage

Geschäftsgrundlage sind die nicht zum eigentlichen Vertragsinhalt erhobenen, bei 2
Vertragsschluss aber zutage getretenen gemeinsamen Vorstellungen beider Vertragsparteien sowie die der einen Vertragspartei erkennbaren und von ihr nicht beanstandeten Vorstellungen der anderen vom Vorhandensein oder dem künftigen Eintritt gewisser Umstände, sofern der Geschäftswille der Parteien auf diesen Vorstellungen aufbaut.[2] Die Beweislast für die Geschäftsgrundlage liegt beim Anspruchsteller.[3]

Beispiele: 3

- Vorstellung, ein Hausgrundstück werde vom beschenkten Kind bewohnt werden.

---

[1] BGH X ZR 108/03, ZEV 2006, 214.
[2] BGH XII ZB 666/13, NJW 2015, 690; XII ZR 149/09, ZEV 2012, 277.
[3] OLG Brandenburg 3 U 8/12, BeckRS 2016, 03543.

- Zuwendung eines Großteils des Barvermögens an die Tochter gegen Übernahme einer Pflegeverpflichtung, wenn die Pflegeverpflichtung vorzeitig wegen Heimaufenthalts entfällt und das Geld für das Heim benötigt wird.[4]
- Unerwartete Nachversteuerung eines verschenkten Depots.[5]
- Erwartung, eine Lebensgemeinschaft werde Bestand haben.[6]
- Schenkung der Eltern an das Schwiegerkind. Die Geschäftsgrundlage ist die Vorstellung der Eltern, die eheliche Lebensgemeinschaft des von ihnen beschenkten Schwiegerkindes mit ihrem Kind werde mehr als nur eine kurze Zeit Bestand haben und ihre Schenkung demgemäß dem eigenen Kind dauerhaft zugutekommen.[7] Dies ist nicht gegeben, wenn Beträge zur Bestreitung laufender Kosten, insbesondere des täglichen Konsums, zugewandt werden.[8] Leistungen zur Befreiung von Verbindlichkeiten sind erfasst, wenn dadurch das Vermögen des Schwiegerkindes dauerhaft erhöht werden soll.[9]
- Vorstellung, der Lebensgefährte könne die Immobilie der Eltern seiner Lebensgefährtin auf Dauer mietfrei nutzen.[10]

Bei einer Grundstücksübertragung gegen Rückbehalt eines Wohnungsrechts und Übernahme einer Pflegeverpflichtung übernimmt der Erwerber das Risiko, dass die Rechte sehr lang bestehen können und der Veräußerer das Risiko, dass er nur noch sehr kurz lebt. Wenn sich eines dieser Risiken realisiert, besteht kein Anspruch auf Vertragsanpassung.[11]

2. Störung

4 Die Geschäftsgrundlage muss gestört sein, indem sich die Umstände nach Vertragsschluss schwerwiegend verändert haben (§ 313 Abs. 1 BGB) oder sich wesentliche Vorstellungen der Parteien als falsch herausgestellt haben (§ 313 Abs. 2 BGB). Die Tatbestandsmerkmale „schwerwiegend" bzw. „wesentlich" sind kaum zu greifen. Geht man davon aus, dass es sich dabei um solche Störungen handelt, bei denen die Parteien den Vertrag nicht mit diesem Inhalt abgeschlossen hätten,[12] kommt den Tatbestandsmerkmalen neben der Kausalitätsprüfung keine eigenständige Bedeutung zu. Die Geschäftsgrundlage fällt zB weg, wenn die Ehe oder Beziehung des eigenen Kindes zum Schwiegerkind endet und dadurch das eigene Kind nicht dauerhaft an der Zuwendung teilhaben kann.[13] Die Geschäftsgrundlage fällt nicht weg, wenn bei der Erwartung, eine Lebensgemeinschaft werde Bestand haben, der Zuwendende stirbt, weil die Lebensgemeinschaft in seinem Tod ihr natürliches Ende findet.[14] Diese Wertung ist übertragbar auf den Fall, dass der zuwendende Lebensgefährte ins Pflegeheim muss und dadurch nicht mehr an seiner Zuwendung teilhaben kann. Auch dies entspricht heute einem vorhersehbaren Verlauf in einer Lebensgemeinschaft.

---

[4] OLG Hamm 29 U 214/91, NJW-RR 1993, 1412.

[5] BGH X ZR 108/03, ZEV 2006, 214.

[6] BGH XII ZR 132/12, NJW 2013, 2187; XII ZR 92/06, ZEV 2010, 145; OLG Brandenburg 10 WF 63/14, NJW-RR 2015, 516.

[7] BGH X ZR 107/16, NZFam 2019, 822; XII ZB 666/13, NJW 2015, 690; XII ZR 149/09, ZEV 2012, 277; XII ZR 189/06, ZEV 2010, 371; OLG Oldenburg 3 U 44/93, NJW 1994, 1539.

[8] BGH XII ZB 666/13, NJW 2015, 690.

[9] BGH XII ZB 666/13, NJW 2015, 690.

[10] BGH XII ZR 46/13, NJW 2015, 1523.

[11] OLG Frankfurt 8 W 13/19,NZFam 2019, 686.

[12] Grüneberg/Grüneberg BGB § 313 BGB Rn. 18.

[13] BGH XII ZB 666/13, NJW 2015, 690.

[14] BGH XII ZR 92/06, ZEV 2010, 145.

3. Kausalität

Die Vorschrift greift nur ein, wenn die Parteien den Vertrag nicht oder mit anderem Inhalt geschlossen hätten, wenn sie die Störung vorhergesehen hätten. Die Beweislast liegt bei demjenigen, der sich auf die Störung der Geschäftsgrundlage beruft. Bei einer Grundstücksübertragung lässt sich das beabsichtigte Gesamtkonzept oft aus weiteren Vertragsbestimmungen erkennen, zB einem (ggf. gegenständlich beschränkten) Verzicht auf Pflichtteilsansprüche oder Regelungen zur Anrechnung auf den Pflichtteilsanspruch oder zur Ausgleichung im Erbfall. 5

4. Zumutbarkeit

Die Vorschrift setzt voraus, dass einem Teil unter Berücksichtigung aller Umstände des Einzelfalls, insbesondere der vertraglichen oder gesetzlichen Risikoverteilung, das Festhalten am unveränderten Vertrag nicht zugemutet werden kann. Es genügt nicht jede einschneidende Veränderung der bei Vertragsabschluss bestehenden oder gemeinsam erwarteten Verhältnisse. Vielmehr muss ein Festhalten an der vereinbarten Regelung für den einen Teil zu einem nicht mehr tragbaren Ergebnis führen. Dazu bedarf es einer umfassenden Interessenabwägung unter Würdigung aller Umstände.[15] Beispiele sind die persönlichen und wirtschaftlichen Verhältnisse, der Umfang der durch die Zuwendung bedingten und beim Empfänger noch vorhandenen Vermögensmehrung, die mit einer Schenkung verbundene Erwartungen des Zuwendenden hinsichtlich seiner Versorgung im Alter, die Dauer einer Ehe oder Lebensgemeinschaft.[16] Die Vorschrift ist nicht anwendbar, wenn sich ein Risiko realisiert, das aus der Risikosphäre einer Partei stammt.[17] Eine geringfügige Bereicherung auf der einen Seite kann hinzunehmen sein, wenn die Beteiligten bereits selbst durch Übernahme eines Darlehens einen Ausgleich geschaffen haben.[18] 6

Übernimmt ein Kind als Gegenleistung für eine Zuwendung eine Pflegeverpflichtung, so trägt es das Risiko, dass es sehr lange und intensiv pflegen muss. Dafür hat es auch die Chance, dass es kaum oder nie zur Pflege herangezogen wird. In diesen Fällen kann daher keine Vertragsanpassung erfolgen, wenn die Pflegezeit sehr kurz oder sehr lang ausfällt. Anders ist es, wenn eine professionelle Pflege erforderlich wird, die das Kind nicht erbringen kann. Dann kann dem Kind eine Vertragsanpassung zumutbar sein, dass das Zugewendete (teilweise) für die Kosten der Pflege eingesetzt werden muss.[19] Haben die Beteiligten einen Arbeitsvertrag geschlossen, genügen unbezahlte Überstunden nicht für eine Ausgleichspflicht.[20] 7

III. Rechtsfolge

Die Rechtsfolge ist die Anpassung des Vertrags. Der Berechtigte kann sowohl auf die Anpassung klagen, als auch den sich nach der Anpassung ergebenden Anspruch direkt geltend machen.[21] Bei der Anpassung ist aufgrund einer Abwägung der beiderseitigen Interessen eine für beide Parteien zumutbare Vertragsänderung zu bewirken. Das maßgebliche Kriterium der Zumutbarkeit führt in der Regel dazu, dass einer Partei die sie treffenden unvorhergesehenen Nachteile nicht in vollem Umfang ab- 8

---

[15] BGH XII ZB 666/13, NJW 2015, 690; XII ZR 46/13, NJW 2015, 1523.
[16] BGH XII ZB 666/13, NJW 2015, 690.
[17] BGH XII ZR 66/03, NJW 2006, 899.
[18] OLG Brandenburg 3 U 8/12, BeckRS 2016, 03543.
[19] OLG Hamm 29 U 214/91, NJW-RR 1993.
[20] OLG Brandenburg 10 WF 63/14, NJW-RR 2015, 516.
[21] BGH XII ZB 181/13, NJW 2015, 1014.

genommen werden können, sondern nur insoweit, als die Belastung untragbar erscheint.[22] Hat ein Lebensgefährte eine im Eigentum des anderen stehende Immobilie finanziert, muss er sich bei der Anpassung die ersparte Miete anrechnen lassen.[23] Bei Grundstücksschenkungen an das Schwiegerkind kann in der Regel keine Rückgewähr des Geschenks, sondern nur ein Ausgleich in Geld verlangt werden. Ausnahmsweise ist aber auch eine Rückgewähr des (Mit-)Eigentums möglich, zB wenn ein Wohnrecht oder die Altersversorgung des Zuwendenden wegen einer möglichen oder angedrohten Zwangsversteigerung gefährdet ist oder wenn eine Pflegeverpflichtung aus dem Grundstücksübertragungsvertag wegen eines tiefen Zerwürfnisses nicht mehr erbracht werden kann. In diesen Fällen wird der Beschenkte in der Regel einen Ausgleich in Geld erhalten.[24] Ist eine Anpassung nicht möglich oder einem Teil nicht zumutbar, kann der benachteiligte Teil vom Vertrag zurücktreten bzw. bei Dauerschuldverhältnissen kündigen (§ 313 Abs. 3 BGB).

9 In welcher Höhe ein Rückforderungsanspruch besteht, ist unter Abwägung sämtlicher Umstände des Einzelfalls zu entscheiden.[25] Zu berücksichtigen ist, in welchem Umfang sich die Erwartungen des einen Teils bereits verwirklicht haben, zum Beispiel weil eine Immobilie bereits über einen gewissen Zeitraum genutzt werden konnte.[26] Der Rückforderungsanspruch wird durch die Höhe der beim Empfänger noch vorhandenen Vermögensmehrung begrenzt.[27]

10 Der Anspruch unterliegt der Regelverjährung.[28] Bei Verträgen über Grundstücken unterliegt der Anspruch der Verjährung nach § 196 BGB und zwar unabhängig davon, ob die Rückübertragung oder eine Geldentschädigung gefordert wird.[29]

Abschnitt 8. Einzelne Schuldverhältnisse

Titel 4. Schenkung

§ 516 Begriff der Schenkung

(1) **Eine Zuwendung, durch die jemand aus seinem Vermögen einen anderen bereichert, ist Schenkung, wenn beide Teile darüber einig sind, dass die Zuwendung unentgeltlich erfolgt.**

(2) [1]**Ist die Zuwendung ohne den Willen des anderen erfolgt, so kann ihn der Zuwendende unter Bestimmung einer angemessenen Frist zur Erklärung über die Annahme auffordern.** [2]**Nach dem Ablauf der Frist gilt die Schenkung als angenommen, wenn nicht der andere sie vorher abgelehnt hat.** [3]**Im Falle der Ablehnung kann die Herausgabe des Zugewendeten nach den Vorschriften über die Herausgabe einer ungerechtfertigten Bereicherung gefordert werden.**

---

[22] BGH X ZR 108/03, ZEV 2006, 214.
[23] BGH XII ZR 132/12, NJW 2013, 2187.
[24] BGH XII ZB 181/13, NJW 2015, 1014.
[25] BGH XII ZR 149/09, ZEV 2012, 277.
[26] BGH XII ZR 46/13, NJW 2015, 1523; XII ZR 149/09, ZEV 2012, 277.
[27] BGH XII ZR 46/13, NJW 2015, 1523; XII ZR 149/09, ZEV 2012, 277.
[28] BGH XII ZB 516/14, NJW 2016, 629.
[29] BGH XII ZB 181/13, NJW 2015, 1014.

Übersicht

I. Bedeutung

1 § 516 BGB enthält die zentrale Definition der Schenkung. Diese wird in zahlreichen Vorschriften aufgegriffen. Im Vorsorgerecht finden sich häufig Regelungen in der Vorsorgevollmacht oder im Innenverhältnis, in welchem Umfang der Bevollmächtigte Schenkungen vornehmen kann, darf oder soll.

II. Schenkung (Abs. 1)

Eine Schenkung erfordert eine Bereicherung beim Beschenkten, eine Entreicherung beim Schenker und eine Einigung der beiden über die Unentgeltlichkeit.

1. Bereicherung beim Beschenkten/Unentgeltlichkeit

2 Eine Schenkung setzt eine Bereicherung beim Beschenkten voraus. Ist er bereichert, so ist das Geschäft insoweit (objektiv) unentgeltlich. Davon zu trennen ist die subjektive Komponente der Schenkung, wonach sich die Parteien zusätzlich darüber einig sein müssen, dass die Zuwendung unentgeltlich erfolgt, dazu → Rn. 15.

3 Unentgeltlich ist die Zuwendung, wenn ihr keine gleichwertige Gegenleistung gegenüber steht. Geht mindestens eine Vertragspartei davon aus, dass ein Anspruch auf die Zuwendung besteht, dann ist sie entgeltlich. Eine lediglich sittliche Verpflichtung genügt hingegen nicht für die Entgeltlichkeit, sondern führt zur Unentgeltlichkeit.[1] Es genügt für eine (Teil-)Entgeltlichkeit auch, wenn die Gegenleistung nicht an den Zuwendenden, sondern an einen Dritten fließt.[2] Eine Entgeltlichkeit liegt nicht nur bei gegenseitig verpflichtenden Verträgen vor, sondern auch, wenn die Leistung des einen Teils Bedingung für das Entstehen der Verpflichtung der anderen Seite ist.[3]

---

[1] RG RGZ 125, 380 (383).
[2] RG RGZ 112, 361 (368).
[3] BGH IVa ZR 192/80, NJW 1982, 436.

4 Ist der Beschenkte verpflichtet, (als Auflage) das gesamte Geschenk weiterzugeben oder zu verwenden, dann liegt keine Schenkung vor.[4] Bei der sogenannten **Kettenschenkung** muss der Beschenkte das Geschenk nach einem Gesamtplan weiterverschenken, zB wenden Eltern ihrem Kind etwas zu, das dieses dann (zur Steuerersparnis) seinem Ehegatten weitergeben muss. In diesem Fällen liegt keine Bereicherung des Kindes und damit auch keine Schenkung an das Kind vor. Vielmehr handelt es sich um eine Schenkung der Eltern direkt an den Ehegatten des Kindes.[5] Gemeinsamer Konsum, zB die Buchung einer gemeinsamen Urlaubsreise, ist keine Schenkung, da es an einer Bereicherung des Beschenkten fehlt.[6] Eine Bereicherung fehlt nicht, wenn der Beschenkte eine **juristische Person** ist, die nach ihrer Satzung oÄ verpflichtet ist, das Geschenk in einer bestimmten Weise zu verwenden. Vielmehr verwendet der Beschenkte in diesem Fall das Geschenk für sich.[7] Eine Bereicherung liegt auch dann vor, wenn der Beschenkte den Gegenstand auch aufgrund eines Vermächtnisses erhalten sollte, das vom Erblasser/Schenker nicht mehr allein geändert werden konnte. Das Vermächtnis ist nicht so sicher, dass man den zukünftigen Bedachten so behandeln könnte, als hätte er den Gegenstand bereits sicher gehabt.[8]

5 Bei der **gemischten Schenkung** stehen der Zuwendungen eine oder mehrere Gegenleistungen gegenüber. Die gemischte Schenkung setzt einen objektiven Tatbestand voraus, bei dem die Leistung des Schenkers den Wert etwaig versprochener Gegenleistungen überwiegt, wobei jede Wertdifferenz zu Gunsten des Beschenkten genügt.[9] Eine gemischte Schenkung liegt vor, wenn der Beschenkte durch einen Überschuss des Werts der Zuwendungen verglichen mit seinen Gegenleistungen objektiv bereichert wird, die Vertragsparteien sich dieses Überschusses bewusst und subjektiv darüber einig sind, jedenfalls den überschießenden Zuwendungsteil dem Beschenkten unentgeltlich zuzuwenden.[10] Keine gemischte Schenkung liegt vor, wenn bei der Zuwendung eines Grundstücks der Beschenkte Belastungen übernehmen muss. Dies mindert lediglich den Wert des Geschenks.[11] Bei der Übertragung eines Grundstücks, auf dem der Beschenkte zuvor in der Absicht ein Haus errichtet hat, dass er das Grundstück erhält, ist nur das Grundstück Gegenstand der Schenkung. Hinsichtlich des Gebäudes liegt Entgeltlichkeit vor, weil dem Beschenkten ein Anspruch aus Zweckverfehlungskondiktion zustände, wenn er das Grundstück nicht erhalten würde.[12]

6 **Beispiele für Unentgeltlichkeit:**

– Die Übertragung eines Hausgrundstücks der Eltern auf die Kinder ist meist unentgeltlich, selbst wenn Nutzungsrechte zurückbehalten und eine Pflegeverpflichtung übernommen wird. Es sind jedoch die Wertverhältnisse im Einzelfall zu betrachten. Vorbehaltene Nutzungsrechte wie Nießbrauch und Wohnungsrecht sind mit dem kapitalisierten Wert der Nutzungen anzusetzen. Dazu ist der jährliche Nettoertrag mit dem Vervielfältigungsfaktor gem. den Tabellen des Statistischen Bundesamts zu § 14 BewG zu multiplizieren.[13]

---

[4] RG RGZ 105, 305 (308); RGZ 62, 386 (389f.).
[5] BFH II R 54/03, ZEV 2005, 262.
[6] BFH II R 24/18, ZEV 2021, 333 hat dies aber offen gelassen.
[7] BGH IV ZR 249/02, ZEV 2004, 115; RG RGZ 71, 140 (143).
[8] RG RGZ 95, 12 (14f.).
[9] BGH X ZR 45/00, ZEV 2012, 110.
[10] BGH X ZR 5/11, ZEV 2013, 213.
[11] BGH V ZR 252/87, NJW 1989, 2122.
[12] BGH XII ZR 145/91, NJW 1992, 2566.
[13] BGH IV ZR 513/15, BeckRS 2016, 17632.

- Ein Schuldanerkenntnis, bei dem der Rechtsgrund nur fingiert ist, ist ein konstitutives Schuldanerkenntnis. Wenn ihm keine Gegenleistung zugrunde liegt, liegt eine Schenkung vor.[14]
- Versprechen in einem Maklervertrag zur Zahlung einer Provision unabhängig von jeglicher Maklerleistung.[15]
- Die Unentgeltlichkeit einer Schenkung von Schwiegereltern an ihre Schwiegerkinder bzw. die Einigung darüber wurde von der früheren Rechtsprechung verneint.[16] Diese Rechtsprechung wurde aufgegeben.[17]
- Der Verzicht des beschenkten Ehegatten auf seinen Pflichtteil ist für die Anfechtung nach AnfG keine Gegenleistung, die zur Entgeltlichkeit führt.[18]

Beispiele für Entgeltlichkeit bzw. fehlende Bereicherung: 7

- Als Gegenleistung wurde die Verpflichtung angesehen, auf dem übertragenen Grundstück zu leben, Versorgungsleistungen zu erbringen, Einschränkungen in der Lebensführung hinzunehmen und auf unabsehbare Zeit auf Urlaub zu verzichten.[19]
- Eine Entgeltlichkeit wird angenommen, wenn dem Beschenkten ein Bereicherungsanspruch zugestanden hätte, wenn er das Geschenk nicht erhalten hätte, zB weil entsprechende Dienste in Erwartung der Schenkung vorgenommen wurden und der Schenker dies erkannt und hingenommen hatte.[20]
- Die jahrelange Bereitstellung einer Wohnung für die Eltern soll eine Gegenleistung für die spätere Übertragung eines Grundstücks der Eltern an die Kinder sein, wenn die Wohnung in dieser Erwartung bereitgestellt wurde.[21]
- Die Begründung der Gütergemeinschaft ist in der Regel keine Schenkung, obwohl damit eine erhebliche unentgeltliche Vermögensverschiebung einhergehen kann. Im Ausnahmefall kann aber eine Schenkung vorliegen, wenn die Gütergemeinschaft ausschließlich dazu benutzt wird, ehefremde Ziele zu erreichen.[22]
- Das OLG Köln sah eine Vereinbarung zwischen nichtehelichen Lebensgefährten als entgeltlich an, bei der einer bei der Trennung einen Geldbetrag zahlen musste, der von der Dauer des Zusammenlebens abhing.[23] Es ist fraglich, ob im bloßen Zusammenleben eine Leistung gesehen werden kann.
- Zuwendungen einer Stiftung an einen Destinatär sind keine Schenkungen, weil der Destinatär darauf einen Anspruch hat, unabhängig davon, ob sich dieser aus der Satzung oder einer einseitigen Zuerkennung durch ein Stiftungsorgan oder einen Vertrag ergibt.[24]
- Besondere Bemühungen zum Erreichen eines bestimmten Erfolges (Gewinn einer Meisterschaft) sind eine Gegenleistung, die eine Schenkung ausschließen.[25]

---

[14] BGH IV ZR 107/78, NJW 1980, 1158.
[15] OLG Koblenz 12 U 1326/06, BeckRS 2008, 06955; OLG Düsseldorf 7 U 169/99, NJW-RR 2001, 1134.
[16] OLG Celle 6 U 198/02, NJW-RR 2003, 721.
[17] BGH XII ZR 189/06, ZEV 2010, 371.
[18] BGH IX ZR 74/90, NJW 1991, 1610.
[19] OLG Hamm 22 U 160/90, NJW-RR 1992, 1170.
[20] BGH III ZR 188/64, MDR 1967, 388.
[21] OLG Düsseldorf 9 U 136/00, NJW-RR 2001, 1518.
[22] BGH IV ZR 266/90, NJW 1992, 558.
[23] OLG Celle 11 U 84/00, FamRZ 2001, 127.
[24] BGH Xa ZR 8/08, ZEV 2010, 100.
[25] BGH Xa ZR 9/08, NJW 2009, 2737.

2. Entreicherung beim Schenker

8 Eine Schenkung setzt voraus, dass die Substanz des Vermögens des Schenkers durch die Zuwendung vermindert wird. Das Anlegen eines Sparbuchs auf den Namen eines Enkelkindes ist noch keine Schenkung. Vielmehr ist ein Schenkungsvertrag im Valutaverhältnis erforderlich.[26]

9 Arbeits- oder Dienstleistungen und Gebrauchsüberlassungen sind im Grundsatz keine Schenkungen, weil sie keine Vermögenseinbuße bewirken.[27] Die Zuwendung eines schuldrechtlichen Wohnrechts oder die unentgeltliche Überlassung einer Wohnung ist Leihe (§ 598 BGB) und keine Schenkung.[28] Auch ein zinsloses Darlehen (§ 488 BGB, § 607 BGB) ist keine Schenkung, selbst wenn es der Schenkungsteuer unterliegt.[29]

10 Der BGH hat erwogen, dass abweichend davon eine Schenkung vorliegen könne, wenn eine langfristige unentgeltliche Überlassung zum Gebrauch wirtschaftlich einer Weggabe von Substanz nahe komme.[30] Das sei bei einer Vertragslaufzeit von 31 Jahren über eine Immobilie noch nicht der Fall.[31] Eine Schenkung wurde vom BGH ferner erwogen, wenn für die Leistung üblicherweise eine Vergütung gewährt wird oder wenn der Zuwendende seine Arbeitskraft oder die zur Nutzung überlassene Sache anderweitig gegen Ertrag einsetzen könnte, auf diesen Nuten aber zugunsten des Bedachten verzichtet.[32] Es genügt jedoch nicht, dass der Zuwendende die Sache sonst selbst nutzen könnte.[33]

11 Bisher nicht entschieden ist, ob die Zuwendung eines dinglichen Wohnungsrechts eine Schenkung ist. Auf der einen Seite besteht eine Parallele zum schuldrechtlichen Wohnrecht, das eine Leihe und keine Schenkung ist. Auf der anderen Seite gewährt das dingliche Wohnungsrecht eine stärkere Rechtsposition. Die Aufgabe eines dinglichen Wohnungsrechts ist eine Schenkung.[34] Der Verzicht auf einen Nießbrauch ist Schenkung.[35] Wenn bei einem Wohnungsrecht der Berechtigte im Pflegeheim ist und eine Vermietung mangels Zustimmung des Eigentümers nicht möglich ist, ist der Verzicht auf das Wohnungsrecht trotzdem eine Schenkung.[36] Es bedarf dafür jedoch keiner betreuungsrechtlichen Genehmigung mehr.[37]

3. Mittelbare Schenkungen

12 Der Gegenstand der Bereicherung beim Beschenkten und der Gegenstand der Entreicherung beim Schenker müssen nicht identisch sein.[38] Der Schenker kann zum Beispiel einen Dritten dafür bezahlen, dass dieser einen Gegenstand an den Be-

---

[26] OLG Düsseldorf 5 U 249/00, ZErb 2003, 188.

[27] BGH IVb ZR 70/86, NJW 1987, 2816.

[28] BGH XII ZR 33/15, FamRZ 2016, 709; IVa ZR 34/83, NJW 1985, 1553; V ZR 247/80, NJW 1982, 820; OLG Stuttgart 19 U 27/07, BeckRS 2008, 08173; KG 13 U 55/05, ErbR 2007, 158; BFH VIII R 184/83, NJW 1984, 1583; überholt ist BGH V ZR 57/67, NJW 1970, 941. Dort hatte der BGH noch eine Schenkung unterstellt, ohne die Abgrenzung zur Leihe zu thematisieren.

[29] BFH II R 25/12, ZEV 2014, 267.

[30] BGH IVa ZR 34/83, NJW 1985, 1553.

[31] BGH XII ZR 33/15, FamRZ 2016, 709.

[32] BGH IVb ZR 70/86, NJW 1987, 2816.

[33] BGH V ZR 247/80, NJW 1982, 820.

[34] OLG Nürnberg 4 U 1571/12, ZEV 2014, 37.

[35] OLG Köln I-7 U 119/16, ZEV 2017, 531.

[36] BGH X ZR 7/20, ZEV 2021, 264.

[37] BGH XII ZB 164/19, ErbR 2020, 107 (109).

[38] RG V 129/40, RGZ 167, 199.

schenkten leistet, der nie im Vermögen des Schenkers war. Die Problematik wird unter dem Stichwort der mittelbaren Schenkung diskutiert. Was in diesem Fall Schenkungsgegenstand ist, richtet sich nach dem Parteiwillen.[39] Entscheidend ist, was dem Beschenkten nach dem Willen des Zuwendenden verschafft werden soll.[40] Wird die Schenkung anders vollzogen, als es in der Schenkungsabrede vereinbart war, dann kommt es auf die Zuwendung und nicht auf das Versprechen an.[41]

Eine mittelbare Schenkung setzt voraus, dass der Beschenkte im Verhältnis zum Schenker nicht über das ihm unmittelbar Zugewendete, sondern erst über das Surrogat verfügen darf.[42] Keine mittelbare Schenkung liegt vor, wenn die Schenkung unter Auflage erfolgt, weil dazu zunächst der gesamte Schenkungsgegenstand in das Vermögen des Beschenkten übergehen muss.[43] Für eine mittelbare Grundstücksschenkung genügt es, wenn der Schenker dem Beschenkten den Geldbetrag vor dem Erwerb des Grundstücks formfrei zusagt und bis zur Tilgung der Kaufpreisschuld zur Verfügung stellt.[44] 13

Beispiele: 14

- Mittelbare Schenkung einer Eigentumswohnung, wenn der Kaufpreis direkt vom Schenker an den Verkäufer gezahlt wird.[45]
- Mittelbare Schenkung eines Mietwohnhauses durch Bezahlung von dessen Errichtung auf dem Grundstück des Beschenkten.[46]
- Mittelbare Schenkung eines Grundstücks.[47]
- Mittelbare Schenkung einer Geldforderung durch Hingabe eines Grundstücks (also das Gegenteil der mittelbaren Grundstücksschenkung).[48]
- Mittelbare Schenkung eines Kommanditanteils einer neu gegründeten KG, bei der der Schenker andere Gesellschaftsbeteiligungen eingebracht hat.[49] Mittelbare Werterhöhung eines KG-Anteils durch Zahlung von Nachschüssen.[50]
- Zuwendung eines Anspruchs gegen das Versicherungsunternehmen bei einer Lebensversicherung mit Bezugsrecht.[51] Die Bezahlung fremder Versicherungsprämien ist hingegen keine mittelbare Zuwendung der Versicherungsleistung, sondern eine Befreiung von der Verbindlichkeit der Prämienzahlung.[52]

4. Einigung über die Unentgeltlichkeit

a) Einigung. Eine Schenkung erfordert neben der objektiven Unentgeltlichkeit, dass sich die Parteien subjektiv über die Unentgeltlichkeit einig sind (Abs. 1). Geht eine Partei von Entgeltlichkeit aus, die andere aber von Unentgeltlichkeit, so liegt ein offener Dissens vor, wenn die Erklärungen jeweils auch nicht vom objektiven Empfängerhorizont der anderen Partei anders verstanden werden können.[53] Wenn 15

[39] BGH V ZR 134/69, NJW 1972, 247; BFH II R 162/71, DB 1977, 1683; II R 87/70, BB 1973, 417; II S 2/70, DStR 1971, 88; RG V 129/40, RGZ 167, 199.
[40] BFH II R 39/86, NJW 1989, 1110.
[41] BFH II R 87/92, ZEV 1995, 75.
[42] BFH II R 26/13, NJW 2015, 173.
[43] BFH II R 133/83, BFHE 142, 511.
[44] BFH II R 44/02, ZEV 2005, 127.
[45] BFH IX R 38/06, BeckRS 2007, 25012419.
[46] BFH II R 39/86, NJW 1989, 1110.
[47] BFH II R 133/83, BFHE 142, 511; II R 162/71, DB 1977, 1683.
[48] BFH II R 114/82, NJW 1985, 1800.
[49] BGH II ZR 243/89, ZIP 1990, 1061.
[50] FG München 1 K 3521/11, BeckRS 2015, 94321.
[51] BGH IV ZR 73/08, ZEV 2010, 305; IV ZR 230/08, VersR 2010, 1067.
[52] BFH II R 26/13, NJW 2015, 173.
[53] BGH V ZR 241/91, NJW-RR 1993, 450.

beide Parteien (fälschlich) davon ausgehen, dass die Zuwendung entgeltlich ist, dann fehlt es an der Einigung über die Unentgeltlichkeit und es liegt keine Schenkung vor.[54] Ein **Erbverzicht** wird in der Regel nicht als Gegenleistung angesehen, sondern soll nur dazu dienen, den gerechten erbrechtlichen Ausgleich sicherzustellen. Eine Zuwendung gegen Erbverzicht ist daher nur ausnahmsweise keine Schenkung, wenn der Erbverzicht als Hauptleistung angesehen wird und der Wert der Zuwendung deutlich hinter der Erberwartung zurückbleibt.[55]

16 Sogenannte **unbenannte Zuwendungen** zwischen Ehegatten sollen nach der Rechtsprechung keine Schenkungen sein, weil es an einer Einigung über die Unentgeltlichkeit fehle und der Erwerb vielmehr der Verwirklichung, Ausgestaltung, Erhaltung oder Sicherung der ehelichen Lebensgemeinschaft diene und seine Geschäftsgrundlage im Fortbestand der Ehe habe.[56] Die Anlage von Geld eines Ehegatten in Investmentfondanteilen, die auf beide Ehegatten lauten, sei keine Schenkung, soweit darin eine angemessene Beteiligung des anderen Ehegatten an den Früchten des ehelichen Zusammenlebens liege.[57] Diese Rechtsprechung wurde auf Zuwendungen in einer nichtehelichen Lebensgemeinschaft übertragen.[58] Ausnahmsweise soll aber doch eine Schenkung vorliegen, wenn beide Ehegatten eine Schenkung wollten und dies ggf. auch ausdrücklich in den Vertrag aufgenommen haben.[59] Diese Sichtweise stammt aus dem Familienrecht. Sie lässt sich mit einem einheitlichen Schenkungsbegriff nicht vereinbaren. Die Rechtsprechung behandelt unbenannte Zuwendungen daher im Schenkungsteuerrecht[60] und Erbrecht[61] wie Schenkungen. Richtiger wäre wohl die Erkenntnis, dass unbenannte Zuwendungen Schenkungen sind und dass die familienrechtlichen Probleme anders zu lösen sind. Auch vor einer Anfechtung nach dem AnfG schützen unbenannte Zuwendungen nicht, wobei § 4 Abs. 1 AnfG nur an unentgeltliche Leistungen anknüpft und kein subjektives Element erfordert.[62]

17 Eine **Gegenleistung** kann nach der Rechtsprechung auch **nachträglich** begründet werden, so dass eine Schenkung in einen entgeltlichen Vertrag umgewandelt werden kann.[63] Nach Ansicht des OLG Hamm kann eine Leistung, die in der Vergangenheit unentgeltlich vorgenommen worden ist, nicht durch nachträgliche Vereinbarung zu einer entgeltlichen gemacht werden, es sei denn die ursprüngliche Leistung sei bereits in der erkennbaren Absicht erbracht worden, für sie unter bestimmten Umständen eine Entlohnung zu fordern.[64] Leider fehlt es an einer Begründung, wieso die Privatautonomie der Parteien in dieser Hinsicht eingeschränkt sein soll.

18 Die nachträgliche Vereinbarung oder Erhöhung des Entgelts ist von der **belohnenden Schenkung** abzugrenzen. Bei der belohnenden Schenkung überwiegt das Dankgefühl, beim nachträglichen Entgelt das Gefühl einer wirklichen Schuld bzw. auf der anderen Seite das Gefühl eines wirklichen Anspruchs.[65] Da die Verlockung

---

[54] BGH V ZR 167/64, WM 1967, 1131.

[55] BGH X ZR 59/13, NJW 2016, 324.

[56] BGH X ZR 84/04, NJW 2006, 2330; XII ZR 132/90, NJW 1992, 238; IVb ZR 82/86, NJW-RR 1988, 962; IX ZR 91/80, NJW 1982, 1093.

[57] BGH IV ZR 231/69, JR 1972, 244.

[58] BGH XII ZR 179/05, ZEV 2008, 489.

[59] BGH XII ZR 210/91, NJW-RR 1993, 1410; XII ZR 1/89, NJW-RR 1990, 386; IX ZR 62/82, NJW 1983, 663.

[60] BFH II R 59/92, NJW 1994, 2044.

[61] BGH IV ZR 164/90, NJW 1992, 564.

[62] BGH IX ZR 74/90, NJW 1991, 1610; OLG Celle 20 U 24/89, NJW-RR 1990, 394.

[63] BGH IVa ZR 338/87, NJW-RR 1989, 706.

[64] OLG Hamm 29 U 80/94, NJW-RR 1995, 567.

[65] RG VII 329/18, RGZ 94, 322 (324).

groß ist, mit nachträglichen Vereinbarungen Drittinteressen (zB Pflichtteilsberechtigter oder des Sozialhilfeträgers) zu beeinträchtigen, ist in diesen Fällen bei der Annahme einer nachträglichen Gegenleistung Zurückhaltung geboten.[66] Bei der Entlohnung vorangegangener Pflegedienste durch einen Angehörigen ist zu beachten, dass von diesem teilweise erwartet wird, dass er aus Gründen familiärer Solidarität unentgeltlich tätig wird, so dass in der Regel eine belohnende Schenkung und kein nachträgliches Entgelt vorliegt.[67] Die Beweislast für eine Schenkung und gegen eine nachträgliche Vereinbarung oder Erhöhung des Entgelts liegt bei dem, der sich auf eine Schenkung beruft.[68]

b) Prinzip der subjektiven Äquivalenz. Die Schenkung erfordert eine Einigung über die Unentgeltlichkeit. Dafür genügt es nicht, wenn bei einem Geschäft Leistung und Gegenleistung objektiv nicht gleichwertig sind. Vielmehr gehen die subjektiven Wertvorstellungen der Parteien vor. Es ist danach zu fragen, ob nach den Vorstellungen der Parteien (ggf. teilweise) eine Schenkung vorliegen sollte. Die Parteien müssen wissen, dass die Wertdifferenz besteht und sich über die Unentgeltlichkeit einig sein.[69] Wenn die Vertragsparteien das Missverhältnis zwischen Leistung und Gegenleistung nicht erkannt haben, dann liegt keine Einigung über die Unentgeltlichkeit vor.[70] An der Einigung über die Unentgeltlichkeit fehlt es auch, wenn die Vertragsparteien das Missverhältnis zwischen Leistung und Gegenleistung aus guten Gründen hingenommen haben.[71] 19

Besteht zum Zeitpunkt der Zuwendung ein **auffallendes, grobes Missverhältnis** zwischen den Werten von Leistung und Gegenleistung, ist nach der Lebenserfahrung davon auszugehen, dass die Vertragsparteien dies erkannt haben und sich in Wahrheit über die Unentgeltlichkeit einig waren. In diesen Fällen besteht eine **Beweiserleichterung** zu Gunsten desjenigen, der sich auf die Schenkung beruft. Der andere muss dann beweisen, dass die Parteien sich nicht über die Unentgeltlichkeit einig waren.[72] Die Beweiserleichterung gilt nur für Dritte, nicht aber für die Parteien des (Schenkungs-)Vertrags. Diese sind nicht schutzwürdig, weil sie es selbst in der Hand haben, die von ihnen tatsächlich zugrunde gelegten Werte in den Vertrag aufzunehmen.[73] 20

c) Bewertung von Pflegeverpflichtungen. Schwierigkeiten bereitet die Bewertung von Pflegeverpflichtungen. Für die Bewertung kommt es auf den Zeitpunkt des Vertragsabschlusses an. Zu diesem Zeitpunkt ist in der Regel nicht absehbar, in welchem Umfang Pflegeleistungen erforderlich werden. Es ist daher eine Prognose erforderlich. Gebilligt wurde eine voraussichtliche Pflegedauer von fünf Jahren.[74] Bei einer 89-Jährigen wurde auf eine durchschnittliche Lebenserwartung von 4,37 Jahren, einen geschätzten Pflegeaufwand von 3 Stunden je Tag und einen Stundensatz von 10 EUR (= 47.851,15 EUR) abgestellt.[75] Das OLG Hamm sah eine Verpflichtung zur lebenslänglichen Pflege als akzeptable Gegenleistung für eine Zuwendung von 21

---

[66] Roglmeier ErbR 2015, 292 (293).

[67] Roglmeier ErbR 2015, 292 (293).

[68] BGH IVa ZR 171/84, NJW-RR 1986, 1135 Rn. 19.

[69] BGH V ZR 304/88, ZivR 36 Nr. 8016 Rn. 26.

[70] OLG Brandenburg 9 UF 219/07, NJW 2008, 2720 Rn. 13.

[71] BGH V ZR 96/59, NJW 1961, 604 (605).

[72] BGH X ZR 5/11, ZEV 2013, 213; IV ZR 374/94, ZEV 1996, 197; IVa ZR 338/87, NJW-RR 1989, 706 Rn. 11; IVa ZR 185/80, NJW 1982, 43; IVa ZR 154/80, NJW 1981, 1956; IV ZR 221/69, NJW 1972, 1709.

[73] BGH XII ZB 434/12, NJW 2014, 294; OLG Karlsruhe 3 U 22/09, ZErb 2010, 55.

[74] BGH X ZR 246/98, NJ 2000, 598.

[75] OLG Frankfurt 16 U 71/04, MittBayNot 2005, 495.

80.000 DM an.[76] Einen neuen Ansatz versucht Kreienberg zu entwickeln, indem sie sich an den Kosten von ersparten Fremdleistungen orientiert und diese anhand der statistischen Lebenserwartung und der Pflegewahrscheinlichkeit hochrechnet.[77] Wenn die Pflege von Laien übernommen wird, dürften die Kosten professioneller Pflegekräfte kein tauglicher Ansatzpunkt sein. Der BGH nannte eine Berechnung wie bei Nutzungsrechten (→ Rn. 6) als Bewertungsmöglichkeit.[78] Danach wäre der Jahreswert mit dem Vervielfältiger zu multiplizieren. Dieser Ansatz ist zweifelhaft, da die Pflege nicht ab Vertragsschluss geschuldet wird, sondern erst ab dem Pflegebedarf.

5. Keine Schenkung: Ausstattung

22 Die Ausstattung gilt nach § 1624 Abs. 1 BGB nicht als Schenkung. Ausstattung ist dasjenige, was einem Kind mit Rücksicht auf seine Verheiratung oder auf die Erlangung einer selbständigen Lebensstellung zur Begründung oder zur Erhaltung der Wirtschaft oder der Lebensstellung von dem Vater oder der Mutter zugewendet wird. Eine Ausstattung liegt nach § 1624 Abs. 1 BGB nicht vor, soweit die Ausstattung das den Umständen, insbesondere den Vermögensverhältnissen der Eltern entsprechende Maß übersteigt. Bisher gibt es keine allgemein gültigen Abgrenzungskriterien dafür, wann ein solches Übermaß vorliegt.[79] Eine Zuwendung von 20% des Vermögens der Eltern sah das SG Dortmund als nicht übermäßig an.[80]

6. Einzelfälle

23 **a) Oder-Konto.** Oder-Konten kommen vor allem bei Ehegatten häufig vor. Probleme entstehen, wenn ein Ehegatte mehr eingezahlt hat als der andere. Dann gibt es zwei Möglichkeiten. Entweder ist der eine Ehegatte im Innenverhältnis entgegen der Vermutung in § 430 BGB zu mehr als der Hälfte berechtigt. Oder aber es liegt eine Schenkung des einen Ehegatten an den anderen vor, wenn ein anderer Rechtsgrund (zB Unterhalt) ausscheidet. In der Praxis fehlt es häufig an ausdrücklichen Vereinbarungen zwischen den Ehegatten. Die konkludente Vereinbarung muss daher anhand sämtlicher Umstände des Einzelfalls ermittelt werden. Hierzu müssen die Kontenbewegungen über Jahre oder Jahrzehnte betrachtet werden. Nach § 430 BGB wird vermutet, dass die Kontoinhaber im Innenverhältnis zu gleichen Teilen berechtigt sind. Eine abweichende Vereinbarung im Innenverhältnis muss derjenige beweisen, der sich auf sie beruft.[81] Damit liegt die Beweislast dafür, dass keine Bereicherung bzw. Entreicherung eingetreten ist bei demjenigen, der sich auf eine abweichende Vereinbarung im Innenverhältnis beruft. Anders soll dies für die Schenkungsteuer sein. Dort trägt das Finanzamt die Feststellungslast für die Zuwendung als steuerbegründende Tatsache. Wenn es allerdings deutliche objektive Anhaltspunkte dafür gebe, dass beide Kontoinhaber zu gleichen Anteilen am Konto beteiligt sind, dann trägt der zur Schenkungsteuer herangezogene Ehegatte die Feststellungslast dafür, dass im Innenverhältnis ein Kontoinhaber zu mehr als der Hälfte berechtigt ist.[82]

24 Vereinbaren die Kontoinhaber im Innenverhältnis, dass dem Überlebenden das gesamte Konto zustehen soll, liegt darin eine Schenkung auf den Todesfall nach § 2301 Abs. 1 S. 1 BGB. Bereits in der Einräumung der Mitberechtigung soll aber eine Voll-

---

[76] OLG Hamm 29 U 214/91, NJW-RR 1993, 1412.

[77] Kreienberg ZErb 2015, 101.

[78] BGH IV ZR 513/15, BeckRS 2016, 17632.

[79] Roglmeier ErbR 2015, 292.

[80] SG Dortmund S 27 AL 108/02, BeckRS 2009, 65307.

[81] BGH IVb ZR 4/89, NJW 1990, 705.

[82] BFH II R 33/10, DStR 2012, 796.

ziehung der Schenkung im Sinne des § 2301 Abs. 2 BGB liegen.[83] Nach Ansicht des OLG Bamberg stellt allein die Möglichkeit zur Kontenumschreibung auf den überlebenden Ehegatten in den AGB der Bank bereits ein Schenkungsangebot an den überlebenden Ehegatten dar.[84]

Beim Oder-Depot gilt § 430 BGB nur für die Rechte aus dem Depotvertrag, nicht aber für die eingebrachten Wertpapiere. Für diese gilt nach § 1006 BGB die Eigentumsvermutung für den Besitzer. Nach § 742 BGB ist im Zweifel ein Mitbesitz zu gleichen Teilen anzunehmen. Ein Eigentumswechsel der Wertpapiere ist jedoch nicht anzunehmen, wenn sie lediglich von einem Beteiligten in ein gemeinsames Depot eingebracht werden.[85] 25

b) Sparbuch. Übergibt jemand ein auf ihn lautendes Sparbuch an einen anderen, so ist das ein Indiz für eine Schenkung, weil das Eigentum am Sparbuch der Abtretung nach §§ 402, 952 BGB folgt.[86] Zugleich kann darin eine formfreie Abtretung der Einlageforderung zu sehen sein, durch die der Formmangel nach § 518 Abs. 2 BGB geheilt wird.[87] Stellt der Schenker klar, dass eine Verfügungsbefugnis erst ab seinem Tod gelten soll, so ist die Abtretung auf seinen Tod befristet. Auch hierdurch wird der Formmangel geheilt, und zwar sowohl nach § 518 Abs. 2 BGB, als auch nach § 2301 Abs. 2 BGB.[88] 26

Legt der Schenker das Sparbuch auf den Namen des zukünftigen Beschenkten an, so kommt darin zunächst nur die Absicht zum Ausdruck, das Guthaben dem Beschenkten irgendwann zuzuwenden.[89] Ein Schenkungsangebot kann darin noch nicht gesehen werden. Wenn in der Folge kein Schenkungsvertrag zustande kommt und das Guthaben auch nicht vermächtnisweise zugewandt wird, steht das Guthaben – jedenfalls im Verhältnis zum Begünstigten – weiterhin dem Schenker zu, auch wenn der Anspruch gegenüber der Bank möglicherweise zunächst dem Begünstigten zusteht, weil ein Vertrag zu Gunsten Dritter vorliegt.[90] Die Übergabe des Sparbuchs ist ein Indiz für eine Schenkung → Rn. 26. 27

c) Bezugsberechtigung im Todesfall. Bei Lebensversicherungen und Bausparverträgen wird häufig ein Bezugsberechtigter für den Todesfall benannt. Mit dem Tod erwirbt der Bezugsberechtigte einen eigenen Anspruch gegen das Versicherungsunternehmen, die Bausparkasse oder Bank. Es handelt sich um einen Vertrag zu Gunsten Dritter nach §§ 328 Abs. 1, 331 Abs. 1 BGB.[91] § 2301 Abs. 1 BGB ist hierauf nach der Rechtsprechung nicht anwendbar, weil die Vorschrift von § 331 BGB verdrängt wird.[92] Nach dem Tod können die Erben die Bezugsberechtigung nicht mehr ändern oder widerrufen,[93] es sei denn der Erblasser hat sich im Deckungsverhältnis ein Widerrufsrecht vorbehalten.[94] Es kommt daher im Valutaverhältnis zwischen dem Bezugsberechtigten und dem Erblasser bzw. den Erben darauf an, ob der Bezugsberechtigte den Anspruch gegen das Versicherungsunternehmen, die Bausparkasse oder Bank bzw. das erhaltene Geld behalten darf. Im Valutaverhältnis kommt in 28

---

83 BGH IVa ZR 198/84, NJW-RR 1986, 1133.
84 OLG Bamberg 3 U 157/17, ZEV 2019, 155.
85 BGH XI ZR 321/95, ZEV 1997, 159.
86 Damrau ZErb 2008, 221.
87 Bonefeld ZErb 2014, 185 (186).
88 Bonefeld ZErb 2014, 185 (186).
89 Damrau ZErb 2008, 221 (222); Bonefeld ZErb 2014, 185 (186).
90 Damrau ZErb 2008, 221 (222).
91 BGH IX ZR 15/12, NJW 2013, 232.
92 BGH V ZR 209/61, NJW 1964, 1124 (1125).
93 BGH IV ZR 238/06, ZEV 2008, 2702.
94 OLG Frankfurt 23 U 220/11, ErbR 2014, 281.

der Regel ein Schenkungsvertrag zustande. Dieser Schenkungsvertrag kann bereits zu Lebzeiten zwischen dem Erblasser und dem Bezugsberechtigten abgeschlossen werden. Wird er formlos abgeschlossen, wird er mit dem Tod und dem damit verbundenen Entstehen des Anspruchs beim Bezugsberechtigten automatisch geheilt (§ 518 Abs. 2 BGB)[95].

29 Andernfalls kann der Schenkungsvertrag nach dem Tod zustande kommen. Die Erklärung des Erblassers über die Bezugsberechtigung im Todesfall wird von der Rechtsprechung zugleich als konkludenter Auftrag angesehen, dem Bezugsberechtigten das Schenkungsangebot des Erblassers zu übermitteln.[96] Das kann durch Auszahlung der Versicherungssumme an den Bezugsberechtigten geschehen.[97] Dieser kann das Schenkungsangebot durch Annahme des Geldes konkludent annehmen.[98] Es genügt jedoch nicht, wenn lediglich der Bezugsberechtigte die Annahme des Schenkungsangebots erklärt. Das Schenkungsangebot muss ihm übermittelt werden, damit ein wirksamer Schenkungsvertrag im Valutaverhältnis zustande kommt.[99]

30 Das Zustandekommen des Schenkungsvertrags im Valutaverhältnis kann auf zwei Wegen verhindert werden. Wenn die Erben rechtzeitig den Botenauftrag des Versicherungsunternehmens, der Bausparkasse bzw. Bank widerrufen, dann kann kein wirksames Schenkungsangebot mehr übermittelt werden.[100] Als konkludenter Widerruf des Botenauftrags soll es genügen, wenn der Erbe gegenüber dem Versicherungsunternehmen die Leistung an sich verlangt.[101]

31 Auf der anderen Seite kann auch dann kein Schenkungsvertrag zustande kommen, wenn die Erben das Schenkungsangebot nach § 131 Abs. 1 S. 2 BGB gegenüber dem Bezugsberechtigten widerrufen, bevor es ihm zugeht. Ein solcher Widerruf kann auch in einer anderweitigen Verfügung in einem Testament enthalten sein, wenn es dem Bezugsberechtigten vor dem Schenkungsangebot zugeht.[102] In der Praxis sollten die Erben immer beide Wege beschreiten. Es besteht eine Wettlaufsituation, bei der derjenige gewinnt, der schneller handelt. Für den Bezugsberechtigten ist dies insofern schwieriger, als er das Versicherungsunternehmen, die Bausparkasse oder Bank dazu drängen muss, das Schenkungsangebot zu übermitteln.

32 Wird der Ehegatte als Bezugsberechtigter benannt, so bleibt die Bezugsberechtigung des (alten) Ehegatten auch bei Scheidung und Wiederheirat bestehen.[103] Deshalb wird jetzt teilweise folgende Formularklausel für die Bezugsberechtigung im Todesfall verwendet: „der Ehegatte, mit dem der Versicherte zum Zeitpunkt des Todes verheiratet ist".

33 **d) Schenkungen in dem Rahmen, der einem Betreuer gestattet ist.** In einigen Mustervollmachten (wie denen des Bundesjustizministeriums) sind dem Bevollmächtigten nur Schenkungen in dem Rahmen gestattet, der einem Betreuer gesetzlich gestattet ist. Diese Regelung war schon immer ein Problem. Nach §§ 1908i Abs. 2 S. 1, 1804 BGB aF waren nur Schenkungen zulässig, durch die einer sittlichen Pflicht oder einer auf den Anstand zu nehmenden Rücksicht entsprochen wurde. Nach § 1854 Nr. 8 BGB nF sind auch andere Schenkungen möglich, wenn sie vom Betreuungsgericht genehmigt werden. Auf den genauen Inhalt dieser Vorschriften kann es jedoch nicht ankommen. In der Regel kennt ein Vollmachtgeber die Fein-

---

[95] LG Wiesbaden 2 O 18/11, ZEV 2012, 113.
[96] BGH IV ZR 238/06, ZEV 2008, 2702.
[97] BGH IV ZR 238/06, ZEV 2008, 2702.
[98] BGH IV ZR 238/06, ZEV 2008, 2702.
[99] OLG Schleswig 3 U 62/12, FamRZ 2014, 792.
[100] BGH IV ZR 238/06, ZEV 2008, 2702.
[101] OLG Hamm 20 W 14/14, VersR 2015, 1236.
[102] OLG Köln 16 U 80/13, ErbR 2014, 286.
[103] BGH IV ZR 150/05, ZEV 2007, 387.

heiten des Betreuungsrechts nicht. Daher ist bei der Auslegung der Vollmacht danach zu fragen, welche Vorstellung der Vollmachtgeber davon hatte, welche Schenkungen ein Betreuer tätigen darf. Da die Vollmacht eine empfangsbedürftige Willenserklärung ist, muss diese Frage vom objektiven Empfängerhorizont des Bevollmächtigten aus beantwortet werden.[104] Hierzu sind die Medien zur Beantwortung der Frage heranzuziehen, die die Beteiligten bei der Vollmachtserteilung benutzt haben, zB Internetseiten, Mustervollmachten mit Erläuterungen, Ratgeberliteratur. Wenn die Auslegung nicht zu einem Ergebnis führt, muss die Vollmacht so verstanden werden, dass eine genaue Anwendung des Betreuungsrechts gewollt war, das zum Zeitpunkt der Vollmachtserteilung galt.[105] Teilweise wird jedoch auch eine dynamische Verweisung auf das Betreuungsgericht angenommen.[106] Der BGH übersah die Auslegungsbedürftigkeit in seinem Beschluss vom 8.1.2020 und wandte ohne einen Gedanken an die Auslegung der Vollmacht das Betreuungsrecht an.[107]

e) Aleatorische Rechtsgeschäfte. Ein aleatorisches Rechtsgeschäft liegt vor, **34**
wenn es vom Zufall abhängt, welcher Beteiligte am Ende etwas erhält. Der wichtigste Anwendungsfall sind Gesellschaften, bei denen der versterbende Gesellschafter ausscheidet, ohne dass seine Erben einen vollen Ausgleichsanspruch erhalten. Wenn die Chancen und Risiken der Beteiligten etwa vergleichbar sind, soll darin keine Schenkung liegen.[108] Würde das ohne Einschränkungen zutreffen, könnten damit insbesondere Pflichtteilsergänzungsansprüche ausgehebelt werden, indem Ehegatten aleatorische Rechtsgeschäfte abschließen. Für das Steuerrecht reagierte der Gesetzgeber in § 7 Abs. 7 ErbStG, indem er für die Sachverhalte eine Schenkung fingierte. Zivilrechtlich entschied der BGH am 3.6.2020, dass bei aleatorischen Rechtsgeschäften eine Schenkung vorliegen könne.[109] Die genaue Abgrenzung bleibt ungewiss.

7. Beweislast

Die Beweislast richtet sich nach den Voraussetzungen der Norm, die an die Schen- **35**
kung anknüpft. Im Grundsatz muss derjenige alle anspruchsbegründenden Tatsachen behaupten und ggf. beweisen, der den Anspruch geltend macht.[110] Bei der Rückforderung eines Darlehens (§ 488 Abs. 1 S. 2 BGB) oder Sachdarlehens (§ 607 Abs. 1 S. 2 BGB) muss der Anspruchsteller beweisen, dass ein Darlehensvertrag und keine Schenkung vorlag.[111] Beim Bereicherungsanspruch aus Leistungs- oder Eingriffskondiktion (§ 812 Abs. 1 S. 1 BGB) muss der Bereicherungsgläubiger beweisen, dass kein Rechtgrund vorlag. Den Bereicherungsschuldner trifft eine sekundäre Behauptungslast.[112] Er muss darlegen, wie aus seiner Sicht ein Schenkungsvertrag zustande gekommen ist. Dafür muss er allerdings nicht darlegen, welche tatsächlichen Beweggründe der Schenker hatte, da dies kein Tatbestandsmerkmal der Schenkung ist. Die Beweggründe für die (behauptete) Schenkung können erst für die spätere Beweiswürdigung eine Rolle spielen.[113] Sobald der Bereicherungsschuldner die Schenkungsabrede aus-

---

104 Grüneberg/Ellenberger BGB § 133 Rn. 9.
105 Renner NotBZ 2022, 15 (19).
106 Zimmermann BKR 2007, 225 (231), DNotI-Report 1/2023, 1.
107 BGH XII ZB 368/19, ZEV 2020, 495.
108 BGH IV ZR 16/19, ZEV 2020, 420.
109 BGH IV ZR 16/19, ZEV 2020, 420 mablAnm Lienenlüke/Kurth ErbR 2020, 636.
110 BGH X ZR 158/97, ZEV 1999, 361.
111 OLG Hamm 11 U 99/77, NJW 1978, 224.
112 BGH X ZR 158/97, ZEV 1999, 361.
113 BGH X ZR 158/97, ZEV 1999, 361.

reichend substantiiert hat, muss sie der Bereicherungsgläubiger widerlegen, um zu beweisen, dass kein Rechtsgrund vorlag.[114]

36 Anders ist die Beweislastverteilung, wenn ein Bevollmächtigter vom Konto des Vollmachtgebers Beträge abhebt, die ihm nach seiner Darlegung vom Vollmachtgeber (zunächst) formnichtig geschenkt worden sein sollen. Dann muss der Bereicherungsschuldner die Schenkung beweisen. Der BGH nutzt dafür einen Kunstgriff. Die Heilung nach § 518 Abs. 2 BGB sei ein Ausnahmetatbestand, der den Eintritt der eigentlich in § 125 S. 1 BGB vorgesehenen Rechtsfolge verhindere. Für den Beweis der Tatsache, dass die formnichtige Schenkung durch die Bewirkung der versprochenen Leistung geheilt ist (§ 518 Abs. 2 BGB), muss bewiesen werden, dass die Schenkung mit Wissen und Wollen des Schenkers vollzogen wurde.[115]

37 Wenn jemand Sparbücher des Erblassers in Besitz nimmt und sich hierfür auf eine schenkweise Abtretung der Darlehensforderung beruft, dann muss er die Schenkung beweisen. Für den Erwerb der Forderung durch die Erben spricht eine Rechtsfortdauervermutung. Das Eigentum am Sparbuch folgt nach § 952 Abs. 1 BGB der Inhaberschaft an der Forderung.[116]

38 Das OLG Hamburg nahm eine Beweislastumkehr bei einem behaupteten Auftrag zur Übergabe des Geldes an eine dritte Person an, leider ohne Begründung.[117] Es verwies dafür auf das Urteil des OLG Bamberg vom 25.2.2002.[118] Dort ging es um eine behauptete Treuhandabrede. Dieses Urteil verwies wiederum auf das Urteil des BGH vom 5.3.1986,[119] wo es um eine behauptete Schenkung ging.

III. Ausnahme (Abs. 2)

39 Die Norm enthält eine Ausnahme von dem Grundsatz, dass Schweigen keine Willenserklärung ist. Wird die Schenkung vollzogen, bevor ein Schenkungsvertrag zustande gekommen ist, liegt nur ein Antrag des Schenkers vor. Dieser kann dem Beschenkten eine Frist setzen, nach deren Ablauf sein Schweigen als Annahme gilt. Die Vorschrift ist unanwendbar bei gemischten Schenkungen, Schenkungen unter Auflage und wenn zur Annahme der Schenkung eine Handlung erforderlich ist, etwa die Ausstellung einer Urkunde.[120] Beispiele für diese Fallkonstellation sind die Tilgung fremder Schulden und der Abschluss eines Vertrags zu Gunsten Dritter.

40 Verpflichtet sich der Schenker, sein künftiges Vermögen oder einen Bruchteil davon zu übertragen, ist der Vertrag nach § 311b Abs. 2 BGB nichtig. Eine **Schenkung des gegenwärtigen Vermögens** oder eines Bruchteils davon bedarf der notariellen Beurkundung nach § 311b Abs. 3 BGB. Der Formmangel ist nicht durch Erfüllung heilbar.[121]

---

[114] OLG Hamm 11 U 99/77, NJW 1978, 224.

[115] BGH X ZR 150/11, NJW 2014, 2275; X ZR 34/05, ZEV 2007, 182; OLG Brandenburg 4 U 128/17, ZErb 2019, 774.

[116] OLG Koblenz 12 U 823/02, ZErb 2003, 381.

[117] OLG Hamburg 5 U 31/09, ZEV 2010, 480.

[118] OLG Bamberg 4 U 116/01, ZEV 2004, 207.

[119] BGH IV ZR 141/84, NJW 1986, 2107.

[120] Grüneberg/Weidenkaff BGB § 516 Rn. 12.

[121] BGH X ZR 65/14, BeckRS 2016, 16546.

§ 517 Unterlassen eines Vermögenserwerbs

Eine Schenkung liegt nicht vor, wenn jemand zum Vorteil eines anderen einen Vermögenserwerb unterlässt oder auf ein angefallenes, noch nicht endgültig erworbenes Recht verzichtet oder eine Erbschaft oder ein Vermächtnis ausschlägt.

Die Vorschrift enthält eine Negativabgrenzung zum Schenkungsbegriff. Für das Vorsorgerecht kann der Fall bedeutsam sein, dass eine Erbschaft ausgeschlagen wird, um den Zugriff des Sozialhilfeträgers zu vermeiden. In diesem Fall liegt keine Schenkung zu Gunsten desjenigen vor, dem die Erbschaft dann anfällt. Allgemein empfiehlt sich eine Regelung im Innenverhältnis, ob bzw. unter welchen Umständen der Vorsorgebevollmächtigte für den Vollmachtgeber eine Erbschaft ausschlagen darf. Die Vollmacht muss dazu öffentlich beglaubigt sein (§ 1945 Abs. 3 BGB). 1

Die Vorschrift gilt nur für den Verzicht auf Rechte, die noch nicht endgültig erworben sind, zB Nichtannahme eines Vertragsangebots oder Verweigerung der Genehmigung eines schwebend unwirksamen Rechtsgeschäfts. Die Vorschrift greift nicht ein, wenn der Bevollmächtigte zu seinen Gunsten auf Rechte des Vollmachtgebers verzichtet, die er schon vollständig erworben hat, zB auf ein Wohnungsrecht, einen Pflichtteilsanspruch[1] oder zukünftige Zinsen.[2] Der Verzicht auf ein aufschiebend bedingtes Rückforderungsrecht ist keine Schenkung, wenn die Bedingung des Rückforderungsrechts noch nicht eingetreten ist.[3] 2

Wenn ein Bevollmächtigter für den geschäftsunfähigen Vollmachtgeber einen Vermögenserwerb unterlässt, kann er damit unter Umständen den Anfall des Vermögens in seinem Sinn steuern. Er kann sich dadurch aber zugleich schadensersatzpflichtig gegenüber dem Vollmachtgeber machen, wenn eine Pflicht zum Vermögenserwerb bestand. 3

§ 518 Form des Schenkungsversprechens

(1) [1]**Zur Gültigkeit eines Vertrags, durch den eine Leistung schenkweise versprochen wird, ist die notarielle Beurkundung des Versprechens erforderlich.** [2]**Das Gleiche gilt, wenn ein Schuldversprechen oder ein Schuldanerkenntnis der in den §§ 780, 781 bezeichneten Art schenkweise erteilt wird, von dem Versprechen oder der Anerkennungserklärung.**

(2) **Der Mangel der Form wird durch die Bewirkung der versprochenen Leistung geheilt.**

I. Bedeutung

Die Vorschrift unterwirft Schenkungen der notariellen Beurkundung und schützt damit vor leichtfertigen und übereilten Schenkungen. Wird die Form nicht eingehalten, ist die Schenkung nach § 125 S. 1 BGB nichtig. Eine Ausstattung gilt nach § 1624 Abs. 1 BGB nicht als Schenkung. Sie bedarf daher auch nicht der Form des § 518 Abs. 1 BGB.[1] Es können allerdings andere Formvorschriften eingreifen, zB nach § 311b Abs. 1 BGB. 1

---

[1] Mugdan, Band 2, S. 161.
[2] Mugdan, Band 2, S. 161.
[3] OLG München 20 U 2998/16, ErbR 2017, 634.
[1] RG RGZ 63, 323.

II. Bewirkung der versprochenen Leistung (Abs. 2)

2 Der Formmangel wird geheilt, wenn die versprochene Leistung bewirkt wird. Die Leistung kann auch von einem Bevollmächtigten bewirkt werden, auch noch nach dem Tod des Schenkers.[2] Die bloße Erteilung einer Vollmacht, auch einer unwiderruflichen, ist keine Bewirkung der Schenkung, weil der Schenker weiterhin frei über das Geschenk verfügen kann.[3] Bestehen Zweifel, ob eine Urkunde eine formnichtige Verfügung von Todes wegen oder ein (zwar formunwirksames, aber heilbares) Schenkungsangebot enthält, ist analog § 2084 BGB von einem Schenkungsangebot auszugehen.[4] Zur Beweislast → § 516 Rn. 35f.

3 Anders ist dies bei der **Schenkung von Todes wegen.** Diese muss nach § 2301 Abs. 2 BGB zu Lebzeiten des Erblassers (durch diesen oder einen Vertreter) vollzogen werden.[5] Eine Schenkung von Todes wegen liegt vor, wenn die Schenkung unter der Bedingung steht, dass der Beschenkte den Schenker überlebt (§ 2301 Abs. 1 S. 1 BGB). Nicht unter § 2301 Abs. 1 S. 1 BGB fällt hingegen eine Schenkung, die lediglich auf den Tod des Schenkers befristet ist. Eine Überlebensbedingung muss nicht ausdrücklich formuliert sein.[6] Zur Auslegung ist der im Einzelfall zu ermittelnde individuelle Wille der Beteiligten bei Abschluss des Schenkungsvertrags zu ermitteln, wobei der Rechtsgedanke des § 2084 BGB nutzbar zu machen sei.[7] Als Kontrollfrage kann die Überlegung dienen, wem das Geschenk zustehen soll, falls der Beschenkte vor dem Schenker verstirbt: dem Schenker (dann § 2301 BGB) oder den Erben des Beschenkten (dann § 516ff. BGB). Für eine Überlebensbedingung spricht es, wenn die persönliche Absicherung des Beschenkten im Vordergrund stand.[8] Mit der Vollziehung wird aus der Schenkung von Todes wegen eine Schenkung unter Lebenden (§ 2301 Abs. 2 BGB).[9] Der Schenker muss dazu so viel für die Vermögensverschiebung veranlasst haben, dass sie ohne sein weiteres Zutun eintreten kann.[10]

4 Hat der Schenker eine **Mehrheit von Leistungen** zu erbringen, so heilt das Bewirken einzelner Leistungen den Formmangel nur für diesen Teil des Schenkungsversprechens.[11] Wenn Gegenstand der Schenkung nicht die Rechtsinhaberschaft, sondern der Besitz oder die Nutzung einer Sache ist, genügt nach Ansicht des BGH für die Heilung, dass der Schenker dem Beschenkten die Sache einmalig zum Zweck der Nutzung übergibt. Den Urteilen lagen jedoch Fälle zugrunde, bei denen der BGH übersehen hatte, dass eine Leihe und keine Schenkung vorlag.[12]

5 Zur **Bezugsberechtigung für den Todesfall** → § 516 Rn. 28. Bei einem Fruchtziehungsrecht wird die Schenkung mit der Aneignungsgestattung geheilt. Diese Heilung kann auch nicht dadurch beseitigt werden, dass das Aneignungsrecht später widerrufen wird.[13]

---

[2] BGH XI ZR 239/93, NJW 1995, 250 (251); IVa ZR 36/87, NJW 1988, 2731; IVa ZR 77/85, NJW 1987, 840; IVa ZR 141/84, NJW 1986, 2107; IVa ZR 30/82, FamRZ 1985, 693 (695).

[3] BGH, FamRZ 1974, 650 (651f.).

[4] BGH IVa ZR 30/82, FamRZ 1985, 693 (695).

[5] BGH IV ZR 36/87, NJW 1988, 2731; IVa ZR 77/85, NJW 1987, 840.

[6] Bredemeyer ZEV 2010, 288 (289).

[7] BGH IVa ZR 36/87, NJW 1988, 2731.

[8] Bredemeyer ZEV 2010, 288 (289).

[9] RG, RGZ 83, 223 (227).

[10] BGH IVa ZR 30/82, FamRZ 1985, 693 (695).

[11] BGH V ZR 144/67.

[12] BGH V ZR 144/67, WM 1970, 1247; V ZR 57/67, NJW 1970, 941.

[13] BGH X ZR 92/03, ZEV 2006, 36.

§ 519 Einrede des Notbedarfs

(1) **Der Schenker ist berechtigt, die Erfüllung eines schenkweise erteilten Versprechens zu verweigern, soweit er bei Berücksichtigung seiner sonstigen Verpflichtungen außerstande ist, das Versprechen zu erfüllen, ohne dass sein angemessener Unterhalt oder die Erfüllung der ihm kraft Gesetzes obliegenden Unterhaltspflichten gefährdet wird.**

(2) **Treffen die Ansprüche mehrerer Beschenkten zusammen, so geht der früher entstandene Anspruch vor.**

Die Vorschrift ist eine Sonderregelung der Störung der Geschäftsgrundlage und geht § 313 BGB daher vor.[1] Die Vorschrift gewährt dem Schenker eine Einrede, falls die Schenkung noch nicht vollzogen ist und sein angemessener Unterhalt oder die Erfüllung seiner Unterhaltspflichten bei Vollziehung der Schenkung gefährdet wäre → § 528 Rn. 4. Ist die Schenkung bereits vollzogen, richtet sich die Rückforderung nach §§ 528 f. BGB. 1

Die Vorschrift ist eine rechtshemmende Einrede. Sie steht nur der gegenwärtigen Durchsetzung des Anspruchs entgegen. Eine Klage darf daher nur als derzeit unbegründet abgewiesen werden.[2] 2

Bei mehreren Ansprüchen geht der früher entstandene vor. Maßgeblich ist der Zeitpunkt des Schenkungsversprechens. Bei Gleichzeitigkeit ist anteilig zu kürzen. 3

§ 520 Erlöschen eines Rentenversprechens

Verspricht der Schenker eine in wiederkehrenden Leistungen bestehende Unterstützung, so erlischt die Verbindlichkeit mit seinem Tode, sofern nicht aus dem Versprechen sich ein anderes ergibt.

Die Vorschrift bezieht sich auf ein Rentenversprechen nach § 759 BGB. Sie enthält eine Auslegungsregel, wonach die Verpflichtung im Zweifel mit dem Tod des Schenkers erlischt. Der Beschenkte trägt die Beweislast dafür, dass die Verpflichtung über den Tod des Schenkers hinaus fortbesteht. 1

Mit dem Tod des Schenkers erlöschen nur seine zukünftigen Verpflichtungen, nicht aber bereits fällige bzw. rückständige Beträge, weil die Erben eines Schenkers mit schlechter Zahlungsmoral sonst besser ständen als bei ordnungsgemäßer Zahlung. 2

§ 521 Haftung des Schenkers

Der Schenker hat nur Vorsatz und grobe Fahrlässigkeit zu vertreten.

Die beschränkte Haftung des Schenkers rechtfertigt sich aus seiner Uneigennützigkeit. Die Haftungserleichterung gilt nur in Bezug auf die Vertragserwartungen des Beschenkten, nicht aber bei der Verletzung von Schutzpflichten, die nicht im Zusammenhang mit dem Vertragsgegenstand stehen.[1] Die Haftungserleichterung greift auch für Ansprüche aus unerlaubter Handlung, wenn sie mit der Verletzung von vertraglichen oder vorvertraglichen Pflichten des Schenkers in Verbindung stehen.[2] 1

---

[1] Grüneberg/Weidenkaff BGB§ 519 BGB Rn. 1.
[2] BGH X ZR 51/03, ZEV 2006, 37.
[1] BGH IVa ZR 104/83, NJW 1985, 794; OLG Köln 3 U 145/07, OLGR 2008, 657.
[2] BGH IVa ZR 104/83, NJW 1985, 794.

2 Grobe Fahrlässigkeit setzt einen objektiv schweren und subjektiv nicht entschuldbaren Verstoß gegen die Anforderungen der im Verkehr erforderlichen Sorgfalt voraus. Diese Sorgfalt muss in ungewöhnlich hohem Maß verletzt worden sein und es muss dasjenige unbeachtet geblieben sein, was im gegebenen Fall jedem hätte einleuchten müssen.[3]

3 Die Haftung des Schenkers für grobe Fahrlässigkeit kann ausgeschlossen werden, die Haftung für Vorsatz kann nicht im Voraus erlassen werden (§ 276 Abs. 3 BGB).

§ 522 Keine Verzugszinsen

Zur Entrichtung von Verzugszinsen ist der Schenker nicht verpflichtet.

1 Der Schenker schuldet keine Verzugszinsen, auch nicht bei Vorsatz oder grober Fahrlässigkeit. Die Vorschrift gilt nur für Verzugszinsen (§ 288 BGB), nicht für Prozesszinsen (§ 291 BGB).

§ 523 Haftung für Rechtsmängel

(1) **Verschweigt der Schenker arglistig einen Mangel im Recht, so ist er verpflichtet, dem Beschenkten den daraus entstehenden Schaden zu ersetzen.**

(2) **[1]Hatte der Schenker die Leistung eines Gegenstandes versprochen, den er erst erwerben sollte, so kann der Beschenkte wegen eines Mangels im Recht Schadensersatz wegen Nichterfüllung verlangen, wenn der Mangel dem Schenker bei dem Erwerb der Sache bekannt gewesen oder infolge grober Fahrlässigkeit unbekannt geblieben ist. [2]Die für die Haftung des Verkäufers für Rechtsmängel geltenden Vorschriften des § 433 Abs. 1 und der §§ 435, 436, 444, 452, 453 finden entsprechende Anwendung.**

1 Die Bedeutung der Vorschrift liegt darin, dass ein Schenker im Grundsatz nicht für Rechtsmängel haftet. Er haftet nach § 523 Abs. 1 BGB nur dann für Rechtsmängel, wenn er sie arglistig verschweigt. § 523 Abs. 2 BGB erweitert die Haftung auf Fälle, in denen der Schenker den versprochenen Gegenstand noch erwerben musste und beim Erwerb den Rechtsmangel kannte oder infolge grober Fahrlässigkeit nicht kannte. Die Vorschrift verweist für diese Fälle auf das Kaufrecht. Die Haftung des Schenkers kann durch Vereinbarung über die Vorgaben von § 523 BGB hinaus erweitert werden.[1]

2 In notariellen Grundstücksübergabeverträgen findet sich üblicherweise eine Klausel, die die Haftung für Rechtsmängel ausdrücklich regelt und in der Regel überwiegend ausschließt.

§ 524 Haftung für Sachmängel

(1) **Verschweigt der Schenker arglistig einen Fehler der verschenkten Sache, so ist er verpflichtet, dem Beschenkten den daraus entstehenden Schaden zu ersetzen.**

(2) **[1]Hatte der Schenker die Leistung einer nur der Gattung nach bestimmten Sache versprochen, die er erst erwerben sollte, so kann der Beschenkte, wenn die geleistete Sache fehlerhaft und der Mangel dem Schenker**

[3] OLG Köln 3 U 145/07, OLGR 2008, 657.

[1] BGH V ZR 134/80, NJW 1982, 818.

bei dem Erwerb der Sache bekannt gewesen oder infolge grober Fahrlässigkeit unbekannt geblieben ist, verlangen, dass ihm anstelle der fehlerhaften Sache eine fehlerfreie geliefert wird. [2]Hat der Schenker den Fehler arglistig verschwiegen, so kann der Beschenkte statt der Lieferung einer fehlerfreien Sache Schadensersatz wegen Nichterfüllung verlangen. [3]Auf diese Ansprüche finden die für die Gewährleistung wegen Fehler einer verkauften Sache geltenden Vorschriften entsprechende Anwendung.

Die Vorschrift schließt die Haftung des Schenkers für Sachmängel im Grundsatz aus. Der Schenker haftet nach § 524 Abs. 1 BGB für Sachmängel nur, wenn er den Fehler arglistig verschwiegen hat. § 524 Abs. 2 BGB erweitert die Haftung auf Fälle, in denen der Schenker eine nur der Gattung nach bestimmte Sache versprochen hat, die er erst erwerben sollte, und beim Erwerb den Mangel kannte oder infolge grober Fahrlässigkeit nicht kannte. Bei grober Fahrlässigkeit muss der Schenker eine mangelfreie Sache liefern. Bei Arglist des Schenkers kann der Beschenkte Schadensersatz wegen Nichterfüllung verlangen. 1

In notariellen Grundstücksübergabeverträgen findet sich üblicherweise eine Klausel, die die Haftung für Sachmängel ausdrücklich regelt und meistens ausschließt. 2

§ 525 Schenkung unter Auflage

(1) **Wer eine Schenkung unter einer Auflage macht, kann die Vollziehung der Auflage verlangen, wenn er seinerseits geleistet hat.**

(2) **Liegt die Vollziehung der Auflage im öffentlichen Interesse, so kann nach dem Tod des Schenkers auch die zuständige Behörde die Vollziehung verlangen.**

Die Schenkung kann mit einer Auflage versehen werden. Eine Auflage ist die Verpflichtung des Schenkers zu einem Tun oder Unterlassen. Die Schenkung unter Auflage ist ein einheitliches Rechtsgeschäft. Die Auflage ist keine Gegenleistung und daher auch kein entgeltlicher Teil einer gemischten Schenkung. Das gilt selbst dann, wenn die Auflage in einer Leistung an den Schenker besteht, die fast den Wert des Geschenks aufzehrt.[1] Als Auflage kann zB eine Pflegeverpflichtung angeordnet werden. 1

Die **Abgrenzung zur gemischten Schenkung** liegt darin, dass bei der Schenkung unter Auflage nur ein einseitiges Abhängigkeitsverhältnis besteht, nämlich das der Abhängigkeit der Leistung des Beschenkten von der des Schenkers. Die Leistung des Beschenkten erfolgt bei der Auflagenschenkung nicht als Gegenleistung für die Zuwendung, sondern auf der Grundlage und aus dem Wert der Zuwendung.[2] Dies ist zum Beispiel der Fall, wenn Versorgungsleistungen für den Schenker zu erbringen sind, die nach den Vorstellungen der Parteien aus den Erträgen eines verschenkten Grundstücks erfüllt werden können.[3] Hingegen gibt es keinen gegenseitigen Austausch und keine gegenseitige Ausgleichung zweier Leistungen.[4] Ein Indiz für eine Schenkung unter Auflage ist die fehlende Vollstreckungsunterwerfung in einem Notarvertrag.[5] Es ist allerdings nicht möglich, die Rechtsfolgen gemischter Schenkungen mit einer Schenkung unter Auflage zu umgehen, weil dann ein Scheingeschäft vorliegt (§ 117 BGB).[6] 2

---

[1] RG VII 336/04, RGZ 60, 238 (240).
[2] BGH V ZR 134/80, NJW 1982, 818.
[3] BGH V ZR 252/87, ZIP 1989, 996; OLG Düsseldorf I-9 U 112/06, BeckRS 2007, 09750.
[4] RG VII 336/04, RGZ 60, 238 (241).
[5] OLG Düsseldorf I-9 U 112/06, BeckRS 2007, 09790.
[6] RG VII 336/04, RGZ 60, 238 (242).

3 Der Beschenkte kann die Vollziehung der Auflage nach § 525 Abs. 1 BGB verweigern, solange er das Geschenk nicht erhalten hat.

4 Die Vollziehung der Auflage kann zunächst nach § 525 Abs. 1 BGB vom Schenker verlangt werden. Nach dem Tod des Schenkers kann sie von seinen Erben verlangt werden. Ein Vorsorgebevollmächtigter kann den Schenker und bei einer transmortalen Vollmacht auch dessen Erben vertreten. Nach § 330 S. 2 BGB kann im Zweifel auch der Begünstigte die Vollziehung der Auflage verlangen. Nach dem Tod des Schenkers kann die nach Landesrecht zuständige Behörde die Vollziehung verlangen, wenn sie im öffentlichen Interesse liegt.

§ 526 Verweigerung der Vollziehung der Auflage

[1]Soweit infolge eines Mangels im Recht oder eines Mangels der verschenkten Sache der Wert der Zuwendung die Höhe der zur Vollziehung der Auflage erforderlichen Aufwendungen nicht erreicht, ist der Beschenkte berechtigt, die Vollziehung der Auflage zu verweigern, bis der durch den Mangel entstandene Fehlbetrag ausgeglichen wird. [2]Vollzieht der Beschenkte die Auflage ohne Kenntnis des Mangels, so kann er von dem Schenker Ersatz der durch die Vollziehung verursachten Aufwendungen insoweit verlangen, als sie infolge des Mangels den Wert der Zuwendung übersteigen.

1 Wenn das Geschenk mangelhaft ist, besteht trotzdem ein Anspruch auf Vollziehung der Auflage gegen den Beschenkten. Ihm steht jedoch eine Einrede zu, weil die Schenkung unter Auflage den Beschenkten nicht ärmer machen soll, als er ohne die Schenkung wäre.[1] Der Beschenkte kann die Vollziehung der Auflage daher verweigern, soweit der Wert des mangelhaften Geschenks nicht ausreicht. Wird der Fehlbetrag ausgeglichen, muss die Auflage vollzogen werden.

2 Vollzieht der Beschenkte die Auflage ohne Kenntnis des Mangels, kann er vom Schenker den Ersatz des Fehlbetrags verlangen.

§ 527 Nichtvollziehung der Auflage

(1) **Unterbleibt die Vollziehung der Auflage, so kann der Schenker die Herausgabe des Geschenkes unter den für das Rücktrittsrecht bei gegenseitigen Verträgen bestimmten Voraussetzungen nach den Vorschriften über die Herausgabe einer ungerechtfertigten Bereicherung insoweit fordern, als das Geschenk zur Vollziehung der Auflage hätte verwendet werden müssen.**

(2) **Der Anspruch ist ausgeschlossen, wenn ein Dritter berechtigt ist, die Vollziehung der Auflage zu verlangen.**

1 Die Vorschrift ist ein Sonderfall des Wegfalls der Geschäftsgrundlage.[1] Wenn der Beschenkte die Auflage nicht vollzieht, kann der Schenker die Erfüllung nach § 525 Abs. 1 BGB verlangen. Er kann aber auch die Herausgabe des Geschenks nach den Vorschriften über die Herausgabe einer ungerechtfertigten Bereicherung verlangen, soweit das Geschenk für die Vollziehung der Auflage hätte verwendet werden müssen.

2 Da der Anspruch mit dem Vollziehungsanspruch in Konflikt gerät, ist er nach § 527 Abs. 2 BGB ausgeschlossen, wenn ein Dritter berechtigt ist, die Vollziehung der Auflage zu verlangen.

---

[1] BGH V ZR 134/80, NJW 1982, 818.

[1] BGH X ZR 108/03, ZEV 2006, 214.

§ 528 Rückforderung wegen Verarmung des Schenkers

(1) [1]**Soweit der Schenker nach der Vollziehung der Schenkung außerstande ist, seinen angemessenen Unterhalt zu bestreiten und die ihm seinen Verwandten, seinem Ehegatten, seinem Lebenspartner oder seinem früheren Ehegatten oder Lebenspartner gegenüber gesetzlich obliegende Unterhaltspflicht zu erfüllen, kann er von dem Beschenkten die Herausgabe des Geschenkes nach den Vorschriften über die Herausgabe einer ungerechtfertigten Bereicherung fordern.** [2]**Der Beschenkte kann die Herausgabe durch Zahlung des für den Unterhalt erforderlichen Betrags abwenden.** [3]**Auf die Verpflichtung des Beschenkten findet die Vorschrift des § 760 sowie die für die Unterhaltspflicht der Verwandten geltende Vorschrift des § 1613 und im Falle des Todes des Schenkers auch die Vorschrift des § 1615 entsprechende Anwendung.**

(2) **Unter mehreren Beschenkten haftet der früher Beschenkte nur insoweit, als der später Beschenkte nicht verpflichtet ist.**

Übersicht

I. Normzweck und Rechtsnatur

1 Der typische Sachverhalt des § 528 BGB liegt vor, wenn im Wege vorweggenommener Erbfolge Vermögenswerte auf Abkömmlinge oder Dritte übertragen werden und sich später zeigt, dass das übrige Vermögen nicht ausreicht, um die gerade im Alter gestiegenen Kosten zu decken.[1] Durch die Vorschrift soll der Schenker in die Lage versetzt werden, seinen Unterhalt bzw. seine Unterhaltspflicht gegenüber Verwandten und Ehegatten selbst zu bestreiten.[2]

2 Gleichfalls wie § 519 BGB soll auch § 528 BGB als Billigkeitsregel verhindern, dass der Schenker durch seine Freigiebigkeit der Gefahr des absoluten Vermögensverfalls

---

[1] MüKoBGB/Koch BGB § 528 Rn. 2.

[2] BGH V ZR 66/85, NJW 1986, 1606; V ZR 315/89, NJW 1991, 1824; X ZR 229/99, NJW 2001, 2084; X ZR 140/10, NJW 2011, 3082.

ausgesetzt ist.[3] § 528 BGB unterscheidet sich von § 519 BGB dadurch, dass sich der Notbedarf des Schenkers erst nach Vollzug der Schenkung herausstellt. § 528 BGB ist als Rückforderungsanspruch ausgestaltet, während § 519 BGB ein Leistungsverweigerungsrecht darstellt. Da in der Normsituation des § 528 BGB der Anspruchsgegner den Vermögensgegenstand bereits erhalten hat, sind die Hürden des Rückforderungsanspruches aus § 528 BGB höher als die des Leistungsverweigerungsrechts von § 519 BGB. Es reicht für § 519 BGB der drohend bevorstehende Notbedarf, während dieser im Tatbestand des § 528 BGB bereits tatsächlich entstanden sein muss.

II. Anwendbarkeit

3 § 528 BGB ist unanwendbar auf Schenkungen einer juristischen Person[4] sowie Pflicht- und Anstandsschenkungen (§ 534 BGB). Die Vorschrift ist unabdingbar, dh ein zu Lasten der Sozialhilfe verpflichteten Allgemeinheit vereinbarter Erlass wäre sittenwidrig im Sinne des § 138 BGB.[5] Durch Art. 2 Nr. 2 des Gesetzes zur Beendigung der Diskriminierung gleichgeschlechtlicher Gemeinschaften vom 16.2.2001[6] wurde der eingetragene Lebenspartner mit in den Gesetzestext des § 528 Abs. 1 S. 1 BGB aufgenommen. Nicht anwendbar ist § 528 BGB auf einen Schenkungsvertrag, der vor dem 3.10.1990 in der damaligen DDR geschlossen und vollzogen wurde.[7]

Im Schenkungsvertrag können umfassende Rückforderungsrechte vereinbart werden, welche über die Voraussetzungen der §§ 519, 528, 529 und 530 BGB hinausgehen (zB Vorversterben des Beschenkten, dessen Insolvenz, Scheidung, etc). Teilweise Anspruchskonkurrenz kann auch zu den §§ 138, 1365 BGB bestehen. § 528 BGB ist ein besonderer Fall des Wegfalls der Geschäftsgrundlage.[8] Die Rückgängigmachung einer Schenkung kann aber auch einen Fall des Wegfalls der Geschäftsgrundlage iSd § 313 BGB darstellen, beispielsweise bei Fehlvorstellungen über die Schenkungsteuer[9] oder entgegen der mit der Schenkung verbundenen Erwartung, hat die Lebensgemeinschaft nur kurze Zeit angedauert.[10]

III. Rückforderungsanspruch

1. Voraussetzungen des Notbedarfs

4 Der Tatbestand des § 528 BGB ist erfüllt, soweit der Schenker nach der Vollziehung der Schenkung außer Stande ist, seinen angemessenen Unterhalt zu bestreiten und die ihm seinen Verwandten, seinem Ehegatten, seinem Lebenspartner oder seinem früheren Ehegatten oder Lebenspartner gegenüber gesetzlich obliegende Unterhaltspflicht zu erfüllen. Der Wortlaut des § 528 BGB verbindet den eigenen Notbedarf mit der mangelnden Fähigkeit, die Unterhaltspflichten erfüllen zu können, durch das Wort „und“. Nach allgemeiner Meinung ist jedoch ausreichend, wenn

---

[3] MüKoBGB/Koch BGB § 528 Rn. 1.

[4] RG SeuffA 86 Nr. 124.

[5] BGH XI ZR 129/94, NJW 1995, 2287f.; RGRK/Mezger Rn. 7; Soergel/Mühl/Teichmann BGB § 528 Rn. 1; vgl. zur Sittenwidrigkeit auch BGH V ZR 130/08, NJW 2009, 1346.

[6] BGBl. 2001 I 266.

[7] BGH X ZR 118/02, FamRZ 2004, 357f.

[8] NK-BGB/Langen § 528 Rn. 1, BGH X ZR 108/03, NJW-RR 2006, 699 (700); Grüneberg/Weidenkaff BGB § 528 Rn. 1, dazu auch Zimmer ZEV 2006, 381ff.

[9] Götz ZEV 2017, 371ff., FG Rheinland-Pfalz 4 K 2805/99, DStRE 2001, 765.

[10] BGH X ZR 107/16, NZFam 2019, 822 = NJW 2019, 3511.

eine der Tatbestandsvarianten erfüllt ist.[11] Im Hinblick auf den umstrittenen Vollzugsbegriff kann auf § 518 BGB Bezug genommen werden. Inzidenter wird auf die Unterhaltspflichten im Sinne der §§ 1360ff., 1569ff., 1601ff., 1615ff. BGB verwiesen. Die Frage der Angemessenheit richtet sich entsprechend der Legaldefinition in § 1610 BGB. Dieser stellt auf die Lebensstellung des Bedürftigen ab. Die Anknüpfung an den angemessenen Unterhalt des Schenkers in § 528 Abs. 1 S. 1 BGB verweist den Schenker auf einen Unterhalt, der nicht zwingend seinem bisherigen individuellen Lebensstil entsprechen muss, sondern der objektiv seiner Lebensstellung nach der Schenkung angemessen ist.[12] Der Schenker kann also nicht verlangen, so gestellt zu werden, wie wenn er die Schenkung nicht gemacht hätte, sondern er kann nur den Unterhalt verlangen, welcher objektiv seiner Lebensstellung nach der Schenkung angemessen ist.

Der Anspruch auf Rückgewähr des Geschenks wegen Notbedarfs setzt nur voraus, 5
dass die Schenkung überhaupt vollzogen ist und dass der Schenker nach Abschluss des Schenkungsvertrags außer Stande ist, seinen angemessenen Unterhalt zu bestreiten und die in § 528 Abs. 1 BGB genannten Unterhaltspflichten zu erfüllen. Es kommt nicht darauf an, ob der Notbedarf vor oder nach Vollziehung der Schenkung entstanden ist.[13]

Dem Schenker ist die Verwertung seiner Vermögenssubstanz zuzumuten.[14] Dies 6
gilt allerdings nicht für eine völlig unwirtschaftliche Verwertung und auch hierbei kommt es auf die Angemessenheit nach der objektiven Lebensstellung des Schenkers an.[15] Auch sind gesicherte Erwerbsaussichten bzw. zumutbare Erwerbsmöglichkeiten zu berücksichtigen. An einem Notbedarf des Schenkers fehlt es, wenn er eine nahe liegende Erwerbsmöglichkeit nicht nutzt. Eine solche Erwerbsmöglichkeit kann sich im Einzelfall auch aus einer ergänzenden Auslegung des Schenkungsvertrages ergeben. Ein nicht mehr ausgeübtes Wohnrecht auf dem geschenkten Grundstück kann durch ergänzende Vertragsauslegung in ein Recht zur Vermietung umgewandelt werden.[16]

Da § 528 BGB den Schenker gerade in die Lage versetzen soll, seinen Unterhalt 7
möglichst selbst zu bestreiten, hindern gesetzliche Unterhaltsansprüche des Schenkers gegen Dritte den Notbedarf nicht.[17]

Der Notbedarf darf nicht nur drohen, sondern muss bereits eingetreten sein.[18] Das 8
ist erst mit vollständiger Erschöpfung des Vermögens der Fall.

2. Anspruchsumfang

§ 528 BGB enthält einen Rechtsfolgenverweis auf die bereicherungsrechtlichen 9
Vorschriften nach §§ 812ff. BGB. Danach kann grundsätzlich der geschenkte Vermögensgegenstand nach § 812 Abs. 1 S. 1 BGB herausverlangt werden. Es gelten die §§ 818 BGB und 819 Abs. 1 BGB.[19] Der Beschenkte kann zwischen Rückgabe des gesamten Geschenkes oder Geldzahlung wählen.[20]

---

[11] MüKoBGB/Koch BGB § 528 Rn. 3.

[12] BGH X ZR 140/01, NJW 2003, 1384.

[13] BGH X ZR 184/04, NJW 2007, 60.

[14] OLG München 12 UF 1330/99, FamRZ 2000, 1177 L; Germer BWNotZ 1987, 61 (62).

[15] BGH X ZR 140/01, NJW 2003, 1384.

[16] OLG Koblenz 5 W 826/03, NJW-RR 2004, 1375.

[17] BGH V ZR 315/89, NJW 1991, 1824; X ZR 229/99, NJW 2001, 2084.

[18] BGH X ZR 69/97, NJW 2000, 728; X ZR 246/02, NJW 2003, 2449.

[19] BGH X ZR 146/99, NJW 2001, 1207f.; OLG Köln 26 U 6/85, FamRZ 1986, 988f.; Soergel/Mühl/Teichmann BGB § 528 Rn. 4.

[20] Vgl. BGH Xa ZR 6/09, NJW 2010, 2655.

10 Bei einer gemischten Schenkung[21] ist nur der Wert des Schenkungsanteils herauszugeben, wobei der Beschenkte sich von der Ersatzpflicht auch durch Herausgabe des gesamten Zuwendungsgegenstandes befreien kann.[22] Eine Auflage (§ 525 BGB) kann als eine die Zuwendung vermindernde Verrechnungsposition erfasst werden.[23]

11 Schenkungen von Schwiegereltern an ihr Schwiegerkind zur Bedienung eines Immobilienkredits können ihre Geschäftsgrundlage im dauerhaften Wohnen des eigenen Kindes nur im Umfang des Tilgungsanteils haben. Mit dem Zinsanteil werden demgegenüber Kosten des laufenden Lebensunterhalts bestritten, welche grundsätzlich nicht zu einer Rückforderung berechtigten.[24]

12 Der Herausgabeanspruch ist zum einen durch den Wert der Zuwendung und zum anderen durch den Unterhaltsbedarf des Schenkers begrenzt. Die Differenz zwischen Zuwendung und Bedarf darf der Beschenkte behalten.[25]

Zur Bestimmung des Umfangs des Rückforderungsanspruchs ist eine wirtschaftliche Betrachtungsweise geboten. Herauszugeben ist nicht nur der ursprünglich geschenkte Gegenstand. Bei einem wirtschaftlich nutzbaren Gegenstand, der das Vermögen des Beschenkten auch mit der Möglichkeit bereichert, Nutzungen daraus zu ziehen, sind vielmehr auch die seit der Schenkung gezogenen Nutzungen herauszugeben.[26]

Hat der Schenker dem Beschenkten den Verzicht auf ein auf dem Grundstück des Beschenkten lastendes Wohnungsrecht zugewandt, ist für die Höhe des Rückforderungsanspruchs bei Verarmung des Schenkers als Wertersatz für den geschenkten Gegenstand der Betrag maßgeblich, um den sich der Verkehrswert des Grundstücks bei Eintritt der Bedürftigkeit des Schenkers durch den Wegfall der dinglichen Belastung erhöht hat.[27] Die unentgeltliche Aufgabe eines dinglichen Wohnungsrechts kann als Schenkung gewertet werden, wenn der Wohnungsrechtsinhaber an der Ausübung kein Interesse mehr hat, er aber objektiv die Möglichkeit hätte, sein Recht weiter zu nutzen.[28] Der Verzicht auf ein dingliches Wohnungsrecht stellt grundsätzlich auch dann eine Zuwendung aus dem Vermögen des Wohnungsberechtigten dar, wenn dieser im Zeitpunkt des Verzichts an der Ausübung des Rechts dauerhaft gehindert ist.[29]

13 Im Falle der Unteilbarkeit der Zuwendung (zB Grundstück) ist Teilwertersatz zu leisten, § 818 Abs. 2 BGB.[30] Allerdings kann sich der Beschenkte von der Verpflichtung zum Teilwertersatz durch Rückgabe des Geschenkes als Ganzes befreien.[31]

---

[21] Zum Begriff der gemischten Schenkung vgl. BGH X ZR 5/11, ZEV 2013, 213; BGH X ZR 45/10, NJW 2012, 605.

[22] Strittig vgl. MüKoBGB/Koch BGB § 528 Rn. 7 und § 516 Rn. 41.

[23] Krauß ZEV 2001, 417 (422).

[24] BGH XII ZB 666/13, FamRZ 2015, 490.

[25] BGH X ZR 157/96, NJW 1998, 537; IV ZR 184/94, NJW 1996, 987; OLG Hamm II-2 WF 93/11, FamRZ 2013, 144.

[26] BGH X ZR 65/17, NJW 2018, 3775.

[27] BGH X ZR 65/17, NJW 2018, 3775.

[28] OLG Nürnberg 4 U 1571/12, BeckRS 2013, 12984 = NotBZ 2013, 403; Müller NotBZ 2013, 425.

[29] BGH X ZR 7/20, NZFam 2021, 312 mAnm Kemper.

[30] BGH V ZR 66/85, NJW 1986, 1606; BGH V ZR 107/84, NJW 1985, 2419; BGH X ZR 246/02, NJW 2003, 2449; IV ZR 330/99, NJW 2001, 1063; VIII ZR 261/92, NJW 1994, 1655.

[31] BGH Xa ZR 6/09, NJW 2010, 2655; Franzen FamRZ 1997, 528 (532, 545); zu beachten ist aber BGH V ZR 188/92, NJW 1994, 1655.

Wenn das Geschenk ersatzlos und ohne Ersparnis an anderer Stelle verbraucht wurde, entfällt gemäß § 818 Abs. 3 BGB die Ersatzpflicht.[32] Den Wegfall der Bereicherung hat der Beschenkte zu beweisen.[33] Vom Wegfall der Bereicherung ist bei Spenden an karitative Einrichtungen auszugehen, wenn die Spende zur Erfüllung gemeinnütziger Aufgaben verwendet wird.[34] Die Ersatzpflicht entfällt, wenn das Geschenkte objektiv wertlos ist, nicht dagegen, wenn der Wert nur vorübergehend ohne Bedeutung ist. Wenn der Schenkungsgegenstand keinen wirtschaftlichen Wert hat, kann unter Umständen der Herausgabeanspruch nach Treu und Glauben gemäß § 242 BGB entfallen. Sofern das Geschenk werthaltig ist, wird der Rückgewähranspruch aber nicht dadurch ausgeschlossen, dass der Schenker das Geschenk zeitweise jedenfalls nicht ohne Weiteres zur Unterhaltssicherung verwenden kann.[35] **14**

Dem Rückgewähranspruch kann grundsätzlich der Aufwand für freiwillige Pflege- oder Betreuungsleistungen gegenüber dem Schenker nicht entgegengehalten werden.[36] **15**

Für Heim- und Pflegekosten (wiederkehrender Bedarf), deren Notwendigkeit sich nach den sozialrechtlichen Vorschriften bestimmt,[37] können nur Teilleistungen verlangt werden, bis das Geschenk erschöpft ist.[38] **16**

3. Anspruchsgegner und Konfusion

Anspruchsgegner ist der Beschenkte. Anstelle des Beschenkten haften dessen Erben, und zwar auch dann, wenn die Bedürftigkeit des Schenkers erst nach dem Erbfall eintritt, § 1922 BGB. § 1967 Abs. 2 BGB setzt nur voraus, dass die Verbindlichkeit vom Erblasser herrührt.[39] Wenn der Vermögensgegenstand unentgeltlich an einen Dritten weitergegeben wurde, haftet dieser nach § 822 BGB.[40] Der Dritte haftet nur auf Wertersatz und nicht auf Herausgabe des ihm übertragenen Vermögensgegenstandes, wobei sich der Dritte durch Herausgabe des Vermögensgegenstandes von seiner Haftung befreien kann.[41] Ist auf Seiten des Erwerbers eines Grundstückes, der dem verarmten Schenker wegen Unmöglichkeit teilweiser Herausgabe des Grundstückes Wertersatz geschuldet hätte,[42] die Bereicherung infolge unentgeltlicher Belastung des Grundstückes mit einem Wohnrecht wertmäßig weggefallen, richtet der Anspruch des Schenkers sich, auch wenn der Wert des Grundstückes unter Berücksichtigung der Belastung bei Entstehen des Anspruchs die Leistung von Wertersatz wieder zuließe, auf Herausgabe des Grundstückes mit der Belastung. Stattdessen kann der Schenker Wertersatz von dem Inhaber des Wohnungsrechtes entsprechend § 822 BGB verlangen, wenn dessen Wert den Unterhaltsbedarf des Schenkers übersteigt.[43] **17**

Wenn der rückgabepflichtige Beschenkte im Falle des Todes des Schenkers zugleich dessen Erbe wird, geht der Rückforderungsanspruch nach § 528 Abs. 1 S. 1 BGB nicht unter. Nur wenn niemand mehr ein schützenswertes Interesse am Fort-

---

[32] BGH IV ZR 66/94, NJW 1995, 323f.

[33] Grüneberg/Weidenkaff BGB § 528 Rn. 6.

[34] BGH X ZR 140/01, NJW 2003, 1384.

[35] BGH X ZR 184/04, NJW 2007, 60; Wimmer/Leonhardt ZEV 2007, 136.

[36] BGH X ZR 157/96, NJW 1998, 537, MüKoBGB/Koch BGB § 528 Rn. 6.

[37] BGH X ZR 184/04, NJW 2007, 60.

[38] BGH V ZR 107/84, NJW 1985, 2419; BGH X ZR 2/03, NJW 2005, 670; X ZR 196/01, NJW-RR 2003, 53.

[39] BGH V ZR 214/89, NJW 1991, 2558; MüKoBGB/Koch BGB § 528 Rn. 8.

[40] BGH X ZR 117/02, BGHZ 158, 63 = NJW 2004, 1314; Erman/Herrmann BGB § 528 Rn. 3; Kopp JR 2012, 491.

[41] BGH X ZR 117/02, BGHZ 158, 63 = NJW 2004, 1314.

[42] § 528 Abs. 1 S. 1, § 818 Abs. 2 Fall 1 BGB.

[43] OLG Celle 6 U 24/11, BeckRS 2011, 19681.

bestand des Anspruches hat, führt die Konfusion zum Untergang des Anspruches.[44] Wenn der Anspruch auf den Sozialhilfeträger übergegangen ist bzw. ein sonstiger Dritter für den Schenker zur Sicherung seines Unterhalts in Vorlage getreten ist, besteht nach wie vor ein Interesse am Fortbestand des Rückforderungsanspruches nach § 528 Abs. 1 S. 1 BGB.[45]

4. Anspruchsberechtigter, Sozialhilfeträger

18 Anspruchsberechtigter ist grundsätzlich der in Not geratene Schenker selbst, dessen freier Entscheidung es obliegt, ob er die unentgeltliche Zuwendung vom Beschenkten zurückfordert. Es handelt sich jedoch nicht um einen höchstpersönlichen Anspruch, was die Erweiterung des Rückforderungsanspruches auf die Fälle bedürftiger Verwandter usw. zeigt. Der Rückforderungsanspruch kann daher grundsätzlich auch auf andere Personen übergehen und auch noch nach dem Tod des anspruchsberechtigten Schenkers von dessen Erben geltend gemacht werden, wenn er vor dem Erbfall entstanden ist.[46]

19 Wenn der Schenker stirbt, kann der Rückforderungsanspruch nur dann auf seine Erben übergehen, wenn dieser bereits zu Lebzeiten des Schenkers bestanden hat.[47] Der Anspruch des Schenkers nach § 528 Abs. 1 S. 1 BGB auf Herausgabe des Geschenks erlischt nicht mit dessen Tod, sofern er bereits vom Schenker geltend gemacht oder abgetreten worden ist. Das gleiche gilt, wenn der Schenker durch die Inanspruchnahme unterhaltssichernder Leistungen Dritter zu erkennen gegeben hat, dass er ohne die Rückforderung des Geschenks nicht in der Lage war, seinen notwendigen Unterhalt zu bestreiten.[48]

20 Von herausragender Bedeutung in der Praxis ist die Überleitung des Anspruchs auf den Sozialhilfeträger nach § 93 SGB XII. Der Eintritt des Sozialhilfeträgers lässt den Tatbestand des Notbedarfs im Sinne des § 528 Abs. 1 S. 1 BGB nicht entfallen. Im Gegenteil tritt bei Eintritt des Sozialhilfeträgers an die Stelle des Schenkers der Sozialhilfeträger, auf welchen der Rückforderungsanspruch übergeht. Dieser ist nach der Überleitung neuer Anspruchsberechtigter. Für den Schenker entfällt die Aktivlegitimation. Hat der Sozialhilfeträger einen Schenkungsrückforderungsanspruch wegen Notbedarfs des Schenkers auf sich übergeleitet, so kann der Beschenkte sich von der Verpflichtung, in Höhe vorgestreckter Unterhaltsleistungen Zahlungen zu leisten, nicht durch Rückgabe des Geschenkes an den Schenker befreien.[49] Eine Überleitung des Anspruches des Schenkers auf den Träger der Sozialhilfe gemäß § 93 SGB XII kann noch nach dem Tod des Schenkers erfolgen.[50] Es erfolgt eine Überleitung mit Bindungswirkung für die ordentlichen Gerichte.[51]

Unterhaltsberechtigte Kinder haben gegenüber dem unterhaltspflichtigen Elternteil keinen einklagbaren Anspruch darauf, dass dieser seinerseits Ansprüche auf Rückforderung einer Schenkung (oder eines Pflichtteilsanspruches) geltend macht.[52] Verschenkt der zum Elternunterhalt Verpflichtete eine selbst genutzte, unterhalts-

---

[44] Kollhosser/Jansen JA 1988, 305 (307); Kollhosser ZEV 1995, 391 (396).

[45] MüKoBGB/Koch BGB § 528 Rn. 16.

[46] MüKoBGB/Koch BGB § 528 Rn. 9.

[47] MüKoBGB/Koch BGB § 528 Rn. 11.

[48] BGH X ZR 229/99, BGHZ 147, 288 = NJW 2001, 2084.

[49] BGH V ZR 188/92, BGHZ 125, 283 = NJW 1994, 1655.

[50] BGH V ZR 66/85, BGHZ 96, 380 (387) = NJW 1986, 1606; V ZR 246/92, BGHZ 123, 264 = NJW 1994, 256; BGH X ZR 117/02, NJW 2004, 1314; IV ZR 212/94, NJW 1995, 2287; IV ZR 66/94, NJW 1995, 323; BGH X ZR 229/99, BGHZ 147, 288 = NJW 2001, 2084.

[51] BGH X ZR 246/02, NJW 2003, 2449; V ZR 107/84, BGHZ 94, 1417 = NJW 1985, 2419; V ZR 66/85, BGHZ 96, 3807 = NJW 1986, 1606.

[52] BGH XII ZR 19/10, NJW 2013, 530.

rechtlich als Vermögen nicht einsetzbare Eigentumswohnung und behält er sich daran einen lebenslangen Nießbrauch vor, so kann sich seine unterhaltsrechtliche Leistungsfähigkeit nicht durch einen Rückforderungsanspruch nach § 528 Abs. 1 BGB erhöhen.[53]

5. Abtretung und Verzicht auf den Rückforderungsanspruch

Die Abtretbarkeit des Rückforderungsanspruches ist umstritten. Teilweise wird die Abtretbarkeit an die Voraussetzungen der Pfändbarkeit nach § 400 BGB in Verbindung mit § 852 Abs. 2 ZPO geknüpft.[54] Teilweise wird auch eine generelle Abtretbarkeit an beliebige Dritte bejaht.[55] § 528 BGB verfolgt jedoch einen ganz bestimmten Normzweck. Mit der wohl überwiegenden Literaturmeinung ist daher entsprechend § 399 Alt. 1 BGB davon auszugehen, dass eine Abtretung des Anspruches nur im Rahmen der Zwecksetzung des § 528 BGB möglich ist.[56] § 528 Abs. 1 S. 1 BGB verfolgt den Normzweck, den Notbedarf des Schenkers und gegenüber dem Schenker unterhaltsberechtigter Personen abzuhelfen. Durch diesen Zweck ist die Verfügungsmöglichkeit des Schenkers eingeschränkt.[57] Demnach kann also der Schenker seinen Rückforderungsanspruch in Erfüllung seiner Unterhaltspflicht an den Unterhaltsberechtigten abtreten. Möglich ist auch eine Abtretung in Erfüllung eines Forderungsveräußerungsvertrages zur Deckung des Notbedarfs[58] oder eine Sicherungsabtretung im Rahmen einer Kreditaufnahme zur Deckung des Notbedarfs[59] sowie die Abtretung an den Sozialhilfeträger, welcher mit Sozialhilfeleistungen in Vorlage tritt.[60] 21

Ein Verzicht auf den Rückforderungsanspruch ist nichtig im Sinne des § 134 BGB. Ein Verzicht würde die Vorschrift in der Praxis weitgehend hinfällig machen, weshalb § 528 Abs. 1 S. 1 BGB inzident ein gesetzliches Veräußerungsverbot im Sinne des § 134 BGB zu entnehmen ist.[61] Insbesondere wenn beim Beschenkten die subjektive Tatbestandseite erfüllt ist, dürfte zudem Sittenwidrigkeit nach § 138 BGB gegeben sein, da ein entsprechender Verzicht allein dazu dienen würde, die Überleitungsvorschrift auf den Sozialhilfeträger nach § 93 SGB XII zu umgehen.[62] Dass in einem Vertrag als Gegenleistung für die Übertragung eines Hausgrundstücks vereinbarte Versorgungsleistungen nur so lange geschuldet sein sollen, wie sie von dem Verpflichteten in dem übernommenen Haus erbracht werden können, führt nicht ohne Weiteres zur Sittenwidrigkeit der vereinbarten Regelung.[63] 22

6. Pfändung des Rückforderungsanspruchs

Der Wortlaut des § 852 Abs. 2 ZPO, wonach ein Anspruch nur pfändbar ist, wenn er durch Vertrag anerkannt oder rechtshängig geworden ist, bedarf für die Pfändung 23

---

[53] BGH XII ZB 364/18, NJW 2019, 1074 = NZFam 2019, 303 mAnm Burschel.

[54] OLG Frankfurt 21 U 196/92, NJW 1994, 1805 (1806); OLG Stuttgart 12 W 27/84, BWNotZ 1985, 70.

[55] OLG Düsseldorf 18 U 220/83, FamRZ 1984, 887 (889); MüKoZPO/Schmid ZPO § 852 Rn. 1.

[56] Kollhosser ZEV 1995, 391 (392); Krauß ZEV 2001, 417 (418).

[57] MüKoBGB/Koch BGB § 528 Rn. 17.

[58] Kollhosser ZEV 1995, 391 (392).

[59] MüKoBGB/Koch BGB § 528 Rn. 17.

[60] BGHZ 127, 354, 357 = NJW 1995, 323; Kollhosser ZEV 1995, 391 (393, 395); Grüneberg/Weidenkaff BGB § 528 Rn. 4; aA OLG München 1 U 6234/91, NJW-RR 1993, 250.

[61] Kollhosser ZEV 1995, 391 (393); Schwarz JZ 1997, 545 (548).

[62] MüKoBGB/Koch BGB § 528 Rn. 18.

[63] BGH V ZR 130/08, NJW 2009, 1346.

des Rückforderungsanspruches einer teleologischen Reduktion dahingehend, dass diese Vorschrift nur für Pfändungen durch Gläubiger gilt, welche zur Sicherung des Notbedarfs nicht beigetragen haben, wohingegen die Vorschrift nicht anwendbar ist auf die Pfändung von Gläubigern, die im öffentlichen Interesse geleistet haben, um den Notbedarf sicher zu stellen.[64] Für die Verpfändbarkeit gelten die gleichen durch den Normzweck des § 528 Abs. 1 S. 1 BGB gebotenen Einschränkungen wie bei der Abtretung.[65]

IV. Ersetzungsbefugnis

24 Nach § 528 Abs. 1 S. 2 BGB steht dem Schenker kein Anspruch auf Zahlung eines Unterhaltsbetrages zu. Vielmehr gewährt diese Vorschrift nur dem Beschenkten die Befugnis, bei Verarmung des Schenkers durch Zahlung von Unterhalt die Herausgabepflicht des Geschenkten abzuwenden. Keinesfalls kann aus dieser gesetzlich normierten Abwendungsbefugnis ein direkter Anspruch des Schenkers auf Unterhaltszahlung hergeleitet werden.[66] § 528 Abs. 1 S. 2 BGB ist vielmehr eine Einwendung des Beschenkten dahingehend, dass er sich verpflichtet, anstatt den übertragenen Vermögensgegenstand zurück zu geben, Unterhalt zu leisten. Wenn der Beschenkte von seinem Abwendungsrecht Gebrauch gemacht hat, wird dadurch das Schuldverhältnis umgewandelt und keine der Parteien kann einseitig zum Anspruch aus § 528 Abs. 1 S. 1 BGB zurückkehren, also auch nicht der Beschenkte.[67] Die Abwendungsbefugnis scheidet von Anfang an aus, wenn der übertragene Vermögensgegenstand bereits in Geld bestand oder weil bei einem unteilbaren Sachgeschenk Teilwertersatz in Geld nach § 518 Abs. 2 BGB zu leisten ist.[68]

25 Die Höhe der Unterhaltszahlung wird durch den Wert des Geschenkes beschränkt (strittig).[69] Normzweck, Entstehungsgeschichte und Gesetzesmaterialen sprechen dafür, den Beschenkten nur in Höhe der Bereicherung zu belasten.

26 Die Abwendungsbefugnis scheidet nach der Rechtsprechung des BGH von vornherein aus, wenn der Anspruch auf Zahlung für einen abgeschlossenen Zeitraum der Unterhaltsbedürftigkeit gerichtet ist.[70] Eine solche Auslegung ist jedoch weder vom Wortlaut noch vom Normzweck der Vorschrift gedeckt. Dem BGH ging es um eine Einschränkung des Anwendungsbereichs von § 1613 BGB, auf den § 528 Abs. 1 S. 3 BGB verweist. Ein dem Normzweck entsprechendes und sachgerechteres Ergebnis kann aber durch eine restriktive Auslegung der §§ 528 Abs. 1 S. 3, 1613 BGB dadurch erreicht werden, dass vom Beschenkten der in der Vergangenheit liegende Unterhalt in einer Summe zu entrichten ist, also reine Ersetzung des Herausgabeanspruches ohne Anwendbarkeit des § 1613 BGB und der ab Ausübung der Abwendungsbefugnis anfallenden Unterhalt in laufenden Monatsraten.[71]

---

[64] Vgl. Kollhosser ZEV 2001, 289 (292);.

[65] Vgl. MüKoBGB/Koch BGB § 528 Rn. 19.

[66] OLG Naumburg 8 U 105/95, OLG-NL 97, 27.

[67] MüKoBGB/Koch BGB § 528 Rn. 21.

[68] BGH V ZR 107/84, BGHZ 94, 141 (144) = NJW 1985, 2419; IV ZR 184/94, NJW 1996, 987 (988); X ZR 157/96, BGHZ 137, 76 (83) = NJW 1998, 537; MüKoBGB/Koch BGB § 528 Rn. 21.

[69] Vgl. ausführlich MüKoBGB/Koch BGB § 528 Rn. 22; ebenso Soergel/Mühl/Teichmann BGB § 528 Rn. 12; Staudinger/Wimmer-Leonhardt BGB (2005) § 528 BGB Rn. 29; aA Krauß ZEV 2001, 417 (421); Bamberger/Roth/Gehrlein BGB § 528 Rn. 5.

[70] BGH V ZR 107/84, BGHZ 94, 141 (144) = NJW 1985, 2419; V ZR 66/85, BGHZ 96, 380 (384) = NJW 1986, 1606f.; X ZR 2/03, NJW 2005, 670; IVa ZR 125/84, NJW 1986, 1926f.

[71] Bamberger/Roth/Gehrlein BGB § 528 Rn. 5.

§ 528 I 3 BGB verweist auf den für Leibrenten geltenden § 760 BGB und damit vor allem auf die dreimonatige Vorauszahlungspflicht. Ferner wird in § 528 Abs. 1 S. 3 BGB auf die §§ 1613 (Unterhalt für die Vergangenheit) und 1615 BGB (Erlöschen des Unterhaltsanspruchs bei Tod des Berechtigten oder Verpflichteten) verwiesen. **27**

V. Haftung mehrerer Beschenkter (Abs. 2)

§ 528 Abs. 2 BGB regelt die Reihenfolge der Rückforderung von Schenkungen dahingehend, dass die jeweils jüngere Schenkung vor der älteren zurück zu fordern ist. Die Rangfolge des § 528 Abs. 2 BGB entspricht der des § 2329 Abs. 3 BGB. **28**

Der früher Beschenkte haftet nur nachrangig bis zur Obergrenze des Restbedarfs, welche sich ergibt, wenn man den folgenden Bedarf des Schenkers um die Herausgabepflicht des später Beschenkten mindert. Da es bei § 528 BGB darum geht, einen akuten Notbedarf zu decken, muss anders als bei § 2329 BGB nicht die abstrakte Leistungsverpflichtung des Beschenkten sondern seine konkrete Leistungsfähigkeit vorliegen.[72] **29**

Auch wenn mehrere Personen gleichzeitig beschenkt wurden, kann der Rückforderungsanspruch des verarmten Schenkers gegen einen Beschenkten geltend gemacht werden.[73] **30**

Mehrere (gleichzeitig) Beschenkte haften als Gesamtschuldner.[74] Zwischen mehreren gleichzeitig Beschenkten besteht hinsichtlich des Rückgewähranspruchs nach § 528 Abs. 1 BGB eine gesamtschuldnerartige Beziehung. Dies löst bei der Inanspruchnahme eines Beschenkten einen internen Ausgleichsanspruch entsprechend § 426 Abs. 1 BGB aus. Das gilt auch dann, wenn die ihnen jeweils zugewandten Gegenstände nicht gleichartig sind. Der interne Ausgleich unter den Beschenkten wird nicht davon berührt, ob der Rückgewähranspruch von dem Schenker oder – aufgrund einer Überleitung durch Verwaltungsakt – von dem Träger der Sozialhilfe geltend gemacht wird. Der Schenker kann nicht abschließend bestimmen, wer von den Beschenkten die Nachteile des auf seiner Seite eingetretenen Notbedarfs tragen soll. Der Rückgewähranspruch nach § 528 Abs. 1 BGB entsteht mit dem Eintritt der Notlage des Schenkers; er ist nicht an eine Entscheidung des Schenkers geknüpft. Jeder Beschenkte haftet bis zur Grenze des § 818 Abs. 3 BGB auf den vollen Bedarf und nicht nur entsprechend seinem Anteil an dem Schenkungsgut. Der Gesamtschuldnerausgleich erfolgt nach § 426 BGB.[75]

VI. Sozialhilferegress

Zur Deckung des notwendigen Lebensunterhalts bzw. des Bedarfs in besonderen Lebenslagen tritt der Sozialhilfeträger ein. Aufgrund des Nachrangprinzips der Sozialhilfe im Sinne des § 2 Abs. 2 SGB XII geht der Sozialhilfeträger jedoch nur in Vorlage. Sobald der Sozialhilfeträger Kenntnis von einer möglichen Schenkung erhält, kann er durch schriftliche Anzeige an den Beschenkten nach § 93 Abs. 1 S. 1 SGB XII den Rückforderungsanspruch des Schenkers auf sich überleiten. Der Überleitung steht nach § 93 Abs. 1 S. 4 SGB XII nicht entgegen, dass der Anspruch nicht übertra- **31**

---

[72] MüKoBGB/Koch BGB § 528 Rn. 26; Staudinger/Wimmer-Leonhardt BGB (2005) § 520 Rn. 33; aA Bamberger/Roth/Gehrlein BGB § 528 Rn. 6.

[73] OLG Frankfurt a. M. 25 U 162/92, NJW-RR 1993, 835.

[74] BGH X ZR 157/96, BGHZ 137, 76 = NJW 1998, 537; Grüneberg/Weidenkaff BGB § 528 Rn. 2.

[75] BGH X ZR 157/96, BGHZ 137, 76 = NJW 1998, 537; IV ZR 108/90, NJW 1991, 1824.

gen, verpfändet oder gepfändet werden kann. Ebenso wenig sind auf den Beschenkten die Regelungen über das Schonvermögen im Sinne des § 90 SGB XII oder ähnliche Vorschriften anwendbar. Dem Rückforderungsanspruch wegen Verarmung des Schenkers und der Überleitung dieses Anspruchs auf den Träger der Sozialhilfe im Hinblick auf die von diesem dem Schenker geleistete Hilfe zum Lebensunterhalt steht es nicht entgegen, dass das Geschenk, wenn es beim Schenker verblieben wäre, zu dessen Schonvermögen gehört hätte.[76] Diese Vorschriften dienen nur dem Schutz der leistungsberechtigten Personen, nicht jedoch Dritter.[77]

32 Bei Streitigkeiten über den Rückforderungsanspruch ist der Rechtsweg zu den ordentlichen Zivilgerichten eröffnet. Bei Streitigkeiten über die Frage der Überleitung sind die Sozialgerichte nach § 51 Abs. 1 Nr. 6a SGG zuständig. Eine Überprüfung der Überleitungsanzeige gemäß § 93 Abs. 1 S. 1 SGB XII findet im Zivilverfahren nicht statt. Die Wirksamkeit des Anspruchsübergangs steht nach bestandskräftiger Überleitungsanzeige für das Zivilverfahren fest. Das Zivilgericht hat lediglich das Vorliegen der Voraussetzungen für das Bestehen der Forderung zu prüfen, nicht aber die Rechtmäßigkeit der Anspruchsüberleitung.[78]

33 Der Beschenkte kann dem Regressgläubiger sämtliche Einwendungen entgegenhalten, welche er auch dem Schenker entgegenhalten könnte.[79]

34 Eine Überleitung des Anspruches erfolgt nur für die Zeit, für die der leistungsberechtigten Person die Hilfe ohne Unterbrechung mehr als zwei Monate lange gewährt wird, § 93 Abs. 2 SGB XII.

35 Ein Anspruch, den ein Hilfeempfänger für die Zeit der Hilfegewährung gegen einen anderen hat, kann auch nach dem Tode des Hilfeempfängers auf den Träger der Sozialhilfe übergeleitet werden.[80] Die Überleitung des Anspruches kann auch noch nach dem Ende der Sozialhilfeleistung erfolgen.[81]

36 Wird einem iSv § 528 Abs. 1 BGB bedürftigen Schenker Sozialhilfe gewährt und der Rückforderungsanspruch gegen den Beschenkten auf den Träger der Sozialhilfe übergeleitet, ist für die Einstandspflicht des verschenkten Vermögens die Einkommens- und Vermögenslage des Schenkers im Zeitpunkt der zur Bewilligung der Hilfe führenden Beantragung von Sozialhilfe maßgeblich, nicht dagegen die Einkommens- und Vermögenslage des Schenkers im Zeitpunkt der letzten mündlichen Verhandlung über den übergeleiteten Anspruch.[82] Da es für die Frage der Einstandspflicht auf die Einkommens- und Vermögenslage des Schenkers zum Zeitpunkt des Sozialhilfeantrages ankommt, und nicht auf den Zeitpunkt der letzten mündlichen Verhandlung über den übergeleiteten Anspruch, kann sich der Beschenkte gegenüber dem Sozialhilfeträger nicht auf eine Verbesserung der Vermögenslage beim Schenker berufen, auch wenn diese erst nach Gewährung von Sozialhilfe eingetreten ist.[83]

37 Für den Bereich des Arbeitslosengeldes II sieht § 33 SGB II eine dem § 93 SGB XII entsprechende Überleitungsvorschrift vor.

---

[76] BGH X ZR 2/03, NJW 2005, 670.

[77] BGH V ZR 188/92, BGHZ 125, 283 (287) = NJW 1994, 1655; X ZR 2/03, NJW 2005, 670 (671); BVerwG 5 C 37/88, BVerwGE 90, 245 (249) = NJW 1992, 3312.

[78] OLG Hamm 10 U 99/18, BeckRS 2019, 43476.

[79] Hußmann ZEV 2005, 54 (56).

[80] BVerwG 5 C 63/88, BVerwGE 85, 136 = NJW 1990, 3288.

[81] MüKoBGB/Koch BGB § 528 Rn. 31.

[82] BGH X ZR 246/02, BGHZ 155, 55 (61) = NJW 2003, 2449; X ZR 2/03, NJW 2005, 670; Ergänzung zu BGH V ZR 66/85, BGHZ 96, 380 (382) = NJW 1986, 1606.

[83] BGH X ZR 246/02, BGHZ 155, 55 (61) = NJW 2003, 2449.

VII. Verjährung

38 Es gilt für den Rückforderungsanspruch die relative Verjährungsfrist von drei Jahren nach den §§ 195, 199 Abs. 1 BGB und die absolute Frist von zehn Jahren gemäß § 199 Abs. 3 S. 1 Nr. 1 BGB.[84] Für Grundstücke gilt die 10-Jahresfrist des § 196 BGB. Erreicht der Unterhaltsbedarf nicht den Wert der geschenkten Grundstücksrechte, unterliegt auch der Anspruch auf Teilwertersatz der zehnjährigen Verjährung gemäß § 196 BGB.[85] § 197 BGB ist nicht anwendbar.[86]

39 Nach § 199 Abs. 1 BGB kommt es für den Verjährungsbeginn auf den Schluss des Kalenderjahres an, in dem der Anspruch entstanden ist und der Gläubiger von den anspruchsbegründenden Umständen Kenntnis erlangt oder ohne grobe Fahrlässigkeit hätte erlangen müssen. Beim Schenker wird regelmäßig die Entstehung der anspruchsbegründenden Umstände mit der Kenntnis derselben zusammenfallen. Der Sozialhilfeträger dagegen, auf welchen der Anspruch übergeht, wird regelmäßig erst später von der Schenkung Kenntnis erlangen. Grundsätzlich kommt es jedoch nicht auf die Kenntnis des neuen Gläubigers an, auf welchen der Anspruch übergeht, sondern auf die Kenntnis des alten Gläubigers. Zumal häufig das Interesse besteht, die Schenkung zu verschleiern, um die Überleitung des Rückforderungsanspruches zu verhindern, kann dies zur Verjährung führen, bevor der Sozialhilfeträger überhaupt die Gelegenheit hatte, den Anspruch geltend zu machen. In der Literatur wird daher teilweise vertreten, ausnahmsweise dem neuen Gläubiger nicht den Kenntnisstand des alten Gläubigers zurechnen zu lassen, sondern auf den Kenntnisstand des neuen Gläubigers abzustellen.[87] Für ein Abweichen von dem Grundsatz, dass der neue Gläubiger sich den Kenntnisstand des alten Gläubigers zurechnen lassen muss, besteht vorliegend jedoch keine Veranlassung. Bemühungen zur Verschleierung der Schenkung und die damit gewissermaßen absichtlich herbeigeführte Verjährung rechtfertigen es nicht die Grundsätze des Rechts vom Forderungsübergang und der Verjährung zu durchbrechen. Allenfalls in besonderen Einzelfällen könnte es nach § 242 BGB treuwidrig sein, wenn sich der Beschenkte durch Zusammenwirken mit dem Schenker zur Verschleierung der Schenkung auf die absichtlich herbeigeführte Verjährung beruft. Dies ist denkbar, wenn der Beschenkte den Schenker zunächst einige Zeit als Betreuer oder Bevollmächtigter vertritt und so die Anspruchsgeltendmachung hinauszögert.

VIII. Darlegungs- und Beweislast

40 Entsprechend der allgemeinen Regeln der Darlegungs- und Beweislast trägt der Schenker die Darlegungs- und Beweislast für sämtliche tatbestandlichen Voraussetzungen des geltend gemachten Herausgabeanspruchs. Macht der Schenker einen Rückforderungsanspruch wegen Notbedarfs geltend, so hat er demnach darzulegen und zu beweisen, dass und inwieweit er außer Stande ist, seinen angemessenen Lebensunterhalt zu bestreiten.[88] Maßgeblicher Zeitpunkt für die Bedürftigkeit ist nach herrschender Meinung grundsätzlich der Schluss der mündlichen Verhandlung.[89] Beim über-

[84] Vgl. zur Regelverjährung nach altem Recht BGH X ZR 128/99, BGHZ 146, 228 = NJW 2001, 1063.

[85] BGH Xa ZR 73/07, NJW 2011, 218.

[86] Grüneberg/Weidenkaff BGB § 528 BGB Rn. 6.

[87] Staudinger/Wimmer-Leonhardt BGB (2005) § 528 BGB Rn. 52; aA im Ergebnis wohl MüKoBGB/Koch BGB § 528 Rn. 34.

[88] BGH X ZR 196/01, NJW-RR 2003, 53; Grüneberg/Weidenkaff BGB § 528 Rn. 5.

[89] Grüneberg/Weidenkaff BGB § 528 Rn. 5.

geleiteten Rückforderungsanspruch auf den Sozialhilfeträger ist dagegen für die Einstandspflicht des verschenkten Vermögens die Einkommens- und Vermögenslage des Schenkers im Zeitpunkt der zur Bewilligung der Hilfe führenden Beantragung von Sozialhilfe maßgeblich und nicht die Einkommens- und Vermögenslage des Schenkers im Zeitpunkt der letzten mündlichen Verhandlung über den übergeleiteten Anspruch.[90] Der Schenker muss auch die Unentgeltlichkeit der Zuwendung, die er nach § 528 Abs. 1 S. 1 BGB zurückfordert, beweisen.[91] Die Beweislast für die Entreicherung nach § 818 Abs. 3 BGB trägt dagegen der Beschenkte.[92]

IX. Steuerrecht

41 Aufwendungen eines mit einem vermieteten Grundstück Beschenkten, die aufgrund eines Rückforderungsanspruchs des Schenkers wegen Notbedarfs gemäß § 528 Abs. 1 BGB geleistet werden, sind weder als Sonderausgaben gemäß § 10 Abs. 1 Nr. 1a EStG noch als Werbungskosten bei den Einkünften aus Vermietung und Verpachtung gemäß § 9 Abs. 1 S. 1 EStG abziehbar.[93] Zahlungen des Beschenkten gemäß § 2329 Abs. 2 BGB zur Abwendung des Herausgabeanspruches eines Pflichtteilsberechtigten nach § 2329 Abs. 1 BGB führen nicht gemäß § 29 Abs. 1 Nr. 2 ErbStG zum Erlöschen der Erbschaftsteuer; sie sind jedoch gemäß §§ 10 Abs. 5 Nr. 2 iVm 1 Abs. 2 ErbStG bei der Besteuerung der Schenkung erwerbsmindernd zu berücksichtigen.[94] Im Umfang der Rückerstattung ist die gezahlte Schenkungssteuer zu erstatten, § 29 Abs. 1 Nr. 1 ErbStG.[95]

X. Prozesskostenhilfe

42 Zum nach § 115 Abs. 3 ZPO einzusetzenden Vermögen gehören realisierbare Ansprüche mit Vermögenswert. Hierunter fallen auch Rückforderungsansprüche nach § 528 Abs. 1 S. 1 BGB. Die Frage der Zumutbarkeit der Verwertung von Vermögensgegenständen zur Finanzierung der Verfahrenskosten ist unter Zugrundelegung sozialhilferechtlicher Maßstäbe zu entscheiden. Unzumutbarkeit ist des Weiteren im Falle wirtschaftlicher Verwertungshindernisse dann anzunehmen, wenn der beim Verkauf erzielbare Nettoerlös voraussichtlich zur Finanzierung der Verfahrenskosten nicht ausreicht oder allein ein Verkauf zu einem nicht marktangemessenen Kaufpreis möglich ist.

XI. Zuständiges Gericht

43 Ein Rückgewähranspruch aus § 528 Abs. 1 S. 1 BGB ist ein allgemein zivilrechtlicher Anspruch. Solche Ansprüche können gleichermaßen zwischen verwandtschaftlich verbundenen Personen bestehen sowie zwischen nicht verwandtschaftlich

---

[90] BGH X ZR 246/02, BGHZ 155, 55 (61) = NJW 2003, 2449; X ZR 2/03, NJW 2005, 670 = FamRZ 2005, 177, Ergänzung zu BGH V ZR 66/85, BGHZ 96, 380 (382) = NJW 1986, 1606.

[91] BGH IV ZR 36/94, NJW 1995, 1349 (479); OLG Düsseldorf 9 U 71/95, NVwZ-RR 1996, 668 (669).

[92] Grüneberg/Weidenkaff BGB § 528 Rn. 6.

[93] BFH IX R 13/97, BFHE 194, 172 = NJWE-FER 2001, 133.

[94] BFH II R 46/01, BFHE 204, 299 = NJW 2004, 1198.

[95] Zur schenkungsteuerneutralen Rückabwicklung von Schenkungen gemäß § 29 Abs. 1 Nr. 1, 2 ErbStG vgl. Kamps/Gravenhorst ErbR 2022, 462.

Verbundenen. Bei entsprechenden Streitigkeiten handelt es sich nicht um sonstige Familiensachen iSd § 266 FamFG, sondern um eine allgemeine Zivilsache.[96]

§ 529 Ausschluss des Rückforderungsanspruchs

(1) **Der Anspruch auf Herausgabe des Geschenkes ist ausgeschlossen, wenn der Schenker seine Bedürftigkeit vorsätzlich oder durch grobe Fahrlässigkeit herbeigeführt hat oder wenn zur Zeit des Eintritts seiner Bedürftigkeit seit der Leistung des geschenkten Gegenstandes zehn Jahre verstrichen sind.**

(2) **Das Gleiche gilt, soweit der Beschenkte bei Berücksichtigung seiner sonstigen Verpflichtungen außerstande ist, das Geschenk herauszugeben, ohne dass sein standesmäßiger Unterhalt oder die Erfüllung der ihm kraft Gesetzes obliegenden Unterhaltspflichten gefährdet wird.**

I. Normzweck und Rechtsnatur

1 § 529 BGB enthält drei Tatbestandsmerkmale. Zum einen den Ausschluss des Herausgabeanspruches bei vorsätzlicher oder grob fahrlässiger Herbeiführung der Bedürftigkeit durch den Schenker, zum zweiten den zeitlichen Rückforderungsausschluss nach Ablauf von zehn Jahren seit der Leistung des geschenkten Gegenstandes und als drittes Tatbestandsmerkmal die eigene Bedürftigkeit des Beschenkten bei Herausgabe des Gegenstandes. Alle drei Tatbestandsmerkmale sind ihrer Rechtsnatur nach Einreden, die nur bei Erhebung durch den Beschenkten vom Gericht zu berücksichtigen sind.[1] Die Einreden stehen nicht dem Rückforderungsanspruch an sich, sondern nur dessen gegenwärtiger Durchsetzung entgegen. Die Erhebung einer der Einreden führt zur Abweisung der Klage als derzeit unbegründet.[2] Der Normzweck aller drei Einreden ist darauf gerichtet, dass der Beschenkte, der die Zuwendung bereits erhalten und sich im Vertrauen auf die Rechtsbeständigkeit des Erwerbes eingerichtet hat, schutzwürdiger ist, als der Beschenkte, der noch nichts erhalten hat.[3] Neben den Einreden des § 529 BGB kann zu Gunsten des Beschenkten auch § 242 BGB in Betracht kommen.[4]

II. Die drei Fallgruppen zum Ausschluss des Rückforderungsanspruchs

1. Vorwerfbare Herbeiführung der Bedürftigkeit (Abs. 1, Alt. 1)

2 Abs. 1, Alt. 1 verlangt die vorsätzliche oder grob fahrlässige Herbeiführung der Bedürftigkeit. Als Beispielsfälle werden hierfür Verschwendung, Spielen und der mutwillige Verzicht auf eine Erwerbstätigkeit angeführt.[5] Nicht unter die erste Alternative des § 529 BGB fallen dagegen sozialadäquate Spenden an karitative Einrichtungen.[6] Wenn der Schenker aus nachvollziehbaren Gründen mit seinem baldigen Ableben

---

[96] Vgl. hierzu auch OLG Hamm II-14 WF 177/12, NJOZ 2013, 1326.

[1] BGH X ZR 51/03, NJW 2005, 3638.

[2] Vgl. ausführlich MüKoBGB/Koch BGB § 529 Rn. 1.

[3] Bamberger/Roth/Gehrlein BGB § 529 Rn. 1.

[4] Bamberger/Roth/Gehrlein BGB § 529 Rn. 2.

[5] BGH X ZR 140/01, NJW 2003, 1384 (1386).

[6] BGH X ZR 140/01, NJW 2003, 1384 (1386).

rechnen muss, unterfallen auch großzügigere Ausgaben nicht unter den Begriff der groben Fahrlässigkeit.[7] Die Einrede greift nicht durch, wenn die Bedürftigkeit bereits durch die Schenkung oder frühere Schenkungen ausgelöst wurde oder bei Vollzug der Schenkung vorhersehbar war.[8]

2. 10-Jahresfrist (Abs. 1, Alt. 2)

3 Der BGH stellte fest, dass es für den Eintritt der Bedürftigkeit beim Schenker innerhalb der Zehn-Jahres-Frist des § 529 I BGB nicht genügt, wenn vor Ablauf dieser Frist die Umstände eingetreten sind, aus denen sich (früher oder später) eine Erschöpfung des Vermögens des Schenkers ergeben kann oder voraussichtlich ergeben wird; es ist vielmehr erforderlich, dass die Erschöpfung des Vermögens innerhalb der Frist bereits eingetreten ist. Für den Beginn der 10-Jahresfrist kommt es nach der Rechtsprechung des BGH auf den Zeitpunkt der Leistung des geschenkten Gegenstandes an und dabei darauf, dass der Schenker alles für den Vollzug Erforderliche getan hat.[9] Bei der Schenkung eines Grundstückes beginnt dementsprechend der Lauf der 10-Jahresfrist bereits ab dem Umschreibungsantrag.[10] Der Beginn der in § 529 I Alt. 2 BGB vorgesehenen Zehnjahresfrist wird nicht dadurch gehindert, dass sich der Schenker an dem verschenkten Grundstück ein lebenslanges Nutzungsrecht vorbehält.[11]

3. Notbedarf des Beschenkten (Abs. 2)

4 Es ist grundsätzlich unerheblich, wann und wodurch die eigene Bedürftigkeit des Beschenkten bzw. seines Erben entstanden ist.[12] Nach dem Wortlaut des Gesetzes kommt es nicht darauf an, dass der eigene Notbedarf des Beschenkten bereits eingetreten ist, vielmehr reicht eine Gefährdung aus. Dabei muss es sich allerdings um eine ernsthafte Gefährdung handeln, dh es muss ernsthaft damit zu rechnen sein, dass der Beschenkte bei Erfüllung des Rückforderungsanspruches nicht mehr in der Lage ist, seinen angemessenen Unterhalt zu erfüllen oder seiner Unterhaltsverpflichtung nachzukommen.[13]

5 Das Wort „standesgemäßer" Unterhalt beruht auf einem Redaktionsversehen und ist nach allgemeiner Meinung als „angemessener" Unterhalt zu lesen.[14] Im Rahmen der Regelung des Abs. 2 sind zur Bemessung des dem Beschenkten verbleibenden angemessenen („standesgemäßen") Unterhalts die jeweils einschlägigen familienrechtlichen Bestimmungen und die von der Rechtsprechung hierzu entwickelten Grundsätze heranzuziehen.[15] Als angemessen gilt grundsätzlich der entsprechende Verwandtenunterhalt. Das Maß des zugewendeten Unterhalts bestimmt sich nach der Lebensstellung des Bedürftigen, wobei der Unterhalt den gesamten Lebensbedarf umfasst (§ 1610 BGB). Die Erwerbsobliegenheit des Beschenkten geht grundsätzlich

---

[7] BGH X ZR 140/01, NJW 2003, 1384 (1386); Bamberger/Roth/Gehrlein BGB § 529 Rn. 2.

[8] BGH X ZR 69/97, BGHZ 143, 51 = NJW 2000, 728 und BGH X ZR 128/99, BGHZ 146, 228 (234) = NJW 2001, 1063; aA MüKoBGB/Koch BGB § 529 Rn. 3 mwN: Zeitpunkt des Eintritts des Leistungserfolges.

[9] BGH X ZR 140/10, NJW 2011, 3082.

[10] BGH X ZR 140/10, NJW 2011, 3082 vgl. dazu Anm. Everts MittBayNot 2012, 23.

[11] BGH X ZR 146/99, NJW 2001, 1207.

[12] BGH X ZR 146/99, NJW 2001, 1207 (1209).

[13] BGH X ZR 126/98, NJW 2000, 3488; X ZR 51/03, NJW 2005, 3638.

[14] BGH NJW 2000, 3488.

[15] BGH X ZR 51/03, NJW 2005, 3638.

vor.[16] Der Beschenkte ist in der Regel nicht verpflichtet, sein Familieneigenheim zu veräußern, unter Umständen aber zur Aufnahme eines Kredits.[17]

Der Beschenkte trägt die Darlegungs- und Beweislast für die eigene Bedürftigkeit.[18] **6**

III. Ausschluss des Rückforderungsanspruches nach § 242 BGB

§ 529 BGB enthält drei gesetzlich normierte Einreden zum Ausschluss des Rückforderungsanspruchs, stellt jedoch nach allgemeiner Meinung keine abschließende Regelung dar, sodass in besonders gelagerten Fällen auch ein Rückforderungsanspruch nach § 242 BGB ausscheidet.[19] Wenn beispielsweise der Schenkungsgegenstand keinen nennenswerten Verkaufswert hat und somit den Notbedarf des Schenkers nicht wesentlich lindern kann, ist der Rückforderungsanspruch nach § 242 BGB ausgeschlossen.[20] Ein Anspruch auf Zahlung des Wertes eines geschenkten Grundstücks kann teilweise ausgeschlossen sein, soweit der Verpflichtete dadurch seinen eigenen angemessenen Unterhalt oder die Erfüllung seiner Unterhaltspflichten gefährdet. In diesem Zusammenhang ist es dem Verpflichteten zuzumuten, dass er ein geschenktes unbebautes Grundstück, aus dem er keine Einkünfte zieht und das er auch nicht für sich und seine Familie zum Wohnen benötigt, veräußert.[21] **7**

IV. Ausschluss der Einrede

Der Beschenkte kann sich auf die Einrede nicht stützen, wenn er gemäß §§ 818 IV, 819 I BGB haftet, insbesondere seine Leistungsunfähigkeit durch unterhaltsbezogene Mutwilligkeit herbeigeführt hat. Für die Berechtigung der Einrede nach § 529 II BGB ist es grundsätzlich unerheblich, wann und wodurch die eigene Bedürftigkeit des Beschenkten bzw. seines Erben entstanden ist. Die Berufung auf die eigene Bedürftigkeit stellt allerdings eine unzulässige Rechtsausübung (§ 242 BGB) dar, wenn der Beschenkte bzw. sein Erbe Kenntnis von dem Notbedarf des Schenkers gehabt und gleichwohl die eigene Bedürftigkeit mutwillig herbeigeführt hat, wobei Mutwilligkeit nicht nur vorsätzliches oder absichtliches, sondern auch leichtfertiges Handeln umfasst.[22] Erfolgt die unentgeltliche Grundstücksübertragung mit der Abrede, dass der Erwerber bei einer Weiterveräußerung verpflichtet ist, den Übertragenden im Notfall aus dem Erlös zu unterstützen, findet § 529 Abs. 2 BGB keine Anwendung, wenn die Vertragsauslegung ergibt, dass es sich nicht um eine Schenkung, sondern einen Vertrag sui generis gehandelt hat.[23] **8**

Der Beschenkte kann grundsätzlich die Rückgabe des Geschenks verweigern, wenn er bei Erfüllung des Rückforderungsanspruchs seinerseits Sozialhilfe von dem betreffenden Träger beanspruchen könnte. Ihm ist jedoch die Notbedarfseinrede nach „Treu und Glauben" verwehrt, wenn der Schenker dem Beschenkten einen Vermögensgegenstand zuwandte, den er zur Deckung seines eigenen Unterhaltsbedarfs benötigte, dieser Unterhaltsbedarf deshalb vom Sozialhilfeträger befriedigt **9**

---

[16] BGH X ZR 126/98, NJW 2000, 3488; X ZR 140/01, NJW 2003, 1384.
[17] OLG Düsseldorf 7 U 56/96, FamRZ 1997, 769 (770).
[18] Grüneberg/Weidenkaff BGB § 529 Rn. 1.
[19] OLG München 4 U 169/38, HRR 1938 Nr. 1327.
[20] OLG Hamm 22 U 347/91, FamRZ 1993, 1436f.
[21] BGH X ZR 146/99, NJW 2001, 1207 (1208) mwN.
[22] OLG Koblenz 5 U 769/11, NJOZ 2012, 1587.
[23] OLG Koblenz 5 U 769/11, NJOZ 2012, 1587.

wurde und der Beschenkte annehmen musste, den zugewendeten Gegenstand mit der Schenkung einer Verwertung zur Deckung des Unterhaltsbedarfs des Schenkers zu entziehen. Ein in gleicher Höhe entstehender Anspruch des Beschenkten auf Sozialhilfe hätte zwar im Ergebnis ein Hin- und Herzahlen zur Folge, bei dem weder aufseiten des Beschenkten noch aufseiten des Sozialhilfeträgers im Saldo eine finanzielle Einbuße einträte. Diesem Gesichtspunkt kann aber im Rahmen des sozialrechtlichen Ermessens bei der Geltendmachung des auf § 528 Abs. 1 BGB gestützten Rückgriffsanspruchs gem. § 93 Abs. 1 S. 1 SGB XII Rechnung getragen werden.[24]

§ 530 Widerruf der Schenkung

(1) **Eine Schenkung kann widerrufen werden, wenn sich der Beschenkte durch eine schwere Verfehlung gegen den Schenker oder einen nahen Angehörigen des Schenkers groben Undanks schuldig macht.**

(2) **Dem Erben des Schenkers steht das Recht des Widerrufs nur zu, wenn der Beschenkte vorsätzlich und widerrechtlich den Schenker getötet oder am Widerruf gehindert hat.**

I. Bedeutung

1 Die Vorschrift regelt einen Sonderfall des Wegfalls der Geschäftsgrundlage.[1] Ihre praktische Bedeutung ist hoch. Insbesondere im familiären Bereich werden häufig Schenkungen vorgenommen, bei denen auf Sicherungsmaßnahmen für zukünftige Unwägbarkeiten weitestgehend verzichtet wird. Ein Widerrufsgrund kann sich unabhängig von § 530 BGB auch direkt aus dem Schenkungsvertrag ergeben.

II. Voraussetzungen des Widerrufs

2 Die Vorschrift erfordert eine schwere Verfehlung des Beschenkten, durch die er sich groben Undanks schuldig macht. Bei einem Schenkungsvertrag zu Gunsten Dritter muss die schwere Verfehlung durch den Dritten erfolgen, weil dieser das Geschenk erhält und auch Schuldner der Rückforderungsansprüche ist.[2] Eine schwere Verfehlung setzt objektiv ein gewisses Maß an Schwere voraus und subjektiv eine tadelnswerte Gesinnung, die einen Mangel an Dankbarkeit gegenüber dem Schenker erkennen lässt.[3] Die Rechtsprechung stellt dabei auf die Dankbarkeit ab, die der Schenker erwarten kann. Anhaltspunkte dafür, was der Schenker an Dankbarkeit erwarten kann, ergeben sich aus dem Gegenstand und der Bedeutung der Schenkung und den näheren Umständen, die zur Schenkung geführt haben und die deren Durchführung bestimmt haben.[4] Dazu ist eine Gesamtwürdigung aller Gesichtspunkte erforderlich.[5] Ein enges Verwandtschaftsverhältnis ändert diese Anforderungen nicht.[6] Der grobe Undank muss gegenüber dem Schenker vorliegen. Ein grober Undank gegenüber demjenigen, gegen den sich die schwere Verfehlung richtet, ge-

---

[24] BGH X ZR 115/16, NJW 2019, 1229.
[1] BGH X ZR 108/03, ZEV 2006, 214.
[2] OLG München 25 U 3831/99, NJW 2000, 1423.
[3] BGH XII ZR 210/91, NJW-RR 1993, 1410; V ZR 48/75, NJW 1978, 213.
[4] BGH X ZR 80/11, ZEV 2013, 215.
[5] BGH X ZR 80/11, ZEV 2013, 215.
[6] BGH V ZR 48/75, NJW 1978, 213.

nügt nicht.[7] Das Verhalten eines Dritten wird dem Beschenkten nur ausnahmsweise zugerechnet, wenn es ein so erhebliches Gewicht hat, dass der Beschenkte zum gegenläufigen Handeln sittlich verpflichtet ist, er dies aber unterlässt.[8] Steht auf der Seite der Schenker oder der Beschenkten eine Personenmehrheit, so bezieht sich der Widerruf und die anschließende Rückforderung immer nur auf den jeweiligen Anteil, wenn das Geschenk teilbar ist. Bei einem unteilbaren Geschenk genügt die Verfehlung eines Beschenkten (sog. Dankbarkeitsgemeinschaft). Die Rückforderung muss in diesem Fall an alle Schenker verlangt werden.[9]

Auch das **Verhalten des Schenkers** ist zu berücksichtigen. Eigene schwere Verfehlungen des Schenkers gegenüber dem Beschenkten oder einem seiner Angehörigen lassen unter Umständen die an sich schwere Verfehlung des Beschenkten nicht als groben Undank erscheinen. Das gesamte Verhalten von beiden Teilen ist vergleichend zu würdigen.[10] Ein objektiv unangemessenes Verhalten des Beschenkten ist vom Schenker hinzunehmen, wenn es sich als spontane, im Wesentlichen affektgesteuerte Reaktion in einer eskalierenden Auseinandersetzung darstellt, bei der der Schenker in vergleichbarer Weise zur Eskalation beigetragen hat.[11] 3

Beispiele für eine schwere Verfehlung/groben Undank: 4
- Gröbste Beleidigungen.[12]
- Vollmachtsmissbrauch.[13]
- Entmündigungsantrag (altes Recht), der bewusst auf unwahren Tatsachen beruht.[14]
- Strafanzeigen oder Verdächtigungen wider besseres Wissen oder ohne Eigeninteresse des Beschenkten.[15]
- Die Ehefrau hatte vom Ehemann aus Steuergründen ein Grundstück erhalten, in dem der Ehemann eine spezielle eingerichtete Werkstatt gemietet hatte. Nach der Scheidung versuchte die Ehefrau, den Ehemann so schnell wie möglich aus den Räumen zu drängen.[16]
- Versuch, den Übergeber mit verwerflichen Mitteln und einer Gesamtstrategie aus der Unternehmensleitung zu verdrängen.[17]
- Wenn bei einer Schenkung unter Auflage die Auflage das Geschenk fast aufzehrt, kann der Schenker nach Ansicht des OLG Düsseldorf nur eine geringe Dankbarkeit erwarten, weshalb der grobe Undank besonders schwer sein muss.[18]
- Annahme von Schenkungen der Lebensgefährtin, obwohl sich der Beschenkte schon anderen Frauen zugewandt hatte. Die vorherigen Schenkungen der Lebensgefährtin werden davon nicht umfasst.[19]
- Vornahme einer Handlung durch den Ehemann der Beschenkten gegenüber der Schenkerin, die einer sexuellen Nötigung zumindest nahe kam. Die Beschenkte erfuhr davon und steuerte nicht gegen, obwohl dies sittlich geboten gewesen wäre.[20]

---

[7] BGH X ZR 60/97, ZEV 1999, 188.
[8] BGH IVa ZR 229/82, NJW 1984, 2089.
[9] Roglmeier ErbR 2015, 292 (303).
[10] OLG Frankfurt 16 U 71/04, MittBayNot 2005, 495.
[11] BGH X ZR 48/17, NJW-RR 2020, 179.
[12] OLG Hamm 10 U 173/95, FamRZ 2001, 545.
[13] BGH X ZR 94/12, NJW 2014, 3021 mAnm Müller.
[14] BGH V ZR 155/78, NJW 1980, 1789.
[15] BGH V ZR 109/89, NJW 1991, 830.
[16] BGH XII ZR 210/91, NJW-RR 1993, 1410.
[17] BGH II ZR 243/89, NJW 1990, 2616.
[18] OLG Düsseldorf I-9 U 112/06, BeckRS 2007, 09790.
[19] OLG Hamm 11 U 99/77, NJW 1978, 224.
[20] OLG Brandenburg 5 U 53/07, notar 2009, 264.

- Die von der Großmutter beschenkten Enkelinnen bezichtigten ihren Vaters wahrheitswidrig des sexuellen Missbrauchs, um die Großmutter zu einer Enterbung des Vaters zu veranlassen. Dies ist auch eine schwere Verfehlung gegenüber der Großmutter.[21]
- Wiederaufnahme der Prostitution trotz eines gegenteiligen Versprechens.[22]

5 Kein wirksamer Schenkungswiderruf wurde in den folgenden Fällen angenommen:

- Geltendmachung des nach Grund und Höhe rechtsfehlerfrei festgestellten Pflichtteilsanspruchs.[23]
- Bestreiten von Zahlungen im Prozess.[24] Nach Ansicht des OLG Oldenburg liegt im Bestreiten auch dann keine schwere Verfehlung, wenn ein versuchter Prozessbetrug vorliegt.[25] Diese Auffassung sollte überdacht werden, da ein Schenker im Allgemeinen erwarten kann, dass der Beschenkte keine Straftaten zu seinen Lasten begeht.
- Zwangsvollstreckung aus einem Kostenfestsetzungsbeschluss aus einem Prozess, in dem der Schenker den Beschenkten erfolglos verklagt hatte.[26]
- Eheliche Untreue allein.[27] Man wird hierbei jedoch berücksichtigen müssen, welche gemeinsamen Wertvorstellungen die Beteiligten zum Zeitpunkt der Schenkung hatten.
- Eheliche Verfehlungen sind nicht ohne weiteres grober Undank gegenüber den Eltern des Ehepartners.[28]

III. Widerrufsberechtigte

6 Das Widerrufsrecht steht den Erben des Schenkers nach § 530 Abs. 2 BGB nur zu, wenn der Beschenkte den Schenker vorsätzlich und widerrechtlich getötet oder am Widerruf gehindert hat. Daraus wird geschlussfolgert, dass das Widerrufsrecht im Regelfall höchstpersönlich sei.[29] Offen ist die Frage, ob der Widerruf durch einen Vorsorgebevollmächtigten ausgeübt werden kann. Da das Gesetz dies nicht ausdrücklich ausschließt, ist die Frage zu bejahen.

§ 531 Widerrufserklärung

(1) **Der Widerruf erfolgt durch Erklärung gegenüber dem Beschenkten.**

(2) **Ist die Schenkung widerrufen, so kann die Herausgabe des Geschenks nach den Vorschriften über die Herausgabe einer ungerechtfertigten Bereicherung gefordert werden.**

1 Der Widerruf erfolgt durch eine formfreie einseitige empfangsbedürftige Willenserklärung. Der Widerruf muss den zugrundeliegenden Sachverhalt so weit darstellen, dass der Beschenkte ihn von anderen Geschehnissen unterscheiden, die Einhaltung

---

21 OLG Koblenz 5 U 1591/01, NJW-RR 2002, 630.

22 BGH X ZR 80/11, ZEV 2013, 215.

23 OLG Karlsruhe 3 U 22/09, ZErb 2010, 55.

24 OLG Karlsruhe 6 U 202/86, NJW 1988, 3023.

25 OLG Oldenburg 3 U 44/93, NJW 1994, 1439.

26 OLG Brandenburg 4 U 5/08, BeckRS 2008, 24621.

27 OLG Frankfurt 7 U 146/89, FamRZ 1981, 778.

28 BGH X ZR 60/97, ZEV 1999, 188; OLG Hamm 22 U 166/89, FamRZ 1990, 1232.

29 Grüneberg/Weidenkaff BGB § 530 Rn. 1 mit Verweis auf OLG Hamm II-8 UF 263/11, NJW 2012, 2528, wo es aber um ein vertragliches Widerrufsrecht ging.

der in § 532 BGB vorgesehenen Jahresfrist beurteilen und im Umkehrschluss erkennen kann, welche gegebenenfalls anderen Vorfälle der Schenker nicht zum Anlass für die Erklärung des Widerrufs genommen hat. Eine rechtliche Begründung des Widerrufs ist nicht erforderlich.[1]

Die Rückabwicklung der widerrufenen Schenkung erfolgt nach §§ 812 ff. BGB.[2] Der Beschenkte schuldet die Herausgabe des Geschenks in Natur. Die Herausgabe kann ausnahmsweise unmöglich sein, wenn der Beschenkte ein Grundstück bebaut oder so wesentlich umgestaltet hat, dass es wirtschaftlich betrachtet ein anderer Gegenstand geworden ist. Dann schuldet der Beschenkte Wertersatz nach § 818 Abs. 2 BGB.[3] Bei gemischten Schenkungen ist der Gegenstand in Natur herauszugeben, wenn der unentgeltliche Charakter des Geschäfts überwiegt.[4] Die verschärfte Haftung nach §§ 818 Abs. 4, 819 Abs. 1 BGB beginnt mit dem Zugang der Widerrufserklärung beim Beschenkten.[5] 2

Für **Aufwendungen** des Beschenkten differenziert die Rechtsprechung wie folgt: Aufwendungen, die unmittelbar das Vermögen des Beschenkten mindern, sind nach § 818 Abs. 3 BGB als Entreicherung zu berücksichtigen. Das gilt unabhängig davon, ob sie zu einer Werterhöhung des Geschenks geführt haben und ob diese Werterhöhung noch vorhanden ist. Das entspricht dem im Bereicherungsrecht herrschenden Blick auf das Vermögen des Bereicherungsschuldners.[6] Aufwendungen, die nicht mit einer Minderung des Vermögens des Bereicherungsschuldners verbunden sind (zB Arbeitsleistungen), können nicht zu einer Entreicherung nach § 818 Abs. 3 BGB führen, weil das Vermögen des Bereicherungsschuldners nicht gemindert wird. Für diese Aufwendungen kommt ein eigenständiger Verwendungsersatzanspruch des Beschenkten gegen den Schenker nach § 812 Abs. 1 S. 1, 2. Alt. BGB in Betracht. Dieser bemisst sich nach dem Wert der erbrachten Leistungen, bei Arbeitsleistungen nach dem fiktiven Arbeitslohn. Der Anspruch ist der Höhe nach begrenzt auf die bei Rückgabe des Geschenks noch vorhandene Werterhöhung, soweit diese auf den Leistungen beruht. Dies ergibt sich aus § 818 Abs. 3 BGB, der in diesem Fall zu Gunsten des Schenkers eingreift.[7] 3

Das Widerrufsrecht und der Rückabwicklungsanspruch können sich auch direkt aus dem Schenkungsvertrag ergeben. Dann erfolgt keine Rückabwicklung nach Bereicherungsrecht, sondern direkt aus vertraglichen Ansprüchen. Ist in diesem Fall die Rückabwicklung unmöglich, so richtet sich der Schadensersatzanspruch des Schenkers nach §§ 280 Abs. 1, 283, 275 Abs. 1 BGB. Der Anspruch auf Rückübereignung eines verschenkten Grundstücks kann mit einer Vormerkung gesichert werden.[8] 4

§ 532 Ausschluss des Widerrufs

[1]Der Widerruf ist ausgeschlossen, wenn der Schenker dem Beschenkten verziehen hat oder wenn seit dem Zeitpunkt, in welchem der Widerrufsberechtigte von dem Eintritt der Voraussetzungen seines Rechts Kenntnis erlangt hat, ein Jahr verstrichen ist. [2]Nach dem Tode des Beschenkten ist der Widerruf nicht mehr zulässig.

---

1 BGH X ZR 48/17, NJW-RR 2020, 179.
2 BGH V ZR 85/86, NJW-RR 1988, 584.
3 BGH V ZR 85/86, NJW-RR 1988, 584.
4 BGH V ZR 85/86, NJW-RR 1988, 584.
5 BGH X ZR 42/97, ZEV 1999, 192.
6 BGH X ZR 42/97, ZEV 1999, 192.
7 BGH X ZR 42/97, ZEV 1999, 192.
8 BGH V ZB 30/01, ZEV 2002, 364.

1 Der Widerruf der Schenkung wegen groben Undanks nach § 530 BGB ist ausgeschlossen, wenn der Schenker dem Beschenkten verziehen hat. Eine Verzeihung liegt vor, wenn der Schenker zum Ausdruck bringt, dass er die Kränkung nicht mehr als solche empfindet.[1] Die Verzeihung ist kein Rechtsgeschäft, sondern ein tatsächliches Verhalten. Es sind daher weder Vertretung, noch Anfechtung möglich.[2] Für die Verzeihung soll keine Geschäftsfähigkeit erforderlich sein, sondern analog § 827 BGB eine individuelle Einsichtsfähigkeit des Schenkers genügen.[3] Bei mehreren Schenkern muss die Verzeihung durch alle Schenker erfolgen, denen gegenüber der grobe Undank vorlag.[4]

2 Der Widerruf der Schenkung ist weiterhin ausgeschlossen, wenn seit der Kenntnis des Schenkers von den Widerrufsvoraussetzungen ein Jahr verstrichen ist. Ist die Frist für einzelne Widerrufsgründe abgelaufen, sind sie dennoch bei der erforderlichen Gesamtabwägung (→ § 530 Rn. 2) mit zu berücksichtigen.[5] Diese Frist gilt nicht für vertraglich vereinbarte Widerrufsrechte.[6] Nach § 532 S. 2 BGB ist der Widerruf nach dem Tod des Beschenkten nicht mehr zulässig. Im Umkehrschluss können die Erben des Schenkers den Widerruf nach dessen Tod erklären. In notariellen Urkunden werden vertragliche Widerrufsrechte oftmals nach dem Tod des Schenkers ausgeschlossen. Dieser Ausschluss schließt auch den Widerruf nach § 530 BGB aus, wenn er sich auf dieselben Gründe wie das vertragliche Widerrufsrecht stützt.

§ 533 Verzicht auf Widerrufsrecht

Auf das Widerrufsrecht kann erst verzichtet werden, wenn der Undank dem Widerrufsberechtigten bekannt geworden ist.

1 Während die Verzeihung nach § 532 S. 1 BGB ein rein tatsächliches Verhalten ist, kann der Schenker auch in Form eines Rechtsgeschäfts auf sein Widerrufsrecht verzichten.[1] § 533 BGB schützt den Schenker davor, dass er voreilig auf sein Widerrufsrecht verzichtet. Insbesondere kann ein solcher Verzicht nicht standardmäßig in Musterverträge aufgenommen werden.

§ 534 Pflicht- und Anstandsschenkungen

Schenkungen, durch die einer sittlichen Pflicht oder einer auf den Anstand zu nehmenden Rücksicht entsprochen wird, unterliegen nicht der Rückforderung und dem Widerruf.

1 Die §§ 528 bis 533 BGB gelten nicht für Pflicht- und Anstandsschenkungen. Übersteigt die Schenkung den Wert, der sittlich gerechtfertigt war, dann unterliegt nur der Mehrbetrag der Rückforderung.[1]

2 Eine die Rückforderung ausschließende **sittliche Pflicht** erfordert besondere Umstände, die das Ausbleiben einer Schenkung als sittlich anstößig erscheinen lassen.

---

[1] BGH IVa ZR 229/82, NJW 1984, 2089.
[2] MükoBGB/Koch BGB § 532 Rn. 2.
[3] MükoBGB/Koch BGB § 532 Rn. 2.
[4] Roglmeier ErbR 2015, 292 (301).
[5] BGH II ZR 166/65, BGHZ 46, 392.
[6] OLG Hamm 8 UF 263/11, NJW 2012, 2528.
[1] Muster: Roglmeier ErbR 2015, 292 (302).
[1] BGH III ZR 188/64, MDR 1967, 388.

Es genügt nicht, wenn die Schenkung lediglich sittlich gerechtfertigt ist.[2] Dabei sind die Lebensstellung der Beteiligten und ihre persönlichen Beziehungen zu berücksichtigen.[3]

Beispiele für eine sittliche Pflicht:

- wenn der Beschenkte zur Pflege des Schenkers schwerwiegende persönliche Opfer erbringt und deswegen in eine Notlage gerät.[4]
- Unterhaltszahlung für nahe Verwandte, gegenüber denen keine Unterhaltspflicht besteht.[5]
- Sicherung des Lebensunterhalts für den Partner einer nichtehelichen Lebensgemeinschaft.[6]
- ggf. bei Zuwendung eines Grundstücks oder Nießbrauchs aus Dankbarkeit für unbezahlte langjährige Dienste im Haushalt oder unentgeltliche Pflege und Versorgung.[7]

Eine sittliche Pflicht besteht hingegen **nicht,** wenn dem Ehepartner das hälftige Miteigentum an einem größeren Hausanwesen zugewendet wird, weil dieser in der Vergangenheit Reparaturen und Verbesserungen vorgenommen hat und dies – rechtlich unverbindlich – auch in der Zukunft beabsichtigt.[8] Eine Pflichtschenkung kann auch dann vorliegen, wenn sie das Vermögen des Schenkers im Wesentlichen erschöpft.[9] 3

Eine **Anstandsschenkung** ist gegeben, wenn die Zuwendung nach den Anschauungen im sozialen Umfeld des Schenkers nicht unterbleiben könnte, ohne dass der Schenker an Achtung und Ansehen verlieren würde.[10] Der Anstand muss es gebieten, gerade so und nicht anders zu handeln.[11] Beispiele sind die üblichen kleineren Geschenke zum Geburtstag, zu Weihnachten, zu Ostern, zur Hochzeit und zu ähnlichen Anlässen oder das Trinkgeld.[12] Lässt sich eine Schenkung als Ausdruck besonderer Großzügigkeit und Freigiebigkeit verstehen, dann steht dies einer Einordnung als Anstandsschenkung entgegen.[13] Eine Anstandsschenkung kann nicht vorliegen, wenn die Hälfte des wesentlichen Vermögens verschenkt wird.[14] 4

---

[2] BGH IVa ZR 152/82, NJW 1984, 2939.
[3] BGH X ZR 126/98, ZEV 2000, 449; IVa ZR 125/84, NJW 1986, 1926.
[4] BGH IVa ZR 125/84, NJW 1986, 1926.
[5] BGH IVa ZR 152/82, NJW 1984, 2939.
[6] BGH IVa ZR 152/82, NJW 1984, 2939.
[7] BGH IVa ZR 152/82, NJW 1984, 2939.
[8] BGH V ZR 280/84, NJW-RR 1986, 1202.
[9] BGH IVa ZR 152/82, NJW 1984, 2939.
[10] BGH V ZR 78/79, NJW 1981, 111.
[11] BGH V ZR 78/79, NJW 1981, 111.
[12] BGH IVa ZR 152/82, NJW 1984, 2939.
[13] BGH V ZR 78/79, NJW 1981, 111.
[14] BGH IVa ZR 152/82, NJW 1984, 2939.

Titel 12. Auftrag, Geschäftsbesorgung und Zahlungsdienste

Vorbemerkungen zu §§ 662–675 BGB

1. Gegenstand der Kommentierung

1 Die Kommentierung ist auf die im Zusammenhang mit einer Vollmacht relevanten Fragen beschränkt. Diese betreffen insbesondere die **Vorsorgevollmacht.** Neben der oft streitigen Frage, ob überhaupt ein Auftragsverhältnis entstanden ist (→ § 662 Rn. 2–14), geht es um die Ansprüche und Pflichten der Beteiligten aus dieser rechtlichen Verbindung. Ergänzend können Ansprüche nach → §§ 812ff., 823ff. BGB einschlägig sein.

2. Vollmacht und Grundgeschäft

2 Die Vollmacht ermöglicht dem Bevollmächtigten, den Vollmachtgeber wirksam zu vertreten. Was er tun soll und darf und wie dies geschehen soll, ist davon rechtlich unabhängig („abstrakt") zu beurteilen, so genanntes **Abstraktionsprinzip.**[1] Dies richtet sich nach dem zugrundeliegenden Rechtsgeschäft, welches Grundgeschäft, Grundverhältnis, Innenverhältnis oÄ genannt wird. Bei einer umfassenden Bevollmächtigung wie bei einer Vorsorgevollmacht ist grundsätzlich von einem Auftragsvertrag auszugehen. Eine Vollmacht kann aber auch zur Vornahme oder zum Vollzug eines bestimmten Geschäfts, wie einer Schenkung, oder im Rahmen eines Dienst- oder Werkvertrages erteilt werden.[2] Allerdings ist ein Auftragsverhältnis in einem Vorsorgefall auch möglich, wenn keine (Vorsorge)Vollmacht erteilt wurde: Der Auftragnehmer kann Angelegenheiten auch ohne (schriftliche) Vollmacht erledigen, wenn er von dem Auftraggeber in jedem Einzelfall oder generell dazu beauftragt wurde und für die Ausführung keine Vollmacht benötigt (tatsächliche Handlungen, uU Überlassen der EC-Karte usw.).

§ 662 Vertragstypische Pflichten beim Auftrag

Durch die Annahme eines Auftrags verpflichtet sich der Beauftragte, ein ihm von dem Auftraggeber übertragenes Geschäft für diesen unentgeltlich zu besorgen.

Übersicht

[1] BGH IX ZR 209/91, NJW 1992, 3237; zur Vollmacht eines Rechtsanwaltes: V ZR 36/92, NJW 1993, 1926; OLG Köln 13 U 17/88, ZIP 1988, 1203; Lieder ZfPW 2022, 345 (350f.); ders. JuS 2014, 393; Papenmeier Vollmachten S. 2–4; Lipp/Spalckhaver Vorsorgeverfügungen § 8 Rn. 5–8.

[2] Übersicht: Papenmeier Vollmachten S. 165.

I. Auftragsvertrag

1. Schuldrechtlicher Vertrag

Der Auftrag ist ein **unvollkommener, zweiseitiger Vertrag.** Der Begriff des „Auftrags" suggeriert zwar Einseitigkeit. Er bezieht sich aber nur auf das Fehlen einer synallagmatischen Gegenleistung: Der Auftraggeber ist nicht unmittelbar zu einer Gegenleistung verpflichtet, da der Auftrag unentgeltlich ist. Insoweit ist er ein „unvollkommener" Vertrag. Im Übrigen ist er ein zweiseitiger Vertrag, bei dem es zwei Willenserklärungen – Angebot und Annahme – geben muss. Die genaue Bezeichnung für das schuldrechtliche Verhältnis zwischen Vollmachtgeber und Bevollmächtigtem ist daher „Auftragsvertrag".[1] Ob der Bevollmächtigte überhaupt tätig werden wird und in welcher Form, kann unsicher sein. Es handelt sich dann um einen so genannten „Eventualauftrag".[2] 1

2. Auftrag bei Vorsorgevollmacht

a) Einleitung. Die rechtliche-dogmatische Auseinandersetzung mit der Frage des Auftragsvertrages bei der Erteilung einer Vorsorgevollmacht in Abgrenzung zu einem Gefälligkeitsverhältnis ist bei weitem noch nicht abgeschlossen. Für den Einzelfall hat sie indes eine immense Bedeutung, da der Bevollmächtigte (oder seine Erben) ohne einen Auftragsvertrag weitgehend rechtlos sind (zu anderen, denkbaren Anspruchsgrundlagen → Rn. 21–24). Herausgabe- und Schadensersatzansprüche können ohne Auskunfts- und Rechenschaftsansprüche, welche weitgehend einen Auftragsvertrag voraussetzen (§§ 662, 666, 259, 260 BGB), meistens nicht durchgesetzt werden. In der Gestaltungspraxis ist misslich, dass meist mit einfachen Mustern ohne fachgerechte Beratung schriftlich nur eine Vorsorge- und/oder Kontovollmacht erteilt, das Innenverhältnis aber nicht geregelt wird.[3] 2

b) Grundlinien in Rechtsprechung und Literatur. Die Meinungen in Rechtsprechung und Literatur scheinen sich grundsätzlich in folgende Richtung zu entwickeln: Unter **Ehegatten** wird ein Auftragsverhältnis **abgelehnt** (dazu und zu der Frage von Ausnahmen zu diesem Grundsatz → Rn. 15–19). **Im Übrigen** wird ganz weitgehend von einem **Auftragsverhältnis** ausgegangen. Auf OLG-Ebene gibt es abweichende Entscheidungen, welche den Grundsatz für Ehegatten auf andere Kon- 3

[1] Vgl. zur Terminologie auch: Staudinger/Martinek/Omlor BGB § 662 BGB Rn. 1, iÜ Vorb. zu §§ 662ff. Rn. 32f.

[2] Bühler FamRZ 2001, 1585 (1593); Flume BGB AT (1992) § 50 Ziff. 1.

[3] Vgl. Papenmeier Vollmachten S. 175f.; dies bei gängigen Mustern schon früh bemängelnd: Alberts FPR 2007, 73.

stellationen übertragen (→ Rn. 20), die aber in der Minderheit sind (→ Rn. 4) und auch gesetzlichen Regelungen (→ Rn. 14a) und der Richtungsweisung des BGH zumindest in Betreuungsverfahren (→ Rn. 4) widersprechen. Sinnvoll wäre es, im Einzelfall auf der Rechtsfolgenseite über Haftungsmilderungen (→ Rn. 56f.) und Anscheinsvermutungen („alltäglicher Verbrauch") nachzudenken, was auch zum Teil geschieht. Eine problematische, bei Gerichten zu beobachtende Praxis ist es aber, entweder Auskunfts- und Rechenschaftspflichten grundsätzlich oder vorschnell wegen Verwirkung uÄ abzulehnen oder eine behauptete Erfüllung oder Verzicht (vgl. auch → § 666 Rn. 12–28) zu akzeptieren, obwohl der Vortrag des beauftragten Bevollmächtigten lebensfremd und unglaubwürdig ist. Wenn dies in der Vollstreckung dann noch fortgeführt wird, ist der Weg für den Vollmachtgeber oder seine Rechtsnachfolger nicht nur steinig, sondern führt oft zu frustrierenden Ergebnissen.

4 c) **Auftragsvertrag.** Beim Vorliegen einer Vorsorgevollmacht ist nach hier vertretener und **herrschender Meinung von einem Auftragsvertrag auszugehen,**[4] wenn es sich nicht um eine Bevollmächtigung unter Ehegatten handelt (dazu → Rn. 15–19). Der **BGH** hat sich in nicht-betreuungsrechtlichen Verfahren noch nicht ausdrücklich und ausführlich mit der Abgrenzung zwischen Auftrag und Gefälligkeitsverhältnis bei Vorsorgekonstellationen befasst. Er stellt allerdings in Betreuungsverfahren, bei denen es um die Einrichtung einer Betreuung trotz einer Vorsorgevollmacht oder einer Kontrollbetreuung oder einen Vollmachtswiderruf geht, regelmäßig fest, dass bei einer Vorsorgevollmacht das zugrundeliegende „Rechtsverhältnis in der Regel ein Auftragsverhältnis ist".[5] Ähnlich spricht der BGH von einem Auftrag, indem er mit Bezug zu § 1814 Abs. 3 BGB (damals: § 1896 Abs. 2 BGB) eine Betreuung für entbehrlich bezeichnet „wenn der Betroffene noch in der Lage ist, eine Person seines Vertrauens mit der Wahrnehmung der Angelegenheiten zu beauftragen".[6] Schließlich wurde die Übertragung der Rechtsprechung zu Ehegatten auf Lebensgefährten abgelehnt.[7]

5 Das OLG Schleswig-Holstein[8] bejahte ein Auftrags- statt einem Gefälligkeitsverhältnis unter umfangreicher Würdigung der Rechtsprechung trotz eines Vertrauensverhältnisses zwischen der Vollmachtgeberin und deren bevollmächtigter Tochter.

---

[4] OLG Karlsruhe 7 U 44/18, ErbR 2019, 178 (179, dort 3a); 9 U 167/15, ErbR 2017, 570; OLG Hamm 10 U 91/17, BeckRS 2018, 36792; 26 U 62/06, BeckRS 2008, 20414; OLG Braunschweig 9 U 24/20, BeckRS 2021, 10190; OLG Brandenburg 3 U 39/18, BeckRS 2019, 6705; 3 U 130/12, BeckRS 2013, 21257; 3 U 1/12, BeckRS 2013, 06305; 3 U 94/11, BeckRS 2012, 20726; 4 U 130/12, BeckRS 2013, 21257; OLG München 23 U 3519/16, BeckRS 2017, 136014; 3 U 114/12, BeckRS 2012, 14122 (davon ausgehend für weitere Fragen); OLG Schleswig-Holstein 3 U 50/13, ErbR 2014, 1397; OLG Köln 11 U 259/93, OLGR 1995, 51; KG 26 U 8729/99, BeckRS 2000, 167505 Rn. 20 (obgleich nur Kontovollmacht); AG Brandenburg 107/19, BeckRS 2020, 3528; AG Mergentheim 2 C 170/12, FamRZ 2014, 971; ablehnend: OLG Naumburg 10 U 27/07, BeckRS 2008, 11185 (bei Vollmacht von Großmutter für Enkel); nicht gegen ein Auftragsverhältnis bei einer Vorsorgevollmacht sprechend, da nur zu einer Kontovollmacht: OLG Köln 16 U 196/11, ZEV 2013, 339; 16 U 99/16, BeckRS 2017, 117614; sowie OLG Brandenburg 12 U 171/08, BeckRS 2009, 10120 und OLG Saarbrücken 5 U 7/14, BeckRS 2015, 7788; Literatur: → Rn. 9.

[5] ZB BGH XII ZB 674/14, NJW 2015, 3572; Nedden-Boeger (Richter am BGH) spricht wie selbstverständlich von „Vertragspflichten" des Bevollmächtigten: BtPrax 2019, 87 (89 rechte Spalte sowie 90 linke Spalte) mit Bezug zu BGH XII ZB 413/17, BeckRS 2018, 11559, und XII ZB 142/14, BeckRS 2014, 16945; siehe zudem die Rechtsprechung zu → § 1820 Rn. 16 BGB.

[6] BGH XII ZB 225/15, NJW-RR 2016, 6; entsprechend: XII ZB 481/12, NJW-RR 2014, 385; ebenso, wenngleich nur im Tatbestand: XII ZB 583/11, NJW-RR 2012, 772.

[7] BGH III ZR 30/08, FamRZ 2008, 1841.

[8] 3 U 50/13, ErbR 2014, 1397.

Die Vorsorgevollmacht wurde als „schriftlicher Rechtsakt" bezeichnet, der „regelmäßig auf einem Rechtsbindungswillen beruhe." Erst recht galt dies für schriftlich erteilte Aufträge, Konten aufzulösen und Goldbarren zu veräußern.

In drei Urteilen **bejahte** das **OLG Brandenburg** ausdrücklich ein Vertrags- statt einem Gefälligkeitsverhältnis.[9] Bei der Erteilung einer Vorsorgevollmacht sei das die Regel. Es betonte, dass aus der Unentgeltlichkeit des Auftrags ein Gefälligkeitsvertrag resultiere, aber kein bloßes Gefälligkeitsverhältnis.[10] Das AG Bad Mergentheim schloss sich dieser Entscheidung an mit dem Hinweis, dass verwandtschaftliche Beziehungen dem Auftragsverhältnis nicht entgegenstünden.[11] 6

Das Saarländische OLG verneinte ein Auftragsverhältnis zwischen einer Großmutter und der Enkelin, wobei eine Kontovollmacht (keine Vorsorgevollmacht) erteilt worden war und die Enkelin monatlich Barbeträge von rund 2.500 EUR abhob und der Großmutter aushändigte. Es habe sich lediglich um „Botengänge" gehandelt.[12] 7

Problematisch ist die Argumentation mit einem „Vertrauensverhältnis", welches gegen einen Auftragsvertrag sprechen soll, wie sie das OLG Köln gebrauchte.[13] Zunächst ist zu beachten, dass bei dem entschiedenen Fall lediglich eine **Kontovollmacht** erteilt wurde. Das OLG Köln sah das Vertrauensverhältnis durch den Umstand belegt, dass sich das „Kind in gesteigertem Maße um die Mutter gekümmert" habe. Wenn dem gefolgt würde, läge bei Vorsorgebevollmächtigungen fast nie ein Auftragsverhältnis vor. Diese Vollmachten werden gerade an Personen erteilt, die sich um den Vollmachtgeber kümmern sollen. Ein besonderes Vertrauensverhältnis ist wiederum nach ganz einheitlicher Meinung die wichtigste Voraussetzung, um jemanden überhaupt eine Vorsorgevollmacht zu erteilen. Das Vertrauen des Vollmachtgebers darauf, dass der Bevollmächtigte später tätig wird – bei der persönlichen Versorgung und der rechtlichen Vertretung – zeigt vielmehr den Willen zur Verbindlichkeit auf beiden Seiten. Eine in die Richtung des OLG Köln argumentierende Rechtsprechung[14] versucht, die Folgen des Auftragsverhältnisses zu mildern oder außer Kraft zu setzen, indem ihnen die Grundlage – der Vertrag – entzogen wird. Tatsächlich wird aber ein Verzicht auf Auskunft und Rechenschaft durch den Vollmachtgeber, eine Erfüllung dieser Pflichten oder deren Unzumutbarkeit gesehen. Diese Probleme müssen aber auf der Ebene diskutiert werden, auf der sie relevant werden, also bei der Frage abweichender, vertraglicher Vereinbarungen, bei der Frage einer Erfüllung oder einem (teilweisen) Entfallen der Pflicht aufgrund von Treu und Glauben. Der Auftragsvertrag an sich ist aber zunächst anzunehmen. 8

In der **Literatur** wird beim Vorliegen von zumindest einer Vorsorgevollmacht ein Auftragsverhältnis **grundsätzlich bejaht.**[15] Trimborn weist für die Beurteilung des 9

---

[9] OLG Brandenburg 3 U 94/11, BeckRS 2012, 20726; 3 U 1/12, BeckRS 2013, 06305.

[10] OLG Brandenburg 3 U 1/12, BeckRS 2013, 06305.

[11] AG Mergentheim 2 C 170/12, FamRZ 2014, 971.

[12] OLG Saarbrücken 5 U 7/14, BeckRS 2015, 7788.

[13] OLG Köln 16 U 196/11, ZEV 2013, 339.

[14] Das OLG Köln bezieht sich zur Begründung neben OLG Naumburg 10 U 27/07, BeckRS 2008, 11185, auch auf OLG Düsseldorf 4 U 102/05, ZEV 2007, 184 und OLG Zweibrücken 4 U 168/03, BeckRS 2004, 09275, ohne die dem entgegenstehende Entscheidung des BGH zu berücksichtigen, III ZR 30/08, ZErb 2009, 91.

[15] Papenmeier Vollmachten S. 175; Trimborn Vollmacht § 3 Rn. 6; Horn/Trappe/Plottek Anwaltformulare 2020, § 21 Rn. 3; Horn/Lindenau/Arweiler Anwaltformulare 2020, § 11 Rn. 24, 35–43; Rudolf/Bittler/Roth/Scharf/Hack Vorsorgevollmacht § 1 Rn. 144; Zimmermann Vorsorgevollmacht Rn. 152; Müller-Engels/Braun/Renner Betreuungsrecht 2 Rn. 470; Walter Vorsorgevollmacht S. 112; Lipp/Spalckhaver Vorsorgeverfügungen § 15 Rn. 4f.; Grüneberg/Sprau BGB Einf. v BGB § 662 Rn. 7 „idR"; weitgehend darstellend, ohne eigene Wertung: Sarres ZEV 2013, 312; ders. RNotZ 2009, 79.

Vorliegens eines Rechtsbindungswillens auf die wirtschaftlichen Interessen des Auftraggebers und sein Verlassen auf die Tätigkeit des Auftragnehmers hin.[16] Scharf/Hack betonen, dass bei einer fortgesetzten, verantwortungsvollen Tätigkeit aufgrund einer Vorsorgevollmacht nicht von einem Gefälligkeitsverhältnis ausgegangen werden könne.[17] Renner sieht ein Gefälligkeitsverhältnis als „im engsten personalen Bereich" als durchaus möglich an. Er führt zudem ausdrücklich auch für den engsten Familienbereich aus: „Ein Handeln aufgrund einer Vorsorgevollmacht stellt regelmäßig eine länger dauernde, verantwortungsvolle und viele Bereich erfassende Tätigkeit dar; ohne Rechtsbindungswillen ist das kaum vorstellbar."[18] Horn setzt sich intensiv mit der Rechtsprechung zum Auftragsverhältnis bei Vorsorge- und Kontovollmachten sowie allgemein zur Abgrenzung zum Gefälligkeitsverhältnis auseinander. Er führt zunächst an, dass bei „extrem engen persönlichen Beziehungen zwischen den Beteiligten" hinsichtlich der Annahme des Rechtsbindungswillens Zurückhaltung geboten sei, verweist aber dann zutreffend auf die einengende Rechtsprechung des BGH und kritisiert die Entscheidung des OLG Naumburg als abzulehnen.[19] Nach Spalckhaver gilt: „Nur wenn die Geschäftsbesorgung in das Belieben des Beauftragten gestellt wäre, würde es am Rechtsbindungswillen fehlen. Für das Grundverhältnis einer Vorsorgebevollmächtigung wird hiervon nicht ausgegangen werden können."[20] Bühler meint, eine isolierte Vollmacht sei regelmäßig nicht die Absicht des Vollmachtgebers, weshalb sein Rechtsbindungswille grundsätzlich anzunehmen sei.[21]

10 Jedenfalls bei **Vorsorgevollmachten** kann sich auch aus ihrem **Text** der Rechtsbindungswille ergeben. Zumindest ein Indiz ist es, wenn der Bevollmächtigte die Vollmacht mitunterzeichnet, wie es bei dem Muster des BMJ vorgesehen ist. Eindeutig ist die Rechtslage, wenn die Vorsorgevollmacht den Satz enthält „Es gilt Auftragsrecht." Viele Vorsorgevollmachten enthalten schließlich (versteckte) Regelungen für das Innenverhältnis, wie die ausdrücklich auf das Innenverhältnis beschränkte „Weisung" an den Bevollmächtigten, die Vollmacht nur zu nutzen, wenn der Vollmachtgeber dem zustimmt oder der Vorsorgefall eingetreten ist. Anweisungen sind typisch für ein vertragliches Verhältnis, vgl. § 665 BGB. Jedenfalls sollte bei solchen Umständen dem Einwand des Bevollmächtigten, er habe der Vollmachtserteilung keine Bedeutung zugemessen, kein Raum gegeben werden.

11 **Allgemein** – also nicht vollmachtsspezifisch – erfolgt die Abgrenzung zwischen einem Auftrags- und einem Gefälligkeitsverhältnis mittels des Kriteriums des **Rechtsbindungswillens.**[22] Er ist „im konkreten Einzelfall nach Treu und Glauben unter Rücksicht auf die Umstände und die Verkehrssitte" zu beurteilen.[23] Entscheidend ist nicht der innere Wille,[24] sondern „wie sich einem objektiven Betrachter das Verhalten der Parteien darstellt".[25] Es werden hierzu verschiedene **Kriterien** angeführt: wirtschaftliche Interessen des Auftraggebers (erhebliche Vermögenswerte stehen auf dem Spiel,[26] wesentliche Bedeutung[27]), besondere Qualifikationen oder Interessen des Be-

---

[16] Trimborn Vollmacht § 3 Rn. 10f.

[17] Rudolf/Bittler/Roth/Scharf/Hack Vorsorgevollmacht § 1 Rn. 144.

[18] Müller-Engels/Braun/Renner Betreuungsrecht 2 Rn. 470.

[19] Kroiß/Horn/Solomon Nachfolgerecht 22 Rn. 57–62; Horn/Schabel NJW 2012, 3473.

[20] Lipp/Spalckhaver Vorsorgeverfügungen § 15 Rn. 4f.

[21] Bühler FamRZ 2001, 1585.

[22] BGH VII ZR 146/69, NJW 1971, 1404 mwN.

[23] BGH I ZR 198/54, NJW 1956, 1313.

[24] Grüneberg/Grüneberg BGB Einl v § 241 BGB Rn. 7.

[25] OLG Hamm 31 U 145/96, NJW-RR 1997, 1007; vgl. auch BGH I ZR 198/56, NJW 1956, 1313.

[26] OLG Hamm 31 U 145/96, NJW-RR 1997, 1007.

[27] OLG Hamm 29 U 47/00, NJW-RR 2001, 455; zudem: BGH III ZR 47/83, NJW 1985, 1778; III ZR 125/82, NJW 1984, 1533; I ZR 198/54, NJW 1956, 1313.

auftragten,[28] Gefährdung des Vermögens des Auftraggebers durch eine fehlerhafte Leistung, Zumutbarkeit eines Risikos für den Beauftragten (verneint für die Pflicht, den Lottoschein einer Spielgemeinschaft abzugeben)[29] und Verlassen des Auftraggebers auf die Entfaltung der Tätigkeit.[30] Für eine Gefälligkeit und gegen einen Auftrag können eine familiäre, freundschaftliche oder nachbarschaftliche Verbundenheit sprechen (kein Auftrag beim (regelmäßigen) gegenseitigen Beaufsichtigen von Kindern).[31] Uneigennützigkeit und Unentgeltlichkeit werden bei einer Gefälligkeit vorausgesetzt. Aber auch eine Uneigennützigkeit reicht nicht, „um die Annahme rechtsgeschäftlicher Beziehungen, die sich etwa aus den Umständen ergeben, zu verneinen".[32]

Zwar wissen viele Bevollmächtigte bei der Vollmachtserteilung mangels ausreichender Aufklärung nicht, worauf sie sich einlassen.[33] Bewusst wird ihnen aber sein, dass die Vollmacht eine rechtliche Wirkung hat. Für den Auftrag sprechen insbesondere die Bedeutung der Angelegenheit für den Vollmachtgeber und der Umfang der Aufgabe. Angelegt ist die Vorsorgevollmacht auf eine umfassende Vertretung meist hinsichtlich des gesamten Vermögens sowie der Sorge um Gesundheit und Aufenthalt. Diese kaum zu steigernde **Bedeutung** der Aufgabe des Bevollmächtigten rechtfertigt die Annahme eines Rechtsbindungswillens bei dem, der sie übernimmt. **12**

Dies gilt nach **hier vertretener Ansicht** immer beim Handeln aufgrund oder mittels einer Vorsorgevollmacht.[34] Aber auch, wenn nur eine **Kontovollmacht** erteilt wurde, kann dem ein Auftrag zugrunde liegen, wovon in Vorsorgeverhältnissen auszugehen ist.[35] Jede Vollmacht ist nur ein Werkzeug. Daher kann für die Erledigung einzelner, fremder Angelegenheiten nur eine Kontovollmacht benötigt werden, zB weil der Vollmachtgeber in gesundheitlichen Angelegenheiten keine Vertretung benötigt oder die Anweisungen des Kindes/Ehegatten auch ohne (schriftliche) Vollmacht beachtet werden. Es ist nach hier vertretener Ansicht von einem Auftragsvertrag auszugehen, wenn der Bevollmächtigte für den Vollmachtgeber tätig wird und keine reine Botentätigkeit (vgl. dazu auch → § 164 Rn. 12) vorliegt. Diese kann angenommen werden, wenn der Vollmachtgeber zB eine Abhebung vom Konto in von ihm bestimmter Höhe, an von ihm bestimmtem Ort und mit direkter Ablieferung an ihn selbst oder einen von ihm genau bezeichneten Dritten veranlasst. Sobald der Bevollmächtigte aber einen Spielraum hat, ist er nicht mehr nur Bote, wenn er zB die Höhe der einzelnen Beträge oder deren Weitergabe bestimmen kann. Ob seine Pflichten zur Herausgabe (§ 667 BGB) dann erfüllt sind, ist eine im nächsten Schritt zu klärende Frage. Auch der BGH sieht Auftragsverhältnisse nicht nur in wirtschaftlichen Bereichen, sondern auch bei „rein tatsächlichen Handlungen, sofern hiermit eine Tätigkeit ausgeübt wird, die an sich der Sorge des Auftraggebers obliegen würde und durch die dessen Interesse gefördert wird."[36] Das OLG Koblenz bejahte einen Auftrag schon bei der **Überlassung einer EC-Karte nebst PIN** gepaart mit einer „konkludent" erteilten Bankvollmacht für Abhebungen vom Konto.[37] **13**

---

[28] BGH III ZR 125/82, NJW 1984, 1533; I ZR 198/54, NJW 1956, 1313; OLG Hamm 29 U 47/00, NJW-RR 2001, 455.

[29] BGH II ZR 12/73, NJW 1974, 1705.

[30] OLG Hamm 31 U 145/96, NJW-RR 1997, 1007.

[31] BGH VI ZR 135/67, NJW 1968, 1874.

[32] BGH I ZR 198/54, NJW 1956, 1313.

[33] Ähnlich Roth NJW-Spezial 2012, 615.

[34] Ebenso OLG Hamm 10 U 91/17, BeckRS 2018, 36792.

[35] Entsprechend KG 26 U 8729/99, BeckRS 2000, 167505 Rn. 20; Kollmeyer NJW 2017, 1137.

[36] BGH III ZR 290/11, BeckRS 2012, 14989, mit Verweis auf BGH VII ZR 146/69, NJW 1971, 1404.

[37] OLG Koblenz 12 U 7/20, BeckRS 2020, 20485, Rn. 4.

14 Bedenklich ist die **Risikoverteilung,** bei der im Einzelfall ein erhebliches Ungleichgewicht zwischen der Aufgabe und dem Gegenwert für den Bevollmächtigten bestehen kann. Wird der Bevollmächtigte für seine Tätigkeit in einer letztwilligen Verfügung nicht bedacht und erhält er auch keine Vergütung, steht seine Verantwortung in keinem angemessenen Verhältnis zu Aufwand, Risiko und Verantwortung. Der Bevollmächtigte handelt für den Vollmachtgeber in essentiell persönlichen Bereichen, sorgt für dessen gesamtes Vermögen, haftet dafür voll mit dem gesamten eigenen Vermögen und ist umfangreichen Auskunfts- und Rechenschaftsforderungen ausgesetzt. Es kann von einer **„Vollmachtsfalle"** gesprochen werden. Auf der Ebene des Vertragsschlusses kann dies nicht gelöst werden. Ein Auftrag liegt vor. Berücksichtigt werden könnte dies ggf. erst auf der Rechtsfolgenseite (→ Rn. 56–58; → § 666 Rn. 11–28; → § 667 Rn. 15).

14a Deutlich für die grundsätzliche Annahme eines Auftrages sprechen die inhaltlichen und sprachlichen Änderungen im BGB aufgrund der **Reform** des Vormundschafts- und Betreuungsrechts zum 1.1.2023. Wie bisher in § 1896 Abs. 3 BGB aF wird in § 1815 Abs. 3 BGB nF von „Geltendmachung von Rechten des Betreuten gegen seinen Bevollmächtigten" gesprochen. Rechte setzen weitgehend ein Rechtsverhältnis wie einen Vertrag voraus, womit also schon eine Richtungsweisung stattfand und -findet. In § 1820 Abs. 3 BGB nF wird die Kontrollbetreuung nun ausdrücklich so bezeichnet und geregelt. Voraussetzung ist nach § 1820 Abs. 3 Nr. 2 BGB nF, dass der Bevollmächtigte „nicht entsprechend der Vereinbarung oder dem erklärten Willen des Vollmachtgebers" handelt – die „Vereinbarung" wird direkt benannt.[38] Im Zusammenhang mit der Diskussion um die Frage einer gesetzlichen Definition der Vorsorgevollmacht wurde in die **Gesetzesbegründung** ausgeführt, dass ihr „in der Regel ein Auftrags- oder Geschäftsbesorgungsverhältnis zugrunde liegt".[39]

15 **d) Sonderfall Ehegatten.** Der BGH vertritt in ständiger Rechtsprechung die Ansicht, dass zwischen Ehegatten **kein Auftragsverhältnis** im Sinne der §§ 662ff. BGB entsteht.[40] Bei Lebenspartnern iSd LPartG sollten die Grundsätze entsprechend zu Ehegatten angewandt werden. Dies soll selbst dann gelten, wenn ein Ehegatte „die Wirtschaftsführung im Wesentlichen allein übernimmt"[41] oder „wenn die verfügbaren Mittel im Wesentlichen aus Einkünften oder Vermögen des anderen Ehegatten zufließen".[42] Es komme weder eine unmittelbare noch eine analoge Anwendung des § 662 BGB in Betracht. In der Verwaltung des Vermögens nur durch einen Ehegatten wird eine „Ausgestaltung der ehelichen Lebensgemeinschaft" gesehen.[43] Dem wird grundsätzlich zuzustimmen sein, wenn auch nicht aus Gründen der „Praktikabilität".[44] Kein Auftrag ist damit bei einer Vorsorgevollmacht zumindest für das „normale" Wirtschaften anzunehmen, für die alltäglichen Geschäfte, von denen je nach Gestaltung der ehelichen Verhältnisse der eine oder der andere Gatte schon in guten Zeiten den größeren Teil erledigt hat.

16 Nach hier vertretener Ansicht kann im **Einzelfall** bei einer weitgehenden Übernahme wichtiger Geschäfte auch unter Ehegatten Auftragsrecht anzunehmen sein.[45]

---

[38] Vgl. Kurze Reform 2023 § 5 insbes. Rn. 7.

[39] BtDruck 19/24445, 245.

[40] BGH III ZR 30/08, FamRZ 2008, 1841; XII ZR 26/98, NJW 2000, 3199; IVb ZR 49/86, NJW-RR 1987, 1347; IVb ZR 11/85, NJW 1986, 1870; Nedden-Boeger (Richter am BGH) BtPrax 2019, 87 (90 linke Spalte) mwN.

[41] BGH XII ZR 26/98, NJW 2000, 3199.

[42] BGH IVb ZR 49/86, NJW-RR 1987, 1347.

[43] BGH IVb ZR 11/85, NJW 1986, 1870.

[44] So BGH XII ZR 26/98, NJW 2000, 3199.

[45] Vgl. OLG Hamm 10 UF 216/01, FamRZ 2003, 97; ähnlich: Trimborn Vollmacht § 3 Rn. 13–16.

In **§ 1413 BGB** sieht auch der BGH einen Ansatz für eine Vermögensverwaltung des einen für den anderen Ehegatten. Eine solche Überlassung der Vermögensverwaltung setze einen schuldrechtlichen Vertrag voraus. Dieser erfordere „den Rechtsbindungswillen beider Ehegatten".[46] An das Vorliegen eines Verwaltungsvertrages sollen aber hohe Anforderungen gestellt werden. Die Tätigkeit aus „Gefälligkeit" oder die „Miterledigung", weil der andere Teil sich nicht kümmere, also ein Resultat der Ausgestaltung der ehelichen Lebensgemeinschaft, sollen ebenso wenig reichen[47] wie die Erteilung einer Bankvollmacht[48] und die Einrichtung eines gemeinsamen Kontos.[49]

Für eine Vermögensverwaltung spricht es nach dem BGH, „wenn der Vermögens- 17
inhaber während der Verwaltungsdauer nicht selbst Vermögensverfügungen treffen könne".[50] Gerade dies ist bei einer Tätigkeit auf der Grundlage einer **Vorsorgevollmacht** regelmäßig der Fall: Der eine Ehegatte kann aufgrund von körperlich-geistigen Einschränkungen nicht mehr selbst handeln; er ist vielleicht sogar geschäftsunfähig. Dafür werden Vorsorgevollmachten erstellt. Muss sich der Ehegatte dann bei Vermögensangelegenheiten der Vorsorgevollmacht bedienen, erweitert er seine ehelichen Befugnisse erheblich.

Es wird abzugrenzen sein: Handelt der bevollmächtigte Ehegatte in einem Rah- 18
men, in dem er aufgrund stillschweigender, ehelicher Lebensgestaltung auch ohne diese besondere Situation tätig geworden wäre, kommt ein Auftrag nicht in Betracht. Das sind die täglichen Geschäfte und die gefällige Übernahme von Aufgaben. Gehört aber etwa einem Ehegatten ein Miethaus und übernimmt nach einem Schlaganfall der andere vom einen Tag auf den anderen die Verwaltung der Immobilie auf der Grundlage einer Vorsorgevollmacht, kann eine **Vermögensverwaltung** iSd § 1413 BGB entstanden sein. Es fand eine Vermögensüberlassung statt, der bei Unentgeltlichkeit ein **Auftrag** zugrunde liegt.[51] Gleiches gilt für die Übernahme eines Handelsgeschäfts und die Sorge um eine bis dahin nur von einem Ehegatten verwaltete Sammlung von Gemälden oder alten Büchern.

Ansprüche gegen den bevollmächtigten Ehegatten kommen **daneben** hinsichtlich 19
einer Auskunftspflicht als eheliche „Obliegenheit",[52] aus § 1353 BGB[53] und aus § 242 BGB („illoyale Vermögensverschiebung")[54] in Betracht, was höchstens in Ausnahmefällen greift. Schließlich wird die Möglichkeit eines Anspruches aus unerlaubter Handlung bejaht, § 823 BGB.[55] Die Beweislast wird aber zugunsten des Ehegatten gleichermaßen ins Gegenteil verkehrt.[56]

e) Keine Übertragung auf andere Beziehungen. Eine **Übertragung** der 20
Grundsätze für Ehegatten auf **Lebensgefährten,** Kinder oder ähnlich nahestehende Personen **findet nicht statt.** Dies gilt **auch** für **andere,** enge **familiäre Beziehungen,**[57] wie zwischen Eltern und Kinder. In Entscheidungen auf Oberlandesgerichtsebene wurde der Ausschluss einer Auskunftspflicht zwischen Ehegatten ausgeweitet,

---

[46] BGH XII ZR 26/98, NJW 2000, 3199; IVb ZR 11/85, NJW 1986, 1870.
[47] BGH IVb ZR 49/86, NJW-RR 1987, 1347; IVb ZR 11/85, NJW 1986, 1870.
[48] BGH XII ZR 26/98, NJW 2000, 3199; IVb ZR 49/86, NJW-RR 1987, 1347.
[49] BGH IVb ZR 49/86, NJW-RR 1987, 1347.
[50] BGH IVb ZR 11/85, NJW 1986, 1870.
[51] MüKoBGB/Münch BGB § 1413 Rn. 6.
[52] BGH XII ZR 26/98, NJW 2000, 3199.
[53] Walter Vollmacht S. 32; Grüneberg/Siede BGB § 1353 Rn. 13.
[54] Vgl. Kogel Anmerkung zu BGH XII ZR 26/98, MDR 2000, 1436 mwN.
[55] BGH IVb ZR 11/85, NJW 1986, 1870.
[56] BGH XII ZR 26/98, NJW 2000, 3199; IVb ZR 11/85, NJW 1986, 1870.
[57] Vgl. Nedden-Boeger (Richter am BGH) BtPRax 2019, 87 (90 linke Spalte) mwN.

etwa auf nichteheliche Lebensgemeinschaften,[58] Großmutter und von ihr aufgenommenes Enkelkind,[59] Mutter/Tochter bei intensiver Pflege.[60] Der BGH hat diesen Bestrebungen eine klare Absage erteilt,[61] der sich wiederum die Mehrzahl der OLG anschließen.[62]

Zu konstatieren ist – leider – eine **uneinheitliche Rechtsprechung** auf OLG-Ebene. Nach hier vertretener Ansicht verlagern die ein Gefälligkeitsverhältnis bejahenden OLG die Problematik unzulässiger Weise von der Rechtsfolgen- auf die Tatbestandsebene vor: Trotz des Vorliegens von Tatsachen wie einer engen Beziehung, die bei Gefälligkeiten tatsächlich häufig sind, sind die wesentlichen Kriterien für einen Rechtsbindungswillen gegeben, wie immense Bedeutung und Verantwortung sowie Verlassen des auftraggebenden Teils auf die Tätigkeit des Beauftragten. Schon die abweichende Betrachtung für Ehegatten ist eine Ausnahme, sollte als solche vor dem Hintergrund der gesetzlichen Regeln zur Ehe gesehen und nach hier vertretener Ansicht auch nicht unbegrenzt angewandt werden (→ Rn. 16). Eine solche Ausnahme kann aber nicht auf andere Konstellationen mit anderer Grundlage übertragen werden. Besteht ein Unbehagen bei den Rechtsfolgen für den beauftragten Bevollmächtigten, kann diesem ggf. auf eben dieser Ebene begegnet werden; in Betracht könnte in Extremfällen und im überschaubaren Rahmen eine Korrektur nach § 242 BGB kommen oder es könnte eine individuelle, vertragliche Regelung zwischen den Beteiligten vorliegen.

3. Rechtsbeziehung ohne Auftrag

21 **Ohne Auftragsvertrag** und den daraus resultierenden Ansprüchen (insbesondere auf Auskunft und Rechenschaft, §§ 666, 259 f. BGB, sowie Herausgabe, § 667 BGB) ist es für den Vollmachtgeber und seine Rechtsnachfolger (Erben) **erschwert bis unmöglich,** Vermögensbewegungen nachzuvollziehen und ggf. Forderungen zu konkretisieren und durchzusetzen. **Eigene Ermittlungen,** wie das Nachfertigen von Kontoauszügen, sind zeit- und kostenaufwendig und aufgrund beschränkter Aufbewahrungspflichten sowie immer wieder nicht aufschlussreicher oder nur verkürzt wiedergegebener Verwendungszwecke und Bargeldbewegungen oft nicht ergiebig. Unklar sind meist schon Anfangsbestände, insbesondere bei Vermögenswerten wie Edelmetallen etc. Wenn zB als Pflichtteilsberechtigter gar keine eigenen Ermittlungen möglich sind, sind bei einem unlauter agierenden Erben, der früher bevollmächtigt war, die Erfolgsaussichten fast gleich null. In Betracht kommt uU auch hier eine **Strafanzeige** mit dem Versuch, über die Einsichtnahme der Ermittlungsbehörden in Bankunterlagen etc. Erkenntnisse zu gewinnen. Ermittlungen werden aber oft aus rechtlichem Unverständnis abgelehnt oder weil der Anfangsverdacht nicht ausreichend begründet werden kann.

---

[58] OLG Düsseldorf 4 U 102/05, ZEV 2007, 184; Kontovollmacht: OLG Zweibrücken 4 U 168/03, OLGReport Zweibrücken 2005, 132.

[59] OLG Naumburg 10 U 27/07, BeckRS 2008, 11185.

[60] OLG Köln 16 U 196/11, BeckRS 2013, 1040; ähnlich: 16 U 99/16, BeckRS 2017, 117614.

[61] BGH III ZR 30/08, FamRZ 2008, 1841; vgl. Jülicher ErbR 2017, 645 (646).

[62] OLG Hamm 10 U 91/17, BeckRS 2018, 36792 Rn. 29 (unter ausdrücklicher Berücksichtigung der gegensätzlichen OLG-Rechtsprechung); 26 U 62/06, BeckRS 2008, 20414; Mutter/Tochter: OLG Karlsruhe 9 U 167/15, ErbR 2017, 570; Mutter/Tochter: OLG Schleswig 3 U 50/13, BeckRS 2013, 6305; Tante: OLG Brandenburg 3 U 39/18, BeckRS 2019, 6705; „täglicher Ansprechpartner" mit Kontovollmacht: OLG Brandenburg 3 U 1/12, BeckRS 2013, 6305; Sohn: OLG Braunschweig 9 U 24/20, BeckRS 2021, 10190; Horn/Lindenau/Arweiler Anwaltformulare 2023, § 11 Rn. 41.

22 Herausgabeansprüche können aus **§ 985 BGB** geltend gemacht werden, die Pflicht des Bevollmächtigten zur Herausgabe der Vollmachtsurkunde nach § 175 BGB. Ansprüche auf Herausgabe oder Ersatz können sich zudem aus **§§ 812, 823 BGB** ergeben. Erbrechtlich können bei Verfügungen eines durch Erbvertrag oder gemeinschaftlichen Testament gebundenen ehemaligen Vollmachtgeber (durch Bevollmächtigten) noch Forderungen nach § 2287 BGB (analog) erhoben werden. Diese Ansprüche setzen allerdings voraus, dass der Anspruchsteller seine Forderung bezeichnen kann. Da mit ihnen aber grundsätzliche keine Auskunftsansprüche einhergehen, können die Möglichkeiten begrenzt sein.

23 Von den Gerichten wird ein Auskunftsanspruch aus **Treu und Glauben § 242 BGB** regelmäßig abgelehnt.[63] Die Argumentation ist meist grundsätzlich konsequent: Wenn kein Auftragsvertrag besteht, sind keine Auskunftsansprüche gegeben. Es wäre systemwidrig, eine vertragsähnliche Pflicht zu kreieren, wo eine vertragliche gerade abgelehnt wurde. Zu berücksichtigen ist aber auch, dass einerseits zumindest übersichtsartige und wesentliche (über größere Beträge) Auskünfte von dem Bevollmächtigten meist problemlos gegeben werden können und andererseits diese Auskünfte für den Vollmachtgeber bzw. dessen Rechtsnachfolger von erheblicher Bedeutung sein können, was beides für ein besonderes Verhältnis spricht, bei dem die Grundsätze von Treu und Glauben einschlägig sein können.[64]

24 Nach hier vertretener Ansicht sollte ein Rückgriff auf die Grundsätze von Treu und Glauben zur Begründung von Pflichten **meistens nicht notwendig** sein, da in Vorsorgefällen grundsätzlich ein Auftragsvertrag anzunehmen ist, aus dem sich die Auskunfts- und Rechenschaftspflichten ergeben. Daher hat § 242 BGB eher bei einer Begrenzung der Pflichten aus dem Auftragsvertrag einerseits und der Art und Weise der Auskunftserteilung (zB Nachvollziehbarkeit) andererseits seine Bedeutung. Wenn aber ein Auftragsvertrag verneint wird, sollte eine Pflicht direkt aus § 242 BGB oder als Nebenpflicht bei Ansprüchen aus §§ 812, 823 BGB ernsthaft erwogen werden.

4. Vertragsschluss

25 Ohne eine schriftliche Vereinbarung, die neben einer Vorsorgevollmacht selten geschlossen wird (zur notariellen Beurkundung → Rn. 76), muss der Vertragsschluss durch mündliche Erklärung oder konkludentes Handeln erfolgen. Schriftlichkeit ist nicht erforderlich.[65]

26 Das **Angebot** des Vollmachtgebers liegt regelmäßig (konkludent) in der Vollmachtserteilung[66] und Übergabe der Vollmachtsurkunde an den Bevollmächtigten,[67] welche auch verzögert erfolgen kann, zB durch Aufbewahrung in der eigenen Schreibtischschublade, aus welcher sich der Bevollmächtigte die Vollmacht später entnehmen soll. Denkbar ist aber auch, dass der Beauftragte anbietet, für den Auftraggeber tätig zu werden („Wenn Du willst, sorge ich (später) für Dich.“) und dieser das Angebot annimmt, vgl. dazu auch § 663 S. 2 BGB.

27 Auch die **Annahme** kann konkludent erklärt werden.[68] Konkludentes Handeln liegt insbesondere vor, wenn nach Treu und Glauben (§§ 242, 133, 157 BGB) und

---

[63] ZB OLG Köln 16 U 196/11, ZEV 2013, 339.

[64] Vgl. BGH IVa ZR 179/82, NJW 1986, 423; BeckOK BGB/Sutschet BGB § 242 Rn. 53 mwN.

[65] Entsprechend: Zimmermann Vorsorgevollmacht Rn. 155.

[66] Staudinger/Martinek/Omlor BGB 2017 Vorb. zu §§ 662ff. BGB Rn. 34.

[67] Trimborn Vollmacht § 3 Rn. 8.

[68] Staudinger/Martinek/Omlor BGB 2017 Vorb. zu §§ 662ff. BGB Rn. 32; Grüneberg/Sprau BGB § 662 Rn. 2; OLG Düsseldorf 7 U 47/14, BeckRS 2016, 6407, Rn. 27 (für eine Nachlassabwicklung); ablehnend: OLG München 33 U 4381/20, BeckRS 2020, 40643 (zum Erbenermittler).

dem Empfängerhorizont das Verhalten als Annahme des Auftrags gedeutet werden durfte.[69] Eine Mitunterzeichnung (→ Rn. 28) und eine Inbesitznahme der Vollmachtsurkunde oder einer Abschrift sprechen deutlich für eine Annahme. Sie ist spätestens durch den Beginn der Tätigkeit für den Vollmachtgeber zu unterstellen.[70] Dem entspricht, dass auch **tatsächliches** und nicht nur rechtsgeschäftliches **Handeln** vom Auftrag umfasst sein kann.[71] Der Bevollmächtigte kann daher einen Auftrag nicht mit der Behauptung widerlegen, er habe gar keine Verträge für den Vollmachtgeber geschlossen, sondern ihm immer nur „geholfen".

28 Was es bedeuten soll, wenn ein **Bevollmächtigter** die Vorsorgevollmacht **mitunterschreibt,** ist oft nicht zu eindeutig erkennen; die Erklärung ist daher auszulegen. Im Regelfall wird der Vollmachtgeber, auf dessen Erklärungshorizont es ankommt, annehmen, dass der Bevollmächtigte die Vollmacht zur Kenntnis genommen und nicht widersprochen hat, sondern eine Verpflichtung angenommen hat, ein Vertrag also geschlossen wurde. Nach hier vertretener Ansicht müsste der Bevollmächtigte (wenn es nicht der Ehegatte ist) daher in diesen Fällen beweisen, dass kein Vertrag zustande kommen sollte.

29 Im Ergebnis kein Problem ist es, wenn der Auftragnehmer von der Vollmacht bis zur **Geschäftsunfähigkeit** des Auftraggebers **nichts weiß.** Gem. § 153 BGB bleibt das Angebot annahmefähig. Die Annahme kann entweder gegenüber einer anderen vertretungsberechtigten Person oder dem von den Beschränkungen des § 181 BGB befreiten Bevollmächtigten selbst erklärt werden oder aufgrund eines stillschweigenden Verzichts des Auftraggebers oder der Verkehrssitte gem. § 151 S. 1 BGB für entbehrlich gehalten werden. Letzteres ist bei Vorsorgevollmachten anzunehmen.

II. Unentgeltlichkeit

30 Der Auftrag ist unentgeltlich zu erfüllen. Aufwendungen sind zu ersetzen, § 670 BGB, und können als Erfüllung einer Verbindlichkeit auch ohne eine Befreiung von den Beschränkungen des § 181 BGB aus dem Vermögen des vollmachtgebenden Auftraggebers entnommen werden. Bei der Vereinbarung eines Entgeltes liegt eine Geschäftsbesorgung im Sinne von § 675 BGB vor. Fraglich ist, ob der bevollmächtigte Beauftragte mit sich selbst eine Vergütung vereinbaren darf (dazu → Rn. 66). Eine analoge Anwendung des § 1878 BGB (§ 1835a BGB aF) scheidet aus (→ § 675 Rn. 4).

III. Pflichtverletzung

1. Rechtsgrundlage

31 Bei einem Auftragsverhältnis kann der Auftragnehmer dem Auftraggeber gegenüber schadensersatzpflichtig werden, wenn er pflichtwidrig gehandelt hat, **§ 280 Abs. 1 BGB.**[72] Ansprüche nach §§ 280 Abs. 2, 286 BGB wegen Verzug und auf Ausführung des Auftrages werden in den hier interessierenden Konstellationen selten sein. Dem Auftragnehmer muss Verschulden im Sinne von Vorsatz oder Fahrlässigkeit

---

[69] BGH IX ZR 229/07, NJW 2009, 840 (841); IX ZR 132/03, NJW 2004, 3630 (3631).

[70] Trimborn Vollmacht § 3 Rn. 8; Grüneberg/Sprau BGB § 662 Rn. 2.

[71] BGH III ZR 290/11, BeckRS 2012, 14989, mit Verweis auf BGH VII ZR 146/69, NJW 1971, 1404.

[72] OLG Hamm 26 U 62/06, BeckRS 2008, 20414; BGH III ZR 9/05, NJW 2006, 986 (zum Treuhandvertrag); Staudinger/Martinek/Omlor BGB 2017 § 662 Rn. 34; Grüneberg/Sprau BGB § 662 Rn. 11; Kropp FPR 2012, 9 (11); Kurze ErbR 2010, 314 (318); Deinert/Lütgens/Meier Haftung des Betreuers Rn. 1583–1592; Zimmermann Vorsorgevollmacht Rn. 154, 162.

angelastet werden können, § 276 BGB (→ Rn. 55). Als Nebenpflichten sind in § 663 BGB die Anzeigepflicht bei Ablehnung des Auftrages sowie in §§ 666 iVm 259f. BGB **Auskunfts- und Rechenschaftspflichten** kodifiziert. Wesentlich ist die **Herausgabepflicht nach § 667 BGB,** die für den Auftragnehmer unangenehme Folgen hat, wenn er weder die Verwendung der Mittel für den Auftraggeber noch deren Herausgabe an diesen beweisen kann und daher die Mittel (uU im Ergebnis aus dem eigenen Vermögen noch einmal) herausgeben muss. Ansprüche nach § 667 BGB sind von denen nach §§ 662, 280 BGB abzugrenzen: Bei § 667 BGB geht es um den Verbleib von Vermögen des Auftraggebers, bei §§ 662, 280 BGB ist der Verbleib bekannt, aber die pflichtgemäße Verwendung nicht gegeben. Eine pflichtwidrige Verwendung von Geld des Vollmachtgebers vom Bevollmächtigten für sich selbst kann auch die Voraussetzungen für beide Anspruchsgrundlagen erfüllen.[73] Die für den Vormund bzw. Betreuer einschlägigen §§ 1794, 1826 BGB (bis zum 31.12.2022: § 1833 BGB) gelten für den Bevollmächtigten nicht. Es können aber ua Ansprüche nach §§ 985, 812, 823 BGB in Betracht kommen, → Rn. 21–24.

Im Rahmen der **Reform** des Vormundschafts- und Betreuungsrechts wurde der Vollmachtsmissbrauch thematisiert, aber dann bewusst ganz weitgehend außen vorgelassen.[74] Lediglich die Kontrollbetreuung wurde weitgehend entsprechend der Rechtsprechung des BGH genauer kodifiziert und mit einer Möglichkeit zur Befugniserweiterung für den Kontrollbetreuer versehen, durch die er auch direkt bei Dritten Nachforschungen anstellen kann, § 1820 Abs. 3 2. Hs. BGB. Auf eine Definition der Vorsorgevollmacht wurde verzichtet, wie auch auf eine vertiefte Diskussion um weitere Sicherungsmittel, wie der obligatorischen Registrierung oder eine medizinischen Geschäftsfähigkeitsprüfung. Angesichts des Umfanges der Reform ist das zu akzeptieren. Es ist aber zu hoffen und im Sinne des Schutzes älterer, vulnerabler Menschen zu fordern, dass nun dem Thema des Vollmachtsmissbrauchs intensiv nachgegangen wird.

2. Pflichtverletzung

Keinesfalls alle Pflichtverletzungen bei dem Gebrauch einer Vorsorgevollmacht 32
stellen einen **Vollmachtsmissbrauch** dar. Für diesen gibt es keine feste, gesetzliche Definition.[75] Viele Pflichtverletzungen bleiben deutlich unter der Schwelle von dem, was als Missbrauch bezeichnet werden kann, weil ihnen die Schädigungsabsicht fehlt. Sie sind als **Fehlgebrauch** anzusehen. Aber auch ein solcher kann erheblichen (und ggf. durch den Bevollmächtigten zu ersetzenden) Schaden verursachen. Daneben können Pflichtverletzungen dazu führen, dass eine **Kontrollbetreuung** eingerichtet wird oder ein Betreuer zum Vollmachtswiderruf, wenn der Vollmachtgeber dazu nicht mehr in der Lage ist, → § 1820 Rn. 11–53. Ob eine Pflichtverletzung die Vertretung **unwirksam** werden lässt, ist separat zu beurteilen → § 164 Rn. 74. Denkbar sind auch strafrechtliche Konsequenzen, wenn die Pflichtverletzung zB zu einer fahrlässigen Körperverletzung führte oder auf eine vorsätzliche Vermögensschädigung abzielte.

Meistens liegt **keine Vereinbarung** vor, aus welcher sich ergibt, wie der beauf- 33
tragte Bevollmächtigte in konkreten Situationen oder auch allgemein handeln soll. Wenn keine Anhaltspunkte zu ermitteln sind, muss auf allgemeine Grundsätze zurückgegriffen werden. Ein Rückgriff auf Rechtsprechung zu **Betreuungen** bietet

[73] Derleder NJW 2012, 2689.
[74] Vgl. Kurze Reform 2023 § 5 Rn. 1–3.
[75] Zu weiteren Hintergründen instruktiv: Brucker BtPrax 2016, 163 (Teil 1), 221 (Teil 2).

sich aufgrund der Vergleichbarkeit der Situationen an.[76] Ansprechend ist die Beschreibung des BayObLG, wonach der Vertreter „pflichtwidrig (handelt), wenn er gegen zwingende Normen des Gesetzes verstößt oder seiner Verpflichtung zu treuer und gewissenhafter Führung seines Amtes zuwiderhandelt und dadurch seiner Hauptpflicht, die Interessen des Pflegebefohlenen wahrzunehmen, nicht nachkommt; er begeht dann eine Pflichtverletzung, wenn er den Rahmen dessen, was ein vernünftiger Mensch für zweckmäßig oder vertretbar hält, verletzt, wenn er den ihm gegebenen Ermessensspielraum überschreitet, missbraucht oder nicht ausübt".[77] Im Übrigen wird auf „die erkennbaren Interessen" des Auftraggebers und den „Sinn und Zweck des Geschäfts"[78] sowie das „wohlverstandene Interesse" des Vollmachtgebers[79] abgestellt. Der Auftragnehmer hat „den größtmöglichen Nutzen für den Auftraggeber anzustreben"[80] und sich dabei „gleichsam empathisch" mit den Interessen des Auftraggebers zu identifizieren.[81]

34 Zuvor ist aber zu prüfen, ob eine **konkrete Weisung** (§ 665 BGB) des Vollmachtgebers vorlag. Wäre nach allgemeinen Grundsätzen eine andere Handlung angezeigt gewesen, wird dem Bevollmächtigten die Beweislast für die Weisung obliegen, da dies eine für ihn günstige Tatsache darstellt.

35 **Folgt** der Bevollmächtigte **Weisungen des Vollmachtgebers,** ist eine Pflichtwidrigkeit auch dann nicht gegeben, wenn es zum Schaden für den Vollmachtgeber kommt.[82] Das gilt auch für Dritte unter Umständen als unvernünftig erscheinende Wünsche, wie trotz einer im Vergleich zu einem Pflegeheim schlechteren medizinisch-pflegerischen Versorgung **zu Hause wohnen** zu bleiben. Der Vollmachtgeber muss bei der Äußerung der Wünsche entsprechend § 1821 BGB nach hier vertretener Ansicht nicht mehr geschäftsfähig sein. Jedenfalls bei persönlichen Angelegenheiten genügt die Einwilligungsfähigkeit.

36 Problematisch sind die Fälle, in denen **keine konkrete Weisung** vorliegt, der Bevollmächtigte aber einen „mutmaßlichen Willen" (oder früher geäußerten Willen)[83] des Vollmachtgebers behauptet, nach welchem dieser also so entschieden bzw. angewiesen hätte, wenn er es ohne gesundheitliche Einschränkung hätten tun können. Eine solche Argumentation sollte unter Berücksichtigung der besonderen Situation möglich sein. Kann der Vollmachtgeber sich nicht mehr äußern, sind sein früher geäußerter oder mutmaßlicher Wille entscheidend, nicht das „objektiv Beste". Die Darlegung und der Beweis dieses Willens müsste aber dem beauftragten Bevollmächtigten obliegen.

37 Eine **letztwillige Verfügung** darf nach hier vertretener Ansicht zur Ermittlung des mutmaßlichen Willens berücksichtigt werden.[84] Das bedeutet zB, dass ggf. von zwei Immobilien die verkauft werden kann, deren Veräußerung zurzeit ungünstiger ist, wenn der Vollmachtgeber für die andere im Testament eine besondere Verwendungsbestimmung getroffen hat.

---

[76] Vgl. dazu Kurze ErbR 2010, 314; Deinert/Lütgens Die Haftung des Betreuers; so auch Epple BWNotZ 2008, 147.

[77] BayObLG BReg 3 Z 52/91, FamRZ 1992, 108.

[78] Grüneberg/Sprau BGB § 662 Rn. 9.

[79] OLG Stuttgart 12 U 178/09, BWNotZ 2010, 180.

[80] Staudinger/Martinek/Omlor BGB 2017 § 662 Rn. 26.

[81] Staudinger/Martinek/Omlor BGB 2017 § 662 Rn. 29.

[82] Vgl. Kurze ErbR 2010, 314 (317f.) mwN.

[83] BGH XII ZB 647/12, NJW 2013, 1085.

[84] Ähnlich: Epple BWNotZ 2008, 147.

3. Fallgruppen und -beispiele

Vermögensrechtlich können zum einen Ansprüche des Vollmachtgebers nicht, schlecht oder zu spät geltend gemacht werden. Beispiele sind die fehlerhafte Geldanlage,[85] verspätete Rentenantragsstellung,[86] das Versäumen des Antrages auf Anerkennung eines (höheren) Pflegegrades,[87] Fehler bei der Steuererklärung, der Beihilfe und der Kranken- und Pflegeversicherung,[88] dem Beantragen von Sozialleistungen,[89] das Unterlassen, Darlehensforderungen einzutreiben oder Unterhalt zu fordern, sowie das nachlässige Führen eines Prozesses. Zum anderen kann der Bevollmächtigte es unterlassen, Schaden vom Vermögen des Vollmachtgebers abzuwenden. Er kann es beispielsweise versäumen, die nicht mehr genutzte Wohnung des Bevollmächtigten nach einem endgültigen Umzug in ein Pflegeheim zu kündigen, nicht mehr benötigte Zeitschriftenabonnements zu kündigen und notwendige Versicherungen für vermietete Immobilien abzuschließen. 38

In wirtschaftlichen Fragen wird der Beauftragte grundsätzlich das **bestmögliche Ergebnis** für den Auftragnehmer anstreben müssen.[90] Gerade in dem persönlichen Bereich, in welchem ein Vorsorgebevollmächtigter tätig ist, kann es **aber** sein, dass wirtschaftlich Optimales nicht den Vorstellungen des Auftraggebers entspricht. 39

Bei wirtschaftlich wichtigen Handlungen, wie der Veräußerung einer Immobilie oder von Antiquitäten oder der (Neu-)Anlage von erheblichem Vermögen wird sich eine unkundige Person **beraten lassen** und uU auch Gutachten erstellen lassen müssen. Für Veräußerungen von hochwertigen Antiquitäten können Auktionen geboten sein, um ein objektiv möglichst günstiges Ergebnis zu erzielen. 40

Besonders **problematisch** sind immer wieder **Schenkungen,** insbesondere an den Bevollmächtigten selbst.[91] Die Berechtigung im Außenverhältnis ist bei entsprechender Vollmachtsgestaltung unproblematisch.[92] Ungünstig ist auch hier das Muster des BMJ (→ § 516 Rn. 33), in dem auf die Regelungen für Betreuer verwiesen wird. Diese haben sich zum 1.1.2023 geändert, der Betreuer hat nun einen weiteren Spielraum, § 1854 Nr. 8 BGB. Da die Änderung bei alten Vollmachtserteilungen nicht absehbar waren, spricht mehr dafür, es bei der Verweisung auf den § 1804 BGB aF und der damit einhergehenden Einschränkung zu belassen.[93] Fraglich ist oft, ob die Schenkung vom ausdrücklichen, früher geäußerten oder mutmaßlichen Willen des auftraggebenden Vollmachtgebers gedeckt war. 41

Auch wenn ein Auftragsverhältnis begründet wird, rechtfertigt dies alleine nicht die Annahme eines Auftrages mit dem Inhalt, Schenkungen auszuführen.[94] Der BGH sah es in einem Betreuungsverfahren als Hinweis gegen einen Vollmachtsmissbrauch (im Innenverhältnis) bei Schenkungen, wenn diese in der Vollmacht (im Außenverhältnis) ausdrücklich **erlaubt** wurden.[95] Eine schenkungsweise Übertragung 42

---

[85] Zum Betreuer: LG Waldshut-Tiengen 1 O 336/06, BtPrax 2008, 87.

[86] Zum Betreuer: LG Köln 4 O 215/04, FamRZ 2006, 1874.

[87] Zum Betreuer: OLG Hamm 15 Wx 89/10, BtPrax 2010, 44.

[88] Mit Bezug zu Betreuern: OLG Brandenburg 6 U 49/07, OLGR 2008, 614; Bräuer AnwBl 2013, 930 (931 f.).

[89] Zum Betreuer: AG Kirchhain 7 C 277/04, RdLH 2005, 35.

[90] BGH IVa ZR 306/80, NJW 1982, 1752.

[91] Deren Rückforderung durch Erben sich oft für Prozessfinanzierungen eignet, Kuhn ZEV 2013, 246 (251).

[92] Vgl. auch Müller DNotZ 2015, 403 (408 f.).

[93] Vgl. Kurze Reform 2023 § 2 Rn. 19–24, § 5 Rn. 14; so auch Renner NotBZ 2022, 15 (19); wohl aA: Müller-Engels DNotZ 2021, 84 (87), als „dynamische Verweisung".

[94] OLG Köln 11 U 121/13, ErbR 2015, 32 mit Verweis auf OLG Schleswig 3 U 50/13, ErbR 2014, 347.

[95] BGH XII ZB 647/12, NJW 2013, 1085.

einer Immobilie, um die Vollmachtgeberin vor sich selbst, also selbstschädigenden Verfügungen zu schützen, darf nach dem OLG Stuttgart nur erfolgen, wenn keine andere Maßnahme wie ein Einwilligungsvorbehalt möglich ist. Grundsätzlich sei ein **Vermögensentzug kein Mittel** der Vermögenssicherung.[96]

43 Anknüpfend an das OLG Stuttgart wird eine Schenkung **grundsätzlich** als **nicht im Interesse** des Vollmachtgebers anzusehen sein. Dem entsprechend ist der allgemeinen **Beweislastregel** zu folgen, nach welcher die Schenkungsweisung vom Bevollmächtigten im Zweifel bewiesen werden muss.[97] Konkrete Weisungen eines noch geschäftsfähigen Vollmachtgebers gibt es so gut wie nie – er hätte die Schenkung sonst selbst ausgeführt. Denkbar ist noch, dass der Bevollmächtigte eine vom Vollmachtgeber persönlich begonnene Schenkung abschließt. Ein mutmaßlicher Schenkungswillen kann ansonsten bei wesentlichen Vermögenswerten nicht angenommen werden, da deren Übertragung einen wesentlichen Nachteil für den Vollmachtgeber darstellt.

44 Ausnahmen kann es im **geringwertigen Bereich** geben, bei so genannten „Pflicht- und Anstandsschenkungen". Geschenke an Pflegende („Schachtel Pralinen") oder Verwandte zu Geburtstagen oder Weihnachten können im Sinne des Vollmachtgebers sein, da durch sie auch persönliche Zuwendung gefördert wird, die für den Vollmachtgeber einen immensen Wert hat. Ein wesentlicher Beleg kann auch der von einem Geschäftsunfähigen geäußerte Wille hinsichtlich einer Schenkung aus Dankbarkeit sein. Allerdings ist die Angemessenheit der Geschenke zu beachten, insbesondere mit Blick auf die wirtschaftlichen Möglichkeiten des Vollmachtgebers und seine zukünftige Versorgung. Indizien für oder gegen die Interessengerechtheit der Schenkungen können frühere Schenkungen des Vollmachtgebers selbst sein.

45 Schenkungsweise Übertragungen wesentlicher Vermögenswerte wie Immobilien, um **steuerliche Vorteile** zu nutzen wie die 10-Jahres-Frist nach § 14 ErbStG, können vom Vollmachtgeber gewollt sein. Da es sich um erhebliche Werte handelt, muss dieser Wille aber vom Bevollmächtigten im Zweifel bewiesen werden. Eine **„Entreicherung"**, um nicht eigenes Vermögen **für Pflege** und Betreuung einsetzen zu müssen, ist nach hier vertretener Ansicht nicht im mutmaßlichen Sinne des Vollmachtgebers. Unabhängig davon, dass Rückforderungsrechte bestehen → § 528 Rn. 4–23, beinhaltet die Versorgung durch einen Sozialleistungsträger weniger Leistungen als Selbstzahler erhalten, so dass solche Verfügungen für den Vollmachtgeber nachteilig sind. Es ist zwar nicht auszuschließen, dass ein altruistischer Vollmachtgeber dies wollte. Ein solcher Wille müsste aber im Zweifel bewiesen werden.

46 Das Herbeiführen oder das Nichtbeheben von Missständen in der **persönlichen Versorgung** des Vollmachtgebers und auch deren mangelhafte Kontrolle stellen ebenfalls Pflichtverletzungen dar. Es ist zu vermuten, dass diese Verfehlungen viel häufiger sind als vermögensbezogene. Haftungsrechtlich verfolgt werden sie aber selten. Hierunter fällt auch die Nichtbeachtung des Wunsches des Vollmachtgebers, keinen lebensverlängernden Maßnahmen unterworfen zu sein. Eine schlechtere persönliche Versorgung, als sie aufgrund der finanziellen Mittel des Vollmachtgebers möglich wäre, ist ein anderes Beispiel. Eine unberechtigte Freiheitsentziehung durch eine Unterbringung ist pflichtwidrig.[98] Eine besondere Begründung setzt ein **Umzug** des Vollmachtgebers ins Ausland voraus, da dies ein erheblicher Eingriff durch den Kulturwechsel sein kann und auch erbrechtliche Folgen haben kann. In § 1815 Abs. 2 Nr. 3 BGB nF ist dies für Betreuer entsprechend neu geregelt worden, so dass dies als Aufgabenbereich ausdrücklich angeordnet werden muss.[99]

---

[96] OLG Stuttgart 12 U 178/09, BWNotZ 2010, 180.

[97] BGH X ZR 34/05, ZEV 2007, 182.

[98] Zum Betreuer: OLG Hamm 29 U 56/00, FamRZ 2001, 861.

[99] Vgl. Kurze Reform 2023 § 11 Rn. 20–22.

Wenn ein Vollmachtgeber durch **Post oder Telefonate** beeinträchtigt wird, kann der Bevollmächtigte beides einschränken bzw. umleiten. Es ist aber mit besonderer Zurückhaltung vorzugehen, da dies besonders persönliche Bereiche berührt und zudem solche, welche einen wichtigen, sozialen Austausch beim oft eingeschränkten Sozialleben von durch das Alter oder wegen anderen Gründen beeinträchtigter Menschen ermöglichen. Auch beim Fehlen einer ausdrücklichen Regelung für das Innenverhältnis ist davon auszugehen, dass zumindest private Post (private Briefe, Geburtstagsglückwünsche etc.) an den Vollmachtgeber jedenfalls möglichst kurzfristig weitergeleitet werden muss. Wenn es möglich ist, sollte kein Nachsendeauftrag gestellt, sondern es sollten die Versender um Zusendung an den Bevollmächtigten direkt gebeten werden, damit private Post den Vollmachtgeber weiter direkt erreicht. 47

Im Rahmen einer **Telefonkontrolle** 0900er-, Auslandsnummern und ähnliche zu sperren, ist meistens ausschließlich ein Schutz des Vollmachtgebers. Bevor es ihm aber ganz unmöglich gemacht wird zu telefonieren (ob nun durch Kündigung des Telefonanschlusses oder durch technische Mittel), sollten alle anderen Mittel ausgeschöpft werden, wie der Wechsel der Telefonnummer (wenn es zB zu belästigenden Anrufen kommt) kombiniert mit Löschung aus dem Telefonbuch. Beim dauertelefonierenden und andere Menschen belästigenden Vollmachtgeber sollten zunächst Überzeugungs- und Ablenkungsversuche angestellt werden, ggf. verbunden mit der Aufforderung/Bitte an die Angerufenen, sich nicht auf Gespräche einzulassen und den Vollmachtgeber damit zum „Aufgeben" zu bringen. Zum Teil ist es auch technisch möglich, die Verbindung zu bestimmten Nummern zu unterbinden. Wenn eine gerichtliche Unterlassungsverfügung droht, kann eine (ggf. nur vorübergehende) Kündigung des Telefonanschlusses aber gerechtfertigt sein, eventuell in Verbindung mit der Bereitstellung anderer Kommunikationsmittel (etwa Prepaid-Handy). 48

Auseinandersetzungen ergeben sich immer wieder beim **Umgangsrecht.** Der Bevollmächtigte kann bei einer umfassenden Vollmacht ein Hausverbot erteilen oder das Pflegeheim anweisen, bestimmte Personen nicht zum Vollmachtgeber zu lassen. Ist der Vollmachtgeber noch geschäftsfähig, geht seine Anweisung vor. Sonst kann die Unterbindung des Umgangs pflichtwidrig sein und zu einem Widerruf der Vollmacht ggf. durch einen (Kontroll-)Betreuer führen. 49

Pflichtwidrig ist eine **Umgangsverweigerung,** wenn sie nicht dem mutmaßlichen Willen des Vollmachtgebers entspricht. Dabei ist Art. 6 GG zu beachten. Die Neuregelung im § 1815 Abs. 2 Nr. 4 BGB, nach welchen für Betreuer der Aufgabenbereich der Umgangsbestimmung ausdrücklich angeordnet werden muss, unterstreicht die besondere Bedeutung.[100] Es ist grundsätzlich anzunehmen, dass ein Vollmachtgeber Kontakt mit den Personen haben möchte, mit denen er auch Kontakt hatte, als er darüber noch selbst bestimmen konnte. Dass ein Kontakt „schädlich" ist, muss sehr genau begründet werden.[101] Insbesondere sind mildere Mittel zu prüfen, also zeitlich beschränkte oder begleitete Kontakte. Gerade eine Umgangsverweigerung sollte sehr zurückhaltend gehandhabt und schnell zu einer (Teil-)Betreuung führen, da der Umgang für alle Beteiligten oft von zentralem Interesse ist. Es wird auch meist im Interesse des Vollmachtgebers liegen, seinen Angehörigen, aus von ihm für diese anzunehmender Sorge, einen Umgang mit ihm zu ermöglich, auch wenn er sich dazu nicht äußern kann. 50

Die **Anwendung von Gewalt** gegen den natürlichen Willen des Einwilligungsunfähigen/Geschäftsunfähigen ist unzulässig, wie §§ 1831 f. BGB zeigen. Es muss ggf. 51–54

---

[100] Vgl. Kurze Reform 2023 § 11 Rn. 23–25.

[101] OLG Düsseldorf 25 Wx 327/03, BeckRS 2011, 26045; OLG Köln 16 Wx 30/99, BeckRS 1999, 06475; zur Betreuung: BayObLG 3Z BR 267/01, FamRZ 2002, 907; OLG Frankfurt 20 W 479/02, FGPrax 2003, 81.

das dazu vorgesehene Verfahren mit gerichtlicher Genehmigung durchlaufen werden.

4. Verschulden

55 Grundsätzlich haftet der Beauftragte für **Vorsatz** und jede **Fahrlässigkeit,** § 276 BGB. Die Pflichtverletzung muss kausal für den Schaden sein.[102] Gegenüber dem unentgeltlich tätigen Bevollmächtigten kann eine pauschale Beurteilung als unangemessen empfunden werden wegen des gefälligkeitsähnlichen, auf persönlichen Verbindungen beruhenden und für den beauftragten Bevollmächtigten einseitig risikoreichen Verhältnisses zum Auftraggeber, was als „Vollmachtsfalle" bezeichnet werden kann.

56 Grundsätzlich ist eine gesetzliche **Haftungsmilderung** beim Auftrag **nicht gegeben,**[103] im Gegensatz zu anderen Gefälligkeitsverträgen wie die Leihe, Schenkung oder unentgeltliche Verwahrung.[104] Eine Ausnahme für bestimmte Fälle der Tätigkeit von Ehegatten nach §§ 1359, 1353 BGB ist denkbar,[105] wird aber meistens mangels Auftragsverhältnis (→ Rn. 15–19) nicht relevant sein.

57 Eine **Haftungserleichterung** ist jedenfalls für **wesentliche Tätigkeiten** (zB Übertragung einer Immobilie) **nicht** angebracht, da dem Bevollmächtigten die Bedeutung und damit die Verantwortung bekannt sein sollten. Ansatzpunkte könnten bei **weniger wichtigen Angelegenheiten** (kleinere Einkäufe) Normen im BGB sein, welche die Haftung auf Vorsatz und grobe Fahrlässigkeit oder auf diejenige Sorgfalt beschränken, die in eigenen Angelegenheiten angewandt wird, etwa §§ 521, 599, 690, 1359, 1664 BGB. Dies wird aber bislang abgelehnt.[106] Denkbar wäre es noch, dem Bevollmächtigten für den engen Rahmen der alltäglichen Geschäfte im Sinne eines **Anscheinsbeweises** zu ermöglichen, den regelmäßigen Verbrauch nachzuweisen und so Lücken bei den Nachweisen (widerlegbar) schließen zu können.[107] Nicht ausgeschlossen ist es auch, dass eine **konkludente Haftungsbeschränkung** vereinbart war, nach welcher zB für leichte Fahrlässigkeit nicht gehaftet werden muss.[108] Dies erscheint zumindest bei kleineren Schäden sinnvoll, beispielsweise der um einen Monat verspäteten Pflegegeldbeantragung oder dem verspäteten Einreichen einer Steuererklärung, mit der Folge einer geringen Mahngebühr.

58 Nach hier vertretender Ansicht steht dem Vorsorgebevollmächtigten auch ein gewisses **Ermessen** zu. Jedenfalls bei einem privaten, uneigennützigen Bevollmächtigten wird der Vollmachtgeber mit einer Erledigung der Aufgaben unter Berücksichtigung der Möglichkeiten des Bevollmächtigten einverstanden sein. Wenn also von zwei Alternativen die gewählt wird, die zwar wirtschaftlich etwas ungünstiger ist, aber dafür deutlich weniger (insbesondere zeitlichen) Aufwand bedeutet, kann dies der erforderlichen Sorgfalt aus zwei Gründen genügen: Zum einen kann dies der erwartete Aufwand sein, den der Auftraggeber selbst auch nur aufgewandt hätte. Zum anderen könnte eine Überlastung des Bevollmächtigten dazu führen, dass er seine Tätigkeit einstellt, was meistens vom Vollmachtgeber nicht gewollt werden

[102] Zum Betreuer: LG Nürnberg 17 O 8674/03, BtPrax 2006, 112.

[103] BGH VII ZR 93/62, BB 1964, 100; I ZR 187/12, BeckRS 2014, 5925; OLG München 23 U 3519/16, BeckRS 2017, 136014; vgl. auch Sauer RNotZ 2009, 79 (84); Grüneberg/Sprau BGB § 662 Rn. 11 je mwN.

[104] Neuefeind JA 2022, 624 (626).

[105] Sauer RNotZ 2009, 79 (84).

[106] BGH I ZR 198/54, BGHZ 21, 102; Staudinger/Martinek/Omlor BGB § 662 Rn. 41 f. mwN.

[107] In diese Richtung: LG Duisburg 6 O 478/01, BeckRS 2015, 03862.

[108] Nicht ausgeschlossen von BGH II ZR 126/57, NJW 1959, 1221 (1223); ähnlicher Gedanke: Papenmeier Vollmachten S. 172.

würde. Wenn die Alternative eine Berufsbetreuung ist, würde sie uU mehr Kosten bei einer weniger persönlichen Versorgung verursachen.

Zumindest fahrlässig wird es sein, sich bei wichtigen Geschäften wie einem Immobilienverkauf **nicht beraten zu lassen** oder bei einem Prozess keinen Rechtsanwalt zu konsultieren. Sind insbesondere bei Eintritt des Vorsorgefalls oder in einer Krisensituation für den Bevollmächtigten objektiv **zu viele Angelegenheiten** zu erledigen, muss er eine Unterstützung durch (externe) Fachkräfte erwägen (Steuerberater, Rechtsanwalt, Hausverwalter, Sozialarbeiter – bis hin zur Beantragung einer Betreuung). Ist dies nicht möglich oder stehen die Kosten in keiner sinnvollen Relation zum Nutzen, haftet der Bevollmächtigte wegen Schäden insoweit nicht.[109] **59**

5. Verjährung

Für die Verjährung gelten die **allgemeinen Vorschriften** der §§ 195, 199 BGB; sie beträgt also grundsätzlich drei Jahre, kenntnisunabhängig zehn.[110] Maßgeblich für den Beginn ist zum einen der Schadenseintritt. Grundsätzlich **beginnt** die Verjährungsfrist mit dem Schluss des Jahres, in dem der Schaden eintrat, § 199 Abs. 1 Nr. 1 BGB. Nach § 199 Abs. 1 Nr. 2 BGB ist aber auch Kenntnis des Gläubigers oder grob fahrlässige Unkenntnis notwendig. War der Vollmachtgeber geschäftsunfähig und gab es keinen überwachenden Bevollmächtigten (wobei auch dessen Kenntnis nicht ausreichen muss)[111] oder Kontrollbetreuer, läuft die Frist daher nicht. Keine Überwachung zu installieren, wird so gut wie nie eine grobe Fahrlässigkeit darstellen. Oertel erwägt für Erben einen Einwand der Hemmung der Verjährung nach § 207 Abs. 1 S. 2 Nr. 4 BGB analog.[112] **60**

IV. Nach dem Erbfall

Mit dem Erbfall gehen die Rechte und Pflichten des Erblassers im Wege der **Gesamtrechtsnachfolge** auf den oder die Erben über, § 1922 BGB. Dies gilt auch für die (Vorsorge-)Vollmacht und einem zugrundeliegenden Auftrag. Nach dem Erbfall sind also die Erben die Vollmachtgeber (→ § 164 Rn. 90) und Auftraggeber. Die Erben können gegen den bevollmächtigten Auftragnehmer ggf. Ansprüche gem. §§ 662 iVm 280, 666, 667 BGB geltend machen. **61**

Umstritten ist, was der Bevollmächtigte im Innenverhältnis nach dem Tode des Erblassers noch tun darf oder muss, sowie ob und ggf. inwieweit er die Erben informieren muss, also **nach dem Erbfall Informations- und Fragepflichten** bestehen. Die wohl herrschende Meinung verneint eine Rückfragepflicht des Bevollmächtigten bei den Erben und kann sich dabei auf eine Entscheidung des BGH berufen,[113] die nach hier vertretener Ansicht einer anderen Meinung aber nicht entgegensteht. In der Entscheidung wird die Wirksamkeit des Vertretergeschäfts betont, nicht die Frage des Innenverhältnisses. In einer Entscheidung des OLG Frankfurt[114] geht es um das Außenverhältnis, also das Fortwirken der Vollmacht, auf welche das Innenverhältnis zutreffender Weise grundsätzlich keinen Einfluss hat. **62**

---

[109] Kurze ErbR 2010, 314 (318).

[110] Horn/Schabel NJW 2012, 3473 (3478).

[111] Vgl. BGH III ZR 436/12, NJW 2014, 1294.

[112] Oertel ZErb 2020, 1.

[113] BGH V ZR 179/65, NJW 1969, 1245; entsprechend: Madaus ZEV 2004, 448 mwN; Trapp ZEV 1995, 314 (316); ausführliche Auseinandersetzung bei Lekaus Vollmacht von Todes wegen 1999 S. 111–119 mwN; eher zu Gestaltungsfragen, ohne Stellungnahme: Keim MittBayNot 2021, 207.

[114] 20 W 49/15, MittBayNot 2016, 401.

63 Papenmeier meint, es bestehe eine Benachrichtigungs- aber keine Rückfragepflicht.[115] § 665 S. 2 BGB schließe einen Rückgriff auf die allgemeinen Grundsätze von Treu und Glauben insofern aus. Kühne meint, dass mit dem Erbfall die Interessen der Erben an die Stelle des Erblassers treten könnten und dann vom Bevollmächtigten zu beachten seien.[116] Auch nach Fischer darf nur bei besonderer Dringlichkeit auf die Einholung der Meinung der Erben verzichtet werden.[117] Lekhaus stellt sogar in Frage, ob nicht bei der Verletzung von Informations- und Fragepflichten bei einer Evidenz für den Geschäftsgegner ein Vollmachtsmissbrauch vorliege, welcher das Vertretungsgeschäft unwirksam mache.[118] Das ist nicht völlig von der Hand zu weisen, wird aber nur einen kleineren Teil der Fälle betreffen, denn eine Pflicht des Geschäftsgegners, sich danach zu erkundigen, ob der Vollmachtgeber noch lebt, gibt es jedenfalls bei transmortalen Vollmachten nicht. Das würde Sinn und Praktikabilität der Vollmacht untergraben.

64 Nach hier – und auch zB von Grunewald[119] – vertretener Ansicht hat der Bevollmächtigte die **Pflicht,** nach Möglichkeit die Erben zu **informieren** und ihnen **Gelegenheit zum Widerspruch zu geben.**[120] Das gilt insbesondere, wenn davon auszugehen ist, dass die Erben die Auftragsausführung nicht wollen würden. Auch wenn sich für den Auftragnehmer in anderen Fällen aufdrängen muss, dass sein Auftraggeber den Auftrag nicht mehr ausgeführt haben möchte, ist er zumindest zur Rückfrage verpflichtet.[121] Aus der Möglichkeit des § 665 S. 1 BGB wird eine Pflicht. Sind die Erben dem Bevollmächtigten dagegen nicht bekannt, kann er also im Zweifel weiter nach der Weisung des Erblassers handeln. Grundsätzlich hat der bevollmächtigte Auftragnehmer aber einen **neuen Auftraggeber:** den oder die Erben. Er ist nun ihm bzw. ihnen verpflichtet. Dies folgt aus der Gesamtrechtsnachfolge, § 1922 BGB. Für eine Weisung über den Tod hinaus stehen dem Erblasser erbrechtliche Gestaltungsmittel wie das Vermächtnis offen.

V. Gestaltung

65 Nach hier vertretener und in der Literatur herrschender Ansicht **sollte** das Grundverhältnis **geregelt werden.**[122] Die Praxis sieht allerdings anders aus. Selten wird das Innenverhältnis geregelt, fast nie detailliert. Genaue Anweisungen zur Ausübung der Tätigkeit als Bevollmächtigter fehlen. Lediglich die eigentlich selbstverständliche For-

---

[115] Papenmeier Vollmachten S. 182.

[116] Kühne ZErb 2015, 33 (33).

[117] Fischer/Kühne/Warlich, Anwaltformulare Bankvermögen im Erbfall, 2015, § 5 Rn. 51.

[118] Lekaus Vollmacht von Todes wegen (1999) S. 115–119.

[119] Eingehend: ZEV 2014, 579; entsprechend wohl: Weidlich ZEV 2016, 57 (60).

[120] So auch KG 25 U 214/02, ZErb 2004, 294; Flume BGB AT II (1979) § 51 5b; Sagmeister MittBayNot 2013, 107; tendenziell ähnlich: Trimborn Vollmacht § 3 Rn. 59–64.

[121] BGH VI ZR 154/82, NJW 1985, 42; IX ZR 250/89, NJW 1991, 982 (985); Grüneberg/Sprau BGB § 665 Rn. 5 sowie § 666 Rn. 2; zum Recht der Bank, die Erben zu informieren: LG Heidelberg 10.12.2005 – 2 O 225/05 als Vorinstanz zu OLG Karlsruhe 17 U 19/06, WM 2007, 300.

[122] Zimmermann Vorsorgevollmacht Rn. 151; Lipp/Spalckhaver Vorsorgeverfügungen § 15; Rudolf/Bittler/Roth/Scharf/Hack Vorsorgevollmacht § 1 Rn. 138; Horn/Lindenau/Arweiler Anwaltformulare 2023 § 11 Rn. 46–106; Sarres ZEV 2013, 312; Sauer RNotZ 2009, 79; Litzenburger NotBZ 2007, 1 (alle mit mehr oder weniger ausführlichen Formulierungsvorschlägen); Papenmeier Vollmacht S. 172; Walter Vorsorgevollmacht S. 103; Kropp FPR 2012, 9 (10); Spernath MittBayNot 2021, 425; inzwischen ebenfalls („mehr Beachtung"): Müller-Engels/Braun/Renner Betreuungsrecht 2 Rn. 474.

mel, die Vollmacht erst im Vorsorgefall oder bei Weisung des Vollmachtgebers zu nutzen, findet sich häufiger (zu deren Problematik → Rn. 70).

66 Noch nicht geklärt ist, ob ein von den Beschränkungen des § 181 BGB befreiter **Bevollmächtigter** das Innenverhältnis **mit sich selbst** auch in Vertretung des Vollmachtgebers **regeln** kann.[123] Schließlich soll der Bevollmächtigte ja mit sich selbst Verträge abschließen können, uU sogar sich selbst etwas schenken, zB um steuerliche Vorteile zu nutzen. Bedenklich ist, dass der bevollmächtigte Auftragnehmer seine Pflichten einschränken kann. Dies geschieht grundsätzlich bei einer Regelung des Innenverhältnisses, denn die gesetzlichen Pflichten beim Auftrag sind weitgehend. Insofern wird schnell die Grenze zum Vollmachtsmissbrauch überschritten sein, wenn der Bevollmächtigte Regelungen zu stark zu seinen Gunsten gestaltet. Mit Blick auf § 665 BGB wird zu prüfen sein, ob die Regelungen im Interesse des Vollmachtgebers sind. Da er regelmäßig Rechte verliert, kann davon nur auszugehen sein, wenn zum einen die Tätigkeit des Bevollmächtigten sonst wahrscheinlich nicht mehr ausgeübt werden würde, weil die Anforderungen und Gefahren zu hoch sind, und zum anderen die Einschränkungen nicht wesentlich sind. Nach hier vertretener Ansicht kann daher jedenfalls eine Kernpflicht wie die Auskunfts- und Rechnungslegung durch den Bevollmächtigten selbst nicht ausgeschlossen, sondern nur begrenzt werden (zB kein Nachweis über Barzahlungen von 500 EUR im Monat). Auch ein vollständiger Verzicht auf Auskunfts- und Rechnungslegung und eine komplette Haftungsfreistellung sind nicht möglich. Ob der Bevollmächtigte einen Anstellungsvertrag für seine Tätigkeit mit sich selbst schließen kann, ist fraglich. Schließlich hat er dies nicht mit dem Vollmachtgeber vereinbart, als die Rahmenbedingungen geschaffen wurden (Vollmachtserteilung) und die Aufgabe übernommen wurde. Vielleicht wurde es aber nur vergessen oder als selbstverständlich vorausgesetzt. Insgesamt ist aufgrund der Missbrauchsmöglichkeit Zurückhaltung geboten. Dass dies im Einzelfall misslich sein kann, ist der ursprünglich schlechten Gestaltung geschuldet, bei welcher das Innenverhältnis nicht ausformuliert wurde.

67 Eine allgemeingültige **Gestaltungsempfehlung** kann es nicht geben, da es gilt, eine dem Einzelfall entsprechende Regelung zu finden. Der Schwerpunkt kann in der Vertretung bei der Durchsetzung einer Patientenverfügung oder auch im wirtschaftlichen Bereich liegen, wenn dem Vollmachtgeber zB einige Immobilien oder ein Unternehmen gehören. Wenn als „Regelfall" ein mittleres Vermögen und keine Besonderheiten in Gesundheitsangelegenheiten angenommen werden, ist die Person des Bevollmächtigten zu betrachten: Beim Ehegatten kann unter Umständen weitgehend auf Regelungen für das Grundverhältnis verzichtet werden und eine Freistellung erfolgen. Bei einem „Bekannten", der sich später vielleicht auch mit Erben auseinandersetzen muss, ist eine deutlich größere Regelungsdichte angezeigt. Bei dem häufigen Fall, dass Kinder bevollmächtigt werden, ist zu differenzieren und individualisieren nach den Verhältnissen des Vollmachtgebers und denen des bevollmächtigten Kindes sowie dessen persönlicher Eignung. Eine Regelung für den Konfliktfall unter Kinder ist sinnvoll, aber oft schwer zu finden, wenn alle Kinder gleichbehandelt werden sollen.

68 **Allgemein** gilt: Eine Abstimmung mit einer **letztwilligen Verfügung** ist sinnvoll. Zu berücksichtigen ist immer, dass eine **Änderung** der Vereinbarung während der Tätigkeit des Bevollmächtigten regelmäßig **nicht** mehr **möglich** sein wird, da der Vollmachtgeber geschäftsunfähig ist. Es ist denkbar, eine **dritte Person** zu benennen und zu bevollmächtigen, Regelungen später zu ergänzen oder zu ändern. Am besten ist grundsätzlich ohnehin die Einsetzung eines zweiten Kontroll- und

---

[123] In diese Richtung auch Papenmeier Vollmachten S. 174f.; ablehnend: Krauß BWNotZ 1999, 86 (89).

Überwachungsbevollmächtigten, mit dem eine abgestimmte Regelung getroffen wird.

69 Für eine Regelung kommen **verschiedene Aspekte** in Betracht:[124]

Das **Grundverhältnis** kann **definiert** werden. Meist wird dies ein Auftrag sein, bei der Vereinbarung einer Vergütung eine Geschäftsbesorgung. Genau überlegt werden sollte dies bei Ehegatten, da bei diesen grundsätzlich kein Auftragsverhältnis angenommen wird. Durch die Definition werden den Ehegatten daher mehr Pflichten aufgebürdet. Ansonsten ist die Bezeichnung als Auftrag eher deklaratorisch mit einer sinnvollen Warnfunktion besonders für den Bevollmächtigten.

70 Oft wird (auch direkt in der Vollmacht) versucht, den Zeitpunkt für den **Beginn** der Tätigkeit des Bevollmächtigten zu definieren,[125] meist Betreuungs- oder Geschäftsunfähigkeit oder Weisung des Vollmachtgebers. Der Bevollmächtigte wird mit einem nachträglichen Beweis des Bedingungseintritts meistens erhebliche Schwierigkeiten haben, da selten Begutachtungen durchgeführt oder schriftliche Weisungen gegeben werden. Wenn nicht um eine Vergütung gestritten wird, lässt sich allerdings nur schwer vorstellen, in welcher Form der Bevollmächtigte daraus später Nachteile erleiden sollte, da ein Schaden für den Vollmachtgeber hinzutreten muss. Die Regelung des Beginns ist daher eher deklaratorisch, als Hinweis für die Beteiligten aber durchaus sinnvoll. Problematischer ist das **Ende** zu definieren bzw. zu regeln.[126] Ein Kündigungsausschluss ist wie ein Widerrufsausschluss bei der Vollmacht (→ § 168 Rn. 15–17) nicht möglich. Ob eine **Kündigungsfrist** möglich ist, ist fraglich. Relevant kann sie nur bei einer Vergütung sein, da die Tätigkeit des Bevollmächtigten durch einen Vollmachtswiderruf unverzüglich unterbunden werden kann. Absicherungen auch zum Wohl des Vollmachtgebers sind schwierig. Es kann versucht werden, ein Verfahren – ggf. unter Einbeziehung des Betreuungsgerichts,[127] indem der Bevollmächtigte beauftragt wird, bei einer Kündigung eine Betreuung zum Schutz des Vollmachtgebers anzuregen – für eine Kündigung, bei welcher der eventuell geschäftsunfähige Vollmachtgeber sich (uU unter Dritteinfluss) selbst schaden könnte, zu vereinbaren. In jedem Fall sollte eine klare Regelung für die Tätigkeit des Bevollmächtigten **nach dem Tod** des Vollmachtgebers getroffen werden (zB: Information der Erben? Regelung der Bestattung?).

71 Eine Regelung des **Verhältnisses mehrerer Bevollmächtigter** zueinander sollte sich jedenfalls dann auch in der Vollmacht widerspiegeln, wenn ein Rang- oder Kontrollverhältnis konstituiert wird.[128] Wenn in der Vollmacht keine Widerrufsregelung enthalten ist, kann die Regelung im Innenverhältnis im Zweifel nicht sinnvoll durchgesetzt werden, weil Streitigkeiten gerichtlich ausgefochten werden müssen und gleichzeitig noch beide Seiten bevollmächtigt sind. Eine Betreuungseinrichtung ist wahrscheinlich. Eine Zuweisung von Aufgabenbereichen in der Vereinbarung ist denkbar.[129] Allerdings sollten die Bevollmächtigten bei der Gestaltung einbezogen

---

[124] Allgemein: Zimmermann NJW 2014, 1573 (1575f.); Kropp FPR 2012, 9; Roth NJW-Spezial 2012, 615; Bühler FamRZ 2001, 1585 (1593); Langenfeld/Langenfeld ZEV 1996, 339; mit zumindest partiellen Formulierungsvorschlägen: Lipp/Spalckhaver Vorsorgeverfügungen § 15; Rudolf/Bittler/Roth/Scharf/Hack Vorsorgevollmacht § 1 Rn. 196 (nur für die Bevollmächtigung eines Rechtsanwaltes); Sarres ZEV 2013, 312 (313); Sauer RNotZ 2009, 79; Walter ZEV 2000, 353 (355); Litzenburger NotBZ 2007, 1; Müller-Engels/Braun/Renner Betreuungsrecht 2 Rn. 474; Horn NJW 2018, 2611.

[125] Vgl. Lipp/Spalckhaver Vorsorgeverfügungen § 15 Rn. 69–71.

[126] Vgl. auch Lipp/Spalckhaver Vorsorgeverfügungen § 15 Rn. 144–156.

[127] In diese Richtung auch: Lipp/Spalckhaver Vorsorgeverfügungen § 15 Rn. 123f.

[128] Vgl. auch Sauer RNotZ 2009, 79 (85–87); Lipp/Spalckhaver Vorsorgeverfügungen § 15 Rn. 58–65.

[129] Ähnlich: Müller-Engels/Braun/Renner Betreuungsrecht 2 Rn. 478.

und ihnen für die spätere Ausübung der Tätigkeit ein gewisser Freiraum gegeben werden, um auf nicht absehbare Entwicklungen reagieren zu können.

Sinnvoll ist eine **Haftungsmilderung** für den Bevollmächtigten. Seine Haftung kann zB auf grobe Fahrlässigkeit und Vorsatz begrenzt werden oder auf die Sorgfalt, die er in eignen Angelegenheiten anzuwenden pflegt.[130] Denkbar ist es auch, den Ausschluss der Haftung für jeden Fall der Fahrlässigkeit auf einen Maximalschadensbetrag (zB 5.000 EUR im Jahr) auszuweiten. 72

Niedergeschrieben werden können Anweisungen für die **Vermögensverwaltung** und für **gesundheitliche Fragen,**[131] was wiederum für bestimmte Situationen durch die Patientenverfügung geregelt werden kann (vgl. § 1827 BGB). Beim Aufenthalt kann zB festgelegt werden, möglichst lang (auch bei uU größerer Gefahr) zu Hause zu bleiben oder in ein bestimmtes Pflegeheim oder eine bestimmte Residenz oder andere Wohnform (betreute Wohngemeinschaft) gebracht zu werden. Schließlich kann beim **Umgangsrecht** festlegt werden, dass dieser von und zu bestimmten Personen eingeschränkt werden soll oder auch nicht eingeschränkt werden darf. Denkbar, wenngleich wenig konkret, dem ungeschulten Bevollmächtigten wenig weiterhelfend und uU ohnehin geschuldet, ist ein Verweis auf die Wunschbeachtung wie bei einem Betreuer nach § 1821 BGB, auch bei einem geschäftsunfähigen Vollmachtgeber.[132] 73

Kritisch ist eine Regelung der **Auskunfts- und Rechnungslegungspflichten.** Ein vollständiger Ausschluss eröffnet Missbrauch erheblichen Raum.[133] Besser ist die Definition eines monatlichen Betrages, welcher die üblichen Haushaltskosten umfasst und über den keine Rechenschaft gelegt werden muss.[134] Hinsichtlich der Auskunft ist es sinnvoll, den Bevollmächtigten zu verpflichten, zu Beginn seiner Tätigkeit einen Vermögensbestand zu dokumentieren, damit die Entwicklung später nachvollzogen werden kann.[135] 74

Eine **Vergütung** macht den Auftrag zu einer Geschäftsbesorgung (dazu → § 675 Rn. 1 f.; zu Möglichkeiten der Gestaltung der Vergütung → § 675 Rn. 8-18). Zumindest ein Anerkennungsbetrag ist sinnvoll, da die Tätigkeit des Bevollmächtigten oft einen erheblichen Aufwand bedeutet. Seine Höhe ist vorab schwer festzulegen.[136] Nach hier vertretener Ansicht kann entweder ein „Anerkennungsbetrag" (zB nach Ermessen des Bevollmächtigten „bis zu 200 EUR im Monat") festgelegt werden, der einerseits im Zweifel den Gefälligkeitscharakter widerspiegelt, wenn er später einen sehr geringen Stundensatz ergibt, und andererseits für den Vollmachtgeber ein (begrenztes) Risiko darstellt, vielleicht einen zu hohen Stundensatz zu zahlen. Oder es wird eine Konstruktion mit einem weiteren Bevollmächtigten gewählt, der später während der Tätigkeit die Interessen des Vollmachtgebers hinsichtlich der Vergütung vertritt. Wenn auch die Pflege übernommen wird, kann klargestellt werden, dass ein Pflegegeld an den pflegenden Bevollmächtigten gehen soll. Unter Umständen sind 75

---

[130] Ähnlich: Müller-Engels/Braun/Renner Betreuungsrecht 2 Rn. 478; Lipp/Spalckhaver Vorsorgeverfügungen § 15 Rn. 178–197; Sauer RNotZ 2009, 79 (84 f.); Volmer MittBayNot 2018, 507.

[131] Walter ZEV 2000, 353 (355); Lipp/Spalckhaver Vorsorgeverfügungen § 15 Rn. 99–115.

[132] ZB Bühler FamRZ 2001, 1585 (1593).

[133] Vgl. auch mit Formulierungsvorschlägen: Volmer MittBayNot 2016, 386.

[134] Recht allgemeine Formulierungsvorschläge („abrechnen"): Sarres ZEV 2013, 312 (313); Lipp/Spalckhaver Vorsorgeverfügungen § 15 Rn. 116–123; ähnlich: Kollmeyer NJW 2017, 1137, Horn ZEV 2016, 373 (377).

[135] Ebenso: Zimmermann NJW 2014, 1573 (1575); ähnlich: Lipp/Spalckhaver Vorsorgeverfügungen § 15 Rn. 73–75.

[136] Vgl. auch Sauer RNotZ 2009, 79 (88–91); Lipp/Spalckhaver Vorsorgeverfügungen § 15 Rn. 157–177.

Steuer- und Sozialversicherungsfragen zu beachten und eine geringfügige Beschäftigung kommt in Betracht.

76 Bühler meint, der **Notar** solle bei der „Beurkundung einer Vorsorgevollmacht im Rahmen von § 17 BeurkG das Grundverhältnis und seine Regelung ansprechen."[137] Nach Papenmeier und Litzenburger kommt sogar eine Haftung des Notars in Betracht, wenn er dies unterlässt.[138] Zu beachten ist, dass die Gestaltung deutlich **teurer** werden kann, **wenn** ein **Notar** das Innenverhältnis regelt. Es handelt sich dann nicht mehr um eine Vorsorgevollmacht, für welche besondere Kostenvorschriften gelten, → § 167 Rn. 57. Es wird ein Vertrag gestaltet und beurkundet, was entsprechend der allgemeinen Regelungen berechnet wird, wobei grundsätzlich der gesamte Vermögenswert zugrunde zu legen ist, die Höchstwertbegrenzung und der Hälfte-Grundsatz gelten nicht.[139] Es gibt bei den Notaren Vermeidungsstrategien,[140] die aber auch dazu führen kann, dass die Motivation des Notars, uU aufwendige, sachgerechte Regelungen zu entwickeln, gering ist. An dieser Stelle zeigt sich ein weiteres (zur Notarstätigkeit bei der Vollmachtsbeurkundung → § 167 Rn. 67) Dilemma der notariellen Vorsorgeberatung: Während bei einer Vorsorgevollmacht die Kosten noch durch Reduzierung und Deckelung des Gegenstandswertes begrenzt werden, ist dies bei einer Regelung des Grundverhältnisses nicht möglich, was für den Mandanten meist unverständlich hohe Kosten bedeutet. Eine Vereinbarung wie ein Rechtsanwalt kann der Notar nicht schließen. Auch daher wird das Innenverhältnis von Notaren oft nicht angesprochen und die Vorsorgeregelung bleibt unvollständig. Zum Teil werden rudimentäre Regelungen des Innenverhältnisses in die Vollmacht eingebaut und bei der Kostenberechnung (wohl fälschlicher Weise) nicht berücksichtigt.

77 Ohne eine Vergütungsvereinbarung wird bei einem Entwurf dieses Vertrages durch einen **Rechtsanwalt** nach Vorbemerkung 2.3 zu 2300 VV RVG eine **Geschäftsgebühr** (0,5 bis 2,5) bemessen nach dem Gegenstandswert angesetzt. Dieser wird sich grundsätzlich nach dem Vermögen des Vollmacht- und Auftragsgebers richten mit einem Zuschlag für die persönlichen Angelegenheiten. Die gesetzliche Vergütung kann unangemessen sein. Bei einer einfachen („Standard")Gestaltung mag sie zu hoch und bei einer komplexen Gestaltung (zB bei großem und/oder unternehmerischen Vermögen) zu niedrig sein. Zu empfehlen ist eine **Vergütungsvereinbarung,** bei welcher der Zeitaufwand, die einzubringenden Kenntnisse sowie die Haftungsgefahr berücksichtigt werden.

§ 663 Anzeigepflicht bei Ablehnung

[1]Wer zur Besorgung gewisser Geschäfte öffentlich bestellt ist oder sich öffentlich erboten hat, ist, wenn er einen auf solche Geschäfte gerichteten Auftrag nicht annimmt, verpflichtet, die Ablehnung dem Auftraggeber unverzüglich anzuzeigen. [2]Das Gleiche gilt, wenn sich jemand dem Auftraggeber gegenüber zur Besorgung gewisser Geschäfte erboten hat.

---

137 Bühler FamRZ 2001, 1585 (1593); ähnlich: Krauß BWNotZ 1999, 86 (90).

138 Papenmeier Vorsorgevollmacht S. 173; Litzenburger NotBZ 2007, 1.

139 Müller-Engels/Braun/Renner Betreuungsrecht 2 Rn. 708; noch zur KostO: Litzenburger NotBZ 2007, 1 (9).

140 Vgl. Müller- Engels/Braun/Renner 2 Betreuungsrecht Rn. 483.

I. Voraussetzungen

1. Öffentlich bestellt oder erboten (Satz 1)

Eine öffentliche Bestellung kann nur durch einen Träger der öffentlichen Verwaltung geschehen, muss sich aber auf einen Privatvertrag beziehen (sonst ggf. Staatshaftung).[1] Ein Erbieten (insbes. von privater Seite) muss einer **unbestimmten Zahl von Personen gegenüber** erfolgen. Denkbar sind Auskunftspersonen, die von Vereinen bestellt werden oder sich durch Anzeigen anbieten. Im Zusammenhang mit einer Vorsorgevollmacht sind solche Arten des Anbietens noch nicht bekannt. Es könnte auch Probleme hinsichtlich des RDG geben (→ § 675 Rn. 23–28). 1

2. Auftraggeber gegenüber erboten (Satz 2)

Nach dieser Alternative wird einer **bestimmten Person** erboten, für sie tätig zu sein, **ohne dass** schon ein **Angebot vorliegt.**[2] Einem Rechtsanwalt können insofern besondere Pflichten obliegen (vgl. § 44 BRAO).[3] Einem Kaufmann können nach § 362 HGB noch weitergehende Pflichten treffen.[4] 2

Obgleich insoweit mit Bezug zur Vorsorgevollmacht bislang keine Rechtsprechung und Literatur bekannt sind, ist dort eine solche Konstellation denkbar: Der Bevollmächtigte bietet sich zur Vollmachts- und Auftragsübernahme an („Ich sorge später für Dich."), der Auftrag wird aber nicht sogleich erteilt, da der Vollmachtgeber die Vollmacht nicht sofort aushändigt und den Bevollmächtigten auch nicht informiert. Wird der Bevollmächtigte später von der Aufgabe überrascht, hatte sich aber angeboten, muss er danach die Ablehnung dem Auftraggeber anzeigen, wenn er nicht tätig werden will. Ist der Auftraggeber inzwischen geschäftsunfähig und kein zweiter Bevollmächtigter eingesetzt, wird eine Betreuung anzuregen sein, damit möglichst unverzüglich ein Erklärungsempfänger (Betreuer) geschaffen wird.

3. Nichtannahme eines Antrages

Der andere Teil trägt an den Bestellten oder Erbotenen ein Angebot heran. Von diesem ist nur ein **Schweigen** erforderlich, um den Tatbestand zu erfüllen.[5] Die Motivation ist grundsätzlich unbedeutend. Es kann aber später eine Anfechtung in Betracht kommen. Bei Vorsorgefällen kann bei Tätigwerden des Bevollmächtigten meist von einer Annahme ausgegangen werden, so dass ein Vertrag zustande kommt (→ § 663 Rn. 27–29). 3

II. Rechtsfolgen

Der Bestellte oder Erbotene ist zu einer unverzüglichen Anzeige der Ablehnung verpflichtet. Ein Kontrahierungszwang erwächst aus der Norm nicht.[6] Wird die Anzeigepflicht schuldhaft (§ 276 BGB) verletzt, entstehen **Schadensersatzansprüche** 4

---

[1] Im Einzelnen und differenzieren: BeckOK BGB/Fischer BGB § 663 Rn. 2; MüKoBGB/Schäfer BGB § 663 Rn. 4–8.

[2] MüKoBGB/Schäfer BGB § 663 Rn. 9.

[3] BGH VIII ZR 46/65, VersR 1967, 753.

[4] Vgl. Fischinger Jus 2015, 394 (395).

[5] BGH II ZR 146/82, NJW 1984, 866.

[6] Staudinger/Martinek/Omlor BGB § 663 Rn. 14.

nach § 280 BGB. Es ist der negative Schaden zu ersetzen, der Antragende also so stellen, wie er bei rechtzeitiger Kenntnis der Ablehnung gestanden hätte.[7]

§ 664 Unübertragbarkeit; Haftung für Gehilfen

(1) [1]**Der Beauftragte darf im Zweifel die Ausführung des Auftrags nicht einem Dritten übertragen.** [2]**Ist die Übertragung gestattet, so hat er nur ein ihm bei der Übertragung zur Last fallendes Verschulden zu vertreten.** [3]**Für das Verschulden eines Gehilfen ist er nach § 278 verantwortlich.**

(2) **Der Anspruch auf Ausführung des Auftrags ist im Zweifel nicht übertragbar.**

I. Übertragung unzulässig (Abs. 1 S. 1)

1 § 664 ist eine Zweifelsregelung, welcher vertragliche Vereinbarungen vorgehen. Fehlt es an einer solchen, wird lediglich die **Substitution ausgeschlossen,** also die Übertragung zur **selbständigen** Auftragsausführung auf eine andere Person in derer eigenen Verantwortung.[1] **Zulässig** ist, wenn nichts anderes vereinbart wurde, die Einschaltung von **Erfüllungsgehilfen** iSv § 278 BGB. Eine Substitution kann auch vorliegen, wenn der Beauftragte daneben weiter tätig ist.[2] In Vorsorgeverhältnissen ist eine Substitution anzunehmen, wenn der Unterbeauftragte alle oder wesentliche Aufgaben selbständig übernimmt, sich also nicht abstimmen muss, beispielsweise die Entscheidung über einen Behandlungsabbruch oder wesentliche Entscheidungen über die Vermögensordnung. In vielen Fällen ist es dagegen aber gerade Inhalt des Vorsorgeverhältnisses, die Angelegenheiten zu **organisieren** und nicht alles selbst auszuführen und daher angezeigt, zB Steuerberater, Rechtsanwälte und Wohnungsverwalter zu beauftragen. In der Regel werden diese dann weder in Form einer Substitution noch als Erfüllungsgehilfen des bevollmächtigten Beauftragten, sondern direkt als vom Vollmachtgeber Beauftragte tätig. Ein Vergleich mit dem Testamentsvollstrecker, für den die Norm wegen § 2218 Abs. 1 BGB gilt, und ein Heranziehen diesbezüglicher Rechtsprechung und Literatur[3] kann in differenzierter Form erfolgen. Unterschiede bestehen, wenn der Vollmachtgeber anders als der Erblasser die Folgen der Tätigkeit des Bevollmächtigten selbst erfährt, insbesondere in persönlichen Angelegenheiten. So wird der Vollmachtgeber meistens erwarten, dass der Bevollmächtigte Entscheidungen in Gesundheitsfragen persönlich trifft und, wenn es sich zB um eine enge Bezugsperson handelt, insgesamt weitgehend selbst handelt.

II. Gestattung (Abs. 1 S. 2)

2 **Im Zweifel** ist eine Gestattung **abzulehnen,** Satz 1.[4] Im Übrigen ist auf die Vereinbarung abzustellen, welche ggf. auszulegen ist.[5] Bei einem Vorsorgeverhältnis, bei dem das Innenverhältnis nicht schriftlich geregelt ist, spricht aufgrund des besonderen

---

[7] Staudinger/Martinek/Omlor BGB § 663 Rn. 15; MüKoBGB/Schäfer BGB § 663 Rn. 14.

[1] BGH III ZR 133/91, NJW 1993, 1704.

[2] BGH III ZR 133/91, NJW 1993, 1704.

[3] Vgl. etwa KG 1 W 323/18, DNotZ 2019, 304; Strobl ZEV 2020, 589; Müller-Engels ZEV 2019, 251.

[4] BGH VI ZR 33/85, VersR 1986, 817.

[5] BGH III ZR 133/91, NJW 1993, 1704; zu AGB-rechtlichen Grenzen (Bauträger): OLG Saarbrücken 1 U 449-98-83, NJW-RR 1999, 1397.

Vertrauensverhältnisses viel dafür, dass eine Übertragung nicht gestattet ist. Eine Unterstützung ist durch Erfüllungsgehilfen iSv § 278 BGB möglich, welche auch die zeitweise komplette Übernahme zB bei einer Urlaubs- oder Krankheitsabwesenheit bedeuten kann. Ohne eine Regelung wird bei einer umfassenden Vorsorgevollmacht die Erteilung von Untervollmachten erlaubt sein → § 164 Rn. 84f. Wenn sie ausdrücklich zulässig ist, kann dies ein Indiz für eine Gestattung iSv § 664 BGB sein, aber nicht mehr, da auch ein Erfüllungsgehilfe oft einer Untervollmacht bedarf. Deutlich für eine Gestattung spricht es, wenn die Möglichkeit einer Unterbevollmächtigung erkennbar vorgesehen wurde, indem der (vielleicht sogar namentlich erwähnte) Unterbevollmächtigte als Ersatz benannt wird.

Wenn es sich um eine **Geschäftsbesorgung nach § 675 BGB** handelt, ist die Norm grundsätzlich nicht anwendbar, da sie in § 675 BGB nicht genannt wird. Dies kann allerdings anders sein, wenn es sich um ein besonderes Vertrauensverhältnis handelt, wie es auch bei Dienstverträgen, die eine Geschäftsbesorgung zum Gegenstand haben, der Fall sein kann.[6] Bei der Beauftragung eines Rechtsanwaltes (und nicht etwa einer Sozietät insgesamt) wird meistens eine persönliche Ausführung erwartet werden,[7] wie auch beim Wohnungsverwalter.[8] Dem als Vorsorgeanwalt mit der Übernahme einer Bevollmächtigung zu Vorsorgezwecken beauftragte Rechtsanwalt wird vor diesem Hintergrund eine Übertragung erst recht nur erlaubt sein, wenn sie gestattet wurde. Anderes könnte nur gelten, wenn die Auftragsausführung für den Rechtsanwalt nicht mehr möglich ist (zB Berufsaufgabe, vgl. aber auch § 59 BRAO) und ohne eine Übertragung die angestrebte Versorgung des Mandanten nicht möglich wäre. 3

Denkbar, sinnvoll und auch als Vertragsinhalt anzunehmen ist, dass der (haupt)bevollmächtigte Beauftragte zur Ausführung bestimmter Tätigkeiten eine andere Person beauftragen und bevollmächtigen darf, zB ein als Vorsorgeanwalt tätiger Rechtsanwalt einen Fachanwalt für Mietrecht bei einer mietrechtlichen Auseinandersetzung, für welche der Spezialist besser qualifiziert ist. Der (Haupt)Beauftragte haftet dann nur für die Auswahl[9] und Instruktion.[10] 4

III. Rechtsfolgen

Bei einer **zulässigen Übertragung** haftet der ursprünglich Beauftragte nur für sein Verschulden bei der Übertragung selbst (Abs. 1 S. 2), also zB durch die Auswahl des neuen Beauftragten.[11] Für einen Gehilfen haftet er gem. Abs. 1 S. 3 nach § 278 BGB,[12] also im gleichen Umfang wie für eigenes Verschulden. 5

War die Substitution **unzulässig,** kann trotzdem Erfüllung eintreten (str) und es im Übrigen zu Schadensersatzpflichten nach § 280 BGB kommen.[13] In Vorsorgeverhältnissen wird die unzulässige Ausführung durch einen Dritten – wenn sie qualitativ nicht zu beanstanden ist und keine zusätzlichen Kosten auslöst – bei dem Auftraggeber im Wesentlichen eine emotionale Beeinträchtigung darstellen, so dass ein Schaden selten zu ersetzen sein wird (§ 253 BGB). 6

---

[6] BGH II ZR 55/51, NJW 1952, 257 – LS.

[7] BGH IX ZR 65/01, VersR 2004, 536; ähnlich: IX ZR 82/89, VersR 1990, 1275.

[8] OLG Köln 2 Wx 45/00, MittRhNotK 2000, 393; LG Karlsruhe 11 S 180/11, ZWE 2013, 176 mwN; Wicke/Menzel MittBayNot 2009, 203.

[9] Vgl. AG Bremen 4 C 411/06, BeckRS 2007, 08716.

[10] Vgl. BeckOK BGB/Fischer BGB § 664 Rn. 9.

[11] BGH III ZR 133/91, NJW 1993, 1704.

[12] BGH III ZR 133/91, NJW 1993, 1704 (1706); II ZR 55/51, NJW 1952, 257 – LS.

[13] MüKoBGB/Schäfer BGB § 664 Rn. 19.

§ 665 Abweichung von Weisungen

[1]Der Beauftragte ist berechtigt, von den Weisungen des Auftraggebers abzuweichen, wenn er den Umständen nach annehmen darf, dass der Auftraggeber bei Kenntnis der Sachlage die Abweichung billigen würde. [2]Der Beauftragte hat vor der Abweichung dem Auftraggeber Anzeige zu machen und dessen Entschließung abzuwarten, wenn nicht mit dem Aufschub Gefahr verbunden ist.

1 Eine Weisung ist eine empfangsbedürftige Willenserklärung.[1] Als **Grundsatz** ergibt sich aus dem Umkehrschluss zu Satz 1, dass der Beauftragte sich **strikt an** die **Weisungen** des Auftraggebers **halten** muss,[2] sonst handelt er pflichtwidrig gem. § 280 BGB (→ § 662 Rn. 34). Der Widerruf einer Weisung stellt eine gem. § 665 BGB beachtliche „(Gegen-)Weisung" dar.[3] Ein Abweichen von Weisungen ist unter den Voraussetzungen des § 665 BGB möglich, kann sonst eine Pflichtverletzung nach § 280 BGB darstellen.[4] Dies kann auch gelten, wenn der Vertrag zB wegen eines Verstoßes gegen das RDG, unwirksam ist.[5]

2 Das Befolgen von Weisungen bedeutet nicht, dies „blindlings"[6] zu tun. Es ist nach dem **Sinn** der Weisung und der **Interessen** des **Auftraggebers** zu fragen. Die Norm zeigt eine Pflicht zum Mitdenken des Beauftragten.[7] Ein überlegenes Wissen bei ihm kann es erforderlich (oder zumindest berechtigt) werden lassen, dass er von einer Weisung des Auftraggebers abweicht.[8] Ein Rechtsanwalt muss und darf auch nachteilige Weisungen des Mandanten beachten, ihn aber auf Risiken hinweisen und vor negativen Folgen warnen.[9]

3 Im **Vorsorgebereich** stellen die **Patientenverfügung** (§ 1827 BGB) und die **Betreuungsverfügung** (§ 1816 Abs. 1 BGB) verbreitete Instrumente zur Fixierung von Weisungen dar. Die Verbindlichkeit der Patientenverfügung ist in § 1827 Abs. 1 S. 2 BGB nochmals normiert. Zu der Problematik, ob nach dem Tod des vollmachtgebenden Auftraggebers auf seine Interessen oder die der **Erben** abzustellen ist → § 662 Rn. 61–64. Allgemein ist das Innenverhältnis bei Vorsorgevollmachten aber oft wenig ausgestaltet, so dass der bevollmächtigte Beauftragte auf allgemeine Grundsätze zurückgreifen muss, vgl. → § 662 Rn. 33–54.

4 **Möchte** der Beauftragte von einer Weisung **abweichen** und meint er, dass der Auftraggeber dies billigen würde, muss er ihm gem. Satz 2 **Anzeige** machen und seine **Entscheidung** abwarten, wenn der Aufschub keine Gefahr für den Auftraggeber bedeutet. Ein wichtiges Kriterium dafür, ob von einer Weisung abgewichen werden darf, ist ihre Bedeutung für den Auftraggeber.[10]

5 Bei **Vorsorgefällen** ist die **Anzeige** häufig **problematisch,** weil der Auftraggeber nicht mehr in der Lage ist, auf Hinweise zu reagieren. Solange der Auftraggeber

---

[1] Grüneberg/Sprau BGB § 665 Rn. 2.

[2] So auch BGH III ZR 434/13, DNotZ 2015, 359.

[3] Zu Banküberweisungen (welche wiederholt Gegenstand der BGH-Rechtsprechung mit Bezug zu § 665 BGB waren): BGH II ZR 320/87, NJW 1988, 1320.

[4] Vgl. auch Häublein ZWE 2012, 1 (13).

[5] LG Hechingen 1 O 299/13, BeckRS 2014, 119388, Rn 34 (die Folgeinstanzen betreffen diesen Aspekt nicht) mit Verweis auf BGH III ZR 290/04, NJW 2005, 3208.

[6] BGH IX ZR 81/96, NJW 1997, 2168.

[7] MüKoBGB/Schäfer BGB § 665 Rn. 3.

[8] Zum anwaltlichen Terminsvertreter: BGH III ZR 110/74, MDR 1977, 476.

[9] BGH VI ZR 154/82, NJW 1985, 42; OLG Brandenburg 4 U 129/20, BeckRS 2021, 5603, Rn. 36–41.

[10] BGH II ZR 132/68, NJW 1971, 558.

geschäfts- bzw. einwilligungsfähig ist, muss eine Anzeige erfolgen und entsprechend gehandelt werden. Dem Beauftragten steht die Möglichkeit der Kündigung offen, wenn er eine Entscheidung des Auftraggebers nicht mittragen möchte.

Bei einem **geschäfts- bzw. einwilligungsunfähigen Auftraggeber** ist eine 6
Anzeige nicht möglich. Selten ist ein zweiter Bevollmächtigter eingesetzt, welcher die Rechte nach § 665 BGB wahrnehmen kann. Der Bevollmächtigte selbst kann auch bei einer Befreiung von den Beschränkungen des § 181 BGB die Anzeige nach hier vertretener Ansicht nicht entgegennehmen (vgl. → § 662 Rn. 66). Ggf. muss eine Betreuung beantragt werden. Solange muss sich der bevollmächtigte Beauftragte an die Weisung halten, wenn nicht die Voraussetzung des Satz 2 2. Halbsatz vorliegt. Diese darf aber nicht leichtfertig angenommen werden, etwa weil die Weisung den moralischen Vorstellungen des Bevollmächtigten widerspricht. Der Beauftragte muss eher eine Kündigung in Betracht ziehen, wenn er sich nicht an Weisungen des vollmachtgebenden Auftraggebers halten möchte.

Von einer **Gefahr** kann ausgegangen werden, wenn durch die Verzögerung der 7
Auftrag nicht mehr ausgeführt werden kann oder sonst „schwerwiegende Nachteile drohen" würden.[11] Wenn der Beauftragte nicht damit rechnen kann, dass der Auftraggeber eine Abweichung billigen würde, kommt es auf die Frage einer Gefahr durch einen Rückfrageaufschub gem. Satz 2 nicht an.[12] Trotz eines weisungswidrigen Handelns, auch wenn es zu einem Erfolg führte, hat der Auftraggeber einen Anspruch auf Herausgabe des Erlangten gegen den Beauftragten nach § 667 BGB (str).[13]

§ 666 Auskunfts- und Rechenschaftspflicht

Der Beauftragte ist verpflichtet, dem Auftraggeber die erforderlichen Nachrichten zu geben, auf Verlangen über den Stand des Geschäfts Auskunft zu erteilen und nach der Ausführung des Auftrags Rechenschaft abzulegen.

Übersicht

[11] MüKoBGB/Schäfer BGB § 665 Rn. 21.

[12] Zum anwaltlichen Terminsvertreter: BGH III ZR 110/74, MDR 1977, 476.

[13] OLG Koblenz 2 U 664/06, BeckRS 2007, 10384.

I. Übersicht

1 Die Auskunft nach §§ 666, 259, 260 BGB hat den **Zweck,** es dem Auftraggeber – also dem Vollmachtgeber oder dessen Erben – zu ermöglichen, den Stand des Geschäftes zu erkennen, eigene Maßnahmen vorzunehmen und seine Rechte bei mangelhafter Geschäftsführung zu wahren, insbesondere Herausgabe- und Schadensersatzansprüche durchzusetzen.

2 In Vorsorgeangelegenheiten ist diese Norm meist **zentral.** Ohne Auskünfte von dem Bevollmächtigten können Ansprüche gegen ihn oft so gut wie nicht durchgesetzt werden. Ansprüche gegen den Bevollmächtigten werden fast nie vom Vollmachtgeber selbst durchgesetzt, da dieser dazu aufgrund alters-, krankheits- oder unfallbedingter Beeinträchtigung meist nicht in der Lage oder verstorben ist. Anspruchsteller sind regelmäßig der oder die Erben oder ein anderer Bevollmächtigter oder ein (Kontroll-)Betreuer zu Lebzeiten des Vollmachtgebers für diesen. Sie alle haben oft wenig Kenntnisse von dem Bestand des Vermögens zu Beginn der Tätigkeit des Bevollmächtigten und seiner Tätigkeit selbst. Um also feststellen, ob von dem Bevollmächtigten oder Dritten etwas ersetzt oder herausverlangt werden kann, werden zunächst Informationen benötigt, die nach § 666 BGB verlangt werden können.

3 **Voraussetzung** ist zunächst das Bestehen eines **Vertragsverhältnisses,** → § 662 Rn. 2–20. Liegt es vor, ist die Tür zur Anwendung von § 666 BGB offen (zur Prüfungsfolge und dem oft steinigen Weg → § 622 Rn. 2). Auskunft und Rechenschaft sind nach **§§ 259–261 BGB** zu geben. Nach Erteilung sollte zu erkennen sein, was gem. § 667 BGB vom Beauftragten **herausverlangt** werden kann, weil er es während der Ausführung des Auftrages erlangt hat, wofür er gem. §§ 662, 280 BGB **Schadensersatz** leisten muss und ggf. auch, was vom Beauftragten oder von Dritten gem. → § 812 BGB **ohne Rechtsgrund** oder nach → § 823 BGB aufgrund **unerlaubter Handlung** verlangt werden kann.

4 Durch eine Vorsorgevollmacht Bevollmächtigte wissen meist nicht, dass auf sie umfangreiche und mühsam zu erfüllende Auskunfts- und Rechenschaftspflichten zukommen können (**„Vollmachtsfalle“** → § 662 Rn. 14), was ähnlich auch für befreite Betreuer gilt.[1] Im Innenverhältnis werden selten Erleichterungen vereinbart. Die Bevollmächtigten verweigern daher – aber auch aufgrund von Unregelmäßigkeiten beim Vollmachtsgebrauch zu Lasten des Vollmachtgebers oder seiner Erben – regelmäßig (ordnungsgemäße) Auskunftserteilungen, bestreiten das Vertragsverhältnis sowie den Umfang der Verpflichtungen und verzögern oder verweigern die Leistung nicht selten bis in die Zwangsvollstreckung auch mit der unwahren Behauptung, keine oder geringe Kenntnisse zu haben.

5 Nach hier vertretener Ansicht ist eine – auch von richterlicher Seite leider immer wieder vermittelte – **Nachsicht** auch mit der Berufung zum einen auf die Leistung des Bevollmächtigten für den Vollmachtgeber (Pflege, Sorge) und zum anderen vermeintlicher Unwesentlichkeit der Forderung **nicht angezeigt.** Erst nach einer bestmöglichen Auskunftserteilung des Bevollmächtigten lässt sich der Sachverhalt beurteilen und damit auch die Wesentlichkeit der Forderung. Dass der Bevollmächtigte ggf. unentgeltlich tätig wurde, war diesem bewusst. Im Übrigen wäre es möglich gewesen, entweder sorgfältig zu dokumentieren oder im Vorhinein die Pflichten vertraglich zu mildern.

---

[1] Grothe Rpfleger 2005, 173.

II. Pflichten

1. Nachricht (Alt. 1)

6 Im Gegensatz zur Auskunft und Rechenschaft, welche nur auf Verlangen zu geben sind, besteht die Benachrichtigungs**pflicht** auch ohne Verlangen.[2] § 665 BGB enthält für das Abweichen von Weisungen noch besondere Anforderungen. In **Vorsorgeangelegenheiten** sind Informationen für den vollmachtgebenden Auftraggeber einerseits besonders wichtig, da die Tätigkeiten des bevollmächtigten Beauftragten ihn direkt in sehr persönlichen Angelegenheiten (zB Gesundheit, Pflege) und hinsichtlich seines gesamten Vermögens betreffen können. Andererseits kann es für den Beauftragten schwierig sein, die Pflicht zu erfüllen, da der Auftraggeber in seinen körperlich-geistigen Möglichkeiten eingeschränkt oder sogar geschäfts- oder einwilligungsunfähig sein kann. Nach hier vertretener Ansicht ist es Teil des Vorsorgeverhältnisses, dass der Bevollmächtigte immer versuchen muss, den Vollmachtgeber umfassend mit Informationen zu versorgen. Dies gilt auch – wenngleich angepasst an die Möglichkeiten – bei körperlich-geistigen Einschränkungen des Vollmachtgebers.

2. Auskunft (Alt. 2)

7 Grundsätzlich wird die Auskunftspflicht nach §§ 666, 260 BGB (→ **§ 260 Rn. 1 ff. zu Einzelheiten**) durch die Vorlage eines **Bestandsverzeichnisses** – also durch eine Zustandsbeschreibung – erfüllt. Die Auskunft muss **schriftlich** erteilt werden und sowohl die Aktiv- als auch die Passivposten umfassen, ohne Belege beizufügen.[3] Die Pflicht zur Vorlage und Herausgabe von Belegen kann sich aber aus § 667 BGB ergeben. Die Auskunft muss nicht vom Verpflichteten unterzeichnet sein. Sie ist eine „eigene und schriftlich verkörperte Erklärung des Schuldners, die jedoch nicht die gesetzliche Schriftform iSd § 126 BGB erfüllen muss und auch durch einen Boten, zum Beispiel einen Rechtsanwalt, dem Gläubiger übermittelt werden darf".[4] Die Auskunft muss nur auf Verlangen gegeben werden.[5] Allerdings bedarf dieses Verlangen keine Begründung. Es „genügt das allgemeine Interesse des Auftraggebers, die Tätigkeit des Beauftragten zu kontrollieren".[6]

3. Rechenschaft (Alt. 3)

8 Grundsätzlich wird die Rechenschaft nach §§ 666, 259 BGB (→ **§ 259 Rn. 1 ff. zu Einzelheiten**) durch eine Rechnung mit Ein- und Ausgaben – also eine **Verlaufsbeschreibung**[7] – gegeben. Der Begriff der Rechenschaft wird mit dem der Rechnungslegung weitgehend synonym verwendet.[8] Sie ist eine **geordnete Zusammenstellung** der Einnahmen und Ausgaben.[9] Details ergeben sich nach ihrem Sinn und Zweck: Die Rechnungslegung muss schriftlich erfolgen. Sie muss nachprüfbar und geordnet sein, also eine Übersicht und den Nachvollzug der Ergebnisse er-

[2] Staudinger/Martinek/Omlor BGB § 666 Rn. 5, 8.
[3] Grüneberg/Grüneberg BGB § 260 Rn. 14 f.; BGH XII ZB 225/05, BeckRS 2008, 1830.
[4] BGH XII ZB 225/05, NJW 2008, 917 (918).
[5] BGH III ZR 71/11, NJW 2012, 917.
[6] BGH III ZR 282/14, BeckRS 2016, 12373.
[7] Mit Muster zur Aufforderung: Trimborn Vollmacht § 3 Rn. 110.
[8] Mit dem Versuch einer Abgrenzung: Grothe Rpfleger 2005, 173 (174).
[9] Vgl. auch MüKoBGB/Schäfer BGB § 666 Rn. 31 f.; Sarres ZEV 2013, 312 (315) mwN.; Jülicher ErbR 2017, 645 (646 f.).

lauben und zwar ohne Beiziehung eines Sachverständigen.[10] Fehlende Übersichtlichkeit oder Verständlichkeit werden nicht durch das Angebot einer mündlichen Erläuterung ersetzt. Eine Rechnungslegung **beginnt mit** einem **Vermögensbestand.** Maßgeblich ist regelmäßig die Aufgabenübernahme. Dann sind alle Einnahmen und Ausgaben aufzulisten, mit Datum, Betrag und Verwendungszweck.

9 Zu jeder Einnahme und Ausgabe sind die **Belege** übersichtlich **zuzuordnen,** etwa durch Nummerierung.[11] Sie sind beizufügen,[12] soweit sie erteilt zu werden pflegen oder erteilt wurden (der Anspruch resultiert ggf. auch aus § 667 BGB). Fehlen Belege, muss der Schuldner für jeden Einzelfall darlegen, dass es ihm trotz Bemühens nicht gelungen ist, sie zu erhalten.[13] Der Rechenschaftsverpflichtete kann nicht darauf verweisen, dass der Berechtigte aufgrund der ihm vorliegenden Belege in der Lage sei, Einzelheiten selbst zu ermitteln: Es ist Sache des Verpflichteten, sich dieser Arbeit zu unterziehen, wie insgesamt nicht darauf verwiesen werden kann, dass der Berechtigte sich die Informationen selbst beschaffen könne.[14] Im Zweifel sind die Bewegungen zu erläutern. Dies ist unter Umständen sehr aufwendig.

4. Negativauskunft

10 Eine Rechenschaftslegung kann auch aus der Erklärung bestehen, dass **keine Umsätze** vorhanden seien (→ § 259 Rn. 7).[15] Verneint der Bevollmächtigte jegliche Handlung für den Vollmachtgeber und einen Vertragsschluss, ist fraglich, ob zumindest die verbindliche Auskunft und ggf. die eidesstattliche Versicherung über diese Angabe verlangt werden kann – eine Art „Negativauskunft". Aus dem Auftragsverhältnis heraus ist dies naturgemäß nicht möglich. Ist nicht bekannt, ob der Bevollmächtigte etwas vom Vollmachtgeber erlangt hat, kommt auch ein Anspruch aus §§ 812 iVm 242 BGB nicht in Betracht. Es kann versucht werden, auf § 242 BGB zurückzugreifen. Bestand eine Vorsorgevollmacht und eine Nähe zwischen dem Bevollmächtigten und dem Vollmachtgeber, sollte ein Anspruch auf Auskunft **bejaht** werden. Dem Bevollmächtigten ist die Auskunft unschwer möglich und zB der Erbe kann die Information sonst nicht erlangen.

III. Einwendungen

1. Grundsatz

11 Gerade die Geltendmachung der Ansprüche aus § 666 BGB durch einen (Kontroll-)Betreuer, einen anderen Bevollmächtigten oder die Erben des Vollmachtgebers trifft beim Bevollmächtigten oft auf Unverständnis und Ablehnung (→ Rn. 4). Diese können in einer Vielzahl von Einwendungen münden, die **zumeist unbegründet** sind. Eine Erfüllung liegt selten (beweisbar) vor und es kann trotzdem eine erneute Erfüllung erforderlich sein. Nur im Einzelfall wird der Auskunftsanspruch nach

---

[10] OLG Saarland 1 U 1004/98-181, NJW-RR 2000, 229 mwN.

[11] Vgl. BGH VIII ZR 198/80, NJW 1982, 573.

[12] BGH III ZR 105/11, NJW 2012, 58; VIII ZR 78/05, NJW 2006, 1419.

[13] MüKoBGB/Krüger BGB § 259 Rn. 23.

[14] BGH IX ZR 311/95, NJW 1998, 1539; OLG Düsseldorf 7 U 47/14, ZEV 2016, 259 Rn. 70; OLG Saarland 1 U 1004/98-181, NJW-RR 2000, 229 mwN; OLG München 3 U 114/12, BeckRS 2012, 14122; AG Mergentheim 2 C 170/12, FamRZ 2014, 971.

[15] OLG Saarland 1 U 1004/98-181, NJW-RR 2000, 229; MüKoBGB/Krüger BGB § 259 Rn. 23; in Bezug auf das Miet- und Wohnungsrecht: BGH VIII ZR 298/80, NJW 1982, 573 mwN; BayObLG 2 Z 78/87, NJW-RR 1988, 18.

§ 242 BGB beschränkt sein (→ Rn. 22–28), da den Interessen des Beauftragten meist erheblichere des die Auskunft Verlangenden entgegenstehen.

In der **Praxis** billigen Gerichte dem Bevollmächtigten für „alltägliche Ausgaben" eine Art **„Freibetrag"** zu.[16] Das ist rechtlich kaum zu begründen, bestenfalls mit einem Anscheinsbeweis (→ § 662 Rn. 57). Nach hier vertretener Ansicht muss der Bevollmächtigte dafür und insbesondere für die Höhe (meist nur wenige hundert Euro im Monat) detailliert darlegen, welche Kosten für den Bevollmächtigten jeden Monat entstanden sind. Das kann entweder durch eine detaillierte Liste von Ausgaben und Preisangaben für die einzelnen Verwendungen geschehen oder durch eine genaue Darlegung der Ausgaben des Vollmachtgebers, als dieser noch selbst tätig war. Allerdings ändert sich die Ausgabenstruktur nach Eintritt des Vorsorgefalls regelmäßig erheblich (weniger Ausgaben für Aktivitäten wie Reisen und Restaurantbesuche, mehr für Pflegemittel), so dass diese zweite Variante seltener geeignet sein wird. Eine Liste muss sehr genau sein und zB Erstattungen durch die Pflegekasse berücksichtigen. 11a

2. Erfüllung/Unmöglichkeit

Hatte der Bevollmächtigte gegenüber dem verstorbenen Vollmachtgeber unstreitig (der Beauftragte ist im Zweifel beweispflichtig) Rechenschaft und Auskunft gegeben, ist der Anspruch erfüllt (§ 362 BGB). Eine Rechnungslegung, die den geschilderten formalen Anforderungen nicht genügt, erfüllt den Anspruch nicht (zur unvollständigen Erfüllung → § 259 Rn. 8; § 260 Rn. 3). Der Verweis auf die eidesstattliche Versicherung ist dann nicht zulässig. Die Grenzen zwischen formaler und materieller Unvollständigkeit sind teilweise unklar. Der BGH zieht wegen der Schwäche des Druckmittels der Abgabe der Versicherung an Eides Statt die Grenzen der formalen Unvollständigkeit weit und billigt recht weitgehend einen **Ergänzungsanspruch** zu – etwa wenn ein Vermögensgegenstand überhaupt nicht angegeben wurde oder die Rechnung schon auf den ersten Blick falsch ist.[17] 12

Ist diese Abrechnung aber nicht mehr vorhanden, sind Auskünfte für die Erben nicht anders zu erlangen und für den Bevollmächtigte unschwer zu geben, kann der Bevollmächtigte nach hier vertretener Ansicht im Einzelfall aus dem Auftragsvertrag in Verbindung mit § 242 BGB **noch einmal** zur Auskunft verpflichtet sein. Gegenüber Banken wurden Kunden in gewissen Grenzen Auskunftsansprüche zugebilligt, auch wenn sie unzweifelhaft schon erfüllt worden waren,[18] oder gegenüber einem Rechtsanwalt bezüglich der Handakten, wenn ein ehemaliges Vorstandsmitglied des Mandanten schon Abschriften erhalten hatte.[19] Die Situationen sind vergleichbar, wenn die Auskünfte für zB die Erben wesentlich sind. Eine Pflicht zur (nochmaligen) Auskunft und Rechenschaftslegung ist auch in den Fällen zu erwägen, wenn der Vollmachtgeber im Zustand zumindest zweifelhafter Geschäftsfähigkeit routinemäßig monatliche „Rechnungsabnahmen" unterzeichnet hat, bei denen die tatsächliche Prüfung oder auch nur Prüfungsmöglichkeit fraglich ist. 13

Die Berufung auf „Unmöglichkeit" und die allgemeine Angabe, sich „nicht erinnern" zu können, ist **nicht anzuerkennen.** Die Störung des Erinnerungsvermögens begründet nicht die Unmöglichkeit der Leistung.[20] Das Gedächtnis ist nicht die einzige Erinnerungsquelle. Der Verpflichtete muss sich bemühen. Er hat Unter- 14

[16] Vgl. – aber in einem engen Rahmen – OLG Brandenburg 4 U 130/12, BeckRS 2013, 21257.

[17] Mit Verweis auf die Materialien: BGH X ZR 34/83, NJW 1984, 2822; VII ZR 284/61, NJW 1963, 950; MüKoBGB/Krüger BGB § 259 Rn. 25.

[18] BGH III ZR 144/84, NJW 1985, 2699 mwN (erneute Zusendung von Kontoauszügen durch Bank); Pamp ErbR 2013, 194 (199).

[19] OLG Brandenburg 11 U 123/16, BeckRS 2018, 6391 Rn. 16.

[20] MüKoBGB/Krüger BGB § 259 Rn. 37.

lagen zu suchen und Erkenntnisse auch mit Hilfspersonen zu ermitteln.[21] Dem Bevollmächtigten sollte zudem ausdrücklich angeboten werden, Kopien der Kontoauszüge zu erhalten oder andere Unterlagen einzusehen.

15 Dass der Beauftragte sich nicht an **wesentliche Transaktionen** erinnert, wie eine Geldabhebung von mehreren tausend EUR, ist nicht glaubhaft. Eine allgemeine Zurückweisung mit der Berufung auf Erinnerungslücken würde es daher nicht rechtfertigen, die Auskunfts- und Rechenschaftspflicht als erfüllt anzuerkennen und nur noch eine eidesstattliche Versicherung zu ermöglichen. Anders mag dies sein, wenn der Beauftragte die Verwendung von Geldern für den **üblichen Bedarf** (Lebensmitteleinkäufe) nicht mehr im Einzelnen darlegen kann. Dies ist, wenn keine hilfreichen Belege vorhanden sind, nachzuvollziehen. Allerdings obliegt es dem Beauftragten nach hier vertretener Ansicht, im Einzelnen und so detailliert wie möglich beschreibende Angaben zu den Ausgaben zu machen.

3. Verzicht

16 Der Auftraggeber kann auf seine Rechte **verzichten, § 397 BGB,** was vom Beauftragten zu beweisen ist. Zwar kann ein Verzicht auch konkludent erklärt werden. Das OLG München bejahte einen konkludenten Verzicht bei familiärer Verbindung, beschränkte ihn aber auf kleinere Beträge.[22] Ein Kümmern des bevollmächtigten Beauftragten um den Vollmachtgeber bedeutet nicht, dass dieser verzichtet.[23] Macht ein Vorsorgevollmachtgeber die Rechte aber jahrelang nicht geltend, hat dies nach hier vertretener Ansicht keinen für eine konkludente Handlung erforderlichen Erklärungswert.[24] Eine eventuell denkbare Verwirkung wird ebenfalls meist abzulehnen sein, → Rn. 22–28.

17 Problematisch sind **Verzichtserklärungen** (wie auch Erfüllungserklärungen), bei welchen der Verdacht besteht, dass sie dem vollmachtgebenden Auftraggeber insbesondere während der Zeit der Tätigkeit des bevollmächtigten Beauftragten **„untergeschoben"** wurden,[25] ggf. schon im geschäftsunfähigen Zustand, uU verfälscht oder falsch datiert sind (vgl. auch → § 667 Rn. 10). Eine Geschäftsunfähigkeit muss der beweisen, der sich auf sie beruft. Das „Unterschieben" von Papieren zur Unterschrift bei einer Person, deren Geschäftsunfähigkeit jedenfalls nicht nachzuweisen ist, ist für Außenstehende (zB spätere Erben) schwer zu beweisen. Der für eine Anfechtung der Erklärung nach § 119 BGB erforderliche Irrtum ist daher selten feststellbar.

18 Ob ein vollständiger **Verzicht** schon **bei der Vollmachtserteilung** möglich ist, ist fraglich. Grundsätzlich sind die Pflichten nach § 666 BGB disponibel.[26] Ein Ausschluss von Beginn an kann aber als Ausschluss jeglicher Kontrollmöglichkeiten gegen die Grundsätze von Treu und Glauben oder gegen § 138 BGB verstoßen und damit unwirksam sein.[27] Da die Auskunftsrechte beim fremdnützigen Auftrag zu dessen Kerngehalt gehören, wird ein Ausschluss in AGB nach § 307 Abs. 2 BGB grundsätzlich unwirksam sein.[28] Dies kann schon durch die wiederholte Verwendung einer Klausel in einer (Standard-)Vorsorgevollmacht eines Notars der Fall sein.

---

[21] OLG Saarland 1 U 1004/98-181, NJW-RR 2000, 229 mwN.

[22] OLG München 3 U 114/12, zit. nach juris mit Verweis auf BGH II ZR 230/99, NJW 2001, 1131 (dort zu Ansprüchen unter Immobilienmiteigentümern).

[23] OLG Schleswig-Holstein 3 U 50/13, ErbR 2014, 347.

[24] Anders: Horn ZEV 2016, 373 (375); hohe Anforderungen Volmer MittBayNot 2016, 386 (388).

[25] In diese Richtung auch: Trimborn Vollmacht Rn. 166.

[26] Staudinger/Martinek/Omlor BGB § 666 Rn. 17.

[27] Grüneberg/Sprau BGB § 666 Rn. 1a.

[28] MüKoBGB/Schlüter BGB § 397 Rn. 20 (nicht speziell zum Auftrag); ähnlich: Grüneberg/Sprau BGB § 666 BGB Rn. 1a; Trimborn Vollmacht Rn. 167f.

Weitgehend wird allerdings ein Verzicht für **zulässig** erachtet, weil § 666 BGB disponibel sei.[29]

Nach **hier vertretener Ansicht** ist ein Verzicht in Vorsorgefällen grundsätzlich **unwirksam,**[30] wenn Anzeichen dafür bestehen, dass er im Wesentlichen zu Lasten des auftraggebenden Vollmachtgebers oder von Dritten (dazu → Rn. 20) erklärt wurde. Dies gilt insbesondere, wenn die Motivationen und Hintergründe bei der Verzichtserklärung weitgehend einseitig zu Gunsten bzw. auf Betreiben des Bevollmächtigten beruhen und eine Drucksituation des Vollmachtgebers bei ggf. eingeschränkten geistig-körperlichen Möglichkeiten naheliegt. Dabei sollten die Anforderungen an die Darlegung und den Beweis dieser Umstände nicht zu hoch angesiedelt werden. Die Situation bevorzugt einseitig den Bevollmächtigten, der im Gegensatz zu dem neuen Bevollmächtigten, Kontrollbetreuer oder Erben selbst anwesend war. Der vollmachtgebende Auftraggeber begibt sich vollständig in die Hände des Beauftragten. Er wäre auch seiner Willkür ausgesetzt und dem Risiko nicht nachweisbarer Schädigungen.[31] Dies gilt hier noch deutlich mehr als in anderen Auftragsverhältnissen, weil sich die Aufgabe und die Befugnisse meistens auf die gesamte Person und das gesamte Vermögen des Auftraggebers beziehen und damit äußerst umfangreich sind. Zudem kann der Auftraggeber beim Eintritt des Vorsorgefalles Kontrollrechte ohnehin bestenfalls noch eingeschränkt wahrnehmen, was nicht noch weiter erschwert werden sollte. Als problematisch können die Folgen angesehen werden. Es kann für den Beauftragten, der sich auf einen Verzicht verlassen hatte, benachteiligend sein, wenn er doch umfassend Auskunft und Rechenschaft geben muss. Zumindest für kleinere Beträge wird er daher grundsätzlich auf Verwirkung berufen können. Im Übrigen bliebe er verpflichtet. Dann handelt es sich aber auch um wesentliche Beträge und Geschäfte, die in der Zahl überschaubar und aus Dokumenten wie Kontoauszügen gut nachvollziehbar sein sollten und an die sich der Bevollmächtigte erinnern können sollte.

Nach hier vertretener Ansicht ist ein vollständiger Ausschluss für (Kontroll)Be- **19**
treuer oder Erben durch eine Vereinbarung, nach welcher die Pflichten nach § 666 BGB nur dem Auftraggeber **höchstpersönlich** gegenüber zu erfüllen sind, ebenfalls grundsätzlich unwirksam (str).[32] Ein **(Kontroll)Betreuer** mit dem Aufgabenkreis der Kontrolle des Bevollmächtigten wird nur dann eingesetzt, wenn dafür ein Anlass besteht (→ § 1820 Rn. 15–35). Eine solche Kontrolle unmöglich zu machen, widerspricht einseitig dem Interesse des Auftraggebers, dessen eventuellen Ansprüche nicht verfolgt werden können. Es ist zudem mehr als bedenklich, wenn dem Vollmachtgeber suggeriert wird, er selbst könne den Bevollmächtigten ja kontrollieren, wenn die Auftragsausführung gerade auf den Vorsorgefall abzielt, bei dem dies faktisch nicht mehr möglich ist. Auch der Gedanke, dass es dann für den Vollmachtgeber nicht mehr wichtig wäre, ist falsch, denn es wird über seine Person bestimmt und über das Vermögen, welches seine Versorgung sichert. Allerdings kann in diesen Fällen auch der Wille der Vertragsparteien gesehen werden, dass der bevollmächtigte Beauftragte für seine unentgeltliche Tätigkeit nicht noch durch Auskunfts- und Rechenschaftsansprüche von einem Betreuer belastet werden soll. Insofern kann in diesen Fällen eine Beschränkung der Pflichten auf die Vorgänge, bei denen es Verdachtsmomente für eine Schädigung gibt, befürwortet werden,[33] allerdings zusätzlich mit der Pflicht,

[29] OLG Karlsruhe 7 U 44/18, ErbR 2019, 178 (179, dort 3).

[30] So auch: Jülicher ErbR 2017, 645 (648).

[31] So auch BeckOK BGB/Fischer BGB § 666 Rn. 7; Sarres ZEV 2013, 312 (314).

[32] BGH XI ZR 103/88, NJW-RR 1990, 131; allgemein zur Vereinbarung der Höchstpersönlichkeit: OLG Hamm 15 W 99/05, DNotZ 2007, 122 mAnm Fernbacher.

[33] Ähnlich: OLG Hamm 26 U 62/06, ZEV 2008, 600; Sarres ZEV 2008, 512 (514); BeckOK BGB/Fischer BGB § 666 Rn. 7.

über wesentliche Vorgänge (erhebliche Vermögensverfügungen) Auskunft zu geben. Letzteres wird dem Beauftragten unschwer möglich sein und für das Erfassen der Sachlage oft unverzichtbar.

20 Ähnlich sollte nach hier vertretener Meinung mit einem Ausschluss, der sich (im Ergebnis) gegen **Erben** des Vollmachtgebers richtet, umgegangen werden – was allerdings die wohl hM mit dem BGH anders sieht.[34] Er beruft sich auf die Disponibilität des § 666 BGB. Zuzugeben ist, dass die Beschränkung der Rechte durch den vollmachtgebenden Erblasser für seine Erben von dem Gedanken getragen zu sein kann, für den Bevollmächtigten die Tätigkeit angenehmer werden zu lassen. Wenn also ein Verzicht grundsätzlich oder mit Einschränkungen als zulässig angesehen wird, ist er es auch in dieser Variante. Anders ist es, wenn der Versuch anzunehmen ist, die Rechte der Erben zu beeinträchtigen, indem es dem Bevollmächtigten erleichtert wird, Geld spurlos „verschwinden" zu lassen.[35] Die Ansprüche von Vertrags- oder Schlusserben nach § 2287 BGB (analog) oder auch Pflichtteilsergänzungsansprüche können ohne Auskunftsansprüche kaum verwirklicht werden. Bei dem auf die Erben beschränkten Verzicht handelt es sich dann nach hier vertretener Ansicht um einen Vertrag zu Lasten Dritter. Diese sind mit der Privatautonomie nicht vereinbar und daher unzulässig.[36] Jedenfalls wenn die genannten, erbrechtlichen Ansprüche im Raum stehen, trägt der Vollmachtgeber und zukünftige Erblasser maßgeblich zur Vereitelung ihrer späteren Durchsetzung bei, was nach hiesiger Ansicht unzulässig ist. Dieses Argument greift freilich nicht, wenn der nicht pflichtteilsberechtigte Erbe letztwillig alleine vom vollmachtgebenden, zukünftigen Erblasser eingesetzt wurde. Allerdings sollte dann wiederum (s. o.) besonders kritisch auf die Motivationen und Hintergründe bei der Verzichtserklärung und die persönlich-gesundheitliche (Druck-?)Situation des Vollmachtgebers geschaut werden, die eine Unwirksamkeit oder Anfechtbarkeit des Verzichts oder einen Auskunftsanspruch trotz des Verzichtes nach § 242 BGB ergeben können.

21 Ein eng **beschränkter Verzicht,** also eine Modifikation der Auskunfts- und Rechenschaftspflichten, ist dagegen im sinnvollen Maß nicht nur zulässig, sondern **sinnvoll.**[37] So kann – je nach Einkommens- und Vermögensverhältnissen – vereinbart werden, dass über einen Betrag von zB 1.000 oder 2.000 EUR im Monat nicht abgerechnet werden muss. Wird im Übrigen mit nachvollziehbaren Überweisungen gearbeitet, wird so gut wie jede Auskunfts- und Rechenschaftspflicht im Ergebnis durch einen Verweis auf die Kontoauszüge erledigt. Die üblichen Bargeschäfte können mit den genannten Beträgen problemlos erledigt werden.

4. Verwirkung/Rechtsmissbrauch

22 Die Auskunfts- und Rechenschaftspflichten sind im Rahmen von **Treu und Glauben nach § 242 BGB** zu erfüllen und können danach auch beschränkt sein. Dies bewirkt eine Beschränkung der Pflichten, wenn ihre Verwirklichung zu missbilligen wäre, etwa aufgrund ihrer Entstehung oder dem Missverhältnis zwischen den Leistungspflichten.[38]

23 Rechtsmissbräuchlich kann das Bestehen auf der Auskunft sein, wenn diese nicht für einen **Zweck** verlangt wird, der im Zusammenhang mit dem Auftrag steht, sondern um ein anderes Ziel zu erreichen,[39] beispielsweise um an geschäftliche Informa-

---

[34] BGH XI ZR 103/88, NJW-RR 1990, 131.

[35] So auch Papenmeier Vollmachten S. 189.

[36] BeckOK BGB/Janoschek BGB § 328 Rn. 5 mwN.

[37] So auch Horn ZEV 2016, 373 (377); Volmer MittBayNot 2016, 386 je mit Formulierungsvorschlägen.

[38] MüKoBGB/Schubert BGB § 242 Rn. 163 aE.

[39] BGH II ZR 149/52, NJW 1954, 70 (71).

tionen zu gelangen. Aus den Grundsätzen von Treu und Glauben lehnte das OLG Celle die Verpflichtung einer Bank ab, sämtliche Transaktionen einer Geschäftsbeziehung der letzten 15 Jahren darzustellen, auch weil der Anspruchsinhaber aufgrund gewissem **Mitverschulden** diese nicht mehr aus anderer Quelle erhalten konnte.[40] Nur weil der Anspruchsteller aus Unterlagen sich **selbst** die Rechnung legen könnte, ist sein Verlangen nicht rechtsmissbräuchlich,[41] → Rn. 9. Es interessiert das Wissen des Bevollmächtigten.

Das **Unterlassen** der Forderung hat keinen (konkludenten) Erklärungswert als Verzicht (→ Rn. 16). Eine Verwirkung kommt erst in Betracht, wenn der Vollmachtgeber an dem Entstehen eines festen Vertrauens beim Bevollmächtigten mitgewirkt hat. Selbst wenn es treuwidrig ist, die Rechnungslegung zu verlangen, entfällt der Einwand, wenn wiederum Anhaltspunkte für ein pflichtwidriges Verhalten des Beauftragten vorliegen.[42] 24

Gerade bei **familiären Verhältnissen** kann das Verlangen nach Auskunft und Rechenschaft gegen die Grundsätze von Treu und Glauben verstoßen, wenn es jahrelang nicht geltend gemacht wurde.[43] Zumindest kommt eine Beschränkung für Beträge in Betracht, die bei einer Umrechnung auf die Zeit der Tätigkeit relativ gering waren (zB 192 EUR/Monat).[44] Dieser Hinderungsgrund entfällt aber wiederum, wenn Zweifel an der Zuverlässigkeit des Beauftragten und seiner Tätigkeit bestehen.[45] 25

Wenn der Beauftragte nicht mehr mit der Geltendmachung des Rechnungslegungsanspruches **nach dem Tod** des Auftraggebers rechnen musste, weil dieser ihn nicht geltend gemacht hatte, kann dies Verlangen gegen Treu und Glauben verstoßen und damit unzulässig sein.[46] Allerdings betont das OLG Hamm, dass eine für solche Annahme (zu beweisender) Vortrag des Beauftragten erforderlich ist, nach dem der Erblasser „zu Lebzeiten die Kontobewegungen hinreichend zur Kenntnis genommen und gebilligt hat oder zumindest den (Beauftragten) in Kenntnis der Verfügungen hat unbeanstandet gewähren lassen."[47] Wenn der vollmachtgebende Auftraggeber gesundheitsbedingt dazu gar nicht in der Lage war, scheidet dies aus. Auch das OLG Braunschweig fordert „besondere Umstände" und lehnte eine Verwirkung oder Treuwidrigkeit ab.[48] Eine nach § 242 BGB entfallende Pflicht kann wieder aufleben, wenn der Bevollmächtigten **nicht ordnungsgemäß handelte.**[49] 26

Bei der Vorsorgevollmacht liegen oft zwei Umstände vor, die regelmäßig auch bei jahrelangem Unterlassen der Forderungen nach Auskunft- und Rechenschaft eine Berufung auf **Verwirkung ausschließen:** Zum einen war der Vollmachtgeber meist gar nicht mehr in der Lage, die Ansprüche auf Auskunft und Rechenschaft geltend zu machen.[50] Auch bei Geschäftsfähigkeit werden entsprechende Ansprüche aufgrund 27

---

[40] OLG Celle 3 U 265/07, NJW-RR 2008, 1584 (1586).

[41] OLG Köln 20 U 103/88, NJW-RR 1989, 528; OLG Düsseldorf 7 U 47/14, ZEV 2016, 259 Rn. 70.

[42] OLG Hamm 26 U 62/06, ZEV 2008, 600 (601).

[43] BGH III ZR 105/11, NJW 2012, 58 (60); VII ZR 284/61, NJW 1963, 950; OLG Düsseldorf 11 U 77/97, BeckRS 1998, 08321; kritisch: Papenmeier Vollmachten S. 186f.

[44] OLG Hamm I-5 U 20/12, BeckRS 2012, 18422.

[45] BGH III ZR 30/08, ZErb 2009, 91; VII ZR 284/61, NJW 1963, 950; OLG Düsseldorf 11 U 77/97, BeckRS 1998, 08321.

[46] OLG Hamm 10 U 91/17, BeckRS 2018, 36792 Rn. 39; LG Kleve 6 O 164/11, BeckRS 2013, 16370.

[47] OLG Hamm 26 U 62/06, ZEV 2008, 600 (600f.).

[48] OLG Braunschweig 9 U 24/20, BeckRS 2021, 10190 Rn. 36f.

[49] OLG Hamm 10 U 91/17, BeckRS 2018, 36792 Rn. 41; OLG Brandenburg 3 U 39/18, BeckRS 2019, 6705 Rn. 27–29.

[50] So auch: Jülicher ErbR 2017, 645 (648f.).

eines Abhängigkeitsverhältnisses zum Bevollmächtigten sowie altersbedingt herabgesetzten Engagements selten geltend gemacht. War der Vollmachtgeber aber nicht mehr in der Lage, seine Ansprüche durchzusetzen, so kann später keine Verwirkung aufgrund von Untätigkeit entgegengehalten werden. Zum anderen folgt aus der oft weitgehenden Übernahme von Aufgaben durch den Bevollmächtigten unter Ausschluss anderer Personen, dass erst nachträglich die Misstrauen erweckenden Umstände zu erkennen sind,[51] → Rn. 25. Schließlich ist auch zu berücksichtigen, dass der Vorsorgebevollmächtigte wissen kann, dass er sich später vor Dritten (den Erben) verantworten werden muss und nicht vor dem Vollmachtgeber, da solche Aufträge meist mit dem Tod des Auftraggebers enden.

28 Wesentlich ist das Ergebnis einer eventuellen Beschränkung der Auskunfts- und Rechnungslegungspflicht für die Ansprüche nach § 667 BGB auf Herausgabe, wenn diese nicht einmal dargelegt werden kann, und nach §§ 662, 280 BGB auf Schadensersatz, wenn der Verbleib von Vermögen unbekannt bleibt. Jedenfalls bei engen, persönlichen Beziehungen und jahrlanger Tätigkeit ohne Rechnungslegung und im Rahmen von „alltäglichen", überschaubaren Beträgen, kann eine Beschränkung angenommen werden.[52]

IV. Eidesstattliche Versicherung

29 Erst wenn eine formal einwandfreie Rechnungslegung erstellt wurde, kommt auch eine Versicherung an Eides Statt in Betracht, für **Einzelheiten** → § 259 Rn. 17–24. Die Abgabe der Versicherung bedeutet nicht, dass vom Auftraggeber keine entgegenstehenden Behauptungen zB in einem Prozess um Schadensersatz aufgestellt werden können. Ihr Beweis ist aber regelmäßig schwieriger.

V. Verjährung

30 Grundsätzlich verjähren die Ansprüche auf Auskunft und Rechnungslegung selbständig in der Frist der §§ 195, 199 BGB.[53] Verjährt der Hauptanspruch gem. § 199 Abs. 2 BGB, gilt dies auch für den Auskunfts-/Rechenschaftsanspruch. Ist der Hauptanspruch verjährt, der Auskunfts-/Rechenschaftsanspruch aber nicht, muss das rechtliche Interesse besonders begründet sein.[54] Die Verjährung **beginnt nicht vor Beendigung** des Auftrages,[55] es handelt sich um einen so genannten „verhaltenen Anspruch". Damit kann sich der bevollmächtigte Beauftragte selten auf Verjährung berufen. In einer laufenden (bank-)geschäftlichen Beziehung kann es sein, dass Auskunftsansprüche keinen festen Beschränkungen unterliegen, sie dann aber nach § 242 BGB begrenzt sind.[56]

---

[51] OLG Saarland 1 U 1004/98-181, NJW-RR 2000, 229.

[52] Vgl. exemplarisch OLG Hamm I-5 U 20/12, BeckRS 2012, 18422.

[53] Vgl. Horn ZEV 2016, 373 (374); Papenmeier Vollmachten S. 190.

[54] BGH III ZR 71/11, NJW 2012, 917.

[55] OLG Düsseldorf 7 U 47/14, ZEV 2016, 259; vgl. Horn ZEV 2016, 373 (374); Pamp ErbR 2013, 194 (205) mwN.

[56] BGH III ZR 144/84, NJW 1985, 2699; zu einer Begrenzung der Verpflichtung, Belege aufzubewahren: Volmer MittBayNot 2016, 386 (387).

VI. Prozessuales

Der Auftraggeber bzw. sein Vertreter oder Rechtsnachfolger können sich auf die gerichtliche Geltendmachung von **Auskunfts- und Rechenschaftsansprüchen** beschränken. Rechtsmissbräuchlich ist das erst, wenn ein Folgeanspruch (Herausgabe oder Schadensersatz) nicht mehr durchzusetzen wäre, etwa wegen Verjährung. Eine Auskunftsklage hat den Vorteil, dass das Kostenrisiko gering ist, denn es geht (nur) um den Wert der Auskunft. Dem Vorteil einer meist schnelleren Terminierung beim Amtsgericht kann der Nachteil einer uU weniger intensiven Befassung als beim Landgericht entgegenstehen. Ein ganz wesentlicher Nachteil der Auskunftsklage ist, dass sie die Verjährung des Hauptanspruches auf Herausgabe oder Schadensersatz nicht hemmt,[57] dieser also trotz gewonnener Auskunftsklage uU nicht durchgesetzt werden kann. 31

Taktisch kann die Auskunftsklage auch als Mittel dienen, um **Druck** auf den unwilligen Bevollmächtigten aufzubauen und ihn zu einer **Reaktion** zu zwingen.[58] Eine Verhandlung vor einem geeigneten Richter kann auch zu einem Vergleich führen, was insbesondere bei kleineren Vermögen sinnvoll sein kann. Denkbar und aufgrund häufig familiärer Verbindungen der Beteiligten sinnvoll, wären **Schieds- oder Mediationsverfahren,**[59] welche auch schon zu früheren Zeiten angebracht sein können, also zB vor dem Ableben des auftraggebenden Vollmachtgebers. Bei internationalen Bezügen sind ggf. Besonderheiten zu beachten.[60] 32

Die Alternative zur (reinen) Auskunftsklage ist die **Stufenklage.**[61] Zwar kann auch bei der Auskunftsklage ein Antrag auf eidesstattliche Versicherung ergänzt werden.[62] Bei der Stufenklage ist er aber von Beginn an angekündigt, entsprechend dem Antrag zur dritten Stufe auf Leistung, also meist Zahlung eines noch zu beziffernden Betrages. Der gesamte Anspruch wird rechtshängig, so dass ein Verjährungseintritt verhindert wird. Ist ein Teilbetrag schon zu beziffern, kann verbunden mit der Stufenklage eine **Teilleistungsklage** erhoben werden, über die dann kurzfristig vor dem Abschluss aller Stufen durch Teilurteil entschieden werden kann.[63] Nach der Auskunftsstufe kann der Kläger entscheiden, wann er die Klage weiterbetreibt (wobei bei längerer Untätigkeit wiederum die Verjährung drohen kann) und ob er die zweite Stufe aufruft oder gleich zur dritten übergeht. 33

Als **Streitwert** für den Auskunftsantrag wird gem. § 3 ZPO regelmäßig ein Bruchteil von zB 10% des Leistungsantrages angesetzt, bei einem Rechtsmittel des zur Auskunft Verurteilten allerdings sein Aufwand für die Auskunftserteilung bewertet;[64] wesentlich ist das Interesse, die Auskunft nicht erteilen zu müssen.[65] Damit wird häufig nicht einmal der **Berufungswert** von 600 EUR gem. § 511 Abs. 2 Nr. 1 ZPO erreicht. Es kann ggf. versucht werden, besonderen, kostenintensiven Aufwand zB durch die Hinzuziehung von Hilfspersonen darzulegen, um die Wertgrenze zu überschreiten. Allerdings dürfen die Kosten nicht schon vor dem Urteil entstanden sein.[66] Hinsichtlich der dritten Stufe muss zunächst vom Kläger die erwartete Leistung ge- 34

---

[57] BGH XII ZR 113/97, NJW 1999, 1101.

[58] Instruktiv: Trimborn Vollmacht § 3 Rn. 124–138.

[59] Dazu und zu möglichen Konfliktursachen vgl. Kurze BtPrax 2018, 47.

[60] Vgl. etwa Mankowski FamRZ 2022, 12.

[61] Fleischer NZFam 2016, 679; Trimborn Vollmacht § 3 Rn. 140–155.

[62] Trimborn Vollmacht § 3 Rn. 136.

[63] Fleischer NZFam 2016, 679 (680f.).

[64] Trimborn Vollmacht § 3 Rn. 147–152.

[65] BGH XII ZB 637/17, BeckRS 2018, 22365.

[66] BGH III ZB 28/19, BeckRS 2019, 34529.

schätzt werden, was ggf. später zu korrigieren ist. Die Kostenentscheidung bei der Stufenklage erfolgt einheitlich mit dem Schlussurteil.

35 Besonderheiten bei der **Zwangsvollstreckung** weist die des Auskunftsanspruches auf. Sie erfolgt nach **§ 888 ZPO** als unvertretbare, also nur vom Beklagten vorzunehmende Handlung durch die Festsetzung von Zwangsgeld oder -haft. Durch diese beim Gericht des ersten Rechtzuges zu beantragende Zwangsmittel soll der Schuldner dazu gebracht werden, die Auskünfte zu erteilen. Regelmäßig werden ein oder zwei Zwangsgelder verhängt, bevor Zwangshaft angeordnet wird. Allerdings soll nach dem BGH die Zwangsvollstreckung gegen eine prozessunfähige natürliche Person unzulässig sein (→§ 164 Rn. 29), was nach Damrau fraglich ist, aber in der Konsequenz die Einrichtung einer Betreuung erfordern würde.[67]

§ 667 Herausgabepflicht

Der Beauftragte ist verpflichtet, dem Auftraggeber alles, was er zur Ausführung des Auftrags erhält und was er aus der Geschäftsbesorgung erlangt, herauszugeben.

Übersicht

I. Einleitung

1 Für den auftraggebenden Vollmachtgeber oder seine Erben ist dies eine **zentrale Anspruchsgrundlage** nach Beendigung des Auftrages. **Daneben** kommt aus ihm noch ein Anspruch wegen **Pflichtverletzung** in Betracht, §§ 662, 280 BGB → § 662 Rn. 31–60, und bei Eigentum des Auftraggebers an dem Herausverlangten ein Anspruch nach § 985 BGB. Auch in diesem Zusammenhang tappen viele Vorsorgebevollmächtigte aus Unwissenheit in die „Vollmachtsfalle" → § 662 Rn. 14, 55. Allerdings kann es für den Auftraggeber schwierig, aufwändig und mühsam sein, den Anspruch aus § 667 BGB (oder auf entsprechenden Ersatz nach §§ 667, 280 BGB) durchzusetzen, da meist zunächst Informationen nach § 666 BGB eingeklagt werden müssen und belastbare Anhaltspunkte für verschwundenes Vermögen bei lügenden und Informationen verschweigenden Beauftragten fehlen können und insbesondere bei kleineren Vermögen die Kosten-Nutzen-Relation zweifelhaft ist.

[67] BGH I ZB 20/21, ZEV 2022, 23 mAnm Damrau; vgl. auch OLG Stuttgart 19 W 72/18, ErbR 2020, 198 mAnm Horn.

II. Tatbestand

1. Auftrags- oder Geschäftsbesorgungsvertrag

2 Voraussetzung ist ein **Vertragsverhältnis** gem. § 662 BGB → § 662 Rn. 2–14. Der Auftraggeber muss das Vorliegen eines **Auftragsvertrages beweisen.**[1] Wird ein Vertragsverhältnis verneint, kommt § 812 BGB als Anspruchsgrundlage in Betracht. Daneben können die Voraussetzungen für einen Anspruch nach § 823 BGB geprüft werden.

2. Etwas erhalten oder erlangt

3 Bei dem **Erhaltenen** handelt es sich um das, was der Beauftragte zur Auftragsdurchführung vom Auftraggeber erhielt, also zB Geld, Unterlagen (auch eine Vollmacht, dazu zudem → § 175 BGB), einen Pkw usw. Bei Vorsorgebevollmächtigungen wird der beauftragte Bevollmächtigte sich diese Werte auf der Grundlage seiner Vollmacht meist selbst genommen haben, da der vollmachtgebende Auftraggeber zur Übergabe nicht mehr in der Lage war.

4 **Erlangt** werden die Gegenstände, welche der Beauftragte – meist von Dritten – bei der Besorgung der Geschäfte für den Auftraggeber erhält, insbesondere wenn er etwas mit dem Geld des Auftraggebers erwirbt. Es kann sich zB um Pkw, Möbel, Forderungen, Immobilien oder Gesellschaftsanteile handeln.[2] Als erlangt und damit als herauszugeben gilt auch, was ohne oder gegen eine Weisung des Auftraggebers erlangt wurde.[3]

5 Als problematisch können sich (wie auch bei Betreuungsbeendigungen, vgl. § 1872 Abs. 1 BGB) **Unterlagen** und andere Schriftstücke erweisen, welche dem Beauftragten zur Erledigung seiner Aufgabe von Dritten zugesandt wurden oder die er dafür selbst verfasst hat. Dies können Doppel von Kontoauszügen, Rechnungen oder der Schriftverkehr zur Vertretungsanzeige und Korrespondenz etwa mit Versicherungen, Angehörigen oder Ärzten sein. **Grundsätzlich** sind sie **herauszugeben.**[4] Es wird allerdings zu **„privaten Arbeitshilfen"**[5] abgegrenzt, bei denen keine Pflicht zur Herausgabe bestehen soll. Wenn dieser Begriff eng gefasst wird, ist dem zuzustimmen, also bei Kopien eigener Schreiben an den Auftraggeber oder Notizen für eine spätere Legitimation der Tätigkeit. Beim Wohnungsverwalter wurde dies auf seine Notizen zur Vorbereitung einer Versammlung bezogen.[6] Entsprechend werden von der Herausgabepflicht die **persönlichen Aufzeichnungen,** zB eigene Dokumentation über das Befinden des Auftraggebers, herausgenommen.[7] Ob bei Arbeitsmitteln oder Dokumentationen des Beauftragten aus dem Persönlichkeitsrecht oder speziell dem Datenschutz eine Herausgabe oder Vernichtung verlangt werden kann, ist nach hiesigem Stand denkbar aber noch nicht diskutiert worden. Wenn die **DS-GVO** einschlägig ist, sind Ansprüche aus ihr anzunehmen.

---

[1] BGH III ZR 147/03, NJW-RR 2004, 927; Pamp ErbR 2013, 226 (226).

[2] Vgl. auch MüKoBGB/Schäfer BGB § 667 Rn. 17–22.

[3] OLG Koblenz 12 U 752/21, NJW-RR 2022, 374 Rn 8 mit Verweis ua auf BGH III ZR 282/14, NJW-RR 2016, 1391 dort wohl bes. Rn 31; BAG 8 AZR 171/19, NZA 2021, 1469 Rn. 81f.

[4] BeckOK BGB/Fischer BGB § 667 Rn. 9.

[5] MüKoBGB/Schäfer BGB § 667 Rn. 18.

[6] KG 24 W 2242/88, NJW 1989, 532.

[7] BGH III ZR 112/88, NJW 1990, 510 (zu den Handakten eines Rechtsanwaltes); BeckOK BGB/Fischer BGB § 667 Rn. 9; MüKoBGB/Schäfer BGB § 667 Rn. 19.

Im Übrigen sind die erwähnten Unterlagen herauszugeben. Das entspricht dem Sinn des Auftrages: Der Beauftragte wird fremdnützig tätig (ähnlich einem Arbeitnehmer) und es ist das Interesse des Auftraggebers, dass der Beauftragte nach Abschluss des Auftrages nicht noch über persönliche Informationen über ihn verfügt. Keinesfalls soll der Beauftragte eigenen Nutzen aus dem Auftrag durch das Einbehalten zB von Tonaufnahmen von Interviews ziehen.[8] Nachzuvollziehen ist das Interesse des Beauftragten, seine ordnungsgemäße Auftragsausübung später beweisen zu können, wenn ihm zB unter Bestreiten der Existenz von bestimmten Unterlagen Fehler unterstellt werden. Dem ist aber nur schwer nachzukommen, wenn man ihm nicht das Recht einräumt, **Kopien** zu behalten. Ein Anspruch auf eine **Entlastungserklärung** als negatives Schuldanerkenntnis gem. § 397 BGB,[9] nach welcher keine (Schadensersatz-)Ansprüche mehr bestehen, hat der Beauftragte nicht, nur auf Feststellung des Nichtbestehens, wenn Ansprüche behauptet werden. Im Ergebnis bleibt es bei der umfassenden Herausgabepflicht. Inwieweit der Beauftragte einen Anspruch auf Einbehalten von Kopien (bei wessen Kostentragung?) oder auf ein gemeinsames Durchgehen der Unterlagen und damit Nachvollziehung bzw. Nachvollziehbarkeit seiner Tätigkeiten hat, um ein gewisses Maß an Entlastung zu erhalten, wird im Einzelfall zu entscheiden sein. Jedenfalls kann der Beauftragte eine **detaillierte Quittung** für die Übergabe von Unterlagen erstellen und sich unterschreiben lassen, so dass die Übergabe, aber auch der wesentliche Gegenstand und Inhalt der übergebenen Unterlagen dokumentiert sind.

3. Beweislast

6 Der Auftraggeber muss **beweisen,** dass der Beauftragte etwas erlangt hat.[10] Der Einwand des Beauftragten, nur die technische Abwicklung einer Geldabhebung vorgenommen zu haben und das Geld habe die neben dem bevollmächtigten Beauftragten stehende Auftraggeberin direkt erhalten, widerspricht nach dem OLG Düsseldorf „jeglicher Lebenserfahrung" und ist daher unbeachtlich.[11] Das sollte nach hier vertretener Ansicht auch auf ähnliche Behauptungen übertragen werden, die offensichtlich lediglich zum Schutz aufgestellt werden. So sollte etwa ein **Anscheinsbeweis** angenommen werden, wenn der Vollmachtgeber aus körperlichen/geistigen Gründen nicht handeln (zB Geld abheben) konnte, der Bevollmächtigte aber schon und sonst niemand bekannt ist, der gehandelt haben könnte.[12] Spielte das Geschehen alleine in seiner Sphäre, erscheint es unangebracht und macht eine Rechtsverfolgung regelmäßig unmöglich, ein allgemeines Berufen auf Unkenntnis des Bevollmächtigten ausreichen zu lassen. Eine Alternative zur Annahme eines Anscheinsbeweis kann eine entsprechende **Beweiswürdigung** zB oder Zeugen- oder auch einer Parteivernehmung sein.[13]

---

[8] BGH V ZR 206/14, NJW 2016, 317 (320f.).

[9] Grothe Rpfleger 2005, 173 (176).

[10] BGH IVa ZR 79/85, NJW-RR 1987, 963; Pamp ErbR 2013, 226 (226).

[11] OLG Düsseldorf 11 U 77/97, FamRZ 1999, 1423.

[12] Ähnliche Überlegungen, ohne es „Anscheinsbeweis" zu nennen: Kollmeyer NJW 2017, 1137 (1140).

[13] In diese Richtung: OLG Koblenz 12 U 7/20, ErbR 2020, 890.

III. Rechtsfolge

1. Überblick

7 Der bevollmächtigte Beauftragte muss das Erlangte an den Auftraggeber, dessen Vertreter (zB neuer Bevollmächtigter, (Kontroll)Betreuer nach §§ 1815 Abs. 3, 1820 Abs. 3 BGB) oder dem Rechtsnachfolger (zB Erbe nach § 1922 BGB) herausgeben. Meistens betrifft dies **Geld,** kann aber auch zB Unterlagen oder einen **Pkw** des Auftraggebers umfassen, den der Beauftragte genutzt hat. Gegen den Herausgabe- bzw. Schadensersatzanspruch werden **Einwendung** erhoben, wobei die häufigsten eine angebliche Schenkung und eine Erfüllung sind. Für beides trägt der Beauftragte die Beweislast. Wenn der Beauftragte ein Erlangen einräumt oder ein uU wahrheitswidriges Bestreiten nicht mehr möglich ist, muss er das Erlangte herausgeben. Ist ihm das nicht mehr möglich, muss er gem. §§ 280, 283 BGB **Ersatz** leisten.[14]

2. Erfüllung

8 Behauptet der Bevollmächtigte, er habe einen abgehobenen Geldbetrag dem Vollmachtgeber gegeben, so muss er diese **Erfüllung** gem. § 362 BGB **beweisen.** Dies gilt beispielsweise, wenn behauptet wird, das Geld gleich in der Bank an den vollmachtgebenden Auftraggeber herausgegeben[15] oder Überweisungen zu Gunsten des vollmachtgebenden Auftraggebers ausgeführt zu haben.[16] Das OLG Hamm nimmt eine Umkehr der Beweislast an, wenn das Auskunftsverlangen gegen Treu und Glauben verstoße, vermischt aber insofern den Herausgabe- mit dem Auskunftsanspruch.[17]

9 Eine Erfüllung durch Übergabe an den Auftraggeber **scheidet aus,** wenn dieser **geschäftsunfähig** war. Allerdings ist die Geschäftsfähigkeit eines Volljährigen gem. § 104 BGB der Regelfall, so dass der Anspruchsteller eine Geschäftsunfähigkeit **beweisen** muss, wenn er sich auf sie beruft.[18] Die Erfüllung selbst kann etwa durch Zeugen und Urkunden **(Quittung)** bewiesen werden. Problematisch sind „Generalquittungen", bei denen der Auftraggeber nach einem längeren Zeitraum „bestätigt", alles von dem Beauftragten herausgegeben erhalten zu haben. Es wird zu prüfen sein, ob es sich tatsächlich um eine Bestätigung nach einer Prüfung oder nicht tatsächlich um einen Verzicht auf Auskunft- und Rechnungslegung sowie eventuelle Herausgabe- und Schadensersatzansprüche handelt und ob dieser anzuerkennen ist. Auch bei Einzelquittungen bestehen häufig Zweifel an Echtheit und/oder Geschäftsfähigkeit des Auftraggebers bei Unterzeichnung sowie daran, dass der Auftraggeber wusste, was er unterschreibt.[19] Die Erfüllung durch Übergabe an die Auftraggeberin kann durch eine informatorische Befragung der Beklagten durch das Gericht entgegen der Ansicht des OLG Karlsruhe[20] nicht bewiesen werden. Die ZPO gibt die tauglichen Beweismittel vor, darunter auch die Parteivernehmung (der aber durch die Gegenseite widersprochen werden kann), nicht aber die Anhörung einer Partei, die lediglich Parteivortrag ergibt.

---

[14] BGH III ZR 9/05, NJW 2006, 986; III ZR 27/06, NJW-RR 2008, 1373; OLG Hamm 26 U 62/06, BeckRS 2008, 20414; OLG München 23 U 3519/16, BeckRS 2017, 136014; ohne es als Schadensersatz zu bezeichnen: BGH III ZR 200/00, NZG 2003, 215.

[15] OLG Bremen 5 U 31/09, ZEV 2010, 480 (481); entsprechend zu § 812 BGB: OLG Bamberg 4 U 116/01, ZEV 2004, 207.

[16] OLG München 23 U 3519/16, BeckRS 2017, 136014 Rn. 49.

[17] OLG Hamm 10 U 91/17, BeckRS 2018, 36792 Rn. 39f.

[18] Grüneberg/Ellenberger BGB § 104 Rn. 8.

[19] So etwa in OLG Brandenburg 4 U 130/12, ZEV 2015, 17 unter II. 1. d) aa).

[20] OLG Karlsruhe 9 U 167/15, ErbR 2017, 570 (572 dort cc) sowie 573 dort dd)).

10 Einzelfälle:

- War der Auftraggeber bei Unterzeichnung der Quittung geschäftsunfähig, ist die Erklärung unwirksam. Allerdings ist die **Geschäftsunfähigkeit** vom Anspruchsteller zu beweisen, was häufig nicht möglich ist.
- Die **Echtheit** insbesondere der **Unterschrift** des Auftraggebers muss derjenige beweisen, der sich auf das vorgelegte Dokument beruft.[21] Das kann für einen Sachverständigen problematisch sein, wenn nur eine kurze Unterschrift zur Prüfung zur Verfügung steht, weil der Text von dem Beauftragten maschinenschriftlich aufgesetzt wurde, Vergleichsschriftproben fehlen und der Sachverständige mögliche altersbedingte Veränderungen in der Schrift berücksichtigen muss.
- Noch schwieriger ist die Situation, wenn bei einem Papier mit einer **Blankounterschrift** des Auftraggebers der Text **später** vom Beauftragten **ergänzt** wird. Technisch sind solche Fälschungen kaum nachzuweisen. Für die Echtheit des Dokuments spricht zudem die Vermutung des § 440 Abs. 2 ZPO, die erst erschüttert werden muss, wenn zuvor die Echtheit der Unterschrift bewiesen wurde.[22]
- Ebenfalls problematisch sind Dokumente, bei denen der geschäftsunfähige Auftraggeber selbst unterschreibt und von ihm oder dem Beauftragten ein **früheres Datum** hinzugefügt wird.[23] Eine Fälschung der Unterschrift liegt dann nicht vor. Dass der Auftraggeber zum tatsächlichen Unterzeichnungszeitpunkt nicht mehr geschäftsfähig war, würde sich vielleicht nachweisen lassen. Das gilt aber meist nicht für den Umstand, dass die Unterschrift aus dieser Zeit stammt und nicht von dem angegebenen Tag, an welchem keine Geschäftsunfähigkeit vorlag oder sie nicht zu beweisen ist.

11 Der Umgang mit diesen Fällen ist schwierig. Es ist unbefriedigend, das betrügerische Vorgehen des Beauftragten sowie den eigenen Vermögensnachteil und den -vorteil des betrügerischen Beauftragten einfach hinnehmen zu müssen. Allgemein erfolgreiche Strategien sind noch nicht bekannt. Mitunter kann ein **strafrechtliches Vorgehen** sinnvoll sein. Die Polizei und Staatsanwaltschaft hat zwei Vorteile bei den Ermittlungen: Zum einen kann eine (Zeugen)Vernehmung durch diese verpflichtend und auch sonst von größerer Autorität untermauert sein. Zum anderen kommt für sie auch in Frage, für Informationen auch in den Bereich des Beauftragten einzudringen. Dies kann eine Hausdurchsuchung sein, bei welcher der PC des Beauftragten beschlagnahmt und dann festgestellt wird, wann relevante Dokumente erstellt wurden. Auch das Auffinden von Unterlagen und Gegenständen in der Wohnung des Beauftragten ist denkbar. Schließlich kann in die Konten des Beauftragten eingesehen werden. Aus den Bewegungen in der relevanten Zeit kann uU erkannt werden, ob mit Vermögensabflüssen beim Auftraggeber korrespondierende (Bar)Geldeingänge zu verzeichnen sind oder die Ausgaben des Beauftragten erkennbar sanken, was für eine Zahlung von Verbindlichkeiten des Beauftragten aus dem Vermögen des Auftraggebers spricht. Allerdings zeigen die Strafermittlungsbehörden in diesem Bereich oft einen Unwillen, der sich gepaart mit Unwissen bis hin zu einer strafvereitelnden Ignoranz auswachsen kann. Zuzugeben ist, dass solche Ermittlungen aufwendig und mühsam sowie in familiäre Angelegenheiten eingreifend und auch ergebnislos sein können. Es handelt sich zugleich oft um Summen von „nur" einigen tausend Euro. Trotzdem erscheint es sehr bedenklich, wenn in diesem zunehmend relevanten Bereich ein rechtsfreier Raum zugelassen wird.

---

[21] Vgl. Fleischer ErbR 2016, 206 (210, Fall 13).

[22] Vgl. Fleischer ErbR 2016, 206 (210f., Fall 14); BGH IV ZR 145/05, NJW-RR 2006, 847 (849 aE); VIII ZR 274/87, NJW 1988, 2741 (2742).

[23] Zu Testamenten: Schmitz ErbR 2017, 260.

3. Verwendung für den Auftraggeber

12 Bei einer Schenkung oder sonstigen Verwendung (zB Weiterleitung, Bezahlung von Leistungen oder Waren für den Auftraggeber) angeblich für den Auftraggeber muss der Beauftragte diese und die zu Grund liegende **Weisung** des Auftraggebers **beweisen.**[24] Er muss sich um die Darlegung der Verwendung bemühen, insbesondere bei größeren Beträgen, und kann sich nicht einfach auf ein Vergessen berufen.[25]

13 Allerdings muss der Auftraggeber zunächst den Inhalt des Auftrages sowie von Weisungen beweisen,[26] wenn solche vorlagen. Den Beauftragten trifft aber zumindest gegenüber den Erben des Auftraggebers eine sekundäre Darlegungslast über Weisungen, da die Erben außerhalb des Geschehensablaufes standen und dem Beauftragten die Darlegungen möglich sind.[27]

14 Bei Zahlungen an einen dem Beauftragten **nahestehenden Dritten** kann von dessen „Strohmann"-Eigenschaft ausgegangen werden, so dass sie als Zahlungen an den Beauftragten selbst zu werten sind.[28] Bei zahlreichen anderen „Verschleierungsmaßnahmen" des Beauftragten ist es später ebenfalls sehr schwierig, eventuellen Missbrauch nachzuweisen.[29] Es muss sehr genau abgewogen werden, welche Anspruchsgrundlagen und Beweislastverteilungen in Frage kommen, wenn zB viele kleine Abhebungen vorliegen, welche eine Versorgung des Auftraggebers suggerieren sollen, Verträge wie Darlehen oder zur Pflege oder „Anstandsschenkungen" fingiert werden.

4. Unzumutbarkeit/Rechtsmissbrauch

15 Der Auftraggeber muss erst dann die pflichtwidrige Verwendung seiner Mittel beweisen, wenn auch ein Abrechnungsverlangen wegen Unzumutbarkeit bzw. Rechtsmissbrauch nicht mehr gerechtfertigt wäre,[30] → auch § 666 Rn. 22–28. Bei Unzumutbarkeit der Abrechnung entfällt also grundsätzlich auch die Herausgabe- bzw. Schadensersatzpflicht, es sei denn, dem Beauftragten kann eine **Pflichtwidrigkeit nachgewiesen** werden. Dies stellt für den Beauftragten einen regelmäßig zugebilligten Ausweg dar. Soweit die Unzumutbarkeit restriktiv festgestellt wird, ist diesem Vorgehen beizupflichten: Es kann nicht dem Beauftragten eine Pflicht (Auskunft) erlassen werden, um dann die dahinterstehende Pflicht (Herausgabe, Schadensersatz) doch beizubehalten.

---

[24] BGH ZR III 290/11, zit. nach juris dort Rn. 32; IX ZR 229/07, NJW 2009, 840 (841 aE); III ZR 27/06, NJW-RR 2008, 1373; X ZR 34/05, NJW-RR 2007, 488 (zu §§ 812, 518 BGB); III ZR 147/03, NJW-RR 2004, 927; III ZR 344/02, NJW-RR 2004, 121; III ZR 200/00, NZG 2003, 215; IVa ZR 79/85, NJW-RR 1987, 963; OLG Brandenburg 3 U 1/12, ZEV 2013, 341 – L; OLG Hamm 26 U 62/06, BeckRS 2008, 20414; Roth NJW-RR 2012, 615.

[25] BGH IVa ZR 42/84, NJW 1986, 1492 (1493).

[26] BGH III ZR 147/03, NJW-RR 2004, 927.

[27] BGH III ZR 27/06, NJW-RR 2008, 1373 (1374); BeckOK BGB/Fischer BGB § 667 Rn. 22.

[28] BGH XI ZR 176/89, NJW 1991, 1224.

[29] Vgl. instruktiv: Trimborn Vollmacht § 4 Rn. 12–34, bes. 23–29.

[30] OLG Schleswig-Holstein 3 U 50/13, ErbR 2014, 347; OLG Hamm 5 U 20/12, NJOZ 2013, 597; 26 U 62/06, BeckRS 2008, 20414; OLG Düsseldorf 11 U 77/97, FamRZ 1999, 1423; offengelassen von BGH IVa ZR 79/85, NJW-RR 1987, 963; Papenmeier Vollmachten S. 191.

5. Weitere Einwendungen

16 Behauptet der Beauftragte, ihm überlassenes Gut sei ihm **gestohlen** worden, ist er für seine Vorsichtsmaßnahmen und Sicherheitsvorkehrungen darlegungs- und beweispflichtig.[31] Insgesamt gilt die allgemeine Regel, nach welcher der Anspruchsteller die Voraussetzungen für eine Vertragsverletzung beweisen muss, nicht wenn „feststeht, dass nur eine Schadensursache aus dem Verantwortungsbereich des Schuldners in Betracht kommt".[32] Der Beauftragte ist dann in der Darlegungs- und Beweispflicht, sich zu entlasten. Das wird häufig auf Vorsorgeangelegenheiten zu übertragen sein, da der Vorsorgebevollmächtigte die Verantwortung für den Vollmachtgeber meist umfassend übernimmt.

17 Soweit der Beauftragte behauptet, **Aufwendungen** gehabt und erlangte Mittel des Auftraggebers dafür verwandt zu haben, muss er die Aufwendungen beweisen.[33]

18 Bei einem **Verzicht** des Auftraggebers auf Herausgabe kann es sich um eine **Schenkung** zu Gunsten des Beauftragten handeln.[34] Dann können für den Erben des Auftraggebers Ansprüche nach § 2287 BGB (analog) sowie für einen Pflichtteilberechtigten nach § 2325 BGB in Betracht kommen, welchen ebenfalls Auskunftsansprüche zur Seite stehen können.

6. Schadensersatz bei Unmöglichkeit

19 Ist dem Beauftragten die Herausgabe des Erlangten nicht möglich, kann ein Schadensersatzanspruch gem. **§§ 667, 280, 283 BGB** bestehen.[35] Es muss dann aber auch ein **Verschulden** vorliegen,[36] § 276 BGB. Daran kann es beispielsweise fehlen, wenn der Beauftragte Geld des Auftraggebers auf den eigenen Namen (treuhänderisch) entweder weisungsgemäß oder mit der erforderlichen Sorgfalt angelegt hat und es verloren geht. Wenn etwas Erlangtes während der Weitergabe an den Auftraggeber beim Beauftragten ohne dessen Verschulden untergeht, ist dies das Risiko des Auftraggebers und der Beauftragte nicht schadensersatzpflichtig.[37]

20 Ein weisungswidriges Erlangen stellt eher eine Pflichtwidrigkeit im Auftragsvertrag dar (§§ 662, 280 BGB), als dass ein Anspruch nach § 667 BGB bestehen.[38] Im Ergebnis ist jeweils zB Zahlung zu leisten.

21 Denkbar ist in der **Gestaltung** auch, die Beweislast hinsichtlich der ordnungsgemäßen Verwendung von Erlangtem umzukehren.[39] Nach hier vertretener Ansicht bestehen allerdings ähnliche Bedenken wie bei einem vollständigen Ausschluss der Auskunfts- und Rechnungslegungspflichten, → § 666 Rn. 16–21.[40] Eine Umkehr der Beweislast in einem beschränkten Umfang kann aber ebenso sachgerecht und angemessen sein, wie ein beschränkter Ausschluss eines Anspruches aus § 667 BGB. So wirkt im Ergebnis auch ein beschränkter Haftungsausschluss, wenn etwa vereinbart wird, dass der Beauftragte für einen bestimmten Betrag (zB 1.000 EUR im Monat)

---

[31] BGH III ZR 23/92, NJW-RR 1993, 795.

[32] BGH III ZR 336/89, NJW-RR 1991, 575 (576); entsprechend: IVa ZR 224/85, NJW 1988, 60 (62).

[33] BGH III ZR 346/81, NJW 1983, 1905 (1907).

[34] BGH III ZR 45/96, NJW-RR 778.

[35] BGH III ZR 9/05, NJW 2006, 986; III ZR 206/01, NJW 2002, 2459; OLG Hamm 26 U 62/06, BeckRS 2008, 20414; ohne es als Schadensersatz zu bezeichnen: BGH III ZR 200/00, NZG 2003, 215.

[36] BGH III ZR 9/05, NJW 2006, 986.

[37] BGH III ZR 28/05, NJW 2005, 3709.

[38] Vgl. auch Derleder NJW 2012, 2689 (2690).

[39] Roth NJW-RR 2012, 615.

[40] So auch Papenmeier Vollmachten S. 191.

nicht haftet. Es kommt dann weitgehend nicht darauf an, ob ein solcher Betrag sich noch im Vermögen des Beauftragten befindet oder er wegen pflichtwidriger Verwendung nicht herausgegeben werden kann. Alleine, wenn der Auftraggeber den Verbleib des Erlangten beim Beauftragten darlegen und beweisen kann und der Anspruch aus § 667 BGB insoweit nicht ausgeschlossen wurde, kann der Betrag noch herausverlangt werden. Ein Schadensersatzanspruch ist ebenso ausgeschlossen wie ein Anspruch nach § 667 BGB mit Verweis auf die übliche Beweislastverteilung.

In Fällen, in denen keine gestalterische Maßnahme ergriffen wurden, wird mitunter – wenn auch bislang wohl eher vereinzelt[41] – ein ähnliches Ergebnis erzielt. Es wird der **Auftragsvertrag einschränkend ausgelegt,** so dass geringe Beträge trotz fehlendem Nachweis über Weisung, Verwendung und Verbleib vom Beauftragten nicht herausgegeben werden müssen oder ein Schadensersatzanspruch entfällt. Zwar gibt es keine gesetzliche Haftungsmilderung für diese Fälle. Dieses Vorgehen kommt aber einer **Milderung der Haftung** nahe, um den redlichen, aber unkundigen Bevollmächtigten zumindest in einem gewissen Rahmen zu schützen. 22

IV. Fälligkeit und Verjährung

Grundsätzlich wird hinsichtlich der Fälligkeit des Anspruches nach Auftrag[42] (erst bei **Zweckerreichung** oder endgültiger -verfehlung) und Geschäftsführung (dort auch gleich nach **Erhalt**) differenziert.[43] Auch wenn und weil es auf den Einzelfall ankommt,[44] wird bei Vorsorgeangelegenheiten diese Frage selten umstritten sein, da der Auftrag bei der Geltendmachung von Herausgabeansprüchen (durch Kündigung und/oder Ableben des Auftraggebers) beendet sein wird, so dass die Fälligkeit eindeutig ist. Zudem kann auch bei einem noch bestehenden Auftrag sofortige Rückgabe verlangt werden, wenn der Auftraggeber einen Interessenverstoß beim Beauftragten befürchten darf.[45] Wenn keine Auftragsbeendigung vorliegt und der Beauftragte die Unterlagen für die Auftragsdurchführung noch benötigt, wie der Hausverwalter für die Betriebskostenabrechnung, kann dieser die Unterlagen noch behalten.[46] Es gilt die regelmäßige Verjährungsfrist von **drei Jahren** nach § 195 BGB. 23

V. Prozessuale Hinweise

Ist unklar, was der bevollmächtigte Auftragnehmer erlangt hat, ist als Alternative zur **Leistungsklage** eine **Stufenklage** gem. § 254 ZPO zu erwägen, bei welcher zunächst Auskunftsansprüche nach § 666 BGB geltend gemacht werden[47] → § 666 Rn. 31–35. Anspruchsgrundlage für die dritte Stufe kann bei Unmöglichkeit der Herausgabe auch ein Schadensersatzanspruch gem. §§ 662, 280 BGB sein.[48] Ist ein Teil der Herausgabe- oder Schadensersatzansprüche schon früher zu bezeichnen bzw. zu beziffern, kommt eine **Teilleistungsklage** in Betracht. Die Bedeutung der Auskunftsstufe ist nicht zu unterschätzen, da der Prozess nach ihr oft schnell endet, weil 24

---

[41] Vgl. zB OLG Brandenburg 4 U 130/12, BeckRS 2013, 21257; zudem Pamp ErbR 2013, 226 (228) mwN.

[42] BGH IX ZR 401/00, NJW 2005, 2927.

[43] BGH IX ZR 139/04, NZI 2005, 681.

[44] BGH III ZR 112/88, NJW 1990, 510 (bei dem auch Beendigung des Auftrages genügt).

[45] BGH II ZR 107/76, WM 1978, 115; BeckOK BGB/Fischer BGB § 667 Rn. 4.

[46] OLG Brandenburg 4 U 208/20, BeckRS 2021, 749.

[47] Vgl. BGH II ZR 246/89, NJW 1991, 1884; ausführlich: Trimborn Vollmacht § 3 Rn. 140–155.

[48] Horn/Schabel NJW 2012, 3473 (3476).

die maßgeblichen Umstände bekannt und Rechtsfragen geklärt sind. Für Erben des Vollmachtgebers kann es auch sinnvoll sein, ein einstweiliges Rechtschutzverfahren zu führen, wenn ein Vermögensverlust beim Bevollmächtigten droht.[49]

25 Gerät der Vollmachtgeber im Prozess in Beweisnot, besteht noch die Möglichkeit, eine **Vernehmung** des Bevollmächtigten als **Partei** von Amts wegen gem. § 448 ZPO anzuregen oder sie nach § 447 ZPO zu beantragen, wozu das Einverständnis der anderen Partei notwendig ist. Aber auch der Bevollmächtigte kann als Partei zB für die Geldübergabe nach § 448 ZPO vernommen werden, wenn das Gericht einen ausreichenden „Anfangsbeweis" für gegeben ansieht.[50]

§ 668 Verzinsung des verwendeten Geldes

Verwendet der Beauftragte Geld für sich, das er dem Auftraggeber herauszugeben oder für ihn zu verwenden hat, so ist er verpflichtet, es von der Zeit der Verwendung an zu verzinsen.

1 Die Norm verschärft die Haftung für den Beauftragten. Sie ist hinsichtlich der Verzinsung **schadens-**[1] **und verschuldensunabhängig.**[2] Gegenstand ist nicht jeder Vermögenswert des Auftraggebers, sondern ausschließlich Geld. Dieses muss der Beauftragte erhalten oder an sich genommen haben und er muss verpflichtet sein, es herauszugeben[3] (§ 667 BGB) oder aber für sich verwandt haben. Letzteres ist mehr als das Aufbewahren bei sich oder auf seinem Konto.[4] Es muss zudem eine **Verwendung** zum eigenen Nutzen vorliegen, also zB das Bestreiten von eigenen Ausgaben.[5] Ein Versäumen der zinsbringenden Anlage des Geldes des Auftraggebers genügt nicht.[6]

2 Die Zinsen sind unabhängig von einem Schaden beim Auftraggeber zu zahlen. Der **Zinssatz** ist der **gesetzliche** nach § 246 BGB. Daneben kommen Ansprüche nach §§ 812, 818 BGB, bei Verzug nach § 288 BGB sowie auf Schadensersatz nach §§ 662, 280 BGB in Betracht.[7] Die Voraussetzungen für den Anspruch müssen vom Auftraggeber bewiesen werden.[8]

§ 669 Vorschusspflicht

Für die zur Ausführung des Auftrags erforderlichen Aufwendungen hat der Auftraggeber dem Beauftragten auf Verlangen Vorschuss zu leisten.

1 In Vorsorgeverhältnissen bewirkt der Beauftragte Leistungen für den Auftraggeber meist unter Verwendung der Vorsorgevollmacht direkt mit dessen Mitteln, wenn er zB eine Rechnung mit Geld von dessen Konto bezahlt. Im Übrigen kann er entweder Ersatz von verauslagten Mitteln nach § 670 BGB verlangen oder einen Vorschuss nach § 669 BGB.[1] Die **Höhe** des Vorschusses richtet sich nach den zu erwartenden

[49] Horn ZEV 2016, 373 (376).
[50] Pamp ErbR 2013, 226 (227).
[1] MüKoBGB/Schäfer BGB § 668 Rn. 6.
[2] BGH V ZR 52/20, NJW-RR 2021, 1100 Rn 28.
[3] BGH V ZR 295/12, ZOV 2013, 161.
[4] MüKoBGB/Schäfer BGB § 668 Rn. 6.
[5] Trimborn Vollmacht § 4 Rn. 66.
[6] Staudinger/Martinek/Omlor BGB § 668 Rn. 6.
[7] Trimborn Vollmacht § 4 Rn. 67f.
[8] OLG Bremen U 31/09, ZEV 2010, 480.
[1] BGH IX ZR 121/09, MDR 2010, 1425 (zum Konkursverwalter).

Aufwendungen iSv § 670 BGB.[2] Nicht verbrauchte Vorschüsse sind gem. § 667 BGB zurückzuzahlen.[3] Ohne Vorschuss kann der Beauftragte die Auftragsausführung verweigern,[4] einklagbar ist die Forderung nicht. Die Leistung des Vorschusses muss der Auftraggeber **beweisen,** die vertragsgemäße Verwendung der Beauftragte.[5]

§ 670 Ersatz von Aufwendungen

Macht der Beauftragte zum Zwecke der Ausführung des Auftrags Aufwendungen, die er den Umständen nach für erforderlich halten darf, so ist der Auftraggeber zum Ersatz verpflichtet.

Die Norm gilt gem. § 675 BGB **auch** für die **entgeltliche** Geschäftsbesorgung,[1] so dass Auslagen zusätzlich zu einer Vergütung zu ersetzen sind, wenn nicht ausdrücklich etwas Anderes vereinbart wurde. 1

Gegenstand können Kopierkosten,[2] Fahrtkosten, Porto, Telefon, Anwaltskosten,[3] der Erwerb von Kleidungsstücken, Süßigkeiten oder die Rezeptgebühr für den Auftraggeber[4] sein, aber auch Kosten des Beauftragten, die er persönlich zahlen musste, weil eine direkte Zahlung durch den Auftraggeber (zB mangels Kontodeckung) nicht erfolgte.[5] Auch die Kosten für die Auskunftserteilung nach § 666 BGB sind als Auslagen zu erstatten.[6] Dies kann auch für die Kosten einer Buchhaltungskraft gelten, wenn der Aufwand groß oder die Auskunft schwierig zu geben ist. Generell ist aber die Tätigkeit des Beauftragten, also sein Zeit- und Arbeitsaufwand, nicht als Aufwendung zu erstatten. Die Unentgeltlichkeit ist gerade Charakteristikum des Auftrages.[7] Ersetzt verlangen kann der Beauftragte nach dieser Norm auch **Schäden** bei ihm, die auftragsspezifisch sind, also mit der Auftragserfüllung in Zusammenhang stehen und von den Vertragsparteien auch als möglich erachtet wurden,[8] was auch als „Zufallsschäden" **des Beauftragten** bei der Auftragsausführung bezeichnet wird.[9] 2

Die Aufwendungen mussten dem wirklichen oder mutmaßlichen Willen des Auftraggebers entsprechen.[10] Dies sind zunächst Aufwendungen zur **Erfüllung** des Auftrags und sodann **Nebenkosten,** um die Erfüllung zu ermöglichen. Dabei hat der Beauftragte einen gewissen Spielraum, bei dem aber – wenn vom Auftraggeber keine konkreten Weisungen vorliegen – die Kosten-Nutzen-Relation zu beachten ist.[11] **Abzugrenzen** ist von den Kosten, die durch die Beauftragung Dritter im Namen des auftraggebenden Vollmachtgebers direkt bei diesem entstehen und nicht unter 3

---

[2] BGH I ZR 36/79, NJW 1981, 1959.
[3] BGH IVa ZR 196/86, NJW-RR 1988, 1264 (Steuerberater).
[4] BGH V ZR 197/10, NJW-RR 2011, 1093.
[5] BeckOK BGB/FischerMartinek/Omlor BGB § 669 Rn. 5.
[1] BGH IVa ZR 283/86, BeckRS 1988, 6264.
[2] LG Bonn 18 O 60/05, BeckRS 2010, 12032.
[3] Beispiele nach Zimmermann DStR 1994, 26 (29) für den Betreuer.
[4] Beispiele nach Sorg BWNotZ 2005, 73 (77) für den Betreuer.
[5] Vgl. BGH VIII ZR 109/92, NJW-RR 1993, 1227.
[6] Papenmeier Vollmachten S. 193.
[7] MüKoBGB/Schäfer BGB § 670 Rn. 10.
[8] Im Einzelnen: BeckOKBGB/Fischer BGB § 670 Rn. 15 mwN, 20; BGH VI ZR 662/20, r+s 2021, 168 Rn. 13.
[9] Papenmeier Vollmachten S. 193.
[10] Vgl. BGH IX ZR 19/95, NJW-RR 1996, 336; V ZR 32/21, BeckRS 2021, 49308 Rn. 21.
[11] Vgl. auch MüKoBGB/Schäfer BGB § 670 Rn. 26.

§ 670 BGB fallen. Ob der Beauftragte insofern vertragsgerecht handelt oder unter Umständen ihm (unentgeltlich) obliegende Aufgaben auf Kosten des Auftraggebers pflichtwidrig von Dritten erledigen lässt, ist nach dem Vertrag und §§ 662, 280 BGB zu beurteilen (→ § 662 Rn. 32–54).

4 Dem Beauftragten kann vom Zeitpunkt der Aufwendung an ein verzugsunabhängiger[12] **Zinsanspruch** nach § 256 BGB in der Höhe des gesetzlichen Zinssatzes gem. § 246 BGB zustehen.[13]

5 Wenn der Beauftragte noch einen Anspruch auf Aufwendungsersatz hat, kann er bis zu dessen Ausgleich grundsätzlich ein **Zurückbehaltungsrecht** an Gegenständen des Auftraggebers geltend machen. Das gilt nicht für die Herausgabe der Vollmachtsurkunde gem. → § 175 2. HS BGB, da dieser ein erhebliches Schadenspotential innewohnt. Im Übrigen muss ein Zusammenhang mit den Forderungen bestehen und die Zurückbehaltung darf nicht gegen Treu und Glauben verstoßen.[14]

6 Ob bei der **Gestaltung** angesichts der gesetzlichen Regelung eine Erwähnung des auch sonst selbstverständlich erscheinenden Auslagenersatzanspruches bei der Ausgestaltung des Innenverhältnisses notwendig ist,[15] erscheint fraglich.[16] Eine Klarstellung („Der Beauftragte kann sich seine Auslagen aus dem Vermögen des Auftraggebers nehmen.") oder – bei Rechtsanwälten – der Verweis auf die Vorschriften des RVG[17] machen aber keinen erheblichen Aufwand, zeigen aber legitimierend die Berechtigung des Beauftragten zur Geldentnahme aus dem Vermögen des Auftraggebers und verdeutlichen den Beteiligten, wie sie später handeln dürfen und sollen. Wichtig ist eine Regelung, wenn dem Beauftragten zur Erleichterung zB eine Aufwandspauschale ohne Abrechnungspflicht[18] zugebilligt wird oder ihm besonders großzügige Auslagen möglich sein sollen.

§ 671 Widerruf; Kündigung

(1) **Der Auftrag kann von dem Auftraggeber jederzeit widerrufen, von dem Beauftragten jederzeit gekündigt werden.**

(2) **[1]Der Beauftragte darf nur in der Art kündigen, dass der Auftraggeber für die Besorgung des Geschäfts anderweit Fürsorge treffen kann, es sei denn, dass ein wichtiger Grund für die unzeitige Kündigung vorliegt. [2]Kündigt er ohne solchen Grund zur Unzeit, so hat er dem Auftraggeber den daraus entstehenden Schaden zu ersetzen.**

(3) **Liegt ein wichtiger Grund vor, so ist der Beauftragte zur Kündigung auch dann berechtigt, wenn er auf das Kündigungsrecht verzichtet hat.**

I. Einleitung

1 Die Kündigung ist eine einseitige, empfangsbedürftige Willenserklärung; allgemein zum **Zugang** der Kündigung → § 168 Rn. 10 mwN. Sie dient der Beendigung des Vertragsverhältnisses. Ist nicht sicher, ob ein Auftragsvertrag geschlossen wurde (→ § 662 Rn. 2–20), kann und sollte vorsorglich gekündigt werden. Wesent-

[12] BeckOK BGB/Lorenz § 256 BGB Rn. 8.

[13] Dodegge NJW 2001, 2758 (2767).

[14] Vgl. BGH X ZR 173/01, NJW 2004, 3484.

[15] Harreyrs RNotZ 2013, 1 (12).

[16] So auch Müller-Engels/Braun/Renner Betreuungsrecht Kap. 2 Rn. 478 bei „Vergütung"; Lipp/Spalkhaver Vorsorgeverfügungen § 15 Rn. 176.

[17] Rudolf/Bittler/Roth/Scharf/Hack Vorsorgevollmacht § 1 Rn. 142 (dort § 8).

[18] Lipp/Spalkhaver Vorsorgeverfügungen § 15 Rn. 177.

lich ist bei der Kündigung durch den Auftraggeber der Widerruf der **Vorsorgevollmacht** und deren Herausgabe. In einem Vorsorgeverhältnis wird grundsätzlich der Widerruf der Vollmacht auch als Kündigung des Auftragsvertrages auszulegen sein. Nach § 168 BGB wirkt eine Kündigung als Vollmachtswiderruf. Nach Ausführung und damit **Erfüllung** des Auftrages kann dieser nicht mehr gekündigt werden.[1]

II. Kündigung durch den Auftraggeber

Nach Absatz 1 kann der Auftrag jederzeit widerrufen werden. Bei Vorsorgever- 2
hältnissen ist eine **Einschränkung** des Kündigungsrechts auch **nicht vereinbar.** Für einen – weniger persönliche Angelegenheiten berührenden – Auftrag zur Nachlassabwicklung hat der BGH entschieden, dass er trotz entgegenstehender Vereinbarung **jederzeit widerruflich** ist, weil er nur den Interessen des Auftraggebers dient und ein persönliches Vertrauensverhältnis darstellt.[2] Entsprechend ist eine Vorsorgevollmacht immer widerruflich, → § 168 Rn. 17.

Für eine entgeltliche Geschäftsbesorgung gilt die Norm nicht, da auf sie in § 675 3
Abs. 1 BGB nicht verwiesen wird. Absatz 2 kann gem. § 675 Abs. 1 2. HS. BGB entsprechend anzuwenden sein, wenn keine Kündigungsfrist gilt. Bei der Geschäftsbesorgung gelten die Regeln des zugrunde liegenden Dienst- oder Werkvertrages nach §§ 627, 649 BGB.[3] Aber auch dort ist ein Vertrag regelmäßig jederzeit kündbar.[4]

III. Kündigung durch den Beauftragten

Grundsätzlich kann auch der Beauftragte **jederzeit kündigen,** wenn nichts An- 4
deres vereinbart wurde. Gem. Absatz 2 ist aber nur so zu kündigen, dass der Auftraggeber anders agieren kann. Rechtsprechung aus dem Vorsorgerecht ist nicht bekannt. Im Bankrecht kann etwa einem Darlehensnehmer eine ausreichende Frist gewährt werden müssen, damit er sich ein neues Darlehen beschaffen kann.[5] Für Vorsorgeverhältnisse wird dies bedeuten, dass nach Eintritt des Vorsorgefalles, wenn der Auftraggeber auf den Beauftragten angewiesen ist, eine kurzfristige Kündigung nicht möglich ist, wenn kein zweiter oder Ersatz-Bevollmächtigter vorhanden ist.

Das Problem der Kündigung zur Unzeit wird regelmäßig dadurch verschärft, dass 5
der Auftraggeber nicht mehr geschäftsfähig sein wird, also die Kündigung gar nicht mehr in Empfang nehmen kann. Es wird eher nicht anzunehmen sein, dass ein von den Beschränkungen des § 181 BGB befreiter Bevollmächtigter seine Kündigung selbst annehmen kann, vgl. → § 662 Rn. 66. Daher muss ein **Betreuer** bestellt werden, um die Kündigung – die meist als solche zur Unzeit ohnehin nicht möglich wäre – entgegen zu nehmen.[6] Das Betreuungsgericht sollte ggf. durch einstweilige Anordnung einen Betreuer bestellen, wenn der Bevollmächtigte anzeigt, kündigen zu wollen bzw. nur mangels Erklärungsempfänger noch nicht wirksam gekündigt zu haben, denn selbst wenn der Bevollmächtigte sich schadensersatzpflichtig machen würde, droht für den betroffenen Vollmachtgeber unter Umständen ein irreparabler Schaden, wenn der Bevollmächtigte sich nicht mehr um den Vollmachtgeber kümmert.

---

[1] BGH XI ZR 102/90, NJW 1991, 2210.
[2] BGH VII ZR 310/69, WM 1971, 956.
[3] BayObLG 3Z BR 242/02, FGPrax 2003, 171 (172).
[4] BGH IV ZR 173/73, NJW 1975, 382.
[5] BGH II ZR 147/69, WM 1972, 661.
[6] So auch Stascheit RNotZ 2020, 61 (65 aE).

6 Denkbar ist die Vereinbarung einer **Kündigungsfrist** für den Beauftragten zur Absicherung des Vollmachtgebers. Da eine Kündigung aber meistens mit einem Grund erfolgt, welcher die Ausführung der Aufgabe erschwert oder unmöglich macht, ist entweder die Einsetzung eines zweiten Bevollmächtigten sinnvoll oder eine Versorgungslücke einzukalkulieren.

7 Wenn trotz Frist oder trotz einer drohenden Versorgungslücke gekündigt wird, kann ein legitimierender, **wichtiger Grund** vorliegen, der die Kündigung **zulässig** werden lässt. Grundsätzlich ist eine Kündigung aus wichtigem Grund möglich, zB bei dem Scheitern einer Ehe für ein zwischen den Ehegatten bestehendes Auftragsverhältnis.[7] In Vorsorgeverhältnissen führt oft das eigene, körperliche Unvermögen des Bevollmächtigten zur Kündigung, was einen wichtigen Grund darstellen kann. Entsprechendes gilt für ein Zerwürfnis mit dem Vollmachtgeber oder mit anderen Personen (anderen Familienmitglieder) oder eine krankheitsbedingte Aggressivität des Vollmachtgebers, welche die Tätigkeit für den Bevollmächtigten nicht mehr als zumutbar erscheinen lassen. Ob dies wichtige Gründe darstellen, ist im Einzelfall zu entscheiden. Zu berücksichtigen ist einerseits, dass der Bevollmächtigte unentgeltlich tätig wird, so dass ihm nur eine beschränkte Belastung zugemutet werden sollte. Andererseits kann eine solche Entwicklung bei Auftragsannahme zumindest als möglich absehbar gewesen sein und eine Versorgungslücke für den Vollmachtgeber drohen, welche für ihn erheblich beeinträchtigend sein kann, und die Tätigkeit kann schließlich meist für einen vorübergehenden Zeitraum mit einer gewissen Distanz zum Vollmachtgeber und Dritten ausgeübt werden. Wenn der Vollmachtgeber also weder seine Angelegenheiten selbst erledigen noch eine andere Person bevollmächtigen kann, wird meist kein wichtiger Grund für eine fristlose Kündigung vorliegen.

8 Ist eine Kündigung wirksam, was auch für eine zur Unzeit als gegeben angesehen wird,[8] kommen **Schadensersatzansprüche** gegen den Beauftragten in Betracht.

§ 672 Tod oder Geschäftsunfähigkeit des Auftraggebers

[1]Der Auftrag erlischt im Zweifel nicht durch den Tod oder den Eintritt der Geschäftsunfähigkeit des Auftraggebers. [2]Erlischt der Auftrag, so hat der Beauftragte, wenn mit dem Aufschub Gefahr verbunden ist, die Besorgung des übertragenen Geschäfts fortzusetzen, bis der Erbe oder der gesetzliche Vertreter des Auftraggebers anderweit Fürsorge treffen kann; der Auftrag gilt insoweit als fortbestehend.

1 Wesentlich ist diese Vorschrift auch für die **Vorsorgevollmacht,** welche im Zweifel als Folge des ihr zugrunde liegenden Auftrages nach § 672 S. 1 BGB nicht durch den Tod des Vollmachtgebers erlischt, → § 168 Rn. 2–4. Wenn **keine** ausdrückliche **Regelung** für die Beendigung des Auftrages bei einer Vorsorgebevollmächtigung getroffen wurde, ist der Wille der Vertragsparteien möglichst durch Auslegung zu ermitteln.[1] Führt dies zu keinem Ergebnis **endet** der Auftragsvertrag im Zweifel **nicht** durch den Tod des Auftraggebers. Eine transmortale Vollmacht spricht dafür, dass der Auftrag nicht enden soll.[2]

2 Für eine Auslegung relevant, aber auch zu Widersprüchen führen können **Klauseln** in der Vollmacht, welche deren Anwendung „ausschließlich im Innenverhältnis" auf die „Betreuungsbedürftigkeit" des Vollmachtgebers beschränken. Dem Wortlaut

---

[7] BGH XII ZR 61/13, NJW-RR 2015, 641.

[8] Vgl. Stascheit RNotZ 2020, 61 (66 mwN).

[1] OLG Hamm 15 W 338/02, MittBayNot 2003, 125.

[2] Mit zudem ausdrücklicher Anordnung in der Vollmacht: OLG Frankfurt 20 W 49/15, ZEV 2015, 648; so auch Weidlich ZEV 2016, 57 (58, 63).

nach endet ein solcher Anwendungsbereich mit dem Tod des Vollmachtgebers, weshalb der Auftrag erfüllt und der Bevollmächtigte zumindest im Innenverhältnis nicht mehr zu einer Tätigkeit berechtigt wäre. Ist dann aber die Organisation der Beerdigung in der Vollmacht dem Bevollmächtigten zugeschrieben oder eine transmortale Wirkung in der Vollmacht verankert worden, ergibt sich ein Widerspruch. Ohne einen solchen Widerspruch kann mit guten Gründen die Ansicht vertreten werden, dass der Bevollmächtigte nicht mehr tätig werden darf.[3] Zu weit geht es nach hier vertretener Ansicht, alleine aus der Bezeichnung „Vorsorgevollmacht" eine Begrenzung auf Lebzeiten zu folgern, da die Regelung von Angelegenheiten nach dem Tod des Vollmachtgebers diesem regelmäßig wichtig ist und dem Bevollmächtigten ermöglicht werden soll (vgl. im Einzelnen → § 168 Rn. 2–4).

Es kann insofern sinnvoll sein, dass der beauftragte Bevollmächtigte zumindest noch Sicherungsmaßnahmen zB in der Wohnung des Vollmachtgebers vornimmt, die Beerdigung organisiert und uU sogar den Nachlass abwickelt oder zumindest für ihn bis zur Übergabe an die Erben sorgt. Für die Beerdigung und die Sorge um den Nachlass ist dann uU niemand vorhanden. Aus **Satz 2** ergibt sich ansonsten eine Verpflichtung des Beauftragten zur **Notgeschäftsführung.**[4] 3

§ 673 Tod des Beauftragten

¹Der Auftrag erlischt im Zweifel durch den Tod des Beauftragten. ²Erlischt der Auftrag, so hat der Erbe des Beauftragten den Tod dem Auftraggeber unverzüglich anzuzeigen und, wenn mit dem Aufschub Gefahr verbunden ist, die Besorgung des übertragenen Geschäfts fortzusetzen, bis der Auftraggeber anderweit Fürsorge treffen kann; der Auftrag gilt insoweit als fortbestehend.

1 Stirbt der bevollmächtigte Beauftragte, **erlischt** der Auftrag. Die Erben müssen den Vollmachtgeber informieren, um nicht schadensersatzpflichtig zu werden.[1] Die Fortführung der Aufgaben des Vorsorgebevollmächtigten[2] auch in Eilfällen gem. Satz 2 durch die Erben wird regelmäßig vom Vollmachtgeber nicht gewollt sein, der im Zweifel von einer persönlichen Ausführung ausgeht. Bei einer Gesamtvollmacht wird beim Tod eines Bevollmächtigten vom Fortbestand für die anderen Bevollmächtigten auszugehen sein,[3] wobei durch eine Auslegung zu einem anderen Ergebnis gelangt werden kann, was wiederum durch eine fachgerechte Gestaltung zu vermeiden ist. Bei juristischen Personen steht der Verlust ihrer Rechtsfähigkeit dem Tod gleich.[4] § 673 BGB steht im Widerspruch zu den meisten ausländischen Rechtsordnungen.[5]

2 Ist ein Ersatzbevollmächtigter benannt worden, sollte er beim Tod des zunächst Bevollmächtigten tätig werden dürfen. Bei der **Gestaltung** sollte die Bedingung aber nur im Innenverhältnis formuliert und nicht in die Vorsorgevollmacht aufgenommen werden. Fehlt ein Ersatz und kann der unterstützungsbedürftige Vollmachtgeber niemand anderes bevollmächtigen, wird eine Betreuung gem. § 1814 BGB anzuordnen sein. Die Ersatzbevollmächtigung kann grundsätzlich auch durch eine dritte (natürliche oder juristische) Person vorgenommen werden, wenn sie von dem Vollmachtgeber entsprechend bevollmächtigt wurde. Der neue Bevollmächtigte

---

[3] Vgl. zB OLG München 34 Wx 265/14, NJW 2014, 3166.
[4] BeckOKBGB/Fischer § 672 BGB Rn. 7.
[1] Papenmeier Vollmachten S. 176.
[2] Zimmermann Vorsorgevollmacht Rn. 255.
[3] DNotI-Report 2006, 37.
[4] LG Koblenz 2 T 319-97, NJW-RR 1998, 38.
[5] Vgl. Süß ZEV 2008, 69.

handelt dann in Untervollmacht. Vereinigungen wie der VorsorgeAnwalt e.V. bieten an, die Aufgabe der Ersatzbevollmächtigung zu übernehmen. Überwiegend wird dies bei der professionellen Übernahme von Bevollmächtigungen durch Rechtsanwälte geschehen.

§ 674 Fiktion des Fortbestehens

Erlischt der Auftrag in anderer Weise als durch Widerruf, so gilt er zugunsten des Beauftragten gleichwohl als fortbestehend, bis der Beauftragte von dem Erlöschen Kenntnis erlangt oder das Erlöschen kennen muss.

1 Wesentlich ist diese Norm in Vorsorgeverhältnissen für den Bevollmächtigten, der nach dem Tod des Vollmachtgebers – wenn dieser ausnahmsweise die Vollmacht und den Auftrag beendet – aus unverschuldeter Unkenntnis weiter tätig wird. Im Sinne einer **Fiktion** gilt der Auftrag für ihn als fortbestehend, so dass er zB weiter **Aufwendungen** ersetzt erhält. Er muss sich insofern mit den Erben auseinandersetzen.[1] Im Betreuungsrecht ist dies durch § 1874 BGB entsprechend geregelt.

Untertitel 2. Geschäftsversorgungsvertrag

§ 675 Entgeltliche Geschäftsbesorgung

(1) **Auf einen Dienstvertrag oder einen Werkvertrag, der eine Geschäftsbesorgung zum Gegenstand hat, finden, soweit in diesem Untertitel nichts Abweichendes bestimmt wird, die Vorschriften der §§ 663, 665 bis 670, 672 bis 674 und, wenn dem Verpflichteten das Recht zusteht, ohne Einhaltung einer Kündigungsfrist zu kündigen, auch die Vorschrift des § 671 Abs. 2 entsprechende Anwendung.**

(2) **Wer einem anderen einen Rat oder eine Empfehlung erteilt, ist, unbeschadet der sich aus einem Vertragsverhältnis, einer unerlaubten Handlung oder einer sonstigen gesetzlichen Bestimmung ergebenden Verantwortlichkeit, zum Ersatz des aus der Befolgung des Rates oder der Empfehlung entstehenden Schadens nicht verpflichtet.**

(3) **Ein Vertrag, durch den sich der eine Teil verpflichtet, die Anmeldung oder Registrierung des anderen Teils zur Teilnahme an Gewinnspielen zu bewirken, die von einem Dritten durchgeführt werden, bedarf der Textform.**

Übersicht

[1] Vgl. Weidlich ZEV 2016, 57 (61).

I. Normzweck

1 Beim hier relevanten Absatz 1 handelt es sich weitgehend um eine **Verweisungsnorm** → Rn. 29. Voraussetzung ist die Geschäftsbesorgung. Bei Vorsorgeverhältnissen liegt regelmäßig eine Geschäftsbesorgung nach dieser Vorschrift vor, wenn der Bevollmächtigte **entgeltlich** tätig wird. Dies kann bei privaten Vorsorgebevollmächtigten der Fall sein, soweit kein Verstoß gegen das RDG vorliegt. Die berufsmäßige Übernahme von Vorsorgebevollmächtigungen ist Rechtsanwälten als Vorsorgeanwälten vorbehalten.

II. Geschäftsbesorgung

2 Zunächst müssen in den hier relevanten Vorsorgefällen die Voraussetzungen eines Vertrages gem. § 662 BGB insbesondere durch die selbständige Besorgung einer fremden Angelegenheit nach Weisungen vorliegen.[1] Hinzuzutreten hat eine Gegenleistung des Auftraggebers, also des Vollmachtgebers. Handelt der Bevollmächtigte **entgeltlich,** liegt also eine Geschäftsbesorgung vor.[2] Beim privaten Bevollmächtigten ist von einer Geschäftsbesorgung mit Auftragscharakter gem. § 662 BGB auszugehen, beim anwaltlichen Bevollmächtigten von einer Geschäftsbesorgung mit Dienstvertragscharakter gem. §§ 611, 627 BGB.[3]

III. Vergütungsanspruch

1. Allgemeine Voraussetzungen

3 Wer einen Vergütungsanspruch geltend macht, muss dessen Voraussetzungen beweisen, insbesondere also die **Vereinbarung** einer Vergütung. Im Rückforderungsprozess nach § 812 BGB muss der Rückfordernde die vom Anspruchsgegner behaupteten Rechtsgründe widerlegen.[4] Ist der Beginn der Tätigkeit an eine Bedingung geknüpft, wie das Unvermögen des Vollmachtgebers, seine Angelegenheiten zu erledigen, muss dies ggf. später dargelegt und (zB durch Sachverständigengutachten) bewiesen werden.[5]

4 Dass ein **privater Bevollmächtigter** für seine Tätigkeit eine Gegenleistung erhält, ist angesichts der unter Umständen äußerst zeitaufwändigen und verantwortungsvollen Aufgabe meist **mehr als angemessen.**[6] Allerdings wird nur sehr **selten** eine Vergütung **vereinbart.** Bei Eintritt des Vorsorgefalls ist dies regelmäßig aufgrund des Gesundheitszustandes des vollmachtgebenden Auftraggebers nicht mehr möglich. Ob ein von den Beschränkungen des § 181 BGB befreiter Bevollmächtigter mit sich selbst eine Vergütung vereinbaren kann, ist fraglich → § 662 Rn. 66. Ein beschränkter Ausgleich kann über § 2057a BGB erfolgen. Eine analoge Anwendung des § 1835a BGB aF (§ 1878 BGB nF) ist abzulehnen. Das dies bejahende AG Branden-

---

[1] Vgl. BGH VII ZR 120/65, NJW 1966, 1452; Staudinger/Martinek/Omlor BGB § 675 Rn. A9.

[2] Allgemein zum Geschäftsbesorgungsvertrag: BGH III ZR 282/14, zit. nach juris; MüKoBGB/Schwab BGB § 1896 Rn. 240.

[3] LG Bonn 18 O 60/05, BeckRS 2010, 12032; Grüneberg/Sprau BGB § 675 Rn. 23.

[4] LG Bonn 18 O 60/05, BeckRS 2010, 12032.

[5] LG Bonn 18 O 60/05, BeckRS 2010, 12032.

[6] So auch Zimmermann Vorsorgevollmacht Rn. 159.

burg[7] vermischt zunächst Aufwendungsersatz (dazu: § 670 BGB) und Vergütung. Zudem sieht es eine Lücke, wo keine besteht: Der Auftrag ist als unentgeltlich geregelt, § 662 BGB. Eine abweichende Vereinbarung ist möglich, muss aber erfolgen. Geschieht dies nicht, kann dem Vertragsverhältnis kein anderer Inhalt gegeben werden.

5 Entnimmt sich der Bevollmächtigte aber **ohne** eine **Vereinbarung** Geld als Vergütung aus dem Vermögen des Vollmachtgebers, handelt es sich unter Umständen um strafbare Untreue und das Geld muss auf Betreiben zB eines Kontrollbetreuers oder der Erben zurückgezahlt werden, §§ 812, 823 Abs. 2 BGB iVm 266 StGB. Die Entnahme von Geld kann auch versucht werden zu **verschleiern,** wenn zB der Bevollmächtigte bei Einkäufen für den Vollmachtgeber für sich und seine Familie selbst mit einkauft und dies alleine aus Mitteln des Vollmachtgebers bezahlt. Eine entsprechende Weisung des Vollmachtgebers, nach welcher Schenkungen erfolgen sollen, müssen vom Bevollmächtigten bewiesen werden → § 667 Rn. 7, § 662 Rn. 41–45. Die Ansicht Zimmermanns,[8] dass jedenfalls bei familienfremden Bevollmächtigten nicht von einer Unentgeltlichkeit ausgegangen werden könne, sondern ein Geschäftsbesorgungsvertrag vorliege und daher eine „übliche" Vergütung anfalle, ist abzulehnen. Die Unentgeltlichkeit ist der Regelfall. Wenn eine Abweichung gewünscht wird, muss diese zumindest stillschweigend vereinbart werden, was von dem Anspruchsteller im Zweifel zu beweisen ist.

6 **Abzugrenzen** ist die Vergütung von **Aufwendungen** gem. § 670 BGB. Für diese darf sich der beauftragte Bevollmächtigte Ersatz entnehmen. Insofern kann es im Einzelfall schwierig sein, tatsächliche Aufwendungen von einer verschleierten Vergütung abzugrenzen, zB bei der Übernahme von Benzinkosten für den Pkw des Bevollmächtigten usw.

7 Auch wenn der Bevollmächtigte nicht von den Beschränkungen des § 181 BGB befreit ist, kann er sich die Vergütung **selbst** aus dem Vermögen des Vollmachtgebers als Erfüllung einer Verbindlichkeit **entnehmen.**[9]

2. Vergütungshöhe

8 Für die Vereinbarung einer Vergütung gibt es bislang zwar einige Ansätze, aber nur relativ **wenige** ausgereifte, konkrete und bewährte **Vorschläge.**[10] Denkbar sind zB eine Zeitvergütung mit genauer Abrechnung, eine monatliche Pauschale und die Anlehnung an die Betreuervergütung. Zu berücksichtigen ist in jedem Fall, dass – anders als Betreuungen – eine Übernahme der Kosten durch eine staatliche Stelle bei **Vermögenslosigkeit** des Vollmachtgebers nicht geregelt ist. Für einen Anspruch auf eine Betreuervergütung oder -aufwandsentschädigung fehlt es an der Betreuung. Ob eine Vergütung durch einen Sozialleistungsträger gezahlt wird, ist bislang noch nicht geklärt und erscheint fraglich.

9 Eine **Zeitvergütung** kann sinnvoll sein, wobei die Differenzierung zwischen den Aufgaben auf der Grundlage der Vollmacht, allgemeiner Pflegetätigkeit (wofür auch die Pflegekasse Mittel zur Verfügung stellt) und freundschaftlich-familiären Beisammensein schwer ist. Die Abrechnung kann aufwändig sein[11] und sollte von einem zweiten Bevollmächtigten kontrolliert werden, damit es nicht zu Auseinandersetzungen mit den Erben kommt.

---

[7] AG Brandenburg 31 C 107/19, BeckRS 2020, 3528 – die dort zitierten Entscheidungen befürworten lediglich eine Vergütung des zusätzlich zum Vorsorgebevollmächtigten eingesetzten Betreuer nach Zeitaufwand.

[8] Zimmermann FamRZ 2013, 1535 (1537 f.).

[9] Zimmermann FamRZ 2013, 1535 (1536).

[10] Ausführliche Überlegungen: Lipp/Spalkhaver Vorsorgeverfügungen § 15 Rn. 157–175; Zimmermann Vorsorgevollmacht Rn. 171–179; Sauer RNotZ 2009, 79 (88–92).

[11] Ua auch daher kritisch: Sauer RNotZ 2009, 79 (89).

Eine **Pauschale** ist recht einfach zu berechnen und abzuwickeln, was erhebliche Vorteile sind.[12] Sie entspricht aber oft nicht dem tatsächlichen Aufwand. Zudem kann es zu Streitigkeiten kommen, wenn der Beginn der Tätigkeit und damit des Vergütungsanspruches nicht definiert oder nicht ausreichend dokumentiert wurden. Endet die Tätigkeit in einer Abrechnungsperiode, so sollte klar sein, ob die Pauschale nur (zB auf Tage berechnet) anteilig oder für den gesamten, begonnenen Abschnitt anfällt. Wenn die Pauschale zu hoch bemessen ist, kann es sich auch um eine (Teil-) Schenkung handeln. Das ist zulässig, wenn es ordnungsgemäß mit dem Vollmachtgeber vereinbart wurde, kann aber erbrechtliche Ansprüche nach §§ 2325, 2287 (analog) BGB und Schenkungsteuerpflichten auslösen. 10

Die Anlehnung an die Vergütung eines **Berufsbetreuers** bedeutet ebenfalls eine Pauschale. Einerseits kann diese Vergütung durch den Gesetzgeber geändert werden, so dass es zu einer – meist erhöhenden – sinnvollen Anpassung kommen kann. Andererseits beinhaltet eine solche Verweisung die Gefahr, dass sich die diesbezüglichen, gesetzlichen Regelungen in der Zukunft ändern und nicht mehr sinnvoll entsprechend angewandt werden können, etwa weil ein nicht kompatibler Systemwechsel vorgenommen wird. 11

Die Vergütung eines Berufsbetreuers richtet sich nach seinem Ausbildungsgrad, der Dauer der Betreuung und danach, ob der Betreute im Heim oder zu Hause lebt und vermögend („Selbstzahler") ist oder nicht. Bei der höchsten Vergütungsstufe ergibt sich ab dem 1.1.2023 in den ersten drei Monaten eine Vergütung von pro Monat 486 EUR und ab dem 25. Monat 211 EUR beim zu Hause wohnenden, selbst zahlenden Betroffenen; beim entsprechenden Heimbewohner sind es 327 bzw. 127 EUR (§ 8 VBVG iVm Anlage zu § 8 VBVG).[13]

Der Verweis auf die **Aufwandspauschale** (früher: Aufwandsentschädigung) für ehrenamtliche Betreuer ist relativ einfach und bedeutet ab dem 1.1.2023 einen Betrag von 425 EUR (davor: 399 EUR) im Jahr, § 1878 Abs. 1 BGB iVm § 22 des Justizvergütungs- und -entschädigungsgesetzes (das Neunzehnfach des Höchstbetrages von 21 EUR, der einem Zeugen als Entschädigung für eine Stunde versäumter Arbeitszeit zugebilligt wird). Bei Betreuern werden damit allerdings alle Auslagen gem. § 1877 BGB abgegolten, so dass bei einer Bevollmächtigung insofern eine Klarstellung sinnvoll ist.[14] 12

Bei einem grundsätzlichen Vertrauensverhältnis hat sich für **einfache Fälle** folgende Formulierung bewährt: „Der Bevollmächtigte erhält eine Vergütung von bis zu … EUR (zB 500 EUR) im Monat. Die genaue Höhe darf er bestimmen." Ist weniger zu tun, kann der Bevollmächtigte einen geringeren Betrag entnehmen. Die Höchstgrenze ist aber festgelegt. Maßgeblich für den Betrag sollten Aufwand und Verantwortung sein, zum einen im vermögensrechtlichen, zum anderen im persönlichen Bereich. Dieser Vorschlag setzt beim Vollmachtgeber ein Vertrauen in das Augenmaß des Bevollmächtigten und die Risikobereitschaft für den Fall, dass der Bevollmächtigte die Höhe voll ausschöpft, voraus. 13

Weitgehend unbeachtet bleiben schließlich fast immer unfall- und **sozialversicherung**srechtliche Fragen sowie die **Einkommensteuer**pflicht. Denkbar ist eine Regelung im Rahmen einer geringfügigen Beschäftigung (so genannter „Mini-Job"). Mitunter erfolgt auch eine Vermischung mit den Leistungen der Pflegekasse, indem der Bevollmächtigte **Pflegegeld** erhält. 14

Die Vertretung als Vorsorgebevollmächtigter kann auch als Teil der Gegenleistung für eine lebzeitige oder **erbrechtliche** Zuwendung im Sinne einer **Pflegeverpflich-** 15

[12] So auch Sauer RNotZ 2009, 79 (91); zu Aspekten bei der Testamentsvollstreckung: Rott ErbR 2017, 386 (388).

[13] Zimmermann FamRZ 2013, 1535, Fn. 1; Sauer RNotZ 2009, 79 (89).

[14] Vgl. auch Jürgens/von Crailsheim Betreuungsrecht BGB § 1835a Rn. 1 f.

tung verstanden werden.[15] Denkbar sind auch an dem Vermögen des Vollmachtgebers orientierte Vergütungsmodelle, wie bei Testamentsvollstreckern, also zB einen festen oder jährlich zu zahlenden Prozentsatz des Vermögens des Vollmachtgebers.[16] Solche Ansätze erscheinen problematisch, da sie vom tatsächlichen Aufwand abgekoppelt sind, der ja meistens – anders als bei Testamentsvollstreckungen – gerade nicht aus der Auflösung des gesamten Vermögensbestandes besteht.

16 Für die Ausformung des Geschäftsbesorgungsvertrages bei **professionellen Bevollmächtigten** (Vorsorgeanwälten → Rn. 22) gibt es erst wenige Muster.[17] Es gelten zunächst dieselben Überlegungen wie bei privaten Bevollmächtigten → Rn. 8–15. Die Vergütungsvereinbarung muss zudem den Vorgaben des RVG genügen. Transparenz und Nachvollziehbarkeit sowohl bei der Vereinbarung als auch bei der Abrechnung sind essentiell.

17 Für die **Höhe** der Vergütung des Vorsorgeanwaltes wird insbesondere in Abhängigkeit von den regionalen Gegebenheiten und der zu übernehmenden Verantwortung eine anwaltsangemessene Zeitvergütung zwischen 100 EUR und 300 EUR in der Stunde bei minutengenauer Abrechnung empfohlen.[18] Das LG Bonn sah eine Zeitvergütung von netto 200 EUR als „nicht unbillig" und eine Abrechnung nach einem 15-Minuten-Takt, wenn diese nicht missbräuchlich durchgeführt wurde,[19] als zulässig an.[20]

18 Wenn der Beginn der Tätigkeit erst lange nach der Vergütungsvereinbarung liegt oder sehr lange dauert, kann sowohl bei privaten als auch bei professionellen Vorsorgebevollmächtigten die Sorge bestehen, dass sie wegen der **Inflation** zu gering ist. Ob diese Sorge tatsächlich erheblich ist, erscheint fraglich. Vor dem Eintritt des Vorsorgefalles ist eine regelmäßige Überprüfung und ggf. Anpassung sinnvoll, danach ggf. durch einen zweiten Bevollmächtigten. Eine zB jährliche Erhöhung in der Vereinbarung zu verankern, ist – im angemessenen Rahmen – denkbar, kann aber AGB-rechtlich problematisch sein, wie auch Wertsicherungsklauseln, für die zudem das PreisklauselG zu beachten ist. Rott empfiehlt für Testamentsvollstreckungen einen Bezug auf den „Höchstbetrag nach § 13 S. 2 StBVV in der jeweils aktuellen Fassung",[21] was grundsätzlich sinnvoll ist und wahrscheinlich Bestand hat, aber trotzdem eine Restgefahr der Änderung oder eines Wegfalls der Bezugsgröße birgt.

IV. Juristische Personen, Betreuer, Rechtsanwälte

19 Nach wohl ganz hM **kann** auch einer **juristischen Person** eine Vorsorgevollmacht erteilt werden.[22] In Vermögensangelegenheiten ist das unzweifelhaft. Für persönliche Angelegenheiten mag dies zwar Bedenken begegnen, weil das Vertrauen keiner einzelnen Person direkt ausgesprochen wird, welche der Vollmachtgeber persönlich kennt und ausgewählt hat. Dies ist allerdings bei der Einsetzung zumindest eines Berufsbetreuers durch das Gericht ebenso und sollte zudem auch von der Privatautonomie gedeckt sein. Bei der ausnahmsweise möglichen Einsetzung der Betreuungsbehörde als Betreuer nach § 1818 Abs. 4 BGB geschieht im Übrigen Entsprechendes. Die Vollmacht wird dann von den Organen der juristischen Person

---

[15] Vgl. Harryers RNotZ 2013, 1; Weyland MittRhNotK 1997, 55.

[16] Vgl. Zimmermann FamRZ 2013, 1535 (1536).

[17] Rudolf/Bittler/Roth/Scharf/Hack Vorsorgevollmacht § 1 Rn. 142; Roglmeier BeckOF Erbrecht, Stand: 1.3.2022, Form. 4.4.

[18] VorsorgeAnwalt e. V. ZErb 2011, 300; vgl. auch Trimborn Vollmachten § 3 Rn. 30.

[19] Dazu OLG Düsseldorf 24 U 196/04, NJW-RR 2007, 129.

[20] LG Bonn 18 O 60/05, BeckRS 2010, 12032.

[21] Rott ErbR 2017, 386 (390); ähnlich Volmer MittBayNot 2018, 507.

[22] Vgl. DNotI-Report 2012, 183 mwN.

ausgeübt, zB vom Vereinsvorstand. Bei einer entsprechenden Regelung kann diese Aufgabe von dort auch weiter auf eine natürliche Person übertragen werden.

Betreuungsvereine würden bei der Übernahme von Vorsorgebevollmächtigungen nach zutreffender Ansicht[23] ihren Zweck verfehlen und damit ihre Zulassung gefährden. Allerdings verstößt jede Vorsorgevollmachtsübernahme durch eine (nicht anwaltliche) juristische Person gegen das **RDG,** → Rn. 23–28 jedenfalls bei Entgeltlichkeit.[24] Diese muss auch angenommen werden, wenn die Gegenleistung in einem Mitgliedsbeitrag besteht. Fraglich ist, ob es für eine unentgeltlich tätige juristische Person möglich ist, eine Vorsorgebevollmächtigung in der Funktion eines **Vermittlers** zu übernehmen, der den Auftrag im Vorsorgefall an eine nach dem RDG zulässige, natürliche Person überträgt. Problematisch ist es, wenn diese Person dann tatsächlich nicht unabhängig arbeiten kann, weil eine Überwachung und Kündigung durch die juristische Person erfolgen kann. Zahlt die natürliche Person für die Vermittlung etwas an die juristische Person, würde wiederum eine unzulässige Entgeltlichkeit iSd RDG vorliegen. Ansonsten kann diese Vermittlung zulässig sein. 20

Bedenklich und nach hier vertretener Ansicht im Ergebnis **unzulässig** ist die Übernahme einer Vorsorgebevollmächtigung **durch den Betreuer** des Betroffenen, jedenfalls bei Berufsbetreuungen, auch wenn es sich um einen anwaltlichen Betreuer handelt (sonst greift zudem das RDG[25]). Es widerspricht fundamentalen Schutz- und Transparenzgedanken, wenn eine zunächst durch staatlichen Auftrag eingesetzte Person dieses „Sprungbrett" nutzt, um seinen Profit zu vergrößern. Zwar ist es durchaus möglich, dass ein Betreuter geschäftsfähig ist und unter dem Aspekt eine Vorsorgevollmacht erteilen kann. Allerdings handelt es sich grundsätzlich um Menschen mit krankheitsbedingten Defiziten, wie auch einer altersbedingten Beeinflussbarkeit; sonst bestünde keine Betreuung. Es geht also um eine besonders sensible, schutzbedürftige Personengruppe. Durch die Beendigung der Betreuung nach einer Vollmachtserteilung entfällt allerdings der Schutz durch das den Betreuer kontrollierende Betreuungsgericht. Meistens kann der dann Bevollmächtigte vollkommen unkontrolliert handeln. Missbrauch ist zu befürchten, jedenfalls eine höhere Vergütung. Eine andere Motivation ist für den Betreuer dabei nicht zu erkennbar. Wenn angeführt wird, dass er als Betreuer aufgrund der Pauschalvergütung nur einen begrenzten Zeitaufwand betreiben würde, mag dies nachvollziehbar sein, zeigt aber die Ungeeignetheit als Betreuer, welcher die bekannten, vorgegebenen Bedingungen nicht akzeptiert. Auch bei der Vergabe von Betreuungen ist der Boden für Korruption bereitet. Betreuer, die bei vermögenden Betreuten nach einiger Zeit die Betreuung für eine Vorsorgebevollmächtigung zu beenden versuchen, werden ein erheblich gesteigertes Interesse an dem Erhalt solcher Betreuungen haben. Im Ergebnis wird man von einem die Bevollmächtigung hindernden Interessenkonflikt ausgehen müssen,[26] der ähnlich auch in § 1816 Abs. 6 BGB berücksichtigt wird. Jedenfalls ist, wenn entgegen der hier vertretenen Ansicht eine Bevollmächtigung eines ehemaligen Betreuers anerkannt wird, zumindest eine dauerhafte Kontrollbetreuung nach → § 1820 Rn. 11–53 einzurichten. Dies wird wiederum ein solches Vorgehen meist (aus Kostengründen) erledigen. Schließlich sollte schon bei der ersten Betreuungseinrichtung geprüft werden, ob der Betroffene nicht eine Vorsorgevollmacht erteilen kann, § 1814 Abs. 3 Nr. 1 BGB. Ist dies zumutbar, wird keine Betreuung eingerichtet. Zumutbar kann dies auch bei der Erteilung einer Vorsorgevollmacht an eine Person sein, 21

---

[23] DNotI-Report 2012, 183 (184).

[24] So auch DNotI-Report 2012, 183 (184).

[25] OLG Saarbrücken 347/371 – OLG 200/03, FamRZ 2003, 1044; Grüneberg/Götz BGB Einf v § 1896 Rn. 6.

[26] Zum Rechtsanwalt vgl. BGH XII ZB 460/13, NJW 2014, 935; LG Kleve 4 T 62/15, NJW-RR 2015, 967.

die diese Aufgabe professionell übernimmt. Der Betroffene muss aber tatsächlich frei entscheiden können und Vertrauen in den Bevollmächtigten haben, der möglichst auch selbst kontrolliert wird.

22 Die berufsmäßige Übernahme von Bevollmächtigungen zu Vorsorgezwecken ist aufgrund der Vorschriften des RDG → Rn. 23–28 bestimmten Personen vorbehalten, insbesondere **Rechtsanwälten.**[27] Die Tätigkeit darf als die eines „Vorsorgeanwaltes" bezeichnet werden.[28] Seine Aufgabe ist die Interessenwahrnehmen des Mandanten. Sie verwirklicht sich in der Abgabe von Erklärungen, denen regelmäßig – wie sonst auch bei anwaltlichen Mandaten – eine sachliche und rechtliche Prüfung vorausgehen muss. Praktische Tätigkeiten des Vorsorgeanwaltes sind überwiegend auf die Organisation und Überwachung beschränkt, wobei diese im Wesentlichen persönlich ausgeführt werden sollten. Zur Ausführung zB pflegerischer und hausverwalterischer Aufgaben wird er für den Vollmachtgeber Dritte beauftragen und überwachen. Eine Volljuristin auch ohne anwaltliche Zulassung, die als Berufsbetreuerin und Verfahrenspflegerin tätig ist, erzielt nach dem BFH Einkünfte aus sonstiger selbständiger Arbeit iSd § 18 Abs. 1 Nr. 3 EstG, ist also nicht gewerbesteuerpflichtig,[29] was bei der Übernahme der grundsätzlich sogar Rechtsanwälten vorbehaltenden beruflichen Vorsorgebevollmächtigung erst recht der Fall sein muss.

V. Rechtsdienstleistung

23 Die Ausübung einer Vorsorgebevollmächtigung ist eine Rechtsdienstleistung nach § 2 RDG, die nach § 3 RDG erlaubnispflichtig, im Ergebnis Rechtsanwälten vorbehalten ist. Sonst ist nur eine unentgeltliche Tätigkeit im familiären oder sonst engen, persönlichen Rahmen gem. § 6 RDG erlaubt. Die **vergütete Vorsorgebevollmächtigung** durch unberechtigte Personen **verstößt** damit **gegen** das **RDG.**[30] Der Geschäftsbesorgungsvertrag ist **nichtig** und die **Vergütung zurückzuzahlen,** §§ 134, 812 BGB.[31] Die Vollmacht kann ebenfalls als unwirksam angesehen werden.[32] Nach einer Untersagung gem. § 9 RDG ist bei Zuwiderhandlung gem. § 20 Abs. 1 Nr. 1 RDG eine Ordnungswidrigkeit gegeben. Es kommt zudem eine wettbewerbsrechtliche Untersagung in Betracht.[33]

24 Nach § 2 Abs. 1 RDG ist zunächst eine Tätigkeit in fremden Angelegenheiten erforderlich, welche die eines Vorsorgebevollmächtigten zweifellos ist. Wenn die Vorsorgevollmacht genutzt wird, werden Rechte des Vollmachtgebers geltend gemacht (zB auf Sozialleistungen, aus einem Darlehen; Durchsetzung einer Patientenverfügung) oder der Vollmachtgeber wird rechtlich verpflichtet (zB zur Mietzahlung). Dafür ist (als zweite Voraussetzung für eine Rechtsdienstleitung nach § 2 Abs. 1 RDG)

---

[27] Zu deren Vorzügen aufgrund Kenntnisstands und Loyalität vgl. Bienwald FPR 2012, 28 (30); vgl. zudem Horn/Bienwald Anwaltformulare 2020, § 12.

[28] AGH NRW 2 AGH 29/11, NJW 2013, 318.

[29] BFH VIII R 14/09, DStRE 2010, 1163; allg. vgl. Bürger NJW 2019, 1407 (1409).

[30] So auch Zimmermann FamRZ 2013, 1535 (1538); ders. Vorsorgevollmacht Rn. 143–147; Lipp/Spalkhaver Vorsorgeverfügungen § 9 Rn. 76; Deinert BtPrax 2017, 59 (61); tendenziell ebenso, noch zum RBerG: Bühler FamRZ 2001, 1585 (1594); abwägend: Müller-Engels/Braun/Renner Betreuungsrecht 2 Rn. 46–51; ausdrücklich zur Unzulässigkeit für den Betreuer: OLG Saarbrücken 347/371 – OLG 200/03, FamRZ 2003, 1044; Grüneberg/Götz BGB Einf v § 1896 Rn. 6; für die Wahrnehmung von Gesellschafterrechten und differenzierend, im wesentlichen Ergebnis aber entsprechend: Werner ErbR 2022, 674.

[31] BGH IX ZR 44/10, NJW 2011, 2301 (allg. zum Verstoß noch gegen das RBerG).

[32] Zimmermann FamRZ 2013, 1535 (1538); ebenfalls in diese Richtung: Müller-Engels/Braun/Renner Betreuungsrecht 2 Rn. 51.

[33] Vgl. OLG Karlsruhe 4 U 109/10, BeckRS 2011, 22997.

eine rechtliche Prüfung notwendig, um die Interessen des Vollmachtgebers wahrzunehmen. Dabei kann es nicht auf die Schwierigkeit des Geschäftes ankommen („Standardmietvertrag"), weil die Tatsache der rechtlichen Prüfung an sich genügt. Wird die Vorsorgevollmacht nicht genutzt, wie bei der tatsächlichen Pflege oder bei Telefonkontakten mit dem Vollmachtgeber, liegt keine Rechtsdienstleistung vor. Bei einem Handeln mit der Vorsorgevollmacht **liegt** eine **Rechtsdienstleistung** nach § 2 Abs. 1 RDG **vor.**[34]

Einschlägige **Rechtsprechung** ist kaum bekannt. Einem Berufsbetreuer wurde im Jahr 2003 vom OLG Saarbrücken keine Erlaubnis zur Tätigkeit als Vorsorgebevollmächtigter erteilt.[35] Das OLG Karlsruhe stellte in einer ausführlich begründeten Entscheidung fest, dass das Erstellen einer Vorsorgevollmacht für eine andere Person eine Rechtsdienstleistung ist. Es wurden die Individualität und die rechtliche Prüfung betont: „Eine qualifizierte Vorsorgevollmacht erfordert auch eine rechtliche Prüfung des Einzelfalls. Inhalt und Reichweite einer Vorsorgevollmacht bestimmen sich nach den individuellen Verhältnissen des jeweiligen Kunden (…). Das wirksame Abfassen der Vollmacht erfordert zudem die Prüfung rein rechtlicher Fragen."[36] Dem entspricht die spätere Nutzung der Vorsorgevollmacht. In der **Gesetzesbegründung** wird zunächst betont, dass für familiäre Bevollmächtigungen eine Ausnahme gelte. Im Übrigen wird wohl auf den Umfang der zu erwartenden, rechtlichen Fragen abgestellt und eine weitergehende Regulierung – auch außerhalb des RDG – zu einem späteren Zeitpunkt erwogen.[37] In der **Literatur** sah Reymann nach dem Wortlaut des RBerG die Tätigkeit als lediglich für Notare, Rechtsanwälte etc. zulässig an.[38] Allerdings forderte er eine verfassungskonforme Auslegung und damit zumindest meistens ein Entfallen der „Fremdheit" der Geschäftsbesorgung bei der Tätigkeit von Angehörigen sowie darüber hinaus auch für weitere Fälle entsprechend der Tätigkeit von Testamentsvollstreckern.[39] Da diese aber beim RDG schon berücksichtigt sind und tatsächlich anders als Vorsorgebevollmächtigte tätig werden → Rn. 22, greift dieses Argument heute nicht mehr. Ausführlich setzt sich Sauer mit der Problematik auseinander. Er nimmt bei „verwandtschaftlichen Strukturen" keine Fremdheit und damit keinen Fall nach dem RDG an, stellt aber weiter fest: „Soll eine umfassende Vorsorgevollmacht zur Vermögensbetreuung und in den persönlichen Angelegenheiten erteilt werden, sind rechtlich fundierte Prüfungen zur Erledigung notwendig und der Anwendungsbereich des RDG soweit eröffnet."[40] Deutlich wird der Ausschluss beruflicher Vorsorgebevollmächtigung nach dem RDG, wenn er auf die Nebenleistungsmöglichkeit eingeht und sie mit Bezug zu den Gesetzgebungsmaterialien. Er kommt zu Schluss: „Eine erlaubte Rechtsdienstleistung als Nebenleistung kann daher in den persönlichen Angelegenheiten zumindest dann nicht angenommen werden, wenn eine berufliche Tätigkeit ausgeübt werden soll."[41] 25

Die Nutzung der Vorsorgevollmacht ist **keine** nach § 5 RDG erlaubte **Nebenleistung.** Die rechtliche Interessenwahrnehmung ist bei der Vorsorgebevollmächtigung Hauptbestandteil und kein Nebeneffekt wie einer Haus- und Wohnungsverwaltung (§ 5 Abs. 2 Nr. 2 RDG). Dass in § 5 Abs. 2 Nr. 1 RDG für die Testamentsvollstreckung eine Ausnahme formuliert wurde, zeigt, dass die Vorsorgebevollmächtigung 26

---

[34] Ähnlich: Werner ErbR 2022, 674.

[35] OLG Saarbrücken 347/371 – OLG 200/03, FamRZ 2003, 1044.

[36] OLG Karlsruhe 4 U 109/10, BeckRS 2011, 22997.

[37] BTDrucks 16/3655, S. 42.

[38] Reymann ZEV 2006, 12 (14–16).

[39] Mit Bezug zu BGH I ZR 182/02, NJW 2005, 968.

[40] Sauer RNotZ 2009, 79 (94).

[41] Sauer RNotZ 2009, 79 (95); nur bei Prüfung komplexer Rechtsfragen: Werner ErbR 2022, 674.

keine ist. Zudem ist sie deutlich weitgehender, betrifft eine lebende Person in den persönlichsten Rechten direkt und nicht nur die Vermögensabwicklung.

27 **Erlaubt** ist gem. § 6 RDG die unentgeltliche Rechtsdienstleistung.[42] Für die Tätigkeit außerhalb **familiärer,** nachbarschaftlicher oder ähnlich enger persönlicher **Beziehungen** sind besondere Voraussetzungen zu erfüllen, im Ergebnis die Ausführung durch oder unter Anleitung einer qualifizierten Person. In den genannten Beziehungen ist die unentgeltliche Vorsorgebevollmächtigung also ausdrücklich zulässig. Unklar ist, ob dies auch eine angemessen „Anerkennungsvergütung" → Rn. 8–15 ausschließt. Nach hier vertretener Ansicht spricht viel dafür, dies wegen Geringfügigkeit nicht als untersagungswürdig anzusehen, wenn es sich tatsächlich um einzelne Vorsorgebevollmächtigungen im familiären Umfeld handelt.

28 In der Praxis sind vereinzelt **Verstöße** gegen das RDG durch die Übernahme von entgeltlichen Vorsorgebevollmächtigungen zu beobachten. Es handelt sich ua um Mitarbeiter und Geschäftsführer von Pflegediensten, Pflegedienste selbst, Anbieter von haushaltsnahen Dienstleistungen wie Fahrdiensten, Reinigungsfirmen und Einkaufhilfen sowie um (nicht-anwaltliche) Betreuer. Vereinzelt erwägen auch (gemeinnützige) Organisationen, Vorsorgebevollmächtigungen zu übernehmen.

VI. Anwendbare Auftragsregeln

29 Gem. den Verweisungen in Absatz 1 gelten grundsätzlich die Regelungen zum **Auftrag.** Bei einer Geschäftsbesorgung dürfen aber Aufgaben grundsätzlich auf **Gehilfen** übertragen werden, denn § 664 BGB gilt nicht. Bei den mit einer Vorsorgevollmacht zu erledigenden Entscheidungen kann die Auslegung des Geschäftsbesorgungsvertrages ergeben, dass bestimmte Aufgaben nicht übertragen werden dürfen (zB Zustimmung oder Ablehnung zu lebenserhaltenden Maßnahmen). Besser ist eine ausdrückliche Regelung. Entsprechendes gilt für die **Kündigung,** da auch § 671 BGB nicht gilt.

Titel 13. Geschäftsführung ohne Auftrag

§ 687 Unechte Geschäftsführung

(1) **Die Vorschriften der §§ 677 bis 686 finden keine Anwendung, wenn jemand ein fremdes Geschäft in der Meinung besorgt, dass es sein eigenes sei.**

(2) **[1]Behandelt jemand ein fremdes Geschäft als sein eigenes, obwohl er weiß, dass er nicht dazu berechtigt ist, so kann der Geschäftsherr die sich aus den §§ 677, 678, 681, 682 ergebenden Ansprüche geltend machen. [2]Macht er sie geltend, so ist er dem Geschäftsführer nach § 684 Satz 1 verpflichtet.**

1 Für das Vorsorgerecht ist die angemaßte Eigengeschäftsführung in § 687 Abs. 2 BGB von Bedeutung. Die Vorschrift gibt dem Vollmachtgeber die Rechte aus Geschäftsführung ohne Auftrag gegen einen Bevollmächtigten, der bewusst mit der Vollmacht Geschäfte vornimmt, zu denen er nicht berechtigt ist.

2 Die Vorschrift setzt voraus, dass jemand ein fremdes Geschäft als eigenes behandelt. Das wird für den Fall verneint, dass der Geschäftsführer vertraglich gegenüber dem Geschäftsherrn verpflichtet ist und lediglich diese Verpflichtung verletzt.[1] Es genügt also nicht, wenn ein Vorsorgebevollmächtigter im Innenverhältnis gebunden ist und dem Auftrag zuwiderhandelt.

---

[42] Vgl. auch DNotI-Report 2012, 183 (184).

[1] BGH II ZR 334/87, NJW-RR 1989, 1255.

Die Vorschrift verweist über § 681 BGB insbesondere auf die Ansprüche auf Auskunft und Rechnungslegung (§ 666 BGB) und Herausgabe des Erlangten (§ 667 BGB). 3

Titel 16. Gesellschaft

Vorbemerkungen: Unternehmensbezug bei Vorsorgevollmachten

I. Bedeutung

Die Bedeutung einer wirksam erteilten Vorsorgevollmacht hat in den zahlreichen 1
Fällen, in denen das Vermögen des Vollmachtgebers unternehmerischen Bezug hat, durch die Verabschiedung des Personengesellschaftsrechtsmodernisierungsgesetz (MoPeG vom 10.8.2021)[1] schon jetzt erheblich zugenommen. Die dadurch erfolgende vollständige Neufassung des Rechts der bürgerlichen Gesellschaft tritt zwar erst zum 1.1.2024 in Kraft, wird aber jetzt schon in der Neuauflage der Kommentierung eingearbeitet. Die Kommentierung in der ersten Auflage bleibt indes unverändert für bestehende Vorsorgevollmachten gültig. Neu erteilte Vorsorgevollmachten sollten allerdings inhaltlich für den Fall der Anwendung einer Vorsorgevollmacht ab dem Datum des 1.1.2024 das ab diesem Zeitpunkt geltende Recht berücksichtigen.

Unternehmerisches Vermögen hat jede Person, die als Einzelkaufmann, als Handwerker, als Angehöriger eines freien Berufs, sei es Arzt, Apotheker, Architekt, Ingenieur oder Rechtsanwalt tätig ist, aber auch jede Person, die an einer Gesellschaft bürgerlichen Rechts, einer OHG, einer GmbH, einer UG oder einer Aktiengesellschaft beteiligt ist. Dabei kommt es für die Bedeutung der Erteilung einer Vorsorgevollmacht bei unternehmerisch gebundenem Vermögen im Grundsatz nicht auf die Rechtsform des Unternehmens an. Tritt der Fall ein, dass ein Unternehmer oder Gesellschafter eines Unternehmens wegen Krankheit oder Behinderung iSd §§ 1814 f. BGB „betreuungsbedürftig" wird, so kann bei Fehlen einer fachgerechten Vorsorgeregelung (insbesondere Vorsorgevollmacht mit auf den konkreten Vermögensbestand abgestimmten Handlungsanweisungen) der Bestand des Unternehmens gefährdet sein. Der Vorsorgefall kann erhebliche Auswirkungen für den Unternehmer, seine Angehörigen und Erben sowie das Unternehmen, und dessen Arbeitnehmer, sowie gegebenenfalls auch für Mitgesellschafter haben. Soweit die unternehmerische Beteiligung in der Rechtsform der Gesellschaft bürgerlichen Rechts besteht sind für Anwendungszeiträume nach dem 1.1.2024, wie eingangs angesprochen und nachfolgend bei den einzelnen Normen kommentiert, die in wesentlichen Teilen geänderten Rechtsnormen der §§ 705 ff. BGB zu beachten.

Die vorsorgliche Erteilung einer Vorsorgevollmacht dient besonders der **Abwen-** 2
dung einer gerichtlich angeordneten **Betreuung.**[2] Schon die Bestandserhaltung, erst recht aber viele Entscheidungen im alltäglichen „Leben" eines Unternehmens erfordern breites und tiefes wirtschaftliches Verständnis sowie juristisches und gegebenenfalls auch branchenbezogenes Wissen. Das kann sowohl Fragen des „Tagesgeschäfts", als auch grundlegende Entscheidungen betreffen. Es besteht regelmäßig das Risiko von Entscheidungen, die sich negativ auf den Vermögensbestand auswirken können und die Kompetenz eines nicht ausreichend qualifizierten **Betreuers überfordern.** Die Bedeutung der **fachlichen Befähigung** des Betreuers hat der BGH in einer jüngsten Entscheidung hervorgehoben, in der er es akzeptiert hat, dass trotz Erteilung

---

[1] BGBl. I 3436.

[2] Winkler, Vorsorgeverfügungen S. 38; Baumann/Selzener RNotZ 2015, 605 (605–607).

einer Vorsorgevollmacht die Bestellung eines Betreuers deshalb erforderlich erschien, weil der Bevollmächtigte nicht ausreichend befähigt war oder weil erhebliche Bedenken an seiner Redlichkeit bestanden.[3] Schon das **Verfahren** der Betreuerbestellung kann für ein Unternehmen erhebliche **Nachteile** mit sich bringen weil es für das Betreuungsgericht regelmäßig sehr zeitaufwendig sein wird, einen geeigneten Betreuer zu finden. Daneben ist nicht in jedem Fall sichergestellt, dass dem Betreuungsgericht die Probleme bewusst sind, die sich ergeben, wenn das Vermögen des zu Betreuenden einen Unternehmensbezug hat.

3 Der gerichtlich bestellte Betreuer muss im Zweifelsfall vor weitreichenden Entscheidungen die **Genehmigung** des Betreuungsgerichts einholen. Es gelten Genehmigungspflichten gem. §§ 1848–1858 BGB.[4] Bevor das Betreuungsgericht in diesen Fällen seine Einwilligung erteilt, wird es häufig zunächst Gutachten einholen, die nicht nur sehr zeit- und kostenaufwändig sind, sondern darüber hinaus staatlichen Stellen tiefe Einblicke in das Unternehmen gewähren. Nicht nur die dabei eintretenden Verzögerungen, auch die Eingriffe in die Persönlichkeitsrechte des Unternehmers/ Vollmachtgebers bzw. die zwangsläufige Verletzung der Ebene der Betriebs- und **Geschäftsgeheimnisse** können auf Unternehmen nachteilige Auswirkungen haben.[5]

4 Der Vorsorgevollmachtgeber sollte von sich aus eine **zweite Person** mit der Kontrolle des Vorsorgebevollmächtigten **beauftragen,**[6] andernfalls kann das Betreuungsgericht einen **Kontrollbetreuer** nach §§ 1815 Abs. 3, 1820 Abs. 3 BGB einsetzen.[7] Die Einsetzung eines solchen Kontrollbetreuers durch das Gericht oder die Bestellung eines zweiten Bevollmächtigten mit dem Aufgabenkreis der Kontrolle des ersten kann auch dann erforderlich sein, wenn die Besorgnis eines Interessenkonflikts zwischen dem Vollmachtgeber und dem Vorsorgebevollmächtigten besteht oder Anhaltspunkte dafür gegeben sind, dass an der Redlichkeit des Vorsorgebevollmächtigten begründete Zweifel bestehen[8] oder der Vorsorgebevollmächtigte unter Umständen mit der Aufgabe überfordert sein könnte. Das Betreuungsgericht handelt gem. § 1814 BGB auf Antrag des zu Betreuenden oder von Amts wegen, wenn ihm Tatsachen bekannt werden, die die Bestellung eines Betreuers im Hinblick auf die konkrete Lebenssituation des Betroffenen erforderlich machen. Diese Tatsachen ermittelt das Betreuungsgericht von Amts wegen und kann dabei auf einen Hinweis von Dritten, beispielsweise von Angehörigen, anderen Gesellschaftern oder Geschäftspartnern reagieren.

Angesichts der regelmäßig nicht einfach gelagerten Aufgaben eines Bevollmächtigten im unternehmerischen Bereich ist die Wahrscheinlichkeit, dass ein Gericht das Erfordernis eines Kontrollbetreuers bejaht größer als bei klassischen Vorsorgevollmachten von Privatpersonen.[9] Um durch ein gerichtliches Verfahren und die Einsetzung eines Kontrollbetreuers zu erwartende, erhebliche Verzögerungen und Komplikationen zu vermeiden, empfiehlt es sich, die zusätzliche Kontrollperson bereits mit

[3] BGH Beschl. v. 15.6.2022, XII ZB 85/22, ZEV 2022, 737 zur Befähigung bzw. Bedeutung der Redlichkeit des Bevollmächtigten.

[4] Vgl. auch Baumann/Selzener RNotZ 2015, 605 (606 f.).

[5] Reymann ZEV 2006, 12 (13) mwN; Werner GmbHR 2013, 963 (964).

[6] Vgl dazu im einzelnen Winkler Vorsorgeverfügungen S. 40, zur Missbrauchsproblematik des Bevollmächtigten vertiefend Meier FamRB 2015, 144.

[7] Winkler Vorsorgeverfügungen S. 39.

[8] OLG München NJW-RR 2007, 294; BGH XII ZB 125/15; BayObLG FamRZ 2001, 1402.

[9] Grüneberg/Götz BGB § 1896 Rn. 23; Cypionka NJW 1992, 208: Bestellung eines Kontrollbetreuers bei Schwierigkeit der Geschäftsführung; OLG Köln ·Beschl.v. 16.6.2009 – 16 Wx 19/09, BeckRS 2009, 15797 bei erheblichen Zweifeln an der Redlichkeit des Vorsorgebevollmächtigten.

Erteilung der Vorsorgevollmacht mit auf die Kontrolle des (Haupt)-Bevollmächtigten begrenzten Aufgaben zu bestellen. Auch soweit mangels Vorliegen einer Vorsorgevollmacht ein Betreuer nach § 1896 Abs. 1 S. 1 BGB gerichtlich bestellt worden ist, kann das Betreuungsgericht gem. § 1817 Abs. 1 BGB einen weiteren (Mit-) Betreuer bestellen, wenn dadurch die Aufgaben des zu Betreuenden besser wahrgenommen werden können.

II. Gestaltungsansätze

In der Literatur wird deshalb empfohlen, **mehrere Bevollmächtigte** zu ernennen, die unter Beachtung eines Vier-Augen-Prinzips und durch gegenseitige Kontrolle das Erfordernis der Bestellung eines Kontrollbetreuers ausschließen.[10] Diese Lösung zieht aber den Nachteil nach sich, erhöhten Abstimmungsbedarf sowie mögliche Blockadesituationen zwischen den Bevollmächtigten auszulösen. Die Erteilung einer Vorsorgevollmacht an zwei Bevollmächtigte sollte nur dann gewählt werden, wenn die Unternehmensgröße und die Tragweite der zu treffenden Entscheidungen dies erfordern. Das ist regelmäßig nur in den Fällen gegeben, in denen der Verkauf eines Unternehmens abzuwickeln ist, oder der Vorsorgebevollmächtigte unmittelbar ein Unternehmen fortführt. Um die oben angesprochene Blockadesituation zu vermeiden, kann in diesen Fällen über Handlungsanweisungen, die inhaltlichen Vorgaben des Vollmachtgebers zur Ausübung der Vollmacht enthalten, den Vorsorgebevollmächtigten aufgegeben werden, sich gegenseitig zB vierteljährlich über die jeweils getroffenen Maßnahmen und deren Hintergründe zu informieren (analog zu den Kontrollrechten und -pflichten des aktienrechtlichen Aufsichtsrats entsprechend dem Ende Juni 2022 in Kraft getretenen neuen Deutschen Corporate Governance Codex).[11] Alternativ kann der zweite Bevollmächtigte auch von vornherein mit dem beschränkten Wirkungskreis des Widerrufs der Vorsorgevollmacht des ersten Bevollmächtigten bestellt werden. Auf diese Weise ist am ehesten gewährleistet, dass eine effiziente Kontrolle stattfindet. Eine Doppelvollmacht mit gegenseitiger Überwachung kommt bislang in der Praxis nur äußerst selten vor. Sie sollte nur dann gewählt werden, wenn der Vollmachtgeber zu beiden Bevollmächtigten ein gefestigtes Vertrauensverhältnis hat und sich sicher ist, dass beide Bevollmächtigten harmonisch zusammenwirken.[12] 5

Eine weitere Möglichkeit der Vorsorge im Hinblick auf die Begrenzung der Handlungen des Vorsorgebevollmächtigten ist über **schriftliche Handlungsanweisungen** gegeben, welche in einem separaten Schriftstück niedergelegt werden, die der Vorsorgebevollmächtigte aber als auftragsmäßige Weisungen im Innenverhältnis → §§ 662, 665 BGB von Beginn an zu beachten hat, → § 1 HGB Rn. 3–11. Für Grundlagenentscheidungen kann der Vorsorgebevollmächtigte in der Handlungsanweisung zB verpflichtet werden, entweder aufgrund einheitlicher gemeinschaftlicher Abstimmung mit dem Kontrollbevollmächtigten zu entscheiden oder die Familienangehörigen des Vollmachtgebers rechtzeitig vor der geplanten Entscheidung anzuhören. Damit erhalten diese Personen Kenntnis von geplanten Aktivitäten des Bevollmächtigten und können, falls sie das für erforderlich halten, beim Betreuungsgericht den Antrag auf Bestellung eines Kontrollbetreuers gem. §§ 1815 Abs. 3, 1820 Abs. 3 BGB stellen. 6

Schließlich können bei Personengesellschaften wie der GbR oder OHG auf gesellschaftsrechtlicher Ebene (vorsorgend) aus dem Kreis der Gesellschafter weitere oder **stellvertretende Geschäftsführer** bestellt werden,[13] wobei die „Geschäftsfüh- 7

---

[10] Jocher Notar 2014, 10; Sauer RNotZ 2009, 7986f., Winkler Vorsorgeverfügungen S. 39 (40).

[11] Vgl. Deutscher Corporate Governance Codex idF. vom 27.6.2022.

[12] Vgl. hierzu vertiefend Winkler Vorsorgeverfügungen S. 40.

[13] So auch Heckschen NZG 2012, 10 (15); zum weiterhin gültigen Grundsatz der Selbstorganschaft, der Fremdgeschäftsführer ausschließt, Hopt/Roth HGB vor § 105 Rn. 67.

rerbestellung“ (genauer: die Bevollmächtigung) erst bei Eintritt des Vorsorgefalls wirksam sein kann. Ggf. ist sorgfältig darauf zu achten, dass der Eintritt dieses Vorsorgefalls hinreichend genau bestimmbar ist. Der Vorteil der (bedingten) „Bevollmächtigung mit Geschäftsführungsbefugnis“ liegt in der schnellen Handlungsfähigkeit des Vertreters, der bei der Außenvertretung der Personengesellschaft aber stets das Vollmachtsdokument vorweisen muss. Eine aufschiebend bedingt erfolgte Bevollmächtigung ist nicht im Handelsregister eintragungsfähig.

Bei Kapitalgesellschaften, wie der GmbH, der UG (haftungsbeschränkt) oder der AG ist diese Möglichkeit nicht gegeben, weil sich die organschaftliche Vertretung der Kapitalgesellschaft aus dem Handelsregister ergeben muss, Anmeldungen zum Handelsregister sind aber als Verfahrenshandlungen bedingungsfeindlich.[14]

III. Konstellationen – Übersicht

8 Bei bestimmten **Berufsträgern** kann eine **Vertretung** in der Ausübung der beruflichen Tätigkeit **ausgeschlossen** sein, so bei **Rechtsanwälten** (§ 14 Abs. 2 Nr. 3 BRAO), **Steuerberatern** (§ 46 Abs. 2 Nr. 7 StBerG), Wirtschaftsprüfern (§ 20 Abs. 2 Nr. 4 WPO), Apothekern (§§ 4 Abs. 2, 5 ApoG), **Ärzten** (§§ 5 S. 2, 6 Abs. 1 Nr. 2, 3 Abs. 1 Nr. 3 BÄO, § 27 ÄrzteZV, § 95 Abs. 6 SGB V) und Zahnärzten (§§ 5 Abs. 1 Nr. 2, 4 Abs. 2 S. 2, 2 Abs. 1 Nr. 3 ZHG, § 27 ZahnärzteZV, 95 Abs. 6 SGB V).[15] Regelmäßig greift eine Vorsorgebevollmächtigung für den beruflichen Bereich dann nicht, wenn es zur Berufsausübung einer gesonderten staatlichen Zulassung oder, bei sogenannten verkammerten Berufen, der Bestellung mit anschließender hoheitlicher Vereidigung bedarf, die der Vorsorgebevollmächtigte nicht hat. Mit der Vorsorgevollmacht kann aber dann, wenn sich das aus den Umständen (länger andauernde Berufsunfähigkeit) oder (besser) aus den Handlungsanweisungen ergibt, die Kanzlei oder Praxis oder Apotheke als Ganzes (wobei die genannten Einschränkungen hinsichtlich der Mandate, Patienten etc. zu beachten sind) oder auch nur zB das Inventar der Arbeitsräume veräußert und können gegenüber dem bestellten Vertreter bzw. Abwickler die Interessen des Vollmachtgebers vertreten werden. Von den Kammern o. ä. wird für den eigentlichen Berufsbereich grundsätzlich ein Vertreter bzw. Abwickler bestellt (zB § 55 (insbes. Abs. 5) BRAO für Rechtsanwälte). Zum Teil kann durch Anzeige bei der Kammer vor einem solchen Fall Einfluss auf die Auswahl genommen oder vorübergehend und vorsorglich für eine sachgemäße Vertretung gesorgt werden, vgl. zB § 53 BRAO.

9 Im Hinblick auf die mit der Neufassung des Personengesellschaftsrechts mit Wirkung ab 1.1.2024 in Kraft tretenden Änderungen und Modernisierungen des BGB betreffend die Regelungen der GbR (§§ 705 ff. BGB) ist die Gesellschaft selbst nach dem neugefassten § 705 Abs. 2 BGB nunmehr Trägerin der Rechte und Pflichten, sofern sie nach dem gemeinsamen Willen der Gesellschafter am Rechtsverkehr teilnehmen soll (rechtsfähige Gesellschaft). Die rechtsfähige Gesellschaft im Sinne des § 705 Abs. 2 BGB ab 1.1.2024 hat Vermögen, sie entspricht der bislang als „Außen“-Gesellschaft bezeichneten GbR. Sie wird, soweit nichts Gegenteiliges im Gesellschaftsvertrag geregelt wurde, durch den Tod eines Gesellschafters nicht aufgelöst (§ 723 BGB ab 1.1.2024). Die Rechtsfähigkeit der Gesellschaft im Verhältnis zu Dritten beginnt gemäß § 719 Abs. 1 BGB nach dem 1.1.2024, sobald sie mit **Zustimmung sämtlicher Gesellschafter** am Rechtsverkehr teilnimmt. Spätestens beginnt die Rechtsfähigkeit mit ihrer Eintragung im Gesellschaftsregister. Der Vorsorgebevollmächtigte sollte deshalb vom Vollmachtgeber in einer Handlungsanweisung dazu ver-

---

[14] Grüneberg/Ellenberger BGB § 158 Rn. 12; BayObLG ZBR 14/92 DNotZ 1993, 197.

[15] Nach Reymann ZEV 2005, 457 (459) sowie Lipp/Spalckhaver Vorsorgeverfügungen § 14 Rn. 107.

pflichtet werden, den Antrag auf Eintragung der Gesellschaft beim Gesellschaftsregister zu stellen bzw. auf eine entsprechende Mitwirkung der Mitgesellschafter hinzuwirken. Da die Eintragung im Gesellschaftsregister rechtlich nicht nachteilig ist, dürfte eine Zustimmungspflicht der Mitgesellschafter bestehen. Erst die Eintragung der GbR im Gesellschaftsregister führt im Ergebnis auch zur Haftungsbeschränkung der Gesellschafter.[16] Der Bevollmächtigte sollte deshalb darauf hinwirken, eine entsprechende Individualvereinbarung unter den Gesellschaftern, gegebenenfalls in Abänderung des Gesellschaftsvertrages herbeizuführen und die Eintragung der Gesellschaft im Gesellschaftsregister zu betreiben. Mit Inkrafttreten des MoPeG am 1.1.2024 ist sowohl die Registerfähigkeit der Gesellschaft bürgerlichen Rechts im eigens zu schaffenden Gesellschaftsregister anerkannt, als auch die Rechtsfähigkeit selbst.[17] Die GbR kann eine Sitzwahl mit Trennung von Verwaltungs- und Satzungssitz vorsehen. Neu eingefügt in das Recht der bürgerlichen Gesellschaft ist in § 711a BGB die eingeschränkte Übertragbarkeit von Gesellschafterrechten sowie die Regelung des § 712a BGB, wonach die Gesellschaft von Gesetzes wegen liquidiert wird, wenn nur noch ein Gesellschafter vorhanden ist. Ebenfalls neu geregelt ist eine Beschlussmängelklage in § 715b HGB[18]).

Viele Fragen bei der unternehmensbezogenen Vorsorgevollmacht sind von der **10**
Rechtsprechung nach wie vor noch nicht abschließend geklärt. **Fraglich** ist **insbesondere,** ob eine Vorsorgevollmacht zur Wahrnehmung der **Gesellschafterrechte** erteilt werden darf und von den Mitgesellschaftern akzeptiert werden muss (zur GbR → § 705 BGB Rn. 3f., § 712 BGB, zur GmbH → § 45 GmbHG), sicher ist aber, dass eine dementsprechende **Vorsorgeklausel** in den Gesellschaftsvertrag aufgenommen werden kann und zur Vermeidung von evtl. langwierigen Streitigkeiten mit Mitgesellschaftern auch im Wege der Änderung/Ergänzung des Gesellschaftsvertrags aufgenommen werden sollte (zur GbR → § 705 BGB Rn. 3, zur GmbH → Kommentierung in der Vorauflage zu § 3 GmbHG Rn. 1). Zur Frage, ob eine Gesellschaft wegen **Betreuungsbedürftigkeit** eines Gesellschafters gekündigt oder der Gesellschafter **ausgeschlossen** werden kann (zur GbR §§ 723, 736f. BGB, zur GmbH → § 34 GmbHG, zum Geschäftsführer der GmbH, dessen organschaftliche Stellung **nicht** durch Vorsorgevollmacht übertragen werden kann: → § 6 GmbHG), ob bzw. wie weit **Geschäftsführertätigkeiten** übertragen werden können (zur GbR → § 710 BGB Rn. 4, § 712 BGB, zur GmbH → § 34 GmbH), die Möglichkeiten der **Umwandlung** des unternehmerischen Vermögens → UmwG sowie die Abgrenzung zu anderen Vollmachtsformen, wie der **Stimmrechtsvollmacht** → § 1 HGB Rn. 5, § 47 GmbHG, der **Prokura** → §§ 48f., 43f HGB und der **Spezialvollmacht** → § 1 HGB Rn. 5.

§ 705 Inhalt des Gesellschaftsvertrags (Fassung bis 31.12.2023)

Durch den Gesellschaftsvertrag verpflichten sich die Gesellschafter gegenseitig, die Erreichung eines gemeinsamen Zweckes in der durch den Vertrag bestimmten Weise zu fördern, insbesondere die vereinbarten Beiträge zu leisten.

[16] BGH II ZR 371-98, BGHZ 142, 315.
[17] BGH II ZR 331/00, BGHZ 146, 341 – Weißes Ross.
[18] Vgl. im übrigen Hopt/Roth HGB vor § 105 Rn. 42 mwN.

§ 705 *Rechtsnatur der Gesellschaft (Fassung ab 1. 1. 2024)*

(1) Die Gesellschaft wird durch den Abschluss des Gesellschaftsvertrages errichtet, in dem sich die Gesellschafter verpflichten, die Erreichung eines gemeinsamen Zwecks in der durch den Vertrag bestimmten Weise zu fördern.

(2) Die Gesellschaft kann entweder selbst Rechte erwerben und Verbindlichkeiten eingehen, wenn sie nach dem gemeinsamen Willen der Gesellschafter am Rechtsverkehr teilnehmen soll (rechtsfähige Gesellschaft), oder sie kann den Gesellschaftern zur Ausgestaltung ihres Rechtsverhältnisses untereinander dienen (nicht rechtsfähige Gesellschaft).

(3) Ist der Gegenstand der Gesellschaft der Betrieb eines Unternehmens unter gemeinschaftlichem Namen, so wird vermutet, dass die Gesellschaft nach dem gemeinsamen Willen der Gesellschafter am Rechtsverkehr teilnimmt.

§ 707 *Anmeldung zum Gesellschaftsregister (Fassung ab 1. 1. 2024)*

(1) Die Gesellschafter können die Gesellschaft bei dem Gericht, in dessen Bezirk sie ihren Sitz hat, zur Eintragung in das Gesellschaftsregister anmelden.

(2) Die Anmeldung muss enthalten:
1. folgende Angaben zur Gesellschaft:
   a) den Namen,
   b) den Sitz und
   c) die Anschrift, in einem Mitgliedstaat der Europäischen Union;
2. folgende Angaben zu jedem Gesellschafter:
   a) wenn der Gesellschafter eine natürliche Person ist: dessen Namen, Vornamen, Geburtsdatum und Wohnort;
   b) wenn der Gesellschafter eine juristische Person oder rechtsfähige Personengesellschaft ist: deren Firma oder Namen, Rechtsform, Sitz und, soweit gesetzlich vorgesehen, zuständiges Register und Registernummer;
3. die Angabe der Vertretungsbefugnis der Gesellschafter;
4. die Versicherung, dass die Gesellschaft nicht bereits im Handels- oder im Partnerschaftsregister eingetragen ist.

(3) [1]Wird der Name der im Gesellschaftsregister eingetragenen Gesellschaft geändert, der Sitz an einen anderen Ort verlegt oder die Anschrift geändert oder ändert sich die Vertretungsbefugnis eines Gesellschafters, ist dies zur Eintragung in das Gesellschaftsregister anzumelden. [2]Ist die Gesellschaft im Gesellschaftsregister eingetragen, so sind auch das Ausscheiden eines Gesellschafters und der Eintritt eines neuen Gesellschafters zur Eintragung in das Gesellschaftsregister anzumelden.

(4) [1]Anmeldungen sind vorbehaltlich der Sätze 2 und 3 von sämtlichen Gesellschaftern zu bewirken. [2]Scheidet ein Gesellschafter durch Tod aus, kann die Anmeldung ohne Mitwirkung der Erben erfolgen, sofern einer solchen Mitwirkung besondere Hindernisse entgegenstehen. [3]Ändert sich nur die Anschrift der Gesellschaft, ist die Anmeldung von der Gesellschaft zu bewirken.

§ 707a *Inhalt und Wirkungen der Eintragung im Gesellschaftsregister (Fassung ab 1. 1. 2024)*

(1) [1]Die Eintragung im Gesellschaftsregister hat die in § 707 Absatz 2 Nummer 1 bis 3 genannten Angaben zu enthalten. [2]Eine Gesellschaft soll als Gesellschafter nur eingetragen werden, wenn sie im Gesellschaftsregister eingetragen ist.

(2) [1]Mit der Eintragung ist die Gesellschaft verpflichtet, als Namenszusatz die Bezeichnungen „eingetragene Gesellschaft bürgerlichen Rechts“ oder „eGbR“ zu führen. [2]Wenn in einer eingetragenen Gesellschaft keine natürliche Person als Gesellschafter

haftet, muss der Name eine Bezeichnung enthalten, welche die Haftungsbeschränkung kennzeichnet.

(3) ***[1]Die Eintragung bewirkt, dass § 15 des Handelsgesetzbuchs mit der Maßgabe entsprechend anzuwenden ist, dass das Fehlen der Kaufmannseigenschaft nicht an der Publizität des Gesellschaftsregisters teilnimmt. [2]Die Eintragung lässt die Pflicht, die Gesellschaft zur Eintragung in das Handelsregister anzumelden (§ 106 Absatz 1 des Handelsgesetzbuchs), unberührt.***

(4) ***Nach Eintragung der Gesellschaft findet die Löschung der Gesellschaft nur nach den allgemeinen Vorschriften statt.***

§ 707b *Entsprechend anwendbare Vorschriften des Handelsgesetzbuchs (Fassung ab 1. 1. 2024)*

Folgende Vorschriften des Handelsgesetzbuchs sind auf eingetragene Gesellschaften entsprechend anzuwenden:

1. ***auf die Auswahl und den Schutz des Namens der Gesellschaft: die §§ 18, 21 bis 24, 30 und 37,***
2. ***auf die registerrechtliche Behandlung der Gesellschaft und die Führung des Gesellschaftsregisters: die §§ 8, 8a Absatz 1, § 9 Absatz 1 Satz 1 und Absatz 3 bis 6, die §§ 10 bis 12, 13h, 14, 16 und 32 und***
3. ***auf die registerrechtliche Behandlung der Zweigniederlassung einer Gesellschaft: die §§ 13 und 13d mit der Maßgabe, dass eine Verpflichtung zur Anmeldung der Zweigniederlassung nicht besteht.***

Für rechtsgeschäftlich begründete Verbindlichkeiten einer GbR haftet den Gläubi- 1
gern nicht nur das Gesellschaftsvermögen, die Gesellschafter einer GbR haften für Verbindlichkeiten der GbR daneben auch mit ihrem Privatvermögen.[1] Die **Haftung** der Gesellschafter mit ihrem Privatvermögen folgt insoweit aus der Rechtsnatur der Personengesellschaft in Anlehnung an § 128 HGB zum Recht der OHG. Daraus folgt, dass ein Vorsorgebevollmächtigter dann, wenn sich im Vermögen des Vollmachtgebers Anteile an Personengesellschaften befinden, wissen muss, dass nicht nur der konkrete Gesellschaftsanteil (an einer Grundstücks-GbR, einer Anwaltssozietät oder ärztlichen Gemeinschaftspraxis, einem Ingenieur-Büro in der Rechtsform einer Personengesellschaft), sondern auch das gesamte **Privatvermögen des Vollmachtgebers** im Falle einer Inanspruchnahme der Gesellschaft von einer Haftung bedroht sein kann. Auch nach Inkrafttreten des MoPeG am 1. 1. 2024 bleibt es im Grunde bei der persönlichen Haftung der Gesellschafter für Verbindlichkeiten der Gesellschaft gemäß § 721 BGB. Bei nicht unternehmerisch tätiger GbR kommt allerdings eine Haftungsbeschränkung auf das Gesellschaftsvermögen mit daneben bestehender Handelnden-Haftung analog § 54 BGB in der Fassung vom 1. 1. 2024 in Betracht, wenn sie im Gesellschaftsregister eingetragen ist. Für Gesellschaften mit Grundbesitz ist zu beachten, dass § 47 Abs. 2 GBO nF nur denjenigen GbR die Eintragung eines Rechts im Grundbuch gewährt, die ihrerseits im Gesellschaftsregister eingetragen sind. Damit ist die Eintragung ab dem 1. 1. 2024 für Gesellschaften, die Grundbesitz haben oder im Grundbuch eingetragene Rechte (zB Grundschulden) haben oder haben sollen, faktisch zwingend.[2]

In Ansehung des ab 1. 1. 2024 geltenden MoPeG sollte der Vorsorgeberechtigte, 2
sobald er feststellt, dass zum Vermögen des Vorsorgevollmachtgebers auch unternehmerisch gebundenes Gesellschaftsvermögen oder Grundstücksvermögen gehört, darauf dringen, spätestens bis 31. 12. 2023 einen GbR-Vertrag abzuschließen und entsprechend zur Stellung des Antrags auf Eintragung im Gesellschaftsregister

[1] Grüneberg/Sprau BGB § 705 BGB Rn. 10. u.11.
[2] Grüneberg/Sprau BGB § 707d Rn. 2.

bevollmächtigt sein. Auf die Vermutungsfiktion aus § 705 Abs. 3 nF, wonach zu vermuten ist, dass die Gesellschaft am Rechtsverkehr teilnimmt, ist hinzuweisen. Der Vorsorgebevollmächtigte ist, wenn keine entsprechende Einschränkung in der Vollmachtsurkunde oder in den Handlungsanweisungen erfolgt, berechtigt, für den Vollmachtgeber eine GbR zu **gründen** oder einen **GbR-Vertrag abzuschließen.** Aus Gründen des erheblichen Haftungsrisikos für den Vorsorgebevollmächtigten ist aber dringend anzuraten, nur eine GbR mit schriftlichem Vertrag zu gründen, bzw unverzüglich auf Abschluss eines schriftlichen Gesellschaftsvertrags zu dringen. Der Abschluss des Gesellschaftsvertrages bedarf im Regelfall keiner besonderen Form.[3] Schriftform ist im jedem Fall aus Beweisgründen anzuraten. Besteht die Leistung eines Gesellschafters (hier des Vollmachtgebers) darin, ein Grundstück einzubringen, ist der Gesellschaftsvertrag ohnehin beurkundungsbedürftig (§ 311b BGB). Ein Betreuer bedarf zur Gründung einer GbR oder zum Abschluss eines Gesellschaftsvertrages einer Genehmigung durch das Betreuungsgericht (§ 1852 Nr. 2 BGB).

3 Ist im Gesellschaftsvertrag der Personengesellschaft (zur GmbH → Kommentierung in der Vorauflage zu § 3 GmbHG Rn. 1) zur Frage **Erteilung** einer Vorsorgevollmacht oder der Person eines Vorsorgebevollmächtigten für den Fall, dass der Vollmachtgeber geschäftsführender Gesellschafter ist, keine Regelung enthalten, bedarf eine derartig umfassende Vollmacht nach wohl hM der **Zustimmung** aller anderen **Gesellschafter.**[4] Grundsätzlich können alle voll geschäftsfähigen, natürlichen Personen bestellt werden. Im Gesellschaftsvertrag könnte aber vorab geregelt werden, aus welchem Personenkreis der Bevollmächtige auszuwählen ist, ob zB (auch) für solche Vertretungen nur eine Person aus dem rechts- oder steuerberatenden Berufen oder nur ein Ehegatte oder Abkömmling des Gesellschafters in Betracht kommt. Für die Auswahl familienfremder Außenstehender, die zur beruflichen Verschwiegenheit verpflichtet sind, spricht die dann erkennbar ausschließlich sachbezogene Auswahl, die im Streitfall vom Betreuungsgericht kaum in Zweifel gezogen werden kann.

4 Im Streitfall haben die übrigen Gesellschafter letztendlich unter Beachtung der gesellschaftsvertraglichen Treuepflicht eine **Zustimmungspflicht** (str),[5] wenn die Verweigerung der Zustimmung Ihnen unter Abwägung der widerstreitenden Interessen zugemutet werden kann und andernfalls das Fortbestehen der Gesellschaft ernstlich bedroht ist. Die Gesellschafter werden deshalb nur solche Personen als Bevollmächtigte ablehnen dürfen, von denen der Gesellschaft unmittelbar Schaden droht. Dies kann der Fall sein, wenn ein Konkurrent bevollmächtigt werden soll.[6] Die Mitgesellschafter sind insbesondere dann, wenn die Bevollmächtigung eines Mitgesellschafters zu einem Interessenkonflikt mit den Interessen des Vollmachtgebers führen kann – was bei sorgfältiger Prüfung in zahlreichen Fällen gegeben sein dürfte –, verpflichtet, die Zustimmung zu einer derartigen unternehmensbeteiligungsbezogenen Vorsorgevollmacht zu erteilen.[7] Zu berücksichtigen ist aber auch, dass der Gesellschafter einer Personengesellschaft ein schützenswertes Interesse daran hat, die Person des Mitgesellschafters zu kennen. Vielfach wird er die Beteiligung einer Personengesellschaft nur dann eingehen, wenn ein entsprechendes Vertrauen in die Fachkompetenz des Mitgesellschafters besteht. Der Vorsorgebevollmächtigte ist im Regelfall berechtigt, das gesamte Vermögen des Vollmachtgebers zu verwalten. Diese umfassende Befugnis zur Vermögensverwaltung umfasst das gesamte bestehende Vermögen mit allen

---

[3] Grüneberg/Sprau BGB § 705 BGB Rn. 12.

[4] Str.; so zutreffend Heckschen NZG 2012, 10ff.; Baumann/Selzener RNotZ 2015, 605 (610); anders wohl Jocher notar 2014, 7 (11).

[5] Grundlegend: Schäfer ZHR 175 (2011), 557; aA wohl Jocher notar 2014, 3 (7); „grundsätzlich" keine Pflicht: Baumann/Selzener RNotZ 2015, 605 (610).

[6] Jocher notar 2014, 3 (6).

[7] BGH II ZR 14/68, NJW 1970, 706.

Aktiva und Passiva. Gesonderte Fragen hinsichtlich der Haftung für sich aus dem Gesellschaftsverhältnis ergebende Verbindlichkeiten stellen sich nicht. Erteilt ein dergestalt gesellschaftsrechtlich gebundener Unternehmer eine Vorsorgevollmacht, bedeutet das praktisch für die Mitgesellschafter, dass eine andere Person die Rechte des Vollmachtgebers ausübt. **Mitgesellschafter als Bevollmächtigte sind ggf. ausdrücklich** von den Beschränkungen des **§ 181 BGB** zu befreien. Zu weiteren **Gestaltungsfragen** → § 1 HGB Rn. 3

§ 709 Gemeinschaftliche Geschäftsführung (Fassung bis 31.12.2023)

(1) **Die Führung der Geschäfte der Gesellschaft steht den Gesellschaftern gemeinschaftlich zu; für jedes Geschäft ist die Zustimmung aller Gesellschafter erforderlich.**

(2) **Hat nach dem Gesellschaftsvertrag die Mehrheit der Stimmen zu entscheiden, so ist die Mehrheit im Zweifel nach der Zahl der Gesellschafter zu berechnen.**

Im Zuge der umfassenden Neuregelung des Rechts der Personalgesellschaften mit dem MoPeG mit Wirkung ab dem 1.1.2024 werden die bisherigen §§ 706–740 BGB durch die kompletten Neuregelungen in den §§ 706–740c BGB ersetzt, die einer anderen Systematik folgen. Die Neubearbeitung der Kommentierung beschränkt sich im Folgenden auf die bisher schon kommentierten Vorschriften. Die nachstehend dargestellte Kommentierung der bisherigen Textfassung folgt der bis zum 31.12.2023 geltenden Rechtslage. 1

Eine Vertretung des Gesellschafters durch andere Gesellschafter oder durch Dritte nach außen ist ohne ausdrückliche Ermächtigung nicht zulässig. Etwas anderes gilt nur dann, wenn die Gesellschafter einstimmig einen von ihnen oder einen Dritten mit der Wahrnehmung der Gesellschafterrechte beauftragen.[1] Mitgesellschafter als Bevollmächtigte sind ggf. ausdrücklich von § 181 BGB zu befreien. 2

Zur Geschäftsführungsbefugnis des Vorsorgebevollmächtigten bei der Personengesellschaft gilt, dass sich die Vorsorgebevollmächtigung nur auf die Ausübung der **Gesellschafterrechte** (wegen des Verbots der Fremdorganschaft), aber **nicht** auf die **Geschäftsführungsbefugnisse** erstrecken kann. Ob die Geschäftsführungsbefugnis im konkreten Fall nur höchst persönlich erteilt ist, lässt sich nur an Hand des Gesellschaftsvertrags klären. Der gesetzliche Regelfall ist gem. § 709 BGB die gemeinschaftliche Vertretung der Gesellschaft durch alle Gesellschafter, die Ausfluss des Grundsatzes der persönlichen, unbeschränkten Haftung in der Rolle des Gesellschafters ist. Auch für den Fall der nicht höchstpersönlichen Gesellschaftergeschäftsführerrolle ist aber die Aussenvertretungsmacht des Vorsorgebevollmächtigten durch einstimmigen Gesellschafterbeschluss zu bestätigen. 3

Hinsichtlich der steuerrechtlichen Pflichten des Vollmachtgebers, die der Vorsorgebevollmächtigte zu erfüllen hat, ist mit Wirkung ab 1.1.2023 die Neuregelung im AEAO zu § 79 AO (Handlungsfähigkeit) zu beachten. Analog zur Regelung für Betreuer nach § 1814 BGB dürfte die Finanzverwaltung auch den Vorsorgebevollmächtigten iSd § 1814 Abs. 3 Nr. 1 BGB als für die Erfüllung steuerlicher Angelegenheiten Beauftragten ansehen.[2] 4

---

[1] Hierzu: Grüneberg/Sprau BGB Vorb. § 709 Rn. 10ff.

[2] Vgl. unter anderem BGHZ 135, 387ff.; BGHZ 116, 359.

§ 710 Übertragung der Geschäftsführung (Fassung bis 31.12.2023)

[1]Ist in dem Gesellschaftsvertrag die Führung der Geschäfte einem Gesellschafter oder mehreren Gesellschaftern übertragen, so sind die übrigen Gesellschafter von der Geschäftsführung ausgeschlossen. [2]Ist die Geschäftsführung mehreren Gesellschaftern übertragen, so findet die Vorschrift des § 709 entsprechende Anwendung.

1 Die gesetzlichen Regeln des BGB sind zwar im Wesentlichen abdingbar. Liegt allerdings kein schriftlicher Vertrag vor, gelten die Vorschriften des BGB. Danach steht die Geschäftsführung allen Gesellschaftern gemeinschaftlich zu (§ 709 Abs. 1 BGB). Ohne ausdrückliche andere Regelung, gilt das Erfordernis alle Beschlüsse einstimmig zu fassen.

2 Ist der Vollmachtgeber „geschäftsführender Gesellschafter" bedarf es zur Übertragung dieser Vertretungsbefugnis eines **zustimmenden Beschlusses** der übrigen Gesellschafter.[1] Ein mit der **Geschäftsführung** der GbR betrauter Gesellschafter kann, soweit er die Gesellschaft vertritt, sich nicht ohne einen ausdrücklichen Gesellschafterbeschluss von seinem Vorsorgebevollmächtigten vertreten lassen. Die Vorsorgebevollmächtigung reicht nur zur Vertretung der eigenen Interessen und Angelegenheiten des Vollmachtgebers, die Vertretung der Interessen anderer Personen ist nicht mit umfasst.

3 Soll die Vertretung der Gesellschaft vom Vorsorgebevollmächtigten in gleicher Weise ausgeübt werden, wie dies beim Vollmachtgeber der Fall war, bedarf es eines ausdrücklichen und (falls im Gesellschaftervertrag nicht ausdrücklich abweichend geregelt) **einstimmig** zu treffenden Zustimmungsbeschlusses der Gesellschafter. Der BGH[2] vertritt zwar in jüngerer Zeit die Auffassung, dass Mehrheitsbeschlüsse, dann, wenn eine Auslegung des Gesellschaftsvertrags nichts Gegenteiliges ergibt, sogar in grundsätzlichen Fragen zulässig sind. Hier besteht jedoch noch erhebliche Rechtsunsicherheit.

4 Ist dem Gesellschafter/Vollmachtgeber die Geschäftsführungsbefugnis im Gesellschaftsvertrag oder durch Beschluss übertragen, können die übrigen Gesellschafter im Falle vorübergehender Geschäftsunfähigkeit des Vollmachtgebers diese Geschäftsführungsbefugnis aus wichtigem Grund **kündigen** (§§ 710, 712 Abs. 1 letzter. Hs. BGB). Die Kündigung müsste in diesem Fall dem Vorsorgebevollmächtigten gegenüber als Vertreter des Gesellschafter-Geschäftsführers bekanntgegeben werden. Sie bedarf zu ihrer Wirksamkeit der Bekanntgabe an den Betroffenen, der durch den Bevollmächtigten vertreten wird.[3]

5 Dem Bevollmächtigten ist im Rahmen der **Gestaltung** für den Fall, dass er Geschäftsführungsbefugnisse in einer Personengesellschaft auszuüben hat, dringend zu empfehlen, dazu vorab einen einstimmigen Zustimmungsbeschluss der Mitgesellschafter einzuholen. Ist die Geschäftsführung an das Innehaben besonderer Voraussetzungen gebunden (Anwaltsbestellung, ärztliche oder kassenärztliche Zulassung), ist die Übernahme der Geschäftsführung insoweit an das Vorliegen dieser Voraussetzungen gebunden. Ein Verstoß hiergegen führt zur Schadensersatzpflicht des Bevollmächtigten.

---

[1] Grüneberg/Sprau BGB § 710 Rn. 1, Wedemann ZIP 2013, 1508 (1515); Heckschen NZG 2012, 10 (15).

[2] BGH II ZR 84/13, BGHZ 203, 77, GmbHR 2014, 1303.

[3] Grüneberg/Sprau BGB § 712 Rn. 2 am Ende, Grüneberg/Sprau BGB § 737 Rn. 3.

§ 712 Entziehung und Kündigung der Geschäftsführung (Fassung bis 31.12.2023)

(1) **Die einem Gesellschafter durch den Gesellschaftsvertrag übertragene Befugnis zur Geschäftsführung kann ihm durch einstimmigen Beschluss oder, falls nach dem Gesellschaftsvertrag die Mehrheit der Stimmen entscheidet, durch Mehrheitsbeschluss der übrigen Gesellschafter entzogen werden, wenn ein wichtiger Grund vorliegt; ein solcher Grund ist insbesondere grobe Pflichtverletzung oder Unfähigkeit zur ordnungsmäßigen Geschäftsführung.**

(2) **Der Gesellschafter kann auch seinerseits die Geschäftsführung kündigen, wenn ein wichtiger Grund vorliegt; die für den Auftrag geltende Vorschrift des § 671 Abs. 2, 3 findet entsprechende Anwendung.**

Der Bevollmächtigte ist nur dann zur Kündigung der Geschäftsführungsbefugnis des bisher geschäftsführenden Gesellschafters berechtigt, wenn dem **Vollmachtgeber** ein solches „Sonderrecht" bereits im bestehenden Gesellschaftsvertrag ausdrücklich vorbehalten war. Die Kündigung bedarf sonst nach der gesetzlichen Regelung des einstimmigen Beschlusses aller Gesellschafter. 1

Für die Personengesellschaften enthält Abs. 2 2. HS mit dem Verweis auf die Tatbestandsvoraussetzung der „Unfähigkeit zur ordnungsgemäßen Geschäftsführung" eine dem → § 6 GmbHG vergleichbare Regelung für den Fall, dass ein **Gesellschafter geschäftsunfähig** wird oder eine Betreuung mit **Einwilligungsvorbehalt** für ihn angeordnet wird. Hier muss allerdings noch durch **Beschluss,** der, soweit der Gesellschaftsvertrag das zulässt, auch mit einfacher Stimmenmehrheit gefasst werden kann, die Geschäftsführungsbefugnis entzogen werden.[1] 2

§ 717 Nichtübertragbarkeit der Gesellschafterrechte (Fassung bis 31.12.2023)

[1]Die Ansprüche, die den Gesellschaftern aus dem Gesellschaftsverhältnis gegeneinander zustehen, sind nicht übertragbar. [2]Ausgenommen sind die einem Gesellschafter aus seiner Geschäftsführung zustehenden Ansprüche, soweit deren Befriedigung vor der Auseinandersetzung verlangt werden kann, sowie die Ansprüche auf einen Gewinnanteil oder auf dasjenige, was dem Gesellschafter bei der Auseinandersetzung zukommt.

§ 711a *Eingeschränkte Übertragbarkeit von Gesellschafterrechten (Fassung ab 1.1.2024)*

[1]Die Rechte der Gesellschafter aus dem Gesellschaftsverhältnis sind nicht übertragbar. [2]Hiervon ausgenommen sind Ansprüche, die einem Gesellschafter aus seiner Geschäftsbesorgung für die Gesellschaft zustehen, soweit deren Befriedigung außerhalb der Liquidation verlangt werden kann, sowie Ansprüche eines Gesellschafters auf einen Gewinnanteil oder auf dasjenige, was ihm im Fall der Liquidation zukommt.

Durch eine Vorsorgevollmacht wird nicht das Eigentum am Gesellschaftsanteil übertragen. Der Vollmachtgeber ermächtigt den Bevollmächtigten nur zur Ausübung seiner Gesellschafterrechte, das ist aber kein Fall des § 717 BGB. Zur Zulässigkeit der Vertretung durch eine Vorsorgevollmacht → § 705 BGB Rn. 4. Die Zulässigkeit wird 1

---

[1] Grüneberg/Sprau Vorb. § 709 Rn. 10f.

nur bei Vorliegen eines wichtigen Grundes oder begründeter Besorgnis der Befangenheit abzulehnen sein. Insoweit dürfte die Rechtsprechung des BGH[1] zu Abfindungsklauseln zu § 738 BGB mit Beschränkung des Wertes bei schweren Vertragsverstößen heranzuziehen sein.

2 Soweit der Vorsorgebevollmächtigte nach Beginn seiner Tätigkeit in Ausübung der erteilten Vorsorgevollmacht (zB wegen vorübergehender oder andauernder Geschäftsunfähigkeit des Vollmachtgebers) die Vertretung des Vollmachtgebers in seiner Eigenschaft als Vertreter des Gesellschafters den übrigen Gesellschaftern anzeigt, oder in sonstiger Weise von ihr Gebrauch macht, könnten die übrigen Gesellschafter die Vertretungsbefugnis ablehnen, wenn sich deren Zulässigkeit nicht aus dem Gesellschaftsvertrag ergibt.

§ 723 Kündigung durch Gesellschafter (Fassung bis 31.12.2023)

(1) **[1]Ist die Gesellschaft nicht für eine bestimmte Zeit eingegangen, so kann jeder Gesellschafter sie jederzeit kündigen. [2]Ist eine Zeitdauer bestimmt, so ist die Kündigung vor dem Ablauf der Zeit zulässig, wenn ein wichtiger Grund vorliegt. [3]Ein wichtiger Grund liegt insbesondere vor,**

1. **wenn ein anderer Gesellschafter eine ihm nach dem Gesellschaftsvertrag obliegende wesentliche Verpflichtung vorsätzlich oder aus grober Fahrlässigkeit verletzt hat oder wenn die Erfüllung einer solchen Verpflichtung unmöglich wird,**
2. **wenn der Gesellschafter das 18. Lebensjahr vollendet hat.**

[4]Der volljährig Gewordene kann die Kündigung nach Nummer 2 nur binnen drei Monaten von dem Zeitpunkt an erklären, in welchem er von seiner Gesellschafterstellung Kenntnis hatte oder haben musste. [5]Das Kündigungsrecht besteht nicht, wenn der Gesellschafter bezüglich des Gegenstands der Gesellschaft zum selbständigen Betrieb eines Erwerbsgeschäfts gemäß § 112 ermächtigt war oder der Zweck der Gesellschaft allein der Befriedigung seiner persönlichen Bedürfnisse diente. [6]Unter den gleichen Voraussetzungen ist, wenn eine Kündigungsfrist bestimmt ist, die Kündigung ohne Einhaltung der Frist zulässig.

(2) **[1]Die Kündigung darf nicht zur Unzeit geschehen, es sei denn, dass ein wichtiger Grund für die unzeitige Kündigung vorliegt. [2]Kündigt ein Gesellschafter ohne solchen Grund zur Unzeit, so hat er den übrigen Gesellschaftern den daraus entstehenden Schaden zu ersetzen.**

(3) **Eine Vereinbarung, durch welche das Kündigungsrecht ausgeschlossen oder diesen Vorschriften zuwider beschränkt wird, ist nichtig.**

§ 725 *Kündigung der Mitgliedschaft durch den Gesellschafter (Fassung ab dem 1.1.2024)*

(1) Ist das Gesellschaftsverhältnis auf unbestimmte Zeit eingegangen, kann ein Gesellschafter seine Mitgliedschaft unter Einhaltung einer Frist von drei Monaten zum Ablauf des Kalenderjahres gegenüber der Gesellschaft kündigen, es sei denn, aus dem Gesellschaftsvertrag oder aus dem Zweck der Gesellschaft ergibt sich etwas anderes.

(2) [1]Ist für das Gesellschaftsverhältnis eine Zeitdauer vereinbart, ist die Kündigung der Mitgliedschaft durch einen Gesellschafter vor dem Ablauf dieser Zeit zulässig, wenn ein wichtiger Grund vorliegt. [2]Ein wichtiger Grund liegt insbesondere vor, wenn ein

---

[1] OLG Stuttgart Urt. v. 15.3.2017 – 14 U 3/14, GwR 2017, 245; BGH Urt. v. 29.4.2014 – II ZR 216/3, NZG 2014, 820; BGH Beschl. v. 21.1.2014 – II ZR 87/13, BeckRS 2014, 9619.

anderer Gesellschafter eine ihm nach dem Gesellschaftsvertrag obliegende wesentliche Verpflichtung vorsätzlich oder grob fahrlässig verletzt hat oder wenn die Erfüllung einer solchen Verpflichtung unmöglich wird.

(3) ***Liegt ein wichtiger Grund im Sinne von Absatz 2 Satz 2 vor, so ist eine Kündigung der Mitgliedschaft durch einen Gesellschafter stets ohne Einhaltung einer Kündigungsfrist zulässig.***

(4) ***[1]Ein Gesellschafter kann seine Mitgliedschaft auch kündigen, wenn er volljährig geworden ist. [2]Das Kündigungsrecht besteht nicht, wenn der Gesellschafter bezüglich des Gegenstands der Gesellschaft zum selbständigen Betrieb eines Erwerbsgeschäfts gemäß § 112 ermächtigt war oder der Zweck der Gesellschaft allein der Befriedigung seiner persönlichen Bedürfnisse diente. [3]Der volljährig Gewordene kann die Kündigung nur binnen drei Monaten von dem Zeitpunkt an erklären, in welchem er von seiner Gesellschafterstellung Kenntnis hatte oder haben musste.***

(5) ***[1]Die Kündigung darf nicht zur Unzeit geschehen, es sei denn, dass ein wichtiger Grund für die unzeitige Kündigung vorliegt. [2]Kündigt ein Gesellschafter seine Mitgliedschaft ohne solchen Grund zur Unzeit, hat er der Gesellschaft den daraus entstehenden Schaden zu ersetzen.***

(6) ***Eine Vereinbarung im Gesellschaftsvertrag, welche das Kündigungsrecht nach den Absätzen 2 und 4 ausschließt oder diesen Vorschriften zuwider beschränkt, ist unwirksam.***

Eine „Herauskündigung", also ein **Ausschluss,** des einzelnen Gesellschafters 1
einer GbR, etwa **weil** eine **Vorsorgevollmacht** ohne Zustimmung der übrigen Gesellschafter erteilt wurde, ist grundsätzlich **nicht statthaft.** Allerdings kann jeder Gesellschafter die Gesellschaft als solche jederzeit kündigen, es sei denn, sie für bestimmte Zeit errichtet oder der Gesellschaftsvertrag trifft Regelungen dazu.

Der **Gesundheitszustand** des Gesellschafters/Vollmachtgebers kann nur dann 2
einen **wichtigen Grund** für eine Kündigung der Gesellschaft als solcher sein, wenn die permanente persönliche Mitarbeit/Dienstleistung des Vollmachtgebers die wesentliche Grundlage der Gesellschaft darstellt und die Gesellschaft ohne diese Mitwirkung faktisch nicht fortgeführt wegen kann.

§ 736 Ausscheiden eines Gesellschafters, Nachhaftung

(1) **Ist im Gesellschaftsvertrag bestimmt, dass, wenn ein Gesellschafter kündigt oder stirbt oder wenn das Insolvenzverfahren über sein Vermögen eröffnet wird, die Gesellschaft unter den übrigen Gesellschaftern fortbestehen soll, so scheidet bei dem Eintritt eines solchen Ereignisses der Gesellschafter, in dessen Person es eintritt, aus der Gesellschaft aus.**

(2) **Die für Personenhandelsgesellschaften geltenden Regelungen über die Begrenzung der Nachhaftung gelten sinngemäß.**

Über die in dieser Norm genannten **Gründe** hinaus können weitere Gründe für 1
ein Ausscheiden eines Gesellschafters im Gesellschaftsvertrag **vereinbart** werden.[1] Geschäftsunfähigkeit oder die Anordnung einer Betreuung mit Einwilligungsvorbehalt (vgl. § 6 GmbHG) werden in der Norm nicht als Regelfall genannt, könnten aber Inhalt eines Gesellschaftsvertrages sein, sodass der Vollmachtgeber evtl sogar mit Eintritt dieser Tatsachen (automatisch) ausscheidet und nur ein Abfindungsanspruch des Vollmachtgebers entsteht. Der Vorsorgebevollmächtigte sollte also spätestens bei

[1] MüKoBGB/Schäfer § 736 Rn. 1; zur Anordnung einer (nicht nur vorläufigen) Betreuung: Jocher notar 2014, 3 (5); zur Altersgrenze BeckOK BGB/Schöne § 736 Rn. 6.

Eintritt des Vorsorgefalles den Gesellschaftsvertrag auf Besonderheiten hin prüfen (lassen), die für die Ausübung der Vollmacht von Bedeutung sein können. Da die Zahlung einer Abfindung für die Gesellschaft nachteilige Folgen hat, ist es idR denkbar, sich mit den übrigen Gesellschaftern noch rechtzeitig auf eine (ggf. rückwirkende) Änderung des Gesellschaftsvertrages zu einigen. Hier ist zu berücksichtigen, dass die Beschränkung der für das Ausscheiden von der Gesellschaft oder den Gesellschaftern zu zahlende **Abfindung** auf einen unter dem gutachtlich festzustellenden Verkehrswert jedenfalls bei Altersunterschieden unter den Gesellschaftern sittenwidrig sein kann, da das Risiko ungleich verteilt wäre. Abfindungsklauseln unterhalb des Buchwertes werden von der Rechtsprechung des BGH nur dann anerkannt, wenn das sich daraus ergebende Risiko jeden Gesellschafter gleichermaßen treffen kann.[2]

§ 737 Ausschluss eines Gesellschafters (Fassung bis 31. 12. 2023)

[1]Ist im Gesellschaftsvertrag bestimmt, dass, wenn ein Gesellschafter kündigt, die Gesellschaft unter den übrigen Gesellschaftern fortbestehen soll, so kann ein Gesellschafter, in dessen Person ein die übrigen Gesellschafter nach § 723 Abs. 1 Satz 2 zur Kündigung berechtigender Umstand eintritt, aus der Gesellschaft ausgeschlossen werden. [2]Das Ausschließungsrecht steht den übrigen Gesellschaftern gemeinschaftlich zu. [3]Die Ausschließung erfolgt durch Erklärung gegenüber dem auszuschließenden Gesellschafter.

§ 727 *Ausschließung aus wichtigem Grund (Fassung ab 1. 1. 2024)*

[1]Tritt in der Person eines Gesellschafters ein wichtiger Grund ein, kann er durch Beschluss der anderen Gesellschafter aus der Gesellschaft ausgeschlossen werden. [2]Ein wichtiger Grund liegt insbesondere vor, wenn der Gesellschafter eine ihm nach dem Gesellschaftsvertrag obliegende wesentliche Verpflichtung vorsätzlich oder grob fahrlässig verletzt hat oder wenn ihm die Erfüllung einer solchen Verpflichtung unmöglich wird. [3]Dem Beschluss steht nicht entgegen, dass nach der Ausschließung nur ein Gesellschafter verbleibt.

§ 728 *Ansprüche des ausgeschiedenen Gesellschafters (Fassung ab 1. 1. 2024)*

(1) ***[1]Sofern im Gesellschaftsvertrag nichts anderes vereinbart ist, ist die Gesellschaft verpflichtet, den ausgeschiedenen Gesellschafter von der Haftung für die Verbindlichkeiten der Gesellschaft zu befreien und ihm eine dem Wert seines Anteils angemessene Abfindung zu zahlen. [2]Sind Verbindlichkeiten der Gesellschaft noch nicht fällig, kann die Gesellschaft dem Ausgeschiedenen Sicherheit leisten, statt ihn von der Haftung nach § 721 zu befreien.***

(2) ***Der Wert des Gesellschaftsanteils ist, soweit erforderlich, im Wege der Schätzung zu ermitteln.***

§ 728a *Haftung des ausgeschiedenen Gesellschafters für Fehlbetrag (Fassung ab 1. 1. 2024)*

Reicht der Wert des Gesellschaftsvermögens zur Deckung der Verbindlichkeiten der Gesellschaft nicht aus, hat der ausgeschiedene Gesellschafter der Gesellschaft für den Fehlbetrag nach dem Verhältnis seines Anteils am Gewinn und Verlust aufzukommen.

---

[2] Zur Zulässigkeit von gesellschaftsvertraglichen Abfindungsklauseln, die im Einzelfall der gerichtlichen Inhaltskontrolle unterliegen vgl Grüneberg/Sprau § 738 Rn. 7 mwN.

§ 728b ***Nachhaftung des ausgeschiedenen Gesellschafters (Fassung ab 1.1.2024)***

(1) ***[1]Scheidet ein Gesellschafter aus der Gesellschaft aus, so haftet er für deren bis dahin begründete Verbindlichkeiten, wenn sie vor Ablauf von fünf Jahren nach seinem Ausscheiden fällig sind und***

1. daraus Ansprüche gegen ihn in einer in § 197 Absatz 1 Nummer 3 bis 5 bezeichneten Art festgestellt sind oder

2. eine gerichtliche oder behördliche Vollstreckungshandlung vorgenommen oder beantragt wird; bei öffentlich-rechtlichen Verbindlichkeiten genügt der Erlass eines Verwaltungsakts.

[2]Ist die Verbindlichkeit auf Schadensersatz gerichtet, haftet der ausgeschiedene Gesellschafter nach Satz 1 nur, wenn auch die zum Schadensersatz führende Verletzung vertraglicher oder gesetzlicher Pflichten vor dem Ausscheiden des Gesellschafters eingetreten ist. [3]Die Frist beginnt, sobald der Gläubiger von dem Ausscheiden des Gesellschafters Kenntnis erlangt hat oder das Ausscheiden des Gesellschafters im Gesellschaftsregister eingetragen worden ist. [4]Die §§ 204, 206, 210, 211 und 212 Absatz 2 und 3 sind entsprechend anzuwenden.

(2) ***Einer Feststellung in einer in § 197 Absatz 1 Nummer 3 bis 5 bezeichneten Art bedarf es nicht, soweit der Gesellschafter den Anspruch schriftlich anerkannt hat.***

Ab dem 1.1.2024 tritt anstelle des § 736 die Regelung des § 727 nF. Zudem treten für die gesetzliche Regelung der Ansprüche des ausgeschiedenen Gesellschafters § 728 nF, der Haftung des ausgeschiedenen Gesellschafters für Fehlbetrag § 728a nF und die Nachhaftung des ausgeschiedenen Gesellschafters gegenüber Dritten oder Behörden § 728b nF in Kraft. 1

§ 728 nF ist dispositiv, kann also im Gesellschaftsvertrag abweichend geregelt werden. §§ 728a und 728b werden hingegen zwingendes Recht. Der Vorsorgebevollmächtigte sollte also gegebenenfalls auf entsprechende vertragliche Regelungen hinwirken, die sich daraus ergebende Risiken für das Vermögen des Vollmachtgebers möglichst minimieren. 2

Voraussetzung für den Ausschluss eines Gesellschafters ist, dass grundsätzlich die Fortsetzung der Gesellschaft für den Fall der Kündigung der Gesellschaft durch einen Gesellschafter oder für den Fall des Todes eines Gesellschafters vereinbart wurde. Ist in den Gesellschaftsvertrag eine sogenannte **Vorsorgeklausel** aufgenommen worden, die die Gesellschafter **zur Erteilung** einer Vorsorgevollmacht **verpflichtet, kann deren** Nichterteilung im Gesellschaftsvertrag durch die Möglichkeit der **Zwangseinziehung** oder Zwangsabtretung sanktioniert werden, die Nichterteilung ist dann als Aufzählungsfall eines wichtigen Grundes auszugestalten → § 3 GmbHG Rn. 1. 3

Die **Geschäftsunfähigkeit** oder auch eine Betreuungsanordnung stellen **keinen** zum Ausschluss berechtigenden, **wichtigen Grund** dar, wenn dies nicht im Gesellschaftsvertrag ausdrücklich so vereinbart wurde. Das dürfte aber in der Regel nur dann erfolgen, wenn die Gesellschaft ohne die persönliche Tätigkeit des Vollmachtgebers nicht fortführungsfähig ist.[1] Es ist nicht ausgeschlossen, für solche Fälle im **Gesellschaftsvertrag** einen Ausschluss vorzusehen. Auch die auf den Tod eines Gesellschafters bezogenen Nachfolgeklauseln können einen Übergang auf die Erben oder aber das Ausscheiden des Betroffenen und eine Anwachsung der Anteile bei den anderen Gesellschaftern gegen Zahlung einer Abfindung bestimmen. Dabei wird die **Zulässigkeit** von Klauseln, mit denen diese Abfindung der Höhe nach auf einen Wert unterhalb des Verkehrswertes festgelegt wird im Wesentlichen an den Verhältnissen bei Vertragsschluss gemessen, so dass diese zumindest bei gleichen Risiken (ähnliche Lebenserwartung der Gesellschafter) meist zulässig sein werden. Sie sind 4

[1] Werner GmbHR 2013, 963 (964).

aber der gerichtlichen Inhaltskontrolle unterworfen. Das Gesetz ermöglicht eine Schätzung deren Grundlage nach h. M. der auf den Gegenwartswert abgezinste zukünftige Unternehmensertrag unter Berücksichtigung branchenbezogener Risikoziffern ist.[2]

5 Grundsätzlich ist der Bewertung von Gesellschaftsanteilen nach inzwischen gefestigter Rechtsprechung des BGH[3] die Ertragswertmethode gegenüber der Substanzwertermittlung zu Grunde zu legen. Zur Ermittlung des Ertragswertes kann ein am IDW Standard S1 (in der jeweils aktuellen Fassung, derzeit IDW S 1 i. d. F. 2008) ausgerichtetes Bewertungsgutachten zu Grunde gelegt werden. Für Zwecke der Unternehmensbewertung zur Bestimmung von Abfindungsansprüchen im Familien – und Erbrecht hat das IDW einen neuen Spezialstandard (IDW S 13, Stand 6. 4. 2016) veröffentlicht. Die Standards des IDW werden in der zum Entscheidungszeitpunkt gültigen Fassung gerichtlichen Entscheidungen zu Grunde gelegt. Es ist dabei unbeachtlich, ob diese Fassung bereits bei Vertragsschluss Gültigkeit hatte.[4]

6 Soweit insbesondere ältere Gesellschaftsverträge noch eine Bewertung nach dem in der Vergangenheit für Besteuerungszwecke verwandten sog. „Stuttgarter Verfahren" vorsehen, sollte diese Klausel unbedingt abgeändert werden. Sie wird heute nicht mehr akzeptiert, weil sie im Wesentlichen auf einem Substanz(buch)wert basierte und im Übrigen den Ertragswert ausschließlich vergangenheitsbezogen ermittelt. Da diese Methode nicht mehr den neueren betriebswirtschaftlichen Erkenntnissen entspricht führt ihr Vorhandensein in älteren Verträgen ungewollt dazu, dazu, dass eine Abfindung zum vollen Verkehrswert geschuldet ist.[5]

Titel 26. Ungerechtfertigte Bereicherung

§ 812 Herausgabeanspruch

(1) [1]**Wer durch die Leistung eines anderen oder in sonstiger Weise auf dessen Kosten etwas ohne rechtlichen Grund erlangt, ist ihm zur Herausgabe verpflichtet.** [2]**Diese Verpflichtung besteht auch dann, wenn der rechtliche Grund später wegfällt oder der mit einer Leistung nach dem Inhalt des Rechtsgeschäfts bezweckte Erfolg nicht eintritt.**

(2) **Als Leistung gilt auch die durch Vertrag erfolgte Anerkennung des Bestehens oder des Nichtbestehens eines Schuldverhältnisses.**

I. Bedeutung

1 Die Ansprüche aus Bereicherungsrecht können neben Ansprüchen aus § 667 BGB und § 823 BGB bestehen. Die Vorschrift hat Bedeutung, wenn das Gericht das Bestehen eines Auftrages zwischen dem Vollmachtgeber und dem Bevollmächtigten ablehnt und ein Gefälligkeitsverhältnis annimmt[1] → § 662 Rn. 2 ff. Die Vorschrift hat weiterhin Bedeutung für die Rückabwicklung einer nach § 530 BGB widerrufenen Schenkung. Ansprüche aus § 812 Abs. 1 S. 2, 2. Alt. BGB entstehen, wenn ein mit einer Leistung verfolgter weitergehender Zweck nicht eintritt.

---

[2] MüKoBGB/Schäfer § 738 Rn 32 mwN.

[3] BGH II ZR 58/91, NJW 1992, 892; BGH II ZR 36/92, WM 1993, 1412; BGH II ZR 256/83, NJW 1985, 192.

[4] BGH II ZR 23/14, NJW-RR 2016, 231 = BGHZ 207, 114, Rn. 31 (36).

[5] Siehe dazu im einzelnen MüKoBGB/Schäfer § 738 Rn 23, 35.

[1] Trimborn Vollmacht § 3 Rn. 35.

II. Leistungs- oder Eingriffskondiktion

2 In § 812 Abs. 1 S. 1 BGB unterscheidet man die Leistungskondiktion (1. Alternative) und die Eingriffskondiktion (2. Alternative). Für die Eingriffskondiktion wird angeführt, dass die Bereicherung auf einer Handlung des Bevollmächtigten beruht.[2] Zutreffender erscheint das Vorliegen einer Leistungskondiktion, weil die Handlungen des Bevollmächtigten dem Vollmachtgeber über § 164 Abs. S. 1 BGB zugerechnet werden. Beim „Leerräumen" von Sparbüchern nach dem Tod des Kontoinhabers soll eine Eingriffskondiktion vorliegen.[3] Die Entscheidung zwischen den beiden Alternativen ist für die praktische Rechtsanwendung ohne Bedeutung.

1. Etwas erlangt

3 Der Anspruch aus § 812 Abs. 1 S. 1 BGB setzt voraus, dass der Bevollmächtigte oder ein Dritter etwas auf Kosten des Vollmachtgebers erlangt haben. Überweist der Bevollmächtigte einen Betrag auf sein Konto, dann erlangt er einen Auszahlungsanspruch gegen seine Bank.[4] Lässt sich der Bevollmächtigte die Beträge auszahlen, erlangt er zunächst nur den mittelbaren Besitz am Geld. Eigentümer wird er nicht, → § 823 Rn. 6. In diesem Fall kann das Herausgabeverlangen daher auf § 985 BGB gestützt werden. Erhält der Bereicherungsschuldner eine Gutschrift, über die er aufgrund einer treuhänderischen Bindung (noch) nicht verfügen darf, so ist der Betrag (noch) nicht erlangt.[5] Übereignet sich der Bevollmächtigte unter Missbrauch einer Vollmacht ein Grundstück des Vollmachtgebers können sowohl das Verpflichtungsgeschäft als auch das Verfügungsgeschäft wegen Kollusion nichtig sein. Dann hat der Bevollmächtigte kein Eigentum erlangt. Der zutreffende Antrag lautet auf Grundbuchberichtigung (§ 894 BGB) und ggf. Herausgabe des Grundstücks (§ 985 BGB). Die Einzelheiten sind in der Rechtsprechung nicht geklärt. Ein auf Bereicherungsrecht gestützter Hilfsantrag auf Rückauflassung des Grundstücks ist daher zu empfehlen.

4 Im **Dreiecksverhältnis** orientiert sich die bereicherungsrechtliche Rückabwicklung an den jeweiligen Leistungsbeziehungen. Eine Leistung ist die bewusste und zweckgerichtete Vermehrung fremden Vermögens, wobei es in erster Linie auf den Zweck ankommt, den die Parteien nach ihrem Willen verfolgt haben. Stimmen die Vorstellungen nicht überein, kommt es auf den objektiven Empfängerhorizont des Zuwendungsempfängers an.[6] Bei einer Überweisung weist der Kontoinhaber seine Bank an, die Zahlung an den Empfänger zu erbringen. Die Bank leistet im Deckungsverhältnis an den Kontoinhaber. Der Kontoinhaber leistet im Valutaverhältnis an den Empfänger. Der Bereicherungsausgleich muss im jeweiligen Leistungsverhältnis erfolgen, also zwischen Kontoinhaber (Anweisendem) und Überweisungsempfänger (Dritter), wenn der Rechtsgrund im Valutaverhältnis fehlt,[7] und zwischen Bank (Angewiesener) und Kontoinhaber (Anweisender), wenn der Rechtsgrund im Deckungsverhältnis fehlt.[8] Stellt sich die Zuwendung aus Sicht des Empfängers als Leistung eines Bevollmächtigten dar, so muss der Bereicherungsgläubiger den Bevollmächtigten in Anspruch nehmen. Ist hingegen für den Empfänger erkennbar, dass der Bevollmächtigte unter Missbrauch seiner Vollmacht aus dem Vermögen des Be-

[2] Kroiß/Horn/Solomon/Horn Nachfolgerecht S. 871 Rn. 81.
[3] OLG Brandenburg 4 U 128/17, ErbR 2019, 774.
[4] BGH V ZR 320/98, NJW 2000, 3128.
[5] BGH III ZR 56/98, ZEV 1999, 196; IVb ZR 102/87, NJW 1989, 900.
[6] BGH V ZR 56/98, NJW 1999, 2890.
[7] BGH VIII ZR 3/61, NJW 1962, 1051.
[8] BGH III ZR 56/98, ZEV 1999, 196.

reicherungsgläubigers geleistet hat, dann kann der Empfänger direkt in Anspruch genommen werden.[9]

5 Nach der Rechtsprechung **verbietet sich** bei der bereicherungsrechtlichen Rückabwicklung im Dreiecksverhältnis **jede schematische Lösung.**[10] In dieser Aussage liegt eine Verweigerung von Rechtssicherheit, die zu bösen Überraschungen in der dritten Instanz führen kann. Der Grundsatz der Abwicklung nach den Leistungsbeziehungen wurde zB durchbrochen, wenn der Empfänger eine Leistung im Valutaverhältnis vom Anweisenden unentgeltlich erhält. In diesem Fall soll der Angewiesene im Hinblick auf den Rechtsgedanken in § 822 BGB einen unmittelbaren Anspruch gegen den Dritten haben.[11]

2. Auf Kosten des Vollmachtgebers

6 Der Bereicherungsschuldner muss den erlangten Gegenstand auf Kosten des Vollmachtgebers erlangt haben. Diese Voraussetzung ist nicht gegeben, wenn ein Unbekannter nach dem Tod eines Karteninhabers dessen Kreditkarte missbraucht. Vielmehr muss die Bank in diesem Fall den Verlust tragen, so dass sie der richtige Bereicherungsgläubiger ist.

3. Ohne Rechtsgrund

7 Der Anspruch aus Abs. 1 S. 1 setzt voraus, dass der Bereicherungsschuldner das Erlangte ohne Rechtsgrund erlangt hat. Als Rechtsgrund kommt das Innenverhältnis zwischen dem Vollmachtgeber und dem Bevollmächtigten in Betracht. Dort werden teilweise ausdrückliche Regelungen aufgenommen, wie mit bestimmten Gegenständen zu verfahren ist. Der Vollmachtgeber kann dem Bevollmächtigten die Übertragung von Gegenständen auf sich oder Dritte erlauben oder aufgeben.

Typischerweise werden die folgenden Rechtsgründe behauptet:

- Eine Schenkung des Vollmachtgebers an den Bevollmächtigten oder dessen Angehörige, → Rn. 8. Wenn sich der Bevollmächtigte selbst in Namen des Vollmachtgebers etwas schenkt, kann diese Schenkung wegen Kollusion sittenwidrig und damit nichtig sein → § 164 Rn. 75.[12]
- „Aufwandsentschädigung" für erbrachte Dienste.[13] Hierbei kann es sich um Auslagenersatz handeln. Es kann auch ein Vertrag über ein Entgelt für Pflegeleistungen oder sonstige Leistungen zustande gekommen sein. Es kann aber auch sein, dass die Tätigkeiten des Bevollmächtigten aus der Sicht des Vollmachtgebers unentgeltlich waren oder dass es eine Pflegeverpflichtung aus einem Übergabevertrag gab. Dann liegt kein Rechtsgrund vor.
- Die Anweisung des (geschäftsfähigen) Vollmachtgebers an den Bevollmächtigten zur Vornahme des Geschäfts ist kein Rechtsgrund für das Behaltendürfen eines erlangten Gegenstandes oder Geldbetrags. Vielmehr ist nach dem Rechtsgrund im Verhältnis vom Vollmachtgeber zum Empfänger zu fragen.
- Ein Anspruch des Bereicherungsschuldners gegen den Bereicherungsgläubiger aus Geschäftsführung ohne Auftrag,[14] zB wenn der Bereicherungsschuldner für den geschäftsunfähigen Vollmachtgeber sinnvoll wirtschaftet, ohne dass ein Auftrag im Grundverhältnis zustande gekommen ist.

---

[9] BGH VII ZR 47/83, NJW 1984, 483.
[10] BGH VII ZR 47/83, NJW 1984, 483.
[11] BGH III ZR 9/95, NJW-RR 1997, 564.
[12] BGH II ZR 371/12, ZIP 2014, 615.
[13] OLG Karlsruhe 9 U 167/15, ZEV 2017, 430.
[14] BGH III ZR 9/95, NJW-RR 1997, 564.

– Ein Anspruch des Empfängers gegen den Vollmachtgeber aus Bereicherungsrecht.[15]

4. Beweislast

Die Beweislast für die Tatbestandsmerkmale des § 812 Abs. 1 S. 1 BGB liegt beim Bereicherungsgläubiger.[16] Für den Rechtsgrund trifft den Schuldner eine sekundäre Behauptungslast. Er muss die Umstände vortragen, aus denen er den Rechtsgrund ableitet. Der Gläubiger muss diese dann widerlegen.[17] Zur Umkehr der Beweislast, wenn der Bevollmächtigte behauptet, er habe eine zunächst formnichtige **Schenkung** geheilt, → § 516 Rn. 36. 8

Macht der Bevollmächtigte geltend, er habe die abgehobenen Beträge an den Vollmachtgeber weitergegeben, beruft er sich damit auf die **Erfüllung** seiner Herausgabepflicht (§ 362 Abs. 1 BGB). Dafür trägt der Bevollmächtigte die Beweislast.[18] Die Beweislast soll abweichend davon beim Vollmachtgeber liegen, wenn der Bevollmächtigte im Rahmen eines Auftragsverhältnisses nicht zur Rechnungslegung verpflichtet ist, weil die Rechnungslegungspflicht sonst durch die Hintertür wieder eingeführt werde[19] (→ § 666 Rn. 11 ff.). 9

Beruft sich der Bevollmächtigte auf eine Verwendung der erlangten Beträge, dann liegt bereits kein erlangtes Etwas im Sinne von § 812 Abs. 1 S. 1 BGB vor. Der Vollmachtgeber muss beweisen, dass der Bevollmächtigte die Beträge nicht verwendet hat, damit ein Anspruch aus § 812 Abs. 1 S. 1 BGB vorliegen kann. Falls der Bevollmächtigte die Beträge auftragswidrig verwendet hat, kommt ein Anspruch aus § 280 Abs. 1 S. 1 BGB in Betracht. 10

Wenn der Lebensunterhalt des Vollmachtgebers nicht anderweitig gedeckt war, muss das Gericht einen Mindestbetrag schätzen, der vom erlangten Geld für den Vollmachtgeber ausgegeben worden sein muss.[20] 11

Die Beweislast für die Auszahlung eines Sparbuchs liegt bei der Bank, und zwar auch dann, wenn der Gläubiger das Sparbuch nicht vorlegen kann, sondern im Wege des Aufgebotsverfahrens für kraftlos erklären lässt. Dann soll das Beweismaß aber reduziert sein, ohne dass ersichtlich ist, wo genau die Grenzen verlaufen.[21] 11a

5. Informationsbeschaffung

Der Bereicherungsgläubiger benötigt in der Regel Informationen darüber, was der Bereicherungsschuldner erlangt hat. Hierzu stehen ihm die Auskunftsansprüche aus § 666 BGB gegen den Beauftragten, aus § 2027 Abs. 1 BGB gegen einen Erbschaftsbesitzer bzw. aus § 2027 Abs. 2 BGB gegen einen sonstigen Besitzer von Nachlassgegenständen und aus § 2028 Abs. 1 BGB gegen den Hausgenossen eines Erblassers zur Verfügung. 12

Der Vollmachtgeber ist zu Lebzeiten Eigentümer der Kontoauszüge und sonstigen Belege. Nach seinem Tod fallen diese Belege in den Nachlass. Jeder Miterbe hat nach § 743 Abs. 2 BGB ein Recht zum Gebrauch, insbesondere also zur Einsicht der Unterlagen. Wird die Einsicht in die Belege von einem Miterben verweigert, so ist er 13

[15] OLG Brandenburg 3 U 1/12, ZEV 2013, 341.
[16] OLG Brandenburg 3 U 1/12, ZEV 2013, 341.
[17] OLG Schleswig 3 U 50/13, BtPrax 2014, 145; OLG Naumburg 4 U 120/02, NJOZ 2003, 655.
[18] OLG Düsseldorf 11 U 77/97, OLGR Düsseldorf 1999, 6.
[19] OLG Brandenburg 4 U 130/12, RNotZ 2014, 374.
[20] BGH XI ZR 91/88, NJW 1989, 1601; III ZR 144/84, NJW 1985, 2699.
[21] BGH XI ZR 380/20, NJW 2022, 1170.

schadensersatzpflichtig, wenn die Unterlagen kostenpflichtig erneut von der Bank angefordert werden müssen.

14 Banken müssen Kontoauszüge erneut erstellen, wenn sie beim Vollmachtgeber bzw. dessen Erben nicht mehr vorhanden sind.[22] Offen ist derzeit, wie sich die Erben des Vollmachtgebers gegenüber der Bank legitimieren müssen (vgl. dazu auch → § 168 Rn. 40). Der BGH erklärte im Jahr 2013 die bis dahin übliche Klausel in Nr. 5 AGB der Banken und Sparkassen für unwirksam.[23] Die Klauseln wurden von den Banken durch verschiedene, aber überwiegend inhaltsleere und damit nach § 307 Abs. 1 S. 2 BGB unwirksame Klauseln ersetzt.[24] Das OLG Koblenz sah die Kosten für die Nacherstellung von Kontoauszügen erstattungsfähige Prozesskosten (§ 91 Abs. 1 S. 1 ZPO) an.[25] Leider fragte das OLG Koblenz nicht danach, ob die Bank für die Nacherstellung der Kontoauszüge Kosten erheben durfte. Vielmehr sei dies gerichtsbekannt, so dass das OLG Koblenz nach § 287 ZPO einen Minimalbetrag von 600 EUR schätzte.

15 Ob die Bank für die Nacherstellung von Kontoauszügen Kosten erheben darf, richtet sich nach ihrem als AGB in den Vertrag einbezogenen Preis- und Leistungsverzeichnis. Der BGH stellte die Unwirksamkeit einer Klausel fest, die 15 EUR je Kontoauszug vorsah, obwohl der Bank überwiegend geringere Kosten entstanden.

III. Zweckverfehlungskondiktion (Abs. 1 S. 2, 2. Alt.)

16 Die Zweckverfehlungskondiktion greift ein, wenn der mit einer Leistung bezweckte Erfolg nicht eintritt. Über diesen Erfolg gibt es keine vertragliche Einigung und keine einklagbare Verpflichtung. Erforderlich ist eine tatsächliche Willensübereinstimmung der Beteiligten über den verfolgten Zweck. Einseitige Vorstellungen genügen nicht.[26] Die Willensübereinstimmung ist stillschweigend möglich. Eine stillschweigende Einigung in diesem Sinne kann angenommen werden, wenn der eine Teil mit seiner Leistung einen bestimmten Erfolg bezweckt, der andere Teil dies erkennt und die Leistung entgegennimmt, ohne zu widersprechen.[27]

17 Beispiele:

- Zuwendung in der Erwartung, an dem Gegenstand langfristig partizipieren zu können.[28]
- Bauarbeiten bzw. Verwendungen auf einem Grundstück in der Erwartung, das Grundstück zukünftig zu erhalten oder zu erben.[29]
- Leistungen zwischen Partnern einer nichtehelichen Lebensgemeinschaft, die über das hinausgehen, was das tägliche Zusammenleben erst ermöglicht, und die bei einem oder beiden Partnern zur Bildung von die Beendigung der Lebensgemeinschaft überdauernden Vermögenswerten geführt haben.[30]
- Schenkung von Eltern an ihr Schwiegerkind, wenn der Zuwendung die Erwartung zugrunde lag, die Ehe des leiblichen Kindes mit dem Schwiegerkind werde fortbestehen.[31]

18 Zur Rechtsfolge § 818 BGB.

---

[22] BGH XI ZR 401/12, ZEV 2014, 41.
[23] Papenmeier ErbR 2015, 12 (13).
[24] OLG Koblenz 14 W 167/12, NJW-Spezial 2012, 647 Rn. 5.
[25] Ott-Eulberg/Schebesta/Bartsch/Schebesta Erbrecht und Banken § 11 S. 229 Rn. 10.
[26] BGH XII ZR 92/06, ZEV 2010, 145.
[27] BGH XII ZR 92/06, ZEV 2010, 145.
[28] BGH V ZR 93/12, NJW 2013, 3364; V ZR 28/12, ZEV 2013, 400.
[29] BGH XII ZR 132/12, NJW 2013, 2187.
[30] BGH XII ZR 189/06, ZEV 2010, 371; OLG Köln 27 U 220/92, NJW 1994, 1540.
[31] BGH XII ZR 189/06, ZEV 2010, 371; OLG Köln 27 U 220/92, NJW 1994, 1540.

§ 816 Verfügung eines Nichtberechtigten

(1) [1]**Trifft ein Nichtberechtigter über einen Gegenstand eine Verfügung, die dem Berechtigten gegenüber wirksam ist, so ist er dem Berechtigten zur Herausgabe des durch die Verfügung Erlangten verpflichtet.** [2]**Erfolgt die Verfügung unentgeltlich, so trifft die gleiche Verpflichtung denjenigen, welcher auf Grund der Verfügung unmittelbar einen rechtlichen Vorteil erlangt.**

(2) **Wird an einen Nichtberechtigten eine Leistung bewirkt, die dem Berechtigten gegenüber wirksam ist, so ist der Nichtberechtigte dem Berechtigten zur Herausgabe des Geleisteten verpflichtet.**

1 Die Vorschrift setzt voraus, dass ein **Nichtberechtigter** verfügt oder eine Leistung entgegen nimmt und dass dies gegenüber dem Berechtigten wirksam ist. Die Gutglaubensvorschriften in den §§ 170ff. BGB führen dazu, dass eine Vollmacht zu Gunsten Dritter gilt, auch wenn sie bereits widerrufen ist. Der Bevollmächtigte wird dadurch aber trotzdem nicht zum Nichtberechtigten im Sinne der Vorschrift, weil er nur als Stellvertreter handeln kann und seine Handlungen dem Vollmachtgeber wie eigene Handlungen zugerechnet werden (§ 164 Abs. 1 S. 1 BGB).[1]

2 Die Vorschrift kommt jedoch zur Anwendung, wenn der Vorsorgebevollmächtigte ausdrücklich im eigenen Namen handelt und Gegenstände des Vollmachtgebers an einen gutgläubigen Dritten veräußert (§ 929 S. 1 BGB). Weiterhin darf ein gutgläubiger Erwerb nicht nach § 935 BGB ausgeschlossen sein. Der Vollmachtgeber kann in diesem Fall die Herausgabe des durch die Verfügung Erlangten verlangen.

§ 818 Umfang des Bereicherungsanspruchs

(1) **Die Verpflichtung zur Herausgabe erstreckt sich auf die gezogenen Nutzungen sowie auf dasjenige, was der Empfänger auf Grund eines erlangten Rechts oder als Ersatz für die Zerstörung, Beschädigung oder Entziehung des erlangten Gegenstands erwirbt.**

(2) **Ist die Herausgabe wegen der Beschaffenheit des Erlangten nicht möglich oder ist der Empfänger aus einem anderen Grunde zur Herausgabe außerstande, so hat er den Wert zu ersetzen.**

(3) **Die Verpflichtung zur Herausgabe oder zum Ersatz des Wertes ist ausgeschlossen, soweit der Empfänger nicht mehr bereichert ist.**

(4) **Von dem Eintritt der Rechtshängigkeit an haftet der Empfänger nach den allgemeinen Vorschriften.**

I. Bedeutung

1 Die Vorschrift regelt die Rechtsfolgen der bereicherungsrechtlichen Herausgabeansprüche. Der Herausgabeanspruch ergibt sich bereits aus §§ 812, 816, 817 oder 822 BGB. § 528 BGB enthält eine Rechtsfolgenverweisung auf § 818ff. BGB.[1] Die Vorschrift trifft weitere Regelungen zu Nutzungen und für den Fall, dass eine Herausgabe nicht möglich ist.

---

[1] BGH III ZR 56/98, ZEV 1999, 196.

[1] OLG Köln 26 U 6/85, FamRZ 1986, 988.

II. Herausgabe des Erlangten

2 Der Bereicherungsanspruch richtet sich zunächst auf den erlangten Gegenstand und zwar unabhängig vom Zustand des herauszugebenden Gegenstandes.[2] Ein Unternehmen ist als Gesamtheit in der Gestalt zurück zu übertragen in der es sich bei der Herausgabe befindet.[3]

3 Wurde ein herauszugebendes Grundstück belastet, so ist es im belasteten Zustand herauszugeben. Der Bereicherungsschuldner muss die Belastungen nicht beseitigen. Der Bereicherungsschuldner schuldet für die Belastungen Wertersatz nach Abs. 2 BGB, wenn die Belastungen nicht gelöscht werden. Bei Grundpfandrechten ist zunächst der Nominalbetrag anzusetzen. Der Bereicherungsschuldner ist jedoch entreichert, soweit mit den Grundpfandrechten ein Darlehen abgesichert wird.[4] Er muss dann jedoch wiederum den für das Darlehen erhaltenen Gegenstand nach Abs. 1 herausgeben.

4 Wenn am Grundstück des Bereicherungsgläubigers ein Grundpfandrecht zur Sicherung eines Darlehens des Bereicherungsschuldners bestellt wird, so ist die Darlehenssicherung das Bereicherungsobjekt. Geschuldet ist der Einsatz der erlangten Darlehensmittel, um die Löschung des Grundpfandrechts zu bewirken. Wurde das Geld anderweitig ausgegeben, so ist zu prüfen, ob eine Entreicherung nach Abs. 3 vorliegt oder ob sich die Bereicherung am eingetauschten Vermögenswert fortsetzt.[5]

5 Bei einer **gemischten Schenkung** ist zu unterscheiden. Überwiegt der unentgeltliche Teil, kann die Herausgabe des Geschenks Zug um Zug gegen Rückgewähr der Gegenleistungen verlangt werden. Andernfalls hat der Bereicherungsgläubiger nur einen Anspruch auf den die Gegenleistung übersteigenden Mehrwert.[6] Zur Berechnung sind dabei zunächst dingliche Lasten abzuziehen, die der Beschenkte übernommen hat, da diese den Wert des Geschenks selbst mindern. Danach ist der verminderte Wert des Geschenks den Gegenleistungen gegenüberzustellen.[7]

6 Bei der bereicherungsrechtlichen Abwicklung eines durchgeführten gegenseitigen Vertrags wendet die Rechtsprechung im Regelfall die **Saldotheorie** an. Die beiderseitigen Vermögensverschieben begründen keine eigenständigen Herausgabeansprüche. Vielmehr sind die beiderseitigen Vor- und Nachteile zu verrechnen. Es besteht nur ein einheitlicher Anspruch auf Herausgabe des Überschusses der Aktiv- über die Passivposten, der dem Teil zusteht, zu dessen Gunsten sich ein Saldo errechnet.[8]

1. Herausgabe von Nutzungen

7 Nutzungen können bereits der primäre Bereicherungsgegenstand sein. Bei anderen Bereicherungsgegenständen erweitert Abs. 1 den Herausgabeanspruch auf die gezogenen Nutzungen. Ein Bereicherungsschuldner, der den Bereicherungsgegenstand nicht erlangt hat, muss auch keine Nutzungen herausgeben.[9] Der Anspruch kann erst mit dem Hauptanspruch entstehen, bei der Zweckverfehlungskondiktion erst, wenn

[2] BGH VIII ZR 12/61, NJW 1962, 1909.
[3] BGH VIII ZR 172/05, NJW 2006, 2847.
[4] BGH V ZR 22/89, NJW 1991, 917.
[5] BGH V ZR 396/00, NJW 2002, 1872.
[6] BGH X ZR 246/98, NJ 2000, 598; II ZR 243/89, NJW 1990, 2616; V ZR 134/69, NJW 1972, 247; V ZR 140/58, NJW 1959, 1363.
[7] BGH X ZR 42/97, ZEV 1999, 192.
[8] BGH V ZR 52/12, NJW 2014, 854; V ZR 56/98, NJW 1999, 2890.
[9] BGH XI ZR 56/06, NJW 2007, 3127.

feststeht, dass der bezweckte Erfolg nicht eintritt.[10] Nutzungen sind die Früchte einer Sache oder eines Rechts sowie die Gebrauchsvorteile. Die Gebrauchsvorteile sind herauszugeben, wenn der herauszugebende Gegenstand für den Bereicherungsschuldner wirtschaftlich nutzbar war.[11] Herauszugeben sind bei Konten die Zinserträge, bei Fondsbeteiligungen die Ausschüttungen,[12] bei Grundstücken die Mieterträge abzüglich der nicht umlagefähigen Nebenkosten.

Der Anspruch beschränkt sich auf die Herausgabe **tatsächlich gezogener** Nutzungen. Das gilt insbesondere auch, wenn die Nutzungen der primäre Bereicherungsgegenstand sind.[13] Der Bereicherungsschuldner muss nicht für eine schuldhaft unterlassene Nutzungsmöglichkeit einstehen, zB wenn er Geld nicht anlegt.[14] Anders ist dies, wenn die verschärfte Haftung nach §§ 818 Abs. 4, 819 BGB eingetreten ist, → § 819 Rn. 5. 8

Die **Beweislast** dafür, dass der Bereicherungsschuldner Nutzungen gezogen hat, liegt beim Bereicherungsgläubiger. Eine Beweiserleichterung wird ihm jedoch zugebilligt, wenn nach der Lebenserfahrung zu vermuten ist, dass mit dem Bereicherungsgegenstand ein bestimmter wirtschaftlicher Vorteil verbunden ist. Dann kann das Gericht die Höhe des Vorteils nach § 287 ZPO schätzen.[15] 9

2. Surrogate

Die Ersatzpflicht erstreckt sich auf dasjenige, was der Bereicherungsschuldner als Surrogat für das Bereicherungsobjekt erlangt hat. **Auf Grund eines erlangten Rechts** ist nur dasjenige erlangt, was bestimmungsgemäß mit dem Recht erlangt werden kann. Nicht hierunter fallen Gegenleistungen aus einem Austauschgeschäft.[16] Nutzungen aus solchen Gegenständen sind daher auch nicht herauszugeben.[17] 10

Der Bereicherungsanspruch erstreckt sich auf dasjenige, was der Bereicherungsschuldner als Ersatz für die Zerstörung, Beschädigung oder Entziehung des Bereicherungsobjekts erlangt hat. Andere Gründe fallen nicht darunter, zB ein Umlegungsverfahren.[18] 11

III. Wertersatz

1. Unmöglichkeit der Herausgabe

Ist die Herausgabe unmöglich, so schuldet der Bereicherungsschuldner Wertersatz (Abs. 2). Das gilt auch, wenn die Herausgabe der Nutzungen nach Abs. 1 nicht möglich ist.[19] Bei einem Grundstück ist die Herausgabe nicht deshalb unmöglich, weil es bebaut worden ist. In diesem Fall muss der Gläubiger dem Schuldner Zug um Zug die Aufwendungen ausgleichen, die der Bereicherungsschuldner im Vertrauen auf die Rechtsbeständigkeit der Schenkung gemacht hat.[20] Die Herausgabe des Grundstücks wird aber als unmöglich angesehen, wenn sie dem Bereicherungsschuldner unzumut- 12

---

[10] BGH VII ZR 118/60, BGHZ 35, 356.
[11] BGH XI ZR 79/97, NJW 1998, 2529.
[12] OLG Stuttgart 6 U 8/06, ZIP 2008, 1570.
[13] BGH III ZR 231/12, NJW 2013, 2021.
[14] BGH VII ZR 185/86, NJW 1988, 258.
[15] BGH V ZR 184/73, NJW 1975, 1510.
[16] BGH X ZR 117/02, ZEV 2004, 209.
[17] BGH X ZR 117/02, ZEV 2004, 209.
[18] BGH V ZR 95/11, MDR 2012, 397.
[19] BGH III ZR 231/12, NJW 2013, 2021.
[20] BGH V ZR 252/87, NJW 1989, 2122; V ZR 79/80, NJW 1981, 2687.

bar ist. Dafür soll es auf das Wertverhältnis zwischen dem Grundstück und dem darauf errichteten Gebäude ankommen.[21] Ein Grundstück kann durch bauliche Veränderungen so wesentlich umgestaltet werden, dass es wirtschaftlich betrachtet ein „anderer“ Gegenstand wird. Dann ist die Herausgabe des „ursprünglichen“ Grundstücks unmöglich.[22] Die Rückübertragung einer Steuerberaterkanzlei ist unmöglich, wenn zu erwarten ist, dass der Mandantenstamm nicht übergeleitet werden kann.[23]

2. Wertersatz

13 Der Wertersatzanspruch richtet sich nach dem objektiven Verkehrswert des Erlangten, bei Dienstleistungen nach der marktüblichen, sonst nach der angemessen Vergütung.[24] Der Wert ist zu dem Zeitpunkt zu ermitteln, zu dem die Herausgabe unmöglich geworden ist. Bis zu diesem Zeitpunkt nimmt der Bereicherungsgläubiger an Wertsteigerungen oder Wertminderungen teil.[25]

IV. Entreicherung

14 Das Bereicherungsrecht hat den Zweck, lediglich eine tatsächlich erlangte rechtsgrundlose Bereicherung abzuschöpfen und sie demjenigen zuzuführen, dem sie nach der Rechtsordnung gebührt.[26] Eine Ausnahme davon macht nur die verschärfte Haftung nach §§ 818 Abs. 4, 819, 820 BGB. Wer verschärft haftet, kann sich nicht auf Entreicherung berufen.[27] Zur Prüfung der Entreicherung ist im Regelfall eine Gesamtsaldierung aller mit dem Bereicherungsvorgang verbundenen Vor- und Nachteile vorzunehmen.[28]

15 Gibt der Bereicherungsschuldner das Bereicherungsobjekt unentgeltlich weiter, so ist er entreichert. Der Bereicherungsgläubiger hat in diesem Fall einen Anspruch gegen dem Empfänger des Bereicherungsobjekts nach § 822 BGB.

16 Der Bereicherungsschuldner kann dem Bereicherungsgläubiger eigene **Aufwendungen** als Entreicherung entgegenhalten.[29] Der Bereicherungsgläubiger kann – auch ohne Erhebung einer Einrede des Bereicherungsschuldners – nur Bereicherungsausgleich Zug um Zug gegen Ausgleich der Aufwendungen verlangen, die der Bereicherungsschuldner im Vertrauen auf die Rechtsbeständigkeit der Schenkung gemacht hat.[30] Beispiel: Der Bereicherungsschuldner hätte sich ohne zugewendetes Geld ein günstigeres Kraftfahrzeug gekauft.[31]

17 Der Bereicherungsschuldner ist **nicht entreichert,** wenn er das Bereicherungsobjekt zur Tilgung eigener Verbindlichkeiten einsetzt, weil die Befreiung von den Verbindlichkeiten als Vermögensvorteil verbleit.[32] Finanzierungskosten sind nicht als

---

[21] BGH V ZR 79/80, NJW 1981, 2687.

[22] BGH V ZR 22/89, NJW 1991, 917; V ZR 85/86, NJW-RR 1988, 584.

[23] BGH VIII ZR 172/05, NJW 2006, 2847.

[24] BGH III ZR 231/12, NJW 2013, 2021.

[25] BGH VIII ZR 172/05, NJW 2006, 2847.

[26] BGH III ZR 231/12, NJW 2013, 2021.

[27] BGH VII ZR 9/70, NJW 1971, 609.

[28] BGH X ZR 117/02, ZEV 2004, 209; Grüneberg/Sprau BGB § 818 Rn. 48 ff. auch zu Ausnahmen von der Saldotheorie.

[29] BGH VIII ZR 172/05, NJW 2006, 2847.

[30] BGH V ZR 85/86, NJW-RR 1988, 584.

[31] BGH X ZR 117/02, ZEV 2004, 209.

[32] BGH XII ZR 119/91, NJW 1992, 2415.

Entreicherungsposten in die Saldierung einzubeziehen, wenn nach der Interessenlage der Bereicherungsschuldner insoweit das Entreicherungsrisiko trägt.[33]

V. Verschärfte Haftung

Zur verschärften Haftung bei Rechtshängigkeit → § 819 Rn. 2ff. **18**

§ 819 Verschärfte Haftung bei Kenntnis und bei Gesetzes- oder Sittenverstoß

(1) **Kennt der Empfänger den Mangel des rechtlichen Grundes bei dem Empfang oder erfährt er ihn später, so ist er von dem Empfang oder der Erlangung der Kenntnis an zur Herausgabe verpflichtet, wie wenn der Anspruch auf Herausgabe zu dieser Zeit rechtshängig geworden wäre.**

(2) **Verstößt der Empfänger durch die Annahme der Leistung gegen ein gesetzliches Verbot oder gegen die guten Sitten, so ist er von dem Empfang der Leistung an in der gleichen Weise verpflichtet.**

I. Bedeutung

Die Vorschrift und § 818 Abs. 4 BGB verschärfen die Haftung in Fällen, in denen der Bereicherungsschuldner nicht (mehr) schutzwürdig ist. **1**

II. Fälle der Haftungsverschärfung

Der Bereicherungsschuldner haftet verschärft ab Rechtshängigkeit (§ 818 Abs. 4 BGB) des Bereicherungsanspruchs. Dieser wird mit der Zustellung einer Klage rechtshängig (§§ 261 Abs. 1, 253 Abs. 1 ZPO). Der Eingang beim Gericht spielt keine Rolle. § 167 BGB ist bereits nach seinem Wortlaut nicht anwendbar. Im Mahnverfahren gilt die Sache als mit Zustellung des Mahnbescheids rechtshängig geworden, wenn sie alsbald nach der Erhebung des Widerspruchs abgegeben wird (§ 696 Abs. 3 ZPO). Eine Feststellungsklage, dass der Rechtsgrund nicht besteht, genügt nicht, weil der Bereicherungsanspruch trotzdem aus anderen Gründen ausgeschlossen sein kann.[1] **2**

Bereits vor der Rechtshängigkeit haftet der Bereicherungsschuldner verschärft ab dem Zeitpunkt, zu dem er den Mangel des rechtlichen Grundes kennt (Abs. 1). Hierzu muss der Bereicherungsschuldner das Fehlen des rechtlichen Grundes selbst und die sich daraus ergebenden Rechtsfolgen kennen. Die bloße Kenntnis von Tatsachen, auf denen das Fehlen des Rechtsgrundes beruht, reicht nicht aus. Solange über den Rechtsgrund ein Prozess geführt wird, geht die damit verbundene Ungewissheit zu Gunsten des Bereicherungsschuldners.[2] Beim Schenkungswiderruf wegen groben Undanks nach § 530ff. BGB beginnt die verschärfte Haftung mit dem Zugang der Widerrufserklärung beim Beschenkten.[3] **3**

---

[33] BGH V ZR 52/12, NJW 2014, 854.

[1] BGH XII ZR 221/96, NJW 1998, 2433; XII ZR 119/91, NJW 1992, 2415; IVb ZR 51/83, NJW 1985, 1074.

[2] BGH XII ZR 221/96, NJW 1998, 2433; XII ZR 119/91, NJW 1992, 2415.

[3] BGH X ZR 42/97, ZEV 1999, 192.

4 Für die Kenntnis vom Fehlen des Rechtsgrundes genügt **bedingter Vorsatz,** also wenn der Bereicherungsschuldner die zugrundeliegenden Tatsachen kennt und die sich daraus ergebende Rechtsfolge in Kauf nimmt.[4] Da die Kenntnis vom Fehlen des Rechtsgrundes eine kaum zu beweisende innere Tatsache ist, hat die Rechtsprechung die verschärfte Haftung auf Fälle der **grob fahrlässigen Unkenntnis** ausgedehnt. Der Bereicherungsschuldner haftet verschärft, wenn sich ihm die Rechtsgrundlosigkeit seines Erwerbs aufdrängt,[5] wenn sich ein redlich Denkender, der vom Gedanken an den eigenen Vorteil nicht beeinflusst ist, der Überzeugung seiner Nichtberechtigung nicht verschließen würde[6] und wenn sich der Bereicherungsschuldner bewusst der Einsicht verschließt, dass der Rechtsgrund fehlt.[7] Bevollmächtigte gehen hin und wieder davon aus, dass sie aufgrund der Vollmacht berechtigt sind, Vermögen des Vollmachtgebers für sich zu verwenden. Wenn diese Vorstellung tatsächlich besteht, liegt keine Kenntnis vom Fehlen des rechtlichen Grundes vor. Da der Irrtum bei Laien öfter auftritt, wird man auch nicht annehmen können, dass sich der Bevollmächtigte der Einsicht von seiner Nichtberechtigung bewusst verschlossen hat. In der Praxis liegt die Schwierigkeit, die Fälle von denjenigen zu trennen, in denen der Irrtum nur behauptet wird. Die Beweislast liegt beim Bereicherungsgläubiger. Dem Bevollmächtigten wird im Rahmen seiner sekundären Behauptungslast aber eine genaue Substantiierung aufzuerlegen sein, wieso er nicht zu der Erkenntnis fähig war, dass die Vollmacht allein nicht zur Selbstbedienung aus dem Vermögen des Vollmachtgebers berechtigt.

5 § 819 Abs. 2 BGB enthält eine verschärfte Haftung, wenn der Bereicherungsschuldner durch die Annahme der Leistung gegen ein gesetzliches Verbot oder gegen die guten Sitten verstößt.

III. Rechtsfolgen

6 Die Vorschrift verweist auf § 818 Abs. 4 BGB und dieser wiederum auf die allgemeinen Vorschriften. Das sind insbesondere §§ 291, 292, 987 ff. BGB. Eine fällige Geldschuld ist mit 5 Prozentpunkten über dem Basiszinssatz zu verzinsen (§§ 291, 288 Abs. 1 S. 2 BGB). Der Bereicherungsschuldner ist für Schäden verantwortlich, die dadurch entstehen, dass sich das Bereicherungsobjekt infolge seines Verschuldens verschlechtert, untergeht oder aus einem anderen Grund nicht herausgegeben werden kann (§§ 292 Abs. 1, 989 BGB). Der Bereicherungsgläubiger kann Herausgabe des Ersatzes nach § 285 Abs. 1 BGB verlangen. Der Bereicherungsschuldner muss auch schuldhaft nicht gezogene Nutzungen herausgeben (§§ 292 Abs. 2, 987 Abs. 2 BGB). Abzugsfähig sind nur noch notwendige Verwendungen und nur nach den Vorschriften über die Geschäftsführung ohne Auftrag (§§ 292 Abs. 2, 994 Abs. 2, 995 BGB). Auf einen Wegfall der Bereicherung nach § 818 Abs. 3 BGB kann sich der verschärft haftende Bereicherungsschuldner nicht berufen.

[4] BGH V ZR 117/95, NJW 1996, 2652.
[5] BGH V ZR 117/95, NJW 1996, 2652.
[6] BGH V ZR 117/95, NJW 1996, 2652.
[7] BGH V ZR 117/95, NJW 1996, 2652.

§ 820 Verschärfte Haftung bei ungewissem Erfolgseintritt

(1) [1]War mit der Leistung ein Erfolg bezweckt, dessen Eintritt nach dem Inhalt des Rechtsgeschäfts als ungewiss angesehen wurde, so ist der Empfänger, falls der Erfolg nicht eintritt, zur Herausgabe so verpflichtet, wie wenn der Anspruch auf Herausgabe zur Zeit des Empfangs rechtshängig geworden wäre. [2]Das Gleiche gilt, wenn die Leistung aus einem Rechtsgrund, dessen Wegfall nach dem Inhalt des Rechtsgeschäfts als möglich angesehen wurde, erfolgt ist und der Rechtsgrund wegfällt.

(2) Zinsen hat der Empfänger erst von dem Zeitpunkt an zu entrichten, in welchem er erfährt, dass der Erfolg nicht eingetreten oder dass der Rechtsgrund weggefallen ist; zur Herausgabe von Nutzungen ist er insoweit nicht verpflichtet, als er zu dieser Zeit nicht mehr bereichert ist.

Die Vorschrift ordnet eine verschärfte Haftung für den Fall an, dass der Bereiche- **1**
rungsschuldner von Anfang damit rechnen musste, dass er das Bereicherungsobjekt später herausgeben muss.

§ 821 Einrede der Bereicherung

Wer ohne rechtlichen Grund eine Verbindlichkeit eingeht, kann die Erfüllung auch dann verweigern, wenn der Anspruch auf Befreiung von der Verbindlichkeit verjährt ist.

Die Einrede ist nur zu berücksichtigen, wenn sie jedenfalls konkludent erhoben **1**
wird.[1] Die Eingehung einer Verbindlichkeit ist eine Leistung, die nach § 812 Abs. 1 S. 1, 1. Alt. BGB zurückgefordert werden kann, wenn sie ohne Rechtsgrund erfolgt ist. Überdies kann der Bereicherungsgläubiger die Einrede nach § 821 BGB erheben, wenn er in Anspruch genommen wird. Beispiel: Verweigerung der Zahlung aus einem rechtsgrundlos erlangten abstrakten Schuldanerkenntnisses in Form einer Kontogutschrift.[2]

Wenn ein Erblasser kurz vor seinem Tod ein deklaratorisches oder abstraktes **2**
Schuldanerkenntnis abgibt, hat dies den Anschein, dass etwas damit nicht stimmt. Das Schuldanerkenntnis ist nach § 117 Abs. 1 BGB nichtig, wenn es sich nur um ein Scheingeschäft handelt. Hierfür tragen die Erben die Beweislast. Zugleich können die Erben die Erfüllung der Verpflichtung aus dem Schuldanerkenntnis nach § 821 BGB verweigern, wenn es rechtsgrundlos erlangt worden ist. Auch für das Fehlen des Rechtsgrundes tragen die Erben die Beweislast. Der aus dem Schuldanerkenntnis Berechtigte hat jedoch eine sekundäre Behauptungslast. Er muss bei solchen eigenartigen Umständen sehr genau erklären, warum das Schuldanerkenntnis abgegeben wurde. Die Aufgabe der Erben besteht sodann darin, die „Geschichte" des aus dem Schuldanerkenntnis Berechtigten zu widerlegen.

Die Einrede ist unabhängig davon, ob der Bereicherungsanspruch auf Befreiung **3**
von der Verbindlichkeit bereits verjährt ist. Nach § 813 Abs. 1 S. 1 BGB kann das dennoch Geleistete zurückgefordert werden.

---

[1] BGH XI ZR 68/90, NJW 1991, 2140.
[2] BGH XI ZR 68/90, NJW 1991, 2140.

§ 822 Herausgabepflicht Dritter

Wendet der Empfänger das Erlangte unentgeltlich einem Dritten zu, so ist, soweit infolgedessen die Verpflichtung des Empfängers zur Herausgabe der Bereicherung ausgeschlossen ist, der Dritte zur Herausgabe verpflichtet, wie wenn er die Zuwendung von dem Gläubiger ohne rechtlichen Grund erhalten hätte.

1 Die Verpflichtung des Bereicherungsschuldners ist nach § 818 Abs. 3 BGB wegen Entreicherung ausgeschlossen, wenn er das Bereicherungsobjekt unentgeltlich an einen Dritten weitergibt. Stattdessen haftet der Dritte so, als hätte er die Zuwendung direkt vom Gläubiger ohne Rechtsgrund erhalten. Das Erlangte im Sinne der Vorschrift sind auch Nutzungen und Surrogate des ursprünglich Erlangten.[1]

2 Wird dem Dritten ein Gegenstand zugewendet, den der ursprüngliche Bereicherungsschuldner im Austausch für das ursprüngliche Bereicherungsobjekt erhalten hat, so schuldet der Dritte Wertersatz nach § 818 Abs. 2 BGB und nicht Herausgabe des Gegenstandes, weil der eingetauschte Gegenstand kein Surrogat ist und damit auch der ursprüngliche Bereicherungsschuldner Wertersatz schuldete.[2] Der Dritte kann sich jedoch von der Verpflichtung zum Wertersatz befreien, indem er den erhaltenen Gegenstand herausgibt.[3]

Titel 27. Unerlaubte Handlungen

§ 823 Schadensersatzpflicht

(1) **Wer vorsätzlich oder fahrlässig das Leben, den Körper, die Gesundheit, die Freiheit, das Eigentum oder ein sonstiges Recht eines anderen widerrechtlich verletzt, ist dem anderen zum Ersatz des daraus entstehenden Schadens verpflichtet.**

(2) **[1]Die gleiche Verpflichtung trifft denjenigen, welcher gegen ein den Schutz eines anderen bezweckendes Gesetz verstößt. [2]Ist nach dem Inhalt des Gesetzes ein Verstoß gegen dieses auch ohne Verschulden möglich, so tritt die Ersatzpflicht nur im Falle des Verschuldens ein.**

I. Bedeutung

1 Der Anspruch kann neben Ansprüchen aus dem Auftragsrecht (§§ 667, 280 Abs. 1 BGB) bestehen. Er setzt jedoch im Unterschied zu diesen keinen Vertrag im Grundverhältnis voraus, sondern greift auch dann ein, wenn die Gerichte von einem Gefälligkeitsverhältnis ausgehen.[1]

II. Verletzung eines absoluten Rechts

2 Der Anspruch aus § 823 Abs. 1 BGB setzt die Verletzung eines absoluten Rechts voraus. In Vermögensangelegenheiten kommt die Verletzung des Eigentums des Voll-

---

[1] BGH X ZR 117/02, ZEV 2004, 209.
[2] BGH X ZR 117/02, ZEV 2004, 209.
[3] BGH X ZR 117/02, ZEV 2004, 209.
[1] Kroiß/Horn/Solomon/Horn Nachfolgerecht S. 870 Rn. 87.

machtgebers in Betracht, zB wenn ihm Gold, Bargeld oder andere Sachen entzogen werden. Die auftragswidrige Überweisung von Geld verletzt hingegen kein absolutes Recht des Vollmachtgebers.[2]

In persönlichen Angelegenheiten kann der Bevollmächtigte das Leben, den Körper oder die Gesundheit des Vollmachtgebers verletzen, wenn er bei der Durchsetzung einer Patientenverfügung Fehler macht. Eine Verletzung des Lebens liegt vor, wenn die künstliche Ernährung eingestellt wird, ohne dass die Genehmigung des Betreuungsgerichts nach § 1829 Abs. 2 BGB vorliegt.[3] Eine Verletzung der Freiheit kann vorliegen, wenn die Genehmigungserfordernisse nach § 1831 BGB nicht beachtet werden. 3

III. Verstoß gegen ein Schutzgesetz

Der Anspruch aus § 823 Abs. 2 BGB setzt den Verstoß gegen ein Schutzgesetz voraus. Schutzgesetze sind vor allem strafrechtliche Vorschriften. 4

1. Vermögensangelegenheiten

In Vermögensangelegenheiten kommt ein Anspruch aus § 823 Abs. 2 BGB in Betracht. Der Missbrauch einer Vollmacht erfüllt den Missbrauchstatbestand der **Untreue** nach § 266 Abs. 1, 1. Alt. StGB.[4] Im Missbrauch einer Bankkarte mit persönlicher Geheimzahl wurde eine Untreuehandlung in Form des Treuebruchtatbestands gesehen.[5] Der BGH sah in der Erklärung der Vollmachtgeberin, der Bevollmächtigte solle sich „mal was gönnen" kein die Untreue ausschließendes Einverständnis dahingehend, dass der Bevollmächtigte über wesentliche Teile des Vermögens verfügen und ihren Unterhalt gefährden dürfe.[6] Die Untreue erfordert in beiden Tatbestandsvarianten eine Vermögensbetreuungspflicht. Eine solche besteht nicht, wenn jemand vom Kontoinhaber eine Kreditkarte zur eigennützigen Verwendung erhält, auch nicht gegenüber den Erben des Kontoinhabers nach dessen Tod.[7] Im Falle der Untreue kann das Vermögen im Wege des dinglichen Arrests gesichert werden. Ein Arrestgrund soll sich aus der Vermutung ergeben, der Bevollmächtigte werde seine rechtsfeindliche Verhaltensweise fortsetzen, um den rechtswidrig erlangten Vermögensvorteil zu behalten, und daher versuchen, die Zwangsvollstreckung zu vereiteln.[8] 5

Die weisungswidrige Barabhebung und Verwendung von Geld ist eine **Unterschlagung** nach § 246 StGB.[9] Der Bevollmächtigte wird durch die Abhebung nicht Eigentümer des Geldes, weil er bei der Einigung mit der Bank nach § 929 S. 1 BGB als Vertreter des Vollmachtgebers auftritt.[10] Eine Strafbarkeit wegen Betrugs (§ 263 Abs. 1 StGB) liegt in der Regel nicht vor, weil der Bevollmächtigte keine Täuschungshandlung vornimmt. Denkbar ist eine Strafbarkeit wegen Urkundenfälschung (§ 267 StGB). Der Bevollmächtigte muss jedoch in der Regel keine Urkunden fälschen, um seine Ziele zu erreichen. 6

---

[2] Kroiß/Horn/Solomon/Horn Nachfolgerecht S. 870 Rn. 86.

[3] BGH IV ZR 400/14, ZErb 2015, 155 im Hinblick auf die daraus folgende Erbunwürdigkeit.

[4] OLG Koblenz 2 Ss 80/11, NStZ 2012, 330; Krüger ZEV 2019, 669 (675).

[5] OLG Hamm 2 Ss 367/03, BeckRS 2003, 30320265.

[6] BGH 5 StR 46/14, NJW 2014, 2968.

[7] OLG Hamm 1 RVs 15/15, NStZ-RR 2015, 213.

[8] OLG Hamm 24 W 40/15, ZEV 2016, 280.

[9] Kroiß/Horn/Solomon/Horn Nachfolgerecht S. 871 Rn. 90.

[10] Kroiß/Horn/Solomon/Horn Nachfolgerecht S. 871 Rn. 89.

2. Gesundheitsangelegenheiten, Verstoß gegen die Patientenverfügung

7 Jeder ärztliche Eingriff erfüllt den Tatbestand einer **Körperverletzung** (§ 223 Abs. 1 StGB). Die ärztliche Behandlung wird jedoch durch den Patientenwillen legitimiert. Die Behandlung ist aufgrund der Einwilligung des Patienten nicht rechtswidrig (§ 228 StGB) und sie ist auch nicht mit einer negativen Wertung belegt.[11] Die Einwilligung erfordert nach hM keine Geschäftsfähigkeit, sondern nur Einwilligungsfähigkeit. Darunter versteht man die Fähigkeit des Patienten, Nutzen und Risiken des Eingriffs zu begreifen und gegeneinander abwägen zu können.[12] Die Menschenwürdegarantie in Art. 1 Abs. 1 GG lässt jeden Menschen selbst entscheiden, was er hinsichtlich des ärztlichen Umgangs mit seinem Körper als würdevoll, sinnvoll und lebenswert empfindet. Diese Entscheidung kann der Patient in einer Patientenverfügung nach § 1827 Abs. 1 S. 1 BGB niederlegen. Existiert keine Patientenverfügung oder trifft sie nicht zu, ist auf den mutmaßlichen Willen des Patienten abzustellen. Wenn ein Arzt einen Patienten ohne Patientenverfügung vorfindet, bei dem der Eingriff vital indiziert ist und die Unterlassung der Behandlung medizinisch unvertretbar wäre, darf er von einer mutmaßlichen Einwilligung in die Behandlung ausgehen.[13] Es empfiehlt sich daher, einen Hinweis auf den Vorsorgebevollmächtigten und die vorhandene Patientenverfügung („Notfallkarte") in der Nähe der Krankenkarte aufzubewahren. Der Arzt, der Bevollmächtigte oder der Betreuer machen sich strafbar, wenn sie gegen den ausdrücklichen, den verbindlich vorausverfügten oder mutmaßlichen Willen des Patienten verstoßen,[14] zB durch künstliche Nahrungszufuhr.[15] Wegen versuchter Tötung kann sich aber auch derjenige strafbar machen, der die Behandlung abbricht, obwohl sie medizinisch indiziert war und die Patientenverfügung den Behandlungsabbruch nicht deckte.[16] Die strafbare Handlung ist zugleich die Verletzung eines Schutzgesetzes. Die Darlegungs- und Beweislast für die Einwilligung des Patienten in die Heilbehandlung liegt beim Arzt.[17]

8 Eine **Freiheitsberaubung** (§ 239 Abs. 1 StGB) erfordert, dass der Patient gegen seinen Willen festgehalten wird. Wenn sich der Patient nicht bewegen kann, dann kann seine Freiheit nicht beschränkt werden.[18] Sie bedarf beim einwilligungsunfähigen Patient der Genehmigung des Betreuungsgerichts nach § 1831 BGB.

9 Das Schutzgesetz kann auch durch ein **Unterlassen** verletzt werden, wenn eine Pflicht zum Handeln besteht. Der Träger eines Pflegeheims hat die Pflicht, die Heimbewohner davor zu schützen, dass sie wegen ihrer Krankheit oder sonstiger körperlicher oder geistiger Einschränkungen einen Schaden durch sich selbst oder durch die Einrichtung und bauliche Gestaltung des Pflegeheims erleiden. Diese Pflicht ist allerdings beschränkt auf das Erforderliche und das für die Heimbewohner und das Pflegepersonal Zumutbare. Dabei muss ein angemessener Ausgleich zwischen dem Schutz des Heimbewohners und seiner Würde, Interessen, Bedürfnisse, Selbständigkeit, Selbstbestimmung und Selbstverantwortung gefunden werden.[19] Der Heimträ-

---

[11] Putz FPR 2012, 13 (14).
[12] MüKoBGB/Wagner BGB § 823 Rn. 762.
[13] OLG Bamberg 4 U 72/11, NJW-RR 2012, 467 (469).
[14] Putz FPR 2012, 13 (16).
[15] Varrel NStZ 2010, 671.
[16] BGH 2 StR 320/10, NStZ 2011, 274.
[17] MüKoBGB/Wagner BGB § 823 Rn. 760.
[18] OLG Bamberg 4 U 72/11, NJW-RR 2012, 467 (468, 471).
[19] BGH III ZR 399/04, NJW 2005, 1937; OLG Koblenz 3 U 240/13, NJW-RR 2014, 458.

ger muss zB verhindern, dass ein akut sturzgefährdeter, dementer Heimbewohner allein ins Treppenhaus geht.[20]

IV. Kausalität

10 Die Verletzung des absoluten Rechts bzw. der Verstoß gegen das Schutzgesetz müssen kausal für den verursachten Schaden gewesen sein. Dies ist zB nicht der Fall, wenn das Pflegeheim die Matratze vor dem Bett des sturzgefährdeten Heimbewohners entfernt, dieser aber im Bad stürzt.[21]

V. Rechtsfolge

11 Der Geschädigte kann nach §§ 249 ff. BGB Schadensersatz verlangen. Mittäter und Beteiligte haften als Gesamtschuldner (§§ 830, 840 Abs. 1 BGB). Das Handeln Dritter kann über § 831 BGB zugerechnet werden.[22] Der Schädiger muss den Geschädigten so stellen, als wäre der zum Schadensersatz verpflichtende Umstand nicht eingetreten (§ 249 Abs. 1 BGB). Wenn ein Bevollmächtigter durch eine Straftat Geld des Vollmachtgebers erlangt hat, muss er das Geld herausgeben (§ 249 Abs. 1 BGB) und dem Vollmachtgeber die entgangenen Zinsen ersetzen, auch wenn der Bevollmächtigte keine Zinsen erhalten hat (§§ 249 Abs. 1, 252 BGB).

12 Bei der Verletzung des Körpers, der Gesundheit oder der Freiheit ist Schmerzensgeld nach § 251 Abs. 2 BGB zu zahlen. Das LG Berlin hielt ein Schmerzensgeld in Höhe von 5.000 EUR bei einem Patienten für angemessen, der zwangsweise für 16 Stunden festgehalten und mit Medikamenten ruhig gestellt wurde, die Nebenwirkungen hatten.[23] Das OLG Karlsruhe hielt 25.000 EUR für eine zweimonatige rechtswidrige Unterbringung nebst medikamentöser Zwangsbehandlung für angemessen.[24]

13 Es besteht kein Schadensersatzanspruch, wenn beim Geschädigten kein Gesundheitsschaden eingetreten ist.[25] Wenn das Leben des Patienten durch die Behandlung verlängert wird, liegt hierin kein Schaden, der zum Schadensersatz führt.[26] Das führt dazu, dass es keinen Schadensersatz gibt, wenn der Patientenwille nicht feststellbar ist. Falls die Lebensverlängerung gegen den Willen des Patienten erfolgt, kommt die Leidensverlängerung oder das Vorenthalten der Entscheidung über ein selbstbestimmtes Sterben als Schaden in Betracht. Dies wurde jedoch vom BGH ausdrücklich offen gelassen.[27] Verfassungsrechtlich sind die Menschenwürde und das allgemeine Persönlichkeitsrecht des Patienten betroffen. Da dieser meist verstorben ist, bis der Fall das Verfassungsgericht erreicht, wird ein Grundrechtsschutz effektiv versagt. Die Angehörigen sind nicht beschwerdebefugt.[28]

---

[20] LG Berlin 37 O 516/09, PflR 2011, 237.

[21] OLG Koblenz 3 U 240/13, NJW-RR 2014, 458.

[22] OLG Frankfurt 9 U 71/02, ZIP 2003, 1192.

[23] LG Berlin 86 O 88/14, BtPrax 2015, 165.

[24] OLG Karlsruhe 9 U 78/11, VersR 2016, 254.

[25] BGH VI ZR 69/07, NJW 2008, 2344 (2345); OLG Bamberg 4 U 72/11, NJW-RR 2012, 467 (468).

[26] BGH VI ZR 13/18, becklink 201272, bestätigt von BVerfG 1 BvR 1187/19.

[27] BGH VI ZR 13/18, becklink 201272.

[28] BVerfG 1 BvR 1187/19.

VI. Verjährung

14 Es gilt die regelmäßige Verjährung von drei Jahren (§ 195 BGB). Die Verjährung beginnt nach § 199 Abs. 1 BGB mit dem Schluss des Jahres, in dem der Anspruch entstanden ist und der Gläubiger von den den Anspruch begründenden Umständen und der Person des Schuldners Kenntnis erlangt hat oder ohne grobe Fahrlässigkeit erlangen müsste. Die Kenntnis des Vollmachtgebers genügt dafür nicht, wenn er bereits geschäftsunfähig ist. Es kommt dann auf die Kenntnis eines weiteren Bevollmächtigten, eines Betreuers oder der Erben an. Es gelten die Verjährungshöchstfristen nach § 199 Abs. 2 und Abs. 3 BGB.

Nach § 852 BGB muss der Ersatzpflichtige auch nach der Verjährung der Schadensersatzanspruchs noch dasjenige herausgeben, was er aus der unerlaubten Handlung erlangt hat.

§ 826 Sittenwidrige vorsätzliche Schädigung

Wer in einer gegen die guten Sitten verstoßenden Weise einem anderen vorsätzlich Schaden zufügt, ist dem anderen zum Ersatz des Schadens verpflichtet.

I. Bedeutung

1 Die Vorschrift hat im Vorsorgerecht kaum praktische Bedeutung. Zwar ist keine Verletzung der in § 823 Abs. 1 BGB genannten Rechtsgüter erforderlich. Die Anforderungen der Norm sind jedoch hoch.

II. Sittenwidrigkeit

2 Sittenwidrig ist ein Verhalten, wenn es gegen das Anstandsgefühl aller billig und gerecht Denkenden verstößt.[1] Dafür genügt es nicht, dass der Schädiger vertraglichen Pflichten oder das Gesetz verletzt oder bei einem anderen einen Vermögensschaden hervorruft. Hinzukommen muss eine besondere Verwerflichkeit des Verhaltens, die sich aus dem verfolgten Ziel, den eingesetzten Mitteln, der zutage tretenden Gesinnung oder den eingetretenen Folgen ergeben kann.[2] Zur Prüfung der Sittenwidrigkeit sind sämtliche Umstände des Einzelfalls in einer Gesamtschau zu würdigen.[3] Dabei kommt es wesentlich auf das Verhalten des Schädigers an.[4] Ein Unterlassen verletzt die guten Sitten nur dann, wenn das geforderte Tun einem sittlichen Gebot entspricht. Die Nichterfüllung einer Rechtspflicht genügt dafür nicht.[5]

3 **Beispiele für Sittenwidrigkeit:**
- Verwirklichung von Straftatbeständen.[6] Zu den Straftatbeständen beim Vollmachtsmissbrauch → § 823 Rn. 4f.
- Bewusst arglistige Täuschung.[7]

---

[1] BGH VI ZR 268/11, NJW-RR 2013, 550.
[2] BGH VI ZR 336/12, NJW 2014, 383.
[3] BGH VI ZR 50/68, NJW 1970, 657.
[4] BGH VI ZR 50/68, NJW 1970, 657.
[5] BGH XI ZR 295/12, NJW 2014, 1098; VI ZR 268/11, NJW-RR 2013, 550.
[6] OLG Saarbrücken 1 U 165/84, NJW-RR 1987, 500.
[7] BGH VI ZR 306/03, NJW-RR 2005, 611.

- Vereinbarung, bei der zwischen Leistung und Gegenleistung ein auffälliges Missverhältnis besteht und weitere Umstände hinzutreten, zB eine verwerfliche Gesinnung des Schädigers oder eine Ausnutzung der schwierigen Lage des Geschädigten. Ein auffälliges Missverhältnis liegt vor, wenn der Preis knapp doppelt so hoch ist wie der Wert der Gegenleistung.[8]
- Wenn der Einsatz eines sonst nicht zu beanstandenden Mittels zu einem für sich genommen billigenswerten Zweck unter Berücksichtigung aller Umstände des Einzelfalls außer Verhältnis steht, insbesondere wenn der angerichtete Schaden außer Verhältnis zum erstrebten Nutzen steht.[9]
- Missbrauch eines staatlichen Verfahrens zur Schädigung der Gegenpartei oder Dritter, indem das Verfahren mit unlauteren Mitteln geführt wird, zB Prozessbetrug oder Erschleichen gerichtlicher Handlungen.[10]

III. Schaden

Ein Schaden ist gegeben, wenn sich bei dem Vergleich der infolge des haftungsbegründenden Ereignisses eingetretenen Vermögenslage mit derjenigen, die ohne dieses Ereignis eingetreten wäre, ein rechnerisches Minus ergibt.[11] Ein Schaden kann darin liegen, dass der Geschädigte durch das haftungsbegründende Verhalten zum Abschluss eines (wertneutralen) Vertrags gebracht worden ist, den er sonst nicht abgeschlossen hätte. Nur so kann er sich von der ungewollten Verpflichtung befreien.[12] Ein Schaden liegt zudem vor, wenn tatsächlich Erwerbsaussichten vereitelt werden.[13] 4

IV. Vorsatz

Der Schädiger muss mit **Vorsatz** handeln. Bedingter Vorsatz genügt. Dieser liegt vor, wenn der Schädiger das Bewusstsein hat, dass infolge seines Tuns oder Unterlassens der Geschädigte der Gefahr eines Schadens ausgesetzt wird, und wenn er diesen möglichen Schaden für den Fall des Eintritts billigend in Kauf nimmt, auch wenn er ihn nicht wünscht.[14] Von vorsätzlichem Handeln ist auszugehen, wenn der Schädiger so leichtfertig handelt, dass er eine Schädigung des anderen Teils in Kauf genommen haben muss.[15] 5

Der Vorsatz muss sich nicht auf den genauen Kausalverlauf und den Umfang des Schadens erstrecken. Er muss jedoch die gesamten Schadensfolgen sowie die Richtung und Art des Schadens umfassen.[16] Der Vorsatz kann sich aus Art und Weise des sittenwidrigen Handelns ergeben.[17] 6

V. Rechtsfolge

Schadensersatz → § 823 Rn. 11. 7

---

[8] BGH IX ZR 121/99, NJW 2000, 2669.
[9] BGH II ZR 205/94, NJW 1995, 1739.
[10] BGH VI ZR 371/02, NJW 2004, 446.
[11] BGH VI ZR 306/03, NJW-RR 2005, 611.
[12] BGH VI ZR 306/03, NJW-RR 2005, 611.
[13] OLG Saarbrücken 1 U 165/84, NJW-RR 1987, 500.
[14] BGH VI ZR 371/02, NJW 2004, 446.
[15] BGH XI ZR 56/07, NJW 2008, 2245.
[16] BGH VI ZR 371/02, NJW 2004, 446.
[17] BGH II ZR 205/94, NJW 1995, 1739.

Buch 4. Familienrecht

Abschnitt 1. Bürgerliche Ehe

Titel 5. Wirkungen der Ehe im Allgemeinen

§ 1358 Gegenseitige Vertretung von Ehegatten in Angelegenheiten der Gesundheitssorge

(1) Kann ein Ehegatte aufgrund von Bewusstlosigkeit oder Krankheit seine Angelegenheiten der Gesundheitssorge rechtlich nicht besorgen (vertretener Ehegatte), ist der andere Ehegatte (vertretender Ehegatte) berechtigt, für den vertretenen Ehegatten
1. in Untersuchungen des Gesundheitszustandes, Heilbehandlungen oder ärztliche Eingriffe einzuwilligen oder sie zu untersagen sowie ärztliche Aufklärungen entgegenzunehmen,
2. Behandlungsverträge, Krankenhausverträge oder Verträge über eilige Maßnahmen der Rehabilitation und der Pflege abzuschließen und durchzusetzen,
3. über Maßnahmen nach § 1831 Absatz 4 zu entscheiden, sofern die Dauer der Maßnahme im Einzelfall sechs Wochen nicht überschreitet, und
4. Ansprüche, die dem vertretenen Ehegatten aus Anlass der Erkrankung gegenüber Dritten zustehen, geltend zu machen und an die Leistungserbringer aus den Verträgen nach Nummer 2 abzutreten oder Zahlung an diese zu verlangen.

(2) [1]Unter den Voraussetzungen des Absatzes 1 und hinsichtlich der in Absatz 1 Nummer 1 bis 4 genannten Angelegenheiten sind behandelnde Ärzte gegenüber dem vertretenden Ehegatten von ihrer Schweigepflicht entbunden. [2]Dieser darf die diese Angelegenheiten betreffenden Krankenunterlagen einsehen und ihre Weitergabe an Dritte bewilligen.

(3) Die Berechtigungen nach den Absätzen 1 und 2 bestehen nicht, wenn
1. die Ehegatten getrennt leben,
2. dem vertretenden Ehegatten oder dem behandelnden Arzt bekannt ist, dass der vertretene Ehegatte
a) eine Vertretung durch ihn in den in Absatz 1 Nummer 1 bis 4 genannten Angelegenheiten ablehnt oder
b) jemanden zur Wahrnehmung seiner Angelegenheiten bevollmächtigt hat, soweit diese Vollmacht die in Absatz 1 Nummer 1 bis 4 bezeichneten Angelegenheiten umfasst,
3. für den vertretenen Ehegatten ein Betreuer bestellt ist, soweit dessen Aufgabenkreis die in Absatz 1 Nummer 1 bis 4 bezeichneten Angelegenheiten umfasst, oder
4. die Voraussetzungen des Absatzes 1 nicht mehr vorliegen oder mehr als sechs Monate seit dem durch den Arzt nach Absatz 4 Satz 1 Nummer 1 festgestellten Zeitpunkt vergangen sind.

(4) [1]Der Arzt, gegenüber dem das Vertretungsrecht ausgeübt wird, hat
1. das Vorliegen der Voraussetzungen des Absatzes 1 und den Zeitpunkt, zu dem diese spätestens eingetreten sind, schriftlich zu bestätigen,
2. dem vertretenden Ehegatten die Bestätigung nach Nummer 1 mit einer schriftlichen Erklärung über das Vorliegen der Voraussetzungen des Ab-

satzes 1 und das Nichtvorliegen der Ausschlussgründe des Absatzes 3 vorzulegen und
3. sich von dem vertretenden Ehegatten schriftlich versichern zu lassen, dass
a) das Vertretungsrecht wegen der Bewusstlosigkeit oder Krankheit, aufgrund derer der Ehegatte seine Angelegenheiten der Gesundheitssorge rechtlich nicht besorgen kann, bisher nicht ausgeübt wurde und
b) kein Ausschlussgrund des Absatzes 3 vorliegt.

[2]Das Dokument mit der Bestätigung nach Satz 1 Nummer 1 und der Versicherung nach Satz 1 Nummer 3 ist dem vertretenden Ehegatten für die weitere Ausübung des Vertretungsrechts auszuhändigen.

(5) **Das Vertretungsrecht darf ab der Bestellung eines Betreuers, dessen Aufgabenkreis die in Absatz 1 Nummer 1 bis 4 bezeichneten Angelegenheiten umfasst, nicht mehr ausgeübt werden.**

(6) **§ 1821 Absatz 2 bis 4, § 1827 Absatz 1 bis 3, § 1828 Absatz 1 und 2, § 1829 Absatz 1 bis 4 sowie § 1831 Absatz 4 in Verbindung mit Absatz 2 gelten entsprechend.**

Übersicht

I. Bedeutung

Das Ehegattenvertretungsrecht gewährt den Ehegatten in beschränktem Umfang und zeitlich befristet eine gesetzliche Vertretungsmacht. Dadurch sollen die einstweiligen Anordnungen auf Bestellung eines vorläufigen Betreuers (§ 300 FamFG) verringert werden.[1] Der Vorschrift liegt die typisierende Betrachtung zugrunde, dass Ehegatten sich im Regelfall gegenseitig mit der Gesundheitssorge bevollmächtigen würden. Auf Ausnahmefälle kann das Betreuungsgericht reagieren, indem es einen Betreuer bestellt. **1**

[1] BR-Drs. 564/20, 206.

II. Voraussetzungen des Ehegattenvertretungsrechts

1. Ehegatten

2 Das Vertretungsrecht gilt nur für Ehegatten und nach § 21 LPartG für eingetragene Lebenspartner. Eine aufhebbare Ehe soll genügen.[2]

2. Handlungsunfähigkeit aufgrund von Bewusstlosigkeit oder Krankheit

3 Das Ehegattenvertretungsrecht gilt nur, wenn der vertretene Ehegatte aufgrund von Bewusstlosigkeit oder Krankheit seine Angelegenheiten der Gesundheitssorge rechtlich nicht besorgen kann. Anders als im Regierungsentwurf behauptet[3], knüpft der Wortlaut nicht erkennbar an die Voraussetzungen des § 1814 Abs. 1 BGB an. Die Bewusstlosigkeit ist dort nicht als Voraussetzung genannt. Dafür fehlt in § 1358 BGB das Tatbestandsmerkmal der Behinderung.[4] Lediglich das Tatbestandsmerkmal Krankheit ist in beiden Vorschriften enthalten. Das Ehegattenvertretungsrecht soll daher nur bei akut eingetretenen gesundheitlichen Beeinträchtigungen des vertretenen Ehegatten gelten.[5]

Es genügt auch, wenn die Handlungsunfähigkeit erst durch die Behandlung entstanden ist, zB weil betäubende Medikamente verabreicht werden.[6] Allerdings wird bei geplanten Behandlungen meist darauf hingewirkt, dass vorher eine Vorsorgevollmacht erteilt wird.

3. Ausschlussgründe (Abs. 3)

4 **a) Getrenntleben.** Es besteht kein Ehegattenvertretungsrecht, wenn die Ehegatten getrennt leben (§ 1567 Abs. 1 BGB). Es genügt nicht, wenn ein Ehegatte im Heim lebt, sondern es muss ein Trennungswille dazu kommen.[7] Dieser wiederum setzt die Geschäftsfähigkeit voraus. Es ist für den Arzt nicht erkennbar, ob die Ehegatten getrennt leben. Daher soll er sich nach Abs. 4 Nr. 3b) versichern lassen, dass die Ehegatten nicht getrennt leben. Wenn der Ehegatte falsche Angaben macht, besteht kein Ehegattenvertretungsrecht, was für den Arzt aber nicht erkennbar ist. Eine Pflicht zur Anhörung von nahen Angehörigen und sonstigen Vertrauenspersonen besteht anders als bei § 1828 Abs. 2 BGB nicht.

5 Die trotz Getrenntlebens ggf. nach Abs. 1 Nr. 2 abgeschlossenen Verträge sind schwebend unwirksam (§ 177 BGB). Der vertretende Ehegatte haftet nach § 179 BGB.

6 **b) Ablehnung oder Vorsorgevollmacht.** Das Ehegattenvertretungsrecht besteht nicht, wenn der vertretene Ehegatte die Vertretung ablehnt oder wenn eine Vorsorgevollmacht besteht. Der Wortlaut des Abs. 3 Nr. 2 knüpft jedoch nicht unmittelbar daran an, sondern an die Kenntnis des Arztes oder des Ehegatten, wobei die Kenntnis eines von beiden genügt. Dies ist wohl der gründlich fehlgeschlagene Versuch, einen begrenzten Schutz des guten Glaubens einzuführen, dazu cc).

---

[2] Kemper FamRB 2021, 260 (261).

[3] BR-Drs. 564/20, 230.

[4] Kurze Reform Vormundschafts-/BetreuungsR S. 77 Rn. 17.

[5] BR-Drs. 564/20, 231.

[6] Kemper FamRB 2021, 260 (261).

[7] Kemper FamRB 2021, 260 (261).

aa) Ablehnung. Das Ehegattenvertretungsrecht besteht nach a) nicht, wenn der vertretene Ehegatte die Vertretung ablehnt. Für die Ablehnung soll keine Geschäftsfähigkeit erforderlich sein, sondern der natürliche Wille genügen.[8] Im Referentenentwurf findet sich dazu nichts. Es wäre ebenso möglich, dass wie bei der Bevollmächtigung nach b) die Geschäftsfähigkeit erforderlich ist. Im Gegensatz zu b) geht a) nicht davon aus, dass eine Ablehnung auch nur teilweise möglich sein könnte. 7

Der vertretene Ehegatte kann einen Widerspruch im Zentralen Vorsorgeregister eintragen lassen (§ 78 Abs. 1, 2 Nr. 7 BNotO). Fraglich ist, ob dies sinnvoll ist. Wenn der vertretene Ehegatte vorsorgen will, wird er eine Vorsorgevollmacht erteilen. 8

bb) (Vorsorge)Vollmacht. Nach Abs. 3 Nr. 2b) verdrängt eine Vollmacht das Ehegattenvertretungsrecht, soweit sie die Angelegenheiten mit umfasst. Der Arzt kann das zentrale Vorsorgeregister einsehen (§ 78b Abs. 1 S. 1 BNotO), ist hierzu aber nicht verpflichtet. 9

cc) Gutglaubensschutz. Der Wortlaut des § 1358 Abs. 3 Nr. 2 BGB vermengt die materiellen Ausschlussgründe – Ablehnung und Vollmacht – und den Schutz des guten Glaubens. Die Vorschrift wird dahin zu lesen sein, dass die beiden Tatbestände das Ehegattenvertretungsrecht ausschließen, wenn sie vorliegen. Geschützt ist sodann jedoch der gute Glaube der Beteiligten. Dies muss über den Tatbestand hinaus jedoch die Folge haben, dass auch die Kenntnis eines Dritten die Vertretungsmacht diesem gegenüber entfallen lässt. Anders als in § 173 BGB ist die fahrlässige Unkenntnis nicht genannt. 9a

c) Betreuer. Die Betreuerbestellung verdrängt das Ehegattenvertretungsrecht. Zugleich ist eine Betreuerbestellung nicht erforderlich iSv § 1814 Abs. 3 BGB, solange das Ehegattenvertretungsrecht besteht. Es dürfte sachdienlich sein, die Betreuerbestellung davon abhängig zu machen, ob die Handlungsunfähigkeit des vertretenen Ehegatten voraussichtlich innerhalb von sechs Monaten wiederhergestellt wird. Der Wortlaut enthält einen Widerspruch zwischen Abs. 3 Nr. 3, wonach der Betreuer mit identischem Aufgabenkreis das Ehegattenvertretungsrecht ausschließt und Abs. 5, wonach der Ehegatte sein Vertretungsrecht (lediglich) nicht ausüben darf, wenn der Aufgabenkreis eines neu bestellten Betreuers die gleichen Angelegenheiten umfasst. Daraus wird teilweise geschlussfolgert, dass die Vertretungsmacht weiter bestehe und der vertretende Ehegatte lediglich im Innenverhältnis gebunden sei.[9] 10

d) Zeitablauf. Abs. 3 Nr. 4 stellt klar, dass das Ehegattenvertretungsrecht nur solange besteht, wie seine Voraussetzungen vorliegen. Überdies erlischt das Ehegattenvertretungsrecht nach mehr als sechs Monaten seit dem in der ärztlichen Bescheinigung nach Abs. 4 genannten Zeitpunkt. Es kommt also nicht auf den wahren Zeitpunkt der Krankheit oder Bewusstlosigkeit an, sondern nur auf den Zeitpunkt, der bescheinigt wird. 11

Bei verschiedenen Erkrankungen beginnt die Frist neu. Die Abgrenzung kann im Einzelfall schwierig werden. 12

Der Wegfall der Vertretungsmacht hat keine Auswirkungen auf Willenserklärungen, die bis dahin abgegeben wurden. Diese bleiben bestehen, insbesondere auch bis dahin erteilte Vollmachten (zB an einen Rechtsanwalt). Durch § 181 BGB ist der Ehegatte gehindert, sich selbst eine Vollmacht zu erteilen. Eine Vollmacht an eine dritte Person ist jedoch möglich und besteht über den Ablauf der Sechsmonatsfrist hinaus fort. Der spätere Betreuer oder der wieder handlungsfähige vertretene Ehegatte muss diese Vollmachten ggf. widerrufen. 13

---

[8] Kemper FamRB 2021, 260 (262) ohne Begründung.

[9] Mazur/Ziegler GuP 2022, 41 (43).

III. Umfang der Vertretungsmacht

1. Keine Beschränkung auf Notmaßnahmen

14 Das Ehegattenvertretungsrecht wird in der Gesetzesbegründung und in der Literatur als Notvertretungsrecht bezeichnet. Der Gesetzeswortlaut sieht jedoch keine Beschränkung auf Notmaßnahmen vor. Lediglich Abs. 1 Nr. 2 beschränkt die Vertretungsmacht auf Verträge über eilige Maßnahmen der Rehabilitation oder der Pflege. Dennoch wird vertreten, dass die Vertretungsmacht auf Maßnahmen begrenzt sei, über die entschieden werden müsse, solange der vertretene Ehegatte nicht selbst entscheiden kann.[10] Hierfür wird behauptet, dass andernfalls ein zu schwerer Grundrechtseingriff für den vertretenen Ehegatten vorliege. Welches Grundrecht betroffen sein soll, wird jedoch nicht genannt. Das Ehegattenvertretungsrecht wurde vom Gesetzgeber mit zahlreichen Einschränkungen versehen. Dies spricht gegen weitere Einschränkungen, die im Wortlaut keine Stütze finden.

2. (Nicht)Einwilligung in Heileingriffe

15 Heileingriffe erfordern die Einwilligung des Patienten (§ 630d Abs. 1 S. 1 BGB). Wenn der vertretene Ehegatte einwilligungsunfähig ist, ist der vertretende Ehegatte Berechtigter im Sinne von § 630d Abs. 1 S. 2 BGB. Nach Abs. 6 ist bei Maßnahmen nach → § 1829 BGB die Genehmigung des Betreuungsgerichts erforderlich.

Der vertretende Ehegatte ist nicht befugt, in eine zwangsweise ärztliche Behandlung nach § 1832 einzuwilligen.[11]

3. Verträge

16 Der vertretende Ehegatte kann die Verträge abschließen, die für die Gesundheitssorge notwendig sind. Er hat unbeschränkte Vertretungsmacht für Behandlungsverträge und Krankenhausverträge. Verträge über Maßnahmen der Rehabilitation und der Pflege kann der vertretende Ehegatte nur abschließen, wenn sie eilig sind. Eilig sollen nach der Begründung des Gesetzesentwurfs nur unaufschiebbare Maßnahmen der Rehabilitation und Pflege sein, die im zeitlichen Rahmen des Vertretungsrechts und im unmittelbaren kausalen Zusammenhang mit der anlassgebenden Erkrankung oder Bewusstlosigkeit getroffen werden müssen. Nicht möglich seien dagegen vertragliche Bindungen mit einem Vertragsbeginn lange nach dem Ende des Vertretungsrechts des Ehegatten.[12]

17 Der Abschluss und die Kündigung von Heimverträgen, die die dauerhafte Zurverfügungstellung von Wohnraum zum Gegenstand haben, ist nicht von der Vertretungsmacht des Ehegatten umfasst, da die Aufenthaltsbestimmung und die Wohnungsangelegenheiten nicht genannt sind.[13]

18 Abs. 2 Nr. 2 gibt dem Ehegatten die Vertretungsmacht für den Abschluss und für die Durchsetzung der Verträge. Nicht genannt ist hingegen die Kündigung von Verträgen, obwohl diese notwendig sein kann, um einen anderweitigen Vertrag zu schließen oder die Rechte des vertretenen Ehegatten durchzusetzen. Es bleibt abzuwarten, ob die Rechtsprechung diese Lücke mittels Analogie schließt.

---

[10] Kemper FamRB 2021, 260 (263).

[11] Kraemer BtPrax 2021, 208; Kemper FamRB 2021, 260 (263).

[12] BR-Drs. 564/20, 232.

[13] Kraemer BtPrax 2021, 208 (209); Kemper FamRB 2021, 260 (263).

Durch den Vertrag wird grundsätzlich nur der vertretene Ehegatte verpflichtet (§ 164 Abs. 1 S. 1 BGB). Denkbar ist jedoch unter Umständen eine Mithaftung des vertretenden Ehegatten nach § 1357 BGB unter den dortigen Voraussetzungen. **19**

4. Freiheitsentziehende Maßnahmen

Der vertretende Ehegatte darf freiheitsentziehenden Maßnahmen im Sinne von § 1831 Abs. 4 BGB zustimmen. Die Dauer der Maßnahme darf 6 Wochen nicht übersteigen. Die Maßnahme bedarf der Genehmigung des Betreuungsgerichts. Wenn mit dem Aufschub Gefahr verbunden ist, kann die Maßnahme ohne Genehmigung durchgeführt werden. Die Genehmigung ist aber unverzüglich nachzuholen (§ 1831 Abs. 2 BGB). Der vertretende Ehegatte muss dem Betreuungsgericht die Beendigung der Maßnahme unverzüglich anzeigen (§ 1831 Abs. 3 BGB). **20**

5. Geltendmachung von Ansprüchen

Der vertretende Ehegatte kann Ansprüche des vertretenen Ehegatten aus Anlass der Erkrankung gegenüber Dritten geltend machen. Gemeint sind dabei vorrangig Versicherungsleistungen oder Beihilfeansprüche.[14] Ob auch andere Ansprüche, zB gegen einen Unfallverursacher oder auf Unterhalt, umfasst sind, ist ungeklärt. **21**

Der vertretende Ehegatte soll nicht berechtigt sein, Zahlung an sich zu verlangen.[15] Aus dem Wortlaut ist das nicht so eindeutig erkennbar. Der vertretende Ehegatte hat damit nur die Möglichkeit, die Ansprüche an den Leistungserbringer abzutreten oder Zahlung an diesen zu verlangen. Wenn das Geld aber auf dem Konto des vertreten Ehegatten eingeht, kann der vertretende Ehegatte darauf nicht mehr zugreifen. Es ist dann eine Betreuerbestellung notwendig. **22**

Da die Befugnis zum Öffnen der Post in einem früheren Entwurf enthalten war, wird nun teilweise geschlussfolgert, dass sie nicht vorgesehen sei. Das widerspricht jedoch der Vertretungsmacht zur Regelung bestimmter Vertragsangelegenheiten und zur Geltendmachung von Ansprüchen.[16] Zwingend ist die Annahme nicht, dass der vertretende Ehegatte die Post nicht öffnen darf. Wie soll ein Anspruch durchgesetzt werden, wenn die Post nicht gelesen werden darf? Anderseits könnte der vertretende Ehegatte dann auch Post für Angelegenheiten öffnen, für die er keine Vertretungsmacht hat. Es bleibt abzuwarten, wie dieser Konflikt gelöst wird. **23**

6. Ärztliche Verschwiegenheitspflicht (Abs. 2)

Nach § 630e IV BGB besteht eine ärztliche Aufklärungspflicht gegenüber dem vertretenden Ehegatten und nach § 630d V BGB zusätzlich gegenüber dem vertretenen Ehegatten entsprechend seinem Verständnis. Abs. 2 enthält hierzu nochmals die Klarstellung, dass gegenüber dem vertretenden Ehegatten keine ärztliche Schweigepflicht besteht. **24**

IV. Ärztliche Bestätigung (Abs. 4)

Abs. 4 regelt eine sinnlose ärztliche Bescheinigung. Das Vertretungsrecht besteht unabhängig von der Bescheinigung. An die Bescheinigung ist keine Gutglaubenswirkung geknüpft, so dass sich niemand darauf verlassen kann.[17] Zudem kann das **25**

---

[14] BR-Drs. 564/20, 233.
[15] BR-Drs. 564/20, 233; Kraemer BtPrax 2021, 208 (209).
[16] Kemper FamRB 2060 (265).
[17] Dutta FamRZ 2020, 1881 (1883).

Ehegattenvertretungsrecht jederzeit nach Abs. 3 Nr. 4 entfallen, wenn seine Voraussetzungen nicht mehr vorliegen. Wenn der Arzt der Auffassung ist, dass Ausschlussgründe bestehen, muss er die Vertretungsberechtigung des Ehegatten ablehnen und darf keine Bestätigung ausstellen.[18] Wenn der vertretende Ehegatte dies für unberechtigt hält, stehen ihm die allgemeinen Möglichkeiten zur Verfügung, also Zivilprozess inklusive einstweiligem Rechtsschutz und ggf. Strafanzeige. In der Praxis wird wohl stattdessen eine Betreuung angeregt werden, die nach Abs. 3 Nr. 3 das Ehegattenvertretungsrecht ausschließt. Ein ablehnender Beschluss des Betreuungsgerichts bindet den Arzt nicht dahingehend, dass das Ehegattenvertretungsrecht danach feststehen würde, und löst daher auch das Problem nicht.

26 Die Bescheinigung wird von dem Arzt erstellt, gegenüber dem das Vertretungsrecht ausgeübt wird. Gemeint ist damit immer nur der erste Arzt.[19] Daher muss er sich nach Abs. 4 Nr. 3a) versichern lassen, dass das Vertretungsrecht bisher nicht ausgeübt wurde. Der Arzt muss den vertretenen Ehegatten zunächst darauf untersuchen, ob er seine Angelegenheiten aufgrund von Bewusstlosigkeit oder Krankheit nicht mehr selbst besorgen kann. Ob dabei dann die Fachrichtung des Arztes betroffen ist, ist reiner Zufall. Die Anforderungen an die Untersuchung sollen jedoch mit den Anforderungen an die Feststellung der Betreuungsbedürftigkeit vergleichbar sein.[20]

27 Der Arzt muss das Vorliegen der Voraussetzungen des Abs. 1 schriftlich bestätigen. Unklar bleibt, in welchem Umfang hierzu die Untersuchungsergebnisse im Detail dargelegt werden müssen.

V. Innenverhältnis

28 Der vertretende Ehegatte muss sein Vertretungsrecht nicht ausüben. Tut er es aber, dann ist er im Innenverhältnis gebunden. Das Innenverhältnis wird in Abs. 6 über verschiedene Verweise näher ausgestaltet. Der vertretende Ehegatte hat die Wünsche und die Patientenverfügung des vertretenen Ehegatten zu beachten (§§ 1821 Abs. 2; 1827 Abs. 1 BGB). Eine Ausnahme besteht nach § 1821 Abs. 3 BGB bei Eigengefährdung des vertretenen Ehegatten oder Unzumutbarkeit für den vertretenden Ehegatten. Lassen sich die Wünsche des vertretenen Ehegatten nicht feststellen, ist sein mutmaßlicher Wille entscheidend (§§ 1821 Abs. 4; 1827 Abs. 2 BGB). Der vertretende Ehegatte muss die zu treffenden Maßnahmen mit dem behandelnden Arzt erörtern (§ 1828 Abs. 1 BGB). Teilweise wird auch § 1353 Abs. 1 S. 2 BGB für das Innenverhältnis herangezogen. Die Norm enthält jedoch nichts Konkretes, was hierfür weiterhelfen würde.

VI. Sonstiges

29 Nach Art. 15 EGBGB ist § 1358 in Angelegenheiten der Gesundheitssorge, die im Inland wahrgenommen werden, auch dann anzuwenden, wenn insoweit ausländisches Recht anwendbar wäre.

Das Standesamt muss nach § 12 Abs. 4 Personenstandsgesetz die Eheschließenden auf das Ehegattenvertretungsrecht hinweisen.

---

[18] Koller/Stahl GesR 2021, 212.

[19] Dutta FamRZ 2020, 1881 (1883); Koller/Stahl GesR 2021, 212 (214).

[20] Koller/Stahl GesR 2021, 212 (215).

Abschnitt 2. Verwandtschaft

Titel 3. Unterhaltspflicht

Untertitel 1. Allgemeine Vorschriften

§ 1601 Unterhaltsverpflichtete

Verwandte in gerader Linie sind verpflichtet, einander Unterhalt zu gewähren.

I. Anspruchsvoraussetzungen

Unterhaltspflichtig sind Verwandte in gerader Linie, das heißt sowohl ab- als auch aufsteigend, also Kinder und Enkelkinder, ebenso wie Eltern und Großeltern. Kinder sind gegenüber ihren Eltern verpflichtet, Unterhalt zu gewähren. 1

Nicht ausgeschlossen, jedoch deutlich seltener vorkommend, ist ein direkter Elternunterhaltsanspruch. Die Regel ist eher ein auf den Sozialhilfeträger übergegangener Unterhaltsanspruch nach § 94 Abs. 1 S. 1 SGB XII. Eine Überleitung des Anspruchs auf den Sozialhilfeträger findet nur in Ansehung des Elternunterhalts statt und nicht für den Großelternunterhalt.[1] 2

Grundvoraussetzungen für einen Elternunterhaltsanspruch ist die Bedürftigkeit des Unterhaltsberechtigten nach § 1602 BGB und die Leistungsfähigkeit der Unterhaltsverpflichteten gem. § 1603 BGB.[2] 3

II. Verwirkung des rückständigen Unterhalts

Der Verwirkungstatbestand hat beim übergeleiteten Anspruch auf den Sozialhilfeträger Bedeutung. Nach § 242 BGB kann ein Anspruch auf Unterhalt für die Vergangenheit verwirkt sein, wenn der Berechtigte den Unterhalt für längere Zeit nicht geltend gemacht hat und der Unterhaltspflichtige sich nach den gesamten Umständen des Einzelfalles darauf einrichten durfte und auch eingerichtet hat, dass er auf Unterhalt nicht mehr in Anspruch genommen wird. Auch der Sozialhilfeträger ist verpflichtet, Unterhaltsansprüche zeitnah geltend zu machen.[3] Regelmäßig passt ein Unterhaltspflichtiger seine Lebensführung an die ihm zur Verfügung stehenden Mittel an und pflegt, seine Einkünfte zu verbrauchen.[4] Es ist daher im Verhältnis zum allgemeinen Verwirkungstatbestand des § 242 BGB beim Elternunterhalt ein etwas großzügigerer Maßstab anzusetzen, was das Vertrauensmoment anbelangt. 4

III. Verjährung des Elternunterhaltsanspruchs

Der Elternunterhaltsanspruch unterliegt der allgemeinen Verjährung nach den §§ 197 Abs. 2, 195 BGB und verjährt in drei Jahren. Die Verjährung beginnt als Jahresendfrist gemäß § 199 Abs. 1 BGB am Schluss des Jahres. 5

---

[1] BVerfG 1 BvR 1508/96, NJW 2005, 1927; BGH XII ZB 81/11, NJW 2013, 1676.
[2] BGH XII ZR 148/09, NJW 2010, 3714.
[3] BGH XII ZR 148/09, NJW 2010, 3714.
[4] BGH XII ZR 148/09, NJW 2010, 3714.

6 Besonderer Beachtung ist § 197 Abs. 2 BGB geschuldet. Titulierte Unterhaltsansprüche, die bis zur Rechtskraft des Unterhaltstitels aufgelaufen sind, verjähren entsprechend der Titelverjährung nach 30 Jahren. Nach § 197 Abs. 2 BGB gilt jedoch die regelmäßige Verjährungsfrist von drei Jahren für künftig fällig werdende Unterhaltsansprüche, das heißt auch wenn diese tituliert sind.

§ 1602 Bedürftigkeit

(1) **Unterhaltsberechtigt ist nur, wer außerstande ist, sich selbst zu unterhalten.**

(2) **Ein minderjähriges Kind kann von seinen Eltern, auch wenn es Vermögen hat, die Gewährung des Unterhalts insoweit verlangen, als die Einkünfte seines Vermögens und der Ertrag seiner Arbeit zum Unterhalt nicht ausreichen.**

1 Unterhaltsberechtigt ist, wer außerstande ist, sich selbst zu unterhalten. Zur Sicherung des Bedarfs sind sämtliche Einkünfte jeglicher Einkunftsart heranzuziehen. Es gilt die uneingeschränkte Erwerbsobliegenheit bis zum Rentenalter. Zu den Einkünften zählen auch vorrangige Ansprüche auf nichtsubsidiäre Sozialleistungen, das heißt Leistungen aus der Grundsicherung im Alter oder bei Erwerbsunfähigkeit. Den Bedarf mindern auch Leistungen aus der Pflegeversicherung sowie Sachansprüche aus Verträgen mit Dritten, zB Überlassungsverträgen.

2 Es gibt keinen völligen Gleichklang zwischen dem privaten Unterhaltsrecht und dem Sozialhilferecht.[1] Demzufolge wird eine sozialhilferechtliche Bedürftigkeit nicht zwingend auch zu einer unterhaltsrechtlichen.

3 Bedarfsmindernd einzusetzen ist auch der Vermögensstamm. Dieser ist vor Inanspruchnahme des Unterhaltspflichtigen bis auf einen Notgroschen aufzubrauchen. Als Notgroschen gilt ein Restvermögen für plötzlich auftretende Bedürfnisse. Die Höhe des Notgroschens orientiert sich regelmäßig an dem Schonvermögen gemäß § 90 Abs. 2 Nr. 9 SGB XII iVm der Verordnung zur Durchführung des § 90 Abs. 2 Nr. 9 des SGB XII.[2] Demnach beträgt der Notgroschen für den Unterhaltspflichtigen 5.000,00 EUR und für jede weitere, überwiegend unterhaltene Person 500,00 EUR.

4 Der Vermögensstamm ist zu verwerten, wie beispielsweise eine Immobilie. Das selbst genutzte Eigenheim gehört aber zum Schonvermögen nach § 90 Abs. 2 Nr. 8 SGB XII. Den Bedarf mindernd berücksichtigt werden auch Rückforderungsansprüche nach §§ 528, 530 BGB wegen Verarmung des Schenkers bzw. groben Undanks.

5 Personen, die 65 Jahre alt oder dauerhaft vollerwerbsgemindert sind und nicht über eigene finanzielle Mittel verfügen, haben Anspruch auf Grundsicherung gemäß den §§ 41 bis 43 SGB XII.

6 Es besteht eine Obliegenheit, die Grundsicherungsleistungen geltend zu machen. Eine Verletzung dieser Obliegenheitspflicht führt zu einer fiktiven Herabsetzung der Bedürftigkeit in Höhe der nicht geltend gemachten Grundsicherungsleistung.[3] Eine fehlende rechtliche Beratung über mögliche Grundsicherungsleistungen kann zu einem sozialhilferechtlichen Schadensersatzanspruch gegenüber dem Sozialhilfeträger führen. Ebenso haftet der Betreuer bei schuldhaft nicht oder verspätet geltend gemachter Grundsicherung auf Schadensersatz.

---

[1] BGH XII ZR 272/02, FamRZ 2004, 1370 mAnm Schürmann FamRZ 2004, 1557.

[2] BGH XII ZR 155/03, NJW 2006, 2037; XII ZR 224/00, FamRZ 2004, 370.

[3] BGH XII ZR 84/04, NJW-RR 2007, 1513 = FamRZ 2010, 1159 mAnm Schulz; OLG Oldenburg 12 UF 69/03, NJW-RR 2004, 364; OLG Hamm 11 WF 207/03, NJW 2004, 1604; BeckOK BGB/Reinken BGB § 601 Rn. 11.

Hat die leistungsberechtigte Person für die Zeit, für die Leistungen erbracht werden, nach bürgerlichem Recht einen Unterhaltsanspruch, geht dieser bis zur Höhe der geleisteten Aufwendungen zusammen mit dem unterhaltsrechtlichen Auskunftsanspruch auf den Träger der Sozialhilfe über (§ 94 Abs. 1 S. 1 SGB XII). 7

Seit Inkrafttreten des Angehörigen-Entlastungsgesetzes am 1.1.2020[4] sind Unterhaltsansprüche gegenüber Kindern und Eltern nicht mehr zu berücksichtigen, es sei denn, deren jährliches Gesamteinkommen beträgt jeweils mehr als 100.000,00 Euro (brutto). Es wird vermutet, dass das Einkommen der unterhaltsverpflichteten Personen diese Jahreseinkommensgrenze nicht überschreitet. Zur Widerlegung der Vermutung kann der Träger der Sozialhilfe von dem Leistungsberechtigten Angaben verlangen, die Rückschlüsse auf die Einkommensverhältnisse der Unterhaltspflichtigen zulassen. Liegen im Einzelfall hinreichende Anhaltspunkte für ein Überschreiten der Jahreseinkommensgrenze vor, so besteht die Pflicht zur Auskunft. Vorstehendes gilt nicht bei Leistungen an minderjährige Kinder (§ 94 Abs. 1a SGB XII). 8

§ 1603 Leistungsfähigkeit

(1) **Unterhaltspflichtig ist nicht, wer bei Berücksichtigung seiner sonstigen Verpflichtungen außerstande ist, ohne Gefährdung seines angemessenen Unterhalts den Unterhalt zu gewähren.**

(2) [1]**Befinden sich Eltern in dieser Lage, so sind sie ihren minderjährigen Kindern gegenüber verpflichtet, alle verfügbaren Mittel zu ihrem und der Kinder Unterhalt gleichmäßig zu verwenden.** [2]**Den minderjährigen Kindern stehen volljährige unverheiratete Kinder bis zur Vollendung des 21. Lebensjahrs gleich, solange sie im Haushalt der Eltern oder eines Elternteils leben und sich in der allgemeinen Schulausbildung befinden.** [3]**Diese Verpflichtung tritt nicht ein, wenn ein anderer unterhaltspflichtiger Verwandter vorhanden ist; sie tritt auch nicht ein gegenüber einem Kind, dessen Unterhalt aus dem Stamme seines Vermögens bestritten werden kann.**

Maßgeblich ist die Leistungsfähigkeit des Unterhaltspflichtigen. Es gibt keine Schwiegersohn- oder Schwiegertochterhaftung, zumindest keine unmittelbare.[1] Eine mittelbare Haftung des Schwiegersohns bzw. der Schwiegertochter kann sich allerdings ergeben, wenn der Unterhaltspflichtige eine seine Leistungsfähigkeit erhöhende Leistung von seinem Ehegatten erhält oder sich aufgrund der wirtschaftlichen Leistungsfähigkeit des Ehegatten der Bedarf des Unterhaltspflichtigen mindert. 1

Zu einem mittelbaren Schwiegerelternunterhalt kann es dementsprechend durch die Anrechnung des sogenannten Taschengeldanspruches kommen. Danach rechnet zum Einkommen des den Haushalt führenden, unterhaltspflichtigen Kindes ohne eigenes anrechenbares Einkommen der aus dem Familienunterhalt entstammende Anspruch auf ein für persönliche Zwecke verfügbares Taschengeld gegen den anderen, verdienenden Ehegatten.[2] Dieses Taschengeld ist für den Elternunterhalt einsetzbares Einkommen, wenn der jeweils zu beachtende Selbstbehalt des unterhaltspflichtigen Kindes gewahrt ist.[3] 2

Grundsätzlicher Ausgangspunkt der Berechnung ist das steuerrechtliche Einkommen abzüglich Steuern und Vorsorgeaufwendungen. Bei der Leistungsfähigkeit an- 3

---

[4] Zu den Neuregelungen nach dem Angehörigenentlastungsgesetz vgl. ausführlich Doering-Striening Zerb 2020, 161.

[1] BGH XII ZR 122/00, NJW 2004, 674 (675).

[2] BGH XII ZR 140–96, FamRZ 1998, 608.

[3] BGH XII ZR 43/11, NJW 2013, 686; BeckOK BGB/Reinken BGB § 1601 Rn. 18a.

rechenbar sind sämtliche Einkünfte des Unterhaltspflichtigen, unabhängig von ihrer Herkunft. Dies sind sämtliche Erwerbseinkünfte aus allen Einkunftsarten, das heißt aus nichtselbstständiger Arbeit, Gewerbebetrieb, Vermietung und Verpachtung, Kapitalvermögen ua. Mit einbezogen werden auch Überstundenvergütungen, wenn sie nur in geringem Umfang anfallen oder wenn deren Arbeitsleistung im ausgeübten Beruf üblich ist.[4] Nicht einzusetzen sind geringfügige Einkünfte aus einer Nebentätigkeit zur üblichen, vollschichtigen Anstellung.[5]

4 Leistungsmindernd zu berücksichtigen ist eine angemessene Altersversorgung des Unterhaltspflichtigen, das heißt eine primäre und sekundäre Altersversorgung. Die primäre Altersversorgung umfasst dabei die Beiträge zur gesetzlichen Rentenversicherung. Selbstständigen oder wegen Überschreitens der Beitragsbemessungsgrenze nicht mehr sozialversicherungspflichtigen Erwerbstätigen wird ein Anteil von etwa 20% des Bruttoeinkommens zugebilligt.[6] Ferner muss die Vermögensanlage geeignet sein, den Vorsorgezweck zu erfüllen. Dies wird bei privaten Rentenversicherungen und dem Immobilienerwerb anerkannt. Problematisch ist dies aber wegen des Risikos bei Wertpapieren und Fondsbeteiligungen[7] sowie aufgrund der Flüchtigkeit bei Sparvermögen und Kapitallebensversicherungen. Weiter abzugsfähig sind auch Beiträge für die sekundäre Altersvorsorge[8] und zwar bis zu weiteren rund 5% des Bruttoeinkommens.[9]

5 Grundsätzlich abzugsfähig sind Verbindlichkeiten. Dies erfährt eine Ausnahme dahingehend, dass eine Abzugsfähigkeit ausgeschlossen ist, wenn die Verbindlichkeiten in Kenntnis der Unterhaltsbedürftigkeit eingegangen worden sind bzw. diese für den Unterhaltspflichtigen absehbar war. So hatte der BGH Kreditverbindlichkeiten für einen PKW wegen „Bösgläubigkeit" abgelehnt.[10] Auch wenn der Unterhaltspflichtige eine Vermögensbildung nicht auf Kosten des Unterhaltsberechtigten vornehmen darf, kann er diese bei entsprechender Gutgläubigkeit und bei andernfalls drohender erheblicher Verluste bzw. Schulden fortsetzen.[11]

6 Umstritten ist, ob Prämien für Hausrats-, Haftpflicht- und Rechtschutzversicherungen abzugsfähig sind.[12] Einer Abzugsfähigkeit ist hier der Vorzug zu geben, aufgrund des sekundären Charakters des Elternunterhalts und der verfassungsrechtlich gebotenen Lebensstandardgarantie, zumindest sofern die Versicherungsverträge bereits vor der Bedürftigkeit bzw. deren Vorhersehbarkeit abgeschlossen worden waren.

7 Die Leistungsfähigkeit erhöhend wirkt ein Wohnwertvorteil.[13] Bei der Berechnung des Wohnwertvorteils ist nicht auf die ortsübliche Vergleichsmiete abzustellen, sondern auf die nach den individuellen Verhältnissen ersparten Mietaufwendungen.[14] Dabei ist der Wohnwertvorteil um die Zinsleistungen zu mindern. Auch der Til-

---

[4] BGH XII ZR 63/00, NJW-RR 2004, 217.

[5] Vgl. AG Altena 5 C 194/92, FamRZ 1993, 835; BeckOK BGB/Reinken BGB § 1601 Rn. 18.

[6] BGH XII ZR 67/00, NJW 2003, 1660 = FamRZ 2003, 860 mAnm Klinkhammer. Voraussetzung für die Berücksichtigungsfähigkeit ist die tatsächliche Zahlung: BeckOK BGB/Reinken BGB § 1601 Rn. 18b.

[7] BGH XII ZR 67/00, NJW 2003, 1660 = FamRZ 2003, 860 mAnm Klinkhammer.

[8] BGH XII ZR 149/01, FamRZ 2004, 792.

[9] BGH XII ZR 17/11, NJW 2013, 1305; XII ZR 140/07, FamRZ 2010, 1535; XII ZR 149/01, NJW-RR 2004, 793 = FamRZ 2004, 792 mAnm Borth.

[10] BGH XII ZB 25/13, NJW 2014, 1173.

[11] OLG München DAVorm 1999, 895.

[12] Dagegen: BGH XII ZR 140/07, NJW 2010, 3161 (3163); aA OLG Köln 14 UF 13/01, FamRZ 2002, 572 = NJW-RR 2002, 74.

[13] BGH XII ZR 17/11, NJW 2013, 1305.

[14] BGH XII ZB 25/13, NJW 2014, 1173.

gungsanteil des Immobiliendarlehens ist abzugsfähig, wenn die Finanzierung zu einem Zeitpunkt eingegangen worden ist, als mit einer Inanspruchnahme auf Elternunterhalt noch nicht zu rechnen war.[15]

§ 1604 Einfluss des Güterstands

(vom Abdruck wurde abgesehen)

§ 1605 Auskunftspflicht

(vom Abdruck wurde abgesehen)

§ 1606 Rangverhältnisse mehrerer Pflichtiger

(1) **Die Abkömmlinge sind vor den Verwandten der aufsteigenden Linie unterhaltspflichtig.**

(2) **Unter den Abkömmlingen und unter den Verwandten der aufsteigenden Linie haften die näheren vor den entfernteren.**

(3) [1]**Mehrere gleich nahe Verwandte haften anteilig nach ihren Erwerbs- und Vermögensverhältnissen.** [2]**Der Elternteil, der ein minderjähriges Kind betreut, erfüllt seine Verpflichtung, zum Unterhalt des Kindes beizutragen, in der Regel durch die Pflege und die Erziehung des Kindes.**

Die Haftung der Geschwister untereinander erfolgt nach deren Erwerbs- und Vermögensverhältnissen.[1] Es wird also entsprechend der Einkunfts- und Vermögensverhältnisse unter den Geschwistern eine Haftungsquote gebildet. **1**

Die Geschwister untereinander haben einen auf § 242 BGB gestützten Auskunftsanspruch über ihre jeweiligen Einkünfte.[2] **2**

§ 1607 Ersatzhaftung und gesetzlicher Forderungsübergang

(1) **Soweit ein Verwandter auf Grund des § 1603 nicht unterhaltspflichtig ist, hat der nach ihm haftende Verwandte den Unterhalt zu gewähren.**

(2) [1]**Das Gleiche gilt, wenn die Rechtsverfolgung gegen einen Verwandten im Inland ausgeschlossen oder erheblich erschwert ist.** [2]**Der Anspruch gegen einen solchen Verwandten geht, soweit ein anderer nach Absatz 1 verpflichteter Verwandter den Unterhalt gewährt, auf diesen über.**

(3) [1]**Der Unterhaltsanspruch eines Kindes gegen einen Elternteil geht, soweit unter den Voraussetzungen des Absatzes 2 Satz 1 anstelle des Elternteils ein anderer, nicht unterhaltspflichtiger Verwandter oder der Ehegatte des anderen Elternteils Unterhalt leistet, auf diesen über.** [2]**Satz 1 gilt entsprechend, wenn dem Kind ein Dritter als Vater Unterhalt gewährt.**

(4) **Der Übergang des Unterhaltsanspruchs kann nicht zum Nachteil des Unterhaltsberechtigten geltend gemacht werden.**

---

[15] BGH XII ZR 17/11, NJW 2013, 1305.

[1] Vgl. hierzu BGH XII ZR 67/00, NJW 2003, 1660.

[2] BGH XII ZR 140/07, FamRZ 2010, 1535.

§ 1608 Haftung des Ehegatten oder Lebenspartners

(1) [1]**Der Ehegatte des Bedürftigen haftet vor dessen Verwandten.** [2]**Soweit jedoch der Ehegatte bei Berücksichtigung seiner sonstigen Verpflichtungen außerstande ist, ohne Gefährdung seines angemessenen Unterhalts den Unterhalt zu gewähren, haften die Verwandten vor dem Ehegatten.** [3]**§ 1607 Abs. 2 und 4 gilt entsprechend.** [4]**Der Lebenspartner des Bedürftigen haftet in gleicher Weise wie ein Ehegatte.**

(2) *(weggefallen)*

§ 1609 Rangfolge mehrerer Unterhaltsberechtigter

Sind mehrere Unterhaltsberechtigte vorhanden und ist der Unterhaltspflichtige außerstande, allen Unterhalt zu gewähren, gilt folgende Rangfolge:

1. **minderjährige Kinder und Kinder im Sinne des § 1603 Abs. 2 Satz 2,**
2. **Elternteile, die wegen der Betreuung eines Kindes unterhaltsberechtigt sind oder im Fall einer Scheidung wären, sowie Ehegatten und geschiedene Ehegatten bei einer Ehe von langer Dauer; bei der Feststellung einer Ehe von langer Dauer sind auch Nachteile im Sinne des § 1578b Abs. 1 Satz 2 und 3 zu berücksichtigen,**
3. **Ehegatten und geschiedene Ehegatten, die nicht unter Nummer 2 fallen,**
4. **Kinder, die nicht unter Nummer 1 fallen,**
5. **Enkelkinder und weitere Abkömmlinge,**
6. **Eltern,**
7. **weitere Verwandte der aufsteigenden Linie; unter ihnen gehen die Näheren den Entfernteren vor.**

1 Der Kindesunterhalt ist gegenüber dem Elternunterhalt vorrangig. Nach der Rechtsprechung und entsprechend gängiger Praxis kommt der Kindesunterhalt bei der Ermittlung des für den Elternunterhalt relevanten Einkommens in Höhe der Bedarfssätze der Düsseldorfer Tabelle in Abzug. Das Kindergeld wird nach § 1612b Abs. 1 S. 2 BGB bedarfsmindernd abgesetzt.

2 Die lediglich einmalige Abzugsfähigkeit der Bedarfssätze der Düsseldorfer Tabelle erscheint nur bei getrennten Familienverhältnissen des Unterhaltspflichtigen als angemessen, nicht jedoch im Falle eines intakten Familienverbundes. Denn die Bedarfssätze der Düsseldorfer Tabelle gehen davon aus, dass die Eltern getrennt sind und das Kind neben dem Tabellenunterhalt in Geld von dem Elternteil, bei dem es nicht wohnt, zusätzlich Naturalunterhalt von dem Elternteil erhält, bei dem es sich tatsächlich aufhält. Wenn also beim intakten Familienverbund die Tabellenbeträge lediglich einmal abzugsfähig sind, bleibt die Belastung mit dem Naturalunterhalt unberücksichtigt. Dies erscheint als eine Benachteiligung des intakten Familienverbundes.

3 Der fiktive Ansatz eines Einkommens des unterhaltspflichtigen Kindes kommt nur in Ausnahmefällen in Betracht.[1] Eine Erwerbsobliegenheit des Kindes in Ansehung des Elternunterhaltes ist anders als beispielsweise die gesteigerte Erwerbsobliegenheit im Zusammenhang mit dem Unterhalt für ein minderjähriges Kind gesetzlich nicht normiert und ergibt sich auch nicht aus den übrigen unterhaltsrechtlichen Grundsätzen. Vielmehr dürfte der Nachrang des Elternunterhalts im Allgemeinen dagegen-

[1] OLG Köln 14 UF 13/01, FamRZ 2002, 572.

sprechen. Nur in seltenen, besonders gelagerten Ausnahmefällen mag man eine Erwerbsobliegenheit bejahen können.

Dem Unterhaltspflichtigen ist der angemessene Eigenbedarf zu belassen. Bei dessen 4
Bemessung sind Zweck und Rechtsgedanke des Angehörigenentlastungsgesetzes vom 10.12.2019 zu beachten (Ziff. D. I. Düsseldorfer Tabelle vom 1.1.2023). Dieser Selbstbehalt wird dadurch erhöht, dass Einkommen, welches über den Betrag hinausgeht, nur zu 50% für den Elternunterhalt einzusetzen ist.[2] In Ausnahmefällen kann das Einkommen bis zu 75% eingesetzt werden.[3] Unter den Härtefallvoraussetzungen des § 1611 BGB kann es dagegen zu einer Herabsetzung auf beispielsweise 25% kommen. Bei Vorteilen des Zusammenlebens werden in der Regel 45% des über den Selbstbehalt hinausgehenden Einkommens als weiterer Selbstbehalt belassen. Ob und inwieweit diese zur Rechtslage vor dem Angehörigenentlastungsgesetzes vom 10.12.2019 ergangene Rechtsprechung auch künftig noch anwendbar sein wird, bleibt abzuwarten.

Wenn das unterhaltspflichtige Kind über verwertbares Vermögen verfügt, muss es 5
nach § 1603 Abs. 1 BGB den Stamm seines Vermögens einsetzen, sofern es den geschuldeten Unterhalt aus laufenden Einkünften nicht leisten kann.[4] Es existiert beim Elternunterhalt keine gesetzliche Billigkeitsgrenze für den Einsatz des Vermögensstamms.[5] Die Grenze bilden Zumutbarkeitsgesichtspunkte sowie nicht mehr vertretbare wirtschaftliche Nachteile oder die Beeinträchtigung laufender Einkünfte. Auch ausgenommen ist das einer angemessenen Altersversorgung dienende Vermögen.[6]

Darüber hinaus bleibt im Sozialhilferegress das gesamte sozialhilferechtliche Schon- 6
vermögen gemäß § 90 SGB XII unangetastet (beispielsweise die selbstgenutzte Immobilie und der Notgroschen). Insgesamt ist im Rahmen des Elternunterhalts ein großzügigerer Maßstab zugunsten des Kindes anzusetzen und es muss eine Gefährdung des eigenen Unterhalts des unterhaltsverpflichteten Kindes einschließlich eines Sicherheitsabschlages ausgeschlossen sein. Allein auf das sozialhilferechtliche Schonvermögen abzustellen, dürfte diese Kriterien mangels eines angemessenen Sicherheitszuschlags nicht mehr erfüllen.

§ 1610 Maß des Unterhalts

(1) **Das Maß des zu gewährenden Unterhalts bestimmt sich nach der Lebensstellung des Bedürftigen (angemessener Unterhalt).**

(2) **Der Unterhalt umfasst den gesamten Lebensbedarf einschließlich der Kosten einer angemessenen Vorbildung zu einem Beruf, bei einer der Erziehung bedürftigen Person auch die Kosten der Erziehung.**

§ 1610a Deckungsvermutung bei schadensbedingten Mehraufwendungen

Werden für Aufwendungen infolge eines Körper- oder Gesundheitsschadens Sozialleistungen in Anspruch genommen, wird bei der Feststellung eines Unterhaltsanspruchs vermutet, dass die Kosten der Aufwendungen nicht geringer sind als die Höhe dieser Sozialleistungen.

---

[2] BGH XII ZR 43/11, NJW 2013, 686.
[3] BGH XII ZR 326/01, FamRZ 2004, 1184.
[4] BGH XII ZR 150/10, NJW 2013, 301.
[5] BGH XII ZR 98/04, FamRZ 2006, 1511.
[6] BGH XII ZR 150/10 NJW 2013, 301.

§ 1611 Beschränkung oder Wegfall der Verpflichtung

(1) [1]**Ist der Unterhaltsberechtigte durch sein sittliches Verschulden bedürftig geworden, hat er seine eigene Unterhaltspflicht gegenüber dem Unterhaltspflichtigen gröblich vernachlässigt oder sich vorsätzlich einer schweren Verfehlung gegen den Unterhaltspflichtigen oder einen nahen Angehörigen des Unterhaltspflichtigen schuldig gemacht, so braucht der Verpflichtete nur einen Beitrag zum Unterhalt in der Höhe zu leisten, die der Billigkeit entspricht.** [2]**Die Verpflichtung fällt ganz weg, wenn die Inanspruchnahme des Verpflichteten grob unbillig wäre.**

(2) **Die Vorschriften des Absatzes 1 sind auf die Unterhaltspflicht von Eltern gegenüber ihren minderjährigen Kindern nicht anzuwenden.**

(3) **Der Bedürftige kann wegen einer nach diesen Vorschriften eintretenden Beschränkung seines Anspruchs nicht andere Unterhaltspflichtige in Anspruch nehmen.**

I. Härtefallklausel

1 § 1611 BGB hat in der Praxis des Elternunterhalts eine wichtige Bedeutung. Wahrlich nicht immer oder regelmäßig, dennoch nicht selten hat die Unterhaltsbedürftigkeit des Elternteils ihren Grund in einem unsteten Lebenswandel und das sich daraus ergebende Fehlverhalten erfüllt in Einzelfällen einen oder mehrere Härtefalltatbestände des § 1611 BGB.

2 § 1611 BGB hat drei Tatbestände, nämlich den der Bedürftigkeit durch sittliches Verschulden, die gröbliche Verletzung der eigenen Unterhaltspflicht bzw. die vorsätzlich schwere Verfehlung gegen den Unterhaltspflichtigen oder einen nahen Angehörigen. Ist einer der Unterhaltsverwirkungstatbestände erfüllt, kann der Unterhalt vollständig entfallen oder angemessen herabgesetzt werden.

3 Entgegen einer Entscheidung des OLG Frankfurt,[1] muss zu einer Beurteilung des Härtefalles nicht stets die Höhe des Unterhaltsanspruches ermittelt werden. Zwar mag für eine Gesamtbetrachtung des Härtefalls nach § 1611 BGB regelmäßig auch die Höhe der Einkünfte des Unterhaltspflichtigen eine Rolle spielen. In besonders ausgeprägten Sachverhalten kann jedoch bereits dem Auskunftsanspruch die Einwendung der Verwirkung entgegengehalten werden, nämlich dann, wenn bereits die Erfüllung einer der drei Tatbestände des § 1611 BGB so deutlich hervortritt, dass die Höhe der Einkünfte des Unterhaltspflichtigen nicht mehr entscheidend ist.

4 Auch ein in Anspruch genommener Unterhaltspflichtiger, welcher aufgrund der gegenwärtig geringen Höhe seiner Einkünfte auf Elternunterhalt nicht herangezogen werden kann, hat ein Interesse an der Feststellung der Voraussetzungen eines Härtefalls nach § 1611 BGB, da diesem nicht zuzumuten ist, sofern ein Härtefall vorliegt, in regelmäßigen zeitlichen Abständen einem erneuten Auskunftsverlangen ausgesetzt zu sein.

5 Beim Tatbestand des Eintritts der Bedürftigkeit durch sittliches Verschulden reicht einfaches Verschulden nicht aus. Es wird ein grobes Verschulden vorausgesetzt, das die sittliche Missbilligung verdient.[2] Die durch Alkoholmissbrauch herbeigeführte Bedürftigkeit kann grundsätzlich als Härtefall anerkannt werden, wobei das Verschulden hier einer besonderen Prüfung bedarf, zumal die Grenzen des Alkoholmissbrauchs zwischen einem zu missbilligenden Fehlverhalten und einer unverschuldeten Alkoholerkrankung fließend sind. Der Alkoholmissbrauch bzw. die Alkoholerkrankung

[1] OLG Frankfurt 4 WF 24/92, FamRZ 1993, 1241.
[2] BGH IV b ZR 53/83, NJW 1985, 806.

wird regelmäßig zu einer Überprüfung aller drei Härtefalltatbestände führen und eine Gesamtabwägung erfordern.

Die gröbliche Vernachlässigung der Unterhaltspflicht dürfte stets – aber nicht nur – bei Erfüllung des Tatbestands der Unterhaltspflichtverletzung nach § 170 StGB gegeben sein. Geeignet ist sowohl die Verletzung der Barunterhaltspflicht als auch der Naturalunterhaltspflicht.[3] 6

Die größte Relevanz in der Praxis hat die vorsätzliche, schwere Verfehlung gegen den Unterhaltspflichtigen oder einen nahen Angehörigen. Dabei ist dieser Tatbestand nicht nur auf Straftaten beschränkt, sondern es kommt auf eine tiefgreifende Beeinträchtigung schutzwürdiger, wirtschaftlicher Interessen oder persönlicher Belange des Unterhaltspflichtigen an.[4] 7

Die Unterhaltspflicht entfällt nur, wenn die Inanspruchnahme des Unterhaltspflichtigen grob unbillig wäre. Hiervon ist auszugehen, wenn die Gewährung von Unterhalt dem allgemeinen Gerechtigkeitsempfinden in unerträglicher Weise widersprechen würde.[5]

II. Prozessuales

Entsprechend der allgemeinen Regeln trägt der Unterhaltsberechtigte die Darlegungs- und Beweislast für die Tatbestandsvoraussetzungen des Unterhaltsanspruches, insbesondere für seine Bedürftigkeit und die Leistungsfähigkeit des Unterhaltspflichtigen. Die Darlegungs- und Beweislast für eine eingeschränkte oder fehlende Leistungsfähigkeit trägt dagegen der Unterhaltspflichtige, da die Leistungsunfähigkeit als Einwendung ausgestaltet ist.[6] 8

Für die Einwendung des § 1611 BGB ist der Unterhaltspflichtige darlegungs- und beweispflichtig.[7] 9

§ 1612 Art der Unterhaltsgewährung

(1) [1]**Der Unterhalt ist durch Entrichtung einer Geldrente zu gewähren.** [2]**Der Verpflichtete kann verlangen, dass ihm die Gewährung des Unterhalts in anderer Art gestattet wird, wenn besondere Gründe es rechtfertigen.**

(2) [1]**Haben Eltern einem unverheirateten Kind Unterhalt zu gewähren, können sie bestimmen, in welcher Art und für welche Zeit im Voraus der Unterhalt gewährt werden soll, sofern auf die Belange des Kindes die gebotene Rücksicht genommen wird.** [2]**Ist das Kind minderjährig, kann ein Elternteil, dem die Sorge für die Person des Kindes nicht zusteht, eine Bestimmung nur für die Zeit treffen, in der das Kind in seinen Haushalt aufgenommen ist.**

(3) [1]**Eine Geldrente ist monatlich im Voraus zu zahlen.** [2]**Der Verpflichtete schuldet den vollen Monatsbetrag auch dann, wenn der Berechtigte im Laufe des Monats stirbt.**

---

[3] BGH XII ZR 304/02, NJW 2004, 3109.
[4] BGH XII ZB 607/12, NJW 2014, 1177.
[5] BGH XII ZR 304/02, NJW 2004, 3109.
[6] BVerfG 1 BvR 14, 1642/82, NJW 1985, 1211 (1212).
[7] OLG Celle 10 UF 176/10, FamRZ 2011, 984.

§ 1612a Mindestunterhalt minderjähriger Kinder; Verordnungsermächtigung

(vom Abdruck wurde abgesehen)

§ 1612b Deckung des Barbedarfs durch Kindergeld

(vom Abdruck wurde abgesehen)

§ 1612c Anrechnung anderer kindbezogener Leistungen

(vom Abdruck wurde abgesehen)

§ 1613 Unterhalt für die Vergangenheit

(vom Abdruck wurde abgesehen)

§ 1614 Verzicht auf den Unterhaltsanspruch; Vorausleistung

(vom Abdruck wurde abgesehen)

§ 1615 Erlöschen des Unterhaltsanspruchs

(vom Abdruck wurde abgesehen)

Abschnitt 3. Vormundschaft, Rechtliche Betreuung, Pflegschaft

Titel 1. Vormundschaft

Untertitel 1. Begründung der Vormundschaft

§ 1773 Voraussetzungen der Vormundschaft; Bestellung des Vormunds

(1) **Das Familiengericht hat die Vormundschaft für einen Minderjährigen anzuordnen und ihm einen Vormund zu bestellen, wenn**
1. **er nicht unter elterlicher Sorge steht,**
2. **seine Eltern nicht berechtigt sind, ihn in den seine Person und sein Vermögen betreffenden Angelegenheiten zu vertreten, oder**
3. **sein Familienstand nicht zu ermitteln ist.**

(2) [1]**Ist anzunehmen, dass ein Kind mit seiner Geburt einen Vormund benötigt, so kann schon vor der Geburt des Kindes eine Vormundschaft angeordnet und ein Vormund bestellt werden.** [2]**Die Bestellung wird mit der Geburt des Kindes wirksam.**

1 Wenn Eltern die Sorge für das eigene Kind nicht mehr ausüben können, stellt sich die Frage, von wem diese ersatzweise ausgeübt werden soll.[1] Nach § 1680 Abs. 1 BGB

[1] Zur Problemstellung vgl. Kurze ZErb 2015, 241 (244).

steht bei dem Versterben eines Elternteils die elterliche Sorge dem überlebenden Elternteil alleine zu. Ist ein Elternteil, dem die elterliche Sorge gem. § 1626a Abs. 3 BGB oder § 1671 BGB allein zustand, gestorben, so wird die elterliche Sorge durch richterliche Entscheidung dem überlebenden Elternteil übertragen, wenn dies dem Wohl des Kindes nicht widerspricht. Wenn beide Eltern entfallen bzw. dem überlebenden Elternteil die Sorge nicht übertragen wird, erhält das minderjährige Kind einen Vormund, § 1773 BGB.

Es gilt der **Amtsermittlungsgrundsatz.** Das Familiengericht hat gem. § 26 FamFG Ermittlungen anzustellen. Von Amts wegen ist zu ermitteln, ob eine Vormundschaft nötig ist und ggf. bereits vor der Bestellung des Vormunds Maßnahmen nach § 1867 BGB zu ergreifen sind.[2] Das Familiengericht wird bei seinen Amtsermittlungen durch das Jugendamt (§ 50 SGB VIII) unterstützt; das Standesamt hat Meldepflichten (§ 168a FamFG).

Bereits aus Absatz 1, 1. HS ergibt sich die funktionelle **Zuständigkeit** des Familiengerichts. Die örtliche Zuständigkeit für Kindschaftssachen ist in § 152 FamFG geregelt und für die internationale Zuständigkeit gilt § 99 FamFG. 2

Dem Mündel steht gegen die Anordnung der Vormundschaft die **Beschwerde** zu (§§ 58 Abs. 1, 59 Abs. 1 FamFG). Es selbst hat ab Vollendung des 14. Lebensjahres ein persönliches Beschwerderecht (§ 60 FamFG).[3] Darüber hinaus ist beschwerdeberechtigt jeder, dessen Rechte durch die Anordnung beeinträchtigt sind.[4] 3

Mit der Reform des Vormundschaftsrechts- und Betreuungsrechts vom 1.1.2023 wurden die §§ 1773, 1774 BGB aF in § 1773 BGB ohne inhaltliche Änderungen zusammengefasst. Lediglich der Aufbau der Norm wurde modifiziert.

§ 1774 Vormund

(1) **Zum Vormund kann bestellt werden:**

1. **eine natürliche Person, die die Vormundschaft ehrenamtlich führt,**
2. **eine natürliche Person, die die Vormundschaft beruflich selbständig führt (Berufsvormund),**
3. **ein Mitarbeiter eines vom überörtlichen Träger der Jugendhilfe anerkannten Vormundschaftsvereins, wenn der Mitarbeiter dort ausschließlich oder teilweise als Vormund tätig ist (Vereinsvormund), oder**
4. **das Jugendamt.**

(2) **Zum vorläufigen Vormund kann bestellt werden:**

1. **ein vom überörtlichen Träger der Jugendhilfe anerkannter Vormundschaftsverein,**
2. **das Jugendamt.**

§ 1775 Mehrere Vormünder

(1) **Ehegatten können gemeinschaftlich zu Vormündern bestellt werden.**

(2) **Für Geschwister soll nur ein Vormund bestellt werden, es sei denn, es liegen besondere Gründe vor, jeweils einen Vormund für einzelne Geschwister zu bestellen.**

Ehegatten können gemeinschaftlich zum Vormund bestellt werden. Die Möglichkeit, auch sonst im Ausnahmefall mehrere Vormünder zu bestellen (Mitvormund ge- 1

[2] MüKoBGB/Wagenitz BGB § 1774 Rn. 1.

[3] BeckOKBGB/Bettin BGB § 1774 Rn. 8.

[4] MüKoBGB/Wagenitz BGB § 1774 Rn. 7.

nannt), wurde mit der Reform des Vormundschaftsrechts- und Betreuungsrechts vom 1.1.2023 aufgegeben. Allerdings wurden zusätzliche Möglichkeiten der Aufteilung der Sorge geschaffen (vgl. §§ 1776, 1777 BGB).

2 Vom Gesetz war ein Überwachungsvormund schon nach altem Recht nicht vorgesehen.[1] Die nur vorübergehende Verhinderung des Vormunds ist ein Fall der Ergänzungspflegschaft.[2]

§ 1778 Auswahl des Vormunds durch das Familiengericht

(1) **Ist die Vormundschaft nicht einem nach § 1782 Benannten zu übertragen, hat das Familiengericht den Vormund auszuwählen, der am besten geeignet ist, für die Person und das Vermögen des Mündels zu sorgen.**

(2) **Bei der Auswahl sind insbesondere zu berücksichtigen:**
1. **der Wille des Mündels, seine familiären Beziehungen, seine persönlichen Bindungen, sein religiöses Bekenntnis und sein kultureller Hintergrund,**
2. **der wirkliche oder mutmaßliche Wille der Eltern und**
3. **die Lebensumstände des Mündels.**

1 Mit der Reform des Vormundschafts- und Betreuungsrechts vom 1.1.2023 wurde der bisherige § 1779 BGB aufgeteilt und durch die §§ 1778, 1779 BGB ersetzt. Es gilt der Grundsatz, dass das Familiengericht unter allen vorhandenen möglichen Vormündern einschließlich eines Berufs- oder Vereinsvormunds und des Jugendamts denjenigen Vormund auswählt, der am besten geeignet ist, für die Person und das Vermögen des Mündels zu sorgen. Nur bei gleicher Eignung gilt daher der Vorrang des ehrenamtlichen Vormunds (s. § 1779 BGB). Der Wille des Mündels ist bei der Auswahl des Vormunds an erster Stelle zu berücksichtigen. Darüber hinaus sind der kulturelle Hintergrund und der wirkliche Wille der Eltern sowie die Lebensumstände des Mündels maßgeblich.

Das Gericht wählt nach Anhörung des Jugendamts und ggf. auch von Verwandten und Verschwägerten des Mündels einen Vormund aus und berücksichtigt dabei Kriterien wie beispielsweise den mutmaßlichen Willen der Eltern, den Willen des Kindes,[1] die persönlichen Bindungen und eine Verwandtschaft.[2]

§ 1779 Eignung der Person; Vorrang des ehrenamtlichen Vormunds

(1) **Eine natürliche Person muss nach**
1. **ihren Kenntnissen und Erfahrungen,**
2. **ihren persönlichen Eigenschaften,**
3. **ihren persönlichen Verhältnissen und ihrer Vermögenslage sowie**
4. **ihrer Fähigkeit und Bereitschaft zur Zusammenarbeit mit den anderen an der Erziehung des Mündels beteiligten Personen**

geeignet sein, die Vormundschaft so zu führen, wie es das Wohl des Mündels erfordert.

(2) [1]**Eine natürliche Person, die geeignet und bereit ist, die Vormundschaft ehrenamtlich zu führen, hat gegenüber den in § 1774 Absatz 1 Nummer 2 bis 4 genannten Vormündern Vorrang.** [2]**Von ihrer Eignung ist auch dann auszugehen, wenn ein zusätzlicher Pfleger nach § 1776 bestellt wird.**

---

[1] OLG Frankfurt 10 W 105/08, FamRZ 2009, 247(zur Betreuung).
[2] BayObLG BReg. 3 Z 129/75, Rpfleger 1976, 399.
[1] BVerfG 1 BvR 1409/14, NZFam 2014, 1043.
[2] Vgl. zum Ablauf auch Kurze ZErb 2015, 241 (244f.).

§ 1779 Abs. 1 konkretisiert die Eignungsvoraussetzungen, die eine natürliche Person für die Übernahme einer Vormundschaft erfüllen muss. Zu beachten sind die dem Vormund abverlangten Kenntnisse, Erfahrungen und Fähigkeiten sowie Bereitschaft, mit den Erziehungspersonen zu kooperieren (Abs. 1 Nr. 4). **1**

§ 1779 Abs. 2 BGB formuliert positiv den Vorrang ausschließlich des ehrenamtlichen Vormunds bei Gleichrang aller anderen Vormundschaftstypen. Der Vorrang gilt nur bei gleicher Eignung (vgl. § 1778 BGB). **2**

§ 1782 Benennung und Ausschluss als Vormund durch die Eltern

(1) **[1]Die Eltern können durch letztwillige Verfügung eine natürliche Person als Vormund oder Ehegatten als gemeinschaftliche Vormünder benennen oder von der Vormundschaft ausschließen, wenn ihnen zur Zeit ihres Todes die Sorge für die Person und das Vermögen des Kindes zusteht. [2]Die Benennung und der Ausschluss können schon vor der Geburt des Kindes erfolgen, wenn dem jeweiligen Elternteil die Sorge für die Person und das Vermögen des Kindes zustünde, falls es vor dem Tod des Elternteils geboren wäre.**

(2) **Haben die Eltern widersprüchliche letztwillige Verfügungen zur Benennung oder zum Ausschluss von Vormündern getroffen, so gilt die Verfügung durch den zuletzt verstorbenen Elternteil.**

Übersicht

I. Grundsatz der Vormundbestimmung

Das Recht der Eltern, durch letztwillige Verfügung einen Vormund zu benennen, bleibt auch nach der Reform des Vormundschafts- und Betreuungsrecht vom 1.1.2023 in den §§ 1782, 1783 BGB erhalten. Die bisherige Rechtslage bleibt anwendbar. **1**

II. Benennungsrecht der Eltern

Die Eltern können die Person des Vormunds im Rahmen ihres Sorgerechts in Form einer **letztwilligen Verfügung** benennen. Durch die Benennung entsteht das **Recht des Benannten,** durch das Familiengericht bestellt zu werden.[1] Das Benen- **2**

[1] Kaiser/Schnitzler/Friederici/Schilling/Fritsche, BGB FamR, 3. Aufl. 2014, BGB § 1776 aF Rn. 1.

nungsrecht der Eltern umfasst die Befugnis, eine Person durch **einseitige Willenserklärung** für den Fall des eigenen Todes zum Vormund zu bestimmen.

3 Die Eltern als Inhaber der elterlichen Sorge sind **berechtigt,** die Person des Vormundes zu bestimmen. Gemäß § 1782 Abs. 2 BGB verfügt jeder Elternteil über ein **selbstständiges** Recht zur Benennung. Insofern handelt es sich um ein höchstpersönliches Recht. Dritte können von den Eltern hierzu nicht ermächtigt werden. Die Eltern können die Bestimmung gemeinsam vornehmen, zB durch gemeinschaftliches Testament gemäß §§ 2265 ff. BGB, Erbvertrag gemäß §§ 2274 ff. BGB oder durch aufeinander bezogene letztwillige Einzelverfügungen.

Die Benennung wirkt aufgrund der Gesetzessystematik nur im Todesfall, dh nicht für den Fall, dass das Sorgerecht des Benennenden später von einem Ruhens- oder Ausschlussgrund betroffen wird (str.)[2]

III. Inhalt der Benennung

4 Die Willenserklärung muss zum Ausdruck bringen, wer Vormund und für wen die Vormundschaft errichtet werden soll. Die Bezeichnung als „Vormund" empfiehlt sich aus Gründen der Rechtsklarheit, ist aber nicht notwendig. Andere auslegungsfähige Begriffe wie beispielsweise „der Sorgeberechtigte" reichen aus.[3] Es muss sich aus der Erklärung ergeben, dass der Benannte mit den der Vormundschaft entsprechenden Rechten ausgestattet werden soll. Dabei kann dem Familiengericht überlassen werden, den Vormund aus einem bestimmten Personenkreis auszuwählen, zB aus dem Kreis der Geschwister des Benennenden, den Eltern väterlicher- bzw. mütterlicherseits oder den volljährigen Geschwistern des Minderjährigen.

5 Die Benennung kann unter einer **Bedingung** oder einer **Zeitbestimmung** abgegeben werden. Ebenso sind der **Ausschluss** bestimmter Personen und die Anordnung mehrerer Wirkungskreise bei Mitvormündern möglich. Nicht möglich ist hingegen der Ausschluss des anderen, nicht sorgeberechtigten Elternteils durch den sorgeberechtigten Elternteil für den Fall seines Todes.[4] Die Benennung kann weiterhin mit **Anweisungen** zur Art und Weise der Vermögensverwaltung verbunden sein, wenn die Eltern gleichzeitig Erblasser des Mündels sind. Das Benennungsrecht umfasst auch die Anordnung von Befreiungen des Vormundes.

IV. Persönliche Voraussetzungen der Eltern

6 Die Eltern müssen zum Zeitpunkt des Todes Inhaber der elterlichen Sorge (Personensorge und Vermögenssorge) sein. Nicht notwendig ist das Innehaben der elterlichen Sorge zum Zeitpunkt der Abgabe der Erklärung. Bei nicht miteinander verheirateten Eltern haben beide Eltern das Benennungsrecht unter den Voraussetzungen des § 1626a Abs. 1 BGB; andernfalls steht es gemäß § 1626a Abs. 3 BGB nur der Mutter zu. Sie hat sie ua dann nicht mehr alleine inne, wenn sie heiratet oder eine Sorgeerklärung abgibt (§ 1626b BGB).

7 Einschränkungen des Sorgerechts, die zum Wegfall des Benennungsrechts führen:

Nur Beschränkungen, die den Kernbereich der Erziehung und der Vermögensverwaltung des Minderjährigen betreffen (Entzug der Personensorge, Aufteilung von

---

[2] OLG Brandenburg 9 UF 232/11, BeckRS 2012, 8560; MüKo BGB/Spickhoff § 1776 Rn 8; aA DNotI-Report 2010, 203. Für den Fall des lebzeitigen Ausfalls als Sorgerechtsinhaber kann in analoger Anwendung des § 1776 BGB ein Vormund bindend vorgeschlagen werden.

[3] Vgl. hierzu Kurze ZErb 2015, 241 (245); aA Grüneberg/Diederichsen BGB § 1776 Rn. 1.

[4] Oberloskamp Vormundschaft/Hoffmann, 3. Aufl. 2010, § 2 Rn. 5.

Personen- und Vermögenssorge bei Getrenntleben der Eltern, nicht dagegen Maßnahmen nach § 1628 BGB) lassen das Benennungsrecht erlöschen. Ein Getrenntleben der Eltern ist nur beachtlich, wenn als dessen Folge Eingriffe in das Sorgerecht (zB gemäß §§ 1666, 1671, 1672 BGB) vorgenommen wurden. Im Falle der Scheidung kommt es darauf an, ob dem betreffenden Elternteil noch die elterliche Sorge zusteht oder ob – im Falle des Todes des Sorgeberechtigten – die elterliche Sorge gemäß § 1680 BGB auf den anderen Elternteil übertragen wurde.

Nur Vertretungsausschlüsse, die den Kernbereich der elterlichen Sorge tangieren, das heißt das rechtliche Substrat der elterlichen Sorge minimieren, ziehen den Ausschluss des Benennungsrechts nach sich. Diese Voraussetzungen liegen nicht vor, wenn die Vertretungsbefugnis nur für einzelne Angelegenheiten eingeschränkt ist (zB in Bezug auf die Verwaltung ererbten oder geschenkten Vermögens durch Erklärung des Erblassers oder Schenkers). **8**

Die elterliche Sorge darf nicht ruhen. Daher ist die Benennung nach Abgabe der Adoptionseinverständniserklärung durch die Eltern, § 1751 Abs. 1 BGB, nicht mehr möglich. Ausnahme insoweit ist die Adoption durch den Ehegatten, vgl. § 1751 Abs. 2 BGB. **9**

V. Vorgeburtliches Benennungsrecht

Benennt der Vater, der vor Geburt des Kindes verstorben ist, einen Vormund, so ist diese Erklärung wirksam, wenn dem Erklärenden zum Zeitpunkt der Geburt des Kindes die elterliche Sorge zustehen würde. Dies ist der Fall, wenn die Eltern vor dem Tod des Vaters miteinander verheiratet waren, §§ 1626 iVm 1626a BGB, ferner dann, wenn die nichtverheirateten Eltern bereits vor Geburt des Kindes eine Sorgeerklärung gemäß § 1626a Abs. 1 Nr. 2 BGB abgegeben hatten. Absichtserklärungen reichen für die Rechtswirkung jedoch nicht aus. Nach übereinstimmender Auffassung in der Literatur wird diese Regelung auch auf die Mutter angewendet, die bei der Geburt des Kindes verstirbt. Bei postmortaler Wirkung der Adoption, vgl. § 1753 Abs. 2, 3 BGB, treten die in Absatz 2 vergleichbaren Rechtsfolgen im Hinblick auf die Wirksamkeit einer Benennungserklärung des Annehmenden ein. **10**

VI. Widersprechende Benennungen (§ 1782 Abs. 2)

Für den Fall, dass die Eltern von vornherein zB durch Einzeltestamente verschiedene Personen als Vormünder benennen oder dass ein Elternteil die zunächst gemeinsame Benennung vor oder nach dem Tode des anderen Elternteils widerruft, greift § 1782 Abs. 2 BGB; die Benennung des zuletzt verstorbenen Elternteils gilt, gleichgültig, wann er die Bestimmung getroffen hat. Ein Streit über die Person des zu Benennenden ist damit zu Lebzeiten der Eltern bedeutungslos. Im Fall des gleichzeitigen Todes der Eltern trifft das Gericht die Bestimmung nach § 1774 BGB. Nicht unter den Widerspruch nach § 1782 Abs. 2 BGB fällt, dass die Eltern zwar dieselbe Person als Vormund benennen, jedoch unterschiedliche oder widersprechende Anordnungen hinsichtlich der Befreiung des Vormundes getroffen wurden. **11**

VII. Form der Benennung

Es gelten die Bestimmungen über die Abgabe letztwilliger Verfügungen (§§ 1937, 1941 BGB, vgl. auch §§ 2064, 2065, 2231, 2232, 2247, 2249, 2250, 2251, 2257–2276 BGB). Die Benennung kann durch Einzeltestament, gemeinschaftliches Testament oder durch Erbvertrag erfolgen. **12**

13 Die Benennung ist gemäß § 1777 BGB jederzeit **widerruflich.** Die Vormundbenennung wird erfasst, wenn das Testament, in dem sie enthalten ist, in Gänze widerrufen wird, gemäß § 2253 BGB. Das gilt auch, wenn die Benennung durch **gemeinschaftliches Testament** der Eltern erfolgt ist, da jeder Elternteil insoweit ein eigenständiges Benennungsrecht hat. Im Hinblick auf gemeinschaftliche Testamente und Erbverträge ist zudem zu beachten, dass eine Bindungswirkung, §§ 2271 Abs. 2, 2290 Abs. 1 BGB, nur für **wechselbezügliche** bzw. **vertragsmäßige Verfügungen** eintritt, gemäß §§ 2270 Abs. 1, 2278 Abs. 1 BGB.[5] Wechselbezügliche bzw. vertragsmäßige Verfügungen können nur in Bezug auf Erbeinsetzungen, Vermächtnisse oder Auflagen getroffen werden, §§ 2270 Abs. 3, 2278 Abs. 2 BGB. Beim Widerruf des Einzeltestaments, dem Widerruf, der Anfechtung, dem Rücktritt oder der Aufhebung von wechselbezüglichen oder vertragsmäßigen Verfügungen (§§ 2271, 2281, 2290, 2293ff. BGB) ist für die (einseitige) Benennung des Vormundes die Möglichkeit der Weitergeltung nach §§ 2085, 2298 Abs. 3, 2299 Abs. 2 BGB zu prüfen.

14 Die Erklärung muss inhaltlich konkret sein, besondere Bedingungen müssen erkennbar sein, notfalls muss der Inhalt der Benennung nach §§ 133, 157 BGB ausgelegt werden, was jedoch Auslegungsfähigkeit, insbesondere hinsichtlich zusätzlicher Anordnungen voraussetzt.

VIII. Ausschluss durch die Eltern

15 Als Ausfluss der elterlichen Sorge hat der Gesetzgeber in § 1782 BGB nicht nur das Benennungsrecht installiert, sondern auch die Befugnis der Eltern, bestimmte Personen von der Vormundschaft auszunehmen. Für die Negativbefugnis gelten nach § 1782 Abs. 1 BGB die gleichen Voraussetzungen wie für die positive Bestimmung des Vormunds. Ebenso wie die positive Bestimmung des Vormunds wirkt auch der Ausschluss nur postmortal, gilt also nicht bei einer Vormundschaft, die aus anderen Gründen als dem Tod der Eltern erforderlich wird (str., vgl. → Rn. 4).

16 Ebenso wie für das positive Benennungsrecht kommt es auch beim Ausschluss darauf an, dass der ausschließende Elternteil die elterliche Sorge zum Zeitpunkt seines Todes innehat und nicht notwendigerweise, dass der Elternteil zum Zeitpunkt der Abgabe der Erklärung Inhaber des Sorgerechts war. § 1782 Abs. 2 BGB ist im Umkehrschluss zu entnehmen, dass zur Ausschließung jeder sorgeberechtigter Elternteil einseitig befugt ist, unabhängig davon, ob das alleinige oder das gemeinsame Sorgerecht besteht.[6] Sofern bei nicht miteinander verheirateten Eltern keine gemeinsame Sorgeerklärung abgegeben worden ist, steht das Ausschlussrecht nur der Mutter zu, § 1626a Abs. 3 BGB.

17 Erforderlich ist, dass sich der Ausschluss auf bestimmte Personen bezieht bzw. mindestens auf einen der Auslegung zugänglichen, bestimmbaren Personenkreis. Eine namentliche Bezeichnung ist nicht erforderlich.[7] Die Grenzen sind im Einzelnen umstritten. Während einige Stimmen nur den Ausschluss eines sehr eng begrenzten Personenkreises wie etwa „die Geschwister des ......" als zulässig erachten,[8] erlauben andere den Ausschluss ganzer „Personenklassen" wie beispielsweise „alle Verwandten".[9] Letzterer Meinung ist aus Gründen der Privatautonomie der Vorzug zu geben, solange keine Zweifel bleiben, auf welche Personen sich der Ausschluss bezieht.

18 Es kann gleichzeitig eine Person benannt und andere Personen ausgeschlossen werden.

---

[5] Vgl. NK-BGB/Müßig BGB § 2270 Rn. 4ff.
[6] MüKoBGB/Wagenitz BGB § 1782 aF Rn. 2.
[7] BayObLGZ 1961, 189 (190).
[8] Gernhuber/Coester-Waltjen FamR § 70 Rn. 35.
[9] Staudinger/Engler § 1782 Rn. 8.

An den wirksamen Ausschluss ist das Familiengericht gebunden, selbst wenn der ausgeschlossene geeignet und seine Bestellung auch im Mündelinteresse wäre.[10] Nach anderer Ansicht entfaltet der Ausschluss keine Bindungswirkung, wenn er mit dem Mündelinteresse unvereinbar ist.[11] Der ersten Meinung ist der Vorzug zu geben, weil anders als bei der Bestimmung zum Vormund die bestimmte Person das Kindeswohl unmittelbar gefährden könnte, während durch den Ausschluss einer an sich möglicherweise optimal geeigneten Person das Kindswohl nicht unmittelbar gefährdet ist, jedenfalls solange noch hinreichend geeignete, andere Personen zur Verfügung stehen. Anderenfalls hätte die Ausschlussbefugnis wohl kaum praktische Bedeutung, was nicht im Sinne des Gesetzgebers sein kann. Lediglich wenn nach wirksamem Ausschluss sich eine Sachverhaltskonstellation ergäbe, bei der jede Alternativperson eine unmittelbare Kindswohlgefährdung darstellen würde, geht das Kindswohl vor und das Gericht wäre an den Ausschluss nicht gebunden, beispielsweise wenn das Kind aufgrund seiner Persönlichkeitsstruktur ausschließlich gerade die ausgeschlossene Person als Vormund zulassen würde. 19

Nach einem wirksamen Ausschluss ist die Auswahl der betreffenden Person nach § 1778 BGB unzulässig. Der Ausgeschlossene kann auch nicht aufgrund Benennung des anderen Elternteils gem. § 1782 BGB berufen werden, es sei denn, dass der Ausschluss vom zuletzt verstorbenen Elternteil verfügt wurde (§ 1782 Abs. 2 BGB). 20

Auch die Bestellung einer ausgeschlossenen Person zum Vormund ist wirksam, jedoch mit der Beschwerde nach § 58 Abs. 1 FamFG anfechtbar. Der übergangene, potentielle Vormund ist nur dann anfechtungsberechtigt, wenn er darlegen kann, dass er im Falle der Unzulässigkeit seines Ausschlusses als Vormund in Frage kommt. 21

IX. Gestaltung

Aus Gründen der Rechtsklarheit empfiehlt es sich den Text der Erklärung mit „Vormundbestimmung" zu überschreiben. Auch sollte nicht vom „Sorgeberechtigten", sondern vom „Vormund" gesprochen werden. Für den Text selbst empfiehlt sich eine klare und einfache Formulierung, beispielsweise wie folgt: „Als Vormund für meine beim Erbfall minderjährigen Kinder benenne ich „Herrn …". 22

Eine Begründung ist gesetzlich nicht vorgeschrieben, empfiehlt sich jedoch, weil das Gericht zwar grundsätzlich an den Vorschlag gebunden ist, nicht ausnahmslos. Dementsprechend sollte die Begründung die Auswahlkriterien ansprechen, welche für das Gericht nach dem Gesetz ohne Vormundbestimmung maßgeblich sind (§ 1779 Abs. 2 BGB).[12]

Formulierungsvorschlag: Wir verfügen gemäß § 1782 Abs. 1 BGB für den Fall, dass wir beide die elterliche Sorge ganz oder teilweise nicht mehr ausüben können oder dürfen, insbesondere auch wenn wir verstorben sein sollten, dass die Vormundschaft auf folgende Person übertragen wird, Frau/Herrn … Ausdrücklich ausgeschlossen von einer Vormundschaft wird folgende Person: … Begründung: … 23

In Ansehung anderer Fälle als den Tod handelt es sich wohl nicht um eine bindende Verfügung sondern nur eine Anregung (str., vgl. → Rn. 4). 24

[10] MüKoBGB/Wagenitz BGB § 1782 Rn. 8; Gernhuber/Coester-Waltjen FamR § 70 Rn. 32.
[11] Vgl. BayObLG BReg. 1 Z 55/61, NJW 1961, 1865.
[12] Vgl. hierzu näher Kurze ZErb 2015, 241 (245).

X. Kosten

25 Bei notarieller Errichtung eines Testaments mit einer Klausel zur Benennung eines Vormundes fallen die Kosten des Notars in Höhe einer (KV 21200 GNotKG) bzw. zwei (KV 21100 GNotKG) Gebühren (bei gemeinschaftlichem Testament) nach dem Geschäftswert (§ 34 GNotKG) an. Entwirft ein Rechtsanwalt ein Testament mit entsprechender Klausel für den Mandanten, so fällt eine Geschäftsgebühr nach Nr. 2400 VV (0,5 bis 2,5 des Gebührensatzes nach § 13 RVG) an.

§ 1783 Übergehen der benannten Person

(1) **Die benannte Person darf als Vormund ohne ihre Zustimmung nur übergangen werden, wenn**
1. **sie nach § 1784 nicht zum Vormund bestellt werden kann oder soll,**
2. **ihre Bestellung dem Wohl des Mündels widersprechen würde,**
3. **der Mündel, der das 14. Lebensjahr vollendet hat, der Bestellung widerspricht,**
4. **sie aus rechtlichen oder tatsächlichen Gründen an der Übernahme der Vormundschaft verhindert ist oder**
5. **sie sich nicht binnen vier Wochen ab der Aufforderung des Familiengerichts zur Übernahme der Vormundschaft bereit erklärt hat.**

(2) **Wurde die benannte Person gemäß Absatz 1 Nummer 4 übergangen und war sie nur vorübergehend verhindert, so ist sie auf ihren Antrag anstelle des bisherigen Vormunds zum Vormund zu bestellen, wenn**
1. **sie den Antrag innerhalb von sechs Monaten nach der Bestellung des bisherigen Vormunds gestellt hat,**
2. **die Entlassung des bisherigen Vormunds dem Wohl des Mündels nicht widerspricht und**
3. **der Mündel, der das 14. Lebensjahr vollendet hat, der Entlassung des bisherigen Vormunds nicht widerspricht.**

1 § 1783 BGB regelt das Übergehen der von den Eltern benannten Person und führt dazu mit Modifikationen § 1779 Abs. 1 aF und § 1778 BGB aF zusammen.

Der Benannte hat ein Recht auf Bestellung. Bei Übergehung hat er das Recht der befristeten Beschwerde gemäß §§ 58, 63 Abs. 1 FamFG.

§ 1784 Ausschlussgründe

(1) **Nicht zum Vormund bestellt werden kann, wer geschäftsunfähig ist.**

(2) **Nicht zum Vormund bestellt werden soll in der Regel eine Person,**
1. **die minderjährig ist,**
2. **für die ein Betreuer bestellt ist, sofern die Betreuung die für die Führung der Vormundschaft wesentlichen Angelegenheiten umfasst, oder für die ein Einwilligungsvorbehalt nach § 1825 angeordnet ist,**
3. **die die Eltern gemäß § 1782 als Vormund ausgeschlossen haben, oder**
4. **die zu einer Einrichtung, in der der Mündel lebt, in einem Abhängigkeitsverhältnis oder in einer anderen engen Beziehung steht.**

1 In der Vorschrift werden die Ausschlussgründe für die Bestellung zum Vormund aufgeführt. Die Ausschlussgründe in Abs. 2 sind als Grundsatz ausgestaltet, von dem im begründeten Ausnahmefall abgewichen werden kann, beispielsweise im Hinblick

auf Personen, die beim Träger einer Einrichtung angestellt sind, in der Jugendliche betreut werden. Personen, für die ein Betreuer bestellt ist, sollen künftig nur dann nicht zum Vormund bestellt werden, wenn die Betreuung Angelegenheiten umfasst, die für die Führung der Vormundschaft wesentlich sind.

§ 1785 Übernahmepflicht; weitere Bestellungsvoraussetzungen

(1) **Die vom Familiengericht ausgewählte Person ist verpflichtet, die Vormundschaft zu übernehmen, wenn ihr die Übernahme unter Berücksichtigung ihrer familiären, beruflichen und sonstigen Verhältnisse zugemutet werden kann.**

(2) **Die ausgewählte Person darf erst dann zum Vormund bestellt werden, wenn sie sich zur Übernahme der Vormundschaft bereit erklärt hat.**

(3) **Der Vormundschaftsverein und der Vereinsvormund dürfen nur mit Einwilligung des Vereins bestellt werden.**

1 Bei Bestellung durch das Familiengericht ist der Berufene im Rahmen von § 1785 BGB zur Übernahme der Vormundschaft verpflichtet. Die Übernahme„pflicht" wird dadurch relativiert, dass die Bestellung zum Vormund erst erfolgen darf, wenn die Person sich bereiterklärt hat, die Vormundschaft zu übernehmen.

2 Aus der Benennung alleine ergibt sich **keine Übernahmepflicht.** Diese entsteht nur bei der Auswahl durch das Familiengericht, § 1785 BGB, die allerdings auch den Benannten betreffen kann, und zwar unbeschadet seiner Möglichkeit, die Benennung vor der Berufung durch einseitige Erklärung gegenüber dem Familiengericht zu akzeptieren oder abzulehnen.

§ 1814 Voraussetzungen

(1) **Kann ein Volljähriger seine Angelegenheiten ganz oder teilweise rechtlich nicht besorgen und beruht dies auf einer Krankheit oder Behinderung, so bestellt das Betreuungsgericht für ihn einen rechtlichen Betreuer (Betreuer).**

(2) **Gegen den freien Willen des Volljährigen darf ein Betreuer nicht bestellt werden.**

(3) [1]**Ein Betreuer darf nur bestellt werden, wenn dies erforderlich ist.** [2]**Die Bestellung eines Betreuers ist insbesondere nicht erforderlich, soweit die Angelegenheiten des Volljährigen**

1. **durch einen Bevollmächtigten, der nicht zu den in § 1816 Absatz 6 bezeichneten Personen gehört, gleichermaßen besorgt werden können oder**
2. **durch andere Hilfen, bei denen kein gesetzlicher Vertreter bestellt wird, erledigt werden können, insbesondere durch solche Unterstützung, die auf sozialen Rechten oder anderen Vorschriften beruht.**

(4) [1]**Die Bestellung eines Betreuers erfolgt auf Antrag des Volljährigen oder von Amts wegen.** [2]**Soweit der Volljährige seine Angelegenheiten lediglich aufgrund einer körperlichen Krankheit oder Behinderung nicht besorgen kann, darf ein Betreuer nur auf Antrag des Volljährigen bestellt werden, es sei denn, dass dieser seinen Willen nicht kundtun kann.**

(5) [1]**Ein Betreuer kann auch für einen Minderjährigen, der das 17. Lebensjahr vollendet hat, bestellt werden, wenn anzunehmen ist, dass die Bestellung eines Betreuers bei Eintritt der Volljährigkeit erforderlich sein wird.**

[2]Die Bestellung des Betreuers wird erst mit dem Eintritt der Volljährigkeit wirksam.

Übersicht

I. Allgemeines

1 Die Kommentierung fasst wesentliche Aspekte der Betreuungseinrichtung zusammen. Ausführlich wird auf die Berührungspunkte mit der **Vorsorgevollmacht** eingegangen, also die Erforderlichkeit einer Betreuung beim Vorliegen einer Vorsorgevollmacht (zur Kontrollbetreuung → §§ 1815, 1820 BGB).

2 Die **Vorgängernorm § 1896 BGB aF** regelte zusammen mit den §§ 1897–1908i BGB aF, über die Verweisungen nach § 1908i BGB aF mit Vorschriften des Vormundschaftsrechts und mit den §§ 271–341 FamFG aF sowie den allgemeinen Regelungen des FamFG das Recht der Betreuung.[1] Sie trat mit dem Betreuungsgesetz am 1.1.1992 in Kraft,[2] in dem das bisherige Recht mit Gebrechlichkeitspflegschaft und Entmündigung abgeschafft wurde. Ziel war es, dem Betroffenen nicht (mehr) zu „bevormunden“, sondern ihm eine Unterstützung zur Seite zu stellen. Im 1. BtÄndG wurden zum 1.7.1998 und zum 1.1.1999[3] Vereinfachungen vorgenommen, ua §§ 1897, 1835ff. BGB aF geändert und ehrenamtliche Betreuungen gestärkt. Ins-

---

[1] Mit Ausführungen zur Intention und zum Zweck: Dodegge FPR 2008, 591.

[2] Gesetz zur Reform des Vormundschafts- und Pflegschaftsrecht für Volljährige, BGBl. I 2002; dazu: Ritz-Mürtz MittBayNot 1991, 233.

[3] Gesetz zur Änderung des Betreuungsrechts sowie weitere Vorschriften, BGBl. I 1580; dazu: Dodegge NJW 1998, 3073.

besondere aufgrund der Kostenexplosion bei den Betreuungen wurde mit den 2. BtÄndG zum 1.7.2005[4] die Vergütung hin zu einer Pauschalierung geändert. Ein diskutiertes Angehörigenvertretungsrecht wurde nicht eingeführt,[5] dagegen aber § 1896 Abs. 1a BGB aF. Das 3. BtÄndG trat zum 1.1.2009 in Kraft und regelte die Patientenverfügung in §§ 1901a, b BGB aF. Wesentlich für das Betreuungsrecht waren zudem noch der Wechsel vom FGG zum FamFG[6] sowie das Betreuungsbehördengesetz (BtBG).[7]

Mit der **Reform des Vormundschafts- und Betreuungsrecht zum 1.1.2023** wurde das Betreuungsrecht tiefgreifend verändert.[8] Der Systemwechsel, nach welchem grundsätzlich nicht mehr vom Betreuungs- auf das Vormundschaftsrecht, sondern vom Vormundschafts- auf das Betreuungsrecht verwiesen wird, brachte auch eine neue Zählung mit sich, mit der § 1814 BGB zur neuen Eingangsnorm des Betreuungsrechts wurde. Zur Kosteneinsparung und Förderung der Selbstbestimmung wird bei der Betreuungseinrichtung noch mehr Wert auf die Erforderlichkeit gelegt. Ein Mittel dazu ist es, durch private Vorsorge mit Vollmachten rechtliche Betreuungen entbehrlich werden zu lassen. Insgesamt wurde in der Reform die Vorsorgevollmacht allerdings nur wenig beachtet (vgl. → Vorbemerkungen zu §§ 164–181 Rn. 4). Neben den Änderungen im BGB wurden zahlreiche Normen in anderen Gesetzen geändert, welche u. a. die Betreuung allgemein (Betreuungsorganisations- statt Betreuungsbehördengesetz) oder in Bezug auf das Verfahren (FamFG) betreffen. In § 1814 BGB sind nur noch die Voraussetzungen einer Betreuung im engeren Sinne geregelt, der Umfang nun in → § 1815 BGB (dort im Ergebnis die Absätze 3 und 4 sowie teilweise 2 des § 1896 BGB aF).

Für die nähere **Zukunft** ist zum einen zu erwarten, dass die Tauglichkeit der Än- 3
derungen der Reform besehen und ggf. kleinere oder größere (zB hinsichtlich des Ehegattenvertretungsrechts) Änderungen vorgenommen werden. Zu erhoffen ist, dass sich daneben und ohne weiteres Abwarten der Vorsorgevollmacht zugewandt wird (vgl. auch → Vorbemerkungen zu §§ 164–181 Rn. 5f.). Sie hat eine eher größere, praktische Relevanz als die Betreuung, allerdings nicht in der Beachtung durch die Politik und den Gesetzgeber. Gerade im Hinblick auf das erhebliche Problem des Vollmachtsmissbrauchs und den **Missbrauch** gegenüber älteren Menschen auf andere Art und Weise sind Aktivitäten unbedingt erforderlich, von denen die Einrichtung von Anlauf- und Beratungsstellen für Missbrauchsopfer und deren Zugehörige sowie eine breite Diskussion unter Einbeziehung von Praktikern und wissenschaftlicher Forschung erste Schritte sein können.

II. Betreuerbestellung (Abs. 1)

1. Krankheit oder Behinderung

Die größten Gruppen von Betreuungsbedürftigen bilden Menschen mit **geistiger** 4
Behinderung und **altersbedingt** eingeschränkte Menschen (oft aufgrund von Demenz). Daneben sind Menschen mit psychischen Erkrankungen und akuten (ggf.

---

[4] Zweites Gesetz zur Änderung des Betreuungsrechts, BGBl. I 4878; dazu: Dodegge NJW 2005, 1896.

[5] Dazu: Chiusi ZPR 2004, 119.

[6] Gesetz zur Reform des Verfahrens in Familiensachen und in den Angelegenheiten der freiwilligen Gerichtsbarkeit, in Kraft getreten zum 1.9.2009, BGBl. I 2586.

[7] Gesetz über die Wahrnehmung behördlicher Aufgaben bei der Betreuung Volljähriger, in Kraft getreten zum 1.1.1992, BGBl. I 2002.

[8] BGBl 2021 I 822–937; ausführlich: Kurze Reform, ua zu Zielen, Systematik und Gesetzgebungsgeschichte insbes. § 1.

vorübergehenden) Erkrankungen (die zB mit einem Koma einhergehen) zu nennen. In einem Gutachten sollte für die Erkrankung immer der ICD-10 Diagnoseschlüssel genannt werden, auch wenn die konkrete Erkrankung schwer zu bezeichnen ist, weil zB verschiedene Defizite in ihrer Gesamtheit die Erkrankung ausmachen.

Mit dem Entfallen der Adjektive wie „psychisch" oder „geistig" im Vergleich zu § 1896 BGB aF sollten keine Änderungen eintreten, sondern nur Diskriminierungen vermieden werden.[9] Bemerkenswert ist zudem die Legaldefinition des Betreuers, mit welcher noch einmal Fehlvorstellungen aufgrund der missglückten Begrifflichkeit entgegengewirkt werden soll.

2. Betreuer

5 Bei der **Auswahl** des Betreuers ist § 1816 BGB zu beachten und damit insbes. der Vorrang des ehrenamtlichen Betreuers (Abs. 4, 5), das Vorschlagsrecht des Betroffenen (Abs. 2) und der Ausschluss bestimmter Personen, zB Angestellte des Heims oder Pflegedienstes des Betroffenen (Abs. 6, → Rn. 21). Es können mehrere Betreuer (§ 1817 BGB) und es kann ein Verein oder eine Behörde (§ 1818 BGB) bestellt werden. War ein Rechtsanwalt anwaltlich gegen den Betroffenen tätig, darf er für diesen nicht zum Betreuer eingesetzt werden,[10] ein zuvor zum Verfahrenspfleger bestellter Rechtsanwalt gegen den Willen der Betroffenen ebenfalls nicht.[11] Für Berufsbetreuer gelten ab dem 1.1.2023 Regelungen im BtOG (insbes. §§ 19–30) und in der BtRegV (zum Verfahren der Betreuerbestellung → Rn. 30–43).[12]

6 Bei der **Führung** der Betreuung ist der Betreuer zahlreichen Genehmigungspflichten unterworfen, §§ 1829–1833 (persönliche Angelegenheiten), 1848–1854 (Vermögensangelegenheiten), 1855–1858 BGB (Verfahren), soweit keine Befreiung gem. §§ 1859f. BGB vorliegt. Das „Wohlprinzip" wurde mit der Reform zum 1.1.2023 gestrichen und eine Beachtung der geäußerten oder anzunehmenden Wünsche des Betreuten trat an dessen Stelle, § 1821 BGB. Als gesetzlicher Vertreter nach § 1823 BGB gilt die Vertretungsmacht durch den Beschluss des Gerichtes. Trotzdem wird meist der Betreuerausweis als Legitimation genutzt und akzeptiert. Der Betreuer ist dem Gericht (ggf. Befreiung nach § 1829 Abs. 1 Nr. 2 BGB)[13] und nach Beendigung der Betreuung auch dem Betroffenen (oder seinen Erben) gegenüber herausgabe- und rechenschaftspflichtig, §§ 1865, 1872 BGB. Die Betreuung **endet** mit ihrer Aufhebung (§§ 1870f. BGB) oder dem Tod des Betreuten (§ 1870 BGB) und damit auch – von wenigen Ausnahmen nach § 1874 Abs. 1 BGB abgesehen – die Vertretungsmacht des Betreuers.

7 Ehrenamtliche Betreuer erhalten eine Aufwandspauschale gem. § 1878 BGB iVm § 22 JVEG (1.1.2023: 425 Euro) und Aufwendungsersatz nach § 1877 BGB iVm § 5 JVEG, aber nur im Ausnahmefall eine **Vergütung** gem. § 1876 BGB. Die Vergütung und der Aufwendungsersatz für Berufsbetreuer, Betreuungsvereine, Behördenbetreuer und der Betreuungsbehörden richten sich gem. § 1875 Abs. 2 BGB nach dem VBVG. Die Vergütung des (Berufs-)Betreuers bemisst sich nach der Qualifikation des Betreuers, der Dauer der Betreuung, dem Aufenthaltsort des Betreuten sowie seiner eventuellen Mittellosigkeit, wonach eine jeweils pauschalierte Zahl von Stunden nach einem bestimmten Stundensatz anzusetzen ist.

---

[9] BReg BT-Drucks 19/24445, 230f.; Kurze Reform § 11 Rn. 2; Schneider BtPrax 2021, 9 (9f.).

[10] BGH XII ZB 106/15, BeckRS 2015, 21006.

[11] LG Kleve 4 T 436/14, BeckRS 2015, 4901; nachfolgend: BGH XII ZB 569/14, BeckRS 2015, 11845; weitergehend LG Kleve 4 T 62/15, NJW-RR 2015, 967.

[12] Zum Rechtsanwalt als Betreuer: Riechert AnwBl. 2023, 42.

[13] Vgl. BayObLG 3Z BR 210/02, NJOZ 2003, 262.

III. Kein entgegenstehender, freier Wille (Abs. 2)

Auch wenn dem Betroffenen ohne eine Betreuung **Schaden droht,** darf gegen seinen freien Willen keine Betreuung angeordnet werden,[14] auch keine Kontrollbetreuung[15] und kein Einwilligungsvorbehalt.[16] Dies wird insofern auch als „Recht zur Selbstschädigung" bezeichnet. Der Begriff des „freien Willens" wird vom BGH als „im Kern" mit → § 104 Nr. 2 BGB deckungsgleich angesehen,[17] wobei auch bei einem Geschäftsfähigen der freie Wille fehlen kann.[18] Entscheidende **Kriterien** seien die Einsichtsfähigkeit des Betroffenen und dessen Fähigkeit, nach dieser Einsicht zu handeln.[19] 8

Selbst wenn eine Erkrankung im Sinne von Abs. 1 vorliegt, kann ein freier Wille noch vorhanden sein.[20] Auch bei einem Antrag auf Aufhebung der Betreuung ist der freie Wille zu prüfen.[21] An die **Prüfung,** ob ein freier Wille besteht, werden von der Rechtsprechung **strenge Anforderungen** gestellt.[22] Eine Alkoholerkrankung allein bedeutet nicht, dass ein der Betreuung entgegenstehender Wille unbeachtlich ist.[23] An das Sachverständigengutachten sind besondere Anforderungen zu stellen.[24] 9

IV. Erforderlichkeit, Grundsatz (Abs. 3 S. 1)

Dieser Punkt ist für das Betreuungsverfahren häufig **entscheidend.** Er (und nicht die Erkrankung) sollte als Erstes bei der Beantwortung der Frage nach einer Betreuungsbedürftigkeit geklärt werden. Ein zentrales Anliegen der **Reform** des Vormundschafts- und Betreuungsrechte zum 1.1.2023 war die Vermeidung von Betreuungen durch Vermeidung von deren Erforderlichkeit. In den Regelungen des BGB findet sich die Betonung der Erforderlichkeit neben dem hiesigen Absatz 3 Satz 1 zB in §§ 1815 Abs. 1 S. 2, 1821 Abs. 1 S. 2 BGB. Das Ehegattenvertretungsrecht nach → § 1358 BGB kann ebenfalls die Erforderlichkeit entfallen lassen. In sozialrechtlichen Verfahren soll zB durch die frühzeitige Einbindung der Betreuungsbehörde gem. § 22 Abs. 4 SGB IX die Erforderlichkeit einer Betreuung vermieden werden. Die Aufgaben der Betreuungsbehörden im Betreuungsverfahren zur Vermeidung einer Betreuung wurden stark ausgeweitet (§ 8 BtOG → Rn. 29). 10

Damit eine Betreuung erforderlich ist, müssen zum Ersten Angelegenheiten **zu erledigen** sein,[25] zum Zweiten muss eine **Unfähigkeit** beim Betroffenen bestehen, 11

---

[14] Vgl. auch Dodegge BtPrax 2017, 49.

[15] BGH XII ZB 58/19, NJW-RR 2019, 1027; LG Saarbrücken 5 T 147/16, BeckRS 2016, 10941.

[16] BGH XII ZB 495/16, NJW-RR 2017, 964.

[17] BGH XII ZB 554/20, NJW-RR 2021, 1086; XII ZB 502/11, NJW-RR 2012, 773.

[18] BGH XII ZB 581/15, NJW 2016, 2745.

[19] Ähnlich im Rahmen von § 1906 BGB aF (§ 1831 BGB) zu prüfen: vgl. BGH XII ZB 236/15, NJW-RR 2016, 705 (706).

[20] BGH XII ZB 381/15, BeckRS 2016, 02443.

[21] BGH XII ZB 500/14, NJW-RR 2016, 3.

[22] BGH XII ZB 502/11, NJW-RR 2012, 773; XII ZB 144/19, NJW-RR 2020, 65; vgl. auch Kurze NZFam 2014, 1027 (1029).

[23] BVerfG 1 BvR 665/14, FamRZ 2015, 565.

[24] BGH XII ZB 144/19, NJW-RR 2020, 65; XII ZB 107/14, FamRZ 2014, 1626; XII ZB 158/21, BeckRS 2022, 41847.

[25] Ggf. muss dies auch nur jederzeit auftreten können: BGH XII ZB 545/20, ZEV 2021, 775; vgl. auch Schneider BtPrax 2021, 9 (10).

für die Erledigung zu sorgen, und zum Dritten darf es **keine andere Möglichkeit** der Erledigung als die Betreuung geben. Bei den Angelegenheiten kann es sich um **einzelne Aufgaben** („Abwicklung Erbangelegenheit nach …") oder um so genannte **„Aufgabenbereiche"** handeln (zB Vermögenssorge, Gesundheitsangelegenheiten, vgl. § 1815 BGB). Erforderlichkeit bedeutet auch, dass ein Schaden für den Betroffenen konkret zu erwarten ist, wenn keine Betreuung eingerichtet wird.[26]

12 Wenn eine Betreuung nicht mehr erforderlich ist, muss sie **aufgehoben** werden, § 1871 BGB. Grundsätzlich sollte durch den Betreuer darauf hingearbeitet werden (§ 1821 Abs. 6 BGB), was allerdings zumindest bei Berufsbetreuern nicht unbedingt deren eigenen Interessen entspricht. Zudem hat der Wegfall eines Aufgabenbereiches von mehreren keinen wesentlich spürbaren Effekt: Die Kosten bleiben gleich. Eigentlich wäre es angezeigt, bei gesunkenem Schwierigkeitsgrad zu einem Betreuer mit niedrigerer Qualifikation und dadurch niedrigeren Vergütungssätzen zu wechseln, was aber – wohl aufgrund des Aufwandes – selten geschieht. Eine Aufhebung oder ein Absehen von der Einrichtung wegen **„Unbetreubarkeit"** ist eine Ausnahme, wenn also der Betroffene alles verweigert und dadurch die Tätigkeit des Betreuers unmöglich gemacht wird.[27]

V. Betreuung trotz Vollmacht (Abs. 3 S. 2 Nr. 1)

1. Subsidiarität der Betreuung

13 Grundsätzlich **schließt** eine Vollmacht als Ausdruck des Selbstbestimmungsrechts des Betroffenen gem. Abs. 2 eine **Betreuung aus,**[28] was auch von der Rechtsprechung immer wieder betont[29] und vom Gesetzgeber im Rahmen der Reform zum 1.1.2023 bekräftigt wurde.

14 Es wurden die Worte „ebenso gut" klarstellend durch „gleichermaßen" ersetzt,[30] da ein Berufsbetreuer bei wörtlicher Auslegung der alten Formulierung aufgrund seiner Qualifikation und Übung einem ehrenamtlichen Bevollmächtigten in den meisten rechtlichen Bereichen regelmäßig überlegen ist.[31] Das soll aber nicht zu einer Betreuung statt einer Vorsorgebevollmächtigung führen.

2. Kenntnis von Vollmacht

15 Zur Vermeidung einer Betreuung ist die **Kenntnis** um eine Vollmacht von Nöten. Daher sollte das Betreuungsgericht beim ZVR anfragen, ob dort eine Vollmacht registriert ist (→ § 78a BNotO). Durch Notfallkarten und Information wichtiger Kontaktstellen (zB Nachbar, Hausarzt, Hausnotruf, Pflegedienst oder -heim) über die Existenz einer Vorsorgevollmacht und die Person des Bevollmächtigten kann weiter vorgesorgt werden.

3. Akzeptanz- und Durchsetzungsprobleme

16 Wenn sich zB eine Bank **weigert,** eine wirksame Vorsorgevollmacht zu **akzeptieren,** ist dieser Geltung zu verschaffen und keine Betreuung anzuordnen[32] (zur Akzep-

---

[26] BGH XII ZB 324/14, NJW-RR 2015, 449.
[27] BGH XII ZB 520/14, NJW-RR 2015, 769; XII ZB 363/15, NJW 2016, 2650.
[28] BT-Drs. 11/4528, 122.
[29] BGH XII ZB 629/11, FamRZ 2012, 969.
[30] BtDruck 19/24445, 233.
[31] Vgl. LG Augsburg 54 T 144/17, BtPrax 2018, 83 LS.
[32] Vgl. LG Kleve 4 T 62/15, NJW-RR 2015, 967.

tanzpflicht → § 164 Rn. 68–70; § 167 Rn. 69–79). Wenn eine, zB aufgrund eventueller **Geschäftsunfähigkeit, vermutete** Unwirksamkeit einer Vorsorgevollmacht trotz (anzustellender) Ermittlungen des Gerichts[33] nicht positiv festgestellt werden kann, bleibt es bei einer wirksamen Bevollmächtigung.[34] Anders kann dies nur aufgrund Akzeptanzproblemen wegen dieser Vermutung sein,[35] wobei deren Ausräumung nach hier vertretener Ansicht vorgeht. Schafft der Bevollmächtigte es aber nicht, der Vorsorgevollmacht zur Akzeptanz zu verhelfen, wird regelmäßig doch eine Betreuung einzurichten sein. Dies gilt spätestens dann, wenn der Bevollmächtigte seine Tätigkeit einstellt.

Streit unter potentiellen **Vertrauenspersonen** des Vollmachtgebers (zB unter mehreren Kindern) wird als Argument für die Einsetzung eines (vermeintlich neutralen, wenngleich oft auch eigenen Maßstäben folgenden) Berufsbetreuers angeführt.[36] Das führt aber dazu, dass eine den Streit verursachende Person es erreichen kann, eine Bevollmächtigung zu torpedieren. Paradoxerweise funktioniert dies umso besser, je skrupelloser Anschuldigungen und Unterstellungen in den Raum gestellt werden. Tatsächlich muss das Gericht die (mühsame) Aufgabe erfüllen, die Relevanz der Anschuldigungen zu klären. **Mediationsverfahren** wären oft hilfreich, sind auf diesem Gebiet aber noch wenig verbreitet. Angesichts der allgemein hohen Fallzahlen bei den Betreuungsgerichten und dem exponentiell höheren Aufwand von streitigen im Gegensatz zu üblichen Betreuungsverfahren, wären sie förderungswürdig. Ein wesentlicher Grund für die Schwäche der Vorsorgekonstruktion wurde allerdings regelmäßig bei deren Gestaltung geschaffen: Es wurde versäumt, einen zweiten Bevollmächtigten einzusetzen, welcher für eine Unterstützung, Überwachung und Kontrolle sorgt. So müssen diese von einer staatlichen Stelle (Betreuungsgericht) in einem verwaltungsartigen Verfahren mit all seinen Schwächen (insbesondere Schwerfälligkeit in zeitlicher Hinsicht und durch eine weitgehende Schriftlichkeit) nachgeholt werden. Unzureichend kann eine Vorsorgevollmacht auch sein, wenn mehrere Bevollmächtigte nur zur **Gesamtvertretung** (→ § 164 Rn. 57 f.) berechtigt sind und daher Entscheidungen nicht getroffen werden können.[37] **17**

4. Ungeeigneter Bevollmächtigter

Es können Gründe in der **Person des Bevollmächtigten** liegen, die eine Betreuung trotz einer Vollmacht erforderlich sein lassen. Wird die Vollmacht **missbraucht,** sind ihr Widerruf und die Tätigkeit eines Betreuers erforderlich (→ § 1820 Rn. 24). Eine Vollmacht macht eine Betreuung nicht entbehrlich, wenn der Bevollmächtigte ungeeignet ist.[38] Eine Betreuung kann erforderlich sein, wenn erhebliche Bedenken gegen die **Redlichkeit** des Bevollmächtigten bestehen,[39] etwa bei ungeklärtem Verbleib von 15.000 EUR der Vollmachtgeberin.[40] Eine Kontrollbetreuung genügt dann nicht, so dass eine Vollbetreuung einzurichten ist.[41] Es kann ein schrittweises Vorgehen angezeigt sein, bei dem zunächst eine Kontrollbetreuung zur Klärung ein- **18**

[33] BGH XII ZB 339/22, BeckRS 2022, 33239; XII ZB 242/19, NJW-RR 2020, 1011.

[34] BGH XII ZB 106/20, NJW 2021, 63; XII ZB 425/14, NJW 2016, 1514; XII ZB 581/15, NJW 2016, 2745; XII ZB 289/16, BeckRS 2016, 19660.

[35] BGH XII ZB 425/14, NJW 2016, 1514; XII ZB 289/16, NJW-RR 2017, 66.

[36] LG Meiningen 4 T 31/18, ZErb 2018, 154.

[37] BGH XII ZB 527/17, BeckRS 2018, 2062.

[38] BGH XII ZB 216/17, NJW-RR 2018, 899; XII ZB 206/13, NJW-RR 2013, 1473; XII ZB 583/11, NJW-RR 2012, 772; XII ZB 498/15, FGPrax 2016, 127; Grziwotz ErbR 2023, 95 (98).

[39] BGH XII ZB 301/13, ZEV 2014, 368; XII ZB 584/10, NJW 2011, 2135.

[40] BGH XII ZB 301/13, ZEV 2014, 368; XII ZB 16/17, FamRZ 2017, 1866.

[41] BGH XII ZB 584/10, NJW 2011, 2135.

gerichtet wird, die dann bei Bestätigung des Verdachtes zu einer umfassende Betreuung, verbunden mit einem Vollmachtswiderruf, ausgeweitet wird.[42] Eine Betreuung ist trotz einer Vollmacht erforderlich, wenn der Bevollmächtigte sie missbraucht, etwa durch die Auflösung von Guthaben zu Gunsten von eigenen Konten oder das Herausreißen des Vollmachtgebers aus seiner gewohnten Umgebung.[43] Auch aus der persönlichen Handhabung der Vertretung kann sich eine Ungeeignetheit ergeben.[44] Wenn der Missbrauch schon im Betreuungsverfahren ermittelt wird (was das Gericht versuchen muss), ist unmittelbar eine Betreuung einzurichten, welche dem Betreuer auch den umfassenden Vollmachtswiderruf (→ § 1820 Rn. 63–78) ermöglicht.

19 Ist der Bevollmächtigte zwar redlich, kann aber die erforderlichen Angelegenheiten nicht erledigen, ist also **untätig,** wird grundsätzlich eine Betreuung angeordnet werden. Dies kann in einem Zeitmangel des Bevollmächtigten begründet sein, uU in der räumlichen Entfernung zum Vollmachtgeber (aber vieles kann auch aus der Ferne organisiert werden) oder in einer persönlichen Inkompetenz des Bevollmächtigten,[45] zB im Umgang mit Finanzen, Behörden oder der Organisation der persönlichen Versorgung des Betroffenen hinsichtlich Haushalt, Pflege[46] und medizinischen Angelegenheiten. Dabei dürfen die Anforderungen aber nicht überspannt werden (vgl. → § 1820 Rn. 21, 27).[47] Der Vollmachtgeber hat den Bevollmächtigten unter Umständen auch in Kenntnis gewisser Unzulänglichkeiten ausgewählt, so dass erwartete Fehler keine Betreuung rechtfertigen. Oft sind auch die zu erledigenden Aufgaben so anspruchsvoll, dass keine Versorgung wie durch einen guten Berufsbetreuer erwartet werden kann.[48] Eine Betreuung ist aber auch anzuordnen, wenn der Bevollmächtigte sich nicht durchsetzen kann, selbst wenn dies unverschuldet ist,[49] → § 1820 Rn. 30.

20 Denkbar ist auch, dass der **Bevollmächtigte** seine Tätigkeit **verweigert.** Er kann die Vollmacht nicht widerrufen oder „niederlegen", aber den zu Grunde liegenden Auftrag kündigen (→ auch § 168 Rn. 44). Allerdings geht dies gegenüber einem geschäftsunfähigen Vollmachtgeber nicht mehr. Zumindest zur Entgegennahme der Kündigung des Bevollmächtigten, meist aber auch umfassend zur Übernahme von Aufgaben für den Vollmachtgeber, ist dann ein Betreuer zu bestellen. Bis dahin kann ein Bevollmächtigter noch gewisse Pflichten haben.

5. Ungeeigneter Bevollmächtigter gem. § 1816 Abs. 6 BGB

21 Ausgeschlossen als vorrangige Bevollmächtigte sind die bis zum 31.12.2022 in § 1897 Abs. 3 BGB aF und nun (mit anderer Formulierung) in § 1816 Abs. 6 BGB genannten Personen, die den Betroffenen professionell versorgen, wobei der Kreis sinnvollerweise **deutlich ausgeweitet** wurde.[50] So geht es nicht mehr nur um Angestellte von Einrichtungen, bei denen der Betroffene wohnt, sondern auch um andere Versorgende wie ambulante Pflegedienste.

Allerdings enthält § 1816 Abs. 6 BGB im Satz 2 eine Öffnungsklausel bei fehlender Interessenkollision. Es ist problematisch, dass lediglich (wie im ehem. § 14 HeimG)

[42] Vgl. auch BGH XII ZB 125/15, NJW 2015, 3575; XII ZB 16/17, FamRZ 2017, 1866.

[43] BayObLG 3Z BR 242/02, FGPrax 2003, 171.

[44] Erwogen, aber abgelehnt in: BGH XII ZB 510/16, NJW-RR 2017, 642 (643) aE.

[45] Bienwald RpflStud 2016, 126 (217).

[46] Jordans MDR 2015, 1045 (1047) mit Verweis auf OLG Brandenburg 11 Wx 3/05, NJW 2005, 1587.

[47] Vgl. BGH XII ZB 212/22, BeckRS 2022, 37303.

[48] LG Augsburg 54 T 144/17, BtPrax 2018, 83 LS.

[49] BGH XII ZB 671/12, NJW 2013, 3373.

[50] BtDruck 19/24445, 233.

auf die Interessenkollision abgestellt wird. Diese wird zwar regelmäßig bei den Pflichten gegenüber dem Arbeitgeber einerseits und dem Vollmachtgeber, der die zu überprüfenden und zu hinterfragenden Dienste des Arbeitgebers in Anspruch nimmt, andererseits anzunehmen sein. Mindestens so problematisch ist aber die Missbrauchsgefahr, die zB durch Mitarbeitern von Pflegediensten besteht, die meist einen tiefen Einblick in die persönlichen und wirtschaftlichen Verhältnisse der versorgten Person und einen gewissen Einfluss auf die unterstützungsbedürftigen und oft beeinflussbaren Menschen haben.

6. (Versuchter) Vollmachtswiderruf

Grundsätzlich lässt ein Widerruf die Vollmacht erlöschen (→ § 168 Rn. 14–32). 22
Wenn der Vollmachtgeber aber betreuungsbedürftig ist, kann nach einem Widerruf, wenn nicht ein neuer, geeigneter Bevollmächtigter ermächtigt wurde, eine Betreuung erforderlich werden.

Hat ein Vollmachtgeber **versucht,** eine Vollmacht **zu widerrufen,** und/oder lehnt er den Bevollmächtigten in einem Betreuungsverfahren als Vertreter ab, muss dies weder automatisch die Unwirksamkeit der Vollmacht[51] noch die Erforderlichkeit einer (Kontroll-)Betreuung bedeuten (kann es aber im Einzelfall, → § 1820 Rn. 29).[52] Es kommt auf die **Geschäftsfähigkeit** des Vollmachtgebers an. Fehlte sie beim Widerruf, ist dieser unwirksam und die Vollmacht weiter wirksam. Im Zweifel sollten der Bevollmächtigte und der Vollmachtgeber dies einvernehmlich durch ein Sachverständigengutachten feststellen lassen (→ auch § 168 Rn. 22f.). Ob dazu ein selbständiges Beweisverfahren nach § 485 Abs. 2 ZPO möglich ist, ist noch nicht gerichtlich geklärt worden.[53] Ist dies nicht möglich, muss nach hier vertretener Ansicht das Betreuungsgericht ein solches Gutachten einholen: Wenn der Widerruf wirksam war, kann eine Betreuung erforderlich sein, wenn er unwirksam war, ist eine Betreuung aufgrund der Vollmacht nicht erforderlich. Ohne ein solches Vorgehen des Betreuungsgericht wären Vollmachtgeber auch nicht vor sich selbst geschützt. Die Vollmacht wird gerade für Zeiten erteilt, in denen der geistige Zustand problematisch ist.[54] So sind zB bei einer Demenz oft Misstrauen und Wut gegen alle und besonders gegen nahestehende Personen zu beobachten, die zu einem Widerruf der Vollmacht führen, welcher aber nicht im Sinne des Vollmachtgebers ist und auf Geschäftsunfähigkeit basiert. Etwas anderes kann nur dann gelten, wenn selbst bei einer wirksamen Vollmacht eine (Kontroll-)Betreuung erforderlich wäre, etwa weil der Bevollmächtigte unredlich handelt.

Ist ein aufgrund fraglicher Geschäftsfähigkeit **unsicherer Widerruf** erfolgt, sollte 23
früher eine Betreuung wegen eingeschränkter Akzeptanz der Vollmacht erforderlich sein.[55] Vorrangig sind Zweifel an der Geschäftsfähigkeit durch ein Gutachten auszuräumen:[56] Ergibt sich, dass eine Geschäftsunfähigkeit nicht nachzuweisen ist, muss die Vollmacht weiter akzeptiert werden. Sonst könnte eine Vollmacht allzu leicht ausgehebelt werden.

---

[51] BayObLG 3Z BR 40/02, FamRZ 2002, 1220.

[52] OLG Köln 16 Wx 34/05, FGPrax 2005, 156; BGH XII ZB 488/15, NJW-RR 2016, 1095.

[53] Bejahend: Dodegge FamRZ 2010, 1788.

[54] In diese Richtung auch: BGH XII ZB 499/15, BeckRS 05099, Rn. 18; XII ZB 488/15, NJW-RR 2016, 1095.

[55] BGH XII ZB 610/14, NJW 2016, 159.

[56] BGH XII ZB 501/16, NZFam 2018, 271.

7. Betreuung neben Vollmacht

24 Ein Nebeneinander von Bevollmächtigung und Betreuung in denselben Bereichen ist nicht zulässig, so dass insoweit keine Betreuung einzurichten ist.[57] Neben einer Bevollmächtigung ist eine Betreuung für Bereiche möglich, bei denen eine Bevollmächtigung **nicht zulässig** ist (→ § 164 Rn. 28–44) oder wenn die **Vollmacht** diese **nicht abdeckt** (bspw. mangels Beglaubigung keine Immobiliengeschäfte möglich),[58] wenn in dem Aufgabenkreis eine Vertretung erforderlich ist. Sind Befugnisse für Maßnahmen nach §§ 1829, 1831 f. BGB in der Vollmacht nicht enthalten (vgl. → § 1820 Abs. 2 BGB), ist das für eine Betreuung nur relevant, wenn solche Maßnahmen auch anstehen.[59] Enthält eine Vollmacht Lücken (etwa für die Prozessführung), kann für diese Bereiche eine Betreuung erforderlich sein. Allerdings muss auch ein tatsächlicher Bedarf für die Führung eines Prozesses bestehen.[60]

25 Ein **Einwilligungsvorbehalt** gem. → § 1825 BGB kann nur bei einer Betreuung angeordnet werden. Das ist rechtspolitisch problematisch, da es so trotz einer Vorsorgevollmacht zu einer Betreuung kommt. Nach hier vertretener Ansicht sollte der Gesetzgeber es ermöglichen, dass ein Einwilligungsvorbehalt auch ohne Betreuung mit Bezug auf die Vollmacht angeordnet werden kann. Wenn ein solcher tatsächlich erforderlich aber nicht angeordnet ist, kann es für einen Bevollmächtigten eine erhebliche Belastung sein, jedes Rechtsgeschäft des Vollmachtgebers mit dem Hinweis auf eine (zu beweisende) Geschäftsunfähigkeit rückabzuwickeln.

26 Das Betreuungsgericht kann auf die Möglichkeit verweisen, eine Vorsorgevollmacht zu erteilen und so eine **Betreuungseinrichtung ablehnen.** Es muss allerdings eine Person existieren, der das erforderliche Vertrauen entgegen gebracht wird und die zu der Übernahme bereit und in der Lage ist.[61] Das muss wiederum durch das Gericht ermittelt werden. Es kann also die Betreuung nicht ablehnen mit dem Hinweis, es sei durch den antragstellenden Betroffenen nicht hinreichend dargelegt, dass er niemanden bevollmächtigen könne.[62] Es wird schwer sein, dem Betroffenen nachzuweisen, dass er trotz anderslautender Beteuerungen ausreichendes Vertrauen zu einer bestimmten Person hat. Dies kann ggf. angenommen werden, wenn der Betroffene eine Person als Wunschbetreuer bezeichnet hat, die er auch bevollmächtigen könnte.[63] Der Betroffene müsste dann schon darlegen, dass für ihn die Kontrollmechanismen des Betreuungsrechts unverzichtbar und auch durch eine Kontrollbevollmächtigung nicht kompensierbar sind.

VI. Betreuung trotz anderer Hilfen (Abs. 3 S. 2 Nr. 2)

27 Es reicht für eine Betreuung nicht, dass für einen erkrankten Menschen Angelegenheiten zu erledigen sind. Es gilt allgemein, dass eine Betreuung nicht erforderlich ist, wenn sich auch ein Mensch ohne Erkrankung bei anderen Personen (Nachbarn, Freunden, Familie etc) oder bei Institutionen **Rat und Unterstützung holen** würde. Steuerberater, Rechtsanwälte (ggf. mit Beratungshilfe), Mieterberatungen, Behörden, Pflegestützpunkte usw. können vom Betroffenen angesprochen werden.[64] Leider sind viele Verwaltungsvorgänge derart schwierig gestaltet und Behörden nicht

---

[57] BGH XII ZB 629/11, FamRZ 2012, 969.
[58] BGH XII ZB 307/15, NJW 2016, 1516.
[59] AG Schleswig 4 XVII B 11924, SchlHA 2013, 439.
[60] BGH XII ZB 29/15, NJW-RR 2015, 836; XII ZB 61/15, FamRZ 2015, 1282.
[61] BGH XII ZB 225/15, FGPrax 2015, 269; XII ZB 330/17, BtPrax 2018, 35.
[62] BGH XII ZB 225/15, FGPrax 2015, 269.
[63] BGH XII ZB 481/12, NJW 2014, 385.
[64] Schwedler NZFam 2022, 1011 (1013 f.).

hilfreich, dass vielfach für Antragsstellungen eigentlich unnötige Betreuungen angeordnet werden.

Ein wesentliches Anliegen der Reform zum 1.1.2023 war es, dass Sozialbehörden ihre Beratungsaufgaben wahrnehmen und nicht auf die Möglichkeit der Einrichtung einer Betreuung verweisen. Dazu wurde, ua auch, um einer Rechtsprechung des BSG entgegenzutreten,[65] in **§ 17 SGB I** ein 4. Absatz eingefügt, in dessem zweiten Satz es heißt: „Soziale Rechte dürfen nicht deshalb abgelehnt, versagt oder eingeschränkt werden, weil ein rechtlicher Betreuer nach § 1814 Abs. 1 des Bürgerlichen Gesetzbuches bestellt worden ist oder bestellt werden könnte." **28**

Mit der Reform des Vormundschafts- und Betreuungsrecht wurde der Auftrag der **Betreuungsbehörden** im Betreuungsverfahren der Vermeidung einer Betreuung stark betont. Die Betreuungsbehörde hat gem. § 8 Abs. 1 BtOG die Pflicht, andere Hilfen nach § 5 Abs. 1 BtOG zu vermitteln und soll bei dem Kontakt zu Hilfen bei Sozialleistungsträgern unterstützen. Aus den in § 8 BtOG gebündelten Aufgaben ist die der **„erweiterten Unterstützung"** besonders erwähnenswert. Danach kann die Betreuungsbehörde selbst oder gem. § 8 Abs. 4 BtOG durch einen beauftragten Betreuungsverein oder Berufsbetreuer direkte Hilfestellung geben, um konkrete Probleme zu lösen und so eine Betreuung zu vermeiden. Denkbar ist das beispielsweise, wenn lediglich ein einmaliger Sozialleistungsantrag gestellt werden muss, das aber die Fähigkeiten des Betroffenen übersteigt. **29**

VII. Verfahren (Abs. 4)

1. Einleitung

Das Verfahren ist im Wesentlichen im **FamFG** geregelt. Für die Anordnung eines Einwilligungsvorbehaltes gem. § 1825 BGB, eine Genehmigung nach § 1829 BGB sowie für die Unterbringung (§§ 312–339 FamFG) gelten besondere Regelungen. Für eine einstweilige Anordnung einer Betreuung gibt es vereinfachende und beschleunigende Regelungen in den §§ 300–302 FamFG, zur Kontrollbetreuung § 1820 BGB → Rn. 45–53. **30**

2. Zuständigkeit

Sachlich **zuständig** ist das Amtsgericht, dort gem. § 23c Abs. 1 GVG die Abteilung für Betreuungsangelegenheit, bei denen gem. § 23c Abs. 2 S. 2 GVG ein Richter auf Probe im ersten Jahr nach seiner Ernennung nicht tätig sein darf. Die örtliche Zuständigkeit richtet sich nach § 272 FamFG. **31**

3. Beteiligte, Akteneinsicht

Beteiligt werden nach § 274 Abs. 1 FamFG neben dem Betroffenen der Betreuer und ein Bevollmächtigter. Andere Personen, wie Ehegatten, Geschwister, Abkömmlinge und eine Vertrauensperson,[66] können gem. § 274 Abs. 4 FamFG beteiligt werden. Sie müssen dies **beantragen,** was rechtsmittelfähig zu bescheiden ist, wenn das Gericht sie nicht von sich aus beteiligt, da sie sonst zB nicht beschwerdeberechtigt sind.[67] Die Anregung einer Betreuung begründet allein keine Beteiligtenstellung.[68] **32**

---

[65] BtDruck 19/24445, 233 mit Verweis auf BSG B 8 SO 7/15 R, BeckRS 2016, 73091.
[66] Zur Vertrauensperson: BGH XII ZB 426/17, NJW-RR 2018, 327.
[67] BGH XII ZB 86/14, NJW 2015, 1180.
[68] OLG Düsseldorf 3 Va 10/19, BeckRS 2021, 15988.

Die Beteiligung muss von Gericht zumindest konkludent deutlich zum Ausdruck gebracht werden.[69]

33 Beteiligte haben grundsätzlich ein **Akteneinsichtsrecht,** welches bei einem Interesse des Betroffenen an der Geheimhaltung eingeschränkt werden kann. Meistens wird die Akteneinsicht großzügig gewährt. Das ist richtig, da die anderen Beteiligten häufig wesentlich zur Interessenvertretung des Betroffenen beitragen, weil er es selbst nicht tun kann. Ohne eine umfassende Akteneinsicht ist eine Verfahrensbeteiligung kaum sinnvoll möglich. Eigene Interessen, wie die eines Rechtsanwaltes, der die Betreuung angeregt hatte und eigene (Schadensersatz-)Ansprüche verfolgen möchte, genügen nicht;[70] eine ablehnende Entscheidung muss allerdings abgewogen und begründet werden.[71]

4. Rechtsanwaltsbeauftragung

34 Der Betroffene **kann** einen Rechtsanwalt immer **beauftragen,** auch wenn kein natürlicher Wille (und damit keine Geschäftsfähigkeit) vorliegt,[72] da er gem. § 275 FamFG verfahrensfähig ist. Er kann **auch** den **Anwaltsvertrag** einschließlich einer Vergütungsvereinbarung abschließen.[73] Jedenfalls bei einem Verfahren zur Aufhebung einer Betreuung ist dem Betreuten grundsätzlich Verfahrenskostenhilfe zu gewähren.[74] Wenn ein eventuell geschäftsunfähiger Betreuter einen Rechtsanwalt beauftragt, obwohl sein Betreuer selbst Rechtsanwalt ist, ist das grundsätzlich zulässig und rechtfertigt nicht die Einrichtung eines Einwilligungsvorbehaltes.[75]

5. Verfahrenspfleger

35 Der BGH legt **großen Wert** auf die Einsetzung eines Verfahrenspflegers gem. § 276 FamFG, wenn sonst nicht gesichert ist, dass der Betroffene seine Rechte wahrnehmen kann,[76] oder eine Betreuung für alle Aufgabenbereiche (oder zumindest sehr umfassend) möglich ist.[77] Alleine eine Betreuung gegen den Willen des Betroffenen macht die Verfahrenspflegerbestellung zwar nicht erforderlich.[78] Es erscheint aber zweifelhaft, dass ein freier Wille übergangen werden kann, wenn der Betroffene in der Lage ist, seine Rechte in dem Verfahren selbst wahrzunehmen.

Mit der Reform zum 1.1.2023 wurde ein neuer Absatz 2 in § 276 FamFG eingefügt, durch den der Kontakt des Verfahrenspflegers zum Betroffenen intensiviert werden soll und festgestellt wird, dass der Verfahrenspfleger (wie bisher) kein gesetzlicher Vertreter des Betroffenen ist.

In einem Verfahren um eine Betreuerbestellung trotz einer Vorsorgevollmacht kann einem Verfahrenspfleger **besonderer Bedeutung** zukommen, wenn eine neutrale Vertretung des Betroffenen sonst zweifelhaft ist. Das ist beispielsweise denkbar, wenn der Betroffene zunächst eine Betreuung wünscht und sich entsprechend an-

---

[69] BGH XII ZB 169/19, NJW-RR 2021, 937; nicht allein durch Akteneinsichtsgewährung: BGH XII ZB 523/18, NJW-RR 2019, 577; selbst nicht durch bloße Nennung im Rubrum: BGH XII ZB 574/19, BtPrax 2020, 183.

[70] OLG Düsseldorf 3 Va 10/19, BeckRS 2021, 15988.

[71] Zum Ersuchen einer nicht beteiligten Behörde: OLG Bamberg 6 VA 5/17, BtPrax 2018, 73.

[72] BGH XII ZB 317/13, NJW 2014, 215.

[73] OLG Koblenz 6 U 747/13, NJW 2014, 1251.

[74] LG München 13 T 15081/16, BeckRS 2016, 17639.

[75] BGH XII ZB 141/17, NJW 2018, 1255.

[76] BGH XII ZB 339/13, NJW 2014, 785; XII ZB 223/13, NJW 2013, 3522.

[77] BGH XII ZB 144/19, NJW-RR 2020, 65.

[78] BGH XII ZB 705/13, NJW-RR 2014, 1153.

waltlich beraten lässt, dann aber plötzlich den Anwaltsvertrag kündigt und mit einem neuen Bevollmächtigten die Beendigung des Betreuungsverfahrens betreibt. Vorsorgend könnte schon zu Beginn des Mandates mit Einverständnis des Mandanten beim Betreuungsgericht **vorsorglich** eine Verfahrenspflegerbestellung erbeten werden für den Fall, dass dem Rechtsanwalt das Mandat entzogen wird.

6. Betreuungsbehörde, insbes. Sozialbericht

Gemäß dem § 279 Abs. 2 FamFG hat das Gericht die Betreuungsbehörde anzuhören. Regelmäßig erstellt diese einen Bericht, besucht den Betroffenen dazu. Der so genannte **„Sozialbericht"** (§ 11 Abs. 1 Nr. 1 BtOG)[79] wird inhaltlich und in Bezug auf die damit in Zusammenhang stehenden Pflichten der Betreuungsbehörde, wie die Prüfung der Möglichkeiten einer erweiterten Unterstützung (§ 8 Abs. 2 BtOG), in § 11 Abs. 2 bis 4 sowie § 12 BtOG dargestellt. Neben der Beschreibung der Situation und Sichtweise des Betroffenen ist der Vorschlag eines Betreuers eine Kernaufgabe. **36**

Für die Aufklärung des Sachverhaltes ist die Tätigkeit der Betreuungsbehörde meist wertvoll. In komplexen Konfliktsituationen um Vorsorgevollmachten stoßen die Ermittlungen allerdings immer wieder an **Grenzen.** Auch die erforderliche Neutralität und Hartnäckigkeit stellt die Betreuungsbehördenmitarbeiter in diesen für sie ungewöhnlichen Situationen vor große Herausforderungen, denn regelmäßig reglementiert der zu hinterfragende und uU manipulierende Bevollmächtigte den Kontakt mit dem Vollmachtgeber und übernimmt für ihn die Kommunikation. In dem entsprechenden Bericht sollten solche Umstände wie die tatsächliche Quelle der Informationen sowie die Befragungssituation zumindest klar und deutlich dargestellt werden. Zusätzliche Ermittlungen durch das Gericht sind regelmäßig angezeigt.

7. Sachverständigengutachten

Ein Gutachten ist gem. § 280 Abs. 1 FamFG **vorgeschrieben,** wenn das Verfahren mit einer Betreuung oder mit der Anordnung eines Einwilligungsvorbehaltes endet.[80] Bevor ein Gutachten in Auftrag gegeben wird, hat sich das Gericht über den Betreuungsbedarf selbst ein Bild zu machen.[81] Tatsächlich wird häufig schematisch und ohne vorangegangene Sachverhaltsermittlung ein Gutachten in Auftrag gegeben. Dem soll durch die Änderung in § 279 Abs. 2 S. 1 FamFG zum 1.1.2023 insofern entgegengewirkt werden, als dass der **Betreuungsbehördenbericht zeitlich vor** dem Gutachten erstellt werden soll. **37**

Die Bestellung des **qualifizierten**[82] Sachverständigen durch Beschluss muss dem Betroffenen (und/oder seinem Vertreter) bekannt gegeben werden, damit Rechtsmittel (Befangenheitsantrag) möglich sind, und das Gutachten muss vor der Entscheidung über die Betreuung dem Betroffenen zur Stellungnahme übergeben werden.[83] Der Sachverständige hat den Betroffenen persönlich zu untersuchen und nicht nach Aktenlage vorzugehen.[84] Die Anwesenheit eines Verfahrensbeistandes muss geduldet **38**

---

[79] Harder BtPrax 2020, 51; Fischer/Rohrmann BtPrax 2017, 99.

[80] BGH XII ZB 370/14, NJW 2015, 1752.

[81] BGH XII ZB 370/14, NJW 2015, 1752; XII ZB 610/14, NJW 2016, 159.

[82] BGH XII ZB 46/15, NJW-RR 2016, 1157; XII ZB 581/15, NJW 2016, 2745.

[83] BGH XII ZB 610/14, NJW 2016, 159; XII ZB 397/15, BeckRS 2016, 08740; umfassend zum Sachverständigengutachten: Dodegge DS 2021, 147; Dieckmann BtPrax 2015, 169.

[84] BGH XII ZB 355/14, NJW-RR 2015, 323; umfassend: BGH XII ZB 510/16, NJW-RR 2017, 642 (643); allgemein zur Begutachtung im Lichte der UN-Konvention: Zinkler R&P 2015, 67.

werden.[85] Deren Ablehnung durch den Sachverständigen kann dessen Befangenheit begründen.[86] Weigert sich der Betroffene, sich untersuchen zu lassen, kann er gem. § 284 FamFG untergebracht werden, was aber verhältnismäßig sein muss. Es ist möglich, dass der Sachverständige bei einer Weigerung des Betroffenen ein Gutachten auch ohne eigene Untersuchung fertigt.[87] Das Gutachten muss aktuell sein und ggf. ergänzt werden,[88] insbesondere bei einer wesentlichen Erweiterung der Betreuung.[89]

39 Grundsätzlich ist der Beweisbeschluss eine Zwischenentscheidung, gegen die **kein Rechtsmittel** zulässig ist. Eine Beweiserhebung zur Feststellung der Betreuungsbedürftigkeit kann aber stigmatisierend sein. Daher müssen ihr grundsätzlich mildere Mittel wie eine Anhörung, in welchem dem Betroffenen Gehör verschafft wird, vorangehen, damit der Beschluss nicht für sich angreifbar ist.[90] Das soll bei der erstmaligen Betreuungseinrichtung, nicht aber in dem Verfahren auf Aufhebung einer Betreuung gelten.[91]

8. Anhörung

40 **Zentral** ist die Anhörung gem. § 278 FamFG.[92] Sie ist zu wiederholen, wenn neue Erkenntnisse zu erwarten sind,[93] auch vom Beschwerdegericht[94] sowie bei einer Erweiterung der Betreuung.[95] Weigert sich der Betroffene, kann er vorgeführt werden, wenn dies nicht unverhältnismäßig ist und andere Versuche, wie auch das Aufsuchen des Betroffenen,[96] ohne Erfolg blieben,[97] was nur selten der Fall sein sollte.

9. Beschlüsse und Rechtsmittel

41 Beschlüsse gem. § 287 Abs. 1 FamFG werden mit Bekanntgabe an den Betreuer wirksam, im Übrigen nach § 40 FamFG (Bekanntgabe gegenüber den Beteiligten). Gegen den Beschluss ist gem. §§ 58–69 FamFG die **Beschwerde,** danach ggf. Rechtsbeschwerde zum BGH gem. §§ 70–75 FamFG, zulässig (zur Beschwerde gegen einen Gutachtenbeschluss → Rn. 39). Gegen die Anordnung der sofortigen Wirksamkeit gem. § 287 Abs. 2 FamFG soll kein eigenes Rechtsmittel möglich sein;[98] nach hier vertretener Ansicht sollte eine Vollziehungsaussetzung nach § 64 Abs. 3 FamFG in Betracht kommen.

42 Der Betreuer hat aus eigenem Recht keine **Beschwerdebefugnis,**[99] wohl aber ein Angehöriger, der **Beteiligter** (→ Rn. 32) ist.[100] Der **Bevollmächtigte** hatte

---

[85] OLG Zweibrücken 3 W 35/00, FGPrax 2000, 109 mit Bezug zu BVerfG 2 BvR 747/73, NJW 1975, 103 (dort: Strafverfahren); Dieckmann BtPrax 2015, 169 (171).

[86] VG Aachen 8 K 1044/16, BeckRS 2017, 152553 (in einem Verwaltungsverfahren).

[87] BGH XII ZB 611/15, NJW-RR 2016, 833.

[88] BGH XII ZB 606/15, NJW-RR 2016, 1411; XII ZB 227/16, BeckRS 2016, 18496.

[89] BGH XII ZB 68/20, NJW-RR 2020, 1075.

[90] BVerfG 1 BvR 2539/10, NJW 2011, 1275; ablehnend noch für ein Gutachten über die Geschäftsfähigkeit bei der Errichtung einer eventuell die Betreuung entbehrlich machenden Vollmacht: BayObLG 4Z BR 10/98, BeckRS 1998, 27131.

[91] BVerfG 1 BvR 539/16, BeckRS 2016, 45550.

[92] BGH XII ZB 58/19, NJW-RR 2019, 1027; XII ZB 603/15, NJW 2016, 3098.

[93] BGH XII ZB 98/15, NJW 2015, 2727; XII ZB 228/21, BeckRS 2021, 21053.

[94] BGH XII ZB 205/20, NJW-RR 2022, 74; XII ZB 8/16, BeckRS 2016, 19996.

[95] BGH XII ZB 329/16, NJW-RR 2017, 321.

[96] BGH XII ZB 603/15, NJW 2016, 3098 Rn. 17.

[97] BGH XII ZB 405/14, NJW 2015, 693; XII ZB 120/14, NJW 2014, 2788.

[98] MüKoFamFG-Schmidt-Recla § 275 Rn. 9.

[99] BGH XII ZB 333/13, NJW-RR 2014, 390.

[100] BGH XII ZB 554/20, NJW-RR 2021, 1086.

schon vor der Reform zum 1.1.2023 **keine eigene Beschwerdebefugnis** gegen den erfolgten Widerruf (dies ist ohnehin eine abgeschlossene Maßnahme des Betreuers) und auch nicht gegen die Bestellung eines (Kontroll-)Betreuers.[101] Allerdings konnte er die Beschwerde noch im Namen des Betroffenen einlegen, § 303 Abs. 4 FamFG.[102] Zu prüfen ist zudem, ob er nicht eine Befugnis als Vertrauensperson gem. §§ 274 Abs. 4 Nr. 1, 303 Abs. 2 Nr. 2 FamFG hat.[103]

Zunächst prüft das **Ausgangsgericht** (Amtsgericht), ob es der Beschwerde abhilft (§ 68 FamFG) und gibt, wenn es nicht abhilft, den Vorgang an das Landgericht ab, § 72 Abs. 1 S. 2 GVG, welches gem. § 69 Abs. 1 S. 1 FamFG grundsätzlich selbst in der Sache entscheidet. Es hat zu prüfen, ob es ggf. eine erneute Anhörung durchführen muss.[104] 43

VIII. Minderjährige (Abs. 5)

Mit dem Absatz 5 soll für 17-Jährige ermöglicht werden, eine Betreuungseinrichtung in die Wege zu leiten, wenn deren Erforderlichkeit absehbar ist (vormals § 1908a BGB aF). So kommt es nicht zu Vertretungslücken bei schon in jungen Jahren und dauerhaft unterstützungsbedürftigen Menschen. Wirksam wird die Bestellung aber erst mit der Volljährigkeit des Betroffenen. 44

§ 1815 Umfang der Betreuung

(1) **[1]Der Aufgabenkreis eines Betreuers besteht aus einem oder mehreren Aufgabenbereichen. [2]Diese sind vom Betreuungsgericht im Einzelnen anzuordnen. [3]Ein Aufgabenbereich darf nur angeordnet werden, wenn und soweit dessen rechtliche Wahrnehmung durch einen Betreuer erforderlich ist.**

(2) **Folgende Entscheidungen darf der Betreuer nur treffen, wenn sie als Aufgabenbereich vom Betreuungsgericht ausdrücklich angeordnet worden sind:**

1. **eine mit Freiheitsentziehung verbundene Unterbringung des Betreuten nach § 1831 Absatz 1,**
2. **eine freiheitsentziehende Maßnahme im Sinne des § 1831 Absatz 4, unabhängig davon, wo der Betreute sich aufhält,**
3. **die Bestimmung des gewöhnlichen Aufenthalts des Betreuten im Ausland,**
4. **die Bestimmung des Umgangs des Betreuten,**
5. **die Entscheidung über die Telekommunikation des Betreuten einschließlich seiner elektronischen Kommunikation,**
6. **die Entscheidung über die Entgegennahme, das Öffnen und das Anhalten der Post des Betreuten.**

(3) **Einem Betreuer können unter den Voraussetzungen des § 1820 Absatz 3 auch die Aufgabenbereiche der Geltendmachung von Rechten des Betreuten gegenüber seinem Bevollmächtigten sowie zusätzlich der Geltendmachung von Auskunfts- und Rechenschaftsansprüchen des Betreuten gegenüber Dritten übertragen werden (Kontrollbetreuer).**

---

[101] BGH XII ZB 117/14, NJW 2015, 407.

[102] BGH XII ZB 156/19, NJW 2020, 244; XII ZB 68/20, NJW-RR 2020, 1075; XII ZB 387/18, NJW-RR 2019, 833; XII ZB 282/17, NJW-RR 2018, 897; XII ZB 213/16, NJW-RR 2018, 70; XII ZB 117/14, NJW 2015, 407.

[103] BGH XII ZB 438/16, BeckRS 2017, 101783.

[104] BGH XII ZB 228/21, BeckRS 2021, 21053.

I. Allgemeines

1 Die Kommentierung konzentriert sich auf den **Bezug zur Vorsorgevollmacht,** der im Wesentlichen im Absatz 3 enthalten ist. Dort wird der Aufgabenbereich des Kontrollbetreuers beschrieben. Unter welchen Voraussetzungen er eingesetzt werden kann, wird in → § 1820 BGB geregelt. Die Voraussetzungen zur Betreuerbestellung – ggf. auch trotz einer Vorsorgevollmacht – sind in → § 1814 BGB kodifiziert, während sich § 1815 BGB auf den Umfang der Betreuung konzentriert.

Der Regelungsinhalt des § 1815 BGB war bis zur Reform des Vormundschafts- und Betreuungsrechts zum 1.1.2023 weitgehend in **§ 1896 BGB aF** enthalten, dort in den Absätzen 2 bis 4, wurde jedoch erweitert.

II. Aufgabenkreis und -bereiche (Abs. 1)

2 Mit der Reform des Vormundschafts- und Betreuungsrechts zum 1.1.2023 hat sich die **Begrifflichkeit** geändert: Angeordnet werden vom Gericht einzelne „Aufgabenbereiche", die insgesamt den „Aufgabenkreis" des Betreuers bilden.

3 Jeder Aufgabenbereich muss **erforderlich** sein, also eine Erledigung notwendig und nicht anders als durch eine Betreuerbestellung möglich sein, vgl. auch → § 1814 Rn. 10f. Vermieden werden kann eine Betreuerbestellung zB, wenn die Betreuungsbehörde eine erweiterte Unterstützung nach § 8 BtOG durchführen kann, → § 1814 Rn. 29.

Der einzelne Aufgabenbereich ist so eng und konkret wie möglich zu fassen. Wenn zB ein Betroffener finanzielle Unterstützung benötigt, kann der Aufgabenbereich „Geltendmachung von Grundsicherung" heißen. „Vermögenssorge" wird in dem Fall nicht in Betracht kommen, da der Betroffene kein Vermögen zB bei einer Bank hat, welches zu verwalten ist. Die Einforderung der Leistungen wäre von dem Aufgabenbereich gedeckt. Wenn die Miete durch den Betreuer von dem Konto des Betreuten gezahlt oder Mietabrechnungen geprüft werden sollen, wäre der Aufgabenbereich „Wohnungsangelegenheiten" angezeigt.

III. Besondere Aufgabenbereiche (Abs. 2)

4 Für vom Gesetzgeber als besonders wesentliche eingeschätzte Aufgaben und bei besonders grundrechtsrelevanten Eingriffen[1] muss die **Zuweisung** des Aufgabenbereiches **ausdrücklich** erfolgen. Dies betrifft zunächst Unterbringungen iSv § 1831 Abs. 1 BGB und freiheitsentziehende Maßnahmen gem. § 1831 Abs. 4 BGB, wobei dies nicht auf Betreute in Heimen oder sonstigen Einrichtungen beschränkt ist.

Des Weiteren sind die Bestimmung des Aufenthaltes im Ausland (vgl. → § 164 Rn. 27), also regelmäßig ein Umzug dorthin, der Umgang (vgl. → § 164 Rn. 41) sowie die Telekommunikations- und Postangelegenheiten (vgl. → § 164 Rn. 38) ausdrücklich zu bezeichnen.

5 Für **Vorsorgevollmachten** gilt Absatz 2 nicht.[2] Allerdings müssen gem. → § 1820 Rn. 7-10 bestimmte Befugnisse des Bevollmächtigten ausdrücklich und schriftlich in der Vollmacht genannt werden. Bei einer umfassenden Bevollmächtigung („soweit gesetzlich möglich") wird grundsätzlich auch von einer Befugnis zur Regelung des Aufenthalts im Ausland, des Umgangs mit dem Vollmachtgeber und zu Entscheidun-

[1] Im Einzelnen: Deinert/Lütgens BtPrax 2009, 212.

[2] Noch zu § 1896 Abs. 5 BGB: Müller DNotZ 2015, 403 (407f.).

gen in Telekommunikations- und Postangelegenheiten auszugehen sein, wenn eine Auslegung im Einzelfall nichts anderes ergibt, vgl. zum Umgang → § 164 Rn. 41, 107. Jedoch sollte bei der **Gestaltung** einer Vorsorgevollmacht überlegt werden, ob in besonders sensiblen Bereichen – wie sie in Absatz 2 aufgezählt werden – der Bevollmächtigte tatsächlich (allein) bestimmen können soll oder eine Einschränkung der Befugnisse sinnvoll ist.

IV. Kontrollbetreuung (Abs. 3)

1. Einleitung

Die Kontrollbetreuung hat den **Zweck,** einen Betreuer die Rechte des Vollmachtgebers gegenüber dem Bevollmächtigten wahrnehmen zu lassen. Mit ihr kann versucht werden, den Schwächen der zur Stärkung der Selbstbestimmung der Betroffenen sowie aus Kostengründen geförderten Vorsorgevollmacht entgegenzutreten, namentlich der Missbrauchsgefahr. Die **Voraussetzungen** für die Einrichtung einer Kontrollbetreuung werden in → **§ 1820 Abs. 3** Rn. 12–53 geregelt. Sie ist grundsätzliche eine Betreuung wie andere auch. Im Absatz 3 des § 1815 BGB wird beschrieben, welche **Befugnisse** der Kontrollbetreuer hat. 6

Durch die **Reform** des Vormundschafts- und Betreuungsrechts zum 1.1.2023 wurde die Kontrollbetreuung umfassender und genauer geregelt als bis dahin in § 1896 Abs. 3 BGB aF. Dabei entspricht der erste Halbsatz des Absatzes 3 des § 1815 BGB weitgehend dem bisherigen § 1896 Abs. 3 BGB aF, so dass Neuerungen im Wesentlichen im zweiten Halbsatz des Absatzes 3 des § 1815 BGB sowie im § 1820 Abs. 3 BGB enthalten sind. 7

2. Keine unbedingte Beschränkung auf Kontrolle

Da die Kontrollbetreuung eine Betreuung wie andere auch ist, muss der Aufgabenkreis des Betreuers nicht auf die Kontrolle eines Bevollmächtigten beschränkt sein. Dies lässt sich auch aus dem Wort „auch" lesen. Die Kontrolle kann also nur **einer von mehreren Aufgabenbereichen** sein. 8

So ist es denkbar, dass eine Vorsorgevollmacht ohnehin nicht ausreichend ist, so dass eine Betreuung für nicht erfasste Bereiche erforderlich ist (vgl. → § 1814 Rn. 24). Dann kann für diese Bereiche ein Betreuer eingesetzt werden. Wenn dieser nicht der Bevollmächtigte ist und die Voraussetzungen gem. § 1820 Abs. 3 BGB vorliegen, kann dieser auch den Aufgabenbereich gem. Absatz 3 zugewiesen erhalten. Naheliegend ist auch eine Kontrollbetreuung neben anderen Aufgabenbereichen, wenn eine Vorsorgevollmacht teilweise widerrufen wurde und für die übrigen Bereiche eine Kontrolle angezeigt erscheint.

3. Rechte des Betreuten (1. Hs.)

Wird der Aufgabenbereich des Kontrollbetreuers dem § 1815 Abs. 3 BGB entsprechend angeordnet, ist seine **Aufgabe** bezogen auf das Vorsorgeverhältnis **umfassend:** Dies bedeutet zum einen die Geltendmachung von Ansprüchen, die aus Geschehnissen in der Vergangenheit resultieren sowie solchen, die sich aus aktuellem Handeln ergeben. Zum anderen geht es um Ansprüche aus dem Grundverhältnis und auch aus anderen Rechtsgründen. 9

Der Kontrollbetreuer ist (wenn der Aufgabenbereich nicht explizit eingeschränkt wurde) nicht nur auf die Kontrolle der Tätigkeit des Bevollmächtigten seit der Betreuungseinrichtung beschränkt. Es geht sogar meist ganz wesentlich um vorgelagerte Geschehnisse, aufgrund derer die Betreuung ja auch eingerichtet wurde. Aber auch auf diese darf sich der Kontrollbetreuer nicht beschränken. Er muss umfassend tätig werden. 10

Dieselbe Aufgabe hätte auch ein „normaler“ Betreuer, der statt dem Bevollmächtigten eingesetzt wird, jedenfalls in seinem Aufgabenbereich. So kann sich ein Betreuer nicht darauf beschränken, den vorgefundenen Zustand zu verwalten und die **Vergangenheit** auszublenden. Schließlich sind Ansprüche des Betreuten gegen seinen (ggf. ehemaligen) Bevollmächtigten zB auf Auskunft, Rechenschaft und Schadensersatz in der Gegenwart existent und Teil des Vermögens des Betreuten.

11 Das einer Bevollmächtigung zu Grunde liegende Rechtsverhältnis wird in der Regel ein **Auftrag** sein (→ § 662 Rn. 1–20). Die daraus resultierenden Ansprüche hat der Kontrollbetreuer gegenüber dem Bevollmächtigten geltend zu machen. Entsprechend werden einem Kontrollbetreuer als Aufgaben grundsätzlich die „Geltendmachung von Auskunfts- und Rechenschaftsansprüchen sowie von Erstattungs- und Schadensersatzansprüchen des Betroffenen gegen den Bevollmächtigten aus dem der Vollmacht zu Grunde liegenden Rechtsverhältnis“[3] zugewiesen. Das sind **Auskunfts- und Rechenschaftsansprüche** gem. §§ 662, 259f. BGB (vgl. im Einzelnen → §§ 666, 259f.), **Schadensersatzansprüche** wegen Pflichtverletzungen[4] (vgl. im Einzelnen → § 662 Rn. 31–60) und **Herausgabeansprüche** (vgl. im Einzelnen → § 667).[5]

12 Ist – wie grundsätzlich nur bei **Ehegatten** (→ § 662 Rn. 15–20) – ausnahmsweise kein Auftragsverhältnis bei einer Vorsorgevollmachten gegeben, sind die Möglichkeiten des Betreuers deutlich kleiner. Nach hier vertretener Ansicht gibt es auch bei Ehegatten Fälle, in denen ein Auftragsverhältnis anzunehmen ist (→ § 662 Rn. 16f.); zudem können Ansprüche nach §§ 1413, 1353, 242 und 823 BGB gegeben sein (→ Rn. 13; § 662 Rn. 18f.). Ist der Bevollmächtigte verstorben oder kann zB aufgrund von eigenen, körperlich-geistigen Einschränkungen die Pflichten nicht erfüllen, gehen diese auf die **Erben** oder einen Betreuer/Bevollmächtigten über und sind diesen gegenüber geltend zu machen.

13 Die Aufgaben des Kontrollbetreuers beschränken sich aber nicht nur auf die Geltendmachung von Rechten aus einem Auftragsverhältnis gem. § 662 BGB. Sonst könnte der Kontrollbetreuer bei Überschreitung der Grenzen der Vollmacht oder Handlungen des Bevollmächtigten, bei welchen dieser die Vollmacht bewusst nicht nutzt, zB Ansprüche aus § 812 BGB nicht geltend machen. Es sind alle Rechtsbeziehungen auch ohne Auftrag zu prüfen und ggf. Ansprüche geltend zu machen, etwa aus **§§ 985, 812, 823, 242 BGB** (→ § 662 Rn. 21–24, §§ 812, 823).

14 In den allermeisten Fällen wird die Geltendmachung der Auskunfts-, Rechenschafts-, Herausgabe- und Schadensersatzansprüche für den Kontrollbetreuer **aufwändig und schwierig** sein.[6] Dies sollte bei der Betreuungseinrichtung berücksichtigt werden. Dabei könnte dem Kontrollbetreuer von vorneherein auch die Befugnis eingeräumt werden, sich fachgerechter Unterstützung zB durch einen **Rechtsanwalt** zu bedienen und entsprechend Kosten für den Betreuten entstehen zu lassen (regelmäßig werden solch aufwendigen Fälle von spezialisierten Rechtsanwälten nur auf der Grundlage einer Zeitvergütung bearbeitet).

15 Die Tätigkeit des Kontrollbetreuers kann auf Unterstützung des Bevollmächtigten in der Weise ausgerichtet sein, dass diesem der „rechte Weg gezeigt“ wird, damit dieser in Zukunft die Tätigkeit auf der Grundlage der Vorsorgevollmacht pflichtgemäß vornimmt und Schäden aus der Vergangenheit bereinigt werden. **Meist** wird aber eine nachdrückliche Verfolgung von Ansprüchen des Betreuten dazu führen, dass der Bevollmächtigte sich rechtfertigen und ggf. auch Ersatz zahlen muss. Dann wird

[3] BGH XII ZB 311/12, NJW 2013, 3372; OLG Köln 16 Wx 34/05, FGPrax 2005, 156.

[4] BGH XII ZB 273/22, BeckRS 2022, 33062.

[5] Vgl. auch Kurze FamRZ 2021, 1934 (1938); ähnlich bei ehemals bevollmächtigten Miterben: Kollmeyer NJW 2017, 1137.

[6] Vgl. zB Trimborn von Landenberg, Die Vollmacht vor und nach dem Erbfall, 3. Aufl. 2017.

regelmäßig entweder er seine **Tätigkeit beenden** oder ein **Vollmachtswiderruf** auszusprechen sein, beides mit der Folge einer umfassenden Betreuung. Die Ansprüche gegen den (dann: ehemals) Bevollmächtigten sind dann im Rahmen dieser Betreuung weiter zu verfolgen.

4. Rechte gegenüber Dritten (2. Hs.)

Die Geltendmachung von Rechten **nur gegenüber** dem **Bevollmächtigten erschwert** die Aufgabe für den Betreuer **erheblich.** Er hat zwar Auskunfts- und Rechenschaftsansprüche, aber keine eigenen Möglichkeiten der Nachforschung. Er muss beispielsweise die Vorlage von Kontoauszügen ggf. mühsam durch Klagen gegen den Bevollmächtigten durchsetzen und kann diese nicht selbst bei der Bank anfordern. So endet die Aufgabe des Kontrollbetreuers oft durch den Tod des betreuten Vollmachtgebers, bevor sie auch nur ansatzweise erfüllt wurde. Daher ist es sinnvoll, wenn dem Kontrollbetreuer vom Betreuungsgericht ausdrücklich auch die Befugnis zugewiesen wird, selbst Auskunftsansprüche des Betroffenen gegenüber Dritten, wie Banken, Ärzten und Pflegeheimen, geltend machen zu dürfen.[7] 16

Nach hier vertretener Ansicht **sollte** die auf Anregung aus der Facharbeitsgruppe 3 im Rahmen der Reform des Vormundschafts- und Betreuungsrechts zum 1.1.2023 im zweiten Halbsatz des Absatzes neu aufgenommene Befugnis zur Geltendmachung von Auskunfts- und Rechenschaftsansprüchen des Vollmachtgebers gegenüber Dritten (zB Banken und Ärzten) **standardmäßig** in den Aufgabenbereich eines Kontrollbetreuers **aufgenommen werden.** Anders können die Interessen des Betroffenen in diesen Fällen selten effektiv wahrgenommen werden. Immerhin ist eine Kontrollbetreuung angeordnet worden, so dass ein gewisser Anfangsverdacht und damit Ermittlungsbedarf besteht. Informationen aber nur von dem eventuell unredlichen oder ungeeigneten Bevollmächtigten einzufordern, ist nicht ausreichend. Dies ermöglicht ihm, eine Auswahl von Informationen vorzunehmen und Verzögerung herbeizuführen. Müssen Auskunfts- und Rechenschaftsansprüche gegen den Bevollmächtigten gerichtlich geltend gemacht und ggf. auch noch vollstreckt werden, dauert dies eher Jahre statt Monate, so dass immer mit dem Ableben des Betroffenen vor dem Prozessende zu rechnen ist. Ein effektiver Rechtschutz ist das nicht. 17

Dabei ist zu berücksichtigen, dass eine Kontrollbetreuung nur eingerichtet werden soll, wenn der Sachverhalt unklar ist oder der Bevollmächtigte bei einer besseren Aufgabenausübung unterstützt und dabei überwacht werden soll.[8] Bei Untätigkeit oder Ungeeignetheit ist direkt eine („Voll“)Betreuung einzurichten, ggf. die Vollmacht zu widerrufen. Für eine effektive und auch zeitnahe Aufklärung und Kontrolle sind alle erreichbaren Erkenntnisquellen zu nutzen. Erst die Befugnis nach § 1815 Abs. 3 Hs. 2 BGB nF verleiht dem informationsjagenden Kontrollbetreuer die notwendigen Zähne.

Auskunfts- und ggf. auch Rechenschaftsansprüche des Betroffenen gegenüber Dritten können zB solche gegenüber Banken, Finanz- und Steuerberatern, Ämtern und Behörden, Versicherungen, Ärzten und Pflegeheimen sein. Im Vermögensbereich wird meist die Bank der erste Ansprechpartner sein und **Vermögensstände** zu einer Zeit vor Beginn der Tätigkeit des Bevollmächtigten sowie der Verlauf seitdem **(Kontoauszüge)** zu ermitteln sein. Auch bei Beratern in finanziellen Angelegenheiten sind Informationen zu erlangen, zudem ggf. bei Behörden und Versicherung, etwa über die Beantragung und Auszahlung von Versicherungsleistungen und Pflegegeld. 18

---

[7] So schon in der Vorauflage gefordert: → § 1896 Rn. 51; vgl. auch Kurze FamRZ 2021, 1934 (1939).

[8] BGH XII ZB 131/16, NJW-RR 2016, 1093 (1095); XII ZB 502/16, NJW-RR 2017, 1411; Nedden-Boeger FamRZ 2014, 1589 (1591).

In **persönlichen Angelegenheiten** ist es zur Einschätzung, ob der Bevollmächtigte die Sorge um die Gesundheit und Pflege des Vollmachtgebers pflichtgemäß wahrgenommen hat, wichtig, mit Ärzten, Pflegern und anderen Pflegeheim- oder -dienstmitarbeitern zu sprechen und von diesen Auskunft über den seelischen und körperlichen Zustand des Vollmachtgebers sowie erfolgte Maßnahmen in der Vergangenheit und angezeigte Maßnahmen für die Gegenwart und Zukunft zu erhalten. Wie anderen Betreuern gegenüber auch ist eine Schweigepflichtentbindung anzunehmen, da sonst die ihm zugewiesene Aufgabe durch den Kontrollbetreuer nicht wahrgenommen werden kann.

19 Ebenfalls wie in anderen Betreuungen vertritt der Kontrollbetreuer den Betreuten in seinem Bereich außergerichtlich und ggf. auch **gerichtlich,** kann als Ansprüche notfalls auch im Klageweg geltend machen. Eine **Verweigerung** der Dritten ist nur zulässig, wenn sie es dem Betreuten gegenüber auch wäre. Grundsätzlich sind Auskünfte auch noch einmal zu geben, selbst wenn sie dem Betreuten oder dem Bevollmächtigten gegenüber schon einmal erteilt wurden. Dies wird ggf. auch aus § 242 BGB zu folgern sein, wonach der Bevollmächtigte den Anspruch auch noch einmal hätte, wenn er die Auskunft (entschuldbar) vergessen hätte und der Dritte sie noch einmal erteilen kann (vgl. auch → § 666 Rn. 13). Ggf. kann der Aufwand des Dritten von diesem ersetzt verlangt werden können, also Vergütung der zusätzlich aufzuwendenden Zeit oder sonstige Kosten. Das können zB solche zur Herstellung von Zweit-Kontoauszügen, für die regelmäßig in den AGB der Kreditinstitute Kosten angesetzt werden, wobei eine kritische Prüfung der AGB und der zum Teil hohen Kosten immer wieder angezeigt ist.

§ 1820 Vorsorgevollmacht und Kontrollbetreuung

(1) [1]**Wer von der Einleitung eines Verfahrens über die Bestellung eines Betreuers für einen Volljährigen Kenntnis erlangt und ein Dokument besitzt, in dem der Volljährige eine andere Person mit der Wahrnehmung seiner Angelegenheiten bevollmächtigt hat, hat das Betreuungsgericht hierüber unverzüglich zu unterrichten.** [2]**Das Betreuungsgericht kann die Vorlage einer Abschrift verlangen.**

(2) [1]**Folgende Maßnahmen eines Bevollmächtigten setzen voraus, dass die Vollmacht schriftlich erteilt ist und diese Maßnahmen ausdrücklich umfasst:**
1. **die Einwilligung sowie ihr Widerruf oder die Nichteinwilligung in Maßnahmen nach § 1829 Absatz 1 Satz 1 und Absatz 2,**
2. **die Unterbringung nach § 1831 und die Einwilligung in Maßnahmen nach § 1831 Absatz 4,**
3. **die Einwilligung in eine ärztliche Zwangsmaßnahme nach § 1832 und die Verbringung nach § 1832 Absatz 4.**

(3) [1]**Das Betreuungsgericht bestellt einen Kontrollbetreuer, wenn die Bestellung erforderlich ist, weil**
1. **der Vollmachtgeber aufgrund einer Krankheit oder Behinderung nicht mehr in der Lage ist, seine Rechte gegenüber dem Bevollmächtigten auszuüben, und**
2. **aufgrund konkreter Anhaltspunkte davon auszugehen ist, dass der Bevollmächtigte die Angelegenheiten des Vollmachtgebers nicht entsprechend der Vereinbarung oder dem erklärten oder mutmaßlichen Willen des Vollmachtgebers besorgt.**

(4) [1]**Das Betreuungsgericht kann anordnen, dass der Bevollmächtigte die ihm erteilte Vollmacht nicht ausüben darf und die Vollmachtsurkunde an den Betreuer herauszugeben hat, wenn**

1. die dringende Gefahr besteht, dass der Bevollmächtigte nicht den Wünschen des Vollmachtgebers entsprechend handelt und dadurch die Person des Vollmachtgebers oder dessen Vermögen erheblich gefährdet oder
2. der Bevollmächtigte den Betreuer bei der Wahrnehmung seiner Aufgaben behindert.

[2]Liegen die Voraussetzungen des Satzes 1 nicht mehr vor, hat das Betreuungsgericht die Anordnung aufzuheben und den Betreuer zu verpflichten, dem Bevollmächtigten die Vollmachtsurkunde herauszugeben, wenn die Vollmacht nicht erloschen ist.

(5) **[1]Der Betreuer darf eine Vollmacht oder einen Teil einer Vollmacht, die den Bevollmächtigten zu Maßnahmen der Personensorge oder zu Maßnahmen in wesentlichen Bereichen der Vermögenssorge ermächtigt, nur widerrufen, wenn das Festhalten an der Vollmacht eine künftige Verletzung der Person oder des Vermögens des Betreuten mit hinreichender Wahrscheinlichkeit und in erheblicher Schwere befürchten lässt und mildere Maßnahmen nicht zur Abwehr eines Schadens für den Betreuten geeignet erscheinen. [2]Der Widerruf bedarf der Genehmigung des Betreuungsgerichts. [3]Mit der Genehmigung des Widerrufs einer Vollmacht kann das Betreuungsgericht die Herausgabe der Vollmachtsurkunde an den Betreuer anordnen.**

Übersicht

I. Allgemeines

1. Normentwicklung

1 Die Vorschrift wurde durch das am 1.9.2009 in Kraft getretene 3. BtÄndG[1] von ursprünglich § 1901 a BGB in § 1901 c BGB modifiziert und mit dem Gesetz zur Reform des Vormundschafts- und Betreuungsrechts vom 4.5.2021[2] im neu strukturierten § 1820 BGB umgestaltet und erweitert. Während § 1901 c BGB aF sowohl Bezug nahm auf Betreuungsverfügungen wie auch auf Vorsorgevollmachten, beschränkt sich § 1820 BGB ausschließlich auf Vorsorgevollmachten. Die Regelungen zur Ablieferung einer Betreuungsverfügung sind nunmehr in § 1816 BGB integriert.

2. Normzweck

2 Die Norm will sicherstellen, dass dem Willen der betroffenen Person Beachtung geschenkt wird.[3]

Das deutsche Zivilrecht kennt im Wesentlichen zweierlei Arten von **Vorsorgeverfügungen,** mit deren Hilfe eine Person in die Lage versetzt werden kann, für einen anderen Menschen, der aufgrund einer psychischen Krankheit, einer körperlichen, geistigen oder seelischen Behinderung nicht mehr in der Lage ist, seine Angelegenheiten ganz oder teilweise selbst zu besorgen, verbindlich im Rechtsverkehr zu handeln und aufzutreten: die Vorsorgevollmacht und die **Betreuungsverfügung.** Der wesentliche Unterschied zwischen diesen beiden Rechtsinstituten liegt darin, dass der Betroffene mit Hilfe einer rechtsgeschäftlich zu erteilenden Vorsorgevollmacht und der Benennung eines (oder mehrerer) Bevollmächtigter dessen Tätigkeit weitestgehend staatlichem Zugriff entziehen kann. Demgegenüber unterliegt der vom zuständigen Amtsgericht (Betreuungsgericht) eingesetzte Betreuer zahlreichen Genehmigungs- und Rechnungslegungspflichten.[4]

Gerade im Bereich der Gesundheitssorge empfinden es viele Angehörige als entwürdigend, nicht eigenverantwortlich Entscheidungen für den Hilfebedürftigen treffen zu können. Zudem ist das Betreuungsverfahren infolge der Genehmigungspflichtigkeit vieler Tätigkeiten (§§ 1848 ff. BGB) um einiges schwerfälliger und meist kostenintensiver als ein Tätigwerden kraft rechtsgeschäftlicher Vollmacht. Die **Vorteile einer Vollmachterteilung** liegen also darin, dass im privaten Bereich eine staatliche Einmischung verhindert wird. Mithilfe einer Vorsorgevollmacht kann die

[1] Drittes Gesetz zur Änderung des Betreuungsrechts, BGBl. I 2286.
[2] BGBl. I Nr. 21, 882.
[3] Schneider BtPrax 2021, 9.
[4] Übersicht bei Lipp FamRZ 2013, 913.

gesetzlich nicht vorgesehene Vertretungsmacht „künstlich" hergestellt und eine Person zur Vornahme rechtswirksamer Handlungen ermächtigt werden, an denen der Betroffene selbst infolge eigener Handlungs- und Entscheidungsunfähigkeit gehindert ist. Nach der Reform des Betreuungsrechts ist ein gesetzliches Notvertretungsrecht für Eheleute in Angelegenheiten der Gesundheitsvorsorge vorgesehen. Die von diesem Vertretungsrecht umfassten Angelegenheiten sind abschließend in → § 1358 Abs. 1 Nr. 1 – 4 BGB nF aufgezählt.

Die **Nachteile** einer rechtgeschäftlich erteilten Vollmacht liegen hauptsächlich im Fehlen staatlicher Kontrolle. Dem kann mithilfe diverser Konstruktionen (zB durch die Einsetzung eines Kontrollbevollmächtigten) entgegengewirkt werden.

3. Vorsorgevollmacht

Eine Vollmacht (ausführlich auch § 164) ist eine zugunsten einer anderen Person eingeräumte Vertretungsmacht (§ 166 Abs. 2) an eine oder mehrere dritte Personen. Sie kann sich auf alle Lebensbereiche erstrecken und den Bevollmächtigten berechtigen, über alle vermögensrechtlichen und persönlichen Fragen zu entscheiden. Umfasst die Vollmacht in wirtschaftlicher und persönlicher Hinsicht alle Aufgabenbereiche des täglichen Lebens, spricht man von einer Generalvollmacht. Werden nur bestimmte Aufgabenbereiche umfasst, handelt es sich um eine Spezialvollmacht. Von einer Vorsorgevollmacht spricht man, wenn die Vollmacht aus Gründen der späteren alters-, unfall- oder krankheitsbedingten Handlungs- und Entscheidungsunfähigkeit (Betreuungsbedürftigkeit) des Vollmachtgebers erteilt wird. Eine Vorsorgevollmacht ist dabei kein eigenständiger Vollmachtstypus.[5] Die einschlägigen Vorschriften richten sich vielmehr nach den auch sonst anwendbaren §§ 164ff. BGB. Spezialnormen bestehen zudem im Bereich der Gesundheitssorge und der freiheitsentziehenden Unterbringung, §§ 1829ff. BGB. 3

Die Gesetzeslage zum Rechtsinstitut der **Patientenverfügung** (§ 1827) hat die Bedeutung einer bevollmächtigten Person immens verstärkt. Gerade in Anbetracht der Schwierigkeiten bei der Auslegung einer Patientenverfügung und der Tatsache, dass bei der Festlegung der Inhalte Situationen vom Errichtenden bedacht werden müssen, die in aller Regel wenig vorhersehbar sind, weil sie oftmals erst Jahre später relevant werden, ist es wichtig, frühzeitig Vertrauenspersonen zu benennen, die im Ernstfall im Sinne des Betroffenen handeln. Nicht nur die Schwächen des Gesetzes, sondern auch die konkrete Umsetzung in der Praxis stärken die Rolle und Bedeutung eines Bevollmächtigten: In zweifelhaften Fällen ist er es, der dem Willen des einwilligungsunfähigen Patienten Ausdruck verleihen kann. Geht der spätere Patient bei der Auswahl der eingesetzten Vertrauensperson sorgfältig genug vor, besteht für ihn eine gute Chance darauf, dass der Bevollmächtigte den aktuellen Patientenwillen im Sinne des Betroffenen formuliert – möglicherweise sogar besser, als es eine veraltete Patientenverfügung mit einer nur oberflächlichen Anwendungsbeschreibung vermag. 4

Ergänzungen innerhalb der Verfügung selbst sind insbesondere im Hinblick auf das Prüfungsrecht zu Fragen des Zutreffens der Patientenverfügung auf die aktuelle Lebens- und Behandlungssituation (§ 1827 Abs. 1), das Recht zur Feststellung der Behandlungswünsche, des mutmaßlichen Willens und der Entscheidung über eine Einwilligung/Untersagung einer medizinischen Maßnahme (§ 1827 Abs. 2 BGB) sowie das Recht und die Pflicht zur Erörterung der Maßnahmen mit dem behandelnden Arzt (§ 1828 Abs. 1 BGB) notwendig. Rechte und Pflichten nach den §§ 1829 Abs. 1 S. 1, Abs. 2, 1831, 1832 BGB müssen gem. § 1820 Abs. 2 BGB in der Vorsorgevollmacht explizit benannt werden. Angeführt werden sollte auch, dass es im Zweifel stets auf den Willen des Patienten ankommt, sofern dieser seinen Willen irgendwie mündlich oder schriftlich oder in sonstiger Weise noch äußern kann.

[5] Zimmermann, Vorsorgevollmacht, S. 38.

4. Kontrollbetreuung

5 Ist ein Vollmachtgeber krankheitsbedingt nicht mehr in der Lage, den Bevollmächtigten zu überwachen, kann vom zuständigen Betreuungsgericht nach Abs. 3 ein Kontrollbetreuer bestellt werden. Dessen Aufgabenbereichs umfasst die Wahrnehmung der Rechte des Betroffenen gegenüber dem Bevollmächtigten, § 1815 Abs. 3 BGB. Zuständig für die Bestellung ist nach § 15 Abs. 1 Nr. 1 RpflG iVm § 1820 Abs. 3 BGB der Richter. Will der Vollmachtgeber auf die Kontrollperson Einfluss nehmen, so kann er dies im Zustand der Geschäftsfähigkeit bei Abfassung der Vorsorgevollmacht durch die Benennung eines sog. Kontrollbevollmächtigten tun. Die parallele schriftliche Festlegung eines Aufgaben- und Pflichtenkatalogs zwischen Kontrollbevollmächtigten und Vollmachtgeber (sog. interne Regelungen) ist zu empfehlen.

II. Unterrichtungspflicht (Abs. 1)

6 § 1820 Abs. 1 S. 1 BGB normiert die früher lediglich für **Betreuungsverfügungen** geltende Informationspflicht auch für **Vorsorgevollmachten.** Anders als Betreuungsverfügungen müssen Vorsorgevollmachten **nicht (im Original)** abgeliefert werden. Es genügt, wenn der Bevollmächtigte das zuständige Betreuungsgericht (§ 272 FamFG) über den Besitz (§ 854 BGB) der Urkunde in Kenntnis setzt. Andernfalls liefe er Gefahr, sich im Rechtsverkehr nicht mehr legitimieren zu können und der Errichtungszweck der Verfügung würde unterlaufen. Notariell beurkundete Vollmachten verbleiben in der Urschrift ohnehin in der Urkundensammlung des Notars. Von der Unterrichtungspflicht betroffen sind deshalb auch Notare.

Das Betreuungsgericht kann verlangen, dass der Bevollmächtigte eine **Abschrift** der Verfügung **herausgibt,** § 1820 Abs. 1 S. 2 BGB. Dies dient dem Gericht vorrangig dazu, sich in die Lage zu versetzen, die Verfügung auf ihre Wirksamkeit hin zu überprüfen.

Weiß das Betreuungsgericht von der Errichtung einer Vorsorgevollmacht und hat es diese – in der Regel nach Verlangen einer Abschrift – auf ihre Wirksamkeit mit bejahendem Ergebnis hin überprüft, entfällt wegen der Vorrangigkeit der Vorsorgevollmacht die Einsetzung eines Betreuers, § 1814 Abs. 3. Die Unwirksamkeit der Vorsorgevollmacht infolge Geschäftsunfähigkeit muss dabei positiv und von Amts wegen durch das Gericht festgestellt werden.[6]

III. Formerfordernisse bei bestimmten Maßnahmen (Abs. 2)

7 Bei bestimmten Maßnahmen sieht das Gesetz ein Schriftformerfordernis und eine ausdrückliche Benennung in der Vollmachtsurkunde selbst vor. Hierauf nimmt § 1820 Abs. 2 BGB Bezug.

Nach § 1820 Abs. 2 Nr. 1 BGB müssen die Befugnisse des Bevollmächtigten zu einer Einwilligung in eine Untersuchung des Gesundheitszustands, eine Heilbehandlung oder einen ärztlichen Eingriff, denen die begründete Gefahr immanent liegt, dass der Vollmachtgeber aufgrund der Maßnahme verstirbt oder einen schweren und länger dauernden gesundheitlichen Schaden erleidet (§ 1829 Abs. 1 S. 1 BGB) ausdrücklich und schriftlich in der Vollmacht selbst benannt werden. Eine reine Nennung der Normen genügt nicht.[7] Dasselbe gilt bei Vorliegen einer medizinischen Indikation für die Befugnisse des Bevollmächtigten zur Nichteinwilligung oder zum

---

[6] BGH XII ZB 554/20, BtPrax 2021, 190f.

[7] BGH XII ZB 61/16, NJW 2016, 3297.

Widerruf der Einwilligung in eine Untersuchung des Gesundheitszustands, eine Heilbehandlung oder einen ärztlichen Eingriff, wenn die Gefahr besteht, dass der Vollmachtgeber aufgrund des Unterbleibens oder des Abbruchs der Maßnahme stirbt oder einen schweren und länger dauernden gesundheitlichen Schaden erleidet (§ 1829 Abs. 2 BGB).

§ 1820 Abs. 2 Nr. 2 BGB normiert ein Schriftformerfordernis und eine ausdrückliche Benennung der Kompetenzen des Bevollmächtigten in der Vollmachtsurkunde bei einer freiheitsentziehenden Unterbringung gem. § 1831 BGB sowie bei freiheitsentziehenden Maßnahmen gem. § 1831 Abs. 4 BGB. **8**

Ebenso schriftlich erfolgen und ausdrücklich benannt werden müssen die Befugnisse des Bevollmächtigten zur Einwilligung in ärztliche Zwangsmaßnahmen nach § 1832 BGB sowie die Verbringung des Bevollmächtigten gegen seinen natürlichen Willen zu einem stationären Aufenthalt in ein Krankenhaus (§ 1832 Abs. 4 BGB). **9**

Der Katalog in § 1820 Abs. 2 BGB ist aus Gründen der Rechtssicherheit für den Rechtsverkehr **abschließend.** **10**

IV. Kontrollbetreuung (Abs. 3)

1. Einleitung, Begriff

Noch im Jahr 2000 wurde von Richtern berichtet, dass dieses Instrument „so gut wie gar nicht" genutzt würde.[8] Angesichts der extrem hohen Zahl von Vorsorgevollmachten und deren demografisch bedingt immer **häufigeren Anwendung** war und ist eine kontinuierliche Zunahme der Kontrollbetreuungen zu beobachten und weiter zu erwarten. Gestützt wird diese Annahme durch die häufige Befassung des BGH mit ihr in den letzten Jahren und die detaillierte Regelung durch den Gesetzgeber im Rahmen der **Reform,**[9] der sich sonst nur wenig mit der Vorsorgevollmacht befasst hat. **11**

Die Kontrollbetreuung[10] ist grundsätzlich eine Betreuung wie jede andere auch.[11] Die Bezeichnung „Kontrollbetreuung" hat sich endgültig mit der Reform des Vormundschafts- und Betreuungsrechts zum 1.1.2023 durchgesetzt,[12] wird sie nun in der Überschrift des § 1820 BGB genannt und in § 1815 Abs. 3 BGB legaldefiniert. Begriffe wie „Vollmachts(überwachungs)betreuung"[13] sind daher nicht mehr fachgerecht.

2. Vollmachtssituation

Für eine Kontrollbetreuung muss eine Vollmacht existieren. **Gegenstand** können eine Vorsorgevollmacht, eine Bankvollmacht oder eine Vollmacht etwa in Verbindung mit einer Patientenverfügung sein. Der Gesetzestext verengt den Anwendungsbereich nicht auf Vorsorgevollmachten. Es kann auch nur ein Teil einer umfassenden Vollmacht betroffen sein (zB Vermögensangelegenheiten).[14] **12**

---

[8] Mehler MittBayNot 2000, 16, 17; ähnlich: Stolz BWNotZ 1998, 75 (77 f.).
[9] Dazu: Kurze FamRZ 2021, 1934 (1936–1939).
[10] Allgemein: Kurze NJW 2007, 2220; DNotI-Report 2003, 33; Zorn RPfleger 2018, 117.
[11] BGH XII ZB 311/12, NJW 2013, 3372.
[12] Schon vor der Reform zB in BGH XII ZB 674/14, DNotZ 2015, 848.
[13] Vgl. ausführlich Kurze NJW 2007, 2220.
[14] OLG München 33 Wx 81/09, NJW-RR 2009, 1379.

13 Die Vollmacht muss **wirksam,**[15] also von einem **Geschäftsfähigen** erteilt und nicht widerrufen sein.[16] Dazu muss das Gericht ggf. Ermittlungen anstellen.[17] Der Bevollmächtigte muss die Vollmacht auch gebrauchen. Wenn keine Vollmachtsituation (mehr) besteht, ist keine Kontrollbetreuung einzurichten (→ § 1814 Rn. 13–26). Regelmäßig wird eine „normale" Betreuung anzuordnen sein, bei welcher der Betreuer im Rahmen zB des Aufgabenbereichs „Vermögenssorge" auch Ansprüche aus der Tätigkeit des ehemals Bevollmächtigten diesem gegenüber geltend macht. Im Ergebnis wird er ähnlich einem Kontrollbetreuer tätig werden. Dies tut er dann neben der Erledigung der sonst erforderlichen Angelegenheiten zur Versorgung und Unterstützung des Betreuten. Wiederum eine Ausnahme kann gelten, wenn ein zweiter oder neuer Bevollmächtigter vorhanden ist, der die Rechte des Vollmachtgebers gegenüber dem anderen Bevollmächtigten ausreichend wahrnimmt.

3. Unfähigkeit des Vollmachtgebers (Nr. 1)

14 Es müssen die allgemeinen Voraussetzungen einer Betreuungsreinrichtung beim Betroffenen, dem Vollmachtgeber, vorliegen. Entsprechend dem § 1814 Abs. 1 BGB ist dies gem. § 1820 Abs. 3 Nr. 1 BGB[18] eine Krankheit oder Behinderung. Sie muss kausal für die Unfähigkeit sein, die Rechte gegen den Bevollmächtigten auszuüben. Alleine die **Unfähigkeit** des Vollmachtgebers, den Bevollmächtigten **zu überwachen,** reicht für die Einrichtung einer Kontrollbetreuung nicht.[19] Sie muss aber vorliegen, um eine Kontrollbetreuung erforderlich werden zu lassen.[20]

Wie Müller-Engels zutreffend ausführt,[21] reicht eine allein körperliche Einschränkung nicht aus, auch wenn dies (für alle Betreuungen) nicht mehr explizit formuliert wurde. Die Geschäftsunfähigkeit sollte allerdings nach hier vertretener Ansicht nicht Kriterium sein. Zwar wird sie tatsächlich meist vorliegen, wenn eine Kontrollbetreuung angeordnet wird. Sie zeigt sich aber in der Praxis der unlauteren Einflussnahme auf ältere Menschen als ein problematisches Kriterium. Immer wieder können oder wollen Sachverständige aus der eher eine Ausnahmesituation darstellenden Testung keine Geschäftsunfähigkeit älterer Menschen feststellen. Tatsächlich unterliegen die Betroffenen aber bei Abwesenheit schützender Dritter oft massiver Einflussnahme der Bevollmächtigten, derer sie sich nicht erwehren können. Dieser Zustand, der hier „Beinflussbarkeit" genannt wird, könnte und müsste wohl als Geschäftsunfähigkeit gewertet werden.[22] Er wird aber, regelmäßig auch mangels ausreichender Kenntnis des Sachverständigen um diese Umstände, häufig nicht erkannt oder in diesem Sinne gewertet. Es sollte daher bei der im Gesetz verankerten Voraussetzung der Unfähigkeit der Rechteausübung gegenüber dem Bevollmächtigten als erste Anforderung bleiben.

---

[15] BGH XII ZB 206/13, NJW-RR 2013, 1473.

[16] LG München 13 T 11339/97, FamRZ 1998, 923; OLG Schleswig 2 W 197/02, Rpfleger 2003, 245.

[17] BGH XII ZB 339/22, BeckRS 2022, 33239; XII ZB 242/19, NJW-RR 2020, 1011; XII ZB 289/16, BeckRS 2016, 19660; XII ZB 142/14, NJW 2014, 3237; XII ZB 206/13, NJW-RR 2013, 1473; XII ZB 425/14, NJW 2016, 1514; XII ZB 581/15, NJW 2016, 2745; OLG Brandenburg 11 Wx 44/06, BeckRS 2008, 02359; BayObLG 3Z BR 78/93, FamRZ 1993, 1249.

[18] Vgl. Schneider BtPrax 2021, 9.

[19] BGH XII ZB 438/11, NJW 2012, 2885.

[20] BGH XII ZB 142/14, NJW 2014, 3237; XII ZB 61/16, NJW 2016, 3297.

[21] Müller-Engels FamRZ 2021, 645 (651).

[22] Vgl. BGH XI ZR 70/95, NJW 1996, 918; Wetterling, Freier Wille, 2016, S. 202 ff.; Cording/Nedopil, Begutachtungen, 2017, S. 75.

4. Gefahr der Fehlbesorgung (Nr. 2)

a) Einleitung. Es müssen zu der allgemeinen Betreuungsbedürftigkeit „konkrete Anhaltspunkte", also eine Gefahr, hinzutreten, nach welchen „der Bevollmächtigte die Angelegenheiten des Vollmachtgebers nicht entsprechend der Vereinbarung oder dem erklärten oder mutmaßlichen Willen des Vollmachtgebers besorgt" („Fehlbesorgung"). Damit wurde in der Reform des Vormundschafts- und Betreuungsrechts zum 1.1.2023 der Rechtsprechung des BGH der letzten Jahre gefolgt,[23] die unter Berücksichtigung des in Frage stehenden Gutes, der Selbstbestimmung,[24] grundsätzlich hohe Anforderungen an die Einsetzung eines Kontrollbetreuers stellt. 15

b) Vereinbarung; erklärter oder mutmaßlicher Wille. Bemerkenswert ist die ausdrückliche Erwähnung einer „Vereinbarung". Damit wird mit dem BGH das beim Vorsorgeverhältnis grundsätzlich vorauszusetzende Auftragsverhältnis[25] bestätigt. 16

Der Begriff des „Interesses" wurde im Gesetzgebungsverfahren durch den des „erklärten oder mutmaßlichen Willens"[26] ersetzt, um die Subjektivität klarzustellen.[27] Sie wird wohl ebenfalls als Bezug auf den Auftrag zu sehen sein, dessen Inhalt aber meistens nicht ausdrücklich geregelt wird. Willenserklärungen des Vollmachtgebers kommen konkreten Weisungen gem. § 665 BGB zumindest nah und bilden einen gut prüfbaren Maßstab,[28] beispielsweise trotz unter Umständen schlechterer medizinisch-pflegerischer Versorgung unter allen Umständen zu Hause wohnen bleiben zu wollen, oder ein bestimmtes „Lieblingsgrundstück" nicht zu verkaufen, auch wenn es wirtschaftlich gesehen nicht die optimale Entscheidung ist.[29] 17

Der „mutmaßliche Wille" kann deutlich schwerer festzustellen sein. Der Maßstab ist jedenfalls ein subjektiver. Es ist also nicht das „objektiv Beste" zugrunde zu legen, sondern ein anzunehmender Wille. In Vermögensanlagen spricht viel dafür, die Anlagestrategie des Vollmachtgebers beizubehalten und sonst das bestmögliche Ergebnis mit dem (anzunehmenden) Sicherheitsbedürfnis des Vollmachtgebers abzuwägen. Grundsätzlich wird ein Vollmachtgeber erwarten, dass sich ein Bevollmächtigter beraten lässt, wenn keine ausreichenden eigenen Kenntnisse vorliegen. 18

c) Kein Entsprechen. Liegt die **„Vereinbarung"**, also die **Regelung des Innenverhältnisses** (→ § 662 Rn. 65–77), schriftlich vor oder ist sie sonst unstreitig, kann das tatsächliche Handeln des Bevollmächtigten mit dieser **abgeglichen** werden, um eine Entsprechung zu prüfen. Ggf. ist eine Vereinbarung auch auszulegen, wenn nicht jede Tätigkeit genau geregelt wurde. Entsprechendes gilt bei ausdrücklichen Willensäußerungen des Vollmachtgebers; der mutmaßliche Wille ist ohnehin ein Interpretationsresultat (→ Rn. 18). Bei Abweichungen im Wortlaut wird zu prüfen sein, ob sie trotzdem dem Sinn der Regelung und damit dem anzunehmenden Willen des Vollmachtgebers entsprach. Das wäre zB denkbar, wenn die Umstände sich anders entwickelt haben, als es bei der Abfassung der Regelung angenommen wurde. 19

---

[23] BT-Drucks. 12/4445, 246 mit Verweis auf BGH XII ZB 438/11, NJW 2012, 2885; XII ZB 142/14, NJW 2014, 3237; siehe zudem XII ZB 666/11, ZEV 2012, 274; XII ZB 537/10, FamRZ 2011, 1047; XII ZB 502/16, NJW-RR 2017, 1411; XII ZB 381/15, BeckRS 2016, 02443; XII ZB 368/19, NJW-RR 2020, 449; vgl. Horn/Bienwald/Horn Vollmachten § 5 Rn. 8.

[24] Vgl. BVerfG 1 BvR 1415/08, FamRZ 2008, 2260; Müller-Engels FamRZ 2021, 645 (651).

[25] BGH XII ZB 674/14, NJW 2015, 3572; XII ZB 225/15, NJW-RR 2016, 6; XII ZB 537/10, NJW 2011, 2137; XII ZB 413/17, ErbR 2018, 506.

[26] Auf den „mutmaßlichen Willen" bezieht sich der BGH zB in XII ZB 666/11, NJW-RR 2012, 834.

[27] Schnellenbach/Normann-Scheerer/Loer BtPrax 2020, 84.

[28] Vgl. BGH XII ZB 647/12, NJW 2013, 1085.

[29] Vgl. für eine Betreuung: BGH XII ZR 77/06, NJW 2009, 2814.

Allerdings wird das Innenverhältnis selten geregelt,[30] so dass diese Variante der Nr. 1 ebenfalls selten greifen wird.

20 Die in der **Gesetzesbegründung** zur Reform zum 1.1.2023 genannten „Überforderung des Bevollmächtigten wegen der Schwierigkeit des Rechtsgeschäfts oder einer eigenen Erkrankung oder sonstiger Änderungen seiner Lebensbedingungen, ernsthafte Zweifel an der Redlichkeit des Bevollmächtigten oder neu auftretende Interessenkonflikte"[31] zielen eher auf Kriterien in der Person des Bevollmächtigten ab, als dass sie Hinweise auf die Willensermittlung beim Vollmachtgeber geben. Jedoch werden die objektiven Fakten, die auf eine „Überforderung" oder zweifelhafte „Redlichkeit" schließen lassen,[32] regelmäßig einen Verstoß gegen den Willen des Vollmachtgebers bedeuten.

21 In subjektiver Hinsicht wird zutreffender Weise davon auszugehen sein, dass der vom Betreuungsgericht zugrunde zu legende **Maßstab** zur Beurteilung des Handelns vom Vollmachtgeber auch durch die Auswahl des Bevollmächtigten festgelegt wurde. Wenn zB kleinere Unpünktlich- und Nachlässigkeiten bei der Erledigung von „Schreibarbeit" aufgrund der Persönlichkeit des Bevollmächtigten schon für den Vollmachtgeber zu erwarten waren, werden ihm diese später nicht vorgeworfen werden können.

22 **d) Gefahr: Grundzüge.** Bei der Beurteilung der Gefährdung ist nach dem BGH auf die **„konkreten Umstände des Einzelfalles"** abzustellen,[33] was sich aber nicht in dieser Allgemeinformel ergehen darf. Eine Kontrollbetreuung ist angezeigt, wenn erhebliche Auffälligkeiten vorliegen, wie mehrere Barabhebungen kurze Zeit nach der Vollmachtserteilung.[34] Die Gefährdung muss sich auf **Güter des Vollmachtgebers** beziehen, also nicht auf Dritte, zB einen möglicherweise in Anspruch zu nehmenden Sozialleistungsträger. Allerdings kann davon ausgegangen werden, dass es im Interesse des Vollmachtgebers liegt, nicht verklagt zu werden. Wenn also zB eine Kostenübernahme nicht beantragt wird, leidet unter dem Zahlungsausfall wirtschaftlich betrachtet nur der Leistungserbringer zB das Pflegeheim. Gegen den mittellosen Vollmachtgeber wäre eine spätere Vollstreckung ohnehin fruchtlos, so dass sie für ihn als keine Belastung angesehen werden könnte. Tatsächlich sollte es aber in seinem Interesse angesehen werden, dass es zu keiner Verschuldung kommt, so dass in diesem Fall eine Kontrollbetreuung in seinem Interesse und nicht im Drittinteresse läge. Ähnlich sind persönliche Angelegenheiten zu betrachten: Grundsätzlich wird zB ein Kontakt zu nicht bevollmächtigten Angehörigen im Interesse des Vollmachtgebers liegen. Der Bevollmächtigte, der dies unterbindet, muss daher anderes fundiert begründen können und darf nicht darauf verweisen, der Kontaktwunsch der nicht bevollmächtigten Angehörigen sei nur in deren Interesse und daher für ihn nicht relevant.

23 Alleine die **Geschäftsunfähigkeit** des Vollmachtgebers begründet **keine** Gefährdung.[35] Das **Vorliegen einer Generalvollmacht** stellt eine nur abstrakte Gefahr dar, die aber auch anderen Vollmachten (für den jeweiligen Bereich) innewohnt. Es ist

---

[30] Entsprechend und mit der Empfehlung, dies zu tun: Maetschke-Biersack/Beermann RFamU 2022, 559 (561 f.).

[31] BT-Drucks. 12/4445, 247.

[32] Vgl. zB BGH XII ZB 381/15, BeckRS 2016, 02443; XII ZB 142/14, NJW 2014, 3237; XII ZB 61/16, NJW 2016, 3297; XII ZB 301/13, ZEV 2014, 368; Horn/Bienwald/Horn Vollmachten § 5 Rn. 9.

[33] BGH XII ZB 666/11, ZEV 2012, 374; XII ZB 537/10, FamRZ 2011, 1047; OLG Brandenburg 11 Wx 38/03, OLG-Report 2005, 587; OLG Schleswig 2 W 197/02, Rpfleger 2003, 245; OLG Köln 16 Wx 86/99, FamRZ 2000, 909.

[34] BGH XII ZB 381/15, BeckRS 2016, 02443.

[35] BayObLG 3Z BR 271/04, BtPrax 2005, 149.

daher alleine kein ausreichender Grund für eine Kontrollbetreuung.[36] Hinzutreten muss eine Gefahr für den Vollmachtgeber, ob nun in persönlichen Angelegenheiten (Gesundheit, Freiheit etc) oder hinsichtlich seines Vermögens.

e) Verwirklichung der Gefahr. Eine Kontrollbetreuung ist angezeigt, wenn der Bevollmächtigte als nicht tauglich[37] erscheint, erforderliche Angelegenheiten des Vollmachtgebers zu erledigen, oder zwar erforderliche Angelegenheiten erledigt werden, aber der Verdacht besteht, dass der Bevollmächtigte außerdem zum Schaden des Vollmachtgebers handelt. Wenn die Untauglichkeit oder das schädliche Verhalten **feststehen,** ist eine Kontrollbetreuung grundsätzlich nicht ausreichend, sondern eine **umfassende Betreuung,** ggf. einschließlich Widerrufs (→ Rn. 63–78) der Vollmacht einzurichten[38] (→ § 1814 Rn. 18–23), uU sogar die Vollmacht durch das Betreuungsgericht selbst zu widerrufen oder eine Betreuerbestellung durch einstweilige Anordnung gem. §§ 300 f. FamFG vorzunehmen.[39] Dass der Bereich, in dem eine Kontrollbetreuung ein taugliches Mittel ist, klein sein kann, wurde schon im Jahr 2000 angeführt.[40] 24

f) Geringe oder beseitigte Gefahr. Wenn sich die Untauglichkeit des Bevollmächtigten auf lediglich **marginale Bereiche** bezieht, kann von einer (Kontroll)Betreuung abzusehen sein. Maßstab sollte der früher geäußerte, der mutmaßliche Wille des Vollmachtgebers oder auch der im Betreuungsverfahren von einem geschäftsunfähigen Vollmachtgeber geäußerte Wille sein:[41] Hätte er eine Kontrolle oder eine umfassende Betreuung gewollt, wenn er von der Untauglichkeit gewusst hätte? Meist wird dies der Fall sein. Wenn die Schäden in der konkreten Lebenssituation aber begrenzt sind und durch die sonstige Tätigkeit des Bevollmächtigten aufgewogen werden, kann dies anders sein.[42] Denkbar ist zB, dass der Vollmachtgeber zwar aufgrund mangelnder Kompetenz nicht immer wirtschaftlich optimale Ergebnisse für den Vollmachtgeber erzielt (zB bei der Auswahl von Handwerkern, verspätete oder unterlassene Antragstellung zur Kostenerstattung bei der Krankenkasse), dies aber durch die persönliche Beziehung und das Engagement wieder aufgewogen wird (Vollmachtgeber wird gut versorgt, Kosten einer Betreuung werden gespart). 25

Die Kontrollbetreuung kann auch ein Mittel sein, um dem Bevollmächtigten zu unterstützen und dabei zu überwachen. Hat der Bevollmächtigte zB **Schaden** angerichtet, diesen aber grundsätzlich **ausgeglichen** und Maßnahmen ergriffen, um eine Wiederholung auszuschließen, könnte je nach Einzelfall entweder von jeglicher Betreuerbestellung abgesehen werden. Oder es wird eine Kontrollbetreuung eingerichtet, durch welche die Tätigkeit des Bevollmächtigten überwacht wird, bis ein Schaden für die Zukunft ausgeschlossen werden kann. 26

g) Maßstab bei nahestehenden Personen. Zwar könnte nahen Angehörigen wie Ehegatten, langjährigen Lebensgefährten, Eltern und Abkömmlingen ein höheres Vertrauen entgegenzubringen sein, was ein Überwachungsbedürfnis weniger 27

---

[36] HM, so auch zB OLG Köln 16 Wx 86/99, OLG-Report 2000, 91; aA Jürgens Betreuungsrecht § 1896 BGB Rn. 36 aE.

[37] Vgl. zB AG Nidda 6 XVII 117/99, BtPrax 2004, 118.

[38] Vgl. auch BGH XII ZB 125/15, NJW 2015, 3575; nicht sinnvoll ist daher die Bevorzugung der Kontrollbetreuung als „milderes Mittel", wie Mensch es meint (ZEV 2016, 423 (425)). Es muss das passende Instrument gewählt werden.

[39] Zimmermann Vorsorgevollmacht Rn. 241.

[40] Mehler MittBayNot 2000, 16, 17.

[41] Entsprechend: OLG München 33 Wx 159/06, NJW-RR 2007, 294; OLG Köln 16 Wx 86/99, OLG-Report 2000, 91.

[42] Ähnlich: Trimborn Vollmacht § 2 Rn. 14.

dringlich erscheinen lassen würde.[43] Allerdings liegen gerade bei diesen Personen oft **eigene Interessen** vor, die sich nachteilig für den Vollmachtgeber auswirken können. Dies mag die Bestrebung sein, eine günstige Versorgung herzustellen, um den späteren Nachlass nicht zu mindern (sogenannte „vermögensschonende Vollmachtsausübung"), oder der Umstand, dass der Bevollmächtigte auf die Einkünfte des Vollmachtgebers angewiesen ist oder die gemeinsame Wohnung bei einem (eventuell sinnvollen) Umzug des Vollmachtgebers in ein Pflegeheim nicht mehr halten könnte. Allerdings ist bei einer Beurteilung auch zu berücksichtigen, dass die Versorgung von Angehörigen oder sonst nahestehenden Personen für den Vollmachtgeber wichtig sein kann, so dass ein mutmaßlicher Wille dahin gehen kann, dafür notfalls auch eine schlechtere Versorgung in Kauf zu nehmen.

28 **h) Gefahr durch Umfang und Schwierigkeit.** Umfang und Schwierigkeit der zu erledigenden Angelegenheiten sind **Anhaltspunkte,**[44] rechtfertigen **alleine** aber **keine** Kontrollbetreuung.[45] Die Verwaltung von überschaubarem Vermögen (zB Geld- und Grundbesitz im Wert von ca. 50.000 DM)[46] oder die Entgegennahme von Wohnungsmiete einerseits und Zahlung von Heimkosten andererseits[47] bilden noch keine besondere Schwierigkeit. Wenn der Bevollmächtigte durch Umfang und Schwierigkeit überfordert ist, spricht dies für eine Kontrollbetreuung.[48] Umfangreiches Vermögen und viele Aufgaben auch im persönlichen Bereich (komplexe Erkrankung[49] oder Versorgung) können einen Bevollmächtigten fordern. Er kann diese Aufgabe aber durch seine Kompetenz und/oder durch Aufwand ausreichend erledigen können oder indem er sich Unterstützung durch Vermögensberater, Bankmitarbeiter, Steuerberater, Rechtsanwälte, Hausverwalter, Sozialarbeiter, Ärzte, Pflegedienste usw besorgt.[50]

29 **i) Gefahr: Anhaltspunkte.** Argumente für eine Kontrollbetreuung können ein erhebliches Vermögen, räumliche **Entfernung** von dem Vollmachtgeber, dessen Vereinsamung und Unstimmigkeiten über die **Offenlegung** von Kontoauszügen sein.[51] Sie ist auch zu erwägen, wenn Konflikte über den **Aufenthalt** eines pflegebedürftigen Betroffenen zwischen seinem Ehegatten und dem Bevollmächtigten bestehen.[52] Bestehen Bedenken, ob der Bevollmächtigte sich an eine **Patientenverfügung** des Vollmachtgebers hält, kann eine Kontrollbetreuung angezeigt sein.[53] **Gegen** eine Kontrollbetreuungseinrichtung spricht es im Zusammenhang mit einer Entscheidung nach § 1829 BGB, wenn der Bevollmächtigte im Konsens mit dem behandelnden Arzt handeln möchte.[54]

Die **Unzufriedenheit des Vollmachtgebers** ist ein **Anlass zu Ermittlungen,** bei einem Geschäftsunfähigen aber auch **nicht mehr.** Bei einem Geschäftsfähigen sollte es zu solch einer Situation nicht kommen, da er die Vollmacht widerrufen kann. Versucht der Geschäftsunfähige, die Vollmacht zu widerrufen, ist nach den Ursachen zu forschen. Krankheitsbedingtes Misstrauen rechtfertigt keine Kontroll-

---

[43] OLG München 33 Wx 159/06, NJW-RR 2007, 294, 295.

[44] BT-Drs. 11/4528, S. 123.

[45] Kurze NJW 2007, 2220 mwN.

[46] OLG Köln 16 Wx 86/99, OLG-Report 2000, 91.

[47] OLG Schleswig 2 W 197/02, Rpfleger 2003, 245.

[48] BGH XII ZB 142/14, NJW 2014, 3237; XII ZB 61/16, NJW 2016, 3297.

[49] Kurze NJW 2007, 2220 (2223).

[50] Vgl. zB LG Augsburg 5 T 1471/93, BtPrax 1994, 176.

[51] OLG München 33 Wx 159/06, NJW-RR 2007, 294 (296).

[52] BGH XII ZB 164/20, BtPrax 2021, 152.

[53] Hindemit RNotZ 2022, 1 (12).

[54] BGH XII ZB 61/16, NJW 2016, 3297 dort Rn. 43.

betreuung, da die Vorsorgevollmacht gerade auch für diese Situationen erstellt wurde (→ § 1814 Rn. 22).

30 Durch eine Kontrollbetreuung nachzuverfolgen sind **Darlehen**sgewährungen durch den Bevollmächtigten, die von den Darlehensnehmern nicht bedient werden.[55] Zieht der Bevollmächtigte durch seine Handlungen den Groll Dritter auf den Vollmachtgeber, ist das zu berücksichtigen.[56]

Wenn es unter **mehreren** einzelvertretungsbefugten **Bevollmächtigten** Unstimmigkeiten über die Ausübung der Vollmacht gibt, rechtfertigt dies erst dann eine Kontrollbetreuung, wenn dadurch die Versorgung des Vollmachtgebers gefährdet wird.[57]

31 Eine Kontrollbetreuung kann erforderlich sein, wenn der Bevollmächtigte den Vollmachtgeber gegen seinen Willen zu einer **Testierung** zu Gunsten des Bevollmächtigten bewogen hat.[58] Für eine Kontrollbetreuung können auch **Umstände bei der Erteilung der Vorsorgevollmacht** sprechen,[59] wie die Erteilung in einem Zustand, bei dem die Geschäftsfähigkeit zweifelhaft war (aber auch keine Geschäftsunfähigkeit nachgewiesen werden kann), auf nachdrückliches Betreiben des Bevoll mächtigten, der ggf. auch den Notar aussuchte, den Termin vereinbarte und die Beurkundung begleitete oder überraschend und unter Ausschluss anderer Angehöriger. Liegt ein „Erschleichen der Vollmacht" nahe (→ Rn. 35), ist es auch die Einrichtung einer Kontrollbetreuung.

32 Äußerst problematisch ist auch die Bevollmächtigung von **Pflegepersonen** (die nicht alle unter § 1816 Abs. 6 BGB fallen) und Personen, die zunächst als **Berufsbetreuer** eingesetzt wurden. Die Vollmachtserteilung erfolgt dann in einem Zustand zumindest eingeschränkter Selbstbestimmungsmöglichkeit, nicht aufgrund eines langen Vertrauensverhältnisses und unter bewusster Abkehr von betreuungsrechtlichen Kontrollinstrumenten. Zumindest eine Kontrollbetreuung wird meistens angezeigt sein. Nicht abwegig erscheint auch die Überlegung, ob die Vollmachtserteilung **sittenwidrig** ist, wie es für ein Testament zu Gunsten eines Berufsbetreuer und „Seniorenbetreuers" befürwortet wurde.[60]

33 Problematisch ist auch oft ein direktes oder indirektes Eigeninteresse des Bevollmächtigten.[61] **Interessenkonflikte** können ein Grund für eine Kontrollbetreuung sein,[62] jedenfalls wenn sie konkret sind. Sogar **Geschenke an sich selbst** oder Familienangehörige sollen aber, wenn sie vom Willen des Vollmachtgebers gedeckt sind, nicht unbedingt eine Untauglichkeit des Bevollmächtigten belegen.[63] Ein beachtlicher Interessenkonflikt wurde in einem Fall gesehen, bei dem die Vorsorgebevollmächtigte als Erbin mit einem zugunsten des Betroffenen ausgesetzten Vermächtnis belastet war.[64]

Eine **Befreiung von** den Beschränkungen des **§ 181 BGB** in einer Vollmacht erhöht zwar abstrakt die Missbrauchsgefahr. Sie ist aber alleine kein Grund für die Einrichtung einer Kontrollbetreuung.[65] Konsequenter Weise ist auch der Gebrauch der

---

55 BGH XII ZB 413/17, ErbR 2018, 506.

56 BGH XII ZB 85/22, ZEV 2022, 737.

57 BGH XII ZB 537/10, ZEV 2011, 431; vgl. auch OLG Karlsruhe 19 U 124/09, FamRZ 2010, 1762.

58 BGH XII ZB 381/15, BeckRS 2016, 02443.

59 Kurze NJW 2007, 2220 (2223).

60 OLG Celle 6 U 22/20, NJW 2021, 1681.

61 ZB LG München 13 T 18460/97, FamRZ 1998, 700.

62 LG Kleve 4 T 396/06, FamRZ 2008, 303.

63 BGH XII ZB 368/19, NJW-RR 2020, 449.

64 BGH XII ZB 143/17, ErbR 2017, 658.

65 BGH XII ZB 368/19, NJW-RR 2020, 449; XII ZB 666/11, ZEV 2012, 374; noch in diese Richtung: LG München 13 T 18460/97, FamRZ 1998, 700.

Vollmacht zu einem Insichgeschäft alleine nicht für eine Kontrollbetreuungseinrichtung ausreichend. Sie scheidet insbesondere dann aus, wenn das Geschäft schon mit dem noch geschäftsfähigen Vollmachtgeber abgesprochen war (im vom BGH entschiedenen Fall sogar mit dem Notar).[66]

34 **j) Gefahr: Schenkungen.** Schenkungen sind oft **höchst problematisch,** wenn es sich nicht um schon vom Vollmachtgeber selbst regelmäßig ausgeführte Spenden oder Schenkungen zB an Verwandte und Patenkinder handelt. Nach hier vertretener Ansicht sind an einen mutmaßlichen Willen des Vollmachtgebers, nach welchem der Bevollmächtigte Schenkungen ausführen soll, hohe Anforderungen zu stellen (→ § 662 Rn. 41). Häufig gehen diese lebzeitigen Verfügungen zu Lasten der Erben und hebeln damit Testamente aus. Aus diesem Grund und wegen der allgemeinen Folge der Vermögensminderung beim Vollmachtgeber durch Schenkungen sind diese grundsätzlich nicht als im Interesse und damit auch nicht als von seinem mutmaßlichen Willen gedeckt anzusehen. Die Beweislast für eine Schenkungsweisung (→ § 662 Rn. 43)[67] und damit auch der Grundsatz, dass im Zweifel kein solcher Wille anzunehmen ist, gehen zu Lasten des Bevollmächtigten. Daran ändern auch Befreiungen von den Beschränkungen des § 181 BGB sowie die Zulässigkeit von Schenkungen nach der Vollmacht nichts. Beide werden zum einen formelhaft verwandt und zum anderen wohl vom Vollmachtgeber kaum als Freifahrtschein für eine Vermögensneuordnung angesehen, sondern (wenn sie überhaupt wahrgenommen werden) als Befugnis zur Fortführung oben genannter Schenkungen oder der Auskehr von „Trinkgeldern" an Pflegepersonal und Ähnliches.

35 **k) Gefahr: Muster für Missbrauch.** Allgemein gibt es ein **Schema,** welches für eine bedenkliche Vorsorgesituation spricht, bei dem vom Bevollmächtigten regelmäßig in drei Schritten vorgegangen wird, die auch parallel oder in anderer Reihenfolge erfolgen können:[68] Zuerst wird die eigene Position durch Präsenz, Hilfe und Beipflichten zu Meinungen des Vollmachtgebers gestärkt **(„Gutmachen").** Sodann werden Zweifel und Ärger gegenüber anderen Personen geschürt, zB durch die Behauptung, diese würden das Vermögen des Vollmachtgebers veruntreuen oder diesen „ins Heim abschieben" wollen **(„Schlechtmachen").** Zuletzt wird die soziale Kontrolle[69] ausgeschaltet, indem Kontakte und Einblicke unterbunden, Ärzte, Rechtsanwälte und Banken gewechselt werden **(„Wegmachen").** Liegt ein solches Muster vor, spricht nach hier vertretener Ansicht viel für die Einrichtung einer Kontrollbetreuung.

36 **l) Kontrolle vorhanden.** Wenn eine **Kontrolle vorhanden** ist und funktioniert, schließt sie eine Kontrollbetreuung aus.[70] Die Kontrolle kann durch einen privaten oder anwaltlichen, zweiten Bevollmächtigten erfolgen oder durch Personen, die zwar nicht bevollmächtigt sind, aber eine so genannte soziale Kontrolle ausüben, etwa andere Angehörige, Freunde, Nachbarn, Steuerberater, Ärzte, Bankmitarbeiter und Rechtsanwälte. Diese müssen aber tatsächlich die Möglichkeit haben, eine Kontrolle auszuüben, wozu in erster Linie der Einblick in die Angelegenheiten des Betroffenen erforderlich ist. Kritisch zu hinterfragen ist eine angebliche Kontrolle des Bevollmächtigung zB durch den Ehegatten des ersten Bevollmächtigten. Eine echte Kontrolle kann in solchen Konstellationen grundsätzlich nicht erwartet werden.

---

[66] BGH XII ZB 666/11, ZEV 2012, 374.

[67] BGH X ZR 34/05, ZEV 2007, 182.

[68] Entsprechend und instruktiv: Mau ZErb 2023, 1; Brucker BtPrax 2016, 163 (1. Teil), 221 (Teil 2).

[69] Welche zB Zimmermann ohnehin nicht für tauglich hält, Vorsorgevollmacht Rn. 292.

[70] So schon Perau MittRhNotK 1996, 285 (296, 298).

37 Für Maßnahmen, bei denen eine Kontrolle durch das Betreuungsgericht schon nach **§§ 1828, 1831f. BGB** gewährleistet ist, wird eine Kontrollbetreuung grundsätzlich nicht erforderlich sein. Werden in diesem Rahmen allerdings Anträge des Bevollmächtigten abgelehnt oder wenden sich Ärzte oder Angehörige mit der Bitte um Überprüfung des Handelns des Bevollmächtigten an das Betreuungsgericht, hat dieses eine Kontrollbetreuung zumindest in Erwägung zu ziehen.

38 **m) Kontrollverbot.** Ein absolutes **Kontrollverbot** durch den betroffenen Vollmachtgeber ist unzulässig bzw. für das Betreuungsgericht nicht verbindlich.[71] Der Vollmachtgeber kann also nicht vorab untersagen, dass später das Betreuungsgericht einen (Kontroll)Betreuer einsetzt. Das würde zu einer (unzulässigen → § 168 Rn. 17) Unwiderruflichkeit der Vorsorgevollmacht im Falle der Geschäftsunfähigkeit führen. Der Vollmachtgeber befände sich vollständig in der Hand des Bevollmächtigten.

39 Eine **Modifikation des Prüfungsmaßstabes** kann man allerdings in einer solchen Anordnung durchaus sehen, nach welcher der Vollmachtgeber nur bei wesentlichen Geschehnissen eine Betreuung wünscht, weniger wesentliche Fehler des Bevollmächtigten also ohne Konsequenz wissen will.[72] Dies wäre eine Modifikation des Innenverhältnisses, welche als Ausdruck des Selbstbestimmungsrechtes zu akzeptieren ist.

Nach hiesiger Erfahrung ist bei solchen Regelungen eine **besondere Sensibilität** angezeigt, da sie von besonders planvoll vorgehenden (die Vollmacht missbrauchenden) Bevollmächtigten gefördert werden. So sollten zB die Umstände der Vollmachtserteilung (wer hat den Notar ausgesucht?) und des persönlichen Hintergrundes (lange Verbundenheit oder neuer „Vertrauter"?) sowie die bisherigen Tätigkeiten des Bevollmächtigten (Eigennutz?) genau untersucht werden.

40 **Gestalter** sollten eine solche Klausel **nicht standardmäßig** verwenden, da sie einen sinnvollen Schutz erschweren kann.[73] Zulässig und grundsätzlich zu beachten ist es, wenn für den Fall einer Kontrolle ein Kontrollbetreuer vom Vollmachtgeber vorgeschlagen wird,[74] soweit dieser geeignet ist, was wiederum besonders kritisch geprüft werden sollte (→ Rn. 39).

41 **n) Kontrollbitte.** Mitunter wird empfohlen, in eine Vorsorgevollmacht eine **Bitte um Kontrollbetreuung** aufzunehmen, für den Fall, dass der Vollmachtgeber selbst den Bevollmächtigten nicht mehr überwachen kann.[75] Fraglich ist, ob dies den Interessen des Vollmachtgebers entspricht, welcher gerade keine Intervention staatlicher Stellen wünscht,[76] denn bei einer solch weiten Formulierung müsste es meist zu einer Kontrollbetreuung kommen. Zudem macht es die Tätigkeit für den Bevollmächtigten deutlich aufwendiger, da er sich laufend rechtfertigen muss. Zu erwägen sind stattdessen die Einsetzung eines (tauglichen) zweiten Bevollmächtigten, die Regelung des Innenverhältnisses und eine Einschränkung der Vollmacht in besonders sensiblen Bereichen (zB Immobilienveräußerungen) im Außenverhältnis. Letzteres könnte auch so erfolgen, dass die Tätigkeit des Bevollmächtigten im Außenverhältnis nur zulässig, also von der Vertretungsmacht abgedeckt, ist, wenn zusätzlich ein Kontrollbetreuer eingesetzt wurde.

---

[71] Ebenso für die ganz hM: MüKoBGB/Schneider § 1896 Rn. 267; Mensch ZEV 2016, 423 (426); wohl aA: Bienwald FPR 2012, 28 (31).

[72] Ähnlich: OLG München 33 Wx 159/06, NJW-RR 2007, 294; Horn/Bienwald/Horn Vollmachten § 5 Rn. 34; kritisch: Schwab FamRZ 2007, 584.

[73] Ähnlich: Weigl MittBayNot 2017, 538 (539 dort d).

[74] So für den Unternehmer: Baumann/Selzener RNotZ 2015, 605 (623).

[75] ZB Bühler FamRZ 2001, 1585.

[76] So auch Müller-Engels/Braun/Renner/Braun Betreuungsrecht Kap. 2 Rn. 510.

42 Grundsätzlich ist fraglich, wie eine solche Bitte rechtlich gewertet wird. Ein „Auftrag" an das Betreuungsgericht ist nicht möglich; eine gesetzliche Grundlage ist nicht zu erkennen. Eine – zumindest klassische – Betreuungsverfügung liegt nicht vor, da es bei dieser um die Auswahl der Person des Betreuers oder die Art und Weise seiner Tätigkeit geht. Tatsächlich wird es sich um eine **Einschränkung der Vollmacht** in der Art und Weise handeln, dass sie zur Tätigkeit nur bei einer Überwachung (durch den Vollmachtgeber oder einen Kontrollbetreuer) berechtigt.

5. Verfahren

43 **a) Zuständigkeit.** Zuständig für die Einsetzung eines Kontrollbetreuers ist ab dem 1.1.2023 auch nach der Gesetzeslage (§ 15 Abs. 1 S. 1 Nr. 1 RPflG nF) der **Richter** und nicht der Rechtspfleger,[77] was angesichts der Bedeutung des Eingriffs in das Selbstbestimmungsrecht schon geradezu einhellig gefordert wurde.[78] Mit Berufung auf das Gewicht des Grundrechtseingriffs deutete der BGH schon früher an, dass er jedenfalls bei dem Aufgabenkreis „Vollmachtswiderruf" eine Entscheidung durch einen Richter für angebracht hielt.[79]

44 **b) Gutachten.** Durch die Streichung des § 281 Abs. 1 Nr. 2 FamFG zum 1.1.2023 reicht ein ärztliches Zeugnis statt eines Gutachtens nicht mehr aus.[80] Schon das bis zum 31.12.2022 ausreichende Attest setzte eine persönliche Untersuchung voraus und musste Anknüpfungstatsachen wie Erkrankung und Willensbildungseinschränkung nennen.[81]

45 **c) Beteiligte.** Der **Bevollmächtigte** ist gem. § 274 Abs. 1 Nr. 3 FamFG zu **beteiligen.** Er hat aber als solcher (eventuell aber als sonstiger Beteiligter wie als Angehöriger) mangels subjektivem Recht aus der Vollmacht[82] kein eigenes Beschwerderecht.[83] Allerdings hat ihm der BGH auch nach dem Widerruf seiner Vollmacht durch einen Kontrollbetreuer das Recht eingeräumt, das Beschwerdeverfahren gem. § 303 Abs. 4 FamFG für den Betroffenen zu führen, da sonst das Selbstbestimmungsrecht nach Art. 2 Abs. 1 GG in Verbindung mit dem nach Art. 19 Abs. 4 GG gebotenen effektiven Rechtschutz nicht gewahrt wäre.[84]

46 Die Bedeutung der Einrichtung einer Kontrollbetreuung kann eine **Verfahrenspfleger**bestellung gem. § 276 FamFG erforderlich machen.[85] Es ist nach hier vertretener Ansicht die regelhafte Einsetzung eines Verfahrenspflegers angezeigt. Dies gilt auch, wenn der Betroffene anwaltlich vertreten wird, denn dies wird häufig vom Bevollmächtigten initiiert und organisiert, was die Unabhängigkeit beeinträchtigen kann. Ein vom Gericht eingesetzter Verfahrenspfleger bringt eine zusätzliche und weitgehend unabhängige Ermittlungsinstanz mit besonderem Blick auf die Interessen

---

[77] Auch schon vor der Reform zum 1.1.2023 gem. BGH XII ZB 355/21, NJW-RR 2022, 651.

[78] Vgl. exemplarisch: Nedden-Boeger FamRZ 2015, 554 (555); Mensch BtPrax 2017, 92 (94f.); zur alten Rechtslage: BGH XII ZB 505/10, BeckRS 2011, 06321.

[79] BGH XII ZB 674/14, DNotZ 2015, 848 (851).

[80] Vgl. BGH XII ZB 68/20, FamRZ 2020, 1677.

[81] OLG Frankfurt 20 W 299/04, FGPrax 2005, 23; OLG Hamm 15 W 145/1999, FamRZ 2000, 494.

[82] AA: Papenmeier Vollmachten S. 4–9.

[83] BGH XII ZB 117/14, NJW 2015, 407; BayObLG 3Z BR 242/02, FGPrax 2003, 171.

[84] BGH XII ZB 156/19, NJW 2020, 244; XII ZB 282/17, NJW-RR 2018, 897; XII ZB 213/16, NJW-RR 2018, 70; XII ZB 674/14, DNotZ 2015, 848 (Fortführung von XII ZB 330/14, FamRZ 2015, 1015 sowie XII ZB 117/14, NJW 2015, 407); XII ZB 488/15, NJW-RR 2016, 1095; vgl. auch Mensch ZEV 2016, 423 (426).

[85] BGH XII ZB 339/13, NJW 2014, 785; Krüger/Schüßler NJW 2020, 430 (431 dort a).

des Betroffenen in das Verfahren.[86] Sie ist aufgrund der beschriebenen, zu beobachtenden Unzulänglichkeiten in dem Verfahren und der hohen Anforderungen an die Erforderlichkeit angezeigt. Sie dient der Verwirklichung des Selbstbestimmungsrechts, denn dies wird auch beeinträchtigt, wenn eine Vollmacht nicht dem Willen des Vollmachtgebers entsprechend verwandt wird. Zur Beauftragung eines **Rechtsanwaltes** durch den vollmachtgebenden Betroffenen → § 1814 Rn. 34; eine Zeitvergütung oder der Gegenstandswert sollten vereinbart werden, da sonst eine – problematische, weil dem Anliegen kaum gerecht werdende – Festsetzung auf 5.000 Euro droht.[87]

Berichte der **Betreuungsbehörde** (→ § 1814 Rn. 36) sollten in diesen Fällen besonders ausführlich sein. Sie sollte sich umfassend Unterlagen vorlegen lassen und die Personen, welche eine Kontrollbetreuung angeregt haben, einbeziehen. Besonders bedenklich ist es, wenn weitgehend auf die Angaben des Bevollmächtigten und auf die von ihm vorgelegten Unterlagen abgestellt wird. Der Bevollmächtigte wird die Situation zu seinen Gunsten darstellen und Unterlagen selektieren. Es sollte zumindest versucht werden, Dritte wie Ärzte, Bankmitarbeiter, Steuerberater etc direkt und unbeeinflusst vom Bevollmächtigten zu befragen. In dem Bericht muss schließlich deutlich gemacht werden, von wem welche Informationen stammen und wo Lücken bestehen. 47

d) Aufklärung des Sachverhaltes. Zur Prüfung kann die **Vorlage einer Abschrift** der Vollmacht verlangt werden, Abs. 1 S. 2, § 285 FamFG. Das Verfahren wird insgesamt regelmäßig sehr aufwendig sein. Es sollte trotzdem mit besonderer Eilbedürftigkeit betrieben werden, damit dem Bevollmächtigten keine **Verzögerung** (bis zum Ende des Betreuungsverfahrens durch den Tod des Vollmachtgebers) ermöglicht wird. Angezeigt, aber selten praktiziert, können alternative Konfliktlösungsmechanismen wie Mediationsverfahren sein (→ § 1814 Rn. 17). 48

Eine Kontrollbetreuungsanordnung erfordert meist einen **hohen Aufklärungsaufwand** für das Betreuungsgericht. Nach hier vertretener Ansicht sind die Ermittlungstätigkeiten in diesen Verfahren deutlich aufwändiger als bei den meisten anderen Betreuungseinrichtungen. Das sollte bei der Zumessung der Bearbeitungszeit für die Betreuungsbehördenmitarbeiter und die Richter berücksichtigt werden. Zusätzlich zu den üblichen Fragen sind umfassende Ermittlungen über die finanzielle und persönliche Situation des Betroffenen in der Vergangenheit im Vergleich zur Gegenwart anzustellen, um die Tätigkeiten des Bevollmächtigten nachvollziehen und bewerten zu können. Es wird mit Menschen aus dem Umfeld des Vollmachtgebers zu sprechen und Kontoauszüge, (Immobilien-)Kaufverträge etc werden zu prüfen sein. 49

Dabei muss regelmäßig gegen den **Widerstand des Bevollmächtigten** mit der Folge von keinen oder verzögerten Auskünften sowie unvollständigen Unterlagen angekämpft werden. Die hohen Anforderungen des BGH an die Feststellung einer Ungeeignetheit machen dies notwendig. In der Praxis ist aber immer wieder ein zögerliches, unkritisches und oberflächliches Ermitteln von Behörde und Gericht zu beobachten. So wird sich auf Aussagen des eigentlich in Frage stehenden Bevollmächtigten, von ihm ausgewählte Unterlagen und die in einem Zustand der Beeinflussbarkeit abgegebenen Erklärung des Vollmachtgebers verlassen, dass er dem Bevollmächtigten – dessen Handeln er nicht unbedingt nachvollziehen kann – vertraue. Die eine Betreuung anregenden Angehörigen werden aufgefordert, konkrete Beweise für den befürchteten Vollmachtsmissbrauch zu liefern, was diesen aufgrund ihres systemimmanenten Ausschlusses von Informationen nicht möglich ist. 50

[86] Vgl. BGH XII ZB 339/13, NJW 2014, 785.
[87] BGH XII ZB 373/16, XII ZB 373/16.

51 Im Rahmen der Ermittlungen muss dem **Bevollmächtigten die Gelegenheit** gegeben werden, vermeintliche Ungereimtheiten zu erklären.[88] Es kann für erfolgte oder geplante Maßnahmen, die zunächst verdächtig erscheinen, sinnvolle und sachliche Begründungen geben.[89] Zudem ist der Betroffene grundsätzlich auch dann selbst **anzuhören,** wenn von einer Kontrollbetreuung abgesehen werden soll.[90]

52 Stellt sich heraus, dass die reaktive Kontrolle nicht ausreichend ist, wird der Kontrollbetreuer dies dem Gericht mitteilen und eine **Erweiterung** anregen. Wird eine Kontrollbetreuung zu einer umfassenden Betreuung, ist dies eine Erweiterung und keine neue Betreuung. Es soll nach dem BGH daher auch nicht unbedingt eine erneute Anhörung durchgeführt werden müssen.[91] Ob dies bei der erheblichen Veränderung mit der Gewährung rechtlichen Gehörs[92] vereinbar ist, erscheint aber fraglich.

53 **e) Betreuerauswahl.** Aufgrund der hohen Anforderungen an die Aufgabe ist die Auswahl eines professionellen Betreuers angezeigt. Dieser sollte wiederum aufgrund der Eilbedürftigkeit und dem Interesse an einer Verzögerung durch den Bevollmächtigten zu einer zügigen Tätigkeit angehalten und mit einem ausreichenden Aufgabenbereich (→ Rn. 51, § 1815 Rn. 16–19) ausgestattet werden.

V. Nichtausübung („Suspendierung") der Vollmacht (Absatz 4)

54 Eine interessante, auch nach Münch „begrüßenswerte"[93] **Neuregelung**[94] ist die Möglichkeit einer Anordnung des Betreuungsgerichts gegenüber dem Bevollmächtigten, die Vollmacht nicht zu nutzen (das Wort „ausüben" scheint unglücklich, da sie keine Aufgabe ist – das ist der regelmäßig zugrunde liegende Auftrag) und die Urkunde vorübergehend abzuliefern. Dazu muss der Bevollmächtigte Belange des Vollmachtgebers erheblich gefährden (Nr. 1) oder den Betreuer in seiner Tätigkeit behindern (Nr. 2). Die Regelung verbessert die Situation in Fällen, in denen zB ein Missbrauchsverdacht besteht und schnell eine Absicherung erfolgen sollte, aber noch nicht gewiss ist, ob ein (endgültiger) Widerruf angezeigt ist.[95] Kieß sieht die Suspendierung als Zwischenstufe zwischen Kontrollbetreuung und Widerruf.[96]

55 Dass schon eine **Betreuung** bestehen muss, engt den Anwendungsbereich ein, denn dazu ist zunächst ein gewisses Verfahren notwendig. Allerdings kann mit einer einstweiligen Anordnung gearbeitet werden.[97]

Die erforderliche Gefahrenlage **ähnelt** damit der bei einer **Kontrollbetreuung** (→ Rn. 15–37). Sie muss aber gerade nicht derart ausgeprägt sein. So reicht eine unklare Sachlage etwa aufgrund Nichtreaktion oder Überforderung oder grundsätzlichen, aber (noch) nicht konkret bewiesenen Interessenkonflikten.[98]

---

[88] BGH XII ZB 206/13, NJW-RR 2013, 1473; XII ZB 438/11, NJW 2012, 2885; XII ZB 583/11, NJW-RR 2012, 772.

[89] ZB OLG Schleswig 2 W 4/03, FGPrax 2004, 70.

[90] BGH XII ZB 355/21, NJW-RR 2022, 651.

[91] BGH XII ZB 311/12, NJW 2013, 3372.

[92] Dazu BVerfG 1 BvR 2797/09, FamRZ 2010, 1145.

[93] Münch FamRZ 2020, 1513 (1517).

[94] Vgl. auch Böhm FamRZ 2022, 1253.

[95] Kieß BtR 2022, 45.

[96] BT-Drucks. 19/24445, 247.

[97] Vgl. Böhm FamRZ 2022, 1253 (1256).

[98] Ähnlich Böhm FamRZ 2022, 1253 (1254).

Wann eine **Behinderung** des Betreuers vorliegt, wird von Rechtsprechung und Literatur noch zu entwickeln sein.[99] Böhm möchte die Anwendung auf Fälle beschränken, in denen der Bevollmächtigte den Kontrollbetreuer daran hindert, Verdachtsmomente gegen ihn aufzuklären.[100] Zutreffend ist, dass der Anwendungsbereich der Norm sonst sehr groß wäre[101] und seine Zielrichtung grundsätzlich die Ermittlung von Umständen ist, die für oder gegen einen endgültigen Vollmachtswiderruf sprechen. Sind einem Betreuer aber mehr Aufgaben als die Kontrollbetreuung zugewiesen worden, hat das Gericht zum Ausdruck gebracht, dass der Betreuer zumindest zunächst die Möglichkeit haben soll, lenkend und damit auch bestimmend einzugreifen. Um dies umzusetzen, ist daher auch in diesen Bereichen eine Behinderung auszuschließen und nach hier vertretener Ansicht der Anwendungsbereich der Nr. 2 eröffnet.

Auch wenn der Begriff der „Suspendierung" naheliegt und griffig ist, trifft er nicht **56**
gänzlich zu. Eine vorübergehende Aufhebung der Vertretungsmacht ist nämlich gerade nicht möglich.[102] Trotz der Anordnungen des Betreuungsgerichts **bleibt** diese **Vertretungsmacht bestehen** und der Bevollmächtigte könnte den Vollmachtgeber wirksam vertreten.[103] Praktisch wird ihm das in vielen Fällen nicht mehr möglich sein, wenn er die Urkunde nicht mehr vorlegen kann, beispielsweise bei Grundstücksgeschäften.

Die Herausgabe – die nur an den Betreuer und nicht an das Gericht erfolgen **57**
soll[104] – wird gem. § 285 FamFG nF durch **Beschluss** angeordnet, der nach § 86 Abs. 1 Nr. 1 FamFG vollstreckbar ist.[105] Eine Möglichkeit zur Sanktionierung von Zuwiderhandlungen des Bevollmächtigten ist nicht zu erkennen. Auch eine strafrechtliche Verfolgung etwa wegen Untreue „nur" bei einem Verstoß gegen die gerichtliche Anordnung ist fraglich, da der Bevollmächtigte ja immer noch im Rahmen seiner – weiter bestehenden – Vertretungsmacht handeln würde.

Insofern wird sich zeigen, ob diese Norm im Ernstfall zahnlos ist: Bei der Innenvollmacht kann der andere Teil bei nicht formbedürftigen Geschäften weiter auf den Bestand der Vollmacht vertrauen, wenn er die Anordnung nicht kennt, denn sie ist nicht widerrufen, § 171 BGB. Wenn der Bevollmächtigte entgegen der Anordnung des Gerichts als Außenvollmachten erteilte Vorsorgevollmachten (also regelmäßig Ausfertigungen) nicht herausgibt, kann der Teil, dem die Urkunde vorliegt, ebenfalls auf den Bestand vertrauen, wenn ihm die Anordnung unbekannt ist, §§ 171 f. BGB.

Besonders relevant werden **Bankvollmachten** sein, also in der Form von Außen- **58**
vollmachten alternativ oder zusätzlich zu Vorsorgevollmachten auf den Formularen der Banken erteilte Vollmachten. Nach hier vertretener Ansicht muss die neue Suspendierungsmöglichkeit des Absatz 4 auch auf diese angewandt werden, da sonst kein effektiver Schutz möglich ist.[106] Der Beschluss müsste dann auch dem Kreditinstitut gegenüber zur Kenntnis gegeben werden, um umfassenden Schutz zu gewähren.

---

[99] Ähnlich Böhm FamRZ 2022, 1253 (1254 f.); Spernath MittBayNot 2021, 425 (430).

[100] Böhm FamRZ 2022, 1253 (1255).

[101] Was allgemein auch so gesehen wird von Maetschke-Biersack/Beermann RFamU 2022, 559 (561 f.).

[102] Papenmeier, Vollmachten als Gestaltungsmittel, 2013, S. 144; Renner NotBZ 2022, 15 (17) mit Verweis auf LG München 13 T 12519/07, FamRZ 2008, 184.

[103] So auch Renner NotBZ 2022, 15 (17); aA Böhm FamRZ 2022, 1253 (1255 f.).

[104] Zutreffend kritisch, da den schnellen Schutz erschwerend: Böhm FamRZ 2022, 1253 (1256); Spernath notar 2023, 3 (6).

[105] BT-Drucks. 19/24445, 247.

[106] Zustimmend: Böhm FamRZ 2022, 1253 (1258).

59 Bei **notariell beurkundeten Vorsorgevollmachten** wäre eine Information des Betreuungsgerichts oder des Betreuers an den Notar sinnvoll, damit dieser keine neuen Ausfertigungen mehr an den Bevollmächtigten erteilt. Nach hier vertretener Ansicht darf der Notar keine Ausfertigungen an den Bevollmächtigten erteilen, wenn er diese nicht nutzen und sie nur unmittelbar an den Betreuer weitergeben müsste, da durch den Notar sonst an einer Umgehung der gerichtlichen Verfügung mitgewirkt werden würde.

60 Schwierig könnte die Frage der Herausgabe sein, wenn **mehrere Personen** in einer Urkunde bevollmächtigt wurden.[107] Soweit auf notariellen Ausfertigungen der Name des Bevollmächtigten vermerkt wurde, für den die Ausfertigung erteilt wurde, könnte die Herausgabe auf diese Exemplare beschränkt werden. Im Übrigen kann nur derjenige Bevollmächtigte verpflichtet werden, gegenüber dem die Anordnung ergeht, und zur Herausgabe auch nur der Vollmachtsexemplare verpflichtet werden, die nicht den anderen Bevollmächtigten zustehen. Der Schutzeffekt der Suspendierung ist durch die Möglichkeit des von ihrem betroffenen Bevollmächtigten, mittels (privatschriftlichen oder nicht personenbezogenen ausgefertigten) Urkunden der anderen Bevollmächtigten zu handeln, gemindert.

Böhm[108] meint, bei mehreren Bevollmächtigten mit Einzelvertretungsbefugnis sei eine Suspendierung aufgrund der gegenseitigen Kontrolle der Bevollmächtigten untereinander grundsätzlich nicht zulässig. Das kann aber nur gelten, wenn die gegenseitige Kontrolle auch möglich ist, weil ein Bevollmächtigter die Vollmacht des anderen widerrufen kann (was nicht immer möglich ist), und die Kontrolle durch die anderen Bevollmächtigten auch tatsächlich ausgeübt wird.

61 Nach Böhm soll es sich bei dem Ausübungsverbot um eine mit der **Beschwerde** angreifbare Endentscheidung, bei der Herausgabeanordnung um eine nicht selbstständig (aber inzident bei der Prüfung des Ausübungsverbots mit zu überprüfende) Nebenentscheidung handeln.[109]

62 Nach einem sich ggf. anschließenden Widerruf steht dem Betreuer weiter die Möglichkeit der Kraftloserklärung gem. § 175 BGB zur Verfügung.[110]

VI. Widerruf der Vollmacht (Absatz 5)

1. Einleitung

63 Der Widerruf (auch zur Art und Weise der Abgabe der Erklärung → § 168 Rn. 6–14; zur Wirkung → § 168 Rn. 45 f.) einer (Vorsorge-)Vollmacht durch einen Betreuer ist im Ergebnis ein staatlicher Eingriff in einen Ausdruck der Selbstbestimmung durch den Vollmachtgeber. Jedenfalls bei einem inzwischen geschäftsunfähigen Vollmachtgeber ist er nicht reparabel, denn er kann keine neue Vollmacht errichten und auch ein Dritter (zB Betreuer) kann es für ihn nicht.

Da in den hier relevanten Fällen die zu widerrufenden Vollmachten nicht immer im Zustand der freien Willensbestimmung erteilt wurden (Zustand der „Beeinflussbarkeit“,[111] bei welcher die Geschäftsunfähigkeit nicht bewiesen werden kann → § 168 Rn. 18, 22), kann nach hier vertretener Ansicht bei einem Widerruf nicht generell von einem Eingriff in das Selbstbestimmungsrecht schlechthin gesprochen werden. Wesentlich ist die Zielrichtung, die gegeben sein muss: Die Maßnahme muss das Ziel haben, dass **Selbstbestimmungsrecht** des Vollmachtgebers zu erhal-

---

[107] Vgl. zum teilweisen Widerruf notarieller Vollmachten auch DNotI-Report 2021, 105.
[108] Böhm FamRZ 2022, 1253 (1259 f.).
[109] Böhm FamRZ 2022, 1253 (1257).
[110] BReg, BT-Drucks. 19/24445, 249.
[111] Vgl. auch OLG Celle 6 U 22/20, NJW 2021, 1681; Frieser ErbR 2020, 309.

ten oder wiederherzustellen. Durch den Widerruf der Vollmacht wird also eine Fremdbestimmung beendet oder zumindest eine Möglichkeit zu ihr beseitigt, welche nicht (mehr) dem tatsächlichen oder anzunehmenden Willen des betroffenen Vollmachtgebers entspricht.

2. Gegenstand (S. 1)

Betroffen von dem Genehmigungsbedürfnis sollen nur bestimmte Vollmachten sein, nämlich solche, die den Bevollmächtigten zu Maßnahmen der Personensorge oder zu Maßnahmen in wesentlichen Bereichen der Vermögenssorge ermächtigen. Das kommt einer Definition einer Vorsorgevollmacht nahe, die in der Reform des Vormundschafts- und Betreuungsrechts zum 1.1.2023 grundsätzlich bewusst vermieden wurde. **64**

Es sind also zunächst klassische **Vorsorgevollmachten** erfasst. Nach dem Gesetzestext sind aber alle Vollmachten im Gesundheitsbereich gemeint. Das könnte also zB eine Vollmacht allein zur Umsetzung einer Patientenverfügung oder im psychiatrischen Bereich eine für den Fall eines Schizophrenieschubes sein. Im Vermögensbereich sind es mit Sicherheit Generalvollmachten. „Wesentliche Bereiche" der Vermögenssorge könnten generelle Befugnisse sein, ggf. mit Ausnahme einzelner Bereiche wie zB Unternehmensbeteiligungen oder Immobilienverfügungen. **65**

Für **andere Vollmachten,** insbesondere Post- oder **Kontovollmachten** soll das Genehmigungserfordernis ausdrücklich **nicht** gelten.[112] Jedenfalls bei Letzterem erscheint das nicht allgemein sinnvoll: Auf Bankkonten befindet sich regelmäßig wesentliches Vermögen des Betroffenen. So kann er durch Kontoverfügungen arm werden. Denkbar könnte sein, wiederum Bankvollmachten, die sich auf Depots- und Wertpapiergeschäfte beziehen, bei entsprechendem Umfang des Vermögens dort doch unter § 1820 Abs. 5 BGB nF fallen zu lassen. **66**

3. Gefahr (S. 2)

Schon vor der Reform des Vormundschafts- und Betreuungsrechts zum 1.1.2023 war nach der Rechtsprechung des BGH der Vollmachtswiderruf nur zur **Abwendung einer Gefährdungslage** für den Vollmachtgeber zulässig, wenn also „das Festhalten an der erteilten Vorsorgevollmacht eine künftige Verletzung des Wohls des Betroffenen mit hinreichender Wahrscheinlichkeit und in erheblicher Schwere befürchten lässt."[113] An diesen Anforderungen hat sich der Gesetzgeber bei der Reform orientiert. **67**

Vor einem Widerruf sind **mildere Mittel** zu prüfen und ggf. anzuwenden, wie zB die Ausübung von Auskunfts-, Rechenschafts- und Weisungsrechten durch einen Kontrollbevollmächtigten.[114] Sinn der Kontrollbetreuung ist zum einen die weitere Ermittlung einer etwaigen Ungeeignetheit und zum anderen das Einwirken auf den und Unterstützen des Bevollmächtigten, damit dieser seine Aufgabe weiter und ordnungsgemäß ausübt.[115] **68**

Grundsätzlich kann also auf die für eine Kontrollbetreuung erforderliche Gefahrensituation verwiesen werden (→ Rn. 15–37). Hinzutreten muss aber der Umstand, dass eine Kontrolle des Bevollmächtigten nicht ausreichend ist.[116] Die Kontrolle **69**

---

[112] BReg, BT-Drucks. 19/24445, 248.

[113] BGH XII ZB 674/14, DNotZ 2015, 848 (853); entsprechend: XII ZB 131/16, NJW-RR 2016, 1093, Rn. 26; XII ZB 510/16, NJW-RR 2017, 642, Rn. 21.

[114] BGH XII ZB 177/15, MDR 2015, 1423; XII ZB 674/14, DNotZ 2015, 848 (853).

[115] Nedden-Boeger FamRZ 2014, 1589 (1591).

[116] Nedden-Boeger BtPrax 2019, 87 (91) mit Verweis ua auf BGH XII ZB 413/17, NJW-RR 2018, 1025.

durch einen Kontrollbetreuer ist primär reaktiv: Der Bevollmächtigte kann mit der Vorsorgevollmacht aber jedenfalls im Außenverhältnis auch entgegen den Weisungen (§ 665 BGB) des Kontrollbetreuers handeln. Ein Schaden ist dann eingetreten.

70 Dieser Schaden muss, damit ein Widerruf der Vollmacht gerechtfertigt ist, in **„erheblicher Schwere"** zu befürchten sein, also nicht nur Marginalien betreffen (→ Rn. 25)

71 Der Schadenseintritt muss auch mit **„hinreichender Wahrscheinlichkeit"** zu befürchten, also nicht nur abstrakt möglich sein. Es ist eine Prognoseentscheidung anzustellen. Diese kann sich auf Handlungen oder Äußerungen des Bevollmächtigten in der Vergangenheit oder Gegenwart beziehen. Denkbar sind mangelnde Kooperation (keine Offenheit durch Auskünfte und Vorlage von Unterlagen) im Betreuungsverfahren oder gegenüber einem Kontrollbetreuer. Oder der Bevollmächtigte hat durch seine Handlungen nicht unerhebliche Schäden angerichtet, lässt aber nicht erkennen, dass er sein Verhalten ändern wird, dies will und auch kann.

4. Widerrufserklärung (S. 1)

72 Der Widerruf ist eine **einseitige, empfangsbedürftige Willenserklärung,** wie sich aus § 168 S. 3 BGB ergibt, der auf § 167 Abs. 1 BGB verweist (auch zur Art und Weise der Abgabe der Erklärung → § 168 Rn. 6–14;[117] zur Wirkung → § 168 Rn. 45 f.). Der Widerruf ist eine ultima ratio. Er muss zudem ggf. auf Teile beschränkt werden.[118]

5. Genehmigung (S. 2)

73 Der Vollmachtswiderruf[119] ist durch die Reform des Vormundschafts- und Betreuungsrechts zum 1.1.2023 für bestimmte Vollmachten (→ Rn. 64–66) genehmigungsbedürftig geworden. Damit wurde von den durch den BGH aufgestellten Grundsätzen abgewichen, nach denen die Kompetenz für den Widerruf einer Vorsorgevollmacht in einem eigenen Aufgabenbereich zugewiesen werden muss.[120] Einerseits kann kritisch gesehen werden, dass bei einem solch wichtigen Aspekt mit einem erheblichen Eingriff in das Selbstbestimmungsrecht von der sonstigen Systematik abgewichen werden, nach der Aufgabenbereich konkret zugewiesen werden müssen.[121] Andererseits ist die neue **Systematik konsequent,** da sich die Vertretungsmacht des Betreuers auf alle in seinen Aufgabenbereich fallenden Tätigkeiten erstreckt, somit auch auf den Widerruf einer Vollmacht für den jeweiligen Bereich. Es korrespondiert mit den Entscheidungen zum nur teilweisen Widerruf von Vorsorgevollmacht, wenn dieser nur in dem Umfang angezeigt ist.[122] So könnte beispielsweise ein Widerruf in Vermögensangelegenheiten aufgrund von Verfehlungen dort erfolgen, die Vollmacht für Gesundheitsangelegenheiten dagegen bestehen bleiben.

74 Dem Kontrollbetreuer musste der Aufgabenkreis des Vollmachtswiderrufs **bis zum 31.12.2022** ausdrücklich zugewiesen worden sein (bis 2015 str.).[123] Auch ein Betreuer mit „allen" Aufgabenkreisen, ohne Nennung des Vollmachtswiderrufs und

---

[117] Zudem: Walther BtPRax 2019, 92 (94–97).

[118] BReg, BT-Drucks. 19/24445, 248.

[119] Ausführlich, kritisch und instruktiv: Müller-Engels FamRZ 2021, 645 (648); ebenfalls kritisch: Schneider BtPrax 2021, 9 (11).

[120] BGH XII ZB 61/20, NJW-RR 2020, 1073; XII ZB 131/16, NJW-RR 2016, 1093; XII ZB 674/14, FamRZ 2015, 1702.

[121] Schneider BtPrax 2021, 9 (11).

[122] OLG München 33 Wx 81/09, NJW-RR 2009, 1379.

[123] BGH XII ZB 674/14, DNotZ 2015, 848; XII ZB 131/16, NJW-RR 2016, 1093; Meier FamRB 2015, 470; instruktiv, auch zu den Problemen vor der BGH-Entscheidung: Nedden-

bei dem auch aus der Beschlussbegründung diese Zuständigkeit nicht hervorgeht, durfte die Vorsorgevollmacht nicht widerrufen.[124] Es sollte eine Kontrolle zumindest dadurch stattfinden, dass das Gericht den Vollmachtswiderruf als Aufgabe ausdrücklich bezeichnen muss, wie es der BGH forderte.[125]

6. Kein Aussetzen

Ein „**Aussetzen** der Wirksamkeit" der Vollmacht ist auch für den Betreuer nicht möglich.[126] Denkbar ist aber, dass der Bevollmächtigte zusagt, die Vollmacht bis zur Klärung des Sachverhaltes nicht zu nutzen und die Urkunde vielleicht sogar vorübergehend aus der Hand zu geben, damit das Betreuungsgericht die grundsätzliche Eilbedürftigkeit eines Widerrufs verneint. Dies entspricht quasi einer „freiwilligen Suspendierung" im Sinne von Absatz 4. **75**

7. Herausgabeanordnung (S. 3)

Entsprechend dem Absatz 4 (→ Rn. 57) kann auch mit der Genehmigung des Vollmachtswiderrufs die Herausgabe der Urkunde durch Beschluss des Betreuungsgerichts angeordnet werden. Das steht neben den allgemeinen Rechten des Betreuers (zB → §§ 175 f. BGB).[127] **76**

8. Verfahrensrechtliche Besonderheiten

Das Gericht hat **umfassend zu ermitteln,** und zwar nicht unter der Zuständigkeit des Rechtspflegers, sondern gem. § 15 Abs. 1 Nr. 1 RPflG nF unter der des **Richters.**[128] Vor der Entscheidung ist der Betroffene **anzuhören,** § 299 S. 1 FamFG nF.[129] **77**

Der **Bevollmächtigte** hatte schon vor der Reform zum 1.1.2023 **keine eigene Beschwerdebefugnis** gegen den erfolgten Widerruf (dies ist ohnehin eine abgeschlossene Maßnahme des Betreuers) und auch nicht gegen die Bestellung eines (Kontroll-)Betreuers (→ § 1814 Rn. 42).[130] Allerdings konnte er die Beschwerde noch im Namen des Betroffenen einlegen, § 303 Abs. 4 FamFG.[131] Dies wird nun – gerichtet gegen die Genehmigung des Widerrufs – entsprechend weiter gelten. **78**

Boeger FamRZ 2014, 1589; zu einer früheren Entscheidung des BGH XII ZB 311/12, FamRZ 2013, 1571: Böhm FamRZ 2013, 1703.

[124] Ebenso: KG 1 W 343/06, FGPrax 2007, 118; OLG Köln 16 Wx 128/00, RNotZ 2001, 345; anders: OLG Brandenburg 11 Wx 77/08, FamRZ 2009, 912; BayObLG 3Z BR 18/94, FamRZ 1994, 1550 (aber zur Kontrollbetreuung!); Zimmermann Vorsorgevollmacht Rn. 237.

[125] BGH XII ZB 674/14, DNotZ 2015, 848.

[126] LG München 13 T 12519/07, NJW-RR 2008, 812; Zimmermann Vorsorgevollmacht Rn. 241.

[127] Zudem: Walther BtPRax 2019, 92 (96 f.).

[128] BReg, BT-Drucks. 19/24445, 248; Renner NotBZ 2022, 15 (17).

[129] BReg, BT-Drucks. 19/24445, 248; Renner NotBZ 2022, 15 (17); Müller-Engels DNotZ 2021, 84 (98).

[130] BGH XII ZB 117/14, NJW 2015, 407.

[131] BGH XII ZB 156/19, NJW 2020, 244; XII ZB 282/17, NJW-RR 2018, 897; XII ZB 213/16, NJW-RR 2018, 70; XII ZB 117/14, NJW 2015, 407.

§ 1825 Einwilligungsvorbehalt

(1) [1]**Soweit dies zur Abwendung einer erheblichen Gefahr für die Person oder das Vermögen des Betreuten erforderlich ist, ordnet das Betreuungsgericht an, dass der Betreute zu einer Willenserklärung, die einen Aufgabenbereich des Betreuers betrifft, dessen Einwilligung bedarf (Einwilligungsvorbehalt).** [2]**Gegen den freien Willen des Volljährigen darf ein Einwilligungsvorbehalt nicht angeordnet werden.** [3]**Die §§ 108 bis 113, 131 Absatz 2 und § 210 gelten entsprechend.**

(2) **Ein Einwilligungsvorbehalt kann sich nicht erstrecken**
1. **auf Willenserklärungen, die auf Eingehung einer Ehe gerichtet sind,**
2. **auf Verfügungen von Todes wegen,**
3. **auf die Anfechtung eines Erbvertrags,**
4. **auf die Aufhebung eines Erbvertrags durch Vertrag und**
5. **auf Willenserklärungen, zu denen ein beschränkt Geschäftsfähiger nach den Vorschriften dieses Buches und des Buches 5 nicht der Zustimmung seines gesetzlichen Vertreters bedarf.**

(3) [1]**Ist ein Einwilligungsvorbehalt angeordnet, so bedarf der Betreute dennoch nicht der Einwilligung seines Betreuers, wenn die Willenserklärung dem Betreuten lediglich einen rechtlichen Vorteil bringt.** [2]**Soweit das Gericht nichts anderes anordnet, gilt dies auch, wenn die Willenserklärung eine geringfügige Angelegenheit des täglichen Lebens betrifft.**

(4) **Auch für einen Minderjährigen, der das 17. Lebensjahr vollendet hat, kann das Betreuungsgericht einen Einwilligungsvorbehalt anordnen, wenn anzunehmen ist, dass ein solcher bei Eintritt der Volljährigkeit erforderlich wird.**

Übersicht

I. Normzweck und Grundzüge

Der bislang in § 1903 BGB aF geregelte Einwilligungsvorbehalt blieb im Rahmen der Betreuungsrechtsreform hinsichtlich der Absätze 1–3 im Wesentlichen unverändert[1], so dass idR auf die zu § 1903 BGB ergangene Rechtsprechung zurückgegriffen werden kann. Zu beachten ist aber, dass der strenge Erforderlichkeitsgrundsatz im Betreuungsrecht dazu führt, dass die nach den Vorgaben des § 1815 BGB auf den erforderlichen Umfang zu begrenzende Handlungsbefugnis im Außenverhältnis auch im Innenverhältnis auf das Nötigste zu beschränken ist. Klargestellt wurde zusätzlich, dass ein Einwilligungsvorbehalt nicht gegen den freien Willen des Betroffenen angeordnet werden darf (Abs. 1 S. 2)[2] (→ Rn. 2). Die Anordnung einer Betreuung beeinflusst die juristische Handlungsfähigkeit nicht, da es kraft Gesetzes zu **keiner „Entmündigung"** kommt. Eine Betreuung verhindert damit nicht, dass sich Betroffene – auch innerhalb der Aufgabenbereiche eines Betreuers – weiter rechtsgeschäftlich verpflichten. Der Betreuer ist nach dem Willen des Gesetzgebers an die Wünsche des Betreuten (§ 1821 BGB) dergestelt gebunden, dass er die Vorgaben bei seiner Entscheidung über eine Einwilligung in eine schwebend unwirksame Willenserklärung abwägend berücksichtigen muss.[3] Maßstab sind dabei nicht „objektive wirtschaftliche Überlegungen", sondern zur Wahrung des fortbestehenden Selbstbestimmungsrechts die Wünsche oder der mutmaßliche Wille der Betreuten.[4] Da die Betreuerbestellung auf die Geschäftsfähigkeit des Betreuten keinen Einfluss hat, muss der Betreute bei einer erheblichen Gefahr einer **Selbstschädigung** vor den Rechtsfolgen seines eigenen, ggf. dem Betreuerhandeln zuwiderlaufenden rechtsgeschäftlichen Handelns geschützt werden können.[5] Dass die Geschäftsfähigkeit (→ Rn. 12) zweifelhaft und medizinisch ungeklärt ist, rechtfertigt einen Einwilligungsvorbehalt nicht.[6] Eine Verhaltenssteuerung (Alkoholmissbrauch) darf mit der Maßnahme auch nicht bezweckt sein.[7] Der Betreute ist im Umfang eines Einwilligungsvorbehalts einem beschränkt geschäftsfähigen Minderjährigen gleichgestellt.[8] Dies ist ein gravierender Grundrechtseingriff, der im Rahmen einer Verhältnismäßigkeitsprüfung entsprechende Feststellungen voraussetzt.[9] Wenn eine **Vorsorgevollmacht** vorliegt, darf kein Einwilligungsvorbehalt angeordnet werden. Es muss immer eine Betreuung angeordnet sein oder werden, ggf. mit dem Bevollmächtigten als Betreuer. 1

---

[1] BT-Drs. 19/24445, 259.

[2] BT-Drs. 19/24445, 259.

[3] BT-Drs. 19/24445, 259.

[4] BT-Drs. 19/24445, 259.

[5] OLG Zweibrücken 3 W 187/04, FamRZ 2005, 748.

[6] BGH XII ZB 141/17, NJW 2018, 1255.

[7] BGH XII ZB 458/15, BeckRS 2016, 112263.

[8] BGH XI ZR 234/14, FamRZ 2015, 1386; OLG Karlsruhe 11 Wx 61/16, BeckRS 2016, 13790.

[9] BGH XII ZB 483/19, BeckRS 2020, 13609; XII ZB 99/18, NJW-RR 2018, 963; XII ZB 399/17, BeckRS 2018, 17576; XII ZB 141/17, NJW 2018, 1255; XII ZB 450/16, BeckRS 2017, 125773; XII ZB 608/15, NJW-RR 2017, 769.

Für gerichtliche Verfahren ist als verfahrensrechtliches Gegenstück eine von dem Betreuer abzugebende **Ausschließlichkeitserklärung gemäß § 53 Abs. 2 ZPO,** mit der er auch für prozessfähige Betreute in Fällen einer erheblichen Selbstgefährdung die alleinige Prozessfähigkeit erlangen kann, oft die weniger grundrechtsintensive und schnellere Maßnahme und daher im Regelfall auch die gebotene Alternative zu einem Antrag auf Anordnung eines (begrenzten) **Einwilligungsvorbehalts**[10] (→ § 53 Rn. 2).

II. Voraussetzungen (Abs. 2)

1. Erhebliche Gefahr für die Person oder das Vermögen

2 Ein Einwilligungsvorbehalt darf nicht gegen den freien Willen des Betroffenen angeordnet werden.[11] Da körperliche Behinderungen für die Anordnung eines Einwilligungsvorbehalts nicht ausreichend sind,[12] muss die Gefahr in dem Vorliegen einer zum Ausschluss des Selbstbestimmungsrechts führenden **geistigen Störung** bestehen. Insoweit kann man auf den von der Rechtsprechung entwickelten Begriff der Geschäftsunfähigkeit zurückgreifen (vgl. § 104 BGB).[13] Alkoholismus ist für sich genommen noch keine psychische Erkrankung, die eine Betreuungsbedürftigkeit rechtfertigt, solange kein Hirnabbauprozess vorliegt[14] (→ § 104 Rn. 67). Die Anordnung eines Einwilligungsvorbehalts gegenüber einer geschäftsfähigen Person ist in der Praxis selten und als massiver Grundrechtseingriff juristisch schwer rechtfertigbar.

3 Die erhebliche **Gefahr** muss der Person oder dem Vermögen des Betroffenen aufgrund konkreter Anhaltspunkte[15] **drohen** und aus diesem Grund muss ein Einwilligungsvorbehalt auch erforderlich[16] sein. Notwendig ist ein aktives Tun, zB durch vermögensschädigende Maßnahmen oder eine Konterkarierung des Betreuerhandelns.[17] Gemessen an den wirtschaftlichen Verhältnissen unvernünftig wirkende Aufwendungen reichen aus, wenn dies auf einer krankhaften Realitätsverkennung beruht.[18] Eine geschlossene Unterbringung ändert wegen einer Fluchtgefahr daran nichts.[19] **Abstrakte oder hypothetische**[20] Gefahren sind nicht ausreichend, so dass es nicht darauf ankommen kann, ob man krankheitsbedingt generell mit einer Vermögensgefährdung rechnen muss.[21] Es müssen auch bei größeren Vermögen zur Rechtfertigung des erheblichen Grundrechtseingriffs[22] tragfähige Feststellungen für eine Ver-

---

[10] BT-Drs. 19/24445, 450.

[11] BT-Drs. 19/24445, 259 zu § 1825 nF; BGH XII ZB 503/20, NJW 2021, 2508; XII ZB 495/16, NJW-RR 2017, 964, jeweils zu § 1903 aF.

[12] Grüneberg/Götz BGB § 1903 aF Rn. 4; BT-Drs. 11/4528, 137.

[13] BGH XI ZR 157/07, BeckRS 2008, 26951; OLG Brandenburg 5 U 49/10, BeckRS 2012, 25101.

[14] BGH XII ZB 7/2016, NJW-RR 2016, 711; XII ZA 12/15, NJW-RR 2015, 770; XII ZB 241/11, NJW 2011, 3518.

[15] BGH XII ZB 503/20, NJW 2021, 2508; XII ZB 141/17, NJW 2018, 1255; XII ZB 92/15, NJOZ 2016, 161.

[16] BayObLG 3Z BR 152/02, NJW-RR 2003, 871.

[17] BGH XII ZB 427/20, NJW-RR 2021, 1010; XII ZB 10/18, NJW 2019, 237; XII ZB 99/18, NJW-RR 2018, 963; XII ZB 563/16, BeckRS 2017, 105299.

[18] BGH XII ZB 483/19, BeckRS 2020, 13609.

[19] BGH XII ZB 483/19, BeckRS 2020, 13609.

[20] LG Köln 1 T 32/92, NJW 1993, 207.

[21] OLG Zweibrücken 3 W 12/99, FamRZ 1999, 1171.

[22] BGH XII ZB 503/20, NJW 2021, 2508; XII ZB 483/19, BeckRS 2020, 13609.

mögensgefährdung erheblicher Art vorliegen.[23] Das gilt auch für größere **Vermögen im Millionenbereich.**[24] Letztlich spekulativ gebliebene Erwägungen, dass Bargeld und Schmuck (Erbschaft) „bedenkenlos Dritten überlassen" wurden, reichen ohne nähere Feststellungen – auch zu einer krankheitsbedingten Ursache – nicht aus.[25] Feststehen muss, dass die entstandenen Verbindlichkeiten zB nicht durch die Veräußerung von Grundbesitz tilgbar sind.[26] Bei Unternehmern können Verhaltensweisen entscheidend sein, die das Vertrauen von Geschäftspartnern bzw. die Kreditlinien gefährden.[27] Die drohende Selbstschädigung muss gewichtig sein und sich als wesentliche Beeinträchtigung des Wohls des Betreuten in seiner konkreten Lebenssituation darstellen.[28] Sie kann sich auch daraus ergeben, dass der Betreute zur Verwaltung umfangreichen Betriebs- oder Immobilienvermögens[29] oder seines Privatvermögens nicht in der Lage ist.[30] Das kann auch die Einhaltung der Obliegenheiten in einem laufenden Verbraucherinsolvenzverfahren betreffen.[31] Auch bei umfangreichem Vermögen sind konkrete Anhaltspunkte für eine erhebliche Vermögensgefährdung nötig.[32] Diese Grundsätze gelten auch bei einer **Verlängerung eines Einwilligungsvorbehalts**[33] (→ Rn. 34).

Betreuerkonflikte: 4

Meinungsverschiedenheiten uneinsichtiger Betreuter mit nächsten Angehörigen oder Betreuern[34] sind für sich genommen **nicht ausreichend.** Ein Einwilligungsvorbehalt darf nicht ausschließlich dem Zweck dienen, sich über den erklärten Willen eines Betreuten hinwegzusetzen[35] oder ihn zu disziplinieren.[36] Diese zu § 1903 BGB aF ergangene Rechtsprechung ist vor dem Hintergrund der Neufassung von § 1821 BGB (Wünsche des Betreuten) erst recht zu beachten. Dass Maßnahmen Betreuern die Amtsausübung erleichtern, ist für sich genommen nicht ausreichend.[37] Auch anwaltliche (Berufs-)Betreuer müssen den Wunsch Betreuter akzeptieren, dass innerhalb des Aufgabenkreises ein anderer anwaltlicher Vertreter beauftragt wird, auch wenn Kosten nach dem RVG anfallen.[38] Wird die Genehmigung des **Anwaltsvertrages** durch einen Betreuer verweigert, so führt dies zum Verlust des anwaltlichen Vergütungsanspruches.[39] In gerichtlichen Verfahren ist – ggf. kraft Einzel- oder Glo-

---

[23] BGH XII ZB 503/20, NJW 2021, 2508; XII ZB 157/17, NJW-RR 2017, 1345; XII ZB 136/16, NJW-RR 2017, 517; XII ZB 7/2016, NJW-RR 2016, 71.

[24] BGH XII ZB 157/17, NJW-RR 2017, 1345.

[25] BGH XII ZB 7/16, NJW-RR 2016, 71.

[26] BGH XII ZB 92/15, BeckRS 2015, 14297.

[27] BGH XII ZB 99/18, NJW-RR 2018, 963.

[28] BGH XII ZB 92/15, BeckRS 2015, 14297 mN; MüKoBGB/Schneider BGB § 1903 Rn. 11.

[29] BGH XII ZB 92/15, BeckRS 2015, 14297 mN; BayObLG 3Z BR 46/95, FamRZ 1995, 1518.

[30] BGH XII ZB 167/18, NJW-RR 2018, 1221.

[31] BGH XII ZB 167/18, NJW-RR 2018, 1221.

[32] BGH XII ZB 275/16, BeckRS 2016, 18612; BGH XII ZB 7/16, NJW-RR 2016, 711; BGH XII ZB 593/15, FGPrax 2016, 174.

[33] BGH XII ZB 427/20, NJW-RR 2021, 1010.

[34] BGH XII ZB 275/16, NJW-RR 2017, 67; XII ZB 92/15, FamRZ 2015, 1793; BGH XII ZB 275/16, BeckRS 2016, 812.

[35] LG Berlin 34 O 433/99, FamRZ 2000. 1526.

[36] BGH XII ZB 275/16, NJW-RR 2017, 67.

[37] BGH XII ZB 141/17, NJW 2018, 1255.

[38] BGH XII ZB 141/17, NJW 2018, 1255.

[39] OLG München 15 U 127/19, BeckRS 2019, 22075.

balverweisungen – die Neuregelung der Prozessfähigkeit von unter Betreuung stehender Personen in **§ 53 ZPO** zu beachten.

5 Eine Beschränkung auf einzelne Lebensbereiche oder rechtliche Kategorien aufgrund des **Verhältnismäßigkeitsgrundsatzes** muss stets geprüft werden.[40] Denn ein Einwilligungsvorbehalt darf nur dann angeordnet werden, wenn hinreichend konkrete Anhaltspunkte für eine erhebliche Gefahr für die Person oder das Vermögen des Betreuten bestehen (S. 1). Die gegenständliche Beschränkung des Einwilligungsvorbehalts auf die Verwaltung und Sanierung eines Hauses ist möglich,[41] ebenso eine Begrenzung auf Ausgaben, die einen bestimmten Geldbetrag überschreiten. Eine gegenständliche Beschränkung der Vermögenssorge ist nicht geboten, wenn dem Betroffenem durch wiederholte – der Höhe nach begrenzte – Verfügungen in der Summe gemessen an den Vermögensverhältnissen ein größerer Schaden droht.[42]

6 Dass Vermögen durch übertriebene **Sparsamkeit** vermehrt wird, stellt gerade keine Vermögensgefährdung dar.[43] Hat eine betreute Person über Jahre hinweg nicht selbständig am Rechtsverkehr teilgenommen und lässt auch das Krankheitsbild eine Änderung nicht erwarten, reichen bloße Befürchtungen zukünftiger rechtsgeschäftlicher Aktivitäten nicht aus, den Vorbehalt aufrechtzuerhalten.[44] Eine konkrete Gefährdung kann im Einzelfall aber bei einem Unterschriftsmissbrauch vorliegen.

7 Die Erheblichkeit einer Gefahr bedeutet, dass unbedeutende Risiken, wie zB einzelne **unbezahlte Rechnungen** trotz ausreichenden Kontoguthabens nicht entscheidend sind, andererseits aber die Gefahr nicht erst existenzbedrohend geworden sein muss, bevor ein Einwilligungsvorbehalt möglich ist.[45] Bei **größeren Vermögen** rechtfertigt der Rückgriff auf Ersparnisse zur Finanzierung eines gehobenen Lebensstils keinen Einwilligungsvorbehalt.

8 Ein Einwilligungsvorbehalt kann erforderlich sein, um eine (weitere) **Verschuldung** eines Betroffenen zu verhindern, selbst wenn er vermögenslos ist.[46] Wenn ein Betroffener Geld zur Bezahlung eines **Anwalts** mit dem Ziel einer Aufhebung der Betreuung benötigt, dann muss die voraussichtliche Honorarhöhe geklärt werden.[47]

9 Die Geeignetheit **fehlt,** wenn es nur um Rechtsgeschäfte iSd Abs. 3 S. 2 BGB geht, die sich auf **geringfügige Angelegenheiten** des täglichen Lebens beziehen (ausführlich dazu → Rn. 27 f.). An der Geeignetheit fehlt es zudem bei vorsorglich beantragten Einwilligungsvorbehalten, deren Ziel zB auch durch Daueraufträge, Lastschriftermächtigungen oder der Kündigung von Dispositionskrediten erzielt werden kann. Dies gilt auch in Fällen, in denen der Eingriff nichts an der Schadenszufügung ändert, vor der ein Einwilligungsvorbehalt schützen soll.[48] § 6 Abs. 2 Nr. 1 **GmbHG** regelt, dass ein Geschäftsführer nicht einem Einwilligungsvorbehalt unterliegen darf.

10 Verursachen eine Vielzahl von sozialgerichtlichen Rechtsstreitigkeiten erhebliche Kosten, insbesondere durch die Auferlegung von Verschuldenskosten bei **missbräuchlicher Rechtsverfolgung,** so kann dies einen Einwilligungsvorbehalt recht-

---

[40] BGH XII ZB 503/20, NJW 2021, 2508; XII ZB 577/17, NJW-RR 2018, 1091; OLG Brandenburg 11 Wx 8/07, FamRZ 2007, 1127 mwN; BayObLG 3Z BR 152/02, NJW-RR 2003, 871; 3Z BR 211/95, FamRZ 1996, 897.

[41] BayObLG 3Z BR 309/94, FamRZ 1995, 1517.

[42] BGH XII ZB 483/19, BeckRS 2020, 13609.

[43] KG Berlin 1 W 60/06, FamRZ 2007, 1127.

[44] OLG Zweibrücken 3 W 12/99, FamRZ 1999, 1171.

[45] Grüneberg/Götz BGB § 1903 aF Rn. 4.

[46] BayObLG 3Z BR 8/97, FamRZ 1997, 902.

[47] BGH XII ZB 526/11, FamRZ 2012, 1633.

[48] BGH XII ZB 458/15, BeckRS 2016, 112263.

fertigen.[49] In Fällen eines **Querulantenwahns** ist nach Ansicht des OLG Schleswig anhand der Kostenhöhe konkret zu prüfen, ob ein Einwilligungsvorbehalt geeignet ist, eine erhebliche Vermögensgefahr abzuwenden.[50] Das Kammergericht sieht es nicht als ausreichend an, dass der Betreuer die Klagen zurücknehmen kann. Diese Erwägung trifft jedenfalls für gerichtskostenfreie Verfahren und gehobene Vermögensverhältnisse nicht zu.[51]

2. Erforderlichkeit

Ein Einwilligungsvorbehalt setzt voraus, dass **weniger einschneidende Maßnahmen** nicht in Betracht kommen[52] und der Eingriff das letzte verbleibende Mittel ist, um Schaden abzuwenden. Dies setzt voraus, dass der Betroffene selbst handlungsfähig ist. Beruht die Gefährdung ausschließlich auf dem Abschluss von Dauerschuldverträgen bzw. Ratenzahlungsgeschäften, so ist eine entsprechende Beschränkung des Einwilligungsvorbehalts erforderlich.[53] Die Erforderlichkeit kann eine Beschränkung auf eine einzelne Immobilie oder eine bestimmte Art von Geschäften gebieten.[54] Eine Erforderlichkeit entfällt, wenn sich ein Aufgabenkreis erledigt hat (zB Erbausschlagung).[55] Dass Willenserklärungen erwiesenermaßen Geschäftsunfähiger (→ Rn. 12) nichtig sind, macht einen Einwilligungsvorbehalt nicht unverhältnismäßig.[56] 11

3. Geschäftsunfähigkeit

Eine Geschäftsunfähigkeit **steht** der Anordnung eines Einwilligungsvorbehalts **nicht entgegen.**[57] Denn der Einwilligungsvorbehalt soll auch vor dem Risiko des schwierigen Nachweises einer Geschäftsunfähigkeit schützen.[58] Umgekehrt wird der Betroffene infolge der Anordnung eines Einwilligungsvorbehalts nicht geschäftsunfähig.[59] Vielmehr sind dann die rechtlichen Konsequenzen eigenen Handelns von einer Einwilligung des Betreuers abhängig. 12

4. Bestehen einer Vorsorgevollmacht

Auch bei Vorliegen einer Vorsorgevollmacht darf ein Einwilligungsvorbehalt nur zusammen mit einer Betreuung angeordnet werden.[60] Das in § 1814 Abs. 3 S. 2 Nr. 1 normierte Subsidiaritätsprinzip im Verhältnis Vorsorgevollmacht und Betreuung 13

---

[49] BGH XII ZB 519/15, NJW-RR 2016, 2027.

[50] OLG Schleswig 2 W 300/04, BeckRS 2005, 2635.

[51] KG Berlin 1 W 125/06, NJOZ 2008, 1899.

[52] BayObLG 3Z BR 211/95, FamRZ 1996, 897 mwN; 3Z BR 349/94, FamRZ 1995, 1296.

[53] OLG Brandenburg 11 Wx 8/07, FamRZ 2007, 1127 L.

[54] BGH XII ZB 483/19, BeckRS 2020, 13609; XII ZB 167/18, NJW-RR 2018, 1221; XII ZB 157/17, NJW-RR 2017, 1345; XII ZB 141/17, NJW 2018, 1255; XII ZB 563/16, BeckRS 2017, 105299; XII ZB 275/16, NJW-RR 2017, 67; XII ZB 136/16, NJW-RR 2017, 517; XII ZB 157/17, NJW-RR 2017, 345; XII ZB 275/16, NJW-RR 2017, 67; XII ZB 7/2016, NJW-RR 2016, 71; XII ZB 92/15, MDR 2015, 1135; XII ZB 7/16, NJW-RR 2016, 711; XII ZB 593/15, FGPrax 2016, 174; XII ZB 275/16, BeckRS 2016, 18612.

[55] BGH XII ZB 427/20, NJW-RR 2021, 1010.

[56] BGH XII ZB 141/17, NJW 2018, 1255; XII ZB 301/13, NJW 2014, 1733.

[57] BGH XII ZB 577/17, NJW-RR 2018, 1091; XII ZB 301/13, NJW 2014, 1733.

[58] BGH XII ZB 141/17, NJW 2018, 1255; OLG Zweibrücken 3 W 28/06, FamRZ 2006, 1710.

[59] BT-Drs. 11/4528, 136.

[60] BGH XII ZB 118/11, MDR 2011, 1039; LG Verden 1 T 18/11, BeckRS 2011, 20616.

kommt dann nicht zum Tragen, wenn es zu der Anordnung eines Einwilligungsvorbehalts kommt.[61] Es liegt in solchen Fällen dann aber nahe, dass der Bevollmächtigte auch zum Betreuer bestellt wird. Die Notwendigkeit eines Einwilligungsvorbehalts rechtfertigt aber bei Vorliegen einer Vorsorgevollmacht nicht für sich genommen die Einrichtung einer Betreuung.[62]

III. Umfang

1. Allgemein

14 Der Eingriffsumfang ist auf die Abgabe von **Willenserklärungen** beschränkt.[63] Auch konkludente oder einem Formzwang unterliegende Willenserklärungen sind erfasst, da ein Einwilligungsvorbehalt im Rahmen einer notariellen Beurkundung im Regelfall unbekannt bleiben wird. Auch geschäftsähnliche Handlungen, bei denen die Rechtswirkungen willensunabhängig eintreten, können von einem Einwilligungsvorbehalt erfasst sein, da auch diese sich vermögensgefährdend auswirken können.[64] Tatsächliches Handeln (Realakt) ohne Rechtsbindungswillen kann keinem Einwilligungsvorbehalt unterworfen werden. Das betrifft nach Ansicht des OLG Hamm auch die Aufenthaltsbestimmung.[65] Das BayObLG ist mit dem Argument anderer Ansicht, dass ansonsten Betreute Heimverträge wirksam kündigen könnten.[66] Nach Erlass dieser Entscheidungen hat der Gesetzgeber in § 309 Abs. 2 FamFG für den Fall eines die Aufenthaltsbestimmung umfassenden Einwilligungsvorbehalts eine Pflicht zur Information der Meldebehörde geregelt. Dann müssten Rechtsfolgen von Willenserklärungen, die sich unmittelbar auf einen Wohnsitzwechsel auswirken, zum Selbstschutz des Betreuten verhinderbar sein.[67]

15 Außerhalb der Reichweite eines Einwilligungsvorbehalts ist der Betroffene keinen rechtlichen Beschränkungen unterworfen, soweit er insoweit geschäftsfähig ist. Der Kreis der einwilligungsbedürftigen Bereiche kann **kleiner** sein, **als** die **Aufgabenbereiche** des Betreuers („soweit“).[68] Ein Einwilligungsvorbehalt setzt das Bestehen einer Betreuung voraus,[69] so dass mit dem **Ableben** oder der Entlassung eines **Betreuers** ein neuer Betreuer bestellt werden muss (§ 1869 BGB).

2. Ausschluss des Einwilligungsvorbehalts (Abs. 2)

16 Bei **höchstpersönlichen Willenserklärungen** (Gesetzeskatalog: Eheschließung gem. § 1310 BGB, Errichtung von Verfügungen von Todes wegen (Testament, Erbvertrag), Errichtung und Anfechtung von Erbverträgen und familien- und erbrechtlichen Willenserklärungen, zu denen ein beschränkt Geschäftsfähiger die Zustimmung eines gesetzlichen Vertreters benötigt) soll der Betreuer höchstpersönliche Willensentschlüsse des Betreuten nicht beeinflussen können, selbst wenn dies notwendig erschei-

---

[61] DNotI-Report 2012, 97 mwN Müller/Renner, Betreuungsrecht und Vorsorgeverfügungen in der Praxis.

[62] BGH XII ZB 157/17, NJW-RR 2017, 1345; XII ZB 118/11, NJW-RR 2011, 1507, jeweils zu § 1896 BGB idF bis 31.12.2022.

[63] OLG Hamm 15 W 237/94, FamRZ 1995, 433.

[64] MüKoBGB/Schneider BGB § 1903 aF Rn. 21.

[65] OLG Hamm 15 W 237/94, BtPrax 1995, 70; Grüneberg/Götz BGB § 1903 aF Rn. 2.

[66] BayObLG 3Z BR 9/93, FamRZ 1993, 852.

[67] MüKoBGB/Schneider BGB § 1903 aF Rn. 22.

[68] Grüneberg/Götz BGB § 1903 aF Rn. 3.

[69] Grüneberg/Götz BGB § 1903 aF Rn. 2; BGH XII ZB 80/11, NJW-RR 2011, 1506; XII ZB 324/14, FamRZ 2011, 1391.

nen sollte. Ein Einwilligungsvorbehalt ist daher kraft Gesetzes ausgeschlossen. Es kann also nur der Betreute höchstpersönlich handeln und die Wirksamkeit der Willenserklärung hängt von der Geschäftsfähigkeit ab, soweit es im Hinblick auf die Ehegeschäftsfähigkeit nicht besondere Voraussetzungen gibt. (→ § 104 BGB Rn. 91 f.).

Die Nichteinwilligung in **medizinische Maßnahmen** kann nicht einem Einwilligungsvorbehalt unterworfen werden, da dem keine rechtsgeschäftliche Erklärung zugrunde liegt und es an der Vertretungsmacht des Betreuers fehlt. Die Entscheidung des Betreuten hat höchstpersönlichen Charakter. 17

Im Bereich des **Familienrechts** ist die Ehescheidung und -aufhebung (§ 125 FamFG) ebenso von praktischer Bedeutung, wie das Anerkenntnis und die Anfechtung einer Vaterschaft, sowie die Sorgerechtserklärung (§ 1626c Abs. 1 BGB, ferner die §§ 1516 Abs. 2 S. 1, 1713 Abs. 2 S. 2, 1747 Abs. 4 iVm 1750 Abs. 3 S. 2, 1760 Abs. 3 S. 2 und Abs. 5 S. 2, 1762 Abs. 1 S. 2 BGB). Das Gleiche gilt trotz der Rechtsfolge einer gesetzlichen Unterhaltspflicht für eine Fremdsamenspende.[70] 18

Im Bereich des **Erbrechts** haben neben der Errichtung von Verfügungen von Todes wegen auch die Aufhebung, der Widerruf und deren Anfechtung ebenso höchstpersönlichen Charakter, wie der Erbverzicht (§§ 2282 Abs. 1 S. 2, 2290 Abs. 2 S. 2, 2296 Abs. 1 S. 2, 2347 Abs. 2 S. 1 BGB). Sie können daher nicht von einem Einwilligungsvorbehalt erfasst sein. 19

IV. Rechtsfolgen (Abs. 1 S. 1, 2, Abs. 3)

1. Grundsatz

Der Grundsatz ist, dass im Rahmen des Einwilligungsvorbehalts die **Willenserklärung** des Betreuten der Einwilligung (§§ 182 ff. BGB) des Betreuers bedarf und ansonsten im Regelfall **unwirksam** ist (§ 183 Abs. 1 S. 1 BGB). Eine Einwilligung ist eine Zustimmung vor Abgabe der Willenserklärung (§ 183 S. 1 BGB). 20

2. Verweis auf Regeln über beschränkt Geschäftsfähige

Ist im Bereich eines Einwilligungsvorbehalts der handelnde Betreute geschäftsfähig iSv § 104 Nr. 2 BGB, dann steht er gemäß Abs. 1 S. 2 (mit Verweis auf §§ 108–113, 131 Abs. 2 und 210 BGB) weitgehend einer **beschränkt geschäftsfähigen** Person gleich. Dass keine vollständige Gleichstellung möglich ist, liegt daran, dass ein Einwilligungsvorbehalt niemals umfassend alle Lebensbereiche erfassen kann. 21

Die sog. **„partielle Geschäftsfähigkeit"** führt dazu, dass das Minderjährigenrecht nur auf die dem Einwilligungsvorbehalt unterliegenden Aufgabenbereiche anwendbar ist. In den übrigen Bereichen verbleibt es bei der uneingeschränkten Handlungsfähigkeit. Ohne die nach §§ 1825 Abs. 1 S. 3 iVm 108 Abs. 1 BGB notwendige Genehmigung des Betreuers bleibt ein Vertrag schwebend unwirksam und wird bei einer Versagung endgültig unwirksam. Ein einseitiges Rechtsgeschäft des Betreuten bleibt ohne Einwilligung des Betreuers gemäß § 111 BGB unwirksam und ist nicht genehmigungsfähig. Der Verweis auf § 131 Abs. 2 BGB führt dazu, dass Willenserklärungen erst mit Zugang bei dem Betreuer als gesetzlichen Vertreter wirksam werden, es sei denn es liegt ein Fall des Abs. 3 BGB vor. 22

Eine Zustimmung des Betreuers innerhalb des Aufgabenbereichs eines Einwilligungsvorbehalts ist auch **nicht erforderlich,** wenn das Geschäft mit Mitteln bewirkt wurde, die ihm zu diesem Zweck oder zu freier Verfügung von dem Betreuer überlassen wurden (Abs. 1 S. 3 iVm 110 BGB). Ein Einwilligungsvorbehalt ändert nichts daran, dass geschäftsunfähige Betreute in Betreuungssachen dennoch wirksam 23

---

[70] OLG Oldenburg 11 UF 179/13, FamRZ 2015, 176.

ein **Anwaltsmandat** erteilen können (§ 275 FamFG).[71] Innerhalb eines Aufgabenkreises ist für die Abgabe der **Vermögensauskunft** nach § 802c ZPO der Betreuer ausschließlich zuständig (§ 1823 BGB).[72]

24 Im Bereich eines Einwilligungsvorbehalts muss geprüft werden, ob Vertragspartnern ein **Aufwendungsersatzanspruch** gemäß §§ 677, 683, 670 BGB zusteht. Das hat der BGH für die Beauftragung eines Schlüsseldiensts zu nächtlicher Stunde bejaht.[73] Mit einer Aufhebung des Einwilligungsvorbehalts kann der Betreute schwebend unwirksame Rechtsgeschäfte selbst genehmigen (§§ 1871 Abs. 4, 108 Abs. 3 BGB).

3. Einwilligungsfreiheit: lediglich rechtlicher Vorteil (Abs. 3 S. 1)

25 Der Rechtsbegriff entspricht im vollen Umfang § 107 BGB. Die wirtschaftlichen Folgen bleiben unberücksichtigt, wenn sich ausschließlich ein rechtlicher Vorteil ergibt. Umgekehrt reicht ein wirtschaftlicher Profit nicht aus, wenn er zugleich keinen rechtlichen Vorteil mit sich bringt. Das gilt insbesondere für einen Kauf weit unterhalb des Verkehrswerts.

26 Eine Leistung, die gegenüber einem Betreuten innerhalb des Bereichs eines Einwilligungsvorbehalt erbracht wird, führt nicht zu einer Erfüllung (§ 362 BGB).[74] Die Erfüllung ist nicht lediglich rechtlich vorteilhaft, weil der Betreute mit ihr den Erfüllungsanspruch verlieren würde.[75] Abs. 1 S. 3 BGB verweist auf die Regelungen des Minderjährigenrechts, so dass durch eine Leistung an den Betreuer Erfüllung eintritt. Dies gilt auch für eine Einwilligung oder Genehmigung durch den Betreuer.[76]

4. Einwilligungsfreiheit: geringfügige Angelegenheit des täglichen Lebens (Abs. 3 S. 2)

27 Wenn die Willenserklärung nur geringfügige Angelegenheiten des täglichen Lebens betrifft, dann ist trotz eines Einwilligungsvorbehalts eine Zustimmung des Betreuers **nicht erforderlich.** Maßgeblich ist losgelöst von einer generalisierenden Betrachtung und einer finanziellen Obergrenze, ob es um Bargeschäfte über geringwertige Gegenstände, wie zB den Kauf zeitnah zu verbrauchender Lebensmittel oder notwendiger Bedarfsgegenstände, Dienstleistungen und Vertragsabschlüsse geht (Öffentlicher Nahverkehr, Friseur etc.).[77] Die Geringfügigkeit hat sich an den **finanziellen Verhältnissen** zu orientieren, so dass vermögende Betreute sich ohne Zustimmung des Betreuers einen aufwändigeren, alltäglichen Lebensbedarf leisten können.

28 In **Abgrenzung** zu Abs. 1 S. 3 iVm **§ 110 BGB** ist bereits das Verpflichtungsgeschäft einwilligungsfrei, so dass daran die von dem Betreuten nicht erbrachte (geringfügige) Gegenleistung[78] bzw. ein Kreditgeschäft nichts ändert. Das AG Wuppertal beurteilt dies für eine Schwarzfahrt in öffentlichen Verkehrsmitteln anders, da kein Bargeschäft vorliegt.[79] Das gilt auch für Dauerschuldverhältnisse (Mobilfunkvertrag).[80]

---

[71] OLG Koblenz 6 U 747/13, NJW 2014, 1251.
[72] BGH I ZB 20/08, NJW-RR 2009, 1.
[73] BGH III ZA 19/14, FamRZ 2015, 401.
[74] BGH XI ZR 234/14, NJW 2015, 2497.
[75] BGH XI ZR 234/14, NJW 2015, 2497.
[76] BGH XI ZR 234/14, NJW 2015, 2497.
[77] BT-Drs. 11/4528, 139.
[78] Grüneberg/Götz BGB § 1903 aF Rn. 9.
[79] AG Wuppertal 35 C 376/08, FamRZ 2009, 1350 L.
[80] LG Trier 3 S 89/03, BeckRS 9998, 52486.

28a Das Betreuungsgericht kann gemäß Abs. 3 S. 2 die Einwilligungspflicht auch für geringfügige Angelegenheiten des täglichen Lebens anordnen **(qualifizierter Einwilligungsvorbehalt).** Auch hier gilt der Verhältnismäßigkeitsgrundsatz[81] (→ Rn. 2ff.). An der Eignung kann es fehlen, wenn der Einwilligungsvorbehalt geringwertige Bargeschäfte nicht verhindern kann, soweit der Verkäufer von der gerichtlichen Anordnung nichts weiß.[82] Ein knapp bemessenes Taschengeld kann ein milderes Mittel sein.[83]

V. Minderjährige ab Vollendung des 17. Lebensjahres (Abs. 4)

29 Die bisher in § 1908a aF geregelte vorsorgliche Anordnung eines Einwilligungsvorbehalts für Minderjährige, die das 17. Lebensjahr vollendet haben, ist nunmehr in § 1825 Abs. 4 geregelt. Der entsprechende Richtervorbehalt betrifft Fälle, in denen davon auszugehen ist, dass die Maßnahme mit Erreichen des Volljährigkeitsalters erforderlich ist. Die bislang in § 1903 aF geregelte Informationspflicht bezüglich einer Aufhebung oder Abänderung ist nunmehr in § 1864 Abs. 2 Nr. 5 enthalten.

VI. Verfahren

1. Einleitung

30 Das gemäß § 272 Abs. 1 FamFG örtlich **zuständige** Gericht wird **von Amts wegen** tätig. Auch wenn es kein gesetzliches Antragsrecht gibt, so wird das Gericht auf Anregung des Betreuten, eines Betreuers, der Betreuungsbehörde oder eines Dritten tätig. Die Einrichtung einer Betreuung, die Entlassung sowie Zweitbestellung eines Betreuers einerseits sind im Verhältnis zur Anordnung des Einwilligungsvorbehalts andererseits getrennte Verfahrensgegenstände.[84] Das Gesetz schreibt in § 280 FamFG eine **förmliche Beweisaufnahme** vor.[85]

31 Eine Gefahr im Sinne des Abs. 1 S. 1 sowie den Umfang der Aufgabenkreise und die Verhältnismäßigkeit des Eingriffs hat das Betreuungsgericht im Rahmen seiner **Amtsermittlungspflicht** (§ 26 FamFG) festzustellen.[86] Sonst ist eine Aufhebung und Zurückverweisung für weitere Ermittlungen geboten. Allgemein gehaltene Angaben Dritter ohne nähere Substantiierung sind nicht ausreichend. Das Betreuungsgericht muss eigene Ermittlungen auch dann durchführen, wenn andere Familienangehörige die Notwendigkeit abweichend beurteilen.[87]

32 Sind bereits die Voraussetzungen für die Bestellung eines Betreuers nicht ausreichend festgestellt, kann auch die darüber hinaus gehende Anordnung eines Einwilligungsvorbehalts nicht bestehen bleiben.[88] Grundsätzlich gelten mit den nachfolgenden Besonderheiten die Verfahrensvorschriften für die erstmalige Bestellung eines Betreuers.

---

[81] BGH XII ZB 483/19; BeckRS 2020, 13609; XII ZB 458/15, BeckRS 2016, 112263.

[82] BGH XII ZB 458/15, BeckRS 2016, 112263.

[83] BGH XII ZB 458/15, BeckRS 2016, 112263.

[84] BGH XII ZB 39/18, NJW 2018, 2729.

[85] BGH XII ZB 427/20, NJW-RR 2021, 1010.

[86] BGH XII ZB 141/17, NJW 2018, 1255; XII ZB 608/15, NJW-RR 2017, 769; XII ZB 519/15, NJW-RR 2016, 207, XII ZB 118/11, NJW-RR 2011, 1507; XII ZB 526/11, NJW-RR 2012, 1154; BGH XII ZB 7/16, NJW-RR 2016, 711; BGH XII ZB 593/15, FGPrax 2016, 174; BGH XII ZB 275/16, BeckRS 2016, 18612.

[87] BGH XII ZB 118/11, NJW-RR 2011, 1507; XII ZB 256/10, JR 2011, 449.

[88] BGH XII ZB 80/11, FamRZ 2011, 1391; XII ZB 324/14, FamRZ 2015, 649.

2. Aufhebung eines Einwilligungsvorbehalts

32a § 294 FamFG regelt die Aufhebung und Einschränkung eines Einwilligungsvorbehalts und verweist in Abs. 1 auf § 279 Abs. 1, 3, 4 FamFG (Anhörung sonstiger Beteiligter) und § 288 Abs. 2 FamFG (Bekanntgabe), nicht jedoch auf § 278 FamFG (Betroffenenanhörung) und § 280 FamFG (Gutachtenseinholung). Dennoch sind die allgemeinen Verfahrensregeln, insbesondere die Gewährung rechtlichen Gehörs und die Amtsermittlung (§ 26 FamFG) zu beachten.[89] Zu den Anforderungen an ein dennoch eingeholtes Gutachten vgl. → Rn. 44.

Eine Aufhebung ohne neue Ermittlungen ist nur verfahrensgemäß, wenn die im Ausgangsverfahren getroffenen Feststellungen weiter tragfähig für das Vorliegen der Tatbestandsvoraussetzungen sind (greifbare Anhaltspunkte für Veränderungen).[90]

3. Verfahrensfähigkeit

33 Der **Betroffene ist** in der Betreuungssache gemäß § 275 FamFG **verfahrensfähig,** auch wenn er nicht geschäftsfähig ist (→ § 275 FamFG Rn. 6).

4. Anhörung des Betroffenen

34 Gemäß § 278 Abs. 1 S. 1 und 2 FamFG hat das Gericht den Betroffenen vor der (erstmaligen) Anordnung eines Einwilligungsvorbehalts **zwingend** persönlich anzuhören, dessen Wünsche zu erfragen und sich einen persönlichen Eindruck von ihm zu verschaffen (unmittelbare akustische und visuelle Wahrnehmung).[91] Ferner hat es den Inhalt des Gutachtens zu würdigen.[92] Gemäß § 278 Abs. 2 S. 1 FamFG müssen folgende Punkte mit dem Betroffenen erörtert werden: Verfahrensablauf, Ergebnis des übermittelten Gutachtens, in Betracht kommende Betreuer, Umfang und Zeitpunkt der Aufhebung oder Verlängerung des Einwilligungsvorbehalts. Dieser Anhörung kommt auch in Fällen, in denen sie gesetzlich nicht generell vorgeschrieben ist (§ 34 Abs. 1 Nr. 1 FamFG) eine zentrale Stellung zu.[93]Ein Verstoß gegen dieses **grundlegende Verfahrensprinzip** stellt einen gravierenden Verfahrensfehler dar, der in der Regel einen Feststellungsantrag gemäß § 62 FamFG rechtfertigt.[94] Eine Anhörung kann **entbehrlich** sein, wenn das Gericht einem psychiatrischen Gutachten folgt und von der Bestellung eines Betreuers absehen[95] oder eine bestehende Betreuung aufheben möchte.[96] Die Geltung von § 34 FamFG ist auch im Anwendungsbereich von § 278 FamFG nicht ausgeschlossen.[97] Das Gericht darf bei der Anordnung ausnahmsweise unter den Voraussetzungen des § 34 Abs. 3 FamFG (Hinweis auf die Folgen unentschuldigten Ausbleibens vgl. auch → Rn. 37) ausnahmsweise von der persönlichen Anhörung absehen, wenn alle nicht mit Zwangsmitteln verbunde-

---

[89] BGH XII ZB 615/17, BeckRS 2018, 17533.

[90] BGH XII ZB 615/17, BeckRS 2018, 17533.

[91] BGH XII ZB 503/20, NJW 2021, 2508; XII ZB 269/21, BeckRS 2021, 41694; XII ZB 220/20, NJW-RR 2021, 1; XII ZB 392/19, NJW 2020, 852; XII ZB 148/19, NJW 2020, 474; XII ZB 269/16, NJW 2017, 77; XII ZB 498/14, BeckRS 2015, 17289; XII ZB 650/12, FamRZ 2014, 293; XII ZB 120/14, NJOZ 2014, 881; XII ZB 384/12, FamRZ 2013, 286; XII ZB 246/16, BeckRS 2016, 19431.

[92] BGH XII ZB 454/19, NJW-RR 2020, 946.

[93] BGH XII ZB 215/21, BeckRS 2021, 41845.

[94] BGH XII ZB 160/19, NJW-RR 2019, 345; XII ZB 691/12, NJW 2013, 3309.

[95] BGH XII ZB 506/18, NJW-RR 2019, 1089, in Abgrenzung zu XII ZB 215/21, BeckRS 2021, 41845; XII ZB 485/18, NJW-RR 2019, 451.

[96] BGH XII ZB 527/20, BeckRS 2021, 17948.

[97] BGH XII ZB 503/20, NJW 2021, 2508.

nen Versuche einer Anhörung (auch in der Wohnumgebung) durchzuführen erfolglos geblieben sind und eine Vorführung (§ 278 Abs. 5–7 FamFG) unverhältnismäßig wäre.[98] Nimmt man Letzteres ausnahmsweise an, so muss der Eingriff durch die Bedeutung des Verfahrensgegenstandes (Umfang des Einwilligungsvorbehalt) gerechtfertigt sein.[99] Dies gilt allenfalls dann, wenn eine zwangsweise Durchsetzung (Abs. 6–7) negative (gesundheitliche) Folgen erheblichen Ausmaßes erwarten lassen würde.[100] Erfolglos gebliebene Ladungen zu Gerichtsterminen reichen verfahrensrechtlich nicht aus.[101] Eine Anordnung darf dann nur erfolgen, wenn das Gericht ohne Anhörung und persönlichen Eindruck die Eingriffsvoraussetzungen als erfüllt ansieht.[102] Die Ausnahmeregelung des § 278 Abs. 1 S.2 FamFG erfasst in erster Linie Fälle, in denen eine Kommunikation gesundheitsbedingt unmöglich ist.[103] Aber auch dann muss sich das Gericht einen persönlichen Eindruck verschaffen.[104] Dass ein Betroffener iSv § 34 Abs. 2 FamFG offensichtlich nicht in der Lage ist, seinen Willen kundzutun, kann nur angenommen werden, wenn keine irgendwie sachbezogene Äußerung möglich ist (Koma, Bewusstlosigkeit, künstliche Beatmung etc).[105] Das darf nur auf Grundlage eines ärztlichen Gutachtens angenommen werden.[106] Um restlich verbliebene Fähigkeiten zu einer verbalen oder nonverbalen Kommunikation[107] zu klären, ist in der Regel ein Anhörungsversuch notwendig.[108] Die Anhörung dient nicht nur der Gewährung rechtlichen Gehörs, sondern auch der Sachverhaltsaufklärung.[109] Sie hat grundsätzlich **nach einer rechtzeitigen Bekanntgabe des Gutachtens** zu erfolgen[110] (→ Rn. 40, 44). Dies gilt auch für ein ärztliches Zeugnis nach § 295 Abs. 1 S. 2 FamFG.[111] Eine Aushändigung eingangs der Anhörung ist nicht ausreichend.[112] Bei einer **mündlichen Erstattung** des Gutachtens anlässlich der Anhörung muss dem Betroffenen ausreichend Zeit zur Kenntnisnahme und Äußerung gegeben werden.[113] Ist dann eine abschließende Stellungnahme nicht möglich oder gewollt, dann ist die Anhörung nach der Übersendung des Protokolls der mündlichen Gutachtenserstattung zu **wiederholen.**[114] Im Falle eines zeitlichen Zusammenfallens von Begutachtung und richterlicher Anhörung reichen mündliche Erläuterungen nicht aus, so dass nach Vorliegen des schriftlichen Gutachtens eine erneute Anhörung stattfinden

[98] BGH XII ZB 215/21, BeckRS 2021, 41845; XII ZB 503/20, NJW 2021, 2508; XII ZB 246/16, NJW 2017, 332; XII ZB 120/14, NJW 2014, 2788.

[99] BGH XII ZB 215/21, BeckRS 2021, 41845; XII ZB 246/16, NJW 2017, 332.

[100] BGH XII ZB 215/21, BeckRS 2021, 41845; XII ZB 246/16, NJW 2017, 332.

[101] BGH XII ZB 503/20, NJW 2021, 2508.

[102] BGH XII ZB 120/14, NJW 2014, 2788.

[103] BGH XII ZB 220/20, NJW-RR 2021, 1.

[104] BGH XII ZB 344/20, NJW 2021, 1881.

[105] BGH XII ZB 205/20, BeckRS 2021, 35456.

[106] BGH XII ZB 503/20, NJW 2021, 2508: XII ZB 120/14, NJW 2014, 2788.

[107] BGH XII ZB 269/16, NJW 2017, 77.

[108] BGH XII ZB 205/20, BeckRS 2021, 35456; XII ZB 601/17, NJW-RR 2018, 1089.

[109] BGH XII ZB 503/20, NJW 2021, 2508; XII ZB 405/14, NJW 2015, 693.

[110] BGH XII ZB 370/21, BeckRS 2022, 5162; XII ZB 114/21, BeckRS 2021, 38259; XII ZB 244/20, BeckRS 2020, 32501; XII ZB 228/20, NJW 2021, 77; XII ZB 204/20, NJW 2020, 1268; XII ZB 150/20, BeckRS 2020, 22951; XII ZB 6/20, NJW-RR 2020, 945; XII ZB 454/19, NJW-RR 2020, 946XII ZB 62/19, BeckRS 2019, 16470; XII ZB 504/18, BeckRS 2019, 2050; XII ZB 57/18, NJW-RR 2019, 641; XII ZB 393/18, NJW 2019, 1681.

[111] BGH XII ZB 114/21, BeckRS 2021, 38259.

[112] BGH XII ZB 485/19, NJW-RR 2020, 577.

[113] BGH XII ZB 159/21, BeckRS 2022, 3665; XII ZB 204/20, NJW 2020, 1268.

[114] BGH XII ZB 159/21, BeckRS 2022, 3665; XII ZB 204/20, NJW 2020, 1268.

muss.[115] Dies gilt auch, wenn nach der Anhörung ein ergänzendes Gutachten eingeholt wird.[116] Ein erstmals im Termin dem Betroffenen vorgelegtes Leseexemplar ist nicht ausreichend, wenn der Betroffene den Inhalt nicht verstanden hat.[117] Wird deswegen ein **Verfahrenspfleger** bestellt, so ist dieser auf die Notwendigkeit einer Besprechung des Gutachtensinhalts hinzuweisen.[118] Das notwendige Mindestmaß rechtlichen Gehörs ist allenfalls dann sichergestellt, wenn zu erwarten ist, dass der Verfahrenspfleger den Gutachtensinhalt bespricht.[119] Erfolgt im Anhörungstermin eine Erörterung des Ergebnisses und führt der Verfahrenspfleger ein ausführliches Gespräch erst nach Erlass der erstinstanzlichen Entscheidung, so ist die Anhörung zu wiederholen.[120] Eine auszugsweise Bekanntgabe durch die Betreuungsbehörde oder richterlich im Wege der Rechtshilfe ist auch nicht ausreichend.[121] Wenn ein Verfahrenspfleger bestellt ist, soll die Anhörung in dessen Anwesenheit stattfinden (§ 278 Abs. 2 S. 3 FamFG). Er ist rechtzeitig zu bestellen und es ist sicherzustellen, dass dieser von dem Anhörungstermin benachrichtigt wird[122], und zwar auch dann, wenn der Betroffene **anwaltlich vertreten** ist.[123] Dies gilt ausnahmsweise nicht, wenn das Gericht in den Gründen nachvollziehbar darlegen kann, dass die Erforderlichkeit einer Pflegerbestellung nicht erkennbar war.[124] Auf Verlangen des späteren Pflegers ist die Anhörung zu wiederholen.[125] Verfahrensbevollmächtigten ist die Teilnahme an dem Termin zu ermöglichen.[126] Auch bei einer **Verlängerung** ist im Rahmen der Zeugniserstellung gemäß § 295 FamFG insbesondere eine persönliche Untersuchung oder Befragung des Betroffenen notwendig.[127] Es ist dabei zwischen dem Ob und dem Umfang sowie getrennt nach Betreuung und Einwilligungsvorbehalt zu entscheiden.[128]

34a Ein pauschaler Hinweis auf die mit der **Corona-Pandemie** verbundenen Gefahren rechtfertigt für das Gericht kein Absehen von einer Anhörung.[129] Das ist gemäß § 278 Abs. 4 FamFG iVm § 34 Abs. 2 FamFG nur dann möglich, wenn erhebliche Nachteile für die Gesundheit des Betroffenen zu besorgen sind[130] und die konkrete Gefahr von gesundheitlichen Folgen und schwerwiegenden, nicht abwendbaren Nachteilen besteht, weswegen abstrakte Gefahren in Pandemiezeiten nicht ausreichend sind.[131] Diesen kann durch ein Hygienekonzept begegnet werden.[132] Nach

---

[115] BGH XII ZB 582/19, NJW 2020, 2640; XII ZB 363/15, NJW 2016, 2650.

[116] BGH XII ZB 454/19, NJW-RR 2020, 946; XII ZB 392/19, NJW 2020, 852.

[117] BGH XII ZB 496/19, NJW-RR 2020, 769.

[118] BGH XII ZB 558/21, BeckRS 2022, 5655; XII ZB 370/21, BeckRS 2022, 5162; XII ZB 496/19, NJW-RR 2020, 769; XII ZB 179/19, NJW 2020, 1677.

[119] BGH XII ZB 558/21, BeckRS 2022, 5655.

[120] BGH XII ZB 370/21, BeckRS 5162.

[121] BGH XII ZB 496/19, NJW-RR 2020, 769; XII ZB 148/19, NJW 2020, 474.

[122] BGH XII ZB 442/21, BeckRS 2022, 7229; XII ZB 269/21 BeckRS 2021, 41694.

[123] BGH XII ZB 750/19, BeckRS 2020, 9446; BGH XII ZB 570/18, NJW 2019, 229; XII ZB 465/17, NJW-RR 2018, 514; XII ZB 45/17, NJW 2017, 2687; XII ZB 57/16, NJW 2016, 3596.

[124] BGH XII ZB 269/21 BeckRS 2021, 41694; XII ZB 57/19, ErbR 2019, 604.

[125] BGH XII ZB 465/17, NJW-RR 2018, 514.

[126] BGH XII ZB 331/16, BeckRS 2016, 19994; XII ZB 286/11, NJW 2012, 3017.

[127] BGH XII ZB 187/17, NJW-RR 2017, 1283; XII ZB 269/16, NJW 2017, 77.

[128] BGH XII ZB 99/18, NJW-RR 2018, 963.

[129] BGH XII ZB 503/20, NJW 2021, 2508; XII ZB 235/20, NJW 2021, 71; XII ZB 179/20, NJW 2021, 2296, XII ZB 220/20, NJW-RR 2021, 1.

[130] BGH XII ZB 235/20, NJW 2021, 71; XII ZB 220/20, NJW-RR 2021, 1.

[131] BGH XII ZB 220/20, NJW-RR 2021, 1.

[132] BGH XII ZB 503/20, NJW 2021, 2508; XII ZB 220/20, NJW-RR 2021, 1.

dem Gesetzeswortlaut kommt es auf den Gesundheitsschutz der anhörenden Richter und sonstiger zu beteiligender Personen nicht an.[133]

Das **Beschwerdegericht** (vgl. auch → Rn. 48f.) kann von einer persönlichen Anhörung absehen, wenn diese im ersten Rechtszug verfahrensgemäß erfolgt ist und keine neuen Erkenntnisse zu erwarten sind (§ 68 Abs. 3 S. 2 FamFG).[134] Dies gilt auch, wenn der Betroffene in der ersten Instanz bei einem Anhörungsversuch nicht kommunikationsbereit war und nicht zu erwarten ist, dass sich dies in der zweiten Instanz geändert hat.[135] Die Anhörung muss dann jedoch verfahrensfehlerfrei sein.[136] Dies gilt insbesondere für eine (erstinstanzliche) persönliche Anhörung ohne Bestellung eines Verfahrenspflegers.[137] Eine telefonische Anhörung reicht nicht.[138] Wurde nicht einmal der Versuch einer Anhörung unternommen, darf das Beschwerdegericht nicht von einer Anhörung absehen.[139] Dies gilt auch dann, wenn das erstinstanzliche Gericht eine Anhörung erstmals im **Abhilfeverfahren** vornimmt.[140] Verfahrenshandlungen, bei denen das Gericht des ersten Rechtszugs zwingende Verfahrensvorschriften verletzt hat, müssen durch das Beschwerdegericht **nachgeholt** werden[141], und zwar unabhängig von der Begründung auf die das Amtsgericht die unterbliebene Anhörung gestützt hat.[142] Etwas anderes kann gelten, wenn die erstinstanzliche Anhörung nur kurze Zeit zurückliegt.[143] Stützt sich das Beschwerdegericht auf eine nach der amtsgerichtlichen Entscheidung datierende Tatsachengrundlage, so ist eine neue persönliche Anhörung geboten.[144] Das ist zB der Fall, wenn der Betroffene erstmals der Betreuung oder dem Einwilligungsvorbehalt widerspricht[145] oder eine neue oder ergänzende gutachtliche Stellungnahme vorliegt,[146] soweit in der Ergänzung 35

---

[133] BGH XII ZB 235/20, NJW 2021, 71.

[134] BGH XII ZB 370/21, BeckRS 2022, 5162; XII ZB 424/21; XII ZB 269/21 BeckRS 2021, 41694; XII ZB 315/20, NJW-RR 2021, 386; XII ZB 153/20, NJW 2021, 2731; XII ZB 27/19, NJW-RR 2020, 129; XII ZB 57/18, NJW-RR 2019, 641; XII ZB 504/18, BeckRS 2019, 2050; XII ZB 141/17, NJW 2018, 1255; XII ZB 45/17, NJW 2017, 2687; XII ZB 136/16, NJW-RR 2017, 517, XII ZB 57/16, NJW 2016, 3596.

[135] BGH XII ZB 18/17, NJW-RR 2017, 969.

[136] BGH XII ZB 269/21 BeckRS 2021, 41694; XII ZB 220/20, NJW-RR 2021, 1; XII ZB 27/19, NJW-RR 2020, 129; XII ZB 444/18, BeckRS 2019, 5355; XII ZB 393/18, NJW 2019, 1681; XII ZB 57/18, NJW-RR 2019, 641; XII ZB 519/15, NJW-RR 2016, 1027.

[137] BGH XII ZB 27/19, NJW-RR 2020, 129.

[138] BGH XII ZB 220/20, NJW-RR 2021, 1.

[139] BGH XII ZB 18/17, NJW-RR 2017, 969, aA noch BGH XII ZB 363/15, NJW 2016, 2650.

[140] BGH XII ZB 424/21; XII ZB 213/21, BeckRS 213/21; XII ZB 93/21, NJW 2022, 546.

[141] BGH XII ZB 370/21, BeckRS 2022, 5162; XII ZB 503/20, NJW 2021, 2508; XII ZB 150/20, BeckRS 2020, 22951; XII ZB 45/17, NJW 2017, 2687.

[142] BGH XII ZB 344/20, NJW 2021, 1881.

[143] BGH XII ZB 135/19, NJW-RR 2019, 1410.

[144] BGH XII ZB 427/20, NJW-RR 2021, 1010; XII ZB 269/21 BeckRS 2021, 41694; XII ZB 205/20, BeckRS 2020, 35456; XII ZB 179/20, NJW 2021, 2296; XII ZB 150/20, BeckRS 2020, 22951; XII ZB 392/19, NJW 2020, 852; XII ZB 135/19, NJW-RR 2019, 1410; XII ZB 444/18, BeckRS 2019, 5355; XII ZB 10/18, NJW 2019, 237; XII ZB 141, 17, NJW 2018, 1255; XII ZB 313/16, NJW-RR 2016, 1409.

[145] BGH XII ZB 141, 17, NJW 2018, 1255.

[146] BGH XII ZB 427/20, NJW-RR 2021, 1010; XII ZB 269/21 BeckRS 2021, 41694; XII ZB 126/21, NJW-RR 2021, 1369; XII ZB 42/21, BeckRS 2021. 17385; XII ZB 179/20, NJW 2021, 2296; XII ZB 220/20, NJW-RR 2021, 1; XII ZB 392/19, NJW 2020, 852; BGH XII ZB 160/19, NJW-RR 2019, 1345; XII ZB 32/16, NJW-RR 2017, 773; XII ZB 227/12, NJW-RR 2016, 577.

nicht nur die bisherigen Ausführungen wiederholt oder bestätigt werden.[147] Eine Anhörung ist geboten, wenn ein geänderter Betreuerwunsch erfolgt oder Anhaltspunkte hierfür bestehen.[148] Das gilt auch bei einer erst im Beschwerdeverfahren abgegebenen Stellungnahme des Verfahrenspflegers.[149] Eine Anhörung muss nicht zwingend durch alle Mitglieder der Beschwerdekammer erfolgen, wenn aufgrund der Bedeutung der Anhörung im konkreten Fall ein Tätigwerden eines beauftragten Richters ausreichend erscheint und das Ergebnis der Anhörung nur als „objektiver Ertrag" und nicht als dessen persönlicher Eindruck verwertet wird.[150] Hat das Beschwerdegericht ein neues Sachverständigengutachten eingeholt, dann muss der Betroffene vor der Entscheidung **erneut** persönlich angehört werden. Dem Verfahrenspfleger ist die Teilnahme an dem Anhörungstermin zu ermöglichen.[151] Bei einem wegen einer fehlenden Unterschrift unzulässigen Beschwerde gebietet Art. 103 Abs. 1 GG vor einer Verwerfung eine Anhörung des Betroffenen.[152] Die Anhörung der Betreuungsbehörde und auf dessen Verlangen dem Betreuten nahestehender Personen ist in § 279 FamFG geregelt.

36 Einer Anhörung ist ausnahmsweise **entbehrlich,** wenn der Einwilligungsvorbehalt **erweitert** werden soll und der Eingriff „nicht wesentlich"[153] ist oder die letzte Anhörung nicht länger als 6 Monate zurückliegt (§ 293 Abs. 2 FamFG). In Erweiterungsverfahren muss aber ein Gutachten oder ein ärztliches Zeugnis eingeholt werden, da § 293 Abs. 2 S. 1 Nr. 1 FamFG hier auch nicht entsprechend anwendbar ist.[154] Wird ein Einwilligungsvorbehalt angeordnet, nachdem ein zuvor bestehender (anderer) Eingriff bereits aufgehoben war, handelt es sich nicht um eine Erweiterung des Einwilligungsvorbehalts, sondern um dessen erneute Anordnung. Eine persönliche Anhörung nach § 278 Abs. 1 FamFG ist dann nicht nach § 293 Abs. 2 FamFG entbehrlich.[155]

37 Unter den Voraussetzungen des § 34 Abs. 3 S. 1 FamFG kann ausnahmsweise von der Anhörung abgesehen werden, wenn eine zwangsweise **Vorführung** des Betroffenen (§ 278 Abs. 5 FamFG) unverhältnismäßig wäre und das Gericht zuvor sämtliche nicht mit Zwang verbundenen Versuche – einschließlich des Versuchs einer Anhörung in der gewohnten Umgebung – unternommen hat.[156] Eine Unverhältnismäßigkeit liegt allenfalls dann vor, wenn die Vorführung und deren Durchsetzung negative Folgen erheblichen Ausmaßes für den Betroffenen erwarten lassen, insbesondere eine sachverständig festgestellte Gefahr von erheblichen Nachteilen für die Gesundheit.[157] In diesem Fall ist statt einer persönlichen Anhörung auch keine Verschaffung eines persönlichen Eindrucks nötig. (§ 278 Abs. 4 S. 2 FamFG). Ein „Verzicht" des Betrof-

[147] BGH XII ZB 126/21, NJW-RR 2021, 1369.

[148] BGH XII ZB 315/20; NJW-RR 2021, 386; XII ZB 179/20, NJW 2021, 2296; XII ZB 498/14, BeckRS 2015, 17289.

[149] BGH XII ZB 150/20, BeckRS 2020, 22951.

[150] BGH XII ZB 136/16, NJW-RR 2017, 517; XII ZB 358/16, NJW 2017, 1958; XII ZB 581/15, NJW 2016, 2745.

[151] BGH XII ZB 227/12, NJW-RR 2016, 577.

[152] BGH XII ZB 35/19, NJW-RR 2019, 1025.

[153] BGH XII ZB 519/15, NJW-RR 2016, 1027.

[154] BGH XII ZB 424/21, BeckRS 2022, 4868.

[155] BGH XII ZB 526/11, FamRZ 2012, 1633.

[156] BGH XII ZB 292/17, NJW-RR 2018, 449; XII ZB 18/17, NJW-RR 2017, 969; XII ZB 246/16, NJW 2017, 332; BGH XII ZB 120/14, FamRZ 2014 mwN; XII ZB 171/10, BeckRS 2010, 20850; XII ZB 405/14, NJW 2015, 693; BGH XII ZB 46/16, BeckRS 2016, 19431.

[157] BGH XII ZB 246/16, NJW 2017, 332.

fenen auf die persönliche Anhörung macht eine Anhörung nicht entbehrlich.[158] Bei einer Verlängerung der Betreuung ist eine erneute Anhörung nötig, wenn nicht ausgeschlossen ist, dass die Reaktionen Rückschlüsse auf den natürlichen Willen zulassen.[159]

5. Bestellung eines Verfahrenspflegers

§ 276 Abs. 1 S. 1 FamFG regelt, dass ein Verfahrenspfleger zu bestellen ist, wenn **38** dies zur Wahrnehmung der **Interessen des Betreuten** erforderlich ist.[160] Der Pfleger ist kein gesetzlicher Vertreter des Betroffenen (§ 276 Abs. 3 S. 3 FamFG). Dies ist bei der persönlichen Anhörung des Betroffenen zu berücksichtigen.[161] In der Regel ist eine Bestellung erforderlich, wenn eine Anordnung des Einwilligungsvorbehalts gegen den erklärten Willen des Betroffenen erfolgt (§ 276 Abs. 1 S. 2 Nr. 2 FamFG). Auch ohne eines der Regelfälle in § 276 Abs. 1 S. 2 FamFG ist eine Pflegerbestellung bei einem Einwilligungsvorbehalt für das gesamte Vermögen und erst recht bei einem umfassenden Eingriff grds. nötig.[162] Gemäß Abs. 2 S. 1 ist im Ausnahmefall eine Bestellung nicht geboten, wenn sie einen rein formalen Charakter hätte,[163] wobei eine Nichtbestellung ausdrücklich zu begründen ist (§ 276 Abs. 2 S. 2 FamFG).[164] Ein Pfleger ist im selben Umfang wie der Betroffene an den Verfahrenshandlungen zu beteiligen.[165] Seine Bestellung ändert nichts an der Notwendigkeit sich einen persönlichen Eindruck von dem Betroffenen zu verschaffen[166] (→ zur Anhörung Rn. 34 ff.). Dies gilt jedenfalls bei nennenswerten neuen Tatsachermittlungen auch bei der Prüfung einer **Aufhebung** einer Betreuung.[167] Bei einer **Verlängerung** eines umfassenden Einwilligungsvorbehalts ist grds. eine Bestellung nötig.[168] Ohne eine Aufhebung der Pflegschaft nach Vorlage einer Anwaltsvollmacht besteht die Pflegschaft bis zum Verfahrensende fort.[169] Wenn ein umfassender Einwilligungsvorbehalt in Vermögensangelegenheiten zur Diskussion steht, ist in der Regel eine Pflegerbestellung geboten.[170] Nach der zur Gesetzesfassung bis zum 31.12.2022 ergangenen Rechtsprechung galt dies auch, wenn die Anordnung einer (erweiternden) Betreuung in allen Angelegenheiten möglich erscheint.[171] Dies ist mit der Neufassung ausgeschlossen, da der Aufgabenkreis nunmehr aus einzeln anzuordnenden Bereichen bestehen muss

---

[158] BGH XII ZB 171/10, FamRZ 2010, 1650 mwN; XII ZB 120/14, NJW 2014, 2788; BGH XII ZB 46/16, BeckRS 2016, 19431.

[159] BGH XII ZB 269/16, BeckRS 2016, 18498.

[160] BGH XII ZB 499/21, BeckRS 2022, 3914.

[161] BT-Drs. 19/24445, 330.

[162] BGH XII ZB 510/20, NJW-RR 2021, 865; XII ZB 456/17, NJW 2020, 2890; XII ZB 208/19, NJW-RR 2020, 66.

[163] BGH XII ZB 499/21, BeckRS 2022, 3914; XII ZB 144/19, NJW-RR 2020, 65.

[164] BGH XII ZB 499/21, BeckRS 2022, 3914; XII ZB 244/20, BeckRS 2020, 32501.

[165] BGH XII ZB 228/20, NJW 2021, 77; XII ZB 27/19, NJW-RR 2020, 129.

[166] BGH XII ZB 344/20, NJW 2021, 1881.

[167] BGH XII ZB 27/19, NJW-RR 2020, 129; XII ZB 208/19, NJW-RR 2020, 66; XII ZB 180/18, NJW-RR 2018, 1281.

[168] BGH XII ZB 208/19, NJW-RR 2020, 66.

[169] BGH XII ZB 450/16, BeckRS 2017, 125773.

[170] BGH XII ZB 499/21, BeckRS 2022, 3914; XII ZB 27/19, NJW-RR 2020, 129; XII ZB 635/17, BeckRS 2018, 20602; BGH XII ZB 577/17, NJW-RR 2018, 1091.

[171] BGH XII ZB 510/20, NJW-RR 2021, 865, XII ZB 144/19, NJW-RR 2020, 65; XII ZB 537/18, NJW-RR 2019, 1409; XII ZB 51/19, BeckRS 2019, 16723; XII ZB 559/17, NJW 2018, 3443; XII ZB 214/17, NJW-RR 2018, 1030; XII ZB 36/17, NJW-RR 2017, 973; XII ZB 611/16, BeckRS 2017, 125744; XII ZB 546/16, NJW-RR 2017, 899; XII ZB 203/14, NJW 2016, 828.

(§ 1815 Abs. 1 BGB).[172] Entgegenstehen kann auch, dass ein **Betreuungsbedarf** für das Gericht **offenkundig** ist.[173] Ein Indiz ist, dass ein Aufgabenkreis in seiner Gesamtheit alle wesentlichen Bereiche der Lebensgestaltung umfasst, auch wenn einzelne restliche Bereiche zur eigenverantwortlichen Wahrnehmung verbleiben sollen und diese keinen nennenswerten eigenen Handlungsspielraum belassen.[174] Bei absehbar nahezu umfassenden Aufgabenbereichen wird eine Bestellung häufig angezeigt bleiben.[175] Fehlt bei Vorliegen eines Regelfalls eine **Begründung** für ein Absehen von einer Bestellung (§ 276 Abs. 2 S. 2 FamFG), ist der stets zu begründende **Ermessensgebrauch** für das Rechtsbeschwerdegericht nicht überprüfbar.[176] Ein Ausnahmefall kann gegeben sein, wenn eine anwaltliche Vertretung gegeben ist oder ein anderer geeigneter Verfahrensbevollmächtigten vorhanden ist bzw. eine Verfahrenspflegschaft rein formalen Charakter hätte.[177] Dass ein Einwilligungsvorbehalt dem Willen des Betroffenen widerspricht, begründet für sich genommen noch keine Notwendigkeit.[178] Wurde dem Pfleger nicht die Gelegenheit zur Anwesenheit im Anhörungstermin eingeräumt, liegt ein Verfahrensfehler vor.[179] Er ist rechtzeitig zu benachrichtigen[180] (vertiefend → Rn. 34 ff.). Die rechtsfehlerhafte Nichtbestellung ist für sich genommen noch kein Wiedereinsetzungsgrund (§ 17 FamFG), da entscheidend ist, ob dem Betroffenen oder einem Verfahrensbevollmächtigten ein Verschulden an der Fristversäumung obliegt.[181] Die Betreuungsbedürftigkeit alleine reicht nicht, kann aber ausnahmsweise bei der Verschuldensprüfung (§ 17 FamFG) zu berücksichtigen sein, wenn kein Verfahrenspfleger bestellt wurde.[182] Wurde in I. Instanz kein Verfahrenspfleger bestellt, so ist in der **II. Instanz** die Notwendigkeit erneut zu prüfen,[183] wobei es für die Voraussetzungen des § 276 Abs. 1 FamFG auf den erstinstanzlichen Verfahrensgegenstand ankommt.[184]

39 Sieht das Betreuungsgericht zum Schutz des Betroffenen von der vollständigen schriftlichen Bekanntgabe eines **Gutachtens** an den Betroffenen ab, so muss ein Verfahrenspfleger bestellt und die Erwartung gerechtfertigt sein, dass dieser mit dem Betroffenen über das Gutachten spricht.[185]

---

[172] BT-Drs. 19/24445, 330.

[173] BGH XII ZB 537/18, NJW-RR 2019, 1409; XII ZB 537/18, BeckRS 2019, 24998.

[174] BGH XII ZB 499/21, BeckRS 2022, 3914; XII ZB 537/18, NJW-RR 2019, 1409; XII ZB 611, 16, BeckRS 2017, 125744; XII ZB 203/14, NJW 2016, 828.

[175] BT-Drs. 19/24445, 330.

[176] BGH XII ZB 208/19, NJW-RR 2020, 66; XII ZB 144/19, NJW-RR 2020, 65: XII ZB 214/17, NJW-RR 2018, 1030; XII ZB 559/17, NJW 2018, 3443; XII ZB 546/16, NJW-RR 2017, 899; XII ZB 611/16, BeckRS 2017, 125744.

[177] BGH XII ZB 36/17, NJW-RR 2017, 973. XII ZB 611/16, BeckRS 2017, 125744; XII ZB 203/14, NJW 2016, 1828.

[178] BGH XII ZB 705/13, FamRZ 2014, 1446; in Abgrenzung zu XII ZB 19/11, FamRZ 2011, 1577.

[179] BGH XII ZB 45/17, NJW 2017, 2687; XII ZB 57/16, NJW 2016, 3596.

[180] BGH XII ZB 450/16, BeckRS 2017, 125773; XII ZB 57/16 NJW 2016, 3596; XII ZB 389/11, NJW 2012, 1582.

[181] BGH XII ZB 456/17, NJW 2021, 2890.

[182] BGH XII ZB 456/17, NJW 2021, 2890; XII ZB 78/20, BeckRS 2020, 18763.

[183] BGH XII ZB 499/21, BeckRS 2022, 3914; XII ZB 244/20, BeckRS 2020, 32501, XII ZB 577/17, NJW-RR 2018, 1091.

[184] BGH XII ZB 499/21, BeckRS 2022, 3914.

[185] BGH XII ZB 18/17, NJW-RR 2017, 969; XII ZB 43/11, FamRZ 2011, 1289; XII ZB 138/10, BeckRS 2010, 20858.

6. Sachverständigengutachten

a) Einleitung. Die Einholung eines ärztlichen Sachverständigengutachtens im Rahmen einer förmlichen Beweisaufnahme[186] ist **zwingend** notwendig[187] (§ 280 Abs. 1 S. 1 FamFG). Grundsätzlich ist die Einholung eines Gutachtens auch dann statthaft, wenn das Verfahren ohne eine Betreuerbestellung endet,[188] es sei denn ein Einwilligungsvorbehalt wird von vorneherein als nicht notwendig angesehen.[189] Das Gericht hat dies im Einzelfall vorab zu prüfen.[190] So soll eine unnötig „stigmatisierende Wirkung" vermieden werden.[191] Ein schriftliches Gutachten muss dem Betroffenen rechtzeitig vor dem Anhörungstermin persönlich vorliegen[192] (→ Rn. 34). Dies gilt auch, wenn eine Bekanntgabe gegenüber einem Betreuer oder Verfahrenspfleger erfolgt ist.[193] Erfolgt die Begutachtung während der Anhörung so muss nach Erstattung des schriftlichen Gutachtens eine erneute Anhörung stattfinden.[194] Ein ärztliches **Zeugnis** anstelle eines Gutachtens ist **nicht** ausreichend.[195] Eine Verdachtsdiagnose genügt nicht.[196] Grundsätzlich ist das Gutachten mit seinem vollen Wortlaut auch dem Betroffenen persönlich zur Verfügung zu stellen (§ 37 Abs. 2 FamFG).[197] Geht aus einer von dem Betroffenen persönlich verfassten Beschwerdeschrift hervor, dass ihm das Gutachten vorlag, dann ist dies ausreichend, auch wenn sich die Bekanntgabe des Gutachtens nicht eindeutig aus der Gerichtsakte ergibt.[198] Eine Pflegerbestellung ändert grds. nichts an der Notwendigkeit einer Bekanntgabe auch gegenüber dem Betroffenen, da der Verfahrenspfleger – im Gegensatz zu einem Verfahrensbevollmächtigten – nicht Vertreter des Betroffenen ist (§ 276 Abs. 3 S. 3 FamFG).[199] Von einer Bekanntgabe kann abgesehen werden, wenn ein Verfahrensbevollmächtigter Akteneinsicht erhalten hat[200] oder nach ärztlichem Zeugnis erhebliche Nachteile für die Gesundheit drohen (§ 288 Abs. 1 FamFG).[201] Sieht das Gericht deswegen von der vollständigen schriftlichen Bekanntgabe eines Gutachtens an den nicht anwaltlich vertretenen Betroffenen ab, muss ein Verfahrenspfleger bestellt werden[202] (→ Rn. 39). Das rechtliche Gehör des Betroffenen ist nur dann gewahrt, wenn das Gericht den Verfahrenspfleger darauf hinweist, dass eine Bekanntgabe an den Betroffenen nicht 40

---

[186] BGH XII ZB 536/16, NJW-RR 2017, 963; XII ZB 88/17, NJW-RR 2017, 1219.

[187] BGH XII ZB 526/11, FamRZ 2012, 1633.

[188] BGH XII ZB 485/18, NJW-RR 2019, 451.

[189] BGH XII ZB 370/14, NZFam 2015, 415.

[190] BGH XII ZB 292/17, NJW-RR 2018, 449; XII ZB 370/14, NZFam 2015, 415.

[191] BGH XII ZB 370/14, NZFam 2015, 415.

[192] BGH XII ZB 269/21, BeckRS 2021, 41694; XII ZB 582/19, NJW 2020, 2640; BGH XII ZB 485/19, NJW-RR 2020, 577; XII ZB 57/18, NJW-RR 2019, 641; XII ZB 10/18, NJW 2019, 237.

[193] BGH XII ZB 118/19, BeckRS 2021, 38259; XII ZB 139/18, NJW-RR 2018, 1282; XII ZB 334/17, NJW-RR 2018, 515.

[194] BGH XII ZB 228/20, NJW 2021, 77.

[195] BayObLG 3Z BR 309/94, FamRZ 1995, 1517.

[196] BGH XII ZB 622/15, BeckRS 2016, 19736.

[197] BGH XII ZB 439/21, BeckRS 2022, 2963; XII ZB 395/18, BeckRS 2018, 27577; XII ZB 536/16, NJW-RR 2017, 963; XII ZB 250/15, NJW-RR 2016, 257.

[198] BGH XII ZB 561/19, NJW-RR 2020, 947.

[199] Zu § 276 FamFG idF bis 31.12.2022: BGH XII ZB 179/19, NJW 2020, 1677; XII ZB 139/18, NJW-RR 2018, 1282, XII ZB 516/16, NJW-RR 2017, 644.

[200] BGH XII ZB 168/17, NJW 2018, 1824.

[201] BGH XII ZB 179/19, NJW 2020, 1677; XII ZB 10/18, NJW 2019, 237; XII ZB 168/17, NJW 2018, 1824.

[202] BGH XII ZB 18/17, NJW-RR 2017, 969.

erfolgt ist und deswegen mit ihm der Gutachtensinhalt besprochen werden sollte[203] (→ Rn. 38). Der Verwertbarkeit steht es nicht entgegen, dass ein Verfahrensbevollmächtigter von dem Termin nicht informiert wurde. Die Rechtsprechung zum Anwesenheitsrecht im Anhörungstermin (→ Rn. 34) ist nicht übertragbar.[204]

41 Bei einem zunächst aufgehobenen Einwilligungsvorbehalt ist bei einer erneuten Anordnung die Einholung eines Gutachtens nicht nach § 293 Abs. 2 FamFG entbehrlich.[205] Das gilt auch, wenn bereits ein Gutachten über die Notwendigkeit einer Betreuung vorliegt.[206]

42 Der Sachverständige hat den Betroffenen nach seiner gerichtlichen Bestellung[207] und vor der Erstattung des Gutachtens **persönlich** zu untersuchen oder zu befragen (§ 280 Abs. 2 S. 1 FamFG)[208]. Er muss dabei den Grund der Untersuchung mitteilen.[209]. Dies gilt insbesondere dann, wenn ein behandelnder Arzt zum Sachverständigen bestellt ist.[210] Wenn dem Betroffenen vorab der Beweisbeschluss bekanntgegeben worden ist, kann ohne entgegenstehende Anhaltspunkte unterstellt werden, dass der Sachverständige den Betroffenen über die beabsichtigte Begutachtung unterrichtet hat.[211] Ob aus ärztlicher Sicht andere Erkenntnisse oder ein früheres Gutachten außerhalb eines Betreuungsverfahrens einen sicheren Schluss auf eine Betreuungsbedürftigkeit zulassen, ist nicht entscheidend.[212] Auch ein zivilprozessuales **Gutachten zur Prozessfähigkeit** ist nicht ausreichend.[213] Eine Begutachtung nach Aktenlage ist rechtswidrig.[214] Ein ohne die erforderliche persönliche Untersuchung erstattetes Sachverständigengutachten ist unverwertbar.[215] Es muss dabei jedoch kein verbaler Kontakt erfolgt sein.[216] Die Weigerung des Betroffenen, mit dem Sachverständigen zu kooperieren, ist kein hinreichender Grund, von einer persönlichen Untersuchung durch den Sachverständigen abzusehen.[217] Das Gericht muss gemäß § 283 Abs. 1, Abs. 3 FamFG notfalls eine Vorführung anordnen.[218] Das Gutachten muss

---

[203] BGH XII ZB 558/21, BeckRS 2022, 5655; XII ZB 179/19, NJW 2020, 1677.

[204] BGH XII ZB 507/16, NJW-RR 2017,772.

[205] BGH XII ZB 526/11, FamRZ 2012, 1633.

[206] OLG Zweibrücken 3 W 187/04, FamRZ 2005, 748.

[207] BGH XII ZB 427/20, NJW-RR 2021, 1010; XII ZB 393/18, NJW 2019, 1681; XII ZB 88/17, NJW-RR 2017, 1219.

[208] BGH XII ZB 427/20, NJW-RR 2021, 1010; XII ZB 393/18, NJW 2019, 1681; XII ZB 355/14, MDR 2015, 221; XII ZB 179/14, NJW-RR 2015, 323 mwN; BT-Drs. 16/6308, 267; XII ZB 691/12, NJW 2013, 3309.

[209] BGH XII ZB 427/20, NJW-RR 2021, 1010; XII ZB 393/18, NJW 2019, 1681; XII ZB 88/17, NJW-RR 2017, 1219.

[210] BGH XII ZB 427/20, NJW-RR 2021, 1010; XII ZB 252/19, NJW-RR 2020, 578; XII ZB 393/18, NJW 2019, 1681.

[211] BGH XII ZB 252/19, NJW-RR 2020, 578.

[212] BGH XII ZB 160/19, BeckRS 2019 = NJW-RR 2019, 1345; XII ZB 399/17, BeckRS 2018, 17576.

[213] BGH XII ZB 160/19, NJW-RR 2019, 1345.

[214] BGH XII ZB 444/18, BeckRS 2019, 5355; XII ZB 399/17, BeckRS 2018, 17576; XII ZB 36/17, NJW-RR 2017, 973; XII ZB 292/17, NJW-RR 2018, 449; XII ZB 179/14, NJW 2014, 3445; XII ZB 355/14, FuR 2015, 234.

[215] BGH XII ZB 160/19, BeckRS 2019 = NJW-RR 2019; XII ZB 179/14, NJW 2014, 3445.

[216] BGH XII ZB 536/16, NJW-RR 2017, 963.

[217] BGH XII ZB 292/17, NJW-RR 2018, 449.

[218] BGH XII ZB 179/14, NJW 2014, 3445 mwN; XII ZB 181/12, FamRZ 2013, 31; BT-Drs. 16/6308, 268.

aktuell sein. Ein Jahr ist nicht generell eine zu lange Zeitspanne, wobei eine veränderte Sachlage zu einer ergänzenden Stellungnahme zwingt.[219]

b) Sachverständigenauswahl. Nach § 280 Abs. 1 S. 2 FamFG soll der Sachverständige Arzt für **Psychiatrie** sein oder als Arzt „Erfahrung auf dem Gebiet der Psychiatrie" besitzen.[220] Ergibt sich die Qualifikation nicht ohne weiteres aus einer Facharztbezeichnung, so ist die Sachkunde durch das Gericht zu prüfen und zu begründen.[221] Ist der Gutachter nicht hinreichend qualifiziert, darf sein Gutachten nicht verwertet werden.[222] Es ist grds. möglich, dass ein **behandelnder Arzt** zum Sachverständigen bestellt wird, wobei dieser vor dem Anhörungs- oder Untersuchungstermin klarstellen muss, dass er gutachtlich und nicht ärztlich tätig wird.[223] **43**

c) Gutachteninhalt. Das Gutachten hat sich auf die in § 280 Abs. 3 Nr. 1–5 FamFG genannten Bereiche zu beziehen, da nur so gewährleistet ist, dass das Gericht seiner Pflicht, das Gutachten auf seine wissenschaftliche Begründung, seine innere Logik und seine Schlüssigkeit hin zu überprüfen, nachkommen kann.[224] Das Gutachten muss daher **Art und Ausmaß der Erkrankung** im Einzelnen anhand der Vorgeschichte, der durchgeführten Untersuchungen und der sonstigen Erkenntnisse darstellen und wissenschaftlich begründen.[225] Nur dann ist das Gericht in der Lage, das Gutachten zu überprüfen und sich eine eigene Meinung von der Richtigkeit der vom Sachverständigen gezogenen Schlussfolgerungen zu bilden.[226] Grundsätzlich muss dies in allen (isolierten) Verfahren eigenständig erfolgen, insbesondere auch wegen eines Einwilligungsvorbehalts.[227] Bei einer zeitlichen Nähe zu einer unmittelbar zuvor erfolgten gutachterlichen Untersuchung würde eine Wiederholung eine bloße, auch den Betroffenen unnötig belastende Förmelei darstellen.[228] Bei inhaltlichen Mängeln ist ein Gutachten unverwertbar.[229] Dies gilt auch für den Fall, dass es keine ausreichende Entscheidungsgrundlage bietet. In beiden Fällen ist ein – sofern ausreichend – ein ergänzendes Sachverständigengutachten einzuholen.[230] Wird im Aufhebungsverfahren (→ Rn. 33) in Ausnahmefällen ein Gutachten eingeholt, dann muss dies den Anforderungen des § 280 FamFG genügen.[231] Widersprüche zwischen einer ambulanten Begutachtung durch einen Sachverständigen und einer auf Unter- **44**

---

[219] BGH XII ZB 606/15, NJW-RR 2016, 1411 mwN. BGH ZB XII 363/15, FamRZ 2016, 1350; BGH XII ZB 227/16, BeckRS 2016, 18496.

[220] BGH XII ZB 342/19, BeckRS 2019, 29827; XII ZB 385/16, BeckRS 2016, 20850.

[221] BGH XII ZB 342/19, BeckRS 2019, 29827; XII ZB 46/15, NJW-RR 2016, 1157; BGH XII ZB 385/16, BeckRS 2016, 20850; BGH XII ZB 381/15, FamRZ 2016, 456; BGH XII ZB 256/10, JR 2011, 449 mwN XII ZB 383/10, JR 2011, 447 mwN; BayObLG 3Z BR 71/01, FamRZ 2001, 1403.

[222] BGH XII ZB 256/10, JR 2011, 449 mwN; XII ZB 383/10, JR 2011, 447.

[223] BGH XII ZB 427/20, NJW-RR 2021, 1010.

[224] BGH XII ZB 483/19, BeckRS 2020, 13609; XII ZB 510/16, NJW-RR 2017, 642; XII ZB 286/11, NJW 2012, 317, XII ZB 256/10, NJW-RR 2011, 649; XII ZB 383/10, JR 2011, 447.

[225] BGH XII ZB 6/20, NJW-RR 2020, 945; XII ZB 485/19, NJW-RR 2020, 577; XII ZB 144/19, NJW-RR 2020, 65; XII ZB 62/19, BeckRS 2019, 16470; XII ZB 186/17, BeckRS 2017, 130469; XII ZB 510/16, NJW-RR 2017, 642; XII ZB 256/10, JR 2011, 449 mwN; XII ZB 383/10, JR 2011, 447.

[226] BGH XII ZB 256/10, JR 2011, 449 mwN; BayObLG 3Z BR 71/01, NJOZ 2001, 1480.

[227] BGH XII ZB 483/19, BeckRS 2020, 13609.

[228] BGH XII ZB 483/19, BeckRS 2020, 13609.

[229] BGH XII ZB 256/10, JR 2011, 449.

[230] BGH XII ZB 62/19, BeckRS 2019, 16470.

[231] BGH XII ZB 606/15, BeckRS 2016, 18128; BGH XII ZB 179/14, NJW 2014, 3445.

suchungen beruhenden fachärztlichen Stellungnahme einer Krankenhausärztin müssen aufgeklärt werden.[232]

45 **d) Zeitliche Befristung und Verlängerung.** Der Gutachter muss gemäß § 280 Abs. 3 Nr. 5 FamFG zur voraussichtlichen **Dauer** des Eingriffs Stellung nehmen, damit das Gericht die Überprüfungsfrist beurteilen kann (§ 286 Abs. 3 FamFG). Dehnt das Gericht die gutachterlich empfohlene Überprüfungsfrist zum Nachteil des Betroffenen aus, so müssen die tragenden Gründe, insbesondere die Erforderlichkeit einer Verlängerung, einzelfallbezogen dargelegt werden.[233] Dies gilt auch für das Ob und den Umfang der Maßnahme.[234]

46 Der Prüfungsmaßstab bei einer Verlängerung eines Eingriffs ist identisch zu seiner erstmaligen Anordnung.[235] Die Vorschriften über die erstmalige Anordnung gelten entsprechend und eine Verlängerung setzt voraus, dass die konkrete Gefahr für das Vermögen des Betroffenen nach wie vor besteht.[236] Das nach § 295 Abs. 1 S. 2 FamFG notwendige ärztliche Zeugnis muss den Anforderungen des § 281 FamFG entsprechen und dies setzt insbesondere eine persönliche Untersuchung oder Befragung des Betroffenen vor einer Zeugniserstellung voraus.[237] Ordnet das Betreuungsgericht für mehrere Aufgabenkreise einen Einwilligungsvorbehalt an, hat es die Erforderlichkeit für jeden Aufgabenkreis darzulegen.[238] Zum Inhalt von **Beschlussformel** und Bestellungsurkunde kann auf § 286 FamFG und § 290 FamFG verwiesen werden.

47 Der Ablauf einer Überprüfungsfrist ändert nichts an dem Fortbestehen des Einwilligungsvorbehalts.[239] In einem Beschwerdeverfahren setzt dann eine Zurückweisung voraus, dass das Landgericht sich im Wege der Amtsermittlung von der Erforderlichkeit überzeugt hat, ausnahmsweise auch durch Verwertung eines erstinstanzlichen Gutachtens mit hinreichend deutlichem Inhalt.[240] In **Eilfällen** kann gemäß § 300 FamFG im Wege einer **einstweiligen Anordnung** ein vorläufiger Einwilligungsvorbehalt angeordnet werden.

7. Beschwerdeverfahren

48 Zu Zustellungen nach neuer Rechtslage wird auf die §§ 170 und 170a ZPO verwiesen. (→ ZPO § 170a Rn. 1 ff.)

Wenn das erstinstanzliche Gericht keine **Abhilfeentscheidung** getroffen hat, so ist das Beschwerdegericht an einer Entscheidung nicht gehindert.[241] Eine formgerechte Beschwerdeeinlegung kann auch durch eine Protokollierung durch den zuständigen Richter anlässlich der Anhörung erfolgen.[242] Ein Anruf bei der Geschäftsstelle ist nicht ausreichend, da § 64 Abs. 2 FamFG eine Niederschrift durch die Geschäftsstelle gebietet.[243]

---

[232] BGH XII ZB 443/19, NJW-RR 2020, 647.
[233] BGH XII ZB 344/12, FamRZ 2013, 284.
[234] BGH XII ZB 99/18, NJW-RR 2018, 963.
[235] OLG Zweibrücken 3 W 12/99, FamRZ 1999, 1171.
[236] BGH XII ZB 92/15, FamRZ 2015, 1793.
[237] BGH XII ZB 187/17, NJW-RR 2017, 1283.
[238] BayObLG 3Z BR 152/02, BeckRS 2002, 30282962; 3Z BR 211/95, FamRZ 1996, 897.
[239] BGH XII ZB 135/19, NJW-RR 2019, 1410.
[240] BGH XII ZB 135/19, NJW-RR 2019, 1410.
[241] BGH XII ZB 462/16, NJW-RR 2017, 707.
[242] BGH XII ZB 57/18, NJW-RR 2019, 641.
[243] BGH XII ZB 57/18, NJW-RR 2019, 641.

In Betreuungssachen gilt das **Verschlechterungsverbot.**[244] Wenn erstinstanzlich auf Antrag des Betroffenen der Umfang des Einwilligungsvorbehalts eingeschränkt worden ist, dann steht eine reformatio in peius einer vollständigen Aufhebung der erstinstanzlichen Entscheidung entgegen, wenn nur der Betroffene Beschwerde eingelegt hat.[245] **49**

Eine erstmalige Anordnung ist in der Beschwerdeinstanz nicht möglich, da nur der erstinstanzliche Verfahrensgegenstand der Prüfung des Beschwerdegerichts unterliegt.[246] Im Rahmen einer Prüfung von Amts wegen tritt das Beschwerdegericht nur in den Grenzen des Rechtsmittels und der erstinstanzlichen Entscheidung an die Stelle des Erstgerichts.[247] **50**

Gemäß § 68 Abs. 3 S. 1 FamFG ist grundsätzlich auch im Beschwerdeverfahren ein **Anhörungstermin** notwendig. Allerdings darf das Beschwerdegericht nach § 68 Abs. 3 S. 2 FamFG davon absehen, wenn eine Anhörung im ersten Rechtszug erfolgte und in der Beschwerdeinstanz keine neuen Erkenntnisse zu erwarten sind.[248] Das gilt insbesondere bei einer nur kurze Zeit zurückliegenden Anordnung, wenn sich keine neuen entscheidungserheblichen Tatsachen oder rechtliche Gesichtspunkte ergeben und das Beschwerdegericht die erstinstanzliche Anhörung nicht abweichend beurteilen würde, so dass es auf einen persönlichen Eindruck nicht ankommt.[249] Dann sind die Gründe hierfür in nachprüfbarer Weise darzulegen.[250] Von einer erneuten Anhörung sind in der Regel jedoch neue Erkenntnisse zu erwarten, wenn der Betroffene sein erstinstanzliches Einverständnis mit einem Einwilligungsvorbehalt zurückzieht[251] oder der Betroffene im Beschwerdeverfahren erstmals den Wunsch äußert, ihm einen bestimmten Betreuer zu bestellen.[252] Gleiches gilt, wenn der Betroffene im erstinstanzlichen Verfahren zur Person des Betreuers nicht angehört worden ist und sich für das Beschwerdegericht Anhaltspunkte dafür ergeben, dass der Betroffene mit seinem Rechtsmittel auch das Ziel eines Betreuerwechsels verfolgt. **51**

Es ist in der Regel nicht auszuschließen, dass Entscheidungen auf möglichen Verfahrensfehlern beruhen, so dass die Notwendigkeit des Eingriffs nur dann auch auf Telefonate mit dem Betreuer gestützt werden darf, wenn dem Betroffenen rechtliches Gehör gewährt wird.[253] **52**

Die Beweisaufnahme ist ggf. vom Beschwerdegericht nachzuholen, da das Beschwerdegericht in vollem Umfang an die Stelle des Erstgerichts tritt (vgl. § 68 Abs. 3 S. 1 FamFG) und unter Berücksichtigung des Sach- und Streitstandes zum Zeitpunkt der Beschwerdeentscheidung **neu entscheidet.**[254] Hat das Beschwerdegericht ein neues **Sachverständigengutachten** eingeholt, dann muss der Betroffene **53**

---

[244] BGH XII ZB 355/14, FamRZ 2015, 486.

[245] BGH XII ZB 355/14, NJW-RR 2015, 323 mwN; XII ZB 280/11, FamRZ 2014, 378.

[246] OLG Zweibrücken 3 W 187/04, FamRZ 2005, 748 mwN; BayObLG 3Z BR 370/97, FamRZ 1998, 1183.

[247] BayObLG 3Z BR 370/97, FamRZ 1998, 1183 mwN; BGH VII ZB 11/79, NJW 1980, 891; XII ZB 43/11, FamRZ 2011, 1289.

[248] BGH XII ZB 246/16, BeckRS 2016, 19431; BGH XII ZB 498/14, BeckRS 2015, 17289; XII ZB 301/13, NJW 2014, 1733 mwN; XII ZB 384/12, FamRZ 2013, 286; XII ZB 601/10, FamRZ 2011, 880.

[249] BGH XII ZB 498/14, BeckRS 2015, 17289; XII ZB 650/12, FamRZ 2014, 293 mwN; XII ZB 504/11, NJW-RR 2012, 833; XII ZB 601/10, FamRZ 2011, 880; XII ZB 346/10, FamRZ 2011, 805; XII ZB 384/12, FamRZ 2013, 286.

[250] BGH XII ZB 650/12, FamRZ 2014, 293.

[251] BGH XII ZB 384/12, NJW-RR 2013, 643 mwN; XII ZB 601/10, MDR 2011, 664.

[252] BGH XII ZB 498/14, BeckRS 2015, 17289.

[253] OLG Schleswig 2 W 300/04, BeckRS 2005, 2635.

[254] BGH XII ZB 256/10, JR 2011, 449.

vor der Entscheidung erneut persönlich **angehört** werden.[255] Dem **Verfahrenspfleger** ist die Teilnahme an dem Anhörungstermin zu ermöglichen.[256]

54 Die **Rechtsbeschwerde** gegen einen Beschluss des Beschwerdegerichts ist in Betreuungssachen zur Bestellung eines Betreuers, zur Aufhebung einer Betreuung, zur Anordnung oder Aufhebung eines Einwilligungsvorbehalts ohne Zulassung durch das Beschwerdegericht stets statthaft (§ 70 Abs. 3 Nr. 1 FamFG). Die Rechtsbeschwerde gegen die **Ablehnung eines Betreuerwechsels** ist zulassungsgebunden (§ 70 Abs. 1 FamFG), so dass auch bei einer Verfahrensverbindung mit einer zulassungsfreien Entscheidung über einen Einwilligungsvorbehalt die Rechtsbeschwerde nicht insgesamt zulässig wird.[257] Anders ist dies bei einer Einheitsentscheidung über die Einrichtung der Betreuung und über die Bestellung des Betreuers (Zulassungsfreiheit insgesamt).[258] Das ist auch der Fall, wenn sich die Rechtsbeschwerde nicht gegen die Anordnung, sondern nur gegen die Betreuerauswahl richtet.[259] Ansonsten könnte die Zulassungsfreiheit insgesamt durch eine Aufteilung in zwei Beschlüsse vereitelt werden.[260] Ein solcher Zusammenhang ist hingegen bei einer nachträglichen Anordnung eines Einwilligungsvorbehalts bei einer bereits bestehenden Betreuung nicht gegeben.[261]

Vorbemerkungen zu §§ 1827–1828: Patientenverfügung

Übersicht

I. Rechtsentwicklung

1. Vor dem Patientenverfügungsgesetz

1 Schon im Jahr **1957** hat der **BGH** das **Selbstbestimmungsrecht** eines Betroffenen betont, welches auch die Ablehnung einer Operation umfasst, die ihn von seinem Leiden befreien würde.[1] In den 1970er Jahren war der Fall der 19-jährigen, koma-

[255] BGH XII ZB 458/16, BeckRS 2016, 20851; BGH XII ZB 227/124, FamRZ 2016, 300.
[256] BGH XII ZB 227/12, FamRZ 2016, 300.
[257] BGH XII ZB 39/18, NJW 2018, 2729.
[258] BGH XII ZB 39/18, NJW 2018, 2729.
[259] BGH XII ZB 39/18, NJW 2018, 2729: XII ZB 621/14, NJW-RR 2015, 833.
[260] BGH XII ZB 39/18, NJW 2018, 2729; XII ZB 621/14, NJW-RR 2015, 833.
[261] BGH XII ZB 39/18, NJW 2018, 2729.
[1] BGH 4 Str 525/57, BGHSt 11, 111.

tösen US-Amerikanerin Quinlan Auslöser großer Diskussionen.[2] Die Wurzeln der Patientenverfügung werden insbesondere in der aus England stammenden Hospizbewegung gesehen,[3] die im Ergebnis auch zu dem wohl ersten Formular einer Patientenverfügung in Deutschland im Jahr 1978 führte.[4] Die Akzeptanz von „antizipierten Verweigerungen" war allerdings noch begrenzt.[5] Durch rasante Fortschritte in der Medizin(technik) kam es insbesondere durch die künstliche Ernährung mittels der PEG („Magensonde") seit den 1980er Jahren (→ § 1827 Rn. 57) zu Lebensverlängerungen in einer Vielzahl von Fällen und auf eine Dauer, welche vorher nicht denkbar gewesen waren (es wird die Zahl von 140.000 dauerhaft sondenernährten Menschen genannt,[6] wie auch eine Spanne von 200.000 bis 500.000[7]).

Wegmarken der bundesrepublikanischen Rechtsentwicklung waren Entscheidungen des BGH:[8] Im Jahr 1994 stellte er in einem Strafverfahren klar, dass ein Behandlungsabbruch auch in Betracht kommt, wenn der Sterbeprozess noch nicht eingesetzt hat („Kemptener Entscheidung").[9] Dies gelte auch entgegen den von der Bundesärztekammer verabschiedeten Richtlinien. Es seien strenge Anforderungen an die Voraussetzungen für die Annahme eines mutmaßlichen Einverständnisses zu stellen. Die im zweiten Leitsatz dargestellten Kriterien (frühere Äußerungen, Wertvorstellungen etc) wurden weitegehend in § 1827 Abs. 2 S. 3 BGB übernommen. Dass beim Fehlen von Anhaltspunkten für den mutmaßlichen Patientenwillen auf allgemeine Wertvorstellungen zurückgegriffen wird, war nachzuvollziehen. Die Forderung nach „Zurückhaltung" hat allerdings mitunter Anlass gegeben, bei „Zweifeln" gleich welcher Art den Betroffenen gegen seinen anzunehmenden Willen weiter am Leben zu erhalten. Dabei wurde lediglich der Vorrang des Betroffenenwillens vor persönlichen Überlegungen des Arztes, der Angehörigen und anderer Beteiligter betont. In einem Zivilverfahren bezog sich im Jahr 1998 das OLG Frankfurt auf diese Entscheidung.[10] Die DJT der Jahre 1986, 2000 und 2006 befassten sich mit der Thematik der Patientenverfügung und der Beachtlichkeit des Betroffenenwillens.[11] 2

Eine **zivilrechtliche Entscheidung des BGH** aus dem Jahr 2003 wurde stark kritisiert, insbesondere weil sie dahingehend verstanden werden konnte, dass ein Behandlungsabbruch erst bei unumkehrbar tödlichem Verlauf der Grunderkrankung zulässig sei („Lübecker Fall").[12] Im Übrigen befasste sie sich ausführlich mit der damals durch den Gesetzgeber noch nicht in § 1829 BGB geklärten Frage, ob bei einem Behandlungsabbruch eine gerichtliche Genehmigung erforderlich sei. Nach einer Entscheidung aus dem Jahr 2005 darf ein Pflegeheim einen Wachkomapatienten nicht gegen dessen vom Betreuer vermittelten Willen am Leben halten („Kiefersfeldener Fall" oder auch „Fall Peter K.").[13] Klargestellt wurde dabei, dass aus §§ 1004 3

---

[2] Füllmich NJW 1990, 2301 (2302); Eisenbart, Patienten-Testament und Stellvertretung in Gesundheitsangelegenheiten, 2000, 29–36.

[3] Albers/Schumann, Patientenverfügungen, 2008, 216.

[4] Uhlenbruck NJW 1978, 566.

[5] Vgl. zB Deutsch NJW 1979, 1905 (1908 f.).

[6] Müller-Engels/Braun/Renner/Müller-Engels Betreuungsrecht Kap. 2 Rn. 272.

[7] Coeppicus, Patientenverfügung, Vorsorgevollmacht und Sterbehilfe, 2009, 19.

[8] Kurzdarstellung dieser und weiterer Entscheidungen bei Putz/Steldinger/Unger, Patientenrechte am Ende des Lebens, 2021, 267–306.

[9] BGH 1 StR 357/94, NJW 1995, 204; vgl. dazu Coeppicus NJW 1998, 3381.

[10] OLG Frankfurt a. M. 20 W 224/98, NJW 1998, 2747; sich darauf beziehend: LG Duisburg 22 T 22/99, NJW 1999, 2744.

[11] Lemmerz, Die Patientenverfügung, 2014, 78 f.; zum 56. DJT 1986: Arzt JR 1986, 309.

[12] BGH XII ZB 2/03, NJW 2003, 1588; dazu: Lipp BtPrax 2004, 18.

[13] BGH XII ZR 177/03, NJW 2005, 2385; dazu: Putz/Steldinger/Unger, Patientenrechte am Ende des Lebens, 2021, 216.

Abs. 1 S. 2 iVm 823 Abs. 1 BGB ein Unterlassungsanspruch gegen eine Behandlung gegen den Willen des Patienten besteht.

2. Das Patientenverfügungsgesetz

4 Nach langer öffentlicher **Debatte** in Deutschland,[14] einschließlich der Diskussionen auf den Deutschen Juristentagen in den Jahren 1986, 2000[15] und 2006,[16] eines Gesetzentwurfes vom 1. 11. 2004 des BMJ, einem Entwurf der Enquete-Kommission des Bundestages vom 13. 9. 2004, einem Bericht einer vom BMJ initiierten Arbeitsgruppe vom 10. 6. 2004 sowie einer Stellungnahme des Nationalen Ethikrats aus dem Jahr 2005,[17] beschloss der Bundestag in einer Abstimmung ohne Fraktionszwang das sog. „Patientenverfügungsgesetz", welches zum **1. 9. 2009 in Kraft** trat.[18] Angenommen wurde der liberale, als „Stünker-Entwurf"[19] bezeichnete Vorschlag, welcher weitgehend die durch den BGH[20] und die juristische Literatur entwickelte Rechtslage bestätigte und dabei insbesondere eine grundsätzlich unbeschränkte Selbstbestimmung unter der Voraussetzung der Einhaltung verfahrensrechtlicher Schutzvorschriften zulässt.[21] Es sollte mehr Rechtssicherheit geschaffen und sichergestellt werden, „dass der das Betreuungsrecht prägende Grundsatz der Achtung des Selbstbestimmungsrechts entscheidungsunfähiger Menschen auch bei medizinischen Behandlungen beachtet wird."[22] Durch die Verankerung im Betreuungsrecht (und nicht zB im Strafrecht) wurde der unterstützende Ausdruck- und Geltungsverschaffungsauftrag bei einer einwilligungsunfähigen Person betont. Neben den Verfahrensvorschriften sollen die Schriftform und eventuelle Genehmigungserfordernisse den Betroffenen schützen, weshalb neben der Einfügung der §§ 1827 f. BGB auch § 1829 BGB geändert wurde.[23] Bei einer Absage an eine Reichweitenbegrenzung bleibt gleichwohl die Tötung auf Verlangen strafbar.

5 Von den **weiteren Vorschlägen** wich der so genannte „Bosbach-Entwurf"[24] am stärksten von den anderen in Richtung einer „paternalistischen Betrachtungsweise" ab.[25] Dort sollte eine Reichenweitenbegrenzung auf Fälle des irreversibel tödlichen Verlaufs festgeschrieben werden, wenn nicht eine „qualifizierte Patientenverfügung" errichtet wurde. Diese hätte eine ärztliche Aufklärung, eine mindestens 5-jährige Aktualisierung und eine notarielle Beurkundung erfordert. Ohne sie wäre immer eine gerichtliche Genehmigung erforderlich gewesen. Ob alle diese Vorgaben verfassungsrechtlich haltbar gewesen wären, ist zweifelhaft. Jedenfalls hätten sie einen erheblichen Rückschritt im Vergleich zu der Handhabung in der Praxis und der Rechtsprechung bedeutet. Der sogenannte „Zöller-Entwurf"[26] beinhaltete ua die Forderung nach einem „Konsil" (gemeinsame Beratung der Beteiligten). Er lag ins-

---

[14] Vgl. zB Grotkopp BtPrax 2015, 39 (39 f.) mwN; Klöpperpieper FPR 2012, 260; Kammeier RDG 2009, 66.

[15] Walter FamRZ 2000, 1483.

[16] Zimmermann Vorsorgevollmacht Rn. 376.

[17] MwN: Zimmermann Vorsorgevollmacht Rn. 376.

[18] BGBl. 2009 I 2286.

[19] BT-Drs. 16/8442.

[20] ZB BGH 2 StR 454/09, NJW 2010, 2963 (2965).

[21] Zur Vor- und Gesetzgebungsgeschichte: Staudinger/Bienwald BGB § 1901a, b Rn. 4 f.; Putz FPR 2012, 13; Höfling NJW 2009, 2849.

[22] BT-Drs. 16/8442.

[23] Kritisch insoweit: Laube FPR 2010, 255.

[24] BT-Drs. 16/11360.

[25] Auch zu den Unterschieden im Weiteren: Olzen/Metzmacher FPR 2010, 249 (251).

[26] BT-Drs. 16/11493.

gesamt dem „Stünker-Entwurf“ nahe, so dass die 77 Abgeordnete, die zunächst den „Zöller-Entwurf“ favorisierten, zum Schluss für diesen stimmten.[27]

Die umfangreichen und detaillierten Verfahrensreglungen in § 1828 BGB wurden in dem laufenden Gesetzgebungsverfahren eingefügt, um die erforderliche Mehrheit für diesen Entwurf zu erhalten, im Wesentlichen durch Stimmen von Abgeordneten, die zunächst den „Zöller-Entwurf“ favorisiert hatten.[28] Mit den §§ 1827f. BGB wurde nicht nur § 1821 BGB konkretisiert,[29] da die Regelungen nicht nur für Betreuer gelten, sondern auch für Bevollmächtigte, und weil ihre Wirkung über den Rahmen des Betreuungsrechts hinaus zB bis in das Strafrecht reicht. 6

3. Nach dem Patientenverfügungsgesetz

Nach dem Patientenverfügungsgesetz nutzte der **BGH** im Jahr 2010 den Fall des Rechtsanwaltes Putz, welcher vor der Geltung des Gesetzes vom LG Fulda zu einer Freiheitsstrafe von neun Monaten auf Bewährung verurteilt worden war, um Leitlinien zur (neuen) Bewertung des Behandlungsabbruches aufzustellen.[30] Kurz danach unterstrich der BGH die Bedeutung der neuen Verfahrensregeln.[31] Im Jahr 2014 befasste sich der BGH wieder intensiv mit der Patientenverfügung und angrenzenden Fragen.[32] Die Verbindlichkeit der Patientenverfügung unabhängig von der Todesnähe wurde betont. Beim Fehlen einer Patientenverfügung ist zunächst nach einem Behandlungswunsch zu forschen, bevor ein mutmaßlicher Wille ermittelt wird. Schließlich kann nach dem BGH – was hier als äußerst problematisch gesehen wird – das Genehmigungsverfahren nach § 1829 BGB beim Betreuungsgericht mit dem Ziel eines Negativbescheides geführt werden, auch wenn die Voraussetzung der Uneinigkeit zwischen Vertreter und Arzt gar nicht vorliegt (→ § 1827 Rn. 209).[33] 7

In Literatur und Rechtsprechung sind relativ **wenige, grundsätzliche Kritikpunkte** an dem Gesetz formuliert worden (zB keine Patientenverfügung für Minderjährige, Frage der Erforderlichkeit eines Betreuers oder Bevollmächtigten bei der Anwendung des §§ 1827f. BGB). Wesentliche Probleme scheinen sich bei der Anwendung eher hinsichtlich des Verständnisses (bzw. dessen Fehlens) der Regelungen bei Ärzten, Pflegepersonal und den Vertretern (Bevollmächtigte und ehrenamtliche Betreuer, aber auch Berufsbetreuer) zu ergeben.[34] Daub stellt beispielsweise aus der Perspektive einer Pflegekraft deren Konflikte dar, wenn vom Arzt zwar eine Flüssigkeitszufuhr durch eine Infusion verordnet war, sie aber dem Willen des Patienten und der (zutreffenden) Einschätzung der Pfleger, nach welcher Leid nur verlängert wird, widerspricht.[35] Es scheint oft noch an einem ausreichenden Austausch zwischen den Beteiligten sowie an aktuellen Fachkenntnisse bei Ärzten zu mangeln. 8

Hinzu treten die allgemeinen **Finanzierungs- bzw. Finanzierungsverteilungsprobleme** in Medizin und Pflege. Neben der Palliativmedizin ist die allgemeine Begleitung der Angehörigen in psychologischer, aber auch rechtlicher Hinsicht wichtig, jedoch wohl in absehbarer Zeit nicht auf einen ausreichenden Stand zu bringen. Eine bessere Ausbildung von Ärzten und Pflegepersonal ist eher zu realisieren, wobei es schwer zu sein scheint, insbesondere schon langjährig tätige Mediziner 9

---

[27] Vgl. Albrecht/Albrecht/Böhm/Böhm-Rößler, Die Patientenverfügung, 2018, Rn. 33.

[28] Roglmeier FPR 2010, 282 (285) mwN.

[29] So Lipp FamRZ 2013, 913 (918).

[30] „Putz-Fall“ BGH 2 StR 454/09, NJW 2010, 2963; Putz/Gloor, Sterben dürfen 2011.

[31] „Putz-Folgeentscheidung“ BGH 2 StR 320/10, NJW 2011, 161.

[32] BGH XII ZB 202/13, NJW 2014, 3572.

[33] Vgl. auch Grotkopp BtPrax 2015, 39; Müller NotBZ 2015, 24.

[34] Wissenschaftliche Untersuchungen fehlen; vgl. aber zB Pressemittelung des VorsorgeAnwalt e. V. auf der Grundlage einer Forsa-Umfrage vom 29. 8. 2014, www.VorsorgeAnwalt-eV.de.

[35] Daub, Ethische Konflikte im Pflegedienst. Der Sterbewunsch des Patienten, 2013.

zu erreichen. Interessant ist die „Gesundheitliche Versorgungsplanung für die letzte Lebensphase" gem. § 132g SGB V, das Advance Care Planning (→ § 1827 Rn. 103a).

4. Patientenrechtegesetz

10 **Aufklärungspflichten** sowie weitere Punkte des Arzt-Patienten-Verhältnisses wurden in dem am 26.2.2013 in Kraft getretenen Patientenrechtegesetz normiert (§§ 630a–h BGB).[36] In Bezug auf die Patientenverfügung sorgte die Frage, ob eine solche ohne Aufklärung noch wirksam sei, kurzfristig für Irritationen. Zwar werden die richterrechtlich entwickelten Aufklärungspflichten in § 630e BGB deutlich betont, doch lässt Abs. 3 einen Verzicht zu. Die Anordnung in § 630d Abs. 1 S. 2 BGB wurde zum Teil missverstanden als Bestätigung der Ansicht, die einen Betreuer oder Bevollmächtigten für das Verfahren nach §§ 1827 f. BGB für entbehrlich hielt. Sie wiederholt aber nur die direkte Wirkung der Patientenverfügung als Einwilligung und lässt das erforderliche Verfahren mit einem Betreuer oder Bevollmächtigten unberührt (→ § 1827 Rn. 139).

5. Sterbehilfe

11 Ohne ausdrückliche gesetzliche Regelung blieb auch nach dem Patientenverfügungsgesetz die so genannte „(aktive) Sterbehilfe", bei welcher das Sterben nicht durch das Unterlassen von Maßnahmen zugelassen wird, sondern dem Betroffenen entweder bei einer Selbsttötung geholfen oder ihm der letzte Schritt sogar abgenommen wird. Die kontroverse Diskussion war insbesondere durch die Tätigkeit von so genannten „Sterbehilfevereinen" und die Einschränkungen im Standesrecht der Ärzte angetrieben worden.

Am 10.12.2015 trat dazu → **§ 217 StGB** in Kraft, mit dem die **geschäftsmäßige Förderung der Selbsttötung** unter Strafe gestellt wurde. Er wurde flankiert durch ein Gesetz zur Stärkung der Hospiz- und Palliativversorgung.[37] In einer wegweisenden Entscheidung des **Bundesverfassungsgerichts** vom 26.2.2020[38] (ausführlich → StGB Anh. 1 zu § 216 Rn. 59–66) erklärte dies den § 217 StGB für verfassungswidrig und damit für **nichtig.** Eine von vielen Akteuren angestrebte Neuregelung war bis zum Redaktionsschluss dieses Werkes noch nicht verabschiedet. Da parallel dazu die **Medikamentenvergabe** für einen (ärztlich assistierten) Suizid trotz entgegenstehender Rechtsprechung[39] nicht ermöglicht wurde, ist die Situation für viele Betroffenen weiter äußerst problematisch.

6. Vermeidung ärztlicher Zwangsmaßnahmen durch Patientenverfügungen

11a Mit Wirkung zum 22.7.2017 wurde die ärztliche Zwangsmaßnahme aus dem damaligen § 1906 BGB (jetzt: § 1831 BGB) ausgekoppelt und in einer eigenen Norm geregelt (§ 1906a BGB aF/§ 1832 BGB). In dem „Gesetz zur Änderung der materiellen Zulässigkeitsvoraussetzungen von ärztlichen Zwangsmaßnahmen und zur Stärkung des Selbstbestimmungsrechts von Betreuten" wurde in § 1827 BGB ein neuer Absatz 4 eingefügt, wodurch sich die weiteren Absätze verschoben.[40] Betreuer sollen

---

[36] Allgemein: Katzenmeier NJW 2013, 817; Bahner MPR 2013, 73; zu den Auswirkungen auf eine rechtliche Betreuung: Olzen/Lilius-Karakaya BtPrax 2013, 127.

[37] BGBl. 2015 I 2424; dazu: Jäkel PharmR 2016, 65.

[38] BVerfG 2 BvR 2347/15, NJW 2020, 905.

[39] BVerwG 3 C 19/15, NJW 2018, 97; Hufen NJW 2018, 1524.

[40] Gesetz vom 17.7.2017 (BGBl. I 2426).

danach auf die Errichtung von Patientenverfügungen hinwirken, damit ärztliche Zwangsmaßnahmen vermieden werden.[41]

7. Reform des Vormundschafts- und Betreuungsrecht

Mit der Reform des Vormundschafts- und Betreuungsrecht zum 1.1.2023 blieben die Regelungen zur Patientenverfügung bis auf die Paragraphenziffern (statt §§ 1901a, b BGB nun §§ 1827f. BGB) ebenso **unverändert** wie die insofern ebenfalls relevanten §§ 1904, 1906, 1906a BGB aF, nun als §§ 1829, 1831f. BGB. Relevant wird das **Ehegattenvertretungsrecht** nach → § 1358 BGB werden, da nun auch ein danach vertretungsberechtigter Ehegatte statt eines Betreuers oder Bevollmächtigten handeln kann. Neu und für die Beachtung von Patientenverfügung wichtig ist die **Registrierung**smöglichkeit für Patientenverfügungen, die nicht mit einer Vorsorgevollmacht oder Betreuungsverfügung verbunden sind, im ZVR und die Möglichkeit, dass dort auch durch **Ärzte** und nicht nur Betreuungsgerichte **Einsicht** genommen werden kann (→ § 1827 Rn. 116). **11b**

II. Verfassungsrechtlicher Hintergrund

Ein Kernpunkt der Problematik um die Akzeptanz von Patientenverfügungen ist die (vermeintliche) Kollision zweier verfassungsrechtlicher Güter: Die **Selbstbestimmung** des Einzelnen und der staatliche **Schutzauftrag.**[42] Das Selbstbestimmungsrecht des Patienten ist (inzwischen) unbestritten. Aus rechtlichen Erwägungen wird niemand mehr die Durchführung einer vom aufgeklärten Einwilligungsfähigen unmittelbar untersagten medizinischen Behandlung rechtfertigen. Es wird ggf. eher auf der Tatbestandsebene versucht werden, das Vorliegen der Einwilligungsfähigkeit zu bezweifeln. Ein vom Staat zu beachtender Schutzauftrag wird in der Sicherstellung des Vorliegens dieser Tatbestandsmerkmale gesehen. Bei einer Patientenverfügung wird dabei besonders auf die Eigenheiten einer Vorausverfügung verwiesen und der Staat verpflichtet gesehen, insbesondere in Anbetracht des hohen Gutes Leben den Einzelnen beim Erstellen der Patientenverfügung vor Druck und der unbedachten Abgabe einer Erklärung sowie bei der Umsetzung vor Fehlinterpretationen durch andere zu schützen. **12**

Die Selbstbestimmung eines Patienten wird aus Art. 1 Abs. 1 GG (Würde des Menschen) und zudem aus **Art. 2 Abs. 2 S. 1 GG** (Recht auf Leben und körperliche Unversehrtheit)[43] gefolgert.[44] Abzulehnen ist die Ansicht, alleine auf Art. 2 Abs. 1 GG (allgemeines Persönlichkeitsrecht) zurückgreifen zu können, weil „das Verhältnis zwischen Arzt und Patient … weit mehr als eine juristische Vertragsbeziehung“ sei.[45] Dies nimmt den ärztlichen Heileingriff tendenziell aus der allgemeinen Rechtsordnung aus, als ob für ihn trotz seines körperlichen Eingriffes keine gesetzliche Grundlage notwendig wäre.[46] **13**

Das Selbstbestimmungsrecht des Patienten steht diesem auch zu, wenn er seinen Willen nicht mehr äußern oder dieser nur als mutmaßlich gefolgert werden kann. Hu- **14**

---

[41] BT-Drs. 18/11240, 15f.

[42] Vgl. auch Jurgeleit NJW 2015, 2708 (2711); BVerfG 1 BvL 8/15, FuR 2016, 712.

[43] BVerfG 2 BvR 1732/93, BVerfGE 89, 120 (130) = NJW 1994, 1590; 2 BvR 882/09, BVerfGE 128, 282 = NJW 2011, 2113.

[44] Vgl. Hufen ZRP 2000, 248 (250); umfassend: Lemmerz, Die Patientenverfügung, 2014, S. 67–73; Hindemit RNotZ 2022, 1 (1–3).

[45] BVerfG 2 BvR 878/74, BVerfGE 52, 131 = NJW 1979, 1925.

[46] So auch in der abweichenden Meinung zu BVerfG 2 BvR 878/74, BVerfGE 52, 131 = NJW 1979, 1925.

fen führt zutreffend aus, dass Ärzte, Vertreter und Gerichte das Recht des äußerungsunfähigen Betroffenen für diesen „gleichsam treuhänderisch" ausüben, also gerade nicht aus einem eigenen Recht tätig werden.[47] In erster Linie dürfen die anderen Beteiligten also nicht grundrechtseingreifend, sondern müssen **grundrechtsschützend** handeln.

15 **Einschränkungen** des Selbstbestimmungsrechtes auch in Bezug auf das eigene Leben können nur dann verfassungsrechtlich zulässig sein, „wenn Rechtsgüter der Allgemeinheit oder Rechte Dritter betroffen sind."[48] Grundsätzlich hat das Recht Dritter (Pflegende etc) zurückzustehen, weil ein Unterlassen und keine Tätigkeit verlangt wird („Kiefersfeldener Fall").[49] Sie können aber aus eigenem Recht uU Tätigkeiten verweigern. Der Staat darf zudem – nach hier vertretener Ansicht: in einem engen Rahmen – etwa mit dem Verweis auf das „Dammbruch-Argument" die zulässigen Möglichkeiten von Sterbehilfe eingrenzen,[50] etwa durch Verfahrensregeln, um keinen allgemeinen Druck auf alte oder todkranke Menschen aufkommen zu lassen und beteiligte Ärzte und Pfleger zu schützen.

16 Trotz der Relevanz der Problematik hat sich das BVerfG mit Patientenverfügungen lange direkt so gut wie nie auseinandergesetzt, erst – aber auch nicht zentral – im Zusammenhang mit der Überprüfung des § 217 StGB. Nur im Jahr 2002 erging ein kurzer Nichtannahmebeschluss, bei dem zwar das „Patientenselbstbestimmungsrecht" erwähnt wurde.[51] Das Absehen von Strafe durch die Instanzgerichte bei dem Ignorieren einer Patientenverfügung, indem eine lebensrettende Bluttransfusion bei einer Zeugin Jehovas durchgeführt wurde, wurde als verfassungsrechtlich nicht angreifbar gesehen. Mehr Aufmerksamkeit wurde in diesem Kontext Fragen der Unterbringung gewidmet. Eine Betreuerbestellung wurde in einem anderen Verfahren[52] ebenfalls als zulässig angesehen (→ § 1827 Rn. 236).

17 Auch auf **europarechtlicher Ebene** sind Fragen der Patientenrechte, der Patientenverfügung sowie der Sterbehilfe relevant. Zuletzt entschied der EMRK, dass die Vorschriften in Frankreich den Anforderungen zum Schutz des Lebens genügen[53] (→ EGBGB Vor § 24 Rn. 3–9).

III. Zivilrecht und Strafrecht

18 **Schwierigkeiten** bereitete immer wieder das Nebeneinander von zivil- und strafrechtlicher Wertung, so wenn der BGH betonte, dass die Zivilrechtsordnung nicht erlauben kann, was das Strafrecht verbietet.[54] Ursprünglich lag die große Mehrzahl der Entscheidungen im strafrechtlichen Bereich. Dies verschob sich seit den 2000er-Jahren mehr in die zivilrechtliche Richtung,[55] in dessen Bereich (BGB) dann auch die Regelung zur Patientenverfügung festgemacht wurde. Auf zivilrechtlichem Gebiet werden weiter die Konflikte zwischen Privaten (etwa Angehörigen, Bevollmächtigten, Betreuern, Ärzten und Pflegepersonal) um die Frage, wer entscheidungsbefugt ist und welche Handlungen er durchführen oder unterlassen darf bzw. muss, aus-

[47] Hufen NJW 2001, 849 (852).

[48] Hufen NJW 2001, 849 (855) mit Verweis auf BVerfG 1 BvR 1295/80, NJW 1982, 1276 (Helmpflicht für Motoradfahrer).

[49] BGH XII ZR 177/03, NJW 2005, 2385; dazu: Putz/Steldinger/Unger, Patientenrechte am Ende des Lebens, 2021, S. 216.

[50] Ausführlich: Hufen NJW 2001, 849 (855f.).

[51] BVerfG 2 BvR 1451/01, NStZ-RR 2002, 169.

[52] BVerfG 1 BvR 618/93, NJW 2002, 206.

[53] EGMR 46043/14, NJW 2015, 2715.

[54] BGH XII ZB 2/03, NJW 2003, 1588 (1590).

[55] Eine der wohl ersten Erwähnungen des „Patiententestament" in OLG Frankfurt a. M. 20 W 224/98, NJW 1998, 2747.

gefochten werden. Ein Regulativ über Schadensersatzansprüche bei Behandlung entgegen dem Willen des Patienten ist durch eine Entscheidung des BGH erschwert worden[56] (→ § 1827 Rn. 215). Die strafrechtliche Ebene wird erreicht werden, wenn ein Beteiligter seine zivilrechtlichen Kompetenzen überschreitet und dabei in zurechenbarer Weise (Vorsatz bzw. ggf. Fahrlässigkeit), ohne Vorliegen einer ausreichenden Einwilligung nach → § 228 StGB ein strafrechtliches Schutzgesetz verletzt, wie Körperverletzung, Totschlag oder Tötung auf Verlangen.[57] Durch die Verortung der Regelung zur Patientenverfügung im Betreuungs- und nicht im Strafrecht wurde eine Wertung grundsätzlich zu Gunsten des Zivilrechts getroffen, nach welcher nicht strafbar sein könne, was im Zivilrecht erlaubt ist.[58]

IV. Ärzte

Auf ärztlicher Seite **dominierte lange Skepsis** bis Ablehnung gegenüber Patientenverfügungen, die zB in der „Richtlinie der Bundesärztekammer für die ärztliche Sterbebegleitung" aus dem Jahr 1993 zu erkennen sind, in der es zu Patientenverfügungen heißt: „ethisch und ärztlich sind sie keine nennenswerte Erleichterung".[59] Die Richtlinien der Ärztekammer gaben der Lebenserhaltung den Vorrang vor dem Patientenwillen.[60] Bemerkenswert ist auch die Äußerung des Medizinrechtlers Laufs in einem Aufsatz aus dem Jahr 1980, die zugleich eine Reaktion auf Uhlenbruck[61] gewesen sein kann: „Freilich binden die Living Will-Erklärungen oder Patienten-Testamente den Arzt nicht."[62] Inzwischen ist bei der Bundesärztekammer eine deutlich patientenorientiertere Einstellung zu vermerken, schon in den Richtlinien aus dem Jahr 2010 und erst recht in den „Empfehlungen der Bundesärztekammer und der Zentralen Ethikkommission bei der Bundesärztekammer zum Umgang mit Vorsorgevollmacht und Patientenverfügung in der ärztlichen Praxis" vom 25.10.2018.[63] In der Praxis ist diese freilich nicht allen Ärzten bekannt. 19

Argumentativ wird immer wieder auf den **Hippokratischen Eid** verwiesen. 20 Allerdings wird er seit dem 20. Jahrhundert zumindest in Deutschland kaum noch geleistet. Neben der Untersagung der Gabe von Abtreibungsmitteln enthält er auch folgenden Satz: „Auch werde ich niemandem ein tödliches Gift geben, auch nicht, wenn ich darum gebeten werde, und ich werde auch niemanden dabei beraten." In der modernen Alternative, der im Jahr 1948 verabschiedeten Genfer Deklaration des Weltärztebundes, ist keine dieser Aussage entsprechende Passage zu finden.

Das Arzt-Patienten-Verhältnis wird als „asymmetrisch" beschrieben.[64] Dies ist erst 21 auf die Entwicklung der letzten rund 150 Jahre zurückzuführen, in der Ärzte durch die Verwissenschaftlichung, das Krankenhauswesen und fortgeschrittene Technisierung zu einer erheblichen „Wissensüberlegenheit" gelangten. Durch eine starke

---

[56] BGH VI ZR 13/18, ErbR 2019, 553.

[57] Eingehend: Klöpperpieper FPR 2012, 260.

[58] Vgl. Putz FPR 2012, 13 (14).

[59] Dazu: Verrel/Simon, Patientenverfügungen, 2010, 62.

[60] Vgl. Laufs NJW 1999, 1758 (1761 f.) zu den Richtlinien aus dem Jahr 1998, DÄBl 1998, A 2365.

[61] Uhlenbruck RheinÄrzteBl 1980, 558.

[62] Laufs NJW 1981, 1289 (1294).

[63] Vgl. DÄBl 2018, A 2434,; notar 2014, 115 mit einer Einführung von Lipp notar 2014, 111; zuvor schon: Bundesärztekammer DÄBl 2010, A 877; zudem die „Grundsätze zur ärztlichen Sterbebegleitung" der Bundesärztekammer DÄBl 2011, A 346; vgl. auch DIVI DÄBl 2012, A 1754; zu weiter bestehenden Problemen in der intensivmedizinischen Praxis: Langer/Knorr/Berg DÄBl 2013, A 2186.

[64] Ausführlich: Lemmerz, Die Patientenverfügung, 2014, 18–26.

Verrechtlichung des Arzt-Patienten-Verhältnisses entwickelte sich eine immer **partnerschaftlichere Arzt-Patienten-Beziehung,** die aber praktisch noch viele paternalistische Züge enthält.

22 Vielfach haben sich die Verhältnisse gebessert, bei weitem aber nicht überall. Eine bei einigen Ärzten anzutreffende Angst, dass „nur noch der Patient das Vorgehen diktiere“ ist unbegründet, weil der **Dialog** des Betroffenen oder seines Vertreters mit einem kompetenten Arzt größte Bedeutung behält. Eine „Entscheidungsabnahme“ sollte von Ärzten eher als Entlastung und nicht als Machtentzug angesehen werden.[65] Es kann so zu einem Arzt-Patientenverhältnis kommen, in dem die Selbstbestimmung des Patienten zur Normalität wird, ohne dass dies die Tätigkeit des Arztes beeinträchtigt.

§ 1827 Patientenverfügung; Behandlungswünsche oder mutmaßlicher Wille des Betreuten

(1) [1]**Hat ein einwilligungsfähiger Volljähriger für den Fall seiner Einwilligungsunfähigkeit schriftlich festgelegt, ob er in bestimmte, zum Zeitpunkt der Festlegung noch nicht unmittelbar bevorstehende Untersuchungen seines Gesundheitszustands, Heilbehandlungen oder ärztliche Eingriffe einwilligt oder sie untersagt (Patientenverfügung), prüft der Betreuer, ob diese Festlegungen auf die aktuelle Lebens- und Behandlungssituation des Betreuten zutreffen.** [2]**Ist dies der Fall, hat der Betreuer dem Willen des Betreuten Ausdruck und Geltung zu verschaffen.** [3]**Eine Patientenverfügung kann jederzeit formlos widerrufen werden.**

(2) [1]**Liegt keine Patientenverfügung vor oder treffen die Festlegungen einer Patientenverfügung nicht auf die aktuelle Lebens- und Behandlungssituation des Betreuten zu, hat der Betreuer die Behandlungswünsche oder den mutmaßlichen Willen des Betreuten festzustellen und auf dieser Grundlage zu entscheiden, ob er in eine ärztliche Maßnahme nach Absatz 1 einwilligt oder sie untersagt.** [2]**Der mutmaßliche Wille ist aufgrund konkreter Anhaltspunkte zu ermitteln.** [3]**Zu berücksichtigen sind insbesondere frühere Äußerungen, ethische oder religiöse Überzeugungen und sonstige persönliche Wertvorstellungen des Betreuten.**

(3) **Die Absätze 1 und 2 gelten unabhängig von Art und Stadium einer Erkrankung des Betreuten.**

(4) **Der Betreuer soll den Betreuten in geeigneten Fällen auf die Möglichkeit einer Patientenverfügung hinweisen und ihn auf dessen Wunsch bei der Errichtung einer Patientenverfügung unterstützen.**

(5) [1]**Niemand kann zur Errichtung einer Patientenverfügung verpflichtet werden.** [2]**Die Errichtung oder Vorlage einer Patientenverfügung darf nicht zur Bedingung eines Vertragsschlusses gemacht werden.**

(6) **Die Absätze 1 bis 3 gelten für Bevollmächtigte entsprechend.**

Übersicht

[65] Vgl. Vetter, Selbstbestimmung am Lebensende, 2009, 24–26.

I. Normzweck

1 § 1827 BGB **enthält** die Legaldefinition der Patientenverfügung (Abs. 1 S. 1 1. Hs.), die Absage an eine Reichweitenbegrenzung (Abs. 3), eine Hinweis- und Unterstützungspflicht für Betreuer (Abs. 4) sowie die Feststellung, dass es keine Pflicht zur Abfassung einer Patientenverfügung geben darf (Abs. 5). Entgegen der Norm-

überschrift ist die Patientenverfügung nur ein einzelnes – wenn auch wichtiges – Element bei der Entscheidungsfindung über eine ärztliche Maßnahme. Die Vorschrift stellt – zusammen mit den §§ 1828, 1829 BGB – eine **Verfahrensregelung** für die Behandlung (oder deren Unterlassung) eines Einwilligungsunfähigen dar. Sie gilt nicht nur für Situationen, in denen eine Patientenverfügung angewandt werden könnte (Abs. 1). Darüber hinaus wird auch das Verfahren für die Fälle geregelt, in denen keine (passende) Patientenverfügung vorliegt und auf einen Behandlungswunsch oder den mutmaßlichen Willen rekurriert werden muss (Abs. 2). Das Verfahren, welches der Gesetzgeber für die Entscheidungsfindung vorgegeben hat, dient dem Schutz des Betroffenen in Anbetracht seiner umfassenden Selbstbestimmungsmöglichkeiten. Die Regelung ist zwar im **Betreuungsrecht** verankert, aber auch anzuwenden, wenn kein Betreuer, sondern ein Bevollmächtigter (§ 164 BGB) vorhanden ist (Abs. 6).

II. Prüfungsablauf

Das Gesetz gibt folgenden Prüfungsablauf vor:[1] 2

(1) Es muss eine Situation vorliegen, in welcher eine ärztliche Maßnahme (→ Rn. 53–72) bei einem Volljährigen (zu Minderjährigen → Rn. 13, 128) möglich ist, eine **Behandlungssituation** (→ Rn. 119).

(2) Für jede einzelne **Maßnahme** einschließlich der Diagnose („Untersuchung") muss eine **Indikation** (→ § 1828 Rn. 8) vom Arzt erstellt werden (→ § 1828 Rn. 12). Ist keine ärztliche Maßnahme indiziert, endet die Prüfung hier.

(3) Über die Vornahme einer Maßnahme entscheidet der einwilligungsfähige (→ Rn. 14) **Betroffene selbst** oder kann, wenn sie absehbar ist, vorab in sie konkret eingewilligt oder sie untersagt haben (→ Rn. 120, 124). Ggf. endet die Prüfung hier.

(4) Wenn eine eigene Entscheidung des Betroffenen nicht vorliegt und auch nicht zu erlangen ist, muss ein **Betreuer oder Bevollmächtigter oder der vertretungsberechtigte Ehegatte** (→ § 1358) hinzugezogen werden (→ Rn. 139), wovon nur ausnahmsweise, insbesondere in **Eilfällen** vorübergehend durch die Annahme einer mutmaßlichen Einwilligung abgesehen werden kann (→ Rn. 144).

(5) Es ist sodann zu unterscheiden, ob eine Patientenverfügung oder hilfsweise ein Behandlungswunsch vorliegt oder nicht. 3

- **(a)** Vorliegen einer **Patientenverfügung**
  - (aa) Der Betreuer, Bevollmächtigte oder vertretungsberechtigte Ehegatte prüft in Kommunikation mit den **Angehörigen** (→ § 1828 Rn. 26), ob die Patientenverfügung **wirksam** – insbesondere nicht widerrufen (→ Rn. 228) – ist (→ Rn. 10–26) und auf die aktuelle, konkrete Situation **passt** (→ Rn. 167). Ist dies nicht der Fall, wird weiter geprüft, ob ein Behandlungswunsch vorliegt (→ Rn. 4).
  - (bb) Wenn eine wirksame Patientenverfügung passt, ist ihr vom Betreuer, Bevollmächtigten oder vertretungsberechtigten Ehegatten **Ausdruck und Geltung zu verschaffen** (→ Rn. 202). Das Ergebnis seiner Prüfung ist maßgeblich, wenn nicht bei erheblicher Gefahr iSv § 1829 BGB und einem Dissens mit dem Arzt ein betreuungsgerichtliches Genehmigungsverfahren notwendig ist (→ Rn. 210). Ggf. endet die Prüfung hier.
  - (cc) Wird bei einem gerichtlichen Verfahren die **Genehmigung** erteilt, ist entsprechend dem Prüfungsergebnis des Betreuers, Bevollmächtigten

[1] Ähnlich: Diekmann BtPrax 2018, 23.

oder vertretungsberechtigten Ehegatten zu verfahren (→ Rn. 207). Wird die Genehmigung nicht erteilt, wird eine Maßnahme nicht abgebrochen oder nicht durchgeführt (→ Rn. 211). Bei pflichtwidrigem Verhalten des Betreuers, Bevollmächtigten oder vertretungsberechtigten Ehegatten kommen die Anregung eines Betreuerwechsels bzw. einer -neubestellung sowie die Ersetzung der Zustimmung durch das Betreuungsgericht in Betracht (→ Rn. 163a).

4 **(b) Behandlungswunsch**

(aa) Der Betreuer, Bevollmächtigte oder uU Ehegatte prüft in Kommunikation mit den **Angehörigen** (→ § 1828 Rn. 26), ob ein Behandlungswunsch (→ Rn. 184) für die aktuelle Situation festzustellen ist. Ist dies nicht der Fall, ist der mutmaßliche Wille zu ermitteln (→ Rn. 5).

(bb) Wenn ein passender Behandlungswunsch festgestellt wurde, **entscheidet der Betreuer, Bevollmächtigte oder vertretungsberechtigte Ehegatte** (→ Rn. 139) nach einer Erörterung mit dem **Arzt** (→ § 1828 Rn. 18) dem Behandlungswunsch entsprechend (→ Rn. 184). Diese Entscheidung ist maßgeblich (→ Rn. 211), wenn nicht bei erheblicher Gefahr iSv § 1829 BGB und einem Dissens mit dem Arzt ein betreuungsgerichtliches Genehmigungsverfahren notwendig ist (→ Rn. 210). Ggf. endet die Prüfung hier.

(cc) Wird bei einem gerichtlichen Verfahren die **Genehmigung** erteilt, ist entsprechend dem Prüfungsergebnis des Betreuers, Bevollmächtigten oder vertretungsberechtigten Ehegatten zu verfahren (→ Rn. 207). Wird die Genehmigung nicht erteilt, wird eine Maßnahme nicht abgebrochen oder nicht durchgeführt (→ Rn. 211). Bei pflichtwidrigem Verhalten des Betreuers, Bevollmächtigten oder vertretungsberechtigten Ehegatten kommen die Anregung eines Betreuerwechsels bzw. einer -neubestellung sowie die Ersetzung der Zustimmung durch das Betreuungsgericht in Betracht (→ Rn. 163a).

5 **(c) Mutmaßlicher Wille**

(aa) Der Betreuer, Bevollmächtigte oder vertretungsberechtigte Ehegatte ermittelt in Kommunikation mit den **Angehörigen** (→ § 1828 Rn. 26) den mutmaßlichen Willen des Betroffenen (→ Rn. 188).

(bb) Wenn ein mutmaßlichen Willen festgestellt wurde, **entscheidet der Betreuer, Bevollmächtigte oder vertretungsberechtigten Ehegatte** nach einer Erörterung mit dem **Arzt** (→ § 1828 Rn. 18) diesem mutmaßlichen Willen entsprechend (→ Rn. 188). Diese Entscheidung ist maßgeblich (→ Rn. 201), wenn nicht bei erheblicher Gefahr iSv § 1829 BGB und einem Dissens mit dem Arzt ein betreuungsgerichtliches Genehmigungsverfahren notwendig ist (→ Rn. 207, 210). Ggf. endet die Prüfung hier.

(cc) Kann trotz erheblicher Anstrengungen ein mutmaßlicher Wille auch nicht ansatzweise ermittelt werden, kann entweder auf den Grundsatz „Im Zweifel für das Leben" oder auf einen hypothetischen Willen abgestellt werden (→ Rn. 198).

(dd) Wird bei einem gerichtlichen Verfahren die **Genehmigung** erteilt, ist entsprechend der Entscheidung des Betreuers, Bevollmächtigten oder vertretungsberechtigte Ehegatten zu verfahren (→ Rn. 207). Wird die Genehmigung nicht erteilt, wird eine Maßnahme nicht abgebrochen oder nicht durchgeführt (→ Rn. 211). Bei pflichtwidrigem Verhalten des Betreuers, Bevollmächtigten oder vertretungsberechtigten Ehegatten kommen die Anregung eines Betreuerwechsels bzw. einer -neubestellung sowie die Ersetzung der Zustimmung durch das Betreuungsgericht in Betracht (→ Rn. 163a).

III. Patientenverfügung (Abs. 1 S. 1 1. HS.)

1. Bezeichnung

Seit der Gültigkeit des § 1827 (damals noch 1901a) BGB ist nur noch die Verwendung des Begriffes **„Patientenverfügung"** fachgerecht, auch wenn nicht die Bezeichnung, sondern der Inhalt entscheidend ist. Die missverständliche Bezeichnung als „Patiententestaments"[2] war aus dem Englischen „Living Will" abgeleitet worden.[3] Schon früh wurde für den Terminus der „Patientenverfügung" plädiert, der die Rechtsnatur deutlich passender beschreibt.[4] Ein „Testament" bezieht sich auf die Zeit nach dem Tod eines Menschen, wogegen die Patientenverfügung auf die Zeit davor abzielt.[5] Ein „Patientenbrief" suggeriert als Gegenstück zum „Arztbrief" den Arzt als Empfänger, was nicht ganz zutreffend ist, und kennzeichnet nicht die bestehende Verbindlichkeit. Wird „Verfügung" nicht im streng juristischen Sinne (es wird über keine Position verfügt),[6] sondern als „Anweisung" verstanden, entspricht die Bezeichnung auch dem Gegenstand. 6

2. Rechtscharakter

Die Patientenverfügung ist eine **umsetzungsbedürftige Einwilligung oder Untersagung.** Eine passende Patientenverfügung stellt selbst die Erklärung des Betroffenen dar. Sie muss aber noch nach den Verfahrensvorgaben der §§ 1827 f. BGB umgesetzt werden, um Wirkung entfalten zu können. Wesentlich ist die Rechtsnatur bei der Frage der unmittelbaren Geltung gegenüber Ärzten generell (oder – von der anderen Seite gesehen – der Erforderlichkeit eines Betreuers, Bevollmächtigten oder Ehegatten zur Umsetzung) (→ Rn. 139) sowie bei Eilfällen, in denen das Verfahren nach den §§ 1827 f. BGB nicht durchgeführt werden kann (→ Rn. 144). Als umsetzungsbedürftige Einwilligung oder Untersagung ist zwar eine Vertretererklärung nicht erforderlich, da die Einwilligung oder Untersagung des Betroffenen selbst vorliegt; bei der Umsetzung ist aber nach den vorgegebenen Verfahrensregeln ein Betreuer oder Bevollmächtigten als „Prüfer" und „Ausdruck- und Geltungsverschaffer" vorgesehen und damit notwendig, soweit die Aufgabe nicht aufgrund des gesetzlichen Vertretungsrechts durch den Ehegatten übernommen wird (→ § 1358). Eine unmittelbare Wirkung ist auch in Eilfällen nicht gegeben. Zwar liegt bei einer passenden Patientenverfügung eine Einwilligung oder Untersagung vor. Sie kann aber aus Verfahrensgründen nicht direkt genutzt werden. Allerdings kann aufgrund ihr eine mutmaßliche Einwilligung oder Untersagung angenommen werden, so dass sie im Ergebnis Wirkung entfaltet. 7

Die Rechtsnatur wurde lange als „nicht geklärt",[7] die Diskussion über sie als „müßig" bezeichnet.[8] Sie wurde als umsetzungsbedürftige Richtungsentscheidung, geschäftsähnliche Handlung, rechtsgeschäftliche Willenserklärung,[9] oder unmittelbare Entscheidung des Patienten[10] bezeichnet und „vermittelnde Positionen" wurden 8

---

[2] So noch zB Uhlenbruck NJW 1978, 569; Sternberg-Lieben NJW 1985, 2734.
[3] Füllmich NJW 1990, 2301 (2302).
[4] ZB Endlich Moderne Medizin und Strafrecht 1989, 233.
[5] Vgl. auch Hartmann NStZ 2000, 113 (Fn. 1).
[6] So auch Spickhoff NJW 2000, 2297 (2301).
[7] So noch: Albrecht/Albrecht, Die Patientenverfügung, 2009, Rn. 298.
[8] Instruktiv und mwN: Zimmermann Vorsorgevollmacht Rn. 381.
[9] Dies ablehnend: Holzhauer FamRZ 2006, 518 (519).
[10] Zimmermann Vorsorgevollmacht Rn. 381.

entwickelt.[11] Albert/Albert/Böhm/Böhm-Rößler setzen sich ausführlich mit der Frage der Rechtsnatur auseinander und kommen zu der Definition einer „Verlautbarung einer zu respektierenden Willensrichtung …, welche noch der Umsetzung und Konkretisierung durch einen Vertreter bedarf."[12] Nach dem Urteil des BGH aus dem Jahr 2014 ist von einer **Einwilligung oder Untersagung des Betroffenen selbst** auszugehen,[13] wobei dort und an anderer Stelle die Verbindlichkeit des Verfahrens hervorgehoben wird.[14] Die oben gewählte Bezeichnung als „umsetzungsbedürftige Einwilligung oder Untersagung" passt daher nach hier vertretener Ansicht am besten. Die Einwilligung rechtfertigt einen Eingriff zivil- und strafrechtlich[15] (soweit sie nicht zB wegen eines Verstoßes gegen die guten Sitten unwirksam ist); die Untersagung ist ihr Gegenstück, schließt also zivil- und strafrechtlich eine Rechtfertigung für einen Eingriff aus oder hebt eine frühere Einwilligung auf. Dem Betreuer, Bevollmächtigten oder Ehegatten wird damit die Befugnis entzogen, eine Einwilligung zu erteilen.[16] In den Worten des BGH ist eine **Einwilligung** „die Gestattung zur Vornahme von Handlungen, die in rechtlich geschützte Güter des Gestattenden eingreifen",[17] die Untersagung das Gegenstück. Die Einwilligung oder Untersagung sind einer Willenserklärung ähnlich, aber nicht rechtsgeschäftlich. Auf die Geschäftsfähigkeit kommt es nicht an.[18] Sie sind auf tatsächliche Handlungen gerichtet.[19]

9 **Adressaten** sind nicht nur die Prüfer und Vertreter (Betreuer, Bevollmächtigte, Ehegatten, Betreuungsgericht, Verfahrenspfleger etc) sowie Vertrauenspersonen und Angehörige (§ 1828 BGB), sondern auch medizinisch-pflegerisch Beteiligte (Ärzte, Kliniken, Heime, Pflegekräfte etc),[20] wobei die Patientenverfügung nicht empfangsbedürftig, sondern mit ihrer Errichtung wirksam ist.[21]

3. Höchstpersönlichkeit

10 Eine Patientenverfügung **muss von dem Betroffenen selbst** verfasst werden.[22] Für einen Einwilligungsunfähigen kann also weder dessen Betreuer noch sein Bevollmächtigter eine Patientenverfügung verfassen (zu Gestaltungsalternativen → Rn. 79). Diese haben im konkreten Fall beim Fehlen einer Patientenverfügung nach den Vorgaben der §§ 1827 f. BGB einen Behandlungswunsch oder den mutmaßlichen Willen des Betroffenen durchzusetzen. Beratung und Formulierung durch eine andere Person sind ebenso wie die Verwendung von Mustern und Formularen möglich, solange der Betroffene den Text als seinen anerkennt und die Schriftform (→ Rn. 19) einhält. Gem. Absatz 4 sind Betreuer gehalten, ihre Betreuten über die Möglichkeit der Errichtung einer Patientenverfügung zu unterrichten und sie dabei zu unterstützen.

---

[11] Ausführlich und instruktiv zu verschiedenen Positionen: Müller-Engels/Braun/Renner/Müller-Engels Betreuungsrecht Kap. 2 Rn. 485–493.

[12] Albrecht/Albrecht/Böhm/Böhm-Rößler, Die Patientenverfügung, 2018, Rn. 149.

[13] BGH XII ZB 202/13, NJW 2014, 3572; wie hier: BeckOKBGB/Müller-Engels BGB § 1901a Rn. 26.

[14] BGH 2 StR 320/10, NJW 2011, 161.

[15] BeckOKBGB/Müller-Engels BGB § 1901a Rn. 26.

[16] MüKoBGB/Schneider BGB § 1901a Rn. 22.

[17] BGH ZR III 222/62, NJW 1964, 1177; bestätigend: BGH VI ZR 288/87, NJW 1988, 2946.

[18] BGH VI ZR 203/57, NJW 1959, 811; OLG Hamm 15 W 398/96, BeckRS 1997, 03445; Zimmermann Vorsorgevollmacht Rn. 386.

[19] Vgl. auch BeckOKBGB/Müller-Engels BGB § 1829 Rn. 5.

[20] AG Lüdinghausen 9 XVII B 219, FamRZ 2004, 835; DNotI-Report 2013, 51; Staudinger/Bienwald BGB § 1901a und b Rn. 40 f.; vgl. zudem Doering-Striening ASR 2019, 4.

[21] Vgl. auch Zimmermann Vorsorgevollmacht Rn. 408; Keilbach FamRZ 2003, 969 (976).

[22] Staudinger/Bienwald BGB § 1901a und b Rn. 37.

4. Volljährigkeit

Volljährig ist, wer das **18. Lebensjahr vollendet** hat, § 2 BGB. Eine früher verfasste Erklärung muss vom Volljährigen erneut unterzeichnet werden, damit sie wirksam wird.[23] Sonst liegt keine Patientenverfügung vor, aber uU ein Behandlungswunsch[24] oder eine zur Ermittlung des mutmaßlichen Willens zu berücksichtigende Äußerung (→ Rn. 188; zu Behandlungen bei Minderjährigen → Rn. 128). 11

Trotz praktischer und verfassungsrechtlicher Bedenken[25] ist es **Minderjährigen verwehrt,** eine Patientenverfügung zu verfassen (zur Durchsetzung des Willens eines Minderjährigen in einer in § 1827 BGB beschriebenen Situation → Rn. 128). Die Möglichkeit, alleine die Einwilligungsfähigkeit als Kriterium zu fixieren, wurde nicht gewählt, wofür gesetzessystematische Gründe sprechen können, da die Regelung im (für Volljährige geltenden) Betreuungsrecht angesiedelt wurde. Die Gesetzesbegründung schweigt zu dieser Frage, wenngleich betont wird, dass nicht Geschäfts- sondern Einwilligungsfähigkeit vorliegen müsse. Das ist wiederum auch bei Minderjährigen möglich.[26] Nicht auszuschließen ist, dass die Anforderung der Volljährigkeit unbedacht in den Gesetzestext „hineingeraten" ist.[27] 12

Nach hier vertretener Ansicht benachteiligt diese Einschränkung einwilligungsfähige Minderjährige gegenüber einwilligungsfähigen Volljährigen[28] und verstößt damit gegen Art. 3 Abs. 1 GG, was zur **Verfassungswidrigkeit** führt.[29] Ein Unterschied zwischen einem zB aufgrund einer Demenzerkrankung gerade noch einwilligungsfähigen Volljährigen und einem an Leukämie erkrankten, bewusstseinsklaren 17-jährigen kann nicht mit Sachgründen erklärt werden. Bemerkenswerter Weise hatten zwei andere Gesetzesentwürfe die Volljährigkeit nicht zur Voraussetzung für die Errichtung einer Patientenverfügung gemacht.[30] Eine Berufung auf die Gesetzessystematik erscheint nicht als ausreichend für eine Ungleichbehandlung von Gleichem. Zumindest müsste Minderjährigen – im Rahmen der Vorschriften zur Sorgerechtsausübung – eine ähnliche Möglichkeit eröffnet werden. Diese fehlt aber. Zwar müssen die Wünsche des Minderjährigen berücksichtigt werden. Im Ergebnis haben aber die Sorgeberechtigten eine Vertreterstellung inne, wenn ein zuvor einwilligungsfähiger Minderjähriger einwilligungsunfähig wird. Die direkte Wirkung einer Patientenverfügung, welche dem Betreuer oder Bevollmächtigten nur noch die Aufgabe belässt, dem Willen des Betroffenen Ausdruck und Geltung zu verschaffen, aber keine Vertretungserklärung für ihn abzugeben, besteht nicht. Bei einer bewussten Lücke in dem Gesetz ist eine Analogie oder eine Weiterentwicklung durch die Rechtsprechung etwa durch eine Auslegung[31] zur Vermeidung einer Verfassungswidrigkeit nicht möglich. 13

---

[23] Brückner, Das medizinische Selbstbestimmungsrecht Minderjähriger, 2014, 185; zu schließen auch aus BGH XII ZB 202/13, NJW 2014, 3572.

[24] BGH XII ZB 202/13, NJW 2014, 3572.

[25] Vgl. Sternberg/Lieben/Reichmann NJW 2012, 257.

[26] BayObLG 5 St RR 153–98, NJW 1999, 372.

[27] Streit, Patientenverfügungen Minderjähriger nach dem Dritten Betreuungsrechtsänderungsgesetz, 2015, 123 mwN.

[28] Entsprechend: Meyer-Götz FPR 2010, 270.

[29] So auch Grüneberg/Götz BGB § 1901a Rn. 10; ähnliche Richtung: Müller-Engels/Braun/Renner/Müller-Engels Betreuungsrecht Kap. 2 Rn. 358 mwN; ebenso Brückner, Das medizinische Selbstbestimmungsrecht Minderjähriger, 2014, 185–193.

[30] Vgl. Sternberg/Lieben/Reichmann NJW 2012, 257 (258).

[31] In diese Richtung aber wohl: Streit, Patientenverfügungen Minderjähriger nach dem Dritten Betreuungsrechtsänderungsgesetz, 2015, 99–123.

5. Einwilligungsfähigkeit

14 Einwilligungsfähigkeit bedeutet die **Fähigkeit,** eine rechtlich wirksame **Einwilligung** in die Verletzung höchstpersönlicher Rechtsgüter **zu erteilen** (→ auch § 104 Rn. 21), insbesondere in die Körperverletzung bei einer ärztlichen Heilbehandlung.[32] Dabei ist eine Einwilligung nach dem BGH die „Gestattung oder Ermächtigung zur Vornahme tatsächlicher Handlungen, die in den Rechtskreis des Gestattenden eingreifen".[33] Bei volljährigen Menschen ist die Einwilligungsfähigkeit der Normalfall, so dass es begründungspflichtig ist, einer Person diese Fähigkeit abzusprechen. Besondere Schwierigkeiten können sich bei einer Demenzerkrankung ergeben (→ Rn. 40–46).[34]

15 **Einwilligungsunfähig ist,** wer aufgrund von Unreife, Krankheit oder geistiger Behinderung entweder nicht einsichtsfähig ist oder nicht nach dieser Einsicht handeln kann, also nicht steuerungsfähig ist. Die Einsichtsfähigkeit fehlt, wenn der Betroffene nicht imstande ist, Wesen, Bedeutung und Tragweite einer anstehenden medizinischen Entscheidung zu verstehen.[35] Dies liegt vor, wenn er die für und gegen bestimmte ärztliche Maßnahmen sprechenden Gründe nicht erkennen oder gegeneinander abwägen oder die eigene (Krankheits-)Situation nicht reflektieren kann.[36] Das ist zum Beispiel der Fall, wenn jemand aufgrund einer wahnhaften Störung die Realität verkennt und keine Krankheitseinsicht hat. Die Steuerungsfähigkeit fehlt, wenn eine Person nicht imstande ist, einen eigenen, freien Entschluss zu fassen, etwa wenn sie bei starken Zwangsstörungen oder Suchterkrankungen ihren Einsichten nicht folgen kann, sondern eine innere Fremdbestimmung erfährt.

16 Die Einwilligungsfähigkeit ist im Gegensatz zur Geschäftsfähigkeit **relativ** zu der jeweiligen Maßnahme, über die zu entscheiden ist. Je nach Komplexität der Sachlage und Reichweite möglicher Folgen werden die Anforderungen variieren: bei Bagatellmaßnahmen wie einer Blutentnahme sind sie relativ niedrig, bei Entscheidungen zwischen verschiedenen, schwierig zu verstehenden und ähnlich wirksamen Maßnahmen oder Entscheidungen über invasive und weitreichende Maßnahmen wie zB Organtransplantationen, komplizierten Operationen oder langwierigen Chemotherapie-Behandlungen sind sie relativ hoch.[37]

17 Die **Bestimmung der Einwilligungsfähigkeit** ist eine grundlegende ärztliche Aufgabe, die jeder Arzt können sollte. Da jedoch der einwilligungsfähige Patient für die meisten medizinischen Disziplinen den Normalfall darstellt, wird der Arzt im Gespräch mit einem erwachsenen, psychisch gesunden Patienten in der Regel keinen Grund haben, an der Einwilligungsfähigkeit zu zweifeln und muss diese daher nicht eigens testen. Anders ist die Situation vor allem in den Disziplinen der Kinder- und Jugendheilkunde, der Geriatrie (Altersmedizin), der Neurologie und Psychiatrie. In der Kinder- und Jugendmedizin ist der Arzt gefordert, die je individuelle geistig-sittliche Reife des Minderjährigen einzuschätzen und zur Entscheidung über eine Therapiemaßnahme in Beziehung zu setzen. Bei Kindern ein- und desselben Alters kann

---

[32] Jürgens Betreuungsrecht § 1 Rn. 3.

[33] BGH VI ZR 288/87, NJW 1988, 2946 (2947); VI ZR 266/57, BGHZ 29, 33 = NJW 1959, 811.

[34] Vgl. auch Lanzrath, Patientenverfügung und Demenz, 2016, S. 138–146.

[35] BGH 4 StR 225/81, NStZ 1981, 351.

[36] BT-Drs. 11/4528, 71; BGH XII ZB 554/20, NJW-RR 2021, 1086; 1 StR 585/12, NJW 2013, 1379 (1382); XII ZB 526/10, FGPrax 2011, 119; OLG Hamm 15 W 457/02, NJW 2003, 2392; 15 W 398/90, FGPrax 1997, 64; jetzt auch § 630e Abs. 1 S. 2 BGB idF des Patientenrechtegesetzes 2012; zudem: Dodegge NJW 2013, 1265 (1266); aus medizinischer Sicht Wetterling ErbR 2010, 345.

[37] Ulsenheimer 2010, § 139 Rn. 43; Wiesemann/Simon/Duttge Patientenautonomie 2013, 79.

dieser Reifezustand signifikant variieren. So ist etwa bekannt, dass Kinder, die an chronischen Erkrankungen leiden, viel Erfahrung mit medizinischen Behandlungen haben und seit Jahren in intensivem Kontakt mit Erwachsenen aus den medizinisch-sozialen Professionen stehen, nicht selten einen höheren Reifegrad aufweisen als gleichaltrige gesunde Kinder. In der Geriatrie sind die interindividuellen Unterschiede zwischen Patienten desselben Alters noch größer, abhängig von Vorerkrankungen insbesondere aus dem neurologisch-psychiatrischen Bereich, aber durchaus auch abhängig von dem Grad sozialer Teilhabe und Integration. Die Neurologie und Psychiatrie wiederum haben es häufig mit Patienten zu tun, die an krankheitsbedingten Störungen kognitiver Prozesse leiden, so dass die Ärzte aus diesen beiden Disziplinen auch immer wieder von ihren Kollegen konsiliarisch herbeigerufen werden, wenn es darum geht, in einem schwierigen Einzelfall die Einwilligungsfähigkeit zu bestimmen. Die Grundlage der Bestimmung der Einwilligungsfähigkeit ist das persönliche Gespräch mit dem Patienten, die Anamnese, sowie die klinisch-neurologische Untersuchung sowie ggf. die Erhebung des psychopathologischen Befundes. In manchen Fällen können apparative Befunde, etwa der Gehirnbildgebung, zusätzliche Informationen liefern.

Ein **Arzt wird prüfen** müssen, ob die einzelnen Komponenten, die für Einwil- 18
ligungsfähigkeit notwendig sind, beim betreffenden Patienten intakt sind: (1) Sprachverständnis und Äußerungsfähigkeit, (2) Verstehen und Behalten der angemessenen mitgeteilten, krankheits- und therapiebezogenen Informationen, (3) Krankheitseinsicht, (4) Urteilsvermögen im Sinne einer Abwägung der Vor- und Nachteile verschiedener Behandlungsmaßnahmen auf der Basis eigener Wertüberzeugungen sowie (5) Fähigkeit zu einer eigenständigen selbstbestimmten Entscheidung und (6) Fähigkeit zur Mitteilung dieser Entscheidung.[38] Diese Fähigkeiten müssen notwendigerweise in Anwendung auf die zu treffende Therapieentscheidung getestet werden. Der Arzt wird hierzu in einen Dialog mit dem Patienten treten und ihn bitten, in eigenen Worten zu erläutern, wie er seine Krankheitssituation sieht, wie er die Behandlungsmöglichkeiten einschätzt, welcher Entscheidung er zugeneigt ist und auf welchen Gründen diese Neigung basiert. Zusätzlich können operationalisierte Testverfahren hilfreich sein, etwa das *MacArthur Competence Assessment Tool-Treatment,* doch letztlich handelt es sich um ein ärztliches Globalurteil, das insbesondere ärztliche Erfahrung voraussetzt.[39]

6. Schriftform

Sie ist gem. § 126 BGB durch **eigenhändige Unterschrift** oder notariell beglau- 19
bigtes Handzeichen gewahrt (auch → § 167 Rn. 41) und hat eine Warnfunktion.[40] Möglich sind also unterzeichnete Computerausdrucke, Vordrucke (aus Musterbüchern, Schreibwarenläden etc), handschriftliche Dokumente, auch wenn der Text nicht vom Unterzeichner selbst geschrieben wurde, sowie durch einen Notar oder eine Betreuungsbehörde (zusammen mit einer Vorsorgevollmacht) beglaubigte oder von einem Notar beurkundete Texte und auch solche, die von Stellen beglaubigt wurden, die zu keiner öffentlichen Beglaubigung befugt sind. Ankreuzformulare sind ebenfalls zulässig, auch wenn dort beim Vorliegen von weiteren Umständen eher der Verdacht der Manipulation entstehen kann, da sie bei diesen leichter zu bewerkstelligen ist. Mehrere Seiten müssen nicht körperlich verbunden werden, aber

---

[38] Bauer/Vollmann 2002, 1031; Vollmann 2004, 29; Vollmann 2000, 709; Appelbaum 2007, 1834.

[39] Vollmann 2004, 29.

[40] Vgl. Staudinger/Bienwald BGB § 1901a, b Rn. 31; BGH III ZR 96/20, NJW-RR 2021, 839.

eine einheitliche Urkunde ergeben, zB durch eine Nummerierung (mwN → § 167 Rn. 42).

Eine **Datierung** ist wünschenswert, aber nicht erforderlich.[41] Die **elektronische Form** ist (noch) nicht möglich,[42] da es nach § 126a Abs. 1 BGB einer qualifizierten elektronischen Signatur bedarf. Sollte diese für Patientenverfügungen verfügbar werden, sollte auch eine elektronische Patientenverfügung wirksam sein.

20 Liegen keine deutlichen Hinweise auf einen Missbrauch vor, darf auch eine nicht beglaubigte, sondern privatschriftliche Patientenverfügung **nicht** mit dem Verweis auf die Ungewissheit der Echtheit der Unterschrift **zurückgewiesen werden.** Entscheidend ist ohnehin, ob der Arzt den Bevollmächtigten als solchen anerkennt (→ § 167 Rn. 80f.), welcher dann wiederum (wie auch ein Betreuer) die Patientenverfügung durchzusetzen hat. Hat der Arzt Zweifel an der Echtheit einer Patientenverfügung, auf welche der Prüfer (Betreuer, Bevollmächtigter, Ehegatte) besteht, ist notfalls das Betreuungsgericht einzuschalten, welches den Prüfer ggf. ersetzen kann. Zuvor sollte aber geklärt werden, ob nicht auch ohne eine Patientenverfügung – zB aufgrund der Indikation, eines Behandlungswunsches oder des mutmaßlichen Willens – ein Konsens zwischen dem Arzt und dem Vertreter gefunden werden kann, so dass es auf die Patientenverfügung nicht ankommt. Dieser Konsens muss aber auch der unsicheren Patientenverfügung entsprechen.

21 Wurde die Schriftform **nicht gewahrt,** liegt keine Patientenverfügung vor. Dies gilt selbst für auf Video aufgenommene, mündliche Anordnungen. Nicht dem Schriftformerfordernis entsprechende Dokumente uÄ können aber für die Ermittlung des mutmaßlichen Willens nach Abs. 2 wesentlich sein oder einen Behandlungswunsch darstellen.[43]

22 Zur Wirksamkeit ist es nicht erforderlich, dass die **deutsche Sprache** gewählt wird.[44] Eine andere Sprache birgt allerdings die Gefahr, dass die Patientenverfügung nicht als solche erkannt oder mangels Verständnis nicht beachtet werden kann, so dass auf den mutmaßlichen Willen zurückgegriffen wird. Der Betreuer oder Bevollmächtigte muss sich um eine Übersetzung bemühen. Dem Arzt können keine umfangreichen Ermittlungen zugemutet werden.

7. Vorausverfügung, Abgrenzung

23 Die Patientenverfügung ist eine Anordnung für eine **nicht absehbare Entwicklung.** Sie ist **abzugrenzen** von der Erklärung kurz vor der Versetzung in den Zustand der Einwilligungsunfähigkeit, also insbesondere vor einer Operation unter Narkose. Dort wird konkret eine Einwilligung erteilt oder nicht erteilt, sowohl für geplante und beabsichtigte als auch aufgrund des Eingriffs möglicherweise erforderlich werdende Maßnahmen. Mündlich erteilte Weisungen in dem Zusammenhang sind wirksam, auch wenn sie etwa am Tag vor der Operation abgegeben wurden.[45]

Abzugrenzen ist die Patienten- von der **Probandenverfügung.** Bei ihr erklärt eine Person im einwilligungsfähigen Zustand, auch bei Einwilligungsunfähigkeit als Proband zB zur Erforschung von Medikamenten, zur Verfügung zu stehen, vgl. §§ 40ff. AMG.[46]

---

[41] Eine gesetzliche Regelung wünschend: Wedel/Kraemer FamRZ 2022, 852 (855).

[42] Vgl. Hindemit RNotZ 2022, 1 (5); zum Tablet-Testament: Sanders/Göldner ErbR 2020, 335.

[43] BGH XII ZB 202/13, NJW 2014, 3572.

[44] Staudinger/Bienwald BGB § 1901a, b Rn. 32.

[45] BT-Drs. 16/8442, 13.

[46] Jox/Spickhoff/Marckmann Dtsch Arztebl 2017; 114(11): A 520-2; insbesondere zum Wegfall der Einwilligungsfähigkeit während einer AMG-Studie: Taupitz PhamR 2021, 126.

Wenn eine Erkrankung diagnostiziert wurde, kann deren weiterer Verlauf absehbar sein, beispielsweise das Versagen der Atmung bei der Amyotrophen Lateralsklerose. Es ist dem Betroffenen zu **raten,** in Kommunikation mit seinem Bevollmächtigten und seinem Arzt möglichst genaue und aktuelle Anweisungen für das Eintreten der zu erwartenden Situation zu erteilen, insbesondere wenn eine Kommunikation in der Situation selbst uU nicht mehr möglich sein kann. Eine mündliche Anweisung wirkt nur dann unmittelbar bindend, wenn das beschriebene Krankheitsstadium gegeben ist und damit die medizinischen Maßnahmen unmittelbar bevorstehen. Das unmittelbare Bevorstehen kann wohl nur bei einigen Stunden bis zu etwa einem Tag zwischen Verlust der Einwilligungsfähigkeit und Situationseintritt angenommen werden. Sonst ist auf das in den §§ 1827 f. BGB bezeichnete Verfahren zurückzugreifen.

8. Bestimmtheit

24 Es müssen möglichst bestimmte Anordnungen getroffen werden.[47] Dabei dürfen aber die Anforderungen auch **nicht überspannt** werden. Es ist keine Erklärung wie bei einem einwilligungsfähigen Patienten möglich. Der Betroffene kann seine Biografie als Patient und den medizinischen Fortschritt auch nicht vorausahnen.[48] Sonst wären nahezu sämtliche Patientenverfügungen unverbindlich. Bei der Anwendung kann eine Patientenverfügung auszulegen sein (→ Rn. 170).

25 **Nicht ausreichend** für eine Patientenverfügung sind Formulierungen wie „Ich wünsche ein würdiges Sterben" oder allgemein „keine lebensverlängernden Maßnahmen".[49] Die meisten Patientenverfügungen gehen aber deutlich auf vier Hauptanwendungsbereiche ein (Sterbeprozess, Endstadium einer unheilbaren Krankheit, Demenz und Wachkoma), so dass eine Furcht vor „zu präzisen" Patientenverfügungen, die später entweder zu eng oder von dem medizinischen Fortschritt überholt wurden, weitgehend überzogen erscheint.[50]

26 Dem Wortlaut nach bezieht sich der Bestimmtheitsgrundsatz alleine auf die medizinischen Maßnahmen, nicht auf die Erkrankung oder Verletzung.[51] Allerdings verweist der 2. Hs. des § 1827 Abs. 1 S. 1 BGB auf die „aktuelle Lebens- und Behandlungssituation" und auch der BGH sieht die Beschreibung einer **konkreten Behandlungssituation** als erforderlich an.[52] Dies kann zB der Sterbevorgang, das Endstadium einer Erkrankung, ein „Wachkoma" oder eine fortgeschrittene Demenz sein. Eine konkrete Beschreibung liegt aber auch vor, wenn klargestellt wird, dass eine konkrete Maßnahme in „jeder Behandlungssituation" abgelehnt wird, zB eine Wiederbelebung oder die Gabe von Blut.

9. Inhalt

27 **a) Einleitung: Situationen und Maßnahmen.** In einer Patientenverfügung bezeichnet jemand erwünschte oder unerwünschte „Untersuchungen seines Gesundheitszustands, Heilbehandlungen oder ärztliche Eingriffe". Da sich die Erforderlichkeit und die Art dieser Maßnahmen nach dem jeweiligen Gesundheitszustand bestimmen, müssen sie in der Regel im Zusammenhang mit diesem beschrieben werden, was auch indirekt aus § 1827 Abs. S. 1 2. Hs. hervorgeht. Zwar kann es, ins-

---

47 Vgl. auch Gallus ErbStB 2017, 252; ders. ErbStB 2018, 252; Hindemit RNotZ 2022, 1 (6–8).

48 BGH XII ZB 107/18, NJW 2019, 600 (602); XII ZB 604/15, NJW 2017, 1737; XII ZB 202/13, NJW 2014, 3572 (3576); Langer/Knorr/Berg DÄBl 2013, A 2186.

49 BGH XII ZB 604/15, NJW 2017, 1737 (1738); XII ZB 61/16, NJW 2016, 3297.

50 So die Beispiele bei Albrecht/Albrecht MittBayNot 2015, 110 (112).

51 Staudinger/Bienwald BGB § 1901a, b Rn. 18.

52 BGH XII ZB 604/15, NJW 2017, 1737 (1738); dazu Boemke NJW 2017, 1706.

besondere bei bereits erkrankten oder hochbetagten Personen, auch Situationen geben, in welcher die Person unabhängig von der weiteren gesundheitlichen Entwicklung in der Zukunft bestimmte Maßnahmen bedingungslos ablehnt oder akzeptiert. Doch schon die vorgegebenen Formulierungen in den meisten Patientenverfügungen machen klar, dass Patientenverfügungen in der Regel für den Fall einer Verschlechterung der gesundheitlichen Situation geschrieben werden. Es sind daher **zunächst** die **typischen Lebens- und Behandlungssituationen** zu nennen, für welche Patientenverfügungen abgefasst werden. Dies sind meistens der Sterbeprozess, das Endstadium einer tödlich verlaufenden Krankheit, die fortgeschrittene Demenz und das so genannte „Wachkoma" sowie weitere Situationen, auf die im Folgenden eingegangen wird (→ Rn. 29 ff.).

28 Es werden **sodann Maßnahmen** genannt, die erwünscht oder abgelehnt werden. Mit einer Patientenverfügung kann vorab jede ärztliche Maßnahme, ob diagnostischen oder therapeutischen Zwecken dienend, abgelehnt oder die Einwilligung dafür erteilt werden. Dies gilt natürlich insoweit, als die Maßnahme medizinisch indiziert ist und nicht gegen Gesetze oder die guten Sitten verstößt. Die Einwilligung in die Maßnahme bedeutet nicht, dass sie auch durchgeführt wird, und begründet keinen Anspruch darauf. Eingriffe von nicht-ärztlichem Gesundheitspersonal sind analog den ärztlichen Eingriffen zu betrachten. Es bedarf bei der Ablehnung oder Einwilligung von Eingriffen durch die Patientenverfügung einer ausreichend konkreten und erkennbaren Bezeichnung derselben. Diese kann durchaus in Laiensprache gehalten sein und auch Gruppen von Eingriffen umfassen, muss aber so formuliert sein, dass klar wird, was damit gemeint ist. Typischerweise werden Maßnahmen aufgeführt, die dem Ziel der Lebenserhaltung dienen, besonders die Wiederbelebungsmaßnahmen, künstliche Ernährung und Flüssigkeitsgabe, Medikamente wie Antibiotika oder Transfusionen. Zudem werden meist Maßnahmen der Palliativversorgung angesprochen, die nicht auf Lebenserhaltung, sondern Leidenslinderung zielen. Auf diese wird nach der Beschreibung der Situationen eingegangen (→ Rn. 70).

29 **b) Sterbeprozess.** Viele Patientenverfügungen enthalten Festlegungen für den Fall der unmittelbaren Sterbephase. **Darunter verstehen Mediziner** in der Regel die letzten drei bis sieben Tage des Lebens.[53] Allerdings ist diese zeitliche Einordnung nicht nur deshalb schwierig, weil man den Todeszeitpunkt ja im Vorhinein nicht genau weiß, sondern auch weil die Sterbephase in manchen Fällen sehr kurz (beim plötzlichen Herztod nur Sekunden) und in anderen Fällen ungewöhnlich lang (einige Wochen) dauern kann. Es gibt bisher keine zweifelsfrei und empirisch hinreichend belegte Evidenz, anhand derer man den Beginn der Sterbephase sicher erkennen könnte. Erfahrene Ärzte, Pflegende und Sterbebegleiter kennen jedoch die intuitive Wahrnehmung, dass ein Patient ein „Sterbender" ist. Oft wird berichtet, dass der Sterbende eine aschfahle Haut habe, eine spitze Nase mit einem blassen perinasalen Dreieck oder eingefallene Wangen – alles wahrscheinlich Zeichen der Dehydrierung und des allmählichen Nierenversagens, die bei den meisten Sterbeprozessen auftreten. Nicht selten kommt es zeitgleich auch zu einer Verminderung der Wachheit („Hinüberdämmern") sowie zu leicht deliranten Zuständen mit Wachträumen, Desorientiertheit und einer gewissen Bewegungsunruhe.

30 Das **Atmungsmuster** verändert sich oft in den letzten Stunden des Sterbens, Mediziner sprechen von der „Cheyne-Stokes-Atmung", die dadurch charakterisiert ist, dass die Atemzüge wellenförmig erst immer tiefer (und schneller) werden, sich dann wieder abflachen und verlangsamen, gefolgt von einer bis zu mehrere Sekunden dauernden Atempause. Diese Atemform ist aber nicht spezifisch für den Sterbeprozess und tritt auch bei anderen Erkrankungen auf. Beim Sterben geht die Cheyne-Stokes-

---

[53] Vgl. S3-Leitlinie Palliativmedizin für Patienten mit einer nicht heilbaren Krebserkrankung 2019, 440.

Atmung nicht selten in die sogenannte präterminale Seufzeratmung über, in der nur noch flache, schwache Atemseufzer zu hören sind. Ein weiteres Phänomen, das oft bei Sterbenden zu hören ist, nennt man „terminale Rasselatmung". Es handelt sich dabei eigentlich nicht um eine Form des Atmens, sondern um typische Geräusche, die synchron mit dem Ein- und vor allem dem Ausatmen auftreten. Das blasige Röcheln kommt dadurch zustande, dass Speichel und Rachensekrete aufgrund der allgemeinen Schwäche des Sterbenden nicht mehr geschluckt oder abgehustet werden, so dass sie beim Durchzug der Atemluft hin und her flattern, was das typische Röcheln hervorruft. In der Regel ist dies für den Sterbenden nicht mit Leiden verbunden, ja wird von ihm oft gar nicht mehr bemerkt. Es kann allerdings bei Angehörigen und Sterbebegleitern Ängste hervorrufen, der Patient könnte ersticken, weshalb sie ausführlich über die Harmlosigkeit dieser „Rasselatmung" aufgeklärt werden müssen. Das Verhalten der Sterbenden ist so vielfältig wie ihr Verhalten und ihre Persönlichkeiten zuvor; oft sterben Menschen ungefähr so, wie sie gelebt haben. Manche hadern und kämpfen bis zum Schluss, andere fügen sich ruhig in das Sterben. Manche warten oft noch tagelang, bis ein ersehnter Freund noch an das Sterbebett kommt, und sterben unmittelbar danach. Andere werden Tag und Nacht von ihren Angehörigen am Sterbebett begleitet und sterben just in den fünf Minuten, in denen gerade niemand am Sterbebett weilt, da sie nur dann loslassen können.

In der Medizin besteht weitgehend Konsens darüber, dass in der Sterbephase lindernde Maßnahmen **indiziert** sind, jedoch keine Maßnahmen, die primär dazu dienen, das Leben zu verlängern, da sie in diesem Fall die Sterbephase in die Länge ziehen würden, was aufgrund des damit verbundenen Leidens bedeuten würde, den Patienten unnötiges Leiden aufzubürden.[54] Symptomlindernde Maßnahmen sind etwa Schmerzmittel (oft als subkutane Infusion verabreicht), Medikamente gegen Übelkeit und Erbrechen, gegen Atemnot, Angst und Unruhe. Sämtliche langfristig wirkende Arzneimittel, die der Patient möglicherweise schon jahrelang eingenommen hat (etwa gegen Bluthochdruck, erhöhte Blutfettwerte oder ähnliches) sollten spätestens zu Beginn der Sterbephase, aber am besten schon wenn auf ein rein palliative Therapieziel umgestellt wird, abgesetzt werden. Maßnahmen, die das Sterben verlängern können, sind neben akut lebensrettenden Eingriffen (Wiederbelebung) kreislaufstützende Infusionen, aktive Herzschrittmacher oder Defibrillatoren, Antibiotika, Elektrolytinfusion und ähnliches. In ihrer Ablehnung sterbensverlängernder Maßnahmen unterstreichen viele Patientenverfügungen das, was ohnehin ärztlich nicht indiziert ist und daher nicht durchgeführt werden sollte. 31

c) Endstadium einer unheilbaren Krankheit. Eine zweite Situation, die viele Patientenverfügungen als Anwendungsbedingung beschreiben, ist das Endstadium einer unheilbaren, tödlich verlaufenden Krankheit. Hier wird oft hinzugesetzt, dass der Todeszeitpunkt nicht absehbar sein muss,[55] da die Endphase verschiedener Krankheiten unterschiedlich lange dauern kann (von wenigen Wochen bis zu mehreren Jahren) und der genaue Todeszeitpunkt meist erst absehbar ist, wenn die unmittelbare Sterbephase begonnen hat. Unter den **zehn häufigsten Todesursachen** in Deutschland finden sich viele unheilbare, chronisch fortschreitende Leiden, insbesondere chronische Herz- und Lungenerkrankungen, Krebserkrankungen der Lunge, der Brust (bei Frauen), von Dickdarm, Bauchspeicheldrüse und Prostata (bei Männern), Demenz sowie die zu Schlaganfällen führenden chronischen Erkrankungen der Gehirngefäße.[56] 32

---

[54] Vgl. S3-Leitlinie Palliativmedizin für Patienten mit einer nicht heilbaren Krebserkrankung 2019, 440.

[55] Vgl. etwa das Patientenverfügungsformular des Bayerischen Ministeriums der Justiz.

[56] Siehe hierzu die Todesursachenstatistik des Statistischen Bundesamts zum Jahr 2020: https://www.destatis.de/DE/ZahlenFakten/GesellschaftStaat/Gesundheit/Todesursachen/Tabellen/HaeufigsteTodesursachen.html (aufgerufen am 1.9.2022).

Bei aller Unterschiedlichkeit der Endstadien dieser Erkrankungen ist ihnen meist gemeinsam, dass sie charakterisiert sind durch dauerhafte körperliche Beschwerden, die gelindert, aber nicht eliminiert werden können, eine zunehmende Abhängigkeit und Eingeschränktheit in alltäglichen Tätigkeiten, einen zunehmenden medizinisch-pflegerischen Betreuungsbedarf mit gehäuften Krankenhausaufenthalten, und insgesamt eine Verringerung der gesundheitsbezogenen Lebensqualität.[57] Menschen, die für diese Situationen Patientenverfügungen erstellen, wollen meist nicht, dass diese Lebensphase künstlich verlängert wird, da sie damit eine Art Siechtum assoziieren und einen natürlichen Verlauf des Lebensendes wertschätzen.

33 **d) Chronische Erkrankungen von Herz und Lunge.** Chronische Erkrankungen von Herz und Lunge sind oft durch ein wellenförmiges Auf und Ab im Befinden und einen Wechsel zwischen akuten Krisen und Phasen der Stabilisierung gekennzeichnet. Die zugrunde liegenden Erkrankungen sind zwar in der Regel unheilbar und schreiten chronisch fort, etwa die koronare Herzerkrankung auf dem Boden von Bluthochdruck, Diabetes, Rauchen, Hypercholesterinämie oder anderen Risikofaktoren. Im Rahmen dieser Erkrankung kann es zu akuten Krisen durch mehr oder weniger große Herzinfarkte, Angina-pectoris-Anfälle (akute Mangeldurchblutung), aber auch durch eine Überlastung des geschwächten Herzmuskels mit der Folge von Lungenödem, Luftnot und Kreislaufversagen kommen. Solche **Krisen** können bei rechtzeitiger Notfalltherapie aufgefangen werden, so dass die Patienten wieder ganz oder beinahe ihren vorigen Zustand erreichen, was Befinden und Lebensqualität betrifft. Dafür ist aber oft eine kurzzeitige intensivmedizinische Therapie mit Beatmung oder Atemunterstützung, Kreislaufstützung, ggf. Herzkatheter-Intervention oder Bypass-Operation nötig. Die häufigste chronische Lungenerkrankung (außerhalb der Tumore) ist die chronisch-obstruktive Lungenerkrankung (COPD), welche oft bei starken Rauchern auftritt und durch eine zunehmende Luftnot, Hustenanfälle, Erstickungsängste und mangelnde Belastbarkeit gekennzeichnet ist. Akute Krisen werden oft durch Lungenentzündungen, Bronchitis, Verschleimung oder Kreislaufversagen ausgelöst. Auch solche Krisen können in vielen Fällen akutmedizinisch stabilisiert werden, so dass günstigenfalls der Ausgangszustand wieder annähernd erreicht werden kann. Hierzu sind in der Regel eine Sauerstoffversorgung, Atemunterstützung, antibiotische Therapie und gezielt bronchienerweiternde und schleimlösende Therapie erforderlich. Schließlich haben die Corona/COVID-19-Fälle für Verunsicherung gesorgt (→ Rn. 33a).

33a **e) Corona/COVID-19.** Die COVID-19-Pandemie hat das Thema der Patientenverfügung noch stärker ins allgemeine Bewusstsein gehoben.[58] Bestehende Patientenverfügungen wurden ergänzt und modifiziert, indem spezifische Festlegungen für die Situation einer schweren COVID-19-Erkrankung dokumentiert wurden. Hierzu ist zunächst festzuhalten, dass Patientenverfügungen weder die ärztliche Indikationsstellung noch eine eventuelle **Triageentscheidung**[59] im Fall einer Knappheit lebenserhaltender Behandlungsressourcen tangieren. Da indes eine Zunahme behandlungsverweigernder Patientenverfügungen eine solche Knappheitssituation entschärfen könnte, ist in solchen Situationen besonders auf den Grundsatz zu achten, dass die Erstellung einer Patientenverfügung stets freiwillig sein muss.

Inhaltlich steht es jedem frei, auch für die COVID-19-Erkrankung antizipative Festlegungen zu treffen, da das Gesetz keine Reichweitenbeschränkung vorsieht. Kli-

---

[57] Gill et al. New Engl J Med 2010, 1173.

[58] Zu eventuellen Auswirkungen auf die Geschäfts- und Testierfähigkeit vgl. Wetterling ErbR 2021, 194.

[59] Vgl. zB Engländer/Zimmermann NJW 2020, 1398; zum Schutz behinderter Menschen: BVerfG 1 BvR 1541/20, NJW 2022, 380; Walter NJW 2022, 363.

nisch kann COVID-19 **vielfältige Krankheitsbilder** hervorrufen, typisch sind jedoch Entzündungen der oberen und unteren Atemwege, die bei schweren Verläufen zur Pneumonie oder zum Acute Respiratory Distress Syndrome (ARDS), aber auch zu Blutgerinnungsstörungen, thromboembolischen Komplikationen, Superinfektionen und Versagen anderer Organsysteme führen können.

Da es sich um eine **behandelbare und potenziell reversible Erkrankung** handelt, ist die Situation von den Formulierungen in herkömmlichen Patientenverfügungen oft nicht erfasst. Lehnt eine Person für bestimmte COVID-19-Situationen medizinische Behandlungsmaßnahmen ab, kann es für sie daher sinnvoll sein, angemessene Beratung in Anspruch zu nehmen und spezifische COVID-19-Festlegungen in Patientenverfügungen niederzulegen. Umgekehrt muss jemand, der bei COVID-19 umfassend medizinisch behandelt werden will, nicht befürchten, dass diese Behandlung allein wegen der Existenz einer Patientenverfügung unterbliebe, solange die Festlegungen in der Patientenverfügung klar bestimmt sind und die Situation einer behandelbaren Akuterkrankung nicht umfasst.Die in den meisten Patientenverfügungen beschriebenen **Situationen liegen** also grundsätzlich **nicht vor,**[60] wie beispielsweise ein „unumkehrbarer Sterbeprozess". Hat die COVID-19-Erkrankung ein Stadium erreicht, dass sicher zum Tod führt, ist es in erster Linie eine Frage der (dann regelmäßig zu verneinenden) **Indikation** (→ § 1828 Rn. 8), ob die Behandlung (zB künstliche Beatmung) fortgeführt oder (wohl) beendet wird.[61]

Wird trotz einer Indikation, etwa bei Aussicht auf Heilung, eine **bestimmte Behandlung nicht gewünscht,** wie beispielsweise eine invasive Beatmung (zB mittels Schlauch im künstlichen Koma), so kann diese untersagt werden, da es für die Patientenverfügung keine Reichweitenbegrenzung gibt. Bei entsprechender Ausformung des Willens des Verfügenden kann dieser klarstellen, dass eine nicht-invasive Beatmung (zB mittel Maske) durchgeführt werden soll.[62] Denkbar ist auch ein gegensätzliches Verlangen nach einer „Maximaltherapie", also Vornahme aller medizinischen Handlungen auch ohne Indikation (soweit der Arzt sie dann vornimmt).[63] Dies wird wohl eher aufgrund von Ängsten gefordert werden, sonst trotz einer eigentlich bestehenden Indikation nicht umfassend behandelt zu werden (zB aufgrund hohen Alters bei knappen medizinischen Ressourcen).

Ganz wesentlich ist, wie bei allen Erkrankungen, dass der aktuelle **Wille des Patienten** entscheidend ist. Insofern ist grundsätzlich zunächst mit dem einwilligungsfähigen Betroffenen zu kommunizieren, seine Einwilligungsfähigkeit ggf. herzustellen, wenn dies möglich und nicht zB wegen eines schnellen Krankheitsverlaufes nicht realisierbar ist.

f) Krebserkrankungen. Die am häufigsten zum Tode führenden Krebserkrankungen haben zwar je nach Organ ganz unterschiedliche Symptome, aber einen oft **34**
vergleichbaren Verlauf. Je nachdem, wie aggressiv und therapieresistent das Tumorgewebe ist und wie früh man den Krebs entdeckt, sind Heilungschancen mehr oder weniger vorhanden. In der Regel ist der Tumor zum Zeitpunkt der Diagnosestellung noch nicht so weit fortgeschritten und im Körper verbreitet, dass nicht zumindest der Versuch einer Heilung unternommen werden kann. Die Behandlung ist zu Beginn maximal, oft eine Kombination aus Operation, Chemotherapie und/oder Strahlentherapie sowie gelegentlich noch einer Hormontherapie bzw. spezifischen Antikör-

---

[60] Entsprechend: Müller-Engels/Braun/Renner/Müller-Engels Betreuungsrecht Kap. 2 Rn. 457; Grziwotz/Grziwotz NZFam 2021, 189 (190); Hindemit RNotZ 2022, 1 (17); DNotI-Report 2021, 13 (14); Raude notar 2020, 317; Mertens-Meinecke FF 2020, 445.

[61] Entsprechend: DNotI-Report 2021, 13 (14).

[62] Müller-Engels/Braun/Renner/Müller-Engels Betreuungsrecht Kap. 2 Rn. 457 f.; Hindemit RNotZ 2022, 1 (18).

[63] Vgl. DNotI-Report 2021, 13 (15).

pertherapie. Nicht selten sprechen die Krebszellen auf diese Initialtherapie an, entwickeln aber im weiteren Verlauf eine zunehmend breite Widerstandsfähigkeit gegen jede Art der Antitumortherapie. Die Intervalle einer guten Lebensqualität, die man durch solche Therapiezyklen erreichen kann, werden dann immer kürzer, und **irgendwann stellt sich die Frage,** ob der fragliche **Nutzen** von wahrscheinlich wenigen Wochen Lebensverlängerung den Preis von gravierenden Nebenwirkungen, Komplikationsrisiken, Belastungen und Krankenhausaufenthalten aufwiegt.

35 Die Tatsache, dass immer mehr solche Chemotherapeutika und Antikörper für **späte Therapieversuche** nach zahlreichen gescheiterten Therapieversuchen auf den Markt kommen, stellt eine Versuchung dar, solche Therapieversuche bis zum Tod auszureizen, wozu auch ökonomische Anreize auf verschiedenen Seiten beitragen. Zehn Prozent aller Sterbenden in Deutschland erhalten noch im letzten Monat ihres Lebens eine Chemotherapie – ein offensichtliches Beispiel einer Übertherapie.[64] Sobald eine Krebserkrankung auf die gängigen tumorspezifischen Therapeutika nicht mehr anspricht oder zahlreiche Metastasen in verschiedenen inneren Organen (insbesondere in Leber, Lunge und Gehirn) gestreut hat, ist in der Regel der richtige Zeitpunkt gekommen, über eine Änderung des Therapieziels von Lebensverlängerung hin zu ausschließlicher Palliation und Verbesserung der Lebensqualität nachzudenken. Tumorspezifische Therapie wie Chemotherapie ist dann nicht mehr einfachhin indiziert. Allerdings kann Chemotherapie und Strahlentherapie in Einzelfällen auch der Palliation, also Leidenslinderung, dienen. So mag es etwa auch in der Palliativsituation sinnvoll sein, eine Wirbelsäule kurzzeitig zu bestrahlen, um eine Querschnittslähmung durch eine Tumormetastase zu verhindern.

36 **g) Schlaganfälle.** Schlaganfälle sind ähnlich wie Herzinfarkte Ausdruck einer zugrundeliegenden Gefäß- oder Bluterkrankung, in der Regel einer Arteriosklerose, welche dieselben Risikofakturen hat wie die Herzkranzgefäßerkrankung (Bluthochdruck, Rauchen, Diabetes, Bewegungsmangel etc). Die meisten Schlaganfälle sind nicht unmittelbar tödlich, sondern führen **erst durch ihre Folgen** bzw. wenn sie wiederholt auftreten, den Tod des Patienten herbei. Nicht selten tritt als Vorbote eines richtigen Schlaganfalls eine sogenannte TIA (transitorisch ischämische Attacke) auf, die eine vorübergehende Durchblutungsstörung eines Gehirnareals bedeutet und durch flüchtige Ausfallserscheinungen, die einige Minuten oder Stunden anhalten, charakterisiert ist. Der Schlaganfall selbst stellt einen Durchblutungsstopp eines bestimmten Gehirnbereichs dar, der durch eine Arterie normalerweise mit Sauerstoff und Nährstoffen versorgt wird. Fällt diese Versorgung aus, stirbt das Gehirngewebe innerhalb von einigen Stunden ab. Je eher es gelingt, das verschlossene Blutgefäß wieder zu öffnen, desto besser sind die Erholungschancen für die Patienten.

37 Daher **kommt** es bei der Akuttherapie von Schlaganfällen **auf jede Minute an,** gemäß dem Grundsatz „Time is Brain". In den letzten Jahren hat die akute Schlaganfallbehandlung auf spezialisierten neurologischen Stationen, sogenannten Stroke Units, die Behandelbarkeit deutlich verbessert. In den ersten sechs Stunden nach dem klaren Beginn der Symptome kann, wenn keine Kontraindikationen vorliegen, eine sogenannte Lysetherapie durchgeführt werden, bei der ein Medikament verabreicht wird, das den Blutpfropf, der das Gefäß verschließt, auflösen kann. Bei manchen Formen von Schlaganfällen kann auch mit Hilfe eines Katheters das verschlossene Gefäß wieder geöffnet werden. Solchen Akuttherapien müssen jedoch sorgfältige, möglichst evidenzbasierte Indikationsabwägungen vorangehen, denn die Risiken sind erheblich: Hirnblutungen können zum Tod des Patienten führen oder jedenfalls noch gravierende Folgen zeitigen als der Schlaganfall selbst sie hätte.

38 Ist das Zeitfenster für solch eine **Akuttherapie überschritten,** kann die Versorgung auf einer Stroke Unit sicherstellen, dass sich die Ausfälle in den Stunden und Ta-

[64] Faktencheck Gesundheit „Palliativversorgung, Modul 3, Bertelsmann Stiftung 2015.

gen nach dem Schlaganfall nicht verschlimmern, dass Begleiterkrankungen wie die fast immer auftretende Lungenentzündung angemessen behandelt und dass insbesondere künftige weitere Schlaganfälle möglichst verhindert werden. Während dieser ersten Tage ist auch eine antibiotische Therapie in der Regel notwendig.

Möglichst rasch nach dieser einige Tage dauernden Akutbehandlung sollten die Patienten mit einer speziellen **Neurorehabilitation** beginnen, die je nach Alter, Vorerkrankungen und Art des Schlaganfalls einige der neurologischen Ausfälle (wie Lähmungen, Sprachstörungen, Gefühlsstörungen, Inkontinenz) wieder verbessern kann. Eine akut angelegte nasogastrale Magensonde kann in den meisten Fällen nach einigen Tagen oder Wochen wieder entfernt werden, selten ist eine dauerhafte PEG-Sonde vonnöten. Kommt es während der Rehabilitation jedoch zu einem weiteren Schlaganfall oder gravierenden Komplikationen, kann es auch in der Rehabilitationsklinik angezeigt sein, auf ein rein palliatives Therapieziel umzustellen. Sind die Folgen eines oder mehrerer Schlaganfälle so ausgeprägt, dass der Patient bettlägerig bleibt und dauerhaft eine Magensonde benötigt, treten oft Folgeerkrankungen auf, vor allem Infektionen, Thrombosen und Embolien, die nicht selten zum Tod des Patienten führen. **39**

h) Demenz. Obwohl auch die Demenzen in die unter Rn. 32 genannte Kategorie fallen, werden sie in Patientenverfügungen oft eigens aufgeführt.[65] Beschrieben wird idR ein **chronischer Hirnabbauprozess,** der sich in einem weit fortgeschrittenen Stadium befindet. Die Demenz selbst gilt in der Medizin als Syndrom, dh als ein Ensemble von Symptomen, die in der Regel gemeinsam auftreten und hier als Störungen von Merkfähigkeit und (zunächst Kurzzeit-)Gedächtnis, Orientierung, Denken, Rechnen, Lernfähigkeit, Sprache und Urteilsvermögen auffallen.[66] Das Bewusstsein ist dabei nicht getrübt und die Sinnesorgane wie Hören und Sehen sind nicht betroffen. Die Symptome müssen für mindestens sechs Monate dauerhaft vorhanden sein, um von einer Demenz zu sprechen und diese etwa von einem akuten Delir abzugrenzen. **40**

Die Diagnose einer Demenz wird anhand der Anamnese und der klinischen Untersuchung gestellt.[67] Im medizinischen Diagnosemanual ICD-11 gibt es für die verschiedenen Demenzerkrankungen klare operationale Kriterien, welche für die entsprechende Diagnose erfüllt sein müssen. Bei der Anamnese ist vom Betroffenen selbst, aber auch von dessen Angehörigen, zu erfragen, inwiefern es mit welcher zeitlichen Dynamik zu Veränderungen in Denken, Merkfähigkeits- bzw. Erinnerungsvermögen und Orientierungssinn gekommen ist, wie sehr diese Veränderungen den Alltag beeinträchtigen und ob sonstige Erkrankungen, Medikamenteneinnahme und andere wichtige Faktoren vorliegen. Es existieren sodann eine Reihe von kognitiven Tests, die eine orientierende Einschätzung der kognitiven Störung erlauben. Bekannt sind hierfür vor allem der Mini-Mental-Status-Test, der DemTect, der Test zur Früherkennung von Demenzen mit Depressionsabgrenzung (TFDD) und der Montreal Cognitive Assessment Test (MOCA). Leichtgradige und beginnende Demenzen können diese Tests jedoch mitunter übersehen. Darüber hinaus ist es stets von Bedeutung, die Ursache eines Demenzsyndroms zu eruieren, wozu eine körperliche und psychopathologische Untersuchung und meist auch apparative Zusatzuntersuchungen (va Laboruntersuchungen) notwendig sind. Seit neuestem können die meisten den Demenzen zugrunde liegenden Erkrankungen, wie etwa die Alzheimer-Erkrankung, auch bereits bei ersten leichten Symptomen mit hoher Zuverlässigkeit im Nervenwasser sowie mit Hilfe gehirnbildgebender Verfahren festgestellt werden. **41**

---

[65] Vgl. auch Lanzrath, Patientenverfügung und Demenz, 2016; zu seltenen Formen: Allgeier BtPrax 2020, 215.

[66] S3-Leitlinie Demenz, DGN und DGPPN.

[67] S3-Leitlinie Demenz, DGN und DGPPN.

42 Schwierig kann im Einzelfall auch die Abgrenzung von einer **Depression** sein, da diese selbst kognitive Störungen vor allem mit einem Aufmerksamkeitsdefizit hervorrufen kann („depressive Pseudodemenz"), andererseits aber auch die Demenz wiederum von einer Depression begleitet sein kann. Demenzen können auch von Veränderungen der emotionalen Kontrolle, des Sozialverhaltens (zB Wesensänderung, Impulsivität, verändertes Essverhalten), der Motivation und des Schlafes begleitet sein, die den kognitiven Veränderungen sogar vorausgehen können.

43 Die häufigste Erkrankung, die zur Demenz führt, ist die **Alzheimer-Erkrankung,** danach folgen in absteigender Häufigkeit die **vaskuläre Demenz** (bedingt durch eine chronische Gefäßerkrankung, kleinere oder größere Schlaganfälle bzw. eine Arteriosklerose der kleinen Gehirngefäße) sowie die **Lewy-Körper-Demenz,** eine wenig bekannte Demenzerkrankung, die sich zudem durch Halluzinationen, wechselnde Bewusstseinstrübungen und Einschränkungen der Beweglichkeit äußert. In seltenen Fällen sind Demenzsyndrome auch Ausdruck heilbarer Grunderkrankungen, etwa hormoneller Störungen, Vitaminmangelerkrankungen oder Infektionen, die auf jeden Fall bei der Erstdiagnose einer Demenz ausgeschlossen werden müssen. Die am häufigsten zur Demenz führenden neurodegenerativen Erkrankungen sind jedoch nicht heilbar, sondern allenfalls in ihrem Verlauf zu bremsen, insbesondere in den ersten Monaten bzw. Jahren (mit Hilfe spezifischer Medikamente wie der Acetylcholinesterasehemmer).

44 Obwohl Demenzen je nach zugrundeliegender Erkrankung (zB Alzheimer-Erkrankung, Levy-Körper-Erkrankung, Gefäßerkrankung) unterschiedlich ausgestaltet und unterschiedlich schnell verlaufen können, münden sie im Allgemeinen in ein ähnliches **Endstadium.** Dieses ist charakterisiert durch eine ausgeprägte Störung kognitiver Fähigkeiten wie komplette Desorientierung, Störung auch des Langzeitgedächtnisses, Urteilsunfähigkeit, Verkennen von auch nahen Personen, motorische Handlungsstörungen und Essstörungen. Hinzu treten nicht selten Wesensänderungen und aggressive Durchbrüche sowie körperliche Probleme wie Atemnot, Schmerzen und Schlafstörungen. Das Endstadium der Demenz ist gekennzeichnet durch komplette Abhängigkeit in Aktivitäten des täglichen Lebens, Inkontinenz, Bettlägerigkeit und Unfähigkeit zu verbaler Kommunikation.[68] Die Lebensqualität variiert von Person zu Person je nach Beschwerden, sozialem Umfeld und Behandlungsqualität; außerdem kann sie innerhalb kürzester Zeit umschlagen und sich wandeln.[69] Generell muss sich die Lebensqualität mit Fortschreiten der Demenz nicht verschlechtern, sondern kann sich nach bestimmten Lebensqualitätsmessungen sogar verbessern.[70]

45 Nach einer oft leidvollen **Phase** am Beginn der Erkrankung, wenn der Betroffene noch Krankheitseinsicht hat und die sich häufenden kognitiven Defizite schmerzlich erlebt, bessert sich die Lebensqualität in der mittleren Demenzphase oft, um dann am Lebensende durch die körperlichen Symptome wieder schlechter zu werden. In der Endphase der Demenz tritt zuweilen eine demenzbedingte Schluckstörung auf, bei der eine künstliche Ernährung über Magensonde in den meisten Fällen nicht indiziert ist, da sie keinen Nutzen für den Patienten bedeutet, aber ein beträchtliches Risiko.[71] Weiterhin kommt es in der Endphase der Demenz oft zu verschiedenen Infekten mit Fieber, insbesondere zu Lungenentzündungen.[72] Die Behandlung dieser Komplikationen inklusive des Einsatzes von Antibiotika hängt vom Therapieziel ab, welches

---

[68] Reisberg et al. Am J Psychiatry 1982, 1136.

[69] Förstl et al. Fortschr Neurol Psychiatr 2010, 203.

[70] Oudman et al. Psychogeriatrics 2014, 235.

[71] Sampson Cochrane Database Sys Rev 2009, CD007209; Teno et al. Arch Intern Med 2012, 697; American Geriatrics Society Ethics Committee and Clinical Practice and Models of Care Committee J Am Geriatr Soc 2014, 1590.

[72] Mitchell et al. New Engl J Med 2009, 1529.

jedoch idR ein palliatives Ziel ist.[73] Demenzkranke sterben meist an Lungenentzündungen, Herzkreislauferkrankungen oder zusätzlich auftretenden Krebserkrankungen.[74]

Bei Demenzerkrankungen, aber auch bei Schlaganfällen mit Sprachstörungen oder anderen neuropsychiatrischen Krankheitsbildern kann es vorkommen, dass Patienten zwar eindeutig nicht mehr einwilligungsfähig sind, aber dennoch auf eindrückliche Weise, oft non-verbal, ihren Willen in Bezug auf Behandlung und Pflege kundtun. Solche Verhaltensäußerungen werden im Recht meist als Ausdruck des **„natürlichen Willens"** bezeichnet. Ob und inwiefern es sich in jedem Fall tatsächlich um Willensäußerungen handelt, ist bei nicht mehr verbal kommunikationsfähigen Patienten zuweilen schwer zu ergründen. Dabei kann man grundsätzlich überdauernde Verhaltensmuster (häufiges Stöhnen und Jammern oder Lächeln) von einzelnen Handlungen (Gegenwehr bei Pflege, Abwehr von Nahrungseingabe) unterscheiden. Insbesondere bei der Nahrungsverweigerung ist es nicht einfach herauszufinden, was der Betroffene damit zum Ausdruck bringen will bzw. was der Handlung zugrunde liegt (Abneigung der Speise? Ablehnung der anbietenden Person? Schmerzen beim Essen? Übelkeit oder Appetitlosigkeit? Depression? Sterbewille?). Betreuungspersonen müssen jeder dieser Optionen nachgehen und im Kontakt mit dem Patienten sukzessive abklären, woran die Nahrungsablehnung liegt. Die noch viel größere Schwierigkeit besteht sodann darin, dieses Verhalten bei Therapieentscheidungen zu berücksichtigen. In vielen Fällen gibt es einen Hinweis auf das momentane Wohlbefinden oder Unwohlsein des Patienten. Keinesfalls ist der „natürliche Wille" auf einer Stufe mit dem autonomen Willen Einwilligungsfähiger zu sehen. Tritt die aktuelle Verhaltensäußerung in Konflikt mit einer Patientenverfügung (zB wenn die künstliche Ernährung verweigert wird, aber in der Patientenverfügung darin eingewilligt wurde, oder wenn die Patientenverfügung etwas verbietet, was der Patient aber offenbar nun gerne in Anspruch nimmt), gilt es, die Patientenverfügung im Lichte des aktuellen Verhaltens anzuwenden. Das aktuelle Verhalten ist umso gewichtiger, je klarer es einen Willen transportiert, je konstanter es über die Zeit hinweg auftritt und je einhelliger die Einschätzung der Umgebung ist, wie das Verhalten zu verstehen ist. Zudem ist zu berücksichtigen, dass der natürliche Wille dann besonderes Gewicht besitzt, wenn er sich ablehnend äußert, da der Behandelnde in diesem Fall eine Zwangsmaßnahme anwenden müsste, die rechtlich besonderen Anforderungen genügen muss. 46

i) Chronische Bewusstseinsstörungen – „Wachkoma". Trotz des insgesamt seltenen Auftretens chronischer Bewusstseinsstörungen wollen viele Menschen in ihrer Patientenverfügung für diese Zustände Entscheidungen treffen, insbesondere wenn sie aufgrund vorbestehender Krankheiten, ihrer beruflicher Tätigkeit oder ihrem Freizeitverhalten ein erhöhtes dafür Risiko haben. Die **Begriffe** „Wachkoma" und „Apallisches Syndrom" sind unscharf und können verschieden verstanden werden. **Abgegrenzt** werden in der Medizin einmal der „Vegetative Zustand" (auch „Syndrom reaktionsloser Wachheit" genannt, engl. „unresponsive wakefulness syndrome"), bei dem nach herrschender Ansicht trotz offener Augen (daher „Wachheit") kein Bewusstsein vorhanden ist, auch wenn der Betroffene eigenständig atmet und seine Hirnstammreflexe erhalten sind. Der Grund hierfür ist meist eine schwere diffuse Schädigung des Großhirns (oder Thalamus) mit erhaltener Restfunktion im Hirnstamm. Davon zu differenzieren ist der „Minimalbewusste Zustand" (auch „Minimalbewusstes Syndrom" genannt), bei dem aufgrund von nachweisbaren absichtsvollen Bewegungen, Befolgen einfacher Aufforderungen oder Blickfolgebewegungen geschlossen wird, dass zumindest ein rudimentäres Bewusstsein erhalten sei, ohne dass jedoch eine Überprüfung des Bewusstseins durch eine funktionale Kom- 47

---

[73] Mitchell New Engl J Med 2015, 2533.

[74] Förstl Fortschr Neurol Psychiatr 2010.

munikation möglich ist.[75] Beide Zustände werden unter dem Begriff „chronische Bewusstseinsstörungen“ zusammengefasst und sind deutlich zu unterscheiden vom Koma (nicht-erweckbare Bewusstlosigkeit mit geschlossenen Augen), das immer akut ist und nach spätestens einigen Wochen (falls nicht medikamentös verlängert) entweder in eine anhaltende Bewusstseinsstörung oder in die Wiedererlangung des Bewusstseins übertritt. Weitere Krankheitsbilder können leicht mit chronischen Bewusstseinsstörungen verwechselt werden, wenn keine sorgfältige Diagnostik durchgeführt wird, so etwa das Locked-in-Syndrom (nahezu komplette Lähmung aller Willkürmuskulatur bei vollem Bewusstsein) oder der akinetische Mutismus (eine sprachlose Bewegungsstarre des ganzen Körpers als Ausdruck einer Störung der Bewegungsinitiierung im Gehirn, wobei das Bewusstsein ebenso voll erhalten ist).

48 Die **Diagnostik,** insbesondere die auch prognostisch wichtige Differenzierung zwischen Vegetativem Zustand und Minimalbewusstem Zustand, ist nur mittels einer sorgfältigen, mehrzeitigen, strukturierten Verhaltenstestung möglich (Goldstandard ist die *Coma Recovery Scale Revised, CRS-R*) – andernfalls kommt es zu Fehldiagnosen, die nach bisherigen Studien bis zu 40% der Diagnosen betreffen.[76] Die CRS-R besteht aus 23 einzelnen Komponenten, die sechs Funktionsbereichen zuzuordnen sind: Hören, Sehen, Motorik, Mundmotorik, Kommunikation, Wachheit. Für jeden dieser Bereiche werden die auf Stimulierung beobachtbaren Reaktionen notiert und verschiedenen Ebenen zugeordnet, die vom reinen Reflexniveau bis zur eindeutig kognitiv vermittelten Reaktion gehen.[77] Die Funktionstests müssen zu definierten Tageszeitpunkten durchgeführt werden. Für die CRS-R gibt es auch eine validierte deutsche Version. Solch eine Diagnostik wird insbesondere in Neurorehabilitations-Einrichtungen durchgeführt, kann aber bei entsprechend geschultem Personal auch im ambulanten Bereich durchgeführt werden. Da sich der klinisch-neurologische Zustand im Verlauf der Zeit ändern kann, ist es sinnvoll, diese Diagnostik mehrfach anzuwenden, wobei die Intervalle umso kürzer sein sollten, je kürzer das auslösende Ereignis (zB Unfall) zurückliegt.

49 Trotz dieser klinischen Einteilung ist weder die Existenz noch die Abwesenheit von Bewusstsein mit letzter Sicherheit objektiv nachzuweisen, solange keine eindeutige Kommunikation mit dem Betroffenen möglich ist. Die **Indikation** für eine Behandlung ist gemäß Bundesärztekammer im Einzelfall ärztlich zu verantworten, wobei die Bewusstseinsstörung alleine noch kein hinreichender Grund für den Verzicht auf lebenserhaltende Therapie darstellt.[78] Andererseits eröffnet ein minimales Bewusstsein nicht nur die Möglichkeit der Lebensqualität, sondern auch die des körperlichen und seelischen Leidens, das bei diesen Zuständen möglicherweise nicht sicher erkannt und gelindert werden kann.[79] Für die Anwendung der Patientenverfügung ist neben dem aktuellen Zustand die Prognose relevant, die im Einzelfall aufgrund von Alter, Vorerkrankungen, Art der Hirnschädigung, Dauer der Bewusstseinsstörung und technischen Zusatzbefinden einzuschätzen ist.[80] Das Recht auf Ablehnung einer lebenserhaltenden Therapie im Zustand chronischer Bewusstseinsstörung ist seit langem anerkannt, auch mit Hilfe einer Patientenverfügung.[81] Umfragen in der Bevöl-

---

[75] Vgl. Jox Fortschr Neurol Psychiatr 2011, 576; Geremek Wachkoma 2009; Jox/Kühlmeyer/Borasio Leben im Koma 2011, 9.

[76] Schnakers BMC Neurology 2009.

[77] Giacino/Kalmar/Whyte Arch Phys Med Rehabil 2004.

[78] Vgl. Bundesärztekammer Dtsch Ärztebl 2011, A346.

[79] Vgl. Jox Fortschr Neurol Psychiatr 2011, 576.

[80] Vgl. Marckmann/Jox, Praxishandbuch Ethik in der Medizin 2015, 337.

[81] Vgl. BGH XII ZB 2/03, NJW 2003, 1588; XII ZR 177/03, NJW 2005, 2385; OLG Hamm 1 UF 78/07, NJW 2007, 2704; Budick et al. Nervenheilkunde 2012, 231; Synofzik/Marckmann Dtsch Ärztebl 2005, A2079.

kerung als auch der Ärzteschaft zeigen überwiegend eine Ablehnung lebenserhaltender Behandlung bei unwiederbringlicher Bewusstlosigkeit.[82]

j) Psychische Erkrankungen. Da Patientenverfügungen gemäß § 1827 Abs. 3 BGB keinen Einschränkungen nach Art und Stadium der Erkrankung unterliegen, können sie auch Festlegungen für den Fall psychischer Krankheiten enthalten. Weil es sich bei den meisten psychischen Störungen um **chronische Erkrankungen** handelt, in deren Verlauf oftmals akute, krisenhafte Verschlechterungen mit einem Verlust der Einwilligungsfähigkeit auftreten, während in krisenfreien Intervallen die Einwilligungsfähigkeit erhalten sein kann (zB Psychosen, Depressionen, manisch-depressive Erkrankung, manche Persönlichkeitsstörungen), eignet sich das Instrument der Patientenverfügung durchaus für die Vorausplanung medizinischer Krisenbehandlung. Gerade bei prägenden Erfahrungen früherer Krisenbehandlungen haben Patienten oft den Wunsch, für die nächste gesundheitliche Krise Festlegungen zu treffen, wie sie behandelt bzw. nicht behandelt werden wollen. Dies betrifft etwa die Art der Medikation und speist sich aus den Erfahrungen unerwünschter Wirkungen bestimmter Arzneimittel oder es betrifft den Einsatz der Elektrokrampftherapie, bestimmter Formen von Psychotherapie oder anderer Therapiemaßnahmen. 50

In der Tat gibt es in der Psychiatrie seit einigen Jahren die zunehmende Praxis sogenannter **Behandlungsvereinbarungen,** die zwischen Patient und behandelndem Arzt mit Blick auf künftige Therapien getroffen und schriftlich fixiert werden. Diese enthalten oft Festlegungen für künftige Behandlungen und insofern also Patientenverfügungen – auch wenn sie mitunter darüber hinausgehen können und zudem Wünsche für die Wahl des Krankenhauses oder der Station oder Orientierungen zum Umgang mit Zwangsmaßnahmen enthalten können. Freilich ist der Einsatz von Zwangsmaßnahmen, Zwangsbehandlungen und freiheitsentziehenden Maßnahmen gesetzlich andernorts geregelt, was nicht von der Patientenverfügung ausgehebelt werden kann. 51

Sofern eine Patientenverfügung für den Fall psychischer Krankheit von einem **Arzt gegengezeichnet** wurde, kann davon ausgegangen werden, dass der Betreffende zum Zeitpunkt der Abfassung einwilligungsfähig war. Schwieriger wird dies, wenn die Patientenverfügung einseitig allein durch den Patienten aufgesetzt wird, ohne einen Arzt zu Rate zu ziehen, da in diesem Fall die Einwilligungsfähigkeit zum Zeitpunkt der Abfassung im Einzelfall bezweifelt werden kann und ggf. durch Gespräche mit den Angehörigen, dem Hausarzt und anderen in die Betreuung involvierten Personen rückblickend eingeschätzt werden muss. Bedenklich ist in diesem Zusammenhang, dass die sogenannte Antipsychiatrie-Bewegung auch Patientenverfügungen propagiert, die eine pauschale Ablehnung jedweder psychiatrischen Behandlung vorsehen. Auch dies kann ein einwilligungsfähiger Patient zwar zweifellos tun, doch wird in der Praxis die Frage der retrospektiven Beurteilung der Einwilligungsfähigkeit zumindest relevanter sein als in Situationen körperlicher Erkrankungen. 52

k) Wiederbelebungsmaßnahmen. Hiermit sind alle Maßnahmen gemeint, die in der Regel bei einem **akuten Stillstand** bzw. einer mit dem Leben nicht vereinbarer Minderfunktion des Herz-Kreislauf- und Atemsystems angewandt werden müssen, um den sonst innerhalb von Minuten eintretenden Tod zu verhindern. Die Basismaßnahme ist die mechanische Herz-Lungen-Wiederbelebung mit Herzmassage und Belüftung der Lungen, die sowohl manuell als auch maschinell erfolgen kann. Hinzu kommen mitunter elektrische, medikamentöse und interventionelle Therapieverfahren.[83] 53

---

[82] Vgl. etwa Gray et al. Cognition 2011, 275; Kuehlmeyer et al. BMC Neurol 2014, 119; Kuehlmeyer et al. J Neurol 2012, 2076.

[83] Vgl. Nolan et al. Notfall Rettungsmed 2010, 515.

54 Wiederbelebungsmaßnahmen sind zwar heute **erfolgreicher** als vor einigen Jahren, werden aber **zuweilen** auch **in aussichtslosen Situationen** eingesetzt.[84] Grundsätzlich muss bei Studien zum Erfolg der Reanimation kritisch hinterfragt werden, was „Erfolg" bedeutet. In der Regel wird davon gesprochen, wenn der Patient nach der Reanimation und der anschließenden Intensivtherapie den vorherigen Gesundheitszustand wieder erreicht oder zumindest einen Zustand mit nur leichten neurologischen Schädigungen. Sowohl Laien als auch Ärzte überschätzen jedoch meist, wie oft diese Art von Erfolg wirklich erreicht werden kann. Insbesondere bei schwerkranken oder hochbetagten Patienten und bei einem vorgeschädigten Gehirn (zB Demenz, Schlaganfälle) kommt es aber häufig durch den Herzstillstand schon nach wenigen Minuten zu bleibenden Gehirnschädigungen, die sich in kognitiven Störungen, Sprachstörungen, Lähmungen oder schlimmstenfalls in Bewusstseinsstörungen bis hin zum vegetativen Zustand äußern. Wiederbelebungsmaßnahmen werden am Lebensende vor allem deshalb gemieden und gefürchtet, weil sie besonders invasiv sind und für den Betroffenen wie auch für die Angehörigen und Zeugen besonders belastend sein können.

55 Da bei einem akuten Herzkreislaufstillstand das Bewusstsein innerhalb weniger Sekunden erloschen ist (diese Situation wird in der medizinischen Diktion ja auch als „klinischer Tod" bezeichnet), ist der Verzicht auf Wiederbelebungsmaßnahmen nicht mit Leiden für den Patienten verbunden. Allerdings muss berücksichtigt werden, dass ein solches Sterben für Angehörige oft sehr belastend ist, insbesondere wenn der Herzkreislaufstillstand nicht erwartet war und zu Hause im Bett auftritt, sondern etwa in öffentlichen Räumen, auf der Straße oder in anderen Situationen, die von dem Umfeld dann eher als unwürdige Sterbesituation gedeutet werden. Umso wichtiger ist es deshalb, schon bei der Abfassung einer solchen Patientenverfügung die Angehörigen darauf vorzubereiten, was in so einer Situation geschieht und wie sie sich verhalten können.

56 **l) Künstliche Ernährung.** Eine künstliche Ernährung ist erforderlich, wenn der Betroffene nicht ausreichend Nährstoffe durch Essen zu sich nehmen kann, was typischerweise **bei Krankheiten** des Verdauungstrakts (Mund, Rachen, Speiseröhre, Magen, Darm) durch einen Stopp der Nahrungspassage oder bei schweren neurologischen Krankheiten (Schlaganfall, Lähmungserkrankungen, Demenz, Koma) durch den Verlust des willentlichen Essverhaltens der Fall ist. Die künstliche Ernährung kann entweder über einen Schlauch in den Magen oder oberen Dünndarm erfolgen (enteral) oder durch eine Infusion in große Venen (parenteral).[85]

57 Die enterale Ernährung wird kurzfristig meist über eine **Magensonde** durch die Nase durchgeführt, was langfristig jedoch zu schmerzhaften Schäden im Nasen-Rachen-Bereich sowie Entzündungen führt und außerdem als störend und sozial irritierend erlebt wird, weshalb nach einigen Wochen bei langfristig absehbarer Notwendigkeit zur künstlichen Ernährung eine Magensonde direkt durch die Bauchdecke gelegt wird (Perkutane Endoskopische Gastrostomie, PEG-Sonde). Die PEG-Sonde ist auch sicherer verankert und kann deshalb über Monate bis Jahre bestehen bleiben. Je nach Krankheit und Art der künstlichen Ernährung muss eine spezielle Sondennahrung verwendet werden, die meist über viele Stunden täglich in den Körper gegeben wird. Die künstliche Ernährung ist eine Form der medizinischen Therapie, die in der Regel lebenserhaltend wirkt. Durch die Erfindung der PEG-Sonde in den 1980er Jahren ist damit eine Lebenserhaltung, etwa bei dauerhaft bewusstseinsgestörten Patienten, über Jahrzehnte möglich geworden.[86]

---

[84] Vgl. Lippert et al. Notfall Rettungsmed 2010, 737.
[85] Vgl. Oehmichen et al. Aktuel Ernaehrungsmed 2013, 112.
[86] Vgl. Synofzik und Marckmann Dtsch Ärztebl 2005, A2079.

In den letzten Jahren wurde nachgewiesen, dass eine künstliche Ernährung bei der fortgeschrittenen **Demenz** in der Regel nicht indiziert ist, da sie hier mehr schadet als nutzt.[87] Als Alternative sollte bei diesen Patienten die Nahrungseingabe über den Mund erfolgen, wobei eine Veränderung der Nahrungskonsistenz (pürierte Kost), eine spezielle Hilfestellung zum Schlucken (zB durch Kehlkopfmassage) und eine persönliche Zuwendung erforderlich sein können. Die Nahrungs- und Kalorienmenge, die Demenzkranke im fortgeschrittenen Stadium benötigen (aber auch andere, unheilbar kranke Patienten am Lebensende) wird oft überschätzt. Auch bei Sterbenden ist die künstliche Ernährung grundsätzlich nicht indiziert, da die Betreffenden so gut wie nie Hunger haben und die künstliche Ernährung nur Leiden verursacht (va Übelkeit, Erbrechen, Durchfall, Blähung, Zunahme von Atemnot durch den Druck des Bauches gegen den Brustkorb).[88] **58**

In seltenen Fällen kann eine Magensonde oder Dünndarmsonde auch anders als zur künstlichen Ernährung genutzt werden: sie kann dazu dienen, dass Magen- oder Darminhalte darüber ablaufen kann (**„Ablauf-PEG“,** engl. „venting PEG“), wenn die natürliche Nahrungspassage, etwa bei einer Darmverschlingung am Lebensende, nicht mehr möglich ist, und schafft dem Betroffenen damit Linderung von Beschwerden wie Übelkeit, Erbrechen und Bauchschmerzen. Diese Verwendung stellt mithin eine palliativmedizinische Maßnahme dar. **59**

Die **künstliche Flüssigkeitszufuhr** kann über eine Vene, das Unterhautfettgewebe (subkutan) oder ebenfalls über Magen- bzw. Darmsonden erfolgen. Sie kann, wenn Patienten überhaupt nicht oder kaum mehr trinken, lebensnotwendig sein, kann aber auch in anderen Fällen dazu dienen, die Flüssigkeitszufuhr zu steigern, um Krankheitsbeschwerden zu lindern (zB Verwirrtheit bei Austrocknung). **60**

Sterbende benötigen im Allgemeinen **keine** künstliche Flüssigkeitszufuhr, da eine gewisse Dehydrierung im Sterbeprozess physiologisch ist und sich förderlich auswirkt (zB schmerzlindernd wirkt). Das Durstgefühl ist überwiegend durch Mundtrockenheit bedingt und lässt sich nur durch Mundpflege lindern, nicht jedoch durch künstliche Flüssigkeitsgabe. Geringe Mengen von Flüssigkeit können im Rahmen der Medikamentenzufuhr sinnvoll sein. Die Beendigung einer vorbestehenden künstlichen Flüssigkeitsgabe führt bei Sterbenden nicht zu einem oft befürchteten „Verdursten“.[89] Eine übermäßige Flüssigkeitszufuhr im Sterbeprozess kann das Sterben verlängern und Beschwerden verstärken oder zusätzliche Beschwerden verursachen, insbesondere Atemnot und Schmerzen. Die Rolle von künstlicher Flüssigkeitsgabe beim Sterbenden ist den Angehörigen sorgsam und ausführlich zu erläutern, da hier oft falsche Vorstellungen und Ängste vorherrschen. Diese Information sollte auch bereits beim Abfassen einer Patientenverfügung übermittelt werden. **61**

Manche Palliativmediziner verfolgen die Praxis, die Flüssigkeitszufuhr im Sterben auf eine geringe Menge zu beschränken, etwa 100–500 ml pro Tag, die sehr langsam über eine kleine Nadel subkutan über den Tag hinweg gegeben werden kann – insbesondere wenn **Angehörige** unter einem kompletten Verzicht auf Flüssigkeitsgabe extrem leiden würden. Allerdings lassen sich die Bedenken der Angehörigen oft zerstreuen, wenn ihnen die Prozesse erklärt werden und wenn sie angeleitet werden, eine gute Mundpflege beim sterbenden Patienten durchzuführen. Dies stellt eine ideale Möglichkeit für Angehörige dar, beim Sterben präsent **62**

---

[87] Vgl. Sampson et al. Cochrane Database Syst Rev 2009, CD7209; Synofzik Nervenarzt 2007, 418; Alagiakrishnan et al. Arch Gerontol Geriatr 2013, 1; S3-Leitlinie „Demenzen“ unter www.awmf.de.

[88] S3-Leitlinie Palliativmedizin für Patienten mit einer nicht heilbaren Krebserkrankung 2015 unter www.awmf.de.

[89] Vgl. Borasio S. 107 und 120; de Ridder S. 59; Kolb Nahrungsverweigerung; Jox Sterben lassen S. 41.

und nahe zu sein, ihre Zuwendung zu zeigen und sich selbst als hilfreich und sinnvoll agierend zu erleben.

63 **m) Medikamente.** Der Ausschluss von **Antibiotika** zur Lebenserhaltung ermöglicht das Sterben an einem Infekt, etwa an einer Lungenentzündung oder Sepsis, was in der Regel mit einem relativ friedlichen Sterbeverlauf verbunden ist. So wurde die Lungenentzündung früher als „old man's friend" bezeichnet, da sie oft die Möglichkeit zu einem erlösenden Tod im Alter bedeutet. Das auftretende Fieber kann mit fiebersenkenden Medikamenten (zB Paracetamol, Metamizol) oder physikalischen Maßnahmen begegnet werden, sofern es für den Patienten belastend ist. Treten durch die Infektion Schmerzen auf (zB bei Harnwegsinfektionen, Hautinfektionen), so sind diese mit analgetischen Medikamenten zu behandeln; auftretende Atemnot (bei Lungenentzündungen) ist durch atemnotlindernde Medikamente (wie Morphin in niedrigen Dosen) zu therapieren. Allerdings kann es selten Situationen geben, in denen Antibiotika zur Schmerzlinderung nötig sind (also mit palliativer Zielsetzung), wenn etwa die medikamentöse Schmerztherapie alleine nicht ausreicht, so dass es sich empfiehlt, dies einschränkend in der Patientenverfügung festzuhalten.

64 Andere lebenserhaltend wirkende Medikamente, die am Lebensende oft abgesetzt bzw. nicht mehr begonnen werden, sind die blutdruckstützenden Mittel **(Katecholamine),** welche in der Regel bei einem Kreislaufschock begonnen werden, um zu verhindern, dass durch den Blutdruckabfall das Gehirn, das Herz und die anderen Organe nicht mehr ausreichend durchblutet werden und der Patient dadurch stirbt. Setzt man Katecholamine ab, kommt es je nach vorbestehender Dosis und Krankheitssituation innerhalb von Sekunden oder Minuten zu einem Blutdruckabfall, der, wenn er ausgeprägt ist, zur Bewusstlosigkeit führt, so dass der Patient friedlich stirbt.

65 **Langfristig wirkende Medikamente** wie Fettsenker oder blutdrucksenkende Mittel werden in der Sterbesituation bzw. schon in der präterminalen Phase in der Regel abgesetzt, insofern sie keinen Nutzen mehr mit sich bringen. Ebenfalls sollte die Gabe von Medikamenten, die den Verlauf einer fortschreitenden Krankheit langfristig bremsen können (zB Chemotherapeutika) unterbleiben, wenn das Sterben zugelassen wird. Andererseits ist es wichtig, dass symptomlindernde Medikamente (zB Mittel gegen Schmerzen, Atemnot, Übelkeit) auch in der Sterbesituation gegeben werden können, da sie das Sterben deutlich erleichtern können. **Cortison**-Präparate, die durch ihre abschwellende Wirkung oft zur Schmerzlinderung bei Tumorleiden eingesetzt werden (da sie das den Tumor umgebende Ödem verringern und dadurch den schmerzauslösenden Druck auf das Gewebe reduzieren), gelten ebenfalls als palliative Maßnahme und werden auch bei Sterbenden noch angewendet. Bei Hirntumoren oder Hirnmetastasen wirkt Cortison, das dann oft in sehr hohen Dosierungen eingesetzt wird, aber zugleich lebensverlängernd, da es den Druck im Schädelinneren verringert und somit verhindert, dass das Hirnödem den Hirntod und damit den Tod des Patienten hervorruft. In solchen Situationen kann Cortison abgesetzt oder reduziert werden, um das Sterben des Patienten zuzulassen, während zugleich eine intensive Prävention und Behandlung von Kopfschmerzen durch starke Analgetika notwendig ist.

66 **n) Transfusionen.** Die Transfusion von Blut oder Blutprodukten kann sowohl zur Lebenserhaltung als auch zur Symptomlinderung eingesetzt werden. Im Rahmen mancher religiösen Überzeugung wird die Transfusion von Fremdblut grundsätzlich ausgeschlossen, selbst wenn heilbare Krankheits- oder Verletzungssituationen vorliegen. Es ist zulässig, wenn einwilligungsfähige Erwachsene eine **Bluttransfusion** ablehnen, selbst wenn sie das Leben retten würde, etwa auf der Grundlage des Glaubens der „Zeugen Jehovas".[90] Eltern, welche dies für ihre Kinder bestimmen möch-

[90] Vgl. schon LG Frankfurt 2–28 T 109/02, BtPrax 2003, 86.

ten, wird allerdings regelmäßig diesbezüglich die elterliche Sorge vorübergehend entzogen.[91]

In manchen Fällen ist es möglich, durch die vorherige Sammlung von **Eigenblut** eine Fremdbluttransfusion zu vermeiden. Auch versuchen Ärzte, möglichst so zu operieren oder zu behandeln, dass keine Bluttransfusion erforderlich wird. Die Notwendigkeit bestimmter Blutprodukte kann in manchen Fällen durch bestimmte Medikamente umgangen werden. In der Praxis ist es zudem von Bedeutung sicherzustellen, dass die Entscheidung des Patienten möglichst frei und ohne Druck zustande kommt. 67

o) Lebensrettende Implantate. Wenn Patienten Herzschrittmacher, implantierte Defibrillatoren oder ähnliche Implantate enthalten, die lebensrettende Wirkung haben, kann es sinnvoll sein, auch deren **Deaktivierung** in einer Patientenverfügung festzuhalten, um ein friedliches Sterben zu ermöglichen. Vielen Patienten, aber auch vielen Angehörigen, ist nicht bekannt, dass solche Implantate das Sterben verhindern bzw. mit einem friedlichen Sterben interferieren können. Insgesamt ist das Wissen von Patienten über die Funktionen von implantierten Defibrillatoren erstaunlich gering.[92] Tritt ein Patient in die Sterbephase ein oder wird bei einer tödlichen Erkrankung eine Therapiezieländerung in Richtung palliativer Behandlung durchgeführt, kann ein Defibrillator von außen abgestellt werden. Im Notfall kann das auch schnell mittels Magneten geschehen, sicherer und nachhaltiger ist es jedoch, wenn die Defibrillatoren mittels der dafür bestimmten Geräte ausgestellt werden, wozu es aber mitunter die Konsultation eines entsprechenden Spezialisten, etwa des Kardiologen, braucht. Die Patienten sollten frühzeitig mit den sie behandelnden Ärzten (zB Kardiologen) besprechen, unter welchen Umständen die Implantate deaktiviert werden sollten, und dies dann angemessen in einer Patientenverfügung niederlegen.[93] 68

p) Operationen. Chirurgische Interventionen können je nach Situation mit lebenserhaltender Zielsetzung oder palliativer Zielsetzung durchgeführt werden. Ein Beispiel für lebensrettende Operationen wäre etwa die Entlastung des Schädelinnenraums bei einer großen Hirnblutung. Ein weiteres Beispiel wäre die **Amputation** einer Gliedmaße bei einer schweren, nicht mehr anders zu behandelnden Weichteilinfektion (zB in einem Tumorgebiet), um das Übergreifen der Entzündung auf den ganzen Körper und damit eine in der Regel tödliche Sepsis (Blutvergiftung) zu verhindern. Dagegen würde eine operative Stabilisierung der Wirbelsäule bei einem Wirbelkörperbruch durch einen Tumor keinen lebenserhaltenden Zweck verfolgen, sondern eine Linderung der bewegungsabhängigen Schmerzen und eine Erhaltung von Sensibilität und Motorik, mithin eine Verbesserung und Erhaltung von Lebensqualität. Werden Operationen in einer Patientenverfügung angesprochen, speziell für die Situation einer schweren, lebensbegrenzenden Erkrankung, empfiehlt es sich, zwischen lebenserhaltenden und rein palliativen Operationen zu unterscheiden. 69

q) Palliativversorgung. In aller Regel erwarten Patienten eine, falls erforderlich, palliative Sterbebegleitung, zu der auch medizinische und pflegerische Maßnahmen gehören, um **Beschwerden zu lindern.** Patientenverfügungen können die ausdrückliche Einwilligung in diese Maßnahmen enthalten. Die Palliativversorgung teilt man heute in die sogenannte Allgemeine und Spezialisierte Palliativversorgung auf: Die **Allgemeine Palliativversorgung** umfasst alle Maßnahmen der Sterbebegleitung und Palliativbehandlung, die jeder Arzt und jede Pflegekraft können sollte, insbesondere auch jeder Hausarzt – also etwa die Schmerztherapie bei einfach zu behandelnden Schmerzen oder auch die Mundpflege im Sterbeprozess. 70

---

[91] Vgl. OLG Celle 17 W 8/94, NJW 1995, 792.

[92] Vgl. Dodson et al. JAMA Intern Med 2013, 377.

[93] Vgl. Carlsson J et al. Dtsch Ärztebl 2012, 535.

71 Die **Spezialisierte Palliativversorgung** ist dagegen nur bei jenen Patienten nötig, die an besonders schwer zu kontrollierenden Symptomen leiden oder sich in besonders komplexen psychosozialen Situationen befinden. Bei diesen Patienten sind also ein höherer Betreuungsaufwand und eine größere Kompetenz nötig, so dass hier Experten eingeschaltet werden müssen, die in Palliativmedizin bzw. Palliativpflege speziell ausgebildet sind (Arzt mit Zusatzbezeichnung Palliativmedizin oder Pflegekraft mit Palliative-Care-Ausbildung). Die Spezialisierte Palliativversorgung wird einerseits ambulant angeboten: In pflegerisch geleiteten, aber von qualifizierten niedergelassenen Ärzten mitbetreuten Hospizen werden Patienten aufgenommen, die eine Lebenserwartung von bis zu sechs Monaten haben und nicht zu Hause versorgt werden können. Weiterhin gibt es die sogenannte Spezialisierte Ambulante Palliativversorgung, SAPV, bei der Palliativteams aus Ärzten, Pflegenden und zuweilen auch Sozialarbeitern zu den Patienten nach Hause oder in Pflege- und Altersheime gehen. Diese Teams können beratend hinzugezogen werden, etwa vom Hausarzt, oder aber die Versorgung des Patienten am Ende des Lebens ganz übernehmen und regelmäßig zu Besuch kommen, etwa um die schmerzlindernde Medikation anzupassen. Andererseits gibt es sie Spezialisierte Palliativversorgung auch im stationären Sektor in Form von Palliativstationen (zur Krisenbehandlung über wenige Tage oder Wochen bzw. zur Sterbebegleitung) oder in Form von palliativmedizinischen Konsiliardiensten, die in Krankenhäusern ärztliche und pflegerische Kollegen beraten bzw. Patienten auf Nicht-Palliativ-Stationen mitbetreuen (zB auf onkologischen Stationen).

72 Die Palliative Care kümmert sich ihrer Definition gemäß um **Patienten mit lebensbedrohlichen Krankheiten in fortgeschrittenen Stadien** und deren Angehörige mit dem Ziel, eine bestmögliche Lebensqualität in der letzten Lebensphase zu ermöglichen. Dazu gehört auch, ein möglichst leidarmes, friedliches, selbstbestimmtes und würdevolles Sterben zu ermöglichen. Um diese Ziele zu erreichen, fokussiert die Palliative Care auf die Behandlung von Symptomen körperlicher und psychischer Art (zB Schmerzen, Übelkeit, Atemnot, Verwirrung, Angst), aber kümmert sich entsprechend ihrem ganzheitlichen Ansatz ebenso sehr um die Lösung sozialer Probleme und die angemessene Antwort auf existentiell-spirituelle Fragen. Die Palliative Care ist von ihrem Ansatz her eine Form der sprechenden Medizin mit einer starken Betonung von Kommunikation, aber sie nutzt auch modernste medikamentöse und mitunter auch technische, interventionelle oder chirurgische Verfahren, um Symptome zu lindern (zB zur Schmerztherapie). Schmerzmittel und andere symptomlindernde Maßnahmen, etwa bewusstseinsdämpfende Medikamente, können legal auch dann in der zur Symptomlinderung erforderlichen Dosis gegeben werden, wenn nicht auszuschließen ist, dass es dadurch möglicherweise zu einer nicht beabsichtigten Verkürzung des Sterbeverlaufs kommt. Allerdings geschieht es bei korrekter Dosierung der Medikamente extrem selten, dass sich dadurch die Sterbephase verkürzt.[94] Die Palliativpflege ist eine ebenso ganzheitlich auf den Patienten und seine Angehörigen ausgerichtete Pflege, welche sich dadurch auszeichnet, dass sie sich konsequent am Willen und den Bedürfnissen des Patienten orientiert und neben der Ausführung ärztlicher Anordnungen auch spezielle pflegerische Maßnahmen wie etwa die Mundpflege bei Sterbenden durchführt.

10. Grenze: Verlangen nach aktiver Sterbehilfe?

73 Das Verlangen nach „aktiver Sterbehilfe" wie auch nach anderen ähnlichen Maßnahmen fordert von dem Arzt und/oder Betreuer/Bevollmächtigten etwas, was nach geltender Rechtslage **verboten** ist, → § 216 StGB. Nach hier vertretener Ansicht ist dies nicht sittenwidrig gem. § 138 Abs. 1 BGB, da es eine allgemeinverbindliche Ein-

---

[94] Vgl. Jox Sterben lassen S. 82; Borasio Über das Sterben S. 187; de Ridder Wie wollen wir sterben? S. 213.

stellung zu diesen Fragen nicht gibt. Es würde allerdings zZt eine Aufforderung zu einem Verstoß gegen ein gesetzliches Verbot iSv § 134 BGB vorliegen. Eine solche Anordnung ist also nicht bindend.[95] Nach Renner/Müller-Engels darf ein **Notar** gem. § 14 Abs. 2 BNotO, § 4 BeurkG eine Patientenverfügung mit einem solchen Inhalt nicht beurkunden oder beglaubigen, da ein erkennbar verbotener Zweck verfolgt wird.[96] Nach hier vertretener Ansicht sollte der Notar jedenfalls beurkunden, wenn er deutlich macht, dass das Verlangte zurzeit nicht möglich und nicht verbindlich ist, aber ein – ggf. in die ungewisse Zukunft gerichteter – Wille des Verfügenden ist. Da die Strafbarkeit auf einer nicht unveränderbaren Wertung des Gesetzgebers beruht, die mit der des Einzelnen nicht übereinstimmen muss, sollte bei einer solch persönlichen Angelegenheit wie einer Patientenverfügung dem individuell Verfügenden die Möglichkeit der Willensäußerung nicht genommen werden.

Nach hier vertretener Ansicht kann aber **keinesfalls** die **gesamte Patientenverfügung** nach § 139 BGB wegen solcher Anordnungen als **nichtig** angesehen werden. Dies wäre nicht im Sinne des Betroffenen, da er dann umfangreicher medizinisch behandelt werden könnte, als bei einer in zulässigen Grenzen untersagenden Patientenverfügung. Wenn keine außergewöhnlichen Umstände vorliegen, wird die Patientenverfügung im Übrigen wirksam sein oder zumindest als bindender Behandlungswunsch in der Weise zu verstehen sein, dass möglichst wenig Behandlung erfolgen soll, so dass der Tod im legalen Rahmen möglichst bald eintritt. 74

Problematisch ist der Wunsch, in ein **Land** gebracht zu werden, in dem **aktive Sterbehilfe** möglich ist. Soweit der Betreuer oder Bevollmächtigte die Befugnis zur Aufenthaltsbestimmung inne hat (für den Betreuer: § 1815 Abs. 2 Nr. 3 BGB), ist eine solche Bitte zwar wohl nicht bindend, könnte aber grundsätzlich in Betracht gezogen werden. Tatsächlich wird ein solches Vorgehen unmöglich sein, da hier kein Land bekannt ist, in dem kommunikationsunfähigen Ausländern legal aktive Sterbehilfe gegeben werden kann. Es bliebe für den Betreuer oder Bevollmächtigten zudem die Gefahr, in Deutschland strafrechtlich verfolgt zu werden.[97] 75

In der **Hoffnung** auf eine **Änderung der Rechtslage** können Betroffene die Formulierung einer Patientenverfügung verlangen, in welcher eine solche Maßnahme vorgegeben wird. Dann sollte im Text zumindest deutlich gemacht werden, dass der Betroffene sich der gegenwärtigen Rechtswidrigkeit seines Wunsches bewusst ist und, was er sich beim Fortbestand der gegenwärtigen Rechtslage wünscht. Dies sehen auch Renner/Müller-Engels als in einer notariellen Urkunde zulässig an, billigen dem Notar aber ein Weigerungsrecht aus Gewissensgründen zu.[98] 76

11. Weitere Grenzen?

In rechtlicher Hinsicht sind die Fraglichkeit der Geltung der Patientenverfügung im **Ausland** (→ EGBGB Vor § 24 Rn. 3–9) sowie die Ablehnung einer **Basisversorgung** (→ Rn. 216) zu nennen. **Psychiatrische Patientenverfügungen** stoßen an rechtliche und praktische Grenzen, wie bei einer Fremdgefährdung und der Überlagerungen durch Maßnahmen der Freiheitsentziehung (→ Rn. 86). Ein Verlangen nach **Maximaltherapie** kann uU vom Arzt bei fehlender Indikation oder aus Kostengründen abgelehnt werden (→ Rn. 85). 77

---

[95] Vgl. auch mit Blick auf Entscheidungen zu dem Recht auf den Erwerb von Betäubungsmitteln zum Zweck der Selbsttötung BVerwG 3 C 19/15, NJW 2017, 2215; 3 C 6/17, NJW 2019, 2789: Horn/Doering-Striening, Anwaltformulare Vorsorgevollmachten 2023, § 3 Rn. 44–47; vgl. zudem Schütz/Sitte NJW 2017, 2155; BVerfG 1 BvR 1837/19, NJW 2021, 1086.

[96] Müller-Engels/Braun/Renner/Müller-Engels Betreuungsrecht Kap. 2 Rn. 439f.

[97] Nicht geklärt: ablehnend: Müller-Engels/Braun/Renner/Müller-Engels Betreuungsrecht Kap. 2 Rn. 442; zustimmend: DNotI-Report 2001, 105; Rieger FamRZ 2010, 1601 (1605).

[98] Müller-Engels/Braun/Renner/Müller-Engels Betreuungsrecht Kap. 2 Rn. 441.

12. Gestaltung

78 **a) Einleitung.** Um die Verbreitung von Patientenverfügungen und damit auch das Selbstbestimmungsrecht zu fördern, wurden **keine über die Schriftlichkeit hinausgehenden Anforderungen** aufgestellt, wie Beratungs- oder Registrierungspflichten, eine obligatorische Mitunterzeichnung von Zeugen etc. Eine Beratung ist trotzdem zu empfehlen, damit die Patientenverfügung den gesetzlichen Anforderungen genügt und später auch möglichst problemlos akzeptiert wird. Flankierende Maßnahmen wie die Benennung eines Bevollmächtigten und die Sicherstellung des Auffindens der Patientenverfügung sind für die Verwirklichung des in der Patientenverfügung niedergelegten Willens oft ebenso wichtig wie die Einhaltung der formalen Vorgaben.[99]

79 **b) (Keine) Stellvertretung.** Die Errichtung einer Patientenverfügung ist höchstpersönlich (→ Rn. 10), so dass für einen Einwilligungsunfähigen weder dessen Betreuer noch sein Bevollmächtigter eine Patientenverfügung verfassen kann. Insbesondere Betreuer oder Bevollmächtigte mit einem engen, persönlichen Bezug zu dem Betroffenen, wie Eltern bei Menschen mit Behinderungen und Ehegatten, sind regelmäßig daran interessiert, zu bestimmen, wie der Betroffene behandelt wird, auch wenn sie sich nicht äußern können, zB weil sie nicht erreichbar sind. Zur Regelung kommen **zwei Möglichkeiten** in Betracht: Betreuer oder Bevollmächtigter können dem im Notfall behandelnden Arzt vorab („für den Fall der Fälle") konkrete Einzelanweisungen geben. Solche Weisungen, die für möglicherweise unmittelbar bevorstehende Behandlungen gelten (zB keine Wiederbelebung bei Herzstillstand), werden nur für eine kurze Nichterreichbarkeit einsetzbar sein (zB für einige Stunden), da sonst doch eine Patientenverfügung vorläge. Alternativ oder kumulativ können Betreuer oder Bevollmächtigter durch eine Untervollmacht, wenn deren Erteilung von ihrer Vertretungsmacht umfasst ist, eine andere Person zur Entscheidung ermächtigen. Dabei ist es möglich, detaillierte und konkrete Anweisungen für die Entscheidung in den zu erwartenden Situationen zu geben. Der Untervertreter handelt dann nicht aufgrund einer Patientenverfügung des Betroffenen, sondern aufgrund von Weisungen des Betreuers oder Bevollmächtigten und muss sich wiederum an die Vorgaben der §§ 1827f. BGB halten. Schließlich ist an eine Darstellung des Patientenwillens zu denken, welche keine konkrete Einwilligung und auch keine Patientenverfügung darstellt, aber eine Information für den Arzt zur Ermittlung des mutmaßlichen Willens sein kann.

80 **c) Form.** Zur Wahrung der Schriftform (im Einzelnen → Rn. 19) ist die **eigenhändige Unterschrift** erforderlich. Diese sollte durch die Angabe von Ort und Datum ergänzt werden,[100] um eine spätere Auslegung zu erleichtern. Einzelne Seiten sollten zusammengeheftet werden, wenn kein Ausdruck auf einem Blatt (ggf. der Vorder- und Rückseite) möglich ist. Die Sprache sollte einfach und klar sein und ohne medizinische Fachausdrücke auskommen. So werden Zweifel daran vermieden, ob der Verfügende wusste, was er anordnete und die Anordnungen für ihn verständlicher.

81 **d) Muster.** Es existiert eine **Vielzahl** von Mustern; laut May über 250 verschiedene.[101] Am weitesten verbreitet sind die einander ähnelnden Muster des BMJ[102] und des Bayerischen Justizministeriums,[103] welche (zum Teil etwas variiert) auch von an-

---

[99] Auch zur Verbreitung: Schindler ZErb 2019, 93.
[100] Grotkopp BtPrax 2015, 39 (41).
[101] Verfügungsliste, www.ethikzentrum.de, Stand 3.5.2022.
[102] www.bmj.de.
[103] www.justiz.bayern.de.

deren Landesministerien übernommen wurden. Sowohl als Download als auch in Papierform werden sie mit ausführlichen Erläuterungen angeboten. Sehr präsent insbesondere im Internet ist der Humanistische Verband Deutschlands – Landesverband Berlin-Brandenburg e.V., der in einer nach hiesiger Ansicht professionell-geschäftlich agierender Art und Weise Patientenverfügungen als „Standard"- (50 Euro) oder „Optimal-"Versionen (160 EUR) anbietet. Neben weiteren Anbietern im Internet, bei denen die Muster auch „umsonst" sein können, dann aber mit Nachdruck Zusatzleistungen angeboten werden, sind Patientenverfügungsformulare im Schreibwarenhandel sowie in Ratgeberbüchern, „Vorsorgemappen" und Fachabhandlungen zu finden,[104] auch von einzelnen Religionsgemeinschaften (zur „Christlichen Patientenvorsorge" → Rn. 88).[105]

Eine pauschale Beurteilung von Mustern ist nicht möglich, da diese von **sehr unterschiedlicher Qualität** sind. Sie sind einzeln zunächst an den Vorgaben des § 1827 Abs. 1 BGB zu messen, insbesondere an der Beschreibung der Anwendungssituationen und vorzunehmenden bzw. untersagten ärztlichen Maßnahmen. Sie müssen zum einen den Konkretisierungsanforderung genügen (→ Rn. 24). Zum anderen sollten die Muster zumindest die üblichen Behandlungssituationen zur Auswahl stellen, was beispielsweise bei der „Christlichen Patientenverfügung" kritisch ist (→ Rn. 88). 82

Des Weiteren ist der **„Akzeptanzwert"** zu beurteilen. Der Patientenverfügung wird von Ärzten, Angehörigen und dem Vertreter mehr Skepsis entgegengebracht werden, wenn die Unsicherheit besteht, ob sie dem Willen des Betroffenen entspricht. Diese Skepsis kann – auch wenn dies rechtlich nicht zulässig wäre – zu einem Ignorieren der Patientenverfügung oder der Verzögerung bei ihrer Anwendung führen. Eine dokumentierte Beratung kann helfen, auch wenn sie keine Voraussetzung für die Wirksamkeit der Weisung eines Betroffenen ist. Der Akzeptanzwert wird grundsätzlich erhöht, wenn aus der Verfügung hervorgeht, dass der Betroffene sich mit dem Inhalt auseinandergesetzt hat, was bei den Mustern unterschiedlich deutlich wird. Entsprechend ist die Akzeptanz von „aus dem Internet heruntergeladenen" Patientenverfügungen bei Ärzten gemindert.[106] Neben der Auswahl und Bearbeitung des Grundtextes oder des Musters sind insofern auch eine dokumentierte Beratung und ähnliches für die Akzeptanz förderlich.

Zweifel an der **Echtheit** der Patientenverfügung können ebenfalls den Akzeptanzwert mindern. Von Mustern zum Ankreuzen ist aufgrund der Manipulationsgefahr und der Möglichkeit des unbedachten Verwendens abzuraten.[107] Durch begleitende Maßnahmen, wie der Dokumentation von Beratung und Besprechung, kann dies wiederum relativiert werden. Anzuraten ist auch, dass der Verfügende die Patientenverfügung (Namen, Anschrift etc) bei Lückentexten selbst ausfüllt. Zwar kommt es zur Wahrung der Schriftform nur auf seine Unterschrift an. Von Dritten ausgefüllte Muster können aber Zweifel an den geistigen Fähigkeiten des Verfügenden bei der Abfassung erwecken. 83

e) Bei akuter Erkrankung. Liegt eine akute Erkrankung vor, die zu einer Situation führen wird, welche eine Patientenverfügung unter Umständen anwendbar macht, in welcher also ein Zustand der Einwilligungsunfähigkeit gegeben sein wird, 84

---

[104] ZB Coeppicus Patientenverfügung 2016; Bittler/Rudolf/Roth/Dommermühl Vorsorgevollmacht § 2 Rn. 34; Zimmermann Vorsorgevollmacht Anhang 4; Müller-Engels/Braun/Renner/Braun Betreuungsrecht 4 Rn. 9-12; Horn/Doering-Striening, Anwaltformulare Vorsorgevollmachten 2023, § 3; Lipp Hb der Vorsorgeverfügungen 2009, Anhang 4; Zirngibl Patientenverfügung 2022; Düll/Kreienberg ErbR 2020, 823.

[105] Zur „Christlichen Patientenvorsorge": Coeppicus NJW 2011, 3749.

[106] Vgl. Knorr/Langer/Berg DÄBl 2013, A 2186.

[107] Ähnlich: Zimmermann Vorsorgevollmacht Rn. 393.

ist eine **Anpassung** der Verfügung ratsam. Ein Ersetzen einer Patientenverfügung durch konkrete, unmittelbare Anweisungen des Betroffenen wird nicht immer möglich sein (→ Rn. 120, 124). Anzustreben sind möglichst genaue Einzelanweisungen in der Patientenverfügung, ohne generelle Aussagen zu streichen, auf die eventuell zurückgegriffen werden muss, wenn die Einzelanweisungen unerwarteter Weise nicht passen. Diese sollte, um den Akzeptanzwert zu erhöhen, mit den (in Zukunft) behandelnden **Ärzten,** den Angehörigen und dem Vertreter **besprochen** werden.[108]

85 **f) Maximalversorgung.** Der Betroffene kann verfügen, dass **sämtliche medizinischen Möglichkeiten** ausgeschöpft werden. Das kann darauf zurückzuführen sein, dass an einen medizinischen Fortschritt geglaubt wird oder an eine nach allgemeiner Ansicht nicht für möglich gehaltene Besserung. Es kann auch die Befürchtung bestehen, dass eine ärztliche Diagnose fehlerhaft ist und sich bei einer Aufrechterhaltung medizinischer und pflegerischer Maßnahmen die Chance erhöht, dass dieser Fehler entdeckt wird. Das wird besonders von Menschen geäußert, welche die Erfahrung machten zB bei einem vermeintlichen „Wachkoma" schon „abgeschrieben" worden zu sein, doch dann wieder „erwachten", da die Diagnose falsch war. Der Betroffene kann zudem der Meinung sein, auch ein Zustand im Wachkoma oder sonst mit schwersten Beeinträchtigungen sei für ihn akzeptabel, ob nun aufgrund allgemeiner oder religiöser Überzeugung. In wieweit diese Anordnungen zu beachten sind, wird bei der Anwendung zu entscheiden sein (→ Rn. 217).

86 **g) Psychiatrische Patientenverfügung.** So genannte „Psychiatrische Patientenverfügungen"[109] werden von Betroffenen und Verbänden ua unter dem Schlagwort **„PatVerfü"** propagiert. Die Linie der „PatVerfü" ist dabei, **alles zu untersagen,** von der Untersuchung über die Diagnosestellung bis hin zur Behandlung durch einen Psychiater.[110] Eine Alternative ist die so genannte „Münchener Patientenverfügung", die mit umfangreichen Hinweisen versehen eine differenzierte Darstellung von Erkrankung und Behandlungsanweisungen und -wünschen enthält.[111] Rechtlich dürfen solche Verfügungen nicht anders als andere auch behandelt werden. In der Praxis gab und gibt es immer noch erhebliche Unsicherheiten und Konflikte (→ Rn. 219). Beim Verfassen ist besonders auf eine Feststellung der Einwilligungsfähigkeit zu achten sowie auf die Einsetzung eines kompetenten und präsenten Vertreters. Besonders detaillierte und individuelle Formulierungen sind wie bei anderen akuten Erkrankungen auch (→ Rn. 84) wichtig. Eine Behandlungsvereinbarung kann eine besser funktionierende Variante sein (→ Rn. 87).

87 **h) Behandlungsvereinbarung.** Unter einer Behandlungsvereinbarung (vgl. auch → Rn. 51) wird ein „Formular, auf dem individuelle Absprachen mit ehemaligen PatientInnen der psychiatrischen Klinik für den Fall einer erneuten stationären Behandlung festgehalten werden" verstanden.[112] Aus den **Erfahrungen bisheriger Behandlungen** insbes. in Verbindung mit einer Unterbringung wird dokumentiert, was beide Seiten für den Fall einer Wiederholung übereinstimmend für sinnvoll halten (zur Beachtung einer so genannten „Psychiatrischen Patientenverfügung" → Rn. 219). Das betrifft den persönlichen Umgang (zB „zunächst in Ruhe lassen"), die Medikamentengabe, für die Abwendung von Zwangsmaßnahmen vorzunehmende Handlungen (zB Gespräch, Bad, Bewegung), die Benennung einer Vertrauensperson usw. Es

[108] So auch Hoppe FPR 2010, 257 (258).

[109] Vgl. auch Brosey BtPrax 2010, 161.

[110] Vgl. ausführlich AG SPAK, PatVerfü Geisteskrank? Ihre eigene Entscheidung!, 2011.

[111] Netzwerk Psychiatrie München e.V./Winzen, 2020, www.wegweiser-betreuung.de; vgl. auch Winzen BtPrax 2018, 58.

[112] Vgl. www.psychiatrie-verlag.de „Nützliches & Wissenswertes" mit Muster; vgl. auch Brosey BtPrax 2010, 161.

handelt sich um keinen Vertrag und keine konkrete Einwilligung oder Untersagen zu medizinischen Maßnahmen. Im Kern liegt hier eine Patientenverfügung vor, welche aber regelmäßig über die medizinischen Maßnahmen im engeren Sinne hinausgeht. Der Vorschlag von Wedel/Kraemer, die Behandlungsvereinbarung zur Stärkung der Rechtssicherheit gesetzlich zu regeln, ist bedenkenswert.[113]

i) „Christliche Patientenvorsorge". Die „Christliche Patientenvorsorge" wird von der **evangelischen und katholischen Kirche** in vierter Auflage herausgegeben.[114] Die Diskussion um die Reichweitenbegrenzung wird in der „Christlichen Patientenvorsorge" dargestellt.[115] Schon vor dem Patientenverfügungsgesetz hatten die beiden großen christlichen Kirchen zwei Auflagen der „Christlichen Patientenvorsorge" zusammen herausgegeben und sich in das Gesetzgebungsverfahren eingebracht. Bei weitgehenden Übereinstimmungen zeigten sich auch Differenzen, konkret beim Umgang mit Wachkoma- und Demenzerkrankten.[116] Zu diesen äußerte die katholische Kirche ua: „Diese Menschen sind keine Sterbenden, sondern Schwerkranke, die unsere besondere Zuwendung und Pflege brauchen."[117] 88

Als besonders problematisch wird der Umgang mit so genannten **Wachkomapatienten** gesehen. In dem Muster ist der Fall nicht zum Ankreuzen vorgesehen. Ein deutlicher **Hinweis** auf die **Unvollständigkeit fehlt** in dem Muster;[118] er ist nur in einem in der elektronischen Form separatem Erläuterungsdokument zu finden. Dort werden zwei Textpassagen vorgeschlagen, die bei „Raum für ergänzende Verfügungen" eingefügt werden können. Nach der ersten soll nur beim Hinzutreten einer akuten Erkrankung einer solchen der Lauf gelassen werden, nach der zweiten das Sterben auch beim Andauern des Wachkomas über einen bestimmten Zeitraum (es wird beispielhaft ein Jahr vorgeschlagen) zugelassen werden. Es wird darauf hingewiesen, dass nach Ansicht der katholischen Kirche die erste Alternative dringend angeraten wird.[119] Dies wird auch darauf zurückzuführen sein, dass die Glaubenskongregation des Vatikans am 14.9.2007 entschied, dass Wachkomapatienten auch dann dauerhaft ernährt werden müssten, „wenn nach ärztlichem Ermessen keine Hoffnung besteht, dass die betreffende Person das Bewusstsein je wiedererlangt."[120] 89

Unklar ist die Anordnung für eine **Demenzerkrankung.** Diese wird in dem Muster nicht ausdrücklich genannt, worauf wiederum nicht hingewiesen wird. Es könnte vielleicht aus der Formulierung „Endstadium einer unheilbaren, tödlich verlaufenden Krankheit"[121] gefolgert werden, dass die Verfügung nicht bei einer Demenzerkrankung an sich (die zZt unheilbar und tödlich verlaufend ist) gelten soll, sondern erst in einem sehr weit fortgeschrittenen Stadium: Ob zB eine künstliche Er- 90

---

[113] Wedel/Kraemer FamRZ 2022, 852 (855).

[114] Kirchenamt der Evangelischen Kirche in Deutschland und Sekretariat der Deutschen Bischofskonferenz, Juli 2018; auch kritisch zu ihr: Coeppicus NJW 2011, 3749.

[115] Kirchenamt der Evangelischen Kirche in Deutschland und Sekretariat der Deutschen Bischofskonferenz, Christliche Patientenvorsorge, S. 14–16.

[116] Vgl. Knüppel, Die gesetzliche Regelung der Patientenverfügung, S. 94–98, in: Barth (Hrsg.) Dokumente zum kirchlichen Zeitgeschehen, 2009, 87–118.

[117] Deutsche Bischofskonferenz, Pressemitteilung zum 29.3.2007, zit nach Knüppel, Die gesetzliche Regelung der Patientenverfügung, S. 95, in: Barth (Hrsg.) Dokumente zum kirchlichen Zeitgeschehen, 2009, 87–118.

[118] Coeppicus NJW 2011, 3749 (3750).

[119] Kirchenamt der Evangelischen Kirche in Deutschland und Sekretariat der Deutschen Bischofskonferenz, Christliche Patientenvorsorge, S. 28.

[120] Knüppel, Die gesetzliche Regelung der Patientenverfügung, S. 96, in: Barth (Hrsg.) Dokumente zum kirchlichen Zeitgeschehen, 2009, 87–118 mwN.

[121] Kirchenamt der Evangelischen Kirche in Deutschland und Sekretariat der Deutschen Bischofskonferenz, Christliche Patientenvorsorge, S. 5.

nährung daher erst beim „Endstadium“ untersagt ist, erscheint nicht als sicher. In den Erläuterungen wird der Umgang mit einer Demenzerkrankung länger problematisiert.[122] Im Ergebnis gibt die „Handreichung“ die Frage wieder in die Hände des Ratsuchenden zurück, ohne konkrete Formulierungsvorschläge zu unterbreiten, was nach hiesiger Ansicht unbefriedigend für den Leser ist und bei der späteren Anwendung für Unsicherheiten sorgen kann.

91 **j) Motivationen, Wertvorstellungen.** Die Voranstellung oder Anfügung einer Darlegung von persönlichen Erfahrungen und Motivationen **kann** die **Akzeptanz erhöhen** und die Ermittlung des mutmaßlichen Willens erleichtern,[123] schließlich werden die „Wertvorstellungen“ auch in § 1827 Abs. 2 S. 3 BGB genannt. Der Leser könnte eher den Eindruck haben, der Betroffene meine es ernst und habe sich mit dem Thema auseinandergesetzt. Oft ist dies aber auch nur ein Zeichen dafür, dass gegenüber Ärzten Misstrauen in die – rechtlich vorgeschriebene – Akzeptanz der Verfügung besteht. So gibt Coeppicus 13 Vorschläge für „beschreibende Zusätze“,[124] die alle nur bedeuten: „Ich meine es mit der Untersagung ernst.“

92 Andererseits **können** ergänzende Anmerkungen genau das **Gegenteil** von einer besseren Akzeptanz **bewirken.** Letzteres gilt besonders bei Patientenverfügungen, die ohne fachgerechte Beratung erstellt werden, weil jede zusätzliche Aussage (wie auch bei letztwilligen Verfügungen) Ansatzpunkte zur streitigen Auslegung geben kann.[125] Daher wird hier von Motivationsbeschreibungen grundsätzlich **abgeraten.** Der Verfasser einer Patientenverfügung muss sich nicht rechtfertigen.[126] Ausnahmsweise sinnvoll erscheinen Erläuterungen bei Patientenverfügungen für das Endstadium einer schon einmal erfahrenen oder bei der Abfassung bestehender, akuten Krankheit, wenn der Betroffene aufgrund seiner konkreter Erfahrungen oder Erwartungen Maßnahmen anordnen oder ausschließen möchte, oder wenn außergewöhnliche Anordnungen getroffen werden, die etwa auf religiösen Motivationen beruhen („Zeugen Jehovas“).

93 **k) Ethisch-religiöse Hintergründe allgemein.** Bis auf Extremfälle („Zeugen Jehovas“) sind Vorgaben für medizinische Behandlungen von Glaubensgemeinschaften in Deutschland **selten konkret** und verbindlich. Es gibt zwar sowohl zur christlichen (→ Rn. 88–90) und jüdischen[127] als auch zur muslimischen Sicht Untersuchungen und Äußerungen. Ein blinder Rückschluss von der Religions- oder Glaubensgemeinschaftszugehörigkeit auf einen bestimmten Willen ist aber nicht möglich und auch nicht zulässig.

Es werden immer die Bedeutung und der Wert des Lebens betont. Ein leichtfertiger Umgang mit diesen Fragen verbiete sich. Das gilt aber wohl für alle Menschen, so wie auch ein sinnloses Leiden und ein menschenunwürdiges Herauszögern des Sterbens allgemein abgelehnt werden. Es gibt also nicht „die christlichen“ oder „die muslimischen“ Antworten auf die in einer Patientenverfügung typischer Weise gestellten Fragen. Das gilt auch für die Frage der Organspende.[128]

---

[122] Kirchenamt der Evangelischen Kirche in Deutschland und Sekretariat der Deutschen Bischofskonferenz, Christliche Patientenvorsorge, S. 14–16.

[123] Coeppicus Patientenverfügung, Vorsorgevollmacht und Sterbehilfe, 2009, 54–60; ausführlich: Horn/Doering-Striening, Anwaltformulare Vorsorgevollmachten, § 4 Rn. 151–171.

[124] Coeppicus, Patientenverfügung, Vorsorgevollmacht und Sterbehilfe, 2009, 56–58.

[125] So auch Putz/Steldinger/Unger, Patientenrechte am Lebensende, 2021, 173–176.

[126] Müller-Engels/Braun/Renner/Müller-Engels Betreuungsrecht Kap. 2 Rn. 405.

[127] Horn/Doering-Striening, Anwaltformulare Vorsorgevollmachten 2023, § 3 Rn. 147–149; Probst ASR 2019, 63.

[128] Zur christlichen Ethik insofern: Brust, Organspende und -transplantation 2013.

l) Muslimische Ansichten. Von muslimischer Seite ist **keine umfassende Leitlinie** bekannt, wahrscheinlich auch mangels einer dies legitimierenden Organisation der Muslime in Deutschland. Grundsätzlich werden im Islam Gesundheit und Körper als Gottesgaben gesehen, für welche gegenüber Gott Verantwortung übernommen wird.[129] Ein pfleglicher Umgang mit der Gesundheit ist daher eine Pflicht. Bei einer Erkrankung liegt die Heilung zwar in Gottes Hand, Heilmittel können aber gottgesandt und daher in Anspruch zu nehmen sein.[130] Eine allgemeine Richtungsweisung für Patientenverfügungen resultiert daraus nicht – zudem: „Die Bandbreite der unterschiedlichen Arten von Muslimen und deren individuellen Entscheidungen ist enorm."[131] Soweit neben den religiösen Hintergrund auch noch einer der Migration tritt, können kulturelle und sprachliche Nicht- oder Missverständnisse vor dem Hintergrund eines mitunter eiligen Arztverhaltens zu Problemen führen, die als religiöse fehlinterpretiert werden können. 94

m) Abstimmung mit anderen Regelungen. Die Patientenverfügung sollte mit einer **Vorsorgevollmacht** (§ 164 BGB), einer **Betreuungsverfügung** (§ 1816 Abs. 2 BGB) und einer **Organspendeerklärung** (→ Rn. 244) sowie uU einer Bestattungsverfügung inhaltlich abgestimmt sein, insbesondere wenn in der Patientenverfügung auch eine Person zu ihrer Durchsetzung bestimmt wird. Von einer **letztwilligen Verfügung** ist die Patientenverfügung zu trennen, da sie vor der Testamentseröffnung benötigt wird. 95

Wesentlich ist, dass eine Person bestimmt wird, die der Patientenverfügung Ausdruck und Geltung verschaffen wird. Dies muss nach hier vertretener Ansicht, wenn die Voraussetzungen für das Ehegattenvertretungsrecht gem. (→ § 1358 BGB) nicht gegeben sind, ein **Bevollmächtigter** oder Betreuer sein (→ Rn. 139), da sonst das Betreuungsgericht einen Betreuer (auswählen und) bestimmen muss, was die Durchsetzung der Patientenverfügung verzögern und in Hände legen kann, die nicht gewünscht waren oder ungeeignet sind. Es ist eine einfache Bevollmächtigung in der Patientenverfügung denkbar, welche auf ihre Durchsetzung begrenzt sein (etwa: „Hiermit bevollmächtige ich Herrn/Frau XY, dieser Patientenverfügung Ausdruck und Geltung zu verschaffen.") oder – vorzugswürdig – auch eine Vollmacht für Fälle enthalten kann, in denen die Patientenverfügung nicht greift (etwa: „... sowie mich in allen Fällen, die in den §§ 1827 f. BGB geregelt sind, also bei einer Einwilligungsunfähigkeit, zu vertreten."). 96

Wenn die Vollmacht über die Durchsetzung der Patientenverfügung hinaus Befugnisse erteilt, sollte die Patientenverfügung nach hier vertretener Ansicht **von einer Vorsorgevollmacht getrennt** werden. Aus Kostengründen wird dies in der notariellen Praxis oft anders gehandhabt. Zum einem muss einem Geschäftspartner, dem die Vorsorgevollmacht vorgelegt wird, nicht der Inhalt der Patientenverfügung offenbart werden (eine auszugsweise Ausfertigung ist umständlich und kann aufgrund der Lücken Irritationen auslösen). Zum anderen sollte eine Patientenverfügung vom Verfasser einfacher zu ändern oder zu bestätigen sein, als dies bei einer notariellen Urkunde möglich ist. 97

---

[129] Yilmaz, Ist eine Patientenverfügung für Muslime in Deutschland relevant?, 2014, 6 f.; vgl. auch Kellner, Islamische Rechtsmeinungen zu medizinischen Eingriffen an den Grenzen des Lebens – Ein Beitrag zur kulturübergreifenden Bioethik, S. 79 f.; Ilkilic, Begegnung und Umgang mit muslimischen Patienten – Eine Handreichung für die Gesundheitsberufe, 6. Auflage 2006, Bd. 160 2. Ex., S. 6, 17.

[130] Yilmaz, Ist eine Patientenverfügung für Muslime in Deutschland relevant?, 2014, 9.

[131] Yilmaz, Ist eine Patientenverfügung für Muslime in Deutschland relevant?, 2014, 10.

98 **n) Aktualisierung.** Es ist **nicht notwendig,** die Patientenverfügung regelmäßig durch Unterzeichnung zu bestätigen.[132] Mit Blick auf mögliche, erhebliche Probleme wurde im Gesetzgebungsverfahren von einer Aktualisierungspflicht bewusst abgesehen.[133] So dürfte eine Frist zur Aktualisierung nicht mehr laufen, wenn der Betroffene einwilligungsunfähig geworden ist und daher nicht mehr aktualisieren konnte. Das ist aber oft – beispielsweise bei einer Demenzerkrankung – rückblickend kaum sicher festzustellen.

99 Aus diesen und weiteren Gründen ist von einer jährlichen Aktualisierung **abzuraten:** Wird eine solche Wiederholung abgebrochen, kann dies auch unbeabsichtigt zu Unsicherheiten führen:[134] Wollte der Betroffene die Verfügung nicht mehr gelten lassen oder hatte er andere Motive, um die Aktualisierung abzubrechen? Aus zwei Gründen ist eine unregelmäßige Aktualisierung im Abstand zB von vier bis fünf Jahren sinnvoll: Zum einen ist die Akzeptanz von nicht zu alten Verfügungen höher. Zum anderen ist es bei dieser relativ jungen Rechtsfigur wahrscheinlich, dass es verbesserte Formulierungen oder auch rechtliche Änderungen (durch die Rechtsprechung oder den Gesetzgeber) gibt, die berücksichtigt werden sollten.

100 **o) Zeugen, ärztliche Bestätigung.** Zeugen sind **nicht erforderlich.** Es kann sinnvoll sein, die Verfügung von nahestehenden Personen mit unterzeichnen zu lassen, da diese dann später weniger Einwände erheben werden. Zu **empfehlen** ist es, die Patientenverfügung mit Angehörigen und insbesondere dem Bevollmächtigten oder Wunschbetreuer zu **erörtern,** da diese später an dem Verfahren beteiligt werden bzw. der Verfügung Ausdruck und Geltung verschaffen sollen. Das kann reibungsloser und überzeugender nach einer persönlichen Besprechung mit dem Betroffenen geschehen, da die Motivation deutlicher wird und bei Zweifeln eine direkte Klärung möglich ist.

101 Bei einer **akuten Erkrankung** ist die Kommunikation mit dem behandelnden **Arzt** sehr zu empfehlen (→ Rn. 84). Dort – wie auch sonst – ist es aber nicht erforderlich, dass ein Arzt die Patientenverfügung bestätigt. Eine fachgerechte (→ Rn. 104) Beratung durch einen Arzt kann aber durch diesen auf der Patientenverfügung dokumentiert werden.

102 Bei **zweifelhafter Einwilligungsfähigkeit** des Verfügenden sollte **unbedingt** ein Facharzt hinzugezogen werden. In kurzem zeitlichem Zusammenhang mit der Errichtung der Patientenverfügung (i. E. selber Tag) kann neurologisch-psychiatrisch die Einwilligungsfähigkeit festgestellt und dann die Verfügung unterzeichnet werden.

103 **p) Beratung. aa) Zulässigkeit.** Während bei der Durchsetzung einer Patientenverfügung die Relevanz des **Rechtsdienstleistungsgesetzes** (RDG) unzweifelhaft sein sollte, ist sie es bei ihrer Gestaltung keineswegs. Im Gegenteil: Nicht nur Muster werden „an jeder Ecke“ angeboten. Auch die Beratung dazu wird – mehr oder weniger ausführlich – durch Mitarbeiter von (gemeinnützigen) Organisationen, Pflegediensten und -heimen, Ärzten, Betreuern, Betreuungsbehörden und -vereinen, Versicherungsvertretern usw. vorgenommen. Sie geht oft weit über allgemeine Erörterungen hinaus hin zu einer konkreten Einzelfallberatung einschließlich der Übergabe von Mustern und deren Ausfüllen für die beratende Person. Eine Problematisierung in dieser Richtung ist weitgehend noch nicht geschehen, auch wenn sie nach hiesiger Ansicht angebracht ist. **Jedenfalls** die **Beratung,** welche über die Übergabe eines Musters hinausgeht, **ist** als **Rechtsdienstleistung** gem. § 2 Abs. 1 RDG zu

---

[132] Milzer NJW 2004, 2277.

[133] BT-Drs. 16/8442, 14.

[134] So auch Putz/Steldinger/Unger, Patientenrechte am Lebensende, 2021, 176 f.; Rieger FamRZ 2010, 1606; vgl. zudem Müller-Engels/Braun/Renner/Müller-Engels Betreuungsrecht Kap. 2 Rn. 384–394.

sehen. Selbst die Übergabe eines Musters könnte als Empfehlung gesehen werden, welche vielleicht keine Rechtsdienstleistung darstellt, bei einem entsprechenden Vertrauenstatbestand aber uU Schadensersatzpflichten auslösen kann. Ausnahmetatbestände nach dem RDG sind jedenfalls bei Entgeltlichkeit oder der Verbindung mit einer entgeltlichen Tätigkeit schwer auszumachen. Das LG Düsseldorf hat die Beratung zu Patientenverfügung und Vorsorgevollmacht ohne weiteres als nicht nach § 5 Abs. 1 RDG erlaubte Dienstleistung eines Bestatters angesehen.[135]

Allerdings sind Betreuer (Absatz 4), Betreuungsbehörden (§ 6 Abs. 3 BtOG), Betreuungsvereine (§ 15 Abs. 1 Nr. 1 BtOG) und zugelassene Pflegeeinrichtungen nach **103a**
§ 43 SGB XI (**§ 132g SGB V** – Gesundheitliche Versorgungsplanung für die letzte Lebensphase[136]) zu mehr oder weniger konkreten Beratungen über Patientenverfügungen gesetzlich berufen, womit in dem jeweiligen Rahmen kein Verstoß gegen das RDG gesehen werden kann. Wie einzelfallbezogen und unterstützend die Beratung jeweils sein soll und darf, erscheint weitgehend ungeklärt. In der Praxis zeigt sich kein einheitliches Bild und kein ordnungspolitisches Bestreben, gegen umfassende Beratung vorzugehen. Auch die Qualität der Beratung erscheint unterschiedlich, wie auch die Qualifikation der Beratenden. Dies ist allerdings zugegebener Weise auch bei nicht auf diese Thematik spezialisierten Rechtsanwälten der Fall.

Das zugrundeliegende Konzept des **Advance Care Planning** (ACP) ist ein in angelsächsischen Ländern verbreitetes und erprobtes Modell, das die Abfassung einer Patientenverfügung durch eine begleitende Beratung mittels speziell geschulter Fachkräfte[137] unterstützt und die Umsetzung von Patientenverfügungen durch einen systemischen Ansatz im Gesundheitswesen fördert. Ziel von ACP ist es, im Sinne der Patientenautonomie Behandlungen zu fördern, welche den Präferenzen der Patienten entsprechen, indem auch bei der antizipativen Entscheidung eine informierte Einwilligung bzw. Ablehnung angestrebt wird (informed consent).[138] Der Gesetzgeber hat dieses Modell zunächst in den Einrichtungen der Langzeitpflege und der Eingliederungshilfe gefördert. Die Schulungen entsprechender ACP-Gesprächsbegleiter und die durch diese offerierten Beratungsleistungen nehmen derzeit rasch zu, doch in der Praxis zeigt sich noch ein heterogenes Bild, was diese Qualifikation der Beratenden und die Qualität der Beratungen betrifft.

bb) Ärzte. Bei einer **akuten Erkrankung** sollten unbedingt die behandelnden **104**
Ärzte einbezogen werden (→ Rn. 84). Auch bei Zweifeln an der Einwilligungsfähigkeit des Verfügenden ist eine fachärztliche Stellungnahme wichtig (→ Rn. 14). Vorgeschrieben ist eine ärztliche Beratung für die Wirksamkeit einer Patientenverfügung nicht, insbesondere bei der Ablehnung einer Maßnahme auch nicht aus § 630e BGB.[139] Sie ergibt sich auch nicht aus der grundsätzlichen Aufklärungserforderlichkeit, weil ein „konkludenter Aufklärungsverzicht“[140] vorliegt.

Im Übrigen sollte nach hier vertretener Ansicht die **Formulierung** einer Patien- **105**
tenverfügung durch einen spezialisierten Juristen und **nicht durch einen Arzt** erfolgen.[141] Es handelt sich um ein juristisches Dokument. Es kann ausgelegt werden und beinhaltet eine Regelung. Diese in Formulierungen zu fassen ist juristisches Hand-

---

[135] LG Düsseldorf 12 O 342/13, BeckRS 2014, 20902.

[136] Vgl. zB Rixen/Marckmann/in der Schmitten, NJW 2016, 125; Katzenmeier DÄBl 2015, A 1562 mwN.; Horn/Doering-Striening, Anwaltformulare Vorsorgevollmachten 2023, § 3 Rn. 64f., 71–73; Lipp MedR 2020, 259.

[137] Vgl. Coors/Jox/in der Schmitten, Kohlhammer 2015.

[138] Höfling/Otten/in der Schmitten, Nomos 2019.

[139] Grotkopp BtPrax 2015, 39 (41).

[140] Kreße MedR 2015, 91.

[141] Anders: Roglmeier/Lenz ZErb 2009, 236.

werk, das später ggf. auch von Juristen überprüft wird. Klare und die gesetzlichen Vorgaben berücksichtigende Worte zu finden, gehört zu der täglichen, juristischen Arbeit. Zuzugeben ist, dass auch bei einem Juristen Spezialkenntnisse in diesem Bereich vorhanden sein sollten.

106 Bei einer Beratung durch einen Arzt muss aber auch immer berücksichtigt werden, dass ein **Interessenkonflikt** vorliegt, wenn der Arzt später mit der Verfügung konfrontiert werden kann (wenn auch ggf. nur indirekt durch den später behandelnden ärztlichen Kollegen). Kann die Patientenverfügung sich später „gegen" den Arzt wenden, ist es möglich, dass dieser – wenngleich vielleicht nur unbewusst – einen Verfügungsinhalt empfiehlt, der für ihn später eine unproblematische Abwicklung beinhaltet.

107 Nach hier vertretener Ansicht sollte eine Patientenverfügung so **formuliert** sein, dass sie auch ohne medizinische Fachkenntnisse verständlich ist. Wenn dies aber nicht der Fall ist oder weitergehende Fragen bestehen, kann eine fachgerechte, ärztliche Beratung bei der Erstellung einer Patientenverfügung sinnvoll sein.[142] Zu beachten ist, dass eine ausreichende, spezialisierte **Qualifikation** bei vielen Ärzten gar nicht vorhanden ist. Die wenigsten Hausärzte (die meist um Beratung gebeten werden) haben Erfahrungen und Kenntnisse in den intensivmedizinischen Sachverhalten, um die es in einer Patientenverfügung geht.[143] Die Erörterungen eines kundigen Arztes können den Wert der Verfügung für den Verfasser und in der Folge bei der späteren Anwendung erheblich erhöhen. Eine Beratung durch einen Arzt zu einer juristisch einwandfreien Patientenverfügung kann daher sinnvoll sein. Änderungen bei der Formulierung sollten aber wiederum juristisch beraten vorgenommen werden. Bei rechtlichen Fragen bestehen bei Ärzten erhebliche Lücken und es werden auch Fehlinformationen (weiter)gegeben.[144]

108 Zweifel sind hinsichtlich des **Umfanges der Beratung** durch einen Arzt angebracht. Die Zeittaktung bei Ärzten ist eng. Eine intensive und mehrfache Erörterung findet nicht immer statt. Dies liegt auch an der Frage der Vergütung. Sie ist weitgehend ungeklärt. Empfohlen werden Vereinbarungen mit einer Vergütung von 150 EUR zzgl. USt. oder Abrechnungen nach Nr. A35 und/oder Nr. A80 GOÄ mit einer Vergütung von ca. 125 EUR zzgl. USt.[145]

109 **cc) Notare.** Nur **wenige** Notare sind auf die Erstellung von Patientenverfügungen **spezialisiert.** Wenn sie es nicht sind, werden den Mandanten meist Standardtexte vorgegeben, die wenig oder gar nicht besprochen werden. Ist dieser Text gut und trifft er die Position des Mandanten (meist untersagend), richtet der Notar keinen Schaden an, bringt aber hinsichtlich der Beratung auch keinen echten Mehrwert.

110 Ein Vorteil bei der notariellen Beglaubigung und Beurkundung ist die Sicherheit für den Erklärungsempfänger, dass die Patientenverfügung von dem **Aussteller** stammt. Dass zudem regelmäßig des Ausstellers Geschäftsfähigkeit angenommen wird, ist zwar juristisch nicht haltbar (→ § 167 Rn. 53), kann aber auch den Akzeptanzwert der Verfügung steigern.

111 Der **Geschäftswert** der Patientenverfügung ist nach fast einhelliger Ansicht in Literatur und Rechtsprechung der Regelwert, da sich „die Bedeutung der Angelegenheit für die menschliche Existenz einer Bewertung in Geld entzieht,"[146] sie keinen vermögensrechtlichen Gegenstand habe. Er beträgt also nach **§ 36 Abs. 3**

---

[142] Dies grundsätzlich so sehend: Hoppe FPR 2010, 257.

[143] Ähnlich: Langer/Knorr/Berg DÄBl 2013, A 2187.

[144] Ähnlich, wenn auch etwas zurückhaltender: Müller-Engels/Braun/Renner/Müller-Engels Betreuungsrecht Kap. 2 Rn. 377.

[145] Pasch, Arzt & Wirtschaft online, 10. April 2021.

[146] OLG Hamm I-15 W 113/13, ZErb 2013, 274.

GNotKG 5.000 EUR[147] (zur Beurkundung zusammen mit einer Vorsorgevollmacht und/oder Betreuungsverfügung → § 167 Rn. 60).

Nur vereinzelt wird erwähnt, dass auch Einkommens- und Vermögensverhältnisse berücksichtigt werden können.[148] Das OLG Hamm bestätigte eine Ermessenentscheidung der Vorinstanz, bei vermögenden Beteiligten mit hohem Jahreseinkommen eine Erhöhung auf 50.000 bzw. 25.000 EUR zuzulassen. Das erscheint wenig konsequent, denn entweder ist das Vermögen relevant oder es ist es nicht. Im Rahmen dieses Beschlusses wurde noch angedeutet, dass ein besonderer Aufwand wegen einer besonderen Situation und ebensolcher Wünsche oder eine erhöhte Schwierigkeit relevant sein könnten. Dass ein „kostendeckendes Arbeiten" mit dem Regelsatz nicht möglich sei, sei allerdings kein zulässiges Argument.

Nach hier vertretener Ansicht ist es zwar zutreffend, dass die Einkommens- und Vermögenssituation des Betroffenen bei einer Patientenverfügung grundsätzlich nicht relevant ist, da diese jedenfalls nicht direkt betroffen ist. Im Übrigen mag das Beharren auf dem Regelwert aber überdacht werden (vgl. auch → § 167 Rn. 60). In einer Patientenverfügung werden medizinische Maßnahmen untersagt oder es wird in sie eingewilligt. Die Vornahme oder Unterlassung medizinischer Maßnahmen gegen den Willen des Patienten wird regelmäßig bewertet, zumindest durch die Zumessung eines Schmerzensgeldanspruches. Auch die wirtschaftlichen Folgen der Vornahme oder Unterlassung einer medizinischen Maßnahme sind zu bemessen und Gegenstand gerichtlicher Schadensersatzentscheidungen. Nicht zuletzt haben die medizinischen Maßnahmen, die untersagt werden oder in die eingewilligt wird, einen Wert, denn der Arzt und das Krankenhaus werden bezahlt. Das spricht für einen deutlich höheren Schätzwert; denkbar könnte zB ein Wert von 100.000 EUR sein, bei dem je nach Situation entsprechend der Eintrittswahrscheinlichkeit ein Abschlag von grundsätzlich 50 Prozent vorgenommen wird.

dd) Rechtsanwälte. Für die Formulierung von Patientenverfügungen sind Rechtsanwälte, wie auch Notare, grundsätzlich **geeignet,** da es sich um juristische Dokumente handelt. Für gute Formulierungen und eine hochwertige Beratung ist aber eine **Spezialisierung** erforderlich, wie es auch in anderen Bereichen der Fall ist, sei es für die Erstellung eines Testamentes oder eines Verlagsvertrages. Eine Fachanwaltschaft für das Vorsorgerecht gibt es nicht, so dass eine Identifizierung mit diesem Kriterium nicht möglich ist. Denkbar sind Spezialisten für Vorsorge- oder Betreuungsrecht. Vorsorgeanwälte übernehmen professionell Vorsorgebevollmächtigungen und sollten daher ebenfalls qualifiziert sein. Meist fällt eine Spezialisierung mit einer Betätigung im Erb- oder Medizinrecht zusammen, zum Teil auch mit der im Familienrecht. **112**

Bei speziellen Sachverhalten (akute Erkrankung, unklare Einwilligungsfähigkeit) sowie bei medizinischen Fragen, die von ihm nicht beantwortet werden können, sollte der Rechtsanwalt einen Arzt hinzuziehen.

Der Vorteil eines Rechtsanwaltes ist seine Position als **Parteivertreter.** Er ist es gewohnt, die Interessen des Mandanten herauszuarbeiten und durchzusetzen. Auch wenn die voraussichtlichen Reaktionen zB von Ärzten unbedingt zu beachten sind, hat der Anwalt auf diese nur Rücksicht zu nehmen, soweit es dem Mandanten nutzt. Er ist nicht – wie ein Arzt – eventuell selbst mit den aus der Patientenverfügung resul- **113**

---

[147] LG Bremen 4 T 524/17, NJW-RR 2019, 894; noch zur KostO (3.000 EUR): OLG Zweibrücken 3 W 162/08, NJW-RR 2009, 574; OLG Frankfurt a. M. 20 W 397/04, MittBayNot 2007, 344; OLG Hamm 15 W 148/05, NJW-RR 2006, 1365; LG Detmold 3 OH 4/12, BeckRS 2013, 17335; LG Kassel 3 T 154/08 u. 3 T 155/08, BeckRS 2009, 27580; LG Arnsberg 2 T 32/04, RNotZ 2005, 375; zum GNotKG: Sikora MittBayNot 2013, 349; ders. NJW 2013, 2310.

[148] Sikora NJW 2013, 2310 (2312).

tierenden Anweisungen konfrontiert und wird daher darauf auch nicht (unbewusst) zu Lasten des Mandanten Rücksicht nehmen.

114 Die **Vergütung** sollte ein Rechtsanwalt mit dem Mandanten **vereinbaren.** Für die Gestaltung bieten sich eine Zeit- oder Pauschalvergütung oder eine Kombination aus beiden an. Ist der Zeitaufwand nicht absehbar, etwa weil aufgrund der akuten Situation oder der Konstitution des Mandanten mehr als zwei Besprechungstermine und/oder Besprechungen mit Ärzten und Angehörigen zu erwarten sind, ist eine Zeitvergütung mit einem üblichen, anwaltlichen Stundensatz von regelmäßig 150–300 EUR netto sinnvoll. Bei einer Pauschalvergütung wird darauf Rücksicht genommen werden, ob für den Mandanten noch andere Dokumente wie Vorsorgevollmachten und Testamente entworfen werden, sowie auf die weiteren, üblichen Umstände wie den zu erwartenden Zeitaufwand und die sonstigen Rahmenbedingungen (Besuch bei dem Mandanten zu Hause, im Pflegeheim, in der Psychiatrie oder im Krankenhaus; besondere Eilbedürftigkeit etc). Die Spanne wird sich bei einer isolierten Patientenverfügung (in welcher vielleicht noch direkt eine Bevollmächtigung vorgenommen wird) meistens von 150 bis 800 EUR netto erstrecken, wobei der Betrag – mit insbesondere regionalen Unterschieden – meist zwischen 190 und 400 EUR netto liegen wird.

115 Ohne eine Vergütungsvereinbarung kann die **gesetzliche Vergütung** verlangt werden. Eine Geschäftsgebühr scheidet mangels Vertretung aus. Die Vergütung richtet sich nach § 34 Abs. 1 RVG, da es sich (wie bei einem Testament)[149] nicht um einen Vertrag gem. 1.000 VV-RVG handelt. Es ergibt sich eine gesetzliche Höchstvergütung von 250 EUR zzgl. USt. und Auslagen.

116 **q) Registrierung.** Die Registrierung einer isolierten Patientenverfügung im **Vorsorgeregister** bei der Bundesnotarkammer ist seit dem 1.1.2023 **möglich,** § 78 Abs. 1 BNotO (→ § 9 VRegV), zuvor nur im Zusammenhang mit einer Vorsorgevollmacht oder Betreuungsverfügung, → § 1 VRegV.[150] Nun gibt das Vorsorgeregister gem. § 78b Abs. 1 BNotO (→ § 6 Abs. 1 VRegV) auch einem **Arzt Auskunft,** so dass nicht mehr der Umweg über das Betreuungsgericht beschritten werden muss.

Die Verlässlichkeit privater Register[151] ist sehr zweifelhaft, da Krankenhäuser in der Praxis dort selten nachfragen. Da nun die isolierte Registrierung im ZVR möglich ist, werden private Register voraussichtlich weiter an Bedeutung verlieren. Wichtig und Mandanten regelmäßig nicht bekannt ist, dass bei **ZVR** nur eine Registrierung und **keine Hinterlegung** stattfindet, auch nicht von einer digitalen Kopie. Daher ist die Sicherstellung des **Auffindens** der Patientenverfügung nach wie vor vordringlich.

117 Sinnvoll erscheint eine Speicherung auf der **Gesundheitskarte,** zumindest hinsichtlich der Frage, ob eine Patientenverfügung existiert. Ob eine Speicherung irgendwann möglich sein wird, ist fraglich.[152] Zur Zeit empfehlenswert sind daher Notfallkarten, die sich bei den Ausweispapieren befinden, Hinweise in der Wohnung, die „Hinterlegung" von Abschriften mit Hinweis auf den Aufbewahrungsort des Originals bei Vertrauten (ggf. auch dem Hausarzt oder Rechtsanwalt), der Verweis auf eine Vertrauensperson auch durch Eintragung unter „ICE" (In case of Emergency) im Handy sowie bei geplanten Krankenhausaufenthalten der direkte Vermerk in der Krankenakte (ein Anspruch des Arztes/Krankenhauses auf Vorlage oder Information besteht nicht → Rn. 240). Ob ein Tattoo hilfreich sein kann, ist umstritten (→ Rn. 149a).

118 **r) Auslandsbezüge.** Soll eine Patientenverfügung möglichst auch im Ausland beachtet werden, ist primär auf die **dortige Rechtslage** abzustellen (→ § 24 EGBGB

---

[149] Dazu: BGH IX ZR 115/17, NJW 2018, 1479.
[150] Staudinger/Bienwald BGB §§ 1901a, b Rn. 35.
[151] Zu diesen: Meyer-Götz FPR 2010, 270.
[152] Bales NJW 2012, 2475 (2479).

Rn. 3–9) und grundsätzlich eine fachkundige Beratung vor Ort einzuholen. Es sollte angestrebt werden, für eine wirksame Vertretung durch eine im Ausland akzeptierte Vorsorgevollmacht zu sorgen (→ Art. 15 ErwSÜ). Zweisprachige Versionen erscheinen sinnvoll. Praktisch hilfreich ist es, wenn für eine **Rückbringung** nach Deutschland vorgesorgt ist.

IV. Behandlungssituation

1. Behandlungsmöglichkeit

Es muss eine „Lebens- und Behandlungssituation" vorliegen, in welcher die Vornahme oder Unterlassung einer **ärztlichen Maßnahme möglich** ist. Ursachen können Unfall, Krankheit oder ein altersbedingt lebensbedrohlicher Zustand sein. Ein Arzt muss die **Indikation** einer Maßnahme festgestellt haben (→ § 1828 Rn. 8; sowie zur Totalablehnung durch den Betroffenen → Rn. 216). Extrem problematisch ist die Situation bei einer hirntoten Schwangeren, bei der zur Rettung des ungeborenen Kindes, eine weitere „Behandlung" durchgeführt werden müsste.[153] Es wird insofern eher ein nach dem TPG (→ Rn. 244–258) oder ungeschriebenen Rechtsätzen zu beurteilender Fall vorliegen. Ebenfalls kein mit einer Patientenverfügung zu regelnder Fall ist die Frage des Umganges mit eingefrorenen Samenzellen nach Tod des Spenders.[154] 119

2. Einwilligungsunfähigkeit

Die Erklärung des **Betroffenen** in der konkreten Situation **geht allem anderen vor.**[155] Ist eine konkrete Einwilligung (§ 630d BGB) des Betroffenen persönlich zu erhalten, liegt sie bereits vor oder ist eine Situation zu schaffen, in welcher sie zu erlangen ist, sind eine Patientenverfügung und entsprechend auch zu ermittelnde Behandlungswünsche und der mutmaßliche Wille nachrangig. Sowohl ein Vertreter als auch eine Patientenverfügung sind erst maßgeblich, wenn der Betroffene selbst nicht einwilligungsfähig ist, auch wenn die Kommunikation mit ihm persönlich erheblich schwieriger sein sollte (vgl. → § 167 Rn. 2f.).[156] Beweispflichtig ist (insbesondere in einem späteren Haftungsprozess) derjenige, der sich auf die rechtshindernde Einwilligungsunfähigkeit beruft.[157] 120

Dass der Betroffene in eine ärztliche Maßnahme selbst einwilligen oder diese untersagen kann, setzt seine **Einwilligungsfähigkeit** voraus (→ Rn. 14). Sie muss jedenfalls in schwierigen Fällen durch eine umfassende, individuelle und konkrete **Aufklärung** durch den Arzt geschaffen werden.[158] Wenn ein vertretungsberechtigter Ehegatte, Betreuer oder Bevollmächtigter vorhanden ist, hat er daran mitzuwirken. Dies betrifft insbesondere Menschen, die aufgrund von Alter (zB Schwerhörigkeit), Behinderung (zB intellektuelle Einschränkungen)[159] oder Erkrankung (zB Schwäche durch die Krankheit oder Medikamente oder Demenz[160]) eingeschränkt sind. Zeit und Mühe sind aufzubringen. Ggf. sind Hilfspersonen hinzuzuziehen, wie es auch 121

---

[153] Vgl. AG Würzburg 25 XVII 208/18, BtPrax 2019, 207 mwN.

[154] OLG Hamburg 6 W 28/21, NJW 2022, 2344.

[155] Vgl. auch Lipp, Hb der Vorsorgeverfügungen, 2009, § 16 Rn. 37.

[156] OLG Düsseldorf 25 Wx 128/00, NJW 2001, 2807.

[157] Vgl. im Einzelnen Kreße MedR 2015, 91 (92f.).

[158] Vgl. Verrel/Simon, Patientenverfügungen, 2010, 80f.; Bühler/Stolz BtPrax 2017, 167; allg. zur Einwilligungsfähigkeit BGH VI ZR 76/70, NJW 1972, 335.

[159] Vgl. dazu Riedel/Stolz BtPrax 2013, 9.

[160] Vgl. Klasen/Klasen JM 2020, 398.

bei sprachlichen Verständigungsschwierigkeiten zu geschehen hat. Gestützt wird dies durch § 630e Abs. 5 BGB, wonach eine Aufklärung auch bei Einwilligungsunfähigkeit versucht werden muss.[161] Wird diese „Erläuterungspflicht" verletzt, ergibt sich ein Ersatzanspruch auch wegen immateriellen Schadens.[162]

122 So wird auch vermieden, dass ein Betroffener an seiner Patientenverfügung „festgehalten" wird, obwohl er die konkrete Situation anders beurteilt als in früheren Zeiten angenommen.[163] Das relativiert auch Befürchtungen derer, die im Gesetzgebungsprozess für eine Reichweitenbegrenzung eingetreten waren.[164] Unterstrichen wird die Bedeutung des aktuellen Willens durch die Betonung der Möglichkeit des Widerrufs in Abs. 1 Satz 3.

123 Der Einwilligung[165] hat nach § 630d Abs. 2 BGB eine **Aufklärung** gem. § 630e BGB vorauszugehen.[166] Deren Zweck ist es, „dem Patienten Art, Bedeutung, Ablauf und Folgen eines geplanten Eingriffes zu verdeutlichen."[167] Er soll in die Lage versetzt werden, das Für und Wider abschätzen zu können, was nicht unbedingt eine Aufklärung über sämtliche Details erfordert. Es werden die Behandlungsaufklärung (Welche Behandlungen kommen in Betracht?), die Risikoaufklärung (Welche Risiken bestehen bei dem Vorgehen?), die Diagnoseaufklärung (Welche Befunde liegen vor?) und die Sicherungsaufklärung (Was muss nach dem Eingriff beachtet werden?) unterschieden.[168] Gem. § 630h Abs. 2 BGB muss der Behandelnde die Aufklärung im Zweifel beweisen. In der Aufklärung kann ua auch darauf einzugehen sein, was für Möglichkeiten bei anderen Ärzten und Einrichtungen bestehen.[169] Ein Verzicht auf die Aufklärung ist möglich, § 630a Abs. 3 BGB.

124 Hat der Betroffene, bevor er einwilligungsunfähig wurde, in eine **unmittelbar bevorstehende** ärztliche **Maßnahme** wirksam eingewilligt (§ 630d BGB) oder diese untersagt, gilt seine Anweisung direkt (→ Rn. 120). Dies ist der Regelfall bei einer Operation. In der Vorbereitung sollten auch nicht unmittelbar beabsichtigte, aber eventuell notwendige Maßnahmen besprochen werden. Unterblieb dies, muss entweder die Einwilligung beim Betroffenen oder einem Vertreter eingeholt werden, wenn die Zeit dies ermöglicht. Oder es muss auf der Grundlage einer mutmaßlichen Einwilligung gehandelt werden, wobei deren Wirksamkeit fraglich ist, wenn das Fehlen einer tatsächlichen Einwilligung auf eine Nachlässigkeit des Arztes zurückzuführen ist. Hat ein Betroffener – gleich, ob schon zB aufgrund einer Querschnittslähmung vorgeschädigt oder nicht – vor einer Operation den Arzt angewiesen, Wiederbelebungsmaßnahmen bei Eintritt einer entsprechenden Situation zu unterlassen, hat der Arzt sich ggf. auch ohne Patientenverfügung daran zu halten. Dasselbe gilt, wenn der Betroffene „nur" für das (uU sehr unangenehme) Absaugen von Lungensekret ins Koma versetzt wird.[170]

125 Befindet sich der Betroffene in einem einwilligungsunfähigen Zustand, kann aber bei Inkaufnahme eines angemessenen Risikos eine **Einwilligungsfähigkeit herbei-**

---

[161] Vgl. auch Schwedler MedR 2013, 652 (652).

[162] Kreße MedR 2015, 91 (94f.).

[163] Zur Diskussion: Verrel/Simon, Patientenverfügungen, 2010, 87.

[164] Vgl. Albers/Verrel, Patientenverfügungen, 2010, 197 (205).

[165] Zu ihr Kraatz NStZ-RR 2016, 233 (Teil 1), 297 (Teil 2); Klasen/Klasen JM 2017, 2.

[166] Zu den §§ 630a ff. BGB vgl. Thole/Schanz RDG 2013, 64.

[167] Heberer/Butzmann/Eicher/Hüttl, Organtransplantation, Patientenverfügung, Aufklärung und Einwilligung, 2013, 75.

[168] Ausführlich: Heberer/Butzmann/Eicher/Hüttl, Organtransplantation, Patientenverfügung, Aufklärung und Einwilligung, 2013, 76–81.

[169] Neelmeier NJW 2013, 2230 (2231).

[170] Beispiel nach Albrecht/Albrecht, Die Patientenverfügung, 2009, Rn. 74; weiterer Albrecht/Albrecht/Böhm/Böhm-Rößler, Die Patientenverfügung 2018, Rn. 252–254.

geführt werden, so hat dies zu geschehen, wenn keine konkrete Vorabanweisung des Betroffenen vorliegt.[171] Dies ist bei einer Operation denkbar, bei welcher eine unerwartete Diagnose festgestellt wird, oder bei einer im künstlichen Koma gehaltenen Person.

3. Volljähriger

a) Volljährigkeit. Anwendbar ist die Norm nur auf Volljährige (§ 2 BGB), auch wenn dies verfassungsrechtlich bedenklich ist (→ Rn. 13). **Maßgeblich** ist der **Zeitpunkt,** in dem die Maßnahme vorgenommen oder unterlassen werden soll. Eine Verfügung eines Minderjährigen kann keine Patientenverfügung sein und wirkt daher auch nicht als solche nach Eintritt der Volljährigkeit.[172] Sie ist ggf. als Behandlungswunsch zu klassifizieren oder für den mutmaßlichen Willen erheblich. **126**

Wird ein Minderjähriger während einer Behandlung **volljährig,** erlischt die gesetzliche Vertretungsmacht der Sorgeberechtigten. Zu jeder neuen Maßnahme muss der Betroffene selbst oder ein Vertreter für ihn einwilligen. Ggf. ist ein Betreuer zu bestellen,[173] was gem. § 1814 Abs. 5 BGB schon vor der Volljährigkeit mit Wirkung zu ihr geschehen kann. Wenn eine Maßnahme, wie zB eine künstliche Ernährung, vor der Erlangung der Volljährigkeit begonnen wurde, und über diese hinaus andauert, dauert auch der Eingriff in die Rechtsgüter des Betroffenen fort. Nach hier vertretener Ansicht muss dann eine neue Einwilligung des einwilligungsfähigen Volljährigen selbst oder eines Betreuers erfolgen. **127**

b) Minderjährige. Minderjährige werden durch die **sorgeberechtigten Personen** vertreten, welche grundsätzlich die Eltern sind, §§ 1626 Abs. 1, 1629, 1631 BGB (bei nicht verheirateten Eltern zu beachten: § 1626a BGB). Die Eltern müssen dabei den Willen des Kindes ermitteln und berücksichtigen, § 1626 Abs. 2 BGB.[174] Das Betreuungsgericht ist auch für Fragen zur Beendigung lebenserhaltender Maßnahmen nicht zuständig, § 1829 BGB nicht anwendbar,[175] nur zur freiheitsentziehenden Unterbringung und zu freiheitsentziehenden Maßnahmen enthält § 1631b BGB eine Regelung mit Genehmigungsvorbehalt des Familiengerichts. **128**

Problematisch sind zB Fälle, in denen Dritte (Ärzte, Hospizmitarbeiter) den Eindruck haben, eine von den Eltern angeordnete Maßnahme sei nicht durch den Willen des Minderjährigen gedeckt oder **nicht in seinem Interesse.** Einiges ist noch ungeklärt, ergibt eine **Rechtsunsicherheit** und sollte daher gesetzgeberisch klargestellt werden.[176] Dies gilt auch für die Frage der Schweigepflicht des Arztes und deren eventueller Durchbrechung auch bei einwilligungsfähigen Minderjährigen gegenüber deren Eltern.[177] Vorrangig ist vom Arzt die Indikation der gewünschten Maßnahme zu prüfen (→ § 1828 Rn. 8). Fehlt die Indikation, kann die Maßnahme auch von den Sorgeberechtigten nicht verlangt werden. Bei Vorliegen einer Indikation ist zu differenzieren, ob der Minderjährige einwilligungsfähig ist oder es war. **129**

---

[171] So auch Lipp BtPrax 2002, 47 (48); zur Operationserweiterung auch: BGH 2 StR 93/88, BGHSt 35, 246.

[172] Brückner, Das medizinische Selbstbestimmungsrecht Minderjähriger, 2014, 185; auch zu folgern aus BGH ZB XII 202/13, NJW 2014, 3572.

[173] Nicht berücksichtigt bei OLG Naumburg 1 U 118/11, VersR 2014, 591.

[174] Vgl. Streit, Patientenverfügungen Minderjähriger nach dem Dritten Betreuungsrechtsänderungsgesetz, 2015, 60–63.

[175] OLG Brandenburg 10 UF 45/99, NJW 2000, 2361; vgl. Lorenz NZFam 2017, 782 (783).

[176] Ausführlich auch zu den im Folgenden dargestellten Konstellationen: Lorenz NZFam 2017, 782 sowie Hoffmann NZFam 2015, 985.

[177] Ludyga NZFam 2017, 1121.

130 Möchten die Sorgeberechtigten eine Behandlung und der **einwilligungsfähige Minderjährige nicht,** gilt: Widerspricht ein einwilligungsfähiger Minderjähriger einer Behandlung, darf er auch auf Anordnung der Eltern nicht gegen seinen Willen behandelt werden.[178] Jedenfalls für einen nur „relativ indizierten Eingriff" hat der BGH Minderjährigen ausdrücklich ein **„Vetorecht"** zugebilligt.[179] Nach hier vertretener Ansicht hat der einwilligungsfähige Minderjährige immer ein Vetorecht. Er muss entsprechend aufgeklärt werden. Dabei erscheint die Bezeichnung als „Veto" ohnehin zu eng. Wie bei einem Betreuten sollte die Entscheidung des Betroffenen maßgeblich sein, also immer (auch) seine Einwilligung vorliegen müssen, was zudem der strafrechtlichen Linie entspricht.[180] Äußert er sich nicht oder „unvernünftig" liegt seine Einwilligungsunfähigkeit nahe.

131 **Möchte** der **einwilligungsfähige Minderjährige** eine Behandlung, aber die Sorgeberechtigten nicht, wird die Behandlung schon aufgrund des nicht zu schließenden Behandlungsvertrages problematisch,[181] was auch durch das Patientenrechtegesetz nicht geklärt wurde.[182] Es ist zudem noch umstritten, ob eine vom einwilligungsfähigen Minderjährigen erteilte Einwilligung wiederum einer zweiten Einwilligung der Sorgeberechtigten bedarf.[183] Es spricht mehr dafür, eine Einwilligung des Minderjährigen als Rechtfertigung für die Maßnahme ausreichen zu lassen, da er ja gerade einwilligungsfähig ist. Wird dem nicht gefolgt und/oder der Abschluss eines Behandlungsvertrages gewünscht, muss über einen (teilweisen) Entzug der elterlichen Sorge entschieden werden (→ Rn. 135). Bei der Frage der Schweigepflicht des Arztes kann es zu einer Durchbrechung kommen.[184]

132 Möchten die Sorgeberechtigten eine Behandlung und der **einwilligungsunfähige Minderjährige,** der auch **noch nie einwilligungsfähig** war, **nicht,** gilt: Für eine ärztliche Zwangsmaßnahme fehlt es an einer speziellen, gesetzlichen Grundlage. Möglich ist die mit einer Freiheitsentziehung verbundene Unterbringung, für welche eine Genehmigung des Familiengerichts notwendig ist, § 1631b BGB.[185] Die § 1831 BGB ähnelnde Vorschrift ist für ärztliche Zwangsmaßnahmen nicht überarbeitet worden. Eine analoge Anwendung des § 1831 BGB für Freiheitsentziehungen ist nicht möglich.[186] Soweit der Minderjährige (seit je her) einwilligungsunfähig ist, wird auf das Entscheidungsrecht der Eltern zurückgegriffen werden. Dies basiert auf der elterlichen Sorge und muss unter Beachtung des § 1631 Abs. 2 BGB ausgeübt werden. Es ist zwar grundsätzlich denkbar, dies abzulehnen, weil (wie für Erwachsene mit § 1831 BGB) für einen derart einschneidenden Eingriff eine spezielle, gesetzliche Grundlage vorliegen müsse. Das würde aber in aller Konsequenz bedeuten, dass einem sich nur mit natürlichem Willen wehrenden 6-Jährigen keine Fiebertropfen

---

[178] Vgl. auch Staudinger/Knothe 2013 BGB Vor §§ 104 bis 115 Rn. 58; zum Schwangerschaftsabbruch: Belling/Eberl FuR 1995, 287; wohl im Ergebnis eher ablehnend: Lorenz NZFam 2017, 782.

[179] BGH VI ZR 74/05, NJW 2007, 217; dazu zB Brückner, Das medizinische Selbstbestimmungsrecht Minderjähriger, 2014, 87–90.

[180] Vgl. Spickhoff ZRP 2012, 65 (67 f.) mwN.

[181] Brückner, Das medizinische Selbstbestimmungsrecht Minderjähriger, 2014, 106–121.

[182] Vgl. Spickhoff ZRP 2012, 65 (68 f.).

[183] Vgl. Sternberg-Lieben/Reichmann NJW 2012, 257 (259).

[184] Ludyga NZFam 2017, 1121.

[185] BGH XII ZB 386/12, NJW-RR 2013, 65; XII ZB 661/11, NJW 2012, 2584; vgl. im Einzelnen und mwN Hoffmann/Klie, Freiheitsentziehende Maßnahmen im Betreuungs- und Kindschaftsrecht, 2. Auflage 2011, Kap. 9, Kap. 11 Rn. 72–90; Lorenz NZFam 2017, 782 (783) mwN; Hoffmann NZFam 2015, 985.

[186] BGH XII ZB 559/11, FGPrax 2013, 280; OLG Oldenburg 14 UF 66/11, BtPrax 2011, 267.

in das Apfelmus gegeben werden dürfen. Auch ein Festhalten für das Setzen der Impfspritze wäre nicht möglich. § 1631 Abs. 2 BGB bildet die Grenze für medizinische Zwangsmaßnahmen bei einwilligungsunfähigen Minderjährigen.

Möchten die Sorgeberechtigten eine Behandlung und der **einwilligungsunfähige Minderjährige,** der aber **schon einmal einwilligungsfähig** war, **nicht,** gilt: Nach hier vertretener Ansicht muss etwas anderes als beim Minderjährigen, der noch nie einwilligungsfähig war, gelten, weil der Minderjährige grundsätzlich einwilligungsfähig ist. Nur weil er sein Vetorecht akut nicht ausüben kann, da er einwilligungsunfähig geworden ist, kann dies nicht unbeachtlich werden. Es ist also konsequenter Weise ein einmal geäußertes Veto weiter bindend. Das entspricht im Ergebnis auch einer Patientenverfügung.[187] Zudem müssen ein Behandlungswunsch des früher einwilligungsfähigen Minderjährigen oder sein mutmaßlicher Wille berücksichtigt werden und beide sind verbindlich. **133**

Der Beurteilung der **Einwilligungsfähigkeit** (→ Rn. 14; allgemein → § 104 Rn. 21) kommt bei Minderjährigen bei Konflikten mit den Sorgeberechtigten eine besondere Bedeutung zu. Eine feste Altersgrenze wie für die Volljährigkeit gibt es nicht und ist auch kaum sinnvoll festzulegen, da es auf die Reife des Verstandes ankommt, welche individuell ist. Einen interessanten Vorschlag stellt Brückner dar, bei dem ab einem Lebensalter von 14 Jahren die Einwilligungsfähigkeit widerlegbar vermutet wird.[188] Es kommt also zu einer Beweislastumkehr. Praktisch von großer Bedeutung sind diese Fragen bei an lebensgefährlich erkrankten Minderjährigen. Ein 17-jähriger Jugendlicher, welcher schon seit Jahren an Leukämie erkrankt ist und bereits einige Chemotherapien hinter sich hat, wird in Bezug auf eine weitere Chemotherapie grundsätzlich selbst einwilligungsfähig sein. **134**

Wenn es zum **Konflikt** zwischen dem Minderjährigen und den Sorgeberechtigten oder seinen in einer Verfügung, welcher einer Patientenverfügung entspricht, niedergelegten Anweisungen kommt, sollte im Zweifelsfall das **Jugendamt** und ggf. das **Familiengericht** eingeschaltet werden. Es ist möglicherweise ein (teilweiser) Entzug der Sorge angezeigt, § 1666 BGB.[189] Das Jugendamt kann das Kind vorübergehend in Obhut nehmen (§ 42 Abs. 1 SGB VIII).[190] Grundsätzlich ist dies nur für eine kurze Zeit möglich. In der Praxis wird diese Zeitspanne mitunter ausgedehnt, da für die Eltern ohnehin meist keine schnelle, gerichtliche Klärung möglich ist. **135**

Das **Familiengericht** kann die elterliche Sorge (teilweise) auf einen Elternteil allein übertragen, wenn die medizinische Versorgung sonst nicht zu sichern ist.[191] Der vollständige Entzug ist meist nur sehr schwer zu erreichen.[192] **136**

Eine Verfügung eines Minderjährigen ist keine Patientenverfügung (→ Rn. 13). Wenn eine Verfügung **verfasst** werden soll, die einer Patientenverfügung nahe kommt,[193] sollten Feststellungen zur Einwilligungsfähigkeit getroffen und aufgenommen werden. Dies gilt auch für eine Beurkundung durch einen Notar, welcher zudem darauf hinweisen sollte, dass die Urkunde nach derzeitiger Rechtslage keine Patientenverfügung darstellt.[194] Den Minderjährigen zur Vermeidung der dargestellten **137**

---

[187] Kölmel RNotZ 2010, 1 (3); ähnlich Sternberg-Lieben/Reichmann NJW 2012, 257 (262), welche aber – was hier abgelehnt wird – eine direkte Bindung der Patientenverfügung für den Arzt sehen.

[188] Brückner, Das medizinische Selbstbestimmungsrecht Minderjähriger, 2014, 79–84.

[189] BeckOKBGB Veit § 1666 Rn. 106 mwN.

[190] Vgl. Peschel-Gutzeit FPR 2012, 443; Zimmermann NZFam 2021, 64.

[191] OLG Bamberg 7 UF 94/02, FPR 2003, 333.

[192] Vgl. OLG Hamm 11 UF 99/09, FamRZ 2010, 1091; „Fall Leander" OLG Hamm 1 UF 78/07, NJW 2007, 2704 – dazu: BVerfG 1 BvQ 18/07, FamRZ 2007, 2046.

[193] Vgl. Jox Monatsschr Kinderheilkd 2007, 1166; ders. Monatsschr Kinderheilkd 2009, 26.

[194] Rieger FamRZ 2010, 1601 (1603).

Probleme einen Bevollmächtigten einsetzen zu lassen,[195] erscheint nur als flankierende Maßnahme sinnvoll. Eine Verbindlichkeit einer Verfügung, die einer Patientenverfügung gleichkommt, wird dadurch nicht erreicht. Zudem könnte von den Sorgeberechtigten versucht werden, die Bevollmächtigung zu widerrufen.

V. Prüfung bei Patientenverfügung (Abs. 1 S. 1 2. HS., Abs. 5)

1. Einleitung

138 Damit eine Patientenverfügung relevant werden kann, muss zunächst eine **Behandlungsmöglichkeit** vorliegen (→ Rn. 119). Der Betroffene darf **nicht einwilligungsunfähig** sein, da er sonst selbst entscheidet (→ Rn. 120, 124). Schließlich muss der Betroffene **volljährig** sein, da bei Minderjährigen keine Patientenverfügung vorliegen kann und deshalb anders vorgegangen werden muss (→ Rn. 128).

2. Prüfer

139 **a) Erforderlichkeit eines Prüfers.** Nach hier vertretener Ansicht ist es **immer erforderlich,** dass eine dritte Person – vertretungsberechtigter Ehegatte, Betreuer oder Bevollmächtigter – vorhanden ist, wenn der Betroffene sich nicht selbst konkret äußern kann oder will. **Ausnahmen** können nur in **Eilfällen** vorliegen (→ Rn. 144). Die §§ 1827 f. BGB geben ein Verfahren vor, welches zum Schutz des Betroffenen geschaffen wurde und einzuhalten ist.[196] Die dritte Person hat dabei eine zentrale Position: Sie wird im Interesse des Betroffenen tätig und hat deren Willen zu ermitteln und umzusetzen.

140 Der **BGH** hat klargestellt, dass gemäß „§ 1901a Abs. 1 S. 1 und 2 BGB … nur der Betreuer bzw. Bevollmächtigte (§ 1901a Abs. 5 BGB) befugt (ist), die Übereinstimmung der Festlegungen in der Patientenverfügung mit der aktuellen Lebens- und Behandlungssituation des Patienten zu prüfen und auf dieser Grundlage dem Willen des Patienten gegebenenfalls Geltung zu verschaffen."[197] Er betont, dass eine passende Patientenverfügung direkt bindet und der Betreuer oder Bevollmächtigte keine eigenständige (Vertreter-)Entscheidung treffen darf.[198] Ausdrücklich wird aber durchgehend nur von einer Bindung des Betreuers gesprochen, nicht des Arztes. Inzwischen hat der BGH deutlich formuliert, dass eine Einwilligung des Betreuers „in die Maßnahme nicht erforderlich (ist), da der Betroffene diese Entscheidung selbst in einer alle Bet. bindenden Weise getroffen hat. Dem Betreuer obliegt es in diesem Fall nach § 1901a Abs. 1 S. 2 BGB nur noch, dem in der Patientenverfügung niedergelegten Willen des Betroffenen Ausdruck und Geltung zu verschaffen".[199]

141 **Andere Ansichten** lassen eine direkte Geltung der Patientenverfügung unter unterschiedlichen Voraussetzungen zu, insbesondere wenn die Anordnung „eindeutig" sei.[200] Hindemit etwa meint, es sei nicht angebracht immer einen „Mittler" einzuset-

---

[195] So ein Vorschlag von Sternberg-Lieben/Reichmann NJW 2012, 257 (261 f.).

[196] BGH 2 StR 320/10, NJW 2011, 161 (162 f.); 2 StR 454/09, NJW 2010, 2963 (2966).

[197] BGH 2 StR 320/10, NJW 2011, 161 (162).

[198] BGH XII ZB 202/13, NJW 2014, 3572 (3574); entsprechend: LG Berlin 88 T 97/18, BeckRS 2020, 44421.

[199] BGH XII ZB 107/18, NJW 2019, 600 (601 aE) mwN.

[200] So Albrecht/Albrecht MittBayNot 2015, 110 (wenngleich nach hier vertretener Ansicht die BGH-Entscheidung missverstehend); Coeppicus NJW 2011, 2085 (2086 f.) mwN; ders. NJW 2013, 2929; Zimmermann Vorsorgevollmacht Rn. 381; differenziert: Müller DNotZ 2010, 169; ablehnend wie hier: Horn/Doering-Striening, Anwaltformulare Vorsorgevollmachten 2023, § 4 Rn. 37; Boemke NJW 2013, 1412; Dien/Rebhan NJW 2010, 326 (329); zur Diskussion je

zen; dessen Beteiligung sei nur notwendig, wenn er ohnehin vorhanden sei. Ansonsten könne der Arzt entscheiden, ob er eine Betreuung anregt.[201] Diesen Ansichten stehen die Regelungen der §§ 1827f. BGB entgegen.[202] Es kommt nicht darauf an, dass das Ergebnis dasselbe sein kann. Das **Verfahren** soll den überprüfbaren Rahmen zur sorgfältigen Ermittlung des Willens des Betroffenen zu dessen Schutz geben (ähnlich den Regelungen zum Schwangerschaftsabbruch). Auch § 630d Abs. 1 S. 2 BGB ändert daran nach hier vertretener Ansicht[203] nichts. Es wird dort lediglich bestätigt, dass die Einwilligung oder Untersagung in der Patientenverfügung direkt wirkt und keine neue durch einen Vertreter erforderlich ist. Der Verweis auf die Patientenverfügung lässt die Erforderlichkeit des schützenden Verfahrens nach §§ 1827f. BGB nicht entfallen. Er verdeutlich (lediglich), dass keine Vertretungserklärung notwendig und erlaubt ist.

Richtig ist, dass Betreuer oder Bevollmächtigte bei einer passenden Patientenverfügung **nicht als Vertreter** tatig werden. Sie dürfen keine eigene Entscheidung treffen. Ihre Aufgabe ist im ersten Schritt die eines **„Prüfers“** und im zweiten die eines **„Ausdrucks- und Geltungsverschaffers“.**[204] Eine Bezeichnung für eine diese Aufgaben, welche über die eines Boten hinausgehen, ausführende Person gibt es bislang nicht. Es wird daher im Ergebnis festzuhalten sein, dass ein Betreuer, Bevollmächtigter oder vertretungsbefugter Ehegatte benötigt wird, wenngleich nicht in der originären Funktion als Vertreter. Damit ist auch abgedeckt, dass jedenfalls bei der Ausdrucks- und Geltungsverschaffung oft auch Vertretungshandlungen notwendig sein werden, etwa der Abschluss eines Vertrages mit einem palliativen Pflegedienst, die Einwilligung in die Gabe von palliativen Medikamenten, die Auswahl des Arztes oder des Krankenhauses[205] etc, wenn die Patientenverfügung für diese Begleitmaßnahmen keine Weisungen enthält und sie aus ihr auch nicht direkt abgeleitet werden können. **142**

Wenn Ehegatte, Betreuer oder Bevollmächtigter sich **weigern,** eine Entscheidung zu treffen, ist von derselben Situation auszugehen wie beim Fehlen eines Prüfers. Es kann ein Eilfall vorliegen, in dem eine mutmaßliche Einwilligung denkbar ist (→ Rn. 188). Sonst ist ein Ersatzbevollmächtigter zu kontaktieren oder durch das Betreuungsgericht ein Betreuer zu bestellen. **143**

b) Eilfälle. aa) Ärztliches Handeln. Ohne eine wirksame (Vorab-)Entscheidung des Betroffenen ist ein Betreuer oder Bevollmächtigter notwendig (→ Rn. 139). Anderes kann ausnahmsweise in einem Eilfall gelten. Es kann sich zB um Situationen nach einem **Unfall** oder einem **Schlaganfall** handeln, ggf. auch bei – den oft problematischen Situationen (→ Rn. 219) – einer akuten psychiatrischen Erkrankung wie einem Schizophrenieschub. Ein Eilfall ist gegeben, wenn bei einem Einwilligungsunfähigen zur Schadensabwendung eine medizinische Maßnahme vorzunehmen ist, keine wirksame (Vorab-)Entscheidung des Betroffenen vorliegt und die Entscheidung eines vertretungsberechtigten Ehegatten, Betreuers oder Bevollmächtigten nicht so schnell eingeholt werden kann, ohne dass durch diese Verzögerung ein Schaden für **144**

---

mwN: Albrecht/Albrecht/Böhm/Böhm-Rößler, Patientenverfügung 2018, Rn. 147–154; Müller-Engels/Braun/Renner/Müller-Engels Betreuungsrecht Kap. 2 Rn. 321–356; Lemmerz, Die Patientenverfügung, 2014, 107–109.

[201] Hindemit RNotZ 2022, 1 (14).

[202] Entsprechend: Stolz/Steinert BtPrax 2014, 12 (16f.); Boemke NJW 2015, 378; ders. NJW 2013, 1412.

[203] Ebenso: Stolz/Steinert BtPrax 2014, 12 (16); anders zB: Schwedler MedR 2013, 652 (652f.).

[204] BGH XII ZB 107/18, NJW 2019, 600 (601 aE) mwN.; LG Berlin 88 T 97/18, BeckRS 2020, 44421.

[205] Letzte zwei Beispiele nach Zimmermann Vorsorgevollmacht Rn. 414.

den Betroffenen entstehen würde. Der Arzt kann die Maßnahme vornehmen, wenn er einen entsprechenden **mutmaßlichen Willen** des Betroffenen annehmen darf, § 630d Abs. 1 S. 3 BGB.

145 Nicht direkt Gegenstand der hiesigen Ausführungen sind Fälle, in denen nicht unmittelbar über eine medizinische Maßnahme, sondern über einen **Freiheitsentzug** entschieden werden muss. Es bestehen zwar Parallelen bei der Beurteilung der Situation. Der Freiheitsentzug ist aber nicht an § 1827 BGB zu messen, sondern an → § 1831 BGB bzw. öffentlich-rechtlichen Vorschriften (PsychKG uä) sowie an der Nothilfe.

146 An die Annahme eines Eilfalles sind **strenge Anforderungen** zu stellen. Wie bei jeder medizinischen Maßnahme muss eine Indikation (→ § 1828 Rn. 8) gegeben sein, was mit Blick auf die teilweise erheblichen Nach- und Nebenwirkungen von Eilmaßnahmen kritisch geprüft werden sollte. Maßnahmen müssen tunlichst zurückgestellt werden.[206] Es sind nur möglichst geringe, vorläufige Eingriffe vorzunehmen. Eine Entscheidung eines vertretungsberechtigten Ehegatten, Betreuers oder Bevollmächtigten kann nur dann nicht schnell genug eingeholt werden, wenn dieser auch mit Aufwand nicht erreichbar ist und/oder sein Erreichen oder die Bestellung eines Betreuers zu lange dauern würden. Wurde in diesem Sinne mit einer Maßnahme begonnen, dürfen die Bemühungen zur Einschaltung eines vertretungsberechtigten Ehegatten, Betreuers oder Bevollmächtigten nicht eingestellt werden, da auch der Eingriff fortdauert. Es ist unverzüglich eine Situation zu schaffen, in welcher der Betroffene oder ein vertretungsberechtigter Ehegatte, Betreuer oder Bevollmächtigter handeln können, was auch in der Einstellung einer begonnenen Maßnahme münden kann.[207]

Dies bedeutet zu versuchen, bei Bezugspersonen und durch Unterlagen des Betroffenen (Notfallkarte) Ehegatten, Bevollmächtigte bzw. einen Betreuer zu ermitteln und ggf. die unmittelbare Kontaktaufnahme mit dem Betreuungsgericht, welches auch im ZVR nach einem Bevollmächtigten forschen kann, oder eine eigene Einsichtnahme in das ZVR durch den Arzt gem. § 6 VRegV.

147 Liegt ein Eilfall vor, ist eine **mutmaßliche Einwilligung** in die ärztliche Maßnahme in Betracht zu ziehen.[208] Der Arzt, dem der Betroffene unbekannt ist und dem unmittelbar keine Informationen vorliegen, kann und muss davon ausgehen, dass schadensabwehrende Maßnahmen vorgenommen werden sollen. Sie entsprechen dem mutmaßlichen Willen eines Betroffenen, der nach allgemeiner Ansicht als lebensbejahend angenommen werden darf. Dabei ist auch in Betracht zu ziehen, dass begonnene Maßnahmen abgebrochen bzw. von einem Betroffenen sogar in selbstschädigender Weise rückgängig gemacht werden können. Nach der Definition des Eilfalles sind die Folgen eines Unterlassens aber nicht mehr zu korrigieren. Ohne Informationen ist daher zB ist eine Wiederbelebung bei einem Herzstillstand zu beginnen. Entsprechend ist ein Suizidant von seinem Vorhaben abzuhalten, da in dieser Situation nicht von einem freien Willen ausgegangen werden kann.

148 Problematisch sind zum einen die Fälle, in denen dem Arzt **neue, ungeprüfte Informationen** vorliegen oder in der Akutsituationen vorgelegt werden. Zum anderen sind es Fälle, in denen ein – angeblicher – **vertretungsbefugter Ehegatte, Betreuer oder Bevollmächtigter zur Stelle** ist und Maßnahmen untersagt. Generelle Festlegungen sind nicht möglich. Es wird immer auf die konkrete Situation des Betroffenen, die zur Verfügung stehende Prüfungszeit sowie auf die Qualität der Infor-

---

206 BGH 5 StR 712/98, NJW 2000, 885.

207 Entsprechend: Jurgeleit NJW 2015, 2708 (2711).

208 Vgl. Diehn/Rebhan NJW 2010, 326 (330f.); Lipp BtPrax 2002, 47 (48); Kraatz NStZ-RR 2016, 233 (Teil 1), 297 (Teil 2).

mationen bzw. die Seriosität des – angeblichen – vertretungsberechtigten Ehegatten, Betreuers bzw. Bevollmächtigten ankommen.

Eine **Wiederbelebung** nach einem Herzstillstand duldet keinen Aufschub (ähnlich eine Beatmung nach Atemstillstand). Daher wird durch einen nicht vorinformierten Arzt mit der Maßnahme grundsätzlich auch beim Vorliegen einer Patientenverfügung oder bei der Anwesenheit eines vertretungsberechtigten Ehegatten, Betreuers oder Bevollmächtigten, welche die Maßnahme ablehnen, zu beginnen sein.[209] Ausnahmsweise denkbar ist aber auch ein Vertrauen des Arztes in die Angaben des vertretungsberechtigten Ehegattens, Betreuers oder Bevollmächtigten oder vorliegende Informationen, wie eine schnell zu erfassende Patientenverfügung, mit der Folge des Unterlassens oder der Vornahme der Maßnahme. Dies entspricht auch § 630d Abs. 1 S. 2 BGB.[210] **149**

Nach hier vertretener Ansicht kann ein mutmaßlich lebensbejahender Wille auch ausgeschlossen werden, wenn der Betroffene eindeutige Zeichen trägt. Es sind Fälle bekannt, in denen sich Menschen ein Zeichen, mit dem die Wiederbelebung untersagt wird, auf die Brust tätowiert haben.[211] Solche Ansätze werden in den USA schon länger verfolgt.[212] Problematisch ist allerdings die Einhaltung der Schriftform, die kaum möglich ist,[213] und der Widerruf. Da dieser erheblich erschwert wird, lehnen Plottek/Rietz das **Tattoo** als Patientenverfügung ab.[214] Dem wird nicht zuzustimmen sein. Zum einen kann auch bei anderen Formen (zB Hinterlegung) ein Widerruf einen gewissen Aufwand erfordern und zum anderen kann der Tätowierte eine eindeutige Notfallkarte mit sich führen oder das Tattoo vorläufig (durch ein Tattoo oder ggf. wiederholend mit einem schwer abwaschbaren Stift) durchstreichen. **149a**

Eine Aufgabe primär der medizinischen Wissenschaft ist es, die **Indikation** von Wiederbelebungsmaßnahmen und der Dauer ihrer Vornahme immer wieder kritisch zu prüfen. Dass der ursprüngliche gesundheitliche Zustand nach einer Wiederbelebung (zumindest ganz weitgehend) wieder hergestellt wird, ist die Ausnahme. Je höher aber die Wahrscheinlichkeit ist, dass die Wiederbelebung nicht, nur für einen geringen Zeitraum oder nur mit erheblichen Schäden (zB Wachkoma) gelingt, desto weniger ist ein mutmaßlicher maßnahmenbejahender Wille anzunehmen. **150**

Kommt es bei einer **psychiatrischen Erkrankung** zB zu einem Schizophrenieschub, wird meistens keine medizinische Maßnahme, die gegen den natürlichen Willen des Betroffenen durchgeführt werden soll, unaufschiebbar sein, wohl aber eine Freiheitsentziehung (zu deren Zulässigkeit bei einem Eilfall → § 1831 Rn. 9). In deren Rahmen ist dann gem. § 1832 BGB unter Einschaltung eines Betreuers oder Bevollmächtigten und unter Beachtung einer Patientenverfügung über eine ärztliche Zwangsmaßnahme zu entscheiden.[215] **151**

Liegt bei einer psychiatrischen Erkrankung doch ein Eilfall für eine medizinische Maßnahme vor, aber auch eine dem widersprechende Patientenverfügung, kann diese für den mutmaßlichen Willen beachtet werden. Es kann eine gewisse Zeit für die Kenntnisnahme gegeben sein. Der Arzt kann uU erkennen, dass diese Verfügung – zB aus Erfahrung – genau für die vorliegende Situation gefertigt wurde. Die Patientenverfügung gilt zwar auch dann nicht direkt, wohl aber indirekt, indem sie entscheidenden Einfluss auf die Einschätzung des mutmaßlichen Willens hat. **152**

---

[209] Vgl. auch Langer/Knorr/Berg DÄBl 2013, A 2187.

[210] Vgl. auch Jurgeleit NJW 2015, 2708 (2711).

[211] Plottek/Rietz ZErb 2022, 165.

[212] Kreß ZRP 2009, 69 (70).

[213] Plottek/Rietz ZErb 2022, 165 (167–169).

[214] Plottek/Rietz ZErb 2022, 165 (170).

[215] Vgl. Dodegge NJW 2013, 1265 sowie Grotkopp BtPrax 2013, 83 zur Rechtslage nach der Gesetzesänderung aufgrund von BGH XII ZB 99/12, 193, 337.

153 Problematisch sind Fälle, bei denen das **Sterben absehbar** ist und es dann zu einer **Krisensituation** kommt, etwa in einem Hospiz oder einer SAPV-Situation (Spezialisierte ambulante Palliativversorgung). Eine gute Vorbereitung[216] (auch **„Notfallplan"** genannt)[217] beinhaltet das Erstellen einer Patientenverfügung, die vorbereitende Kommunikation mit dem Arzt, die Bevollmächtigung einer Person, hilfsweise die Bestellung eines Betreuers, sowie deren Noterreichbarkeit. Möglicher Weise ist dann ohnehin eine konkrete, eigene Weisung des Betroffenen an die Stelle des Verfahrens nach §§ 1827f. BGB getreten. Ansonsten kann auch im Krisenfall entsprechend der Patientenverfügung dem Verfahren nach §§ 1827f. BGB entsprechend gehandelt werden. Dazu kann der Bevollmächtigte oder Betreuer ggf. telefonisch hinzugezogen werden. Wenn der behandelnde Arzt nicht vor Ort sein kann, sollte sich der (Not-)Arzt vor Ort telefonisch mit ihm austauschen.

154 Ohne eine **ausreichende Vorbereitung** kann es im Eilfall zu Maßnahmen kommen, die nicht gewollt und in einer Patientenverfügung auch untersagt waren, wenn für eine Durchsicht und Prüfung keine Zeit ist. Ein Arzt darf aber oder muss sogar auch von Notmaßnahmen absehen, wenn sie dem mutmaßlichen Willen widersprechen,[218] wie etwa das LG Deggendorf entschieden hat.[219] Dort wurde das Nichteingreifen eines Arztes bei einer **Suizid**situation gebilligt (der Begriff „Selbstmord" ist problematisch[220]). Der Wille der alten und kranken Betroffenen war ua durch einen Brief und dem glaubwürdigen Aussagen des (vorsorgebevollmächtigten) Sohnes deutlich und zu respektieren. Entsprechendes gilt auch für schnell zu erfassende, zweifelsfrei echte Patientenverfügungen.[221] Der BGH bestätigte den Freispruch eines Arztes, der nicht gegen den Willen des freiverantwortlichen Suizidenten handelte, bei dem er die Umstände kannte.[222] Entsprechendes ist für einen Vertreter, wie einen Betreuer,[223] anzunehmen. Die Tötungshandlung in einer Patientenverfügung einer anderen Person zu übertragen, ist nach geltender Rechtslage nicht möglich (→ Rn. 73).

155 **bb) Rettungsdienste.** Die Rettungsdienste sind nach Landesgesetzen sowie zB nach dem Gesetz über den Beruf der Rettungsassistentin und des Rettungsassistenten (RettAssG), der Verordnung über die Tätigkeit der Rettungssanitäter (RSanV) und dem Notfallsantitätergesetz (NotSanG) geregelt. Die Rettungsfahrzeuge sind mit Rettungssanitätern (3-Monate-Ausbildung), Rettungsassistenten (2-Jahre-Ausbildung) und/oder Notfallsanitäter (3-Jahre-Ausbildung) besetzt.[224] Ein verfügbarer Notarzt wird in akut lebensbedrohlichen Situationen meist mit- oder nachalarmiert.[225] Er ist grundsätzlich bei bewusstlosen Patienten hinzuzuziehen.[226]

156 Im **unvorbereiteten Notfall** ist ua problematisch, dass für das Rettungspersonal der Patient und seine Krankengeschichte unbekannt sind und eine Patientenverfügung (wenn sie denn vorliegt) aufgrund der Dringlichkeit nicht eingehend studiert werden kann, Zweifel an einer Patientenverfügung und der Berechtigung einer ver-

---

[216] Formulierungsbeispiele bei Albrecht/Albrecht/Böhm/Böhm-Rößler, Die Patientenverfügung 2018, S. 247–154.

[217] Vgl. Klasen/Klasen JM 2019, 222 (223f.).

[218] So auch Jurgeleit NJW 2015, 2708 (2712).

[219] LG Deggendorf 1 Ks 4 Js 7438/11, RDG 2014, 237; dazu Kurze ErbR 2014, 473 (478).

[220] Vgl. auch Streck/Kamps ErbR 2021, 937.

[221] Kreß ZRP 2009, 69 (71).

[222] BGH 5 StR 132/18, BtPrax 2019, 250; 5 StR 393/18, NJW 2019, 3089; vgl. auch Dodegge FamRZ 2021, 5.

[223] Vg. Henking BtPrax 2021, 92; Dodegge FamRZ 2021, 5 (8f.).

[224] Übersicht: Ristau, Über den Umgang mit Patientenverfügungen im Rettungsdienst, 2014, 7.

[225] Ristau, Über den Umgang mit Patientenverfügungen im Rettungsdienst, 2014, 6.

[226] LG München I 15 O 17872/09, BeckRS 2014, 11449 unter h).

meintlichen Vertretungsperson (Ehegatte, Betreuer, Bevollmächtigter) bestehen und von anwesenden Angehörigen verstärkt werden können.[227]

Unklar scheint zum Teil zu sein, ob für den Beginn oder den Abbruch einer lebenserhaltenen Maßnahme das Hinzukommen des Notarztes abzuwarten ist oder das **Rettungsfachpersonal alleine** entscheiden darf.[228] Richtigerweise werden auch durch Rettungsfachpersonal die Maßnahmen vorzunehmen sein, die sie auch sonst (qualifikationsbedingt) durchführen dürfen. Maßnahmen, die eigentlich die rechtliche Kompetenz übersteigen, können im Rahmen einer so genannten „Notkompetenz" nach § 34 StGB gerechtfertigt sein.[229] Diese Möglichkeit ist von der Rechtsprechung unter Bezugnahme auf eine Stellungnahme der Bundesärztekammer[230] anerkannt.[231] Für die Klärung der rechtlichen Fragen in Bezug auf eine Patientenverfügung oder einen mutmaßlichen Willen muss eine eigene Prüfung durchgeführt und darf nicht auf den Arzt gewartet werden.[232] 157

Bei der Lösung der Problematik ist zunächst zu beachten, dass – auch wenn dies weiten Teilen der Bevölkerung nicht unbedingt bekannt ist – **Wiederbelebungen** nicht immer gelingen und selbst beim Lebenserhalt erhebliche Gesundheitsschäden verbleiben können. Es ist daher in erster Linie durch die Notärzte und die Schulungen und die Formulierung der Anweisungen für Rettungsfachpersonal sicherzustellen, dass Versuche der Wiederbelebung tatsächlich **indiziert** sind. Mit dem medizinwissenschaftlichen Fortschritt ist dies ebenfalls immer weiter zu entwickeln. In zweiter Linie muss es einem Menschen, der keine Wiederbelebung wünscht, möglich sein, diese auch zu unterbinden, wenn ein Rettungsdienst gerufen wird. Dies kann wohl sicher nur durch eine mit großer Wahrscheinlichkeit aufzufindende und schnell zu erfassende Anweisung geschehen, bei welcher Zweifel an der Autorenschaft des Betroffenen möglichst nicht aufkommen. Ein elektronischer Vermerk auf der Krankenversicherungskarte ist zZt noch nicht möglich. Ein Dokument ähnlich dem „Marcumar-Notfallausweis" wäre denkbar, wenn es beim Rettungsfachpersonal bekannt ist, oder eine eindeutige Botschaft, die etwa auf einem Ausweisdokument angebracht ist („Ich untersage für jede denkbare Situation jegliche Wiederbelebungsversuche"). Auch ein „kurz gefasster, schnell überschaubarer Notfallbogen oder Notfallpass" wird vorgeschlagen.[233] Vor diesem Hintergrund ist eine zu akzeptierende Untersagung möglich, wenngleich nur mit erhöhtem Aufwand, der wohl eher bei Personen mit konkretem Erfahrungshintergrund betrieben werden wird. 158

Besonders problematisch und wohl noch nicht endgültig geklärt ist der Umgang mit handlungsfähigen **Suizidenten,** bei denen zB für Rettungskräfte selbst bei vorhandener Patientenverfügung eine Strafbarkeit wegen unterlassener Hilfeleistung gem. § 323c StGB im Raum stehen könnte.[234] Die bei Ärzten anzuwendenden Grundsätze in Eilfällen sind auch hier heranzuziehen (→ Rn. 144). 159

c) Ehegatte. Ein zur Vertretung gem. → § 1358 BGB berechtigter Ehegatte kann ebenfalls Ausdrucks- und Geltungsverschaffer sein und hat eine Patientenverfügung 160

---

[227] In diese Richtung auch: Ristau, Über den Umgang mit Patientenverfügungen im Rettungsdienst, 2014, 12.

[228] Ristau, Über den Umgang mit Patientenverfügungen im Rettungsdienst, 2014, 12 mwN.

[229] Vgl. umfassend Brose VersR 2014, 1172.

[230] Stellungnahme der Bundesärztekammer zur Notkompetenz von Rettungsassistenten und zur Delegation ärztlicher Leistungen im Rettungsdienst vom 2.11.1992.

[231] LG München I 15 O 17872/09, BeckRS 2014, 11449 unter o).

[232] So auch Brose VersR 2014, 1172 (1178).

[233] Kreß ZRP 2009, 69 (70).

[234] Vgl. zB Ristau, Über den Umgang mit Patientenverfügungen im Rettungsdienst, 2014, 10 mwN.

gem. § 1358 Abs. 6 BGB zu beachten. Ein Betreuer oder ein Bevollmächtigter verdrängen den Ehegatten allerdings, § 1358 Abs. 3 Nr. 2b), 3 BGB.

160a **d) Betreuer.** Ein Betreuer muss mit dem entsprechenden **Aufgabenbereich** ausgestattet sein, § 1815 BGB. Dieser kann begrenzt auf die fragliche ärztliche Maßnahme oder allgemein formuliert sein, zB als „Gesundheitssorge“.[235] Nimmt der Betreuer seine Aufgabe nicht oder nicht ordnungsgemäß wahr, hat das Betreuungsgericht insgesamt oder nur für diesen Aufgabenbereich einen neuen (ggf. zusätzlichen) Betreuer zu bestellen; im Ausnahmefall kann das Betreuungsgericht selbst entscheiden (→ Rn. 163a).

161 **e) Bevollmächtigter.** Bei einem Bevollmächtigten muss diese Befugnis von der Vollmacht **umfasst** sein. Ist die Ermächtigung zu Maßnahmen iSv §§ 1829, 1831 f. BGB notwendig, muss sie in der **schriftlichen** Vollmacht genannt werden (§ 1820 Abs. 2 BGB).[236] Der Bevollmächtigte muss zudem gewillt und in der Lage sein, die Aufgabe auch wahrzunehmen.[237] Es ist sonst auf einen eventuell vorhandenen Ersatzbevollmächtigten zurückzugreifen oder bei dessen Fehlen ein Betreuer als Prüfer zu bestellen.

162 Ist **mehr als eine Person bevollmächtigt,** kann bei Einzelvertretungsbefugnis jeder alleine die Prüfung durchführen; bei der Gesamtvertretung müssen es alle, → § 164 Rn. 57–59. Bei unterschiedlichen Weisungen von einzelvertretungsbefugten Bevollmächtigten kommt es grundsätzlich auf die jüngste Weisung an, da diese regelmäßig einen Widerruf der vorherigen enthält. Wiederholte oder massive Unstimmigkeiten unter den Bevollmächtigten können dazu führen, dass beim Arzt eine erhebliche Unsicherheit entsteht. Die Bevollmächtigten sind dann gehalten, untereinander für Klarheit zu sorgen, notfalls indem ein Bevollmächtigter die Vollmachten der anderen widerruft. Ist dies nicht möglich, kommt doch die Bestellung eines Betreuers in Betracht, wobei das Betreuungsgericht eine Betreuungsverfügung (§ 1816 Abs. 2 BGB) zu beachten hat, die uU in den Bevollmächtigungen zu sehen sein kann, so dass auch ein Bevollmächtigter zum Betreuer ernannt werden kann.

163 **f) Prüfer bestellen.** Ist kein (geeigneter) Prüfer vorhanden, ist vom **Betreuungsgericht** ein Betreuer zu bestellen, §§ 1814 ff. BGB.[238] Das Verfahren richtet sich nach §§ 271 ff. FamFG. Die Anregung kann auch von dem Arzt, Krankenhaus oder Pflegeheim gegeben werden. In dringenden Fällen ist eine einstweilige Anordnung möglich, §§ 300 ff. FamFG.[239] Der Aufgabenbereich kann umfassend formuliert („Gesundheitssorge“),[240] wenn die Notwendigkeit für weitere Entscheidungen abzusehen ist, oder auf die konkrete Einzelfrage beschränkt sein („Einwilligung oder Untersagung folgender ärztlicher Maßnahme: …“).

163a **g) Eigene Entscheidung des Betreuungsgerichts.** Eine eigene Entscheidung des Betreuungsgerichtes ist nur ausnahmsweise nach § 1867 BGB möglich,[241] wenn ein Betreuer nicht schnell genug bestellt werden kann.[242] Dabei ist in § 1867 BGB im Vergleich zu der Vorgängernorm § 1846 BGB aF die Notwendigkeit der **Dring-**

---

[235] BGH XII ZB 2/03, NJW 2003, 1588; LG Düsseldorf 22 T 22/99, NJW 1999, 2744; Ludyga FPR 2010, 266 (268).

[236] Zu § 1904 BGB (§ 1829 BGB nF): BGH XII ZB 61/16, NJW 2016, 3297.

[237] BGH XII ZB 671/12, BeckRS 2013, 16317.

[238] Zur Bestellung entgegen dem – nicht freien – Willen des Betroffenen vgl. Habermeyer BtPrax 2010, 69.

[239] Vgl. Kretz BtPrax 2009, 160.

[240] Vgl. LG Düsseldorf 22 T 22/99, NJW 1999, 2744.

[241] MüKoBGB/Schneider BGB § 1901a Rn. 41.

[242] Vgl. AG Würzburg 25 XVII 208/18, BtPrax 2019, 207 (209 f.).

lichkeit noch einmal hervorgehoben worden. Das AG Brandenburg sah dies bei der Einsetzung eines Herzschrittmachers als angezeigt an, wobei die Gründe für die besondere Eilbedürftigkeit (für die Hinzuziehung eines Verfahrenspflegers sowie den Versuch einer Anhörung war Zeit vorhanden) nicht aufgezeigt wurden (inhaltlich zur Entscheidung → Rn. 170).[243] Die Entscheidung des BGH,[244] auf welche sich das AG Brandenburg (und auch – ohne nähere Auseinandersetzung – das AG Mannheim)[245] beruft und in welcher der BGH eine Rechtsfortbildung hin zu einer „Prüfungszuständigkeit des VormG" bejaht, kann allerdings angesichts der (inzwischen) bestehenden gesetzlichen Regelung (§ 1867 BGB) nicht mehr rechtfertigend herangezogen werden. Erstaunlich ist, dass das AG Brandenburg eine eher unklare Entscheidung des LG Kleve[246] zitiert, aber nicht die dieser gerade in der Verfahrensfrage deutlich widersprechenden des nachinstanzlichen OLG Düsseldorf.[247]

3. Erste Prüfung: Vorliegen einer Patientenverfügung

Es muss eine Patientenverfügung vorliegen, die von einem einwilligungsfähigen (→ Rn. 14) Volljährigen (→ Rn. 11, 126) schriftlich (→ Rn. 19) verfasst wurde. Dies ist **vom vertretungsberechtigten Ehegatten, Betreuer oder Bevollmächtigten** zu prüfen. **Altverfügungen,** welche vor dem 1.1.2009 errichtet wurden, sind an den Maßgaben des § 1827 Abs. 1 BGB zu messen. Mündliche oder auf Video aufgezeichnete Verfügungen sind zB keine Patientenverfügungen mehr. Sie sind aber als Behandlungswünsche beachtlich.[248] 164

Faktisch ist es zunächst elementar, dass eine Patientenverfügung beim Arzt bzw. im Krankenhaus auch bekannt ist, zur Krankenakte gelangt und berücksichtigt wird (zur Registrierung → Rn. 116 f.).[249]

Hat ein Dritter (Arzt, Angehöriger etc) **Zweifel an der Entscheidung** über die Wertung der (angeblichen) Patientenverfügung, kann er das Betreuungsgericht anrufen.[250] Wenn ein vertretungsberechtigter Ehegatte, Betreuer oder Bevollmächtigter eine wirksame Patientenverfügung nicht beachtet oder eine unwirksame befolgt wissen möchte, handelt er pflichtwidrig, was eine Bestellung eines (anderen) Betreuers rechtfertigen kann. Wenn Ärzte oder andere Personen eine Patientenverfügung entgegen dem Willen des vertretungsberechtigten Ehegatten, Betreuers oder Bevollmächtigten **nicht anerkennen** wollen, kann versucht werden, dies zivilgerichtlich zu erzwingen. In Betracht kommen eine Leistungsklage auf Vornahme einer Handlung oder eine Unterlassungsklage. Eine Feststellungsklage wird seltener zulässig sein: Entweder geht eine Leistungsklage vor, weil eine konkrete Situation zu beurteilen ist, oder es fehlt an einem regelungsbedürftigen, aktuellen Rechtsverhältnis. Ausnahmsweise kann eine Feststellungsklage aber zulässig sein, wenn eine Situation absehbar ist, in welcher die angezweifelte Patientenverfügung relevant werden kann, und eine schnelle Klärung in dieser Situation nicht oder nur mit erheblichen Problemen zu erlangen sein wird. Praktisch liegt ein Arztwechsel meist näher. 165

Eine Patientenverfügung darf nicht wegen einer **Fremdgefährdung** Dritter bei unterbleibender Behandlung ignoriert werden.[251] Besteht zB ohne eine Behandlung einer psychisch erkrankten Person eine Gefahr für deren minderjähriges Kind oder 166

---

243 AG Brandenburg 85 XVII 110/21, BtPrax 2021, 194.

244 BGH XII ZB 2/03, NJW 2003, 1588; vgl. zudem Steffen NJW 1996, 1581.

245 AG Mannheim 2 XVII 8740/09, NJW-RR 2009, 1662.

246 LG Kleve 4 T 319/07, BeckRS 2009, 22666.

247 OLG Düsseldorf 25 Wx 25/09, FPR 2010, 294.

248 BGH XII ZB 202/13, NJW 2014, 3572.

249 Vgl. Klasen/Klasen, JM 2019, 222 (223).

250 BGH XII ZB 61/16, NJW 2016, 3297.

251 Entsprechend: Stolz/Steinert BtPrax 2014, 12 (18).

den von ihr versorgten Ehegatten, ist an einen Sorgerechtsentzug bzw. eine anderweitige Versorgung des Ehegatten (ggf. durch einen für diesen zu bestellenden Betreuer) zu denken.

4. Zweite Prüfung: Zutreffen der Patientenverfügung

167 Die weitere Prüfung durch den vertretungsberechtigten Ehegatten, Betreuer oder Bevollmächtigten betrifft **zwei Aspekte:** Die gesundheitliche **Situation** des Betroffenen und die angebotenen medizinischen **Maßnahmen.**[252] Zunächst ist die tatsächliche gesundheitliche Situation des Betroffenen mit dem zu vergleichen, was in der Patientenverfügung steht. Es ist also zu ermitteln, ob – wenn dies in der Patientenverfügung so angeordnet ist – der „unmittelbare Sterbeprozess", das „Endstadium einer unheilbaren, tödlich verlaufenden Krankheit", ein „Wachkoma" oder eine „weit fortgeschrittene Demenz" vorliegt.

Die Patientenverfügung kann auch immer – also bei jeder Behandlung – gelten, wenn zB aus religiösen Gründen in jedem Fall eine Gabe von Blut oder Blutbestandteilen oder immer eine Wiederbelebung abgelehnt wird. Dann erübrigt sich dieser erste Schritt.

168 Ist in einem Fall die in der Patientenverfügung beschriebene **Situation** nicht mit der tatsächlichen in Einklang zu bringen, können **weitere Untersuchungen** angezeigt sein. Liegt die Übereinstimmung noch nicht vor, ist sie dies immer wieder neu zu überprüfen. Der gesundheitliche Zustand kann sich verändern. Dies gilt insbesondere bei einer fortschreitender Demenz oder einer tödlichen Krankheit. Ein „Endstadium" wird in den Fällen, in denen eine Patientenverfügung herangezogen wird, meistens vorliegen: Schließlich ist der Betroffene einwilligungsunfähig und ein Zustand der Einwilligungsfähigkeit nicht herzustellen. Von einem **„irreversibel tödlich verlaufenden Grundleiden"** soll mit Bezug auf eine Entscheidung des BGH nach Bühler/Stolz ausgegangen werden können, wenn vier Voraussetzungen vorliegen:[253] „1. Irreversible Bewusstlosigkeit und Kommunikationsunfähigkeit; 2. Schwerstpflegebedürftigkeit; 3. Notwendigkeit medizinisch indizierter künstlicher Unterstützung von Nahrungsaufnahme, „Entgiftung" und Ausscheidung oder Beatmung; 4. Rasches Ableben bei Beendigung dieser künstlichen Unterstützungsmaßnahmen ist mit Sicherheit zu erwarten." Insbesondere in den Fällen des so genannten **„Wachkomas"** ist eine sichere Diagnose meistens erst nach einiger Zeit möglich (→ Rn. 47).[254] Es ist dann die Aufgabe des vertretungsberechtigten Ehegatten, Betreuers oder Bevollmächtigten, immer wieder eine neue Diagnose anzufordern, ggf. auch von anderen Ärzten. Schließlich haben die **Corona/COVID**-19-Fälle für Verunsicherung gesorgt (→ Rn. 33a).

169 Im zweiten Schritt hat der vertretungsberechtigte Ehegatte, Betreuer oder Bevollmächtigte die angebotenen ärztlichen **Maßnahmen** mit dem zu vergleichen, was in der Patientenverfügung gebilligt oder untersagt wurde, zB wenn vom Arzt zB eine künstliche Ernährung, eine Bluttransfusion, die Gabe von Antibiotika angeboten wird. Entsprechend ist mit den Maßnahmen zu vergleichen, die nicht angeboten werden, sondern etwa in einem Eilfall schon begonnen wurden. Eine Beibehaltung einer Magensonde ist ein fortdauernder Eingriff.[255] Eine mutmaßliche Einwilligung kann nur so lange wirken, wie keine Erklärung zu erhalten ist, zB von einem inzwischen vorhandenen Vertreter.[256]

---

[252] BGH XII ZB 107/18, NJW 2019, 600.

[253] FamRZ 2003, 1623 mit Verweis auf BGH XII ZB 2/03, FamRZ 2003, 748.

[254] Ausführlich insgesamt zum Vorgehen bei so genanntem „Wachkoma": Floren BtPrax 2018, 87.

[255] BGH XII ZB 2/03, NJW 2003, 1588; Hufen NJW 2001, 849 (853).

[256] BGH XII ZB 2/03, NJW 2003, 1588.

Bei beiden Schritten darf **nicht zu eng am Wortlaut** der Patientenverfügung gehangen werden;[257] eine **Auslegung** zum wirklichen Willen des Erklärenden (nicht nach dem Empfängerhorizont)[258] gem. § 133 BGB kann vorzunehmen sein.[259] Für den Bevollmächtigten unterstreicht dies die Regelung des § 665 BGB, wobei die Grenze von einer (uU extensiven) Auslegung zur Abweichung nicht überschritten werden sollte.[260] Der BGH hat klargestellt, dass nach § 1827 Abs. 3 BGB zwar strenge Beweismaßstäbe bei der Ermittlung des Willens bestehen, dabei aber nicht nach dem Stadium der Erkrankung zu unterscheiden ist. Es dürfen also keine strengeren Anforderungen an die Patientenverfügung gestellt werden, wenn der Tod des Betroffenen nicht unmittelbar bevorsteht.[261] Es darf auch keine Präzision verlangt werden, wie es bei der Erklärung eines einwilligungsfähigen Patienten möglich ist. Die Bestimmtheit einer Patientenverfügung erfordert nicht – wie zum Teil angenommen wird – „schwierige Abgrenzungsfragen des apallischen Syndroms oder die Folgen verschiedener Formen der Demenz richtig einzuschätzen".[262] Es kann nicht verlangt werden, dass der Betroffene seine Biografie als Patient und den medizinischen Fortschritt vorausahnt.[263] Sonst wären nahezu sämtliche Patientenverfügungen unverbindlich.[264] Insbesondere Diagnosen sind so gut wie nie auf eine Erkrankung beschränkt. Wenn zB zu einer fortgeschrittenen Demenz eine Lungenentzündung tritt, ist in erster Linie auf die Grunderkrankung der Demenz abzustellen. Hat diese ein in der Patientenverfügung beschriebenes Stadium erreicht und kommt es zu einer Lungenentzündung, greift die Patientenverfügung. Entsprechendes gilt für die medizinischen Maßnahmen: Wird eine „künstliche Flüssigkeitszufuhr durch eine Magensonde" untersagt, wird dies auch für eine künstliche Flüssigkeitszufuhr durch eine Nasensonde gelten. Es ist auch auf die wesentlichen Maßnahmen abzustellen. Dass die Patientenverfügung beispielsweise keine Anweisung für die Behandlung oder Nicht-Behandlung von Operationsfolgen enthält, hindert nicht daran, die Behandlung mit einer Herz-Lungen-Maschine zu beenden, wenn die Patientenverfügung dies vorgibt. Der Umgang mit anderen „Neben"-Erkrankungen wird dann entsprechend der ärztlichen Expertise unter Berücksichtigung des Willens des Betroffenen geschehen. Nicht konkret genug sind allgemeine Untersagungen, wie von „lebenserhaltenden Maßnahmen" ohne Bezug zB auf eine künstliche Ernährung.[265] **170**

Problematisch sind Fälle, in denen eine in der Patientenverfügung beschriebene Situation vorliegt (zB fortgeschrittene Demenz oder Hirnschädigung), aber die vom Arzt angebotene Maßnahme nicht die Auswirkungen dieser Erkrankung, sondern einer **anderen Erkrankung** oder eines Unfalles betrifft (zB Einsetzen eines Herzschrittmachers bei Kammerflimmern, Krankenhauskeim). Nach hier vertretener Auffassung hat bei einer Auslegung der Patientenverfügung die Einschätzung des Ausdrucks- und Geltungsverschaffers besonderes Gewicht, da er vom Betroffenen zur Umsetzung ausgewählt wurde.[266] Wesentlich kann die Frage sein, ob der Betroffene **170a**

---

[257] Langer/Knorr/Berg DÄBl 2013, A 2186; Coeppicus NJW 2011, 2085 (2090).

[258] Zimmermann Vorsorgevollmacht Rn. 407.

[259] BGH XII ZB 107/18, NJW 2019, 600; XII ZB 407/18, ZErb 2018, 38; Ludyga FPR 2010, 266 (269).

[260] Anders noch Zimmermann Vorsorgevollmacht Rn. 413.

[261] BGH XII ZB 202/13, NJW 2014, 3572 (3572); bekräftigend etwa Boemke NJW 2015, 378 (379f.).

[262] So Beermann FPR 2010, 252 (253).

[263] BGH XII ZB 107/18, NJW 2019, 600.

[264] BGH XII ZB 202/13, NJW 2014, 3572 (3576).

[265] BGH XII ZB 61/16, NJW 2016, 3297; vgl. auch Seibl NJW 2016, 3277.

[266] Problematisch insofern, da sehr weitgehend selbst wertend: AG Brandenburg 85 XVII 110/21, NJOZ 2022, 329.

die beschriebene Situation grundsätzlich möglichst schnell beendet haben wollte, da er zB ein Leben mit fortgeschrittener Demenz als unwürdig ansah. Dann spricht mehr für ein Unterlassen der Behandlung auch anderer Beeinträchtigungen, um ein möglichst frühes Sterben zu ermöglichen. Noch schwieriger ist die Entscheidung allerdings wiederum, wenn mit hoher Sicherheit angenommen wird, dass der Betroffene nun als erkrankte Person eine andere Einstellung hat („glücklich" ist). Es ist dann über einen Widerruf der Patientenverfügung nachzudenken (→ Rn. 228–234). Ging es dem Betroffenen nicht darum, den Zustand (Demenz) möglichst kurz zu halten, sondern den Verlauf einer solchen Krankheit nicht zu verzögern, spricht dies gegen ein Greifen der Patientenverfügung.

171 Problematisch können Patientenverfügungen sein, bei denen für den Abbruch medizinischer Maßnahmen **feste Zeiten** angegeben werde, wie zB „Wenn ich mich mehr als vierzehn Tage im Koma befinde, müssen alle lebenserhaltenden Maßnahmen beendet werden."[267] Solche Bestimmungen können verbindlich sein, da es keine Reichweitenbegrenzung gibt. Fast immer werden sie aber auszulegen sein nach dem Sinn und Zweck sowie der Vorstellung des Betroffenen. Meistens beruhen diese Formulierungen auf medizinischen Fehlinformationen oder veraltetem Wissenschaftsstand oder haben nicht berücksichtigt, dass sich die medizinischen Möglichkeiten weiterentwickeln können.[268] Es ist der wahre Wille des Betroffenen zu ermitteln. Wahrscheinlich ist, dass ein „aller Voraussicht nach irreversibles Koma" gemeint war oder zumindest ein „Koma, bei welchem ein Erwachen ohne erhebliche, körperliche Beeinträchtigungen sehr unwahrscheinlich ist". Ein Sterbenlassen, auch wenn nach einer gewissen Zeit eines (künstlichen) Komas ein bewusstes Leben recht sicher zu erwarten ist, wird eher nicht gewollt sein. Ein ähnliches Problem stellt sich, wenn bestimmte Behandlungen insgesamt abgelehnt werden, zB eine mit Cortison.[269] Es ist auch dann zu prüfen, warum diese Behandlung abgelehnt wurde, ob der Betroffene einem Irrtum unterlag oder er die Erklärung bei Kenntnis der (geänderten) Behandlungsmöglichkeiten zum Zeitpunkt der Anwendung der Patientenverfügung nicht abgegeben hätte.

172 Wenn der Betroffene angeordnet hat, dass in bestimmten Situationen oder allgemein bei seiner Einwilligungsunfähigkeit sein „**Vertreter** (ggf.: nach eigenem Ermessen) **entscheiden soll**", liegt keine Patientenverfügung vor, da es an einer Einwilligung oder Untersagung fehlt. Der vertretungsberechtigte Ehegatte, Betreuer oder Bevollmächtigte muss auch in diesen Fällen nach dem mutmaßlichen Willen des Betroffenen entscheiden. Dabei hat er aber einen weiten Spielraum. Grundsätzlich ist nach der Vorgabe des Betroffenen davon auszugehen, dass die Entscheidung des Vertreters seinem mutmaßlichen Willen entspricht. Hintergedanken des Betroffenen werden sein, dass er dem vertretungsberechtigten Ehegatten, Betreuer oder Bevollmächtigten vertraut, seinen Willen zu kennen oder sorgfältig zu erforschen, oder dass die Entscheidung des Vertreters nach denselben Maßstäben getroffen wird, wie sie der Betroffene angelegt hätte. Zu hinterfragen ist die Entscheidung des Vertreters insbesondere, wenn eine Änderung im Vergleich zur Errichtung der Patientenverfügung stattgefunden hat. Das kann eine Entfremdung zum Betroffenen sein oder eine Änderung in einer der beiden Personen, wie der Beitritt zu einer Sekte.

173 **Falsch** ist es, **alleine** auf die ärztlichen **Maßnahmen** abzustellen. So kommt es immer wieder vor, dass bei Wachkomapatienten auf eine Lungenentzündung oä „gewartet" wird, bei der dann (statt Antibiotikagabe) nur eine palliative Behandlung durchgeführt und das Sterben zugelassen wird. Wurden aber in der Patientenverfügung ärztliche Maßnahmen beim Vorliegen eines Wachkomas untersagt, so sind

[267] Ähnliches Beispiel bei Albrecht/Albrecht, Die Patientenverfügung, 2009, Rn. 102.
[268] So auch Müller-Engels/Braun/Renner/Müller-Engels Betreuungsrecht Kap. 2 Rn. 370f.
[269] Vgl. Zimmermann Vorsorgevollmacht Rn. 383.

schon früher die künstliche Ernährung und ggf. Beatmung einzustellen, so dass das Sterben dadurch zugelassen wird.

Damit der vertretungsberechtogte Ehegatte, Betreuer oder Bevollmächtigte den Vergleich vornehmen kann, ist die durch den Arzt erstellte **Indikation** von zentraler Bedeutung (→ § 1828 Rn. 8). Dies gilt für die Diagnose der gesundheitlichen Situation und für die angebotenen Maßnahmen. Bei einer gut er- und vermittelten Indikation sollten ein Vergleich und damit die Ermittlung des Patientenwillens nicht mehr schwer sein. Eine Indikation kann auch Unsicherheiten enthalten, sowohl die Diagnose als auch die Therapieempfehlung und deren Aussichten und Risiken betreffend. Diese darf und muss der Arzt mitteilen. **174**

Ein wesentliches Problem bei der Durchsetzung von Patientenverfügungen in der Praxis ist, dass **Indikationen** von Ärzten oft **nicht erstellt** oder nicht (verständlich) **vermittelt** werden. Diagnosen müssen mitgeteilt und erklärt werden. Es ist die Aufgabe des Arztes, dem vertretungsberechtigten Ehegatten, Betreuer oder Bevollmächtigten das Stadium der Erkrankung zu vermitteln, wie es dies auch sonst bei einer ärztlichen Aufklärung üblich ist (→ Rn. 121, 123, Vor §§ 1827 f. Rn. 10). Naturgemäß muss es von diesen akzeptiert werden, dass meistens keine absolute Sicherheit gegeben werden kann. Dies gilt insbesondere für den zweiten Schritt, die Prognose des weiteren Verlaufes. Unsicherheiten sind anzugeben, aber auch einzugrenzen. Die Angabe „Wie lange der Sterbeprozess andauern wird, wissen wir nicht." ist ungenügend. Ausreichend wäre: „Der Sterbeprozess kann wenige Stunden oder Tage dauern, wie es meistens der Fall ist. Es gibt aber auch Fälle, in denen er sich bis zu zwei oder drei Wochen oder noch etwas länger hinzieht." Noch besser wäre es, Angaben wie „meistens" in ungefähren Prozentangaben genauer zu beschreiben. **175**

Um sich als vertretungsberechtigter Ehegatte, Betreuer oder Bevollmächtigter ein genaues Bild zu machen und ggf. auch einen externen Arzt hinzuziehen zu können, kann auch eine Einsichtnahme in die **Krankenakte** erforderlich sein. Das Recht zur Akteneinsicht wurde durch die Kodifizierung in § 630g BGB gestärkt.[270] Es ist vollständig und unverzüglich Einsicht zu gewähren, auch bei Menschen mit psychischen Erkrankungen.[271] Zuvor wurde der Anspruch aus § 810 BGB abgeleitet. Für den vertretungsberechtigten Ehegatten wurde es in § 1358 Abs. 2 BGB ausdrücklich festgeschrieben. **176**

Beim Angebot von Maßnahmen durch den Arzt müssen diese zunächst dem **aktuellen Standard** entsprechen, was insbesondere bei der Flüssigkeitsgabe (→ Rn. 61) relevant ist. Sodann ist dem vertretungsberechtigten Ehegatten, Betreuer oder Bevollmächtigten – auch § 630e BGB entsprechend – mitzuteilen, welche Effekte die Maßnahme mit welchen Chancen und Risiken haben kann und was bei einer anderen Behandlung oder bei einem Verzicht auf die Maßnahmen geschehen wird. Auch diesbezüglich sind bei den Prognosen wieder Unsicherheiten normal. Das nicht erläuterte Angebot eines Arztes, zu Intubieren, Wiederzubeleben oder Antibiotika zu geben, gibt dem vertretungsberechtigten Ehegatten, Betreuer oder Bevollmächtigten nicht die Möglichkeit, dies mit den Anordnungen in der Patientenverfügung zu vergleichen. **177**

Auch in der **Kommunikation** bestehen oft erhebliche **Mängel.** Problematisch sind oft Krankenhäuser, in denen ein hoher Zeitdruck zu herrschen scheint, wobei mitunter das Verhältnis zwischen Zeitaufwand für medizinisch-apparative Untersuchungen und dem für eine persönliche Kommunikation zu hinterfragen ist. Weitere Probleme können sich aus einer hierarchischen und arbeitsteiligen Organisation ergeben. Wenn die Besprechung nicht mit dem letztlich entscheidenden Arzt geführt wird, kann sie sich im Nachhinein als sinnlos herausstellen, wenn dieser später eine **178**

---

270 Vgl zB Müller ZEV 2014, 401; Katzenmeier NJW 2013, 817 (821).

271 Vgl. BVerfG 2 BvR 443/02, NJW 2006, 1116.

andere Meinung vertritt als der Assistenzarzt, der die Besprechung geführt hat. Wenn nur mit einem spezialisierten Arzt gesprochen wird, kann es sein, dass ein Gesamtbild und damit eine Entscheidungsgrundlage nicht zu erhalten sind, da von anderen Ärzten behandelte Erkrankungen nicht einbezogen wurden.

179 **Defizite** bestehen auch immer wieder in der **Art und Weise der Kommunikation.** Negativbeispiele sind Besprechungen im Stehen auf dem Krankenhausflur oder durch eine Gruppe von Ärzten bei der Visite, bei welcher dem vertretungsberechtigten Ehegatten, Betreuer oder Bevollmächtigten nicht einmal die Namen und Funktionen der Ärzte bekannt sind. Die Sprache ist in der Wortwahl (keine Fremdworte), der Lautstärke und der Geschwindigkeit (insbesondere bei älteren oder sonst – auch durch die Situation psychisch – beeinträchtigten Personen) für den vertretungsberechtigten Ehegatten, Betreuer oder Bevollmächtigten verständlich zu wählen. Beim „Setting" sollte dem vertretungsberechtigten Ehegatten, Betreuer oder Bevollmächtigten ermöglicht werden, einen unterstützenden Angehörigen, Freund oder Rechtsbeistand hinzuzuziehen. Besprechungen sind zwar so zeitnah wie möglich durchzuführen, wenn einigermaßen belastbare Aussagen vom Arzt getroffen werden können. Ggf. ist aber auch auf den – psychischen – Erschöpfungszustand des vertretungsberechtigten Ehegatten, Betreuers oder Bevollmächtigten Rücksicht zu nehmen. Bei all diesem können Ethikkommissionen,[272] Patientenfürsprecher oder andere im Krankenhaus implementierte Strukturen hilfreich sein (→ § 1828 Rn. 22–25).

180 Auf der anderen Seite müssen auch vertretungsberechtigte Ehegatten, Betreuer und Bevollmächtigte **akzeptieren,** dass Ärzte **nicht** immer absolut **sichere Diagnosen und Prognosen** geben können. Inwieweit strukturelle Defizite hingenommen werden müssen, ist eine komplexe Frage. Selbst gutwillige und kompetente Ärzte können uU dem eigenen Anspruch aufgrund von Struktur- und Finanzierungsdefiziten nicht immer gerecht werden. Grundsätzlich sind sie aber trotzdem an den gesetzlichen Vorgaben zu messen, bei deren Missachtung sich Konsequenzen wie Schadensersatzansprüche ergeben können. Auch dies ist ein Weg, der zu Verbesserungen führen kann, wie es beim Arzthaftungsrecht schon vielfach geschehen ist.

181 Ist die Kommunikation mit dem Arzt nicht ausreichend, hat der vertretungsberechtigte Ehegatten, Betreuer oder Bevollmächtigte **weitere Expertise** heranzuziehen. Dies bedeutet die Beauftragung eines weiteren oder eines anderen Arztes. Oft ist dies ohne weiteres möglich, besonders wenn der Betroffene sich in seiner eigenen häuslichen Umgebung befindet. Schwieriger kann es sein, wenn der Betroffene in einem Krankenhaus oder Pflegeheim mit schwer auszuwechselnden Ärzten versorgt wird, wenn eine seltene Spezialisierung gegeben sein muss, es in diesem örtlichen oder fachlichen Bereich einen Ärztemangel gibt oder eine weitere ärztliche Meinung nicht (durch eine Krankenkasse) zu finanzieren ist.

182 Wenn die Patientenverfügung passt, ist ihr vom vertretungsberechtigten Ehegatten, Betreuer oder Bevollmächtigten Ausdruck und Geltung zu verschaffen (→ Rn. 202). Ist dies nicht der Fall, wird weiter geprüft, ob ein Behandlungswunsch vorliegt (→ Rn. 184). Das Ergebnis der Prüfung des Betreuers oder Bevollmächtigten ist maßgeblich, wenn nicht bei erheblicher Gefahr iSv § 1829 BGB und einem Dissens mit dem Arzt ein betreuungsgerichtliches Genehmigungsverfahren notwendig ist (→ Rn. 207).

[272] Vgl. Vetter, Selbstbestimmung am Lebensende, 2009, 86f.

VI. Ohne Patientenverfügung (Abs. 2)

1. Einleitung

183 Es muss zunächst wiederum eine Behandlungsmöglichkeit bei einem einwilligungsunfähigen Volljährigen gegeben sein (→ Rn. 119). Wenn dann **keine Patientenverfügung** vorliegt oder eine Patientenverfügung auch bei wohlwollender Auslegung **nicht** auf die aktuelle Lebens- und Behandlungssituation **zutrifft,** bleibt trotzdem der Wille des Betroffenen maßgeblich. Es ist aber eine Vertreterentscheidung notwendig. Der Betreuer oder Bevollmächtigte hat unter Einbeziehung von nahen Angehörigen und sonstigen Vertrauenspersonen (→ § 1828 Rn. 26) vorrangig einen Behandlungswunsch oder nachrangig den mutmaßlichen Willen festzustellen und danach zu entscheiden.

2. Behandlungswunsch

184 Bevor ein mutmaßlicher Wille ermittelt wird, ist erst nach einem sonstigen Behandlungswunsch des Betroffenen zu fragen, Abs. 2 S. 1 2. Hs. 1. Alt. Liegt ein solcher vor, hat der **Vertreter** ihm zu folgen.[273] Der Begriff des Behandlungswunsches wurde auch in das Gesetz aufgenommen, um durch das Schriftlichkeitserfordernis formunwirksame Verfügungen nicht unbeachtlich werden zu lassen.[274]

185 Nach dem **BGH** können Behandlungswünsche „etwa alle Äußerungen eines Betroffenen, die **Festlegungen** für eine konkrete Lebens- und Behandlungssituation enthalten, aber den Anforderungen an eine Patientenverfügung iSd § 1901a Abs. 1 BGB nicht genügen“ sein.[275] Dies können zum einen **formale Anforderungen** sein, etwa eine mündliche oder auf Video aufgenommene Verfügung oder eine Verfügung, die von einem Minderjährigen verfasst wurde.[276] Hat der Betroffene zB beim Anblick eines Wachkomapatienten gesagt „Wenn ich im Wachkoma bin, möchte ich keine künstliche Ernährung.“, stellt dies einen Behandlungswunsch dar.

186 Zum anderen kann es an **inhaltlichen Anforderungen** an die **Patientenverfügung fehlen,** wenn sie zB „nicht sicher auf die aktuelle Lebens- und Behandlungssituation des Betroffenen passt“.[277] Vorstellbar ist dies in einem von Albrecht/Albrecht geschilderten Beispiel, in dem die Betroffene in einer Patientenverfügung für die schon bestehende Tumorerkrankung detaillierte Anweisungen formuliert hatte, sich dann aber nach einem Herzinfarkt und einer missglückten Reanimation im Koma befand.[278] Nicht ganz deutlich ist ein Fall, in dem die Staatsanwaltschaft das Verfahren einstellte: Wenn es bei der zu treffenden Entscheidung ausschließlich um die Frage der Amputation eines Fußes ging, wäre das Unterlassen des Eingriffes (mit der Folge einer Sepsis) von der Patientenverfügung nicht gedeckt gewesen. Die Patientenverfügung ließ sich aber als Behandlungswunsch (der Unterlassung) verstehen, da ua eine „Intensivbehandlung“ untersagt wurde, wie auch viele andere in dem Fall naheliegende Maßnahmen, wie eine künstliche Ernährung (welche direkt aufgrund der Patientenverfügung auch schon unterlassen wurden).[279]

187 Die inhaltliche **Abgrenzung** zu einer auszulegenden, aber passenden Patientenverfügung einerseits und zu Indizien zur Ermittlung des mutmaßlichen Willens an-

---

[273] BGH XII ZB 202/13, NJW 2014, 3572 (3576); Beckmann FPR 2010, 278 (281).
[274] Beckmann FPR 2010, 278 (278f.).
[275] BGH XII ZB 202/13, NJW 2014, 3572 (3576).
[276] So auch schon Steenbreker NJW 2012, 3207 (3208).
[277] BGH XII ZB 202/13, NJW 2014, 3572 (3576).
[278] Albrecht/Albrecht MittBayNot 2015, 110 (111).
[279] StA Darmstadt 300 Js 2165/13, FamRZ 2013, 1611.

dererseits wird nicht immer leicht sein. Die Grenze zu einem Anhaltspunkt zur Ermittlung des mutmaßlichen Willens ist grundsätzlich überschritten, wenn die Äußerungen „keine konkrete Festlegung für die aktuelle Entscheidungssituation enthalten".[280] Unklar kann zB die Äußerung sein: „Wenn nichts mehr zu machen ist …" (was fortgesetzt werden könnte mit einer konkreten Anweisung „…, soll keine künstliche Ernährung erfolgen."). Für den laufenden Sterbeprozess kann dies als Behandlungswunsch verstanden werden. Für den Fall des Wachkomas passt dies als Behandlungswunsch nicht, da durchaus noch etwas „gemacht" werden kann, nämlich den Zustand stabil zu halten (wobei die Äußerung ein starkes Indiz bei der Ermittlung des mutmaßlichen Willens darstellt, welches für die Unterlassung einer künstlichen Ernährung spricht).

3. Mutmaßlicher Wille

188 Ein mutmaßlicher Wille ist von dem **vertretungeberechtigten Ehegatten, Betreuer oder Bevollmächtigten zu ermitteln,** der dann eine Stellvertretungsentscheidung trifft.[281] Ggf. ist ein Betreuer einzusetzen. In einem Eilfall wird nicht der mutmaßliche Wille iSv § 1827 Abs. 2 BGB ermittelt, sondern eine mutmaßliche Einwilligung geprüft[282] (→ Rn. 144).

189 Mutmaßlicher Wille **bedeutet,** einen Willen zu vermuten, den der Betroffene bilden würde, wenn er in der aktuellen Situation dazu in der Lage wäre. Der mutmaßliche Wille ist individuell zu bestimmen. Im Hinblick auf den Vorrang des Selbstbestimmungsrechts des Patienten ist der Inhalt des mutmaßlichen Willens in erster Linie aus den persönlichen Umständen des Betroffenen, aus seinen individuellen Interessen, Wünschen, Bedürfnissen und Wertvorstellungen zu ermitteln.[283] Vollständig sicher kann diese Bestimmung nie sein, da ein Abgleich mit dem tatsächlichen Willen in dem Moment nicht möglich ist, höchstens ex post bei einer Besserung der Kommunikationsfähigkeit eines ansonsten bewussten Menschen. Insofern kann die Begrifflichkeit der „Feststellung" des mutmaßlichen Willens tatsächlich als irreführend bezeichnet werden,[284] da es immer bei einer Vermutung bleibt.

Im Gesetzgebungsverfahren wurde der Begriff nur wenig erklärt. Weitgehend wurde auf die **BGH-Rechtsprechung** Bezug genommen,[285] bei welcher auch vom „individuell-mutmaßlichen Willen" oder „individuellen hypothetischen Willen"[286] gesprochen wird. Die Erläuterungen zu seiner Ermittlung in § 1827 Abs. 2 S. 3 BGB entspricht zT wörtlich dem zweiten Leitsatz in der Kemptener Entscheidung des BGH.[287]

190 Zur Ermittlung des mutmaßlichen Willens sind **alle zugänglichen Quellen** zu nutzen, wie schriftliche Äußerungen in Briefen, andere Mitteilungen und Tagebücher, Entscheidungen des Betroffenen bei anderen Gelegenheiten, mündliche Äußerungen etwa bei Fernsehsendungen (zB Berichterstattung über den Fall Terri Schiavo im Jahr 2005, zu Prinz Friso, Gunter Sachs oder Michael Schumacher) und in Bezug auf Verwandte oder Bekannte, die sich in einer ähnlichen Situation befanden.[288] Wenn sie nicht schon einen Behandlungswunsch darstellen, können auch nicht direkt

---

[280] Beckmann FPR 2010, 278 (278 f.).
[281] Instruktiv: Beckmann FPR 2010, 278 (279).
[282] Das verkennt OLG Naumburg 1 U 118/11, VersR 2014, 591.
[283] BGH 2 StR 93/88, NJW 1988, 2310.
[284] Beckmann FPR 2010, 278 (279).
[285] Beckmann FPR 2010, 278 (279).
[286] BGH 1 StR 357/94, NJW 1995, 204 (205).
[287] BGH 1 StR 357/94, NJW 1995, 204.
[288] BGH 2 StR 454/09, NJW 2010, 2963; 1 StR 357/94, NJW 1995, 204.

passende Patientenverfügungen[289] oder formunwirksame Patientenverfügungen herangezogen werden. Äußerungen müssen auch nicht an bestimmten Zeitpunkten oder Ereignissen festzumachen sein.[290]

Gerade für Betreuer, welche den Betroffenen nicht im einwilligungsfähigen Zustand kennen gelernt haben, kann das eine enorme **Herausforderung** darstellen. Sie ist aber anzunehmen, unabhängig auch von einer insofern uU relativ geringen Vergütung. Wenn die Aufgabe (Betreuung) übernommen wird, ist sie sachgerecht auszuüben. Ein Abweichen von der zeitmäßigen Pauschalierung erscheint angemessen. Ggf. ist vom Betreuer zu überlegen, ob er noch Hilfspersonen unterbeauftragen kann. **191**

Die **Informationseinholung** bei den Angehörigen und Vertrauenspersonen ist – unabhängig von den Vorgaben des § 1828 Abs. 2 BGB – **unbedingt erforderlich.** Auch weniger eng Vertraute müssen ggf. befragt werden, wie Nachbarn, (frühere) Pflegekräfte, Ärzte oder weitere Personen, die irgendwie Kontakt mit dem Betroffenen hatten. Neben den Aufzeichnungen des Betroffenen selbst kann uU auch aufgrund der Auswahl der Lektüre von Büchern oder Zeitschriften durch den Betroffenen ein Wille ermittelt werden. Ältere Äußerungen sind durch den Betreuer schon nach § 1821 Abs. 2 S. 4 BGB zu berücksichtigen, von dem vertretungsberechtigten Ehegatten und Bevollmächtigten entsprechend. **192**

Problematisch ist es, bei der Ermittlung des mutmaßlichen Willens ein „besonders hohes Maß an Sicherheit über die Entscheidungspräferenz des Patienten" zu fordern.[291] Es wird damit verbunden, bei einer Entscheidung über einen Behandlungsabbruch regelmäßig den Grundsatz **„in dubio pro vita"** anzuwenden. Das würde aber dazu führen, dass es so gut wie nie zu einem Behandlungsabbruch kommt: Zweifel sind der Ermittlung eines mutmaßlichen Willens immanent. Es läge sonst zumindest ein Behandlungswunsch vor. **193**

Verlangt werden darf und muss daher eine wie in den §§ 1827f. BGB vorgegebene, sehr **sorgfältige Prüfung,** vgl. auch § 1821 Abs. 4 BGB. Es ist denkbar, dass sie nur wenige oder indirekte Hinweise ergibt. Diese sind aber auch zu werten und nicht wegen etwaiger Zweifel als wertlos abzutun.[292] Bei der Ermittlung des Patientenwillens ist nicht danach zu differenzieren, ob der Tod unmittelbar bevorsteht oder nicht.[293] Insbesondere darf dies nicht schlicht mit der Berufung auf das „hohe Gut Leben" geschehen, was sehr oft zu einer Beibehaltung einer medizinischen Behandlung führen kann. Dass diese Behandlung und alles, was mit ihr zusammenhängt, einen (erheblichen) Eingriff in die Integrität des Betroffenen bedeuten, wird dabei vergessen. **194**

Für den Abbruch lebenserhaltender Maßnahmen spricht, wenn der Betroffene geäußert hatte, er wolle „so nicht enden", er wolle „so etwas nicht erleben", er wolle „so nicht existieren",[294] wie auch der Wunsch nach einem „natürlichen Tod" ohne künstliche Ernährung.[295] Dies kann auch in Fällen gelten, in denen der Betroffene noch (unklare) Äußerungen macht oder Reaktionen zeigt.[296] **195**

---

[289] LG Essen 7 T 385/07, BtPrax 2009, 43 (45): kein appalisches Syndrom aber entsprechende Situation.

[290] LG Heilbronn 1 T 275/03, NJW 2003, 3783.

[291] Beckmann FPR 2010, 278 (281).

[292] Trotz vieler instruktiver Ausführung wohl leider in diese Richtung: Beckmann FPR 2010, 278 (280).

[293] BGH XII ZB 202/13, NJW 2014, 3572; eine der wenigen Gegenstimmen: Lindner MedR 2015, 483 (485).

[294] LG Waldshut-Tiengen 1 T 161/05, NJW 2006, 2270 (2271).

[295] LG Heilbronn 1 T 275/03, NJW 2003, 3783.

[296] Vgl. LG Berlin 83 T 595/05, NJW 2006, 3014; Coeppicus, Patientenverfügung, Vorsorgevollmacht und Sterbehilfe, 2009, 26.

196 Es dürfen und müssen **nicht nur Äußerungen** des Betroffenen im Hinblick auf medizinische Behandlungen berücksichtigt werden. Auch Charakterzüge können Anhaltspunkte für eine Wertung geben. So ist bei einer Person, welche sich schon immer unproblematisch unterstützen ließ und für welche die Fremdvornahme von zB Körperpflege nicht unangenehm war, eher von der Zustimmung zu lebensverlängernden Maßnahmen auszugehen. Bei einer sehr auf Selbständigkeit bedachten Person, welcher die Versorgung durch fremde Menschen unangenehm war, liegt der Abbruch lebenserhaltender Maßnahmen näher.

197 **„Ethische oder religiöse Überzeugungen"** (vgl. § 1821 Abs. 4 BGB) geben nur selten verwertbare Hinweise.[297] Keinesfalls können die Empfehlungen von Glaubensgemeinschaften (zB zur „Christlichen Patientenvorsorge" → Rn. 88) automatisch als für das Mitglied bindend angesehen werden oder kann von einer Übereinstimmung der Ansichten des Individuums mit denen der Gemeinschaft ausgegangen werden, wenn nicht weitere Anhaltspunkte hinzutreten. Denkbar ist dies bei Personen, die als „strenggläubig" bezeichnet werden können und sich auch aktiv in einer Glaubensgemeinschaft mit sehr homogenen Ansichten bewegt haben. Ein aktives Mitglied der „Zeugen Jehovas" könnte darunter zu fassen sein.

198 Wenn alle Möglichkeiten erschöpft sind, soll der Grundsatz **„im Zweifel für das Leben"** gelten.[298] Zumindest in dieser Allgemeinheit ist das nach hier vertretener Ansicht **nicht zutreffend.** Das Gesetz schreibt eine individuelle Prüfung vor. Es wurde argumentativ auch auf das „Wohl des Patienten" iSd § 1901 Abs. 2 S. 1 BGB aF zurückgegriffen, wenn kein mutmaßlicher Wille zu ermitteln war.[299] Allerdings wurde der Wohl-Begriff mit der Reform zum 1.1.2023 bewusst aus dem Betreuungsrecht verbannt. Auf die Wunschermittlung wird deutlich größeres Gewicht gelegt, § 1821 Abs. 4 BGB. Der Grundsatz, im Zweifel für das Leben zu entscheiden, stützt sich entweder auf die Annahme, dass die ganz überwiegende Mehrheit der Menschen dies so sieht, oder zumindest ein so großer Anteil der Menschen diese Ansicht vertritt, dass diese zu schützen sind, es also als allgemeiner Wille von Patienten zu verstehen sei. Für beide Annahmen liegen keine Belege vor und sie sind auch keineswegs sicher. Es spricht viel dafür,[300] dass die allermeisten Menschen in den typischer Weise in Patientenverfügungen beschriebenen Situationen keine Lebensverlängerung möchten.[301] Das bedeutet, dass ein Wille, nach dem auch bei aller Wahrscheinlichkeit nach aussichtslosen Situationen eine Behandlung vorgenommen werden soll, als Ausnahme anzusehen ist. Dem entspricht die Rechtsprechung des BGH, welche in die Erwägungen – wenn auch nachrangig – den Zustand des Betroffenen einbezieht: „Je weniger die Wiederherstellung eines nach allgemeinen Vorstellungen menschenwürdigen Lebens zu erwarten ist und je kürzer der Tod bevorsteht, umso eher wird ein Behandlungsabbruch vertretbar erscheinen."[302] In einer anderen Entscheidung heißt es: „Liegen keine Anhaltspunkte dafür vor, dass der Patient anders entschieden hätte, wird allerdings davon auszugehen sein, dass sein (hypothetischer) Wille mit dem übereinstimmt, was gemeinhin als normal und vernünftig angesehen wird."[303]

---

297 Beckmann FPR 2010, 278 (280).

298 OLG Frankfurt a. M. 20 W 419/01, FamRZ 2002, 1508; LG Kleve 4 T 319/07, FamRZ 2009, 1349; Grotkopp BtPrax 2015, 39 (42); es wird sich berufen auf BGH 1 StR 357/94, NJW 1995, 204; Vetter, Selbstbestimmung am Lebensende, 2009, 40f.

299 Wedlich BtPrax 2014, 58 (62) mwN; AG Mannheim Gut 2 XVII 8740/09, FamRZ 2009, 1861.

300 Wissenschaftliche Untersuchungen sind wünschenswert.

301 Deutlich in diese Richtung auch Putz FPR 2012, 13 (15f.); Coeppicus, Patientenverfügung, Vorsorgevollmacht und Sterbehilfe, 2009, 79f.

302 BGH 1 StR 357/94, NJW 1995, 204 (205).

303 BGH 2 StR 93/88, NJW 1988, 2310 (2311).

Zweifelhaft ist daher die Annahme, dass ein Rückgriff auf **allgemeine Wertvorstellungen** nicht möglich sein soll.[304] Nach hier vertretener Ansicht sind alle Möglichkeiten auszuschöpfen. Es kann dadurch eventuell ermittelt werden, dass keine Ausnahme vorliegt, nach welcher auch bei aller Wahrscheinlichkeit nach aussichtslosen Situationen eine Behandlung vorgenommen werden soll. Beim Fehlen dieser Ausnahmeeinstellung kann dann regelmäßig auf eine Untersagung in den typischen Situationen geschlossen werden. Dem entspricht, wenn nach dem neuen Betreuungsrecht „der hypothetische subjektive Wille mit dem übereinstimmt, was gemeinhin als normal und vernünftig angesehen wird".[305] 199

Im Fall eines **Wachkomapatienten,** der sich seit seinem **15. Lebensjahr** in diesem Zustand befand und als 20-Jähriger wegen einer akuten Erkrankung in ein Krankenhaus eingewiesen wurde, meinte das OLG Naumburg: Dass „Feststellungen zum tatsächlichen oder mutmaßlichen Willen des Erblasser hätten getroffen werden können, ist unwahrscheinlich vor dem Hintergrund, dass er bereits im Alter von 15 Jahren in das Wachkoma fiel."[306] Es hätte von den Ärzten mit den Eltern (einen Betreuer gab es nicht) ein Konsens über die Behandlung oder deren Einschränkung gesucht werden müssen. „Konnte dieser Konsens nicht erzielt werden, war die einzig mögliche Reaktion, die Therapie mit allen zur Verfügung stehenden Mitteln fortzusetzen."[307] Konkret war dies eine intensivmedizinische Behandlung mit Antibiotikatherapie aufgrund einer Infektion. Das OLG Naumburg übersah die eklatanten Verfahrensverstöße, nach welchen ein Betreuer hätte bestellt werden müssen – eigentlich schon nach Eintritt der Volljährigkeit, spätestens aber nach der Krankenhauseinweisung. Auf einen „Konsens" zwischen den Ärzten und den Eltern kam es nicht an. Wenn nicht genügend Zeit für eine Betreuerbestellung gegeben war, hätte – wie in einem Eilfall (→ Rn. 144) – im Zweifel tatsächlich eine „Maximaltherapie" vorgenommen werden müssen. Ein Betreuer hätte jedenfalls ernsthafte und umfangreiche Ermittlungen zu dem mutmaßlichen Willen anstellen müssen, was nicht von Beginn an als „unwahrscheinlich" abgetan werden kann. Verbleibt es dabei, dass ein mutmaßlicher Wille nicht zu ermitteln ist, müsste der Betreuer nach hier vertretener Ansicht wiederum prüfen, ob hier ein Ausnahmefall vorliegt, in welcher ein Mensch trotz dieses Krankheitsbildes in einer solchen akuten Intensivsituation eine weitergehende Behandlung wünschen würde. 200

VII. Entscheidung

1. Einleitung

Nach der Ermittlung der Entscheidungsgrundlage (passende Patientenverfügung, Behandlungswunsch oder mutmaßlicher Wille) unter Einbeziehung der Angehörigen und sonstiger Vertrauenspersonen (→ § 1828 Rn. 26) und Erörterung des Prüfers (Betreuer oder Bevollmächtigter) mit dem Arzt (→ § 1828 Rn. 18) **entscheidet** der **Betreuer oder Bevollmächtigte.** Der Begriff der Entscheidung wird in § 1827 Abs. 1 S. 2 BGB aE verwandt. Er ist als Oberbegriff für die Ausdrucks- und Geltungsverschaffung sowie der (gebundenen) Vertreterentscheidung beim Behandlungswunsch oder beim mutmaßlichen Willen zu verstehen und bedeutet daher nicht immer eine eigene (stellvertretende) Entscheidung des Betreuers oder Bevollmächtig- 201

[304] OLG München 3 U 1776/06, MittBayNot 2006, 424; Grüneberg/Götz BGB § 1901a Rn. 7, 28.

[305] Dodegge FamRZ 2022, 844 (851) mwN.

[306] OLG Naumburg 1 U 118/11, VersR 2014, 591.

[307] OLG Naumburg 1 U 118/11, VersR 2014, 591.

ten. Besteht mit dem Arzt kein Dissens (→ Rn. 207), ist diese Entscheidung für die weitere Behandlung maßgeblich (zur Rechtsfolge → Rn. 211).

2. Ausdruck und Geltung verschaffen

202 Der Gesetzgeber gebraucht in § 1827 Abs. 1 S. 2 BGB die Worte „Ausdruck und Geltung zu verschaffen", wie sie zuvor der **BGH** mit Berufung auf § 1901 BGB aF einführte.[308] In § 1821 Abs. 4 BGB nF kommt dies noch mehr zum Ausdruck. Der vertretungsberechtigte Ehegatte, Betreuer oder Bevollmächtigte hat die Entscheidung des Betroffenen bei einer passenden Patientenverfügung nur noch durchzusetzen. Eine Vertreterentscheidung ist nicht erforderlich. Die Ausdrucksverschaffung spiegelt dies wider, denn der vertretungsberechtigte Ehegatte, Betreuer oder Bevollmächtigte dient als Sprachrohr gegenüber allen anderen Beteiligten, insbesondere dem Arzt. Dabei ist er nicht auf die mündliche Wiederholung des Inhaltes und seiner Feststellung, dass die Patientenverfügung anzuwenden ist, beschränkt. Er kann und muss dies ggf. auch in schriftlicher Form festhalten, wenn Äußerungen in solcher Form für die Ausdrucksverschaffung notwendig sind.

203 Die **Geltungsverschaffung** setzt die **Ausdrucksverschaffung** voraus und beinhaltet sie sogar, da dem Willen nicht Geltung verschafft werden kann, wenn er nicht bekannt gemacht wurde. Sie kann aber deutlich darüber hinausgehen, insbesondere wenn der Umsetzung der Patientenverfügung Widerstände entgegenstehen oder weitere (Begleit-)Maßnahmen vorzunehmen sind. Die Geltungsverschaffung bedeutet notfalls auch die klageweise Durchsetzung der Patientenverfügung sowie die Durchsetzung auf anderen Wegen, wie die Kündigung eines Behandlungsvertrages etc. Letzteres bedeutet Vertretungshandeln, wie es auch bei (Begleit-)Maßnahmen vorliegen sein kann, also beispielsweise die Wahl zwischen zwei vom Arzt angebotenen, palliativen Medikamenten, von denen eines während der Einstellung einer künstlichen Beatmung eingesetzt werden soll. Wer zur Durchsetzung einer Patientenverfügung als vertretungsberechtigter Ehegatte befugt, bevollmächtigt oder als Betreuer eingesetzt ist, hat auch für diese Entscheidungen Vertretungsmacht, da sie direkt mit der Patientenverfügungsdurchsetzung verbunden und für diese erforderlich ist.

3. Einwilligung oder Untersagung

204 Liegt nur ein Behandlungswunsch oder ein mutmaßlicher Wille vor, entscheidet der vertretungsberechtigte Ehegatte, Betreuer oder Bevollmächtigter als Vertreter und willigt in eine Maßnahme ein oder untersagt sie. Es handelt sich um eine eigene Erklärung des Vertreters, die aus einer an den Willen des **Betroffenen gebundenen Entscheidung** resultiert. Vor der Geltung der §§ 1827 f. BGB wurde dies für Betreuer allgemein aus § 1901 BGB aF gefolgert. Der Arzt entscheidet nicht; er berät.[309]

205 Die Erklärungen erfolgen in erster Linie an **Ärzte.** Pflegekräfte handeln grundsätzlich auf der Basis von ärztlichen Anordnungen, so dass diese maßgeblich sind. Nach dem BGH soll aber ausnahmsweise eine mutmaßliche Einwilligung auch ein Handeln eines **Nichtarztes** oder sein Handeln unter Abweichung von einer ärztlichen Anordnung eine Körperverletzung rechtfertigen können.[310] Allerdings können auch pflegerische Maßnahmen untersagt oder andere bzw. zusätzliche vom Vertreter organisiert werden. Wie bei den Begleitmaßnahmen bei der Durchsetzung einer Patientenverfügung bezieht sich die Vertreterstellung nach §§ 1827 f. BGB nicht nur auf die Hauptanweisung, eine medizinische Maßnahme durchzuführen oder zu unterlassen, sondern auch auf flankierende Anweisungen.

---

[308] BGH XII ZB 2/03, NJW 2003, 1588.

[309] Roglmeier FPR 2010, 282 (285).

[310] BGH 2 StR 325/17, NJW 2019, 3253, Rn. 31.

4. Pflegerische Maßnahmen

Sie werden im Gesetzestext **nicht** ausdrücklich **erwähnt.**[311] Es ist nach hier vertretener Auffassung zu **differenzieren:** Viele pflegerische Maßnahmen erfolgen auf ausdrückliche oder konkludente ärztliche Anordnung. Sie setzen also einen ärztlichen Eingriff um oder sind Teil einer Heilbehandlung oder Untersuchung und als solche von der Norm umfasst. Andere pflegerische Maßnahmen werden ohne ärztliches Zutun vorgenommen. Für diese ist jeweils eine Zustimmung des Betroffenen selbst oder seines Vertreters erforderlich, da auch sie Eingriffscharakter haben. Vielfach wird keine ausdrückliche Einwilligung notwendig, sondern eine mutmaßliche anzunehmen sein. Ein Widerspruch des Betroffenen, der auch in einer Patientenverfügung formuliert werden kann, ist aber möglich und zu beachten. Es gelten dafür allerdings nicht die Vorgaben der §§ 1827f. BGB, sondern die allgemeinen Grundsätze nach § 1004 BGB analog. **206**

5. Konsens oder Dissens mit Arzt

Die Entscheidung obliegt allein dem vertretungsberechtigten Ehegatten, Betreuer **207** oder Bevollmächtigtem, nicht dem Arzt. Festzustellen ist aber, ob zwischen Vertreter und Arzt Einigkeit oder Uneinigkeit vorliegt. Bei **Einigkeit** zwischen vertretungsberechtigten Ehegatten, Betreuer oder Bevollmächtigtem und Arzt ist die Entscheidung umzusetzen. Eine gerichtliche Prüfung findet nicht statt,[312] eine Genehmigung ist nicht notwendig. Bietet der Arzt keine Behandlung an und wünscht der vertretungsberechtigte Ehegatte, Betreuer oder Bevollmächtigte auch keine, so liegt ebenfalls ein Konsens vor.

Äußert sich der **Arzt nicht,** ist dies nach hier vertretener Ansicht pflichtwidrig, kann Schadensersatzansprüche und berufsrechtliche Konsequenzen auslösen und sollte zum Arztwechsel führen. Ohne Wechsel kann auch von **Uneinigkeit** ausgegangen werden müssen.[313] Entsprechend besteht Uneinigkeit, wenn der vertretungsberechtigte Ehegatten, Betreuer oder Bevollmächtigte eine Maßnahme verlangt, der Arzt sie aber nicht befürwortet, weil er einen anderen Willen des Betroffenen annimmt. Es ist dann die gerichtliche **Genehmigung** erforderlich, § 1829 BGB (→ Rn. 210). Nach einem Wechsel – gleich aus welchem Grund – ist mit dem **neuen Arzt** das Verfahren neu durchzuführen,[314] soweit der Arzt einzubeziehen ist.

Äußert sich der vertretungsberechtigte Ehegatte, Betreuer oder Bevollmächtigte **208** nicht oder verweigert er die Zustimmung, kann ein (neuer) Betreuer zu bestellen sein (→ Rn. 160, 163), in dringenden Fällen das Betreuungsgericht selbst entscheiden (→ Rn. 163a).

Meinen Dritte (auch ein Arzt), es werde falsch gehandelt, besteht insbesondere **Uneinigkeit** mit dem Arzt in dem Sinne, dass der Arzt eine Maßnahme möchte und der vertretungsberechtigte Ehegatte, Betreuer oder Bevollmächtigte nicht, müssen sie beim Betreuungsgericht einen Wechsel des Betreuers oder die Einsetzung eines Betreuers an Stelle des vertretungsberechtigten Ehegatten oder Bevollmächtigten beantragen, was nur mit einer Pflichtwidrigkeit durch ihn zu begründen ist.[315] Im Wesentlichen kann dies die Nichteinhaltung des in §§ 1827f. BGB vorgegebenen Verfahrens sein. Bei den Wertungen in diesem Verfahren ist dem vertretungsberech-

---

[311] Vgl. Albrecht/Albrecht/Böhm/Böhm-Rößler, Die Patientenverfügung, 2018, Rn. 92.

[312] OLG Hamm 10 U 41/17, ErbR 2018, 601; kritsch zu dieser Regelung: Beermann FPR 2010, 252 (254).

[313] AG Nordenham 9 XVII 8/00, NJOZ 2011, 1275.

[314] BGH XII ZB 202/13, NJW 2014, 3572.

[315] Geprüft und abgelehnt in OLG München 33 Wx 6/07, FGPrax 2007, 84; bejaht beim Verweigern einer Corona-Impfung: AG Köln 60 XVII 232/17, BeckRS 2021, 44734.

tigten Ehegatten, Betreuer bzw. Bevollmächtigten ein Ermessensspielraum zuzubilligen, ohne den diese Aufgabe praktisch nicht ausgeübt werden kann. Eine Eilkompetenz des Betreuers, vertretungsberechtigten Ehegatten oder Bevollmächtigten besteht nicht;[316] das vorgegebene (Genehmigungs-)Verfahren ist zum Schutz des Betroffenen einzuhalten.

209 Nach **hier abgelehnter Ansicht** auch des **BGH**[317] kann allerdings **auch bei Einigkeit** zwischen Betreuer oder Bevollmächtigtem und Arzt eine Genehmigung beim Betreuungsgericht nach § 1829 BGB als **„Negativattest"** beantragt werden. Die Ansicht des BGH ist contra legem und **widerspricht** auch **dem Sinn des Gesetzes.**[318] Wenn „der Handelnde" Zweifel habe, ob das geplante Vorgehen dem Willen des Betroffenen entspreche, könne nach dem BGH auch ohne einen Konflikt zwischen Vertreter und Arzt das Betreuungsgericht eine Entscheidung treffen. Zwar mag dies den Vertreter „subjektiv" entlasten, seine Entscheidung „objektiv" anderen Beteiligten vermitteln und ihn vor einer „strafrechtlichen ex-post-Betrachtung" schützen. Das ist aber nicht der Zweck der betreuungsgerichtlichen Genehmigung. Sie dient dem Schutz des Betroffenen. Zudem schützt eine Genehmigung nicht vor strafrechtlicher Verfolgung, wie auch in sonstigen Betreuungsangelegenheiten. Wenn außenstehende Dritte Einwände haben, können sie ohne weiteres einen Antrag an das Betreuungsgericht stellen, um einen vermeintlich pflichtwidrig handelnden Betreuer auszuwechseln oder einen entsprechenden Ehegatten oder Vorsorgebevollmächtigten durch einen Betreuer ersetzen zu lassen. Die „subjektive" Entlastung und die „objektive" Ermittlung auf eine Behörde/ein Gericht zu verlagern, erscheint als eine Bürokratisierung und zugleich als (weitere) Bankrotterklärung der medizinisch-pflegerischen Begleitung von sterbenden Menschen und ihren Angehörigen. Statt die Menschen zu schulen, die professionell mit solchen Situationen zu tun haben, und die Menschen zu begleiten, die betroffen sind, wird eine Art „Verwaltungsentscheidung" eingeholt (welche allerdings auch als „justizförmiges Verfahren" gepriesen wird[319]). Das Problematischste hierbei ist, dass sich das Verfahren (inkl. Sachverständigengutachten) über Wochen und Monate hinziehen kann. Das wiederum geht zu Lasten dessen, der sich nicht äußern kann und dessen Vertreter und Arzt sich eigentlich einig sind.[320]

210 Das **Genehmigungsverfahren** nach § 1829 BGB richtet sich nach § 298 FamFG.[321] Der vertretungsberechtigte Ehegatte, Betreuer oder Bevollmächtigte hat den Antrag zu stellen (§ 23 FamFG). In das Verfahren ist ein Verfahrenspfleger (§ 298 Abs. 2 FamFG) einzubinden, der Betroffene ist anzuhören wie auch weitere Beteiligte, soweit dies zeitlich möglich ist (§ 298 Abs. 1 FamFG). Zentral und in der Praxis auch oft verzögernd ist das medizinische Sachverständigengutachten, welches nicht vom behandelnden Arzt erstellt werden soll (§ 298 Abs. 3 FamFG). Die weitere, inhaltliche Prüfung entspricht grundsätzlich dem, was ein vertretungsberechtigter Ehegatte, Betreuer oder Bevollmächtigter zu tun hätte.[322] Ein Genehmigungsbeschluss nach § 1829 Abs. 2 BGB wird gem. § 287 Abs. 3 FamFG erst zwei Wochen nach Bekanntgabe wirksam, wobei deren Anwendung bei einem Negativattest umstritten ist. Aus formalen Gründen und wegen der Beteiligung Dritter spricht mehr dafür, dass

---

[316] Albrecht/Albrecht/Böhm/Böhm-Rößler, Die Patientenverfügung 2018, Rn. 351.

[317] BGH XII ZB 202/13, NJW 2014, 3572.

[318] Entsprechend noch zu einer Entscheidung des LG Kleve 4 T 77/10, BeckRS2010, 14400: Doering-Striening FamFR 2010, 341; Boemke NJW 2017, 1706 (1708).

[319] Albrecht/Albrecht MittBayNot 2015, 110 (113).

[320] Ähnlich kritisch: Grotkopp BtPrax 2015, 39 (44).

[321] Vgl. Grotkopp BtPrax 2015, 39 (42); Zimmermann Vorsorgevollmacht Rn. 419–421; Albrecht/Albrecht/Böhm/Böhm-Rößler, Die Patientenverfügung 2018, Rn. 344–352.

[322] Ludyga FPR 2010, 266.

auch bei solchen Entscheidungen die Zwei-Wochen-Frist der § 287 Abs. 3 FamFG zum Einritt der Wirksamkeit abgelaufen sein muss.[323] Grundsätzlich sieht § 287 Abs. 2 FamFG die Möglichkeit vor, eine sofortige Wirksamkeit anzuordnen,[324] wenn die Bekanntgabe an den Betreuer nicht möglich oder Gefahr im Verzug ist.

VIII. Rechtsfolge

1. Grundsatz

Ärzte und Pflegepersonal sowie andere Dritte haben die **Erklärungen** des vertretungsberechtigten Ehegatten, Betreuers oder Bevollmächtigten, welche aus der Prüfung resultieren, zu **befolgen,** zumindest wenn es um Unterlassungen geht.[325] Auch wenn eine Patientenverfügung unabhängig vom Stadium der Erkrankung zu beachten ist, hat der BGH für einen Behandlungsabbruch, welcher den Tod des Betroffenen zur Folge haben wird, besondere Anforderungen aufgestellt (→ Rn. 221). War eine gerichtliche **Genehmigung** nach § 1829 BGB erforderlich und ist sie nicht erteilt worden, muss und darf die diesbezügliche Anweisung des vertretungsberechtigten Ehegatten, Betreuers oder Bevollmächtigten vom Arzt nicht befolgt werden. Ggf. kann vom Gericht ein (neuer) Betreuer einzusetzen sein, wenn zB vom vertretungsberechtigten Ehegatten, Betreuer oder Bevollmächtigten Erklärungen (etwa Zustimmung zur Gabe eines Medikamentes) nicht gegeben werden, welche der Arzt für erforderlich hält (→ Rn. 160, 163). Allerdings lässt eine Genehmigung eine unwirksame Erklärung des vertretungsberechtigten Ehegatten, Betreuers oder Bevollmächtigten nicht wirksam werden; ggf. kann der Eingriff in die Rechte des Betroffenen festgestellt werden.[326] 211

Wenn der **Arzt** der Erklärung **nicht folgt,** ist dies nach hier vertretener Ansicht pflichtwidrig, kann Schadensersatzansprüche und berufsrechtliche Konsequenzen auslösen und sollte zum Arztwechsel führen. Nicht immer ist ein Arztwechsel möglich. Eine Unterlassung kann auch gerichtlich durchgesetzt werden. Ein ggf. auch durch Dritte wie Rechtsanwälten unterstützter Dialog verbunden mit einer kompetenten Aufklärung kann hilfreich sein, führt aber auch nicht immer zum Erfolg.[327] 212

Grundsätzlich sollen Ärzte und Pflegekräfte[328] (gegen ihre Überzeugung) **nicht zur Vornahme** von Handlungen **gezwungen** werden können, was aus der Gewissensfreiheit nach Art. 4 Abs. 1 GG abgeleitet wird.[329] Problematisch ist, wenn daraus eine Fortsetzung der Behandlung resultiert, weil das Mitwirken der Ärzte und Pflegekräfte für die Beendigung oder die in der Folge notwendigen Maßnahmen (medikamentöse Palliativbehandlung, Mundpflege etc) erforderlich ist. Die Unterlassung einer medizinischen Maßnahme oder ihr Abbruch hat oft zur Konsequenz, dass andere Maßnahmen ergriffen werden müssen, etwa palliativ-medizinische. Bei der Beendigung einer künstlichen Beatmung ist zB zumindest der Atemnotreflex durch Medikamente zu unterdrücken. Dies zu unterlassen wäre im höchsten Maße pflichtwidrig.[330] Auch die palliative Sedierung kann ein Mittel sein, sonst nicht zu vermei- 213

---

[323] Albrecht/Albrecht/Böhm/Böhm-Rößler, Die Patientenverfügung 2018, Rn. 350.

[324] Albrecht/Albrecht/Böhm/Böhm-Rößler, Die Patientenverfügung 2018, Rn. 74.

[325] BGH XII ZR 177/03, NJW 2005, 2385; so iE auch Hoppe FPR 2010, 257 (260).

[326] Vgl. LG Berlin 88 T 97/18, BeckRS 2020, 44421.

[327] Vgl. Vetter, Selbstbestimmung am Lebensende, 2009, 37f.

[328] Zu dem Fall, dass eine Pflegekraft nicht der Anordnung des Arztes folgt: BGH 2 StR 325/17, NJW 2019, 3253.

[329] OLG München 3 U 5090/02, NJW 2003, 1743 (1745); so auch Hoppe FPR 2010, 257 (260).

[330] Vetter, Selbstbestimmung am Lebensende, 2009, 54.

dendes Leiden zu beenden.[331] Die problematische Abgrenzung von Tun und Unterlassen in diesem Zusammenhang hat auch der BGH betont, der in (teilweiser) Abkehr von dem Begriff der aktiven und passiven Sterbehilfe zu dem des Behandlungsabbruches kam.[332] Ein direkter Zwang zumindest von Ärzten, an Behandlungen mitzuwirken, die gegen deren Gewissensüberzeugung verstoßen, kommt aber auch nach hier vertretener Ansicht wegen Art. 4 Abs. 1 GG nicht in Betracht.

214 Allerdings können die Ärzte und Pflegekräfte mit der **Verweigerung** zB palliativmedizinischer oder pflegerischer Maßnahmen gegen vertragliche **Verpflichtungen verstoßen,** was wiederum ihre Qualifikation für die ausgeübte Tätigkeit in Zweifel zu ziehen vermag. Aus (der wesentlichen) Sicht des Betroffenen darf es nicht dazu kommen, dass eine rechtmäßige Entscheidung nicht umgesetzt werden kann.[333] Ein Pflegeheim kann die Pflege einer Person, bei welcher das Sterben zugelassen wird, als Hilfe beim Sterben empfinden, was gegen die Überzeugung („Leitbild") verstoße. Es ist fraglich, ob ein solches Pflegeheim die gesetzlichen Voraussetzungen zur Ausübung seiner Aufgabe erfüllt, so dass ein Eingreifen zB der Heimaufsicht angezeigt erscheint. Die Pflegekräfte selbst sind an die Weisungen des Arbeitgebers gebunden. Nur in seltenen Fällen – die in den hier interessierenden Konstellationen kaum vorstellbar sind – können sie eine Tätigkeit verweigern, die den gesetzlichen Regeln entspricht; sonst sind arbeitsrechtliche Konsequenzen zu erwarten. Ähnliches kann bei Ärzten gegeben sein. Während aber ein Pflegeheimwechsel selten zuzumuten sein wird, kann ein Arztwechsel eher möglich sein. Vom Pflegeheim kann verlangt werden, dass es organisatorisch dafür sorgt, dass Personal zur Versorgung vorhanden ist. Darauf kann es auch zivilrechtlich in Anspruch genommen werden. Auf Seiten der Mediziner hat die Ärzteschaft zusammen mit den Kranken- und Pflegekassen dafür zu sorgen, dass eine ausreichende medizinische Versorgung gewährleistet wird – im Ergebnis also ggf. ein anderer Arzt beauftragt werden kann. Ärzte und Pflegeheime, welche eine Begleitung bei einem Behandlungsabbruch verweigern, verlieren einen etwaigen Vergütungsanspruch für Tätigkeiten, die nach einer entgegenstehenden, rechtmäßigen Anweisung erbracht werden (was meist nur die Heime betreffen wird).[334] Für etwaige Mehraufwendungen kommt ein Schadensersatzanspruch des Betroffenen in Betracht, etwa für die Kosten der Unterbringung.

215 Inzwischen muss in medizinischen und pflegerischen Einrichtungen bekannt sein, dass eine Behandlung gegen den Willen des Patienten rechtswidrig sein und **Schadensersatzansprüche** auslösen[335] kann. Die Frage des Schmerzensgeldes für Menschen (bzw. im Ergebnis meist deren Erben), bei denen ohne oder gegen deren Willen das Sterben nicht zugelassen wurde, wird noch sehr zurückhaltend behandelt.[336] Bei einer rechtswidrigen Unterbringung wird dagegen Schmerzensgeld zugebilligt.[337]

Der **BGH** hat einen **Schadensersatzanspruch** allerdings in einem Fall mit dem Hinweis **abgelehnt,** dass Leben kein Schaden sein könne.[338] Diese Ansicht wird hier abgelehnt, da das rechtswidrige Verweigern einer Unterlassung damit sanktionslos

---

[331] Vgl. Klasen/Klasen JM 2019, 222 (226 f.).

[332] BGH 2 StR 454/09, NJW 2010, 2963.

[333] Ebenfalls in diese Richtung: Uhlenbruck NJW 2003, 1710 auch zu OLG München 3 U 5090/02, NJW 2003, 1743.

[334] Ebenfalls in diese Richtung: Uhlenbruck NJW 2003, 1710.

[335] So auch Coeppicus, Patientenverfügung, Vorsorgevollmacht und Sterbehilfe, 2009, 86; ablehnend: LG Traunstein 3 O 3142/04, PflR 2006, 390.

[336] Vgl. Loeschner AdVoice 2010, 30.

[337] OLG Frankfurt 2 U 121/18, BtPrax 2019, 204.

[338] BGH VI ZR 13/18, ErbR 2019, 553; dazu Prütting BtPrax 2019, 185 sowie Loer BtPrax 2019, 189; Leitmeier NJW 2020, 2844.

bleibt, dem Recht der Unversehrtheit der Wert abgesprochen wird. Eine der wenigen, einigermaßen effektiven Wege, den ggf. aufgrund einer Patientenverfügung ermittelten Willen von Patienten durchzusetzen, wird verbaut und damit die Nichtbefolgung des Patientenwillens weitgehend ins Belieben der Behandelnden gestellt. Das **BVerfG**[339] nahm die Verfassungsbeschwerde in dieser Angelegenheit leider nicht zur Entscheidung an, begründete dies allerdings recht ausführlich. Es betonte, dass in dem vorliegenden Fall „der tatsächliche oder mutmaßliche Wille als Ausdruck des Selbstbestimmungsrechts des Verstorbenen nicht feststellbar" gewesen sei. Es sei „daher auch nicht von vornherein ausgeschlossen, dass eine lebenserhaltende Maßnahme, die gegen den Willen des Betroffenen durchgeführt wird, haftungsrechtliche Folgen haben" könne. Der Bundesgerichtshof habe „insbesondere nicht ausgeschlossen, die wirtschaftlichen Belastungen, die mit dem Leben verbunden sind, unter bestimmten Umständen als materiellen Schaden zu begreifen. So können Kosten für Pflege, Behandlung und Unterhalt ersatzpflichtig sein, wenn sie ohne eine lebensverlängernde Behandlung, Information oder Aufklärung, die sich als fehlerhaft erweisen, nicht entstanden wären." Damit wird dem Weg zur Verfolgung von Schadensersatzansprüchen wieder eine Tür geöffnet.

2. Ausnahme Basisversorgung?

Laut der **Gesetzesbegründung** ist die Basisversorgung auf jeden Fall vorzunehmen.[340] Nach den Grundsätzen der Bundesärztekammer zur ärztlichen Sterbebegleitung fallen darunter „ua die menschenwürdige Unterbringung, Zuwendung, Körperpflege, Lindern von Schmerzen, Atemnot und Übelkeit sowie Stillen von Hunger und Durst."[341] Wenn die Basisversorgung nicht als ärztliche Maßnahme iSd § 1827 BGB gesehen wird, könnte deren Untersagung durch eine Patientenverfügung unmöglich sein.[342] Die allermeisten Menschen werden gegen die Basisversorgung nichts einzuwenden haben, sondern sie stillschweigend als selbstverständlich erwarten. Wenn aber zB eine Schmerzlinderung insgesamt oder bestimmte Arten abgelehnt wird, **muss** dies **zulässig** und beachtlich **sein.** Es kommt dabei nach hier vertretener Ansicht nicht auf die Qualifikation als ärztliche Maßnahme an. Liegt keine solche vor, muss ein Untersagungsanspruch erst recht gegeben sein (str.).[343] Allerdings wird im konkreten Fall besonders kritisch zu prüfen sein, ob der Betroffene in der konkreten Situation nicht doch seine Patientenverfügung widerruft bzw. seinen Behandlungswunsch oder sonstigen Willen ändert, so dass es zu einer Basisversorgung kommen kann. Es kann auch zu einer berechtigten Weigerung Dritter (Pflegekräfte) kommen, in einem solchen Fall noch anderweitig mitzuwirken. Auch dies ist in die Prüfung einzubeziehen. **216**

3. Maximalversorgung

Eine Maximalversorgung (→ Rn. 85) ist im Rahmen des **wirtschaftlich und medizinisch Möglichen** vorzunehmen, wenn sie gewünscht wurde. Ggf. müssen Privatbehandlungen aus dem Vermögen des Betroffenen finanziert werden, wenn die Maßnahme nicht versichert ist. Eine Mitwirkung des Arztes oder der Pflegekräfte an von ihnen aus persönlichen Gründen abgelehnten Maßnahmen kann selten und nur vorübergehend (bis zur Organisation einer anderweitigen Versorgung) verlangt **217**

---

339 BVerfG 7.4.2022, 1 BvR 1187/19, BeckRS 2022, 38731.

340 BT-Drs. 16/84442, 13.

341 DÄBl 2011, A 346.

342 Entsprechend problematisierend: Albrecht/Albrecht/Böhm/Böhm-Rößler, Die Patientenverfügung, 2018, Rn. 90f.

343 Aa. Müller-Engels/Braun/Renner/Müller-Engels Betreuungsrecht Kap. 2 Rn. 289.

werden. Anders als bei Handlungen im Rahmen des Behandlungsverzichtes wird hier ein Mitwirken an der Maßnahme selbst verlangt, also nicht nur ein Abwehrrecht durchgesetzt. Eine allgemeine Grenze findet sich jedenfalls in der **Indikation:** Ist die Maßnahme kontraindiziert (ist Schaden zu erwarten), darf der Arzt die Maßnahme nicht anbieten und auch nicht durchführen.[344] Liegt weder eine Indikation noch eine Kontraindikation vor, darf der Arzt mitwirken, muss es aber nicht.

4. Verlangen nach aktiver Sterbehilfe

218 Ein Verlangen nach aktiver Sterbehilfe ist **nicht bindend,** wie auch das Verlangen, in ein Land gebracht zu werden, in dem aktive Sterbehilfe möglich ist (→ Rn. 75). Es wird meist in ein Verlangen zum Unterlassen sämtlicher lebensverlängernder Maßnahmen umzuinterpretieren sein. Da in den Fällen der Einwilligungsunfähigkeit, also dem Greifen der §§ 1827 f. BGB, keine Beihilfe zur Selbsttötung möglich ist, wird meistens eine Strafbarkeit des Täters nach §§ 212, 216 StGB in Betracht kommen (im Einzelnen → § 216 StGB und → Anh. § 216 Rn. 1 ff. StGB).

5. Totaluntersagung: „Psychiatrische Patientenverfügung" – Sonderfall?

219 So genannte „Psychiatrische Patientenverfügung" werden von Betroffenen und Verbänden ua unter dem Schlagwort „PatVerfü" propagiert. Rechtlich dürfen solche Verfügungen nicht anders als andere auch behandelt werden. In der Praxis gab und gibt es immer noch erhebliche Unsicherheiten und Konflikte.[345] Die Ausrichtung der „PatVerfü" ist dabei, **alles zu untersagen,** von der Untersuchung über die Diagnosestellung bis zur Behandlung durch einen Psychiater auch unter Inkaufnahme des eigenen „Freitodes."[346] Vor dem Erfahrungshintergrund vieler Betroffener, die immer wieder unter medizinisch nicht fachgerechten und rechtlich unzulässigen Zwangsbehandlungen und -unterbringungen zu leiden hatten und zT haben, kann diese Herangehensweise nachvollzogen werden. Dass ein wesentlicher Ansatz zur Verbesserung dieser Problemlage im medizinisch-klinischen Umgang liegen muss, kann hier nur festgestellt werden.[347] Rechtlich sind auch diese Patientenverfügungen dem dargestellten Prüfungsschema entsprechend zu beachten. Empfehlenswert können Alternativen wie die „Münchener Patientenverfügung" (→ Rn. 86) oder Behandlungsvereinbarungen sein (→ Rn. 87).

220 Wesentliche **Fallstricke** von psychiatrischen Patientenverfügungen sind: (1) Zweifel an der Einwilligungsfähigkeit beim Abfassen der Verfügung, wenn die Erkrankung schon vorlag. Es muss aber auch dann grundsätzlich von einer Einwilligungsfähigkeit ausgegangen werden und für das Gegenteil müssen Beweise vorliegen. Die Wertung liegt in erster Linie bei dem vertretungsberechtigten Ehegatten, Betreuer oder Bevollmächtigten. Der Arzt kann es bei einer anderen Ansicht zu einer Prüfung nach §§ 1829, 1831 f. BGB kommen lassen. Anders sieht Hartmann bei der Errichtung einer Patientenverfügung eines psychisch Kranken schon an sich Zweifel an der Wirksamkeit seiner Verfügung.[348] (2) Übergehen der Patientenverfügung aufgrund des Vorliegens eines Eilfalles. Es wird – mitunter unzutreffend – eine mutmaßliche Einwilligung angenommen, da für eine Prüfung unter Berücksichtigung der Patientenverfügung keine Zeit sei. Insofern kann aber eine präsente Patientenverfügung

---

[344] OLG Karlsruhe 7 U 102/01, MedR 2003, 104; OLG Düsseldorf 8 U 101/99, VersR 2002, 611.

[345] Vgl. auch Ziegler VersR 2019, 1406.

[346] Vgl. ausführlich AG SPAK, PatVerfü Geisteskrank? Ihre eigene Entscheidung!, 2011.

[347] Änlich: Henking R&P 2016, 155 (160).

[348] Hartmann NStZ 2000, 113.

auch gegen eine mutmaßliche Einwilligung sprechen oder zumindest sehr schnell eine Situation anzustreben sein, bei welcher die Patientenverfügung beachtet wird (→ Rn. 144). (3) Pflichtwidrig handelnde Betreuer. Die Durchsetzung einer psychiatrischen Patientenverfügung erfordert von einem Betreuer hohe Kompetenz und einen oft enormen Zeitaufwand bei erheblichem Haftungsrisiko. Für den Berufsbetreuer ist es meist das einfachste und risikoärmste, sich der Meinung der Ärzte anzuschließen. Selbst eine Haftung gegenüber dem Betroffenen ist bei der Befolgung eines ärztlichen Rates minimal. Neben der Einsetzung spezialisierter und besser bezahlter Betreuer wären ehrenamtliche Betreuer oder Bevollmächtigte eine Lösung. (4) Öffentlich-rechtliche Vorschriften: Insbesondere bei einer Fremdgefährdung kommen eine Vielzahl von Ermächtigungsgrundlagen für ein staatliches Handeln in Betracht, welche zwar pflichtgemäß zurückhaltend, aber im Ergebnis (zumindest hinsichtlich einer Freiheitsentziehung) einer Patientenverfügung diametral widersprechen können (zB § 63 StGB, §§ 81, 81a, 112, 126a StPO, §§ 1831 f. BGB, §§ 283, 284, 322 FamFG).[349] Allerdings sind auch zB im Rahmen eines Maßregelvollzuges Patientenverfügungen zu beachten.[350] Jedenfalls bei einer Fremdgefährdung (auch „Drittgefährdung" genannt") geht der Schutz der Dritten regelmäßig der Umsetzung einer Patientenverfügung vor[351] – auch diese gibt keine Rechtfertigung zur Verletzung der Rechte anderer. Trotzdem darf dies nicht vorschnell geschehen und insbesondere nicht unverhältnismäßig oder dann, wenn die Rechte beider Seiten anders in Einklang gebracht werden können. (5) Auslegung der Patientenverfügung: Der BGH folgte der Auslegung einer Patientenverfügung durch das LG Düsseldorf, nach der die Untersagungen sich nur auf Krankheitsverläufe beziehe, „die nicht im Sinne einer Verbesserung der gesundheitlichen Situation behandelbar" seien.[352]

6. Behandlungsabbruch

a) Grundsatz. Sterbehilfe ist zulässig. Nach (teilweiser) Aufgabe der Differenzierung von aktiver/passiver und direkter/indirekter Sterbehilfe[353] werden vom **BGH fünf Kriterien** für die zulässige Sterbehilfe aufgestellt: (1) Vorliegen einer lebensbedrohlichen Erkrankung. (2) Vorliegen einer zur Erhaltung oder Verlängerung des Lebens geeigneten Maßnahme. (3) Beabsichtigte Handlung, die auf eine medizinische Behandlung bezogen ist und einen vorherigen Zustand wiederherstellt, also „einem bereits begonnen Krankheitsprozess seinen Lauf lässt". (4) Einwilligung des Betroffenen. (5) Einhaltung der Verfahrensregeln der §§ 1827 f. BGB.[354] **221**

Diese fünf Kriterien sind nicht in allen Fällen anzuwenden, bei denen die §§ 1827 f. BGB einschlägig sind. Sie sind relevant, wenn der Betroffene in Folge der Beendigung der ärztlichen Maßnahme sterben wird. Lediglich die Kriterien (4) (Einwilligung) und (5) (Verfahren) sind immer maßgeblich. Zulässig ist eine Maßnahme, welche den Todeszeitpunkt vorverlegt, wenn sie indiziert ist, zu ihr eine Einwilligung vorliegt und die **nicht** mit dem **Ziel** der **Lebensverkürzung**[355] vorgenommen wird **222**

[349] Staudinger/Bienwald BGB § 1901a und b Rn. 44; zur – als zulässig angesehenen – zwangsweisen Verabreichung von Medikamenten nach dem niedersächsischen Psychisch-Kranke-Gesetz: LG Osnabrück 4 T 8/20, NJW 2020, 1687.

[350] OLG Zweibrücken 1 Ws 90/11, NStZ 2011, 707.

[351] Hartmann NStZ 2000, 113 (117 f.).

[352] BGH XII ZB 625/17, FGPrax 2018, 267; Vorinstanz: LG Düsseldorf 19 T 160/17, BeckRS 2017, 148744.

[353] BGH 2 StR 454/09, NJW 2010, 2963 (2966 f.); zur Entwicklung vgl. Lemmerz, Die Patientenverfügung, 2014, 95–101.

[354] Letzteres bekräftigt durch BGH 2 StR 320/10, NJW 2011, 161.

[355] So aber zB angenommen bei LG Essen 22 Ks 8/21, BeckRS 2021, 55835.

(früher: „indirekte aktive Sterbehilfe"). Das ist etwa bei der Gabe von hochdosierten Medikamenten zur Schmerzmilderung denkbar.

223 **b) Grenze.** Die direkte aktive Sterbehilfe ist weiter unzulässig, weil im Vergleich zu den vom BGH aufgestellten Kriterien entweder keine lebensbedrohliche Erkrankung oder keine zur Erhaltung oder Verlängerung des Lebens geeignete Maßnahme vorliegt. Es wird „die Beendigung des Lebens vom Krankheitsprozess **abgekoppelt**".[356] Den Begriff „direkte aktive Sterbehilfe" vermeidet der BGH zwar, beschreibt sie aber durch Formulierungen wie „vorsätzlich lebensbeendende Maßnahme" außerhalb des beschriebenen Zusammenhangs oder mit „gezielten Eingriff, der die Beendigung des Lebens vom Krankheitsprozess abkoppelt".[357] Das entspricht der Definition der aktiven, direkten Sterbehilfe, bei welcher gezielt eine andere Ursache als das Grundleiden für das Ableben gesetzt wird. Die fortgeltende Strafbarkeit ergibt sich aus → §§ 216, 228 StGB.

7. Direktes Eingreifen

224 Ein eigenes Eingreifen des vertretungsberechtigten Ehegatten, Betreuers oder Bevollmächtigten soll **nicht zulässig** sein. Dies gilt jedenfalls, wenn das vorgegebene Verfahren nicht eingehalten wurde.[358] Ob das auch sinnvoll ist, wenn das Verfahren eingehalten wurde, aber die Entscheidung nicht beachtet und weiterbehandelt wird, erscheint fraglich. Eine Weiterbehandlung durch den zuständigen Arzt ist denklogisch nicht möglich. Da kein Dissens vorliegt, will er genau so handeln, wie es der vertretungsberechtigte Ehegatte, Betreuer oder Bevollmächtigte möchte. Behandelt der Arzt dann doch weiter, würde er sich selbst widersprechen und doch Uneinigkeit vorliegen. Berücksichtigen andere Ärzte und/oder Pflegekräfte die Erklärung des vertretungsberechtigten Ehegatten, Betreuers oder Bevollmächtigten nicht, ist dies unzulässig. Es kann auch versucht werden, dies mit einer Unterlassungsklage zu unterbinden, was allerdings Zeit kostet.

225 Der BGH hat die Möglichkeit von **Nothilfe** iSv § 32 StGB zB mit dem Durchtrennen eines PEG-Schlauches auch bei einem rechtswidrigen Eingriff durch die Behandlung verneint, weil sich die Verteidigungshandlung gegen ein Rechtsgut des zu Verteidigenden richte (Leben) und nicht gegen den Angreifer.[359] Diese Argumentation ist nach hier vertretener Ansicht **fragwürdig,** da Ziel der Handlung eine Abwehr und die Lebenserhaltung nur Folge des Angriffs ist. Ein Erwehren gegen einen rechtswidrigen Eingriff sollte möglich sein. Die Abwehr durch einen Wechsel des Arztes oder des Pflegeheimes ist manchmal nicht durchführbar.

8. Versicherungs- und erbrechtliche Folgen

226 Ein Behandlungsabbruch in Form des mit dem tatsächlichen oder mutmaßlichen Willen eines Schwerstverletzten erfolgten Behandlungsabbruches stellt **keinen Leistungsausschlussgrund** für Hinterbliebenenrente und Sterbegeld im Sinne von § 101 Abs. 1 SGB VII dar.[360]

227 Hält sich ein potentieller Erbe nicht an die Vorgaben der §§ 1827 f. BGB und versucht, den geschäftsunfähigen Erblasser zu töten (zB Durchtrennung des PEG-

---

356 BGH 2 StR 454/09, NJW 2010, 2963 (2967); gegeben bei LG Essen 22 Ks 8/21, BeckRS 2021, 55835.

357 BGH 2 StR 454/09, NJW 2010, 2963 (2967).

358 BGH 2 StR 320/10, NJW 2011, 161.

359 BGH 2 StR 454/09, NJW 2010, 2963.

360 BSG B 2 U 18/13 R, SuP 2015, 369.

Schlauches), so kann er **erbunwürdig** sein.[361] Im Umkehrschluss bedeutet dies, dass die Durchsetzung einer Patientenverfügung, eines Behandlungswunsches oder eines mutmaßlichen Willens auch durch einen Behandlungsabbruch unter Beachtung der gesetzlichen Vorgaben nicht zu einer Erbunwürdigkeit führen kann. Die Anwendung einer Patientenverfügung unterbricht schließlich auch nicht einen für eine Strafbarkeit notwendigen Kausalverlauf.[362]

IX. Widerruf (Abs. 1 S. 3)

Der Widerruf ist eine **Erklärung,** welche die Patientenverfügung als umsetzungsbedürftige Einwilligung oder Untersagung (→ Rn. 7) ganz oder zum Teil außer Kraft setzt oder modifiziert. Er wird als „actus contrarius" zur Patientenverfügung bezeichnet,[363] auch wenn andere Formerfordernisse bestehen und die Frage umstritten ist, ob Einwilligungsfähigkeit bei ihm vorliegen muss. **228**

Der Widerruf einer Patientenverfügung muss **nicht schriftlich** erfolgen, wenn nicht neue Anordnungen getroffen werden, sondern ist auch mündlich oder konkludent möglich.[364] Es ist zwar ein „erheblicher systematischer Bruch",[365] dass für die Aufhebung einer Erklärung nicht die Form der Errichtung erforderlich ist. Angesichts der daraus uU folgenden Bindung des Betroffenen bei einem derart wichtigen Regelungsgegenstand ist dies aber hinzunehmen. Gerade bei der Vermutung eines Widerrufs durch Gesten sollte allerdings sehr sorgfältig geprüft werden, ob es sich um bewusste oder nicht-willentliche Handlungen wie Reflexe handelt. Ein Zwinkern mit den Augenlidern oder ein Kopfnicken bzw. -schütteln jeweils auf eine konkrete Frage hin können zwar einen Widerruf darstellen, sind aber kritisch zu prüfen und genau zu dokumentieren. Das Verständnis der Frage beim Betroffenen muss ebenso feststehen wie eine klare und verständliche Frage, die insbesondere keine sachverhaltsverschleiernden oder suggestiven Elemente enthält (untauglich: „Sollen wir Sie weiter behandeln?"). Eine Wiederholung der Befragung ist ebenso sinnvoll wie eine Dokumentation auf Video. **229**

Mit einer Patientenverfügung gibt der Betroffene selbst eine Anweisung, der vom vertretungsberechtigten Ehegatten, Betreuer oder Bevollmächtigten als „Prüfer" Ausdruck und Geltung verschafft wird. **Adressat** auch des Widerrufes ist daher im Ergebnis der Arzt. Zu übermitteln und dem Widerruf Ausdruck und Geltung zu verschaffen hat aber der vertretungsberechtigte Ehegatte, Betreuer oder Bevollmächtigte, weil dies andernfalls die Unterlassung seiner eigentlichen Aufgabe der Durchsetzung der Patientenverfügung bedeuten würde. Zwar kann der Betroffene den Widerruf auch den Ärzten (oder anderen Dritten) gegenüber äußern. Diese fungieren aber als Boten, selbst wenn der Arzt später wieder Erklärungsempfänger wird. Die Wertung des Widerrufs bei einer späteren Anwendungssituation der Patientenverfügung obliegt dem vertretungsberechtigten Ehegatten, Betreuer oder Bevollmächtigten. Wenn über die Wertung einer früheren Erklärung als Widerruf Uneinigkeit besteht, muss ggf. das Betreuungsgericht eingeschaltet werden. **230**

Zu beachten ist in diesen Situationen, dass eine Anweisung durch Mimik und Gesten bei einem **Einwilligungsfähigen ohnehin** einer Patientenverfügung **vorgeht.** Wird also einem Betroffenen in einem einwilligungsfähigen Moment mitgeteilt, dass er voraussichtlich in Kürze wieder in einen einwilligungs- und kommunikationsunfähigen Zustand fallen wird (zB Koma), und werden ihm für diesen Fall verschiedene **231**

[361] BGH IV ZR 400/14, NJW 2015, 1382.
[362] BGH 3 StR 574/19, NJW 2020, 3669.
[363] MüKoBGB/Schneider BGB § 1901a Rn. 38.
[364] Grotkopp BtPrax 2015, 39 (41); Brosey BtPrax 2009, 175 (176).
[365] Grotkopp BtPrax 2015, 39 (41).

Behandlungsmöglichkeiten angeboten, gilt seine Antwort für den Fall, dass der angekündigte Zustand eintritt. Die direkte Anweisung geht der Patientenverfügung vor (→ Rn. 120, 124).

232 Es ist umstritten, ob für den Widerruf wie für die Errichtung **Einwilligungsfähigkeit** vorliegen muss oder der natürliche Wille genügt.[366] Grundsätzlich wird die Einwilligungsfähigkeit **erforderlich** sein,[367] da zur Selbstbestimmung auch die Möglichkeit gehört, Festlegungen für den Zustand bei deren Fehlen zu treffen. In der Praxis wird allerdings bei einem nicht nur reflexartigen, natürlichen Willen noch genauer zu prüfen sein, ob die in der Patientenverfügung beschriebene Situation (zB „Kommunikationsunfähigkeit") tatsächlich vorliegt. Soll eine Maßnahme vorgenommen werden, welche der Betroffene nach der Patientenverfügung wünschte, gegen die er sich nun aber mit natürlichem Willen wehrt, ist ohnehin das Verfahren nach § 1832 BGB zu durchlaufen.

233 Bei **psychischen Erkrankungen** kann es für den Arzt erstrebenswert erscheinen, den Patienten von dem in der Patientenverfügung niedergelegten Willen, nach welchem eine Behandlung untersagt wird, abzubringen. Der Grat zwischen der Darstellung von nach Meinung des Arztes medizinisch Sinnvollem und einer unzulässigen Willensbeeinflussung, die als Erpressung empfunden werden kann, ist schmal, zB bei der „Wahl" zwischen medizinischer Behandlung und weiterer Unterbringung.[368] Wesentlich wird die Einschaltung des vertretungsberechtigten Ehegatten, Betreuers oder Bevollmächtigten sein:[369] Wenn der Arzt meint, dass die Patientenverfügung bei einem kommunizierenden Betroffenen greift, geht er von seiner Einwilligungsunfähigkeit aus. Dann kann zwar ein Widerruf der Patientenverfügung möglich sein. Die Einschaltung eines vertretungsberechtigten Ehegatten, Betreuers oder Bevollmächtigten ist aber erforderlich (→ Rn. 139).

234 Von vornherein auf die Möglichkeit des Widerrufs zu **verzichten,** ist **nicht möglich.**[370] Dies entspricht dem auch bei einer Generalvollmacht geltenden Grundsatz (→ § 164 Rn. 67), dass in wesentlichen Fragen niemand sich selbst seiner Entscheidungskompetenz entledigen kann.

X. Keine Reichweitenbegrenzung (Abs. 3)

235 Die Patientenverfügung ist **nicht nur** zu beachten, wenn der **Sterbeprozess** begonnen hat oder absehbar ist.[371] Dies war im Gesetzgebungsverfahren lange umstritten, wenngleich es fraglich ist, ob eine Reichweitenbegrenzung verfassungsgemäß gewesen wäre. Dem Schutzgedanken wurde im Ergebnis durch die Verfahrensregelung Rechnung getragen.[372]

236 Zulässig ist es daher auch, eine **Bluttransfusion** abzulehnen (zu Alternativen → Rn. 67), selbst wenn sie das Leben retten würde, sogenannte „Zeugen-Jehovas-Fälle".[373] Eltern, welche dies für ihre Kinder bestimmen möchten, wird allerdings

---

[366] Steenbreker NJW 2012, 3207; Lemmerz, Die Patientenverfügung, 2014, 92f.; mit Appellen an Gestalter und den Gesetzgeber: Lindner/Huber NJW 2017, 6; Wedel/Kraemer FamRZ 2022, 852 (855).

[367] So auch Zimmermann Vorsorgevollmacht Rn. 406; AG Lübeck 9 XIV 17146 L, BeckRS 2019, 28196.

[368] Instruktiv: Stolz/Steinert BtPrax 2014, 12 (17).

[369] Zumindest bei einem Unterbringungsverfahren auch ein Verfahrenspfleger, Zimmermann NJW 2014, 2479 (2481).

[370] Entsprechend: Hindemit RNotZ 2022, 1 (16).

[371] Höfling NJW 2009, 2849 (2850).

[372] Müller ZEV 2008, 583 (588).

[373] Vgl. schon LG Frankfurt 20 W 366/02, BtPrax 2003, 86.

regelmäßig diesbezüglich die Sorge entzogen werden.[374] Problematisch ist die Durchsetzung der Ablehnung einer Bluttransfusion bei Lebensgefahr, wie eine Entscheidung des BVerfG zeigt.[375] Die Betreuerbestellung des Ehemannes, der dann gegen den dokumentierten Willen der Ehefrau eine Transfusion zustimmte, wurde nicht als verfassungswidrig angesehen. Tatsächlich wird die Betreuerbestellung mangels tätiger Bevollmächtigter zulässig gewesen sein. Fehlerhaft war nach den vorliegenden Informationen die Entscheidung des Ehemannes als Betreuer, der ein allgemeines Wohl und das des gemeinsamen Kindes über die Anweisung der Betroffenen stellte, was aber nicht Gegenstand der Verfassungsbeschwerde war.

XI. Hinweis- und Unterstützungspflicht (Abs. 4)

Dieser Absatz wurde im Zusammenhang mit der Neuregelung der ärztlichen Zwangsmaßnahme (§ 1906a BGB aF/§ 1832 BGB nF) mit Wirkung zum 22.7.2017 eingefügt, wodurch sich die weiteren Absätze verschoben.[376] Um ärztliche Zwangsmaßnahmen gegen den Willen eines Betroffenen zu vermeiden, soll mit dieser Regelung die Errichtung von Patientenverfügungen gefördert werden.[377] **236a**

XII. Keine Errichtungspflicht (Abs. 5)

Diese **Klarstellung** dokumentiert den Schutzwillen des Gesetzgebers. Sie wurde erst während der Beratungen des „Stünker-Entwurfes" im Rechtsausschuss aufgenommen.[378] Die Freiwilligkeit der Errichtung einer Patientenverfügung soll gewahrt bleiben und persönlich sowie wirtschaftlich motivierte Einflussnahmen sollen damit ausgeschlossen werden. Es wurde angemerkt, die Regelung sei „als bloßer Programmsatz entbehrlich".[379] Eine trotzdem in einem Vertrag enthaltene Verpflichtungserklärung wäre nach § 134 BGB nichtig,[380] also nicht durchzusetzen und ein Krankenhaus- oder Heimvertrag, in dem dies enthalten wäre, deshalb nicht kündbar (aber im Übrigen wirksam). Eine auf solchen Druck hin errichtete Patientenverfügung wäre nach hier vertretener Ansicht trotzdem wirksam, wenn der Inhalt dem freien Willen entspricht. Das wiederum wäre besonders kritisch zu prüfen. **237**

Allerdings sind jedenfalls in zwei Richtungen **Bedenken** durchaus angebracht. Zum einen kann es für ein Pflegeheim oder Krankenhaus sehr viel einfacher sein, mit einem Betroffenen umzugehen, der eine Patientenverfügung errichtet hat. Es kommt dabei weniger auf den Inhalt der Verfügung an, der insofern für die Einrichtung eher zweitrangig wäre. Belastend ist der zusätzliche Verwaltungsaufwand, der durch eine unklare Situation entstehen kann, zB durch eine Vielzahl von Gesprächen zur Ermittlung des mutmaßlichen Patientenwillens. Zum anderen können Ärzte beim Vorliegen einer Patientenverfügung – bewusst oder in (fahrlässiger) Unkenntnis der Verfahrensregeln – sich dazu verleiten zu lassen, Bemühungen um die Einholung einer Erklärung des Betroffenen selbst (→ Rn. 120, 124) zu verkürzen oder die Indikation nicht unbefangen, sondern schon mit Blick auf die Folgen, welche die Patientenverfügung vorgibt, zu erstellen. **238**

---

[374] Vgl. OLG Celle 17 W 8/94, NJW 1995, 792.

[375] BVerfG 1 BvR 618/93, NJW 2006, 206.

[376] Gesetz vom 17.7.2017 (BGBl. I S. 2426).

[377] BtDruck 18/11240, 15 f.

[378] Albrecht/Albrecht, Die Patientenverfügung, 2009, Rn. 47; zudem Albrecht/Albrecht/Böhm/Böhm-Rößler, Die Patientenverfügung, 2018, Rn. 162 f.

[379] Lange ZEV 2009, 537 (538).

[380] Beermann FPR 2010, 252 (255).

239 In einen Behandlungsabbruch soll auch nicht aus Kostengründen zB zu Gunsten einer **Krankenversicherung** eingewilligt werden. Daher kann aus der Vorschrift für Krankenkassen ein Verbot gefolgert werden, beim Vorliegen einer Patientenverfügung einen günstigeren Tarif oder andere Vergünstigungen zu gewähren. Dies sollte unabhängig von dem Inhalt der Patientenverfügung gelten, weil eine untersagende Patientenverfügung der Regelfall ist und ein Versicherungsnehmer daher eine Formulierung in dieser Richtung als von ihm erwartet ansehen könnte. Ein Werbe- und Informationsverbot für Krankenkassen kann eher nicht abgeleitet werden, solange objektiv erläuternd und ohne eine Verknüpfung mit Vergünstigungen oder Nachteilen vorgegangen wird.

240 Aus dem Ausschluss einer Errichtungspflicht folgt auch, dass Arzt, Krankenhaus, Pflegeheim usw. **keinen Anspruch auf Vorlage** einer bestehenden Patientenverfügung oder auf Information über das Bestehen einer Verfügung haben. Aufgrund der oben ausgeführten Überlegungen kann ein Betroffener wünschen, dass die Patientenverfügung erst durch den vertretungsberechtigten Ehegatten, Bevollmächtigten oder Betreuer vorgelegt wird. Zur Vorlage in dem Fall, in welchem die Patientenverfügung wahrscheinlich benötigt wird, sind vertretungsberechtigte Ehegatten, Betreuer und Bevollmächtigte aufgrund ihrer Aufgabe verpflichtet.

XIII. Bevollmächtigte (Abs. 6)

241 Wie auch bei §§ 1829, 1831 f. BGB sind die im Betreuungsrecht angesiedelten Vorschriften auch anzuwenden, wenn ein Bevollmächtigter benannt ist. Anders als in den §§ 1829, 1831 f. BGB muss die Befugnis des Bevollmächtigten in der Vollmacht nicht ausdrücklich formuliert (zB Generalvollmacht genügt) und die Vollmacht muss nicht schriftlich sein. Im Ergebnis wird sie es aber häufig doch sein müssen, weil im Rahmen der Durchsetzung einer Patientenverfügung eine Maßnahme unter § 1829 BGB fallen kann.[381]

242 Die **Bevollmächtigung** kann in einer separaten Vollmacht geschehen oder in der Patientenverfügung erfolgen. Eine präzise Formulierung ist anzuraten, da sonst auszulegen ist (→ § 164 Rn. 61). Der Bevollmächtigte sollte als solcher bezeichnet werden und nicht nur als „Vertrauensperson" (→ § 164 Rn. 57–59). Bei mehreren Bevollmächtigten ist zu regeln, wer bei Uneinigkeit entscheiden soll. Eine Bevollmächtigung zur Durchsetzung der Patientenverfügung wird grundsätzlich auch die Vollmacht zur Vornahme von Begleitmaßnamen (→ Rn. 96) enthalten.

243 Nicht berücksichtigt wurde vom Gesetzgeber, dass ein Vollmachtgeber mit dem Bevollmächtigten – anders als bei einer Betreuung – individuell die Art und Weise der Vollmachtsnutzung **vereinbaren** und der Vollmachtgeber aus dem grdstzl. zu Grunde liegenden Auftragsverhältnis Weisungen geben kann.[382] Es wird wohl ein mit dem Schutzgedanken zu begründender gesetzlicher Eingriff in die Privatautonomie anzunehmen sein, so dass Vollmachtgeber und Bevollmächtigter weitgehend keine Abweichungen von den Vorgaben der §§ 1827 f. BGB vereinbaren können (zu dem Ausschluss von Angehörigen → § 1828 Rn. 29; zu der Übertragung der Entscheidung auf den Bevollmächtigten → Rn. 172).

[381] Zu den Anforderungen an die Vollmacht vgl. BGH XII ZB 61/16, NJW 2016, 3297.

[382] Erkannt von Staudinger/Bienwald BGB § 1901a, b Rn. 67.

XIV. Transplantation – Organspende

1. Ablauf

Für eine Transplantation zum Zwecke der Organspende[383] muss der Hirntod in einem streng vorgegebenen **Verfahren** festgestellt werden,[384] → Rn. 247. 244

Für die Organspende nach dem Tod ist die Feststellung des sogenannten **Hirntodes** (besser: Todesfeststellung auf neurologischer Grundlage) eine unabdingbare Voraussetzung. Darunter versteht man den unumkehrbaren Funktionsverlust des gesamten Gehirns, inklusive Großhirn und Hirnstamm. Dass der Hirntod als Tod der Person angesehen wird, ist eine gesellschaftliche Konvention, die zwar auf guten biologischen und philosophischen Gründen basiert, aber nicht unwidersprochen ist. Derzeit gilt der Hirntod jedoch rechtlich und medizinisch als Tod des Menschen. 245

Damit die zu spendenden Organe aber funktionstüchtig bleiben, muss der Hirntod festgestellt werden, während die anderen Organe mit Hilfe **intensivmedizinischer Maßnahmen** noch durchblutet und erhalten werden, in der Regel durch eine künstliche Beatmung, die Infusion von blutdruckstabilisierenden Medikamenten (Katecholaminen) und ggf. andere Maßnahmen. Diese Situation tritt dann auf, wenn eine schwere Gehirnschädigung vorliegt, sei es auf direktem Weg (zB Schädelhirnverletzung, Gehirnblutung, Schlaganfall) oder auf indirektem Weg durch Sauerstoffmangel des Gehirns (nach einem Herz-Kreislauf-Stillstand über einige Minuten). 246

Die Feststellung des Hirntodes läuft nach einem minutiös vorgeschriebenen **Verfahren** ab, das neben einer oder mehreren neurologischen Untersuchungen meist auch apparative Testverfahren enthält (zB EEG).[385] Die Richtlinien der Bundesärztekammer zur neurologischen Todesfeststellung wurden 2022 zuletzt überarbeitet und an den Fortschritt der medizinischen Wissenschaft angepasst. Zuletzt wurden die Vorgaben strenger gefasst, so muss seit 2015 einer der beiden unabhängig voneinander untersuchenden Ärzte ein Neurologe oder Neurochirurg sein. Die neurologische Todesfeststellung umfasst drei Schritte: Zunächst ist zu prüfen, ob die Voraussetzungen vorliegen, nämlich eine akute schwere Hirnschädigung sowie das Fehlen anderer möglicher Ursachen für Ausfallserscheinungen des Gehirns (zB Vergiftung, Unterkühlung). Im zweiten Schritt muss sich eine klinisch-neurologische Untersuchung anschließen, welche das Vorliegen eines Komas, den Ausfall sämtlicher Hirnstammreflexe sowie das Ausbleiben einer spontanen Atmung (mit dem sogenannten Apnoe-Test) prüft. Als dritter Schritt hat der Arzt die Irreversibilität dieser Funktionsausfälle zu testen, indem je nach Art der Hirnschädigung die klinisch-neurologische Untersuchung nach einer bestimmten Wartezeit wiederholt wird und/oder ergänzende apparative Untersuchungen durchgeführt werden. Hierzu gehört insbesondere die Elektroenzephalographie (EEG), welche bei einer empfindlichen Ableitung über längere Zeit eine Nulllinie zeigen muss. Neuerdings werden jedoch immer öfter bildgebende Verfahren eingesetzt, welche nachweisen können, dass das Gehirn nicht mehr regulär durchblutet wird (zB die computertomographische Angiographie oder Ultraschallverfahren). Kommen zwei Ärzte unabhängig voneinander zum Schluss, dass nach diesen Richtlinien der Hirntod vorliegt, dokumentieren sie dies nach einem präzise vorgegebenen Schema und stellen schließlich den Tod des Patienten fest. Als Todeszeitpunkt gilt pragmatischer Weise der Zeitpunkt dieser abschließenden Feststellung. Anschließend werden alle medizinischen Geräte (zB Beatmungsmaschine) 247

---

[383] Allgemeine Hintergründe: Brust, Organspende und -transplantation, 2013.

[384] Vgl. BT-Drs. 15/3700, 22; DÄBl 1998, A-1862. Zur Organspende auch: Kurze/Goertz, Bestattungsrecht in der Praxis, 2016, § 4 Rn. 18–26.

[385] Vgl. Richtlinie der Bundesärztekammer, Vierte Fortschreibung Dtsch Ärztebl 2015 DOI: 10.3238/arztebl.2015.rl_hirnfunktionsausfall_01.

entfernt und der Patient als Verstorbener betrachtet, es sei denn, der Verstorbene kommt als Organspender in Betracht.

248 In den Jahren 2013 und 2012 brach die **Zahl** der Organspenden in Deutschland nach Skandalen um 16,3% bzw. 12,8% ein.[386] Im Jahr 2014 blieb sie verglichen mit 2013 bei 2.989 Spenden weitgehend konstant;[387] seither kam es nicht zu einem nennenswerten Anstieg. Die meisten Organspenden betrafen die Niere[388] und die Leber.[389] Im Jahr 2022 wurden nach der DSO 2.662 Organe gespendet bei 869 Spendern aus Deutschland. Durchschnittlich werden von einem Körper drei oder vier Organe entnommen und transplantiert. Ein Jahr nach einer Transplantation einer Niere soll diese in 88% der Fälle noch funktionsfähig sein. Nach unterschiedlichen Angaben haben nur 8% oder 25% der Deutschen einen Organspenderausweis.

249 In Deutschland stehen zu **wenige Spenderorgane** für potentielle Empfänger zur Verfügung. Im Jahr 2021 standen in Deutschland auf der **Warteliste** für eine Niere nach Angaben der DSO insgesamt 6.593 Menschen.[390] Als Gründe für die zu geringe Zahl von Spendern werden ua die mangelnde Aufklärung der Bevölkerung und eine nicht ausreichende Kostenerstattung für die meldenden Krankenhäuser, welche das Bemühen der Krankenhäuser um Transplantationsorgane unwirtschaftlich werden lassen kann, genannt.[391] Die DSO versucht, den organisatorischen Problemen entgegenzuarbeiten. Nach Skandalen[392] sollen umfangreichere Dokumentationspflichten das Vertrauen stärken, was das Verfahren wiederum aufwendiger gestaltet. Das Argument älterer Menschen, ihre Organe seien allein aufgrund des Alters unbrauchbar, stimmt nur teilweise. Die Niere sowie Gehörknöchelchen und Augenhornhäute sollen oft altersunabhängig transplantierbar sein.

2. Voraussetzungen

250 Die Voraussetzungen für die Organentnahme und das Verfahren werden durch das **Transplantationsgesetz (TPG) geregelt,**[393] **welches** zunächst in den Jahren 2007 und **2012** umfangreich überarbeitet wurde. Nicht gewählt wurde trotz des anderslautenden Votums des Ethikrates und des nach dessen Ansicht zu geringen Spendenaufkommens die sogenannte „Widerspruchslösung".[394] Die Neuregelung wurde zwar als „Erklärungslösung" bezeichnet,[395] was aber irreführend ist. Es bleibt bei der Notwendigkeit der Zustimmung, also bei der – erweiterten – „Zustimmungslösung". Der Staat soll seine Bürger nun aber „zu einem Votum anhalten dürfen". Das kann beispielsweise bei der Zusendung der Krankenversicherungskarte geschehen. Zum Teil

---

[386] Vgl. auch Kurze/Görtz, Bestattungsrecht in der Praxis, 2016, § 4 Rn. 23f.

[387] Blome, Zahl der Organspender stabilisiert sich auf niedrigem Niveau, 20.1.2015, www.dso.de.

[388] Keller Geo 05/2011, 104 (107).

[389] Deutsche Stiftung Organtransplantation, www.dso.de, mit vielen weiteren Daten.

[390] Deutsche Stiftung Organtransplantation, www.dso.de, mit vielen weiteren Daten.

[391] Nationaler Ethikrat, Die Zahl der Organspenden erhöhen – Zu einem drängenden Problem der Transplantationsmedizin in Deutschland, 2007.

[392] Vgl. Kurze/Görtz, Bestattungsrecht in der Praxis, 2016, § 4 Rn. 25.

[393] Am 1.12.1997 in Kraft getreten; dazu ausführlich: Heberer, Organtransplantation, Patientenverfügung, Aufklärung und Einwilligung, 2013, 17–46; zu strafrechtlichen Aspekten auch nach dem StGB S. 47–61.

[394] Nationaler Ethikrat, Die Zahl der Organspenden erhöhen – Zu einem drängenden Problem der Transplantationsmedizin in Deutschland, 2007; vgl. auch Schäfer NJ 2019, 45.

[395] Vgl. Deutscher Bundestag, Pressemitteilung vom 3.11.2011 „Regierung will Thema Organspendebereitschaft im Verfahren zur Änderung des Transplantationsgesetz aufgreifen", www.bundestag.de; Haarhoff TAZ v. 24.11.2011 taz.de.

wird auch ein Vermerk auf der Versichertenkarte gefordert.[396] Einen Zwang zur Abgabe einer Erklärung gibt es aber weiter nicht. Die Krankenkassen haben ihren Versicherten Organspenderausweise zur Verfügung gestellt.

Durch Gesetz vom 16.3.2020[397] mit Wirkung zum **1.3.2022** wurde ein **§ 2a** in das TPG eingefügt.[398] Die Zustimmungslösung wird beibehalten. Der Entscheidungsprozess soll aber durch Informationen erleichtert und die Dokumentation ua mit einem Online-Register verbessert werden. Bei der Ausweisstelle und bei Hausärzten soll auf die Organspende und die Registrierungsmöglichkeit hingewiesen werden.

Im Übrigen sollte schon 2012 die **Organisation** verbessert werden, beispielsweise **251** durch eine Stärkung der Deutschen Stiftung Organtransplantation als Koordinierungsstelle, und die Benennung von Transplantationsbeauftragten in den Krankenhäusern.[399] Einige Länder haben zur Ausführung und Durchführung des TPG Vorschriften erlassen, die sich insbesondere mit den Transplantationsbeauftragten und den Transplantationszentren befassen.[400]

Nach § 3 TPG ist eine Organentnahme zulässig, wenn der **Spender selbst** zu- **252** gestimmt hatte, etwa durch eine **Organspendeerklärung**[401] („Organspenderausweis"), und der **Gehirntod** festgestellt wurde. Fehlt die Zustimmung des Spenders, kann sie gem. § 4 TPG durch den **„nächsten Angehörigen"** ersetzt werden, wenn der Spender nicht widersprochen hatte (§ 3 Abs. 1 S. 1). Der Spender kann die Entscheidung auch auf eine andere Person übertragen haben, welche dann die Angehörigen verdrängt (Abs. 3). Bei mehreren Bezugspersonen muss der Arzt selbst Nachforschungen anstellen.[402] Eine Organentnahme ist gem. § Abs. 2 TPG **unzulässig,** wenn der Betroffene dem widersprochen hatte oder der Hirntod (→ Rn. 244) nicht nach dem vorgegebenen Verfahren festgestellt wurde. Das Kriterium des Hirntodes wird vereinzelt in Frage gestellt, etwa mit der Forderung nach weiteren Forschungen auf diesem Gebiet.[403]

Die den Tod feststellenden Ärzte dürfen nach § 5 Abs. 2 TPG nicht an der Über- **253** tragung der Organe oder des Gewebes beteiligt sein. Die **Auseinandersetzung** über die Herausnahme aus der Warteliste eines Transplantationszentrums ist eine öffentlich-rechtliche Streitigkeit, wodurch der Verwaltungsrechtsweg gegeben ist.[404] Ein mögliches Fehlverhalten von Ärzten bei der Entscheidung über eine Transplantation kann dagegen Gegenstand zivilrechtlicher Auseinandersetzungen sein.[405]

---

[396] Vgl. Deutsche Stiftung Organtransplantation, Statement des Vorstandes v. 24.11.2011, www.dso.de.

[397] BGBl. 2020 I 497; zu vorangegangenen Überlegungen: Dutta FamRZ 2019, 1219.

[398] Im Einzelnen: Giesen NJOZ 2020, 1409.

[399] BGBl. I 2012 Nr. 35; G zur Änderung des Transplantationsgesetzes; vgl. zusammenfassend die Presseerklärung des Bundesgesundheitsministeriums v. 6.6.2011; zudem: Siegmund-Schultze Ärzte Zeitung v. 20.11.2011, www.aerztezeitung.de; zwei weitere – weniger umfangreiche Änderungen – durch BGBI. I 2012, 2192 sowie BGBl. I 2013, 2423.

[400] ZB Bayern, Brandenburg, Hessen, Mecklenburg-Vorpommern, Nordrhein-Westfalen, Rheinland-Pfalz. Saarland, Sachsen und Schleswig-Holstein.

[401] Vgl. Bonefeld/Wachter/Bittler, Der Fachanwalt für Erbrecht, 2014, § 22 Rn 21.

[402] MüKoStGB/Tag TPG § 4 Rn. 17.

[403] Vgl. Heberer, Organtransplantation, Patientenverfügung, Aufklärung und Einwilligung, 2013, 25; www.initiative-kao.de.

[404] VG München M 17 K 13.808, NJW 2014, 3467.

[405] Vgl. OLG Hamm 26 U 135/13, BeckRS 2014, 09494, zur Frage der Einhaltung von Richtlinien durch einen Arzt, der eine Transplantation ablehnte.

3. Konflikt mit Patientenverfügung

254 Als aus Sicht der Förderer von Organspenden problematisch scheinen sich inzwischen **Patientenverfügungen** zu erweisen.[406] Sowohl die Zahl der Verfügungen als auch deren Akzeptanz bei den Ärzten sind wohl insbesondere seit der gesetzlichen Regelung der Patientenverfügung gewachsen. In den meisten Patientenverfügungen wird eine intensivmedizinische Behandlung abgelehnt. Diese ist aber jedenfalls nach dem Hirntod für eine Organentnahme notwendig, da die Organe sonst nicht mehr transplantierbar sind. Ob Behandlungsbegrenzung und Transplantation sich aber deshalb ausschließen,[407] ist **fraglich.**[408]

255 Wer etwa für den Fall einer schweren Hirnschädigung in seiner Patientenverfügung lebenserhaltende Maßnahmen wie eine Beatmung ausschließt, der kommt mitunter nicht in die **Situation** des Hirntodes, da sich dieser oft erst einige Stunden oder Tage nach der Gehirnschädigung entwickelt. Wird der Hirntod in Kürze erwartet oder bereits vermutet, ohne dass die Verfahren zur Hirntodfeststellung bereits durchgeführt sind, muss der Betroffene oft noch einige Tage intensivmedizinisch behandelt werden, bis der Hirntod festgestellt und eine Organspende durchgeführt werden kann.

256 Es wird zudem die Meinung vertreten, dass solche Aktivitäten gegen eine lebenserhaltende Maßnahmen untersagende Patientenverfügung verstoßen und eine Transplantation in diesen Fällen ausgeschlossen ist. Dagegen spricht, dass die Maßnahmen erst nach dem Tod (wenn auch nicht dem diagnostizierten Hirntod) durchgeführt werden, nach dem eine Patientenverfügung nicht mehr gilt. Die Begrenzung einer Behandlung bezieht sich auf den Sterbeprozess, also auf die Lebenszeit des Menschen. Für die Organentnahme muss der Körper nach dem Hirntod weiter „in Funktion gehalten" werden, also streng genommen **nach der Geltungszeit** einer Patientenverfügung.[409] Ob diese Differenzierung potentiellen Organspendern bewusst ist, erscheint ebenso fraglich wie deren Kenntnis um die tatsächlichen Vorgänge bei einer Organspende, also die „Funktionserhaltung" in Bezug auf den Körper, welche äußerlich einer „Lebenserhaltung" beim Sterbenden sehr nahe kommt. Allerdings kann nach hier vertretener Ansicht eine Patientenverfügung eines Organspenders grundsätzlich so **ausgelegt** werden, dass diese vorübergehenden Maßnahmen zugelassen werden sollten.[410] Praktisch wird aufgrund der Sensibilität des Themas und vor dem Hintergrund von Skandalen bei Zweifeln eher von einer Organentnahme abgesehen werden.

257 Auch die **Bundesärztekammer** hat sich dem Thema in einem **Arbeitspapier** angenommen.[411] Es werden drei Situationen beim Vorliegen von Patientenverfügung und Organspendeerklärung unterschieden: (1) Wenn der Hirntod vermutlich schon eingetreten ist, soll eine Patientenverfügung die Organspendeerklärung nicht entkräften, da nicht hypothetisch angenommen werden könne, dass der Betroffene sich nicht über die Notwendigkeit der Fortsetzung intensivmedizinischer Maßnahmen im Klaren gewesen sei. Dem ist zuzustimmen, da es auch dem allgemeinen Grundsatz entspricht, dass eine Patientenverfügung auch ohne ärztliche Aufklärung verbindlich ist. (2) Wenn der Hirntod erwartet wird, aber noch nicht eingetreten ist, und daher

---

[406] Vgl. Woratschka Tagesspiegel v. 16.12.2011, www.tagesspiegel.de.

[407] So eine Stellungnahme in: Woratschka Tagesspiegel v. 16.12.2011, www.tagesspiegel.de.

[408] Vgl. auch Klein NJ 2019, 516; Schäfer NJ 2019, 381.

[409] So auch Heberer, Organtransplantation, Patientenverfügung, Aufklärung und Einwilligung, 2013, 71.

[410] Ähnlich: Müller-Engels/Braun/Renner/Müller-Engels Betreuungsrecht Kap. 2 Rn. 421; eher ablehnend: Zimmermann Vorsorgevollmacht Rn. 415.

[411] Arbeitspapier der Bundesärztekammer zum Verhältnis von Patientenverfügung und Organspendeerklärung vom 18.1.2013, DÄBl 2013, A 7, Anhang 1.

intensivmedizinische Maßnahmen (bei Vorliegen einer Organspendeerklärung aber einer – isoliert betrachteten – Patientenverfügung widersprechend) zur Ermöglichung der Organspende fortzuführen wären, soll es auf eine Einigung mit dem Betreuer oder Bevollmächtigten sowie den Angehörigen ankommen. Letztlich entscheidet der „Patientenvertreter". Dieses Vorgehen entspricht den §§ 1827 f. BGB. Die Organspendeerklärung kann als Ergänzung oder Änderung der Patientenverfügung gesehen werden, über welche der Betreuer oder Bevollmächtigte letztlich die Deutungshoheit hat. Ein sich aus den Dokumenten ergebener Widerspruch muss durch ihn aufgelöst werden, wobei oft auch die Wertung der aktuellen Situation wichtig sein wird (zB: Für wie lange werden die intensivmedizinischen Maßnahmen notwendig sein?). (3) Eine Reanimation nach einem Herzstilstand in der Absicht, das Eintreten eines Hirntodes zu ermöglichen, wird bei Vorliegen einer Patientenverfügung als „rechtlich unzulässig und ethisch nicht vertretbar" abgelehnt. Das ist selbstverständlich richtig, auch beim Fehlen einer Patientenverfügung, was wohl in weiteren Abschnitten des Arbeitspapieres auch so gesehen wird.

Die Zustimmung oder Ablehnung einer Transplantation von Organen oder Gewebe kann auch in eine Patientenverfügung aufgenommen werden. Beides sollte im Rahmen der **Gestaltung** aufeinander abgestimmt sein.[412] Aufgrund der großen Sensibilität in diesem Bereich sollte in der Patientenverfügung einer Person, die zur Organspende bereit ist, klargestellt werden, dass Maßnahmen zur Ermöglichung einer Transplantation zugelassen werden. **258**

Die Situation bei einer hirntoten Schwangeren, bei der zur Rettung des ungeborenen Kindes, eine weitere „Behandlung" durchgeführt werden müsste,[413] wird eher ein nach dem TPG (→ Rn. 244–258) oder ungeschriebenen Rechtsätzen zu beurteilen sein. Ein irgendwie früher geäußerter oder anzunehmender Wille der Betroffenen wird aber maßgeblich sein. **258a**

XV. Anwaltliche Vertretung

1. Grundsatz

Die anwaltliche Vertretung bei der Durchsetzung des Patientenwillens am Lebensende erfordert neben **Rechtskenntnissen** auch viel **Fingerspitzengefühl.** Es ist das Ziel zu definieren, zu hinterfragen und im Auge zu behalten. Wenn kein besonders auf dieses Gebiet **spezialisierter Rechtsanwalt** zu finden ist, ist ein geeigneter Rechtsanwalt am ehesten unter Medizin- und Betreuungsrechtlern zu suchen, ggf. bei Erb- und Familienrechtlern. **259**

Betreuern, Bevollmächtigten, vertretungsberechtigten Ehegatten und Angehörigen ist die Beauftragung eines Rechtsanwaltes bei Zweifeln oder in problematischen Situationen dringend **anzuraten.** Eine nicht-emotionsgeleitete, professionelle Beratung und Vertretung ist für sie in einer oft extremen Stresssituation eminent wichtig, um die eigene Position bzw. die des Betroffenen artikulieren und durchsetzen zu können. Das gilt besonders, wenn – wie meistens – Ärzte, Heime und Krankenhäuser sich nicht nur auf die medizinisch-pflegerische Fragen beschränken, sondern Rechtskenntnisse vermitteln. Diese sind wiederum immer wieder falsch, unvollständig oder werden verfälschend dargestellt vor dem Hintergrund der eigenen (bewussten oder unbewussten) Motivationen.[414] **260**

---

[412] Klein NJ 2019, 516; Neitzke ua MedR 2019, 705.

[413] Vgl. AG Würzburg 25 XVII 208/18, BtPrax 2019, 207 mwN.

[414] In diese Richtung auch: Coeppicus, Patientenverfügung, Vorsorgevollmacht und Sterbehilfe, 2009, 85.

261 Die Durchsetzung einer Patientenverfügung, eines Behandlungswunsches oder eines mutmaßlichen Willens kann **sehr aufwendig** sein. Es ist meist eine umfangreiche und kurzfristige Kommunikation notwendig. Es ist ratsam, diese möglichst weitgehend persönlich zu führen, damit eine individuelle Überzeugung der Beteiligten gelingt. Dabei helfen direkte **Gespräche** oft mehr als lange Anwaltsschreiben. Eine zentrale Person für den Vertreter des Betroffenen ist der Arzt, da er verfahrenswesentliche Entscheidungen treffen kann (Indikation, Dissens). Es kommen auch „Runde Tische" und „Ethikkommissionen" (→ § 1828 Rn. 22–25) in Betracht, wenn die Kräfteverhältnisse ausgeglichen sind und sie nicht nur zur Verzögerung einberufen werden. Insgesamt ist ein beharrliches, gütliches Vorgehen meist deutlich zielführender, als eine gerichtliche Konfrontation, welche sehr lange dauern kann und durch die Hinzuziehung weiterer Personen (Richter, Sachverständige, Verfahrenspfleger etc) Unwägbarkeiten enthält. Der Wechsel des Arztes, des Krankenhauses oder des Pflegeheimes ist meist besser als eine Klage gegen diese. Wenn eine private Versorgungssituation hergestellt oder erhalten werden kann, gibt dies Dritten sehr viel weniger Möglichkeiten, gegen das Vorgehen des Betroffenen und seines Vertreters zu intervenieren.[415]

2. Vertretungssituation

262 Um die Rechte des **Betroffenen** durchsetzen zu können, ist grundsätzlich die Beauftragung durch ihn (ggf. vertreten durch den Betreuer oder Bevollmächtigten) anzustreben. Angehörige oder Vertreter haben aus der eigenen Position regelmäßig deutlich beschränkte Rechte und Möglichkeiten. Auch wenn die Beauftragung meist durch den Vertreter des Betroffenen für diesen erfolgt, sind nicht die Ziele und Wertvorstellungen des Vertreters maßgeblich. Diese Vertretungssituation kann problematisch sein.

3. Vergütung

263 Die **Vereinbarung einer Zeitvergütung** ist für eine sachgerechte Vertretung unbedingt zu empfehlen mit einem üblichen, anwaltlichen Stundensatz von regelmäßig 150–300 EUR netto. In Einzelfällen kann aber auch ein deutlich höherer Stundensatz (600 EUR oder mehr) gerechtfertigt sein. Dies werden Fälle sein, in denen die Besonderheiten dieser Mandate besonders hervortreten. Zum einen ist die enorme Bedeutung für den Mandanten zu sehen, wenn es um sein Leben, sein Sterben-Dürfen oder seine Freiheit geht. Zum anderen sind die daraus und den sonstigen Umständen erwachsenden Anforderungen an den Rechtsanwalt zu sehen. Es ist ein schnelles Vorgehen notwendig, was bedeutet, andere Mandate zurückzustellen. Die Bearbeitung wird meist die Ortsabwesenheit des Rechtsanwaltes von seiner Kanzlei bedeuten. Seine Verantwortung dem Mandanten gegenüber ist enorm, wie es auch die Härte des mit anderen Angehörigen, Ärzten, Kliniken etc auszutragenden Konfliktes ist. Beides kann in einer erheblichen persönlichen Belastung des Rechtsanwaltes sowie auch in gegen ihn gerichtete Anfeindungen, Strafanzeigen und berufsrechtliche Beschwerden münden.[416] Dies alles muss bei der Bemessung des Stundensatzes berücksichtigt werden.

264 Für die Vertretung fällt als **gesetzliche Vergütung** eine Geschäftsgebühr an. Für deren Ansatz können die zum Stundensatz bei einer Vereinbarung erfolgten Ausfüh-

---

[415] Mit ähnlichen, strategischen Hinweisen, instruktiv: Putz/Steldinger/Unger, Patientenrechte am Ende des Lebens, 2021, 90–96.

[416] Vgl. zu den persönlichen und beruflichen Belastungen nachvollziehbar: Putz/Gloor Sterben dürfen, 2010.

rungen herangezogen werden. Es wird daher oft ein Satz von 2,5 angemessen sein. Die Bemessung des Gegenstandes- oder Streitwertes ist problematisch (→ Rn. 111, 115). Wenn es um eine Weiterbehandlung oder deren Unterlassung geht, kann – wenn nicht grundsätzlich von einem hohen Wert ausgegangen wird – eine Orientierung an dem materiellen Wert der medizinisch-pflegerischen Behandlung erfolgen. Für die Vornahme einer Behandlung (zB Operation) ist ein Wert zu ermitteln, wie auch die Fortführung (und damit auch Unterlassung) der Versorgung („Lebenserhaltung") zB eines Wachkomapatienten über die in etwa zu erwartende weitere Behandlungszeit geschätzt werden kann. Wenn diese etwa „nur" mit 5.000 EUR angesetzt wird, sind dies schon bei einem Jahr 60.000 EUR.

§ 1828 Gespräch zur Feststellung des Patientenwillens

(1) [1]**Der behandelnde Arzt prüft, welche ärztliche Maßnahme im Hinblick auf den Gesamtzustand und die Prognose des Patienten indiziert ist.** [2]**Er und der Betreuer erörtern diese Maßnahme unter Berücksichtigung des Patientenwillens als Grundlage für die nach § 1827 zu treffende Entscheidung.**

(2) **Bei der Feststellung des Patientenwillens nach § 1827 Absatz 1 oder der Behandlungswünsche oder des mutmaßlichen Willens nach § 1827 Absatz 2 soll nahen Angehörigen und sonstigen Vertrauenspersonen des Betreuten Gelegenheit zur Äußerung gegeben werden, sofern dies ohne erhebliche Verzögerung möglich ist.**

(3) **Die Absätze 1 und 2 gelten für Bevollmächtigte entsprechend.**

Übersicht

I. Einleitung

In dieser Norm werden die **Verfahrensvorschriften** zur Anwendung einer Pa- 1
tientenverfügung oder die Durchsetzung des Willens des Betroffenen aufgrund eines Behandlungswunsches oder eines mutmaßlichen Willens aus § 1827 BGB **fortgeführt.** Sie sind Teil des Prüfungsablaufes (Schema → § 1827 Rn. 2).

Für **Bevollmächtigte** gilt die Norm gem. Absatz 3 entsprechend, wie es auch bei § 1827 BGB der Fall ist (→ § 1827 Rn. 241). Nach § 1358 BGB vertretende Ehegatten müssen sich ebenfalls an das vorgegebene Verfahren halten.

2 Der Paragraf wurde als **Zugeständnis** an die Befürworter des so genannten „Zöller-Entwurfes" in den so genannten „Stünker-Entwurf" aufgenommen. Die Einbeziehung der Angehörigen und Vertrauenspersonen war zuvor in § 1827 Abs. 2 S. 4 BGB vorgesehen gewesen.[1] Dass die Verfahrensregeln zur Durchsetzung des Betroffenenwillens mit oder ohne Patientenverfügung nun auf zwei Normen verteilt sind, erschwert es, die Prüfungsfolge nachzuvollziehen (→ dazu die Übersicht unter § 1827 Rn. 2). Deutlich – und nach hier vertretener Ansicht zu recht (→ § 1827 Rn. 104–108) – werden durch den zusätzlichen Paragrafen die Verantwortung des Arztes (Indikationserstellung) und die Bedeutung der (im Arzt-Patienten-Verhältnis zu oft problematischen) Kommunikation betont.[2]

II. Ärztliche Prüfung (Abs. 1 S. 1)

1. Einleitung

3 Die Indikation ist immer zu stellen, ggf. **immer wieder neu,** ob nun in einem Eilfall (→ § 1827 Rn. 144) oder nach jahrelanger Behandlung. Sie kann Ergebnis nur kursorischer Prüfung sein, wenn sehr schnell zu handeln ist, oder auf einer Vielzahl von Expertisen verschiedener Spezialärzte beruhen. Die Indikationsstellung ist zentral und wird in der Praxis noch oft vernachlässigt. Bei sachgemäßer Indikationsstellung und Kommunikation unter den Beteiligten würden nach hier vertretener Ansicht ein erheblicher Teil problematischer Fälle gelöst und Patientenverfügungen deutlich weniger relevant sein.

4 Die Indikation ist ein **zentrales Element** ärztlichen Handelns und eine der unabdingbaren Voraussetzungen für die Zulässigkeit ärztlicher Eingriffe. Viele Patientenverfügungen schließen Eingriffe in bestimmten Situationen aus, in denen sie nach einhelligem Urteil der Ärzteschaft nicht mehr indiziert sind, etwa lebensverlängernde Maßnahmen in der unmittelbaren Sterbephase, die nur dazu dienen, die Sterbephase zu verlängern, ohne zur Linderung von Beschwerden beizutragen. In anderen Situationen gibt es kontroverse Diskussionen innerhalb der Ärzteschaft über die Frage der Indiziertheit von Maßnahmen.

2. Zweck und Gegenstand

5 Nach hier vertretener Ansicht ist der wichtigste Inhalt der Indikation die **nachvollziehbare Darstellung** der Beeinträchtigung des Patienten, der möglichen Maßnahmen und deren Erfolgsaussichten, wie sie auch sonst bei einer Aufklärung über eine ärztliche Maßnahme geschehen soll.[3] Dabei ist die Erkrankung bzw. Verletzung nicht allgemein, sondern auf den konkreten Patienten bezogen zu werten, insbesondere auf seine gesundheitliche Verfassung insgesamt und nicht nur auf das akute, einzelne Leiden. In Krankenhäusern unterbleibt diese Gesamtschau aufgrund der spezialisierten Fachabteilungen oft.

6 Die Indikation ist **für jede ärztliche Maßnahme** zu ermitteln. Diese beginnen mit der Feststellung der Diagnose. Schon für sie benötigt der Arzt die Einwilligung des Patienten, da dafür grundsätzlich eine „Untersuchung" im Sinne von § 1827

---

[1] Albrecht/Albrecht, Die Patientenverfügung, 2009, Rn. 47.

[2] Vgl. auch Albrecht/Albrecht/Böhm/Böhm-Rößler, Die Patientenverfügung, 2018, Rn. 80f.

[3] Zu den allgemeinen Anforderungen vgl. BGH 3 StR 239/10, NStZ 2011, 343.

Abs. 1 S. 1 BGB notwendig ist. Der Betroffene oder sein Vertreter sind daher vor Beginn der ärztlichen Tätigkeit um Zustimmung zu bitten.

Auch im Rahmen einer **laufenden Behandlung** muss für jede Untersuchung eine Indikation festgestellt werden. Angesichts der teilweise erheblichen körperlichen und psychischen Belastung durch Untersuchungen gerade für ältere Menschen am Lebensende im Krankenhaus ist hier mitunter einem systembedingten Automatismus entgegenzuwirken. Könnte beispielsweise eine durch die Untersuchung eventuell festgestellte Erkrankung aufgrund der Konstitution des Betroffenen gar nicht behandelt werden, hat die Untersuchung zu unterbleiben. 7

3. Indikation

a) Definition. Die Indikation wird „als das **fachliche Urteil** über den Wert oder Unwert einer medizinischen Behandlungsmethode in ihrer Anwendung auf den konkreten Fall" verstanden.[4] Genauer betrachtet ist eine medizinische Maßnahme dann indiziert, wenn sie mit einer akzeptablen Wahrscheinlichkeit ein Therapieziel erreicht, das für den konkreten Patienten mehr Nutzen als Schaden bedeutet. Bei der Indikationsstellung geht der Arzt von der wissenschaftlichen Evidenz und persönlichen Erfahrung aus, was bei einer Gruppe von Patienten bzw. einer bestimmten Krankheitssituation indiziert ist. Dieses kollektive Urteil muss sodann individualisiert werden, indem die aktuelle Situation des Patienten, sein Gesundheitszustand, seine Begleiterkrankungen und weitere persönliche Merkmale („Gesamtzustand des Patienten") in die Urteilsbildung einfließen. Die Indikationsstellung ist Aufgabe des Arztes und kann nicht delegiert werden.[5] Maßstab ist der aktuelle Facharztstandard, dh diejenige Einschätzung, die ein sorgfältig vorgehender Facharzt für das jeweils betroffene medizinische Gebiet treffen würde.[6] 8

b) Therapieziel. Wesentlich ist das Therapieziel, welches vom **Arzt** zu formulieren ist.[7] Dies ist der Gesetzessystematik zu entnehmen.[8] Die Medizin kennt **viele** Therapieziele, insbesondere die Heilung von Krankheiten, die Verlängerung der Lebenserwartung, die Prävention von Krankheiten, die Rehabilitation von verloren gegangenen Funktionen, die Verbesserung der Lebensqualität und die Sterbebegleitung. Im konkreten Fall können Therapieziele spezifiziert werden, und es können auch mehrere Therapieziele verfolgt werden, wobei hier oftmals Prioritäten gesetzt werden. 9

c) Prognose. Ein Therapieziel wird nur dann angestrebt, wenn es mit einer **akzeptablen Wahrscheinlichkeit** auch erreicht werden kann. Es gibt Situationen, in denen klar ist, dass ein bestimmtes Therapieziel nicht (mehr) erreicht werden kann, so etwa die Heilung bei einem weit fortgeschrittenen Krebsleiden mit Metastasen in verschiedenen inneren Organen. In manchen Situationen haben erst wissenschaftliche Studien im Lauf der Zeit offenbart, dass Therapieziele entgegen der ursprünglichen Einschätzung nicht erreichbar sind. So ist etwa in der Sterbephase das Therapieziel der Linderung von Atemnot bei den allermeisten Patienten nicht durch Sauerstoffgabe erreichbar (stattdessen durch die Gabe atemnotdämpfender Arzneimittel) und die Linderung des Durstgefühls nicht durch Flüssigkeitsinfusion erzielbar 10

---

[4] BGH XII ZB 2/03, NJW 2003, 1588 (1593) mit Verweis auf Opderbecke MedR 1985, 23; ausführlich: Korn GuP 2017, 168; Dietl/Böhm BtPrax 2012, 135; Charbonnier/Dörner/Simon/Neitzke Indikation, 2008, 53–66; Verrel/Simon, Patientenverfügungen, 2010, 77f. sowie Dörries/Lipp, Medizinische Indikation, 2015.

[5] Bundesärztekammer DÄBl 2010, A 877 (881).

[6] Putz/Steldinger/Unger, Patientenrechte am Lebensende, 2021, 30.

[7] Vgl. BGH 2 StR 320/10, NJW 2011, 161 (162).

[8] Albrecht/Albrecht/Böhm/Böhm-Rößler, Die Patientenverfügung, 2018, Rn. 80f.

(sondern durch Mundpflege).[9] Bei einer fortgeschrittenen Demenz, die meist mit Kommunikationsunfähigkeit und Bettlägerigkeit einhergeht, ist die demenzbedingte Schluckstörung nicht durch eine PEG-Sonde zu behandeln, da hierdurch weder eine Lebensverlängerung noch eine Verbesserung der Lebensqualität zu erreichen ist.[10] In manchen Situationen ist die Wahrscheinlichkeit, das Therapieziel zu erreichen, unklar, weil es zu wenig Evidenz gibt oder wie in vielen Notfallsituationen die konkrete Prognose nicht ermittelt werden kann. Dann ist ein Therapieversuch gerechtfertigt.

11 **d) Nutzen und Schaden.** Ein Therapieziel muss zudem für den Patienten einen Nutzen bedeuten, der den **Schaden und** die **Risiken,** welche die Maßnahme mit sich bringt, **aufwiegt.** Eine Chemotherapie, die ein großes Sterblichkeitsrisiko und gravierende unerwünschte Wirkungen mit sich bringt, ohne jedoch einen angemessenen Nutzen in Form von Lebensverlängerung oder Verbesserung der Lebensqualität zu erzielen, wird als nicht indiziert angesehen.[11] Dies bedeutet auch, dass die reine physiologische Wirksamkeit einer Maßnahme noch nicht hinreicht, um eine Indikation zu begründen, denn es ist zu fragen, ob die Wirkung für den Patienten auch einen Nutzen bedeutet. Deshalb wird insbesondere beim sogenannten Wachkoma kontrovers diskutiert, ob die Lebensverlängerung und Zustandserhaltung mittels künstlicher Ernährung bei einem irreversibel Bewusstlosen noch indiziert ist, da sie jenseits der physiologischen Wirksamkeit einen für den Betroffenen nur fraglichen Nutzen hat.[12] Die Ausführungen machen deutlich, weshalb die Indikationsstellung kein rein fachliches Faktenurteil darstellt, sondern ein faktengestütztes Werturteil des Arztes. Dies erklärt nicht nur einen Gutteil der Kontroversen innerhalb der Ärzteschaft über die Frage der Indikation in einem konkreten Fall, sondern stellt auch einen zusätzlichen Grund dar, weshalb zur ärztlichen Indikation der Patientenwille als Korrektiv hinzukommen muss, um eine Maßnahme zu rechtfertigen.

4. Behandelnder Arzt

12 Die Indikation als „objektive Darstellung des medizinisch Sinnvollem“[13] oder „Beurteilung eines Arztes, dass eine konkrete medizinische Maßnahme angezeigt ist“,[14] ist Angelegenheit des Arztes. Um sie zu erstellen, muss er den **vertretungsberechtigten Ehegatten, Betreuer** oder **Bevollmächtigten** also nicht als solche einbinden, sondern lediglich als **Informationsquelle.** Das bedeutet aber auch, dass der Arzt die Indikation nicht zu sehr verengen, insbesondere nicht schon Aspekte des (mutmaßlichen) Willens des Betroffenen einbeziehen darf. Oft werden also mehrere Maßnahmen indiziert sein, aus denen dann der vertretungsberechtigte Ehegatte, Betreuer oder Bevollmächtigte nach dem vorgegebenen Verfahren auswählen kann.

13 Vom Arzt sind „rechtzeitig **andere Ärzte** hinzuzuziehen, wenn die eigene Kompetenz zur Lösung der diagnostischen und therapeutischen Aufgabe nicht mehr ausreicht.“[15] Insbesondere in Krankenhäusern und bei komplexen Erkrankungen behan-

---

[9] Bausewein/Roller/Voltz Leitfaden Palliative Care, München 2015.

[10] Vgl. Sampson et al. Cochrane Database Syst Rev 2009, CD7209; Synofzik Nervenarzt 2007, 418; Alagiakrishnan et al. Arch Gerontol Geriatr 2013, 1; S3-Leitlinie „Demenzen“ unter www.awmf.de.

[11] Vgl. Raithel/Wördehoff, Patientenverfügung, 2012, 3; S3-Leitlinie Palliativmedizin für Patienten mit einer nicht heilbaren Krebserkrankung 2015, 32ff.

[12] Vgl. Borasio Über das Sterben S. 119f.; ähnlich: de Ridder Wie wollen wir sterben? S. 184f.; Jox Fortschr Neurol Psychiat 2011, 576; Synofzik/Marckmann Dtsch Ärztebl 2005, A2079. In eine andere Richtung Bundesärztekammer DÄBl 2011, A 346 (347).

[13] Albrecht/Albrecht, Die Patientenverfügung, 2009, Rn. 220f.

[14] Albrecht/Albrecht/Böhm/Böhm-Rößler, Die Patientenverfügung, 2009, Rn. 256.

[15] Hoppe FPR 2010, 257 (259).

deln regelmäßig mehrere Ärzte einen Betroffenen. Es ist zunächst auf die **konkrete Maßnahme** abzustellen, zu der eingewilligt oder die untersagt werden soll: Der insofern zuständige Arzt ist der behandelnde. Verbleiben mehrere Ärzte und kann bei einem Dissens mit einem von ihnen die Maßnahme nicht durchgeführt bzw. unterlassen werden, liegt ein Dissens vor. Praktisch wir allerdings meistens ein Austausch dieses Arztes vorgenommen werden. Zumindest ein wiederholter und/oder willkürlicher Arztwechsel durch den vertretungsberechtigten Ehegatten, Betreuer oder Bevollmächtigten wird eine Überprüfung seiner Geeignetheit durch das Betreuungsgericht angezeigt sein lassen.

5. Fehlen der Indikation

Ist der Arzt überzeugt, dass eine Maßnahme nicht indiziert ist, darf er sie **nicht durchführen,**[16] es wird auch der Begriff der Übertherapie verwandt.[17] Erst recht ist die Entscheidung des vertretungsberechtigten Ehegatten, Betreuers oder Bevollmächtigten hinzunehmen, keine Maßnahmen mehr durchzuführen.[18] Wenn der Hirntod festgestellt wurde, hat der Arzt die Geräte auch gegen den Willen Dritter (Ehegatten, Betreuer, Bevollmächtigter, sonstige Angehörige) abzuschalten.[19] 14

Durch die Verneinung der Indikation werden in der Praxis viele Fälle beendet. Wenn ein Arzt eine nach seiner Überzeugung eine Maßnahme als „sinnlos“, also nicht indiziert, ansieht, kann er sie **ablehnen.**[20] Dem Patienten oder seinem Vertreter bleibt im Zweifel dann nur die Möglichkeit, zu versuchen, einen anderen Arzt zu finden. Nach hier vertretener Ansicht sollte der Arzt zudem **darstellen,** welche Maßnahmen er (wie in den genannten Beispielen) *nicht* für indiziert ansieht. Gleichzeitig sollte er darauf hinweisen, wenn eine abweichende, medizinisch aber noch vertretbare Meinung möglich ist, also eine Maßnahme mit sehr geringen Aussichten auf Erfolg denkbar ist (zB Operation) oder ein Zustand auch anders beurteilt werden kann (zB „Wachkoma“). Dem Patienten bzw. seinem Vertreter bleibt damit die Möglichkeit erhalten, überhaupt über eine Maßnahme zu entscheiden. Das entspricht dem Sinn der §§ 1827 f. BGB. 15

6. Ablehnung der Indikationserstellung

Problematisch ist die vorherige Ablehnung der Diagnoseerstellung, die insbesondere im **psychiatrischen** Bereich verlangt wird (→ § 1827 Rn. 219).[21] Jedenfalls eine erste, **übersichtsartige Diagnose** kann nach hier vertretener Ansicht nicht generell ausgeschlossen werden. Bei einem Einwilligungsunfähigen muss diese logischerweise zunächst erstellt werden, um entscheiden zu können, ob eine in der Patientenverfügung beschriebene Situation vorliegt. In anderen Fällen gibt es gesetzliche Ermächtigungen jedenfalls für die Unterbringung (§§ 63 StGB, 81 StPO, 1831 BGB),[22] die zurückhaltend angewandt werden müssen, aber greifen können. 16

Der Begriff der „übersichtsartigen Diagnose“ ist allerdings **eng** zu fassen. So kann in einer Patientenverfügung gerade die „Untersuchung“ untersagt werden, § 1827 Abs. 1 S. 1 BGB. Liegt also die allgemeine Situation vor, die in der Patientenverfü- 17

---

[16] Lipp FamRZ 2004, 317 (319); zum Abstellen der Geräte bei Hirntod: LG Dortmund 4 O 297/09, FamRZ 2010, 1012; Zimmermann Vorsorgevollmacht Rn. 378.

[17] Korn GuP 2017, 168.

[18] Vgl. LG Berlin 83 T 595/05, NJW 2006, 3014.

[19] LG Dortmund 4 O 297/09, FamRZ 2010, 1012; Grüneberg/Götz BGB § 1901a Rn. 8.

[20] BGH XII ZB 2/03, NJW 2003, 1588.

[21] Vgl. OLG Zweibrücken 1 Ws 90/11, NStZ 2011, 707; Hartmann NStZ 2000, 113; Staudinger/Bienwald BGB §§ 1901a, b Rn. 43; Brosey BtPrax 2010, 161; www.bpe-online.de.

[22] Weitere: Staudinger/Bienwald BGB §§ 1901a, b Rn. 44.

gung beschrieben ist, hat jede weitere Diagnoseerstellung zu unterbleiben. Ein Beispiel ist die genauere Diagnose nach einem Schlaganfall, wenn ein Betroffener (etwa vor dem Hintergrund schon mehrerer erlittener Schlaganfälle) jegliche medizinische Maßnahmen bei einem (weiteren) Schlaganfall untersagt hat.

III. Erörterung (Abs. 1 S. 2)

1. Grundsatz

18 Die Erörterung des Arztes mit dem vertretungsberechtigten Ehegatten, Betreuer oder Bevollmächtigten sollte einerseits eine **Selbstverständlichkeit** sein. Andererseits ist ihr Zeitpunkt gem. Abs. 1 S. 2 schwer mit dem sonstigen Ablauf in eine logische Reihenfolge zu bringen. Ohne eine Indikation kann der vertretende Ehegatte, Betreuer oder Bevollmächtigter den Patientenwillen nicht ermitteln. Eine Indikation wird wiederum selten ausschließlich schriftlich mitgeteilt, so dass zuerst ein erstes Gespräch stattfindet. Nach der Ermittlung des Patientenwillens durch den vertretenden Ehegatten, Betreuer oder Bevollmächtigten unter Einbeziehung der nahen Angehörigen kann danach in einem zweiten Gespräch die Maßnahme zu erörtern sein. Praktisch werden solche Entscheidungen entweder sehr schnell in einem fließenden Prozess oder auf der Grundlage mehrerer Gespräche im Dialog gefällt.[23]

Die Erörterung hat auch zum **Ziel,** das Bestehen oder Fehlen eines Konsenses zwischen Arzt und vertretenden Ehegatten, Betreuer bzw. Bevollmächtigten festzustellen.[24] Es kann auch sinnvoll sein, sie in einem Konsil, einer Ethikberatung oder mit einem klinischen Ethikkommitee zu führen (→ Rn. 22).

2. Einigkeit

19 Sind sich Betreuer oder Bevollmächtigter und Arzt einig, willigt der Betreuer oder Bevollmächtigte in die ärztliche Maßnahme entsprechend ein oder untersagt sie. Der Arzt richtet sich danach. Im Regelfall werden weitere Maßnahmen der Palliativmedizin ergriffen oder fortgeführt. Dieses Vorgehen gilt auch dann, wenn der Betroffene sterben oder erheblichen gesundheitlichen Schaden erleiden wird, § 1829 Abs. 4 BGB.

20 Nach – hier abgelehnter – Ansicht des BGH[25] kann der vertretungsberechtigte Ehegatte, Betreuer oder Bevollmächtigte auch ein **Negativattest** beim Betreuungsgericht beantragen, wenn Einigkeit mit dem Arzt besteht (→ § 1827 Rn. 208).

3. Uneinigkeit

21 Sind sich Betreuer oder Bevollmächtigter und Arzt nicht einig, ist zu ermitteln, ob für den Betroffenen iSv § 1829 BGB **Lebensgefahr** oder die Gefahr, erheblichen gesundheitlichen **Schaden** zu erleiden, besteht. Wenn dies nicht der Fall ist, ist die Entscheidung des vertretenden Ehegatten, Betreuers oder Bevollmächtigten maßgeblich. Bei einer Untersagung darf der Arzt die Maßnahme nicht durchführen.[26]

---

[23] Entsprechend: Bundesärztekammer DÄBl 2010, A 877 (881).
[24] Beermann FPR 2010, 252 (254).
[25] BGH XII ZB 202/13, NJW 2014, 3572.
[26] Vgl. auch Roglmeier FPR 2010, 282 (285).

4. Ethikberatung

Bei **schwierigen Therapieentscheidungen,** insbesondere für nicht einwilligungsfähige Patienten, und bei der Erörterung des Patientenwillens kann eine ethische Fallberatung hilfreich sein. In vielen Krankenhäusern gibt es heutzutage Formen Klinischer Ethikberatung.[27] Die Zentrale Ethikkommission bei der Bundesärztekammer hat die Einrichtung solcher Formen klinisch-ethischer Praxisunterstützung mit Nachdruck empfohlen, ebenso die Kirchlichen Krankenhausverbände.[28] In vielen Modellen der Krankenhauszertifizierung spielt es eine Rolle, ob ein Krankenhaus eine Klinische Ethikberatung besitzt, weshalb immer mehr Kliniken sich darum bemühen. Außerhalb der Krankenhäuser, speziell der Akutkrankenhäuser, gibt es in Deutschland noch wenige Angebote der Ethikberatung im Gesundheitswesen, allenfalls in einzelnen Alten- und Pflegeheimen, kaum jedoch im ambulanten Bereich für Hausärzte, ambulante Pflegedienste, Hospiz- oder Rettungsdienste.[29] 22

Das übergeordnete **Ziel** jeder Form von Ethikberatung im Gesundheitswesen ist es, die ethisch am besten begründeten patientenbezogenen Versorgungsentscheidungen zu fördern und damit die Qualität der Patientenversorgung zu verbessern. Nachgeordnete Ziele können sein, die ethische Sensibilität, die Urteils- und Entscheidungskompetenz der Behandelnden zu fördern, aber auch Konflikte und gerichtliche Auseinandersetzungen zu vermeiden. Ethikberatung kann zudem die psychischen Belastungen von Patienten, ihren Angehörigen und Behandelnden, die sich aus moralischen Unsicherheiten oder Konflikten ergeben, reduzieren bzw. verhindern. 23

Die klassischen drei Aufgaben von Ethikberatung im Gesundheitswesen sind die **Fortbildung** der Professionellen (Ärzte, Pflegende und andere Gesundheitsberufe), die Erarbeitung themenspezifischer ethischer **Leitlinien** für Institutionen wie etwa Krankenhäuser sowie die ethische **Einzelfallberatung,** die meist im Zusammenhang mit anstehenden Therapieentscheidungen steht. Dabei wird in der Regel ein ethisch geschulter Klinikmitarbeiter oder professioneller Ethikberater eine Fallbesprechung mit allen beteiligten Entscheidungsträgern (insbesondere dem Arzt und dem Bevollmächtigten/Betreuer, aber auch anderen betreuenden Fachkräften, Angehörigen und Vertrauenspersonen des Patienten) organisieren und das Gespräch strukturiert moderieren.[30] Die ethische Fallberatung soll die Entscheidungsfindung unterstützen, Entscheidungen im Sinne des Patienten fördern und Konflikte zwischen den Beteiligten verhindern. Ethikberater treffen jedoch selbst keine Entscheidung, die Entscheidungsverantwortung verbleibt bei Arzt und Patient bzw. Bevollmächtigtem/Betreuer. Bei der Moderation einer ethischen Falldiskussion orientiert sich der Ethikberater in der Regel an einem theoriegeleiteten Modell, was die Analyse des Falles erleichtert und verhindert, dass wichtige ethische Aspekte vergessen oder übergangen werden. Oft gebrauchte Modelle sind die Prinzipienorientierte Falldiskussion, der Basler Leitfaden oder auch das Nimwegener Modell.[31] 24

Eine ethische Fallberatung wird oft von den behandelnden **Ärzten oder Pflegenden angeregt,** kann aber oft auch von **Angehörigen oder Patienten** selbst angeregt bzw. in Anspruch genommen werden. Ethische Fallberatung ist vor allem dann 25

---

[27] Vgl. hierzu Vorstand der Akademie für Ethik in der Medizin e.V. Ethik Med 2010, 149; Zentrale Ethikkommission bei der Bundesärztekammer Dtsch Ärztebl 2006, A1703. Dörries/Neitzke/Simon/Vollmann Klinische Ethikberatung, Stuttgart: Kohlhammer 2010.

[28] Vgl. Zentrale Ethikkommission bei der Bundesärztekammer Dtsch Ärztebl 2006, A1703.

[29] Vgl. Jox Ethik Med 2014, 87.

[30] Zu Strukturmodellen siehe etwa Marckmann/Jox Bayerisches Ärzteblatt 2013, 442. Vgl. auch Dörries/Neitzke/Simon/Vollmann Klinische Ethikberatung, Stuttgart: Kohlhammer 2010.

[31] Vgl. Marckmann, Praxisbuch Ethik in der Medizin, Berlin: Medizinisch Wissenschaftliche Verlagsgesellschaft, 2015, sowie Dörries/Neitzke/Simon/Vollmann Klinische Ethikberatung, 2010.

sinnvoll, wenn Unsicherheiten oder Uneinigkeiten bzgl. wertbehafteten Fragen in der Patientenversorgung bestehen, etwa in Bezug auf die Einschätzung des Patientenwohls, die Ermittlung des mutmaßlichen Willens oder die Interpretation einer Patientenverfügung. In den allermeisten Fällen geht es in diesen ethischen Fallberatungen um Therapieentscheidungen am Lebensende, speziell wenn die betroffenen Patienten selbst nicht mehr einwilligungsfähig oder gar nicht mehr äußerungsfähig sind. Ethikberatung kann jedoch auch bei interkulturellen Konfliktfällen, bei schwierigen Fragen rund um genetische Untersuchungen, reproduktionsmedizinische Verfahren oder Transplantationsentscheidungen hilfreich sein.

IV. Angehörige (Abs. 2)

26 Bei der Ermittlung des Patientenwillens auch aufgrund einer Patientenverfügung ist gem. Abs. 2 nahen Angehörigen und sonstigen Vertrauenspersonen möglichst Gelegenheit zur Äußerung zu geben. Zwar handelt es sich um eine „Soll-Vorschrift". Sie ist aber ein **wesentliches Element** zur Absicherung des Verfahrens bei ansonsten geringer Kontrolle (gerichtliche Prüfung nur bei Dissens), so dass es nur bei Zeitmangel ausgelassen werden kann.

27 Nahe **Angehörige sind** verwandte oder verschwägerte Personen, wie insbesondere die Eltern und Abkömmlinge, die Geschwister sowie der Ehegatte oder Lebenspartner.[32] Als **Vertrauenspersonen** kommen zB Freunde, Bekannte und Nachbarn sowie andere Ärzte, Pflegepersonen und Personen in Betracht, die den Betroffenen in medizinisch-pflegerischen Fragen beraten haben.

28 Eine **Verzögerung** wird es bei der Einbeziehung von weiteren Personen fast immer geben. „Erheblich" ist sie, wenn eine gesundheitliche Beeinträchtigung des Betroffenen zu befürchten wäre, der vom Betroffenen nicht gewünschte Zustand nicht nur unwesentlich länger aufrechterhalten wird oder sich sonst erhebliche Nachteile für ihn ergeben.[33] Die Relevanz von Verzögerungen wird meist vom Arzt beurteilt werden. In Situationen direkt nach einem Unfall oder einem akuten Krankheitsschub werden Verzögerungen weniger zu akzeptieren sein; bei einem Betroffenen, der sich schon Monate oder Jahre im „Wachkoma" befindet, sind einige Tage der Verzögerung eher zu tolerieren – gleichwohl ist aber so zügig wie möglich vorzugehen.

29 **Wollte** der **Betroffene nicht,** dass bestimmte Personen einbezogen werden, kann der Vertreter sie zumindest von Informationen ausschließen.[34] Er sollte den Ausschlusswillen zumindest schlüssig darlegen können, da seine Entscheidung sonst nachträglich als rechtswidrig gewertet werden könnte. Angesichts des sonst herrschenden Datenschutzes und der Verpflichtung zur ärztlichen Verschwiegenheit wäre es aber systemwidrig, wenn nahe Angehörige auf diesem Weg doch zu Informationen gelangen könnten, die ihnen sonst verwehrt wären. Ein „Verzicht" des Betroffenen auf die Einbindung nach Abs. 2 in der Patientenverfügung wird bei dieser Schutzvorschrift zum Teil nicht als zulässig angesehen.[35] Widerspricht die Einbindung aber der persönlichen Überzeugung des Betroffenen, muss dies nach hier vertretener Ansicht von ihm als Ausdruck seiner Selbstbestimmung untersagt werden können.

---

[32] Jürgens Betreuungsrecht BGB § 1901b Rn. 2.

[33] MüKoBGB/Schneider BGB § 1901b Rn. 14.

[34] So auch MüKoBGB/Schneider BGB § 1901b Rn. 15; Diehn/Rebhan NJW 2010, 326 (326).

[35] Albrecht/Albrecht, Die Patientenverfügung, 2009, Rn. 250; aA Müller-Engels/Braun/Renner/Müller-Engels Betreuungsrecht Kap. 2 Rn. 364; MüKoBGB/Schneider BGB § 1901b Rn. 15.

Es wird berichtet, dass in Klinken „allenfalls einem präsenten nahen Angehörigen Gehör" geschenkt wird.[36] Allerdings ist die Einbindung der Angehörigen auch (zumindest primär) **Aufgabe des vertretenden Ehegatten, Betreuers oder Bevollmächtigten.** 30

Da eine sinnvolle Äußerung nur auf einer vollständigen Informationsbasis möglich ist, müssen den Angehörigen und Vertrauenspersonen die Patientenverfügung (in Kopie) sowie die ärztliche Indikation **zur Verfügung gestellt** werden. Es ist keine unmittelbare Entbindung des Arztes von seiner Verschwiegenheitspflicht anzunehmen, sondern eine Befugnis des vertretenden Ehegatten, Betreuers oder Bevollmächtigten, diese Entbindung vorzunehmen.[37] 31

§ 1829 Genehmigung des Betreuungsgerichts bei ärztlichen Maßnahmen

(1) [1]**Die Einwilligung des Betreuers in eine Untersuchung des Gesundheitszustands, eine Heilbehandlung oder einen ärztlichen Eingriff bedarf der Genehmigung des Betreuungsgerichts, wenn die begründete Gefahr besteht, dass der Betreute aufgrund der Maßnahme stirbt oder einen schweren und länger dauernden gesundheitlichen Schaden erleidet.** [2]**Ohne die Genehmigung darf die Maßnahme nur durchgeführt werden, wenn mit dem Aufschub Gefahr verbunden ist.**

(2) **Die Nichteinwilligung oder der Widerruf der Einwilligung des Betreuers in eine Untersuchung des Gesundheitszustands, eine Heilbehandlung oder einen ärztlichen Eingriff bedarf der Genehmigung des Betreuungsgerichts, wenn die Maßnahme medizinisch angezeigt ist und die begründete Gefahr besteht, dass der Betreute aufgrund des Unterbleibens oder des Abbruchs der Maßnahme stirbt oder einen schweren und länger dauernden gesundheitlichen Schaden erleidet.**

(3) **Die Genehmigung nach den Absätzen 1 und 2 ist zu erteilen, wenn die Einwilligung, die Nichteinwilligung oder der Widerruf der Einwilligung dem Willen des Betreuten entspricht.**

(4) **Eine Genehmigung nach den Absätzen 1 und 2 ist nicht erforderlich, wenn zwischen Betreuer und behandelndem Arzt Einvernehmen darüber besteht, dass die Erteilung, die Nichterteilung oder der Widerruf der Einwilligung dem nach § 1827 festgestellten Willen des Betreuten entspricht.**

(5) **Die Absätze 1 bis 4 gelten nach Maßgabe des § 1820 Absatz 2 Nummer 1 für einen Bevollmächtigten entsprechend.**

I. Allgemeines

Die Vorschrift ist inhaltlich nach dem am 1.1.2023 in Kraft getretenen Gesetz zur Reform des Vormundschafts- und Betreuungsrechts[1] im Wesentlichen unverändert geblieben. Zuvor war die Genehmigung des Betreuungsgerichts bei ärztlichen Maßnahmen in § 1904 BGB aF geregelt. Die Änderungen sind vornehmlich redaktioneller Natur: in Absatz 4 wird nunmehr auf die jetzt in § 1827 BGB geregelte Patientenverfügung verwiesen. Absatz 5 bezieht sich auf die nun in → § 1820 BGB ausführlich geregelten Befugnisse eines Bevollmächtigten. 1

---

[36] Grotkopp BtPrax 2015, 39 (42).

[37] Ähnlich: MüKoBGB/Schneider BGB § 1901b Rn. 13; Rieger FamRZ 2010, 1601 (1605 f.).

[1] BGBl. 2021 I 882.

Nach der Rechtsprechung des BGH[2] sind medizinische Behandlungen gegen den natürlichen Willen eines einwilligungsunfähigen Betreuten unzulässig. Der Betreuer darf daher den Betroffenen einer ambulanten Behandlung nicht zuführen, wenn dieser sich widersetzt. Auf die Gründe, die den Betreuten hierzu bewegten, und auch auf seine Einsichtsfähigkeit kommt es nicht an.[3]

2 Voraussetzung für die Befugnis des Betreuers, für den Betroffenen eine Einwilligungserklärung abzugeben, ist zum Einen, dass der Betroffene einwilligungsunfähig ist[4] und darüber hinaus, dass die beabsichtigte ärztliche Maßnahme in den Aufgabenkreis des Betreuers fällt. Hierfür ist nicht erforderlich, dass die beabsichtigte Maßnahme in der Bestallungsurkunde konkret genannt ist. Vielmehr ist der Betreuer zu einer Einwilligung für den Betreuten grundsätzlich befugt, wenn ihm der Aufgabenbereich der Gesundheitsfürsorge übertragen wurde oder sich die Betreuung auf Heilbehandlungen des Betreuten erstreckt.

3 Was unter Einwilligungsunfähigkeit zu verstehen ist, wird in § 630d Abs. 1 BGB nicht explizit geregelt. Einwilligungsunfähig ist jedenfalls, wer nicht in der Lage ist, Art, Bedeutung, Tragweite und Folgen der beabsichtigten Maßnahme zu verstehen und seinen Willen daran nicht mehr orientieren kann.[5] Erleidet der Betroffene infolge einer Operation ein Delir, ist dessen Einwilligung in die Behandlung nicht erforderlich und sein Widerspruch unbeachtlich, da in diesen Fällen eine vom mutmaßlichen Willen gedeckte Einwilligung angenommen werden kann.[6]

4 Sofern im Einzelfall konkrete Anhaltspunkte für eine Einwilligungsfähigkeit des Betreuten vorliegen, muss das Gericht die Frage der Einwilligungsfähigkeit des Betreuten durch Einholung eines Sachverständigengutachtens abklären.

Eine Vorsorgevollmacht gilt demgegenüber im Außenverhältnis in der Regel unbeschränkt. Das heißt: Der Vorsorgebevollmächtigte ist unabhängig vom Bestehen der Geschäftsfähigkeit bzw. des Eintritts der Geschäftsunfähigkeit unmittelbar zum Handeln befugt. Es besteht aber die Möglichkeit, den Bevollmächtigten im Innenverhältnis zur gleichzeitigen Vorlage einer fachärztlichen Bescheinigung über die Geschäftsfähigkeit zu verpflichten.

II. Erläuterungen zur Norm

1. Einwilligung (Abs. 1)

5 Einwilligungen des Betreuers in ärztliche Maßnahmen bedürfen nach § 1829 Abs. 1 BGB der Genehmigung des Betreuungsgerichts, wenn sie derart gefährlich sind, dass der Betroffene versterben oder einen schweren und länger dauernden gesundheitlichen Schaden erleiden könnte. Unter den Oberbegriff der ärztlichen Maßnahmen fallen Untersuchungen des Gesundheitszustandes, Heilbehandlungen und ärztliche Eingriffe.

6 **a) Untersuchungen des Gesundheitszustandes.** Eine Untersuchung des Gesundheitszustandes ist jedes diagnostische oder anamnestische Verfahren, unabhängig davon, ob es mit einer körperlichen Untersuchung oder einem körperlichen Eingriff verbunden ist oder nicht,[7] wie zum Beispiel eine Endoskopie (Ausleuchten und Inspektion von Körperhohlräumen und Hohlorganen mit Hilfe eines röhren- oder

---

2 BGHXII ZB 236/05, DNotZ 2006, 626ff.

3 LG Kassel 3 T 859/95, FamRZ 1996, 1501.

4 BeckOK BGB/Müller-Engels § 1829 Rn. 9.

5 Umkehrschluss aus BT-Drs. II/4528, 71.

6 AG Lübeck 9 XIV 17146 L, BtPrax 2020, 36.

7 MüKoBGB/Schneider § 1904 Rn. 30.

schlauchartigen Instruments), eine Katheterisierung (Einführen eines röhren- oder schlauchartigen Instruments in Hohlorgane oder Gefäße, um Inhalte zu entnehmen oder abzulassen bzw. Substanzen einzubringen), eine Lumbalpunktion (Verfahren zur Gewinnung von Gehirn-Rückenmark-Flüssigkeit – liquor cerebrospinalis – mittels einer Hohlnadel), eine Subokzipitalpunktion (Punktion unterhalb des Hinterkopfes zur Gewinnung des liquor cerebrospinalis) oder eine Ventrikelpunktion (Punktion der Hirnkammern zur Druckentlastung).

b) Heilbehandlung. Unter einer Heilbehandlung versteht man Maßnahmen 7
jeglicher Art, die auf Herstellung der Gesundheit, Linderung der Krankheit, Beseitigung oder Linderung von Krankheitsfolgen sowie Verhütung von Krankheiten oder ihrer Verschlimmerung gerichtet sind.[8] Hierunter fallen im Bereich der operativen Behandlungsmaßnahmen zB Herzoperationen, Transplantationen, neurochirurgische Operationen, gefäßchirurgische Eingriffe sowie Operationen am offenen Thorax und Amputationen.

Im nichtoperativen Bereich zählen hierzu beispielsweise die Durchführung einer Elektrokrampftherapie (EKT), einer Chemotherapie, von Strahlenbehandlungen sowie die Behandlung mit bestimmten Medikamenten, mit deren Gabe das Risiko erheblicher Nebenwirkungen verbunden ist (zB Dipidolor, Glianimon, Morphin Merck oder Ritalin).

c) Ärztlicher Eingriff. Unter einem ärztlichen Eingriff versteht man jede Maß- 8
nahme, die die körperliche Unversehrtheit verletzt, ohne dass damit eine medizinisch indizierte Untersuchung oder Heilbehandlung verbunden ist.[9] Als ärztliche Eingriffe bezeichnet man Maßnahmen, die keinem kurativen Zweck dienen. Hierunter fällt zB die Anlage einer PEG-Sonde zur Ernährung (Percutane endoskopisch kontrollierte Gastrostomie) oder eine Amputation[10]aber auch vorbeugende Maßnahmen wie zB Impfungen. Daneben gehören hierzu unterschiedliche Maßnahmen wie Blut- und Organspenden, aber auch kosmetische Operationen.

d) Begründete Gefahr einer schweren Folge. Eine Genehmigungspflicht hin- 9
sichtlich der jeweils durchzuführenden ärztlichen Maßnahme besteht regelmäßig nur dann, wenn die begründete Gefahr des Todes oder eines schweren und länger dauernden gesundheitlichen Schadens besteht. Es muss die ernste und konkrete Erwartung vorliegen, dass die näher bezeichneten Folgen eintreten werden.[11]

Die schwere Folge liegt neben dem Todeseintritt des Vertretenen in einem schweren und länger dauernden gesundheitlichen Schaden. Unter einem schweren Schaden versteht man sowohl körperliche Schäden als auch in ihrer Wirkung einschneidende psychische Veränderungen. Beispiele: Verlust eines Körpergliedes, Verlust des Sehvermögens auf einem oder beiden Augen, Verlust der Sprache, des Gehörs oder der Zeugungsfähigkeit. Auch Auswirkungen einer ärztlichen Maßnahme, die die alltägliche Lebensführung des Betreuten im Vergleich zum gesunden Menschen erheblich beeinträchtigen, stellen einen schweren Schaden dar. Eine Beeinträchtigung im Sinne eines schweren Schadens liegt zum Beispiel vor, wenn die Nebenwirkungen von Medikamenten schwere psychische Belastungen hervorrufen.

Für alle ärztlichen Maßnahmen gilt, dass der Betreuer bei Zweifeln an der Erforderlichkeit im eigenen Interesse regelmäßig das Betreuungsgericht mit der Bitte um Genehmigung anrufen sollte.

---

[8] MüKoBGB/Schneider § 1904 Rn. 30.
[9] BT-Drs. 11/4528, S. 140.
[10] AG Brandenburg 85 XVII 154/18, BtPrax 2021, 240.
[11] MüKoBGB/Schneider § 1904 Rn. 32.

10 **e) Eilfälle.** Liegt ein sog. Eilfall vor, benötigt der Betreuer nicht die Genehmigung des Betreuungsgerichts. Er ist gegeben, wenn der mit der Durchführung des Genehmigungsverfahrens verbundene zeitliche Aufschub der ärztlichen Maßnahme zu einer Gefahr für den Betreuten führt.[12]

2. Nichteinwilligung und Widerruf der Einwilligung (Abs. 2)

11 **a) Grundsatz.** Aus dem Wortlaut der Norm ergibt sich, dass der Betreuer die Genehmigung des Betreuungsgerichts auch dann einholen muss, wenn er die Einwilligung zu einer risikoreichen ärztlichen Maßnahme verweigern bzw. die Einwilligung des Betreuten widerrufen will, obwohl die Maßnahme medizinisch angezeigt ist und die begründete Gefahr besteht, dass der Betreute aufgrund des Unterbleibens oder des Abbruchs der Maßnahme stirbt oder einen schweren und länger dauernden gesundheitlichen Schaden erleidet. § 1829 Abs. 1 BGB ist demgegenüber nur auf die Einwilligung des Betreuers in eine ärztliche Maßnahme anzuwenden. Die Ablehnung oder der Widerruf der einmal erteilten Einwilligung sind hiervon nicht erfasst. Der Verzicht des Betreuers auf eine ärztlich indizierte Maßnahme ist in § 1829 Abs. 2 BGB verankert.

Wird die Einwilligung zur Durchführung der künstlichen Ernährung mit Hilfe einer PEG-Sonde widerrufen, ist nach der Entscheidung des AG Nordenham[13] eine gerichtliche Entscheidung nur einzuholen, wenn ein konkretes ärztliches Behandlungsangebot besteht und bei der Feststellung des Patientenwillens ein Dissens zwischen Betreuer und behandelndem Arzt aufgetreten ist. In diesem Fall muss der behandelnde Arzt mit dem Betreuer die angebotenen ärztlichen Maßnahmen und die Feststellung des tatsächlichen oder mutmaßlichen Willens des Betroffenen erörtern. Verweigert der Arzt derartige Erörterungen und kann eine Übereinstimmung der Feststellung eines konkreten Behandlungsangebotes und insbesondere des mutmaßlichen Patientenwillens nicht festgestellt werden, muss das Gericht eine eigene Entscheidung treffen.

11a **b) Patientenverfügung.** Nicht gemeint ist allerdings der Fall, in dem der Arzt aufgrund einer Patientenverfügung eine ärztliche Maßnahme durchführt oder unterlässt, denn hierin liegt bereits eine antizipierte Einwilligung bzw. Untersagung. § 1829 BGB setzt nämlich regelmäßig eine Einwilligung bzw. einen Verzicht des Betreuers/Bevollmächtigten voraus. Der Abbruch einer lebenserhaltenden Maßnahme bedarf dann nicht der betreuungsgerichtlichen Genehmigung nach § 1829 Abs. 2 BGB, wenn der Betroffene einen entsprechenden eigenen Willen bereits in einer wirksamen Patientenverfügung (§ 1827 BGB) niedergelegt hat, diese auf die konkret eingetretene Lebens- und Behandlungssituation zutrifft und kein Dissens zwischen Kompetenzträger und behandelndem Arzt vorliegt.[14]

Nicht ausdrücklich geregelt wurde, wie bei Meinungsverschiedenheiten über die Auslegung oder Verbindlichkeit der Patientenverfügung verfahren werden soll. Es bleibt unklar, ob in diesen Fällen ebenfalls die Genehmigung des Betreuungsgerichts eingeholt werden muss oder kann, → §§ 1827 Rn. 207–210, § 1828 BGB. Eine Genehmigung des Betreuungsgerichts ist zumindest dann nicht erforderlich, wenn zwischen Arzt und Betreuer keine Meinungsverschiedenheiten betreffend den Patientenwillen im Hinblick auf die ärztliche Maßnahme bestehen.[15] In jedem Fall trifft den behandelnden Arzt die Pflicht, mit dem Betreuer die angebotenen ärztlichen Maß-

---

[12] AG Nordenham 9 XVII 8/00, FamRZ 2011, 1327.

[13] BGH XII ZB 202/13, NJW 2014, 3572 ff = BGHZ 202, 226 = FamRZ 2014, 1909; BGH. XII ZR 177/03, ZEV 2005, 485; Spickhoff FamRZ 2014, 1913.

[14] Boemke NJW 2015, 378.

[15] BGH XII ZB 202/13, NJW 2014, 3572.

nahmen und die Feststellung des tatsächlichen oder mutmaßlichen Willens des Betroffenen zu erörtern. Verweigert der Arzt derartige Erörterungen und kann eine Übereinstimmung der Feststellung eines konkreten Behandlungsangebots und insbesondere des mutmaßlichen Patientenwillens nicht festgestellt werden, ist eine gerichtliche Entscheidung erforderlich. In Zweifelsfällen sollte im Interesse und zum Schutz des Lebens des Patienten das Betreuungsgericht jedoch regelmäßig eingeschaltet werden, um auf diese Weise zu verhindern, dass der Betreuer/Bevollmächtigte seine rechtlichen Befugnisse überschreitet und der Patient infolgedessen irreparable Schäden erleidet. Nur diese Vorgehensweise entspricht dem Sinn und Zweck der Einholung einer Genehmigung durch das Betreuungsgericht: Der präventive Kontrolle des Betreuers/Bevollmächtigten.[16]

Zur Frage, was unter einem schweren oder länger dauernden gesundheitlichen Schaden zu verstehen ist, → Rn. 9.

3. Genehmigungserteilung (Abs. 3)

12 Die Vorschrift regelt, wann das Betreuungsgericht die Genehmigung nach § 1829 Abs. 1 und 2 BGB zu erteilen hat. Dies ist der Fall, wenn die Einwilligung, die Nichteinwilligung oder der Widerruf der Einwilligung dem Willen des Betreuten entspricht. Das Gericht überprüft demnach im Interesse und zum Schutz des Betreuten, ob die Entscheidung des Betreuers tatsächlich seinem mutmaßlichen Willen entspricht. Es greift hierfür auf die in → § 1829 Abs. 2 BGB genannten Kriterien zurück.

Die Vorschrift regelt nicht ausdrücklich, ob das Gericht hierbei die Entscheidung des Betreuers lediglich auf der Grundlage der von ihm zum mutmaßlichen Willen des Betreuten ermittelten Feststellungen überprüft oder es den mutmaßlichen Willen des Betreuten selbst ermittelt. Der Schutz des Betreuten vor falschen Entscheidungen des Betreuers gebietet es grundsätzlich, dass das Gericht eigene Ermittlungen zur Erforschung des mutmaßlichen Willens betreibt. Dieser Rechtsgedanke ist auch in § 298 FamFG verankert. In der Regel wird der Betreuer dem Gericht das Ergebnis seiner Ermittlungen zum mutmaßlichen Willen des Betreuten offenlegen. Das Gericht überprüft dann lediglich die Richtigkeit des Ermittlungsergebnisses und wird wohl lediglich im Einzelfall, bei Zweifeln, noch weitere eigene Ermittlungen betreffend den mutmaßlichen Willen des Betreuten einholen.[17]

4. Befreiung von der Genehmigungspflicht (Abs. 4)

13 Der Betreuer benötigt die Genehmigung des Betreuungsgerichts in den in § 1829 Abs. 1 und 2 BGB genannten Fällen. Nach § 1829 Abs. 4 BGB ist diese Genehmigung entbehrlich, wenn zwischen Arzt und Betreuer Einigkeit darüber besteht, dass die Einwilligung, Nichteinwilligung oder der Widerruf der Einwilligung dem Patientenwillen entsprechen. § 1829 Abs. 4 BGB enthält eine rechtsförmliche Änderung, die letztendlich wohl auf die Entscheidung des BGH vom 17.3.2003[18] zurückgeht.

Der BGH hatte seinerzeit entschieden, dass ein Betreuer für die Verweigerung seiner Einwilligung in eine von den Ärzten angebotene lebensverlängernde oder -erhaltende Maßnahme die Genehmigung des Vormundschaftsgerichtes (jetzt: Betreuungsgericht) benötigt. Eine Genehmigung war nach Ansicht des BGH jedoch dann nicht erforderlich, wenn zwischen Arzt und Betreuer Einigkeit besteht.

Nach Auffassung des Gesetzgebers ist in Fällen, in denen sich Arzt und Betreuer einig sind, eine weitere Kontrollinstanz durch Einschaltung des Betreuungsgerichtes

---

[16] LG Saarbrücken 5 T 100/09, BeckRS 2009, 10553.

[17] BGH, XII ZB 2/03, RNotZ 2003, 255; BGHZ 154, 205–230 = FamRZ 2003, 748.

[18] LG Kleve 4 T 77/10, BeckRS 2010, 14400.

nicht erforderlich. Denn das Einvernehmen von Arzt und Betreuer impliziert, dass eine gegenseitige Kontrolle der Entscheidungsfindung stattgefunden hat.

Besteht zwischen Arzt und Betreuer in dem nach → § 1828 BGB zu führenden Gespräch Einvernehmen darüber, dass die Erteilung, die Verweigerung oder der Widerruf der Einwilligung des Betreuers in eine lebenserhaltende ärztliche Behandlung (künstliche Ernährung mittels Ernährungssonde) dem in einer Patientenverfügung niedergelegten Willen des Betroffenen entspricht, und schaltet der Betreuer gleichwohl das Betreuungsgericht ein, so hat dieses lediglich auszusprechen, dass die Genehmigungsbedürftigkeit gemäß § 1829 Abs. 4 BGB nicht besteht (sog. Negativattest), → § 1827 Rn. 208f. Vor Erteilung des Negativattestes hat aber das Betreuungsgericht zu Vermeidung eines Missbrauchs zu prüfen, ob zureichende tatsächliche Anhaltspunkte dafür vorliegen, dass bei dem Betroffenen ein irreversibles Grundleiden mit tödlichem Verlauf – sei es auch noch ohne Todesnähe – besteht, und die Auslegung der Patientenverfügung in dem vom Betreuer und dem behandelnden Arzt verstandenen Sinne jedenfalls vertretbar erscheint.[19]

Bereits früher wurde kritisiert, dass ohne Einschaltung des Gerichts die Gefahr besteht, dass Arzt und Betreuer rechtsmissbräuchlich zusammenwirken. Dem hält der Gesetzgeber zu Recht entgegen, dass ein generalisierender Missbrauchsverdacht gegen den behandelnden Arzt und den Betreuer jeder Grundlage entbehre und im Übrigen Entscheidungen zum Nachteil des Betreuten dadurch wirksam begegnet werde, dass jeder Dritte, insbesondere der Ehegatte, Lebenspartner, Verwandte sowie sonstige Vertrauenspersonen jederzeit eine betreuungsgerichtliche Kontrolle der Betreuerentscheidung in Gang setzen kann.[20] Es würde zudem einen nicht gerechtfertigten Eingriff in das Selbstbestimmungsrecht des betreuten Patienten darstellen, wenn die Umsetzung seines Willens durch Einschaltung des Gerichtes und mehrere Instanzenzüge verzögert würde. Das Ergebnis wäre, dass die vorgesehenen ärztlichen Maßnahmen zunächst nicht eingeleitet werden könnten bzw. die ärztliche Behandlung weitergeführt werden müsste, obwohl ein entgegengesetzter Wille des Patienten feststeht. Zudem sind die Ärzte verpflichtet, das Einvernehmen mit dem Betreuer über den Behandlungswillen des Patienten zu dokumentieren. Eine gesonderte gesetzliche Regelung insoweit war nicht erforderlich.

Die Dokumentationspflicht der Ärzte ergibt sich aus § 10 der Musterberufsordnung für die deutschen Ärztinnen und Ärzte,[21] welche weitgehend in die Berufsordnungen der Länder übernommen wurde.

5. Anwendbarkeit auf Vollmachten (Abs. 5)

14 Die Vorschrift stellt den Bevollmächtigten im Hinblick auf nach § 1829 Abs. 1 und 2 BGB genehmigungsbedürftigen Entscheidungen sowie im Hinblick auf nicht genehmigungsbedürftige Maßnahmen nach § 1829 Abs. 4 BGB mit dem gerichtlich bestellten Betreuer gleich.[22] Sofern aus der Patientenverfügung eines Betreuten hervorgeht, dass lebensverlängernde Maßnahmen abgebrochen werden sollen und zwischen Bevollmächtigten und der behandelnden Arzt Einvernehmen darüber besteht, dass zwischen ihnen ein die Kontrollzuständigkeit des Gerichts erfordernder Konflikt zwischen ihnen nicht besteht, bedarf es nach einer Entscheidung des LG Oldenburg[23] für die Durchführung der vom Bevollmächtigten beabsichtigten Maßnahme nicht der Genehmigung des Betreuungsgerichts.

---

[19] BT-Drs. 16/8442, S. 19.

[20] (Muster-)Berufsordnung für die in Deutschland tätigen Ärztinnen und Ärzte, MBO-Ä 2018.

[21] BVerfG 2 BvR 1967/12, FamRZ 2015, 1365; Schwab FamRZ 2015, 1357.

[22] LG Oldenburg 8 T 180/10, FamRZ 2010, 1470.

[23] BGBl. I 1474.

Bis zum Jahr 1999 war es stark umstritten, ob sich eine Vollmacht auch auf Fragen der Gesundheitssorge erstrecken konnte. Erst mit Inkrafttreten des 1. Betreuungsänderungsgesetzes zum 1.1.1999 wurde durch Einfügung des § 1904 Abs. 2 BGB a. F. die Zulässigkeit von Vollmachten mit dem Bereich „Gesundheitssorge" geregelt (§ 164 BGB).

Damit der Bevollmächtigte Entscheidungen über ärztliche Maßnahmen im Sinne des § 1829 Abs. 1 und 2 BGB treffen kann, muss sich der Regelungsbereich der Vollmacht gem. § 1820 Abs. 2 Nr. 1 BGB auf diese Maßnahmen erstrecken bzw. die Maßnahmen des § 1829 Abs. 1 S. 1 und Abs. 2 BGB ausdrücklich umfassen. Man spricht hier vom sogenannten Konkretisierungsgebot.[24] Hierfür muss nicht unbedingt der Wortlaut der Vorschrift wiedergegeben werden. Dies dürfte zumindest aber die sicherste Variante sein. Entscheidend ist jedenfalls, wenn aus der Urkunde klar hervorgeht, dass die Vollmacht die *Entscheidung über die Einwilligung, Nichteinwilligung oder den Widerruf der Einwilligung in medizinische Maßnahmen* der im Gesetz beschriebenen Art umfassen soll.[25] Fehlt eine ausdrückliche Nennung, so hat der Vertreter für Maßnahmen nach § 1829 Abs. 1 S. 1 und Abs. 2 BGB keine Vertretungsmacht. Für alle anderen Bereiche, bleibt die Vollmacht aber wirksam. Es reicht nicht aus, wenn in der Vollmacht festgehalten ist, dass der Bevollmächtigte zur Vornahme „aller denkbaren Handlungen, Willenserklärungen und Maßnahmen, die einer Stellvertretung zugänglich sind",[26] berechtigt ist. Ferner genügt es nach Auffassung des LG Hamburg[27] nicht, wenn in der Vollmacht lediglich ausgeführt ist, dass dem Bevollmächtigten die „Sorge für die Gesundheit" des Vollmachtgebers übertragen wurde. Formulierungen, wie „alle Angelegenheiten" oder die einleitende Feststellung, dass es sich um eine „Generalvollmacht" handle, genügen dem Formerfordernis des § 1829 Abs. 5 BGB ebenfalls nicht.[28] Auch die Verwendung des Begriffes „Altersvorsorgevollmacht" oder die Entscheidung über die allgemeine Aufenthaltsbestimmung ist nicht ausreichend.[29] Folge einer mangelhaften Formulierung ist insoweit die Unwirksamkeit der Bevollmächtigung.

Konsequenz hieraus ist, dass das Betreuungsgericht einen Betreuer für den Vollmachtgeber zu bestellen hat.[30]

6. Form

Die Vollmacht muss nach den §§ 126, 1820 Abs. 2 Nr. 1 BGB schriftlich erteilt **15**
werden. Eine mündliche Bevollmächtigung reicht nicht aus. Das Formerfordernis dient insbesondere der Rechtssicherheit und dem Schutz des Vollmachtgebers vor willkürlichen Entscheidungen eines mutmaßlich Bevollmächtigten. Es hat Warnfunktion.

---

[24] BGH XII. ZB 61/16, NJW 2016, 3297–3303 mAnm Dodegge, FamRZ 2016, 1678.

[25] Scherer/Lipp/Schrader MAH § 44 Rn. 17.

[26] LG Hamburg 301 T 222/99, FamRZ 1999, 1613.

[27] OLG Zweibrücken 3 W 59/02, FamRZ 2003, 113.

[28] OLG Stuttgart 8 W 534/93, FamRZ 1994, 1418.

[29] Formulierungsvorschlag und Muster bei Zimmermann, S. 72 Rn. 78. Das Vollmachtsmuster ist noch zu erstrecken auf die Möglichkeit, eine bereits erteilte Einwilligung des Vollmachtgebers zu widerrufen. Für den Fall, dass der Bevollmächtigte auch das Recht zur Vertretung des Vollmachtgebers in Fragen der Sterbehilfe haben soll, muss die oben erwähnte Formulierung insoweit erweitert werden.

[30] Kritisch hierzu: Meyer BtPrax 1998, 214 (217).

7. Verfahren

16 Zuständig für die Genehmigungserteilung ist gemäß § 15 Abs. 1 Nr. 4 RpflG der Richter. Das Gericht muss den Betroffenen persönlich anhören, § 298 FamFG. Von der Anhörung kann abgesehen werden, wenn damit schwere gesundheitliche Nachteile für den Betroffenen verbunden wären oder dieser offensichtlich nicht in der Lage ist, seinen Willen kenntlich zu machen, § 34 Abs. 2 FamFG. Vor Erteilung der Genehmigung muss das Gericht ein Sachverständigengutachten einholen, wobei Sachverständiger und der die Maßnahme ausführende Arzt personenverschieden sein sollen (§ 298 Abs. 3 S. 2 FamFG), aber nicht zwingend sein müssen.[31] Sonstige Beteiligte sollen ebenfalls angehört werden, § 298 Abs. 1 S. 3 FamFG. Einer dem Betroffenen nahestehenden Person ist auf seinen Wunsch hin Gelegenheit zur Äußerung zu geben, § 298 Abs. 1 S. 2 FamFG. Gegen die Zurückweisung des Antrags stehen dem Kompetenzträger (Betreuer und Vorsorgebevollmächtigten) sowie dem Betroffenen das Rechtsmittel der einfachen Beschwerde zu.

§ 1831 Freiheitsentziehende Unterbringung und freiheitsentziehende Maßnahmen

(1) **Eine Unterbringung des Betreuten durch den Betreuer, die mit Freiheitsentziehung verbunden ist, ist nur zulässig, solange sie erforderlich ist, weil**
1. **aufgrund einer psychischen Krankheit oder geistigen oder seelischen Behinderung des Betreuten die Gefahr besteht, dass er sich selbst tötet oder erheblichen gesundheitlichen Schaden zufügt, oder**
2. **zur Abwendung eines drohenden erheblichen gesundheitlichen Schadens eine Untersuchung des Gesundheitszustands, eine Heilbehandlung oder ein ärztlicher Eingriff notwendig ist, die Maßnahme ohne die Unterbringung des Betreuten nicht durchgeführt werden kann und der Betreute aufgrund einer psychischen Krankheit oder geistigen oder seelischen Behinderung die Notwendigkeit der Unterbringung nicht erkennen oder nicht nach dieser Einsicht handeln kann.**

(2) [1]**Die Unterbringung ist nur mit Genehmigung des Betreuungsgerichts zulässig.** [2]**Ohne die Genehmigung ist die Unterbringung nur zulässig, wenn mit dem Aufschub Gefahr verbunden ist; die Genehmigung ist unverzüglich nachzuholen.**

(3) [1]**Der Betreuer hat die Unterbringung zu beenden, wenn ihre Voraussetzungen weggefallen sind.** [2]**Er hat die Beendigung der Unterbringung dem Betreuungsgericht anzuzeigen.**

(4) **Die Absätze 1 bis 3 gelten entsprechend, wenn dem Betreuten, der sich in einem Krankenhaus, einem Heim oder einer sonstigen Einrichtung aufhält, durch mechanische Vorrichtungen, Medikamente oder auf andere Weise über einen längeren Zeitraum oder regelmäßig die Freiheit entzogen werden soll.**

(5) **Die Absätze 1 bis 4 gelten nach Maßgabe des § 1820 Absatz 2 Nummer 2 für einen Bevollmächtigten entsprechend.**

---

[31] Kritisch hierzu: Meyer BtPrax 1998, 214 (217).

I. Allgemeines

1 Die Vorschrift wurde im Zuge des Gesetzes zur Reform des Vormundschafts- und Betreuungsrechts[1] neugefasst. Zuvor waren die freiheitsentziehende Unterbringung und freiheitsentziehende Maßnahmen in § 1906 BGB aF geregelt. Die Änderungen sind redaktioneller Natur. In Abs. 1 S. 1 wurden – der allgemeinen Umorientierung vom „Wohl" zum „Wunsch" des Betreuten folgend – die Worte „zum Wohl des Betreuten" gestrichen, ohne dass es eine inhaltliche Änderung bedeuten soll. Absatz 5 der Vorschrift verweist nun in gekürzter Form auf den neu geschaffenen § 1820 Abs. 2 Nr. 2 BGB, der Formerfordernisse bei Tätigwerden eines Bevollmächtigten ausführlich festschreibt.

Die Vorschrift behandelt die zivilrechtliche Unterbringung eines Volljährigen in Fällen, in denen vom Betroffenen zumindest auch eine Eigengefährdung ausgeht. Für die zivilrechtliche Unterbringung Minderjähriger greift demgegenüber § 1631 b BGB. Die (nachrangige[2]) öffentlich-rechtliche Unterbringung für Fälle der Fremdgefährdung ist in den jeweiligen Unterbringungsgesetzen der Länder und anderen Vorschriften, wie beispielsweise in § 63 StGB, geregelt.[3]

§ 1831 BGB hat stets das gesundheitliche Wohl des Betreuten zum Inhalt. Andere (zB vermögensrechtliche) Schäden bleiben unberücksichtigt.[4] Medizinische Zwangsbehandlungen sind geregelt in → § 1832 BGB, der dem früheren § 1906 a BGB aF entspricht. § 1831 BGB ist parallel zu § 1832 BGB anwendbar, wenn medizinische Zwangsbehandlungen mit einer Unterbringung einhergehen. In diesen Fällen sind stets beide Genehmigungsverfahren durchzuführen und ggf. miteinander zu verbinden.[5]

Die Absätze 1–4 der Norm gelten gemäß § 1831 Abs. 5 BGB auch für einen Vorsorgebevollmächtigten. Auch er benötigt bei Maßnahmen nach Absatz 1 und 4 die Genehmigung des Betreuungsgerichts. Selbst der Vollmachtgeber kann den Bevollmächtigten vom Genehmigungserfordernis also nicht entbinden.[6]

II. Erläuterungen zur Norm

1. Zulässigkeit einer Unterbringung mit Freiheitsentziehung (Abs. 1)

2 **a) Überblick.** § 1831 Abs. 1 BGB regelt die Unterbringung einer Person, die mit einer Freiheitsentziehung einhergeht (sog. freiheitsentziehende Unterbringung). Der Begriff Freiheitsentziehung wird in § 415 Abs. 2 FamFG legaldefiniert. Sie liegt vor, wenn einer Person gegen ihren Willen oder in einem Zustand der Willenlosigkeit insbesondere in einer abgeschlossenen Einrichtung, wie in einem Gewahrsamsraum oder einem abgeschlossenen Teil eines Krankenhauses, die Freiheit entzogen wird.

§ 1831 BGB verwendet denselben Begriff wie in § 1631 b BGB, wobei der Begriff Unterbringung in keiner der beiden Vorschriften legaldefiniert wird. Der BGH geht jedenfalls von einer Unterbringung aus, wenn der Betroffene gegen seinen Willen oder im Zustand der Bewusstlosigkeit in einem räumlich begrenzten Bereich eines

---

[1] BGBl. 2021 I 882 – 937.

[2] LG Mönchengladbach 5 T 99/02, BeckRS 2009, 6262.

[3] BGH XII ZB 96/15, NJW 2015, 961.

[4] BT-Drs. 11/4528, S. 82.

[5] MüKoBGB/Schneider § 1906 Rn. 54.

[6] Walter FamRZ 1999, 685 (691).

geschlossenen Krankenhauses, einer anderen geschlossenen Einrichtung oder dem abgeschlossenen Teil einer solchen Einrichtung festgehalten, sein Aufenthalt ständig überwacht und die Kontaktaufnahme mit Personen außerhalb des Bereichs eingeschränkt wird.[7] Unter Freiheit versteht man nicht bloß die reine Fortbewegungsfreiheit, sondern auch die Freiheit, nicht überwacht zu werden und unkontrolliert Kontakte zu pflegen. Unter den Begriff fällt demnach auch die Überwachung des Betroffenen durch Klinikpersonal mittels Monitoren oder anderen technischen Vorrichtungen.[8] Fixierungen und Bettgitter sind keine Unterbringungsmaßnahmen nach Abs. 1, aber als freiheitsentziehende Maßnahmen im Sinne des § 1831 Abs. 4 BGB anzusehen. Dasselbe gilt zB auch für ein regelmäßiges Verschließen der Eingangstür zu einer Wohngruppe in einem Behindertenzentrum zur Nachtzeit.[9] Auch diese Maßnahme ist genehmigungspflichtig.

3 § 1831 BGB setzt die Anordnung einer gesetzlichen Betreuung mit entsprechendem Aufgabenkreis oder eine Vollmacht mit ausdrücklicher Ermächtigung (sog. qualifizierte Vorsorgevollmacht, § 1831 Abs. 5 BGB iVm § 1820 Abs. 2 Nr. 2 BGB) voraus. Ausnahmsweise kann in Eilfällen nach § 1867 BGB auch das Gericht die Unterbringung anordnen, sofern es unverzüglich das Betreuungsverfahren einleitet. Der Aufgabenkreis des Betreuers muss seine Befugnisse zur Freiheitsentziehung exakt benennen, wobei die Übertragung des Aufgabenkreises des Aufenthaltsbestimmungsrechts genügt, nicht aber die Benennung des weiten Bereichs der Personensorge[10] oder auch der generellen Gesundheitssorge.[11]

4 **b) Selbsttötungs- oder Selbstschädigungsgefahr Abs. 1 Nr. 1.** Besteht die Gefahr einer Selbsttötung oder Selbstschädigung eines Betroffenen, die ihre Ursache in einer Erkrankung oder einer Behinderung (vgl. § 1814 BGB) hat, so ist eine freiheitsentziehende Unterbringung zulässig, § 1831 Abs. 1 Nr. 1 BGB. Eine Unterbringung setzt voraus, dass der Betroffene seinen Willen nicht frei äußern kann.[12] Vorliegen muss insbesondere eine ernstliche und konkrete Gefahr[13] für Leib oder Leben des Betroffenen in der Form, dass mit hoher Wahrscheinlichkeit der Eintritt einer Selbstschädigung zu erwarten ist.[14] Eine konkrete Gefahr liegt zB vor bei Verweigerung der Nahrungsaufnahme[15] oder völliger Verwahrlosung.[16] Geht vom Betroffenen ausschließlich eine Fremdgefährdung aus und damit nicht zumindest auch eine Selbstgefährdung einher, so unterfällt dieser Tatbestand nicht der zivilrechtlichen Unterbringung. Eine Eingriffsmöglichkeit ergibt sich aber möglicherweise auf Basis des öffentlichen Rechts, nämlich den Unterbringungsgesetzen der Länder. Alkoholismus rechtfertigt mangels Vorliegen einer Krankheit im Sinne des § 1831 Abs. 1 Nr. 1 BGB in der Regel keine zivilrechtliche Unterbringung.[17]

5 **c) Ärztliche Maßnahmen zur Abwendung eines Gesundheitsschadens Abs. 1 Nr. 2.** Unter die ärztlichen Maßnahmen des § 1831 Abs. 1 Nr. 2 BGB fallen Heilbehandlungen, Untersuchungen und ärztliche Eingriffe. Die Begriffe entsprechen denen in § 1829 BGB. Insofern kann im Wesentlichen auf die dortige Kom-

---

[7] BGH XII ZB 69/00, BGHZ 145, 297.
[8] LG Lübeck 7 T 732/12, FamRZ 2013, 577; LG Fulda 5 T 83/16, NJW-RR 2016, 1099.
[9] BGH XII ZB 395/14, FamRZ 2015, 567.
[10] BayObLG 3 Z BR 486/97, NJW-RR 1998, 1014; MüKoBGB/Schneider § 1906 Rn. 9.
[11] OLG Schleswig 2 W 100/09, BtPrax 2009, 299.
[12] BGH XII ZB 167/18, BtPrax 2018, 233.
[13] BGH XII ZB 58/12, FamRZ 2014, 831.; XII ZB 215/20, BtPrax 2020, 185.
[14] BGH XII ZB 58/12, FamRZ 2014, 831.
[15] MüKoBGB/Schneider § 1906 Rn. 23.
[16] BGH XII ZB 47/11, FamRZ 2011, 1141.
[17] BGH XII ZA 12/15, FamRZ 2015, 1017.; XII ZB 95/16, FGPrax 2016, 172.

mentierung verwiesen werden, wobei im Gegensatz zu § 1829 BGB allerdings keine Gefahr einer schweren Folge vorliegen muss.

Die Unterbringung ist an ein doppeltes Notwendigkeitsmerkmal gekoppelt: Die Vornahme der ärztlichen Maßnahme muss sowohl notwendig als auch ohne eine freiheitsentziehende Unterbringung nicht durchführbar sein. Zunächst muss also überhaupt eine medizinische Indikation vorliegen: Dem Betroffenen müssen ohne die Behandlung erhebliche[18] Gesundheitsschäden drohen. Eine Unterbringung darf insbesondere dann nicht angeordnet werden, wenn die (psychische) Erkrankung lediglich für das soziale Umfeld des Betroffenen belastend, für ihn selbst aber nicht lebensbedrohlich oder schwer gesundheitsschädlich ist. 6

Die Unterbringung muss notwendig sein, um die medizinische Maßnahme durchzuführen. Das bedeutet, dass Kompetenzträger (Betreuer oder Bevollmächtigter) sowie Gericht bereits auf Tatbestandsebene im Rahmen der Erforderlichkeit zu prüfen haben, ob eine Durchführung nicht auch ohne einen Freiheitsentzug vorgenommen werden kann. Alternative Möglichkeiten, wie zB eine ambulante Behandlung, sind in Erwägung zu ziehen.

d) Verhältnismäßigkeitsprüfung. Die Unterbringungstatbestände Nr. 1 und Nr. 2 unterliegen infolge Art. 2 GG beide einer Verhältnismäßigkeitsprüfung. Zu prüfen sind demnach stets Geeignetheit und Erforderlichkeit der Maßnahme sowie die Zweck-Mittel-Relation. 7

Eine Maßnahme ist geeignet, wenn zu erwarten ist, dass mit ihrer Hilfe der gewünschte Erfolg eintritt. Ist dies nicht der Fall, weil das Mittel zwecklos oder zweckwidrig ist, ist die Maßnahme infolge fehlender Geeignetheit unzulässig.[19]

Eine Maßnahme ist erforderlich, wenn kein milderes Mittel zur Verfügung steht, um den gewünschten Erfolg zu erzielen. So entfällt das Unterbringungserfordernis, wenn der Betroffene freiwillig in der Einrichtung bleiben möchte. Kostengesichtspunkte oder Entfernungsgründe können eine Unterbringung nicht rechtfertigen, wenn diese sonst unterbleiben würde.[20]

Die bei jeder Freiheitsentziehung zu prüfende Zweck-Mittel-Relation (sog. Verhältnismäßigkeitsprüfung im engeren Sinn) muss ergeben, dass der mit der Maßnahme angestrebte Zweck nicht außer Verhältnis zum eingesetzten Mittel steht.[21] Die Zweck-Mittel-Relation ist sowohl bei Maßnahmen nach Nr. 1 als auch bei solchen, die der Nr. 2 unterfallen zu prüfen.

2. Genehmigung der Unterbringung (Abs. 2)

Sämtliche freiheitsentziehenden Maßnahmen müssen betreuungsgerichtlich genehmigt werden. Dies gilt gleichermaßen für Fälle, in denen ein Betreuer eingesetzt ist wie auch bei Anordnungen durch einen Bevollmächtigten. Das Betreuungsgericht prüft die Rechtmäßigkeit der Entscheidung und erteilt bei Vorliegen der Verhältnismäßigkeit der Maßnahme die Genehmigung. Rechtswidrige Maßnahmen können Schmerzensgeldansprüche nach sich ziehen.[22] Freiheitsentziehende Unterbringungen dürfen dabei grds. längstens für die Dauer von einem Jahr genehmigt werden, § 329 Abs. 1 FamFG, ausnahmsweise und mit ausreichender Begründung auch bis zu 8

---

[18] MüKoBGB/Schneider § 1906 Rn. 29, 33.

[19] KG Berlin 1 W 91/05, NJOZ 2005, 3625.

[20] BayObLG. 3Z BR 15/96, FamRZ 1996, 1375; MüKoBGB/Schneider § 1906 Rn. 19.

[21] AG Frankfurt a. M. 49 XVI 35/20 L, BtPrax 2020, 72 (unverhältnismäßige Fixierung bei unzureichender Eins-zu-Eins-Betreuung); VerfGH Sachsen Vf. 98-IV-19, BtPrax 2020, 152 (Fixierung ist ultima ratio); LG Lübeck 7 T 215/20, BtPrax 2020, 233; OLG Hamburg 12 UF 101/20, BtPrax 2021, 40; Diekmann BtPrax 2019, 99.

[22] OLG Frankfurt. 8 U 59/18, BtPrax 2019, 206f.

zwei Jahren. Eine Verlängerung ist möglich, § 329 Abs. 2 FamFG. Wird die Unterbringung vorläufig im Rahmen einer einstweiligen Anordnung genehmigt, so darf eine Höchstfrist von sechs Wochen mit Verlängerungsmöglichkeit auf drei Monate Gesamtdauer nicht überschritten werden, § 333 S. 1 und 2 FamFG.

9 Ausnahmsweise entfällt die Einholung einer vorherigen gerichtlichen Genehmigung, wenn infolge Eilbedürftigkeit die Maßnahme sonst nicht durchgeführt werden kann (zB drohende Selbsttötung). In diesen Fällen muss die Genehmigung dann unverzüglich (binnen höchstens 48 Stunden in Anlehnung an § 128 StPO) nachgeholt werden, § 1831 Abs. 2 S. 2 BGB. Keine Genehmigung muss eingeholt werden, wenn der Betroffene zuvor selbst in die Maßnahme eingewilligt hat und die Tragweite seiner Entscheidung auch erkennen konnte[23] oder bei Wachkomapatienten bzw. wenn vollkommene Bewegungsunfähigkeit vorliegt.[24]

3. Beendigung der Maßnahmen bei Wegfall der Unterbringungsvoraussetzungen (Abs. 3)

10 Fallen die Voraussetzungen für die freiheitsentziehende Unterbringung weg, so hat der Betreuer/Bevollmächtigte unabhängig vom genehmigten Unterbringungszeitraum die rechtliche Verpflichtung die Maßnahme zu beenden. Die Beendigung muss dem Gericht angezeigt werden, § 1831 Abs. 3 S. 2 BGB, welches die Genehmigung zur Unterbringung unverzüglich aufzuheben hat. Die Aufhebung ist nicht abzuwarten, sondern die Unterbringung ggf. sofort zu beenden.

4. Anwendbarkeit bei freiheitsentziehenden Maßnahmen (Abs. 4)

11 Die Vorschrift dient dem umfassenden Schutz der persönlichen Freiheit. Eine über einen längeren Zeitraum[25] oder regelmäßig erfolgende und freiheitsentziehend wirkende Anordnung kann der Betreuer/Bevollmächtigte danach bei Vorliegen der Voraussetzungen des Abs. 1 oder 2 nach Einholung einer gerichtlichen Genehmigung nur treffen, wenn diese zum Wohle des sich in einer Anstalt, einem Heim oder einer sonstigen Einrichtung befindlichen Betroffenen erforderlich ist.

Freiheitsentziehende Maßnahmen können mechanischer Natur (zB Bauchgurt) oder aber auch medikamentös (zB Verabreichung von Psychopharmaka) bedingt sein.[26] Auch sonstige Freiheitsbeschränkungen (zB Ausübung des Umgangsbestimmungsrechts) fallen unter die Norm.[27] Sie erfordern in verfahrensrechtlicher Hinsicht im Gegensatz zu freiheitsentziehenden Maßnahmen nach § 1831 Abs. 1 BGB kein ärztliches Gutachten, sondern lediglich ein ärztliches Zeugnis. Maßgebliches Unterscheidungskriterium ist dabei die Beschränkung der Fortbewegungsfreiheit:[28] Ist diese nicht auf einen fest definierten räumlichen Bereich (geschlossene Einrichtung) beschränkt, sondern generell unterbunden, handelt es sich um eine freiheitsentziehende Maßnahme.

Sonstige freiheitsentziehende Maßnahmen setzen zunächst voraus, dass der Betroffene unter Betreuung steht oder einen Bevollmächtigten bestimmt hat. Ausnahmsweise kann das Betreuungsgericht in Eilfällen eigenständige Anordnungen treffen, § 1867 BGB.

---

23 BayObLG 3Z BR 15/96, FamRZ 1996, 1375.

24 AG Frankfurt49 XVII HIL 3568/10, BeckRS 2011, 26525.

25 OLG Bamberg 4 U 72/11, BtPrax 2012, 175: Gesamtdauer von drei Tagen; hierzu krit. Jacobs BtPrax 2013, 16ff.

26 Übersicht bei Stalinski BtPrax 2014, 58; Promies BtPrax 2019, 141ff.

27 Zur Qualifizierung von Personenortungsanlagen: Jacobs BtPrax 2019, 147ff.

28 BGH XII ZB 395/14, NJW 2015, 865.

Der Begriff der Einrichtung ist weit auszulegenden. Hierunter fallen auch Altenheime.[29] Die eigene Wohnung des Betroffenen stellt demgegenüber grundsätzlich keine sonstige Einrichtung im Sinne der Vorschrift dar,[30] es sei denn, die Wohnung wird (zB durch externe Pflegepersonen) wie eine sonstige Einrichtung gebraucht.[31] Auch wenn die eigene Wohnung nicht unter den Anwendungsbereich der Vorschrift fällt, darf daraus nicht geschlossen werden, dass Personen zu Hause ohne jedwede Kontrolle oder Beschränkung festgehalten werden dürfen. Zwar ist § 1831 BGB nicht einschlägig, allerdings gelten die allgemeinen Vorschriften zum Schutz des Betreuten (zB Rechtfertigungstatbestände wie Nothilfe und Erforderlichkeitsprüfung). Nach wie vor gibt es allerdings keine sichere gesetzliche Grundlage für freiheitsentziehende Maßnahmen in der Familienpflege.[32]

Trifft eine freiheitsentziehende Maßnahme nach § 1831 Abs. 4 BGB auf eine me- **12**
dizinische Zwangsbehandlung (zB sedierende Medikation), so steht die Maßnahme infolge ihrer Intensität nach herrschender Literaturmeinung[33] und Rechtsprechung[34] unter einem doppelten Genehmigungsvorbehalt.

§ 1831 Abs. 4 BGB gilt nicht im Rahmen des öffentlich-rechtlichen Unterbrin- **13**
gungsrechts, da der nach PsychKG entscheidende Richter alle Fragen, die der Zivilrichter beantwortet hat, ebenfalls beantworten müsste.[35]

5. Formerfordernisse bei Vollmachten (Abs. 5)

Neben einem gesetzlich bestellten Betreuer kann auch ein Bevollmächtigter des **14**
Betroffenen zur Ausführung aller Angelegenheiten, für die auch ein Betreuer bestellt werden kann[36] und eben auch zur Anordnung freiheitsentziehender Unterbringungs-/Maßnahmen ermächtigt werden. § 1831 Abs. 5 BGB verweist auf § 1820 Abs. 2 Nr. 2 BGB. Die Norm schreibt fest, welche Voraussetzungen eine Vollmacht neben den allgemeinen Regelungen (vgl. §§ 1814, 164ff. BGB) erfüllen muss. Danach muss die Vollmacht schriftlich (§ 126 BGB) abgefasst sein. Sie muss ferner eine ausdrückliche Ermächtigung zu den freiheitsentziehenden Maßnahmen enthalten Idealerweise, aber nicht zwingend notwendigerweise,[37] wird in die Vollmachtsurkunde dabei der exakte Wortlaut der Vorschrift übernommen.[38] Bei Fehlen der Formvoraussetzungen muss trotz ansonsten wirksam bestehender Vorsorgevollmacht ein Betreuer mit entsprechendem Aufgabenkreis bestellt werden.

6. Verfahrensrechtliche Besonderheiten

Eine freiheitsentziehende Unterbringung wird auf Anregung[39] des Kompetenzträ- **15**
gers (Betreuer oder Bevollmächtigter) des Betroffenen beim nach § 313 Abs. 1 FamFG zuständigen Gericht eingeleitet. Für einen Vorsorgebevollmächtigten gelten

---

[29] MüKoBGB/Schneider § 1906 Rn. 92; AG München 820 Ls 275 Js 118454/20, BtPrax 2021, 237f.; zur Vereinbarkeit mit den Vorgaben der UN-BRK vgl. Glaab BtPrax 2020, 86.

[30] BayObLG 3Z BR 132/02, BeckRS 2002, 30280465; Jacobs BtPrax 2019, 222; aA.: AG Garmisch-Partenkirchen A XVII 9/18, NJW-RR 2019, 968.

[31] MüKoBG/Schneider § 1906 Rn. 59; LG München I 13 T 4301/99, FamRZ 2000, 1123f.

[32] Brosey BtPrax 2020, 94.

[33] MüKoBGB/Schneider § 1906 Rn. 54.

[34] BayObLG 3Z BR 79/93, FamRZ 1994, 721; BGH XII ZB 44/15, FamRZ 2015, 1707.

[35] AG Lübeck, 9 XIV 17438 L, BtPrax 2020, 192.

[36] Bienwald BtPrax 1998, 164f.

[37] Scherer/Lipp/Schrader MAH ErbR § 44 Rn. 17.

[38] MüKoBGB/Schneider § 1906 Rn. 125; vgl. zu § 1904 BGB aF: BGH XII ZB 61/16, NJW 2016, 3297.

[39] BayObLG 3Z BR 221/99, FamRZ 2000, 566.

nach §§ 312, 315 ff. FamFG dieselben Bestimmungen wie für einen Betreuer. Dies gilt auch im Hinblick auf das die Genehmigung erteilende Gericht.[40]

Das Gericht prüft die Rechtmäßigkeit der Betreuerbestellung grds. nicht. Überprüft wird allerdings, ob die Unterbringung vom Aufgabenkreis des Betreuers gedeckt wird.[41]

Der Betroffene ist nach § 319 FamFG grundsätzlich vom Gericht anzuhören.[42] Daneben müssen auch der Betreuer bzw. der Bevollmächtigte und der Verfahrenspfleger angehört werden, §§ 320 S. 1, 315 FamFG.[43] Angehört werden soll auch die zuständige Betreuungsbehörde, §§ 320 S. 1 und 2, 315 Abs. 2 FamFG. Fakultativ angehört werden können auch sonstige Dritte nach den §§ 320 S. 1, 315 Abs. 4 FamFG.

Die Bestellung eines Verfahrenspflegers erfolgt nach Maßgabe des § 317 FamFG. Hat der Betroffene selbst einen Verfahrensbevollmächtigten gewählt, so muss kein Verfahrenspfleger bestellt werden, § 317 Abs. 5 FamFG. Die Bestellung eines bereits bestellten Verfahrenspflegers ist aufzuheben.

Der Genehmigungsbeschluss erfolgt nach § 323 FamFG. Mit der Entscheidung verbunden werden können die Anordnung der sofortigen Wirksamkeit (§ 324 Abs. 2 FamFG), die Gestattung von Gewaltanwendung, § 326 Abs. 2 FamFG oder das Betreten der Wohnung des Betroffenen, § 326 Abs. 3 FamFG. Die Genehmigungsentscheidung ist auch gegenüber dem Leiter der Unterbringungseinrichtung und der zuständigen Betreuungsbehörde bekannt zu geben, § 325 Abs. 2 FamFG. Nahe Familienangehörige oder weitere Vertrauenspersonen können benachrichtigt werden, § 339 FamFG.

Statthafter Rechtsbehelf gegen Unterbringungsentscheidungen ist die Beschwerde, §§ 58, 59 Abs. 1, 335 FamFG. Gegenstand des Beschwerdeverfahrens kann nur der Verfahrensgegenstand der ersten Instanz sein. Eine öffentlich-rechtliche Unterbringung nach den Landes-PsychKG ist ein anderer Verfahrensgegenstand als die zivilrechtliche Unterbringung. Deshalb ist ein Austausch der Verfahrensgegenstände in der Beschwerdeinstanz unzulässig.[44] Rechtsmittelverfahren in Unterbringungssachen sind auch unter Geltung des Gesetzes über Kosten der freiwilligen Gerichtsbarkeit für Gerichte und Notare vom 23.7.2013 (GNotKG) gerichtsgebührenfrei. Diese Gebührenfreiheit gilt ebenfalls für unstatthafte Rechtsmittel.[45]

16 Bei den sonstigen freiheitsentziehenden Maßnahmen gelten grundsätzlich dieselben Voraussetzungen. Die Einholung eines Sachverständigengutachtens ist hier allerdings keine obligatorische Voraussetzung. Stattdessen genügt das ärztliche Attest (§ 321 Abs. 2 FamFG) eines im Bereich der Psychiatrie kundigen Experten, idealerweise das eines Facharztes für Psychiatrie.[46]

17 Vorläufige Unterbringungsmaßnahmen auf Antrag des Betreuers/Bevollmächtigten (§ 331 FamFG) oder direkt durch das Gericht (§§ 334 FamFG, 1846 BGB) sind bei Eilfällen zulässig, wobei hiergegen keine Rechtsbeschwerde (§ 70 Abs. 4 FamG) möglich ist.[47] Die Höchstdauer der Unterbringung beträgt sechs Wochen, § 333 Abs. 1 S. 1 FamFG, nach Verlängerung maximal drei Monate, § 333 Abs. 1 S. 3 FamFG. Die Beschlussformel muss das Datum enthalten, zu dem die Unterbringung

---

[40] BayObLG 3Z AR 2/03, FamRZ 2003, 705.

[41] BGH XII 541/19, BtPrax 2020, 142.

[42] BGH XII ZB 600/14, FamRZ 2015, 1706; BGH XII ZB 23/16, FGPrax 2016, 222; BGH XII ZB 478/15, FGPrax 2016, 126; BGH XII 541/19, BtPrax 2020, 142.

[43] BGH XII ZB 349/20, BtPrax 2021, 34.

[44] BGH XII ZB 97/21, BtPrax 2021, 239.

[45] BGH XII ZB 540/13, FamRZ 2014, 1285.

[46] MüKoBGB/Schneider § 1906 Rn. 82.

[47] BGH XII ZB 586/14, FamRZ 2015, 1877; vgl. auch BGH XII ZB 23/16, FGPrax 2016, 222.

endet, § 323 Abs. 1 Nr. 2 FamFG. Im Rahmen der Fristberechnung muss dabei eine Orientierung am Datum der Gutachtererstellung erfolgen.[48]

§ 1832 Ärztliche Zwangsmaßnahmen

(1) [1]**Widerspricht eine Untersuchung des Gesundheitszustands, eine Heilbehandlung oder ein ärztlicher Eingriff dem natürlichen Willen des Betreuten (ärztliche Zwangsmaßnahme), so kann der Betreuer in die ärztliche Zwangsmaßnahme nur einwilligen, wenn**

1. **die ärztliche Zwangsmaßnahme notwendig ist, um einen drohenden erheblichen gesundheitlichen Schaden vom Betreuten abzuwenden,**
2. **der Betreute aufgrund einer psychischen Krankheit oder einer geistigen oder seelischen Behinderung die Notwendigkeit der ärztlichen Maßnahme nicht erkennen oder nicht nach dieser Einsicht handeln kann,**
3. **die ärztliche Zwangsmaßnahme dem nach § 1827 zu beachtenden Willen des Betreuten entspricht,**
4. **zuvor ernsthaft, mit dem nötigen Zeitaufwand und ohne Ausübung unzulässigen Drucks versucht wurde, den Betreuten von der Notwendigkeit der ärztlichen Maßnahme zu überzeugen,**
5. **der drohende erhebliche gesundheitliche Schaden durch keine andere den Betreuten weniger belastende Maßnahme abgewendet werden kann,**
6. **der zu erwartende Nutzen der ärztlichen Zwangsmaßnahme die zu erwartenden Beeinträchtigungen deutlich überwiegt und**
7. **die ärztliche Zwangsmaßnahme im Rahmen eines stationären Aufenthalts in einem Krankenhaus, in dem die gebotene medizinische Versorgung des Betreuten einschließlich einer erforderlichen Nachbehandlung sichergestellt ist, durchgeführt wird.**

[2]**§ 1867 ist nur anwendbar, wenn der Betreuer an der Erfüllung seiner Pflichten verhindert ist.**

(2) **Die Einwilligung in die ärztliche Zwangsmaßnahme bedarf der Genehmigung des Betreuungsgerichts.**

(3) **1Der Betreuer hat die Einwilligung in die ärztliche Zwangsmaßnahme zu widerrufen, wenn ihre Voraussetzungen weggefallen sind. 2Er hat den Widerruf dem Betreuungsgericht unverzüglich anzuzeigen.**

(4) **Kommt eine ärztliche Zwangsmaßnahme in Betracht, so gilt für die Verbringung des Betreuten gegen seinen natürlichen Willen zu einem stationären Aufenthalt in ein Krankenhaus § 1831 Absatz 1 Nummer 2, Absatz 2 und 3 Satz 1 entsprechend.**

(5) **Die Absätze 1 bis 4 gelten nach Maßgabe des § 1820 Absatz 2 Nummer 3 für einen Bevollmächtigten entsprechend.**

I. Normzweck und Systematik

1. Normzweck

§ 1832 BGB ersetzt den nahezu wortgleichen § 1906a BGB aF. In 1832 Abs. 1 S. 1 Nr. 1 BGB wurde die überflüssige Dopplung „zum Wohl des Betreuten" entfernt und Abs. 5 wurde unter Einbeziehung des § 1820 BGB (Vorsorgevollmacht) an die neue Gesetzessystemantik angepasst. 1

[48] BGH XII ZB 236/15, NJW-RR 2016, 705; kritisch: Kitanoff BtPrax 2020, 175 ff.

2 Mit der Einfügung des § 1906a BGB am 22.7.2017 durch das Gesetz zur Änderung der materiellen Zulässigkeitsvoraussetzungen von ärztlichen Zwangsmaßnahmen wurden diese der Vorschrift des § 1906 BGB entnommen und damit von der freiheitsentziehenden Unterbringung losgelöst. Das war aufgrund einer vom BVerfG[1] als verfassungswidrig aufgetanen Regelungslücke geboten, weil Patienten vom Schutzbereich der bis dahin geltenden Regelung dann nicht erfasst waren, wenn sie die Voraussetzungen für eine freiheitsentziehende Unterbringung nicht erfüllten, weil sie sich ohnehin körperlich nicht fortbewegen konnten.[2]

3 Wie bereits nach § 1906a BGB aF ist auch gemäß § 1832 Abs. 1 S. 1 Nr. 7 BGB Grundvoraussetzung für eine ärztliche Zwangsmaßnahme, dass diese im Rahmen eines stationären Aufenthalts in einem Krankenhaus durchgeführt wird. Das wird teilweise kritisiert bzw. für verfassungswidrig erachtet, weil dadurch ambulante ärztliche Zwangsmaßnahmen nicht möglich sind. Das könnte zum einen deswegen eine Grundrechtseinschränkung darstellen, weil solchen Patienten nur unzureichend eine ärztliche Zwangsmaßnahme zugutekommen könnte, zum anderen könnten diese Patienten gegebenenfalls einem doppelten Grundrechtseingriff dahingehend unterliegen, dass sie vor der ärztlichen Zwangsmaßnahme zwangsweise stationär in ein Krankenhaus eingewiesen werden müssen. Diese Frage ist vom BVerfG bisher noch nicht entschieden.[3]

2. Systematik

4 § 1832 Abs. 1 BGB formuliert die Kernaussage der Vorschrift. Er enthält eine Legaldefinition der ärztlichen Zwangsmaßnahme und gibt vor, wann ein Betreuer in eine solche einwilligen kann. § 1832 Abs. 2 BGB ordnet einen gerichtlichen Genehmigungsvorbehalt an, dh die Wirksamkeit der Einwilligung des Betreuers wird von der betreuungsgerichtlichen Genehmigung abhängig gemacht. Nach § 1832 Abs. 3 BGB muss der Betreuer bei Wegfall der Voraussetzungen für die ärztliche Zwangsmaßnahme diese Einwilligung widerrufen. Abs. 4 der Vorschrift steht im Zusammenhang mit Abs. 1 S. 1 Nr. 7, dh dem Grundsatz, dass die ärztliche Zwangsmaßnahme nur im Rahmen eines stationären Aufenthaltes möglich ist und verweist für die hierzu erforderlichen Voraussetzungen auf § 1831 BGB (§ 1906 BGB aF). § 1832 Abs. 5 BGB stellt klar, dass unter den Voraussetzungen des § 1820 BGB anstelle des Betreuers der Vorsorgebevollmächtigte treten kann.

II. Voraussetzungen ärztlicher Zwangsmaßnahmen

1. Ärztliche Maßnahme

5 Gemäß § 1832 Abs. 1 S. 1 BGB ist mit ärztlicher Maßnahme eine Untersuchung des Gesundheitszustands, eine Heilbehandlung oder ein ärztlicher Eingriff gemeint.

2. Abwendung eines erheblichen gesundheitlichen Schadens

6 Als ungeschriebenes Tatbestandsmerkmal muss die Maßnahme medizinisch indiziert sein. Es geht darum, gewichtige gesundheitliche Nachteile des Betreuten zu ver-

---

[1] BVerfG 1 BvL 8/15, NJW 2017, 53.

[2] Zur Neuregelung der Zwangsbehandlung im Zivilrecht vgl. ausführlich Spickhoff FamRZ 2017, 1633.

[3] Vgl. eingehender hierzu BeckOK BGB/Müller-Engels BGB § 1906a Rn. 6.

hindern.[4] Daher bedarf es einer konkreten Gefahr.[5] Sind beim Unterbleiben der Behandlung keine wesentlichen gesundheitlichen Nachteile des Betreuten zu erwarten, muss dessen natürlicher Wille respektiert werden.[6] Als notwendige Maßnahmen kommen dabei nur ärztliche Behandlungen in Betracht, deren Durchführung einem breiten medizinisch-wissenschaftlichen Konsens entsprechen. Insoweit ist auf wissenschaftliche Stellungnahmen des Beirats der Bundesärztekammer sowie medizinische Leitlinien zurückzugreifen.[7]

3. Einsichtsfähigkeit

Die tatbestandlichen Voraussetzungen der Vorschrift sind nur dann erfüllt, wenn 7
der Betreute aufgrund einer psychischen Krankheit oder einer geistigen oder seelischen Behinderung die Notwendigkeit der ärztlichen Maßnahme nicht erkennen oder nicht nach dieser Einsicht handeln kann. Erforderlich ist also, dass beim Betreuten die Einwilligungsfähigkeit im Sinne der Einsichts- und Steuerungsfähigkeit in Bezug auf die geplante ärztliche Maßnahme fehlt.[8]Ist die Einwilligungsfähigkeit vorhanden, kommt es auf Gründe für die verweigerte ärztlich Behandlung nicht an, seien diese auch noch so „unvernünftig".

4. Entgegenstehender Wille

Weitere Tatbestandsvoraussetzung ist, dass die ärztliche Maßnahme dem „natür- 8
lichen Willen" des Betreuten widerspricht. Der natürliche Wille muss dabei ausdrücklich oder konkludent bzw. zumindest durch Gesten geäußert werden.[9] Äußert sich der Betreute gar nicht, wird man den mutmaßlichen Willen feststellen müssen. Sofern der mutmaßliche Wille für eine Zustimmung spricht, wären die Voraussetzungen für ärztliche Zwangsmaßnahmen im Sinne des § 1832 BGB nicht gegeben vielmehr ein Handeln bereits aufgrund vorliegender Einwilligung zulässig.

5. Übereinstimmung mit dem Willen des Betroffenen, insbes. einer Patientenverfügung

Darüber hinaus muss die ärztliche Zwangsmaßnahme einer nach § 1827 BGB zu 9
beachtenden Patientenverfügung entsprechen (§ 1832 Abs. 1 S. 1 Nr. 3 BGB), wenn diese vorliegt.

Die Normsituation des § 1832 BGB ist ua Sinn und Zweck für die Regelungen 10
zur Patientenverfügung in § 1827 BGB. Es geht darum, dem mutmaßlichen Willen des Patienten Geltung zu verschaffen. Die Festlegungen in der Patientenverfügung, die Behandlungswünsche des Betreuten und sein mutmaßlicher Wille sind in dieser Reihenfolge maßgeblich für die Entscheidung des Betreuers, ob er in eine ärztliche Zwangsmaßnahme einwilligt.[10]

---

[4] BGH XII ZB 121/14, NJW 2014, 2497; BVerfG2 BvR 1549/14, 2 BvR 1550/14 FamRZ 2015, 1589.

[5] BVerfG 2 BvR 1549/14, 2 BvR 1550/14 FamRZ 2015, 1589.

[6] BGH XII ZB 121/14, NJW 2014, 2497.

[7] BGH XII ZB 381/19, FamRZ 2020, 534, vgl. BGH XII ZB 191/21, NZFam 2021, 972 zur Zwangsbehandlung mittels Elektrokonvulsionstherapie/Elektrokrampftherapie.

[8] BeckOK BGB/Müller-Engels BGB § 1906a Rn. 12.

[9] Dodegge NJW 2013, 1265 (1266).

[10] HK-BGB/Kemper BGB § 1906a Rn. 9.

6. Notwendigkeit eines ernsthaften Überzeugungsversuches

11 Der gemäß § 1832 Abs. 1 S. 1 Nr. 4 BGB erforderliche Überzeugungsversuch ist eine materiell-rechtliche Voraussetzung für die Wirksamkeit der Einwilligung durch den Betreuer, dem mit Blick auf den Verhältnismäßigkeitsgrundsatz entscheidende Bedeutung zukommt. Der Überzeugungsversuch muss ernsthaft, mit dem nötigen Zeitaufwand und ohne Ausübung unzulässigen Drucks durch eine überzeugungsfähige und – bereite Person unternommen worden sein.[11] Zuständig hierfür ist grundsätzlich der Betreuer bzw. gegebenenfalls auch der behandelnde Arzt oder eine weitere Vertrauensperson des Betreuten aus dem Angehörigen- und Freundeskreis.[12] An den nötigen Zeitaufwand wird man umso geringere Anforderungen stellen müssen, je eilbedürftiger die Behandlungsmaßnahme ist.

7. Keine andere zumutbare Maßnahme

12 Der Tatbestand der Vorschrift ist nicht erfüllt, wenn die Erkrankung durch eine andere zumutbare Maßnahme abgewendet werden kann, insbesondere wenn der Behandlungserfolg durch eine alternative Behandlungsmethode erreicht werden kann, welche dem natürlichen Willen des Betreuten nicht widerspricht.[13]

8. Im Rahmen eines stationären Aufenthalts

13 Ärztliche Zwangsmaßnahmen sind ausschließlich im Rahmen eines stationären Aufenthalts in einem Krankenhaus zulässig, in dem die gebotene medizinische Versorgung des Betreuten einschließlich einer erforderlichen Nachbehandlung sichergestellt ist (§ 1832 Abs. 1 S. 1 Nr. 7 BGB).

9. Verbringung (Abs. 4)

14 Sofern der Betreute sich nicht freiwillig in einem entsprechenden stationären Krankenhausaufenthalt befindet oder dorthin begeben möchte, werden in § 1832 Abs. 4 BGB die rechtlichen Voraussetzungen für eine notwendige Verbringung des Betreuten in einen stationären Aufenthalt entgegen seinem natürlichen Willen zum Zwecke der ärztlichen Zwangsmaßnahmen geschaffen. Auch die Einwilligung in die Verbringungsmaßnahme steht unter gerichtlichem Genehmigungsvorbehalt. Insoweit hat eine doppelte richterliche Prüfung zu erfolgen. Zur verfassungsmäßigen Kritik der Erforderlichkeit eines stationären Klinikaufenthaltes vgl. → Rn. 2.

III. Widerruf der Einwilligung in die ärztliche Zwangsmaßnahme (Abs. 3)

15 Das verfassungsrechtliche Gebot des geringstmöglichen Eingriffs in das Recht auf Leben und körperliche Unversehrtheit sowie die Unverletzlichkeit der Freiheit der Person gebietet es, dass der Betreuer die Einwilligung in die ärztliche Zwangsmaßnahme zwingend widerrufen muss, wenn ihre Voraussetzungen wegefallen sind (§ 1832 Abs. 3 S. 1). Der Betreuer hat dabei dem Betreuungsgericht den Widerruf anzuzeigen.

---

[11] BGH XII ZB 87/18, NJW-RR 2018,1477: Das Vorliegen dieser Voraussetzung hat das Gericht in jedem Einzelfall festzustellen und in seiner Entscheidung in nachprüfbarer Weise darzulegen.

[12] BGH XII ZB 121/14, NJW 2014, 2497.

[13] MüKoBGB/Schneider BGB § 1906a Rn. 25.

IV. Anwendungsbereich für Vorsorgebevollmächtigte (Abs. 5)

Die Vorschriften von § 1832 Abs. 1 bis 4 BGB gelten nach Maßgabe des § 1820 Abs. 2 Nr. 3 BGB auch für den Vorsorgebevollmächtigten, dh auch dieser kann die Einwilligung in eine ärztliche Zwangsmaßnahme nach § 1832 Abs. 1 BGB und in die Verbringungsmaßnahme nach § 1832 Abs. 4 BGB erteilen. Auch für diesen gilt dann die Widerrufspflicht gemäß § 1820 Abs. 3 BGB. Voraussetzung ist, dass diese Befugnisse in der Vorsorgevollmacht benannt sind. 16

V. Dauer der Zwangsmaßnahme

Die Genehmigung einer Einwilligung in eine ärztliche Zwangsmaßnahme oder der Anordnung darf die Dauer von 6 Wochen nicht überschreiten, wenn sie nicht vorher verlängert wird (§ 329 Abs. 1 S. 2 FamFG). Bei der Verlängerung der Genehmigung gelten die Vorschriften für die erstmalige Genehmigung entsprechend (§ 329 Abs. 2 FamFG). Im Falle der Genehmigung einer Einwilligung mit einer Gesamtdauer von mehr als 12 Wochen soll das Gericht keinen Sachverständigen bestellen, der den Betroffenen bisher behandelt oder begutachtet hat oder in der Einrichtung tätig ist, in der der Betroffene untergebracht ist (§ 329 Abs. 3 FamFG). 17

Für einstweilige Anordnungen gilt § 331 FamFG. Die Dauer der Zwangsmaßnahme darf dabei 2 Wochen, im Falle mehrfacher Verlängerung 6 Wochen nicht überschreiten, in diesem Fall ist auch das Zeugnis des behandelnden Arztes zulässig, wobei es sich insoweit um einen Arzt mit Erfahrung auf dem Gebiet der Psychiatrie oder Facharzt für Psychiatrie handeln muss. 18

VI. Vorläufige Maßnahmen

Gemäß § 1867 BGB kann das Familiengericht einstweilige Maßnahmen ergreifen. Dies Vorschrift ist nur anwendbar, wenn der Betreuer an der Erfüllung seiner Pflichten verhindert ist. 19

VII. Fallgruppen

Ablehnung einer notwendigen Heilbehandlung bei Verfolgungswahn.[14] Drohende Chronifizierung einer paranoiden Schizophrenie mit Gefahr dauerhafter stationärer Behandlung,[15] paranoide Psychose mit Gefahr aggressiver Fehlhandlungen und extremer Verwahrlosung,[16] Magersucht.[17] 20

---

[14] OLG Jena 9 W 627/05, FamRZ 2006, 576.
[15] OLG Köln 16 Wx 141/06, OLGR 2006, 609.
[16] KG OLGR 2005, 621.
[17] OLG Schleswig 2 W 210/01, FamRZ 2002, 984.

2. Einführungsgesetz zum Bürgerlichen Gesetzbuche (EGBGB)

In der Fassung der Bekanntmachung vom 21. September 1994 (BGBl. I S. 2494, ber. BGBl. 1997 I S. 1061)

Zuletzt geändert durch Art. 2, 3 G zur Abschaffung des Güterrechtsregisters und zur Änd. des COVID-19-InsolvenzaussetzungsG vom 31.10.2022 (BGBl. I S. 1966)

– Auszug –

Vorbemerkungen: Internationale Aspekte

Die Internationalisierung von Sachverhalten wirft in Bezug auf Vorsorgevollmachten und Patientenverfügungen Fragen im Hinblick auf deren Wirksamkeit und Anerkennungsfähigkeit im Ausland auf. Bei inländischen Behörden, Gerichten, Banken, Ärzten etc. stellt sich hinsichtlich ausländischer Vorsorgeverfügungen umgekehrt die Frage, ob die in den ausländischen Verfügungen enthaltenen Anordnungen im Inland Wirksamkeit entfalten und anzuerkennen sind. 1

I. Vorsorgevollmacht

Mit Inkrafttreten des ErwSÜ[1] am 1.1.2009 ist in Bezug auf **Vorsorgevollmachten** erstmalig eine ausdrückliche **Kollisionsnorm** geschaffen worden (→ Art. 24 EGBGB Rn. 7; → Art. 15 ErwSÜ). Ist in Deutschland über die in Art. 15 Abs. 1 ErwSÜ (→ Art. 15 Rn. 16ff.) geregelten Rechtsfragen des Bestehens, des Umfangs, der Änderung und Beendigung der Vorsorgevollmacht sowie deren Art und Weise der Ausübung, Art. 15 Abs. 3 ErwSÜ (→ Art. 15 ErwSÜ Rn. 27ff.) zu entscheiden, bestimmt sich das anzuwendende Recht **ausschließlich** nach Art. 15 ErwSÜ. Es kommt dabei nicht darauf an, welche Staaten das ErwSÜ bereits ratifiziert haben (strittig → Art. 15 ErwSÜ Rn. 9). 2

Im Ergebnis bedeutet dies Folgendes: Hat ein Erwachsener zum Zeitpunkt der Errichtung einer Vorsorgevollmacht seinen gewöhnlichen Aufenthalt in Deutschland und zieht er später ins Ausland, genauer, in einen Vertragsstaat des ErwSÜ, ist hinsichtlich der Wirksamkeit und des Umfangs der Vorsorgevollmacht deutsches Recht anwendbar. Die Art und Weise der Vollmachtausübung (zB Rechnungslegungspflicht gegenüber einer Behörde) bestimmt sich dagegen nach dem Recht des Staates, in dem die Vollmacht ausgeübt wird. Bei einem Umzug in einen Nichtvertragsstaat bestimmen die diesbezüglichen Kollisionsregeln des internationalen Privatrechts, ob eine deutsche Vorsorgevollmacht anerkannt wird oder nicht (→ Art. 15 ErwSÜ Rn. 33).

[1] Haager Übereinkommen über den internationalen Schutz von Erwachsenen vom 13.1.2000, BGBl II 2007, 323.

II. International-privatrechtliche Anknüpfung der Patientenverfügung

1. Allgemeines

3 Aufgrund des Alterungsprozesses in der Gesellschaft machen sich immer mehr Menschen im Voraus Gedanken über ihre medizinische Behandlung im Falle der eigenen Handlungsunfähigkeit. In einer Patientenverfügung wird schriftlich im Voraus festgelegt, ob und wie der Erwachsene ärztlich behandelt werden möchte (→ § 1827 BGB). Das Freizügigkeitsrecht von Unionsbürgern und die damit einhergehende erhöhte Mobilität der Menschen innerhalb der Mitgliedsstaaten der Europäischen Union wirft wie bei der Vorsorgevollmacht die Frage nach der Wirksamkeit und Anerkennung der Patientenverfügung im Ausland bzw. ob ausländische Patientenverfügungen in Deutschland anerkannt werden auf.

2. Anknüpfung

4 Die Frage, welches Recht auf die Patientenverfügung im **Kollisionsfall** anwendbar ist, ist bislang ungeklärt.[2] Im **EGBGB** existiert keine geschriebene Kollisionsregel zur Anknüpfung der Patientenverfügung. **Reine Patientenverfügungen** werden mangels Einräumung von Vertretungsmacht nicht vom Anwendungsbereich des Art. 15 ErwSÜ erfasst (→ Art. 15 ErwSÜ Rn. 15). Ebenso ist Art. 24 EGBGB nicht anwendbar, da die Norm nur **staatlich angeordnete Fürsorgemaßnahmen** erfasst.

In der Literatur haben sich bislang zwei verschiedene Anknüpfungspunkte herauskristallisiert, welche aber beide zu dem Ergebnis kommen, dass an den **Ort der Behandlung** anzuknüpfen ist.

5 Röthel[3] knüpft aus Praktikabilitätsgründen an den **Behandlungsort** an. Bei der Ermittlung einer geeigneten Anknüpfungsregel bestehe ein dringendes praktisches Bedürfnis der behandelnden Ärzte für die Anwendung des Rechts am Behandlungsort.[4] Die Anknüpfung an den Behandlungsort lasse sich einerseits **vertragsrechtlich** nach Art. 4 Abs. 2 Rom I-VO begründen.[5] Andererseits lasse sich die Anknüpfung an den Behandlungsort mit dem Argument begründen, dass es sich um international zwingendes Recht handeln dürfte, da der Umgang mit Patientenverfügungen, wegen ihrer medizinischen Entscheidungen am Lebensende, zugleich eine öffentlich-rechtliche, insbesondere strafrechtliche Seite, habe.[6]

6 Heggen hingegen sieht in der Frage des auf die Patientenverfügung anwendbaren Rechts keine Frage des Internationalen Privatrechts sondern eine Frage des **Internationalen Strafrechts.**[7] Die Patientenverfügung könne nur im Kontext mit den strafrechtlichen Vorschriften am **Behandlungsort** gesehen werden.[8] Nur das Recht am Behandlungsort kann ausschließlich darüber bestimmen, in welche Maßnahmen der

[2] Eingehende Auseinandersetzung Lemmerz Patientenverfügung S. 1 ff.

[3] Röthel FPR 2007, 79 (81); Lipp/Röthel Vorsorgeverfügungen § 20 Rn. 27; alternative Anknüpfung an das Heimatrecht oder den gewöhnlichen Aufenthalt des Betroffenen wegen Unpraktikabilität für die Ärzte ablehnend Lipp/Röthel Vorsorgeverfügungen § 20 Rn. 28.

[4] Lipp/Röthel Vorsorgeverfügungen § 20 Rn. 27.

[5] Lipp/Röthel Vorsorgeverfügungen § 20 Rn. 27.

[6] Röthel FPR 2007, 79 (81); Lipp/Röthel Vorsorgeverfügungen § 20 Rn. 27.

[7] Heggen ZNotP 2008, 184 (195); so auch Müller-Engels/Braun, Betreuungsrecht Kap. 3 Rn. 40, und Gutachten des DNotI 2010, Gutachten Nr. 99651.

[8] Heggen FPR 2010, 272; ders. ZNotP 2008, 184 (195).

Patient einwilligen kann und ob ein Behandlungsabbruch oder eine Beihilfe zum Suizid zulässig ist oder nicht.

Wie das Internationale Öffentliche Recht wird das Internationale Strafrecht vom **Territorialitätsprinzip** beherrscht.[9] Strafrechtliche Normen beanspruchen somit nur in dem Staat Geltung, in welchem sie aufgestellt worden sind. Dies hat zur Folge, dass das am Behandlungsort des Patienten geltende Recht einer **Rechtwahl** nicht zugänglich ist.[10]

Ausländische Staatsangehörige können für den Fall ihrer Behandlungsbedürftigkeit **in Deutschland** eine Patientenverfügung nach Maßgabe des deutschen Rechts errichten. Ob eine ausländische Patientenverfügung im Inland wirksam und anzuerkennen ist, richtet sich danach, ob in der Patientenverfügung Maßnahmen beschrieben werden, die mit den deutschen strafrechtlichen Normen und mit der Berufsordnung der Ärzte in Einklang stehen. Eine ausländische Patientenverfügung, die von einem Arzt aktive Sterbehilfe verlangt, ist in Deutschland unbeachtlich. In Deutschland wird eine ausländische Patientenverfügung nur umgesetzt, wenn sie mit dem deutschen Strafrecht und der Berufsordnung der Ärzte vereinbar ist. 7

3. Länderüberblick

In vielen europäischen Staaten wurde in den vergangenen Jahren durch zahlreiche verwirklichte oder initiierte Gesetzgebungsvorhaben versucht, dem Selbstbestimmungsrecht durch die Sicherung der Beachtlichkeit von Patientenverfügungen Geltung zu verschaffen. Innerhalb der europäischen Rechtsordnungen bestehen jedoch weiterhin **große Unterschiede** in Bezug auf Wirksamkeits- und Formerfordernisse oder in Bezug auf die Wirkungsdauer. Das Europäische Vorsorge-Portal[11] informiert in Bezug auf Patientenverfügungen darüber, ob eines der 22 teilnehmenden Mitgliedsstaaten dieses Vorsorgeinstrument überhaupt kennt und ob Patientenverfügungen in dem jeweiligen Staat einer gerichtlichen Kontrolle oder Formerfordernissen unterliegen. 8

Einige europäische Rechtsordnungen, darunter Griechenland und Malta, sehen keine Patientenverfügungen vor, da diese mit deren Ordre-public Verständnis unvereinbar ist.[12] Folgende Staaten, zu denen Literatur in deutscher Sprache existiert, kennen das Vorsorgeinstrument der Patientenverfügung, wobei die Aufzählung nicht abschließend ist: 9

Australien,[13] Belgien,[14] England und Wales,[15] Frankreich,[16] Italien,[17] Luxemburg,[18] Niederlande,[19] Österreich,[20] Portugal,[21] Schweiz,[22] Slowenien,[23] Spanien,[24] Ungarn,[25] USA.[26]

---

[9] Kegel/Schurig Internationales Privatrecht § 23 I 1, 2.

[10] Heggen ZNotP 2008, 184 (195); Müller-Engels/Braun, Betreuungsrecht Kap. 3 Rn. 42.

[11] www.vulnerable-adults-europe.eu.

[12] Siehe unter www.vulnerable-adults-europe.eu.

[13] Beyer/Dr. Altemann/Töpfer ZErb 2012, 3f.

[14] Heggen FPR 2010, 272 (273); Müller-Engels/Braun, Betreuungsrecht Kap. 3 Rn. 46.

[15] Röthel FPR 2007, 79; Röthel/Heßeler FamRZ 2006, 529 (530f.); Lipp/Röthel Vorsorgeverfügungen § 29 Rn. 29ff.; Müller-Engels/Braun, Betreuungsrecht Kap. 3 Rn. 50ff.

[16] Rieck NZFam 2017, 390 (392); Röthel FPR 2007, 79f.; Lipp/Röthel Vorsorgeverfügungen § 24 Rn. 38ff.; Müller-Engels/Braun, Betreuungsrecht Kap. 3 Rn. 58ff.

[17] Rieck NZFam 2018, 102 (103).

[18] Heggen FPR 2010, 272 (273); Müller-Engels/Braun, Betreuungsrecht Kap. 3 Rn. 68ff.

[19] Heggen FPR 2010, 272 (273); Lipp/Röthel Vorsorgeverfügungen § 26 Rn. 25; Müller-Engels/Braun, Betreuungsrecht Kap. 3 Rn. 72.

[20] Heggen ZNotP 2008, 184 (185ff.); Röthel FPR 200, 79 (80); Lipp/Röthel Vorsorgeverfügungen § 23 Rn. 36ff.; Müller-Engels/Braun, Betreuungsrecht Kap. 3 Rn. 75ff.; zur Beacht-

Erster Teil. Allgemeine Vorschriften

Zweites Kapitel. Internationales Privatrecht

Dritter Abschnitt. Familienrecht

Art. 24 **Vormundschaft, Betreuung und Pflegschaft**

(1) **Die Entstehung, die Ausübung, die Änderung und das Ende eines Fürsorgeverhältnisses (Vormundschaft, Betreuung, Pflegschaft), das kraft Gesetzes oder durch Rechtsgeschäft begründet wird, unterliegen dem Recht des Staates, in dem der Fürsorgebedürftige seinen gewöhnlichen Aufenthalt hat.**

(2) **Maßnahmen, die im Inland in Bezug auf ein Fürsorgeverhältnis angeordnet werden, und die Ausübung dieses Fürsorgeverhältnisses unterliegen deutschem Recht. Besteht mit dem Recht eines anderen Staates eine wesentlich engere Verbindung als mit dem deutschen Recht, so kann jenes Recht angewendet werden.**

(3) **Die Ausübung eines Fürsorgeverhältnisses aufgrund einer anzuerkennenden ausländischen Entscheidung richtet sich im Inland nach deutschem Recht.**

I. Allgemeines

1 Art. 24 bestimmt, welches Recht auf **Vormundschaft, Betreuung** und **Pflegschaft** im Kollisionsfall anzuwenden ist, und unterscheidet danach, ob diese **kraft Gesetzes** bestehen oder durch **rechtsgeschäftliche Begründung** oder aufgrund einer gerichtlichen Maßnahme entstehen. Abs. 1 erfasst die eher seltenen **Fürsorgeverhältnisse,** welche **kraft Gesetzes** entstehen oder durch **Rechtsgeschäft** begründet werden.[1] Abs. 2 regelt, welches Recht deutsche Gerichte und Behörden anzuwenden haben, wenn sie Maßnahmen in Bezug auf ein Fürsorgeverhältnis im Rahmen ihrer Zuständigkeit ergreifen. Abs. 3 regelt, wie mit im Ausland getroffenen und im Inland anzuerkennenden Entscheidungen umzugehen ist.

---

lichkeit von Patientenverfügungen bei zwangsweiser Unterbringung Gschaider R & P 2016, 164 (171).

[21] Rieck NZFam 2017, 633 (634); Heggen FPR 2010, 272 (274); Müller-Engels/Braun, Betreuungsrecht Kap. 3 Rn. 80.

[22] Heggen FPR 2010, 272 (274); Röthel FPR 2007, 79 (80f.); Müller-Engels/Braun, Betreuungsrecht Kap. 3 Rn. 87ff.

[23] Müller-Engels/Braun, Betreuungsrecht Kap. 3 Rn. 93.

[24] Rieck NZFam 2018, 56 (57); Heggen FPR 2010, 272 (273); Müller-Engels/Braun, Betreuungsrecht Kap. 3 Rn. 95.

[25] Müller-Engels/Braun, Betreuungsrecht Kap. 3 Rn. 99.

[26] Lipp/Röthel Vorsorgeverfügungen § 31 Rn. 45ff.

[1] Siehe Begr. RegE, BT-Drs. 564/20, 434.

1. Entstehungsgeschichte

Mit der IPR-Reform 1986 wurde mit Art. 24 erstmalig eine Kollisionsnorm für die Vormundschaft und Pflegschaft im EGBGB geschaffen und löste damit Art. 23 aF[2] ab, welcher ausdrücklich lediglich die internationale Zuständigkeit geregelt hatte. Durch das BtG,[3] welches die Entmündigung abschaffte und das Rechtsinstitut der Betreuung (§§ 1814ff. BGB) einführte, wurde Art. 24 in Abs. 1 S. 1 um das Rechtsinstitut der Betreuung erweitert und der Bezug auf die Entmündigung gestrichen.[4] 2

Mit Inkrafttreten des Gesetzes zur Reform des Vormundschafts- und Betreuungsrechts[5] erfuhr Art. 24 EGBGB eine grundlegende Neuregelung für den maßgeblichen Anknüpfungspunkt für das Rechtsregime des **Fürsorgeverhältnisses:** Bis zum 31.12.2022 bezeichnete Art. 24 EGBGB den Anknüpfungsgegenstand in der Überschrift und im Gesetzestext mit „Vormundschaft, Betreuung und Pflegschaft". In Anlehnung an die Staatsverträge sieht Art. 24 EGBGB in seiner neuen Fassung keine Differenzierung mehr vor und verwendet im Gesetzestext nur noch den Begriff des Fürsorgeverhältnisses.[6] 3

Nunmehr ist Anknüpfungspunkt der gewöhnliche Aufenthalt[7] und nicht mehr die Staatsangehörigkeit (Heimatrecht) des Betroffenen. Die Abkehr von der Staatsangehörigkeit hin zum gewöhnlichen Aufenthalt entspricht der allgemeinen Entwicklung im internationalen Erb- und Familienrecht sowie teilweise im autonomen Kollisionsrecht (vgl. Art. 14 EGBGB).[8] 4

2. Vorrangige internationale Abkommen

a) Praktische Relevanz des Art. 24. Zu Art. 24 EGBGB existieren kaum veröffentlichte Entscheidungen.[9] Auch ist die praktische Relevanz dieser Norm gering. Sie wird weitgehend von staatsvertraglichen Regelungen, die gem. Art. 3 EGBGB vorgehen, verdrängt. Für Minderjährige sind vorrangig das **MSA** (→ Rn. 6) und seit 1.1.2011 das **KSÜ** (→ Rn. 6) und für Erwachsene das **ErwSÜ** (→ Rn. 7) zu beachten. Pflegschaften im erbrechtlichen Bereich werden von der **EuErbVO** erfasst. Ebenfalls von Art. 24 EGBGB nicht erfasst werden verfahrensrechtliche Institute wie die Verfahrenspflegschaft oder -beistandschaft.[10] Sie unterliegen der lex fori. Die Beistandschaft nach § 1717 BGB sowie die gesetzliche Amtsvormundschaft des Jugendamtes nach § 1786 BGB gehen als Spezialregelungen dem Art. 24 EGBGB vor.[11] 5

Folgende Anwendungsfälle verbleiben für den Anwendungsbereich des Art. 24 EGBGB:[12]

– Ergreifen von Schutzmaßnahmen zu Gunsten der Leibesfrucht, da das KSÜ laut Art. 2 auf Kinder „von ihrer Geburt" anzuwenden ist;

---

[2] BT-Drs. 10/504, 73. Gesetz zur Reform des Rechts der Vormundschaft und Pflegschaft für Volljährige (BtG) vom 12.9.1990, BGBl I 2002.

[3] Gesetz zur Reform des Rechts der Vormundschaft und Pflegschaft für Volljährige (BtG) vom 12.9.1990, BGBl I 2002. Art. 7 § 29 BtG vom 12.9.1990, BGBl 2002 I.

[4] Art. 7 § 29 BtG vom 12.9.1990, BGBl 2002 I.

[5] BGBl. 2021 I 882.

[6] Thorn/Romero IPrax 2021, 15 (23).

[7] Vgl. zum gewöhnlichen Aufenthalt bei Begebung in ein (Sterbe-)Hospiz unter Beibehaltung der Wohnung KG 1 AR 1020/20, ErbR 2021, 161.

[8] Thorn/Romero IPrax 2021, 15 (23).

[9] Zuletzt BGH XII ZB 145/21, BeckRS 2021, 27714.

[10] Siehe Begr. RegE, BT-Drs. 564/20, 434.

[11] Siehe Begr. RegE, BT-Drs. 564/20, 434.

[12] Mit ausführlicher Herleitung Thorn/Romero IPrax 2021, 15 (19ff.).

- Fragen der Vormundschaft, wenn der Betroffene das 18. Lebensjahr vollendet, aber nach dem auf die Geschäftsfähigkeit anzuwendenden Recht noch nicht volljährig ist, wobei wegen des seit dem 1.1.2023 geltenden Art. 7 Abs. 2 S. 1 EGBGB und der Anknüpfung an das Recht des gewöhnlichen Aufenthaltes für die Geschäftsfähigkeit, diese Fälle seltener werden;[13]
- kraft Gesetzes eintretende Fürsorgeverhältnisse, welche nicht vom ErwSÜ erfasst werden, mit Ausnahme des Art. 15 EGBGB;
- die Zuständigkeit deutscher Gerichte ergibt sich aus dem autonomen Recht (§§ 99, 104 FamFG).

6 **b) MSA und KSÜ.** Das Haager **MSA**[14] gilt nach Inkrafttreten des **KSÜ** zum 1.1.2011 nur noch im Verhältnis zu Macao und der Türkei. Beide Übereinkommen regeln die internationale Zuständigkeit (vgl. Art. 1 MSA bzw. Art. 5–14 KSÜ) sowie das auf eine **angeordnete Vormundschaft oder Pflegschaft** anzuwendende Recht. Die nach den beiden Übereinkommen zuständigen Behörden wenden dabei ihr eigenes Sachrecht an (vgl. Art. 2 MSA bzw. Art. 15 KSÜ). Die in den beiden Übereinkommen getroffenen Regelungen zur internationalen Zuständigkeit werden durch die vorrangige Brüssel IIb-VO,[15] welche zum 1.8.2022 in Kraft trat, verdrängt. Die Brüssel IIb-VO enthält keine Regelung über das anwendbare Recht. Art. 24 EGBGB wird somit nicht angewandt, soweit **Minderjährige** bei Anordnung einer Vormundschaft oder Pflegschaft ihren gewöhnlichen Aufenthalt im Inland haben. Für die Bestimmung der internationalen Zuständigkeit nach autonomem Recht, hier § 99 FamFG, bleibt nur Raum, wenn weder die Zuständigkeitsvorschriften der Brüssel IIb-VO noch die des MSA bzw. KSÜ zur Anwendung kommen.

Für die **gesetzliche Vormundschaft oder Pflegschaft** enthält das KSÜ, im Gegensatz zum MSA, in Art. 16 und Art. 17 KSÜ Kollisionsnormen zu der kraft Gesetzes zugewiesenen elterlichen Verantwortung und verdrängt insoweit Art. 24 EGBGB.

7 **c) ErwSÜ.** Das **ErwSÜ**[16] regelt die Zuständigkeit, das anwendbare Recht, die Anerkennung und Vollstreckung ausländischer Entscheidungen von Schutzmaßnahmen für **Erwachsene.**

Art. 24 EGBGB wird hinsichtlich Erwachsener vom ErwSÜ verdrängt, soweit der Betroffene seinen **gewöhnlichen Aufenthalt** in einem der Vertragsstaaten des ErwSÜ (→ Art. 15 ErwSÜ Rn. 1) hat, und zwar unabhängig von der Staatsangehörigkeit des Betroffenen.[17] Das Abkommen gilt für Erwachsene, die aufgrund einer Beeinträchtigung oder der Unzulänglichkeit ihrer persönlichen Fähigkeiten nicht in der Lage sind, ihre Interessen zu schützen (Art. 1 Abs. 1 ErwSÜ). Nach Art. 2 Abs. 1 ErwSÜ gilt als erwachsen, wer das 18. Lebensjahr vollendet hat. Das ErwSÜ beruft prinzipiell das **Sachrecht** der zuständigen Behörde und damit das Aufenthaltsrecht zur Anwendung (Art. 13 Abs. 1). Ein **Renvoi** ist unbeachtlich (Art. 19). Das ErwSÜ findet dagegen keine Anwendung auf die Abwesenheits-, Ergänzungs- und Nachlasspflegschaft, da es nur auf Schutzmaßnahmen wegen einer Beeinträchtigung oder Unzulänglichkeit der **persönlichen** Fähigkeiten eines Erwachsenen abstellt. Für die

---

[13] Siehe Begr. RegE, BT-Drs. 564/20, 433.

[14] Gesetz zu dem Haager Übereinkommen vom 19.10.1996 über die Zuständigkeit, das anzuwendende Recht, die Anerkennung, Vollstreckung und Zusammenarbeit auf dem Gebiet der elterlichen Verantwortung und der Maßnahmen zum Schutz von Kindern, BGBl II 2009 602.

[15] VO (EU) 2019/111 des Rates über die Zuständigkeit, Anerkennung und Vollstreckung von Entscheidungen in Ehesachen und in Verfahren betreffend die elterliche Verantwortung über internationale Kindesentführung vom 25.6.2019, ABl. L 178 vom 2.7.2019, 1 ff.

[16] Haager Übereinkommen über den internationalen Schutz von Erwachsenen vom 13.1.2000, BGBl II 2007, 323.

[17] Grüneberg/Thorn Anh Art. 24 EGBGB Rn. 4.

Anwendung des Art. 24 EGBGB bleibt folglich nur noch Raum, wenn der Betroffene seinen gewöhnlichen Aufenthalt in einem Nichtvertragsstaat hat.

d) Vorrangige bilaterale Staatsverträge. Vorrangig anzuwenden ist das deutsch-iranische Niederlassungsabkommen vom 5. 3. 1924,[18] welches nach dem zugehörigen Schlussprotokoll das Familienrecht und somit auch Fragen der Betreuung, Vormundschaft und Pflegschaft erfasst.[19] Iranische Staatsnagehörige können, sofern sie nicht auch die deutsche Staatsbürgerschaft besitzen,[20] nur nach Maßgabe ihres Heimatrechts unter Betreuung, Vormundschaft oder Pflegschaft gestellt werden (vgl. Art. 8 Abs. 3). 8

Bilaterale Konsular- und Handelsverträge enthalten gelegentlich Regelungen zum internationalen Vormundschafts- oder Pflegschaftsrechts.[21] Die Betreuung ist an die Stelle des Vormundschaftsrechts getreten, sodass diese Regelungen auch bei der Betreuerbestellung zu beachten sind.[22]

II. Anwendungsbereich

1. Vormundschaft, Betreuung, Pflegschaft

a) Vormundschaft. Ausweislich seines Wortlauts erfasst Art. 24 Abs. 1 sowohl die gesetzliche als auch die angeordnete Vormundschaft. Aufgrund der Abschaffung der Vormundschaft über Volljährige im deutschen Recht zum 1. 1. 1992[23] ist darunter die Vormundschaft für **Minderjährige** zu verstehen. Hat der Minderjährige seinen gewöhnlichen Aufenthalt im Inland oder in einem sonstigen Vertragsstaat, gelangt man zur vorrangigen Anwendung des MSA bzw. KSÜ (→ Rn. 6). § 1786 BGB geht als Spezialregelung Art. 24 EGBGB vor. Er übernimmt die vormalige Regelung der in § 1791c Abs. 1 S. 1 BGB enthaltenden Kollisionsregel. § 1786 BGB regelt in S. 1 die Amtsvormundschaft des Jugendamtes bei Fehlen eines sorgeberechtigten Elternteils bei eines im Inland geborenen Kindes, die kraft Gesetzes mit der Geburt eintritt. 9

b) Betreuung. Art. 24 EGBGB erfasst die gerichtlich angeordnete **Betreuung** nach den §§ 1814 ff. BGB sowie der Betreuung funktional vergleichbare ausländische Rechtsinstitute des Erwachsenenschutzes. Entscheidend ist, ob die mit der Betreuung verwirklichte Aufgabe umgesetzt wird. Aus diesem Grund fallen **Vormundschaften** für Erwachsene nach ausländischem Recht in den Anwendungsbereich des Art. 24 EGBGB. Dabei ist unbeachtlich, ob das ausländische Rechtsinstitut eine **Entmündigung** und somit einen Eingriff in die Geschäftsfähigkeit des Betroffenen voraussetzt.[24] 10

c) Pflegschaft. Soweit das MSA/KSÜ/ErwSÜ nicht vorgehen, kommt Art. 24 EGBGB zur Anwendung. Zu den erfassten, angeordneten Pflegschaften zählt unstreitig die **Abwesenheitspflegschaft** nach § 1884 BGB.[25] Str. ist, ob die **Ergän-** 11

---

[18] RGBl 1930 II 1006; BGBl 1955 II 829.

[19] Staudinger/v. Hein (2019) EGBGB Vor Art. 24 Rn. 14.

[20] Staudinger/v. Hein (2019) EGBGB Vor Art. 24 Rn. 14.

[21] Für einen Überblick über die geschlossenen Abkommen und teilweise auch nicht mehr geltenden Abkommen vgl. Staudinger/v. Hein (2019) EGBGB Vor Art. 24 Rn. 1-17.

[22] MüKoBGB/Lipp EGBGB Art. 24 Rn. 98.

[23] Gesetz zur Reform des Rechts der Vormundschaft und Pflegschaft für Volljährige (BtG) vom 12. 9. 1990, BGBl I 2002.

[24] Vgl. auch Röthel BtPrax 2006, 90 (91) mwN; einen Überblick und internationalen Vergleich bietet der Aufsatz von Ward BtPrax 2017, 12.

[25] Staudinger/v. Hein (2019) EGBGB Art. 24 Rn. 13.

zungspflegschaft für Minderjährige nach § 1809 BGB vom Anwendungsbereich des Art. 24 EGBGB erfasst wird.[26] Aufgrund der vorrangigen Anwendbarkeit des KSÜ bzw. des MSA wird dieser Streit selten relevant werden. Befindet sich der gewöhnliche Aufenthalt des Minderjährigen im Inland, wird der Streit letztendlich wegen der vorrangigen Anwendbarkeit des MSA bzw. KSÜ selten zu entscheiden sein.[27]

Eine **Sonderregelung** gilt für Pflegschaften für Sammelvermögen (§ 1883 BGB), auf welches das Recht am Ort der Verwaltung Anwendung findet.[28]

2. Entstehung, Ausübung, Änderung und Ende, Abs. 1

12 Abs. 1 beruft für die Entstehung, Ausübung, Änderung und das Ende gesetzlich oder rechtsgeschäftliche begründeter Fürsorgeverhältnisse das Recht am gewöhnlichen Aufenthalt[29] des Fürsorgebedürftigen zur Anwendung. Dies bedeutet eine Abkehr von der bis zum 31. 12. 2022 geltenden Anknüpfung an das Heimatrecht des Betroffenen. Die Neuregelung fügt sich in das internationale Kindschaftsrecht ein, nach der das Recht des gewöhnlichen Aufenthaltes des Staates Anwendung findet, der auch vorrangig international zuständig ist. Bei **Flüchtlingen und Staatenlosen** gelten die allgemeinen Vorschriften des Art. 5 EGBGB.[30]

Existiert eine Vorsorgevollmacht ist Art. 15 ErwSÜ (→ Art. 15 ErwsÜ) vorrangig zu beachten. Ein Wechsel des gewöhnlichen des Fürsorgeberechtigten soll nach der Begründung des Regierungsentwurfs die Rechtslage aus deutscher Sicht erstmal nicht ändern.[31] Nach dem früheren Aufenthaltsrecht entstandene Fürsorgeverhältnisse bleiben bestehen, auch wenn das neue Aufenthaltsrecht andere Voraussetzungen an das Entstehen vorsieht und auch rechtsgeschäftliche Maßnahmen in Bezug auf ein Fürsorgeverhältnis bleiben aufrechterhalten.[32]

13 Thorn/Romero[33] kritisieren den Umstand, dass weder Art. 24 EGBGB selbst noch die Begründung zum Regierungsentwurf eine Aussage zum maßgeblichen Anknüpfungszeitpunkt macht. Sie meinen, dass bei gesetzlichen Fürsorgeverhältnissen nur der Zeitpunkt der Entstehung maßgeblich sein kann.[34] Bei den auf Rechtsgeschäft beruhenden Fürsorgeverhältnissen käme als Zeitpunkt derjenige des Abschlusses und derjenige des Wirksamwerdens in Betracht.[35] Thorn/Romero[36] präferieren in Anlehnung an das KSÜ als Anknüpfungszeitpunkt auf den Zeitpunkt der Wirksamkeit des Rechtsgeschäfts abzustellen.

3. Im Inland getroffene Maßnahmen, Ausübung des Fürsorgeverhältnisses und wesentlich engere Verbindung, Abs. 2

14 Im Gleichklang mit Art. 15 Abs. 1 KSÜ und Art. 13 Abs. 1 ErwSÜ führt Abs. 2 S. 1 das **lex fori-**Prinzip ein. Sind deutsche Gerichte international zuständig und sind keine anderen Regelungen vorrangig, wenden deutsche Behörden und Gerichte ihr

[26] Dafür Staudinger/v. Hein (2019) Art. 24 EGBGB Rn. 13; Kegel/Schurig IPR § 20 XV 2a; dagegen und für eine Anwendung des Art. 21 EGBGB MüKoBGB/Lipp EGBGB Art. 24 Rn. 56; differenzierend BeckOK BGB/Heiderhoff EGBGB Art. 24 Rn. 34.

[27] BeckOK BGB/Heiderhoff EGBGB Art. 24 Rn. 34.

[28] Staudinger/v. Hein (2019) EGBGB Art. 24 Rn. 16.

[29] Vgl. auch KG 1 AR 1020/20, ErbR 2021, 161.

[30] Grüneberg/Thorn EGBGB Art. 24 Rn. 3.

[31] Siehe Begr. RegE, BT-Drucks. 564/20, 434; so auch Thorn/Romero IPrax 2021, 15 (23).

[32] Siehe Begr. RegE, BT-Drucks. 564/20, 434.

[33] Thorn/Romero IPrax 2021, 15 (23).

[34] Thorn/Romero IPrax 2021, 15 (23).

[35] Thorn/Romero IPrax 2021, 15 (23).

[36] Thorn/Romero IPrax 2021, 15 (23).

eigenes Recht an. Die Rechtsanwendung wird durch die Anwendung des eigenen Rechts erleichtert.[37] Das lex fori-Prinzip erstreckt sich auf sämtliche Aspekte des Fürsorgeverhältnisses,[38] sodass der bisherige Streit um die Frage, was zum Inhalt der Schutzmaßnahme zu rechnen ist, bedeutungslos wird.[39] Erfasst werden auch alle Entscheidungen deutscher Gerichte, darunter auch vorläufige Maßnahmen, sodass die im Abs. 3 aF enthaltene Sonderregelung entfallen konnte. Als vorläufige Sicherungsmaßnahmen kommen zweifellos solche in Bezug auf Personen und Vermögen, wie zB die Hinterlegung von Geld oder Wertpapieren, Inventarerrichtung, die Bestellung eines Prozessvertreters oder die Kündigung einer Forderung, in Betracht.[40]

Für Abs. 2 S. 1 BGB ist unerheblich, ob der Betroffene seinen gewöhnlichen Aufenthalt im Ausland hat. Sofern zuständig, wenden deutsche Gerichte deutsches Recht an, sodass das Handeln von Betreuern, Vormünder oder Pflegern aufgrund einer im Inland getroffenen Entscheidung ebenfalls deutschem Recht unterliegt.[41]

Abs. 2 S. 2 sieht in Anlehnung an Art. 15 Abs. 2 KSÜ und Art. 13 Abs. 2 ErwSÜ[42] **15**
vor, dass auch das Recht eines anderen Staates angewendet werden kann, wenn dazu eine **wesentlich engere Verbindung** als mit dem deutschen Recht besteht. Mit dieser **Ausweichklausel** wird die nötige Flexibilität geschaffen, ohne die erzielte Rechtssicherheit unnötig zu gefährden.[43] Praktische Relevanz gewinnt die Regelung in Bezug auf deutsche Staatsangehörige, die ihren gewöhnlichen Aufenthalt nicht in einem Vertragsstaat des KSÜ bzw. ErwSÜ haben sowie in Fällen eines besonderen Fürsorgeverhältnisses.[44]

4. Ausübung aufgrund ausländischer Entscheidung, Abs. 3

Abs. 3 regelt die Ausübung eines Fürsorgeverhältnisses im Inland, welches nach **16**
einer anzuerkennenden ausländischen Entscheidung (§§ 108 ff. FamFG) begründet wurde. Die Ausübung soll sich in Anlehnung an Art. 15 Abs. 3 KSÜ und Art. 14 ErwSÜ nach deutschem Recht richten.[45] Das gilt allerdings vorbehaltlich einer Änderung, Ersetzung oder Aufhebung der ausländischen Entscheidung durch deutsche Gerichte oder Behörden.[46]

III. Verfahren

1. Internationale Zuständigkeit

Im internationalen Verfahrensrecht ist bei der rechtlichen Fürsorge für Minderjäh- **17**
rige der Vorrang von Staatsverträgen und der Brüssel IIb-VO zu beachten (→ Rn. 6). Das ErwSÜ enthält in Art. 5–12 Zuständigkeitsnormen, welche für die Vertragsstaaten einen Rückgriff auf die autonomen Zuständigkeitsregeln sperren.

Deutsche Gerichte sind nach **§ 99 FamFG** für Anordnungen rechtlicher Fürsorge für Minderjährige international zuständig, wenn der Minderjährige Deutscher ist, seinen gewöhnlichen Aufenthalt in Deutschland hat oder der Fürsorge durch ein deut-

---

37 Siehe Begr. RegE, BT-Drs. 564/20, 434.
38 Siehe Begr. RegE, BT-Drs. 564/20, 434.
39 Thorn/Romero IPrax 2021, 15 (24).
40 BeckOK BGB/Heiderhoff EGBGB Art. 24 Rn. 44.
41 Siehe Begr. RegE, BT-Drs. 564/20, 435.
42 Siehe Begr. RegE, BT-Drs. 564/20, 435.
43 Thorn/Romero IPrax 2021, 15 (24).
44 Thorn/Romero IPrax 2021, 15 (24).
45 Siehe Begr. RegE, BT-Drs. 564/20, 435.
46 Siehe Begr. RegE, BT-Drs. 564/20, 435; zustimmend Thorn/Romero IPrax 2021, 15 (25).

sches Gericht bedarf. **§ 104 FamFG** regelt Entsprechendes für Maßnahmen des Erwachsenenschutzes. Die Zuständigkeiten nach §§ 99, 104 FamFG sind gem. § 106 FamFG nicht ausschließlich. Bei konkurrierender internationaler Zuständigkeit zwischen ausländischen und deutschen Gerichten kann ein deutsches Gericht bei gleichzeitiger Anhängigkeit eines Verfahrens vor einem ausländischen Gericht von der Anordnung von Maßnahmen absehen, § 99 Abs. 2 und Abs. 4 FamFG bzw. §§ 104 Abs. 2 iVm 99 Abs. 2 FamFG. Liegt es im Interesse des Betroffenen, dass ein in Deutschland anhängiges Verfahren an ein ausländisches Gericht abgegeben wird, ist dies umgekehrt nach §§ 99 Abs. 3 bzw. 104 Abs. 2 iVm 99 Abs. 3 FamFG möglich.

2. Anerkennung ausländischer Entscheidungen

18 Die Anerkennung ausländischer Entscheidungen zugunsten Minderjähriger richtet sich primär nach der Brüssel IIb-VO (Art. 30–33) bzw. dem KSÜ (Art. 23 ff.) oder dem MSA (Art. 7) und zugunsten Erwachsener nach dem ErwSÜ (Art. 22, 23).

Im autonomen Recht richtet sich die Anerkennung einer im Ausland angeordneten Vormundschaft, Pflegschaft oder Betreuung nach **§§ 108, 109 FamFG.** In § 109 Abs. 1 FamFG sind abschließend die Anerkennungshindernisse geregelt. Die Anerkennung von im Ausland angeordneten Entmündigungen ist grundsätzlich nicht ausgeschlossen,[47] jedoch bei Auslandsentmündigung deutscher Staatsangehöriger wegen des inländischen **ordre public** (§ 109 Abs. 1 Nr. 4 FamFG) problematisch. Die hM[48] nimmt eine Anerkennung mit den Wirkungen einer Betreuung mit umfassendem Einwilligungsvorbehalt vor.

---

[47] MüKoBGB/Lipp EGBGB Art. 24 Rn. 90; ausführlich zu möglichen Verstößen gegen den ordre public MüKoBGB/Lipp ErwSÜ Art. 22 Rn. 28 ff.

[48] Staudinger/v. Hein (2019) EGBGB Art. 24 Rn. 133 mwN; Rausch BtPrax 2004, 137 (139).

3. Übereinkommen über den internationalen Schutz von Erwachsenen (ErwSÜ)

Vom 13. Januar 2000 (BGBl. 2007 II S. 323)

– Auszug –

Vorbemerkungen zum ErwSÜ

I. Allgemeines

Trifft der Betroffene durch eine sog. **Vorsorgevollmacht** Vorsorge für den Fall seiner späteren Schutzbedürftigkeit, kann dadurch die rechtliche Fürsorge für Erwachsene entbehrlich sein. 1

1. Gesetzliche Regelung für die gegenseitige Vertretung von Ehegatten, Art. 15 EGBGB

Mit der Reform des Vormundschafts- und Betreuungsrechts zum 1.1.2023 wurde ein Ehegattenvertretungsrecht in § 1358 BGB eingefügt. Dieses sieht eine zeitlich begrenzte vollmachtlose Vertretungsmöglichkeit unter bestimmten Voraussetzungen von Ehegatten in dringenden Gesundheitsangelegenheiten vor (ausführlich → § 1358 BGB). 2

Korrespondierend wurde im frei gewordenen Art. 15 EGBGB[1] eine entsprechende Kollisionsnorm geschaffen.[2] Danach ist in Angelegenheiten der Gesundheitssorge,[3] die im Inland wahrgenommen werden, § 1358 BGB auch dann anzuwenden, wenn nach anderen Vorschriften insoweit ausländisches Recht anwendbar wäre. Durch die Verweisung auf die Norm des § 1358 BGB wird Rechtssicherheit geschaffen, damit zeitnah wichtige medizinische Entscheidungen getroffen und umgesetzt werden können.[4] Nach der Begründung im Regierungsentwurf[5] soll es sich bei Art. 15 um eine Eingriffsnorm handeln. Als Eingriffsnorm genießt die Vorschrift Anwendungsvorrang auch gegenüber den einschlägigen europäischen Verordnungen.[6] Der mit der Einstufung als Eingriffsnorm einhergehende internationale Geltungsanspruch rechtfertige sich aufgrund der herausragenden Bedeutung der Norm für das Leben und die Gesundheit des Betroffenen in akuten Notfällen und der Funktionsfähigkeit des Gesundheitswesens.[7] Durch die uneingeschränkte Anwendung

---

[1] Art. 15 EGBGB wurde zunächst mit Wirkung vom 29.1.2019 durch das Gesetz zum Internationalen Güterrecht und zur Änderung von Vorschriften des Internationalen Privatrechts vom 17.12.2018 (BGBl 2018 I 2573) aufgehoben.

[2] BGBl 2021 I 882.

[3] Laut Begr. RegE, BT-Drs. 564/20, 431, kann zur Auslegung des Begriffes auf § 1358 BGB zurückgegriffen werden.

[4] Begr. RegE, BT-Drs. 564/20, 431.

[5] Begr. RegE, BT-Drs. 564/20, 431.

[6] Begr. RegE, BT-Drs. 564/20, 431; mit ausführlicher Begründung Thorn/Romero IPrax 2021, 15 (28).

[7] Begr. RegE, BT-Drs. 564/20, 431.

deutschen Rechts würden das ärztliche Personal sowie die Krankenhausverwaltung im Behandlungsfall davon entlastet, zunächst ermitteln zu müssen, welchem Recht die Vertretungsmacht unterliege, und ggf. ausländisches Recht auslegen und anwenden zu müssen.[8]

2. Vorrang staatsvertraglicher Regelungen/Vorrangiges Unionsrecht

3 Das Haager Übereinkommen über das auf die Stellvertretung anwendbare Recht vom 14.3.1978[9] wurde von Deutschland nicht ratifiziert und gilt nur zwischen Argentinien, den Niederlanden, Portugal, Frankreich und Italien.

Ursprünglich sahen die Entwürfe zur Rom I-VO eine Kollisionsnorm zur Bestimmung des Vollmachtsstatuts vor. In der Verordnung selbst ist die Kollisionsnorm nicht mehr enthalten. Vielmehr ist in Art. 1 Abs. 2 lit. g Rom I-VO die rechtsgeschäftliche Vertretung ausdrücklich ausgeschlossen. Die Rom I-VO ist nur auf das Grund- oder Innverhältnis einer Vollmacht anzuwenden.

3. ErwSÜ

4 Mit Inkrafttreten des **ErwSÜ** zum 1.1.2009 hat ein internationales Abkommen erstmalig eine ausdrückliche Kollisionsregel, **Art. 15 ErwSÜ,** für das auf **Vorsorgevollmachten** anwendbare Recht geschaffen. Umstritten ist die Anwendbarkeit des Art. 15 ErwSÜ, wenn der Vollmachtgeber seinen gewöhnlichen Aufenthalt in einem Nichtvertragsstaat hat (eingehend → Art. 15 ErwSÜ Rn. 9). Folgt man dieser Ansicht, muss in diesen Fällen auf Art. 8 Abs. 4 EGBGB zurückgegriffen werden (→ Rn. 8).

Zu beachten ist, dass gem. Art. 49 Abs. 1 ErwSÜ das deutsch-iranische Niederlassungsabkommen vom 5.3.1924[10] dem ErwSÜ vorgeht, Art. 49 ErwSÜ.

II. Gesetzliche Regelung für rechtsgeschäftliche Vertretung, Art. 8 EGBGB

1. Allgemeines

5 Im EGBGB existierte bis zum 11.6.2017, im Gegensatz zur **gesetzlichen,** keine geschriebenen Kollisionsnormen zur Anknüpfung der rechtsgeschäftlichen, **gewillkürten Vertretungsmacht** und damit auch der **Vorsorgevollmacht.** Durch das Gesetz zur Änderung von Vorschriften im Bereich des Internationalen Privat- und Zivilverfahrensrechts vom 11.6.2017 wurde das Kollisionsrecht der gewillkürten Stellvertretung in Art. 8 EGBGB erstmals kodifiziert und trat mit Wirkung zum 17.6.2017 in Kraft.[11] Die Neuregelung findet zeitliche Anwendung, wenn nach dem 17.6.2017 die Vollmachtserteilung erfolgt oder Erklärungen im Namen einer anderen Person gegenüber oder einem Dritten abgegeben oder für einen anderen entgegengenommen wurde (Art. 229 § 41 EGBGB).[12]

---

[8] Begr. RegE, BT-Drs. 564/20, 431.

[9] Text abgedruckt in: RabelsZ 43 (1979), 16–189.

[10] RGBl 1930 II 1006; BGBl 1955 II 829.

[11] Eingefügt durch Art. 5 Gesetz zur Änderung von Vorschriften im Bereich des Internationalen Privat – und Zivilverfahrensrechts vom 11.6.2017, BGBl 2017 I S. 1607.

[12] Grüneberg/Thorn EGBGB Art. 8 Rn. 1; Becker DNotZ 2017, 835 (843).

2. Ausgeschlossene Vertretergeschäfte

Nach Art. 8 Abs. 6 EGBG wird die Vollmacht bei **Verfügungen über Grundstücke** und **Rechte an Grundstücken** durch den Verweis auf Art. 43 Abs. 1 und Art. 46 EGBGB der **lex rei sitae** unterworfen, daher dem Recht des Staates, in dem das Grundstück belegen ist, da die Vollmacht letztendlich dort ihre Wirkung entfaltet.[13] Vollmachten für die zugrundeliegende **schuldrechtliche Vereinbarung** unterliegen dagegen Art. 8 EGBGB.[14] Art. 8 Abs. 7 EGBGB schließt die Anwendung der Norm auf Versteigerungen und Börsengeschäfte aus. Nach der Gesetzesbegründung[15] soll es bei dem Grundsatz bleiben, dass eine **Prozessvollmacht** weiterhin ausschließlich nach der **lex fori** zu beurteilen ist.[16] Dem **Gesellschaftsstatut** unterliegt die organschaftliche Vertretungsmacht der Geschäftsführer einer Gesellschaft. Über die Zulässigkeit der Stellvertretung bei letztwilligen Verfügungen entscheidet das nach Art. 26 Abs. 1 lit. c) EuErbVO[17] zur Anwendung berufene Erbstatut. 6

3. Anwendbares Recht

Die rechtsgeschäftlich erteilte Vollmacht wird aus Gründen der Rechtssicherheit **selbständig,** daher unabhängig vom **Geschäftsstatut** (unterliegt somit nicht dem Recht des vom Vertreter vorgenommenen Rechtsgeschäfts) angeknüpft.[18]. 7

In Abs. 1 des Art. 8 EGBGB wird zunächst die Frage nach dem Vorliegen einer Rechtswahl gestellt. Liegt diese nicht vor, ist im Rahmen der Stufenleiter des Art. 8 Abs. 2 bis 5 EGBGB vorzugehen.[19] Handelt der Bevollmächtigte „in Ausübung seiner unternehmerischen Tätigkeit", gilt grundsätzlich das Recht seines gewöhnlichen Aufenthaltsortes. Übt der Bevollmächtigte seine Vollmacht „als Arbeitnehmer des Vollmachtgebers" aus, ist ebenfalls dessen gewöhnlicher Aufenthaltsort für die Bestimmung des anwendbaren Rechts maßgeblich. Die Anknüpfung an den gewöhnlichen Aufenthaltsort hat aus Sicht des Gesetzgebers den Vorteil, dass der gewöhnliche Aufenthaltsort des Vollmachtgebers leichter festzustellen ist als der Gebrauchsort der Vollmacht.[20] Auch bei einem für einen mehrfachen Gebrauch erteilte Vollmacht wird damit ermöglicht, die Vollmacht einem einheitlichen Recht zu unterwerfen.[21] Art. 8 Abs. 8 EGBGB enthält zur Bestimmung des **gewöhnlichen Aufenthaltes** einen Verweis auf Art. 19 Abs. 1 und 2. Alt. 1 Rom I-VO.[22] 8

Bei privaten Dauervollmachten ist gem. Abs. 4 des Art. 8 EGBGB auf den „gewöhnlichen Gebrauchsort" der Vollmacht abzustellen. Die wohl häufigste Form der privaten **Dauervollmacht** ist die Vorsorgevollmacht. Diese unterliegt allerdings der Kollisionsnorm des Art. 15 ErwSÜ (→ Art. 15 ErwSÜ), sodass der Anwendungs-

---

[13] OLG München 24 U 474/87, NJW-RR 1989, 663.

[14] MüKoBGB/Spellenberg EGBGB Art. 8 Rn. 62.

[15] BT-Drs. 653/16, 22; kritisch zum Schweigen des Gesetzgebers zu dieser Ausnahme BeckOK BGB/Mäsch EGBGB Art. 8 Rn. 15.

[16] BGH VIII ZR 366/89, NJW 1990, 3088 mwN.

[17] VO (EU) Nr. 650/2012 des Europäischen Parlaments und des Rates vom 4. Juli 2012 über die Zuständigkeit, das anzuwendende Recht, die Anerkennung und Vollstreckung von Entscheidungen und die Annahme und Vollstreckung öffentlicher Urkunden in Erbsachen sowie zur Einführung eines Europäischen Nachlasszeugnisses, ABl. L 201/107.

[18] Grüneberg/Thorn Art. 8 EGBGB Rn. 2.

[19] Becker DnotZ 2017 835 (842).

[20] BT-Drs. 18/10714, 25.

[21] BT-Drs. 18/10714, 25.

[22] VO (EG) Nr. 593/2008 des Europäischen Parlaments und des Rates vom 17. Juni 2008 über das auf vertraglich Schuldverhältnisse anzuwendende Recht, ABl. L 177 S. 6, ber. 2009 L 309 S. 87.

bereich des Abs. 4 sehr klein bleiben wird.[23] Abs. 5 des Art. 8 EGBGB knüpft an den Gebrauchsort der Vollmacht an. Das ist der Ort, an dem der Bevollmächtigte von der Vollmacht im Einzelfall Gebrauch macht, in dem er rechtsgeschäftliche Erklärungen abgibt oder annimmt.[24]

9 Sämtliche Anknüpfungen in den Abs. 2 bis 5 stehen unter dem Vorbehalt der Erkennbarkeit des jeweiligen Anknüpfungspunktes, daher Aufenthalts- oder Gebrauchsort, für den Dritten. Ist dieser für den Dritten jedoch nicht erkennbar, sind die Sachvorschriften des Staates anzuwenden, in dem der Vollmachtgeber im Zeitpunkt der Ausübung der Vollmacht seinen gewöhnlichen Aufenthalt hat (Art. 8 Abs. 5 S. 3 EGBGB).

4. Sachnormverweisung

10 In den Abs. 2–5 des Art. 8 EGBGB wird auf die Sachvorschriften des Art. 4 Abs. 2 S. 1 EGBGB verwiesen, sodass ein **Renvoi** ausgeschlossen ist.[25] Dasselbe gilt für die in Art. 8 Abs. 1 EGBGB vorgesehene Rechtswahlmöglichkeit, da nach Art. 4 Abs. 2 S. 2 EGBGB bei einer **Rechtswahl** nur das **materielle Recht** gewählt werden kann. Anders hingegen Art. 8 Abs. 6 EGBGB, der akzessorisch an das Sachstatut anknüpft und bei dem ein Renvoi möglich wäre.[26]

5. Form

11 Ob zur Wirksamkeit einer Vollmacht Formvorschriften zu beachten sind, beurteilt sich gesondert nach **Art. 11 EGBGB.** Danach entscheiden entweder das Recht des Staates, dessen Recht auf die Vollmacht anzuwenden ist **(Vollmachtsstatut),** oder die Formvorschriften des Staates, in dem die Vollmacht ausgestellt wird **(Ortsform),** über die Formgültigkeit der Vollmacht. Der Form des **Wirkungslandes** bedarf die Vollmacht bei Geltung der Ortsform dann nicht.

6. Geschäftsfähigkeit

12 Die **Geschäftsfähigkeit** ist ebenfalls selbständig anzuknüpfen. Für **vor dem 1.1.2023** errichtete Vollmachten ist nach dem durch Art. 2 Nr. 6 Gesetz zur Reform des Vormundschafts- und Betreuungsrechts vom 4.5.2021[27] eingefügten Art. 229 § 54 Abs. 6 der Art. 7 Abs. 1 S. 1 EGBGB in seiner **alten Fassung** anzuwenden, mit der Folge der Verweisung auf das Recht der **Staatsangehörigkeit.** Für nach dem Stichtag errichtete Vollmachten ist die **neue Fassung** maßgeblich. Art. 7 Abs. 2 S. 1 EGBGB stellt auf den **gewöhnlichen Aufenthalt** für die Beurteilung der Geschäftsfähigkeit ab.

IV. Länderüberblick

13 Private Vorsorge hat durch zahlreiche Gesetzesvorhaben, insbesondere in europäischen Staaten, eine dynamische Rechtsentwicklung erlebt. Dennoch gleicht die Rechtslandschaft in Bezug auf Vorsorgevollmachten auch innerhalb der europäischen Union einem Flickenteppich. Viele Staaten, darunter Litauen, Luxemburg, Portugal

---

[23] BeckOK BGB/Mäsch EGBGB Art. 8 Rn. 40.
[24] Rademacher IPrax 2017, 56 (61).
[25] MüKoBGB/Spellenberg EGBGB Art. 8 Rn. 218.
[26] Bücken RNotZ 2018, 213 (217).
[27] BGBl 2021 I 882.

oder Schweden, sehen zudem weiterhin keine Möglichkeit der selbstbestimmten Vorsorge vor.

Mit Unterstützung der Europäischen Kommission haben die Notare Europas eine Website **www.vulnerable-adults-europe.eu** erstellt, welche seit dem 8.4.2014 aktuelle Informationen zu Vorsorgevollmachten, Patientenverfügungen und Schutzmaßnahmen in 22 Mitgliedsstaaten liefert. In drei Sprachen (Englisch, Französisch und teilweise Deutsch) informiert das Europäische Vorsorge-Portal darüber, ob es in einem Mitgliedsstaat das Instrument der Vorsorgevollmacht, Patienten- oder Betreuungsverfügung überhaupt gibt, welche Stellen für staatliche Schutzmaßnahmen zuständig sind oder welches Recht in grenzüberschreitenden Fällen anwendbar ist.

Die nachfolgende Tabelle soll einen ersten Überblick darüber geben, ob und welche Staaten innerhalb der Europäischen Union, in England und Wales sowie in der Schweiz das Institut der Vorsorgevollmacht kennen oder nicht. **14**

Staat	Vorsorgevollmacht	Umfang	Formerfordernis/ sonstige Erfordernisse	Registrierungs-/ Eintragungserfordernis
Belgien[28]	(+)	– Erstreckt sich nur auf das Vermögen des Betroffenen.	– Schriftform.	– Muss vor Eintritt des Verlusts der Geschäftsfähigkeit erfolgen. – Erfolgt durch Hinterlegung einer beglaubigten Kopie im Zentralregister des Königlichen Verbandes der Notare Belgiens.
Bulgarien[29]	(–) – Errichtung allgemeiner Vollmacht möglich, welche bei Geschäftsunfähigkeit unwirksam wird, sobald dies gerichtlich festgestellt wird.			

[28] Müller-Engels/Braun, Betreuungsrecht Kap. 3 Rn. 45; http://the-vulnerable.eu/Questions.aspx?c=be.

[29] http://www.internationales-betreuungsrecht.de/bulgarien/internationales-betreuungsrecht-%e2%80%93-bulgarien.html.

Staat	Vorsorgevollmacht	Umfang	Formerfordernis/ sonstige Erfordernisse	Registrierungs-/ Eintragungserfordernis
Dänemark[30]	(+) – Vollmacht wird unwirksam, wenn Vollmachtgeber entmündigt wird.		– Inhalt muss von unabhängigen Zeugen bestätigt werden.	
Estland[31]	(–) – Errichtung allgemeiner Vollmacht möglich. – Erlischt bei Tod des Bevollmächtigten oder wenn dieser unter Vormundschaft gestellt wird.			
Finnland	(+) – Gebrauch der Vollmacht wird erst ermöglicht, wenn die zuständige Behörde auf Antrag die Vollmacht überprüft hat. – Bevollmächtigter muss ggü der Behörde rglm. bzgl. des Vermögens Bericht erstatten.		– Zwei Zeugen müssen bei Errichtung zugegen sein.	

[30] http://www.internationales-betreuungsrecht.de/danemark/betreuungsrecht-in-danemark.html.

[31] http://the-vulnerable.eu/Questions.aspx?c=ee#.

Staat	Vorsorge-vollmacht	Umfang	Formerfordernis/ sonstige Erfordernisse	Registrierungs-/ Eintragungs-erfordernis
Frankreich[32]	(+) – Vollmacht wird wirksam, sobald durch ärztliche Bescheinigung, welche beim zuständigen Instanzgericht vorgelegt werden muss, Handlungsunfähigkeit des Vollmachtgebers nachgewiesen wird.	– Generalvollmacht, welche ausdrücklich auf den Bereich der Vermögens- oder Personensorge beschränkt werden kann. – Unentgeltliche Verfügungen können nur mit Genehmigung des Vormundschaftsgerichts vorgenommen werden. – Bevollmächtigter unterliegt jährlicher Rechnungslegungs- und Berichterstattungspflicht.	– Privatschriftliche Vollmacht, die von einem Anwalt gegengezeichnet oder nach einem durch Verordnung festgelegtem Muster erstellt werden muss. – Notariell beurkundete Vollmacht.	– Bevollmächtigter muss in der Liste der für schutzbedürftige Erwachsene gerichtlich bestellten Vertreter registriert werden, um Vertretung wirksam übernehmen zu können.
Griechenland	(–) – Ziel kann durch Spezialvollmachten oder Generalvollmachten erreicht werden.		– Notarielle Beurkundung.	

[32] Rieck NZFam 2017, 390; Müller-Engels/Braun, Betreuungsrecht Kap. 3 Rn. 53ff.; Stade ErbR 2014, 515; http://www.internationales-betreuungsrecht.de/frankreich/betreuungsrecht-in-frankreich-vorsorgevollmacht.html.

Staat	Vorsorgevollmacht	Umfang	Formerfordernis/ sonstige Erfordernisse	Registrierungs-/ Eintragungserfordernis
Niederlande[33]	(–) – Vorsorgevollmacht nicht als Institut vorgesehen, allerdings haben Notare eine spezielle öffentliche Urkunde (sog. Lebenstestament) entwickelt. – Das Lebenstestament enthält Regelungen für den Fall einer künftig eintretenden Geschäftsunfähigkeit. – Das Lebenstestament endet mit Tod des Vollmachtgebers oder auch bei Anordnung einer gerichtlichen Betreuung.	– idR Generalvollmacht.	– Kein Formerfordernis.	– Registrierung möglich, aber nicht erforderlich.
Italien[34]	(–) – Erteilung von General- oder Spezialvollmacht generell möglich.		– Notarielle Beurkundung bei Immobilienverfügungen oder Schenkungen erforderlich.	

[33] Müller-Engels/Braun, Betreuungsrecht Kap. 3 Rn. 71; http://www.internationales-betreuungsrecht.de/niederlande/internationales-betreuungsrecht-%e2%80%93-niederlande.html.

[34] Müller-Engels/Braun, Betreuungsrecht Kap. 3 Rn. 62, 63; Rieck NZFam 2018, 102 (103, 104) http://www.internationales-betreuungsrecht.de/italien/internationales-betreuungsrecht-%e2%80%93-italien.html.

Staat	Vorsorge-vollmacht	Umfang	Formerfordernis/ sonstige Erfor-dernisse	Registrierungs-/ Eintragungs-erfordernis
Kroa-tien[35]	(–) – Bestehendes Vorsorgeinsti-tut ähnelt dem Prinzip einer Betreuungs-verfügung. – Es besteht die Möglichkeit eine Vertrau-ensperson für den Fall der künftigen Ent-mündigung zu bestellen.		– Vorschlag muss Eingang in notarielle Urkunde finden.	
Lett-land[36]	(+) – sog. Vorab-Vollmacht. – Tritt ab Un-terzeichnung in Kraft, wobei Bevollmäch-tigter erst zur Vertretung im Vorsorgefall berechtigt ist.	– Erstreckt sich auf alle Lebensberei-che mit Aus-nahme von höchstpersön-lichen Rechts-geschäften. – Gilt über den Tod hinaus.	– Notarielle Be-urkundung in Anwesenheit des Vollmacht-gebers und Bevollmäch-tigten.	– Eintragung im Vorsorgevoll-machtsregister. Eintragung enthält auch Informationen darüber, wie weit die Be-fugnisse zur Vertretung gehen.
Litauen[37]	(–) – Errichtung all-gemeiner Voll-macht mög-lich, welche automatisch bei Geschäfts-unfähigkeit er-lischt.			
Luxem-burg[38]	(–)			

[35] http://the-vulnerable.eu/Questions.aspx?c=hr#.

[36] Müller-Engels/Braun, Betreuungsrecht Kap. 3 Rn. 65; http://the-vulnerable.eu/Questions.aspx?c=lv#; http://www.internationales-betreuungsrecht.de/lettland/betreuungsrecht-betreuungsverfugungen-vorsorgevollmachten-und-patientenverfugungen-international-lettland.html.

[37] http://www.internationales-betreuungsrecht.de/litauen/internationales-betreuungsrecht-%e2%80%93-litauen.html.

[38] Müller-Engels/Braun, Betreuungsrecht Kap. 3 Rn. 67; http://the-vulnerable.eu/Questions.aspx?c=lu#.

Staat	Vorsorgevollmacht	Umfang	Formerfordernis/ sonstige Erfordernisse	Registrierungs-/ Eintragungserfordernis
Malta[39]	(+)	– Vollmacht kann sich auf verschiedene Lebensbereiche erstrecken.	– Notarielle Beurkundung und Anwesenheit von zwei Zeugen. – Vollmachtgeber benötigt vor Errichtung der Vollmacht ärztliche Bestätigung, dass er zur Vollmachtserteilung in der Lage ist.	– Registrierungserfordernis in einem öffentlichen Register.
Österreich[40]	(+) – Eintritt des Vorsorgefalles ist mittels ärztlichem Attest nachzuweisen.	– Generalvollmacht.	– Errichtung nur vor einem Notar, Rechtsanwalt oder einem Erwachsenenschutzverein möglich. – Schriftformerfordernis.	– Registrierung im Zentralen Vertretungsregister (ÖZV) der Österreichischen Notarkammer. – Vorsorgefall muss registriert werden, damit Vorsorgevollmacht Wirksamkeit erlangt.
Polen[41]	(–) – Mit Einzel- oder Sondervollmacht kann sich Ziel der Vorsorgevollmacht angenähert werden.			

[39] http://www.internationales-betreuungsrecht.de/malta/betreuung-betreuungsverfugung-patientenverfugung-und-vorsorgevollmacht-international-malta.html.

[40] http://www.internationales-betreuungsrecht.de/category/osterreich.

[41] http://www.internationales-betreuungsrecht.de/polen/betreuungsrecht-betreuungsverfugungen-vorsorgevollmachten-und-patientenverfugungen-international-polen.html.

Staat	Vorsorgevollmacht	Umfang	Formerfordernis/ sonstige Erfordernisse	Registrierungs-/ Eintragungserfordernis
	– Befugnisse des Bevollmächtigten müssen genau und ausführlich bezeichnet werden.			
Portugal[42]	(–)			
Rumänien[43]	(+) – Vollmacht, für den Fall der Geschäftsunfähigkeit. – Benannter Vertreter muss vom Gericht bestellt werden.	– Personen- und Vermögenssorge. – Endet bei Tod des Vollmachtgebers.	– Notarielle Beurkundung.	
Schweden	(–)			
Schweiz[44]	(+) – sog. Vorsorgeauftrag. – Vorsorgeauftrag tritt in Kraft, wenn Vollmachtgeber nicht mehr urteilsfähig ist. – Erwachsenenschutzbehörde (KESB) prüft Wirksamkeit des Vorsorgeauftrages im Falle der Urteilsunfähigkeit.	– Generalvollmacht möglich.	– Eigenhändige Datierung und Unterzeichnung oder öffentliche Beurkundung.	– Errichtung und Hinterlegungsort können durch das Zivilstandsamt in das Personenstandsregister („Infostar“) eingetragen werden.

[42] Rieck NZFam 2017, 633.

[43] Müller-Engels/Braun, Betreuungsrecht Kap. 3 Rn. 81.

[44] Rieck NZFam 2017, 585; Müller-Engels/Braun, Betreuungsrecht Kap. 3 Rn. 83ff.; http://www.internationales-betreuungsrecht.de/schweiz/vorsorgeauftrag-und-patientenverfugung-in-der-schweiz.html.

Staat	Vorsorgevollmacht	Umfang	Formerfordernis/ sonstige Erfordernisse	Registrierungs-/ Eintragungserfordernis
Slowakei[45]	(–) – Erteilung einer Generalvollmacht möglich, welche aber keine gerichtliche Bindungswirkung entfaltet. – Bestellung gesetzlichen Betreuers trotz Generalvollmacht möglich.			
Slowenien[46]	(–) – Vollmachtserteilung zur Vornahme einzeln aufgeführter Rechtsgeschäfte möglich, sog. besondere Ermächtigung.			
Spanien[47]	(+) – Vollmacht muss ausdrücklich auch für den Fall der Geschäftsunfähigkeit erteilt werden. – In Generalvollmacht müssen alle Befugnisse konkret aufgelistet werden, damit Vollmacht wirksam ist.	– Personen- und Vermögenssorge, soweit Vollmacht nicht auf einzelne Aufgaben beschränkt ist.	– Notarielle Beurkundung.	– Eintragung in Zivilstandsregister möglich, in Katalonien sogar zwingend erforderlich.

[45] Müller-Engels/Braun, Betreuungsrecht Kap. 3 Rn. 90.

[46] Müller-Engels/Braun, Betreuungsrecht Kap. 3 Rn. 92.

[47] Müller-Engels/Braun, Betreuungsrecht Kap. 3 Rn. 94; Rieck NZFam 2018, 56 (57, 58); Röthel FamRZ 2004, 999 (1002f.); http://www.internationales-betreuungsrecht.de/spanien/internationales-betreuungsrecht-%e2%80%93-spanien.html.

Staat	Vorsorgevollmacht	Umfang	Formerfordernis/ sonstige Erfordernisse	Registrierungs-/ Eintragungserfordernis
	– Erlischt bei Tod des Vollmachtgebers.			
Tschechien[48]	(+) – sog. Vorabeklärung. – Es handelt sich um eine in die Zukunft gerichtete Willenserklärung des Vertreten, für den Fall der Geschäftsunfähigkeit. – Willenserklärung entfaltet Wirkung, sobald vorgeschlagene Person vom Gericht bestimmt wird. – Gerichtliche Kontrolle des Vertreters. Gericht kann Vorabeklärung bei veränderten Lebensumständen oder Interessen des Vertretenen abändern, anpassen oder widerrufen.		– Notarielle Beurkundung oder privatschriftlich in Anwesenheit zweier Zeugen.	– Notarielle Vorabeklärung wird in ein Register eingetragen, welches von der tschechischen Notarkammer geführt wird.
Ungarn	(–)			

[48] Müller-Engels/Braun, Betreuungsrecht Kap. 3 Rn. 96.

Staat	Vorsorge-vollmacht	Umfang	Formerfordernis/ sonstige Erfordernisse	Registrierungs-/ Eintragungs-erfordernis
England und Wales[49]	(+) – sog. Lasting Power of Attorney. – Wirksamkeitsvoraussetzung ist Gebrauch der gesetzlich vorgesehenen Muster.[50] – Erlischt bei Widerruf oder Tod des Vollmachtgebers.	– Vermögen und Eigentum sowie Gesundheit und Fürsorge.	– Schriftform. – Eine dritte Person muss vor der Registrierung eine Bestätigung beifügen, dass Vollmachtgeber die Vollmacht in geistiger Klarheit und in Kenntnis der Folgen erteilt hat.	– Registrierungserfordernis.

15 Zu folgenden Staaten, die in der Tabelle nicht aufgeführt sind, existiert Literatur in deutscher Sprache, wobei die Aufzählung nicht abschließend ist:
Australien[51], Schottland[52], Südafrika[53], USA[54].

Kapitel III. Anzuwendendes Recht

Art. 15 [Vertretungsmacht]

(1) **Das Bestehen, der Umfang, die Änderung und die Beendigung der von einem Erwachsenen entweder durch eine Vereinbarung oder ein einseitiges Rechtsgeschäft eingeräumten Vertretungsmacht, die ausgeübt werden soll, wenn dieser Erwachsene nicht in der Lage ist, seine Interessen zu schützen, werden vom Recht des Staates bestimmt, in dem der Erwachsene im Zeitpunkt der Vereinbarung oder des Rechtsgeschäfts seinen gewöhnlichen Aufenthalt hatte, es sei denn, eines der in Absatz 2 genannten Rechte wurde ausdrücklich schriftlich gewählt.**

(2) **Die Staaten, deren Recht gewählt werden kann, sind**
a) ein Staat, dem der Erwachsene angehört;
b) der Staat eines früheren gewöhnlichen Aufenthalts des Erwachsenen;
c) ein Staat, in dem sich Vermögen des Erwachsenen befindet, hinsichtlich dieses Vermögens.

(3) **Die Art und Weise der Ausübung einer solchen Vertretungsmacht wird vom Recht des Staates bestimmt, in dem sie ausgeübt wird.**

---

[49] Müller-Engels/Braun, Betreuungsrecht Kap. 3 Rn. 47ff.; Lipp/Röthel Vorsorgeverfügungen § 29 Rn. 3ff.; Röthel/Heßeler FamRZ 2006, 529; http://www.internationales-betreuungsrecht.de/england/die-englische-vorsorgevollmacht-lpa.html.

[50] https://www.gov.uk/government/publications/make-a-lasting-power-of-attorney.

[51] Beyer/Dr. Altemann/Töpfer ZErb 2012, 3f.

[52] Lipp/Röthel Vorsorgeverfügungen § 30 Rn. 3ff.

[53] Rieck NZFam 2017, 1033.

[54] Lipp/Röthel Vorsorgeverfügungen § 31 Rn. 6ff.

Übersicht

I. Einführung

1. Entstehungsgeschichte

Das Haager Übereinkommen über den internationalen Schutz von Erwachsenen vom 13.1.2000 (ErwSÜ) wurde am 3.4.2007 von Deutschland ratifiziert. Die deutschen Ausführungsbestimmungen zur Umsetzung des Abkommens finden sich im **ErwSÜAG.**[1] Das Ausführungsgesetz zum ErwSÜ legt die weiteren innerstaatlichen Zuständigkeiten fest. Das Abkommen trat am 1.1.2009 in Kraft, nachdem Frankreich das Abkommen am 18.9.2008 ratifiziert hatte. Durch die Ratifikation Frankreichs (mit allen Hoheitsgebieten) wurde die für das Inkrafttreten des Abkommens erforderliche Mindestanzahl von drei Mitgliedsstaaten erreicht (Art. 57 Abs. 1 ErwSÜ). Zuvor hatte auch das Vereinigte Königreich von Großbritannien und Nordirland, allerdings mit alleiniger Wirkung für Schottland (Art. 55 ErwSÜ), das Abkommen am 5.11.2003 ratifiziert. 1

Dem Übereinkommen gehören mittlerweile zwölf Vertragsstaaten an.[2] Das ErwSÜ ist am 1.7.2009 in der Schweiz, am 1.3.2011 in Finnland, am 1.11.2011 in

[1] Gesetz vom 17.3.2007 zur Umsetzung des Haager Übereinkommens vom 13.1.2000 über den internationalen Schutz Erwachsener, BGBl 2007 I 314.

[2] Der jeweils aktuelle Stand kann unter http://www.hcch.net abgerufen werden.

Estland, am 1.8.2012 in der Tschechischen Republik, am 1.2.2014 in Österreich, am 1.7.2016 in Monaco, am 1.3.2018 in Lettland, am 1.7.2018 in Portugal, am 1.11.2018 in Zypern, am 1.1.2021 in Belgien und am 1.11.2022 in Griechenland in Kraft getreten. Irland, Italien, Luxemburg, Niederlande und Polen haben das Übereinkommen unterzeichnet, jedoch noch nicht ratifiziert.

2 Verbesserte medizinische Versorgung und damit einhergehende steigende Lebenserwartung haben zur Folge, dass die Fälle staatlich angeordneter Fürsorge in den letzten Jahren gestiegen sind. Das Freizügigkeitsrecht von Unionsbürgern hat innerhalb der Mitgliedsstaaten der Europäischen Union zu einer erhöhten Mobilität der Menschen geführt. Grenzpendler, die in einem Land arbeiten und in einem anderen Land wohnen oder Menschen, die ihren Ruhestand in wärmeren Gefilden verbringen wollen, oder Ausländer, die sich längere Zeit im Inland aufhalten, führen zu internationalen Sachverhaltskonstellationen, die einer Harmonisierung der Kollisionsnormen im Bereich des Erwachsenenschutzrechts bedürfen. Die einzelnen Staaten sehen sowohl in Bezug auf die internationale Zuständigkeit, als auch in Bezug auf das anwendbare Recht jeweils unterschiedliche Anknüpfungspunkte hierfür vor: manche Staaten stellen auf die Staatsangehörigkeit, andere auf den gewöhnlichen Aufenthalt ab. Weiter sehen deren nationale Regelungen unterschiedliche Konzeptionen auf dem Gebiet des Erwachsenenschutzrechts vor, sodass die Fragen der Zuständigkeit von Gerichten und Behörden, des anwendbaren Rechts und der Anerkennung von ausländischen gerichtlichen oder behördlichen Maßnahmen, eine immer größere Bedeutung gewinnen. In vielen Staaten ist das Instrument der **Vorsorgevollmacht,** als Ausfluss des Selbstbestimmungsrechts, eingeführt worden. Mangels übereinstimmender internationaler Kollisionsnormen, wurde die grenzüberschreitende Anerkennung dieses Vorsorgeinstruments erschwert bzw. zunichtegemacht. Das ErwSÜ ist die Antwort auf die aufgezeigten Probleme und aufgeworfenen Fragen.

2. Überblick über das ErwSÜ

3 Das Abkommen regelt in Anlehnung an das KSÜ in **Kapitel I** den **Anwendungsbereich** in **Kapitel II** die **internationale Zuständigkeit** von Behörden und Gerichten zur Vornahme von Maßnahmen zum Schutz der Person oder des Vermögens eines schutzbedürftigen Erwachsenen (Art. 5–12), in **Kapitel III** das auf anzuordnende Fürsorgemaßnahmen und das auf Vorsorgevollmachten **anwendbare Recht** (Art. 13–15), in **Kapitel IV** die **Anerkennung und Vollstreckung** von zu Gunsten Erwachsener getroffener Schutzmaßnahmen (Art. 22–27) und in **Kapitel V** die **Zusammenarbeit** der Zentralen Behörden (Art. 28–37). **Kapitel VI** enthält in Art. 38–52 **Allgemeine Bestimmungen** (wie zB die Ausstellung einer international gültigen Bescheinigung, die einer Fürsorgeperson als Nachweis ihrer Vertretungsmacht und Befugnisse dient) und **Kapitel VII** enthält in Art. 53–59 die **Schlussbestimmungen.**

II. Anwendungsbereich

1. Allgemeines

4 Für die Bestimmung des anwendbaren Rechts im Hinblick auf **das Bestehen, den Umfang, die Änderung und die Beendigung** einer **Vorsorgevollmacht** ist das Recht am gewöhnlichen Aufenthaltsort des Betroffenen (Art. 15 Abs. 1) maßgebend, soweit nicht der Betroffenen durch eine wirksame Rechtswahl ein anderes Recht gewählt hat (Art. 15 Abs. 2). **Die Art und Weise der Ausübung** der Vorsorgevollmacht richtet sich nach dem Recht des Ausübungsstaates (Art. 15 Abs. 3).

Die Regelung wird durch Art. 16 ergänzt, wonach die nach Art. 5ff. zuständige Behörde zum Schutze des Erwachsenen die Vorsorgevollmacht aufheben oder ändern kann. Art. 17 gewährleistet den kollisionsrechtlichen Verkehrsschutz.

2. Persönlicher Anwendungsbereich

In persönlicher Hinsicht erfasst Art. 15 nur von **Erwachsenen** erteilte Vorsorgevollmachten. Nach der Definition des Art. 2 Abs. 1 gilt als erwachsen, wer das 18. Lebensjahr vollendet hat. Wegen des eindeutigen Wortlauts werden Vollmachten, die Eltern eines behinderten Kindes einer bestimmten Person erteilen und die nach Vollendung des 18. Lebensjahres des Kindes weitergelten sollen, nicht erfasst.[3] Soll die Vollmacht hingegen erst mit dem Erreichen der Volljährigkeit des zum Zeitpunkt der Vollmachtserteilung Minderjährigen Wirkung entfalten, ist das ErwSÜ gem. Art. 2 Abs. 2 ausdrücklich anwendbar.[4] 5

3. Sachlicher Anwendungsbereich

Art. 15 Abs. 1 erfasst in seinem sachlichen Anwendungsbereich die rechtsgeschäftlich eingeräumte **Vertretungsmacht,** welche **einseitiges Rechtsgeschäft** oder durch **Vereinbarung** begründet werden kann. In zB Österreich unterfallen somit sowohl die einseitig begründete Vorsorgevollmacht nach § 266 ABGB als auch die auf einer Vereinbarung gewählte Erwachsenenvertretung nach §§ 264ff. ABGB.[5] Der Zweck der Vollmacht liegt im **Schutz des Erwachsenen.** Im Sinne des Art. 1 Abs. 1 muss die Schutzbedürftigkeit des Erwachsenen, auf einer **Beeinträchtigung** oder **Unzulänglichkeit** seiner **persönlichen** Fähigkeiten beruhen.[6] Auf den Gebrauch juristischer Begriffe, wie **Handlungs-, Geschäfts- oder Rechtsunfähigkeit** wurde bewusst verzichtet, da diese Begriffe in jeder Rechtsordnung eine andere Bedeutung haben.[7] Der Begriff der **Unzulänglichkeit** soll sich zuvörderst auf körperlich und geistig Behinderte beziehen.[8] Der Begriff der **Beeinträchtigung** erfasst hingegen primär altersbedingte Beeinträchtigungen (zB Alzheimer, Demenz).[9] Bei einer **rein körperlichen Behinderung** kommt es darauf an, ob die körperliche Behinderung ursächlich dazu führt, dass der Erwachsene nicht in der Lage ist, seine Interessen wahrzunehmen (zB weil er nicht sprechen oder sich nicht artikulieren kann).[10] 6

Da auf die Beeinträchtigung oder Unzulänglichkeit der persönlichen Fähigkeiten des Erwachsenen abgestellt wird, werden somit transmortale Vollmachten, für die Zeit nach dem Tod des Vollmachtgebers oder Vollmachten, die lediglich für den Zeitraum einer tatsächlichen Verhinderung (zB Haftstrafe) gelten sollen, von der Norm nicht erfasst.[11]

---

[3] Lagarde Bericht Nr. 95; Guttenberger Das Haager Übereinkommen über den internationalen Schutz von Erwachsenen S. 152.

[4] Bücken RNotZ 2018, 213 (225).

[5] Uitz iFamZ 2019, 134ff.; MüKoBGB/Lipp ErwSÜ Art. 15 Rn. 6.

[6] Guttenberger Das Haager Übereinkommen über den internationalen Schutz von Erwachsenen S. 151; NK-BGB/Benicke ErwSÜ Art. 15 Rn. 6.

[7] Lagarde Bericht Nr. 9.

[8] Lagarde Bericht Nr. 9.

[9] Lagarde Bericht Nr. 9; Guttenberger Das Haager Übereinkommen über den internationalen Schutz von Erwachsenen S. 60.

[10] Guttenberger Das Haager Übereinkommen über den internationalen Schutz von Erwachsenen S. 61; vgl. auch Bericht Lagarde Nr. 10; Bücken RNotZ 2018, 213 (225); Ablehnung der Anwendbarkeit des ErwSÜ bei rein körperlicher Behinderung Ludwig DNotZ 2009, 251 (262).

[11] Guttenberger Das Haager Übereinkommen über den internationalen Schutz von Erwachsenen S. 152.

7 Unerheblich ist, ob sich die Vertretungsmacht auf vermögensrechtliche und/oder persönliche Angelegenheiten bezieht oder nur einen Teilbereich, zB Gesundheitsangelegenheiten, erfasst[12], solange sie nur inhaltlich auf den Schutz des Erwachsenen im Vorsorgefall ausgerichtet sind.[13]

8 Fraglich ist, wie kollisionsrechtlich anzuknüpfen ist, wenn die Vollmacht bereits **vor Eintritt der Beeinträchtigung** oder Unzulänglichkeit sofort zur wirksamen Vertretung des Erwachsenen berechtigt, aber auch danach als Vorsorgevollmacht weitergelten soll. In der deutschen Praxis sind Vorsorgevollmachten zugleich häufig auch als Generalvollmacht ausgestaltet. Dient die Vollmacht mehreren Zwecken, daher soll sie etwa den Fürsorgefall als auch zB den Abwesenheitsfall abdecken, ist kollisionsrechtlich eine Differenzierung erforderlich:[14] Soweit es um den Schutz des Erwachsenen geht, ist Art. 15 ErwSÜ einschlägig, im Übrigen gilt das Haager Stellvertretungsabkommen von 1978 bzw. das autonome Kollisionsrecht und damit Art. 8 EGBGB, für nach dem 17.6.2017 erteilte Vollmachten bzw. das Wirkungslandprinzip für ältere Vollmachten.[15] Hierunter fällt auch eine Vorsorgevollmacht, welche im Außenverhältnis ohne **Bedingung** erteilt wird, um Unsicherheiten über die Wirksamkeit der Vollmacht im Rechtsverkehr zu vermeiden (→ § 167 BGB Rn. 4–18), im Innenverhältnis allerdings eine Verwendungsbeschränkung für den Bevollmächtigten enthält, von der Vollmacht erst im Vorsorgefall Gebrauch zu machen.[16] Maßgeblicher Beurteilungszeitpunkt, ob die Vollmacht dem Art. 15 ErwSÜ unterfällt, ist der Zeitpunkt, zu dem von der Vollmacht **Gebrauch** gemacht wird bzw. zu dem die **Vertretungsmacht** des Vertreters vorahnden sein muss.[17]

Die Qualifikation einer Vollmacht als Vorsorgevollmacht iSd Art. 15 hat **autonom** zu erfolgen.[18]

Es kommt einzig und allein darauf an, ob die Vollmacht dem Schutz des Erwachsenen bei Beeinträchtigung oder Unzulänglichkeit dient.[19] Die Ausgestaltung der Vorsorgevollmacht spielt dabei keine Rolle, daher werden von Art. 15 auch Vollmachten erfasst, welche aufschiebend bedingt auf den Vorsorgefall oder unbedingt mit Aushändigungsbeschränkung erteilt werden.[20] Wedemann[21] macht hiervon eine Ausnahme, wenn die Vollmacht missbraucht wird, daher von ihr Gebrauch gemacht wird, wenn der Vollmachtgeber seine Interessen noch selbst schützen kann. Der Anwendungsbereich des ErwSÜ sei in solch einem Fall, mangels Schutzbedürftigkeit des Erwachsenen, nicht eröffnet.[22] In einem solchen Fall kommt das Haager Stellvertretungsabkommen von 1978 bzw. das autonome Kollisionsrecht und damit Art. 8 EGBGB, für nach dem 17.6.2017 erteilte Vollmachten bzw. das Wirkungslandprinzip für ältere Vollmachten zur Anwendung.

---

[12] Bericht Lagarde Nr. 96; Wedemann FamRZ 2010, 785.

[13] Schaub IPRax 2016, 207 (208); Bücken RNotZ 2018, 213 (225).

[14] MüKoBGB/Lipp ErwSÜ Art. 15 Rn. 9; Bücken RNotZ 2018, 213 (225).

[15] Bericht Lagarde Nr. 97; MüKoBGB/Lipp ErwSÜ Art. 15 Rn. 9; Staudinger/v. Hein (2019) ErwSÜ Art. 15 Rn 11; *Röthel/Woitge* IPRax 2010, 494 (495); Wedemann FamRZ 2010, 785 (786, 790), Schaub IPRax 2016, 207 (209, 217); Bücken RNotZ 2018, 213 (225).

[16] Bücken RNotZ 2018, 213 (225); aA Ludwig DNotZ 2009, 251 (273); Müller/Renner Betreuungsrecht Rn. 921.

[17] Bericht Lagarde Nr. 97; MüKoBGB/Lipp ErwSÜ Art. 15 Rn. 9; Staudinger/v. Hein (2019) ErwSÜ Art. 15 Rn 11.

[18] MüKoBGB/Lipp ErwSÜ Art. 15 Rn. 10.

[19] MüKoBGB/Lipp ErwSÜ Art. 15 Rn. 10; Wedemann FamRZ 2010, 785 (786).

[20] Wedemann FamRZ 2010, 785 (786 f.).

[21] Wedemann FamRZ 2010, 785 (786).

[22] Wedemann FamRZ 2010, 785 (786); Bericht Lagarde Nr. 97.

4. Räumlicher Anwendungsbereich

Art. 1 Abs. 1 erfordert für die Anwendbarkeit des ErwSÜ in **räumlicher** Hinsicht einen **internationalen** Sachverhalt, daher eine Verbindung zu einem anderen Staat.[23] Reine Inlandssachverhalte sind vom Anwendungsbereich des ErwSÜ ausgeschlossen. Der von Siehr vertretenen Ansicht, dass aus Sicht des Aufenthalts- oder Heimatrechts noch kein internationaler Sachverhalt vorliegt, wenn der im Inland lebende Erwachsene lediglich Vermögen im Ausland hat, kann dabei aber nicht gefolgt werden.[24] Sie schränkt den Anwendungsbereich des ErwSÜ zu sehr ein, zieht die Anwendung autonomen Sachrechts nach sich[25] und widerspricht damit der Intention der Vereinheitlichung des Kollisionsrechts im Erwachsenenschutzrecht. Dagegen spricht auch, dass ansonsten die in Art. 15 Abs. 2 lit. c eingeräumte Rechtswahlmöglichkeit, das Recht des in einem anderen Staat belegenen Vermögens zu wählen, leerlaufen würde. Ob das Tatbestandsmerkmal **internationaler Sachverhalt** Anwendungsvoraussetzung ist, ist umstritten.[26] Das ErwSÜ legt seinen räumlichen Anwendungsbereich nicht fest.[27] Dieser ergibt sich vielmehr aus der jeweiligen Norm.[28] 9

Der räumliche Anwendungsbereich des Art. 15 hängt auch **nicht** davon ab, dass sich der gewöhnliche Aufenthalt des Vollmachtgebers in einem Vertragsstaat befindet[29] oder er das Recht eines Nichtvertragsstaats gewählt hat. Wenn sich in einem Vertragsstaat Rechtsfragen in Bezug auf eine Vorsorgevollmacht ergeben, ist Art. 15 als **allseitige Kollisionsnorm** immer anwendbar.[30] Dies ergibt sich bereits aus dem Wortlaut der Norm, welcher auf das „Recht des Staates" „ und nicht eines Vertragsstaats abstellt sowie aus Art. 18. Da das ErwSÜ als sog. **loi uniforme** (Verweisung auf das Recht eines Staates, welcher nicht Vertragsstaat ist) konzipiert ist (vgl. Art. 18), kann das von Art. 15 berufene Recht auch das Recht eines Nichtvertragsstaats sein. Ist demnach im **Inland** über Vorsorgevollmachten zu entscheiden, so bestimmt sich das anzuwendende Recht allein nach dem ErwSÜ.

Verweist eine ausländische Kollisionsnorm eines Nichtvertragsstaats in Bezug auf das Vollmachtsstatut auf das Kollisionsrecht eines Vertragsstaates, müssen die ausländischen Gerichte oder Behörden Art. 15 ebenfalls anwenden.

5. Zeitlicher Anwendungsbereich

Zeitlich findet das Übereinkommen auf alle Maßnahmen Anwendung, die nach seinem Inkrafttreten am 1.1.2009 getroffen werden (Art. 50 Abs. 1). Für Vorsorgevollmachten, die bereits vor dem Inkrafttreten erteilt worden sind, ist **Art. 50 Abs. 3** zu beachten: Danach gilt das Übereinkommen **rückwirkend,** wenn die vor dem 1.1.2009 erteilte Vorsorgevollmacht unter Bedingungen erteilt wurde, die denen des Art. 15 entsprechen. Vollmachten, die den Bedingungen des Art. 15 nicht entsprechen, dürften in der Praxis kaum vorkommen. Denkbar sind nur Konstellationen, in denen der Vollmachtgeber eine nach Art. 15 Abs. 1 **formunwirksame** Rechtswahl 10

---

[23] Lagarde Bericht Nr. 10.

[24] Siehr RabelsZ 64 (2000), 715 (722).

[25] Ludwig DNotZ 2009, 251 (259).

[26] Dafür Siehr RabelsZ 64 (2000), 715 (722); Wagner IPRax 2007, 11 (13); dagegen Ludwig 2009, 251 (259); MüKoBGB/Lipp ErwSÜ Art. 1–4 Rn. 36; Staudinger/v. Hein (2019) ErwSÜ Art. 1 Rn. 7ff.

[27] Lagarde Bericht Nr. 17.

[28] MüKoBGB/Lipp ErwSÜ Art. 1–4 Rn. 36.

[29] Aa ohne nähere Begründung Röthel/Woitge IPRax 2010, 494 (496).

[30] Guttenberger Das Haager Übereinkommen über den internationalen Schutz von Erwachsenen S. 154; Wedemann FamRZ 2010, 785 (787); Grüneberg/Thorn Anh. Art. 24 EGBGB Rn. 8.

getroffen oder eine Rechtswahl auf ein Recht trifft, welches nach Art. 15 Abs. 2 nicht wählbar ist.[31]

11 Das bis zum 1.1.2009 geltende autonome Kollisionsrecht stellte für Vollmachten auf das Wirkungs- bzw. Gebrauchsland ab.[32] Indem Art. 15 Abs. 1 auf den gewöhnlichen Aufenthalt des Vollmachtgebers abstellt, kann es in Folge des Inkrafttretens des Übereinkommens am 1.1.2009 für Vorsorgevollmachten, die vor dem Inkrafttreten des Übereinkommens errichtet worden sind, zu einem **Statutenwechsel** gekommen sein.[33] War die Vorsorgevollmacht aufgrund des bis zum 1.1.2009 geltenden Kollisionsrechts und hierdurch berufenen Sachrechts **wirksam** und führt das nach Art. 15 Abs. 1 anwendbare Aufenthaltsrecht oder nach Art. 15 Abs. 2 gewählte Recht zu deren Unwirksamkeit (zB weil das aufgrund Statutenwechsels anwendbare Recht das Instrument der Vorsorgevollmacht gar nicht kennt), erlischt die Vollmacht **ex nunc** zum 1.1.2009. Dies berührt jedoch nicht die Wirksamkeit von Rechtsgeschäften, die vor dem 1.1.2009 abgeschlossen wurden.[34] War die Vorsorgevollmacht dagegen wegen des nach altem Kollisionsrecht berufenen Sachrechts **unwirksam,** kann das nach Art. 15 berufene Sachrecht zu deren Wirksamkeit führen (**ex nunc** ab dem 1.1.2009). Die zuvor aufgrund der Vollmacht abgeschlossenen Rechtsgeschäfte bleiben jedoch unwirksam.[35]

6. Abgrenzungsprobleme

12 **a) Innenverhältnis der Vorsorgevollmacht.** Bereits seinem Wortlaut nach („eingeräumte Vertretungsmacht") ist Art. 15 **nicht** auf das Verhältnis zwischen Vollmachtgeber und Bevollmächtigtem **(Innenverhältnis)** anzuwenden.[36] Welches Recht auf das dem Innenverhältnis zugrundeliegende vertragliche Schuldverhältnis anzuwenden ist, bestimmt sich nach der **Rom I-VO,** also Art. 3 bzw. Art. 4 Rom I-VO. Dagegen beurteilt sich die Frage, ob eine Anweisung im Innenverhältnis an den Bevollmächtigten die Vorsorgevollmacht im Außenverhältnis beschränkt, nach dem Statut des Art. 15.[37]

13 **b) Betreuungsverfügung.** Eine **Betreuungsverfügung** räumt keine Vertretungsmacht ein, sondern enthält Vorschläge im Hinblick auf die Auswahl der Person des Betreuers und/oder der Durchführung der Betreuung selbst (→ § 1816 Abs. 2 S. 4 BGB). Mangels Einräumung von **Vertretungsmacht** ist der Anwendungsbereich des Art. 15 nicht eröffnet.[38]

Ob eine Betreuungsverfügung bei der **Auswahl** des Betreuers beachtlich ist oder nicht, richtet sich gem. **Art. 13** nach der lex fori.[39] Das anwendbare Recht ist somit rglm. das Recht am gewöhnlichen Aufenthaltsort des zu Betreuenden (Art. 5 Abs. 1).

[31] Näher dazu Staudinger/v. Hein (2019) ErwSÜ Art. 15 Rn. 8-10.

[32] Guttenberger Das Haager Übereinkommen über den internationalen Schutz von Erwachsenen S. 37.

[33] Staudinger/v. Hein (2019) ErwSÜ Art. 15 Rn. 8.

[34] Wedemann FamRZ 2010, 785 (787); Staudinger/v. Hein (2019) ErwSÜ Art. 15 Rn. 9.

[35] Lagarde Bericht Nr. 168.

[36] Ramser Grenzüberschreitende Vorsorgevollmachten in Europa im Lichte des Haager Übereinkommens über den internationalen Schutz von Erwachsenen vom 13. Januar 2000 S. 84.

[37] MüKoBGB/Lipp ErwSÜ Art. 15 Rn. 22.

[38] MüKoBGB/Lipp ErwSÜ Art. 15 Rn. 15; Grüneberg/Thorn EGBGB Anh. zu Art. 24 Rn. 8; Wedemann FamRZ 2010, 785 (786); Helms FamRZ 2008, 1995 (1999).

[39] Guttenberger Das Haager Übereinkommen über den internationalen Schutz von Erwachsenen S. 153; Lipp/Röthel Vorsorgeverfügungen § 20 Rn. 13; Staudinger/v. Hein (2019) ErwSÜ Art. 15 Rn. 14.

Für die **Ausübung der Vertretungsmacht** durch den Betreuer und für die Beachtlichkeit der in der Betreuungsverfügung enthaltenen Wünsche ist gem. **Art. 14** das Recht des Ortes maßgebend, an dem der Betreuer tätig wird.[40] 14
Eine nach Art. 15 unwirksame Vorsorgevollmacht (zB durch unzulässige Rechtswahl) kann im Rahmen des nach Art. 13 anwendbaren Betreuungsrechts in Bezug auf die Betreuerauswahl Berücksichtigung finden.[41]

c) Patientenverfügung. Reine Patientenverfügungen und somit auch deutsche Patientenverfügungen (vgl. Legaldefinition in § 1827 Abs. 1 S. 1 BGB), in denen der Betroffene lediglich inhaltliche Vorgaben in Bezug auf die Art und Weise einer künftigen ärztlichen Behandlung festhält, werden – mangels Einräumung von Vertretungsmacht – vom Anwendungsbereich des Art. 15 nicht erfasst.[42] Die Frage hingegen, ob die in der Patientenverfügung erteilten Anweisungen (vgl. § 1820 Abs. 2 BGB) die Vertretungsmacht beschränken, richtet sich nach dem nach Art. 15 zu bestimmenden Vollmachtsstatut.[43] 15

III. Objektive Anknüpfung, Abs. 1

1. Bestehen, Umfang, Änderung und Beendigung der Vertretungsmacht

Maßgebend für das **Bestehen,** den **Umfang,** die **Änderung** und **Beendigung** der mittels einer Vorsorgevollmacht eingeräumten Vertretungsbefugnis eines Erwachsenen ist das durch Art. 15 Abs. 1 oder Abs. 2 zur Anwendung berufene **Sachrecht.** 16

a) Bestehen der Vertretungsmacht. Zum **Bestehen** der Vertretungsmacht sind sämtliche gesetzliche Voraussetzungen, die für ihr wirksames Zustandekommen erforderlich sind, zu zählen. Das nach Art. 15 Abs. 1 und Abs. 2 anwendbare Recht bestimmt, ob eine Vorsorgevollmacht nach dem zur Anwendung berufenen Recht überhaupt zulässig ist.[44] Kennt das anwendbare Recht das Instrument der Vorsorgevollmacht nicht, geht die Vollmachtserteilung ins Leere.[45] Andererseits ist eine nach dem anwendbaren Recht wirksam errichtete Vorsorgevollmacht in **allen** Vertragsstaaten **anzuerkennen,** auch wenn eine Rechtsordnung des Vertragsstaates das Instrument der Vorsorgevollmacht nicht kennt. Zum Bestehen gehört auch die Frage nach der **Formwirksamkeit** der Vollmacht.[46] Zuzustimmen ist der Ansicht, dass eine **gesonderte** Anknüpfung der Form nach autonomem Kollisionsrecht dazu führen würde, dass die Wirksamkeit der Vollmacht in den verschiedenen Vertragsstaaten 17

---

[40] Helms FamRZ 2008, 1995 (1999); Wedemann FamRZ 2010, 785 (786); nur auf Art. 13 abstellend Guttenberger Das Haager Übereinkommen über den internationalen Schutz von Erwachsenen S. 153; Lipp/Röthel Vorsorgeverfügungen § 20 Rn. 13; differenzierend MüKoBGB/Lipp ErwSÜ Art. 15 Rn. 16.

[41] Staudinger/v. Hein (2019) ErwSÜ Art. 15 Rn. 13.

[42] Helms FamRZ 2008, 1995 (1999); Wedemann FamRZ 2010, 785 (786); Grüneberg/Thorn EGBGB Anh. zu Art. 24 Rn. 8; MüKoBGB/Lipp ErwSÜ Art. 15 Rn. 17.

[43] MüKoBGB/Lipp ErwSÜ Art. 15 Rn. 21; missverständlich Wedemann FamRZ 2010, 785 (789), die die Vorsorgevollmacht flankierende Patientenverfügungen wohl umfassend Art. 15 unterstellen will.

[44] Lagarde Bericht Nr. 98.

[45] Lagarde Bericht Nr. 98.

[46] Guttenberger Das Haager Übereinkommen über den internationalen Schutz von Erwachsenen S. 155; Ludwig DNotZ 2009, 251 (275).

nicht einheitlich beurteilt werden würde und in Folge nicht in allen Vertragsstaaten verwendet werden könnte.[47] Auf die Frage, ob konstitutive Registrierungserfordernisse für eine Vollmacht zu deren Inhalt oder Form zählen, kommt es somit nicht an.[48] Sie werden in jedem Fall vom Vollmachtsstatut umfasst. Das Erfordernis einer ausdrücklichen und bestimmten Vollmachtserteilung, wie zB die Einwilligung in medizinische und freiheitsentziehende Maßnahmen nach §§ 1820 Abs. 2, 1831 Abs. 5 und § 1832 Abs. 5 BGB, gehören zum Bestehen der Vertretungsmacht.[49]

Das nach Art. 15 Abs. 1 oder Abs. 2 maßgebende Recht bestimmt auch, ob die Wirksamkeit oder der Gebrauch der Vollmacht an Bedingungen geknüpft wird.[50] Im Gegensatz zum deutschen Recht stellen manche ausländischen Rechtsordnungen die **Geschäftsunfähigkeit** als formale Voraussetzung für die Wirksamkeit der Vollmacht auf. Strittig ist, wie die **Vorfrage** der Geschäftsunfähigkeit anzuknüpfen ist.[51] Das nach Art. 15 Abs. 1 und Abs. 2 anwendbare Recht verdrängt nach der hier vertretenen Ansicht die autonomen Kollisionsnormen zur Geschäftsunfähigkeit, da diese als Bedingung und somit als Wirksamkeitsvoraussetzung zum **Bestehen** der Vorsorgevollmacht zu zählen ist.[52] Folgt man den Gegenansichten kann es zu Konstellationen kommen, in denen das Vollmachtsstatut die Geschäftsfähigkeit bejaht und das Geschäftsfähigkeitsstatut diese verneint oder umgekehrt. Dieses Ergebnis muss zu Gunsten der Rechtssicherheit und zu Gunsten einheitlicher Entscheidungen in den Vertragsstaaten vermieden werden.

Die Frage nach der Erforderlichkeit einer gerichtlichen/behördlichen Feststellung der Geschäftsunfähigkeit bestimmt sich ebenfalls nach dem Vollmachtsstatut.[53]

18 **b) Umfang der Vollmacht.** Zum **Umfang** einer Vorsorgevollmacht gehören auch die Fragen, ob der Bevollmächtigte zur Vornahme von Rechtsgeschäften eine Genehmigung (str. → Rn. 29) benötigt oder ob ihm die Vornahme bestimmter Rechtsgeschäfte untersagt ist.[54]

19 **c) Änderung und Beendigung der Vollmacht.** Unter **Änderungen** einer Vorsorgevollmacht sind Vorgänge zu verstehen, die den Inhalt der Vorsorgevollmacht modifizieren, daher die nachträgliche Erweiterung oder Beschränkung der Befugnisse des Bevollmächtigten oder der Wechsel des Bevollmächtigten. Welche Voraussetzungen für eine Änderung vorliegen müssen, wer die Änderung herbeiführen darf (zB ein vom Vollmachtgeber eingesetzter Kontrollbevollmächtigter)[55] und die Befugnisse des Kontrollbevollmächtigten legt dabei das zur Anwendung berufene Recht fest.

Zur **Beendigung** gehören alle Vorgänge, die zum Erlöschen der Vollmacht führen, sei es durch Widerruf oder kraft Gesetzes. Die Änderung oder Aufhebung der Vollmacht durch **behördliches Einschreiten** regelt dagegen → Art. 16.

---

[47] Wedemann FamRZ 2010, 785 (787); iErg Guttenberger Das Haager Übereinkommen über den internationalen Schutz von Erwachsenen S. 156.

[48] Wedemann FamRZ 2010, 785 (787).

[49] MüKoBGB/Lipp ErwSÜ Art. 15 Rn. 29.

[50] Guttenberger Das Haager Übereinkommen über den internationalen Schutz von Erwachsenen S. 155.

[51] Für eine selbständige Anknüpfung nach Art. 7 Abs. 1 S. 1 EGBGB aF (seit dem 1.1.2023 Art. 7 Abs. 2 S. 1 EGBGB) Wedemann, FamRZ 2010, 785 (787).

[52] Guttenberger Das Haager Übereinkommen über den internationalen Schutz von Erwachsenen S. 155; Staudinger/v. Hein (2019) ErwSÜ Art. 15 Rn. 17; Bucher SZIER 2000, 37 (53).

[53] Staudinger/v. Hein (2019) ErwSÜ Art. 15 Rn. 18; Bucher SZIER 2000, 37 (53).

[54] NK-BGB/Benicke ErwSÜ Art. 15 Rn. 17; Wedemann FamRZ 2010, 785 (788).

[55] Guttenberger Das Haager Übereinkommen über den internationalen Schutz von Erwachsenen S. 157.

d) Objektive Anknüpfung. Wird keine Rechtswahl nach Art. 15 Abs. 2 getroffen (→ Rn. 21 ff.) ist nach Abs. 1 das Recht des Staates maßgebend, in dem der Erwachsene zum Zeitpunkt[56] der Vollmachtserteilung (= Abschluss der Vereinbarung oder einseitige rechtsgeschäftliche Erteilung) seinen **gewöhnlichen Aufenthalt** hat. Die Anknüpfung an den gewöhnlichen Aufenthalt ist **unwandelbar.** Ein späterer Aufenthaltswechsel führt somit nicht zu einer Änderung des anwendbaren Rechts. Die Unwandelbarkeit gewährleistet die Vorhersehbarkeit des anwendbaren Rechts aus Sicht des Vollmachtgebers.[57] 20

Die Verweisung in Abs. 1 ist gem. Art. 19 Sachnormverweisung.

IV. Rechtswahl, Abs. 2

1. Grundsatz

Das Abkommen eröffnet dem Vollmachtgeber in Abs. 2 die Möglichkeit, das auf die Vollmacht anwendbare Recht zu wählen. Es kann jedoch nicht jedes beliebige Recht gewählt werden. Vielmehr schränkt Abs. 2 den Kreis der wählbaren Rechtsordnungen **abschließend** ein, wobei die Rechtswahl sich nicht auf das Recht eines **Vertragsstaates** beschränkt.[58] Mit der eingeschränkten Rechtswahlmöglichkeit, wurde den Bedenken derjenigen Staaten Rechnung getragen, welche das Instrument der Vorsorgevollmacht nicht kennen.[59] Dieser Restriktion des Aufenthaltsrechts kann der Vollmachtgeber mit der Rechtswahl entgehen und nach einer anderen Rechtsordnung, die das Instrument der Vorsorgevollmacht kennt, eine wirksame Vorsorgevollmacht bergründen.[60] 21

Führt die Rechtswahl ins Leere, zB weil die gewählte Rechtsordnung die Vorsorgevollmacht nicht kennt oder sogar verbietet, kann **nicht** hilfsweise nach Abs. 1 an den gewöhnlichen Aufenthalt angeknüpft werden,[61] um eine wirksame Begründung der Vorsorgevollmacht zu erreichen. 22

Bei der Verweisung in Abs. 2 handelt es sich um eine Sachnormverweisung (Art. 19). Die Rechtswahl darf sich dabei nicht auf das IPR, sondern nur auf das **Sachrecht** eines Staates beziehen.

2. Wählbare Rechte

Folgende Rechte kann der Vollmachtgeber wählen: 23

- das Recht des Staates, dem der Erwachsene **angehört** (lit. a), wobei es bei Mehrstaatern nicht auf die Effektivität der Staatsangehörigkeit ankommt;[62]
- das Recht des Staates eines **früheren gewöhnlichen Aufenthalts** (lit. b), wobei es sich nicht um den zeitlich letzten, sondern um irgendeinen früheren gewöhnlichen Aufenthalt handeln kann;[63]
- das Recht des Staates, in dem sich **Vermögen** des Erwachsenen befindet (lit. c), **beschränkt** auf das in diesem Staat befindliche Vermögen. Das Vermögen sollte

---

[56] Ausführlich zum maßgeblichen Zeitpunkt aus deutscher Sicht Bücken RNotZ 2018, 213 (230 ff.).

[57] Staudinger/v. Hein (2019) ErwSÜ Art. 15 Rn. 2.

[58] Schaub IPrax 2016, 207 (211); Bücken RNotZ 2018, 213 (226).

[59] Staudinger/v. Hein (2019) ErwSÜ Art. 15 Rn. 25, 30; NK-BGB/Benicke ErwSÜ Art. 15 Rn. 20.

[60] Lagarde Bericht Nr. 104.

[61] Lagarde Bericht Nr. 104.

[62] Lagarde Bericht Nr. 102 Fn. 66.

[63] Lagarde Bericht Nr. 102 Fn. 67; Staudinger/v. Hein (2019) ErwSÜ Art. 15 Rn. 27.

sich, für eine zulässige Rechtswahl, spätestens im Zeitpunkt der Fürsorgebedürftigkeit in demjenigen Staat befinden, den der Vollmachtgeber bestimmt hat.[64] Im Übrigen verbleibt es bei der objektiven Anknüpfung nach Abs. 1.

24 **Nicht wählbar** ist das Recht des aktuellen gewöhnlichen Aufenthaltsortes oder das Recht eines gewöhnlichen Aufenthaltsortes, welchen der Vollmachtgeber erst in Zukunft begründen will.[65] Dies überzeugt nicht, da **lit. b** die Möglichkeit der Wahl irgendeines früheren gewöhnlichen Aufenthaltes genügen lässt, wohingegen für die Zukunft, für welche die Vorsorgevollmacht gelten soll, die Wahl eines zukünftigen gewöhnlichen Aufenthaltes ausgeschlossen wird.[66] Nach dem Wechsel des gewöhnlichen Aufenthaltes bleibt es dem Vollmachtgeber jedoch unbenommen, eine neue Vorsorgevollmacht nach dem Recht des aktuellen gewöhnlichen Aufenthaltes zu errichten.

Wurde ein nicht in Abs. 2 lit. a–c genanntes Recht gewählt, ist die Rechtswahl **unwirksam** und es verbleibt bei der **objektiven Anknüpfung** an den gewöhnlichen Aufenthalt nach Abs. 1.[67] Nach diesem Recht bestimmt sich, ob gewollt ist, dass die Vorsorgevollmacht trotz unwirksamer Rechtswahl gelten soll und ob sie materiellrechtlich wirksam ist.

25 Eine **Teilrechtswahl** sowie eine **alternative** oder **kumulative** Rechtswahl sind möglich,[68] auch wenn diese Möglichkeiten in Abs. 2 nicht explizit genannt werden. Ob die Nutzung dieser Möglichkeit in der Praxis sinnvoll ist, ist eine andere Frage. Vor dem Hintergrund des Vollmachtgeberinteresses und der Anerkennung und Durchsetzbarkeit der Vollmacht im Rechtsverkehr sollte von dieser Möglichkeit eher restriktiv Gebrauch gemacht werden.

3. Form und Ausübung der Rechtswahl

26 Die Rechtswahl muss **ausdrücklich** und **schriftlich** erfolgen (Abs. 1 aE). Das Erfordernis der **Ausdrücklichkeit** schließt eine **konkludente** Rechtswahl vor dem Hintergrund des Erwachsenenschutzes und der Rechtssicherheit aus.[69] Im ErwSÜ fehlt es an einer Definition der **Schriftform.** Im Interesse eines internationalen Entscheidungseinklangs sollte der Begriff übereinkommensautonom und nicht nach der lex fori oder dem Vollmachtsstatut ausgelegt werden.[70] Die Vollmacht muss schriftlich errichtet und vom Vollmachtgeber eigenhändig unterschrieben werden,[71] wobei öffentlich beglaubigte Handzeichen anstelle der eigenhändigen Unterschrift genügen sollen.[72] Die elektronische Form reicht nicht aus.[73] Nach dem gewählten Recht richten sich auch das **Zustandekommen** und die **Wirksamkeit** der Vorsorgevollmacht. Somit bestimmt das Vollmachtsstatut zB über den Zeitpunkt, zu dem die Rechtswahl wirksam wird und über die AGB-Kontrolle bei einer vorformulierten Rechtswahlklausel.[74]

---

[64] NK-BGB/Benicke ErwSÜ Art. 15 Rn. 26; aA MüKoBGB/Lipp ErwSÜ Art. 15 Rn. 36.

[65] Lagarde Bericht Nr. 102.

[66] Krit. Siehr RabelsZ 64 (2000), 715 (739f.).

[67] Guttenberger Das Haager Übereinkommen über den internationalen Schutz von Erwachsenen S. 159.

[68] Lagarde Bericht Nr. 103.

[69] Lagarde Bericht Nr. 101.

[70] Staudinger/v. Hein (2019) EGBGB Vorb. zu Art. 24 Rn. 23; Wedemann FamRZ 2010, 785 (788); Schaub IPRax 2016, 207 (211); aA analoge Anwendung der Art. 11 Abs. 1 EGBGB bzw. Art. 11 Abs. 1 Rom I-VO NK-BGB/Benicke ErwSÜ Art. 15 Rn. 22.

[71] Staudinger/v. Hein (2019) ErwSÜ Art. 15 Rn. 23; Wedemann, FamRZ 2010, 785 (788).

[72] So Wedemann, FamRZ 2010, 785 (788).

[73] MüKoBGB/Lipp ErwSÜ Art. 15 Rn. 39; Staudinger/v. Hein (2019) ErwSÜ Art. 15 Rn. 23.

[74] Staudinger/v. Hein, 2019, Rn. 24; zust. Schaub IPRax 2016, 207 (211).

V. Art und Weise der Ausübung der Vollmacht, Abs. 3

1. Abgrenzungsprobleme

Abs. 3 unterstellt die **Art und Weise der Vollmachtsausübung** dem Recht des Staates, in dem sie ausgeübt wird. Es handelt sich hierbei wieder um eine Sachnormverweisung (Art. 19). 27

Von Abs. 3 werden diejenigen Fallkonstellationen erfasst, bei denen die Vorsorgevollmacht in einem Staat ausgeübt wird, dessen Recht nicht das nach Abs. 1 oder Abs. 2 berufene Recht ist.[75] Zweck der Vorschrift ist, dass die Behörden im Ausübungsstaat nicht nach dem Recht des Vollmachtsstatus, sondern nach ihrem eigenen Recht verfahren können.[76] Denselben Zweck hat Art. 14, wobei Art. 15 Abs. 3 enger gefasst ist,[77] da er nur die Art und Weise und somit nur einzelne Aspekte der Vollmachtausübung betrifft.[78]

Es handelt sich bei Abs. 3 nicht um eine spezielle **ordre public**-Regelung[79] bzw. dient Abs. 3 nicht der Durchsetzung zwingender Eingriffsnormen im Ausübungsstaat.[80] Hierfür sind Art. 20 und Art. 21 zu beachten.[81]

Der **Umfang** der Vertretungsmacht hingegen richtet sich nach dem nach Abs. 1 oder Abs. 2 zur Anwendung berufenen Recht. Von der **Art und Weise** werden folglich nur **technische** Aspekte erfasst, die die Ausübung der Vertretungsmacht betreffen, den Bestand und Umfang der Vollmacht jedoch nicht berühren.[82] 28

Dem Recht des Ausübungsstaates unterfallen zB Rechnungslegungspflichten des Bevollmächtigten gegenüber einer Behörde,[83] Formerfordernisse bei Vornahme von bestimmten Handlungen (zB schriftliche Einwilligung bei ärztlichem Eingriff)[84] oder Vorschriften über den Nachweis der Vertretungsmacht, die zB die Vorlage oder Hinterlegung der Vorsorgevollmacht fordern.[85] Vorschriften über eine Registrierung oder eine deklaratorische behördliche Feststellung, die dem Nachweis der Vertretungsmacht dienen, unterfallen ebenfalls Abs. 3.[86] Hingegen unterfallen Fragen, die

---

[75] Lagarde Bericht Nr. 106, 93ff.

[76] MüKoBGB/Lipp ErwSÜ Art. 15 Rn. 42; NK-BGB/Benicke ErwSÜ Art. 15 Rn. 31.

[77] Lagarde Bericht Nr. 106; Guttenberger Das Haager Übereinkommen über den internationalen Schutz von Erwachsenen S. 161.

[78] Lagarde Bericht Nr. 107; MüKoBGB/Lipp ErwSÜ Art. 15 Rn. 43.

[79] AA Guttenberger Das Haager Übereinkommen über den internationalen Schutz von Erwachsenen S. 161.

[80] So aber Wedemann, FamRZ 2010, 785 (789).

[81] MüKoBGB/Lipp ErwSÜ Art. 15 Rn. 42; Staudinger/v. Hein (2019) ErwSÜ Art. 15 Rn. 38.

[82] Vgl. Lagarde, Bericht Nr. 106; MüKoBGB/Lipp ErwSÜ Art. 15 Rn. 44; siehe auch Wedemann FamRZ 2010, 785 (789).

[83] Guttenberger Das Haager Übereinkommen über den internationalen Schutz von Erwachsenen S.162; Helms FamRZ 2008, 1995 (2000); Wedemann FamRZ 2010, 785 (788); Grüneberg/Thorn EGBGB Anh zu Art. 24 Rn. 8; aA Anwendung des Vollmachtsstatuts, um Kumulation von Rechenschaftspflichten zu verhindern, wenn Bevollmächtigter in mehreren Staaten tätig ist, MüKoBGB/Lipp ErwSÜ Art. 15 Rn. 51.

[84] Staudinger/v. Hein (2019) ErwSÜ Art. 15 Rn. 42; Grüneberg/Thorn EGBGB Anh zu Art. 24 Rn. 8; Wedemann FamRZ 2010, 785 (788).

[85] Lagarde Bericht Nr. 107.

[86] MüKoBGB/Lipp ErwSÜ Art. 15 Rn. 44; zur Notwendigkeit der Registrierung und Inkraftsetzung einer (schweizerischen) Vollmacht beim Aufenthaltsgericht (Frankreich) Stade ZEV 2021, 290.

die Voraussetzungen für die Wirksamkeit der Vertretungsmacht betreffen, wie zB Fragen nach der Formwirksamkeit der Vollmacht oder Fragen nach konstitutiven Registrierungserfordernissen, Abs. 1 und nicht Abs. 3 (→ Rn. 17).[87]

2. Genehmigungserfordernisse

29 Strittig ist, ob Genehmigungserfordernisse (zB §§ 1829 Abs. 2, Abs. 5 1831 Abs. Abs. 2 S. 1, Abs. 5 BGB) nach **Abs. 1** bzw. **Abs. 2**[88] (**Umfang** der Vollmacht) oder **Abs. 3**[89] anzuknüpfen sind. Nach hier vertretener Ansicht würde der Grundsatz der engen Auslegung des Abs. 3 in unzulässiger Weise ausgedehnt werden, würde man Genehmigungserfordernisse in den Anwendungsbereich des Abs. 3 einbeziehen. Art. 15 soll dem Vollmachtgeber ein möglichst weites Selbstbestimmungsrecht und ihm Planungssicherheit in Bezug auf das im Falle seiner Schutzbedürftigkeit anwendbare Recht gewähren.[90] Im Zeitpunkt der Vollmachtserrichtung muss der Vollmachtgeber nach dem nach Abs. 1 oder Abs. 2 anzuknüpfenden Recht beurteilen können, ob der von ihm eingesetzte Bevollmächtigte zur Vornahme eines Geschäfts oder zur Einwilligung in ärztliche Behandlungen einer Genehmigung bedarf oder nicht. Diese, dem Vollmachtgeber gewährte Planungssicherheit, muss hinter den Interessen des Ausübungsstaates, nämlich der Vermeidung der Anwendung ausländischen Rechts, zurückstehen.

Das **Verfahren** für die Erteilung der (betreuungsgerichtlichen) Genehmigung richtet sich hingegen nach dem Recht des **Ausübungsstaates** (= **Vollmachtsstatut**). Der im ErwSÜ geltende Gleichlaufgrundsatz (vgl. Art. 13) wird hier ausnahmsweise durchbrochen.[91]

VI. Gestaltungshinweise/Praxistipps

30 Grundsätzlich sind die Regelungen zur Vereinheitlichung des Kollisionsrechts im Bereich der Vorsorgevollmacht zu begrüßen, da damit eine Aufwertung dieses Rechtsinstituts erfolgt und das Selbstbestimmungsrechts des Vollmachtgebers gestärkt wird. Der praktische Nutzen bleibt indes fraglich. Zwar garantiert Art. 15 ErwSÜ, dass im Inland wirksam errichtete Vorsorgevollmachten in den jeweiligen Vertragsstaaten anerkannt werden, was zu einer gewissen Planungs- und Rechtssicherheit beiträgt. Auch trägt die in Art. 15 Abs. 1 ErwSÜ unwandelbare Anknüpfung des Vollmachtsstatuts an den gewöhnlichen Aufenthalt hierzu bei. Diese Sicherheit ist allerdings nur in den jeweiligen Vertragsstaaten des ErwSÜ gewährleistet. Zur Vereinheitlichung des Kollisionsrechts in Bezug auf Vorsorgevollmachten ist jedoch erforderlich, dass viele weitere Staaten das Abkommen ratifizieren.

31 Der in der **Rechtsgestaltung** tätige Jurist steht weiterhin vor einer immensen Herausforderung: Er muss bei internationalen Sachverhalten stets beurteilen können,

---

[87] MüKoBGB/Lipp ErwSÜ Art. 15 Rn. 45.

[88] Bericht Lagarde Nr. 99, 107; eingehend Wedemann FamRZ 2010, 785 (789); Schaub IPRax 2016, 207 (211); Ramser Grenzüberschreitende Vorsorgevollmachten in Europa im Lichte des ErwSÜ S. 209; Staudinger/v. Hein (2019) ErwSÜ Art. 15 Rn. 41 ff.; MüKoBGB/Lipp ErwSÜ Art. 15 Rn. 47; NK-BGB/Benicke ErwSÜ Art. 15 Rn. 33.

[89] Guttenberger Das Haager Übereinkommen über den internationalen Schutz von Erwachsenen S. 162; Helms FamRZ 2008, 1995 (2000); Röthel/Woitge IPRax 2010, 494 (496); Grüneberg/Thorn EGBGB Anh. zu Art. 24 Rn. 8, MüKoBGB/Lipp ErwSÜ Art. 15 Rn. 47.

[90] Näher Ramser Grenzüberschreitende Vorsorgevollmachten in Europa im Lichte des ErwSÜ S. 209.

[91] Staudinger/v. Hein (2019) ErwSÜ Art. 15 Rn. 43; NK-BGB/Benicke ErwSÜ Art. 15 Rn. 33.

welches Recht den Interessen des Vollmachtgebers am besten entspricht und ggf. welche Auswirkungen die Anwendung ausländischen Rechts, zB bei einer in Frage kommenden Rechtswahl, auf die Vorsorgevollmacht hat.[92] Dieser Herausforderung wird ein im Inland tätiger Jurist ohne Hinzuziehung eines ausländischen Kollegen kaum gerecht werden können.

Um Anwendungsprobleme im Ausland zu vermeiden, sollte daher weiterhin eine im Inland errichtete, ggf. unter Einbeziehung einer Rechtswahl in Bezug auf deutsches Recht, mit einer im Ausland errichteten Vorsorgevollmacht flankiert werden, die den praktischen (zB Sprache) und rechtlichen Besonderheiten (zB Registrierung) vor Ort gerecht wird.

1. Verwendung deutscher Vorsorgevollmachten im Ausland

Hat ein Erwachsener zum Zeitpunkt der Errichtung einer Vorsorgevollmacht seinen gewöhnlichen Aufenthalt in Deutschland und zieht er später in einen Vertragsstaat des ErwSÜ, ist, wenn keine Rechtswahl getroffen wurde, auf die Wirksamkeit und den Umfang der Vorsorgevollmacht deutsches Recht anwendbar, Art. 15 Abs. 1 ErwSÜ. Durch den Umzug kommt es zu keinem **Statutenwechsel.** Die Art und Weise der Vollmachtausübung bestimmt sich dagegen nach dem Recht des Staates, in dem die Vollmacht ausgeübt wird, Art. 15 Abs. 3 ErwSÜ. Vorsorgevollmachten werden in allen Vertragsstaaten anerkannt, auch wenn das Recht des Vertragsstaats das Institut der Vorsorgevollmachten nicht kennt (→ Rn. 17). 32

Wird eine in Deutschland erstellte Vorsorgevollmacht in einem Staat ausgeübt, welcher das Haager Übereinkommen vom 13.1.2000 über den internationalen Schutz Erwachsener **(ErwSÜ) nicht** ratifiziert hat, so bestimmen die diesbezüglichen Kollisionsregeln des internationalen Privatrechts, ob eine deutsche Vorsorgevollmacht anerkannt wird oder nicht. Verweist jedoch eine ausländische Kollisionsnorm eines Nichtvertragsstaats in Bezug auf das Vollmachtsstatut auf das Kollisionsrecht eines Vertragsstaates, müssen die ausländischen Gerichte oder Behörden Art. 15 ErwSÜ ebenfalls anwenden, mit dem Ergebnis der Anwendung deutschen Rechts. 33

Bei Ausübung einer Vollmacht in einem Nichtvertragsstaat ist insbesondere darauf zu achten, dass in manchen Rechtsordnungen Generalvollmachten grundsätzlich nicht zulässig sind und dass manche Staaten eine Registrierung von Vollmachten als Wirksamkeitsvoraussetzungen vorschreiben (zB England und Wales). Bei der Verwendung deutscher Vorsorgevollmachten im Ausland ist zusätzlich darauf zu achten, dass diese auch in die dortige Amtssprache übersetzt werden. Es sollte sich dabei um eine beglaubigte Übersetzung handeln, da manche Staaten dies verlangen. Damit eine in Deutschland erstellte Urkunde (zB notarielle Vorsorgevollmacht) im Ausland anerkannt wird, ist es erforderlich, die Urkunde mit der **Überbeglaubigung** versehen zu lassen, wobei es zwei Arten von Überbeglaubigungen gibt: Die **Legalisation** und die **Apostille.** Beide bestätigen die Echtheit einer **öffentlichen Urkunde.** Viele Staaten erkennen eine Vollmacht nur an, wenn sie im Original vorgelegt wird. Aus diesem Grund sieht § 45 BeurkG vor, dass der Notar ausnahmsweise die Urschrift, welche sonst in seiner Urkundensammlung verbleibt, dem Beteiligten aushändigen darf. 34

Ist ein Staat dem Haager Abkommen zur Befreiung ausländischer öffentlicher Urkunden von der Legalisation vom 5.10.1961 (sog. Haager Apostille)[93] beigetreten, wird die **Apostille** von einer dazu bestimmten Behörde des Staates erteilt. Dem Abkommen gehören über 50 Staaten und alle EU-Mitgliedsstaaten an. 35

[92] Ermittlung der in Betracht kommenden wählbaren Rechtsordnungen als originäre Aufgabe des Notars: Bücken RNotZ 2018, 213 (227).

[93] BGBl II 1971, 86.

36 Ist ein Staat dem Haager Abkommen zur Befreiung ausländischer öffentlicher Urkunden von der Legalisation vom 5. 10. 1961 **nicht** beigetreten, muss die Vollmachtsurkunde nach einer Vorbeglaubigung durch die zuständige Stelle[94] von dem Konsulat des Landes, in welchem die Vollmacht verwendet werden soll, **legalisiert** werden. Die Auslandsvertretungen mancher Staaten[95] verlangen für die Legalisation deutscher Urkunden zusätzlich eine **Endbeglaubigung.** Eine Endbeglaubigung kann nur das Bundesverwaltungsamt vornehmen.

37 Deutschland hat mit mehreren europäischen Staaten, darunter Belgien, Dänemark, Frankreich, Italien, Luxemburg, Österreich und Schweiz, bilaterale Abkommen geschlossen, aufgrund derer bestimmte öffentliche Urkunden von jedem Echtheitsnachweis befreit sind. Deutsche notarielle Urkunden bedürfen daher weder der Legalisation, noch benötigen sie eine Apostille und sie haben in den anderen Ländern die Vermutung der Echtheit.

2. Verwendung ausländischer Vorsorgevollmachten in Deutschland

38 Werden ausländische Vorsorgevollmachten in Deutschland verwendet, so bestimmt sich nach der hier vertretenen Ansicht (ausführlich → Art 15 Rn. 9) die Wirksamkeit und der Umfang der Vorsorgevollmacht nach dem **gewöhnlichen Aufenthalt** des Erwachsenen zum Zeitpunkt der Errichtung der Vorsorgevollmacht bzw. nach einem gem. Art. 15 Abs. 2 ErwSÜ wirksam **gewählten Recht.** Die Art und Weise der Vollmachtausübung in Deutschland bestimmt sich dagegen nach deutschem Recht.

39 Folgt man der Mindermeinung (ausführlich → Art. 15 Rn. 9), nach welcher bei gewöhnlichem Aufenthalt des Vollmachtgebers in einem Drittstaat deutsches autonomes Kollisionsrecht anzuwenden ist, dann sind ausländische Vollmachten aufgrund der Anknüpfung an den Gebrauchsort nach deutschem Sachrecht gem. Art. 8 Abs. 4 EGBGB zu beurteilen.

Art. 16 [Ausübung der Vertretungsmacht]

Wird eine Vertretungsmacht nach Artikel 15 nicht in einer Weise ausgeübt, die den Schutz der Person oder des Vermögens des Erwachsenen ausreichend sicherstellt, so kann sie durch Maßnahmen einer nach diesem Übereinkommen zuständigen Behörde aufgehoben oder geändert werden. Bei der Aufhebung oder Änderung dieser Vertretungsmacht ist das nach Artikel 15 maßgebliche Recht so weit wie möglich zu berücksichtigen.

I. Zweck der Norm

1 Art. 16 räumt den zuständigen Behörden die Möglichkeit ein, eine bestehende Vorsorgevollmacht aufzuheben oder zu ändern. Dazu gehört nicht nur der direkte Eingriffe in die Vertretungsmacht, wie zB in der Schweiz nach Art. 368 ZGB,[1] sondern auch die Bestellung eines **Kontrollbetreuers** nach → § 1820 Abs. 3 BGB.[2] Aufgrund dessen hat der deutsche Gesetzgeber von einer Ausführungsvorschrift ab-

[94] Die Zuständigkeit hierfür ist in den Bundesländern unterschiedlich geregelt.

[95] Afghanistan, Bangladesch, China, Irak, Iran, Jordanien, Kambodscha, Katar, Mali, Myanmar, Nepal, Ruanda, Saudi-Arabien, Somalia, Sudan, Syrien, Togo.

[1] MüKoBGB/Lipp ErwSÜ Art. 16 Rn. 5.

[2] Lagarde Bericht Nr. 108 Fn. 74.

gesehen.[3] Die Vorschrift stellt einen Kompromiss zwischen dem Selbstbestimmungsrecht des Vollmachtgebers und einem möglichst effizienten Erwachsenenschutz dar.[4] Die Norm stellt zwei Voraussetzungen auf: Zum einen muss die Vorsorgevollmacht in einer Weise ausgeübt werden, die den Schutz der Person oder des Vermögens des Vollmachtgebers nicht ausreichend sicherstellt (Satz 1). Dabei handelt es sich um ein materiell-rechtliches Erfordernis. Die Norm ist daher Kollisions- und zugleich Sachnorm.[5] Zum anderen soll die zuständige Behörde, die grundsätzlich ihr eigenes Recht anwendet, das nach Art. 15 berufene Vollmachtsstatut so weit wie möglich berücksichtigen (Satz 2). Ein Eingriff in ausländische Vorsorgevollmachten kann in Deutschland nur durch das Institut der Betreuung erfolgen, sofern deutsche Betreuungsgerichte international zuständig sind (Art. 5ff.).

II. Anwendungsvoraussetzungen

Satz 1 verlangt eine **objektive Gefährdung** der Person oder des Vermögens des Erwachsenen, die durch den **Bevollmächtigten** nicht aufgehoben wird. Diese Gefährdungslage muss die Behörde zunächst **feststellen.** Damit soll verhindert werden, dass die Behörde Schutzmaßnahmen nach der lex fori erlässt und somit die vom Erwachsenen errichteten Schutzanordnungen ersetzt.[6] Insbesondere soll verhindert werden, dass die rechtsgeschäftliche eingeräumte Vertretungsmacht nur deswegen aufgehoben wird, weil das Recht der zuständigen Behörde das Rechtsinstitut der Vorsorgevollmacht nicht kennt.[7] 2

Von der Vorschrift werden die Fälle des **Vollmachtsmissbrauchs, Interessenkonflikts** und der **Untätigkeit** erfasst. Ist die Vollmacht **unklar** oder **lückenhaft** oder enthält sie Weisungen, die nicht im Interesse des Vollmachtgebers liegen und der Vollmachtgeber bei Kenntnis der Sachlage diese Weisungen nicht erteilt hätte, liegt ebenfalls eine Gefährdung vor.[8] Eine objektive Gefährdung des Wohls des Erwachsenen, die der Bevollmächtige nicht abwehren will oder kann, ist dabei aber stets Voraussetzung.[9] 3

III. Anwendbares Recht

Im Interesse der einfachen und schnellen Rechtsanwendung gilt im Rahmen des Art. 16 grundsätzlich das **Gleichlaufprinzip** (Art. 13 Abs. 1),[10] daher wendet die Behörde grundsätzlich die lex fori an. Mit Hilfe einer Übertragung der gerichtlichen Zuständigkeit nach Art. 8 kann ein **Gleichlauf** auch dann hergestellt werden, wenn das nach Art. 13 Abs. 1 anzuwendende Recht nicht dasjenige Recht ist, das nach Art. 15 auf die Vollmacht Anwendung findet.[11] 4

Um das Selbstbestimmungsrecht und den in der Vorsorgevollmacht verkörperten Willen des Erwachsenen zu wahren, ordnet **S. 2** an, dass das **Vollmachtsstatut** so weit wie möglich zu berücksichtigen ist. Dabei ist irrelevant, ob das Vollmachtsstatut objektiv (Art. 15 Abs. 1) oder mittels Rechtswahl (Art. 15 Abs. 2) bestimmt wird. Hat 5

[3] BT Drs. 16/3231, 10.
[4] Lagarde Bericht Nr. 108.
[5] Ludwig DNotZ 2009, 251 (282).
[6] Lagarde Bericht Nr. 108.
[7] Lagarde Bericht Nr. 108.
[8] NK-BGB/Benicke ErwSÜ Art. 16 Rn. 5.
[9] MüKoBGB/Lipp ErwSÜ Art. 16 Rn.
[10] MüKoBGB/Lipp ErwSÜ Art. 16 Rn. 8.
[11] MüKoBGB/Lipp ErwSÜ Art. 16 Rn. 9.

der Vollmachtgeber für den Wegfall seines primär Bevollmächtigten vorgesorgt, indem er einen **Ersatzbevollmächtigten** bestimmt hat, scheidet die Anwendung von Art. 16 aus.[12]

6 Die behördliche Bestimmung einer Aufsichtsperson über den Bevollmächtigten richtet sich ebenfalls nach der lex fori. Nach deutschem Recht kommt dabei die Bestellung eines Kontrollbetreuers in Betracht, dessen alleinige Aufgabe in der Überwachung des Bevollmächtigten besteht (vgl. § 1820 Abs. 3 BGB).[13]

---

[12] NK-BGB/Benicke ErwSÜ Art. 16 Rn. 7.

[13] Wedemann FamRZ 2010, 785 (790).

4. Beurkundungsgesetz (BeurkG)

Vom 28. August 1969
(BGBl. I S. 1513)

Zuletzt geändert durch Art. 3 G zur Ergänzung der Regelungen zur Umsetzung der DigitalisierungsRL und zur Änd. weiterer Vorschriften vom 15.7.2022 (BGBl. I S. 1146)

– Auszug –

Abschnitt 2. Beurkundung von Willenserklärungen

Unterabschnitt 1. Ausschließung des Notars

§ 7 Beurkundungen zugunsten des Notars oder seiner Angehörigen

Die Beurkundung von Willenserklärungen ist insoweit unwirksam, als diese darauf gerichtet sind,
1. dem Notar,
2. seinem Ehegatten oder früheren Ehegatten,
2a. seinem Lebenspartner oder früheren Lebenspartner oder
3. einer Person, die mit ihm in gerader Linie verwandt oder verschwägert oder in der Seitenlinie bis zum dritten Grade verwandt oder bis zum zweiten Grade verschwägert ist oder war,
einen rechtlichen Vorteil zu verschaffen.

§ 7 erfasst die Beurkundung von Willenserklärungen. Sie ist anzuwenden, wenn den dort genannten Personen ein rechtlicher Vorteil verschafft wird, selbst, wenn diese keine formellen Urkundsbeteiligten sind.[1] Der Notar bzw. die Angehörigen des Notars iSd Nr. 2, 2a und 3 können in einer Urkunde des Notars auch nicht als (Vorsorge-) Bevollmächtigte eingesetzt werden. Die Bevollmächtigung stellt einen eigenen, rechtlichen Vorteil dar, da der Bevollmächtigte durch die Vollmacht eine Erweiterung seiner Rechtsposition erlangt.[2] 1

Die Beurkundung einer Vollmacht ist bei einem Verstoß gegen § 7 insoweit nicht wirksam, als sie dem Notar bzw. seinen Angehörigen als Bevollmächtigten benennt. Im Übrigen bleibt die Vollmacht wirksam.[3] Dies gilt auch, soweit der Notar bzw. seine Angehörigen als Kontrollbetreuer oÄ benannt werden. Ein Verstoß gegen § 7 BeurkG liegt in jedem rechtlichen Vorteil zu Gunsten der in § 7 Nr. 1 – 3 genannten Personen. 2

Zulässig sind hingegen Durchführungs- und Vollzugsvollmachten, die den Notar zur Berichtigung der Urkunde im Wege der Eigenurkunde, zur Stellung von Anträ- 3

---

[1] BeckOGK/Schaller, 1.2.2022, BeurkG § 7 Rn. 2.

[2] Armbrüster/Preuß/Renner/Armbrüster BeurkG § 7 Rn. 5; BeckOK BGB/Litzenburger BeurkG § 7 Rn. 7; Frenz/Miermeister/Miermeister/de Buhr BNotO BeUrkG § 7 Rn. 8; BeckOGK/Schaller, 1.2.2022, BeurkG § 7 Rn. 11.

[3] BGH IV ZB 14/12, ZEV 2012, 657; OLG Düsseldorf I-7 U 170/12, ZEV 2014, 102 (103).

gen oder Einholung von Genehmigungen ermächtigen.[4] Die Urkundsbeteiligten fordern den Notar mit der Erteilung einer Durchführungsvollmacht lediglich zum Tätigwerden iSd § 24 BNotO auf. Der Notar erhält hierdurch zwar die subjektive Eignung zu rechtsgeschäftlichem Handeln für die Beteiligten, aber keinen Eigenvorteil iSv § 7.[5]

Unterabschnitt 2. Niederschrift

§ 10 Feststellung der Beteiligten

(1) **Der Notar soll sich Gewissheit über die Person der Beteiligten verschaffen.**

(2) **In der Niederschrift soll die Person der Beteiligten so genau bezeichnet werden, daß Zweifel und Verwechslungen ausgeschlossen sind.**

(3) [1]**Aus der Niederschrift soll sich ergeben, ob der Notar die Beteiligten kennt oder wie er sich Gewißheit über ihre Person verschafft hat.** [2]**Kann sich der Notar diese Gewißheit nicht verschaffen, wird aber gleichwohl die Aufnahme der Niederschrift verlangt, so soll der Notar dies in der Niederschrift unter Anführung des Sachverhalts angeben.**

1 § 10 enthält die Verpflichtung des Notars, die Beteiligten der Urkunde zu identifizieren. Es handelt sich hierbei um eine Amtspflicht des Notars. Erfasst werden lediglich diejenigen Personen, die im eigenen oder fremden Namen Erklärungen abgeben. Lediglich materiell Beteiligte unterfallen nicht der Feststellungspflicht des Notars. Welche personenbezogenen Daten der Notar hierbei im Einzelnen zu erheben hat, ergibt sich für das Beurkundungsverfahren zunächst grundsätzlich aus § 26 Abs. 2 S. 1 DONot.[1] Diese sind mithin bei natürlichen Personen der Vor- und Zuname, der Geburtsnamen, das Geburtsdatum, der Wohnort und die Wohnung. Die Staatsangehörigkeit des Beteiligten ist von der Feststellungspflicht des Notars nicht erfasst.

2 Zur Identifizierung geeignet sind:
- (vorläufiger) Personalausweis,
- Ersatz-Personalausweis,
- (vorläufiger) Reisepass,
- (vorläufiger) Dienst- oder Diplomatenpass,
- Führerschein
- Personen- oder Dienstausweis einer Behörde oder
- Schwerbehindertenausweis[2].

Ist der Anwendungsbereich des GwG nicht eröffnet, kann der Notar von der Identifizierung der Beteiligten absehen, wenn er diese persönlich kennt.

[4] Armbrüster/Preuß/Renner/Armbrüster BeurkG § 7 Rn. 5; BeckOGK/Schaller, 1.2.2022, BeurkG § 7 Rn. 25; vgl. auch OLG Köln 2 X (Not) 17/03, NJW 2005, 2092.

[5] BeckOGK/Schaller, 1.6.2022, BeurkG § 7 Rn. 2; Staudinger/Hertel BGB Vor §§ 127a, 128 Rn. 290, 323.

[1] BeckOK BeurkG/Bremkamp, 6. Ed. 1.5.2021, BeurkG § 10 Rn. 26.

[2] BeckOGK/Bord, 1.4.2022, BeurkG § 10 Rn. 25.

§ 11 Feststellungen über die Geschäftsfähigkeit

(1) [1]**Fehlt einem Beteiligten nach der Überzeugung des Notars die erforderliche Geschäftsfähigkeit, so soll die Beurkundung abgelehnt werden.** [2]**Zweifel an der erforderlichen Geschäftsfähigkeit eines Beteiligten soll der Notar in der Niederschrift feststellen.**

(2) **Ist ein Beteiligter schwer krank, so soll dies in der Niederschrift vermerkt und angegeben werden, welche Feststellungen der Notar über die Geschäftsfähigkeit getroffen hat.**

Der Notar ist nicht verpflichtet die Geschäftsfähigkeit jedes formell Urkundsbetei- 1
ligten festzustellen. § 11 regelt lediglich die Amtspflicht des Notars, etwaige (subjektive) Zweifel an der Geschäftsfähigkeit in der Urkunde zu vermerken.[1] Grundsätzlich darf der Notar von der Geschäftsfähigkeit eines Volljährigen ausgehen.[2] Er hat sich am Äußeren sowie am Verhalten einer Person zu orientieren. Bei schwerer Erkrankung, wozu nicht nur körperliche, sondern auch psychische Erkrankungen zählen, ist der Notar in besonderem Umfang verpflichtet, die Geschäftsfähigkeit des Beteiligten zu prüfen. Dieser Verpflichtung kann der Notar nicht dadurch entgehen, dass er es bereits an hinreichenden Ermittlungen dazu fehlen lässt, ob ein Beteiligter überhaupt schwer krank ist oder nicht.[3] Es gibt keine festen Schemata, an denen der Notar sich seine Überzeugung von der Geschäftsfähigkeit zu bilden hat. Er entscheidet hierüber im Rahmen seiner Verfahrensleitung nach pflichtgemäßem Ermessen.

Der Notar verletzt bei einem Irrtum über die Geschäftsfähigkeit keine Amts- 2
pflicht, wenn er trotz der objektiv gegebenen Geschäftsunfähigkeit beurkundet hat. Zweifelt der Notar lediglich an der Geschäftsfähigkeit eines Beteiligten muss er die Beurkundung vornehmen[4] und diese Zweifel vermerken, § 11 Abs. 1 S. 2. Der Vermerk kann durch den Notar auch in separater Niederschrift (und zu separater UVZ-NR) aufgenommen werden (§§ 36f. BeurkG).Eine Ablehnung auf der Grundlage von Zweifeln ist nicht zulässig und kann Schadenersatzansprüche gegen den Notar nach § 19 BnotO begründen.

Der Vermerk könnte wie folgt lauten: 3

Von der erforderlichen Geschäftsfähigkeit des Beteiligten zu … konnte ich mich nicht abschließend überzeugen. Meine Zweifel an der erforderlichen Geschäftsfähigkeit beruhen auf folgenden Beobachtungen, die ich im Gespräch mit dem Beteiligten zu … und in der Verhandlung gemacht habe: …

Ich habe sämtliche Beteiligte auf die mit einer möglicherweise fehlenden Geschäftsfähigkeit eines Beteiligten verbundenen Gefahren hingewiesen. Trotz dieses Hinweises erklärte jeder Beteiligte, auf die Vornahme der Beurkundung zu bestehen.

Zweifel an der Geschäftsfähigkeit können sich etwa ergeben aus: 4
- mangelnde zeitliche und/oder örtliche Orientierung,
- mangelnde Fähigkeit, Informationen aufzunehmen und zu verarbeiten,
- chronischer Substanzmissbrauch
- Angststörungen/Psychosen
- manische Depression.

§ 11 Abs. 2 verpflichtet den Notar im Falle einer schweren (körperlich, geistigen 5
oder seelischen) Erkrankung einen Vermerk in die Urkunde aufzunehmen, der so-

[1] BeckOK BGB/Litzenburger, 61. Ed. 1.2.2022, BeurkG § 11.
[2] BGH IV ZR 162/54, NJW 1955, 1714.
[3] OLG Celle Not 16/07, MittBayNot 2008, 492.
[4] BeckOK BGB/Litzenburger, 61. Ed. 1.2.2022, BeurkG § 11 Rn. 4.

wohl die Tatsache der Erkrankung als auch seine diesbezüglichen Feststellungen enthält.[5] Ein nicht zu verlesender Amtsvermerk genügt nur ausnahmsweise, wenn ein Beteiligter zwar schwer krank, der Notar aber gleichwohl von dessen Geschäftsfähigkeit überzeugt ist und die Feststellungen in der Niederschrift bzw. Anlage befürchten lassen, dass das Selbstwertgefühl des Betroffenen ernsthaften Schaden nimmt.[6]

6 Erst, wenn der Notar aufgrund äußerer Umstände im konkreten Einzelfall an dem Vorhandensein der erforderlichen individuellen Geistestätigkeit tatsächlich zweifelt, trifft den Notar die Pflicht zur Überprüfung nach § 11.[7] Für eine Zweifelskontrolle bleibt dem Notar nur das Gespräch mit dem Beteiligten.[8] Es steht dem Notar frei zur Zweifelskontrolle auch auf externe Erkenntnisquellen zurückzugreifen. Hierzu gehören etwa Äußerungen von Ärzten oder des Pflegepersonals. Unterschieden werden können Feststellungen auf der nosologischen Ebene (bestehende Erkrankungen) sowie auf der psychologischen Ebene (Verhalten der Beteiligte, Symptome, …). Der Notar kann, mit Zustimmung des Beteiligten auch den behandelnden Arzt oder etwaiges fachkundiges Pflegepersonal befragen und deren Angaben seiner Meinungsbildung zugrunde legen.

7 Lediglich die vom Notar in der Niederschrift vermerkten Tatsachen nehmen an der Beweiskraft der Urkunde teil. Bewertende Aussagen des Notars hingegen können allenfalls ein Indiz für die freie richterliche Beweiswürdigung sein.[9] Sofern dem Notar eine (fach-) ärztliche Stellungnahme im Zeitpunkt der Beurkundung vorliegt, sollte diese im Original der Niederschrift beigefügt werden. Auch diese setzt jedoch voraus, dass der Beteiligte hiermit einverstanden ist.[10]

8 Bei Verfügungen von Todes wegen ist der Notar hingegen nach § 28 verpflichtet, das Vorliegen der Testierfähigkeit positiv festzustellen und diese Feststellung in der Urkunde zu vermerken.

9 Der Notar ist nach der Rechtsprechung nicht verpflichtet von sich aus Erkundigungen zu betreiben, ob für einen Beteiligten eine Betreuung oder eine Pflegschaft angeordnet oder beantragt ist.[11]

§ 12 Nachweise für die Vertretungsberechtigung

(1) [1]**Vorgelegte Vollmachten und Ausweise über die Berechtigung eines gesetzlichen Vertreters sollen der Niederschrift in Urschrift oder in beglaubigter Abschrift beigefügt werden.** [2]**Ergibt sich die Vertretungsberechtigung aus einer Eintragung im Handelsregister oder in einem ähnlichen Register, so genügt die Bescheinigung eines Notars nach § 21 der Bundesnotarordnung.**

---

[5] Grziwotz/Heinemann/Heinemann BeurkG § 11 Rn. 26; BeckOGK/Bord, 1.4.2022, BeurkG § 11 Rn 30.

[6] Kanzleiter DNotZ 1993, 434 (439); Haegele Rpfleger 1969, 415.

[7] OLG Hamm 11 U 180/14, RNotZ 2016, 60 (63); OLG Celle Not 16/07, MittBayNot 2008, 492 (493); LG Köln 11 T 43/04, RNotZ 2005, 244 (245); OLG Frankfurt a. M. 8 U 169/77, DNotZ 1978, 505 (506).

[8] OLG Hamm 11 U 180/14, RNotZ 2016, 60 (64); BeckOK BeurkG/Bremkamp, 6. Ed. 1.5.2021, BeurkG § 11 Rn. 38.

[9] BayObLG Breg 2 Z 35/74, DNotZ 1975, 555; OLG Frankfurt a. M. 20 W 151/05, NJW-RR 2006, 450 (452); OLG Hamm 15 233/96, MittBayNot 1997, 180 (182); BayObLG 1Z BR 53/04, MittBayNot 2005, 235 (237).

[10] Zimmermann BWNotZ 2000, 97 (107); Kruse NotBZ 2001, 448 (453).

[11] BGH V ZR 125/68, MittBayNot 1970, 167; BeckOGK/Bord, 1.4.2022, BeurkG § 11 Rn 12.

(2) **Wird eine Willenserklärung als von einem Bevollmächtigten abgegeben beurkundet, so gilt die Vorlage der Vollmachtsurkunde gegenüber dem Notar auch als Vorlage gegenüber demjenigen, gegenüber dem die beurkundete Willenserklärung abgegeben wird.**

Der Nachweis rechtsgeschäftlicher Vertretung durch (Vorsorge-)Vollmacht ist der Niederschrift in Urschrift oder in beglaubigter Abschrift beizufügen. Gemäß Abs. 2 genügt seit dem 1.8.2022 die Vorlage der Vollmachtsurkunde gegenüber dem Notar, um in den Anwendungsbereich des Rechtscheintatbestands des § 172 BGB zu gelangen.[1] 1

Die Vollmachten sind zum Nachweis der Vertretungsberechtigung in Urschrift oder in urschriftersetzender Ausfertigung vorzulegen; allein hierdurch wird die Rechtsscheinhaftung des § 172 BGB erreicht. Die Vorlage einer beglaubigten Abschrift der Vollmacht genügt nicht. Die Anforderungen an die Vollmachtsurkunde sind an §§ 126 ff. BGB zu orientieren. Erforderlich ist demnach die Namensunterschrift des Vollmachtgebers oder die notarielle Beglaubigung seines Handzeichens.[2] 2

Wird eine Abschrift der Vollmacht mit einer Ausfertigung der Niederschrift, der sie beigefügt wurde, mit Schnur und Siegel verbunden oder befindet sie sich mit dieser auf demselben Blatt, beinhaltet der Ausfertigungsvermerk gem. § 49 Abs. 3 BeurkG zugleich die Beglaubigung der Abschrift.[3] 3

Unterabschnitt 4. Prüfungs- und Belehrungspflichten

§ 17 Grundsatz

(1) [1]**Der Notar soll den Willen der Beteiligten erforschen, den Sachverhalt klären, die Beteiligten über die rechtliche Tragweite des Geschäfts belehren und ihre Erklärungen klar und unzweideutig in der Niederschrift wiedergeben.** [2]**Dabei soll er darauf achten, daß Irrtümer und Zweifel vermieden sowie unerfahrene und ungewandte Beteiligte nicht benachteiligt werden.**

(2) [1]**Bestehen Zweifel, ob das Geschäft dem Gesetz oder dem wahren Willen der Beteiligten entspricht, so sollen die Bedenken mit den Beteiligten erörtert werden.** [2]**Zweifelt der Notar an der Wirksamkeit des Geschäfts und bestehen die Beteiligten auf der Beurkundung, so soll er die Belehrung und die dazu abgegebenen Erklärungen der Beteiligten in der Niederschrift vermerken.**

(2a) [1]**Der Notar soll das Beurkundungsverfahren so gestalten, daß die Einhaltung der Amtspflichten nach den Absätzen 1 und 2 gewährleistet ist.** [2]**Bei Verbraucherverträgen soll der Notar darauf hinwirken, dass**

1. **die rechtsgeschäftlichen Erklärungen des Verbrauchers von diesem persönlich oder durch eine Vertrauensperson vor dem Notar abgegeben werden und**
2. **der Verbraucher ausreichend Gelegenheit erhält, sich vorab mit dem Gegenstand der Beurkundung auseinanderzusetzen; bei Verbraucherverträgen, die der Beurkundungspflicht nach § 311b Absatz 1 Satz 1 und Absatz 3 des Bürgerlichen Gesetzbuchs unterliegen, soll dem Verbrau-**

[1] § 12 Abs. 2 angef. mWv 1.8.2022 durch Gesetz v. 5.7.2021 (BGBl. I 3338).

[2] LAG Hessen 10 Sa 601/18, NZA-RR 2019, 130 Rn. 39; BeckOK BGB/Schäfer, 61. Ed. 1.2.2022, BGB § 172 Rn. 4.

[3] Grziwotz/Heinemann/Heinemann BeurkG § 12 Rn. 19; Winkler BeurkG § 12 Rn. 17; Staudinger/Hertel BeurG § 12 Rn. 246.

cher der beabsichtigte Text des Rechtsgeschäfts vom beurkundenden Notar oder einem Notar, mit dem sich der beurkundende Notar zur gemeinsamen Berufsausübung verbunden hat, zur Verfügung gestellt werden. Dies soll im Regelfall zwei Wochen vor der Beurkundung erfolgen. Wird diese Frist unterschritten, sollen die Gründe hierfür in der Niederschrift angegeben werden.

[3]**Weitere Amtspflichten des Notars bleiben unberührt.**

(3) [1]**Kommt ausländisches Recht zur Anwendung oder bestehen darüber Zweifel, so soll der Notar die Beteiligten darauf hinweisen und dies in der Niederschrift vermerken.** [2]**Zur Belehrung über den Inhalt ausländischer Rechtsordnungen ist er nicht verpflichtet.**

1 Die Grundlagennorm des § 17 regelt die jeder Beurkundung von Willenserklärungen immanenten notariellen Belehrungs- und Kardinalpflichten. Der Notar ist verpflichtet die Beteiligten persönlich zu belehren und seine Belehrung an die konkrete Situation und den individuellen Adressanten anzupassen. Hierbei hat der Notar neben den individuellen Kenntnissen der Beteiligten auch dessen persönlichen und wirtschaftlichen Hintergrund zu berücksichtigen. § 17 Abs. 1 S. 2 unterstreicht deutlich die besondere Fürsorgepflicht des Notars bei unerfahrenen und ungewandten Beteiligten. Umfang und Tiefe der Belehrung richten sich sonach nach dem Maßstab „was die Lage erfordert".[1] Die Belehrung durch den Notar muss grundsätzlich im Zeitpunkt der Beurkundungsverhandlung erfolgen. Ein Verzicht auf die Belehrung durch den Notar ist nicht möglich. Der Notar muss sicherstellen, dass die Beteiligten umfassende über Inhalt und Risiken einer Gestaltung informiert sind; insbesondere auch Fachbegriffe („Generalvollmacht", „Befreiung von § 181 BGB", …) müssen von den Urkundsbeteiligten verstanden und in ihrer rechtlichen Tragweite durchdrungen werden.

2 Die Kardinalspflichten des Notars nach § 17 Abs. 1 sind:

– Erforschung des wahren Willens der Beteiligten (insb. in Einklang bringen der Erklärungen der Beteiligten mit dem Inhalt der Niederschrift, Reglung aller regelungsbedürftigen Aspekte, auch soweit sie nicht von den Beteiligten angesprochen werden; der Notar hat stets den sichersten Weg aufzuzeigen),
– Klärung des Sachverhalts (insb. aller den Gestaltungswunsch prägenden Tatsachen; hier: Vermeidung von Betreuung, Selbstbestimmtheit, Weiterführung eines Unternehmens/einer Gesellschaft im Vorsorgefall); die Pflicht zur Tatsachenermittlung erfasst die anlässlich einer anstehenden Beurkundung üblichen Fragen, die für den beurkundenden Vertragstypus relevant sind (Vermögens- und Beteiligungsstrukturen, Familienverhältnisse, Wertevorstellungen,…),
– Belehrung über die rechtliche Tragweite (insb. über die Voraussetzungen, von denen der Erfolg des beabsichtigten Rechtsgeschäfts abhängt sowie die unmittelbaren Rechtsfolgen des Rechtsgeschäfts; hier: rechtliche Tragweite einer (Vorsorge-) Vollmacht, Grenzen der Vertretungsmacht im gesellschaftsrechtlichen Bereich, Missbrauchsgefahren, Genehmigungsbedürftigkeit bestimmter Entscheidungen durch das Betreuungsgericht),
– erweiterte Belehrungspflicht bei ungesicherter Vorleistung sowie
– notarielle Warnpflicht (insbes., wenn einem Beteiligten ein Schaden droht, dieser Beteiligt sich dessen aus tatsächlichen oder auch rechtlichen Gründen nicht bewusst ist, sich diese Umstände aus der rechtlichen Gestaltung der Urkunde oder der geplanten Art ihrer Abwicklung ergeben[2]).

---

[1] BGH – VI ZR 182/80, DNotZ 1982, 504f.; OLG Schleswig 3 U 32/71, DNotZ 1972, 561; OLG Celle 3 U 7/81, DNotZ 1983, 58; OLG Frankfurt 4 U 129/11, MittBayNot 2012, 408 (410); BeckOGK/Regler, 1.12.2021, BeurkG § 17 Rn. 10.

[2] BeckOGK/Regler, 1.5.2022, BeurkG § 17 Rn. 95.

Der Notar wird zur Erfüllung seiner Pflichten im Vorsorgebereich nicht nur über die geltende Gesetzeslage und etwaige Gestaltungen aufklären, sondern auch etwaig bestehende Rechtsirrtümer (Vertretungsmacht des Ehegatten auch außerhalb der Gesundheitsangelegenheiten nach § 1358 BGB) der Beteiligten beseitigen müssen. Eine Verpflichtung ohne konkrete Anhaltspunkte über den Themenkomplex Vorsorge durch Vollmachten und/oder Betreuungsverfügungen zu belehren besteht nicht. 3

Verstößt der Notar gegen die ihm nach § 17 obliegenden Verpflichtungen, ist die Urkunde materiell-rechtlich wirksam. Das Beurkundungsverfahrensrecht soll den Schutzzweck der Beurkundung gewährleisten. Allerdings beinhalten die Verpflichtungen nach § 17 drittschützende Amtspflichten, sodass bei deren Verletzung den Beteiligten nach § 19 BNotO Schadensersatzansprüche gegen den Notar zustehen können. 4

§ 20a Vorsorgevollmacht

Beurkundet der Notar eine Vorsorgevollmacht, so soll er auf die Möglichkeit der Registrierung bei dem Zentralen Vorsorgeregister hinweisen.

Das Gesetz verpflichtet den Notar auf die Möglichkeit der kostenpflichtigen Registrierung einer Vorsorgevollmacht beim zentralen Vorsorgeregister[1] hinzuweisen. Die Verpflichtung des Notars besteht sowohl bei der Beurkundung von Vorsorgevollmachten als auch analog für beglaubigte (Vorsorge-)Vollmachten.[2] Für die Betreuungsbehörde ist eine entsprechende Hinweispflicht nicht ausdrücklich geregelt. 1

Unabhängig von der Hinweispflicht des § 20a ist der Notar unter den Voraussetzungen des § 1816 Abs. 2 S. 4 BGB verpflichtet, eine etwa von ihm beurkundete bzw. beglaubigte Betreuungsverfügung an das Betreuungsgericht zu übermitteln. Hierzu bedarf es keiner ausdrücklichen Zustimmung/Ermächtigung der Urkundsbeteiligten, da es sich um eine gesetzliche Verpflichtung handelt. 2

Verstößt der Notar schuldhaft gegen die ihm obliegenden Hinweispflicht und entsteht hierdurch ein Schaden, etwa durch ein vermeidbares Betreuungsverfahren, kommen insoweit Schadenersatzansprüche gegen den Notar gemäß § 19 BNotO in Betracht. 3

Unterabschnitt 5. Beteiligung behinderter Personen

§ 22 Hörbehinderte, sprachbehinderte und sehbehinderte Beteiligte

(1) **[1]Vermag ein Beteiligter nach seinen Angaben oder nach der Überzeugung des Notars nicht hinreichend zu hören, zu sprechen oder zu sehen, so soll zu der Beurkundung ein Zeuge oder ein zweiter Notar zugezogen werden, es sei denn, daß alle Beteiligten darauf verzichten. [2]Auf Verlangen eines hör- oder sprachbehinderten Beteiligten soll der Notar einen Gebärdensprachdolmetscher hinzuziehen. [3]Diese Tatsachen sollen in der Niederschrift festgestellt werden.**

(2) **Die Niederschrift soll auch von dem Zeugen oder dem zweiten Notar unterschrieben werden.**

---

[1] https://zvr-online.bnotk.de/zvr/.

[2] BeckOGK/Regler, 1.12.2021, BeurkG § 20a Rn. 11; Winkler BeurkG § 20a Rn. 1; Beck-Notar-HdB, § 31. Beurkundung, Rn 172.

§ 23 Besonderheiten bei hörbehinderten Beteiligten

[1]Eine Niederschrift, in der nach § 22 Abs. 1 festgestellt ist, daß ein Beteiligter nicht hinreichend zu hören vermag, muß diesem Beteiligten anstelle des Vorlesens zur Durchsicht vorgelegt werden; in der Niederschrift soll festgestellt werden, daß dies geschehen ist. [2]Hat der Beteiligte die Niederschrift eigenhändig unterschrieben, so wird vermutet, daß sie ihm zur Durchsicht vorgelegt und von ihm genehmigt worden ist.

§ 24 Besonderheiten bei hör- und sprachbehinderten Beteiligten, mit denen eine schriftliche Verständigung nicht möglich ist

(1) [1]Vermag ein Beteiligter nach seinen Angaben oder nach der Überzeugung des Notars nicht hinreichend zu hören oder zu sprechen und sich auch nicht schriftlich zu verständigen, so soll der Notar dies in der Niederschrift feststellen. [2]Wird in der Niederschrift eine solche Feststellung getroffen, so muss zu der Beurkundung eine Person zugezogen werden, die sich mit dem behinderten Beteiligten zu verständigen vermag und mit deren Zuziehung er nach der Überzeugung des Notars einverstanden ist; in der Niederschrift soll festgestellt werden, dass dies geschehen ist. [3]Zweifelt der Notar an der Möglichkeit der Verständigung zwischen der zugezogenen Person und dem Beteiligten, so soll er dies in der Niederschrift feststellen. [4]Die Niederschrift soll auch von der zugezogenen Person unterschrieben werden.

(2) Die Beurkundung von Willenserklärungen ist insoweit unwirksam, als diese darauf gerichtet sind, der nach Absatz 1 zugezogenen Person einen rechtlichen Vorteil zu verschaffen.

(3) Das Erfordernis, nach § 22 einen Zeugen oder zweiten Notar zuzuziehen, bleibt unberührt.

§ 25 Schreibunfähige

[1]Vermag ein Beteiligter nach seinen Angaben oder nach der Überzeugung des Notars seinen Namen nicht zu schreiben, so muß bei dem Vorlesen und der Genehmigung ein Zeuge oder ein zweiter Notar zugezogen werden, wenn nicht bereits nach § 22 ein Zeuge oder ein zweiter Notar zugezogen worden ist. [2]Diese Tatsachen sollen in der Niederschrift festgestellt werden. [3]Die Niederschrift muß von dem Zeugen oder dem zweiten Notar unterschrieben werden.

§ 26 Verbot der Mitwirkung als Zeuge oder zweiter Notar

(1) Als Zeuge oder zweiter Notar soll bei der Beurkundung nicht zugezogen werden, wer

1. selbst beteiligt ist oder durch einen Beteiligten vertreten wird,
2. aus einer zu beurkundenden Willenserklärung einen rechtlichen Vorteil erlangt,
3. mit dem Notar verheiratet ist,

3a. mit ihm eine Lebenspartnerschaft führt oder

4. mit ihm in gerader Linie verwandt ist oder war.

(2) **Als Zeuge soll bei der Beurkundung ferner nicht zugezogen werden, wer**
1. **zu dem Notar in einem ständigen Dienstverhältnis steht,**
2. **minderjährig ist,**
3. **geisteskrank oder geistesschwach ist,**
4. **nicht hinreichend zu hören, zu sprechen oder zu sehen vermag,**
5. **nicht schreiben kann oder**
6. **der deutschen Sprache nicht hinreichend kundig ist; dies gilt nicht im Falle des § 5 Abs. 2, wenn der Zeuge der Sprache der Niederschrift hinreichend kundig ist.**

Zu §§ 22–26:

Der Anwendungsbereich der § 22–25 ist bereits dann eröffnet, wenn der Beteiligte entweder nach seinen Angaben oder nach der (subjektiven) Überzeugung des Notars taub, blind und/oder stumm ist. Der Notar soll die maßgeblichen Tatsachen zur Behinderung des Beteiligten in der Niederschrift vermerken. 1

Bei Taubheit, Stummheit oder Blindheit soll der Notar einen Zeugen oder einen zweiten Notar hinzuziehen und dies in der Niederschrift feststellen. Die Beteiligten können auf die Zuziehung eines Zeugen oder zweiten Notars verzichten. Dies ist ebenfalls in der Niederschrift festzustellen. Bei Zuziehung eines Zeugen oder zweiten Notars ist die Niederschrift von diesem (mit) zu unterzeichnen. Bei Taubheit muss die Niederschrift anstatt des Vorlesens zur Durchsicht vorgelegt werden. Dies ist in der Niederschrift festzustellen.[1] Kann ein Beteiligter seinen Namen nicht schreiben, muss ebenfalls ein Zeuge oder zweiter Notar zugezogen werden. Dies ist in der Niederschrift zu vermerken. 2

Die Regelungen des §§ 22–25 stellen sicher, dass der geschäftsfähige behinderte Beteiligte eine wirksame (Vorsorge-)Vollmacht in einem geordneten Verfahren errichten kann. 3

Als Ordnungsvorschrift regelt § 26 welche Personen bei der Mitwirkung einer Beurkundung mit einem behinderten Beteiligten als Zeugen bzw. als zweiter Notar ausgeschlossen sind. Hiervon sind insbesondere diejenigen Personen erfasst, die einen unmittelbaren rechtlichen Vorteil aus der Beurkundung erlangen. Das Mitwirkungsverbot entspricht damit den Regelungen in § 7 Nr. 1 und § 24 Abs. 2, wonach die Beurkundung von Willenserklärungen insoweit unwirksam ist, als sie darauf gerichtet sind, dem beurkundenden Notar bzw. der Verständigungsperson einen rechtlichen Vorteil zu verschaffen.[2] Der Bevollmächtigte kann daher nicht als Zeuge oder zweiter Notar auftreten. 4

Der Verstoß gegen die Vorschrift des § 26 führt nicht zur Unwirksamkeit der Beurkundung. Wer unter Betreuung steht, ist nicht automatisch geisteskrank oder geistesschwach, auch wenn ein Einwilligungsvorbehalt angeordnet wurde; er ist nicht von vornherein als Zeuge ausgeschlossen.[3] Der Beweiswert der Urkunde kann durch einen Verstoß jedoch deutlich geschwächt werden.[4] 5

---

[1] BeckNotar-HdB/Kindler Beurkundung § 31. Rn. 296.

[2] BeckOK BeurkG/Hüren, 6. Ed. 1.11.2021, BeurkG § 26 Rn. 8.

[3] Grziwotz/Heinemann/Heinemann BeurkG § 26 Rn. 15; Winkler BeurkG § 26 Rn. 10.

[4] BeckOGK/Schuller, 1.5.2022, BeurkG § 26 Rn. 20.

§ 28 Feststellungen über die Geschäftsfähigkeit

Der Notar soll seine Wahrnehmungen über die erforderliche Geschäftsfähigkeit des Erblassers in der Niederschrift vermerken.

1 Die Verpflichtung zur aktiven Feststellung der erforderlichen Geschäftsfähigkeit trifft den Notar ausschließlich im Bereich der Verfügungen von Todes wegen. Im Übrigen bleibt bei der Regelung des § 11. Der Notar darf jedoch die Beurkundung einer Verfügung von Todes wegen nur dann ablehnen, wenn er von der fehlenden Geschäftsfähigkeit des Erblassers überzeugt ist. Andernfalls ist er verpflichtet die Verfügung von Todes wegen zu beurkunden und seine Wahrnehmungen zur Geschäftsfähigkeit bzw. seine Zweifel hieran in der Niederschrift zu vermerken. Zweifel können im Einzelfall etwa durch begründet sein, dass für den Erblasser eine umfassende Betreuung und ggf. sogar ein Einwilligungsvorbehalt angeordnet wurde. Allerdings ist auch eine betreute Person im Ausgangspunkt geschäfts- und testierfähig.[1] Befindet sich der Erblasser im Krankenhaus oder Pflegeheim empfiehlt es sich, soweit der Erblasser die behandelnden Ärzte/Pflegepersonal von der Schweigepflicht befreit, deren Angabe/Aussagen in der Urkunde im Rahmen der Feststellungen des Notars wiederzugeben.[2] Dies dient insoweit lediglich der Beweissicherung.

2 Maßgeblicher Zeitpunkt für die Wahrnehmung von der Geschäftsfähigkeit des Erblassers ist die Errichtung der Verfügung von Todes wegen, mithin der Zeitpunkt der Beurkundung selbst. Voraussetzung ist, dass der Erblasser die Bedeutung des verlesenen Testaments noch erkennen und sich frei entschließen konnte, ob er es genehmigen wollte oder nicht. Unschädlich ist, dass er zu diesem Zeitpunkt den Inhalt seiner Verfügungen nicht mehr hätte bestimmen können.[3]

3 Für eine Wahrnehmung zur Geschäftsfähigkeit bleibt dem Notar nur das Gespräch mit dem Beteiligten.[4] Es steht dem Notar frei auch auf externe Erkenntnisquellen zurückzugreifen. Hierzu gehören etwa Äußerungen von Ärzten oder des Pflegepersonals. Unterschieden werden können Feststellungen auf der nosologischen Ebene (bestehende Erkrankungen) sowie auf der psychologischen Ebene (Verhalten der Beteiligte, Symptome, …). Eine Verpflichtung des Notars bestimmte Erkenntnisquellen auszuschöpfen besteht nicht. Lediglich die vom Notar in der Niederschrift vermerkten Tatsachen nehmen an der Beweiskraft der Urkunde teil (§ 415 ZPO). Bewertende Aussagen des Notars hingegen können allenfalls ein Indiz für die freie richterliche Beweiswürdigung sein.[5]

4 Ein etwaiger Vermerk könnte wie folgt lauten:

Der Erschienene erklärt sein Einverständnis zur Widergabe seiner nachfolgenden persönlichen Daten. Er leidet nach eigenen Angaben an …

---

[1] OLG Düsseldorf I-3 Wx 259/17, FGPrax 2018, 252 (253).

[2] Armbrüster/Preuß/Renner/Seger BeurkG § 28 Rn. 8; Winkler BeurkG § 28 Rn. 9; Grziwotz/Heinemann/Heinemann BeurkG § 28 Rn. 10; BeckOGK/Grziwotz, 1.4.2022, BeurkG § 28 Rn 7.

[3] BGH – V 169/58, BGHZ 30, 294 (297); BeckOGK/Grziwotz, 1.4.2022, BeurkG § 28 Rn. 11.

[4] OLG Hamm 11 U 180/14, RNotZ 2016, 60 (64); BeckOK BeurkG/Bremkamp, 6. Ed. 1.5.2021, BeurkG § 11 Rn. 38.

[5] BayObLG 2 Z 35/74, DNotZ 1975, 555; OLG Frankfurt a. M. 20 W 151/05, NJW-RR 2006, 450 (452); OLG Hamm 15 W 233/96, MittBayNot 1997, 180 (182); BayObLG 1Z BR 53/04MittBayNot 2005, 235 (237).

Der behandelnde Stationsarzt/Hausarzt erklärte: „Der Erschienene leidet an … Er erhält folgende Medikamente: … Diese Medikamente schränken die freie Willensbildung des Erschienenen nicht ein. Der Erschienene ist uneingeschränkt testierfähig."

Ich, der Notar, habe mich durch ausführliches Gespräch mit dem Erschienen und durch den Gang dieser Verhandlung von dem Vorliegen seiner Geschäfts- und Testierfähigkeit überzeugt. Der Erschienene ist zeitlich und örtlich orientiert und kann seinen Willen klar und verständlich ausdrücken. Nach den beurkundungsrechtlichen Vorschriften war die Hinzuziehung eines Zeugen nicht nötig.

Die detaillierte Wiedergabe sensibler personenbezogener Daten setzt das Einverständnis des Betroffenen voraus; eine Ausnahme nach Art. 9 Abs. 2 DS-GVO greift nicht ein.[6] Der Notar kann über den vorgeschriebenen Vermerk hinaus weitere Ermittlungen zur Geschäftsfähigkeit der Urkunde beifügen, insbesondere ärztliche Atteste und Gutachten. Eine Verpflichtung hierzu besteht jedoch nicht. 5

Abschnitt 3. Sonstige Beurkundungen

Unterabschnitt 2. Vermerke

§ 39 Einfache Zeugnisse

Bei der Beglaubigung einer Unterschrift oder eines Handzeichens oder der Zeichnung einer Namensunterschrift, bei der Feststellung des Zeitpunktes, zu dem eine Privaturkunde vorgelegt worden ist, bei Bescheinigungen über Eintragungen in öffentlichen Registern, bei der Beglaubigung von Abschriften, Abdrucken, Ablichtungen und dergleichen (Abschriften) und bei sonstigen einfachen Zeugnissen genügt anstelle einer Niederschrift eine Urkunde, die das Zeugnis, die Unterschrift und das Präge- oder Farbdrucksiegel (Siegel) des Notars enthalten muß und Ort und Tag der Ausstellung angeben soll (Vermerk).

§ 40 Beglaubigung einer Unterschrift

(1) **Eine Unterschrift soll nur beglaubigt werden, wenn sie in Gegenwart des Notars vollzogen oder anerkannt wird.**

(2) **Der Notar braucht die Urkunde nur darauf zu prüfen, ob Gründe bestehen, seine Amtstätigkeit zu versagen.**

(3) **[1]Der Beglaubigungsvermerk muß auch die Person bezeichnen, welche die Unterschrift vollzogen oder anerkannt hat. [2]In dem Vermerk soll angegeben werden, ob die Unterschrift vor dem Notar vollzogen oder anerkannt worden ist.**

(4) **§ 10 Absatz 1, 2 und 3 Satz 1 gilt entsprechend.**

(5) **[1]Unterschriften ohne zugehörigen Text soll der Notar nur beglaubigen, wenn dargelegt wird, daß die Beglaubigung vor der Festlegung des Urkundeninhalts benötigt wird. [2]In dem Beglaubigungsvermerk soll angegeben werden, daß bei der Beglaubigung ein durch die Unterschrift gedeckter Text nicht vorhanden war.**

(6) **Die Absätze 1 bis 5 gelten für die Beglaubigung von Handzeichen entsprechend.**

[6] Spindler/Schuster/Spindler/Dalby DS-GVO Art. 9 Rn. 4.

Zu §§ 39 und 40

1 Abweichend von der Regelung des § 36 schafft § 39 die Grundlage, um Tatsachen, Vorgänge und andere Erklärungen als Willenserklärungen durch einen Vermerk zu beurkunden. Hierzu zählt insbesondere die Beglaubigung einer Unterschrift, eines Handzeichens oder der Zeichnung einer Namensunterschrift. Ferner gehören als sonstige Zeugnisse etwa die Satzungsbescheinigung, die Lebendbescheinigung oder die Zustellbescheinigung in den Anwendungsbereich des § 39.

2 Von erheblicher praktischer Relevanz ist die Beglaubigung von Unterschriften. Ist der Beteiligte schreibunkundig können auch eigenhändig gesetzte beliebige Zeichen beglaubigt werden.[1] Der enge Maßstab des § 126 Abs. 1 BGB findet insoweit keine Anwendung, solange ein individueller Namenszug erkennbar ist.[2]

3 Der Notar soll die Unterschrift nur beglaubigen, wenn sie in seiner Gegenwart vollzogen (dh eigenhändig durch den Beteiligten geleistet) oder anerkannt (dh Bekenntnis des Beteiligten zu einer bereits vollzogenen Unterschrift) wird. Im Beglaubigungsvermerk muss der Notar seine Wahrnehmung, sowie der Ort und der Tag der Ausstellung der Urkunde angegeben werden. Der Notar muss auch bei der Beglaubigung einer Unterschrift prüfen, ob Gründe vorliegen die Amtstätigkeit zu versagen (reine Evidenzkontrolle). Dies ist etwa der Fall, wenn das Rechtsgeschäft offensichtlich materiell-rechtlich unwirksam ist, also einer der Beteiligten geschäftsunfähig ist. Außerhalb der offensichtlichen Fälle besteht keine Prüfungspflicht des Notars hinsichtlich der materiellen Wirksamkeit.

4 Der über der Unterschrift des Beteiligten stehende Text kann auch nach Anbringung des Beglaubigungsvermerks durch den Notar von dem Beteiligten jederzeit geändert werden, ohne dass es einer erneuten Beglaubigung durch den Notar bedarf.

5 Für die Beglaubigung einer Unterschrift oder eines Handzeichens durch den Notar fällt nach KV 25100 GNotkG eine 0,2 Gebühr aus dem Gegenstandswert an. Mindestens jedoch eine Gebühr von 20,00 EUR. Die Gebühr ist der Höhe gedeckelt auf 70,00 EUR. Maßgeblich ist die Tabelle B nach § 34 GNotKG. KV 25100 GNotKG erfasst lediglich Beglaubigungen durch den Notar ohne Entwurfsfertigung. Hat der Notar auch die Urkunde entworfen, unter der er die Unterschrift oder das Handzeichen beglaubigt, so steht ihm hierfür die Entwurfsgebühr nach KV 24100 ff. GNotKG zu. Daneben fällt keine Beglaubigungsgebühr an für die erstmalige Beglaubigung an ein und demselben Tag.[3] Die Vorbemerkung 2.4.1 Abs. 3 GNotKG stellt ausdrücklich klar, dass die Entwurfsgebühr auch bei Überprüfung, Änderung oder Ergänzung eines Fremdentwurfs bzw. auch eines mitgebrachten Entwurfs einer Vorsorgevollmacht ausgelöst wird. Nach der Gesetzesbegründung soll der möglicherweise geringere Aufwand im Vergleich zur vollständigen Fertigung eines Entwurfs durch Ansatz einer geringeren Gebühr innerhalb des Rahmens der KV 24100–24103 berücksichtigt werden.[4]

---

[1] BeckOGK/Theilig, 1.2.2022, BeurkG § 39 Rn. 7.

[2] Winkler BeurkG § 40 Rn. 23, 25; BeckOGK/Theilig, 1.2.2022, BeurkG § 40 Rn. 19.

[3] BeckOK KostR/Berger, 37. Ed. 1.1.2022, GNotKG KV 25100 Rn. 7.

[4] BT-Drs. 17/11471, 229.

Abschnitt 4 Behandlung der Urkunden

§ 51 Recht auf Ausfertigungen, Abschriften und Einsicht

(1) **Ausfertigungen können verlangen**

1. bei Niederschriften über Willenserklärungen jeder, der eine Erklärung im eigenen Namen abgegeben hat oder in dessen Namen eine Erklärung abgegeben worden ist,

2. bei anderen Niederschriften jeder, der die Aufnahme der Urkunde beantragt hat,

sowie die Rechtsnachfolger dieser Personen.

(2) **Die in Absatz 1 genannten Personen können gemeinsam in der Niederschrift oder durch besondere Erklärung gegenüber der zuständigen Stelle etwas anderes bestimmen.**

(3) **Wer Ausfertigungen verlangen kann, ist auch berechtigt, einfache oder beglaubigte Abschriften zu verlangen und die Urschrift einzusehen.**

(4) **Mitteilungspflichten, die auf Grund von Rechtsvorschriften gegenüber Gerichten oder Behörden bestehen, sowie das Recht auf Zugang zu Forschungszwecken nach § 18a der Bundesnotarordnung bleiben unberührt.**

Die notarielle Ausfertigung ersetzt die Urschrift einer Urkunde im Rechtsverkehr. **1** Aufgrund der Möglichkeit mehrere Ausfertigungen zu erteilen, kann die Ausfertigung flexibler und umfassender eingesetzt werden, als es die Urschrift könnte. Der Erhalt von Ausfertigungen und Abschriften wird in § 51 beurkundungsverfahrensrechtlich konkretisiert. Das Recht eine Ausfertigung oder Abschrift zu erhalten ist zur Wahrung der notariellen Verschwiegenheit eng begrenzt. Es handelt sich insoweit um eine gebundene Entscheidung des Notars; ihm steht bei der Erteilung von Ausfertigungen und Abschriften kein Ermessen zu.

Ausfertigungen und Abschriften sind nach § 51 Abs. 1 Nr. 1 denjenigen zu ertei- **2** len, die eine Erklärung in der Urkunde im eigenen Namen abgegeben haben. Gleiches gilt für diejenigen in deren Namen die Erklärung abgegeben wurde. Dies gilt auch für den Rechtsnachfolger des Berechtigten. An andere, etwa auch bei der Beurkundung anwesende Personen, können Ausfertigungen und Abschriften nicht erteilt werden.[1] Dies hat zur Folge, dass dem Bevollmächtigten in einer (Vorsorge-) Vollmacht grds. keine Ausfertigungen und Abschriften erteilt werden können.

Bei (Vorsorge-) Vollmachten ist jedoch dringend zu empfehlen von der Regelung **3** des § 51 Abs. 2 Gebrauch zu machen und in der Niederschrift bzw. durch gesonderte Erklärung gegenüber dem Notar zu bestimmen, dass dem Bevollmächtigten (weitere) Ausfertigungen erteilt werden können. Die Anweisung an den Notar kann auch formlos erfolgen.[2] Enthält die Urkunde keine abweichenden Bestimmungen iSd § 51 Abs. 2 bzw. wurde eine solche Erklärung auch nicht in sonstiger Weise gegenüber dem Notar abgegeben, verbleibt es bei der Regelung in § 51 Abs. 1 und der Bevollmächtigte kann keine (weiteren) Ausfertigungen verlangen. Die Ermächtigung (weitere) Ausfertigungen und Abschriften zu fordern kann vom Vollmachtgeber jederzeit widerrufen werden. Der Widerruf sollte immer dem Notar mitgeteilt werden, wenn die (Vorsorge-)Vollmacht gegenüber dem Bevollmächtigten widerrufen wurde. Zu beachten ist jedoch, dass der Berechtigte bei einem Antrag nach § 51 vertreten werden kann. Insofern können etwa an einen General- und Vorsorgebevoll-

[1] OLG München 34 Wx 367/18, DNotZ 2019, 450.

[2] BGH V ZB 41/19, RNotZ 2020, 112.

mächtigten Ausfertigungen und Abschriften, an denen der Berechtigte beteiligt ist, grundsätzlich erteilt werden.[3] Dies gilt nach § 51 Abs. 1 ausdrücklich auch für die Rechtsnachfolger von Berechtigten nach Nr. 1 und Nr. 2.

4 Nach § 49 ist im Ausfertigungsvermerk diejenige Person (Vor- und Nachname) zu bezeichnen, der die Ausfertigung erteilt wird. Nicht hinreichend geklärt ist das Fortbestehen der Vertretungsmacht, wenn sich der Bevollmächtigte im Rechtsverkehr mit einer Ausfertigung legitimiert, welche ihm nicht erteilt wurde. Während das OLG Köln[4] die Vorlage einer Ausfertigung ausreichen lässt, spricht das OLG München der Ausfertigung, die nicht auf den Namen des Verwenders lautet die Tauglichkeit als Rechtsscheinsträger ab[5]. Zur Vermeidung von Missbrauch kann in die notarielle Vollmacht an eine Regelung aufgenommen werden, wonach der Bevollmächtigte nur mit einer auf ihn lautenden Ausfertigung einer Urkunde handlungsfähig ist (Bedingung)[6]. Hierdurch kann ein teilweise Widerruf gegenüber einem von mehreren Bevollmächtigten erreicht werden, ohne, dass die gesamte Vollmacht widerrufen werden muss.

5 Die Ausfertigungs- und Abschriftserteilung ist kostenfrei; entstehende Auslagen sind dem Notar zu erstatten.

6 Sollen Dritte (Gerichte, Ärzte, Krankenhäuser) auf Anforderung eine Abschrift der (Vorsorge-) Vollmacht erhalten können, ist dies ebenfalls ausdrücklich in der Urkunde zu regeln. Beurkundungsverfahrensrechtlich sind die Regelungen des § 51 abschließend. Insbesondere genügt ein auch noch so „berechtigtes Interesse" nicht, um ein Recht nach § 51 zu begründen.[7] Sofern in der Vorsorgevollmacht auch eine Betreuungsverfügung enthalten ist, greift insoweit die Sonderregelung des § 1814 Abs. 2 S. 4 BGB, die Verpflichtung des Notars zur Vorlage der Betreuungsverfügung an das Betreuungsgericht regelt, soweit der Notar Kenntnis von der Einleitung des Betreuungsverfahrens erlangt. Ist die Betreuungsverfügung Teil der (Vorsorge-)Vollmacht so ist dem Betreuungsgericht lediglich eine auszugsweise Abschrift der beim Notar verwahrten Urkunde zu übersenden.

§ 54 Rechtsmittel

(1) **Gegen die Ablehnung der Erteilung der Vollstreckungsklausel oder einer Amtshandlung nach den §§ 45a, 46 und 51 sowie gegen die Ersetzung einer Urschrift ist die Beschwerde gegeben.**

(2) **[1]Für das Beschwerdeverfahren gelten die Vorschriften des Gesetzes über das Verfahren in Familiensachen und in den Angelegenheiten der freiwilligen Gerichtsbarkeit. [2]Über die Beschwerde entscheidet eine Zivilkammer des Landgerichts, in dessen Bezirk die Stelle, gegen die sich die Beschwerde richtet, ihren Sitz hat.**

1 § 54 dient dem effektiven Rechtsschutz bei der Urkundsbehandlung und sichert dadurch die Unparteilichkeit des Notars. Das Beschwerdeverfahren richtet sich nach dem FamFG.

2 Die Beschwerde ist gem. § 64 Abs. 1 FamFG ausschließlich beim Notar einzulegen. Die Beschwerdeschrift kann zur Niederschrift der Geschäftsstelle des Notars oder schriftlich bzw. als elektronisches Dokument eingereicht werden. Die Be-

---

[3] BeckOGK/Regler, 1.5.2022, BeurkG § 51 Rn. 28.

[4] OLG Köln 2 Wx 42/01, RNotZ 2001, 407.

[5] OLG München 24 × 023/08 DNotZ 2008, 844 (845).

[6] Braun NotBZ 2009, 491 (492); DNotI-Report 2012, 85 (87); Mehler/Braun DNotZ 2008, 810 (820); Helms RNotZ 2002, 235 (238); BeckOGK/Regler, 1.5.2022, BeurkG § 47 Rn. 11.

[7] BGH V ZB 42/19, ZEV 2021, 714 ff.; BeckOGK/Regler, 1.5.2022, BeurkG § 51 Rn. 48.

schwerde gegen die Verweigerung der Urkunds- oder sonstigen Amtstätigkeit des Notars ist nicht von der Überschreitung eines Beschwerdewerts abhängig.[1]

Der Notar hat die Beschwerde zu prüfen und dieser, sofern er sie für zulässig und **3**
begründet hält, abzuhelfen, § 68 FamFG. Dabei hat er sämtliche in der Beschwerdeschrift aufgeführten Tatsachen zu berücksichtigen. Hält der Notar die Beschwerde dagegen für unzulässig bzw. unbegründet, hat er sie unverzüglich dem Landgericht als Beschwerdegericht zur Entscheidung vorzulegen. Die rechtliche Beurteilung durch das Beschwerdegericht ist für den Notar bindend. Gegen die Entscheidung des Beschwerdegerichts ist lediglich die Rechtsbeschwerde zum BGH statthaft, § 70 FamFG. Dem Notar steht kein Rechtsmittel zu, da er nicht Verfahrensbeteiligter ist. Ihm können die Kosten des Verfahrens nicht auferlegt werden.

[1] BGH V ZB 67/14, DNotZ 2016, 220.

5. Grundbuchordnung (GBO)

In der Fassung der Bekanntmachung vom 26. Mai 1994
(BGBl. I S. 1114)

Zuletzt geändert durch Art. 16 SanktionsdurchsetzungsG II vom 19. 12. 2022
(BGBl. I S. 2606)

– Auszug –

Zweiter Abschnitt. Eintragungen in das Grundbuch

§ 29 [Nachweis der Eintragungsunterlagen]

(1) **[1]Eine Eintragung soll nur vorgenommen werden, wenn die Eintragungsbewilligung oder die sonstigen zu der Eintragung erforderlichen Erklärungen durch öffentliche oder öffentlich beglaubigte Urkunden nachgewiesen werden. [2]Andere Voraussetzungen der Eintragung bedürfen, soweit sie nicht bei dem Grundbuchamt offenkundig sind, des Nachweises durch öffentliche Urkunden.**

(2) **(weggefallen)**

(3) **[1]Erklärungen oder Ersuchen einer Behörde, auf Grund deren eine Eintragung vorgenommen werden soll, sind zu unterschreiben und mit Siegel oder Stempel zu versehen. [2]Anstelle der Siegelung kann maschinell ein Abdruck des Dienstsiegels eingedruckt oder aufgedruckt werden.**

Dem Grundbuchamt sind im Antragsverfahren nach § 13 sämtliche Unterlagen in öffentlicher oder öffentlich beglaubigter Form einzureichen, soweit nicht die Ausnahmen der §§ 29a–37 GBO greifen.[1] § 29 ist lediglich eine Ordnungsvorschrift. Sie hat keine Auswirkung auf die materielle Wirksamkeit der Erklärung bzw. die materielle Wirksamkeit trotz des Verstoßes gegen § 29 erfolgter Eintragungen.[2] **1**

(Vorsorge-)Vollmachten sind dem Grundbuchamt in öffentlicher oder öffentlich beglaubigter Form nachzuweisen. Dies gilt auch dann, wenn die Vollmacht materiellrechtlich formfrei erteilt werden kann und wirksam ist. Der Nachweis der erteilten Vollmacht gegenüber dem Grundbuchamt erfolgt durch die Vorlage der Vollmacht (unterschriftsbeglaubigt oder öffentlich beurkundet). Ist die Vollmacht im Zusammenhang anderer Geschäfte mit beurkundet worden, ist eine beglaubigte Abschrift dieser Niederschrift vorzulegen.[3] **2**

Im Bereich der (Vorsorge-)Vollmachten genügen der Form des § 29 GBO: **3**
- notariell beurkundete (Vorsorge-)Vollmachten,
- privatschriftliche (Vorsorge-)Vollmachten mit notarieller Unterschriftsbeglaubigung,

---

[1] BeckOK GBO/Otto, 45. Ed. 1.3.2022, GBO § 29 Rn. 11.
[2] BayObLG 2 Z 31/84, Rpfleger 1984, 463 (464).
[3] OLG Köln 2 Wx 33/83, Rpfleger 1984, 182.

- privatschriftliche (Vorsorge-)Vollmachten mit Beglaubigung der Unterschrift durch die Urkundsperson bei der Betreuungsbehörde gemäß § 6 Abs. 2 S. 1 BtBG,[4] (dazu unten → nächste Rn.)
- ausländische öffentliche Urkunden, wenn sie die Voraussetzungen des § 415 ZPO erfüllen[5] sowie
- Urteile mit Rechtskraftvermerk bzw. gerichtliche Vergleich nach § 160 Abs. 3 Nr. 1 ZPO.

4 Der BGH hat in seinem Beschluss vom 12.11.2020 die Beglaubigungsbefugnis der Urkundsperson bei der Betreuungsbehörde auch auf transmortale Vollmachten anerkannt. Er führt in den Leitsätzen aus: „Die Beglaubigung von Unterschriften auf Vorsorgevollmachten durch die Urkundsperson bei der Betreuungsbehörde gemäß § 6 Abs. 2 Satz 1 BtBG (heute: § 7 BtOG) genügt den Anforderungen des § 29 GBO. Eine Vorsorgevollmacht i. S. des § 6 Abs. 2 Satz 1 BtBG liegt auch dann vor, wenn sie im Außenverhältnis unbedingt erteilt worden ist und lediglich im Innenverhältnis nur für den Fall gelten soll, dass der Vollmachtgeber betreuungsbedürftig geworden ist. Die Beglaubigungsbefugnis der Urkundsperson bei der Betreuungsbehörde nach § 6 Abs. 2 Satz 1 BtBG (heute: § 7 BtOG) erstreckt sich auch auf Vorsorgevollmachten, die über den Tod hinaus gültig sein sollen.“ Die Urkundsperson der Betreuungsbehörde ist ausschließlich für die Unterschriftsbeglaubigung einer Vorsorgevollmacht zuständig. Beglaubigt sie die Unterschrift unter privatschriftlichen Erklärungen weitergehenden Inhalts, mag die Vollmacht wirksam sein, die Beglaubigung ist es (wenigstens insoweit) nicht.[6] Zu beachten ist, dass die Wirkung der Beglaubigung durch eine Betreuungsbehörde bei einer Vollmacht mit in Krafttreten des § 7 BtOG mit dem Tod des Vollmachtgebers endet. Die Vollmacht als solche bleibt, soweit sie transmortal erteilt wurde, bestehen; sie erfüllt aber nicht mehr die Form des § 29 GBO. Eine solche zeitliche Beschränkung der Wirkung der Beglaubigung sah der bisherige § 6 Abs. 2 S. 1 BtBG nicht vor.

5 Enthält die (Vorsorge-)Vollmacht Verwendungs- oder Wirksamkeitsbedingungen im Außenverhältnis (zB Geschäfts-, Entscheidungsunfähigkeit oder Betreuungsbedürftigkeit des Vollmachtgebers, Hierarchie mehrerer Bevollmächtigter, …), muss der Eintritt der Bedingung dem Grundbuchamt ebenfalls in der Form des § 29 nachgewiesen werden. Ein ärztliches Attest oder ein vergleichbares fachärztliches Gutachten ist zum Nachweis ungeeignet.[7] Die Verwendung von Bedingungen im Außenverhältnis sollte der unbedingt vermieden werden.[8] Stattdessen sollten Verwendungsanweisungen im Innenverhältnis zwischen Vollmachtgeber und Bevollmächtigten getroffen werden und klargestellt werden, dass die (Vorsorge-)Vollmacht im Außenverhältnis unbedingt und unbeschränkt erteilt worden ist. Anweisungen im Innenverhältnis sind dem Grundbuchamt gegenüber nicht nachzuweisen.

6 Lautet der Ausfertigungsvermerk der vom Vertreter verwendeten Vollmachtsausfertigung ausdrücklich auf einen anderen Bevollmächtigten und auch nicht auf den Geschäftsgegner (§ 167 Abs. 1 BGB), bleibt Anlass zu Zweifeln an der Erteilung oder jedenfalls am Fortbestand der Vollmacht.[9] Sofern die (Vorsorge-)Vollmacht jedoch eine Regelung enthält, wonach die Vollmacht nur wirksam wird, wenn der Bevoll-

---

[4] BGH V ZB 148/19, DNotZ 2021, 710.

[5] OLG Zweibrücken 3 W 246/98, FGPrax 1999, 86.

[6] Otto FGPrax 2021, 49.

[7] OLG Köln 2 Wx 2007, ZEV 2007, 592 mAnm Müller; OLG Koblenz 5 U 1153/06, ZEV 2007, 595 mAnm Müller.

[8] BeckNotar-HdB/Reetz, 7. Aufl. 2019, § 16. Vorsorgevollmacht; Betreuungs- und Patientenverfügung Rn. 52.

[9] OLG Naumburg 12 Wx 28/15, FGPrax 2016, 259 mablAnm Zimmer NotBZ 2017, 197; OLG München 34 Wx 319/12, FGPrax 2013, 60; 34 Wx 023/08, DNotZ 2008, 844 mzustAnm

mächtigte auch im Besitz einer auf ihn lautenden Ausfertigung der Vollmacht ist, dann ist dies eine Wirksamkeitsvoraussetzung für die Vollmacht und ein Handeln mit einer auf einen anderen Bevollmächtigten ausgefertigten Vollmacht ausgeschlossen.

Nach § 21 Abs. 3 BNotO besteht die Möglichkeit, dass der Notar in seiner Urkunde eine Bescheinigung über das Bestehen einer Vorsorgevollmacht aufnimmt. **7** Der Notar hat in seine Bescheinigung aufzunehmen in welcher Form und an welchem Tag ihm die Vollmachtsurkunde vorgelegen hat. Durch die Vertretungsbescheinigung des Notars kann die Vollmacht auch gegenüber dem Grundbuchamt nachgewiesen werden, § 34 GBO. Die (Vorsorge-) Vollmacht muss in diesem Fall nicht in beglaubigter Abschrift zur Grundakte eingereicht werden.

Zum Nachweis der Erbfolge erhält § 35 Abs. 1 GBO eine Erleichterung insoweit **8** als der Nachweis der Erbfolge auch durch die in öffentlicher Urkunde enthaltene letztwillige Verfügung (dh notarielles Testament oder Erbvertrag) erfolgen, wenn diese vom Nachlassgericht eröffnet und die Eröffnung nachgewiesen ist.

§ 40 [Ausnahme von der Voreintragung]

(1) **Ist die Person, deren Recht durch eine Eintragung betroffen wird, Erbe des eingetragenen Berechtigten, so ist die Vorschrift des § 39 Abs. 1 nicht anzuwenden, wenn die Übertragung oder die Aufhebung des Rechts eingetragen werden soll oder wenn der Eintragungsantrag durch die Bewilligung des Erblassers oder eines Nachlaßpflegers oder durch einen gegen den Erblasser oder den Nachlaßpfleger vollstreckbaren Titel begründet wird.**

(2) **Das gleiche gilt für eine Eintragung auf Grund der Bewilligung eines Testamentsvollstreckers oder auf Grund eines gegen diesen vollstreckbaren Titels, sofern die Bewilligung oder der Titel gegen den Erben wirksam ist.**

§ 39 sieht vor, dass eine Eintragung in das Grundbuch nur erfolgen soll, wenn die **1** Person, deren Recht durch die Eintragung betroffen wird, als Berechtigter im Grundbuch eingetragen ist. Für den Fall der Erbfolge sieht § 40 hier eine Ausnahme vor, die es ermöglicht, vom Voreintragungsgrundsatz abzuweichen. Erfolgt keine Voreintragung der Erben wird kein Gutglaubensschutz begründet.

Die Voreintragung des Berechtigten ist entsprechend § 40 I GBO entbehrlich, **2** wenn ein Bevollmächtigter aufgrund einer von dem noch als Eigentümer eingetragenen Erblasser erteilten transmortalen (Vorsorge-) Vollmacht nach dem Ableben des Vollmachtgebers Eintragungen vornimmt.[1] Eine post- oder transmortale Vollmacht kann auch dann eingesetzt werden, wenn die Erben bekannt sind.

Mehler/Braun DNotZ 2008, 810; Waldner Rpfleger 2002, 198; Helms RNotZ 2002, 235; ausf. Gutachten DNotI-Report 2012, 85; aA OLG Köln 2 Wx 42/01, Rpfleger 2002, 197.

[1] OLG Celle 18 W 33/19, ZEV 2019, 712; OLG Köln 2 Wx 123/18, FGPrax 2018, 106; OLG Stuttgart 8 W 311/18, NJOZ 2019, 947; OLG Frankfurt a. M. 20 W 179/17, BeckRS 2017, 127778; KG 1 W 1357/20, BeckRS 2020, 29779 aA. OLG Bremen 3 W 22.21, NJW-RR 2022, 454.

6. Betreuungsorganisationsgesetz (BtOG)

Vom 4.5.2021 (BGBl I S. 882)

Zuletzt geändert durch Art. 6, 7 G zur Durchführung der EU-Verordnungen über grenzüberschreitende Zustellungen und grenzüberschreitende Beweisaufnahmen in Zivil- oder Handelssachen sowie zur Änd. sonstiger Vorschriften vom 24.6.2022 (BGBl. I S. 959)

– Auszug –

Abschnitt 1. Betreuungsbehörde

Titel 2. Aufgaben der örtlichen Behörde

§ 5 Informations- und Beratungspflichten

(1) **Die Behörde informiert und berät über allgemeine betreuungsrechtliche Fragen, über Vorsorgevollmachten und über andere Hilfen, bei denen kein gesetzlicher Vertreter bestellt wird.**

(2) **[1]Die Behörde berät und unterstützt Betreuer und Bevollmächtigte auf deren Wunsch bei der Wahrnehmung von deren Aufgaben. [2]Sie unterstützt ehrenamtliche Betreuer beim Abschluss einer Vereinbarung über eine Begleitung und Unterstützung nach § 15 Absatz 1 Satz 1 Nummer 4 mit einem gemäß § 14 anerkannten Betreuungsverein. [3]Die Behörde hat die Begleitung und Unterstützung des ehrenamtlichen Betreuers mittels einer Vereinbarung nach § 15 Absatz 1 Satz 1 Nummer 4 und Absatz 2 selbst zu gewährleisten, wenn in ihrem Zuständigkeitsbereich kein anerkannter Betreuungsverein zur Verfügung steht.**

I. Rechtsnatur

Das Betreuungsorganisationsgesetz (BtOG), das am 1.1.2023 das bisherige Betreuungsbehördengesetz (BtBG) abgelöst und mit zusätzlichen Regelungen versehen hat, ist eine Zusammenfassung aller öffentlich-rechtlicher Bestimmungen, die im Zusammenhang mit der rechtlichen Betreuung als Randmaterie zusätzlich zu regeln waren[1]. 1

II. Definition der Betreuungsbehörde

Mit Behörde im Sinne der §§ 5 ff. BtOG ist die örtliche Betreuungsbehörde nach § 2 Abs. 1 BtOG gemeint. Bei welcher Trägerkörperschaft die Behörde errichtet ist, bestimmt das jeweilige Landesausführungsgesetz zum Betreuungsrecht.[2] In der Regel sind die Landkreise und kreisfreien Städte örtliche Betreuungsbehörde. Der Haupt- 2

[1] BT-Drs. 19/24445, 341.

[2] Abgedruckt zB in HKBUR, Ordner 6 (Landesrecht).

verwaltungsbeamte (Landrat, Oberbürgermeister, Magistrat) hat kraft kommunaler Organisationseinheit die betreuungsbehördlichen Aufgaben oft in einer Organisationseinheit (Abteilung, Sachgebiet) konzentriert, zB beim Gesundheits- oder Sozialamt. Oft nennt dieser Bereich sich „Betreuungsstelle".

III. Rechtsinformation durch Behörde, Abs. 1

3 § 5 Abs. 1 BtOG enthält die Plicht der Behörde zur rechtlichen Information über mehrere Rechtsgebiete. Diese erfolgen meist mit Broschüren, Flugblättern, Internetinformationen, allgemeinen Informationsveranstaltungen, zT auch in Kooperation mit anderen kommunalen und privaten Organisationen. Die Bestimmung fand sich vor 2023 in § 4 Abs. 1 und 3 BtBG[3]. Eine korrespondierende Pflicht des anerkannten Betreuungsvereins findet sich in § 15 Abs. 1 Nr. 1 BtOG (→ Rn. 7).

4 Hierbei geht es zum einen um eine Aufklärung über den Rechtscharakter der rechtlichen Betreuung, ihre Anordnung, die Pflichten des Betreuers, aber auch die Betreuungsvermeidung, insbes. durch eine Vorsorgevollmacht oder komplementäre soziale Dienste, wie die Eingliederungshilfe (insbes. § 106 SGB IX), aber auch das Krankenhausentlassungsmanagement (§ 39 Abs. 1a SGB V) und die Beratungsangebote der Sozialleistungsträger (§ 14 SGB I). Dabei sollen die Betreuungsbehörden mit Sozialleistungsträgern kooperieren (§ 17 Abs. 4 SGB I).

5 Über die allgemeinen Informationen hinaus hat der Ratsuchende allerdings auch Anspruch auf konkrete Rechtsberatung zu den vorgenannten Fragen (§ 2 Abs. 1 RDG, also die Aufklärung über die Rechtslage bei konkreten Sachverhalten). Auf Seiten der Behörde stellt das eine qualifizierte Aufgabenstellung dar, die in der Regel nur Beschäftigten mit einer Ausbildung für den gehobenen Dienst (Beamtenlaufbahngruppe 2; Bachelor of laws) oder vergleichbarer Angestelltenausbildung (Verwaltungsfachwirt, Sozialarbeiter) zugetraut werden kann.

6 Normadressaten sind alle ratsuchenden Bürger; eine Betreuungsbedürftigkeit im Sinne des § 1814 BGB muss dafür nicht vorliegen. Soweit auf Rechtsansprüche hingewiesen wird, ist die Behörde nach § 8 Abs. 1 Nr. 2 RDG zu den Hinweisen darauf berechtigt. Die Rechtsnatur der Information ist schlichtes Verwaltungshandeln; es liegt kein Verwaltungsakt (§§ 35 ff. VwVfG) vor.

IV. Rechtsberatung durch Behörde, Abs. 2

7 In § 5 Abs. 2 S. 1 BtOG wird das Verhältnis der Behörde zu einem speziellen Personenkreis, den rechtlichen Betreuern (ehrenamtlich oder beruflich im Sinne des § 19 BtOG) und Vollmachtnehmern, konkretisiert. Obwohl es bei den Letztgenannten in der Regel um Personen gehen dürfte, die eine der bekannten Vorsorgevollmachten (im Sinne der von den Justizministern herausgegebenen Vordrucke) besitzen, ist die Beratungs- und Unterstützungspflicht nicht auf diesen Kreis beschränkt. Aber jedenfalls wird sich die ratsuchende Person entweder mit dem Betreuerausweis (§ 290 FamFG) oder der Vollmachturkunde legitimieren müssen.

8 Bei der Beratung im Sinne des Absatzes 2 wird es insbesondere um den Status des Betreuers oder Bevollmächtigten im Rechtsverkehr (gegenüber Vertragspartnern, Behörden, Gerichten, Ärzten etc.), eingedenk ergänzender Fragen gehen, wie der Geschäftsfähigkeit (§ 104 BGB), des Einwilligungsvorbehaltes (§ 1825 BGB) oder der Einwilligungsfähigkeit (§§ 630d, 1827 BGB) der vertretenen Person, deren (auch früher) geäußerte Wünsche und ihrer Verbindlichkeit für die Vertretungsperson, ins-

[3] Vgl. Deinert/Walther, Handbuch Betreuungsbehörde, S. 37.

besondere auch bei Widerspruch zum objektiven Wohl des Betroffenen.[4] Hier hat die Betreuungsrechtsreform 2023 durch den neuen, an Art. 12 Abs. 4 UN-BRK orientierten § 1821 BGB neue Akzente in Bezug auf die Gewichtung gesetzt.

Im Weiteren wird es um die Rolle der Vertretungsperson gegenüber Gerichten, insbes. dem Betreuungsgericht (§ 23c GVG) gehen, zB in Bezug auf Berichts- und Genehmigungspflichten. **9**

Die Beratung über Rechtsansprüche der vertretenen Person (speziell gegenüber Sozialleistungsträgern, Versicherungen, Vertragspartnern usw.) gehört nicht in den Beratungskanon der Betreuungsbehörde. Diese kann – auch als Kapazitäts- und Kompetenzgründen – keine umfassende Rechtsberatung bieten; dafür ist auf die Anwaltschaft, die Rechtsberatung für Mittellose im Rahmen des Beratungshilfegesetzes, die Beratung durch Sozialleistungsträger (§ 14 SGB I) zu verweisen. **10**

Im Falle von Falschberatungen, sofern diese auf Seiten des ratsuchenden Bürgers zu Schadenstatbeständen führen, ist nach § 839 BGB iVm Art. 34 GG Amtshaftung gegeben. Es besteht hier der Zivilrechtsweg. Sachlich zuständig ist gemäß § 71 Abs. 2 Nr. 2 GVG in erster Instanz unabhängig vom Streitwert das Landgericht, es besteht also Anwaltszwang für den Kläger (§ 78 ZPO). **11**

V. Unterstützung durch Behörde

Soweit eine berechtigte Person Unterstützung verlangt, handelt es sich dabei um konkrete Hilfestellungen außerhalb der Beratung.[5] Es kann dabei um die Beschaffung von Adressen externer Ansprechpartner gehen, das Besorgen von Formularvordrucken, aber auch die Unterstützung von Betreuern bei der Erstellung des Vermögensverzeichnisses (§ 1835 BGB) sowie von Betreuern und Bevollmächtigten bei der Zuführung zur Unterbringung und der Verbringung zur stationären ärztlichen Zwangsmaßnahme (§ 326 FamFG). **12**

Für Maßnahmen nach § 326 FamFG benötigt die Behörde einen gerichtlichen Gewaltanwendungsbeschluss. Dieser ist nicht von der Behörde selbst einzuholen, sondern vom Berechtigten gemeinsam mit dem Antrag nach §§ 1831 oder 1832 BGB zu beantragen. Die Behörde ihrerseits kann um polizeiliche Vollzugshilfe nach den Polizeigesetzen der Länder ersuchen (zB §§ 47 PolG NRW). **13**

VI. Kooperationsvereinbarung

§ 5 Abs. 2 S. 2 verpflichtet die Behörde, dem ehrenamtlichen Betreuer (§ 19 Abs. 1 BtOG) beim Zugang zu einem Betreuungsverein und der Kooperationsvereinbarung nach § 15 BtOG behilflich zu sein.[6] Dazu kann es gehören, Namen und Adresse von geeigneten Ansprechpartnern des Vereins zu nennen und dem Verein die personenbezogenen Daten des Betreuers zu übermitteln (§ 10 BtOG). Soweit im Bezirk der Betreuungsbehörde (§ 2 Abs. 1 BtOG) kein anerkannter Betreuungsverein (§ 14 BtOG) vorhanden ist, hat die Behörde selbst dem Betreuer ein Kooperationsangebot zu unterbreiten (§ 5 Abs. 2 S. 3). Dieses hat zum Ziel, die Unterstützung des Betreuers systematisch zu gestalten. **14**

Korrespondierende Pflichten des Betreuungsvereins zu § 5 Abs. 2 (aber ohne die in § 1835 BGB und § 326 FamFG genannten Maßnahmen) finden sich in § 15 Abs. 1 Nr. 3 und 5 BtOG (siehe unten). **15**

---

[4] Deinert/Walther, Handbuch Betreuungsbehörde, S. 93.
[5] Deinert/Walther, Handbuch Betreuungsbehörde, S. 94 ff.
[6] BT-Drs. 19/24445, 348.

§ 6 Förderungsaufgaben

(1) Die Behörde sorgt dafür, dass in ihrem Zuständigkeitsbereich ein ausreichendes Angebot zur Einführung der Betreuer und der Bevollmächtigten in ihre Aufgaben und zu ihrer Fortbildung vorhanden ist.

(2) Die Behörde regt die Tätigkeit einzelner Personen sowie von gemeinnützigen und freien Organisationen zugunsten Betreuungsbedürftiger an und fördert diese.

(3) Die Behörde fördert die Aufklärung und Beratung über Vorsorgevollmachten, Betreuungsverfügungen und Patientenverfügungen.

I. Rechtsnatur

1 In § 6 BtOG (vormals in § 5 und § 6 Abs. 1 BtBG) sind behördliche Pflichten zusammengefasst, die sich nicht direkt an Ratsuchende richten. Vielmehr soll die Betreuungsbehörde auch für eine örtliche Infrastruktur sorgen, damit Betreuer und Bevollmächtigte nicht nur im Einzelfall beraten, sondern auch systematisch aus- und fortgebildet werden können.[1]

II. Inhalt des Absatzes 1

2 Die Betreuungsbehörde soll im Auge behalten, inwieweit andere Stellen (zB Betreuungsvereine nach § 15 BtOG) Angebote im Sinne dieses Absatzes anbieten. Auch können die in Absatz 1 genannten Maßnahmen von der Behörde selbst, aber auch durch oder gemeinsam mit Kooperationspartnern wie der Volkshochschule oder Familienbildungsstätten durchgeführt werden. Die Behörde hat beim Fehlen anderweitiger Angebote einen Sicherstellungsauftrag, der allerdings vom Gesetz nicht quantifiziert wird.

III. Inhalt des Absatzes 2

3 Hierzu soll die Behörde andere Personen, vor allem Organisationen fördern; Adressaten dürften insbes. anerkannte Betreuungsvereine (§ 14 BtOG) sein. Gedacht ist insbesondere an eine finanzielle Förderung; zT verlangen die Landesförderrichtlinien für Betreuungsvereine sogar eine kommunale Beteiligung. Es kann aber auch sein, dass Sachmittel (zB Räumlichkeiten, PC-Ausstattung) oder sogar kommunales Personal, zB über eine Gestellung nach dem TVöD bereit gestellt wird.

IV. Inhalt des Absatzes 3

4 Die in Absatz 3 genannten Maßnahmen betreffen unterschiedliche Personenkreise. Adressaten können Ratsuchende sein, die für sich selbst oder Angehörige eine oder mehrere der genannten Vorsorgemaßnahmen betreiben wollen und insofern eine über die allgemeine Information hinausgehende (Rechts-) Beratung benötigen. Hier geht es in der Regel um grundlegende Informationen und darüber hinaus um die Vermittlung zu Angehörigen rechtsberatender Berufe. Bei Patientenverfügungen wird darüber hinaus auch medizinischer Rat benötigt, den die Behörde nicht selbst leisten,

[1] Deinert/Walther, Handbuch Betreuungsbehörde, S. 38.

aber ggf. durch Benennung konkreter Ansprechpartner vermitteln kann. In der Praxis wird Absatz 3 oft nur durch Informationsabende mit externen Dozenten zu erfüllen sein. Eine bestimmte Quantität solcher Maßnahmen sieht § 6 BtOG nicht vor.

§ 7 Öffentliche Beglaubigung; Verordnungsermächtigung

(1) **[1]Die Urkundsperson bei der Behörde ist befugt, Unterschriften oder Handzeichen auf Betreuungsverfügungen und auf Vollmachten, soweit sie von natürlichen Personen erteilt werden, öffentlich zu beglaubigen. [2]Die Wirkung der Beglaubigung endet bei einer Vollmacht mit dem Tod des Vollmachtgebers. [3]Die Zuständigkeit der Notare, anderer Personen oder sonstiger Stellen für öffentliche Beurkundungen und Beglaubigungen bleibt unberührt. [4]Die Behörde soll auf die Möglichkeit der Registrierung bei dem Zentralen Vorsorgeregister nach § 78a Absatz 2 der Bundesnotarordnung hinweisen, wenn sie eine Vollmacht oder eine Betreuungsverfügung nach Satz 1 beglaubigt hat.**

(2) **[1]Die Urkundsperson bei der Behörde darf die Beglaubigung einer Vollmacht nach Absatz 1 Satz 1 nur vornehmen, wenn diese zu dem Zweck erteilt wird, die Bestellung eines Betreuers zu vermeiden. [2]Sie darf eine Beglaubigung nicht vornehmen:**

von Unterschriften oder Handzeichen ohne dazugehörigen Text oder

wenn ihr in der betreffenden Angelegenheit die Vertretung eines Beteiligten obliegt.

(3) **[1]Die Behörde hat geeignete Beamte und Angestellte zur Wahrnehmung der Aufgaben nach Absatz 1 Satz 1 zu ermächtigen. [2]Die Länder können Näheres hinsichtlich der fachlichen Anforderungen an diese Personen regeln.**

(4) **[1]Für jede Beglaubigung nach Absatz 1 Satz 1 wird eine Gebühr in Höhe von 10 Euro erhoben. [2]Auslagen werden gesondert nicht erhoben. [3]Aus Gründen der Billigkeit kann von der Erhebung der Gebühr im Einzelfall abgesehen werden.**

(5) **[1]Die Landesregierungen werden ermächtigt, durch Rechtsverordnung die Gebühren und Auslagen für die Beglaubigung abweichend von Absatz 4 zu regeln. [2]Die Landesregierungen können die Ermächtigung nach Satz 1 durch Rechtsverordnung auf die Landesjustizverwaltungen übertragen.**

I. Normzweck und Rechtsnatur

§ 7 BtOG ersetzt den bisherigen § 6 Abs. 2 bis 6 BtBG. Dieser war im Rahmen des 2. BtÄndG zum 1. 7. 2005 neu in das damalige BtBG aufgenommen worden. Er sollte es den neu etablierten Urkundspersonen der Betreuungsbehörde erlauben, Unterschriften und Handzeichen unter Vorsorgevollmachten und Betreuungsverfügungen zu beglaubigen, die insofern neben die Notare und einige andere nach landesrechtlichen Bestimmungen ermächtigte Urkundspersonen treten. 1

Die örtliche Zuständigkeit ergibt sich aus § 2 Abs. 3 BtOG. Hiernach ist für Beglaubigungen die Urkundsperson jeder Betreuungsbehörde zuständig. Dies bedeutet, dass jeder Bürger bei jeder Betreuungsbehörde die öffentliche Beglaubigung veranlassen kann. Vor allem bei vorübergehenden Krankenhausaufenthalten außerhalb des Wohnsitzes, bei denen ein gewöhnlicher Aufenthalt nicht begründet wird, erleichtert dies somit die Beglaubigung von Dokumenten, vor allem in einer Lebenssituation, die diese besonders dringlich erscheinen lassen. 2

II. öffentliche Beglaubigung, Beglaubigungswirkung

3 § 7 Abs. 1 BtOG gestattet (wie zuvor seit dem 1.7.2005 die Vorgängerregelung in § 6 Abs. 2 BtBG) die öffentliche Beglaubigung von Unterschriften und Handzeichen nach §§ 39, 40 BeurkG. Es handelt sich um eine nach § 1 Abs. 2 BeurkG zulässige andere beurkundende Tätigkeit. Zuvor war diese anderen Personen als Notaren nur im Rahmen einiger landesrechtlicher Regelungen (nach § 68 BeurkG) übertragen worden, zB den hess. Ortsgerichtsvorstehern oder kommunalen Mitarbeitern in Rheinland-Pfalz.

4 Problematisch war anfangs nach dem 1.7.2005 die Frage des Rechtscharakters der Beglaubigung, denn in der Ursprungsfassung des § 6 Abs. 2 BtBG fehlte das Attribut „öffentlich".[1] Es wurde durch Gesetz vom 6.7.2009[2] mit Wirkung vom 1.9.2009 eingefügt, wobei nach der Gesetzesbegründung das Fehlen des Attributes als Redaktionsversehen bezeichnet wurde. Hierdurch wurde klargestellt, dass die Form des § 126 Abs. 1, 2. Alternative sowie des § 129 BGB erfüllt wird.

5 Zu Streitigkeiten führte auch die Dokumentenbezeichnung, da es – auch weiterhin – keine für den Rechtsverkehr verbindliche Legaldefinition der Vorsorgevollmacht gibt; § 51 Abs. 3 ZPO gilt nur für gerichtliche Verfahren. Insbesondere im Bereich der Grundbuchänderung, die ein Bevollmächtigter im Rahmen einer derart beglaubigten Vollmacht initiierte, kam es regelmäßig zu Streitigkeiten über die Rechtsnatur der Beglaubigung: Bestätigt wurde deren Wirksamkeit durch mehrere OLG[3], abgelehnt vom OLG Köln[4] im Rahmen einer Vollmacht, die über die Tod des Vollmachtgebers hinaus wirksam sein sollte. Dieser Fall führte zu einem Beschluss des BGH.[5] Dieser bestätigte die Berechtigung der Urkundsperson der Betreuungsbehörde, auch über den Tod hinauswirkende Vollmachten öffentlich zu beglaubigen.

6 Der Regierungsentwurf des BtOG[6] konnte aus zeitlichen Gründen die neue BGH-Rechtsprechung noch nicht berücksichtigen. Anstelle der bisherigen Formulierung der „Vorsorgevollmacht" spricht das BtOG nur noch von Vollmachten natürlicher Personen. Die Dokumente müssen weder mit „Vorsorgevollmacht" betitelt werden noch ist eine Bedingung zum Wirksamwerden der Vollmachterteilung nötig. Allerdings ist durch § 7 Abs. 1 Satz 2 eine Beschränkung der Beglaubigungswirkung auf die Lebenszeit des Vollmachtgebers aufgenommen worden. Hierdurch war – ohne Kenntnis des nachfolgenden BGH-Beschlusses die Rechtsprechung des OLG Köln aufgenommen worden. Dies führt insbes. bei Grundbuchänderungen nach § 29 GBO dazu, dass von Amts wegen zu ermitteln ist, ob der Vollmachtgeber noch lebt.

7 Hierzu wurde im Rahmen der „Reparaturnovelle"[7] eine Übergangsbestimmung in dem neuen § 34 BtOG aufgenommen, die die Beglaubigungswirkung nur für Beglaubigungen ab dem 1.1.2023 beschränkt. Der Bundesrat hatte vorgeschlagen, die Begrenzung der Beglaubigungswirkung gänzlich zu streichen; dem wiederum wider-

---

[1] Deinert/Walther, Handbuch Betreuungsbehörde, S. 59.

[2] BGBl. I S. 1696.

[3] OLG Dresden, ZEV 2012, 378; OLG Frankfurt a. M. 20 W 399/10, FamRZ 2012, 1670 = FGPrax 2011, 58 = ZEV 2012, 30; OLG Karlsruhe – 11 Wx 71/15, FamRZ 2016, 577; OLG München – 34 Wx 265/14, FamRZ 2014, 1942; OLG Naumburg – 12 Wx 45/13, FGPrax 2014, 109.

[4] OLG Köln – 2 Wx 327/19. FGPrax 2019, 255.

[5] BGH Beschl. v. 12.11.2020 – V ZB 148/19, FamRZ 2021, 789 = FGPrax 2021, 49.

[6] BT-Drs. 19/24445 v 23.9.2020.

[7] Gesetzesentwurf BT-Drs. 20/1110.

spricht die Bundesregierung, da in diesem Fall betreuungs- und nachlassrechtliche Zuständigkeiten vermischt würden.[8]

Mit der Endfassung tritt nunmehr ab 1.1.2023 eine Spaltung der Beglaubigungs- **8** wirkung der Betreuungsbehörde ein. Beglaubigungsvermerke, die vor dem 1.1.2023 (nach dem alten § 6 Abs. 2 BtBG) erfolgt sind, wirken auch für die Zeit nach dem Tod des Vollmachtgebers weiter, jedenfalls wenn der Vollmachtstext selbst eine postmortale Wirkung vorsieht. Beglaubigungen ab dem 1.1.2023 wiederum verlieren mit dem Tod des Vollmachtgebers ihre Wirkung (also die Einhaltung der Schriftform bei Handzeichen sowie die öff. Beglaubigungswirkung, zB für Erklärungen ggü dem Grundbuchamt), und zwar auch, wenn die Vollmachturkunde selbst ausdrücklich nach dem Tod wirksam bleiben soll.

III. Intention des Vollmachtgebers, Beglaubigungsverbote

Auch wenn, anders als in § 6 Abs. 2 BtBG, nicht mehr die Rede von „Vorsorge"vollmacht ist, soll doch die Beglaubigung durch die Betreuungsbehörde in erster Linie die Anordnung rechtlicher Betreuungen vermeiden. Daher hat die Urkundsperson den Vollmachtgeber vor der Beglaubigung nach dessen Intention bei der Vollmachterteilung zu befragen (§ 7 Abs. 2 BtOG). Soweit zumindest eine davon die Vermeidung einer rechtlichen Betreuung ist, darf die Urkundsperson die Beglaubigung vornehmen, anderenfalls wäre die Beglaubigung abzulehnen und der Vollmachtgeber auf die Möglichkeit der notariellen Beglaubigung zu verweisen. Ein Verstoß der Behörde dagegen wäre allerdings ausschließlich eine Amtspflichtverletzung, hätte aber nicht die Unwirksamkeit der Beglaubigungswirkung zur Folge.[9] **9**

Die Ablehnung ist anders als die Beglaubigung, die schlichtes Verwaltungshandeln **10** darstellt, ein belastender Verwaltungsakt nach §§ 35 ff. VwVfG bzw. dessen inhaltsgleichen Landesregelungen.

Da die Motive zur Vollmachterteilung nicht nach außen hin dokumentiert werden **11** müssen, spielt sich die Bewertung, soweit es zu einer Beglaubigung kommt, ohne Beteiligung anderer Stellen ab; insbes. steht es dem Grundbuchamt anlässlich einer Grundbuchänderung nach § 29 GBO nicht zu, dieses in Zweifel zu ziehen.

Abs. 2 enthält außerdem Tätigkeitsverbote; zum einen bei Dokumenten ohne **12** Text; zum weiteren dann, wenn einer der Beteiligten durch die Urkundsperson selbst vertreten wird; hierunter wird, da es sich bei einer Vollmachterteilung in aller Regel um einen Volljährigen handelt, insbes. eine gesetzliche Vertretung im Rahmen einer rechtlichen Betreuung (§ 1823 BGB) oder im Rahmen einer bereits erteilten Vollmacht (§ 164 BGB) handeln. Die Urkundsperson darf also Vollmachten, in denen sie selbst als Vollmachtnehmer fungiert, nicht beglaubigen. Die Bestimmung ist dabei enger gefasst als § 20 VwVfG bzw. dessen landesrechtliche Pendants, die aber hier keine Anwendung findet.

IV. Bestellung von Urkundspersonen

Die Betreuungsbehörde hat zwingend Personen, die im Beamten- oder Angestell- **13** tenverhältnis stehen, mit der Wahrnehmung der Aufgaben als Urkundsperson zu beauftragen (§ 7 Abs. 3 BtOG). Es reicht nicht aus, dass die Beglaubigung sich aus dem Geschäftsverteilungsplan ergibt; vielmehr ist die Aufgabe förmlich zu übertragen, idR durch den Leiter der Verwaltung (meist Landrat oder Oberbürgermeister) oder

---

[8] Zu den beiden Letzteren BT-Drs. 20/1416.

[9] BT-Drs. 19/24445, S. 493.

eine von ihm mit der Vertretung beauftragte Person. Einher geht mit der Aufgabenübertragung das Recht, für die Beglaubigungsvermerke das Dienstsiegel zu führen. Nur durch das Beidrücken des Dienstsiegels wird der Rechtscharakter der öffentlichen Beglaubigung gesichert. Das Recht der Gemeinde bzw. des Landkreises, ein Dienstsiegel zu führen, ergibt sich aus der jeweiligen Gemeinde- bzw. Kreisordnung des Bundeslandes, zB § 14 GO NRW.

14 Da die Aufgabe der Beglaubigung eine selbstständige weisungsungebundene Tätigkeit ist, wird in der Regel davon auszugehen sein, dass die zu bestellenden Personen zum Kreis der Beamten des gehobenen Dienstes (jetzt zT Laufbahngruppe 2 genannt) oder entsprechend eingestuften Angestellten (meist mit der Qualifikation Verwaltungsfachwirt) gehören. Die Länder können Einzelheiten zur Qualifikation regeln. Dies ist bislang nicht erfolgt.[10]

V. Gebühren

15 Für die Beglaubigung einer einzelnen Unterschrift oder eines einzelnen Handzeichens ist als Verwaltungsgebühr die Summe von 10 EUR vorgesehen, ohne dass zusätzliche Auslagen in Rechnung gestellt werden dürfen (§ 7 Abs. 4). Damit liegt die Gebühr, deren Höhe seit 1.7.2005 unverändert ist, deutlich unter dem Gebührenrahmen für die Unterschriftsbeglaubigung von Notaren nach § 39 BeurkG; dieser liegt zwischen 20 und 70 EUR zuzgl. MwSt. (§ 121 GNotKG[11]). Die Beglaubigungsgebühr fällt pro zu beglaubigender Unterschrift bzw. Handzeichen an.

16 Die zT auf Vordrucken für Vollmachten zu findende Unterschrift des Vollmachtnehmers ist nicht Bestandteil der Vollmachturkunde, sondern dient nur der Absicherung, dass sich der Vollmachtnehmer mit der Vollmacht einverstanden erklärt hat. Sie wird nicht beglaubigt. Allerdings fällt die Beglaubigungsgebühr mehrfach an, wenn zB für mehrere Vollmachtnehmer mehrere Exemplare der Vollmachturkunde beglaubigt werden.

17 Die Behörde kann insbes. aus sozialen Gründen auf die Erhebung der Gebühr verzichten. Wer darüber entscheiden darf, sollte in der Geschäftsverteilung geklärt werden. Das Landesrecht kann abweichende Regelungen treffen (§ 7 Abs. 5). Für Hamburg wurde stadtweit auf die Beglaubigungsgebühr verzichtet.

VI. Registrierung im zentralen Vorsorgeregister

18 Vom Verbot, Auslagen zu berechnen ist nicht die auf Anfrage des Vollmachtgebers zulässige Übermittlung von Daten aus der Vollmachturkunde an das zentrale Vorsorgeregister erfasst. § 7 Abs. 1 S. 4 sieht vor, dass die Urkundsperson die betroffene Person nach der Beglaubigung auf die – sinnvolle – Möglichkeit der Registrierung des Dokumentes im zentralen Vorsorgeregister der Bundesnotarkammer nach § 78a BNotO hinweist. Insofern tritt diese Regelung neben den für Notare geltenden § 20a BeurkG.

19 Tatsächlich erfolgen die Meldungen zum Vorsorgeregister zu nahezu 90% durch Notare und Rechtsanwälte[12]. Betreuungsbehörden (und -vereine) können sich jedoch beim Vorsorgeregister als „Vielmelder" (sog. institutionelle Nutzer) kostenlos registrieren lassen. Die Onlinemeldung durch Vielmelder ist mit 16 EUR Gebühr

---

[10] Deinert/Walther, Handbuch Betreuungsbehörde, S. 63.

[11] GNotKG KV 25100.

[12] Vgl. zB die Statistik 2021 https://www.vorsorgeregister.de/fileadmin/user_upload_zvr/Dokumente/Jahresberichte_ZVR/2021-JB-ZVR.pdf.

7,50 EUR niedriger als die Meldung auf dem Postwege. Die Vornahme der Registrierung durch die Betreuungsbehörde ist über die Unterstützungspflicht des § 5 Abs. 2 abgedeckt.

Abschnitt 2. Anerkannte Betreuungsvereine

§ 15 Aufgaben kraft Gesetzes

(1) [1]Ein anerkannter Betreuungsverein hat

1. planmäßig über allgemeine betreuungsrechtliche Fragen, Vorsorgevollmachten, Betreuungsverfügungen und Patientenverfügungen zu informieren,

2. sich planmäßig um die Gewinnung ehrenamtlicher Betreuer zu bemühen,

3. vom Betreuungsgericht bestellte ehrenamtliche Betreuer in ihre Aufgaben einzuführen, sie fortzubilden und sie bei der Wahrnehmung ihrer Aufgaben zu beraten und zu unterstützen,

4. mit ehrenamtlichen Betreuern eine Vereinbarung über eine Begleitung und Unterstützung im Sinne von Nummer 3 abzuschließen, sofern eine solche Vereinbarung nach § 22 Absatz 2 in Verbindung mit § 1816 Absatz 4 des Bürgerlichen Gesetzbuchs erforderlich ist oder von dem ehrenamtlichen Betreuer gewünscht wird, und

5. Bevollmächtigte bei der Wahrnehmung ihrer Aufgaben zu beraten und zu unterstützen.

[2]Der Betreuungsverein erteilt dem ehrenamtlichen Betreuer auf dessen Aufforderung Nachweise über die Teilnahme an Einführungs- und Fortbildungsveranstaltungen nach Satz 1 Nummer 3.

(2) Eine Vereinbarung nach Absatz 1 Satz 1 Nummer 4 hat mindestens zu umfassen:

1. die Verpflichtung des ehrenamtlichen Betreuers zur Teilnahme an einer Einführung über die Grundlagen der Betreuungsführung,

2. die Verpflichtung des ehrenamtlichen Betreuers zur regelmäßigen Teilnahme an Fortbildungen,

3. die Benennung eines Mitarbeiters des Betreuungsvereins als festen Ansprechpartner und

4. die Erklärung der Bereitschaft des Betreuungsvereins zur Übernahme einer Verhinderungsbetreuung nach § 1817 Absatz 4 des Bürgerlichen Gesetzbuchs.

(3) [1]Anerkannte Betreuungsvereine können im Einzelfall Betroffene, Angehörige und sonstige Personen zu allgemeinen betreuungsrechtlichen Fragen, zu Vorsorgevollmachten und über andere Hilfen nach § 5 Absatz 1, bei denen kein Betreuer bestellt wird, beraten. [2]Dies umfasst auch eine Beratung bei der Errichtung einer Vorsorgevollmacht oder Betreuungsverfügung.

I. Anerkennung durch Verwaltungsakt

Die Anerkennung von Betreuungsvereinen erfolgt nach § 14 BtOG (vormals 1 § 1908f BGB). Es handelt sich um einen begünstigenden Verwaltungsakt, auf den das Verwaltungsverfahrensgesetz des Bundeslandes Anwendung findet. Die Landesausführungsgesetze zum Betreuungsrecht können zusätzliche Anerkennungsvoraussetzungen treffen, am häufigsten ist dabei die Anerkennung des Vereins als gemeinnützig im Sinne der Abgabenordnung. Zuständig für die Anerkennung sind in den meisten Bundesländern nicht die örtlichen Betreuungsbehörden, sondern zentrale Stellen (zB Landesbetreuungsamt, Landesamt für Soziales und Familie etc.). Näheres ergibt sich aus dem jeweiligen Landesausführungsgesetz zum Betreuungsrecht.[1]

II. Aufgabencharakter

2 Die in Absatz 1 genannten Pflichten (sog. „Querschnittsaufgaben"), für die die Vereine Landeszuschüsse nach § 16 BtOG in Verbindung mit Landesrecht (und meist auf der Basis konkretisierender Förderrichtlinien) erhalten, ähneln den behördlichen Aufgaben in § 5 BtOG. Allerdings sind Unterschiede festzustellen. Nach dem allgemeinen Subsidiaritätsgrundsatz, der auch in § 6 BtOG seinen Ausdruck gefunden hat, sollen vorrangig Betreuungsvereine die identisch beschriebenen Aufgaben wahrnehmen; die Betreuungsbehörde hat, wie auch bei der Führung von Betreuungen selbst (§ 1818 BGB), eine Auffangzuständigkeit.[2]

III. Singuläre Aufgaben des Betreuungsvereins

3 Im Einzelnen findet sich in § 15 Abs. 1 Nr. 2 mit der planmäßigen Suche und Gewinnung ehrenamtlicher Betreuer eine Tätigkeit, für die sich kein Pendant bei der Behörde findet. Der Betreuungsverein kann freilich keine Betreuer suchen und finden; sondern nur Personen, die sich nach Ansicht des Vereins zur Übernahme ehrenamtlicher Betreuung allgemein eignen (§ 20 BtOG), denn die Bestellung solcher Personen, auch wenn sie Vereinsmitglieder sind, obliegt dem Betreuungsrichter (§ 1816 Abs. 4 BGB). Hierfür soll in der Regel vor der Bestellung eine Kooperationsvereinbarung nach § 15 Abs. 1 Nr. 2 BtOG geschlossen worden sein. Einzelheiten dafür werden in Absatz 2 beschrieben.

4 Auch die Einführung und Fortbildung bereits bestellter ehrenamtlicher Betreuer (§ 15 Abs. 1 Nr. 3 BtOG) findet sich in den behördlichen Aufgaben nicht. Betreuungsvereine haben dazu (meist als Auflage von Landesförderrichtlinien) ein regelmäßiges Schulungsprogramm für ehrenamtliche Betreuer auszuarbeiten. Die Teilnahme an solchen Veranstaltungen soll für Betreuer entgeltfrei möglich sein.

IV. Betreuungsverein als Verhinderungsbetreuer

5 Der Betreuungsverein soll darüber hinaus dem ehrenamtlichen Betreuer anbieten, sich als Verhinderungsbetreuer bei tatsächlicher Verhinderung des Betreuers (§ 1817 Abs. 4 BGB) bestellen zu lassen. Hierbei soll die Bestellung nicht erst im konkreten Verhinderungsfall erfolgen (zB bei schwerer Erkrankung des Betreuers), sondern vorsorglich (sog. „Dauerverhinderungsbetreuer").[3]

6 Ziel ist es, jederzeit für den ausgefallenden Betreuer einspringen zu können. Für ehrenamtliche Betreuer soll dieses Angebot diese vor der mühseligen Suche nach anderen Personen bewahren zeitweise die Betreuerpflichten zu übernehmen. In der Zeit der Vertretungstätigkeit hat der Verein pauschale Vergütungsansprüche nach §§ 12 Abs. 2, 13 Abs. 2 VBVG. Dem ehrenamtlichen Betreuer wird für den gleichen Zeitraum die Aufwandspauschale (§ 1878 BGB) anteilig gekürzt.[4]

---

[1] Abgedruckt zB im HK-BUR, Ordner 6, Landesrecht.

[2] Vgl. BT-Drs. 19/24445, 462ff.

[3] Vgl. BT-Drs. 19/24445, 241ff.

[4] Vgl. BT-Drs. 19/24445, 313, 396.

V. Rechtsberatung nach Absatz 3

Nach Absatz 3 kann der Verein Rechtsberatung für verschiedene Fragen (im Sinne der §§ 3, 8 Abs. 1 Nr. 5 RDG) anbieten. Diese Tätigkeit ist für die Beibehaltung der Anerkennung nach § 14 BtOG nicht konstitutiv, d. h., der Verein kann durch seinen Vorstand entscheiden, ob das Angebot unterbreitet wird und zu welchen Konditionen. Satz 1 entspricht dabei § 5 Abs. 1 BtOG; es ist zB denkbar, dass hierfür ein kommunaler Zuschuss gezahlt wird. Allerdings muss die Behörde auch in diesem Fall ein pro-forma-Angebot aufrechterhalten. 7

Satz 2 greift, zumindest was die Vorsorgevollmacht betrifft, in die Beratungshoheit der rechtsberatenden Berufe ein. Anders als in § 7 BtOG, aber ebenso wie bei der Rechtsinforation nach § 15 Abs. 1 Nr. 1 BtOG wird hier weiterhin der gesetzlich nicht definierte Begriff der Vorsorgevollmacht verwendet. Es geht offenbar um Vollmachten, die (schwerpunktmäßig) der Vermeidung einer rechtlichen Betreuung (im Sinne des Vorrangs nach § 1814 Abs. 3 Nr. 1 BGB) dienen sollen. 8

Bei der Beratung dürfte es sich um einen Auftrag (§§ 662ff. BGB) handeln, soweit sie für den Ratsuchenden entgeltfrei erfolgt, ansonsten um eine Geschäftsbesorgung (§ 675 BGB). Für Beratungsfehler haftet der Verein für den Mitarbeiter als Erfüllungsgehilfe nach § 280 BGB, sofern dem Beratenen aufgrund falscher Beratung ein Fehler entstanden ist. 9

Ein Regress des Vereins gegen den Mitarbeiter ist regelmäßig nur bei nachgewiesenem Vorsatz und grober Fahrlässigkeit zulässig. Für die meisten Betreuungsvereinsbeschäftigten dürfte diese, die Arbeitnehmerhaftung beschränkende Regelung des § 3 Abs. 6 TVöD-VKA (oder inhaltsgleicher Arbeitsvertragsrichtlinien der Kirchen), meist aufgrund arbeitsvertraglicher Verweisung, anzuwenden sein. 10

Abschnitt 5. Übergangsvorschriften

§ 34 Anwendungsvorschrift zu § 7

§ 7 Absatz 1 Satz 2 ist nur auf Vollmachten anzuwenden, die seit dem 1. Januar 2023 durch die Behörde nach § 7 Absatz 1 Satz 1 öffentlich beglaubigt worden sind.

Übergangsvorschrift zu § 7 BtOG.[1] 1

[1] → § 7 Rn. 1ff.

7. Bundesnotarordnung (BNotO)

In der Fassung der Bekanntmachung vom 24. Februar 1961 (BGBl. I S. 97)

Zuletzt geändert durch Art. 2 G zur Ergänzung der Regelungen zur Umsetzung der DigitalisierungsRL und zur Änd. weiterer Vorschriften vom 15.7.2022 (BGBl. I S. 1146)

– Auszug –

Teil 2. Notarkammern und Bundesnotarkammer

Abschnitt 2. Bundesnotarkammer

§ 78a [Zentrales Vorsorgeregister; Verordnungsermächtigung]

(1) [1]**Die Bundesnotarkammer führt als Registerbehörde ein automatisiertes elektronisches Register über Vorsorgevollmachten, Betreuungsverfügungen, Patientenverfügungen und Widersprüche gegen eine Vertretung durch den Ehegatten nach § 1358 des Bürgerlichen Gesetzbuchs.**

[2]**Das Bundesministerium der Justiz und für Verbraucherschutz führt die Rechtsaufsicht über die Registerbehörde.**

(2) **In das Zentrale Vorsorgeregister dürfen Angaben aufgenommen werden über**
1. **Vollmachtgeber,**
2. **Bevollmächtigte,**
3. **die Vollmacht und deren Inhalt,**
4. **Vorschläge zur Auswahl des Betreuers,**
5. **Wünsche zur Wahrnehmung der Betreuung,**
6. **den Vorschlagenden,**
7. **den einer Vertretung durch den Ehegatten nach § 1358 des Bürgerlichen Gesetzbuchs Widersprechenden und**
8. **den Ersteller einer Patientenverfügung.**

(3) **Das Bundesministerium der Justiz und für Verbraucherschutz hat durch Rechtsverordnung mit Zustimmung des Bundesrates die näheren Bestimmungen zu treffen über**
1. **die Einrichtung und Führung des Registers,**
2. **die Auskunft aus dem Register,**
3. **die Anmeldung, Änderung und Löschung von Registereintragungen,**
4. **die Einzelheiten der Datenübermittlung und -speicherung und**
5. **die Einzelheiten der Datensicherheit.**

I. Zweck des Vorsorgeregisters

Eine Pflichtaufgabe der Bundesnotarkammer ist seit dem 31.7.2004, als **Registerbehörde** das **Zentrale Vorsorgeregister** (ZVR) zu führen, §§ 78 Abs. 2 S. 1 Nr. 1, 78a Abs. 1 S. 1 BNotO. Die Rechtsaufsicht über die Registerführung obliegt dem 1

BMJ (früher BMJV). Was als **zulässiger Inhalt** in das ZVR eingetragen werden darf, ergibt sich aus § 78a Abs. 2 BNotO abschließend; jedoch nur grob. Modifiziert wird die Vorschrift durch die **Vorsorge-Registerverordnung** – VRegV – vom 21.2.2005,[1] zuletzt geändert durch Art. 6 des Gesetzes vom 4.5.2021.[2]Aufgrund des § 78a Abs. 3 BNotO, der durch Art. 2b des Gesetzes vom 23. April 2004[3] eingefügt worden ist, verordnete das BMJ (früher BMJV) die Paragrafen des ZVR; §§ 1 ff. VRegV.

2 Ein Zweck des Zentralen Vorsorgeregisters (ZVR) besteht darin, **den Betreuungsgerichten** die Möglichkeit zu bieten – ähnlich wie bei einer Rasterfahndung –, effektiv und zügig sich Informationen darüber zu beschaffen, **ob eine Vorsorgevollmacht** für die abzufragende Person registriert ist und, soweit die Anfrage einen Treffer ergibt, auch in Erfahrung zu bringen, mit **welchen wesentlichen Inhalten** der Vollmachtgeber Regeln zu seiner **gesundheitlichen Fürsorge und Selbstbestimmung** vorgegeben hat. Die **Betreuungsgerichte** können auf dieselbe Weise die Möglichkeit einer Beauskunftung aus dem ZVR nutzen, um in Erfahrung zu bringen, ob zur abzufragenden Person möglicherweise eine – ggf. auch isolierte – **Betreuungsverfügung** registriert ist.

3 Nach der ab 1.1.2023 gültigen Fassung des § 78a Abs. 1 BNotO führt die BNotK ab diesem Zeitpunkt das ZVR automatisiert auch über **Patientenverfügungen** gem. §§ 1827 f. BGB nF und über **Widersprüche eines Ehegatten gegen seine Vertretung in Angelegenheiten der Gesundheitssorge** durch den anderen Ehegatten nach § 1358 BGB nF. Mit einer Flut von Widersprüchen gegen die neue Vertretungsmacht zur Registrierung in das ZVR darf künftig gerechnet werden, insbesondere durch noch verheiratete Personen, bei denen es kriselt und die auf die gesetzliche Änderung aufmerksam werden. Für die Ehegatten, die sich nicht gut verstehen und bewusst von einer Vollmacht auf den Partner abgesehen haben, kann ein Nichtwissen um die neue gesetzliche Widerrufsregelung ungewollte Folgen haben. Sie werden nichts von der Widerspruchslösung erfahren und nichts unternehmen.[4] Die gut gemeinte aber ggf. toxische Regelung sollte der Gesetzgeber besser zügig abschaffen.

4 Jedes schriftlich oder elektronisch gestartete Auskunftsersuchen beim ZVR verschafft dem anfragenden Gericht erste **bedeutsame Erkenntnisse über die abgefragte Person.** Folgt auf die Anfrage eine Auskunft mit einem Treffer, sind die **Chancen** für das Gericht hoch, **schnell Kontakt zu dem Bevollmächtigten** und/oder möglichen künftigen **Betreuer** aufnehmen zu können. Damit kann das Gericht sich zuverlässig informieren und rasch zu einer vorläufigen Einschätzung gelangen, ob möglicherweise **eine Betreuung** zu vermeiden ist. Dies kann bspw. der Fall sein, wenn die Abfrage ergab, dass der Vollmachtgeber **selbstbestimmend Vorsorge** traf. Wenn dann – nach geglückter Kontaktaufnahme – nicht noch Zweifel an der Eignung oder Bereitschaft des Bevollmächtigten aufkommen, kann eine Betreuung vermieden werden. Der **Basiszweck** des ZVR ist, für den Betroffenen **die Chancen zu erhöhen,** den **Zweck der erteilten Vorsorgevollmacht** sicherer erreichen zu können.[5] Dennoch ist das ZVR **keine Sammelstelle** zur Aufbewahrung von Vollmachtsurkunden.[6] Das ZVR **prüft auch weder** den Inhalt, Umfang noch

---

[1] BGBl. I S. 598.

[2] BGBl. I S 882.

[3] Armbrüster/Preuß/Renner/Rezori BeurkG/DoNot BeurkG § 20a Rn. 11.

[4] S. auch Renner, NotBZ 2022, 15, 16 u. 20, der krit. das neue gesetzliche Vertretungsrecht als bürokratisches Monstrum bezeichnet.

[5] Arndt/Lerch/Sandkühler BNotO § 78a Rn. 5.

[6] Armbrüster/Preuß/Renner/Rezori, BeurkG/DoNot § 20a BeurkG Rn. 9; Schippel/Bracker/Hushan BnotO § 78a Rn. 13 mit Hinweis darauf, dass weder der vollständige Inhalt der Vollmacht noch der der Betreuungsverfügung eingetragen wird.

die Wirksamkeit der Vorsorgevollmacht.[7] Das ZVR dient der **Vermeidung überflüssiger Betreuungen.**[8] Das ZVR dient nun auch dem Schutz des Vorsorgenden, der keine geeignete Person bevollmächtigten kann und in jedem Fall nicht von seinem Ehegatten gesetzlich im Ernstfall nach § 1358 BGB kF vertreten werden will.

Ganz gleich, ob das Betreuungsgericht auf die Anfrage einen Hinweis auf das Vor- **5**
handensein einer Vorsorgevollmacht bzw. Betreuungsverfügung erhält oder die Abfrage trefferlos verläuft: Das anfragende Gericht darf sich nicht allein mit der Abfrage begnügen. Zur Findung der bedeutsamen Entscheidung über die Anordnung oder Nichtanordnung einer Betreuung nach § 1896 BGB muss es **weitere Nachforschungen** anstellen. Die **Gerichte** sind **nicht ausdrücklich** zur Abfrage des ZVR **verpflichtet, doch** unzweifelhaft wird sich eine Pflicht aus dem **Amtsermittlungsgrundsatz,** § 26 FamFG, ergeben. Nach § 285 FamFG nF soll das Gericht zudem vor der Bestellung eines Betreuers das ZVR darauf abfragen, ob eine Vorsorgevollmacht oder Betreuungsverfügung besteht. Konnte das wegen Gefahr in Verzug nicht erledigt werden, muss das Gericht die Auskunft unverzüglich nachträglich einholen. Unterlässt damit bspw. das Betreuungsgericht eine Einsicht in das ZVR und bestellt damit unter Verletzung von § 1814 Abs. 3 BGB kF einen Betreuer, dann ist das Land zum Ersatz eines Schadens, den der Betreute hierdurch erleidet, zB zum Ersatz einer vermeidbaren aber dennoch geleisteten Betreuervergütung, nach den Grundsätzen der Amtshaftung verpflichtet.[9] Darüber hinaus müssen die Gerichte Umstände abklären, die für die Entscheidungsfindung bedeutsam, jedoch nicht aus dem ZVR ersichtlich sind.[10]

II. Keine Pflicht zur Registrierung

Obwohl eine Registrierung im ZVR bedeutsam und sinnvoll ist, besteht **keine** **6**
gesetzliche Pflicht hierzu. Der **Notar** wird durch § 20a BeurkG nur **verpflichtet,** im Rahmen der Beurkundung den Vollmachtgeber auf die Möglichkeit **hinzuweisen,** die Vorsorgevollmacht im ZVR registrieren zu lassen. Der Notar sollte die **Dokumentation** hierüber in seinem Protokoll der Vollmachtsurkunde festhalten,[11] obwohl auch dies für den Notar nicht zwingend ist.

Im Zuge einer künftigen Reform des BeurkG könnte der Gesetzgeber eine Mel- **7**
depflicht für Notare herbeiführen, so dass **beurkundete Vorsorgevollmachten** oder **Betreuungsverfügungen** dem ZVR zwingend zu melden wären. Dies könnte zwar den einen oder anderen, der eine Aversion gegen die Datensammlung hat, abschrecken, eine Beurkundung vorzunehmen, jedoch kann ein solcher Vollmachtgeber bei Vorhandensein einer Meldepflicht die Datenregistrierung vermeiden, wenn er auf eine privatschriftliche Vorsorgevollmacht und/oder Betreuungsverfügung ausweicht. Wünscht er hierzu oder zu den Formulierungen einen Rat, kann er sich diesen bei einem Rechtsanwalt oder Notar seiner Wahl holen. Der Berater/ Notar könnte zB einen Text der Vollmacht/Erklärung entwerfen. Mit einer Einführung einer Meldepflicht würde die Bedeutung des ZVR noch weiter erhöht. Daten-

---

[7] Amtl. Begründung, BT-Drs. 15/2253, 19.

[8] Grziwotz/Heinemann BeurkG § 20a Rn. 15.

[9] Eylmann/Vaasen/Litzenburger BNotO § 78a Rn. 1.

[10] Armbrüster/Preuß/Renner/Rezori BeurkG/DoNot § 20a BeurkG Rn. 11; Winkler BeurkG § 20a Rn. 9; Eylmann/Vaasen/Frenz BNotO/BeurkG § 20a BeurkG Rn. 6.

[11] Damm, DNotZ 2017, 426; Grziwotz/Heinemann, BeurkG § 20a Rn. 3ff.; Büttner/Frohn/ Seebach Elektronischer Rechtsverkehr, S. 355ff.; Arndt/Lerch/Sandkühler BNotO § 78a Rn. 12.

schutzrechtlich bestehen keine ernsten Hindernisse. Die Benachrichtigungspflicht beruht auf regelmäßig nicht gerechtfertigten Erwägungen des Datenschutzes.[12]

III. Hinwirken des Notars auf eine Registrierung

8 Beurkundet der Notar oder entwirft er isoliert eine Patientenverfügung, so sollte der Notar ab 1.1.2023 den Erklärenden auf die bedeutende Möglichkeit hinweisen, dass die Patientenverfügung nach §§ 78a Abs. 1 1 BNotO nF, 9 VRegV nF im ZVR registriert werden kann, und zwar auch ohne Verbindung mit einer Vorsorgevollmacht. Diese Gesetzesänderung ist sinnvollerweise noch auf Initiative des Bundesrates in das Gesetz aufgenommen worden.[13] Der Notar, der einen **Ehevertrag,** beurkundet, kann zudem hilfreich den Vertragsschließenden den Hinweis geben und in der Urkunde dokumentieren, dass jeder Ehegatte die Möglichkeit hat, einen **Widerspruch** gegen das gesetzliche Vertretungsrecht für Ehegatten nach § 1358 BGB nF im ZVR registrieren lassen kann, § 78a Abs. 2 Nr. 7 BNotO; § 1 Abs. 1 Nr. 7, § 2 Abs. 1 S 1 VRegV nF. In der notariellen Praxis kommt es auch vor, dass Musterentwürfe der Vorsorgevollmachten zwar den beurkundungsrechtlich vorgeschriebenen Hinweis zur Möglichkeit der Registrierung der Vorsorgevollmacht (§ 20a BeurkG) dokumentierend enthalten, allerdings erscheint dies ungenügend, weil **keine konkrete Aufklärung über die Folgen** einer Nichtregistrierung festgehalten sind. Nachfolgend unterbleiben Registrierungen. Dadurch könnte es später zu unnötigen und ungewollten Betreuungen kommen, trotz Bestehens einer Vorsorgevollmacht, nur mangels Feststellung aufgrund der Nichtregistrierung. Eine Aufklärung über die Gefahr ist somit bei Beurkundung geboten.[14]

9 Es gibt auch Muster von Vorsorgevollmachten, die standardmäßig vorgeben, dass keine Registrierung der Vollmacht gewünscht werde trotz Hinweises des Notars über die Möglichkeit einer Registrierung. Derartige Muster von Vorsorgevollmachten sollten dahin modifiziert werden, dass dem Hinweis des Notars auf die Registrierungsmöglichkeit der Vorsorgevollmacht (§ 20a BeurkG) standardmäßig vorgebend der Wunsch folgt, die Registrierung vornehmen zu lassen. Damit könnten noch mehr Mandanten überzeugt werden, die bedeutsame Registrierung auch vorzunehmen. Es käme zu noch mehr Registrierungen von Vorsorgevollmachten und/oder Betreuungsverfügungen und damit auch zu weniger der künftigen kritischen Vertretungen durch Ehegatten nach § 1358 BGB nF. Damit würde auch die Bedeutung des ZVR weiter gesteigert werden.

10 Jede Nichtregistrierung der Vorsorgevollmacht bzw. Betreuungsverfügung birgt eine erhöhte Gefahr, den wichtigen Zweck der Vorsorgevollmacht zu verfehlen. Ein Gericht, das nicht über seine Rasterabfrage einen Treffer ermitteln kann, verliert wertvolle Zeit, es sei denn, der Bevollmächtigte steht glücklicherweise von sich aus zur Stelle.

Zur Zweckerreichung ordnet § 1901c S. 2, 3 BGB bis 31.12.2022 und § 1820 Abs. 1 S. 1 BGB ab 1.1.2023 an, dass der Besitzer eines Schriftstücks, in dem der Betroffene eine andere Person mit der Wahrnehmung seiner Angelegenheiten bevollmächtigt hat, **das Betreuungsgericht zu unterrichten hat,** sobald er Kenntnis erhalten hat, dass ein Betreuerbestellungsverfahren eingeleitet ist. Dass der Bevollmächtigte als Besitzer des Schriftstücks tatsächlich zur Stelle steht und seine gesetzlichen Pflichten kennt, ist jedoch oft unsicher.

---

[12] Grziwotz/Heinemann BeurkG § 20 Rn. 8.

[13] BReg, BtDruck 19/2445 (Gesetzentwurf), 442 f.; Schnellenbach/Normann-Scheerer/Loer BtPrax 2021, 83, 85.

[14] Grziwotz/Heinemann BeurkG § 20 Rn. 8.

IV. Zulässiger Registerinhalt

Die Vorschrift des § 78a BNotO **regelt abschließend, jedoch nur grob,** dass Angaben über Vollmachtgeber, Bevollmächtigte, die Vollmacht und deren Inhalt sowie Vorschläge zur Auswahl des Betreuers und Wünsche zur Wahrnehmung der Betreuung in das ZVR aufgenommen werden dürfen. Welche konkreten Angaben im Einzelnen registriert werden können, gibt ergänzend die Verordnung über das Zentrale Vorsorgeregister vor → § 1 VRegV Rn. 1 ff. Mit der nF des § 78a BNotO ist unter Nr. 7 zum 1.1.2023 geregelt, dass Angaben registriert werden dürfen, über einen erklärten **Widerspruch** gegen eine Vertretung durch den Ehegatten nach § 1358 BGB kF und unter Nr. 8, dass Angaben über den **Ersteller einer Patientenverfügung** eingetragen werden dürfen. 11

V. ZVR-Card

Nach erfolgter Registrierung einer Neueintragung in das ZVR erhält der Vollmachtgeber mit der Bestätigung über die Registrierung auch seine **persönliche ZVR-CARD** – kostenlos. Die ZVR-CARD ist eine Plastikkarte im Format einer Scheckkarte; sie ist weder eine notarielle Vollmacht, noch ersetzt sie die Erteilung einer notariellen Vollmacht. 12

Die ZVR-CARD dokumentiert, dass eine Eintragung im ZVR vorhanden ist. Auf der Rückseite der ZVR-CARD kann der Vollmachtgeber, wenn er will, mit üblichem Kugelschreiber wesentliche Inhalte der Registereintragung vermerken. Wichtigster Zweck der ZVR-CARD ist, dass sie im Notfall aufgefunden werden kann und einen frühzeitigen Hinweis auf die Vollmacht liefert, so dass eine schnelle Kontaktaufnahme zum Bevollmächtigten bzw. zur Vertrauensperson im Notfall gelingen kann. Die ZVR-CARD dient der Sicherung des Erfolgs der Vorsorgevollmacht. Ist eine isolierte Patientenverfügung im ZVR registriert, dient die ZVR-Card auch der Sicherstellung, dass im Notfall ärztliche Abfragen hierzu erfolgreich verlaufen können. 13

§ 78b [Auskunft und Gebühren]

(1) **[1]Die Registerbehörde erteilt Gerichten und Ärzten auf Ersuchen Auskunft aus dem Zentralen Vorsorgeregister. [2]Ärzte dürfen nur um Auskunft ersuchen, soweit diese für die Entscheidung über eine dringende medizinische Behandlung erforderlich ist. [3]Die Befugnis der Gerichte, Notare und Notarkammern zur Einsicht in Registrierungen, die von ihnen verwahrte oder registrierte Urkunden betreffen, bleibt unberührt.**

(2) **[1]Das Zentrale Vorsorgeregister wird durch Gebühren finanziert. Die Registerbehörde kann Gebühren für die Aufnahme von Erklärungen in das Register erheben. [2]Zur Zahlung der Gebühren sind der Antragsteller und derjenige verpflichtet, der für die Gebührenschuld eines anderen kraft Gesetzes haftet. [3]Mehrere Gebührenschuldner haften als Gesamtschuldner. [4]Gerichte und Notare können die Gebühren für die Registerbehörde entgegennehmen.**

(3) **[1]Die Gebühren sind so zu bemessen, dass der mit der Einrichtung, der Inbetriebnahme, der dauerhaften Führung und der Nutzung des Zentralen Vorsorgeregisters durchschnittlich verbundene Verwaltungsaufwand einschließlich der Personal- und Sachkosten gedeckt wird. [2]Dabei ist auch der für die Aufnahme von Erklärungen in das Register gewählte Kommunikationsweg zu berücksichtigen.**

(4) [1]**Die Registerbehörde bestimmt die Gebühren nach Absatz 2 Satz 2 und die Art ihrer Erhebung durch eine Gebührensatzung.** [2]**Die Satzung bedarf der Genehmigung durch das Bundesministerium der Justiz und für Verbraucherschutz.** [3]**Die Höhe der Gebühren ist regelmäßig zu überprüfen.**

I. Auskunft aus dem ZVR

1 Auskünfte aus dem ZVR erhalten nach Abs. 1 die für **Betreuungsverfahren** zuständigen Amtsgerichte und die Landgerichte (als Beschwerdegerichte). Zuvor hat das auskunftsberechtigte Gericht die Registerbehörde um die Auskunft zu bitten. Unberührt bleibt nach Abs 2 das Recht zur **Einsicht in die bestehende Registrierung,** wenn der/die dies begehrende Notar/Notarkammer/Gericht die registrierte Urkunde **in Verwahrung** hat. Notare wie Gerichte, die die Registrierung der Urkunde vorgenommen haben, dürfen auch deshalb Einsicht nehmen. Notarkammern hingegen erledigen keine Registrierungen im ZVR.[1] Die spätere Einsichtnahme durch einen im ZVR registrierten **Vollmachtgeber** ist zulässig, weil die registrierten Daten seine Person bzw. ihn betreffen.[2] Nichts anderes gilt für Zulässigkeit der Einsicht eines **Bevollmächtigten** hinsichtlich der Daten, die ihn treffen.[3] In der Praxis kann die Einsichtnahme vom Bevollmächtigten zB begehrt werden, wenn er erst nach der Registrierung erfahren hat, dass er von einem oder dem Vollmachtgeber als bevollmächtigte Person bestimmt worden ist, so dass seine Daten zur Registrierung gelangt sind.

II. Gebühren der Registerbehörde

2 Die Erhebung und Berechnung der Gebühren, ihrer Tatbestände, Bestimmungen zu den Gebührenschuldnern, die Befugnis der Registerbehörde, Gebühren erheben und ihre Art – mit Genehmigung des BMJV – bestimmen zu dürfen, regelt § 78b BNotO. Auch die Befugnis der Notare und Gerichte, die Gebühren für die Registerbehörde entgegennehmen zu dürfen, wird durch die Norm begründet.

3 Die Führung des **Zentralen Vorsorgeregisters** obliegt der Bundesnotarkammer. Diese ist eine Körperschaft des öffentlichen Rechts (§ 77 Abs. 1 BNotO) und erfüllt als die **Registerbehörde** die ihr übertragenen staatlichen Aufgaben (§ 78 BNotO). Eine dieser Aufgaben ist die Führung des ZVR. Für die Nutzung des ZVR erhebt die Registerbehörde angemessene Gebühren. Die Gebühren dienen der Deckung der Finanzierung der Einrichtung. Um die notwendige Kostendeckung erreichen zu können, musste die BNotK die Gebühren für des ZVR zum 1.1.2022 etwas anheben.[4] Hierzu wurde die VRegGebS geändert.[5]

III. Gebührenpflichtige und kostenfreie Tatbestände

4 Die Gebühren, die die Bundesnotarkammer als Registerbehörde erhebt, sind durch die Vorsorgeregister-Gebührensatzung bestimmt, die gem. § 1 VRegGebS Anlage der Gebührensatzung ist. All die Gebühren für Leistungen, die die BNotK

---

[1] Schippel/Görk/Hushan BNotO § 78b Rn 2.

[2] BT-Drs.15/2253, 19.

[3] Art. 15 EU-DSGVO (ABl Nr. L 119, 1 ber. ABl. Nr. I 314, 72 und ABl. 2018 Nr. I 127, 2.

[4] Rundschreiben BNotK Nr. 13/2021.

[5] Beschl. der Generalversammlung der BNotK am 1.10.2021; DNotZ 2021, 921ff.

mit Genehmigung des BMJV durch Gebührensatzung bestimmen darf, regelt § 78b Abs. 2–4 BNotO **abschließend.**

5 **Gebührenfreie** Tätigkeiten der Registerbehörde sind insbesondere die **Änderung** oder **Löschung von Daten** auf Antrag eines Bevollmächtigten oder zum Betreuer vorgeschlagenen Person, die **Einsichtnahme** in das ZVR durch den Notar oder das Gericht, wenn eine Urkunde betroffen ist, die der Einsicht nehmende verwahrt (§ 78d Abs. 2 BNotO) und die **Berichtigung** personenbezogener Daten.[6]

IV. Gebührenschuldner

6 Derjenige, der die Registrierung im ZVR veranlasst (Antragsteller), ist Schuldner der Registergebühren, die für die Erledigung seines Antrags geregelt sind. Derjenige, der für die Gebührenschuld eines anderen kraft Gesetzes haftet, ist ebenfalls Gebührenschuldner; mehrere Schuldner haften gesamtschuldnerisch.

V. Gebührenberechnung

7 Die Registergebühren unterliegen **nicht der Umsatzsteuer.** Die Bundesnotarkammer erfüllt als Registerbehörde ihre Aufgaben nicht in der Absicht, Gewinne zu realisieren. Sie erfüllt vielmehr die ihr übertragenen hoheitlichen bzw. staatlichen Aufgaben. Die Gebühren, die sie erhebt, stellen die Finanzierung des ZVR sicher. Die Registerbehörde (BNotK) ist eine Körperschaft des öffentlichen Rechts (§ 77 Abs. 1 BNotO). Die Registergebühren hinsichtlich des ZVR stellen bei Notarinnen und Notaren durchlaufende Posten dar. Sie sind von ihnen **umsatzsteuerfrei** gem. Nr. 32015 KV GNotKG weiter zu berechnen.[7]

8 Die Gebührenhöhe für die Leistungen des ZVR richtet sich nach dem Gebührenverzeichnis, das gem. § 1 S. 1 VRegGebS der Satzung als Anlage angefügt ist. So hat der **Vollmachtgeber, der persönlich** die Registrierung seiner Daten zur Vorsorgevollmacht und/oder Betreuungsverfügung veranlasst, für die Registrierung der Daten oder der Änderungen oder Löschungen eine Gebühr in Höhe von **26,00 EUR** zu tragen – Nr. 10 GV VRegGebS.

9 Die Gebühr **Nr. 10 GV VRegGebS** iHv 26,00 EUR ist jedoch zu reduzieren, soweit der Vollmachtgeber den Antrag elektronisch über eine hierfür vorgehaltene Schnittstelle stellt. Der Betrag, um den gem. **Nr. 11 GV VRegGebS** reduziert wird, beträgt **3,00 EUR.**

10 Die Gebühr für die Datenregistrierung, wenn sie der **institutionelle Nutzer** (§ 4 VRegGebS) veranlasst, beträgt gem. **Nr. 20 GV VRegGebS.** grds. **23,50 EUR,** es sei denn, der institutionelle Nutzer teilt der Registerbehörde mit, dass die Gebühr unmittelbar vom Vollmachtgeber anzufordern sei; dann verbleibt es beim Ansatz der 26,00 EUR gem. Nr. 10 GV VRegGebS. Als institutionelle Nutzer kommen bspw. **Notare, Rechtsanwälte** und **Betreuungsvereine** in Betracht. Nimmt der institutionelle Nutzer die Registrierung elektronisch über eine hierfür vorgehaltene Schnittstelle vor, reduziert **Nr. 21 GV VRegGebS** die Gebühr Nr. 20 GV VRegGebS um 5,00 EUR. Betrifft der Registrierungsantrag ausschließlich die Änderung oder Ergänzung eines bestehenden Eintrags einer Vorsorgevollmacht, entfällt die Gebühr Nr. 20 GV VRegGebS gänzlich; dies folgt aus Nr. 21 GV VRegGebS.

11 Soweit die Registrierung im ZVR eine Eintragung, Änderung, Ergänzung oder Löschung ist, die **mehr als einen Bevollmächtigten oder vorgeschlagenen Betreuer** betrifft, erhöht **Nr. 31 GV VRegGebS** die Gebühren Nr. 10 und Nr. 20 GV

[6] Arndt/Lerch/Sandkühler BNotO § 78e Rn. 12.
[7] Diehn BNotO § 78e Rn. 33.

VRegGebS **um jeweils 4,00 EUR** für jeden weiteren Bevollmächtigten oder Betreuer, es sei denn, die Registrierung geschieht über die hierfür vorgehaltene elektronische Schnittstelle; dann erhöht **Nr. 32 GV VRegGebS** die Gebühren Nr. 10 und Nr. 20 GV VRegGebS jeweils nur um 3,50 EUR.

12 Wird die Gebührenzahlung mittels **Lastschriftverfahren** abgewickelt, regelt Nr. 35 GV VRegGebS die Reduzierung der Gebühr Nr. 10 und der Gebühr Nr. 20 GV VReGebS jeweils um einen Betrag in Höhe von 2,50 EUR.

13 Bisher regelte Nr. 40 GV VRegGebS eine Gebühr von 18,50 EUR für die Zurückweisung eines Antrags auf Eintragung oder auf Änderung oder Ergänzung oder Löschung eines Antrags. In der notariellen Praxis spielte dies jedoch keine Rolle, da Zurückweisungen nicht vorkamen. Folgerichtig ist die geregelte Gebühr hierzu seit dem 1.1.2022 entfallen.[8]

Anhang 1 zu § 78b: Vorsorgeregister-Gebührensatzung

§ 1 Gebührenverzeichnis

Für Eintragungen in das Zentrale Vorsorgeregister sowie die Änderung, Ergänzung oder Löschung von Einträgen werden Gebühren nach dem Gebührenverzeichnis der Anlage zu dieser Satzung erhoben. Auslagen werden daneben nicht erhoben.

§ 2 Gebührenschuldner

(1) **Zur Zahlung der Gebühren ist verpflichtet:**
1. **der Antragsteller;**
2. **derjenige, der für die Gebührenschuld eines anderen kraft Gesetzes haftet.**

(2) **Mehrere Gebührenschuldner haften als Gesamtschuldner.**

§ 3 Fälligkeit

Die Gebühren werden mit der Beendigung der beantragten Amtshandlung fällig.

§ 4 Registrierte Person oder Einrichtung

(1) **Wird der Antrag auf Eintragung oder auf Änderung, Ergänzung, oder Löschung eines Antrags von einer bei der Bundesnotarkammer registrierten Person oder Einrichtung für den Vollmachtgeber übermittelt oder im Namen des Vollmachtgebers gestellt, werden nach Maßgabe des Gebührenverzeichnisses (Anlage zu § 1 Satz 1) ermäßigte Gebühren erhoben.**

(2) **Registrieren lassen können sich Personen oder Einrichtungen, zu deren beruflicher, satzungsgemäßer oder gesetzlicher Tätigkeit es gehört, entsprechende Anträge für den Vollmachtgeber zu übermitteln oder im Namen des Vollmachtgebers zu stellen. Insbesondere können sich Notare, Rechtsanwälte, Betreuungsvereine und Betreuungsbehörden registrieren lassen.**

(3) **Die Registrierung erfolgt durch Anmeldung bei der Bundesnotarkammer. Bei der Anmeldung hat die Person oder Einrichtung hinreichend ihre Identität und die Erfüllung der Voraussetzungen des Absatzes 2 nachzuweisen. Darüber hinaus hat die Person oder Einrichtung zu erklären, dass**

---

[8] Rundschr. BNotK Nr. 13/2021, S. 2.

sie die Gebührenzahlung für den Vollmachtgeber, für die sie Anträge übermittelt oder in deren Namen sie Anträge stellt, auf deren Rechnung besorgt.

(4) **Die Registrierung erlischt, wenn die Voraussetzungen des Absatzes 2 nicht mehr vorliegen oder wenn die registrierte Person oder Einrichtung die Gebührenzahlung für die Vollmachtgeber nicht mehr besorgt.**

(5) **Die Bundesnotarkammer kann die Registrierung aufheben, wenn die registrierte Person oder Einrichtung länger als sechs Monate keinen Antrag für einen Vollmachtgeber übermittelt oder im Namen eines Vollmachtgebers gestellt hat.**

§ 5 Unrichtige Sachbehandlung

Gebühren, die bei richtiger Behandlung nicht entstanden wären, werden nicht erhoben.

§ 6 Ermäßigung, Absehen von Gebührenerhebung

Die Bundesnotarkammer kann Gebühren ermäßigen oder von der Erhebung von Gebühren absehen, wenn dies durch die besonderen Umstände des Einzelfalls geboten erscheint, insbesondere wenn die volle Gebührenerhebung für den Kostenschuldner eine unzumutbare Härte darstellen würde oder wenn der mit der Erhebung der Gebühr verbundene Verwaltungsaufwand außer Verhältnis zu der Höhe der zu erhebenden Gebühr stünde.

Anlage (zu § 1 Satz 1)

Gebührenverzeichnis

Nr.	Gebührentatbestand	Gebührenbetrag
	Vorbemerkung: (1) Die Erhöhungs- und Ermäßigungstatbestände sind nebeneinander anwendbar, soweit nicht ein anderes bestimmt ist. (2) Beantragt ein Bevollmächtigter innerhalb von einem Monat nach Erhalt der Benachrichtigung über eine Eintragung die Änderung oder Löschung des ihn betreffenden Eintrags, so werden für die Änderung oder Löschung des Eintrags von dem Bevollmächtigten keine Gebühren erhoben.	
	1. Persönliche Übermittlung des Antrags	
10	Eintragung einer Vorsorgevollmacht in das Zentrale Vorsorgeregister sowie Änderung, Ergänzung oder Löschung eines Eintrags	18,50 EUR
11	Der Antrag wird elektronisch über eine der hierfür vorgehaltenen technischen Schnittstellen übertragen: Die Gebühr 10 ermäßigt sich um	3,00 EUR
	2. Übermittlung oder Stellung des Antrags durch eine registrierte Person oder Einrichtung (§ 4)	
20	Eintragung einer Vorsorgevollmacht in das Zentrale Vorsorgeregister sowie Änderung, Ergänzung oder Löschung eines Eintrags	16,00 EUR

Nr.	Gebührentatbestand	Gebührenbetrag
21	Der Antrag wird elektronisch über eine der hierfür vorgehaltenen technischen Schnittstellen übertragen:	
	Die Gebühr 20 ermäßigt sich um	5,00 EUR
	Die Gebühr 20 entfällt, wenn der Antrag elektronisch über eine der hierfür vorgehaltenen technischen Schnittstellen übertragen wird und nur die Änderung oder Ergänzung eines bestehenden Eintrags einer Vorsorgevollmacht betrifft.	
	3. Gemeinsame Erhöhungs- und Ermäßigungstatbestände	
	Die Eintragung, Änderung, Ergänzung oder Löschung betrifft mehr als einen Bevollmächtigten:	
31	– Die Gebühr 10 und die Gebühr 20 erhöhen sich für jeden weiteren Bevollmächtigten um.	3,00 EUR
32	– Wird der Antrag elektronisch über eine der hierfür vorgehaltenen technischen Schnittstellen automatisiert übertragen, erhöhen sich die Gebühr 10 und die Gebühr 20 in Abweichung von Gebühr 31 für jeden weiteren Bevollmächtigten um	2,50 EUR
35	Die Gebühr wird durch Lastschrifteinzug gezahlt:	
	Die Gebühr 10 und die Gebühr 20 ermäßigen sich um	2,50 EUR
	4. Zurückweisung eines Antrags	
40	Zurückweisung eines Antrags auf Eintragung oder auf Änderung, Ergänzung oder Löschung eines Eintrags.	18,50 EUR

Anhang 2 zu § 78b: Testamentsregister-Gebührensatzung

Auf der Grundlage von § 78e Absatz 4 Satz 1, Absatz 1 Satz 1 und Nummer 2 und Nummer 3 BNotO hat die Vertreterversammlung der Bundesnotarkammer die Gebührensatzung für das Zentrale Testamentsregister wie folgt beschlossen:

§ 1 Gebühren

(1) **Die Bundesnotarkammer erhebt als Registerbehörde Gebühren für die Aufnahme von Verwahrangaben in das Zentrale Testamentsregister nach § 34a Absatz 1 Satz 1 und Satz 2 BeurkG, § 347 Absatz 1 Satz 1 FamFG und § 78b Absatz 4 Satz 1 BNotO.**

(2) **Je Registrierung (§ 3 Absatz 1 Satz 3 ZTRV) beträgt die Gebühr 15 €. Wird die Gebühr unmittelbar durch die Registerbehörde vom Kostenschuldner erhoben, beträgt sie 18 € je Registrierung. Keine Gebühr wird erhoben, wenn ein Verwahrdatensatz innerhalb von sieben Tagen nach der Registrierung gemäß § 5 Satz 1 Nr. 1 ZTRV gelöscht wird.**

(3) **Zahlt der Kostenschuldner die Gebühr nach Absatz 2 Satz 2 nicht innerhalb von zwei Monaten nach der Registrierung, erhöht die Registerbehörde die Gebühr um 8 €, wenn sie trotz Androhung der Erhöhung nicht innerhalb von zehn Tagen vollständig bezahlt wird.**

§ 2 Kostenschuldner, Fälligkeit und Vorschuss

(1) **Kostenschuldner ist der jeweilige Erblasser (§ 78e Abs. 2 Satz 1 Nr. 2 BNotO). Der Melder übermittelt mit jeder Registrierung eine ladungsfähige Anschrift des Kostenschuldners an die Registerbehörde, soweit diese nicht darauf verzichtet.**

(2) **Die Gebühr ist mit der Registrierung der Verwahrangaben für den jeweiligen Erblasser nach § 3 Absatz 1 Satz 3 ZTRV sofort fällig.**

(3) **Wird die Gebühr durch den Melder entgegengenommen (§ 78e Absatz 5 BNotO), kann er vom Kostenschuldner die Zahlung eines die Eintragungsgebühr deckenden Vorschusses verlangen.**

§ 3 Art der Gebührenerhebung durch Notare

(1) **Gebühren für die Registrierung von Verwahrangaben, die durch notarielle Melder übermittelt werden, nimmt der jeweilige Notar für die Registerbehörde entgegen (§ 78e Absatz 5 BNotO). Die Registerbehörde zieht die nach Satz 1 entgegenzunehmenden Gebühren vom notariellen Melder auf der Grundlage einer Sammelrechnung frühestens am zehnten Tag des Folgemonats ein. Der Notar erteilt der Registerbehörde eine entsprechende Einzugsermächtigung für ein inländisches Bankkonto. Die Registerbehörde kann einen Melder von dem Entgegennahme- und -abrechnungsverfahren nach diesem Absatz ganz oder teilweise freistellen und die Gebühren unmittelbar vom Kostenschuldner erheben.**

(2) **Kann der Notar eine von der Registerbehörde abgerechnete und eingezogene Gebühr nicht erlangen, obwohl er deren Zahlung vom Kostenschuldner verlangt und mindestens einmal angemahnt hat, wird ihm diese auf Antrag zurückerstattet. Die Gebühr wird sodann nach § 1 Absatz 2 Satz 2 neu festgesetzt und unmittelbar durch die Registerbehörde vom Kostenschuldner erhoben.**

§ 4 Art der Gebührenerhebung bei Gerichten und Konsulaten

(1) **Einzelheiten des Entgegennahme- und Abrechnungsverfahrens bei gerichtlichen und konsularischen Meldern werden in Verwaltungsvereinbarungen mit der Registerbehörde getroffen.**

(2) **Nimmt ein Konsulat oder ein Gericht für die Registerbehörde Gebühren entgegen, ohne dass eine entsprechende Vereinbarung nach Absatz 1 besteht, gilt § 3 entsprechend. Die Entgegennahme ist der Registerbehörde zuvor anzuzeigen.**

§ 5 Unrichtige Sachbehandlung, Ermäßigung und Absehen von der Gebührenerhebung

(1) **Eine Gebühr, die bei richtiger Behandlung der Sache nicht entstanden wäre, wird nicht erhoben.**

(2) **Die Registerbehörde kann Gebühren ermäßigen oder von der Erhebung von Gebühren absehen, wenn ihr dies durch besondere Umstände**

des Einzelfalls geboten erscheint, insbesondere wenn und soweit die Gebührenerhebung eine unzumutbare Härte für den Kostenschuldner darstellen würde oder wenn der mit der Eintragung der Gebühr verbundene Verwaltungsaufwand außer Verhältnis zur Höhe der zu erhebenden Gebühr stünde.

§ 6 Inkrafttreten

Diese Satzung tritt am 1. 1. 2012 in Kraft.

Die Satzung wurde durch das Bundesministerium der Justiz genehmigt.

8. Verordnung über das Zentrale Vorsorgeregister (Vorsorgeregisterverordnung – VRegV)

Vom 21. Februar 2005 (BGBl. I S. 318)
Zuletzt geändert durch Art. 6 G vom 4.5.2021 (BGBl. I S. 882)

§ 1 Inhalt des Zentralen Vorsorgeregisters

(1) **Die Bundesnotarkammer stellt die Eintragung folgender personenbezogener Daten im Zentralen Vorsorgeregister sicher:**

1. Daten zur Person des Vollmachtgebers:
   a) Familienname,
   b) Geburtsname,
   c) Vornamen,
   d) Geschlecht,
   e) Geburtsdatum,
   f) Geburtsort,
   g) Anschrift (Straße, Hausnummer, Postleitzahl, Ort),
   h) E-Mail-Adresse,

2. Daten zur Person des Bevollmächtigten:
   a) Familienname,
   b) Geburtsname,
   c) Vornamen,
   d) Geburtsdatum,
   e) Anschrift (Straße, Hausnummer, Postleitzahl, Ort),
   f) Rufnummer,
   g) E-Mail-Adresse,

3. Datum der Errichtung der Vollmachtsurkunde,

4. Aufbewahrungsort der Vollmachtsurkunde,

5. Angaben, ob Vollmacht erteilt wurde zur Erledigung von
   a) Vermögensangelegenheiten,
   b) Angelegenheiten der Gesundheitssorge und ob ausdrücklich Maßnahmen nach § 1829 Absatz 1 Satz 1 und § 1832 Absatz 1 und 4 des Bürgerlichen Gesetzbuchs umfasst sind,
   c) Angelegenheiten der Aufenthaltsbestimmung und ob ausdrücklich Maßnahmen nach § 1831 Absatz 1 und 4 des Bürgerlichen Gesetzbuchs umfasst sind,
   d) sonstigen persönlichen Angelegenheiten,

6. besondere Anordnungen oder Wünsche
   a) über das Verhältnis mehrerer Bevollmächtigter zueinander,
   b) für den Fall, dass das Betreuungsgericht einen Betreuer bestellt,
   c) hinsichtlich Art und Umfang medizinischer Versorgung,

7. Widersprüche gegen eine Vertretung durch den Ehegatten nach § 1358 des Bürgerlichen Gesetzbuchs mit den Daten zur Person des Widersprechenden entsprechend Nummer 1.

(2) **Ist die Vollmacht in öffentlich beglaubigter oder notariell beurkundeter Form errichtet worden, dürfen darüber hinaus die Urkundenrollennummer, das Urkundsdatum sowie die Bezeichnung des Notars und die Anschrift seiner Geschäftsstelle aufgenommen werden.**

(3) **Die Eintragung erfolgt unter Angabe ihres Datums.**

I. Inhalt des Vorsorgeregisters

1 Das, was zulässiger Inhalt einer Eintragung in das Zentrale Vorsorgeregister sein darf, ergibt sich **abschließend,** jedoch nur grob umschrieben, aus § 78a BNotO.[1] Die notwendigen und ergänzenden Präzisierungen der Inhalte gehen aus § 1 VRegV hervor.

2 Folgende Inhalte können zulässigerweise im ZVR gespeichert werden:
- **Personalien des Vollmachtgebers,** somit Familienname, Geburtsname (jedoch nur fakultativ),[2] Vornamen, Geburtsdatum, Geburtsort und Anschrift (Straße mit Hausnummer, Postleitzahl mit Ort und bei ausländischem Ort auch die Angabe des jeweiligen Landes),[3]
- **Geschlecht des Vollmachtgebers,**
- ab/seit dem 1.1.2023 auch die **E-Mail-Adresse des Vollmachtgebers,**
- **Personalien des Bevollmächtigten,** also Familienname, Geburtsname, Vornamen, Geburtsdatum und Anschrift (Straße mit Hausnummer sowie Postleitzahl[4] mit Ort),
- **Telefonnummern des Bevollmächtigten,** insbesondere auch eine Mobil-Rufnummer,
- seitdem 1.1.2023 auch die **E-Mail-Adresse des Bevollmächtigten,**
- **Daten zur Vollmachtsurkunde,** also Datum der Errichtung und, soweit die Vollmachtsurkunde beurkundet oder beglaubigt wurde, die Urkundenverzeichnis-Nummer (seitdem 1.1.2022) und Jahresangabe samt Bezeichnung des Notars mit Anschrift seiner Geschäftsstelle,
- **Angaben, wozu die Vollmacht erteilt wurde,** also zB für **Vermögensangelegenheiten, Angelegenheiten der Gesundheitssorge** ggf. mit Umfassen von Maßnahmen nach § 1829 Abs. 1 S. 1 BGB, **Angelegenheiten der Aufenthaltsbestimmungen,** ggf. mit Umfassen von freiheitsentziehenden Maßnahmen nach § 1831 Abs. 1, 3 u. 4 BGB, **sonstige persönliche Angelegenheiten,**
- **besondere Anordnungen** zum Verhältnis mehrerer Bevollmächtigter untereinander und/oder zur medizinischen Versorgung,
- **Vorschlag der Person/en,** die das Amt des Betreuers ausüben soll(en),
- ab 1.1.2023 auch der **Widerspruch des Vollmachtgebers** gegen die ab 1.1.2023 ggf. mögliche **Vertretung durch den Ehegatten** nach § 1358 BGB nF mit den Daten zur Person des Widersprechenden.

II. Angaben bei Registrierung

3 Soll die Vollmacht im ZVR registriert werden, sind **Pflichtangaben** zur Registrierung mitzuteilen; das sind solche Angaben von Daten, die notwendig sind, damit die Person des Vollmachtgebers einwandfrei identifiziert werden kann, also:
- Vornamen/Familienname,
- Geschlecht,
- Geburtsdatum,
- Geburtsort sowie
- Anschrift des Vollmachtgebers.

---

[1] Arndt/Lerch/Sandkühler BNotO § 78a Rn. 5; ebenso: Diehn BNotO § 78a Rn. 5.
[2] Arndt/Lerch/Sandkühler BNotO § 78a Rn. 5; ebenso: Diehn BNotO § 78a Rn. 5.
[3] Schippel/Görk/Hushan BNotO § 78a Rn. 15.
[4] § 3 Abs. 3 S. 1 NotAktVV.

Mit diesen Pflichtangaben wird man in der Regel auch dann, wenn der Vollmachtgeber einen sehr häufig vorkommenden Familiennamen hat und dazu einen oft verwendeten Vornamen, genügend unterscheidende Merkmale registriert haben, um die Person des Vollmachtgebers identifizieren zu können. 4

Gleichwohl gibt es, wenngleich selten, auch Fälle, in denen registrierte Personen **verwechslungsfähig** sein können. Die unterschiedlichen Vollmachtgeber haben dann denselben Familiennamen und auch denselben Vornamen, zB den häufig vorkommenden Namen „Thomas Meyer". Wurden die Vollmachtgeber dann auch noch in derselben Großstadt geboren und am selben Tag und haben sich die Anschriften der Vollmachtgeber nach der Registrierung mehrfach verändert, könnte es bei der Identifizierung zu Verwechslungen kommen. Um dieses zu vermeiden, kann es im Einzelfall sinnvoll sein, zusätzlich als **fakultative Angabe** den Geburtsnamen des Vollmachtgebers oder seine E-Mail-Adresse mitzuteilen. 5

§ 2 Eintragungsantrag

(1) [1]**Die Eintragung erfolgt auf schriftlichen Antrag des Vollmachtgebers oder des einer Vertretung durch den Ehegatten Widersprechenden. [2]Der Antrag hat mindestens die Angaben nach § 1 Abs. 1 Nr. 1 Buchstabe a, c bis g zu enthalten. [3]Sollen auch Angaben über den Bevollmächtigten eingetragen werden, muss der Antrag zudem mindestens die Angaben nach § 1 Abs. 1 Nr. 2 Buchstabe a, c und e) enthalten. [4]Die Angaben nach § 1 Abs. 3 werden unabhängig von dem Antrag eingetragen.**

(2) [1]**Der Antrag kann auch im Wege der Datenfernübertragung gestellt werden, soweit die Bundesnotarkammer diese Möglichkeit eröffnet hat. [2]Die Bundesnotarkammer hat dem jeweiligen Stand der Technik entsprechende Maßnahmen zur Sicherstellung von Datenschutz und Datensicherheit nach den Artikeln 24, 25 und 32 der Verordnung (EU) 2016/679 des Europäischen Parlaments und des Rates vom 27. April 2016 zum Schutz natürlicher Personen bei der Verarbeitung personenbezogener Daten, zum freien Datenverkehr und zur Aufhebung der Richtlinie 95/46/EG (Datenschutz-Grundverordnung) (Abl. L 119 vom 4.5.2016, S. 1; L 314 vom 22.11.2016, S. 72; L 127 vom 23.5.2018, S. 2) zu treffen, die insbesondere die Vertraulichkeit und Unversehrtheit der Daten gewährleisten; im Falle der Nutzung allgemein zugänglicher Netze sind dem jeweiligen Stand der Technik entsprechende Verschlüsselungsverfahren anzuwenden.**

(3) [1]**In Zweifelsfällen hat die Bundesnotarkammer sich von der Identität des Antragstellers zu überzeugen. [2]Im Übrigen prüft sie die Richtigkeit der mit dem Antrag übermittelten Angaben nicht.**

I. Freiwillige Registrierung

Der Vollmachtgeber ist frei zu entscheiden, ob er seine Daten zur Sicherung des Erfolgs seiner Vorsorgevollmacht registrieren lässt oder nicht. Wünscht er die Registrierung, muss er wenigstens die Pflichtangaben für die Registrierung machen → § 1 VRegV Rn. 3. 1

Die Registrierung im ZVR setzt einen schriftlichen Antrag des Vollmachtgebers voraus (§ 2 Abs. 1 VRegV). Eine Papiermeldung genügt zwar, kann aber Risiko einer höheren Fehlerquelle sein.[1] Der Vollmachtgeber kann den Eintragungsantrag selbst im Internetportal unter www.vorsorgergister.de übermitteln. Hierzu muss er nur auf 2

[1] Diehn BNotO § 78a BNotO Rn. 13.

den Button „Privatperson zur Registrierung Ihrer privaten Vorsorgeurkunde" klicken, das Datum seiner Vorsorgeurkunde eingeben und anklicken, für welche Bereiche Vollmacht zur Erledigung erteilt ist und ob die Urkunde Anordnungen und Wünsche enthält. Dann sind die Daten des Erklärenden einzugeben und die Daten des Bevollmächtigten bzw. vorgeschlagenen Betreuers.

Sodann sind Angaben zur Zahlung zu machen und die Eingabe ist abzuschließen. Der Antragsteller erhält eine Eingabebestätigung.

3 Der Vorsorgende kann seine Registrierung auch über einen **institutionellen Nutzer** erledigen lassen. Unter dem institutionellen Nutzer wird eine Person oder Einrichtung verstanden, zu deren beruflicher, satzungsgemäßer oder gesetzlicher Tätigkeit es gehört, laufend Vorsorgeurkunden im Zentralen Vorsorgeregister zu registrieren. Institutionelle Nutzer sind somit insbesondere Notare, Rechtsanwälte, Notariatsverwalter, Betreuungsvereine sowie Betreuungsbehörden. Jeder institutionelle Nutzer erhält einen Benutzernamen sowie ein Kennwort und erhält dadurch einen Zugang zum Online-Bereich des Zentralen Vorsorgeregisters.

II. Prüfung der Identität des Antragstellers

4 Die BNotK prüft in der Regel die Identität des Antragsstellers nicht. Diese prüft sie nur, wenn ein Zweifelsfall vorliegt (§ 2 Abs. 3 VRegV). Zweifel können bspw. angebracht sein, wenn die Angaben zur Person des Bevollmächtigten gemeldet wurden und ungewöhnlich sind mit Blick auf das Alter, Wohnort oder der persönlichen Daten des Bevollmächtigten.[2]

III. Eintragungsantragsberechtige

5 Ein Bevollmächtigter hat kein eigenes Recht, die Vollmacht für den Vollmachtgeber oder die Betreuungsverfügung für den Erklärenden zu registrieren. Hätte er ein eigenes Recht, könnte er eine Registrierung auch gegen den Willen des Vollmachtgebers erledigen und den Vollmachtgeber in eine missliche Lage bringen, wenn dieser die Registrierung ausnahmsweise aus wichtigen Gründen nicht vornehmen lassen will. Dennoch kann der Vollmachtgeber sich der Hilfe des Bevollmächtigten bedienen, wenn er seine Vollmacht so weit erteilt, dass der Bevollmächtigte berechtigt ist, die Registrierung für ihn zu beantragen.

6 Der Vollmachtgeber kann sich darüber hinaus der Hilfe des Notars bedienen, der als Bote oder Vertreter bzw. institutioneller Nutzer tätig werden darf und die Eintragung beantragen kann.[3]

IV. Datenschutz

7 Wünscht der Vollmachtgeber die Registrierung im ZVR, so muss er die Pflichtangaben der notwendigen Daten (Vor- und Familienname, Geschlecht, Geburtsdatum, Geburtsort sowie Anschrift) mit Eintragungsantrag preisgeben und zur Speicherung gestatten.

8 Die Speicherung der Daten auch des Bevollmächtigten erfolgt nach Eintragungsbeantragung durch den Vollmachtgeber. Nach Eingang des Eintragungsantrags benachrichtigt die BNotK einen Bevollmächtigen, der nicht in die Speicherung der Daten zu seiner Person eingewilligt hat, schriftlich über die nach § 1 Abs. 1 Nr. 1

---

[2] Arndt/Lerch/Sandkühler BNotO § 78a BNotO Rn. 20.

[3] Görk DNotZ 2005, 87 (89); Armbrüster/Preuß/Rezori BNotO § 20a BeurkG Rn. 14.

Buchstaben a, c, g und insbesondere Nr. 2 bis 6 gespeicherten Daten. Unberührt bleibt Art. 14 der Verordnung (EU) 2016/679, wonach dem Bevollmächtigten gemäß dem Katalog in Art. 14 Abs. 1 und Abs. 2 DSGVO umfassend über die erhobenen Daten und deren Verarbeitung zu informieren ist, nach Art. 14 Abs 3 lit a) DSGVO innerhalb eines Monats nach der Datenerhebung. Unterliegen die Daten des Bevollmächtigten einem **Berufsgeheimnis,** scheidet eine Information der betroffenen Person durch den Geheimnisträger jedoch aus. Die Verschwiegenheitsverpflichtung wird nicht überwunden. Beim Notar bleibt also bspw. die Verschwiegenheit des § 18 BNotO bestehen und wiegt stärker.[4]

Nach § 5 Abs. 3) können die Daten auf schriftlichen Antrag des Bevollmächtigten 9
gelöscht werden. Deshalb ist es empfehlenswert zB vor der Beurkundung einer Vorsorgevollmacht darauf hinzuwirken, dass der Vollmachtgeber den Bevollmächtigten veranlasst, in die Speicherung der Daten vorab einzuwilligen.

§ 3 Vorschuss, Antragsrücknahme bei Nichtzahlung

(1) **Die Bundesnotarkammer kann die Zahlung eines zur Deckung der Gebühren hinreichenden Vorschusses verlangen. Sie kann die Vornahme der Eintragung von der Zahlung oder Sicherstellung des Vorschusses abhängig machen.**

(2) **Wird ein verlangter Vorschuss innerhalb angemessener Frist nicht gezahlt, gilt der Antrag als zurückgenommen. Die Frist sowie die Rechtsfolge der Fristversäumnis sind mit dem Verlangen des Vorschusses mitzuteilen. Die Frist darf 30 Tage nicht unterschreiten.**

Die BNotK darf in Ausübung eigenen Ermessens vom Antragsteller die Zahlung 1
eines **Kostenvorschusses** verlangen, der zur Deckung der Gebühren des Eintragungsverfahrens genügt (§ 3 Abs. 1 S. 1 VRegV). Sie muss dann mit der Anforderung auch die Frist zur Begleichung des Vorschussbetrags aufgeben. Die Frist darf 30 Tage nicht unterschreiten (§ 3 Abs. 2 VRegV). Mit der Anforderung ist auch die rechtliche Folge mitzuteilen, die sich ergibt, falls der Kostenvorschuss nicht gezahlt wird.

Wird der angeforderte Vorschuss **nicht** innerhalb der gesetzten Frist **bezahlt,** gilt 2
der Antrag auf Registrierung der Vorsorgevollmacht und/oder der Betreuungsverfügung (fiktiv) als zurückgenommen. Damit gilt der Eintragungsantrag als beseitigt. Es erfolgt keine Eintragung der Daten.

Die Anforderung eines Kostenvorschusses durch die BNotK steht in deren Ermes- 3
sen. Eine Ausübung des Ermessens zur **Nichtanforderung** eines Kostenvorschusses gegenüber antragstellenden Notaren und anderen Institutionellen Nutzern ist gängige Praxis, weil über diese Antragsteller die Gebühren grds. zuverlässig ausgeglichen werden und die Begleichung dann regelmäßig durch Lastschriftverfahren erledigt wird. Die BNotK übt ihr Ermessen derzeit so aus, dass ein Vollmachtgeber, der den Registrierungsantrag für sich privat erledigt und dabei nicht einen Bankeinzug der Registrierungsgebühr zulässt, vor Freischaltung der Registrierung den Eingang der angeforderten Gebühr abwartet. Private Nutzer sollten somit den Weg des Lastschriftverfahrens gestatten, denn dann erfolgt eine **sofortige Freischaltung** der bedeutsamen Registrierung und zudem fällt die Gebühr für die Registrierung pro registrierter Person 2,50 EUR günstiger aus -Nr. 35 GV VRegGebS.

[4] Flache/Salzmann, Praxishandbuch Datenschutz im Notariat, § 4 Rn. 21.

§ 4 Benachrichtigung des Bevollmächtigten

Nach Eingang des Eintragungsantrages hat die Bundesnotarkammer einen Bevollmächtigten, der nicht schriftlich in die Speicherung der Daten zu seiner Person eingewilligt hat, schriftlich über die nach § 1 Abs. 1 Nr. 1 Buchstabe a, c, g und Nr. 2 bis 6 gespeicherten Daten zu unterrichten. Artikel 14 der Verordnung (EU) 2016/679 bleibt unberührt.

I. Einwilligung vor der Speicherung

1 Das Einverständnis zur Speicherung der **Daten des Vollmachtgebers** mit den Pflichtdaten **liegt bereits in der Beantragung der Registrierung durch den Vollmachtgeber,** gleichgültig, ob er sie selbst beantragt, oder ein hierzu Bevollmächtigter des Vollmachtgebers den Antrag stellt und der Vollmachtgeber sich dies zurechnen lassen muss.

2 Sinnvoll ist, auch **die Daten des Bevollmächtigten** im ZVR zu speichern. Dann kann ein anfragendes Betreuungsgericht nach einer Trefferauskunft eilig Kontakt zur bevollmächtigten Person herstellen und sondieren, ob eine notwendige Betreuung unterbleiben soll. Hierzu bedarf es zum Schutz des Grundrechts auf informationelle Selbstbestimmung gem. Art. 1, 2 Abs. 1 GG[1] des Einverständnisses derjenigen Personen, deren Daten gespeichert werden. Die Speicherung der Daten des Bevollmächtigten/des möglichen künftigen Betreuers sind insoweit **bedeutsam** für die Sicherung eines Erfolges des Zwecks der Vorsorgevollmacht/der Betreuungsverfügung. Je schneller eine Speicherung erfolgt, desto eher tritt der Zeitpunkt der Sicherung ein. Die schnelle Registrierung kann vor allem bedeutsam sein, falls ein Vollmachtgeber plötzlich, sehr zeitnah nach Erteilung seiner Vollmacht, zB durch einen Unfall, handlungsunfähig würde. Ein längerer Zeitraum für die Beantragung und Registrierung könnte dazu führen, dass die notwendige Abfrage des Gerichts der Registrierung zuvorkäme, so dass die Abfrage ins Leere liefe.

II. Stillschweigende Genehmigung der Speicherung

3 Gemäß § 4 VRegV speichert das ZVR die Daten des Bevollmächtigten auch, wenn dieser nicht vorab seine schriftliche Einwilligung zur Speicherung erteilt hat, denn in vielen Fällen wird die Zustimmung des Bevollmächtigten nicht vorab thematisiert. Datenschutzrechtlich wird der Bevollmächtigte nach Eingang des Registrierungsantrags durch die BNotK eingebunden, indem die BNotK ihm die bereits eingespeicherten Daten, § 1 Abs. 1 Nr. 1 Buchstaben a, c, g und Nr. 2 bis 6, 8 schriftlich mitteilt.[2]

4 Verlangt der benachrichtigte Bevollmächtigte daraufhin nicht die Löschung seiner Daten oder die Änderung unrichtig gespeicherter Daten, genehmigt er still die Einspeicherung. Daneben ist die Datenschutzgrundverordnung, Art. 14, zu beachten, wenn die Daten des Bevollmächtigten nicht bei diesem erhoben worden sind. Dann nämlich hat der Verantwortliche, soweit er **keinem Berufsgeheimnis** unterliegen sollte, dem Bevollmächtigten **vor der Speicherung** informativ mitzuteilen: **Namen/Kontaktdaten des Verantwortlichen** und ggf. seines Vertreters, **Kontaktdaten des Datenschutzbeauftragten,** Zwecke/Rechtsgrundlage der Verarbei-

---

[1] Eylmann/Vaasen/Litzenburger BNotO § 78a Rn. 14; BVerfGE 65, 1 (43f.); 80, 367 (373); 84, 375 (379).

[2] Görk DNotZ 2005, 87 (91).

tung, Kategorien/Empfänger der Daten, Absichten zur Datenübermittlung an Empfänger in Drittländern oder internationalen Organisationen. Zusätzlich ist der Bevollmächtigte vom Verantwortlichen über Aspekte zu informieren, die ein transparentes Verfahren gewährleisten. Das sind die Dauer der Speicherung oder Kriterien für die Festlegung der Dauer, berechtigte Interessen bei Verarbeitungen und Datenübertragung zu Rechten auf Auskunft, Berichtigung, Löschung, Einschränkung der Verarbeitung zum Recht auf Widerruf einer Einwilligung bei bestimmten Verarbeitungen, zum Beschwerderecht bei einer Aufsichtsbehörde zu den Quellen – auch öffentlichen – der Daten, zur Anwendung und zum Verfahren automatisierter Entscheidungsfindungen (zB Profiling) sowie zu den Folgen eines solchen Verfahrens für den Bevollmächtigten. Die Informationen sind idR innerhalb eines Monats vorzunehmen – Art. 14 Abs. 3 lit. a DSGVO.

In seltenen Fällen wird eine bevollmächtige Person die Registrierung seiner Daten nicht wünschen, zB wenn sie Angehörigen des Vollmachtgebers aus dem Wege gehen will. Dann, oder auch, wenn die bevollmächtigte Person gar nicht gefragt wurde, ob sie mit einer Bevollmächtigung einverstanden ist, kann sie zumindest die Löschung der persönlichen Daten beantragen, vorausgesetzt, die bevollmächtigte Person selbst ist handlungsfähig. Ist sie dies nicht, könnten ihre Daten im Ausnahmefall möglicherweise zu Unrecht in das ZVR gespeichert bleiben. Dann läge ein Verstoß gegen das Recht auf informationelle Selbstbestimmung gem. Art. 1, 2 Abs. 1 GG der bevollmächtigen Person vor und diese könnte sich dem nicht mehr zur Wehr setzen. Die nachträgliche, schriftliche Unterrichtung der bevollmächtigten Person kann sich somit in seltenen Fällen als ungenügend erweisen, weil die Reaktionslosigkeit nicht zu einer Löschung der Daten führen kann. Dann wäre die Registrierung der Daten des Bevollmächtigten als unzulässig zu werten. Unbedenklich ist ein derartiger Umgang mit den Daten nicht.[3] 5

III. Gestaltungshinweise

Diese Problematik, wenn man sie nicht vernachlässigen will, kann von vornherein vermieden werden, indem der Notar oder Berater des Vollmachtgebers bzw. oder dieser selbst dafür sorgen, dass der Bevollmächtigte **vorab schriftlich einwilligt.** Bei den Papiermeldungen ist das so ohnehin vorgesehen, so dass der Bevollmächtigte zum Zeichen seines Einverständnisses mitunterschreiben kann. Dies ist sinnvoll, weil frühzeitig zu diesem Zeitpunkt sondiert wird, ob der Bevollmächtigte ggf. überhaupt Willens und in der Lage ist, später tätig zu werden. Lehnt der Bevollmächtigte ab, muss der Vollmachtgeber über eine andere Person nachdenken, die er ggf. bevollmächtigen kann. 6

Wenn der Bevollmächtigte bei der Vollmachtserteilung mit anwesend ist, könnte er mit einem Satz **in der Vollmacht sein Einverständnis zur Speicherung auch seiner Daten miterklären.** Geschieht dies bei einer beurkundeten Vollmacht, ist hierin keine Vereinbarung zum Innenverhältnis der Vollmacht zu sehen, so dass die Notargebühren sich nicht erhöhen. Dennoch zeigt die Dateneinwilligung des Bevollmächtigten, dass nicht nur die Datenspeicherung geschehen darf, sondern auch, dass der Bevollmächtigte die Vollmachtstellung zu diesem Zeitpunkt bereits ablehnt. 7

Ist der Bevollmächtigte bei der Vollmachtserteilung und/oder Betreuungsverfügung nicht anwesend, sollte der Vollmachtgeber/Erklärende den Bevollmächtigten **vor der** Vollmachtserteilung bzw. Errichtung der Betreuungsverfügung zumindest fragen, ob er mit der Bevollmächtigung und dem Vorschlag seiner Person als Betreuer einverstanden ist. Denn ohne ein Einverständnis wäre die Vollmachtserteilung bzw. der Vorschlag des Betreuers überflüssig, sogar schädlich, weil ein Gericht später Zeit 8

[3] Anders Diehn BNotO § 78a Rn. 15; Schippel/Bracker/Görk BNotO § 78a Rn. 25.

vergeuden würde, um einen Kontakt zu einer Person herzustellen, die von vornherein gar nicht die Absicht hat, den Anweisungen des Vollmachtgebers zu einer Durchsetzung zu verhelfen. Für den Vollmachtgeber empfiehlt sich somit, die (schriftliche) Zustimmung zur Speicherung der Daten auch des Bevollmächtigten/vorgeschlagenen Betreuers vorab einholen.

§ 5 Änderung, Ergänzung und Löschung von Eintragungen

(1) **Änderungen, Ergänzungen und Löschungen von Eintragungen erfolgen auf schriftlichen Antrag des Vollmachtgebers oder des einer Vertretung durch den Ehegatten Widersprechenden. § 2 Abs. 2, 3 und § 3 gelten entsprechend.**

(2) **Bei der Eintragung von Änderungen und Ergänzungen ist sicherzustellen, dass die bisherige Eintragung auf Anforderung erkennbar bleibt.**

(3) **Daten nach § 1 Abs. 1 Nr. 2 sind auch auf schriftlichen Antrag des Bevollmächtigten zu löschen. § 2 Abs. 2 und 3 gilt entsprechend.**

(4) **Eintragungen sind 110 Jahre nach der Geburt des Vollmachtgebers oder des einer Vertretung durch den Ehegatten Widersprechenden zu löschen.**

1 Besteht eine Registrierung, kann es nachträglich sinnvoll oder notwendig werden, den registrierten Inhalt zu ändern oder gar löschen zu lassen. Im Grundsatz nimmt die BNotK eine Änderungs- oder Löschungseintragung im ZVR nur vor, **wenn ein schriftlicher Antrag des Vollmachtgebers** oder des einer Vertretung durch den Ehegatten Widersprechenden vorliegt, § 5 Abs. 1 VRegV.

2 Durch die Verweise in § 5 Abs. 1 Satz 2 sowie Abs. 3 Satz 2 VRegV auf § 2 Abs. 3 VRegV gilt hinsichtlich der **Prüfung der Identität** des Antragstellers dasselbe, wie bei der Erstregistrierung → § 2 VRegV Rn. 4.

3 Anders als bei einer Ersteintragung ist bei einer bestehenden Eintragung ein Missbrauch durch Personen denkbar, die unbefugt Einfluss auf den Registerinhalt nehmen könnten. Deshalb prüft die BNotK – in eigenem Ermessen – bei nachträglichen Veränderungen ggf. die Identität des Antragstellers, insbesondere wenn ihr der Antragsteller nicht bereits als institutioneller Nutzer persönlich bekannt ist.[1]

4 Zur Identifizierung ist die Registrierungsnummer, die ursprünglich bei der Ersteintragung vergeben wurde, geeignet.[2] Dem ist zuzustimmen, denn die Registrierungsnummer wird **nur dem Vollmachtgeber** sowie ggf. der bevollmächtigten Person, wenn sie gem. § 4 VRegV benachrichtigt wird, mitgeteilt; zudem wird die Registernummer auch **nicht auf der ZVR-CARD** angegeben.

5 Erfolgt die Eintragung einer Ergänzung und/oder Abänderung zu einer bestehenden Registrierung, ist sicherzustellen, dass die **bisherigen** Eintragungen **erkennbar bleiben** (§ 5 Abs. 2 VRegV). Damit kann ein Betreuungsgericht die Historie der Eintragung nachvollziehen; dies kann bedeutsam für die Entscheidungsfindung sein, ob eine Betreuerbestellung möglicherweise obsolet sein kann.

6 Ist die Eintragung im ZVR **offensichtlich unrichtig,** darf die dies erkennende BNotK durch Korrektur- oder Ergänzungseintragung den Fehler beseitigen. Hierzu bedarf es keines schriftlichen Antrags auf Korrektur, weil bereits ein schriftlicher Antrag für die ursprüngliche – und korrekt gewollte – Eintragung vorlag.

---

[1] Arndt/Lerch/Sandkühler BNotO § 78a Rn. 23.

[2] Schippel/Bracker/Görk BNotO § 78a Rn. 31; Arndt/Lerch/Sandkühler BNotO § 7a Rn. 23.

Die **Löschung** einer Eintragung von Amts wegen gibt § 5 Abs. 4 VRegV zwingend vor. Sie hat **110 Jahre** nach der Geburt des Vollmachtgebers oder des einer Vertretung durch den Ehegatten Widersprechenden zu geschehen. Dieser Zeitraum wird für die meisten der Vollmachtgeber oder Betreuten oder einer Vertretung widersprechenden Ehegatten ausreichend sein. Aber es ist auch daran zu denken, dass Menschen vereinzelt auch älter als 110 Jahre alt werden können und dass künftig mit verbesserter Medizin und verbesserten Möglichkeiten noch höhere Lebensalter denkbar sind. Bei künftigen Modifizierungen der VRegV sollte der Gesetzgeber das angeordnete Löschungsdatum überprüfen. 7

§ 6 Auskunft an die Betreuungsgerichte, Landgerichte als Beschwerdegerichte und Ärzte

(1) **Die Auskunft aus dem Register erfolgt im Wege eines automatisierten Verfahrens auf Abruf, sofern die Bundesnotarkammer zuvor 1. für Ersuchen eines Betreuungsgerichts oder eines Landgerichts als Beschwerdegericht mit der jeweiligen Landesjustizverwaltung und 2. für Ersuchen eines Arztes mit der jeweils zuständigen Landesärztekammer schriftlich Festlegungen zu den technischen und organisatorischen Maßnahmen zur Gewährleistung des Datenschutzes und der Datensicherheit nach den Artikeln 24, 25 und 32 der Verordnung (EU) 2016/679 getroffen hat. § 2 Abs. 2 Satz 2 gilt entsprechend.**

(2) **Die Auskunft aus dem Register erfolgt auch auf schriftliches oder elektronisches Ersuchen des Betreuungsgerichts und des Landgerichts als Beschwerdegericht. Bei besonderer Dringlichkeit, insbesondere wenn die Bestellung eines vorläufigen Betreuers im Rahmen einer einstweiligen Anordnung in Betracht kommt, kann das Ersuchen auch fernmündlich gestellt werden. In jedem Fall haben das Betreuungsgericht und das Landgericht als Beschwerdegericht das Geschäftszeichen ihres Betreuungsverfahrens anzugeben.**

(3) **In den Fällen des Absatzes 2 erteilt die Bundesnotarkammer die Auskunft aus dem Register schriftlich oder elektronisch. Hierbei sind die erforderlichen Maßnahmen zu treffen, um die Authentizität des Ersuchens zu prüfen und die Vertraulichkeit der Auskunft zu gewährleisten.**

Wer Auskunft aus dem ZVR erhalten darf, ergibt sich aus § 78b Abs. 1 BNotO iVm § 6 Abs. 1 VRegV. Welche Gerichte konkret berechtigt sind, Auskunft zu erhalten, ergibt sich aus § 6 Abs. 2 VRegV. 1

Demnach darf die BNotK einem **Betreuungsgericht** gegenüber Auskunft erteilen, soweit das Betreuungsgericht **unter Angabe des Geschäftszeichens des Betreuungsverfahrens** konkret im Rahmen der Aufgabenerledigung handelt. Auch einem **Landgericht,** das **als Beschwerdeinstanz** in einer Betreuungssache unter Angabe des Geschäftszeichens des Betreuungsverfahrens anfragt, ist Auskunft zu erteilen. **Einem Arzt,** der eine Auskunft erbittet, ist nach Abs. 1 Nr. 2 ebenfalls die Auskunft zu gewähren. Das kann besonders bedeutsam sein, wenn bspw. ein verunfallter Patient ggf. bewusstlos und nicht ansprechbar behandelt werden muss, um einen Betreuer oder Bevollmächtigen ausmachen zu können. Voraussetzung für die erfolgreiche Auskunftsgewährung gegenüber dem Arzt ist, dass dieser zuvor mit der zuständigen Landesärztekammer und der BNotK schriftlich festgelegt hat, wie der Datenschutz und die Datensicherheit nach Art. 24, 25, 32 der Verordnung (EU) 2016/679 gewährleistet ist. Eine Auskunftsgewährung kann darüber hinaus sinnvoll sein, wenn ein Ehegatte seinen Widerspruch gegen die Ehegattenvertretung gem. § 1358 Abs. 3 Nr. 2a BGB nF kundgetan hat. Die Abfrage ist für den Arzt dann angezeigt, wenn er Zweifel daran hat, dass der Ehegatte seines Patienten mit der Ehegattenvertretung nach § 1358 Abs. 3 Nr. 2a BGB nF möglicherweise nicht einverstanden ist. Eine Pflicht zur Abfrage des Arztes hat der Gesetzgeber nicht geregelt. Sie hätte den Schutz für widersprechende Ehegatten erhöht, die keinesfalls von ihrem Ehegatten vertreten werden wollen. Königsweg wird daher die Erteilung einer Vorsorgevollmacht sein.

2 Landesrechtliche Vorschriften bleiben nach Art. 147 EGBGB unberührt, so dass **weitere Auskunftsberechtigte in Frage kommen,** soweit landesrechtlich Aufgaben des Betreuungsgerichts auf andere Stellen **als Gerichte** übertragen sind oder in Zukunft noch übertragen werden.

3 Mit dem Wegfall der §§ 1 und 36 LFGG gibt es solche landesrechtlichen Vorschriften auch in **Baden-Württemberg** nicht mehr.[1]

4 Sinnvoll ist die Neufassung des Abs. 2 zur Auskunftsberechtigung auf die Ärzte. Diese können sich nun ab dem 1.1.2023 zum entscheidenden Zeitpunkt über das Bestehen einer Betreuungsverfügung und/oder Vorsorgevollmacht informieren. Die Öffnung in diese Richtung sondierte die Bundesnotarkammer bereits 2013,[2] mit dem nötigen Erfolg. Erfreulich ist auch, dass eine noch weitergehende Öffnung der Auskunftsberechtigung in Bezug auf eine **registrierte Patientenverfügung** oder auch Betreuungsverfügung, unabhängig von der Eintragung einer Vollmacht, stattgefunden hat.

5 Ist die Angelegenheit **dringlich,** etwa weil die Bestellung eines **vorläufigen Betreuers** im Rahmen einer einstweiligen Anordnung in Betracht kommt, darf das Ersuchen auch fernmündlich gestellt werden (§ 6 Abs. 2 VRegV). Die Antwort erfolgt dagegen schriftlich oder elektronisch (§ 6 Abs. 3 VRegV), nicht jedoch fernmündlich. Bei einer fernmündlichen, dringlichen Anfrage wird die BNotK ggf. fernmündlich beim anfragenden Gericht rückfragen, um zu prüfen, ob die Anfrage auch tatsächlich vom betroffenen Gericht stammt. Dies genügt der Vorgabe in § 6 Abs. 3 S. 2 VRegV.[3]

§ 7 Protokollierung der Auskunftserteilungen

(1) **Die Zulässigkeit der Auskunftsersuchen prüft die Bundesnotarkammer nur, wenn sie dazu nach den Umständen des Einzelfalles Anlass hat. Für die Kontrolle der Zulässigkeit der Ersuchen und für die Sicherstellung der ordnungsgemäßen Datenverarbeitung protokolliert die Bundesnotarkammer alle nach § 6 erteilten Auskünfte elektronisch. Zu protokollieren sind**
1. die von der ersuchenden Stelle eingegebenen Daten,
2. das ersuchende Gericht und dessen Geschäftszeichen oder der ersuchende Arzt,
3. der Zeitpunkt des Ersuchens sowie
4. die übermittelten Daten.

(2) **Die Protokolle dürfen nur für Zwecke der Datenschutzkontrolle, der Datensicherung, der Sicherstellung eines ordnungsgemäßen Registerbetriebs und der Überprüfung durch die jeweils zuständige Landesärztekammer, ob die Voraussetzungen des § 78b Absatz 1 Satz 2 der Bundesnotarordnung eingehalten sind, verwendet werden. Zur Überprüfung, ob die Voraussetzungen des § 78b Absatz 1 Satz 2 der Bundesnotarordnung eingehalten sind, kann die jeweils zuständige Landesärztekammer auf der Grundlage der Protokolle Auskunft darüber verlangen, welche Auskünfte an einen Arzt erteilt worden sind. Ferner kann der Vollmachtgeber oder der**

[1] Gesetz zur Reform des Grundbuchwesens in BW v. 29.7.2010 mit Wirkung seit 1.1.2018, GBl. S. 555.

[2] Pressemitteilung der BNotK v. 28.10.2013.

[3] Arndt/Lerch/Sandkühler BNotK § 78a Rn. 32.

einer Vertretung durch den Ehegatten Widersprechende auf der Grundlage der Protokolle Auskunft darüber verlangen, welche Auskünfte aus dem Register erteilt worden sind. Satz 3 gilt entsprechend für den Bevollmächtigten, sofern Daten zu seiner Person gespeichert sind. Die Protokolle sind gegen zweckfremde Verwendung zu schützen.

(3) **Die Protokolle werden nach Ablauf des auf ihre Erstellung folgenden Kalenderjahres gelöscht. Die Landesärztekammer löscht Protokolle, die ihr nach Absatz 2 Satz 2 zur Verfügung gestellt worden sind, ein Jahr nach ihrem Eingang, sofern sie nicht für weitere, bereits eingeleitete Prüfungen benötigt werden.**

1 Erfolgte eine Auskunft aus dem ZVR, muss über diese elektronisch Protokoll geführt werden. Die elektronische Protokollierung ist **Pflicht** für die BNotK; sie ergibt sich aus § 7 Abs. 1 S. 2 VRegV. Mit der Protokollpflicht ist bezweckt, das Auskunftsverfahren kontrollieren zu konnen.

2 In das elektronische Protokoll sind die von der ersuchten Stelle eingegebenen **Daten** einzuspeichern, ebenso die Bezeichnung des um Auskunft ersuchenden **Betreuungsgerichts oder Landgerichts** als Beschwerdegericht, das **Geschäftszeichen** des Gerichts, der Name des Arztes, der um Auskunft ersucht, und jeweils der **Zeitpunkt der Anfrage** sowie **die Daten,** die übermittelt wurden (§ 7 Abs. 1 S. 2 VRegV). Wird eine Auskunft abgefragt und ergibt sie **keinen Treffer** – Fehlanzeige –, so ist auch die Fehlanzeige eine Auskunft und als solche zu protokollieren.[1]

3 Der **Vollmachtgeber** ist berechtigt, Auskunft darüber zu verlangen, **ob und wer** bezüglich der registrierten Daten eine Abfrage gestartet und welche Auskunft die BNotK ggf. aus dem ZVR erteilt hat (§ 7 Abs. 2 S. 2 VRegV). Dasselbe gilt für den **Bevollmächtigten,** soweit Daten auch zu seiner Person registriert sind. Die jeweilige **Landesärztekammer** kann auf der Grundlage der Protokolle Auskunft darüber verlangen, welche Auskünfte an welchen Arzt erteilt worden sind.

4 Ein gespeichertes Protokoll ist zu **löschen,** sobald das Kalenderjahr, dass auf die auf die Erstellung des Protokolls folgt, abgelaufen ist (§ 7 Abs. 3 S. 1 VRegV). Die Löschung erfolgt durch die BNotK oder, wenn das Protokoll sich zwecks stichprobenartiger Überprüfung beim BMJ befinden sollte, durch das BMJ.[2] Die Landesärztekammer löscht Protokolle, die ihr zur Verfügung gestellt worden sind, ein Jahr nach ihrem Eingang, sofern sie nicht für weitere, bereits eingeleitete Prüfungen benötigt werden.

§ 8 Aufbewahrung von Dokumenten

Die ein einzelnes Eintragungs- oder Auskunftsverfahren betreffenden Dokumente hat die Bundesnotarkammer fünf Jahre aufzubewahren. Die Aufbewahrungsfrist beginnt mit dem Schluss des Kalenderjahres, in dem die letzte Verfügung zur Sache ergangen ist oder die Angelegenheit ihre Erledigung gefunden hat. Nach Ablauf der Aufbewahrungsfrist sind die Dokumente zu vernichten.

1 Die 5-Jahresfrist **zur Vernichtung der Dokumente** beginnt mit dem Schluss des Kalenderjahres, in dem die letzte Verfügung zur Sache ergangen ist oder in dem die Angelegenheit ihre Erledigung gefunden hat.

2 Ereignis, das als Erledigung der Angelegenheit gilt, ist:
– Der Antragsteller hat seinen Registrierungsantrag **zurückgenommen,**

[1] Anrdt/Lerch/Sandkühler BNotO § 78a BNotO Rn. 34.
[2] Arndt/Lerch/Sandkühler BNotO § 78a BNotO Rn. 39.

- der Antragsteller **zahlte** den von der BNotK verlangten **Kostenvorschuss nicht,** obwohl die BNotK mit der Anforderung des Vorschusses auf die rechtlichen Folgen hingewiesen hatte und die Frist zur Zahlung 30 Tage nicht unterschritt, so dass gem. § 3 Abs. 2 S. 1 VRegV der Registrierungsantrag als zurückgenommen gilt (Fingierung),
- der Antragsteller beantragte die **Löschung** seines Antrages gem. § 5 Abs. 1 VRegV oder
- die BNotK löscht die Eintragung gem. § 5 Abs. 4 VRegV, weil sich das 110. Jahr nach der Geburt des betroffenen Vollmachtgebers verwirklicht hat,[1]
- die BNotK löscht die Daten nach Vorliegen eines schriftlichen Antrags eines Bevollmächtigten, § 5 Abs. 3 VRegV,
- die BNotK löscht die Eintragung gem. § 5 Abs. 4 VRegV, weil sich das 110. Jahr nach der Geburt des einer Vertretung durch den Ehegatten Widersprechenden verwirklicht hat.

§ 9 Betreuungsverfügungen, Patientenverfügungen

Im Zentralen Vorsorgeregister können auch Betreuungsverfügungen und Patientenverfügungen unabhängig von der Eintragung einer Vollmacht registriert werden. Die §§ 1 bis 8 gelten entsprechend.

1 Selbstbestimmende Vorsorge kann ein Vollmachtgeber treffen, indem er eine Vorsorgevollmacht errichtet. Innerhalb der Urkunde über die Vollmacht kann der Vollmachtgeber zugleich eine Betreuungsverfügung errichten und eine Person vorschlagen, die künftig im Ernstfall sein Betreuer sein soll. In der notariellen Praxis kommen kombinierte Vollmachtserteilungen und Betreuungsverfügungen vor. Inhalt der Urkunde ist oft auch eine General- und Vorsorgevollmacht mit Betreuungsverfügung sowie Patientenverfügung. Für die Registrierung der Vorsorgevollmacht und der Betreuungsverfügung ist dies nicht hinderlich.

2 Die Registrierung einer **isoliert** errichteten **Patientenverfügung** nach §§ 1827 f. BGB nF kommt nun ab dem 1.1.2023 in Betracht. Dies ergibt sich aus § 9 Abs. 1 VregV. Die Option zur isolierten Registrierungsmöglichkeit wurde auf Initiative des Bundesrates doch noch in das Gesetz aufgenommen.[1] Die gesetzliche Änderung bietet damit besonders Personen, die keinen geeigneten Bevollmächtigten benennen können, endlich sinnvoll die Möglichkeit, ihre ggf. privatschriftliche isolierte Patientenverfügung beim ZVR registrieren zu lassen. Ein behandelnder Arzt kann im Notfall mit einer nun ermöglichten Abfrage nach § 6 VRegVO nF zumindest Kenntnis von der Existenz der Patientenverfügung erreichen. Dies wird dazu führen können, das mehr Patientenverfügungen aufgefunden werden, weil bei einem Wissen von der Existenz gezielt nachgeforscht und gesucht werden kann.

3 Die Registrierung einer isolierten **Betreuungsverfügung** nach § 1816 Abs. 2 BGB nF kommt ab dem 1.1.2023 ebenfalls in Betracht. Nach § 285 FamFG nF soll ein Betreuungsgericht damit auch die Existenz einer isolierten Betreuungsverfügungen für eine Person abfragen. Erfolgt eine Abfrage mit einem Treffer, kann damit ggf. eine unnötige Betreuung erreicht werden. Der Erfolg hierfür hängt aber davon ab, dass das Betreuungsgericht die Auskunft auch einholt. Hierzu ist das Betreuungsgericht in der Regel verpflichtet ist und darf nach Ermessen nur in einem Ausnahmefall mit Vorliegen sachgerechter Gründe von einer Anfrage absehen.

---

[1] Vgl. Arndt/Lerch/Sandkühler BNotO § 78a Rn. 40.

[1] BReg, BtDruck 19/2445 (Gesetzentwurf), 442 f.; Schnellenbach/Normann-Scheerer/Loer BTPrax 2021, 83, 85.

9. Handelsgesetzbuch (HGB)

Vom 10. Mai 1897
(RGBl. S. 219)
Zuletzt geändert durch Art. 1 G zur Ergänzung der Regelungen zur Umsetzung der DigitalisierungsRL und zur Änd. weiterer Vorschriften vom 15. 7. 2022 (BGBl. I S. 1146)

(Auszug)

§ 1 HGB

(1) **Kaufmann im Sinne dieses Gesetzbuchs ist, wer ein Handelsgewerbe betreibt.**

(2) **Handelsgewerbe ist jeder Gewerbebetrieb, es sei denn, daß das Unternehmen nach Art oder Umfang einen in kaufmännischer Weise eingerichteten Geschäftsbetrieb nicht erfordert.**

I. Gegenstand, einzelkaufmännisches Unternehmen

1 **Kaufmann** im Sinne des § 1 HGB ist jeder, der ein Handelsgewerbe betreibt. Dazu gehören seit dem Handelsrechtsreformgesetz von 1998 auch sämtliche Handwerksbetriebe.[1] Handwerksbetriebe (Bäcker, Schuhmacher, Schneider, Glaser, etc.) erlangen bereits durch das Betreiben ihres Gewerbes, wenn es einen nach Art oder Umfang in kaufmännischer Weise eingerichteten Betrieb erfordert, Kaufmannseigenschaft (Abs. 2). Sie können sich aber auch von sich aus freiwillig in das Handelsregister eintragen lassen, falls ihr Unternehmen ein Kleingewerbebetrieb ist, dessen Unternehmen nach Art und Umfang einen in kaufmännischer Weise eingerichteten Geschäftsbetrieb nicht erfordert.

2 Ist es Aufgabe des Vorsorgebevollmächtigten, ein **einzelkaufmännisches Unternehmen,** bei dem der Inhaber ohne jegliche Haftungsbeschränkung persönlich die Haftung für die Erfüllung aller Verbindlichkeiten des Unternehmens trägt, fortzuführen, gelten vor allem wegen der Neuregelungen durch das MoPeG zunächst die allgemeinen Hinweise → Vorbemerkungen §§ 705 BGB Rn. 1,2 und 9, sowie hier nachstehend, insbesondere zur Erteilung schriftlicher Handlungsanweisungen, die Entscheidungen und Vorgaben des Vollmachtgebers enthalten.

II. Gestaltungshinweise

3 Je nach Umständen des Einzelfalls kann es **geboten** sein, neben der Erteilung einer Vorsorgevollmacht für alle privaten Angelegenheiten eine nach außen unbedingte und unbeschränkte Vorsorgevollmacht zu erteilen, wobei als Bevollmächtigter eine Person ausgewählt werden sollte, die über ausreichende Fachkunde, Erfahrung und das Vertrauen des Vollmachtgebers verfügt. Über die separate auch aus Nachweisgründen schriftlich zu fassende Handlungsanweisung an diesen Bevollmächtigten kann geregelt werden, in welchen Fällen oder auch in welcher Weise

[1] Baumbach/Hopt HGB § 1 Rn. 3; Heidel/Schall/J. Kessler HK-HGB § 1 Rn. 35.

und mit welchen inhaltlichen Vorgaben von der Vorsorgevollmacht (im unternehmerischen Bereich) Gebrauch zu machen ist.

4 Die Vorsorgevollmacht für den unternehmerischen Bereich kann insoweit dem **Ehegatten** oder volljährigen Kindern erteilt werden, es kann aber auch vorzuziehen sein, hier eine dritte Person, möglicherweise auch einen leitenden Angestellten des Unternehmens, zu bevollmächtigen. Inwieweit die Vorsorgevollmacht **Mitgesellschaftern** erteilt werden sollte, ist ebenfalls von den Umständen des Einzelfalls abhängig. Generell ist immer darauf zu achten, dass durch Erteilung der Vorsorgevollmacht, die zur umfassenden Interessenwahrung mit einem bestimmten Rechtskreis ermächtigt, keine Gegensätze zwischen den Interessen des Bevollmächtigten und denen des Vollmachtgebers entstehen.

5 Neben der umfassenden (General)Vollmacht ist auch eine **Spezialvollmacht** denkbar, bei welcher nach Jocher[2] folgende **Bereiche** genannt werden könnten:[3] Stimmrechtsausübung, Mitwirkung bei der Änderung des Gesellschaftsvertrages bis hin zu ihrer Auflösung, Entgegennahme von Leistungen und Erlösen der Gesellschaft (aber auch die Weiterleitung muss geregelt sein), Kontroll- und Einsichtsrechtsausübung, Umwandlungsmitwirkung, Vertretung der Personenhandelsgesellschaft in Registerfragen, Verfügung über die Beteiligung (wiederum mit Regelung der Verwendung der erhaltenden Gegenleistung). Der Bevollmächtigte sollte von den Beschränkungen des § 181 BGB befreit und zur Erteilung von Untervollmachten befugt sein. Unentgeltliche Verfügungen[4] zu untersagen, ist ungünstig, da eine Entgeltlichkeit nicht immer nachzuweisen ist und schon bei einer Teilentgeltlichkeit, die je nach der Vermögenslage sinnvoll oder erforderlich sein kann, nicht vollständig vorliegt, sodass ein generelles Verbot unentgeltlicher Verfügungen die Vollmachtsausübung im Ergebnis unmöglich machen kann. Alternativ sind weniger weitreichende Teilvollmachten für bestimmte Aufgaben, wie die Stimmrechtswahrnehmung, möglich.[5]

6 Wie auch für den Geltungsbereich der allgemeinen Vorsorgevollmacht ist hier für die **Form**ulierung der Vollmachtsurkunde dringend zu empfehlen, jeden Anschein einer bedingten Erteilung der Vollmacht zu vermeiden. Die Bevollmächtigung als solche ist vielmehr strikt von der schriftlichen Niederlegung von Handlungsanweisungen zu unterscheiden. Die Vollmachtsurkunde muss in einer von einer notariellen Vollmacht zu verlangenden Klarheit und Eindeutigkeit zwischen Innen- und Außenverhältnis trennen.[6]

7 Die Übernahme der Aufgabe als Vorsorgebevollmächtigter führt bei Einzelkaufleuten, bei denen der Inhaber unbeschränkt mit seinem gesamten Privatvermögen **haftet,** regelmäßig dazu, dass der Bevollmächtigte wegen bestehender persönlicher Haftungsrisiken, die durch von ihm umgesetzten Entscheidungen für das Vermögen des Vollmachtgebers entstehen, einen Ausschluss seiner persönlichen Haftung anstreben wird. Dies kann zB durch Umwandlung in ein Unternehmen mit gesetzlicher Haftungsbeschränkung erfolgen, → §§ 123 f. UmwG.

8 Der Vorsorgebevollmächtigte, dessen Handeln als Bevollmächtigter sich auf ein Einzelunternehmen oder die Stellung des Vollmachtgebers als Gesellschafter einer GbR, OHG oder als Komplementär bezieht, sollte unverzüglich prüfen, inwieweit für sein Tätigwerden eine Vermögensschadenhaftpflichtversicherung, angelehnt an die als **D&O Versicherung** (Directors- and Officers-Versicherung), die Unternehmen für Organe und leitende Angestellte abschließen können, abgeschlossen werden sollte. Eine D&O Versicherung ist eine Versicherung zugunsten Dritter, die ihrer Art

---

[2] Jocher notar 2014, 3 (9).

[3] Formulierungsvorschlag mit ähnlichem Inhalt: Baumann/Selzener RNotZ 2015, 605 (617).

[4] Zu ihnen auch Jocher notar 2014, 3 (9).

[5] Formulierungsvorschläge: Pröpper GmbH-StB 2004, 27 (28).

[6] OLG Frankfurt a. M. 20 W 278/11, ZEV 2012, 378; Jocher notar 2014, 3 (8).

nach zu den Berufshaftpflichtversicherungen zählt. Deckung besteht in derartigen Fällen bei Sorgfaltspflichtverletzungen oder ohne Vorsatz bzw. wissentlich vorgenommenen Pflichtverletzungen. Der Vorsorgebevollmächtigte hat wie ein anderer handelsrechtlich Bevollmächtigter oder Geschäftsführer die Sorgfalt eines ordentlichen und gewissenhaften Geschäftsleiters bei Wahrnehmung seiner Aufgaben zu erfüllen. Im Rahmen einer D&O Versicherung werden üblicherweise Vermögensschäden, die während der Versicherungsperiode verursacht wurden, versicherungsrechtlich gedeckt. Die Anwendung des Versicherungsproduktes „D&O Versicherung“ auf Vorsorgebevollmächtigte im unternehmerischen Bereich sollte nach den dazu bekannten allgemeinen Grundsätzen rechtlich möglich sein, ist aber dem Wortlaut nach gegenwärtig noch nicht in den am Markt befindlichen Versicherungsprodukten aufgeführt. Die Möglichkeit der Risikoabdeckung des Vorsorgebevollmächtigten durch den Abschluss einer D&O Versicherung sollte in den Handlungsempfehlungen des Vollmachtgebers ausdrücklich erwähnt sein. In die Handlungsempfehlung aufgenommen werden sollte auch der Hinweis, dass der Vollmachtgeber im Vorhinein sein Einverständnis dazu erklärt, dass eine solche Versicherung mit einem jährlichen Prämienaufwand in Höhe eines zu beziffernden Höchstbetrages dem unternehmerischen Vermögen des Vollmachtgebers entnommen werden darf.

III. Handlungsanweisungen

Unabhängig von der Form des Unternehmens sollte das **Innenverhältnis** zwischen dem Vollmachtgeber und dem Vorsorgebevollmächtigten geregelt werden. Hier gelten zunächst die gleichen Grundsätze, wie bei anderen Vorsorgebevollmächtigungen auch → § 662 BGB. Bei unternehmensbezogenen Vorsorgeregelungen sind solche Regelungen allerdings noch wichtiger, da es meist um relevante Fragen in Bezug auf ein erhebliches Vermögen geht. Sie werden „Handlungsanweisungen“ genannt. 9

Die wichtigste Frage ist regelmäßig, ob das Unternehmen beim Ausfall des Vollmachtgebers als handelnder Unternehmer oder Gesellschafter einer Personenhandelsgesellschaft **fortgeführt, eingestellt oder veräußert** werden soll.[7] Das wird wesentlich von der Größe des Unternehmens, seiner momentanen wirtschaftlichen Verfassung und der Bedeutung der **Person** des Unternehmers abhängen, wie auch von der Frage, ob das Unternehmen (dauerhaft) von dem Bevollmächtigten oder einer von diesem beauftragten Person geleitet werden kann. Da vieles nicht vorhergesehen werden kann, sollten die Handlungsanweisungen diesbezüglich weitgehend Leitlinien darstellen, die die Überlegungen des Vollmachtgebers bei Abfassung der Handlungsanweisungen widerspiegeln. In regelmäßigen Zeitabständen sollten diese Handlungsanweisungen deshalb unabhängig vom Bestand der Vorsorgevollmacht als solcher auf möglichen Änderungsbedarf hin überprüft werden. Sind die Anweisungen zu eng, muss der Bevollmächtigte ggf. seine Aufgabe beenden und eine Betreuung anregen, wenn er sich nicht mehr an sie halten möchte. Sonst kann ein Fehlverhalten vorliegen, welches zivilrechtliche Schadensersatzansprüche oder sogar strafrechtliche Verfolgung nach sich ziehen kann. Denkbar ist auch, für bestimmte grundlegende Entscheidungen (Veräußerung, Betriebsaufgabe, Investitionen, deren Finanzierung mehr als einen bestimmten Anteil des sonstigen Privatvermögens erfordert) eine vorherige schriftliche Information der nächsten Angehörigen (die im Todesfall Erben des Vollmachtgebers sind) vorzuschreiben, oder einen **zweiten Bevollmächtigten** zu benennen, der die Abweichungen von den Handlungsanweisungen genehmigen kann. Entsprechendes gilt sinngemäß, soweit sich die Vorsorgevollmacht auf das Handeln als Vertreter eines GmbH-Gesellschafters erstreckt. 10

[7] So auch Werner GmbHR 2013, 963 (966); Jocher notar 2014, 3 (7).

11 Im Übrigen können und sollten auch Fragen geregelt werden, welche die **Haftung** und **Vergütung** des Bevollmächtigten regeln. Zu den Kosten einer Haftpflichtversicherung analog D&O Versicherung → Rn. 8. Sollen **Gewinne** des Unternehmens an Angehörige **abgeführt** werden, sollte dies dem Bevollmächtigten ausdrücklich erlaubt bzw. sogar zur Stärkung der Stellung der Angehörigen vorgeschrieben werden, um den Bevollmächtigten durch solche unentgeltlichen Verfügungen, die er in Ausübung der Vollmacht für den Vollmachtgeber vornimmt, nicht dem Verdacht der Untreue auszusetzen.

§ 8a [Eintragungen in das Handelsregister; Verordnungsermächtigung]

(1) **Eine Eintragung in das Handelsregister wird wirksam, sobald sie in den für die Handelsregistereintragungen bestimmten Datenspeicher aufgenommen ist und auf Dauer inhaltlich unverändert in lesbarer Form wiedergegeben werden kann.**

1 Soweit eine Eintragung im Handelsregister bei **Personengesellschaften** wie der OHG oder der KG beispielsweise zur Erhöhung der Hafteinlagen oder dem Gesellschafterwechsel von der Gesellschafterstellung abhängt, **kann** der Vorsorgebevollmächtigte als Vertreter des Gesellschafters handeln. Das gilt jedoch **nicht** für Anmeldungen bei **Kapitalgesellschaften.** Hier ist ausschließlich der zum Zeitpunkt der Anmeldung im Handelsregister eingetragene Geschäftsführer oder Vorstand befugt, Anmeldungen zur Eintragung vorzunehmen. Soweit bei einer GmbH Gesellschafterbeschlüsse beurkundungspflichtig sind, handelt der Bevollmächtigte hier als Vertreter des Gesellschafters, nicht der Gesellschaft.

2 Durch Art. 51 des MoPeG wird die Registerpublizität auch der Eintragungen im Gesellschaftsregister und der zum Gesellschaftsregister eingereichten Unterlagen angeordnet; vgl. § 8b Abs. 2 Nr. 2a HGB nF.

§ 15 Publizität des Handelsregisters

(1) **Solange eine in das Handelsregister einzutragende Tatsache nicht eingetragen und bekanntgemacht ist, kann sie von demjenigen, in dessen Angelegenheiten sie einzutragen war, einem Dritten nicht entgegengesetzt werden, es sei denn, daß sie diesem bekannt war.**

(2) [1]**Ist die Tatsache eingetragen und bekanntgemacht worden, so muß ein Dritter sie gegen sich gelten lassen.** [2]**Dies gilt nicht bei Rechtshandlungen, die innerhalb von fünfzehn Tagen nach der Bekanntmachung vorgenommen werden, sofern der Dritte beweist, daß er die Tatsache weder kannte noch kennen mußte.**

(3) **Ist eine einzutragende und bekannt gemachte Tatsache unrichtig eingetragen, so kann sich ein Dritter demjenigen gegenüber, in dessen Angelegenheiten die Tatsache einzutragen war, auf die eingetragene Tatsache berufen, es sei denn, dass er die Unrichtigkeit kannte.**

(4) **Für den Geschäftsverkehr mit einer in das Handelsregister eingetragenen Zweigniederlassung eines Unternehmens mit Sitz oder Hauptniederlassung im Ausland ist im Sinne dieser Vorschriften die Eintragung und Bekanntmachung durch das Gericht der Zweigniederlassung entscheidend.**

(5) **Die Absätze 1 bis 3 sind nicht anzuwenden im Hinblick auf die im Registerblatt einer Kapitalgesellschaft eingetragenen Informationen über eine Zweigniederlassung der Gesellschaft im Ausland.**

Wird dem Bevollmächtigten **Prokura** im Sinne des § 48 HGB erteilt, ist diese vom Inhaber des Handelsgeschäfts auf elektronischem Wege zur Eintragung in das Handelsregister anzumelden (§ 53 Abs. 1 HGB). Gleiches gilt für das Erlöschen. Rechtsfolge der Eintragung ist wegen der Publizitätswirkung des Handelsregisters nach § 15 HGB, dass die dort eingetragene Prokura jeder Dritte gegen sich gelten lassen muss. Das bedeutet, dass der mittels einer Prokura Bevollmächtigte demjenigen, dem gegenüber er unter Berufung auf die Prokura handelt, darauf verweisen kann, Einsicht in das Handelsregister zu nehmen. Der Prokurist ist also nicht verpflichtet, sich selbst durch Vorlage des Handelsregisterauszuges auszuweisen, sondern die im Handelsregister eingetragene Prokura gilt „ohne weiteres" gegenüber Dritten. 1

Im Unterschied dazu muss der **Vorsorgebevollmächtigte** das Vorliegen und auch den Umfang der ihm erteilten Vorsorgevollmacht durch **Vorlage** der Vollmachtsurkunde nachweisen. Derjenige, dem gegenüber einer Vollmachtsurkunde im Original präsentiert wird, darf sich auf das Bestehen dieser Vollmacht verlassen. Widerruft der Vollmachtgeber die erteilte Vorsorgevollmacht, muss er die Urkunde auch einziehen, um Vollmachtsmissbrauch zu vermeiden. 2

§ 48 [Erteilung der Prokura; Gesamtprokura]

(1) **Die Prokura kann nur von dem Inhaber des Handelsgeschäfts oder seinem gesetzlichen Vertreter und nur mittels ausdrücklicher Erklärung erteilt werden.**

(2) **Die Erteilung kann an mehrere Personen gemeinschaftlich erfolgen (Gesamtprokura).**

Hat der in seiner Geschäftsfähigkeit vorübergehend eingeschränkte Unternehmer als Inhaber eines im Handelsregister eingetragenen Handelsgeschäfts einer anderen Person Prokura erteilt, so kann dieser Prokurist für das Unternehmen auch weiterhin uneingeschränkt als Bevollmächtigter tätig werden. Wer als Unternehmer Prokura erteilt hat, regelt damit ohnehin diejenigen Fälle, in denen er sein Unternehmen durch einen Bevollmächtigten vertreten lassen will. Die Prokura wird mit ihrer Erteilung sofort wirksam. Sie ist grundsätzlich nur im Innenverhältnis beschränkbar. Es ist denkbar, eine Prokura aus Vorsorgegründen **auf Vorrat** zu erteilen.[1] 1

§ 49 [Umfang der Prokura]

(1) **Die Prokura ermächtigt zu allen Arten von gerichtlichen und außergerichtlichen Geschäften und Rechtshandlungen, die der Betrieb eines Handelsgewerbes mit sich bringt.**

(2) **Zur Veräußerung und Belastung von Grundstücken ist der Prokurist nur ermächtigt, wenn ihm diese Befugnis besonders erteilt ist.**

Der als Kaufmann tätige Vollmachtgeber ist in seinen Möglichkeiten zur Vollmachtserteilung gegenüber dem allgemeinen Zivilrecht in keiner Weise eingeschränkt. Dafür spricht schon die Tatsache, dass nach § 12 Abs. 2 HGB für die elektronische Anmeldung von Tatsachen zum Handelsregister nach § 12 Abs. 1 Nr. 2 und 3 HGB auch andere Vollmachten als die Prokura oder die Handelsvollmacht nach HGB vorgesehen sind. Er ist allerdings als Prokurist im Sinne des § 49 HGB **nur** zu den Geschäften ermächtigt, **die der Betrieb** des Handelsgewerbes **mit sich bringt.** Die Vorsorgevollmacht, die nicht im Handelsregister eingetragen ist, ermächtigt den 1

[1] Lipp/Spalckhaver Vorsorgeverfügungen § 14 Rn. 120.

Bevollmächtigten dazu, den Vollmachtgeber in allen persönlichen und vermögensrechtlichen Angelegenheiten zu vertreten. Das umfasst auch die Vornahme von Handelsregisteranmeldungen, ohne dass das in der Vollmacht ausdrücklich erwähnt sein muss.[1] Die Vorsorgevollmacht geht im Umfang ihrer Anwendungsmöglichkeiten insofern weiter als die Prokura gem. § 49 HGB. Ein Vorteil der Prokura ist ihre Publizität.[2]

2 Hinsichtlich der **Personen,** denen der Vollmachtgeber Vollmacht erteilen möchte, ist er weder bei Erteilung einer Prokura im Sinne des § 48 HGB, noch bei der Erteilung einer Vorsorgevollmacht, die zwar ebenfalls mit Erteilung wirksam wird, aber nur für den Fall verwandt werden soll, dass er in seiner persönlichen Entscheidungsfähigkeit eingeschränkt ist, in irgendeiner Weise beschränkt. Es kann also jeder Volljährige und unbeschränkt Geschäftsfähige als Vorsorgebevollmächtigter eingesetzt werden. Im unternehmerischen Bereich setzt die Ausübung der Vorsorgevollmacht aber voraus, dass der Bevollmächtigte auch tatsächlich in der Lage ist, den ihn als Bevollmächtigten treffenden Aufgabenkreis sachgemäß und verantwortungsvoll zu erfüllen.

§ 53 [Anmeldung der Erteilung und des Erlöschens]

(1) **Die Erteilung der Prokura ist von dem Inhaber des Handelsgeschäfts zur Eintragung in das Handelsregister anzumelden. Ist die Prokura als Gesamtprokura erteilt, so muß auch dies zur Eintragung angemeldet werden.**

(2) **Das Erlöschen der Prokura ist in gleicher Weise wie die Erteilung zur Eintragung anzumelden.**

§ 54 [Handlungsvollmacht]

(1) **Ist jemand ohne Erteilung der Prokura zum Betrieb eines Handelsgewerbes oder zur Vornahme einer bestimmten zu einem Handelsgewerbe gehörigen Art von Geschäften oder zur Vornahme einzelner zu einem Handelsgewerbe gehöriger Geschäfte ermächtigt, so erstreckt sich die Vollmacht (Handlungsvollmacht) auf alle Geschäfte und Rechtshandlungen, die der Betrieb eines derartigen Handelsgewerbes oder die Vornahme derartiger Geschäfte gewöhnlich mit sich bringt.**

(2) **Zur Veräußerung oder Belastung von Grundstücken, zur Eingehung von Wechselverbindlichkeiten, zur Aufnahme von Darlehen und zur Prozeßführung ist der Handlungsbevollmächtigte nur ermächtigt, wenn ihm eine solche Befugnis besonders erteilt ist.**

(3) **Sonstige Beschränkungen der Handlungsvollmacht braucht ein Dritter nur dann gegen sich gelten zu lassen, wenn er sie kannte oder kennen mußte.**

1 Ist eine **Vorsorgevollmacht** als Generalvollmacht unbeschränkt erteilt, umfasst sie nach hier vertretener Ansicht **auch** die **Befugnis** zu allen in § 54 HGB genannten Handlungen, auch zu den nach Absatz 2 bei einer Handlungsvollmacht nach Absatz 1 ausgeschlossenen. Da eine andere Ansicht aber vertretbar ist,[1] wenn die Vollmacht anders ausgelegt wird, ist eine Klarstellung in der Vollmacht anzuraten.

---

[1] Heidel/Schall/Samsel/Ammon HK-HGB § 12 Rn. 32; OLG Karlsruhe 11 Wx 64/13, GmbHR 2014, 205 (205).

[2] Flesner DB 2011, 2362 (2367).

[1] Lipp/Spalckhaver Vorsorgeverfügungen § 14 Rn. 110.

§ 105 [Begriff der OHG; Anwendbarkeit des BGB]

(1) **Eine Gesellschaft, deren Zweck auf den Betrieb eines Handelsgewerbes unter gemeinschaftlicher Firma gerichtet ist, ist eine offene Handelsgesellschaft, wenn bei keinem der Gesellschafter die Haftung gegenüber den Gesellschaftsgläubigern beschränkt ist.**

(2) **Eine Gesellschaft, deren Gewerbebetrieb nicht schon nach § 1 Abs. 2 Handelsgewerbe ist oder die nur eigenes Vermögen verwaltet, ist offene Handelsgesellschaft, wenn die Firma des Unternehmens in das Handelsregister eingetragen ist. § 2 Satz 2 und 3 gilt entsprechend.**

(3) **Auf die offene Handelsgesellschaft finden, soweit nicht in diesem Abschnitt ein anderes vorgeschrieben ist, die Vorschriften des Bürgerlichen Gesetzbuchs über die Gesellschaft Anwendung.**

In der ab 1. 1. 2024 geltenden Fassung des § 105 HGB ist der bisherige Abs. 2 gestrichen und wird durch die hier wiedergegebene Fassung ersetzt: 1

(2) Die offene Handelsgesellschaft kann Rechte erwerben und Verbindlichkeiten eingehen.

Bezieht sich die Vorsorgevollmacht auf Unternehmensbeteiligungen, bei denen der Vollmachtgeber das Unternehmen nicht alleine betreibt, sondern gemeinsam mit anderem persönlich haftendem Gesellschafter ist, sind zunächst die für das **einzelkaufmännische Unternehmen** zu beachtenden Überlegungen entsprechend heranzuziehen. Zudem ist zu den Normen aus dem Recht der OHG (insbes. §§ 112–116, 127 und 132, 134 HGB) auf die Kommentierung der entsprechenden Vorschriften zur GbR **(§§ 705 ff. BGB)** zu verweisen. 2

Daraus ergibt sich, dass die Gesellschafter einer Personengesellschaft dem Auftreten eines Vorsorgebevollmächtigten nur dann widersprechen können, wenn ihnen das Hinnehmen dieser Vollmacht unter Abwägung aller Interessen unzumutbar ist. Sie müssen ferner zustimmen, wenn das Fortbestehen der Gesellschaft andernfalls ernstlich bedroht wäre. Zu weiteren Einzelheiten § 705 Rn. 4.

Die Mitgesellschafter sind insbesondere dann, wenn die Bevollmächtigung eines Mitgesellschafters zu einem Interessenkonflikt mit den Interessen des Vollmachtgebers führen kann – was bei sorgfältiger Prüfung in zahlreichen Fällen gegeben sein dürfte –, verpflichtet, die Zustimmung zu einer derartigen unternehmensbeteiligungsbezogenen Vorsorgevollmacht zu erteilen.[1] 3

§ 161 [Begriff der KG; Anwendbarkeit der OHG-Vorschriften]

(1) **Eine Gesellschaft, deren Zweck auf den Betrieb eines Handelsgewerbes unter gemeinschaftlicher Firma gerichtet ist, ist eine Kommanditgesellschaft, wenn bei einem oder bei einigen von den Gesellschaftern die Haftung gegenüber den Gesellschaftsgläubigern auf den Betrag einer bestimmten Vermögenseinlage beschränkt ist (Kommanditisten), während bei dem anderen Teile der Gesellschafter eine Beschränkung der Haftung nicht stattfindet (persönlich haftende Gesellschafter).**

(2) **Soweit nicht in diesem Abschnitt ein anderes vorgeschrieben ist, finden auf die Kommanditgesellschaft die für die offene Handelsgesellschaft geltenden Vorschriften Anwendung.**

---

[1] BGH II ZR 14/68, NJW 1970, 706.

1 Ist der Vollmachtgeber **Komplementär** (persönlich haftender Gesellschafter) einer Kommanditgesellschaft wird für die Fragen der Geltungsvoraussetzungen einer Vorsorgevollmacht auf die Ausführungen zum Einzelunternehmen bzw. zu den **Personengesellschaften** (GbR oder OHG) verwiesen.

2 In Abhängigkeit von den Besonderheiten des Einzelfalls, insbesondere unternehmensbezogenen Risiken und der Dauer der mutmaßlichen Ausübung der Vorsorgevollmacht für den Vollmachtgeber, kann es bei der **Gestaltung** empfehlenswert sein, mit den Mitgesellschaftern die **Umwandlung** der Stellung des persönlich haftenden Gesellschafters in die Rechtsstellung eines Kommanditisten zu vereinbaren. Der Kommanditist haftet den Gläubigern nur bis zur Höhe seiner Einlage, die in diesem Fall dann nach Maßgabe des Einlagekontos aus dem letzten Jahresabschluss fixiert werden müsste. Hier ist allerdings zu beachten, dass wegen § 160 Abs. 3 HGB der Gesellschafter (also der vom Vorsorgebevollmächtigten vertretene Vollmachtgeber) für die Dauer von fünf Jahren ab Eintragung der Gesellschafterstellungsänderung im Handelsregister noch für zum Zeitpunkt der Eintragung bestehende Verbindlichkeiten haftet. Die Umwandlung der Stellung eines persönlich haftenden Gesellschafters in diejenige eines Kommanditisten wirkt also nur für die Zukunft. In derartigen Fällen ist eine allerdings gegenüber den Mitgesellschaftern nicht erzwingbare Änderung der Rechtsstellung des Gesellschafters zu empfehlen.

3 Haftungsfragen für die Kommanditgesellschaft sind im Rahmen der Änderungen des HGB durch das MoPeG sinngemäß entsprechend wie die für die Gesellschaft bürgerlichen Rechts künftig geltenden Regelungen neu geregelt worden, → § 737 Rn. 1, 2.

10. Gesetz betreffend die Gesellschaften mit beschränkter Haftung (GmbHG)

in der Fassung der Bekanntmachung vom 20. Mai 1898
(RGBl. S. 846)

Zuletzt geändert durch Art. 5, 6 G zur Ergänzung der Regelungen zur Umsetzung der DigitalisierungsRL und zur Änd. weiterer Vorschriften vom 15.7.2022 (BGBl. I S. 1146)

– Auszug –

Abschnitt. 1 Errichtung der Gesellschaft

§ 2 Form des Gesellschaftsvertrags

(1) [1]**Der Gesellschaftsvertrag bedarf notarieller Form.** [2]**Er ist von sämtlichen Gesellschaftern zu unterzeichnen.**

(1a) [1]**Die Gesellschaft kann in einem vereinfachten Verfahren gegründet werden, wenn sie höchstens drei Gesellschafter und einen Geschäftsführer hat.** [2]**Für die Gründung im vereinfachten Verfahren ist das in Anlage 1 bestimmte Musterprotokoll zu verwenden.** [3]**Darüber hinaus dürfen keine vom Gesetz abweichenden Bestimmungen getroffen werden.** [4]**Das Musterprotokoll gilt zugleich als Gesellschafterliste.** [5]**Im Übrigen finden auf das Musterprotokoll die Vorschriften dieses Gesetzes über den Gesellschaftsvertrag entsprechende Anwendung.**

(2) [1]**Die Unterzeichnung durch Bevollmächtigte ist nur auf Grund einer notariell errichteten oder beglaubigten Vollmacht zulässig.** [2]**Die notarielle Errichtung der Vollmacht kann auch mittels Videokommunikation gemäß den §§ 16a bis 16e des Beurkundungsgesetzes erfolgen.**

(3) [1]**Die notarielle Beurkundung des Gesellschaftsvertrags kann im Fall einer Gründung ohne Sacheinlagen auch mittels Videokommunikation gemäß den §§ 16a bis 16e des Beurkundungsgesetzes erfolgen.** [2]**In diesem Fall genügen abweichend von Absatz 1 Satz 2 für die Unterzeichnung die qualifizierten elektronischen Signaturen der mittels Videokommunikation an der Beurkundung teilnehmenden Gesellschafter.** [3]**Sonstige Willenserklärungen, welche nicht der notariellen Form bedürfen, können mittels Videokommunikation gemäß den §§ 16a bis 16e des Beurkundungsgesetzes beurkundet werden; sie müssen in die nach Satz 1 errichtete elektronische Niederschrift aufgenommen werden.** [4]**Satz 3 ist auf einstimmig gefasste Beschlüsse entsprechend anzuwenden.** [5]**Die Gründung mittels Videokommunikation kann auch im Wege des vereinfachten Verfahrens nach Absatz 1a oder unter Verwendung der in Anlage 2 bestimmten Musterprotokolle erfolgen.** [6]**Bei Verwendung der in Anlage 2 bestimmten Musterprotokolle gilt Absatz 1a Satz 3 bis 5 entsprechend.**

§ 2 regelt die formellen Voraussetzungen für den Abschluss eines Gesellschafts- **1**
vertrages. Dieser kann ausschließlich von sämtlichen Gesellschaftern in notariell beurkundeter Form abgeschlossen werden. Nach § 2 Abs. 1 S.2 ist der Gesellschafts-

vertrag von sämtlichen Gründungsgesellschaftern zu unterzeichnen. Die beurkundungsrechtlichen Details sind in §§ 6ff. BeurkG geregelt. Eine gleichzeitige Anwesenheit beim Notar ist nicht erforderlich.[1] Entsteht eine GmbH aus einer anderen Rechtsform durch Umwandlung, so gelten die speziellen Vorschriften des Umwandlungsrechts, die für die Verschmelzung durch Neugründung, die Spaltung zur Neugründung und den Formwechsel auf die Gründungsvorschriften des neuen Rechtsträgers oder der neuen Rechtsform verweisen.[2]

2 Der Gesellschaftsvertrag kann auch durch einen Bevollmächtigten abgeschlossen werden. Der Bevollmächtigte der Gründer benötigen hierzu eine notariell beurkundete oder beglaubigte Vollmacht. Der Beglaubigungsvermerk des Notars muss den Vollmachtgeber in einer solch individualisierten Weise ausweisen, dass das Registergericht hinreichend sicher feststellen kann, dass der vertretene Gesellschafter und nicht etwa ein namensgleicher Dritter die Vollmacht erteilt hat.[3]

3 Zuständig zur Beglaubigung sind im Inland Notare,[4] im Ausland deutsche Konsularbeamte; uU kann auch die Beglaubigung durch einen ausländischen Notar genügen. § 7 Abs. 1 BtOG begründet die Beglaubigungskompetenz der Betreuungsbehörde nicht nur für unter einem Vorsorgeaspekt erteilte Generalvollmachten, sondern für alle Vollmachten, die von einer natürlichen Person erteilt werden. Die Beglaubigung durch die Betreuungsbehörde ist jedoch praxisuntauglich; dies gilt insbesondere auch vor dem Hintergrund, dass die Beglaubigungswirkung auf die Lebzeiten des Vollmachtgebers begrenzt ist (§ 7 Abs. 1 S. 2 BtOG). Im Gesellschaftsrecht sind daher als Vorsorgeurkunden künftig nur die gemäß § 7 Abs. 1 S. 3 BtOG „unberührt" bleibenden notariellen Vollmachten zu empfehlen.[5]

4 Die Gründung einer GmbH ist auch durch den gesetzlichen Vertreter eines nicht unbeschränkt Geschäftsfähigen bzw. ein Betreuer möglich. Diese benötigen für das Errichtungsgeschäft regelmäßig eine familien- bzw. betreuungsgerichtliche Genehmigung gem. § 1852 BGB.[6] Bei einer Mehrpersonengründung ist das Errichtungsgeschäft bis zur Genehmigung schwebend unwirksam. Fehlt die Genehmigung oder hat ein beschränkt Geschäftsfähiger bzw. ein unter Einwilligungsvorbehalt stehender Betreuter ohne Mitwirkung des gesetzlichen Vertreters dagegen eine Einpersonengründung vorgenommen, so ist das Errichtungsgeschäft nichtig.[7]

§ 3 Inhalt des Gesellschaftsvertrags

(1) **Der Gesellschaftsvertrag muß enthalten:**

1. die Firma und den Sitz der Gesellschaft,
2. den Gegenstand des Unternehmens,
3. den Betrag des Stammkapitals,
4. die Zahl und die Nennbeträge der Geschäftsanteile, die jeder Gesellschafter gegen Einlage auf das Stammkapital (Stammeinlage) übernimmt.

(2) **Soll das Unternehmen auf eine gewisse Zeit beschränkt sein oder sollen den Gesellschaftern außer der Leistung von Kapitaleinlagen noch andere Verpflichtungen gegenüber der Gesellschaft auferlegt werden, so bedürfen auch diese Bestimmungen der Aufnahme in den Gesellschaftsvertrag.**

---

1 Henssler/Strohn GesR/Schäfer GmbHG § 2 Rn. 13.
2 Altmeppen GmbHG § 2 Rn. 3.
3 BeckOK GmbHG/C. Jaeger, 51. Ed. 1.3.2022, GmbHG § 2 Rn. 21.
4 Noack/Servatius/Haas/Servatius GmbHG § 2 Rn. 20.
5 Herrler GesR/Everts § 21. Minderjährige, Genehmigung, Vollmachten Rn. 97; Müller-Engels DNotZ 2021, 84 (91f.).
6 BeckOGK/Schöpflin, 1.6.2022, BGB § 1822 Rn. 44.
7 Noack/Servatius/Haas/Servatius GmbHG § 2 Rn. 25.

§ 3 unterscheidet zwischen notwendigen Inhalt des Gesellschaftsvertrages („muss") und freiwilligen Inhalt des Gesellschaftsvertrages. § 3 Abs. 2 normiert fakultative Gestaltungen, die, sofern eine derartige Regelung (Befristung oÄ) beabsichtigt ist, wiederum notwendiger Inhalt sind. Darüber hinaus gehende Regelungen können in den Gesellschaftsvertrag aufgenommen werden. Fehlen diese oder werden diese Regelungen nicht im Gesellschaftsvertrag geregelt, steht dies der Wirksamkeit der Regelung nicht entgegen. Außerhalb des Gesellschaftsvertrages stehen schuldrechtliche Nebenabreden. Die Angaben des § 3 Abs. 1 müssen im Gesellschaftsvertrag zwingend selbst enthalten sein.[1] Bei späteren Satzungsänderungen können nur die Angaben in § 3 Abs. 1 Nr. 4 entfallen. Die Angaben nach § 3 Abs. 1 Nr. 1–3 sind zwingend dauerhafter Bestandteil des Gesellschaftsvertrages.[2] **1**

Regelungen zur Vertretung der Gesellschafter sowie zur Vorsorge sind nicht zwingender Bestandteil im Sinne des § 3. Es ist jedoch sinnvoll entsprechende Regelungen zur Vorsorge für den Fall der Handlungsunfähigkeit zu treffen, um eine Betreuerbestellung zu vermeiden.[3] Zur Sicherung der Interessen der Gesellschaft sowie der Gesellschafter kann der Gesellschaftsvertrag auch eine Verpflichtung zur Erteilung von Vorsorgevollmachten und zur Vorlage der Vorsorgevollmacht an die Mitgesellschafter vorsehen.[4] **2**

Die Vollmacht im unternehmerischen Bereich sollte als transmortale Vollmacht ausgestaltet werden und rein vorsorglich durch eine auf die Gesellschaft bezogene Betreuungsverfügung ergänzt werden.[5] Hierdurch kann der Fall der auftretenden Handlungsunfähigkeit/Geschäftsunfähigkeit eines Gesellschafters wirksam aufgefangen werden. Etwaige Handlungsanweisungen an den Bevollmächtigten sollen auch im unternehmerischen Bereich ausschließlich dem Innenverhältnis überlassen werden.[6] Im Außenverhältnis sollte die Vollmacht jedoch unbeschränkte Gültigkeit haben, um volle Wirkung entfalten zu können.[7] Grundsätzlich kann jede (Vorsorge-) Vollmacht auch im unternehmerischen Bereich eingesetzt werden, solange die Form des § 12 HGB (öffentlich beglaubigte Form) erfüllt ist. **3**

Eine Verpflichtung zur Erteilung einer Vorsorgevollmacht kann jedoch nur dann von Nutzen sein, wenn der Bevollmächtigte die entsprechenden Qualifikationen aufweist und über das unternehmerische Know-How verfügt, ansonsten ist im Vergleich zur Betreuung nicht viel gewonnen. Es ist daher empfehlenswert die Unternehmens-(Vorsorge-)Vollmacht getrennt von der eigentlichen (Vorsorge-)Vollmacht zu erteilen,[8] wobei in beiden Vollmachten ausdrücklich der Kompetenzrahmen zu regeln ist. So wäre klarzustellen, dass die private (Vorsorge-)Vollmacht[9] die Vertretung in allen Angelegenheiten unternehmerischer Tätigkeiten, einschließlich der Beteiligung an Gesellschaften, nicht umfasst. **4**

Die unternehmerische (Vorsorge-)Vollmacht sollte eine weitestmöglichen Vertretung in allen unternehmerischen und gesellschaftsrechtlichen Belangen ermöglich, die Befreiung von § 181 BGB vorsehen und lediglich wenige exemplarische Regelbeispiel enthalten. Hierzu gehören: **5**

---

[1] OLG Frankfurt a. M. 20 W 370/80, BB 1981, 694f.

[2] BeckOK GmbHG/C. Jaeger, 51. Ed. 1.3.2022, GmbHG § 3 Rn. 2.

[3] Heckschen NZG 2012, 10; Wedemann ZIP 2013, 1508.

[4] Horn/Hölscher NotF Vorsorgevollmachten § 3 Rn. 77ff.

[5] Hauschild/Kallrath/Wachter Notar-HdB § 30 Der alternde Unternehmer Rn. 11.

[6] Herrler GesR/Everts § 21. Minderjährige, Genehmigung, Vollmachten Rn. 69; aA. Langenfeld ZEV 2005, 52.

[7] Hauschild/Kallrath/Wachter Notar-HdB § 30 Der alternde Unternehmer Rn. 1.

[8] Hauschild/Kallrath/Wachter Notar-HdB § 30 Der alternde Unternehmer Rn. 13.

[9] Herrler GesR/Everts § 21. Minderjährige, Genehmigung, Vollmachten Rn. 70.

- Ausübung sämtlicher Gesellschafterrechte, insbesondere die Stimmrechtsausübung, einschließlich Abstimmungen zu Gesellschaftsvertrags-Änderungen sowie über die Auflösung des Unternehmens,
- die Ausübung von Informations- und Kontrollrechten,
- das Recht, über die Beteiligung ganz oder teilweise zu verfügen und
- das Recht zur Vertretung gegenüber Gerichten und Behörden, insbesondere bei Handelsregisteranmeldungen.[10]

6 Außerhalb des Gesellschaftsvertrages sollte geregelt werden, welche konkreten Anforderungen an die Person des Bevollmächtigten für den unternehmerischen Bereich zu stellen sind. Dabei sollte der Kreis der potenziellen Bevollmächtigten möglichst präzise festgelegt werden. So kann er etwa auf Personen beschränkt werden, auf die der Gesellschaftsanteil ohne Zustimmung der Mitgesellschafter übertragen werden kann oder auf die nachfolgeberechtigten Erben.[11]. Die Regelung sollte in einer vom Gesellschaftsvertrag separaten Vereinbarung geregelt werden, damit im Falle veränderter Tatsachen eine Änderung des Anforderungsprofils leichter möglich ist.[12]

7 Um sicherzustellen, dass die Mitgesellschafter sich an ihre gesellschaftsvertraglich vereinbarten Verpflichtungen halten, sollte ein Verstoß sanktionierbar und kontrollierbar sein.[13] Bei der GmbH kann zunächst im Gesellschaftsvertrag für diesen Fall die Möglichkeit zur zwangsweisen Einziehung vorgesehen werden (§ 34 GmbHG). Daneben kommen auch die zwangsweise Abtretung des Geschäftsanteils sowie die Ausschließung des Gesellschafters in Betracht.

§ 6 Geschäftsführer

(1) **Die Gesellschaft muß einen oder mehrere Geschäftsführer haben.**

(2) [1]**Geschäftsführer kann nur eine natürliche, unbeschränkt geschäftsfähige Person sein.** [2]**Geschäftsführer kann nicht sein, wer**

1. als Betreuter bei der Besorgung seiner Vermögensangelegenheiten ganz oder teilweise einem Einwilligungsvorbehalt (§ 1825 des Bürgerlichen Gesetzbuchs) unterliegt,

2. aufgrund eines gerichtlichen Urteils oder einer vollziehbaren Entscheidung einer Verwaltungsbehörde einen Beruf, einen Berufszweig, ein Gewerbe oder einen Gewerbezweig nicht ausüben darf, sofern der Unternehmensgegenstand ganz oder teilweise mit dem Gegenstand des Verbots übereinstimmt,

3. wegen einer oder mehrerer vorsätzlich begangener Straftaten

a) des Unterlassens der Stellung des Antrags auf Eröffnung des Insolvenzverfahrens (Insolvenzverschleppung),

b) nach den §§ 283 bis 283d des Strafgesetzbuchs (Insolvenzstraftaten),

c) der falschen Angaben nach § 82 dieses Gesetzes oder § 399 des Aktiengesetzes,

d) der unrichtigen Darstellung nach § 400 des Aktiengesetzes, § 331 des Handelsgesetzbuchs, § 313 des Umwandlungsgesetzes oder § 17 des Publizitätsgesetzes oder

e) nach den §§ 263 bis 264a oder den §§ 265b bis 266a des Strafgesetzbuchs zu einer Freiheitsstrafe von mindestens einem Jahr verurteilt worden ist; dieser Ausschluss gilt für die Dauer von fünf Jahren seit der Rechts-

---

[10] Herrler GesR/Everts § 21. Minderjährige, Genehmigung, Vollmachten Rn. 71.

[11] Baumann/Selzener RNotZ 2015, 605(612).

[12] Baumann/Selzener RNotZ 2015, 605 (612).

[13] Horn/Hölscher NotF Vorsorgevollmachten, § 3 Rn. 83.

kraft des Urteils, wobei die Zeit nicht eingerechnet wird, in welcher der Täter auf behördliche Anordnung in einer Anstalt verwahrt worden ist.

[3]Satz 2 Nummer 2 gilt entsprechend, wenn die Person in einem anderen Mitgliedstaat der Europäischen Union oder einem anderen Vertragsstaat des Abkommens über den Europäischen Wirtschaftsraum einem vergleichbaren Verbot unterliegt. [4]Satz 2 Nr. 3 gilt entsprechend bei einer Verurteilung im Ausland wegen einer Tat, die mit den in Satz 2 Nr. 3 genannten Taten vergleichbar ist.

(3) **[1]Zu Geschäftsführern können Gesellschafter oder andere Personen bestellt werden. [2]Die Bestellung erfolgt entweder im Gesellschaftsvertrag oder nach Maßgabe der Bestimmungen des dritten Abschnitts.**

(4) **Ist im Gesellschaftsvertrag bestimmt, daß sämtliche Gesellschafter zur Geschäftsführung berechtigt sein sollen, so gelten nur die der Gesellschaft bei Festsetzung dieser Bestimmung angehörenden Personen als die bestellten Geschäftsführer.**

(5) **Gesellschafter, die vorsätzlich oder grob fahrlässig einer Person, die nicht Geschäftsführer sein kann, die Führung der Geschäfte überlassen, haften der Gesellschaft solidarisch für den Schaden, der dadurch entsteht, dass diese Person die ihr gegenüber der Gesellschaft bestehenden Obliegenheiten verletzt.**

Es ist notwendig, dass eine GmbH einen oder mehrere Geschäftsführer hat. **1**
Absatz 2 regelt die notwendigen persönlichen Voraussetzungen, die der Geschäftsführer erfüllen muss, und welche Umstände zum Ausschluss vom Amt des Geschäftsführers führen. In der GmbH können nur natürliche, unbeschränkt Geschäftsfähige zum Geschäftsführer bestellt werden. Geschäftsunfähige oder beschränkt geschäftsfähige können nicht zum Geschäftsführer bestellt werden. Dies gilt auch dann, wenn die Zustimmung des gesetzlichen Vertreters nach §§ 112, 113 BGB vorliegt.[1]

Ein geschäftsfähiger Betreuter kann solange Geschäftsführer einer GmbH sein, wie **2**
er nicht ganz oder teilweise einem Einwilligungsvorbehalt unterliegt.[2] Verliert der Geschäftsführer später seine unbeschränkte Geschäftsfähigkeit oder wird ein Einwilligungsvorbehalt angeordnet, wird seine vormals wirksame Bestellung zum Geschäftsführer unwirksam. Das gilt selbst dann, wenn sich der Einwilligungsvorbehalt auf Bereiche beschränkt, die für die Ausübung der Geschäftsführertätigkeit ohne Bedeutung sind.[3] Eine Abberufung durch die Gesellschafterversammlung bedarf es in diesem Fall nicht.[4] Die Wiedererlangung der unbeschränkten Geschäftsfähigkeit hat nicht die Wiedererlangung des Geschäftsführeramtes kraft Gesetzes zur Folge, es bedarf vielmehr einer erneuten Bestellung.[5]

Das Erlöschen der Geschäftsfähigkeit des Geschäftsführers einer GmbH stellt nach **3**
dem BGH keine in das Handelsregister einzutragende Tatsache dar. Die negative Registerpublizität greift insofern nicht ein. Auch wenn danach regelmäßig die von einem geschäftsunfähigen Geschäftsführer abgegebenen Willenserklärungen nichtig

---

[1] OLG Hamm 20 W 134/92, NJW-RR 1992, 1253.

[2] Lutter/Hommelhoff/Kleindiek GmbHG § 6 Rn. 18; BeckOK GmbHG/Wisskirchen/Hesser/Zoglowek, 51. Ed. 1.3.2022, GmbHG § 6 Rn. 13.

[3] Henssler/Strohn GesR/Oetker GmbHG § 6 Rn. 20.

[4] BGH II ZR 22/90, NJW 1991, 2566; OLG Köln 2 Wx 39/02, NZG 2003, 340; OLG Düsseldorf 11 W 37/93, GmbHR 1994, 114.

[5] OLG Naumburg 7 Wx 7/99, FGPrax 2000, 121; BayObLG 3Z BR 6/93, DStR 1993, 407; BeckOK GmbHG/Wisskirchen/Hesser/Zoglowek, 51. Ed. 1.3.2022, GmbHG § 6 Rn. 13.

sind, darf sich die Gesellschaft hierauf nach allgemeinen Rechtsscheingrundsätzen nicht berufen, wenn die Gesellschafter die Geschäftsunfähigkeit erkennen konnten, aber nichts dafür getan haben, dass der Mangel der Vertretungsbefugnis beseitigt wurde.[6]

4 Den GmbH-Geschäftsführer treffen aufgrund seiner Organstellung eine Vielzahl von Pflichten. Diese bestehen unabhängig von seinen ggf. bestehenden arbeitsvertraglichen Pflichten gegenüber der GmbH. Diese Pflichte ergeben im Wesentlichen aus dem Gesetz. Sie betreffen zum einen die persönliche Verantwortlichkeit für die Erfüllung öffentlich-rechtlicher Pflichten der GmbH, zum anderen geht es um Pflichten, die sich aus seiner Stellung als zentrales Geschäftsführungs- und Vertretungsorgan der Gesellschaft und den Gesellschaftern gegenüber ergeben.[7] Die Vertretung des Geschäftsführers aufgrund einer (Vorsorge-)Vollmacht ist aufgrund seiner Organstellung nicht möglich.

5 Bei einer Einpersonen-Gesellschaft kann der Alleingesellschafter einem Bevollmächtigten Stimmrechtsvollmacht erteilen, mit der dieser sich im gegebenen Fall mittels Gesellschafterbeschlusses selbst zum Geschäftsführer bestellen kann. Eine entsprechende Vollmacht kann bereits in der (Vorsorge-) Vollmacht erteilt werden.

6 Muster[8]

Hiermit erteile ich Herrn/Frau … Stimmrechtsvollmacht mich bei Gesellschafterversammlungen der … GmbH vollumfänglich zu vertreten und dabei insbesondere auch über Änderungen des jeweiligen Gesellschaftsvertrages und Kapitalmaßnahmen zu beschließen, bei Kapitalerhöhungen neue Anteile zu übernehmen, Geschäftsführer abzuberufen und neu zu bestellen sowie Zustimmungsbeschlüsse zu Umwandlungen und Unternehmensverträgen zu fassen und dabei auf Umwandlungsberichte, Umwandlungsprüfungen und Klagen gegen Umwandlungsbeschlüsse sowie auf Berichte zu Unternehmensverträgen zu verzichten. Die/Der Bevollmächtigte ist berechtigt, hierbei alle erforderlichen oder zweckmäßigen Erklärungen abzugeben. Sie/Er ist von den Beschränkungen des § 181 BGB befreit und berechtigt Untervollmachten zu erteilen.

7 Möglich wäre darüber hinaus eine Ernennung zum stellvertretenden Geschäftsführer gemäß § 44 GmbHG.[9]

§ 7 Anmeldung der Gesellschaft

(1) **Die Gesellschaft ist bei dem Gericht, in dessen Bezirk sie ihren Sitz hat, zur Eintragung in das Handelsregister anzumelden.**

(2) **[1]Die Anmeldung darf erst erfolgen, wenn auf jeden Geschäftsanteil, soweit nicht Sacheinlagen vereinbart sind, ein Viertel des Nennbetrags eingezahlt ist. [2]Insgesamt muß auf das Stammkapital mindestens soviel eingezahlt sein, daß der Gesamtbetrag der eingezahlten Geldeinlagen zuzüglich des Gesamtnennbetrags der Geschäftsanteile, für die Sacheinlagen zu leisten sind, die Hälfte des Mindeststammkapitals gemäß § 5 Abs. 1 erreicht.**

(3) **Die Sacheinlagen sind vor der Anmeldung der Gesellschaft zur Eintragung in das Handelsregister so an die Gesellschaft zu bewirken, daß sie endgültig zur freien Verfügung der Geschäftsführer stehen.**

---

[6] BGH ZR 292/90, DStR 1991, 1321.

[7] Oppenländer/Trölitzsch GmbH-GF-HdB § 18 Die Organpflichten des GmbH-Geschäftsführers Rn. 1.

[8] Vgl. auch Stelmaszczyk Vertragsformulare PREMIUM, Form. 10.8.7.1.

[9] Hauschild/Kallrath/Wachter Notar-HdB § 30 Der alternde Unternehmer Rn. 24.

Zur Eintragung einer GmbH ins Handelsregister ist die Anmeldung beim zuständigen Amtsgericht – Registergericht- notwendig, in dem die Gesellschaft ihren Sitz hat. § 7 regelt zunächst die Mindestleistungen, die vor Anmeldung der Gesellschaft auf die Gesellschaftsanteiler erbracht sein müssen. § 8 definiert den Inhalt der Anmeldung beim Registergericht. Nach § 78 müssen sämtliche wirksam bestellten Geschäftsführer, einschließlich ihrer Stellvertreter die Gründung der Gesellschaft gemeinschaftlich anmelden. Die Anmeldung erfolgt im Namen der Gesellschaft.[1] Die Anmeldung kann nur höchstpersönlich vorgenommen werden; die Bevollmächtigung Dritter scheidet daher ebenso aus[2], wie die Anmeldung durch die Gesellschafter. **1**

Abschnitt 2. Rechtsverhältnisse der Gesellschaft und der Gesellschafter

§ 34 Einziehung von Geschäftsanteilen

(1) **Die Einziehung (Amortisation) von Geschäftsanteilen darf nur erfolgen, soweit sie im Gesellschaftsvertrag zugelassen ist.**

(2) **Ohne die Zustimmung des Anteilsberechtigten findet die Einziehung nur statt, wenn die Voraussetzungen derselben vor dem Zeitpunkt, in welchem der Berechtigte den Geschäftsanteil erworben hat, im Gesellschaftsvertrag festgesetzt waren.**

(3) **Die Bestimmung in § 30 Abs. 1 bleibt unberührt.**

1 Der Gesetzgeber eröffnete den Gesellschaftern durch entsprechende Regelung im Gesellschaftsvertrag die Möglichkeit einen Gesellschaftsanteil einzuziehen. Die Einziehung bewirkt die Vernichtung des Geschäftsanteils und der mit ihm verbundenen Mitgliedschaftsrechte.[1] Soll der Gesellschaftsanteil erhalten bleiben, so ist die Abtretung (§ 15), die Kaduzierung (§ 21) oder die Preisgabe (§ 27) als Mittel zu wählen. Die Einziehung nach § 34 Abs. 1 erfordert die Zustimmung des betroffenen Gesellschafters. Die Zustimmung des Gesellschafters ist eine Willenserklärung, auf die die Regelungen der §§ 182 ff. BGB Anwendung finden.[2]

2 Weist eine Satzung bisher keine freiwillige Einziehungsklausel auf, so kann diese durch Satzungsänderung auch später noch eingeführt werden. Die Satzungsänderung muss von den Gesellschaftern einstimmig beschlossen werden.[3]

3 Auch die Zwangseinziehung kann später noch (einstimmig) in die Satzung aufgenommen werden.[4] An die Ausgestaltung der Satzungsregelung, die Grundlage einer Zwangseinziehung sein soll, sind höhere Anforderungen zu stellen. Voraussetzungen und Rechtsfolgen der Einziehung müssen so deutlich erkennbar sein, dass sich jeder Gesellschafter auf sie einstellen kann und eine gerichtliche Überprüfung

---

[1] BGH II ZB 7/88, NJW 1989, 295.

[2] BayObLG 3 Z 134/86, DB 1987, 215 (216); Baumbach/Hueck/Servatius GmbHG § 7 Rn. 3; Staub/Koch HGB § 12 Rn. 43; Henssler/Strohn GesR/Schäfer GmbHG § 7 Rn. 5.

[1] BeckOK GmbHG/Schindler, 51. Ed. 1.3.2022, GmbHG § 34 Vor Rn 1.

[2] BeckOK GmbHG/Schindler, 51. Ed. 1.3.2022, GmbHG § 34 Rn. 13.

[3] BGH II ZR 235/52, NJW 1953, 780; BayObLG 1 Z 69/78, DB 1978, 2164 (2165); LG Bonn 12 O 155/78 GmbHR 1979, 142 (143).

[4] BGH II ZR 11/76, NJW 1977, 2316; OLG Düsseldorf 15 U 130/06, BeckRS 2007, 09356; BGH II ZR 58/91, NJW 1992, 892.

möglich ist.[5] Im Rahmen der Satzungsregelung können die Einziehungsgründe insbesondere in der Person des Gesellschafters liegen. Ausreichend und daher unbedingt vorzusehen ist eine Satzungsbestimmung, die die Zwangseinziehung eines Geschäftsanteils allgemein für den Fall gestattet, dass in der Person seines Inhabers ein wichtiger Grund vorliegt.[6]

4 Dieser wichtige Grund kann ua darin liegen:
- Versterben eines Gesellschafters und Vererbung an familienfremde Dritte bei der Familiengesellschaft,
- schweren Verletzungen von Gesellschafterpflichten,
- Verletzung der Pflicht zum Abschluss und zur Aufrechterhaltung eines Ehevertrages sowie einer gesellschaftsspezifischen (Vorsorge-)Vollmacht
- Geschäftsunfähigkeit des Gesellschafters bzw. Betreuerbestellung mit dem Aufgabenkreis Ausübung von Gesellschafterrechten,[7]

Daneben kommen auch die zwangsweise Abtretung des Geschäftsanteils sowie die Ausschließung des Gesellschafters in Betracht.

Abschnitt 3. Vertretung und Geschäftsführung

§ 35 Vertretung der Gesellschaft

(1) [1]**Die Gesellschaft wird durch die Geschäftsführer gerichtlich und außergerichtlich vertreten.** [2]**Hat eine Gesellschaft keinen Geschäftsführer (Führungslosigkeit), wird die Gesellschaft für den Fall, dass ihr gegenüber Willenserklärungen abgegeben oder Schriftstücke zugestellt werden, durch die Gesellschafter vertreten.**

(2) [1]**Sind mehrere Geschäftsführer bestellt, sind sie alle nur gemeinschaftlich zur Vertretung der Gesellschaft befugt, es sei denn, dass der Gesellschaftsvertrag etwas anderes bestimmt.** [2]**Ist der Gesellschaft gegenüber eine Willenserklärung abzugeben, genügt die Abgabe gegenüber einem Vertreter der Gesellschaft nach Absatz 1.** [3]**An die Vertreter der Gesellschaft nach Absatz 1 können unter der im Handelsregister eingetragenen Geschäftsanschrift Willenserklärungen abgegeben und Schriftstücke für die Gesellschaft zugestellt werden.** [4]**Unabhängig hiervon können die Abgabe und die Zustellung auch unter der eingetragenen Anschrift der empfangsberechtigten Person nach § 10 Abs. 2 Satz 2 erfolgen.**

(3) [1]**Befinden sich alle Geschäftsanteile der Gesellschaft in der Hand eines Gesellschafters oder daneben in der Hand der Gesellschaft und ist er zugleich deren alleiniger Geschäftsführer, so ist auf seine Rechtsgeschäfte mit der Gesellschaft § 181 des Bürgerlichen Gesetzbuchs anzuwenden.** [2]**Rechtsgeschäfte zwischen ihm und der von ihm vertretenen Gesellschaft sind, auch wenn er nicht alleiniger Geschäftsführer ist, unverzüglich nach ihrer Vornahme in eine Niederschrift aufzunehmen.**

---

[5] BGH II ZR 11/76, NJW 1977, 2316 (2317); Henssler/Strohn GesR/Fleischer GmbHG § 34.

[6] BGH II ZR 11/76, NJW 1977, 2316 (2317); OLG Stuttgart 2 U 36/88, GmbHR 1989, 466 (467).

[7] Jocher notar 2014, 3 (5); Hauschild/Kallrath/Wachter Notar-HdB § 30 Der alternde Unternehmer, Rn. 29.

Die GmbH wird durch einen oder mehrere Geschäftsführer vertreten. Die Vertretung der Geschäftsführer ist grundsätzlich sowohl sachlich als wirtschaftlich unbeschränkt. Die Bestellung und Abberufung der Geschäftsführer, Satzungsänderungen sowie die Verpflichtung zu Satzungsänderungen oder zur Ausübung von Organrechten werden von der Vertretungsmacht der Geschäftsführer nicht erfasst.[1] 1

Wird die Gesellschaft führungslos, etwa da ein Einwilligungsvorbehalt für den Geschäftsführer angeordnet oder die unbeschränkte Geschäftsfähigkeit des Geschäftsführers wegfällt (§ 6), normiert § 35 Abs. 1 S. 2 eine zwingende Empfangszuständigkeit der Gesellschafter. Diese bezieht sich ausschließlich auf die Passivvertretung der GmbH. Eine aktive Vertretungsmacht der Gesellschafter – zB die Abgabe von Willenserklärungen mit Wirkung für die Gesellschaft– kann sie nicht begründen.[2] Die aktive Vertretungsmacht der Gesellschaft kann nur durch eine Geschäftsführerbestellung oder einen Notgeschäftsführer wiederhergestellt werden.[3] 2

Zur Vertretung im Rechtsverkehr kann durch den Geschäftsführer einem Dritten eine (widerrufliche) rechtsgeschäftliche Vollmacht erteilt werden. Die rechtsgeschaftliche Vollmacht kann keine dem Geschäftsführer vergleichbare Vertretungsmacht schaffen.[4] Sie kann dieser aber sehr nahekommen.[5] Soll einem Dritten eine Generalvollmacht durch den Geschäftsführer erteilt werden, so Bedarf diese im Innenverhältnis eines Gesellschafterbeschlusses (§ 46 Nr. 7).[6] Es ist jedoch nicht möglich, einen Generalbevollmächtigten anstelle eines Geschäftsführers zu benennen.[7] 3

§ 44 Stellvertreter von Geschäftsführern

Die für die Geschäftsführer gegebenen Vorschriften gelten auch für Stellvertreter von Geschäftsführern.

Etwaige Stellvertreter von Geschäftsführern sind Geschäftsführer mit allen Rechten und Pflichten; er ist kein Verhinderungsvertreter oder Ersatzmitglied der Geschäftsführung. Vorbehaltlich abweichender Regelung in der Satzung oder im Bestellungsbeschluss ist die Bestellung als Stellvertreter nur eine Titelabstufung, nicht aber eine Beschränkung der Geschäftsführungsbefugnis.[1] Im Außenverhältnis handelt es sich um ein vollwertigen Geschäftsführer mit allen Rechten und Pflichten. Seine Pflichten und seine Haftung ergeben sich aus § 43. 1

Die Stellvertretereigenschaft entfaltet ihre Wirkungen ausschließlich im Innenverhältnis. Die Ausgestaltung der Geschäftsführungsbefugnisse des stellvertretenden Geschäftsführers erfolgt im Gesellschaftsvertrag sowie im Beschluss der Gesellschafter- 2

---

[1] BeckOK GmbHG/Wisskirchen/Hesser/Zoglowek, 51. Ed. 1.3.2022, GmbHG § 35 Vor Rn 1.

[2] BGH II ZR 115/09, DStR 2010, 2643 (2644); Schmidt GmbHR 2008, 451; BeckOK GmbHG/Wisskirchen/Hesser/Zoglowek, 51. Ed. 1.3.2022, GmbHG § 35 Rn. 42.

[3] BGH II ZR 115/09 DStR 2010, 2643 (2644).

[4] BGH III ZR 124/01, NZG 2002, 813 (814); BGH II ZR 9/75, NJW 1977, 199; OLG Düsseldorf 15 U 42/98, NZG 1999, 833 (LS); OLG Frankfurt a. M. 20 W 459/11, GmbHR 2012, 751; LG Köln T 170/00 NJW-RR 2001, 1692; Henssler/Strohn GesR/Oetker GmbHG § 35 Rn. 47.

[5] Scholz/Schneider/Schneider GmbHG § 35 Rn. 19ff.; U. Hübner ZHR 143 (1979), 1ff.; Geck DStR 1988, 90 (96); Geitzhaus GmbHR 1989, 229 (232f.); KG GmbHR 1991, 579; Noack/Servatius/Haas/Beurskens GmbHG § 35 Rn 26.

[6] Noack/Servatius/Haas/Beurskens GmbHG § 35 Rn. 26.

[7] BeckOK GmbHG/Wisskirchen/Hesser/Zoglowek, 51. Ed. 1.3.2022, GmbHG § 35 Rn. 8.

[1] BeckOK GmbHG/Pöschke, 51. Ed. 1.3.2022, GmbHG § 44 Rn. 8.

versammlung.[2] Im Innenverhältnis kann die Geschäftsführungsbefugnis auf den Verhinderungsfall beschränkt werden. Im Außenverhältnis bleibt auch der Stellvertreter den übrigen Geschäftsführern gleichgestellt. Die Bestellung zum Geschäftsführer ist zum Handelsregister anzumelden. Die Tatsache, dass es sich um einen stellvertretenden Geschäftsführer handelt, ist weder eintragungspflichtig noch eintragungsfähig.[3] Die Bestellung eines Stellvertreters nach § 44 ist als Vorsorgemaßnahme im Innenverhältnis geeignet, jedoch mit erheblichen Risiken für den Stellvertreter verbunden, da er wie die übrigen Geschäftsführer nach § 43 haftet.

§ 47 Abstimmung

(1) **Die von den Gesellschaftern in den Angelegenheiten der Gesellschaft zu treffenden Bestimmungen erfolgen durch Beschlußfassung nach der Mehrheit der abgegebenen Stimmen.**

(2) **Jeder Euro eines Geschäftsanteils gewährt eine Stimme.**

(3) **Vollmachten bedürfen zu ihrer Gültigkeit der Textform.**

(4) **[1]Ein Gesellschafter, welcher durch die Beschlußfassung entlastet oder von einer Verbindlichkeit befreit werden soll, hat hierbei kein Stimmrecht und darf ein solches auch nicht für andere ausüben. [2]Dasselbe gilt von einer Beschlußfassung, welche die Vornahme eines Rechtsgeschäfts oder die Einleitung oder Erledigung eines Rechtsstreites gegenüber einem Gesellschafter betrifft.**

§ 48 Gesellschafterversammlung

(1) **[1]Die Beschlüsse der Gesellschafter werden in Versammlungen gefaßt. [2]Versammlungen können auch fernmündlich oder mittels Videokommunikation abgehalten werden, wenn sämtliche Gesellschafter sich damit in Textform einverstanden erklären.**

(2) **Der Abhaltung einer Versammlung bedarf es nicht, wenn sämtliche Gesellschafter in Textform mit der zu treffenden Bestimmung oder mit der schriftlichen Abgabe der Stimmen sich einverstanden erklären.**

(3) **Befinden sich alle Geschäftsanteile der Gesellschaft in der Hand eines Gesellschafters oder daneben in der Hand der Gesellschaft, so hat er unverzüglich nach der Beschlußfassung eine Niederschrift aufzunehmen und zu unterschreiben.**

Zu §§ 47 und 48:

1 Das Stimmrecht ist ein wesentliches Element der gesellschaftsrechtlichen Mitgliedschaft und als solches an den Geschäftsanteil gebunden. Ein Stimmrecht ohne Geschäftsanteil ist ausgeschlossen. Das Leitbild der §§ 47f. geht davon aus, dass die Beschlussfassung in der Gesellschaft durch Stimmabgabe in der Gesellschafterversammlung ausgeübt wird. Das Recht zur Teilnahme an Gesellschafterversammlungen gehört zum Kernbereich der Mitgliedschaft und ist damit als Individualrecht im Kern

[2] Henssler/Strohn GesR/Oetker GmbHG § 44 Rn. 7.
[3] BGH II ZB 6/97, NZG 1998, 151.

unentziehbar.[1] Im Fall der gesetzlichen Betreuung steht dem Betreuer eines Gesellschafters das Teilnahmerecht in der Gesellschaft zu.[2]

Ein Gesellschafter ist jedoch in den typischen Fällen der Interessenkollision (§ 47 Abs. 4) von der Beschlussfassung (Stimmabgabe) ausgeschlossen. Die Stimmverbote können in der Satzung erweitert und ergänzt werden.[3] **2**

Das Stimmrecht kann auch durch Bevollmächtigte ausgeübt werden. Mangels anderweitiger Satzungsregelung kann jede natürliche Person zum Vertreter in der Gesellschafterversammlung bestellt werden.[4] Dieser ist damit auch berechtigt, an der Gesellschafterversammlung teilzunehmen. Eine abweichende Regelung in der Satzung zur Teilnahme rechtsgeschäftlicher Vertreter, insbesondere auch zur Frage der Person des Vertreters sind zulässig. Die Stimmrechtsvollmacht darf dem Gesellschafter nicht die Möglichkeit nehmen, das Stimmrecht wieder persönlich auszuüben. Eine den Gesellschafter verdrängende unwiderrufliche Vollmacht kann daher gegenüber der Gesellschaft nicht wirken, sondern betrifft nur das Verhältnis zwischen Gesellschafter und Bevollmächtigtem.[5] Dem Gesellschafter steht es dabei frei, zunächst mehrere alternative Bevollmächtigte zu benennen; eine Festlegung auf einen der vorgeschlagenen Bevollmächtigten ist erst zum Beginn der Versammlung erforderlich.[6] **3**

Die Vollmacht bedarf nach § 47 Abs. 3 der Textform. Die Satzung kann hiervon abweichende Regelungen treffen. Es kann sowohl ein strengeres Formerfordernisse (zB notarielle Beurkundung) als auch die Aufhebung des Formerfordernisses vereinbart werden. **4**

§ 49 Einberufung der Versammlung

(1) **Die Versammlung der Gesellschafter wird durch die Geschäftsführer berufen.**

(2) **Sie ist außer den ausdrücklich bestimmten Fällen zu berufen, wenn es im Interesse der Gesellschaft erforderlich erscheint.**

(3) **Insbesondere muß die Versammlung unverzüglich berufen werden, wenn aus der Jahresbilanz oder aus einer im Laufe des Geschäftsjahres aufgestellten Bilanz sich ergibt, daß die Hälfte des Stammkapitals verloren ist.**

§ 49 regelt die ordentliche und die außerordentliche Einberufungskompetenz. Die Regelung ist dispositiv, so dass in der Satzung auch anderen Organen bzw. einzelnen Gesellschaftern die Einberufungskompetenz, auch unter ausdrücklicher Verdrängung der Geschäftsführer, eingeräumt werden kann. Daneben kann in der Satzung auch der sachliche Anwendungsbereich des § 49 Abs. 1 dergestalt erweitert werden, dass die Gründe für die Einberufung der Gesellschaft exemplarisch mit aufgeführt werden. Es wäre möglich den Vorsorgefall in der Person eines Geschäftsführers oder eines Gesellschafters als verpflichtenden Einberufungsgrund in die Satzung mit aufzunehmen. **1**

Die Vertretung durch einen beauftragten Dritten, zB Rechtsanwalt, ist möglich, doch muss aus der Einladung klar ersichtlich sein, dass der Geschäftsführer Urheber der Einladung ist.[1] Eine verdrängende „Delegation" der Einberufungskompetenz an **2**

---

[1] BGH II ZR 18/88, GmbHR 1989, 120; OLG Frankfurt a. M. 20 W 528/83, GmbHR 1984, 100; BeckOK GmbHG/Schindler, 51. Ed. 1.3.2022, GmbHG § 48 Rn. 17.

[2] Henssler/Strohn GesR/Hillmann GmbHG § 47 Rn. 34.

[3] Altmeppen GmbHG § 47 Rn. 93.

[4] BeckOK GmbHG/Schindler, 51. Ed. 1.3.2022, GmbHG § 47 Rn. 90.

[5] Oppenländer/Trölitzsch GmbH-GF-HdB, § 19 Die Gesellschafter Rn. 55.

[6] OLG Dresden 8 U 347/16, NZG 2016, 1225 (1228).

[1] OLG Düsseldorf I-16 U 95/98, ZIP 2004, 1956 (1963); OLG Hamm 8 U 148/94, GmbHR 1995, 736.

bevollmächtigte Dritte (zB Prokurist; (Vorsorge-) Bevollmächtigten) scheidet aus[2] da es sich um ein höchstpersönliches Recht des Einberufungsberechtigten bzw. -verpflichteten handelt.[3]

3 Im Interesse der Gesellschaft ist die Gesellschafterversammlung einzuberufen, wenn Entscheidungen getroffen werden müssen, die ausschließlich in die Zuständigkeit der Gesellschafterversammlung fallen oder die auf Grund der besonderen Bedeutung eine Beschlussfassung der Gesellschafter erforderlich macht. Eine Einschränkung der Einberufungspflicht über die Regelung in Abs. 2 hinaus ist nach hM ebenfalls zulässig, da kein Grund ersichtlich sei, warum der Grundsatz des § 45 Abs. 2 hier durchbrochen werden müsse.[4]

4 Bei der Einpersonen-GmbH entfällt das Erfordernis ordnungsgemäßer Einberufung (nicht: die Einberufungsgründe nach § 49 Abs. 2, Abs. 3).[5]

Abschnitt 4. Abänderungen des Gesellschaftsvertrags

§ 53 Form der Satzungsänderung

(1) **Eine Abänderung des Gesellschaftsvertrages kann nur durch Beschluß der Gesellschafter erfolgen.**

(2) **[1]Der Beschluß muß notariell beurkundet werden, derselbe bedarf einer Mehrheit von drei Vierteilen der abgegebenen Stimmen. [2]Der Gesellschaftsvertrag kann noch andere Erfordernisse aufstellen.**

(3) **Eine Vermehrung der den Gesellschaftern nach dem Gesellschaftsvertrag obliegenden Leistungen kann nur mit Zustimmung sämtlicher beteiligter Gesellschafter beschlossen werden.**

§ 54 Anmeldung und Eintragung der Satzungsänderung

(1) **[1]Die Abänderung des Gesellschaftsvertrages ist zur Eintragung in das Handelsregister anzumelden. [2]Der Anmeldung ist der vollständige Wortlaut des Gesellschaftsvertrags beizufügen; er muß mit der Bescheinigung eines Notars versehen sein, daß die geänderten Bestimmungen des Gesellschaftsvertrags mit dem Beschluß über die Änderung des Gesellschaftsvertrags und die unveränderten Bestimmungen mit dem zuletzt zum Handelsregister eingereichten vollständigen Wortlaut des Gesellschaftsvertrags übereinstimmen.**

(2) **Bei der Eintragung genügt, sofern nicht die Abänderung die in § 10 bezeichneten Angaben betrifft, die Bezugnahme auf die bei dem Gericht eingereichten Dokumente über die Abänderung.**

(3) **Die Abänderung hat keine rechtliche Wirkung, bevor sie in das Handelsregister des Sitzes der Gesellschaft eingetragen ist.**

---

[2] Wicke GmbHR 2017, 777 (778, 781); Altmeppen GmbHG § 49 Rn. 6.

[3] OLG Hamm 15 W 289/75, DB 1976, 907; BeckOK GmbHG/Schindler, 51. Ed. 1.3.2022, GmbHG § 49 Rn. 30; MHdB GesR III/Wolff § 39 Rn. 19; aA MHLS/Römermann Rn. 65.

[4] BeckOK GmbHG/Schindler, 51. Ed. 1.3.2022, GmbHG § 49 Rn. 13.

[5] Altmeppen GmbHG § 49 Rn. 11.

Zu §§ 53 und 54:

1 Die Satzung bildet die Grundlage der GmbH, die mit der Eintragung ins Handelsregister zur Entstehung gelangt. Im Gründungsverfahren, also vor Eintragung der Gesellschaft und der Satzung im Handelsregister kann die Satzung nur einstimmig in der Form des § 2 geändert werden. Für spätere Änderungen gelten die §§ 53, 54. Sie sind die Grundbestimmungen für alle Änderungen des Gesellschaftsvertrages, die Spezialfälle der Kapitalerhöhung und Kapitalherabsetzung sind in §§ 55–58f geregelt.

2 Eine Besonderheit im Vergleich zu den allgemeinen Prinzipien des bürgerlichen Rechts besteht darin, dass die Änderung der Satzung einer GmbH weder Einstimmigkeit noch die Mitwirkung aller Gesellschafter an der Abstimmung verlangt.[1] Die Vereinbarung der Satzung und deren Änderung ist ausschließlich den Gesellschaftern vorbehalten. Sie ist nicht disponibel. Das Stimmrecht in der Gesellschafterversammlung kann jedoch ohne weiteres auch durch einen (Vorsorge-)Bevollmächtigten ausgeübt werden.

3 Die Änderung des Gesellschaftsvertrages ist zwingend zum Handelsregister anzumelden. Die Anmeldung erfolgt durch die Geschäftsführer in vertretungsberechtigter Zahl. Sie wird erst mit der Eintragung in das Handelsregister wirksam, § 53 Abs. 3. Die Anmeldung aber ist nicht höchstpersönlich. Die Geschäftsführer können daher auch Dritte bevollmächtigen, eine Anmeldung für sie vorzunehmen; eine solche Vollmacht erlischt nicht schon durch das Ausscheiden des Geschäftsführers, der die Vollmacht erteilt hat.[2] Die Vollmacht zur Registeranmeldung bedarf stets der notariellen Beglaubigung, § 12 Abs. 1 S. 2. Auch ein verfahrensbevollmächtigter Notar kann als Vertreter in einer Eigenurkunde die notwendige Anmeldung vornehmen.[3]

Abschnitt 5. Auflösung und Nichtigkeit der Gesellschaft

§ 60 Auflösungsgründe

(1) **Die Gesellschaft mit beschränkter Haftung wird aufgelöst:**

1. **durch Ablauf der im Gesellschaftsvertrag bestimmten Zeit;**
2. **durch Beschluß der Gesellschafter; derselbe bedarf, sofern im Gesellschaftsvertrag nicht ein anderes bestimmt ist, einer Mehrheit von drei Vierteilen der abgegebenen Stimmen;**
3. **durch gerichtliches Urteil oder durch Entscheidung des Verwaltungsgerichts oder der Verwaltungsbehörde in den Fällen der §§ 61 und 62;**
4. **durch die Eröffnung des Insolvenzverfahrens; wird das Verfahren auf Antrag des Schuldners eingestellt oder nach der Bestätigung eines Insolvenzplans, der den Fortbestand der Gesellschaft vorsieht, aufgehoben, so können die Gesellschafter die Fortsetzung der Gesellschaft beschließen;**
5. **mit der Rechtskraft des Beschlusses, durch den die Eröffnung des Insolvenzverfahrens mangels Masse abgelehnt worden ist;**
6. **mit der Rechtskraft einer Verfügung des Registergerichts, durch welche nach § 399 des Gesetzes über das Verfahren in Familiensachen und in den**

---

[1] Altmeppen GmbHG § 53 Rn. 1.

[2] OLG Hamm Ii27 W 175/11, GmbHR 2012, 903; BeckOK GmbHG/Trölitzsch, 51. Ed. 1.3.2022, GmbHG § 54 Rn. 2aA.Krafka RegisterR Rn. 109.

[3] OLG Karlsruhe 11 Wx 2/11, BeckRS 2011, 05289.

Angelegenheiten der freiwilligen Gerichtsbarkeit ein Mangel des Gesellschaftsvertrags festgestellt worden ist;

7. **durch die Löschung der Gesellschaft wegen Vermögenslosigkeit nach § 394 des Gesetzes über das Verfahren in Familiensachen und in den Angelegenheiten der freiwilligen Gerichtsbarkeit.**

(2) **Im Gesellschaftsvertrag können weitere Auflösungsgründe festgesetzt werden.**

1 § 60 Abs. 1 normiert die Umstände, die zur Auflösung der Gesellschaft führen. Hierzu gehört insbesondere auch der Auflösungsbeschluss nach Nr. 2. Der Beschluss über die Auflösung der Gesellschaft erfolgt in einer Gesellschafterversammlung mit Dreiviertelmehrheit; die Satzung der Gesellschaft kann andere Mehrheitserfordernisse vorsehen. Maßgeblich sind die in der Gesellschafterversammlung abgegebenen Stimmen, wobei Stimmenthaltungen als nicht abgegebene Stimmen gewertet werden.[1] Für die Gesellschafterversammlung und die Abgabe der Stimme in der Versammlung gilt §§ 47, 48. Der (Vorsorge-) Bevollmächtigte kann auch insoweit das Stimmrecht für den Gesellschafter ausüben. Eine ausdrückliche Klarstellung dieser Befugnis in der (Vorsorge-) Vollmacht ist zweckmäßig, aber nicht notwendig. Sie dient ehr dazu dem Vollmachtgeber die weitreichende Kompetenz dieser Vollmacht zu verdeutlichen.

2 Der Beschluss muss nicht ausdrücklich die Auflösung aussprechen; gleichgestellt ist eine Entscheidung, die eindeutig den Willen zur Auflösung erkennen lässt.[2] Die Gesellschaft ist mit der Beschlussfassung aufgelöst, sofern im Beschluss nicht ein späterer Zeitpunkt vorgesehen ist. Die Eintragung im Handelsregister ist in der Regel deklaratorisch, soweit mit dem Beschluss nicht eine Satzungsänderung verbunden ist.[3]

---

[1] BGH II ZR 164/81, BGHZ 83, 35 (36); BeckOK GmbHG/Lorscheider, 51. Ed. 1.3.2022, GmbHG § 60 Rn. 7.1.

[2] BGH II ZR 70–97, NJW 1999, 1481 (1483); BayObLG 3Z BR 152/94, NJW-RR 1995, 1001; Altmeppen GmbHG § 60 Rn. 18.

[3] BGH II ZR 70/97 NJW 1999, 1481 (1483); Henssler/Strohn GesR/Arnold GmbHG § 60 Rn. 20.

11. Aktiengesetz (AktG)

Vom 6. September 1965
(BGBl. I S. 1089)

Zuletzt geändert durch Art. 2 G zur Einführung virtueller Hauptversammlungen von Aktiengesellschaften und Änderung genossenschafts- sowie insolvenz- und restrukturierungsrechtlicher Vorschriften vom 20.7.2022 (BGBl. I S. 1166)

– Auszug –

Erstes Buch. Aktiengesellschaft

Vierter Teil. Verfassung der Aktiengesellschaft

Erster Abschnitt. Vorstand

§ 76 Leitung der Aktiengesellschaft

(1) **Der Vorstand hat unter eigener Verantwortung die Gesellschaft zu leiten.**

(2) **[1]Der Vorstand kann aus einer oder mehreren Personen bestehen. [2]Bei Gesellschaften mit einem Grundkapital von mehr als drei Millionen Euro hat er aus mindestens zwei Personen zu bestehen, es sei denn, die Satzung bestimmt, daß er aus einer Person besteht. [3]Die Vorschriften über die Bestellung eines Arbeitsdirektors bleiben unberührt.**

(3) **[1]Mitglied des Vorstands kann nur eine natürliche, unbeschränkt geschäftsfähige Person sein. [2]Mitglied des Vorstands kann nicht sein, wer**

1. **als Betreuter bei der Besorgung seiner Vermögensangelegenheiten ganz oder teilweise einem Einwilligungsvorbehalt (§ 1825 des Bürgerlichen Gesetzbuchs) unterliegt,**
2. **aufgrund eines gerichtlichen Urteils oder einer vollziehbaren Entscheidung einer Verwaltungsbehörde einen Beruf, einen Berufszweig, ein Gewerbe oder einen Gewerbezweig nicht ausüben darf, sofern der Unternehmensgegenstand ganz oder teilweise mit dem Gegenstand des Verbots übereinstimmt,**
3. **wegen einer oder mehrerer vorsätzlich begangener Straftaten**
   a) **des Unterlassens der Stellung des Antrags auf Eröffnung des Insolvenzverfahrens (Insolvenzverschleppung),**
   b) **nach den §§ 283 bis 283d des Strafgesetzbuchs (Insolvenzstraftaten),**
   c) **der falschen Angaben nach § 399 dieses Gesetzes oder § 82 des Gesetzes betreffend die Gesellschaften mit beschränkter Haftung,**
   d) **der unrichtigen Darstellung nach § 400 dieses Gesetzes, § 331 des Handelsgesetzbuchs, § 313 des Umwandlungsgesetzes oder § 17 des Publizitätsgesetzes,**
   e) **nach den §§ 263 bis 264a oder den §§ 265b bis 266a des Strafgesetzbuchs zu einer Freiheitsstrafe von mindestens einem Jahr verurteilt worden**

ist; dieser Ausschluss gilt für die Dauer von fünf Jahren seit der Rechtskraft des Urteils, wobei die Zeit nicht eingerechnet wird, in welcher der Täter auf behördliche Anordnung in einer Anstalt verwahrt worden ist.

[3]**Satz 2 Nr. 3 gilt entsprechend bei einer Verurteilung im Ausland wegen einer Tat, die mit den in Satz 2 Nr. 3 genannten Taten vergleichbar ist.**

(3a) [1]**Besteht der Vorstand bei börsennotierten Gesellschaften, für die das Mitbestimmungsgesetz, das Gesetz über die Mitbestimmung der Arbeitnehmer in den Aufsichtsräten und Vorständen der Unternehmen des Bergbaus und der Eisen und Stahl erzeugenden Industrie in der im Bundesgesetzblatt Teil III, Gliederungsnummer 801-2, veröffentlichten bereinigten Fassung – Montan-Mitbestimmungsgesetz – oder das Gesetz zur Ergänzung des Gesetzes über die Mitbestimmung der Arbeitnehmer in den Aufsichtsräten und Vorständen der Unternehmen des Bergbaus und der Eisen und Stahl erzeugenden Industrie in der im Bundesgesetzblatt Teil III, Gliederungsnummer 801-3, veröffentlichten bereinigten Fassung – Mitbestimmungsergänzungsgesetz – gilt, aus mehr als drei Personen, so muss mindestens eine Frau und mindestens ein Mann Mitglied des Vorstands sein.** [2]**Eine Bestellung eines Vorstandsmitglieds unter Verstoß gegen dieses Beteiligungsgebot ist nichtig.**

(4) [1]**Der Vorstand von Gesellschaften, die börsennotiert sind oder der Mitbestimmung unterliegen, legt für den Frauenanteil in den beiden Führungsebenen unterhalb des Vorstands Zielgrößen fest.** [2]**Die Zielgrößen müssen den angestrebten Frauenanteil an der jeweiligen Führungsebene beschreiben und bei Angaben in Prozent vollen Personenzahlen entsprechen.** [3]**Legt der Vorstand für den Frauenanteil auf einer der Führungsebenen die Zielgröße Null fest, so hat er diesen Beschluss klar und verständlich zu begründen.** [4]**Die Begründung muss ausführlich die Erwägungen darlegen, die der Entscheidung zugrunde liegen.** [5]**Liegt der Frauenanteil bei Festlegung der Zielgrößen unter 30 Prozent, so dürfen die Zielgrößen den jeweils erreichten Anteil nicht mehr unterschreiten.** [6]**Gleichzeitig sind Fristen zur Erreichung der Zielgrößen festzulegen.** [7]**Die Fristen dürfen jeweils nicht länger als fünf Jahre sein.**

1 § 76 weist dem Vorstand die Leitung der Aktiengesellschaft zu. Dieser genießt gegenüber der Hauptversammlung und dem Aufsichtsrat eine eigenverantwortliche und weisungsunabhängige Stellung. Absatz 2 betrifft die zahlenmäßige Zusammensetzung des Vorstands, Absatz 3 die persönlichen Eignungsvoraussetzungen für das Vorstandsamt. Der durch das Gesetz für die gleichberechtigte Teilhabe von Frauen und Männern an Führungspositionen in der Privatwirtschaft und im öffentlichen Dienst[1] eingeführte Absatz 4 begründet eine Verpflichtung zur Festlegung von Zielgrößen für den Frauenanteil in den beiden Führungsebenen unterhalb des Vorstandes.[2]

2 Fähig, das Amt des Vorstandes einer Aktiengesellschaft auszuüben, sind nach § 76 Abs. 3 S. 1 ausschließlich natürliche, unbeschränkt geschäftsfähige Personen. Eine Betreuung mit Einwilligungsvorbehalt schließt eine Tätigkeit als Vorstand einer AG ebenso aus, wie eine beschränkte Geschäftsfähigkeit.[3] Die Fähigkeit ein Vorstandsamt in einer AG auszuüben kann auch nicht durch die Erteilung einer betreuungs- bzw. familienschaftlichen Genehmigung erlangt werden. Weitere persönliche Anforderun-

---

[1] BGBl. 2015 I 642.
[2] Henssler/Strohn GesR/Dauner-Lieb AktG § 76 Rn. 1.
[3] MüKoAktG/Spindler AktG § 76 Rn. 125.

gen sind daneben im Aufsichtsrecht enthalten.[4] Fällt eine Voraussetzung des Abs. 3 S. 1, 2 später weg, so führt dies zum sofortigen Amtsverlust des Vorstandsmitglieds, ohne dass es hierfür einer Abberufung bedarf.[5]

Das Amt des Vorstandes kann weder eine juristische Person noch eine Gesamthandsgemeinschaft ausgeübt werden. **3**

Zweiter Abschnitt. Aufsichtsrat

§ 100 Persönliche Voraussetzungen für Aufsichtsratsmitglieder

(1) [1]**Mitglied des Aufsichtsrats kann nur eine natürliche, unbeschränkt geschäftsfähige Person sein.** [2]**Ein Betreuter, der bei der Besorgung seiner Vermögensangelegenheiten ganz oder teilweise einem Einwilligungsvorbehalt (§ 1825 des Bürgerlichen Gesetzbuchs) unterliegt, kann nicht Mitglied des Aufsichtsrats sein.**

(2) [1]**Mitglied des Aufsichtsrats kann nicht sein, wer**

1. **bereits in zehn Handelsgesellschaften, die gesetzlich einen Aufsichtsrat zu bilden haben, Aufsichtsratsmitglied ist,**
2. **gesetzlicher Vertreter eines von der Gesellschaft abhängigen Unternehmens ist,**
3. **gesetzlicher Vertreter einer anderen Kapitalgesellschaft ist, deren Aufsichtsrat ein Vorstandsmitglied der Gesellschaft angehört, oder**
4. **in den letzten zwei Jahren Vorstandsmitglied derselben börsennotierten Gesellschaft war, es sei denn, seine Wahl erfolgt auf Vorschlag von Aktionären, die mehr als 25 Prozent der Stimmrechte an der Gesellschaft halten.**

[2]**Auf die Höchstzahl nach Satz 1 Nr. 1 sind bis zu fünf Aufsichtsratssitze nicht anzurechnen, die ein gesetzlicher Vertreter (beim Einzelkaufmann der Inhaber) des herrschenden Unternehmens eines Konzerns in zum Konzern gehörenden Handelsgesellschaften, die gesetzlich einen Aufsichtsrat zu bilden haben, inne hat. 3Auf die Höchstzahl nach Satz 1 Nr. 1 sind Aufsichtsratsämter im Sinne der Nummer 1 doppelt anzurechnen, für die das Mitglied zum Vorsitzenden gewählt worden ist.**

(3) **Die anderen persönlichen Voraussetzungen der Aufsichtsratsmitglieder der Arbeitnehmer sowie der weiteren Mitglieder bestimmen sich nach dem Mitbestimmungsgesetz, dem Montan-Mitbestimmungsgesetz, dem Mitbestimmungsergänzungsgesetz, dem Drittelbeteiligungsgesetz und dem Gesetz über die Mitbestimmung der Arbeitnehmer bei einer grenzüberschreitenden Verschmelzung.**

(4) **Die Satzung kann persönliche Voraussetzungen nur für Aufsichtsratsmitglieder fordern, die von der Hauptversammlung ohne Bindung an Wahlvorschläge gewählt oder auf Grund der Satzung in den Aufsichtsrat entsandt werden.**

(5) **Bei Gesellschaften, die Unternehmen von öffentlichem Interesse nach § 316a Satz 2 des Handelsgesetzbuchs sind, muss mindestens ein Mitglied des Aufsichtsrats über Sachverstand auf dem Gebiet Rechnungslegung und mindestens ein weiteres Mitglied des Aufsichtsrats über Sachverstand auf**

---

[4] Koch AktG § 76 Rn. 58.

[5] BGH II ZR 292/90, NJW 1991, 2566 (für die GmbH); Henssler/Strohn GesR/Dauner-Lieb AktG § 76 Rn. 16.

dem Gebiet Abschlussprüfung verfügen; die Mitglieder müssen in ihrer Gesamtheit mit dem Sektor, in dem die Gesellschaft tätig ist, vertraut sein.

1 Mitglieder des Aufsichtsrates einer Aktiengesellschaft können nach Absatz 1 ausschließlich natürliche, unbeschränkt geschäftsfähige Personen sein, die nicht einem Einwilligungsvorbehalt unterliegen. Dies gilt für jedes Aufsichtsratsmitglied, gleich ob Anteilseignervertreter, Arbeitnehmervertreter oder weiteres Mitglied.[1] Befindet sich ein Aufsichtsratsmitglied dauerhaft in einem Zustand krankhafter Störung der Geistestätigkeit (§ 104 Nr. 2 BGB) oder unterliegt der Aufsichtsrat bei der Besorgung seiner Vermögensangelegenheit ganz oder teilweise einem Einwilligungsvorbehalt, kann er nicht (mehr) Mitglied des Aufsichtsrats sein. Eine Aufhebung der Betreuung oder eines Einwilligungsvorbehalts nach § 1825 BGB lässt ein verlorenes Aufsichtsratsmandat nicht wieder aufleben. Einer erneuten Bestellung in den Aufsichtsrat nach einer solchen Aufhebung steht jedoch nichts entgegen.[2]

2 Beschränkt Geschäftsfähige können auch mit Zustimmung des gesetzlichen Vertreters oder Ermächtigung nach §§ 112, 113 BGB nicht Mitglied des Aufsichtsrats werden.

Vierter Abschnitt. Hauptversammlung

Vierter Unterabschnitt. Stimmrecht

§ 134 Stimmrecht

(1) **[1]Das Stimmrecht wird nach Aktiennennbeträgen, bei Stückaktien nach deren Zahl ausgeübt. [2]Für den Fall, daß einem Aktionär mehrere Aktien gehören, kann bei einer nichtbörsennotierten Gesellschaft die Satzung das Stimmrecht durch Festsetzung eines Höchstbetrags oder von Abstufungen beschränken. [3]Die Satzung kann außerdem bestimmen, daß zu den Aktien, die dem Aktionär gehören, auch die Aktien rechnen, die einem anderen für seine Rechnung gehören. [4]Für den Fall, daß der Aktionär ein Unternehmen ist, kann sie ferner bestimmen, daß zu den Aktien, die ihm gehören, auch die Aktien rechnen, die einem von ihm abhängigen oder ihn beherrschenden oder einem mit ihm konzernverbundenen Unternehmen oder für Rechnung solcher Unternehmen einem Dritten gehören. [5]Die Beschränkungen können nicht für einzelne Aktionäre angeordnet werden. [6]Bei der Berechnung einer nach Gesetz oder Satzung erforderlichen Kapitalmehrheit bleiben die Beschränkungen außer Betracht.**

(2) **[1]Das Stimmrecht beginnt mit der vollständigen Leistung der Einlage. [2]Entspricht der Wert einer verdeckten Sacheinlage nicht dem in § 36a Abs. 2 Satz 3 genannten Wert, so steht dies dem Beginn des Stimmrechts nicht entgegen; das gilt nicht, wenn der Wertunterschied offensichtlich ist. [3]Die Satzung kann bestimmen, daß das Stimmrecht beginnt, wenn auf die Aktie die gesetzliche oder höhere satzungsmäßige Mindesteinlage geleistet ist. [4]In diesem Fall gewährt die Leistung der Mindesteinlage eine Stimme; bei höheren Einlagen richtet sich das Stimmenverhältnis nach der Höhe der geleisteten Einlagen. [5]Bestimmt die Satzung nicht, daß das Stimmrecht vor der vollständigen Leistung der Einlage beginnt, und ist noch auf keine Aktie die Einlage vollständig geleistet, so richtet sich das Stimmenverhältnis nach der Höhe der geleisteten Einlagen; dabei gewährt die Leistung der Mindestein-**

[1] MüKoAktG/Habersack AktG § 100 Rn. 13.
[2] Henssler/Strohn GesR/Henssler AktG § 100 Rn. 3.

lage eine Stimme. [6]Bruchteile von Stimmen werden in diesen Fällen nur berücksichtigt, soweit sie für den stimmberechtigten Aktionär volle Stimmen ergeben. [7]Die Satzung kann Bestimmungen nach diesem Absatz nicht für einzelne Aktionäre oder für einzelne Aktiengattungen treffen.

(3) **[1]Das Stimmrecht kann durch einen Bevollmächtigten ausgeübt werden. [2]Bevollmächtigt der Aktionär mehr als eine Person, so kann die Gesellschaft eine oder mehrere von diesen zurückweisen. [3]Die Erteilung der Vollmacht, ihr Widerruf und der Nachweis der Bevollmächtigung gegenüber der Gesellschaft bedürfen der Textform, wenn in der Satzung oder in der Einberufung auf Grund einer Ermächtigung durch die Satzung nichts Abweichendes und bei börsennotierten Gesellschaften nicht eine Erleichterung bestimmt wird. [4]Die börsennotierte Gesellschaft hat zumindest einen Weg elektronischer Kommunikation für die Übermittlung des Nachweises anzubieten. [5]Werden von der Gesellschaft benannte Stimmrechtsvertreter bevollmächtigt, so ist die Vollmachtserklärung von der Gesellschaft drei Jahre nachprüfbar festzuhalten; § 135 Abs. 5 gilt entsprechend.**

(4) **Die Form der Ausübung des Stimmrechts richtet sich nach der Satzung.**

Das Stimmrecht als Aktionär ist gem. § 12 Abs. 1 S.1 unverzichtbar und nicht entziehbar. Es ist Bestandteil der Mitgliedschaft. Neben dem Entstehen und dem Ausüben des Stimmrechts regelt § 134 auch die Stimmkraft. Das Bestehen eines Stimmrechts bedeutet aber nicht zwingend, dass es auch ausübbar ist. Daran fehlt es, wenn das Stimmrecht ruht (§ 20 Abs. 7, § 21 Abs. 4, §§ 71b, 71d, § 44 WpHG, § 59 S. 1 WpÜG) oder ausgeschlossen ist (§§ 136, 142 Abs. 1 S. 3, § 328), etwa bei stimmrechtslosen Vorzugsaktien (§§ 139ff.).[1] 1

Die Ausübung des Stimmrechts muss nicht zwangsläufig durch den Aktionär selbst verfolgen. § 134 Abs. 3 ermöglicht eine rechtsgeschäftliche Vertretung des Aktionärs bei der Ausübung seines Stimmrechts. Die rechtsgeschäftliche Vollmacht kann dabei sowohl im Innenverhältnis gegenüber dem Bevollmächtigten selbst erteilt werden als auch im Außenverhältnis gegenüber der AG. Für Erteilung, Erlöschen und Widerruf der Vollmacht gelten §§ 164ff. BGB. Eine (Vorsorge-)Vollmacht in Form einer Generalvollmacht berechtigt zur Stimmrechtsvertretung in der Hauptversammlung.[2] Vorgaben zur Person des Bevollmächtigten in der Satzung sind nichtig.[3] 2

Der Betreuer des Aktionärs muss nachweisen, woraus sich seine Vertretungsmacht ergibt. Er ist regelmäßig verpflichtet, seine Bestallungsurkunde zur Legitimation vorzulegen.[4] 3

---

[1] MüKoAktG/Arnold AktG § 134 Rn. 1.

[2] MüKoAktG/Arnold AktG § 134 Rn. 64; Heidel, Aktienrecht und Kapitalmarktrecht, AktG § 134 Rn. 31.

[3] OLG Stuttgart 8 W 203/90, NJW-RR 1990, 1316; LG München I 5HK O 7924/19, AG 2020, 497 (498f.); OLG Braunschweig 2 W 142/12, BeckRS 2014, 20216; 2 W 143/12, BeckRS 2014, 20218; OLG Stuttgart 8 M 203/90, NJW-RR 1990, 1316; MüKoAktG/Arnold AktG § 134 Rn 45; aA Henssler/Strohn GesR/Liebscher AktG § 134 Rn. 9.

[4] Hüffer/Koch/Koch AktG § 134 Rn. 31; MüKoAktG/Arnold AktG § 134.

12. Umwandlungsgesetz (UmwG)

Vom 28.10.1994
(BGBl. I S. **3210,** ber. 1995 I S. 428)

Zuletzt geändert durch Art. 60 PersonengesellschaftsrechtsmodernisierungsG (MoPeG) vom 10.8.2021 (BGBl. I S. 3436)

§ 123 Arten der Spaltung

(1) **Ein Rechtsträger (übertragender Rechtsträger) kann unter Auflösung ohne Abwicklung sein Vermögen aufspalten**
1. zur Aufnahme durch gleichzeitige Übertragung der Vermögensteile jeweils als Gesamtheit auf andere bestehende Rechtsträger (übernehmende Rechtsträger) oder
2. zur Neugründung durch gleichzeitige Übertragung der Vermögensteile jeweils als Gesamtheit auf andere, von ihm dadurch gegründete neue Rechtsträger

gegen Gewährung von Anteilen oder Mitgliedschaften dieser Rechtsträger an die Anteilsinhaber des übertragenden Rechtsträgers (Aufspaltung).

(2) **Ein Rechtsträger (übertragender Rechtsträger) kann von seinem Vermögen einen Teil oder mehrere Teile abspalten**
1. zur Aufnahme durch Übertragung dieses Teils oder dieser Teile jeweils als Gesamtheit auf einen bestehenden oder mehrere bestehende Rechtsträger (übernehmende Rechtsträger) oder
2. zur Neugründung durch Übertragung dieses Teils oder dieser Teile jeweils als Gesamtheit auf einen oder mehrere, von ihm dadurch gegründeten neuen oder gegründete neue Rechtsträger

gegen Gewährung von Anteilen oder Mitgliedschaften dieses Rechtsträgers oder dieser Rechtsträger an die Anteilsinhaber des übertragenden Rechtsträgers (Abspaltung).

(3) **Ein Rechtsträger (übertragender Rechtsträger) kann aus seinem Vermögen einen Teil oder mehrere Teile ausgliedern**
1. zur Aufnahme durch Übertragung dieses Teils oder dieser Teile jeweils als Gesamtheit auf einen bestehenden oder mehrere bestehende Rechtsträger (übernehmende Rechtsträger) oder
2. zur Neugründung durch Übertragung dieses Teils oder dieser Teile jeweils als Gesamtheit auf einen oder mehrere, von ihm dadurch gegründeten neuen oder gegründete neue Rechtsträger

gegen Gewährung von Anteilen oder Mitgliedschaften dieses Rechtsträgers oder dieser Rechtsträger an den übertragenden Rechtsträger (Ausgliederung).

(4) **Die Spaltung kann auch durch gleichzeitige Übertragung auf bestehende und neue Rechtsträger erfolgen**

§ 124 Spaltungsfähige Rechtsträger

(1) **An einer Aufspaltung oder einer Abspaltung können als übertragende, übernehmende oder neue Rechtsträger die in § 3 Abs. 1 genannten Rechtsträger sowie als übertragende Rechtsträger wirtschaftliche Vereine, an einer Ausgliederung können als übertragende, übernehmende oder neue Rechtsträger die in § 3 Abs. 1 genannten Rechtsträger sowie als übertragende Rechtsträger wirtschaftliche Vereine, Einzelkaufleute, Stiftungen sowie Gebietskörperschaften oder Zusammenschlüsse von Gebietskörperschaften, die nicht Gebietskörperschaften sind, beteiligt sein.**

(2) **§ 3 Abs. 3 und 4 ist auf die Spaltung entsprechend anzuwenden.**

1 Ist die Aufspaltung oder Abspaltung nach den Vorschriften des Umwandlungsgesetzes von der **Vollmacht** gedeckt, kann der Bevollmächtigte von der Möglichkeit Gebrauch machen, die das Gesetz dem im Handelsregister eingetragenen Kaufmann insoweit einräumt. In Betracht kommen insbesondere die Ausgliederung zur **Neugründung einer GmbH** nach §§ 124, 123 Abs. 3 Nr. 2 UmwG. Dabei wird der Einzelunternehmer (vom Vorsorgebevollmächtigten vertreten) Gesellschafter der im Zuge der Spaltung neu errichteten GmbH.[1]

2 Hat der Vollmachtgeber in der Vorsorgevollmacht und/oder den Handlungsanweisungen die Möglichkeit der Abspaltung oder Aufspaltung **nicht vorgesehen,** ist zweifelhaft, ob ein derartiger Umwandlungsvorgang noch als pflichtgemäße Vollmachtsausübung anzusehen ist. Das Interesse des Vollmachtgebers dürfte, wenn nichts anderes festgelegt ist, regelmäßig nur dahingehend auszulegen sein, den Bestand des bei Beginn der Ausübung der Vollmacht vorhandenen Unternehmensvermögens zu sichern. Selbst wenn die Vorsorgevollmacht in formeller Hinsicht den Anforderungen dazu genügen sollte (also beurkundet ist), setzt sich der Bevollmächtigte mit der Wahrnehmung in diesem Sinne erheblichen Risiken aus.

3 Eine solche Ausgliederung **sollte** aber dann **erfolgen können,** wenn andernfalls der Betrieb vom Bevollmächtigten nicht fortgesetzt werden kann, ohne sich selbst erheblichen Risiken auszusetzen und andererseits sichergestellt ist, dass eine Betriebsfortführung in Abwägung gegenüber den Möglichkeiten einer Veräußerung die zu bevorzugende Lösung ist.[2]

4 Die Umwandlung nach §§ 124, 123 UmwG steht **Gesellschaften bürgerlichen Rechtes nicht** zur Verfügung.[3] Dies liegt daran, dass der GbR die allgemeine Registerpublizität fehlt, die Voraussetzung für ein registergestütztes Verfahren der Spaltung nach § 1 Abs. 1 Nr. 2 UmwG ist.

5 Durch die Neuregelung des Rechts der Gesellschaften bürgerlichen Rechts, insbesondere die Eintragung rechtsfähiger Gesellschaften im künftigen Gesellschaftsregister durch das MoPeG können künftig auch Gesellschaften bürgerlichen Rechts die Möglichkeit der Umwandlung nach den Vorschriften des UmwG nutzen.[4]

6 Der Einzelkaufmann kann also sein Betriebsvermögen ausgliedern und beispielsweise den operativen Geschäftsbetrieb durch eine GmbH fortführen. Soweit bei Einzelkaufleuten im Betrieb einerseits Immobilienvermögen oder Wertpapiervermögen enthalten ist, andererseits aber ein risikobehafteter Geschäftsbetrieb, sollte der Vorsorgebevollmächtigte diese Überlegung zur Risikobegrenzung **immer in Betracht**

---

[1] Langenfeld ZEV 2005, 52 (53).
[2] Dazu Reymann ZEV 2005, 457 (459) mwN.
[3] Böttcher/Habighorst/Schulte/Fischer UmwandlungR UmwG § 124 Rn. 6.
[4] BGBl. 2021 I 3436, 3468.

ziehen. Auf diese Weise ist sowohl das unternehmerisch gebundene Vermögen des Vollmachtgebers geschützt, als auch er selbst vor möglichen Haftungsdurchgriffen, die ihn zumindest mit der Möglichkeit der Inanspruchnahme konfrontieren könnten.

13. Strafgesetzbuch
(StGB)

In der Fassung der Bekanntmachung vom 13. November 1998
(BGBl. I S. 3322)

Zuletzt geändert durch Art. 1 G zur Änd. des StGB – Aufhebung des Verbots der Werbung für den Schwangerschaftsabbruch (§ 219a StGB), zur Änd. des HeilmittelwerbeG, zur Änd. des SchwangerschaftskonfliktG, zur Änd. des EinführungsG zum StGB und zur Änd. des G zur strafrechtlichen Rehabilitierung der nach dem 8. Mai 1945 wegen einvernehmlicher

– Auszug –

Allgemeiner Teil

Vierter Abschnitt. Strafantrag, Ermächtigung, Strafverlangen

§ 77b Antragsfrist

(1) [1]**Eine Tat, die nur auf Antrag verfolgbar ist, wird nicht verfolgt, wenn der Antragsberechtigte es unterläßt, den Antrag bis zum Ablauf einer Frist von drei Monaten zu stellen.** [2]**Fällt das Ende der Frist auf einen Sonntag, einen allgemeinen Feiertag oder einen Sonnabend, so endet die Frist mit Ablauf des nächsten Werktags.**

(2) [1]**Die Frist beginnt mit Ablauf des Tages, an dem der Berechtigte von der Tat und der Person des Täters Kenntnis erlangt.** [2]**Für den Antrag des gesetzlichen Vertreters und des Sorgeberechtigten kommt es auf dessen Kenntnis an.**

(3) **Sind mehrere antragsberechtigt oder mehrere an der Tat beteiligt, so läuft die Frist für und gegen jeden gesondert.**

(4) **Ist durch Tod des Verletzten das Antragsrecht auf Angehörige übergegangen, so endet die Frist frühestens drei Monate und spätestens sechs Monate nach dem Tod des Verletzten.**

(5) **Der Lauf der Frist ruht, wenn ein Antrag auf Durchführung eines Sühneversuchs gemäß § 380 der Strafprozeßordnung bei der Vergleichsbehörde eingeht, bis zur Ausstellung der Bescheinigung nach § 380 Abs. 1 Satz 3 der Strafprozeßordnung.**

§ 77b Abs. 1 S. 1 StGB begrenzt den Zeitraum, innerhalb dessen der für die Verfolgung absoluter Antragsdelikte stets, für die Verfolgung relativer Antragsdelikte bei fehlendem besonderem öffentlichem Interesse[1] notwendige **Strafantrag** gestellt werden kann, auf drei Monate. Die Frist beginnt mit Kenntnisnahme des Antragsberechtigten von der Tat und der Person des Täters (Abs. 2 S. 1). Sie ist für jeden Antragsberechtigten gesondert zu berechnen (Abs. 3). Ist der Antragsberechtigte beschränkt geschäftsfähig oder geschäftsunfähig[2] und obliegt die Antragstellung deshalb 1

[1] Vgl. Nr. 234 RiStBV.
[2] Näher NK-StGB/Kargl § 77 Rn. 40.

gemäß § 77 Abs. 3 StGB dem gesetzlichen Vertreter oder Personensorgeberechtigten, kommt es auf deren Kenntnisnahme an (Abs. 2 S. 2), während jene des Verletzten irrelevant ist.[3] Die Antragsberechtigung eines **Betreuers** nach § 77 Abs. 3 StGB muss sich aus den ihm übertragenen Aufgabenkreisen, etwa der Vermögenssorge und der Antragstellung gegenüber Behörden, ergeben.[4] Ihre explizite Übertragung ist ggf. empfehlenswert, nach der Rechtsprechung des BGH aber zumindest dann nicht notwendig, wenn die Antragstellung – etwa, weil der Betreuer gerade wegen des Verdachts von Straftaten zum Nachteil des Betreuten bestellt wurde – Teil des „objektiven Betreuungsbedarfs" ist.[5] Die Antragsberechtigung eines **(Vorsorge-)Bevollmächtigten** muss der Vollmacht zu entnehmen sein, in der sie – falls gewünscht – ausdrücklich niedergelegt werden sollte.[6] Ist dies der Fall und ist der Verletzte geschäftsunfähig, setzt die Kenntnisnahme des Vorsorgebevollmächtigten von Tat und Täter nach hier vertretener Auffassung entsprechend Abs. 2 S. 2 die Antragsfrist in Lauf. Diese Abweichung von dem Grundsatz, dass es auf die Kenntnisnahme eines Bevollmächtigten nicht ankommen soll,[7] ergibt sich neben der Grundwertung des § 1814 Abs. 3 S. 2 Nr. 1 BGB daraus, dass der Bevollmächtigte andernfalls unbefristet antragsbefugt wäre. Ist der Bevollmächtigte freilich verdächtig, an der antragsgegenständlichen Straftat zum Nachteil des Vollmachtgebers beteiligt zu sein, ist seine Kenntnis von Tat und Täter nicht geeignet, die Antragsfrist auszulösen (näher → § 247 StGB Rn. 2).

2 Stirbt der gemäß § 77 Abs. 1 StGB grundsätzlich antragsberechtigte Verletzte, geht das Antragsrecht nur auf die in § 77 Abs. 2 StGB bezeichneten **Angehörigen** über, wenn die Vorschriften zum jeweiligen Antragsdelikt dies explizit vorsehen. So liegt es etwa bei § 223 StGB (§ 230 Abs. 1 S. 2 StGB), nicht aber beim Haus- und Familiendiebstahl gemäß § 247 StGB sowie den weiteren Vermögensdelikten, bezüglich derer das Gesetz auf § 247 StGB verweist (vgl. §§ 263 Abs. 4, 263a Abs. 2, 266 Abs. 2 StGB). In deren Fall erlischt das Antragsrecht mit dem Tod des Verletzten. Hat der ursprünglich Antragsberechtigte vor seinem Tod bereits Kenntnis iSd Abs. 2 erlangt, setzt der Übergang des Antragsrechts voraus, dass die Frist bei seinem Tod noch nicht abgelaufen ist und die Verfolgung der Tat nicht seinem erklärten Willen widerspricht (§ 77 Abs. 2 S. 4 StGB). Geht das Antragsrecht über, beginnt die Frist gemäß Abs. 4 ungeachtet einer etwaigen früheren Kenntnisnahme der nunmehr antragsberechtigten Angehörigen neu zu laufen. Erlangen sie das notwendige Wissen erst später, beginnt die Frist in diesem Zeitpunkt. Wiederum ungeachtet dessen, ob die Angehörigen bis dahin Kenntnis von der Tat und der Person des Täters genommen haben, erlischt das Antragsrecht im Interesse der Rechtssicherheit spätestens sechs Monate nach dem Tod des Verletzten.

---

[3] MüKo-StGB/Mitsch § 77b Rn. 30.

[4] AnwK-StGB/Asholt § 77 Rn. 13.

[5] BGH 5 StR 46/14, NJW 2014, 2968; anders OLG Celle 32 Ss 8/12, NStZ 2012, 702; OLG Karlsruhe 3 Ws 397/12, NStZ-RR 2014, 143; vgl. Deinert/Lütgens BtPrax 2017, 135 (136); Fischer StGB § 77 Rn. 14a mwN zur Rspr. der OLGe.

[6] Allg. zur Zulässigkeit der Stellvertretung bei der Strafantragstellung Schönke/Schröder/Bosch StGB § 77 Rn. 25 ff.

[7] Vgl. Fischer StGB § 77b Rn. 6.

Besonderer Teil

Neunter Abschnitt. Falsche uneidliche Aussage und Meineid

§ 156 Falsche Versicherung an Eides Statt

Wer vor einer zur Abnahme einer Versicherung an Eides Statt zuständigen Behörde eine solche Versicherung falsch abgibt oder unter Berufung auf eine solche Versicherung falsch aussagt, wird mit Freiheitsstrafe bis zu drei Jahren oder mit Geldstrafe bestraft.

I. Vorsorgerechtlicher Kontext

1 § 156 StGB schützt als abstraktes Gefährdungsdelikt[1] die Rechtspflege[2] und erlangt im vorsorgerechtlichen Kontext Bedeutung, wenn der Betreuer oder Vorsorgebevollmächtigte gegenüber Berechtigten – meist Erben des Betreuten bzw. Vollmachtgebers, weiteren Bevollmächtigten oder Kontrollbetreuern[3] – **Auskünfte gemäß §§ 259 Abs. 1, 260 Abs. 1 BGB** abgibt (→ § 1872 BGB; § 666 BGB) und gemäß §§ 259 Abs. 2, 260 Abs. 2 BGB – ggf. im Wege der Stufenklage (→ § 261 BGB Rn. 3 ff.) – aufgefordert werden kann, die Vollständigkeit seiner Angaben an Eides Statt zu versichern (Anspruchsvoraussetzungen → § 259 BGB Rn. 17 ff.).

II. Tatbestand

2 Eine **Versicherung an Eides statt** verlangt die unmittelbare Bekräftigung der Wahrheit einer Erklärung mit dem Zusatz wie „an Eides statt“ oder „eidesstattlich“.[4] Sie ist **falsch,** wenn die versicherte Erklärung **objektiv** nicht wahr ist[5] – in der oben dargestellten Konstellation (→ Rn. 1) also, wenn Einnahmen, Ausgaben oder Vermögensbestand tatsächlich nicht nach bestem Wissen vollständig angegeben wurden.

3 Die **mündliche Abgabe** der Versicherung (Var. 1) ist vollendet, wenn die Erklärung vor der zuständigen Behörde (→ Rn. 4) abgeschlossen ist. Die **schriftliche Abgabe** verlangt, dass die Erklärung der zuständigen Behörde mit dem Willen des Erklärenden urschriftlich oder in gerichtlich oder notariell beglaubigter Abschrift zugeht,[6] ohne dass der mit der Sache befasste Entscheidungsträger Kenntnis nehmen müsste.[7] Eine **Falschaussage unter Berufung auf eine solche Versicherung** (Var. 2) liegt vor, wenn die Richtigkeit einer späteren Aussage wahrheitswidrig unter Bezugnahme auf eine früher abgelegte eidesstattliche Versicherung bekräftigt wird.[8]

---

[1] BGH 2 StR 437/98, NJW 1999, 2378 (2380).
[2] Fischer StGB § 156 Rn. 1.
[3] Staschelt RNotZ 2020, 61 (66).
[4] MüKo-StGB/Müller § 156 Rn. 9.
[5] BeckOK-StGB/Kudlich § 156 Rn. 4 iVm § 153 Rn. 7 mwN.
[6] Schönke/Schröder/Bosch/Schittenhelm StGB § 156 Rn. 19 mwN.
[7] BGH 2 StR 437/98, NJW 1999, 2378 (2380).
[8] Fischer StGB § 156 Rn. 15.

4 **Zuständig** als **Behörden** iSd § 11 Abs. 1 Nr. 7 StGB sind die Gerichte, vor denen die eidesstattliche Versicherung nach §§ 259 Abs. 2, 260 Abs. 2 BGB abzugeben ist:[9] Im Fall ihrer **freiwilligen Abgabe** das Amtsgericht (Rechtspfleger), in dessen Bezirk die Verpflichtung zur Auskunft, zur Rechnungslegung oder Verzeichnisvorlage zu erfüllen ist (§ 269 BGB) oder der Verpflichtete wohnt (§§ 410 Nr. 1, 411 Abs. 1 S. 1, 2 FamFG, § 23a Abs. 1 S. 1 Nr. 2, Abs. 2 Nr. 5 GVG, § 3 Nr. 1 lit. b RPflG), im Fall der Verurteilung zur Abgabe der eidesstattlichen Versicherung das als Vollstreckungsgericht zuständige Amtsgericht (§ 889 Abs. 1 S. 1 ZPO).

5 In subjektiver Hinsicht verlangt § 156 StGB wenigstens bedingten **Vorsatz,**[10] der die Falschheit der Versicherung, den Verstoß gegen eine Wahrheitspflicht und die Zuständigkeit der Behörde umfasst.[11] In der oben dargestellten Konstellation (→ Rn. 1) muss der Betreuer oder Bevollmächtigte demnach lediglich die Möglichkeit billigend in Kauf nehmen, dass er die Einnahmen (§ 259 Abs. 2 BGB) bzw. den Vermögensbestand (§ 260 Abs. 2 BGB) entgegen seiner Verpflichtung aus § 1872 BGB bzw. § 666 (iVm § 1922) BGB nicht so vollständig angegeben hat, wie es ihm möglich war, und dass das jeweilige Gericht (→ Rn. 4) für die Abnahme der eidesstattlichen Versicherung zuständig ist.

§ 161 Fahrlässiger Falscheid; fahrlässige Versicherung an Eides Statt

(1) **Wenn eine der in den §§ 154 bis 156 bezeichneten Handlungen aus Fahrlässigkeit begangen worden ist, so tritt Freiheitsstrafe bis zu einem Jahr oder Geldstrafe ein.**

(2) **Straflosigkeit tritt ein, wenn der Täter die falsche Angabe rechtzeitig berichtigt. Die Vorschriften des § 158 Abs. 2 und 3 gelten entsprechend.**

1 § 161 Abs. 1 StGB erstreckt den Schutz der Rechtspflege gegen falsche Versicherungen an Eides statt über den Bereich vorsätzlicher Begehung hinaus auf Fälle, in denen dem Versichernden lediglich eine Sorgfaltspflichtverletzung zur Last fällt. Auch hier muss die Erklärung, deren Wahrheit eidesstattlich versichert wird, **objektiv falsch** (→ § 156 StGB Rn. 2) und die die Versicherung abnehmende **Behörde zuständig** sein (→ § 156 StGB Rn. 4).

2 Eine **Sorgfaltspflichtverletzung** kann in der vorsorgerechtlich relevanten Konstellation der §§ 259 Abs. 2, 260 Abs. 2 BGB (→ § 156 StGB Rn. 1) insbes. darin liegen, dass der Betreuer oder Bevollmächtigte die Vollständigkeit und Richtigkeit seiner gemäß § 1872 BGB bzw. § 666 (iVm § 1922) BGB geschuldeten Angaben nicht hinreichend sorgfältig prüft und – in der Hoffnung, sie wären dennoch gegeben – gleichwohl an Eides Statt versichert. Weitere denkbare Fälle sind etwa die Unterzeichnung einer zuvor nicht oder nur ungenau gelesenen Versicherung an Eides statt oder die Leistung einer Blankounterschrift, über der andere sodann eine Versicherung an Eides statt einsetzen.[1]

---

[9] Allg. zum Zuständigkeitsbegriff des § 156 StGB Fischer StGB § 156 Rn. 4, 9 mwN; krit. Schönke/Schröder/Bosch/Schittenhelm StGB § 156 Rn. 8/9.

[10] RG 2 D 183/36, RGSt 70, 266.

[11] Lackner/Kühl/Heger StGB § 156 Rn. 6.

[1] S. dazu MüKo-StGB/Müller § 161 Rn. 28ff. mwN.

Sechzehnter Abschnitt. Straftaten gegen das Leben

Vorbemerkungen zu §§ 211 ff. StGB

1 §§ 211 ff. StGB dienen dem Schutz des menschlichen Lebens. Dieses beginnt im strafrechtlichen Sinn – abweichend vom zivilrechtlichen Verständnis[1] – mit der Geburt[2] und endet mit dem irreversiblen Funktionsverlust des Gesamthirns **(Hirntod).**[3] Innerhalb dieser Grenzen ist die vorsätzliche wie auch fahrlässige Tötung eines anderen Menschen mit Strafe bedroht. Dies gilt, wie § 216 StGB zeigt, ungeachtet einer etwaigen Einwilligung.

2 Die Tötungsdelikte sind – nicht zuletzt, weil die geltende Fassung der zentralen Tatbestände der §§ 211, 212 StGB ihren Ursprung im Nationalsozialismus hat (RGBl. 1941 I S. 549),[4] von der damals herrschenden Tätertypenlehre ausgeht und „der Mörder" gemäß § 211 Abs. 1 StGB insoweit konsequent auch heute zwar nicht mehr die Todesstrafe (Art. 102 GG), aber doch ohne Raum für individuelle Strafzumessung lebenslange Freiheitsstrafe verwirkt – Gegenstand fortwährender (Reform-)Diskussion[5] und Hort zahlloser Problemfragen.

3 Die Erörterung im Rahmen des vorliegenden Kompendiums muss dieses weite Feld auf die Fragen reduzieren, denen im vorsorgerechtlichen Kontext besondere Relevanz zukommt. Dies sind mit Blick auf § 211 StGB jene Mordmerkmale, deren mögliche Verwirklichung im gehobenen Alter und im Verhältnis von Betreuer bzw. Vorsorgebevollmächtigtem und Betreutem bzw. Vollmachtgeber besonders naheliegt: **Habgier** (→ § 211 StGB Rn. 2 f.) und **Heimtücke** (→ § 211 StGB Rn. 4 ff.). Mit Blick auf § 212 StGB sind Umfang und Grenzen möglicher Strafbarkeit im Bereich der **Sterbehilfe** mit besonderem Augenmerk auf die Bedeutung von Patientenverfügungen iSd § 1827 BGB zu erhellen. Die nach § 216 StGB strafbare Tötung auf Verlangen ist gegen straflose **Suizidassistenz** abzugrenzen.

4 Im Zuge der Covid-19-Pandemie trat die sog. **Triage** in den Fokus öffentlicher Wahrnehmung. Der aus der Militärmedizin stammende Begriff bezeichnet die Situation, in der bei knappen personellen und materiellen (insbesondere intensivmedizinischen) Ressourcen unter einer Mehrzahl von Patienten eine Auswahl getroffen werden muss, bei der (nur) einzelne behandelt werden können, während andere zurückstehen müssen.[6] Hier sind alte Menschen, vor allem solche mit gewichtigen Beeinträchtigungen, dem Risiko ausgesetzt, diskriminiert zu werden. Die sog. **präventive Triage,**[7] bei der die intensivmedizinische Behandlung erst gar nicht begonnen wird, um Intensivbetten für Patienten mit höheren Überlebenschancen freizuhalten, dürfte **stets strafbar** sein, im für die Abgewiesenen schlimmsten (Todes-)Fall als Totschlag oder – wenn finanzielle Motive beim Täter eine Rolle spielen – sogar möglicherweise als (Habgier-)Mord durch Unterlassen. **Straflos** wird dagegen in aller

---

[1] LK-StGB/Rissing-van Saan/Rosenau Vor §§ 211 ff. Rn. 6.

[2] Näher Lackner/Kühl StGB Vor §§ 211 ff. Rn. 3.

[3] Schönke/Schröder/Eser/Sternberg-Lieben StGB Vor §§ 211 ff. Rn. 19 mwN; zur Diskussion NK-StGB/Neumann Vor §§ 211 ff. Rn. 17 ff.

[4] LK-StGB/Rissing-van Saan/Rosenau Vor §§ 211 ff. Entstehungsgeschichte.

[5] Vgl. Fischer StGB Vor §§ 211 ff. Rn. 3 mwN.

[6] Vgl. dazu Engländer/Zimmermann NJW 2020, 1398; Gaede/Kubiciel/Saliger/Tsambikakis medstra 2020, 129; Jansen ZIS 2021, 155; Merkel/Augsberg JZ 2020, 704; Streng-Baunemann ZIS 2021, 170; Sowada NStZ 2020, 452; Waßmer JA 2021, 298, jeweils mwN.

[7] Waßmer JA 2021, 298 (299).

Regel die sog. **Ex-ante-Triage**[8] bleiben. Sie beschreibt die Situation, in der ein Arzt sich zwischen der intensivmedizinischen Behandlung zweier (oder mehrerer) Patienten entscheiden muss, weil Kapazitäten nicht für beide bzw. alle zur Verfügung stehen. Entscheidet er sich hier für einen (Teil) der sämtlich intensivmedizinisch behandlungsbedürftigen Patienten, so geht die hM ohne Ansehung seiner Entscheidungsmotive von einer rechtfertigenden Pflichtenkollision beim Arzt aus.[9] Ärzteorganisationen haben Orientierungshilfen für die Auswahlentscheidung formuliert. Das **BVerfG** bejaht das Kriterium der Erfolgsaussicht der Behandlung,[10] sieht allerdings den **Gesetzgeber *unverzüglich* in der Pflicht,** gesetzliche Vorkehrungen zu treffen, damit Behinderte nicht in einer Triage-Situation diskriminiert werden. Dabei gehören zu den Behinderten[11] alle Menschen mit gewichtiger körperlicher oder seelischer Beeinträchtigung über einen längeren Zeitraum. Das können auch ältere Menschen mit solchen handicaps sein. Wird eine bereits begonnene intensivmedizinische Behandlung eines Patienten zugunsten eines anderen, zB wegen dessen besserer Überlebenschancen, abgebrochen, liegt ein Fall sog. **Ex-post-Triage**[12] vor. Sie ist **in aller Regel strafbar,** wenn nicht die abgebrochene Behandlung aussichtslos war.[13] Der Entscheidung des BVerfG folgend hat der Gesetzgeber am 10.11.2022 in § 5c IfSG nF ein „Verfahren bei aufgrund einer übertragbaren Krankheit nicht ausreichend vorhandenen überlebenswichtigen intensivmedizinischen Behandlungskapazitäten" geregelt. Einzig zulässiges Entscheidungskriterium ist danach die aktuelle, kurzfristige Überlebenswahrscheinlichkeit. Sog. Komorbiditäten dürfen nur berücksichtigt werden, wenn sie die auf die aktuelle Krankheit bezogene Überlebenswahrscheinlichkeit erheblich verringern. Faktoren, die diese (wie etwa das Alter oder eine Behinderung) nicht beeinflussen, dürfen nicht berücksichtigt werden. Bereits zugeteilte überlebenswichtige intensivmedizinische Behandlungskapazitäten sind von der Zuteilungsentscheidung ausgenommen (Unzulässigkeit der Ex-post-Triage). Die Norm enthält auch Vorgaben zu Verfahren und Dokumentation der Zuteilungsentscheidung und gibt Krankenhäusern auf, Zuständigkeit und organisatorische Umsetzung zu regeln. Kritisiert wird, dass die Regelung sich auf Triage-Situationen aufgrund übertragbarer Krankheiten beschränkt.[14]

§ 211 Mord

(1) **Der Mörder wird mit lebenslanger Freiheitsstrafe bestraft.**

(2) **Mörder ist, wer**

aus Mordlust, zur Befriedigung des Geschlechtstriebs, aus Habgier oder sonst aus niedrigen Beweggründen,

heimtückisch oder grausam oder mit gemeingefährlichen Mitteln

oder um eine andere Straftat zu ermöglichen oder zu verdecken,

einen Menschen tötet.

---

[8] Waßmer JA 2021, 298 (299ff.).

[9] Vgl. Hoven JZ 2020, 449f. mwN; Hoven/Hahn JA 2020, 481f.; Waßmer JA 2021, 298 (299).

[10] BVerfG 1 BvR 1541/20, NJW 2022, 380 (386).

[11] Zur Definition des Begriffs BVerfG 1 BvR 1541/20, NJW 2022, 380 (383).

[12] Waßmer JA 2021, 298 (301ff.).

[13] Rönnau/Wegner JuS 2020, 403 (405f.); aA Hoven/Hahn JA 2020, 481 (483f.); krit. auch Jäger/Gründel ZIS 2020, 151.

[14] Krit. zur Neuregelung in § 5c IfSG Gutmann/Fateh-Moghadam ZRP 2022, 130.

§ 211 StGB knüpft die absolute Androhung der lebenslangen Freiheitsstrafe daran, dass über die vorsätzliche Tötung eines anderen Menschen (§ 212 Abs. 1 StGB) hinaus mindestens eines der neun Mordmerkmale vorliegt. 1

I. Habgier

Habgier verlangt nach der Rechtsprechung des BGH ein Streben nach materiellen Gütern oder Vorteilen, das in seiner Hemmungslosigkeit und Rücksichtslosigkeit das erträgliche Maß weit übersteigt und in der Regel durch ungehemmte, triebhafte Eigensucht bestimmt ist.[1] Dies umfasst auch die Ersparung von Aufwendungen.[2] Im Fall einer Mehrheit von Motiven (Motivbündel) muss das Gewinnstreben **bewusstseinsdominant** sein.[3] 2

Das Mordmerkmal ist abseits des bildhaften „Raubmords“[4] im hier interessierenden Kontext etwa verwirklicht, wenn die Tötung den Erbfall herbeiführen,[5] die Abänderung eines den Täter begünstigenden Testaments durch das Opfer verhindern,[6] das Opfer als Vermögensverwalter beseitigen und dem Täter so den Eintritt in diese Stellung ermöglichen[7] oder ihm erlauben soll, das Opfer mittels eines gefälschten Testaments zu beerben.[8] Habgier liegt zudem vor, wenn die Tötung die Rückforderung eines gewährten Darlehens verhindern soll.[9] 3

II. Heimtücke

Das äußerst praxisrelevante[10] Mordmerkmal der **Heimtücke** verwirklicht, wer die Arg- und Wehrlosigkeit des Opfers in feindlicher Willensrichtung bewusst zur Tötung ausnutzt.[11] **Arglos** ist, wer sich – grundsätzlich im Zeitpunkt des ersten mit Tötungsvorsatz geführten Angriffs[12] – keiner Gefahr für Leib und Leben versieht. **Wehrlos** ist, wessen Abwehrfähigkeit infolge seiner Arglosigkeit eingeschränkt ist.[13] 4

Arglosigkeit in diesem Sinne setzt die Fähigkeit voraus, Argwohn zu empfinden. Während Fragen der Geschäftsfähigkeit insoweit irrelevant sind,[14] schließt dies die Annahme von Arglosigkeit nicht nur bei Kleinstkindern,[15] sondern auch bei **Bewusstlosen** aus.[16] Gleiches wird teils für **Schwerkranke** angenommen, die ihre 5

---

[1] BGH 4 StR 140/20, NStZ 2020, 733; krit. ua MüKo-StGB/Schneider § 211 Rn. 59ff., 64: „gedankenlyrische Ausflüge in die Gesinnungsethik“.

[2] LK-StGB/Rissing-van Saan/Zimmermann § 211 Rn. 18; Fischer StGB § 211 Rn. 11 mwN.

[3] BGH 4 StR 487/19, NStZ 2020, 613.

[4] Schönke/Schröder/Eser/Sternberg-Lieben StGB § 211 Rn. 17 mwN.

[5] BGH 3 StR 60/14, BeckRS 2014, 15080; BGH 1 StR 49/93, NJW 1993, 1664.

[6] Vgl. LG Wuppertal 25 Ks – 45 Js 23/17 – 15/17, BeckRS 2018, 50564.

[7] BGH 1 StR 457/04, BeckRS 2004, 11913.

[8] BGH 3 StR 79/96, NJW 1997, 807 (808).

[9] LG Münster 2 Ks – 30 Js 206/19 – 23/19, BeckRS 2020, 39226 Rn. 229ff.

[10] Vgl. Dölling Forensische Psychiatrie, Psychologie, Kriminologie 2015, 228 (231f.).

[11] BGH 2 StR 116/20, NStZ 2021, 162 mAnm Grünewald; Lackner/Kühl StGB § 211 Rn. 6 mwN.

[12] BGH 4 StR 134/19, NStZ 2020, 609 (610) mwN.

[13] BeckOK-StGB/Eschelbach, § 211 Rn. 50.

[14] Vgl. zur Möglichkeit der heimtückischen Tötung „Geisteskranker“ BGH 2 StR 598/72, BeckRS 1974, 31127018; LK-StGB/Rissing-van Saan/Zimmermann, § 211 Rn. 105.

[15] BGH 2 StR 309/12, NStZ 2013, 159 mwN.

[16] BGH 3 StR 226/07, NStZ 2008, 93; LK-StGB/Rissing-van Saan/Zimmermann § 211 Rn. 104 mwN; anders bei Schlafenden, s. BGH 4 StR 11/07, NStZ 2007, 523 (524f.).

Umwelt nicht mehr hinreichend wahrnehmen können.[17] In deren Fall wird oft auch dann, wenn ihnen die grundsätzliche Fähigkeit zum Argwohn nicht abzusprechen ist, die Feststellung der notwendigen **Kausalbeziehung von Arg- und Wehrlosigkeit** schwerfallen, sofern nicht auszuschließen ist, dass das Opfer schon aufgrund seiner Krankheit in Abwehrbereitschaft und -fähigkeit beschränkt ist.[18]

6 Ist ein Opfer zur Bildung von Argwohn nicht in der Lage, kann die Heimtücke seiner Tötung aus der Ausnutzung der Arg- und Wehrlosigkeit **schutzbereiter Dritter** folgen.[19] Hier kommen im Fall von Krankenhauspatienten insbesondere **Familienangehörige, Ärzte** und **Pflegepersonal** in Betracht, sofern diese den Schutz im Einzelfall wirksam erbringen können.[20]

7 Der Täter muss die Arg- und Wehrlosigkeit des Opfers bewusst zur Tötung ausnutzen. Er muss also erkennen, dass sein Angriff einen Menschen trifft, dessen Ahnungslosigkeit ihn schutzlos macht **(Ausnutzungsbewusstsein).**[21]

8 Zudem notwendig ist ein Handeln in **feindlicher Willensrichtung.** Anhand dieses Erfordernisses wurde das Vorliegen von Heimtücke in der Vergangenheit teils abgelehnt, wenn der Täter dem todkranken Opfer schwerstes Leid ersparen wollte **(Mitleidstötung).**[22] Hieran sind freilich enge Anforderungen zu stellen; eine bloß oberflächlich vorhandene Mitleidsmotivation reicht nicht aus, kann sie doch Ausdruck tatsächlicher Feindseligkeit gegenüber dem Lebensrecht Schwerkranker[23] oder des Wunsches sein, eigene Vorstellungen über Würde und Wert des Lebens Sterbender durchzusetzen.[24] Nach **jüngster Rechtsprechung des BGH** kann einer heimtückischen Tötung die feindselige Willensrichtung grundsätzlich nur dann fehlen, wenn sie dem ausdrücklichen Willen oder dem nach objektiv nachvollziehbarer, anzuerkennender Wertung anzunehmenden mutmaßlichen Willen eines zu autonomer Entscheidung unfähigen Opfers entspricht. Andernfalls kann die besondere Motivlage allenfalls auf Rechtsfolgenseite Berücksichtigung finden.[25]

§ 212 Totschlag

(1) **Wer einen Menschen tötet, ohne Mörder zu sein, wird als Totschläger mit Freiheitsstrafe nicht unter fünf Jahren bestraft.**

(2) **In besonders schweren Fällen ist auf lebenslange Freiheitsstrafe zu erkennen.**

1 Den Tatbestand des § 212 Abs. 1 StGB verwirklicht, wer vorsätzlich einen anderen Menschen tötet. Zur Abgrenzung gegen straflose Suizidassistenz → § 216 StGB.

---

[17] NK-StGB/Neumann/Saliger § 211 Rn. 54 u.Verw. auf BGH 4 StR 158/97, NStZ 1997, 490 (491).

[18] BGH 4 StR 158/97, NStZ 1997, 490 (491); Schönke/Schröder/Eser/Sternberg-Lieben StGB § 211 Rn. 24b.

[19] BGH 2 StR 309/12, NStZ 2013, 158 (159).; näher zum Begriff BGH 5 StR 525/07, StV 2009, 524 mwN.

[20] Vgl. BGH 3 StR 226/07, NStZ 2008, 93 (94).

[21] BGH 2 StR 116/20, NStZ 2021, 162f. mAnm Grünewald; BGH 5 StR 457/03, StV 2004, 596 mAnm Seebode.

[22] BGH 3 StR 467/90, BGHR StGB § 211 Abs. 2 Heimtücke 14; krit. MüKo-StGB/Schneider § 211 Rn. 199: eigenmächtige Euthanasieaktionen.

[23] BGH 3 StR 226/07, NStZ 2008, 93 (94).

[24] BGH 5 StR 525/07, BeckRS 2008, 13471.

[25] BGH 5 StR 128/19, NJW 2019, 2413 mAnm Mitsch; Momsen/Schwarze JR 2020, 232; prägnant Fischer StGB Vor §§ 211ff. Rn. 38: „Eine ‚Sterbehilfe' gegen den Willen des Betroffenen gibt es nicht".

I. Sterbehilfe

2 Im Zentrum aller Fragen zur Strafbarkeit von medizinischer Behandlung und ihrem Unterlassen oder Abbruch steht das **Selbstbestimmungsrecht** aus Art. 2 Abs. 1 iVm Art. 1 Abs. 1 GG, das ein Recht auf selbstbestimmtes Sterben umfasst[1] und dem freiverantwortlich gebildeten tatsächlichen bzw. mutmaßlichen **Willen des Betroffenen** zu höchstem Gewicht verhilft.[2]

3 Daraus folgt einerseits, dass dem (mutmaßlichen) Behandlungswunsch eines Betroffenen unter Ausschöpfung aller medizinisch indizierten Möglichkeiten zu entsprechen ist.[3] Wer dieser Behandlungspflicht als verantwortlicher Arzt (zur **Garantenstellung** → § 223 StGB Rn. 2) nicht nachkommt, kann sich nach §§ 212 Abs. 1 (ggf. auch § 211), 13 StGB durch **Unterlassen** strafbar machen. Eine Tötung des Betroffenen gegen oder ohne dessen Willen, sei es auch aus „Mitleid", verdient keine Privilegierung (→ § 211 StGB Rn. 8).

4 Andererseits ist die medizinische Behandlung eines Menschen gegen dessen freiverantwortlich gebildeten oder mutmaßlichen Willen nicht nur nicht geboten,[4] sondern ihrerseits strafbedroht (→ § 223 StGB Rn. 1).[5] Die Entscheidung über Nichtvornahme oder Abbruch aller oder einzelner Maßnahmen steht dem Betroffenen zu, solange er ihrer fähig ist.[6] Sein entsprechender Wille rechtfertigt zwar nicht die Tötung (→ § 216 StGB), aber doch das Zulassen des Sterbens (**Behandlungsabbruch** → Rn. 5 ff.) und dessen zur Leidensminderung in Kauf genommene Beschleunigung (**indirekte Sterbehilfe** → Rn. 10).

II. Behandlungsabbruch

5 Der tatsächliche oder mutmaßliche Wille eines – auch tödlich – Erkrankten rechtfertigt das **Unterlassen, Begrenzen oder Beenden einer begonnenen medizinischen Behandlung.**[7] Dabei geht es um das bewusste **Sterbenlassen** des Betroffenen, nie aber darum, dass sein Tod gezielt von außen herbeigeführt wird:[8] Dass in diesem Fall selbst eine willensfehlerfreie Einwilligung des Getöteten keine Straflosigkeit begründen kann, verdeutlicht § 216 StGB. Irrelevant ist entgegen früheren Entscheidungen des BGH, ob der Behandlungsabbruch als **direkte Sterbehilfe** durch Unterlassen oder durch aktives Tun erfolgt.[9]

6 Ist der Betroffene im Zeitpunkt eines möglichen Behandlungsabbruchs nicht zur freiverantwortlichen Bildung oder Äußerung eines aktuellen Willens in der Lage (und nur dann → § 1827 BGB Rn. 2 f., 138), kommt einer möglichen **Patientenverfügung** als vorgezogener Willensäußerung für diesen Fall größte Bedeutung zu.

---

[1] Vgl. BVerfG 2 BvR 2347/15 ua, NJW 2020, 905.

[2] Vgl. NK-StGB/Neumann Vor §§ 211 ff. Rn. 107 mwN; Reus JZ 2010, 80 (81).

[3] Vgl. Fischer StGB Vor §§ 211 ff. Rn. 39 zur Abgrenzung gegen bloße „Geschäftigkeit ohne medizinischen Sinn und lebensverlängernde Wirkung"; Schönke/Schröder/Eser/Sternberg-Lieben StGB Vor §§ 211 ff. Rn. 29h zu fehlender medizinischer Indikation als Grenze ärztlicher Garantenpflicht.

[4] BGH 5 StR 132/18, NJW 2019, 3092.

[5] Schönke/Schröder/Eser/Sternberg-Lieben StGB Vor §§ 211 ff. Rn. 28a.

[6] Fischer StGB Vor §§ 211 ff. Rn. 42.

[7] BGH 2 StR 454/09, NJW 2010, 2963 mAnm Verrel NStZ 2010, 641.

[8] BGH 2 StR 454/09, NJW 2010, 2963 (2967).

[9] BGH 2 StR 454/09, NJW 2010, 2963 (2965).

1. Bedeutung betreuungsrechtlicher Verfahrensvorschriften

7 Streitig ist, welche Relevanz das **betreuungsrechtliche Procedere der §§ 1827 ff. BGB** (→Rn. 138 ff.) für die strafrechtliche Bewertung hat. Der 2. Strafsenat des BGH hat im Zusammenhang mit der Einführung dieser Verfahrensvorgaben – damals §§ 1901a ff. BGB aF – zunächst richtig ausgeführt, dass die „strafrechtsspezifische Frage" der „strafrechtlichen Rechtfertigung von Tötungshandlungen nicht nur als zivilrechtsakzessorisches Problem behandelt werden kann", sondern „im Grundsatz autonom nach materiell-strafrechtlichen Kriterien zu entscheiden ist" und dass die Grenze zwischen rechtfertigender Einwilligung und strafbarer Tötung „durch die Regelungen der §§ 1901a ff. BGB nicht verschoben werden" sollte. Darauf jedoch folgte die mindestens missverständliche[10] Feststellung, die Verfahrensregeln müssten „bei der Bestimmung der Grenze einer möglichen Rechtfertigung von kausal lebensbeendenden Handlungen berücksichtigt werden".[11] Diese Position bekräftigte der 2. Strafsenat wenig später in einem *obiter dictum:* Die verfahrensrechtliche Absicherung, die die Ermittlung des Patientenwillens und die Entscheidung über einen Behandlungsabbruch durch die §§ 1901a ff. BGB a. F. zum Schutz von Selbstbestimmungsrecht und menschlichem Leben erführen, werde in Fällen, in denen künftig ein gerechtfertigter Behandlungsabbruch im Raum stehe, zu beachten sein.[12] Dem wurde zurecht entgegengehalten, dass weder aus formeller Betreuungsrechtswidrigkeit auf Tötungsunrecht geschlossen werden kann, wenn der Täter „objektiv und subjektiv in Übereinstimmung mit dem ausdrücklichen oder verbindlich vorausverfügten oder mutmaßlichen Willen des Patienten gehandelt hat", noch aus der Wahrung betreuungsrechtlicher Vorgaben per se eine Rechtfertigung von medizinischen Eingriffen oder deren Abbruch oder Unterlassung folgt.[13] Dies gilt nicht nur mit Blick auf einen Arzt, Betreuer oder Vorsorgebevollmächtigten, der handelt, ohne eine Entscheidung des Betreuungsgerichts herbeizuführen (§ 1829 Abs. 2 BGB) oder wechselseitiges Einvernehmen herzustellen (§ 1829 Abs. 3 BGB), sondern auch für dem Betroffenen nahestehende Dritte, die einen Behandlungsabbruch ohne oder gegen den Willen von Betreuer, Bevollmächtigtem und Arzt, aber *mit* dem (mutmaßlichen) Willen des Betroffenen herbeiführen.[14] Denn das Verfahren der §§ 1827 ff. BGB soll – wie der 2. Strafsenat zurecht erkennt – die richtige Ermittlung und Umsetzung des Patientenwillens sichern (→ § 1827 BGB Rn. 139 ff.), ohne diesen aber konstituieren oder verändern zu können.[15] Für die Übereinstimmung von Behandlung oder Behandlungsabbruch und (mutmaßlichem) Patientenwillen kann die Betreuungsrechtskonformität nach strafrechtlichen Maßstäben mithin nur – freilich erhebliche – indizielle Bedeutung haben.[16] Dass (versuchten) Behandlungsabbrüchen in Fällen wie jenem, der dem 2. Strafsenat Gelegenheit zu dem kritisierten *obiter dictum* gab, eine Rechtfertigung versagt bleibt, überzeugt dabei fraglos. Denn indem der dortige Täter einen Behandlungsabbruch auf Grundlage seiner alleinigen Entscheidung zunächst forcierte und schließlich selbst vorzunehmen versuchte, ohne der ihm (nicht inhaltlich) bekannten Patientenverfügung der Betroffenen ernsthafte Beachtung zu schenken, unterwarf er gerade nicht seine Entscheidung dem tatsächlichen oder mutmaßlichen Willen der

---

[10] Zur Interpretationsoffenheit der Formulierung MüKo-StGB/Schneider Vor §§ 211 ff. Rn. 179.

[11] BGH 2 StR 454/09, NJW 2010, 2963 (2966); krit. Verrel NStZ 2010, 671.

[12] BGH 2 StR 320/10, NStZ 2011, 274 mAnm Verrel.

[13] Verrel NStZ 2011, 276 (277); Schönke/Schröder/Eser/Sternberg-Lieben StGB Vor §§ 211 ff. Rn. 28j mwN.

[14] Vgl. auch Verrel NStZ 2010, 671 (674).

[15] So auch Fischer StGB Vor §§ 211 ff. Rn. 53a.

[16] So auch NK-StGB/Neumann Vor §§ 211 ff. Rn. 133; Verrel NStZ 2011, 276 (277).

Betroffenen, sondern deren Leben und Sterben seinem Willen.[17] Zurecht wollte der 2. Strafsenat angesichts dessen sicherstellen, „dass Patientenverfügungen nicht ihrem Inhalt zuwider als Vorwand benutzt werden, um aus unlauteren Motiven auf eine Lebensverkürzung schwer erkrankter Patienten hinzuwirken".[18] Anlass, dem ordnungsgemäßen betreuungsrechtlichen Verfahren *konstitutive* Bedeutung für eine Rechtfertigung des Behandlungsabbruchs zuzuschreiben, gibt dies jedoch nicht. Auch der 1. Strafsenat des BGH hat ablehnenden Stimmen jüngst – seinerseits nicht tragend – beigepflichtet.[19] Abzuwarten bleibt, ob auf aktuelle Entscheidungen des 2. Strafsenats in anderem Zusammenhang, die die Straflosigkeit indirekter Sterbehilfe (→ Rn. 10) explizit von der Wahrung üblicher – und ihrerseits strafbewehrter, § 29 Abs. 1 Nr. 6 lit. b BtMG – Verfahren abkoppeln,[20] ein Abgehen von der engen Verfahrensbindung auch im Fall des Behandlungsabbruchs folgen wird.

2. Konkrete Strafbarkeitskonstellationen

Liegt eine der aktuellen Lebens- und Behandlungssituation entsprechende **Patientenverfügung** vor, die den Behandlungsabbruch untersagt, kann sich als Betreuer oder Bevollmächtigter – über den praktisch wenig relevanten Fall kollusiven Zusammenwirkens mit dem beteiligten Arzt hinaus – wegen eines in mittelbarer Täterschaft gemäß § 25 Abs. 1 Var. 2 StGB verwirklichten Tötungsdelikts insbesondere strafbar machen, wer deren Existenz verschweigt (sa § 274 Abs. 1 Nr. 1 StGB), unwahre Behauptungen über Anhaltspunkte für eine mutmaßliche Einwilligung des Betroffenen in den Behandlungsabbruch aufstellt und den Arzt so in einen Erlaubnistatbestandsirrtum versetzt. Gleiches gilt für die Falschbehauptung, eine vorliegende Patientenverfügung sei formlos widerrufen worden (§ 1827 Abs. 1 S. 3 BGB). 8

Liegt **keine Patientenverfügung** vor, kann sich als Betreuer oder Bevollmächtigter im Rahmen des Verfahrens nach § 1827 Abs. 2 BGB insbesondere wegen eines Tötungsdelikts in mittelbarer Täterschaft strafbar machen, wer fälschlich Anhaltspunkte für einen der Behandlung entgegenstehenden Patientenwillen behauptet. Dies versteht sich auch im Fall der **Genehmigung durch das Betreuungsgericht** (§ 1829 Abs. 2 BGB) von selbst, sofern der Täter dessen Fehlentscheidung vorsätzlich herbeiführt. 9

3. Hypothetischer Patientenwille

Sind trotz der gebotenen sorgfältigen Prüfung keine konkreten Anhaltspunkte zur Bestimmung des individuellen (mutmaßlichen) Patientenwillens auszumachen, erachtet die Rechtsprechung des BGH im letzten Schritt den Rückgriff auf **allgemeine Wertvorstellungen** für zulässig, wobei der Schutz menschlichen Lebens im Zweifel Vorrang vor persönlichen Erwägungen Dritter genießt.[21] Die daran geübte Kritik, hier trete eine „an allgemeinen Wert-Erwägungen orientierte Euthanasie" an die Stelle der Orientierung am (mutmaßlichen) individuellen Willen,[22] ist einerseits nicht unberechtigt, obgleich der BGH klarstellt, dass aus fremden Bewertungen der Sinnhaftigkeit eines Weiterlebens nicht vorschnell ein mutmaßlicher Sterbewille des Betroffenen konstruiert werden darf. Andererseits scheint eine Orientie- 10

---

[17] Vgl. auch Jäger JA 2011, 309 (310).

[18] BGH 2 StR 320/10, NStZ 2011, 274 (276).

[19] BGH 1 StR 474/19, NJW 2021, 326 (329).

[20] BGH 2 StR 325/17, NStZ 2020, 29 mAnm Magnus; 2 StR 434/19, NStZ 2021, 164 m. krit. Anm. Merkel zur Abweichung von ärztlichen Anordnungen durch Pflegekräfte.

[21] BGH 1 StR 357/94, NJW 1995, 204.

[22] Fischer StGB Vor §§ 211 ff. Rn. 68 f.; Schönke/Schröder/Eser/Sternberg-Lieben StGB Vor §§ 211 ff. Rn. 29.

rung an weitestgehend anerkannten Kriterien wie der Freiheit von Schmerz und den Erfolgsaussichten einer (weiteren) Behandlung bei tatsächlich vollständigem Fehlen – insbesondere entgegenstehender – individueller Anhaltspunkte insofern alternativlos, als ein genereller Ausschluss des Sterbenlassens in dieser Situation das Lebens- und Selbstbestimmungsrecht des Betroffenen faktisch in eine Lebenspflicht zu verkehren droht.[23] Ist die praktische Bedeutung dieser Konstellation, in der individuelle Entscheidungskriterien nicht zu ermitteln sind, gleichwohl evident und zugleich die Realität der Einflussnahme auch ökonomischer Faktoren auf dann getroffene Entscheidungen kaum abzustreiten,[24] kann dies nur die Sinnhaftigkeit rechtzeitig niedergelegter Patientenverfügungen betonen.

III. Indirekte Sterbehilfe

11 Medizinisch gebotene, dem (mutmaßlichen) Patientenwillen entsprechende Schmerzlinderung ist als **indirekte Sterbehilfe** auch dann straflos, wenn sie den Todeseintritt beschleunigt und dies billigend in Kauf genommen wird.[25] Die Maßnahmen müssen nicht ausnahmslos ärztlich verordnet sein.[26]

§ 216 Tötung auf Verlangen

(1) **Ist jemand durch das ausdrückliche und ernstliche Verlangen des Getöteten zur Tötung bestimmt worden, so ist auf Freiheitsstrafe von sechs Monaten bis zu fünf Jahren zu erkennen.**

(2) **Der Versuch ist strafbar.**

1 § 216 StGB pönalisiert die Tötung eines anderen Menschen auf dessen ausdrückliches und ernstliches Verlangen. Davon abzugrenzen ist die Konstellation, in der ein Mensch dem anderen – straflos – auf dessen Wunsch hin hilft, sein Leben zu beenden (**Suizidhilfe** → § 217 StGB aF). Hier ist entscheidend, wer das zum Tode führende Geschehen zuletzt beherrscht,[1] also die Tatherrschaft innehat. Liegt diese beim Getöteten, ist der Todeserfolg dem Beteiligten allenfalls und nur dann im Wege mittelbarer Täterschaft gemäß § 25 Abs. 1 Var. 2 StGB zurechenbar, wenn der Sterbenswunsch des Getöteten auf einem dem Beteiligten bekannten Wissens- oder Verantwortlichkeitsdefizit beruht (was zugleich einer Anwendung des § 216 StGB entgegensteht → Rn. 2).[2]

2 Liegt keine Suizidhilfe, sondern eine Fremdtötung vor, ist der Anwendungsbereich des § 216 StGB andererseits gegen §§ 211, 212 StGB abzugrenzen. Er ist nur dann eröffnet, wenn der Getötete freiverantwortlich und zielbewusst in eindeutiger, unmissverständlicher Weise auf den Täter eingewirkt hat, damit dieser ihn töten möge, und dies für den Täter subjektiv wenn nicht das einzige Motiv, so doch zumindest handlungsleitend war.[3]

---

[23] Vgl. NK-StGB/Neumann Vor §§ 211 ff. Rn. 119, 123 ff.

[24] Vgl. Schönke/Schröder/Eser/Sternberg-Lieben StGB Vor §§ 211 ff. Rn. 30 f.

[25] BGH 3 StR 79/96, NJW 1997, 807, 810; Schönke/Schröder/Eser/Sternberg-Lieben StGB Vor §§ 211 ff. Rn. 26 mwN; krit. zum Begriff Fischer StGB Vor §§ 211 ff. Rn. 56.

[26] BGH 2 StR 325/17, NStZ 2020, 29; 2 StR 434/19, NStZ 2021, 164 mkritAnm Merkel.

[1] BGH 5 StR 132/18, NJW 2019, 3092 (3093); BGH 6 StR 68/21, NJW 2022, 3021 (3022).

[2] BGH 5 StR 393/19, NJW 2019, 3089 (3090).

[3] Zu den Tatbestandsvoraussetzungen im Einzelnen näher Schönke/Schröder/Eser/Sternberg-Lieben StGB § 216 Rn. 4 ff.

Gerade vor dem Hintergrund der Straflosigkeit der Suizidhilfe erfährt der im Kern seit 1871 unverändert geltende[4] Tatbestand des § 216 StGB in seiner Ausnahmslosigkeit Kritik. Teils wird gefordert, der Norm einen prozedural eng gefassten Rechtfertigungstatbestand für Ärzte beizugeben,[5] teils ihre verfassungsrechtliche Legitimationsfähigkeit bestritten.[6] Auch der 6. Strafsenat des BGH hat jüngst nicht-tragend ausgeführt, die Rechtsprechung des BVerfG zu § 217 StGB aF lege nahe, dass auch § 216 StGB verfassungskonform auszulegen sei: Aus dem Anwendungsbereich der Norm auszunehmen seien „jedenfalls" diejenigen Fälle, in denen einer sterbewilligen Person die selbsttätige Umsetzung des Entschlusses, aus dem Leben zu scheiden, faktisch unmöglich und die Vornahme der unmittelbar zum Tode führenden Handlung durch eine andere Person zur Verwirklichung des Rechts auf selbstbestimmtes Sterben deshalb notwendig sei.[7] **3**

Anhang zu § 216 StGB: Beihilfe zum Suizid

Übersicht

[4] Fischer StGB § 216 Rn. 1.

[5] Fischer StGB Vor §§ 211 ff. Rn. 72.

[6] Leitmeier NStZ 2020, 508 u.Verw. auf BVerfG 2 BvR 2347/15 ua, NJW 2020, 905; aA Lackner/Kühl StGB § 216 Rn. 1 mwN.

[7] BGH 6 StR 68/21, NJW 2022, 3021 (3023).

I. Hintergrund und Weg zum § 217 StGB (2015)

1. Allgemein

1 Trotz aller medizinischer Fortschritte kann das Sterben für den Betroffenen über Minuten, Stunden, Tage oder auch Wochen mit Schmerzen, Kontrollverlust, extremer Abhängigkeit und aus den maßgeblichen Augen des Betroffenen mit einem **Würdeverlust** verbunden sein. Auch wenn Schmerzen oft vermieden werden können (dazu → BGB § 1827 Rn. 68), möchten viele Menschen diese letzte Zeit verkürzen. Sie wünschen sich Hilfe, insbesondere durch die Zurverfügungstellung geeigneter Mittel (tödliche Medikamente – „Gift") und persönlichen Beistand in gewohnter Umgebung.

2 Die **Beihilfe zum Suizid** war bis zum Inkrafttreten des § 217 StGB im Jahr 2015 umfänglich straffrei,[1] wie es auch der Suizid selbst war (und ist). Insbesondere organisierte Formen der Sterbehilfe (→ Rn. 11) führten zu der Sorge, dass Personen auch aus Gewinnstreben beim Suizid geholfen werde, bei denen unter Umständen kein überlegter, freier Wille vorliegt, und dass es zu einer zu missbilligenden Gewöhnung an die Strebehilfe im Sinne eines „Dammbruchs" kommen könnte, nach welchem sich Menschen zu einem „sozial verträglichen", frühzeitigen Ableben gedrängt fühlen könnten. Dies wurde forciert durch ein ungewöhnlich rigides Auftreten zumindest von maßgeblichen Teilen der Bundesärztekammer, welche Ärzten die Sterbehilfe untersagen wollten.

3 Die **Diskussion** wurde allzu oft **polemisch** und zum Teil wohl auch bewusst mit **unsachlichen Argumenten** geführt.[2] So war auf der einen Seite schnell klar, dass das Recht auf Unterlassen lebenserhaltender Maßnahmen, welches gerade erst in §§ 1901a, b BGB (heute: §§ 1827f. BGB) kodifiziert wurde, unangetastet bleiben sollte. Andererseits gab es nur sehr wenige Personen, die auch eine „aktive Sterbehilfe" in der Form befürworteten, dass die letzte Handlung nicht durch den Suizidenten, sondern durch eine andere Person vollzogen werden könnte. Der Begriff „Euthanasie" wurde diesbezüglich missbraucht, auch weil er eine unangemessene Gleichsetzung mit Verbrechen in den dunkelsten Kapiteln der Geschichte implizierte. Es hätte auch allseits bekannt sein müssen, dass es nicht um Personen geht, welche aufgrund einer depressiven Verstimmung (oder bei Liebeskummer) äußern, aus dem Leben scheiden zu wollen.

[1] Zur Garantenproblematik früher: Kutzer ZRP 2012, 135; nun: BGH 5 StR 393/18, NJW 2019, 3089; 5 StR 132/18, NJW 2019, 3092.

[2] Zahlreiche, weitere Literatur zur Sterbehilfe: Fischer StGB Vorb. §§ 211–216 StGB Rn. 73; vgl. zur Diskussion zudem Fischer/Gerhardt ZRP 2015, 219.

Die gesetzliche Regelung zur Strafbarkeit der geschäftsmäßigen Förderung der Selbsttötung in § 217 StGB war das Ergebnis einer politischen und öffentlichen Debatte, die über einige Jahre heftig geführt wurde. Zunächst mag dies erstaunen angesichts der Tatsache, dass die **Häufigkeit** des **assistierten Suizids** nicht nur in Deutschland **sehr gering** ist (Schätzungen gingen von etwa 155 Fällen oder etwas mehr pro Jahr aus), sondern selbst in Ländern, in denen Suizidassistenz liberal geregelt und offen praktiziert wird, weniger als fünf Prozent aller Sterbefälle ausmacht. Gleichwohl handelt es sich um ein Thema, das zentrale Werte und Normen der Gesellschaft betrifft und dem sich kein Mensch entziehen kann, weil potenziell jeder Mensch in eine existenzielle Situation gelangen kann, in der ihn dieses Thema persönlich betreffen könnte. 4

Untersuchungen zeigen, dass **Menschen** vor allem dann **um Suizidhilfe bitten,** wenn sie sich aufgrund einer schweren, unheilbaren und absehbar zum Tode führenden Erkrankung mit einer Lebenssituation konfrontiert sehen, die sie nicht mehr als sinnvoll erleben, in der sie ihre eigene subjektive Würde unrettbar verletzt sehen oder in der sie mit ihrem Leben abgeschlossen haben und von der Zukunft kaum mehr erwarten als eine bloße Leidensverlängerung.[3] Der Wille, in solchen Situationen nicht mehr leben zu wollen, kann unterschiedlich ausgeprägt sein, sich unterschiedlich äußern und verschieden stabil sein. Manche der Betroffenen können wieder eine positive Einstellung zu ihrem Leben zurückgewinnen, etwa wenn ihnen durch kompetente palliativmedizinische oder hospizliche Hilfe Unterstützung zuteil wird. In anderen bleibt dieser Wille jedoch oder festigt sich sogar, nicht zuletzt weil auch die beste Palliativ- und Hospizversorgung den Tod nicht abschaffen und bestimmte Leidenszustände nicht ändern kann. Aus diesem Grund wird in vielen Ländern der „westlichen" Kultur über Suizidassistenz diskutiert, selbst in einem Land wie England, das die weltweit führende Palliativversorgung besitzt. 5

2. Ärztekammer

In einer pluralen Gesellschaft, wie sie derzeit in Deutschland existiert, gehen die Einstellungen zum assistierten Suizid beträchtlich auseinander. Das betrifft nicht minder die Ärzteschaft, die in ihrer Standesethik Werte vereint, die bei bestimmten Fragen miteinander in Konflikt treten können, etwa die Rettung und Erhaltung des Lebens, den Respekt vor der Selbstbestimmung des Kranken und die Verantwortung gegenüber der Gesellschaft. Angesichts dessen nimmt es nicht wunder, dass es bisher **keine klare und ausführliche Positionierung der deutschen Ärzteschaft** als ganzer zur Suizidassistenz gibt. Weder vom Vorstand der Bundesärztekammer noch von der Zentralen Ethikkommission bei der Bundesärztekammer gab es eine ethische Leitlinie oder Richtlinie zur Suizidassistenz. In den „Grundsätzen der Bundesärztekammer zur ärztlichen Sterbebegleitung" stand lange als einzelne, unbegründete Aussage der Satz, dass die Mitwirkung des Arztes bei der Selbsttötung dem ärztlichen Ethos widerspreche. Im Jahr 2011 wurde dieser Satz angesichts der zunehmenden Pluralität in Gesellschaft und Ärzteschaft gestrichen und ersetzt durch die Aussage, wie sie sich ähnlich bei der Schweizer Ärzteschaft findet, wonach die Mitwirkung des Arztes beim Suizid nicht ärztliche Aufgabe sei.[4] 6

Diese vom damaligen Präsidenten als Liberalisierung charakterisierte Formulierung wurde aber kurz darauf konterkariert, indem in die (Muster-)**Berufsordnung** der Bundeärztekammer der Satz aufgenommen wurde: „[Ärzte] dürfen keine Hilfe zur Selbsttötung leisten."[5] Zu dieser inneren Widersprüchlichkeit gesellten sich noch 7

[3] Siehe etwa Jox, Sterben lassen, S. 32ff., 168ff.

[4] Grundsätze der Bundesärztekammer zur ärztlichen Sterbebegleitung 2011.

[5] Bundesärztekammer, § 16 der (Muster-)Berufsordnung, geändert 2011 auf dem Ärztetag in Kiel.

Inkonsistenzen auf regionaler Ebene als auch auf Handlungsebene. Die für das ärztliche Standesrecht maßgeblichen Landesärztekammern übernahmen den neuen Passus der (Muster-)Berufsordnung nicht einheitlich, so dass in der Folge 7 von 17 Landesärztekammern diesen Satz entweder bewusst aus ihren Berufsordnungen wegließen oder in ihrer Formulierung abschwächten (zB zu einer Sollsaussage).

8 Auf Handlungsebene verwunderte, dass trotz mancher Standesvertreter, die offen für die Suizidassistenz eintreten und diese nachweislich praktiziert haben, **keine standesrechtliche Verurteilung** ausgesprochen wurde. Zugleich tat sich die Ärzteschaft jedoch schwer, das Thema offen anzusprechen, einen freien Diskurs zu organisieren und eine differenzierte Positionierung anzustreben.

9 **Fischer** wies darauf hin, dass wohl ein „paternalistisches, obrigkeitshöriges Modell" verfolgt würde, doch: „Der Mensch ist aber weder dem Staat noch der Bundesärztekammer (BÄK) zum Leben verpflichtet." Die Vorgaben der Bundesärztekammer seien eine „unerträgliche Bevormundung verantwortungsvoller Gewissensentscheidung der einzelnen Ärzte und eine zynische Absage an die Hilfsbedürftigkeit zahlreicher Menschen."[6] Allerdings hat sich dies – sicher auch aufgrund der Diskussion und rechtlichen Auseinandersetzung um das Thema – nach hiesiger Ansicht gebessert,[7] Dabei hilft auch ein klare Rechtsprechung, wie etwa des BGH, der im Jahr 2019 feststellte, dass die **Garantenstellung** des Arztes für das Leben seines Patienten endet, wenn er vereinbarungsgemäß nur noch dessen freiverantwortlichen Suizid begleitet.[8]

10 Erst über ein Jahr nach der Entscheidung des BVerfG zur Verfassungswidrigkeit des § 217 StGB beschloss der 124. Deutsche Ärztetag am 5.5.2022, dass das Verbot für Ärzte in § 16 der Muster-Berufsordnung „Sie dürfen keine Hilfe zur Selbsttötung leisten." gestrichen wird, was die Landeärztekammern in ihren Ordnungen nachvollziehen. Bei aller Kritik: In Hinweisen „zum ärztlichen Umgang mit Suizidalität und Todeswünschen nach dem Urteil des Bundesverfassungsgerichts zu § 217 StGB" vom 25.6.2021[9] geht die Bundesärztekammer nunmehr ausführlich und nach hiesiger Ansicht ausgewogen und differenziert mit der Situation um und gibt ihren Mitgliedern für äußerst schwierige Situationen Leitlinien und Unterstützung. Auch die unsichere Rechtslage beim Verschreiben von Betäubungsmitteln zum Suizid wird offen dargestellt.[10]

3. Kritisierte Praxis

11 Insofern die Suizidassistenz in Deutschland offen praktiziert wurde, geschah dies durch **Einzelpersonen,** über die medial berichtet wurde, oder durch sogenannte **Sterbehilfevereine,** die aus der Schweiz heraus oder in Deutschland selbst aktiv wurden. Die Kritik an deren Praxis entzündete sich an vielen Punkten, wobei manches weniger mit der Suizidassistenz selbst als mit dem Geschäftsgebaren oder dem Auftreten der beteiligten Personen zu tun hatte. Gleichwohl gibt es auch nach den Publikationen der Sterbehilfevereine ernstzunehmende **Bedenken** an deren Praxis: (1) Einzelfallberichte lassen Zweifel an der Freiverantwortlichkeit mancher Betroffener aufkommen, insbesondere wenn es sich um Menschen mit psychischen Störungen handelt. (2) Die Aktivität von nicht medizinisch geschulten Laien setzt ein Fragezeichen hinter die Sorgfalt, mit der die Einwilligungsfähigkeit ermittelt, die Aussichtslosigkeit von Krankheitszuständen bewertet und die Verfügbarkeit alternati-

[6] Fischer ZEIT Online, Im Zweifel gegen die Freiheit, 21.3.2016.

[7] Vgl. etwa Leopoldina (Hrsg.), Neuregelung des assistierten Suizids – Ein Beitrag zur Debatte, 2021, Diskussion Nr. 26.

[8] BGH 5 StR 393/18, NJW 2019, 3089; 5 StR 132/18, NJW 2019, 3092.

[9] Bundesärztekammer DÄBl 2021, A 1428.

[10] Bundesärztekammer DÄBl 2021, A 1428, 1430.

ver Behandlungs- und Betreuungsmöglichkeiten geprüft wurden. (3) Intransparente oder nicht nachvollziehbare Kostenforderungen an die Betroffenen hinterlassen ein ungutes Gefühl. (4) Bei den Suiziden selbst werden die Betroffenen oft allein gelassen mit Medikamenten oder Methoden, deren sichere Anwendung nicht ausreichend gewährleistet war. (5) In einem Klima des Tabus trauen sich Betroffene selten, ihre behandelnden Ärzte auf das Thema anzusprechen.

II. Regelungen in anderen Ländern

1. Niederlande

In den Niederlanden gibt es schon seit den 1970er Jahren eine gesellschaftliche 12
Offenheit gegenüber der Suizidassistenz sowie insbesondere der Tötung auf Verlangen. Nachdem zunächst die Gerichte diese Praxis unter bestimmten Bedingungen straflos gestellt hatten, formulierten auch Ärzteverbände entsprechende Richtlinien für die Durchführung dieser Handlungen. Im Jahr **2002** verabschiedete das niederländische Parlament schließlich ein **Gesetz,** das die **Strafverfolgung** der ärztlichen Tötung auf Verlangen und Suizidassistenz unter folgenden Bedingungen **ausschließt:**[11] (1) Der behandelnde Arzt muss sich vergewissert haben, dass der Betroffene eine freiwillige und wohlüberlegte Anfrage gestellt hat sowie unerträglich leidet ohne Aussicht auf Verbesserung seines Zustandes. (2) Zudem muss er den Betroffenen über die medizinische Lage und Prognose aufklären und zur Überzeugung gelangen, dass es keine vernünftige Alternative zur Suizidassistenz bzw. Tötung auf Verlangen gibt. (3) Ein unabhängiger zweiter Arzt muss konsultiert werden, der die genannten Bedingungen aufgrund eines persönlichen Kontakts mit dem Betroffenen bestätigt. (4) Die ärztliche Handlung, die den Tod herbeiführt bzw. dem Patienten beim Suizid unterstützt, muss mit der erforderlichen medizinischen Sorgfalt erfolgen. Nach dem Tod des Betroffenen muss der hilfeleistende Arzt die Einhaltung der genannten Bedingungen mittels einer Dokumentation dem örtlichen Leichenbeschauer melden. Schließlich prüft eine regionale Kommission, bestehend aus mindestens einem Juristen, einem Arzt und einem ethischen Experten, die Gesetzesmäßigkeit und trifft eine Entscheidung darüber, ob ein staatsanwaltlichen Ermittlungsverfahren eingeleitet werden soll oder nicht. Analoge Regelungen gibt es – mit minimalen Modifikationen – in **Belgien** und **Luxemburg.**

2. Schweiz

Die Schweiz verfolgt seit langem einen liberalen Ansatz in der Frage der Suizid- 13
assistenz, während jedoch die Tötung auf Verlangen wie auch in Deutschland strafrechtlich verboten ist. Die Verleitung und die Beihilfe beim Suizid stehen **nur** dann unter **Strafe,** wenn sie aus **selbstsüchtigen Motiven** erfolgen und der Suizid ausgeführt oder versucht wird.[12] Eine ausdrückliche Regelung der Suizidassistenz mit einschränkenden Bedingungen wie in den Niederlanden wurde vom Schweizer Gesetzgeber bisher mehrfach abgelehnt, zuletzt im Jahr 2011. Auf kantonaler Ebene gibt es in mehreren französischsprachigen Kantonen, insbesondere den Kantonen Waadt, Genf und Neuenburg, gesetzliche Regelungen, welche die Bedingungen benennen, unter denen eine Suizidassistenz in Krankenhäusern und Pflegeheimen stattfinden kann. Die Schweizerische Akademie der Medizinischen Wissenschaften (SAMW) hat in einer **Richtlinie** Voraussetzungen festgehalten, die Ärzte bei der Suizidassistenz

---

[11] Termination of Life on Request and Assisted Suicide (Review Procedures) Act 2002.
[12] Art. 115 Schweizer Strafgesetzbuch.

zu berücksichtigen haben.[13] Die Suizidbeihilfe wird nicht als medizinische Handlung angesehen, auf die Patienten einen Anspruch erheben können. Demzufolge ist es nach diesen Richtlinien auch nicht die Aufgabe von Ärzten, von sich aus Suizidhilfe anzubieten, und jeder **Arzt** kann diese Tätigkeit ablehnen. Im Rahmen einer persönlichen Gewissensentscheidung könne sie jedoch geleistet werden, wobei folgende **Voraussetzungen** zu prüfen seien: (1) Der Patient ist in Bezug auf den assistierten Suizid urteilsfähig und der Suizidwunsch darf nicht Symptom einer psychischen Erkrankung sein. (2) Der Suizidwunsch ist wohlerwogen, ohne äußeren Druck entstanden und dauerhaft, was in der Regel durch zwei Gespräche im Abstand von mindestens zwei Wochen zu bestätigen ist. (3) Die Krankheitssymptome oder Funktionsstörungen sind schwerwiegend und verursachen unerträgliches Leiden, was durch eine Diagnose und Prognose zu substantiieren ist. Zudem sind der Sterbewunsch und das unerträgliche Leiden des Patienten für den Arzt nachvollziehbar. Eine Suizidassistenz bei gesunden Personen wird explizit ausgeschlossen. (4) Medizinisch indizierte Therapieoptionen und andere Hilfsmöglichkeiten wurden erörtert und angeboten.

14 Faktisch wird die Suizidassistenz in der Schweiz vor allem von **Vereinen** durchgeführt, etwa „Exit", „Exit A.D.M.D.", „Lifecircle" oder „Dignitas" (auch für Nicht-Schweizer). Diese Vereine arbeiten zwar mit Ärzten zusammen, operieren jedoch vor allem mit nicht-medizinischen Sterbehelfern. Die hohen und steigenden Mitgliederzahlen vor allem von Exit verdeutlichen die gesellschaftliche Toleranz dieser Praxis in der Schweiz. Gleichwohl gibt es eine gesellschaftliche Diskussion, die sich derzeit vor allem darauf konzentriert, ob auch psychisch Kranke und „lebenssatte" Menschen Zugang zur Suizidassistenz haben sollen und inwiefern Pflegeheime zur Akzeptanz des assistierten Suizids verpflichtet werden können.

3. USA

15 In den USA ist die Tötung auf Verlangen bundesweit verboten, während die Suizidassistenz auf Ebene der **Bundesstaaten verschieden** geregelt ist. Die meisten der 50 Bundesstaaten verbieten sie. Nachdem der nordwestliche Bundesstaat **Oregon** im Jahr 1997 auf der Basis eines Referendums eine enge gesetzliche Erlaubnisregelung der ärztlichen Suizidassistenz einführte, verabschiedeten 2009 der Nachbarstaat **Washington,** 2013 der nordöstliche Staat **Vermont** und 2015 **Kalifornien** ähnliche Gesetze.[14] Inzwischen ist der ärztlich assistierte Suizid in zehn Bundesstaaten sowie dem Bundesdistrikt Washington D.C. legalisiert. Die **Modellregelung** im Staat Oregon sieht folgende Voraussetzungen für eine Straflosigkeit der Suizidbeihilfe vor: (1) Der Patient hat eine unheilbare, lebensbegrenzende Erkrankung (mit einer Lebenserwartung von bis zu sechs Monaten) und ein anhaltendes, nicht anders zu linderndes Leiden. (2) Der Patient ist volljährig und seine Freiverantwortlichkeit und Einwilligungsfähigkeit ist von zwei Ärzten unabhängig voneinander geprüft worden. (3) Er wurde über alternative Möglichkeiten aufgeklärt und bekam palliativmedizinische Behandlungsoptionen vermittelt. (4) Der Wunsch nach Suizidhilfe ist anhaltend, schriftlich und mündlich dokumentiert und bezeugt. (5) Der Arzt respektiert Sorgfaltskriterien hinsichtlich der Verordnung und Anwendung der tödlichen Substanzen. (6) Die Suizidbeihilfe wird angemessen dokumentiert und gemeldet.

16 Oregon verfolgt eine Politik der **transparenten Publikation** der Suizidassistenz in jährlichen Berichten und hat (neben den Niederlanden und Belgien) die umfang-

---

[13] Umgang mit Sterben und Tod. Schweizerische Akademie der Medizinischen Wissenschaften, Basel 2019 (geändert in 2021).

[14] Oregon Death With Dignity Act 1997, Washington Death With Dignity Act 2009, Vermont Patient Choice and Control at the End of Life Act 2013, California End of Life Option Act 2015 (SB-128, ABX2-15).

reichste **wissenschaftliche Begleitforschung.** Hierin zeigte sich, dass die relative Häufigkeit der Suizidassistenz (bezogen auf die Todesfälle) leicht zunimmt, dass die gesetzlich vorgegebenen Kriterien fast ausnahmslos eingehalten werden und dass sich befürchtete soziale Konsequenzen nicht einstellten. Bisher konnte kein Hinweis auf eine Belastung der Angehörigen, einen Vertrauensverlust im Arzt-Patienten-Kontakt, eine Diskriminierung sozial Benachteiligter, einen sozialen Dammbruch oder eine Verschlechterung der Palliativbetreuung festgestellt werden.[15]

4. Kanada

In Kanada wurde im April 2016 ein Gesetzesantrag in das parlamentarische Verfahren eingebracht, der vom Obersten Gerichtshof angemahnt wurden, nachdem dieser im Februar 2015 geurteilt hatte, dass das Verbot der Suizidassistenz gegen die kanadische Verfassung verstoße.[16] Das inzwischen in Kraft getretene Gesetz entspricht in großen Teilen den Gesetzen in Oregon und Washington.[17] Es sieht vergleichbare Straflosigkeitsbedingungen vor: Volljährigkeit, Einwilligungsfähigkeit, schwere und unheilbare Erkrankung mit unerträglichem und nicht zu lindernden Leiden, Lebensende absehbar, freiverantwortliches Verlangen, Vieraugenprinzip auf Seiten der Professionellen, Bedenkzeit. Allerdings ermöglicht dieses Gesetz neben der Suizidassistenz auch die Tötung auf Verlangen unter diesen Kriterien. 17

III. Gesetzgebungsgeschichte zu § 217 StGB

1. Nicht-parlamentarische Vorschläge

a) Gesetzesvorschlag aus der Wissenschaft. Im August **2014** präsentierten vier Wissenschaftler aus den Bereichen Palliativmedizin, Ethik und Recht einen ersten konkreten Gesetzesvorschlag mit ausführlicher Begründung, der die öffentliche und politische Debatte nachhaltig anregte.[18] Die Autoren setzten sich für einen **Mittelweg** zwischen der bisherigen gesetzgeberischen Enthaltsamkeit zur Frage der Suizidassistenz und einem kompletten Verbot ein. Auf der Basis der wissenschaftlichen Literatur schlugen sie eine eng begrenzte Erlaubnisregelung nach Art des Gesetzes im US-Bundesstaat **Oregon** vor (→ Rn. 17). Durch einen neuen **§ 217 StGB** sollte ein selbständiges Beihilfedelikt eingeführt werden. Es sollten Angehörige und dem Betroffenen nahestehende Personen von der Strafbarkeit ausgenommen werden, insofern sie einem freiverantwortlich handelnden Volljährigen Beihilfe zum Suizid leisten würden. Als zweite, für die Praxis relevantere Ausnahme wurde die **ärztliche Suizidassistenz** angeführt, wobei diese nur unter strengen Bedingungen straffrei bleiben sollte. Darüber hinaus sah der Vorschlag eine Ermächtigung des Bundesgesundheitsministeriums zur Formulierung von Qualitäts- und Qualifikationserfordernissen im Wege der Rechtsverordnung, ein umfassendes Werbeverbot für die Suizidassistenz sowie eine Änderung des Betäubungsmittelgesetzes zur Ermöglichung der Verordnung einer todbringenden Substanz vor. 18

b) Äußerungen von Strafrechtlern. In einer „Stellungnahme deutscher Strafrechtslehrerinnen und Strafrechtslehrer zur geplanten Ausweitung der Strafbarkeit 19

[15] Eine Zusammenfassung findet sich in Borasio/Jox/Taupitz/Wiesing Selbstbestimmung S. 53 ff.

[16] Carter v. Canada (Attorney General) 2015 SCC 5.

[17] Bill C-14, House of Commons Canada, 14.4.2016.

[18] Borasio/Jox/Taupitz/Wiesing Selbstbestimmung S. 21 ff.

der Sterbehilfe“[19] wandten sich im April 2015 insgesamt 150 Strafrechtsprofessoren gegen „politische Bestrebungen, im Zusammenhang mit der Sterbehilfe den Anwendungsbereich des Strafrechts auszuweiten“. Dadurch würde die inzwischen erreichte „weitgehende Entkriminalisierung des sensiblen Themas Sterbehilfe konterkariert.“ Das geltende Polizei- und Strafrecht würde etwa gegenüber rechtswidrigen Aktivitäten von Sterbehilfevereinen ausreichen. Roxin wollte öffentliche Angebote zur Suizidhilfe verbieten und für Notfälle eine ärztliche Suizidassistenz ausdrücklich zulassen.[20]

20 **c) Weitere Möglichkeiten.** Es wäre denkbar – und nach hier vertretener Ansicht vorzugswürdig – gewesen, den **Fokus auf** die **Ermöglichung von guter Sterbebegleitung** auch beim assistierten Suizid zu legen. Ein Haupthindernis dafür war die restriktive Regelung der Bundesärztekammer. Soweit eine solche Standesregel überhaupt rechtlich zulässig gewesen ist, hätte sie durch eine gesetzgeberische Regelung unwirksam werden können. Verortet werden hätte eine solche Klarstellung im Arznei- und Betäubungsmittelgesetz oder – besser – bei den Regelungen zum Arzt-Patienten-Verhältnis im BGB. Dort hätte zugleich klargestellt werden können, dass es keinen Anspruch des Patienten auf Assistenz zum Suizid gegen den Arzt gibt. Eingefügt hätte ein **§ 630i BGB** werden können: „Die Behandlung kann auch die Beihilfe zu einem Suizid umfassen. Der Behandelnde kann zu ihr nicht verpflichtet werden.“

21 Die Verortung im Zivilrecht hätte die **Eigenverantwortung** des Patienten herausgestellt. Dem Arzt als einem wesentlichen Ansprechpartner wären im Rahmen seiner Möglichkeiten und in seiner Verantwortung Wege zur Unterstützung eröffnet gewesen. Eine Aufklärung des Patienten durch den Arzt wäre nach § 630e BGB erforderlich, wobei auch (besonders kritisch) die Einwilligungsfähigkeit des Patienten zu klären gewesen wäre. Aktive Sterbehilfe wäre nach § 216 StGB weiter strafbar. Ärzte, Angehörige, Freunde etc. müssten aber keine Strafverfolgung fürchten, wenn sie dem bewusst handelnden Patienten zur Seite stehen.

22 **Sterbehilfevereine** wären so nicht unterbunden worden, wobei deren Schadenspotential ohnehin kritisch zu hinterfragen ist. Es hätte aber die Möglichkeit bestanden, dass sich in diesem Rahmen auch qualitativ hochwertige Angebote entwickeln. Auswüchse wären durch das Arznei- und Betäubungsmittelgesetz u. ä. zu begegnen gewesen. Es wäre darauf zu achten gewesen, dass ärztliche und rechtliche Beratungen durch **Ärzte oder Rechtsanwälte** (RDG) vorgenommen werden und diese auch im Rahmen des Zulässigen erfolgt.

2. Entwurf der Bundesregierung 2012

23 Am 22. 10. 2012 legte die Bundesregierung den „Entwurf eines Gesetzes zur Strafbarkeit der gewerbsmäßigen Förderung der Selbsttötung“[21] vor. In das StGB sollte eingefügt werden: „**§ 217 Gewerbsmäßige Förderung der Selbsttötung** Absatz 1: Wer absichtlich und gewerbsmäßig einem anderen die Gelegenheit zur Selbsttötung gewährt, verschafft oder vermittelt, wird mit Freiheitsstrafe bis zu drei Jahren oder mit Geldstrafe bestraft. Absatz 2: Ein nicht gewerbsmäßig handelnder Teilnehmer ist straffrei, wenn der in Absatz 1 genannte andere sein Angehöriger oder eine andere ihm nahestehende Person ist.“ Der Entwurf wurde nach der ersten Lesung am 30. 11. 2012 in die Ausschüsse verwiesen. Zu weiteren Lesungen kam es nicht.

[19] Veröffentlich auch in Medstra 2015, 129.
[20] Roxin NStZ 2016, 185 (190–192).
[21] BT-Drs. 17/11126.

3. Gesetzesvorlagen

24 **a) Einleitung.** Nachdem sich eine Dynamik in Gang gesetzt hatte (oder – von wem? – wurde), nach welcher eine gesetzliche Regelung von Nöten sei, bildeten sich fraktionsunabhängige Gruppen. Aus vier Gruppen gingen Gesetzesvorschläge hervor. Eine fünfte Gruppe versuchte noch, die Gesetzgebung insgesamt zu stoppen.

25 **b) Vorschlag Künast, Sitte ua.** Diese Gruppe von Abgeordneten wollte die bisherige Regelung mit Straffreiheit durch ein eher **deklaratorisches** Gesetz bekräftigen. Gewerbsmäßigkeit sollte allerdings strafbar werden, ausdrücklich im Gegensatz aber zu **organisierter oder geschäftsmäßiger Hilfe,** wenn diese nach bestimmten Regeln erfolgt. Der „Entwurf eines Gesetzes über die Straffreiheit der Hilfe zur Selbsttötung" enthielt 11 Paragrafen.[22] In Absatz 1 § 2 hieß es: „Die Selbsttötung ist straflos" und in Absatz 2: „Die Hilfe zur Selbsttötung ist grundsätzlich straflos." § 3 lautete: Absatz 1: Hilfe zur Selbsttötung darf nur dann geleistet werden, wenn der sterbewillige Mensch den Wunsch zur Selbsttötung freiverantwortlich gefasst und geäußert hat. Absatz 2: Wer in organisierter oder geschäftsmäßiger Form Hilfe zur Selbsttötung leistet, muss sich aufgrund eines Beratungsgesprächs (§ 7) des Umstands vergewissert haben, dass der sterbewillige Mensch freiwillig, selbstbestimmt und nach reiflicher Überlegung die Hilfe zur Selbsttötung verlangt. Absatz 2: Zwischen dem Beratungsgespräch und der Hilfestellung zur Selbsttötung müssen mindestens 14 Tagen vergehen.

26 **Gewerbsmäßigkeit** sollte unter Strafe gestellt werden. § 4 Gewerbsmäßige Hilfe zur Selbsttötung Absatz 1: Wer Hilfe zur Selbsttötung mit der Absicht leistet, sich oder einem Dritten durch wiederholte Hilfehandlungen eine fortlaufende Einnahmequelle von einiger Dauer und einigem Umfang zu verschaffen (gewerbsmäßiges Handeln), wird mit Freiheitsstrafe von bis zu drei Jahren oder mit Geldstrafe bestraft. Absatz 2: Die Beihilfe zu einer Tat nach Absatz 1 ist nicht rechtswidrig. § 5 Gewerbsmäßige Förderung der Selbsttötung Wer gewebsmäßig in der Absicht, Selbsttötung zu fördern, Mittel oder Gegenstände, die dazu geeignet sind, in der Verkehr bringt und dadurch einen anderen zur Selbsttötung verleitet, wird mit Freiheitsstrafe bis zu zwei Jahren oder mit Geldstrafe bestraft.

27 Für **Ärzte** wurde im Absatz 1 des § 6 ausdrücklich eine Pflicht zur Hilfe verneint. In Absatz 2 wurde aber standesrechtlichen Einschränkungen eine Absage erteilt: „Die Hilfe zur Selbsttötung kann eine ärztliche Aufgabe sein und darf Ärzten nicht untersagt werden. Dem entgegenstehende berufsständische Regelungen sind unwirksam." **Verfahrensanordnungen** enthielten die § 7 „Beratungspflicht bei organisierter oder geschäftsmäßiger Hilfe zur Selbsttötung", § 8 „Dokumentationspflicht bei organisierter oder geschäftsmäßiger Hilfe zur Selbsttötung", § 9 „Pflichtverletzungen", § 10 „Durchführungsbestimmungen" und § 11 „Evaluation".

28 **c) Vorschlag Sensburg ua.** Der wohl restriktivste Vorschlag wollte sowohl Beihilfe als auch Anstiftung zur Selbsttötung unter Strafe stellen und folgende Norm in das StGB einfügen: „**§ 217 Teilnahme an einer Selbsttötung** Absatz 1: Wer einen anderen dazu anstiftet, sich selbst zu töten, oder ihm dazu Hilfe leistet, wird mit Freiheitsstrafe bis zu fünf Jahren bestraft. Absatz 2: Der Versuch ist strafbar."[23]

29 **d) Vorschlag Hintze, Reimann, Lauterbach ua.** Dieser Entwurf wollte die Problematik – wie zuvor die Normierung zur Patientenverfügung – im BGB regeln. Dazu sollte nach § 1921 BGB ein vierter Abschnitt „Selbstbestimmung des Patienten" mit folgendem Paragrafen eingefügt werden: „**§ 1921a Ärztlich begleitete Lebensbeendigung** Absatz 1: Ein volljähriger und einwilligungsfähiger Patient, dessen un-

---

[22] BT-Drs. 18/5375.

[23] BT-Drs. 18/5376.

heilbare Erkrankung unumkehrbar zum Tod führt, kann zur Abwendung eines krankheitsbedingten Leidens die Hilfestellung eines Arztes bei der selbst vollzogenen Beendigung seines Lebens in Anspruch nehmen. Absatz 2: Eine Hilfestellung des Arztes nach Absatz 1 darf nur erfolgen, wenn der Patient dies ernsthaft und endgültig wünscht, eine ärztliche Beratung des Patienten über andere Behandlungsmöglichkeiten und über die Durchführung der Suizidassistenz stattgefunden hat, die Unumkehrbarkeit des Krankheitsverlaufs sowie die Wahrscheinlichkeit des Todes medizinisch festgestellt und ebenso wie der Patientenwunsch und die Einwilligungsfähigkeit des Patienten durch einen zweiten Arzt bestätigt wurde. Absatz 3: Die Hilfestellung des Arztes ist freiwillig. Absatz 4: Die Entscheidung über den Zeitpunkt, die Art und den Vollzug seiner Lebensbeendigung trifft der Patient. Der Vollzug der Lebensbeendigung durch den Patienten erfolgt unter medizinischer Begleitung."[24]

30 Einige Elemente entsprechen dem Vorschlag von Borasio/Jox/Taupitz/Wiesing → Rn. 18. Den Patienten sollte die Möglichkeit zum begleiteten Suizid bei **hohen formalen Anforderungen** (zB „Vier-Augen-Prinzip" durch zwei Ärze) und einer zentralen Position des Arztes geben werden. Es sollte sehr zurückhaltend („Ultima-Ratio-Prinzip") bei tödlichen Erkrankungen gehandelt werden dürfen.[25]

31 **e) Vorschlag Brand, Griese ua.** Der Entwurf[26] wurde **als Gesetz angenommen,** so dass auf dessen Wortlaut verwiesen werden kann. In der Begründung wird dem bis dato bestehenden „Regelungskonzept" attestiert, dass es „sich grundsätzlich bewährt" habe. Auf die berufsrechtlichen sowie rechtlichen und ethischen Probleme für Ärzte wird nicht eingegangen. Dagegen wird ausführlich auf die Gefahren eines **„Gewöhnungseffektes"** für „organisierte Formen des assistierten Suizids" hingewiesen. Die Tätigkeiten von **Sterbehilfevereinen** scheint treibende und lenkenden Kraft für den Entwurf gewesen zu sein.

32 Es wird betont, dass die palliative Versorgung wichtig, die „Hilfe beim Sterben" durch palliative Versorgung „strafrechtlich irrelevant" sei und „keine geschäftsmäßige Förderung der Selbsttötung im Sinne dieses Gesetzes" darstelle. Das Gesetz sei mit Art. 12 Abs. 1 GG für berufsmäßig Tätige und mit Art. 2 Abs. 1 GG für ehrenamtliche Suizidhelfern vereinbar. Nicht ausreichend sei es, mit dem Vereinsrecht gegen Sterbehilfevereine vorzugehen, da dies die Vereinsfreiheit (§§ 1 Abs. 2, 3 Abs. 1 VereinsG) unmöglich mache. Eine Beschränkung auf gewerbsmäßige Angebote zur Förderung der Selbsttötung würde nicht ausreichen, da die Vereine durch Änderung des Geschäftsmodells mit Verwaltungsgebühren oder Rückzahlungen an Hinterbliebene ein solches Verbot umgehen könnten.

33 **f) Vorschlag Keul ua.** Kurzfristig eingereicht wurde ein Antrag, nach welchem festgestellt werden sollte, dass **neue Straftatbestände** im Hinblick auf die Beihilfe zur Selbsttötung **nicht erforderlich** seien.[27] Gewerberechtliche Regulierungen außerhalb des Strafrechtes sowie durch das Arznei- und Betäubungsmittelgesetz seien ausreichend. Betont wird die Problematik für Ärzte bei einer Strafbarkeit gewerblicher Suizidhilfe. Es wird resümiert: „Unseriöse Angebote verhindert man am besten durch Sicherstellung professioneller Angebote und nicht durch die strafrechtliche Ahndung derselben."

4. Gesetzgebung

34 Im Zusammenhang mit der Sterbehilfegesetzgebung ist die zur **Palliativversorgung** zu sehen, welche als Gesetz zur Verbesserung der Hospiz- und Palliativversor-

[24] BT-Drs. 18/5374.
[25] Kritisch: Jurgeleit NJW 2015, 2708 (2713f.).
[26] BT-Drs. 18/5373.
[27] BT-Drs. 18/6546.

gung in Deutschland am 5.11.2015 beschlossen wurde und am 8.12.2015 in Kraft trat.[28] Damit wurden insbesondere die SGB V und XI geändert. Sowohl für die Versorgung im ambulanten als auch im stationären Bereich soll es Verbesserungen der Sterbebegleitung geben. Im engen zeitlichen aber nur weiteren inhaltlichen Zusammenhang stand das zweite Pflegestärkungsgesetz, mit dem ua der Pflegebedürftigkeitsbegriff und die Leistungen für Demenzkranke geändert wurden.[29]

Die erste Lesung zu den Gesetzentwürfen des Sterbehilfegesetzes fand am 2.7.2015, die zweite und dritte **Lesungen** fanden am 6.11.2015 statt.[30] Zunächst wurde über Verfahrensfragen – Reihenfolge der Abstimmungen zu den einzelnen Entwürfen bzw. dem Antrag – abgestimmt. Es folgte eine rund zweistündige Debatte. Die namentliche Abstimmung von 602 Abgeordneten ergab bei drei Enthaltungen für den Entwurf Brand/Griese eine ausreichende Mehrheit von 309 Stimmen. 128 Stimmen entfielen auf den Entwurf Hintze/Reimann, 52 auf den von Künast/Sitte sowie 37 auf den von Sensburg/Dörflinger. 70 Abgeordnete stimmten zu allen Entwürfen mit Nein. Der Gesetzentwurf Brand/Griese war damit angenommen und **trat** nach Billigung durch den Bundesrat am 27.11.2015[31] und Unterzeichnung durch den Bundespräsidenten am 3.12.2015 **zum 10.12.2015 in Kraft.**[32] **35**

IV. Der § 217 StGB

1. Wortlaut

Der durch das Bundesverfassungsgericht im Jahr 2020 für verfassungswidrig und damit nichtig erklärte § 217 StGB hatte folgenden Wortlaut: **36**

„**§ 217 Geschäftsmäßige Förderung der Selbsttötung**

(1) Wer in der Absicht, die Selbsttötung eines anderen zu fördern, diesem hierzu geschäftsmäßig die Gelegenheit gewährt, verschafft oder vermittelt, wird mit Freiheitsstrafe bis zu drei Jahren oder mit Geldstrafe bestraft.

(2) Als Teilnehmer bleibt straffrei, wer selbst nicht geschäftsmäßig handelt und entweder Angehöriger des in Absatz 1 genannten anderen ist oder diesem nahesteht."

2. Kriminalpolitische und verfassungsrechtliche Fragwürdigkeit

Sowohl kriminalpolitische als auch verfassungsrechtliche Kritik wurde vor und nach der Gesetzgebung geäußert und ist ausführlich in der Vorauflage nachzulesen. So führte Kubiciel aus, dass weniger das Bestimmtheitsgebot nach Art. 103 Abs. 2, Abs. 3 S. 2 GG als das **Verhältnismäßigkeitsprinzip** relevant sei, welches eine „übermäßige Begrenzung der Freiheit des Einzelnen an seinem Lebensende" verhindere.[33] Gaede stufte die Norm als **verfassungswidrig** ein. Er sah die bewirkten Rechtseingriffe als außer Verhältnis zum beabsichtigten Schutz.[34] Auch nach hier vertretener Ansicht (Kurze VorsorgeR/Kurze, 1. Aufl. 2017, StGB § 217 Rn. 8) war die Norm verfassungswidrig, beschränkte sie doch sowohl Ärzte als auch Suizidwillige jedenfalls faktisch unzulässig. **37**

---

[28] BGBl 2015 I 48, 2114.

[29] BGBl 2015 I 2424; dazu: Jäkel PharmR 2016, 65.

[30] BT Plenarprotokoll 18/134.

[31] BR-Drs. 544/15.

[32] BGBl 2015 I 2177.

[33] Kubiciel ZRP 2015, 194 (197).

[34] Gaede JuS 2016, 385 (387).

38 Das **BVerfG** lehnte einen Eilantrag gegen das Gesetz ab. Eine Strafbarkeit des Suizidenten wegen Anstiftung und Beihilfe käme nicht in Betracht. Ein Eilrechtschutz sei nicht gerechtfertigt. Der Schutz eventuell willensschwacher Suizidwilliger sei höher anzusetzen als der Suizidwilliger, welche nun daran gehindert sein, eine bestimmte Form der begleiteten Selbsttötung durchzuführen.[35]

3. Selbsttötung

39 Die **Selbsttötung** ist von der Weltgesundheitsorganisation **definiert** als diejenige Handlung, bewusst und absichtsvoll sich selbst zu töten („Suicide is the act of deliberately killing oneself"). Gemäß der in der amtlichen Statistik erfassten Suizide sind die häufigsten Formen der Selbsttötung in absteigender Reihung das Erhängen/Erdrosseln/Ersticken, die Vergiftung mit festen oder flüssigen Stoffen (auch mittels Arzneimitteln), die Vergiftung durch Gase, der Sturz aus großer Höhe, das Ertrinken, die Selbsttötung durch Feuerwaffen und Explosivstoffen sowie das Sichwerfen oder Sichlegen vor ein sich bewegendes Objekt, zB vor einen Zug.[36] Anerkanntermaßen gibt es jedoch bei den Suiziden eine beträchtliche Dunkelziffer, die insbesondere schwieriger erkennbare Formen von Suiziden betreffen, also etwa mittels Arzneimitteln oder Giften.

40 Während die weit überwiegende Mehrzahl der Suizide einsame Handlungen sind, die oft auf der Basis psychischer Erkrankungen auftreten, sind die **assistierten Suizide** per **Definition** solche, die durch eine Beihilfehandlung einer anderen Person gekennzeichnet. Überall wo die Suizidassistenz gesetzlich geregelt ist, erfolgt die Selbsttötung durch eine oder mehrere Arzneimittelsubstanzen, die so hoch dosiert werden, dass sie tödlich wirken. Hierbei handelt es sich meist um die Substanzklasse der **Barbiturate,** die in der Medizin früher häufig als Schlafmittel eingesetzt wurden und heute nur noch selten, gelegentlich zur Narkose oder Behandlung von epileptischen Anfällen eingesetzt werden. So werden in Oregon etwa das Secobarbital und das Natriumpentobarbital eingesetzt, die mit einem Saft vermischt und vom Betroffenen getrunken werden. Oft werden zudem Begleitmedikamente genutzt, insbesondere zur Verhinderung von Übelkeit und Erbrechen.

41 Der Suizid ist jedoch von seiner Definition her nicht auf ein aktives Tun beschränkt, er kann auch durch ein **Unterlassen** erfolgen. So ist das bewusste Aufhören zu essen und zu trinken, wenn es durch einen entscheidungsfähigen, freiverantwortlichen Menschen mit der Absicht, den Tod herbeizuführen, erfolgt, als Suizid einzustufen (sog. „Sterbefasten" oder „freiwilliger Verzicht auf Essen und Trinken).[37] Dabei tritt der Tod bei vollständigem Verzicht auf Flüssigkeitszufuhr innerhalb von zwei Wochen, oft schon innerhalb einer Woche ein. Die Besonderheiten dieser Form der Selbsttötung sind aber nicht nur der langsamere Verlauf, sondern auch die anfängliche Reversibilität sowie die eher natürliche und friedliche Erscheinungsform.

4. Gewährung, Verschaffung oder Vermittlung der Gelegenheit

42 Das **Gewähren oder Verschaffen einer Gelegenheit** bedeutet, die äußeren Umstände herbeizuführen, welche die Vornahme der Handlung (also der Selbsttötung) ermöglichen bzw. erleichtern.[38] In Bezug auf die Sterbehilfe lassen sich aus den Gesetzesmaterialien insbesondere die **Übergabe des Mittels** (zB tödliches Medikament) und **Bereitstellung eines Ortes** als Gewährung identifizieren.[39] Das be-

[35] BVerfG NJW 2016, 558.

[36] Rübenbach, Todesursache Suizid. Statistisches Bundesamt Wiesbaden 2007.

[37] Birnbacher, Ist Sterbefasten eine Form von Suizid? Ethik Med 2015, 27 (315–324).

[38] BeckOKStGB/Oglakcioglu StGB § 217 Rn. 17 mwN.

[39] Gaede JuS 2016, 385 (388).

deutet wiederum, dass die vorbereitende Beratung noch nicht darunter fallen.[40] Für das **Vermitteln einer Gelegenheit** ist grundsätzlich deutlich weniger notwendig als für das Gewähren. Es würde das Verschaffen eines konkreten Kontaktes zwischen der Person, welche die Selbsttötung begehen will, und der, welche die Gelegenheit gewährt,[41] genügen, wenn nicht auch noch ein anschließender „Erfolg" dessen, an den vermittelt wurde, als Voraussetzung angenommen wird.[42] Nicht ausreichend soll der Hinweis auf eine allgemein bekannte Stelle sein.[43]

5. Geschäftsmäßig

Als subjektives Merkmal wird die Geschäftsmäßigkeit verstanden als eine „**Absicht,** die Besorgung in gleicher Art zu **wiederholen** und sie zu einem wiederkehrenden **Bestandteil** seiner wirtschaftlichen oder beruflichen Betätigung zu machen".[44] „Nachhaltiges Betreiben oder Anbieten" ist der Kern der Geschäftsmäßigkeit, die keine Gewinnerzielungsabsicht benötigt.[45] Negativ wird der Begriff abgrenzt zur „persönlichen" Verbundenheit.[46] Im Rahmen des TKG (§ 3 Nr. 5) wird „geschäftsmäßig" als das nachhaltige Angebot an Telekommunikation mit oder ohne Gewinnabsicht definiert.[47] Es wird kritisiert, dass der Begriff „keine trennscharfen, überprüfbaren Kriterien" enthalte.[48] Es wird auf eine innere Einstellung, eine **Motivation,**[49] abgestellt, welche auf das mehrfache Begehen gerichtet sein muss. **43**

In dem Entwurf der Bundesregierung, wie auch zB in dem von Künast ua, war die **„Gewerbsmäßigkeit"** gefordert worden. Es wäre dann die Erzielung eines nicht nur unerheblichen Gewinns als Zielrichtung der Tätigkeit Strafbarkeitsvoraussetzung gewesen (zu § 260 StGB: „fortlaufende Einnahmequelle mindestens von einiger Dauer").[50] Die Unterstützer des angenommenen Entwurfes sahen die Umgehungsmöglichkeiten für Sterbehilfevereine als zu groß.[51] **44**

An diesem Merkmal entzündeten sich harte Diskussionen, denn neben den Sterbehilfevereinen, welche wohl zumindest das wesentliche Ziel des Gesetzes waren, können so insbesondere auch **Ärzte** (und unter Umständen auch beratende Rechtsanwälte), die alleine oder für ein Hospiz oder in einer anderen Form der Palliativversorgung arbeiten, in das Visier der Staatsanwaltschaft geraten. Die Gesetzesbegründung hilft auch nur wenig weiter. Es wird zwar betont, dass im „Einzelfall" keine Geschäftsmäßigkeit vorliegen solle. **45**

Spezialisierte Mediziner, zB mit palliativer Zusatzausbildung, werden aber häufiger als nur ein Mal mit solchen Fällen konfrontiert werden. Gerade bei Palliativmedizinern gehört es zu ihren Professionalitätsmerkmalen, dass sie sich um schwerstkranke und sterbende Menschen kümmern, von denen ein beträchtlicher Anteil Wünsche nach Lebensverkürzung und Suizidassistenz haben.[52] Gerade **Hausärzte** **46**

---

[40] Vgl. auch BeckOKStGB/Oglakcioglu StGB § 217 Rn. 19.

[41] BGH 4 StR 90/50, BGH St 1, 115; KG Ss 440/76, NJW 1977, 2225.

[42] So BeckOKStGB/Oglakcioglu StGB § 217 Rn. 22; BGH 4 StR 173/96, NJW 1997, 334.

[43] Gaede JuS 2016, 385 (388).

[44] BayObLG 3 Ob OWi 95/80, NStZ 1981, 29 (zum RBerG) mit Verweis auch auf OLG Hamburg Ss 30/51, MDR 1951, 693; vgl. auch BeckOKStGB/Oglakcioglu StGB § 217 Rn. 24.

[45] Jurgeleit NJW 2015, 2708 (2713).

[46] BGH 2 StR 302/08, NJW 2009, 2690.

[47] Vgl. dazu auch BGH 2 BGs 513/02, NStZ 2003, 272.

[48] Duttge NJW 2016, 120 (122); dazu auch Roxin NStZ 2016, 185 (189).

[49] Duttge NJW 2016, 120 (122).

[50] BGH 4 StR 563/15, NJW 1952, 113.

[51] Vgl. auch Kubiciel ZRP 2015, 194 (197).

[52] Siehe Jox, Attitudes towards hastened death in ALS: a prospective study of patients and family caregivers. Amyotrophic Lateral Sclerosis and Frontotemporal Degeneration 2014, 15 (68).

werden nach einer von der Bundesärztekammer in Auftrag gegebenen Repräsentativumfrage besonders häufig mit Wünschen nach Suizidbeihilfe konfrontiert.[53]

47 Der Arztberuf ist seit Jahrhunderten der klassische Vertreter einer Profession, die in besonderer Weise Qualitäts- und Ethikstandards, Leitlinien und Regeln für wiederkehrende Situationen und wiederholte Handlungen entwickelt hat. Insofern ist die Geschäftsmäßigkeit im eben erläuterten juristischen Sinn geradezu eine Auszeichnung und ein **Qualitätsmerkmal** des ärztlichen Berufsstandes. Dadurch sichert die Ärzteschaft nämlich die Kompetenz ihrer Leistungen. Kompetenz und eine reine einzelfallbezogene Tätigkeit schließen einander also aus. Weshalb sollte dies nicht auch und gerade für besonders schwierige und fordernde Situationen am Lebensende gelten? Gerade die Professionalisierung der Palliativmedizin zeigt ja, dass auch und gerade am Lebensende eine durch Erfahrung und Wiederholung grundgelegte Kompetenz unverzichtbar ist. Es bleibt rätselhaft, wieso eine solche Kompetenz bei der Suizidassistenz abträglich sein sollte.

48 Aus **ethischer Perspektive** lässt sich nicht sinnvoll begründen, weshalb eine Handlung zwar im Einzelfall als legitim und zulässig erachtet wird, im Wiederholungsfall oder bei professioneller Ausübung jedoch auf einmal als ethisch illegitim und unzulässig eingestuft werden soll. Die Rede von der Gewissensentscheidung ist insofern widersprüchlich, als gerade die Instanz des Gewissens eine durch Erfahrung gereifte dauerhafte Haltung und tief verankerte Sensibilität des Menschen darstellt, auf vergleichbare moralische Situationen auch immer wieder mit demselben moralischen Urteil zu reagieren. Dass jede Gewissensentscheidung natürlich stets die faktischen Besonderheiten des einzelnen Falls berücksichtigt, bedeutet nicht, dass das Gewissensurteil nicht im Kern auf Wiederholung angelegt wäre. Ethisch ließe sich die Disqualifizierung der Geschäftsmäßigkeit allenfalls dann begründen, wenn diese unweigerlich sozialethisch negative Folgen nach sich zöge, etwa einen sozialen Druck, der die Freiverantwortlichkeit des Suizidwilligen ausschlösse. Diese Hypothese ist aber empirisch längst widerlegt.[54]

49 Erschwerend ist der weitergehende Hinweis auf **„altruistische Motive"** als Ausschlussgrund für eine Geschäftsmäßigkeit. Ärzte (aber auch Rechtsanwälte) erhalten für ihre Tätigkeit Geld, um ihren eigenen Lebensunterhalt und die Kosten für Angestellte etc. decken zu können. Ärzte erhalten dies auch für andere Fachtätigkeiten (auch für deutlich weniger wesentlichen oder schwierigen Tätigkeiten wie dem Verschreiben von Hustensaft, bei nicht medizinisch indizierten Schönheitsoperationen und moralisch unterschiedlich bewerteten Abtreibungen), Rechtsanwälte auch, wenn sie einen Fall verlieren. Darf Sterbehilfe nur als „Hobby" betrieben werden? Sollen die, welche besondere Kompetenzen haben, sich lieber dem zuwenden, bei dem sie mit ihrer Kompetenz auch angemessen entlohnt werden und nicht im Ergebnis „draufzahlen"? Sollen nur Idealisten jeglicher Ausrichtung tätig sein?

50 Oglakcioglu sieht, wie auch Gaede,[55] ein **„Restriktionspotential"** bei der Auslegung des Merkmals. So meint er, dass die regelmäßige Konfrontation mit Einzelfallentscheidungen kein geschäftsmäßiges Agieren sei, wenn der Arzt sich „nicht nach außen als „professioneller Suizidhelfer" geriere".[56] Soll das ein Werbeverbot meinen, die vielfache Tätigkeit bei entsprechender „Mundpropaganda" aber erlauben? Der weitergehende Versuch Oglakcioglus, Geschäftsmäßigkeit grundsätzlich nur dann sehen zu wollen,[57] wenn die Suizidhilfe zu einer „Haupttätigkeit" wird, erscheint als

---

[53] Institut für Demoskopie Allensbach. Ärztlich begleiteter Suizid und active Sterbehilfe aus Sicht der deutschen Ärzteschaft, 2010.

[54] Siehe Borasio/Jox/Taupitz/Wiesing Selbstbestimmung S. 53 ff.

[55] Instruktiv: Gaede JuS 2016, 385 (389 ff.).

[56] BeckOKStGB/Oglakcioglu StGB § 217 Rn. 25.

[57] BeckOKStGB/Oglakcioglu StGB § 217 Rn. 26.

stark einschränkende Auslegung. So sinnvoll sie sein mag, könnte sie doch am Wortlaut und der Gesetzesbegründung scheitern.

Zuzugeben ist auch nach hier vertretener Ansicht, dass mit den Mitteln des Strafgesetzbuches ohne den Begriff der „Geschäftsmäßigkeit" die Tätigkeit von Sterbehilfevereinen nur schwer unterbunden werden kann. Dies führt schon Lüttig detailliert aus.[58] Alles andere seien „stumpfe Schwerter". Gewerbsmäßigkeit beispielsweise ließe sich in der Vereinstätigkeit im Rahmen von Verwaltungskosten verschleiern. Wäre es aber nicht Aufgabe der Ordnungs- und Strafverfolgungsbehörden, solche „Verschleierungen" aufzudecken? Auch wenn dies einen erheblichen Aufwand bedeuten würde, hätte er doch seine Berechtigung, denn gerade nach der Ansicht der Strafbefürworter ist ein hohes Gut unbedingt zu schützen. Es erscheint fragwürdig, eine weite Strafbarkeit zu fordern, weil eine engere einen höheren Kontrollaufwand bedeutet. Zudem wären andere Mittel aus dem Ordnungsrecht, dem Zivilrecht, dem Vereinsrecht, dem Betäubungs- und Medikamentenrecht etc. sicher auch geeignet, Sterbehilfevereinen Einhalt zu gebieten – ob nun durch vollständige Unterbindung, Begrenzung oder Reglementierung ihrer Tätigkeit.[59] 51

6. Förderungsabsicht, Vorsatz, Rechtswidrigkeit, Schuld

Grundsätzlich ist **Vorsatz** erforderlich, da es an einer Fahrlässigkeitsstrafbarkeit fehlt. Die ausdrücklich geforderte **Förderungsabsicht** steigert die Anforderungen an die Hilfeleistung, welche danach **zielgerichtet** sein muss.[60] 52

Nach der Konzeption des Gesetzes war eine **rechtfertigende Einwilligung nicht möglich.** Sonst wäre die Norm überflüssig gewesen. 53

7. Straffreiheit von Teilnehmern

Die üblichen Formen der Teilnahme sind möglich. Auch wenn dies wohl nicht gewollt war: Zumindest theoretisch lässt sich auch eine Strafbarkeit **des Sterbewilligen selbst** konstruieren,[61] zB wenn er einen anderen anstiftet, ihn in strafbewehrter Form zu helfen. Für andere Personen kommt ohnehin eine **Anstiftung** nach § 26 StGB oder eine **Beihilfe** gem. § 27 StGB in Betracht. Das wurde allerdings schon vom BVerfG in einem Eilantrag **abgelehnt.**[62] Die Straffreiheit sei ausdrücklicher Wille des Gesetzgebers. 54

Interessant war, wie die **Mitarbeit** oder sogar die **Mitgliedschaft** in einem **Sterbehilfeverein** beurteilt wurde. Die Tätigkeit dieser Vereine zu unterbinden war die wesentliche Intention des Gesetzes. Ein Zusammenhang auch untergeordneter Dienste (Sekretariat) mit einem konkreten Fall konnte herzustellen sein; schließlich weiß die Person, welche Fragebögen für die Suizidvorbereitung versendet, was das Ziel der Handlung ist. 55

Angehörige und nahestehende Personen durften für eine Straflosigkeit nicht geschäftsmäßig tätig sein. **Angehörige** sind nach § 11 Abs. 1 Nr. 1a StGB ua Verwandte in gerader Linie, der Ehegatte, der Lebenspartner, Geschwister. **Nahestehende Personen** werden auch in § 25 Abs. 1 StGB erwähnt. Darunter werden insbesondere nichteheliche Lebensgemeinschaften und enge Freundschaften gefasst. 56

Bei berufsmäßig befassten Personen (insbes. **Ärzten** und Pflegekräfte) wird grundsätzlich kein Näheverhältnis angenommen werden. Es erscheint fraglich, ob diese 57

---

[58] Lüttig ZRP 2008, 57.

[59] Ähnlich: Fischer ZEIT Online, Im Zweifel gegen die Freiheit, 21.3.2016.

[60] BeckOKStGB/Oglakcioglu StGB § 217 Rn. 28.

[61] Als „paradox" ablehnend, aber gleichwohl als möglich erachtend: BeckOKStGB/Oglakcioglu StGB § 217 Rn. 35–35.2.

[62] BVerfG 2 BvR 2347/15, NJW 2016, 558.

nicht ohnehin meist als Haupttäter agieren. Ein Arzt, der zB schon lange vor der Erkrankung mit dem Betroffenen befreundet war, sollte aber wohl schon unter Abs. 2 fallen. Abgelehnt wurde dies wohl bei Ärzten, mit denen der Betroffene aufgrund seiner Situation vielleicht jahrelangen Kontakt hat und ebenfalls eine besonders enge persönliche Beziehung aufgebaut haben kann.[63] Das erschien nicht richtig.

58 Es wurde etwa von Duttge **kritisch** hinterfragt, warum alleine Angehörige und sonst nahestehende Personen vom Absatz 2 erfasst werden.[64] Nach dem Willen des Gesetzgebers sollte eigentlich nur die wiederholte Begehung pönalisiert werden. Dafür bedurfte es aber keine Differenzierung zwischen den genannten und anderen Personen.

V. Die Entscheidung des BVerfG

1. Überblick

59 Mit seinem am 26.2.2020 verkündeten Urteil[65] schrieb das BVerfG ein Stück Rechtsgeschichte und erklärte den § 217 StGB für **verfassungswidrig und gem. § 95 Abs. 1 S. 1 BVerfGG für nichtig.**[66] Aus dem allgemeinen Persönlichkeitsrecht nach Art. 2 Abs. 1 in Verbindung mit Art. 1 Abs. 1 GG resultiere ein Recht auf selbstbestimmtes Sterben, auch durch Suizid. Dabei darf auch angebotene Hilfe in Anspruch genommen werden. Eingriffe des Staates müssen gerechtfertigt sein. Sie können es auch bei dem gegebenen Schutzauftrag des Staates hinsichtlich der Autonomie Suizidwilliger, müssen aber verhältnismäßig sein. Mit der Regelung des § 217 StGB sei die Möglichkeit der assistierten Selbsttötung im Ergebnis unmöglich gemacht worden, was auch unter Berücksichtigung der EMRK unzulässig ist. Die Entscheidung enthält zahlreiche Hinweise und Leitlinien zur Beachtung für den Gesetzgeber, wenn dieser einen neuen Versuch zur Regelung der Materie unternehmen möchte.[67]

2. Beteiligte und Verfahrensgang

60 Das Gesetz, mit dem § 217 StGB verkündet wurde, trat am 10.12.2015 in Kraft. Von zahlreichen Verfassungsbeschwerden dagegen wurden sechs ausgewählt, die 2015 (eine) und 2016 beim BVerfG eingingen. Das Gericht holte viele Stellungnahmen von Sachverständigen insbesondere aus dem Bereich der Suizidforschung ein, verhandelte am 16./17.4.2019 mündlich und verkündete sein Urteil am 26.2.2020.

61 Die **Beschwerdeführer** wurden weitgehend exemplarisch ausgewählt: Es waren potenziell suizidwillige Mitglieder eines Sterbehilfevereins, ein in Deutschland ansässiger Sterbehilfeverein, ein in Deutschland und der Schweiz ansässiger Sterbehilfeverein, Ärzte, die Beihilfe leisteten und palliativ tätig waren oder sich als „Sterbehelfer" verstanden, eine Ärztin aus der Schweiz, ein Rechtsanwalt sowie zwei konkret suizidwillige Personen. Die Verfahren wurden zur gemeinsamen Entscheidung verbunden; das Verfahren eines Beschwerdeführers erledigte sich durch dessen Tod, die Beschwerde des Schweizer Vereins wurde als unzulässig verworfen.

---

[63] BeckOKStGB/Oglakcioglu StGB § 217 Rn. 31.1.
[64] Duttge NJW 2016, 120 (122).
[65] BVerfG 2 BvR 2347/15, NJW 2020, 905.
[66] Es liegen zahlreiche Anmerkungen, Besprechungen und Aufsätze mit Bezügen zu der Entscheidung vor, wie: Dodegge FamRZ 2021, 5 (mit Hinweisen insbes. für Betreuer für die zukünftige Praxis); Lang NJW 2020, 1562; Spickhoff NJW 2020, 1720 (1720 f.); Neumann NZWiSt 2020, 286; Brunhöber NStZ 2020, 528.
[67] Vgl. etwa Neumann NJOZ 2021, 385.

Bemerkens- und lesenswert ist die Darstellung der **Ermittlungen** des BVerfG, die mehr als die Hälfte der fast 100-seitigen Urteilsbegründung füllt.[68] Die Gelegenheit zur Abgabe von **Stellungnahmen** nutzten eine Vielzahl von Organisationen und Institutionen, wie der Bundestag, der Generalbundesanwalt beim BGH, christliche Kirchen, die Bundesärztekammer und der Marburger Bund, Palliativvereinigungen und der Deutsche Anwaltverein. **Angehört** wurden ua Experten der psychiatrischen, soziologischen und epidemiologischen Suizidforschung, der Suizidfolgenforschung und Psychoonkologie, der Pharmakologie und des pharmazeutischen Berufsrechts, der palliativmedizinischen Praxis, aus der Hospizarbeit und Pflegeeinrichtungen sowie Abgeordnete des Deutschen Bundestages. Zu den **Rechtslagen** in der **Schweiz,** Belgien, den Niederlanden, Oregon und Kanada wurden Untersuchungen an- und dargestellt. **62**

3. Rechtsverletzung

Das Recht, sein Leben selbstbestimmt zu beenden, ist nach dem BVerfG Teil des allgemeinen **Persönlichkeitsrechts gem. Art. 2 Abs. 1 iVm Art. 1 Abs. 1 GG,** denn die Würde des Menschen und seine Selbstbestimmung setzen voraus, dass der Mensch über sich verfügen kann und zwar nach eigenen Maßstäben. Das Recht auf Suizid umfasst dabei auch das Recht, auf Hilfe Dritter zurückzugreifen, denn Entfaltung der Persönlichkeit heißt auch Austausch mit Dritten. **63**

Dieses Recht wurde durch § 217 StGB verletzt, der also in das allgemeine Persönlichkeitsrecht eingriff. Die Wahrung des eigenen Grundrechts gelinge nur durch **Einbeziehung Dritter.** Das Verbot für Dritte betrifft den Suizidwilligen daher, was auch Ziel des Gesetzes gewesen sei. Es entfalte mittelbare Wirkung, der Suizidwillige muss auf Alternativen ausweichen oder kann seine Rechtewahrnehmung nicht realisieren. Dieser Eingriff wiege schwer.

4. Keine ausreichende Rechtfertigung

Der Grundrechtseingriff war nach dem BVerfG nicht gerechtfertigt. Eine Einschränkung eines Persönlichkeitsrechts bedarf einer verfassungsmäßigen gesetzlichen Grundlage. Diese biete § 217 StGB nicht. **64**

Beachtet wurde vom Gericht, dass die Angebote von Vereinen, die Suizidenten unterstützen, **Vor- und Folgewirkungen auf Dritte** haben. Diese zu schützen, ist ein legitimes Ziel. Dabei ist allerdings die Verhältnismäßigkeit wesentlich. Es bestehe ein Spannungsverhältnis. Der Gesetzgeber habe bei der Auflösung einen Einschätzungs-, Wertungs- und Gestaltungsspielraum. Die verfassungsrechtliche Prüfung betrifft die Berücksichtigung von Faktoren und vertretbare Handhabung von Spielraum.

Mit dem Schutz von nicht frei verantwortlich handelnden Suizidwilligen, dem Schutz vor einem allgemeinen Druck, einer gesellschaftlichen Normalisierung, und vor autonomiegefährdenden Interessenkonflikten werde ein legitimer Gemeinwohlzweck verfolgt, denn Lebensschutz ist legitim. Der Gesetzgeber handele also innerhalb des Schutzauftrages, brauche aber für seine Annahmen auch eine hinreichend tragfähige Grundlage. Kein legitimes Ziel sei es, die Zahl von Suiziden allgemein gering zu halten. Der Staat dürfe aber gegensteuern, wenn Pressionen gefördert würden. Seine Gefahrprognose sei trotz weniger Daten in Ordnung.

Zu berücksichtigen sei, dass Suizidwünsche ganz überwiegend von begrenzter Dauer und psychische Erkrankungen eine erhebliche Gefahr für freie Entscheidungen seien. Insbesondere eine unzureichende Aufklärung (Schmerzvermeidungsmöglichkeiten) führe zu unfreien Entscheidungen. Es sei vertretbar anzunehmen, dass die Praxis in Deutschland nicht geeignet war, Willensfreiheit in jedem Fall zu wahren

[68] Entsprechend Spickhoff NJW 2020, 1720 (1720f.).

und auch die Annahme sei nachzuvollziehen, dass „gesellschaftliche Normalisierung" negative Wirkungen haben kann.

§ 217 StGB sei grundsätzlich geeignet, dem entgegenzuwirken. Es sei auch in Ordnung, nur einer Gefahrenquelle zu begegnen. Die Erforderlichkeit sei fraglich, könne aber offen bleiben, weil die Maßnahme **unangemessen** sei.

65 Der Eingriff wäre nur angemessen, wenn das Maß der Belastung des Einzelnen noch in einem vernünftigen Verhältnis zu den der Allgemeinheit steht. Dieses Maß werde überschritten. Aufgrund des **hohen Gutes** gäbe es eine hohe Kontrolldichte.

Die **Straflosigkeit der Selbsttötung** steht **nicht zur Disposition** des Gesetzgebers. Das Verbot der gewerbsmäßigen Beihilfe verenge das Recht so, dass es nicht mehr wahrgenommen werden könne. Es gebe eine Grenze, bei der eine freie Entscheidung nicht mehr geschützt, sondern unmöglich gemacht wird. Lebensschutz rechtfertige keinen Autonomieentzug. Das Recht auf Suizid würde mit § 217 StGB weitgehend **entleert.**

Es gäbe **keine** tatsächlichen **Alternativen.** Suizidwillige wären auf Ärzte angewiesen, die schwer zu finden wären. Allgemein seien Ärzte wiederum handlungsleitend durch das Standesrecht gebunden. Dass die Möglichkeiten, einen willigen Arzt zu finden, von geografischen Zufälligkeiten abhängen könnte, sei nicht zulässig. Entsprechendes gilt für einen Verweis auf das Ausland. Schließlich ist die Inanspruchnahme von Palliativmedizin nicht verpflichtend.

Im Ergebnis rechtfertigt der Schutz Dritter nicht die faktische Unmöglichkeit für Einzelne.

5. Weitere Beschwerden

66 Bei den Berufsträgern sei durch § 217 StGB ihre Freiheit im Sinne von **Art. 12 GG** betroffen, nicht aber die Gewissensfreiheit. Die Vereinigungsfreiheit sei mit Blick auf die Vereine nicht betroffen, wohl aber ihre **Handlungsfreiheit,** da sie ihre Tätigkeiten einstellen hätten müssen.

VI. Stand der Diskussion

1. Impulse zur Neuregelung aus den Wissenschaften

67 Bereits kurze Zeit nach der Entscheidung des BVerfG wurden erste Vorschläge zu einer verfassungskonformen gesetzlichen Regelung von Wissenschaftlern publiziert. Eine interdisziplinäre Gruppe von namhaften Experten aus den Bereichen Medizinrecht, Medizinethik und Palliativmedizin adaptierte ihren Gesetzesvorschlag aus dem Jahr 2014 im Lichte des BVerfG und veröffentlichte ihren konkreten Gesetzesentwurf samt ausführlicher Begründung in Buchform im Sommer 2020.[69] Ihr Vorschlag sieht eine Änderung des StGB vor: § 217 StGB-E würde Ärzten die Assistenz bei der Selbsttötung ausdrücklich erlauben, aber unter klar definierten Bedingungen, was die hilfesuchende Person angeht: Die Person muss volljährig sein, ihren ständigen Wohnsitz in Deutschland haben, freiverantwortlich handeln sowie ausdrücklich und ernsthaft um die Suizidassistenz verlangen.

Zudem werden 5 Sorgfaltspflichten demjenigen auferlegt, der Assistenz leisten will: 1) Er muss anhand eines persönlichen Gesprächs mit der Person zur Überzeugung gelangt sein, dass der Entschluss zur Selbsttötung auf reiflicher Überlegung beruht, dauerhaft ist und nicht durch eine akute seelische Störung oder vorübergehende Lebenskrise bedingt ist; 2) Er muss weiterhin überzeugt sein, dass der Entschluss nicht auf Zwang, Drohung, Täuschung oder eine sonstigen unzulässigen Einflussnahme

[69] Borasio/Jox/Taupitz/Wiesing Selbstbestimmung.

durch Dritte beruht; 3) Er muss die Person umfassend und lebensorientiert über ihren Zustand, dessen Aussichten, mögliche Formen der Suizidhilfe sowie Handlungsalternativen, insbesondere palliativmedizinische Möglichkeiten, aufgeklärt haben; 4) Er muss mindestens einen zweiten, unabhängigen Arzt hinzugezogen haben, der aufgrund eines persönlichen Gesprächs mit der Person die vorstehenden drei Feststellungen bestätigt; 5) Zwischen dem Aufklärungsgespräch und der Hilfeleistung selbst müssen mindestens zehn Tage Bedenkzeit liegen und der Arzt muss nach dieser Frist überzeugt sein, dass der Sterbewunsch realitätsbezogen und am eigenen Selbstbild der Person orientiert ist.

Dieser Gesetzesvorschlag enthält außerdem einen expliziten Ausschluss von der Strafbarkeit für Angehörige und nahestehende Personen, sofern sie einer freiverantwortlichen Person bei der Selbsttötung assistieren. Werden die dem Arzt auferlegten gesetzlichen Bedingungen nicht erfüllt, so sieht der Vorschlag eine Sanktion von Freiheitsstrafe bis zu drei Jahren oder Geldstrafe vor. Ausdrücklich wird betont, dass niemand zur Suizidhilfe verpflichtet werden kann. Der Vorschlag enthält abschließend eine Änderung der BtMV, damit die todbringende Substanz ärztlich verordnet werden kann, sowie ein Verbot der Werbung für die Suizidassistenz sowie eine Ermächtigung des Bundesgesundheitsministeriums, durch Verordnung nähere Einzelheiten zu regeln, insbesondere was die Qualifizierung des Arztes, die Vergütung, die Pflichten von Institutionen im Gesundheitswesen sowie die Dokumentation angeht.

In ihrer Begründung rekurrieren die Autoren nicht nur auf das BVerfG und den Kontext im deutschen Rechtssystem, sondern auch auf empirische Erkenntnisse aus den Wissenschaften und der Praxis in anderen Ländern, medizinische Erfahrungen sowie ethische Reflexionen. Durch eine relativ schlanke gesetzliche Regelung wollen sie die vom BVerfG unterstrichene Selbstbestimmung in Bezug auf das eigene Sterben absichern und zugleich die Fürsorge und Lebensschutz fördern. In diesem Kontext rechtfertigen sie mittels zehn Argumenten die herausgehobene Rolle von Ärzten bei der Suizidassistenz.

Ein weiterer Gesetzesentwurf kam aus den Reihen der Rechtswissenschaften, der **68**
umfassende Regelungen zu Handlungen am Lebensende vorsieht. Er würde sogar die Tötung auf Verlangen unter engen Bedingungen straffrei stellen. Eine Besonderheit dieses Entwurfes wäre auch, dass der Suizidwillige sich einer fünfköpfigen interdisziplinären Kommission vorstellen muss, welche ein Gutachten über die Freiverantwortlichkeit zu erstellen hat.

Auch die Deutsche Gesellschaft für Humanes Sterben sowie die Bundesrechtsanwaltskammer haben sich mit einem konkreten Vorschlag in die Debatte eingebracht. Verschiedene andere Verbände und Organisationen, etwa die Deutsche Gesellschaft für Palliativmedizin oder die Akademie für Ethik in der Medizin, haben allgemeine Stellungnahmen abgegeben.

2. Gesetzesentwürfe aus den Reihen der Politik

Nach einem Diskussionsentwurf aus dem Bundesgesundheitsministerium wurden **69**
aus den Fraktionen des Deutschen Bundestages drei fraktionsübergreifende Gesetzesentwürfe veröffentlicht, welche derzeit (Januar 2023) parlamentarisch diskutiert werden.[70] Sie sind relativ heterogen und unterscheiden sich bereits darin, ob sie Bestimmungen im Strafrecht verankern würden oder nicht. Sie sehen sehr unterschiedliche Hürden vor, was die Beratungspflichten und die Wartefristen angeht. Auch die Rolle der Ärzte sowie der Sterbehilfevereine wird sehr unterschiedlich ausgestaltet. Es gibt zudem Stimmen, welche auf eine gesetzliche Regelung komplett verzichten wollen. Je nachdem, welches Gesetz der Bundestag beschließen würde, wäre auch nicht ausgeschlossen, dass dieses neue Gesetz erneut vor dem BVerfG angefochten würde.

[70] Eberbach MedR 2022, 455 ff.

70 In der Zwischenzeit entwickelt sich mehr und mehr eine Praxis des assistierten Suizids in Deutschland, welche von Sterbehilfevereinen getragen ist. Medienberichte erwähnten für das Jahr 2021 die Zahl von 350 assistierten Suiziden.[71] Ob und welche Kriterien diese Vereine indes anwenden, ist kaum transparent. Der assistierte Suizid wird in Deutschland bis auf Weiteres ein kontroverses Thema bleiben.

§ 222 Fahrlässige Tötung

Wer durch Fahrlässigkeit den Tod eines Menschen verursacht, wird mit Freiheitsstrafe bis zu fünf Jahren oder mit Geldstrafe bestraft.

1 § 222 StGB wird praktisch ungleich häufiger verwirklicht als vorsätzliche Tötungsdelikte,[1] mit denen die Norm den Taterfolg – den Tod eines anderen Menschen – teilt. Den Tatbestand erfüllt, wer eine Sorgfaltspflicht derart verletzt, dass der daraus resultierende Todeserfolg objektiv vorhersehbar ist.[2]

2 Ein solcher **Sorgfaltspflichtverstoß** kann etwa einem **Betreuer** oder **Vorsorgebevollmächtigten** zur Last fallen, der seine Pflicht zur Ermittlung des (mutmaßlichen) Willens des Betreuten bzw. Vollmachtgebers hinsichtlich eines etwaigen Behandlungsabbruchs entgegen § 1827 BGB nicht hinreichend eingehend erfüllt. Führt seine solcherart unzureichende Prüfung zur vermeidbaren **Fehlannahme eines (mutmaßlichen) Willens des Betroffenen zum Behandlungsabbruch,** der daraufhin erfolgt, wird der Vorwurf fahrlässiger Tötung oft naheliegen. Die Abgrenzung gegen die zunächst ebenso denkbare bedingt vorsätzliche Verwirklichung von §§ 211, 212 StGB richtet sich dabei danach, ob der Handelnde den Erfolg als möglich und nicht ganz fernliegend erkennt und billigend in Kauf nimmt (bedingter Vorsatz) oder aber hofft, er werde ausbleiben:[3] Ist ihm der zu ermittelnde (mutmaßliche) Wille des Betroffenen letztlich egal, steht bedingter Vorsatz im Raum. Hofft er, im Sinne des Betroffenen zu handeln, liegt Fahrlässigkeit vor.

3 Für einen (gutgläubigen) behandelnden **Arzt** stellt sich abseits etwaiger Kunstfehler[4] insb. die Frage, ob die **betreuungsgerichtliche Genehmigung** eines Behandlungsabbruchs (§ 1829 Abs. 2 BGB) den Fahrlässigkeitsvorwurf generell ausschließt. Eine solche Bindungswirkung ist nicht anzunehmen. Gleichwohl entfaltet die Genehmigung erhebliche Indizwirkung für das Nichtvorliegen einer Sorgfaltspflichtverletzung.[5] Verzichtet der beteiligte Arzt hingegen auf die Einhaltung des betreuungsrechtlichen Verfahrens nach §§ 1827 ff. BGB, wird dies regelmäßig strafbar fahrlässiges Handeln begründen.[6]

---

[71] Tagesschau vom 21.2.2022: https://www.tagesschau.de/inland/gesellschaft/sterbehilfe-deutschland-101.html.

[1] Schönke/Schröder/Eser/Sternberg-Lieben StGB § 222 Rn. 1.

[2] Vgl. BeckOK-StGB/Kudlich § 15 Rn. 31.

[3] Zur Abgrenzung von dolus eventualis und Fahrlässigkeit allg. und bei Tötungsdelikten im Besonderen BeckOK-StGB/Kudlich § 15 Rn. 22 ff.

[4] Vgl. MüKo-StGB/Hardtung § 222 Rn. 40 ff. mit Kasuistik.

[5] MüKo-StGB/Schneider Vor §§ 211 ff. Rn. 180.

[6] Vgl. Schönke/Schröder/Eser/Sternberg-Lieben StGB Vor §§ 211 ff. Rn. 28j mwN.

Siebzehnter Abschnitt. Straftaten gegen die körperliche Unversehrtheit

§ 223 Körperverletzung

(1) **Wer eine andere Person körperlich mißhandelt oder an der Gesundheit schädigt, wird mit Freiheitsstrafe bis zu fünf Jahren oder mit Geldstrafe bestraft.**

(2) **Der Versuch ist strafbar.**

I. Tatbestand

1 Den Tatbestand des § 223 Abs. 1 StGB verwirklicht, wer eine andere Person vorsätzlich einer üblen, unangemessenen Behandlung unterzieht, die das körperliche Wohlbefinden oder die körperliche Unversehrtheit mehr als nur unerheblich beeinträchtigt **(körperliche Misshandlung),** oder bei ihr einen pathologischen Zustand hervorruft oder unterhält **(Gesundheitsschädigung).**[1] Auch der kunstgerechte **ärztliche Heileingriff** stellt nach der Rechtsprechung tatbestandlich eine Körperverletzung dar,[2] die jedoch durch (mutmaßliche) Einwilligung (→ Rn. 4 ff.) oder Notstand iSd § 34 StGB (→ Rn. 8) gerechtfertigt sein kann.[3]

2 Durch **Unterlassen** iSd § 13 StGB verwirklicht § 223 Abs. 1 StGB, wer als Garant gebotene Maßnahmen der **Heilung** oder **Schmerzlinderung**[4] nicht ergreift. Ein **Arzt** ist Garant zwar nicht schlechthin von Berufs wegen, aber dann, wenn er Behandlung oder Bereitschaft – auch im Rahmen einer Klinik oder anderen Einrichtung – übernimmt.[5] Ein **Betreuer** ist nach verbreiteter Ansicht als Beschützergarant qua Übernahme zum Schutz der Rechtsgüter des Betreuten im Rahmen seines Aufgabenkreises verpflichtet.[6] Wird dem Betreuer dagegen eine Garantenpflicht qua Amtsträgereigenschaft zugewiesen,[7] überzeugt das schon deshalb nicht, weil er kein Amtsträger iSd § 11 Abs. 1 Nr. 2 StGB ist.[8] Eine Garantenstellung des **Vorsorgebevollmächtigten** folgt nicht aus der Vollmacht selbst, kann sich aber aus dem dieser zugrundeliegenden Rechtsverhältnis ergeben, bei dem es sich in der Regel um einen (unentgeltlichen) Auftrag handelt (→ § 662 BGB Rn. 4 ff.).[9] Ist der Bevollmächtigte zugleich Ehegatte oder eingetragener Lebenspartner des Vollmachtgebers und des-

---

[1] Im Einzelnen näher Lackner/Kühl StGB § 223 Rn. 4 ff.

[2] BGH 2 StR 434/19, NStZ 2021, 164 (165) mwN; tendenziell einschränkend BGH 2 StR 325/17, NStZ 2020, 29 mkritAnm Magnus; zum Meinungsstand MüKo-StGB/Hardtung § 223 Rn. 73 ff. mwN.

[3] Eingehend MüKo-StGB/Hardtung § 223 Rn. 73 ff.

[4] BGH 2 StR 434/19, NStZ 2021, 164 (165); Schönke/Schröder/Eser/Sternberg-Lieben StGB Vor §§ 211 ff. Rn. 23.

[5] BeckOK-StGB/Heuchemer § 13 Rn. 48; Schönke/Schröder/Bosch StGB § 13 Rn. 28a, jeweils mwN.

[6] Bernau/Rasch/Zschieschack NJW 2008, 3756 (3760); BeckOK-StGB/Heuchemer § 13 Rn. 36; MüKo-StGB/Hardtung § 222 Rn. 59 mwN; Hoffmann BtPrax 2010, 151 (153); Tachau BtPrax 2008, 195 (198); aA LG Potsdam 27 Ns 89/15, BeckRS 2016, 17525.

[7] LK-StGB/Weigend § 13 Rn. 30 mit Fn. 4976.

[8] OLG München 5 St RR 134/09, NJW 2009, 2837; Lackner/Kühl/Heger StGB § 11 Rn. 9.

[9] Vgl. BeckOK-StGB/Heuchemer § 13 Rn. 45 f.

halb kein Auftragsverhältnis anzunehmen (→ § 662 BGB Rn. 15 ff.), geht auch damit grundsätzlich eine Stellung als Beschützergarant einher.[10]

II. Rechtswidrigkeit im vorsorgerechtlichen Kontext

3 Die Möglichkeit der Verwirklichung des § 223 Abs. 1 StGB steht jener der Verwirklichung eines Tötungsdelikts nach §§ 211 ff. StGB auf Ebene der Rechtswidrigkeit im Kontext von medizinischer Behandlung und deren Abbruch gleichsam spiegelbildlich gegenüber: Von zentraler Bedeutung ist hier wie dort der (mutmaßliche) **Wille des Betroffenen,** der dort die Unterlassung und den Abbruch (→ § 212 StGB Rn. 5 ff.), hier die Vornahme von Behandlungsmaßnahmen rechtfertigen kann (→ Rn. 4 ff.). § 34 StGB greift daneben nur in Ausnahmekonstellationen ein (→ Rn. 7).

1. Einwilligung

4 Die **Einwilligung** in eine ärztliche Behandlungsmaßnahme obliegt grundsätzlich dem Betroffenen, der in seiner Entscheidung nicht an objektive Vernunftkriterien gebunden ist. Ist dem nicht einwilligungsfähigen[11] Betroffenen ein **Betreuer** bestellt, greift § 1827 Abs. 1 bis 3 BGB ein. Gleiches gilt nach § 1827 Abs. 6 BGB für den (schriftlich, § 1820 Abs. 2 Nr. 1 BGB) **Vorsorgebevollmächtigten,** nach § 1358 BGB nF subsidiär für einen etwaigen Ehegatten (Notvertretung). Kernvoraussetzung der wirksamen Einwilligung ist die Erfüllung der in §§ 630c Abs. 2, 630d, 630e BGB näher ausgestalteten **ärztlichen Aufklärungspflicht,** die eine informierte Entscheidung ermöglicht; für Betreuer und Bevollmächtigten s. § 1828 Abs. 1 BGB. Ist dies der Fall und der Eingriff medizinisch indiziert, hindert § 228 StGB die rechtfertigende Wirkung der Einwilligung selbst bei Lebensgefährlichkeit der konsentierten Behandlung nicht.[12]

5 Der Rückgriff auf eine **mutmaßliche Einwilligung** ist grundsätzlich möglich, wenn die tatsächliche Einwilligung – etwa im Fall einer Operationserweiterung[13] – nicht eingeholt werden kann. Im Fall von Betreuung oder Vorsorgevollmacht gelten §§ 1827 Abs. 2, Abs. 6, 1828 f. BGB. Die unzutreffende Annahme der tatsächlichen Voraussetzungen einer mutmaßlichen Einwilligung schließt als **Erlaubnistatbestandsirrtum** nach § 16 Abs. 1 S. 1 StGB die Strafbarkeit wegen des Vorsatzdelikts aus, lässt eine mögliche Fahrlässigkeitsstrafbarkeit (§ 229 StGB) jedoch gemäß § 16 Abs. 1 S. 2 StGB unberührt. Wer weiß, dass weder tatsächliche noch mutmaßliche Einwilligung gegeben sind, dies aber angesichts der medizinischen Indikation einer Behandlung als irrelevant wertet, unterliegt allenfalls einem (vermeidbaren) **Verbotsirrtum** iSd § 17 S. 2 StGB. Unterbleibt die Einholung einer tatsächlichen Einwilligung, obwohl sie möglich gewesen wäre, kann eine **hypothetische Einwilligung** gleichwohl die Zurechenbarkeit des Körperverletzungserfolgs ausschließen. Dies wird angenommen, wenn der Patient bei pflichtgemäßer Aufklärung in die Behandlung eingewilligt hätte (vgl. § 630h Abs. 2 S. 2 BGB), wobei Zweifel im Rahmen der strafrechtlichen Betrachtung zugunsten des Tatverdächtigen wirken.[14]

6 Enge Voraussetzungen für die Einwilligung des Betreuers in eine dem natürlichen Willen des Betroffenen zuwiderlaufende **Zwangsbehandlung** statuiert § 1832

---

[10] Fischer StGB § 13 Rn. 21 f.; einschränkend anhand des Willens des Rechtsgutsträgers BGH 6 StR 68/21, NJW 2022, 3021 (3023 f.).

[11] Näher MüKo-StGB/Hardtung § 223 Rn. 89.

[12] BGH 2 StR 325/17, NStZ 2020, 29 (31).

[13] Näher Fischer StGB § 223 Rn. 28.

[14] BGH 4 StR 760/94, NStZ 1996, 34 (35) mwN; krit. Fischer StGB § 223 Rn. 32 ff.

Abs. 1 BGB, der nach § 1832 Abs. 5 BGB auch für den (schriftlich, § 1820 Abs. 2 Nr. 3 BGB) Vorsorgebevollmächtigten gilt. Wird eine solche Einwilligung erteilt, wirkt sie für Behandelnde rechtfertigend. Sie ist gemäß § 1832 Abs. 1 S. 1 Nr. 3 BGB ua dann **ausgeschlossen,** wenn sie nicht dem (mutmaßlichen) Willen des Betroffenen iSd § 1827 BGB entspricht.

2. Notstand, § 34 StGB

Der Rückgriff auf § 34 StGB ist – ebenso wie jener auf die eigene Gewissensfreiheit oÄ[15] – versperrt, soweit eine Entscheidung des Betroffenen eingeholt werden oder sein mutmaßlicher Wille ermittelt werden kann. Denn dann ist kein Raum für eine im Ergebnis von der Ausübung des Selbstbestimmungsrechts abweichende Interessenabwägung. Obliegt die Entscheidung einem Sorgeberechtigten (→ Rn. 6), ist § 34 StGB für Dritte nur anwendbar, soweit dieser seinen im Gegensatz zu jenem des Betroffenen begrenzten Ermessensspielraum überschreitet, indem er etwa eine notwendige Zwangsbehandlung aufgrund „unvernünftiger" Erwägungen ablehnt (→ näher § 239 StGB Rn. 9). Können medizinische Maßnahmen in einer konkreten Notsituation freilich nicht bis zur Ermittlung des noch unbekannten (mutmaßlichen) Willens des Betroffenen oder bis zur Einwilligung eines Sorgeberechtigten zurückgestellt werden, greift § 34 StGB unproblematisch rechtfertigend ein. 7

3. Konkrete Strafbarkeitskonstellationen

In Bezug auf konkrete Strafbarkeitsrisiken eines Betreuers oder Vorsorgebevollmächtigten gelten die Ausführungen zu § 212 StGB (→ dort Rn. 8 f.) entsprechend (→ vgl. Rn. 3). Überdies kann sich wegen Körperverletzung in mittelbarer Täterschaft (§§ 223 Abs. 1, 25 Abs. 1 Var. 2 StGB) insb. strafbar machen, wer als Betreuer oder Vorsorgebevollmächtigter entgegen § 1832 Abs. 1 S. 1 Nr. 3 BGB in eine Zwangsbehandlung einwilligt, obwohl er weiß, dass diese dem (mutmaßlichen) Willen des Betroffenen iSd § 1827 BGB widerspricht. Spiegelbildlich kann wegen Körperverletzung durch Unterlassen (§§ 223 Abs. 1, 13 StGB) insb. strafbar sein, wer einer Zwangsbehandlung die Einwilligung versagt, obwohl die Voraussetzungen des § 1832 BGB vorliegen: Da mit der Entscheidungsmacht über die Behandlung die Pflicht einhergeht, diese im Sinne des Betroffenen auszuüben, ist die Verweigerung der Einwilligung in diesem Fall garantenpflichtwidrig. 8

Entsprechend den Ausführungen zur **(Miss-)Achtung betreuungsrechtlicher Verfahrensvorschriften** in Bezug auf § 212 StGB (→ dort Rn. 7) wird die etwa nach §§ 1829 Abs. 2, 1830 Abs. 2, 1832 Abs. 2 BGB erforderliche Einholung einer **betreuungsgerichtlichen Genehmigung** nach strafrechtlichen Maßstäben nicht als konstitutive Voraussetzung der Rechtfertigungswirkung anzusehen sein, aber erhebliche Indizwirkung für einen seinerseits strafbaren Sorgfaltspflichtverstoß insb. der Behandelnden entfalten (→ § 222 StGB Rn. 3; § 229 StGB). 9

Die (Einwilligung in eine) **Sterilisation** gemäß § 1830 BGB verwirklicht – ungeachtet einer möglichen Rechtfertigung (→ vgl. Rn. 1) – den Qualifikationstatbestand der **schweren Körperverletzung** gemäß § 226 Abs. 1 Nr. 1 Var. 4 StGB. 10

4. Rechtfertigung der Abwehr nichtkonsentierter Behandlungsmaßnahmen

Als rechtswidrige Eingriffe in das körperliche Wohlbefinden oder die körperliche Integrität können (drohende) medizinische Maßnahmen, die nicht konsentiert oder durch § 34 StGB gedeckt sind, ihrerseits Gegenstand gerechtfertigter Abwehrmaß- 11

[15] BGH 2 StR 454/09, NJW 2010, 2963 (2965).

nahmen sein. So steht Handlungen, die den Willen des Betroffenen missachtende lebenserhaltende oder -verlängernde Maßnahmen unterbinden, der Schutzbereich des § 32 StGB offen.[16] Weder einer Rechtfertigung durch Notwehr (§ 32 StGB) noch durch Notstand (§ 34 StGB) zugänglich ist es dabei freilich, das Leben des Betroffenen zu beenden, um seine ungewollte Verlängerung durch Dritte zu verhindern. Denn § 32 StGB erfasst nur Abwehrhandlungen gegen Rechtsgüter des Angreifers[17] und die Interessenabwägung des § 34 StGB kann nicht zulasten menschlichen Lebens ausfallen.[18]

§ 224 Gefährliche Körperverletzung

(1) **Wer die Körperverletzung**
1. **durch Beibringung von Gift oder anderen gesundheitsschädlichen Stoffen,**
2. **mittels einer Waffe oder eines anderen gefährlichen Werkzeugs,**
3. **mittels eines hinterlistigen Überfalls,**
4. **mit einem anderen Beteiligten gemeinschaftlich oder**
5. **mittels einer das Leben gefährdenden Behandlung**

begeht, wird mit Freiheitsstrafe von sechs Monaten bis zu zehn Jahren, in minder schweren Fällen mit Freiheitsstrafe von drei Monaten bis zu fünf Jahren bestraft.

(2) **Der Versuch ist strafbar.**

1 § 224 Abs. 1 StGB qualifiziert diverse gesteigert gefährliche Begehungsweisen der Körperverletzung, von denen hier allein der Einsatz eines gefährlichen Werkzeugs gemäß Abs. 1 Nr. 2 Var. 2, die gemeinschaftliche Begehung gemäß Abs. 1 Nr. 4 und die das Leben gefährdende Behandlung gemäß Abs. 1 Nr. 5 im Kontext medizinischer Behandlung von Interesse sind. **Gefährliches Werkzeug** ist jeder Gegenstand, der nach seiner Beschaffenheit und Verwendung im Einzelfall geeignet ist, erhebliche Verletzungen herbeizuführen; davon sind sachgerecht eingesetzte ärztliche Instrumente nicht umfasst.[1] **Gemeinschaftliche Begehung** verlangt gemeinsames Tätigwerden mehrerer Beteiligter am Tatort[2] und erfasst Konstellationen wie die Ermöglichung medizinischer Maßnahmen eines Arztes etwa durch einen Betreuer selbst bei beiderseitiger Bösgläubigkeit demnach nur bei (gefahrerhöhender) Anwesenheit des Betreuers bei der Behandlung. Eine **das Leben gefährdende Behandlung,** die vorliegt, wenn die Einwirkung auf das Opfer im konkreten Einzelfall abstrakt zur Gefährdung von dessen Leben geeignet ist,[3] kann bei medizinischen Maßnahmen – oder deren Unterlassen trotz Notwendigkeit – ggf. anzunehmen sein.

§ 229 Fahrlässige Körperverletzung

Wer durch Fahrlässigkeit die Körperverletzung einer anderen Person verursacht, wird mit Freiheitsstrafe bis zu drei Jahren oder mit Geldstrafe bestraft.

---

[16] Fischer StGB Vor §§ 211 ff. Rn. 43.
[17] BGH 2 StR 454/09, NJW 2010, 2963 (2965).
[18] MüKo-StGB/Erb § 34 StGB Rn. 143 ff.
[1] Krit. BeckOK-StGB/Eschelbach § 224 Rn. 28 ff. mwN.
[2] NK-StGB/Paeffgen/Böse § 224 Rn. 23 mwN.
[3] Vgl. BeckOK-StGB/Eschelbach § 224 Rn. 41 f.

§ 229 StGB ist aus Sicht eines **Betreuers** oder **Vorsorgebevollmächtigten** insb. insoweit relevant, als der Tatbestand entsprechend dem zu § 222 StGB (→ dort Rn. 2) Ausgeführten die sorgfaltspflichtwidrige Einwilligung in die medizinische **Zwangsbehandlung** eines konstitutionell einwilligungsunfähigen Betreuten bzw. Vollmachtgebers erfasst, die aufgrund unzureichender Prüfung des (mutmaßlichen) Willens gemäß § 1832 Abs. 1 S. 1 Nr. 3 BGB erteilt wird. Entsprechendes gilt in Bezug auf die Prüfung des natürlichen Willens zur Sterilisation gemäß § 1830 Abs. 1 Nr. 1 BGB. 1

Zur möglichen Verwirklichung durch einen behandelnden Arzt – abgesehen von Kunstfehlern, die auch durch eine grundsätzlich wirksame Einwilligung in aller Regel nicht gedeckt sind[1] – insb. bei fehlender betreuungsgerichtlicher Genehmigung → § 222 StGB Rn. 3. 2

Achzehnter Abschnitt. Straftaten gegen die persönliche Freiheit

§ 239 Freiheitsberaubung

(1) **Wer einen Menschen einsperrt oder auf andere Weise der Freiheit beraubt, wird mit Freiheitsstrafe bis zu fünf Jahren oder mit Geldstrafe bestraft.**

(2) **Der Versuch ist strafbar.**

(3) **Auf Freiheitsstrafe von einem Jahr bis zu zehn Jahren ist zu erkennen, wenn der Täter**
1. **das Opfer länger als eine Woche der Freiheit beraubt oder**
2. **durch die Tat oder eine während der Tat begangene Handlung eine schwere Gesundheitsschädigung des Opfers verursacht.**

(4) **Verursacht der Täter durch die Tat oder eine während der Tat begangene Handlung den Tod des Opfers, so ist die Strafe Freiheitsstrafe nicht unter drei Jahren.**

(5) **In minder schweren Fällen des Absatzes 3 ist auf Freiheitsstrafe von sechs Monaten bis zu fünf Jahren, in minder schweren Fällen des Absatzes 4 auf Freiheitsstrafe von einem Jahr bis zu zehn Jahren zu erkennen.**

§ 239 StGB schützt die **potenzielle persönliche Fortbewegungsfreiheit,**[1] die im vorsorgerechtlichen Kontext neben Fällen der faktischen Inhaftierung alter und kranker Menschen durch „pflegende" Angehörige[2] insb. in Fällen der freiheitsentziehenden Unterbringung und verwandter Maßnahmen iSd § 1831 Abs. 1, 4 BGB tangiert ist. Fortbewegungsfremde Freiheitsaspekte wie die Freiheit von Überwachung und Kontrolle schützt § 239 StGB nicht. Während das Einverständnis des Betroffenen selbst bereits tatbestandsausschließend wirkt (→ Rn. 4), wird die Einwilligung durch (vorläufige) Betreuer oder Vorsorgebevollmächtigte (§ 1831 Abs. 1, 4 BGB) erst auf Rechtfertigungsebene relevant (→ Rn. 5 ff.). 1

---

[1] Fischer StGB § 223 Rn. 30.

[1] BGH 1 StR 212/60, NJW 1960, 1629; 5 StR 406/21, NJW 2022, 2422 (2423 f.); Lackner/Kühl StGB § 239 Rn. 1 mwN.

[2] Vgl. NK-StGB/Sonnen § 239 Rn. 2 mwN.

I. Tatbestand

2 Das Opfer einer Freiheitsberaubung muss keinen aktuellen Fortbewegungswillen haben, dessen Umsetzung die räumliche Einschränkung verhindert.[3] Ausreichend ist, wenn der Betroffene sich nicht fortbewegen könnte, wenn er es denn wollte **(potenzieller Fortbewegungswille).**[4] Ob dieser potenzielle Wille – anders als zB bei Schlafenden, Betrunkenen – jederzeit aktualisierbar sein muss, ist im Einzelnen umstritten.[5] Entscheidend ist einzig der natürliche Wille; **Zurechnungs-** und **Geschäftsfähigkeit** des Opfers sind **irrelevant.**[6]

3 **Einsperren** ist Hindern am Verlassen eines Raums mittels äußerer Vorrichtungen.[7] Hierunter fällt die **freiheitsentziehende Unterbringung.**[8] Auf **andere Weise** ist Freiheitsberaubung durch jedes Mittel möglich, das dem Opfer die Fortbewegung verunmöglicht, wie Festhalten, Festbinden, Fesseln, Wegnahme (zwingend) bewegungsnotwendiger Hilfsmittel.[9] Auch Betäubung kann den Tatbestand verwirklichen, sofern sie der Realisierung eines (potenziellen) Fortbewegungswillens entgegensteht. Verhindert die Betäubung hingegen bereits die entsprechende Willensbildung, greift nicht § 239 StGB, sondern §§ 223 Abs. 1, 224 Abs. 1 Nr. 1 StGB ein.[10] Garanten iSd § 13 Abs. 1 StGB können den Tatbestand auch durch **Unterlassen** verwirklichen,[11] was im hier interessierenden Kontext insb. durch pflichtwidrige (§ 1831 Abs. 3 S. 1, Abs. 5 BGB) **Nichtbeendigung freiheitsentziehender Maßnahmen** nach Wegfall ihrer Voraussetzungen möglich ist.

4 Da der Tatbestand die Willensfreiheit schützt, schließt ein – beliebig bedingbares – **Einverständnis des Betroffenen selbst** seine Erfüllung aus.[12] Dies gilt nach jüngster Rechtsprechung des BGH nicht, wenn das Einverständnis durch List oder Täuschung erschlichen ist.[13] Die irrige Annahme eines solchen Einverständnisses wirkt als Tatbestandsirrtum iSd § 16 Abs. 1 S. 1 StGB vermeidbarkeitsunabhängig vorsatzausschließend.[14]

II. Rechtswidrigkeit im vorsorgerechtlichen Kontext

5 Eingriffe in die (potenzielle) Fortbewegungsfreiheit eines **Betreuten** oder **Vollmachtgebers** können durch **Einwilligung** des Betreuers oder Vorsorgebevollmächtigten gerechtfertigt sein,[15] die § 1831 BGB an enge Voraussetzungen knüpft

---

[3] Krit. Fischer StGB § 239 Rn. 3a f. mwN.

[4] BGH 1 StR 212/60, NJW 1960, 1629; 1 StR 651/83, 673.

[5] Vgl. MüKo-StGB/Wieck-Noodt § 239 Rn. 16f.; Schönke/Schröder/Eisele StGB § 239 Rn. 2.

[6] BGH 1 StR 651/83, 673 (674); MüKo-StGB/Wieck-Noodt § 239 Rn. 12.

[7] Schönke/Schröder/Eisele StGB § 239 Rn. 5.

[8] AG München 820 Ls 275 Js 118454/20, BtPrax 2021, 237; vgl. auch BGH 3 StR 410/14, NStZ 2015, 338 (339); zur Abgrenzung gegen nicht-freiheitsentziehende Unterbringung OLG Celle 15 UF 177/13, NJW 2014, 163.

[9] MüKo-StGB/Wieck-Noodt § 239 Rn. 26f.; zu § 1906 Abs. 4 BGB aF mit weiteren Beispielen Jürgens/Lesting/Loer/Marschner Betreuungsrecht kompakt Rn. 609f.

[10] S. auch Riedel BtPrax 2010, 99 (100).

[11] BGH 4 StR 473/13, NStZ 2015, 641 (643f.); Lackner/Kühl StGB § 239 Rn. 2.

[12] Fischer StGB § 239 Rn. 12; Schönke/Schröder/Eisele StGB § 239 Rn. 3, je mwN.

[13] BGH 5 StR 406/21, NJW 2022, 2422 (2424).

[14] MüKo-StGB/Wieck-Noodt, § 239 Rn. 43.

[15] Vgl. MüKo-StGB/Erb § 34 Rn. 41.

(→ Rn. 6). Für einen Rückgriff auf eine mutmaßliche Einwilligung des Betroffenen selbst (→ Rn. 8) oder auf § 34 StGB (→ Rn. 9) ist hingegen wenig Raum.

1. Einwilligung, § 1831 BGB

Der **Unterbringung** dürfen Betreuer bzw. ausdrücklich und schriftlich (§ 1820 Abs. 2 Nr. 2 BGB) Vorsorgebevollmächtigter nach § 1831 Abs. 1, 5 BGB nur zustimmen, solange sie wegen erheblicher gesundheitlicher Selbstgefährdung (§ 1831 Abs. 1 Nr. 1 BGB) oder zur Ermöglichung dringend notwendiger ärztlicher Maßnahmen bei Einsichts- oder Steuerungsunfähigkeit des Betroffenen (§ 1831 Abs. 1 Nr. 2 BGB) erforderlich ist (→ § 1831 BGB Rn. 4 ff.). § 1831 Abs. 2 BGB verlangt zudem die zuvor oder bei akuter Gefahr unverzüglich nachträglich eingeholte Zustimmung des Betreuungsgerichts. Für sonstige freiheitsentziehende Maßnahmen gilt gemäß § 1831 Abs. 4 BGB gleiches, wenn sie über einen längeren Zeitraum oder regelmäßig erfolgen sollen (→ § 1831 BGB Rn. 11 ff.). Ist **kein Betreuer oder Vorsorgebevollmächtigter vorhanden** und greift auch § 1358 BGB nicht ein, trifft dringend erforderliche Maßnahmen gemäß § 1867 BGB das Betreuungsgericht. Personen, die – wie Ärzte, Pflegepersonal ua in Krankenhäusern, Heimen und sonstigen Einrichtungen – mit Situationen notwendiger Freiheitsbeschränkung gegen den Willen des Betroffenen konfrontiert sind, müssen die rechtfertigende Einwilligung erwirken, um **Strafbarkeitsrisiken** zu vermeiden. 6

Anlässlich der Gutachtenerstattung eines falschen „Arztes" als Voraussetzung der Unterbringung nach einem PsychKG wurde entschieden, dass nicht jeder **Verfahrensmangel** die Freiheitsentziehung als strafbare Freiheitsberaubung qualifiziere, sondern die Wahrung der „wesentlichen Förmlichkeiten" ausreiche.[16] Gerade hinsichtlich der Vorgaben des § 1831 BGB (→ Rn. 6) sollte daraus nicht auf die Verzichtbarkeit der betreuungsgerichtlichen Entscheidung geschlossen werden. Denn dem Verzicht auf die gebotene Einholung einer richterlichen Entscheidung über eine Ingewahrsam- oder Festnahme hat der BGH die Eignung zuerkannt, den Vorwurf der Freiheitsberaubung durch Unterlassen zu begründen, und dabei ausdrücklich auch auf „Freiheitsentziehungen fürsorgerischer Art" Bezug genommen – freilich nur, um dann die Kausalität für solche Fälle auszuschließen, in denen das Gericht mit an Sicherheit grenzender Wahrscheinlichkeit rechtmäßig die (Fortdauer der) Freiheitsentziehung für den betreffenden Zeitraum angeordnet hätte.[17] 7

Einer **mutmaßlichen Einwilligung des Betroffenen selbst** bleibt die rechtfertigende Wirkung versagt, wenn – wie im Fall bestehender Betreuung oder Vorsorgevollmacht – die tatsächliche Entscheidung eines Dritten vorgesehen ist (→ Rn. 6). Auch in sonstigen Fällen notwendiger Unterbringung oder andauernder bzw. regelmäßig wiederkehrender freiheitsentziehender Maßnahmen reicht ihre Rechtfertigungswirkung allenfalls bis zur unverzüglichen Befassung des Betreuungsgerichts.[18] 8

2. Notstand, § 34 StGB

Eingriffe, die die **Selbstschädigung** eines Rechtsgutsträgers verhindern sollen, sind grundsätzlich nicht nach § 34 StGB zu rechtfertigen. Denn das durch Art. 2 Abs. 1 iVm Art. 1 Abs. 1 GG grundrechtlich verbürgte Selbstbestimmungsrecht verhindert weitestgehend, dass die durch § 34 S. 1 StGB vorgesehene Interessenabwägung anders ausfällt als die – auch unvernünftige – Entscheidung des Rechtsguts- 9

[16] OLG Schleswig 1 Ws 366/84, NStZ 1985, 74 mAnm Otto; verallgemeinernd MüKo-StGB/Wieck-Noodt § 239 Rn. 33; Schönke/Schröder/Eisele § 239 StGB Rn. 8.

[17] BGH 4 StR 473/13, NStZ 2015, 641 (643 f.).

[18] Riedel BtPrax 2010, 99 (101 ff.).

trägers selbst.[19] Gerade im hier interessierenden Kontext kann daraus gleichwohl nicht geschlossen werden, dass § 34 StGB nur bei Fremdgefährdung eingreift.[20] Denn der Personensorgeberechtigte, dessen Einwilligung im Fall (alters- oder krankheitsbedingter) konstitutioneller Einwilligungsunfähigkeit jene des Betroffenen substituiert (→ Rn. 6), ist in seiner Entscheidungsfreiheit ungleich begrenzter als dieser selbst und nicht zur „Unvernunft" berechtigt, wenn es um die Abwendung erheblicher Gefahren für den Betroffenen geht (vgl. § 1821 Abs. 2, 3 Nr. 1 BGB): Willigt er pflichtwidrig nicht ein, ist Dritten der Rückgriff auf § 34 StGB bis zur Möglichkeit der Herbeiführung einer betreuungsgerichtlichen Entscheidung eröffnet.[21]

10 Erkennt die Rechtsprechung des BGH in familiären Zusammenhängen im Übrigen etwa die „im Rahmen der Familienpflege notwendig werdende zeitweilige Einschließung eines Geisteskranken" als zulässige „Selbsthilfemaßnahme ohne Anrufung des Gerichts" an, stützt dies auf die „heutige" Rechtsauffassung einer „modernen Gesellschaft" zum Verhältnis von Staat und Familie[22] und erkennt letzterer dadurch gleichsam allgemeine Rechtfertigungswirkung für interne Aktivitäten zu, wird dies zurecht kritisiert.[23] Die enge staatliche Kontrolle von Freiheitsentziehungen schützt Grundrechte höchsten Gewichts (Art. 2 Abs. 2 S. 2 GG) und damit das Individuum gegen Rechtsverletzungen auch innerhalb der „Familiengemeinschaft", die dadurch kaum eines „sittlichen Eigenwerts" beraubt wird.[24]

III. Qualifikation, Anspruch auf effektive Strafverfolgung

11 Abs. 3 qualifiziert die Freiheitsberaubung zum Verbrechen, wenn sie **länger als eine Woche** andauert (Abs. 3 Nr. 1) oder das Opfer durch die Tat oder eine während der Tat begangene Handlung eine **schwere Gesundheitsschädigung** erleidet (Abs. 3 Nr. 2). Abs. 4 erhöht die Strafdrohung für den Fall der Freiheitsberaubung mit Todesfolge. Eine nicht nur kurzfristige Zwangsfixierung begründet einen **Anspruch auf effektive Strafverfolgung** insb. dann, wenn Straftaten von Amtsträgern bei Wahrnehmung hoheitlicher Aufgaben im Raum stehen.[25]

Neunzehnter Abschnitt. Diebstahl und Unterschlagung

§ 246 Unterschlagung

(1) **Wer eine fremde bewegliche Sache sich oder einem Dritten rechtswidrig zueignet, wird mit Freiheitsstrafe bis zu drei Jahren oder mit Geldstrafe bestraft, wenn die Tat nicht in anderen Vorschriften mit schwererer Strafe bedroht ist.**

(2) **Ist in den Fällen des Absatzes 1 die Sache dem Täter anvertraut, so ist die Strafe Freiheitsstrafe bis zu fünf Jahren oder Geldstrafe.**

(3) **Der Versuch ist strafbar.**

---

[19] MüKo-StGB/Erb § 34 Rn. 38.

[20] So Riedel BtPrax 2010, 99 (100).

[21] Vgl. MüKo-StGB/Erb § 34 Rn. 41.

[22] BGH 1 StR 191/59, NJW 1959, 1595.

[23] Vgl. NK-StGB/Sonnen § 239 Rn. 21.

[24] Vgl. Jürgens/Lesting/Loer/Marschner Betreuungsrecht kompakt Rn. 604: Zulässigkeit nur bei Eingreifen konkreter Rechtfertigungsgründe.

[25] BVerfG 2 BvR 1763/16, NJW 2020, 675.

§ 246 StGB schützt als formell subsidiärer Auffangtatbestand das Eigentum.[1] Der objektive Tatbestand verlangt die – nicht notwendig erfolgreiche – **Selbst- oder Drittzueignung** einer fremden beweglichen Sache.[2] Diese nimmt die Rechtsprechung an, wenn sich der Zueignungswille des Täters in einer äußerlich erkennbaren Handlung manifestiert, ein objektiver Dritter den ihm bekannten Zueignungswillen also in der betreffenden Handlung verwirklicht sähe.[3] Subjektiv ist (bedingter) Vorsatz notwendig, der auch die **Rechtswidrigkeit** der Zueignung umfassen muss. Diese scheidet insb. dann aus, wenn der Täter – oder, bei Drittzueignung: der Dritte – einen entsprechenden durchsetzbaren Anspruch hat. 1

Verwirklichen kann § 246 Abs. 1 StGB etwa, wer eine fremde bewegliche Sache im Rahmen eines konkreten Rechtsverhältnisses besitzt und den Besitz nicht (mehr) nach Maßgabe des ihm eingeräumten Rechts ausübt, sondern die Sache nicht zurückgibt, ihren Besitz abstreitet, sie verzehrt, verbraucht oder veräußert.[4] Ist die Sache dem Täter dabei anvertraut, also in dem Vertrauen überlassen, er werde die Sachherrschaft allein im Sinne des Überlassenden ausüben,[5] greift die Qualifikation der **veruntreuenden Unterschlagung** gemäß § 246 Abs. 2 StGB ein. Erfüllt ist der Tatbestand auch, wenn jemand mit Bankkarte und PIN eines Dritten unberechtigt Bargeld abhebt und sich zueignet,[6] wobei die Unterschlagung häufig im Wege formeller Subsidiarität hinter § 263, § 263a (→ dort Rn. 3f.) oder § 266 (→ dort Rn. 7) StGB zurücktreten wird. 2

Der Versuch ist strafbar (Abs. 3). § 247 StGB schränkt die Verfolgbarkeit von Taten im hier interessierenden Kontext teils empfindlich ein (→ § 247 StGB Rn. 1 ff.). 3

§ 247 Haus- und Familiendiebstahl

Ist durch einen Diebstahl oder eine Unterschlagung ein Angehöriger, der Vormund oder der Betreuer verletzt oder lebt der Verletzte mit dem Täter in häuslicher Gemeinschaft, so wird die Tat nur auf Antrag verfolgt.

§ 247 StGB macht die Verfolgung von Diebstahls- und Unterschlagungstaten vom Vorliegen eines Strafantrags (§§ 77 ff. StGB) abhängig, wenn das Opfer Angehöriger, Vormund oder Betreuer des Täters ist oder mit diesem in häuslicher Gemeinschaft lebt. Dies dient dem Schutz des familiären bzw. häuslichen Friedens vor unerwünschten staatlichen Eingriffen.[1] Wer **Angehöriger** ist, definiert § 11 Abs. 1 Nr. 1 StGB. **Häusliche Gemeinschaft** ist eine auf freiem und ernstlichem Willen beruhende tatsächliche Wohn- und Lebensgemeinschaft, die auf gewisse Dauer angelegt ist.[2] **Verweisungen** erstrecken den Anwendungsbereich der Norm auf zahlreiche weitere Delikte, darunter die hier kommentierten §§ 263 (Abs. 4), 263a (Abs. 2) und 266 (Abs. 2) StGB. Näher zu erörtern sind im vorsorgerechtlichen Kontext die teils problematischen Wechselwirkungen, die sich im Verhältnis zu § 77 Abs. 3 StGB (→ Rn. 2) und §§ 77 Abs. 2, 77b Abs. 4 StGB ergeben können (→ Rn. 3). 1

---

[1] Fischer StGB § 246 Rn. 2.

[2] Zum Begriff im Einzelnen MüKo-StGB/Hohmann § 242 Rn. 24 ff., § 246 Rn. 10 ff.

[3] Fischer StGB § 246 Rn. 6 f.

[4] NK-StGB/Kindhäuser StGB § 246 Rn. 19 f.

[5] Lackner/Kühl StGB § 246 Rn. 13.

[6] Krell NStZ 2019, 728 (729); Lenk JuS 2020, 407 (412); aA MüKo-StGB/Hohmann § 246 Rn. 50 mwN.

[1] BeckOK-StGB/Wittig § 247 Rn. 1.

[2] MüKo-StGB/Hohmann § 247 Rn. 6.

2 Ist der Strafantragsberechtigte geschäftsunfähig oder beschränkt geschäftsfähig,[3] obliegt die Stellung etwaiger Strafanträge gemäß § 77 Abs. 3 StGB dem gesetzlichen Vertreter und dem Personensorgeberechtigten. Daraus kann sich im Zusammenspiel mit § 247 StGB ein Problem ergeben, wenn **Taten des Betreuers oder Vorsorgebevollmächtigten gegen den Betreuten oder Vollmachtgeber** in Rede stehen und die Beteiligten zugleich Ehepartner, Lebenspartner oder sonstige Angehörige (§ 11 Abs. 1 Nr. 1 StGB) sind oder in **häuslicher Gemeinschaft** leben, so dass die Tat nur auf Antrag verfolgt werden kann, aber Täter und gemäß § 77 Abs. 3 StGB (grundsätzlich) Antragsberechtigter identisch sind. Dann fragt sich zunächst, ob die Kenntnisnahme des delinquenten Betreuers bzw. Bevollmächtigten selbst von Tat und Täter die Antragsfrist in Lauf setzt, wie § 77b Abs. 1, Abs. 2 S. 2 StGB es vorsehen. Das wird durch die Rechtsprechung zurecht verneint: Ist der nach § 77 Abs. 3 StGB grundsätzlich Antragsberechtigte selbst tatverdächtig, ist er von der Vertretung im Rahmen der Strafantragstellung ausgeschlossen.[4] Auch die Antragsfrist wird durch seine Kenntnis deshalb nicht in Gang gesetzt.[5] Dies überzeugt auch mit Blick auf die Wertung des § 77 Abs. 2 S. 3 StGB, der tatbeteiligte Angehörige von einem etwaigen – in § 247 StGB nicht normierten (→ Rn. 3) – Übergang des Antragsrechts ausschließt, und hat die wichtige Konsequenz, dass auch ein zeitlich später bestellter neuer Betreuer Strafantrag gegen den tatverdächtigen bisherigen Betreuer stellen kann.[6]

3 Anders als etwa § 230 StGB, der die §§ 223, 229 StGB zu relativen Antragsdelikten macht, sieht § 247 StGB für den **Tod des Verletzten** keinen Übergang des Antragsrechts auf Angehörige vor (§ 77 Abs. 2 S. 1 StGB). Auch das Antragsrecht etwaiger gesetzlicher Vertreter oder Personensorgeberechtigter gemäß § 77 Abs. 3 StGB erlischt mit dem Tod des Verletzten.[7] Der Strafantrag kann somit nur zu Lebzeiten des Verletzten gestellt werden. Das ist in mehrerlei Hinsicht problematisch: Nimmt ein Mensch eine Person, die ihn versorgt, im Gegenzug in sein Haus oder seine Wohnung auf, ist die Strafverfolgung von deren möglichen gegen ihn gerichteten Taten nach §§ 242ff., 246, 263 oder 266 StGB ausgeschlossen, wenn sie nicht vor seinem Tod beantragt wird, obwohl Anhaltspunkte für Vermögensdelikte in derartigen Konstellationen geradezu typischerweise erst nach dem Tod des Verletzten entdeckt werden (können). Ist – bzw. wird – der Mensch darüber hinaus beschränkt geschäftsfähig oder geschäftsunfähig und hat der ihn versorgenden Person zuvor, wie praktisch nicht selten, umfassende Vollmacht eingeräumt, liegt die Strafantragstellung nach § 77 Abs. 3 StGB im Grundsatz (ausschließlich) in deren Hand. Da sie völlig ungeachtet der Frage, ob sie dazu im Einzelfall berechtigt wäre (→ Rn. 2), kaum Strafantrag stellen wird, ist die Verfolgung von dem Antragserfordernis unterworfenen Taten in dieser Konstellation faktisch gänzlich ausgeschlossen.[8] Auch die **selbständige Einziehung** ggf. erlangter Vermögenswerte ist bei fehlendem Strafantrag nicht möglich, § 76a Abs. 1 S. 3 StGB.

---

[3] Näher NK-StGB/Kargl § 77 Rn. 40.

[4] BGH 3 StR 836/53, NJW 1954, 1413 (1414) u.Verw. auf § 181 BGB als Ausdruck eines allg. Grundsatzes.

[5] OLG Celle 32 Ss 8/12, NStZ 2012, 702; BeckOK-StGB/Dallmeyer § 77 Rn. 18.

[6] Vgl. OLG Celle 32 Ss 8/12, NStZ 2012, 702 (703); OLG Karlsruhe 3 Ws 397/12, NStZ-RR 2014, 143 (144).

[7] MüKo-StGB/Mitsch § 77 Rn. 30.

[8] Für eine Ausnahme vom Antragserfordernis, „wenn der Verletzte unter Betreuung, Vormundschaft oder Pflegschaft steht/stand", Mau BABl. 2018, 131 (135).

Zweiundzwanzigster Abschnitt. Betrug und Untreue

§ 263 Betrug

(1) **Wer in der Absicht, sich oder einem Dritten einen rechtswidrigen Vermögensvorteil zu verschaffen, das Vermögen eines anderen dadurch beschädigt, daß er durch Vorspiegelung falscher oder durch Entstellung oder Unterdrückung wahrer Tatsachen einen Irrtum erregt oder unterhält, wird mit Freiheitsstrafe bis zu fünf Jahren oder mit Geldstrafe bestraft.**

(2) **Der Versuch ist strafbar.**

(3) **In besonders schweren Fällen ist die Strafe Freiheitsstrafe von sechs Monaten bis zu zehn Jahren. Ein besonders schwerer Fall liegt in der Regel vor, wenn der Täter**

1. **gewerbsmäßig oder als Mitglied einer Bande handelt, die sich zur fortgesetzten Begehung von Urkundenfälschung oder Betrug verbunden hat,**
2. **einen Vermögensverlust großen Ausmaßes herbeiführt oder in der Absicht handelt, durch die fortgesetzte Begehung von Betrug eine große Zahl von Menschen in die Gefahr des Verlustes von Vermögenswerten zu bringen,**
3. **eine andere Person in wirtschaftliche Not bringt,**
4. **seine Befugnisse oder seine Stellung als Amtsträger oder Europäischer Amtsträger mißbraucht oder**
5. **einen Versicherungsfall vortäuscht, nachdem er oder ein anderer zu diesem Zweck eine Sache von bedeutendem Wert in Brand gesetzt oder durch eine Brandlegung ganz oder teilweise zerstört oder ein Schiff zum Sinken oder Stranden gebracht hat.**

(4) **§ 243 Abs. 2 sowie die §§ 247 und 248a gelten entsprechend.**

(5) **Mit Freiheitsstrafe von einem Jahr bis zu zehn Jahren, in minder schweren Fällen mit Freiheitsstrafe von sechs Monaten bis zu fünf Jahren wird bestraft, wer den Betrug als Mitglied einer Bande, die sich zur fortgesetzten Begehung von Straftaten nach den §§ 263 bis 264 oder 267 bis 269 verbunden hat, gewerbsmäßig begeht.**

(6) **Das Gericht kann Führungsaufsicht anordnen (§ 68 Abs. 1).**

§ 263 StGB schützt das **Vermögen** gegen Schäden, die das Opfer oder ein dessen 1
Vermögen nahestehender Dritter durch irrtumsbedingte Verfügung selbst verursacht, durch Pönalisierung der dem zugrundeliegenden Täuschung.

I. Tatbestand

Der objektive Tatbestand des § 263 Abs. 1 StGB verlangt eine Täuschung, einen 2
daraus folgenden Irrtum, eine aus diesem resultierende Vermögensverfügung und einen unmittelbar daraus entstehenden Vermögensschaden. Subjektiv muss der Täter vorsätzlich sowie in der Absicht stoffgleicher, rechtswidriger Bereicherung handeln. Der tatsächliche Eintritt eines Vermögensvorteils ist nicht erforderlich.

Eine **Täuschung** ist jedes Verhalten, das der irreführenden Einwirkung auf das 3
Vorstellungsbild eines anderen dient,[1] und ist ausdrücklich, konkludent oder durch Unterlassen möglich. Sie muss sich auf **Tatsachen** beziehen, also dem Beweis zu-

[1] Lackner/Kühl StGB § 263 Rn. 5f. mwN.

gängliche Ereignisse oder Umstände der Vergangenheit oder Gegenwart.[2] Ein **Irrtum** ist jeder Widerspruch zwischen subjektiver Vorstellung und Wirklichkeit.[3] **Vermögensverfügung** ist jedes unmittelbar vermögensmindernde Handeln, Dulden oder Unterlassen;[4] der Verfügende muss nicht geschäftsfähig sein.[5] **Vermögensschaden** ist jede negative Differenz des Vermögens vor und nach der Verfügung, zu ermitteln durch Gesamtsaldierung.[6]

4 Die neben zumindest bedingtem **Vorsatz**[7] erforderliche **Bereicherungsabsicht** liegt vor, wenn die Tat subjektiv darauf zielt, dem Täter oder einem Dritten einen rechtswidrigen Vermögensvorteil zu verschaffen, der dem auf Opferseite verursachten Schaden als unmittelbare Folge der Vermögensverfügung spiegelbildlich gegenübersteht **(Stoffgleichheit)**[8] und auf den der Täter bzw. der Dritte keinen Anspruch hat **(Rechtswidrigkeit).**[9]

II. Anwendungsfälle im vorsorgerechtlichen Kontext

5 Die Erscheinungsformen des Betrugs im größeren Kontext des sog. **Elder Abuse** sind vielfältig: Falsche Enkel, Handwerker, Rechtsanwälte, Polizisten und andere veranlassen Betroffene, über erhebliche Beträge zu verfügen.[10] Auch im Verhältnis zwischen Betreuer und Betreutem, Bevollmächtigtem und Vollmachtgeber sowie auf dem Weg in diese Beziehung kann § 263 StGB von Bedeutung sein. Zwar charakterisiert das Erfordernis einer irrtumsbedingten Vermögensverfügung § 263 Abs. 1 StGB als Selbstschädigungsdelikt;[11] vermögensschädigende Verfügungen, die ein Täter über das Opfervermögen etwa qua Betreuerstellung oder Bevollmächtigung selbst vornehmen kann, sind dementsprechend nicht § 263 Abs. 1 StGB, sondern ggf. § 266 Abs. 1 StGB zu subsumieren. Auch eine Betrugsstrafbarkeit bleibt jedoch in einigen Bereichen denkbar.

1. Täuschung zur Erlangung letztwilliger Begünstigung (Erbschleicherei) oder Bevollmächtigung (Vollmachtschleicherei)

6 Fraglich ist zunächst, ob § 263 Abs. 1 StGB in Fällen der **Erbschleicherei** eingreift, in denen jemand eine Person – regelmäßig anknüpfend an eine familiäre, nachbarschaftliche, freundschaftliche oder ähnliche Vorbeziehung[12] – mit dem Ziel täuscht, durch diese per letztwilliger Verfügung bedacht zu werden. Hier kann die **Täuschungshandlung gegenüber dem Erblasser** keine Betrugsstrafbarkeit begründen, da unmittelbar aus der in der Einsetzung als Erbe oder Vermächtnisnehmer liegenden Verfügung **kein Vermögensschaden** folgt: Ein Schaden des Erblassers ist schon deshalb ausgeschlossen, weil sein Vermögen durch die letztwillige Verfügung

---

[2] Schönke/Schröder/Perron StGB § 263 Rn. 8.
[3] Näher BeckOK-StGB/Beukelmann § 263 Rn. 23 ff.
[4] BGH 4 StR 588/59, NJW 1060, 1068 (1069).
[5] LK-StGB/Tiedemann § 263 Rn. 99.
[6] Vgl. Schönke/Schröder/Perron StGB § 263 Rn. 99 mwN.
[7] Näher BGH 5 StR 145/03, NJW 2004, 375 (379).
[8] Fischer StGB § 263 Rn. 186 f.
[9] BGH GSSt 1/63, NJW 1964, 824 (827); 4 StR 438/09, NStZ 2010, 391.
[10] Vgl. Brucker BtPrax 2016, 221 (224).
[11] Vgl. BeckOK-StGB/Beukelmann § 263 Rn. 32.
[12] Vgl. Mau BABl. 2018, 131.

zeit seines Lebens nicht berührt wird.[13] Dies gilt auch, wenn Testierunfähigkeit die Errichtung einer späteren, anderslautenden Verfügung verhindert. Denn die Testierfreiheit ist nicht Teil des Vermögens, sondern Ausdruck der **Dispositionsfreiheit** über dasselbe,[14] die den Schutz des § 263 StGB gerade nicht genießt.[15] Auch ein Vermögensschaden etwaiger anderer, täuschungsbedingt verdrängter Erben kommt nicht in Betracht. Denn Erwerbsaussichten zählen zum von § 263 StGB geschützten Vermögen nur, wenn sie hinreichend gesichert und in ihrem Wert konkret bezifferbar sind, so dass ihnen bereits wirtschaftlicher Wert zukommt.[16] Dem genügt die Aussicht, im nicht näher bestimmbaren Zeitpunkt des Erbfalls (höchst-)wahrscheinlich einen regelmäßig nicht sicher zu beziffernden Vermögenszuwachs zu erlangen, nicht.[17]

Unzweifelhaft greift § 263 StGB dagegen ein, wenn der Erbschleicher sein vorgeb- 7
liches Recht aus der letztwilligen Verfügung nach Eintritt des Erbfalls gegenüber anderen – seien es Miterben oder (gesetzliche) Erben, die seiner Einsetzung wegen kein oder weniger Erbe erlangen – geltend macht und diese dabei konkludent oder durch pflichtwidriges Unterlassen[18] über die **(Nicht-)Anfechtbarkeit der letztwilligen Verfügung** (§ 2078 BGB) täuscht.[19] Die Täuschung des Erblassers im Innenverhältnis stellt insofern lediglich eine straffreie Vorbereitungshandlung[20] der betrugsrelevanten Täuschung im Außenverhältnis dar.

Als solche straflos ist auch die als **Vollmachtschleicherei**[21] bezeichnete Täu- 8
schung zur Erlangung einer Bevollmächtigung.[22] Die täuschungsbedingte Vollmachterteilung ist nicht geeignet, das Vermögen unmittelbar zu mindern, so dass ihr die Qualität einer Vermögensverfügung – und dem Risiko für das Vermögen des Vollmachtgebers, eng damit verbunden, die Qualität eines Vermögensschadens – allein unter dem Gesichtspunkt der Verursachung eines **Gefährdungsschadens** zukommen kann. Ein solcher liegt vor, wenn die Wahrscheinlichkeit des endgültigen Verlusts eines Vermögensbestandteils so groß ist, dass daraus bereits im Zeitpunkt der Vermögensverfügung eine objektive Minderung des Gesamtvermögens folgt, und muss der Höhe nach konkret zu beziffern sein.[23] Letzteres folgt aus dem Bestimmtheitsgebot der Art. 103 Abs. 2 GG, § 1 StGB[24] und wird hier regelmäßig nicht möglich sein, da die Feststellung, in welchem Umfang das Opfervermögen im Zeitpunkt der Bevollmächtigung als objektiv gemindert zu betrachten ist, ohne konkrete Anhalts-

---

[13] BGH 3 StR 132/18, ZEV 2018, 605 (606); 3 StR 263/18, ZEV 2019, 227 (228); Krüger ZEV 2019, 669 (673f.); Jünemann NStZ 1998, 393f.; Oğlakcioğlu ZWH 2013, 375 (376): Schröder NStZ 1997, 585.

[14] BGH 3 StR 132/18, ZEV 2018, 605 (606); 3 StR 263/18, ZEV 2019, 227 (228); Esser/Rübenstahl/Tsambikakis/Saliger Wirtschaftsstrafrecht StGB § 266 Rn. 89.

[15] BGH 1 StR 20/16, NJW 2016, 3543 (3544); Lackner/Kühl StGB § 263 Rn. 2 mwN; aA NK-StGB/Kindhäuser § 263 Rn. 13ff.

[16] Vgl. Maurach/Schröder/Maiwald/Hoyer/Momsen, BT I § 41 Rn. 104.

[17] BGH 3 StR 132/18, ZEV 2018, 605 (606); 3 StR 263/18, ZEV 2019, 227 (228); Fischer StGB § 263 Rn. 93; Krüger ZEV 2019, 669 (674) mit Zweifeln für den Fall eines testierunfähigen Erblassers, der bislang keine letztwillige Verfügung getroffen hat; Oğlakcioğlu ZWH 2013, 375 (376); aA Schröder NStZ 1997, 585f.

[18] Vgl. Oğlakcioğlu ZWH 2013, 375 (376).

[19] Zu weiteren Konstellationen der Täuschung nach Eintritt des Erbfalls Jünemann NStZ 1998, 393 (394).

[20] Vgl. BGH 3 StR 263/18, ZEV 2019, 227 (228); Krüger ZEV 2019, 669 (675).

[21] Näher Kurze BtPrax 2018, 47 (49).

[22] Zu üblichen Vorgehensweisen aus polizeipraktischer Sicht näher Mau BABl. 2018, 131.

[23] BGH 2 StR 497/15, NStZ 2017, 30.

[24] BVerfG 2 BvR 2559/08 ua, NJW 2010, 3209 (3220f.); 2 BvR 2500/09 ua, NJW 2012, 907 (916).

punkte auskommen müsste. Allein die Möglichkeit aber, dass zu einem späteren Zeitpunkt ein Vermögensschaden entsteht, trägt die Annahme eines Gefährdungsschadens nicht.[25] Die Vollmachterteilung ermöglicht dem Täter lediglich, durch weitere – ihrerseits deliktische – Schritte einen Vermögensschaden herbeizuführen, und stellt damit **keine Vermögensverfügung** dar.[26] Auch in dieser Konstellation erscheint die Täuschung des Vollmachtgebers im Innenverhältnis mithin als straflose Vorbereitungshandlung späterer vermögensschädigender Verfügungen.

9 Grund, der konstatierten Straflosigkeit von Täuschungen mit dem Ziel einer Bevollmächtigung oder letztwilligen Begünstigung durch Schaffung eines eigenständigen Straftatbestands zu begegnen,[27] besteht nicht.[28] Der Eintritt eines Vermögensschadens in Konsequenz der jeweiligen Täuschungshandlung bedarf weiterer Schritte des Täters, an die eine Strafbarkeit wegen Betrugs oder Untreue (→ § 266 StGB) geknüpft werden kann. Eine zusätzliche, dem vorgelagerte Strafnorm müsste insb. von § 263 StGB durch die Entscheidung abweichen, die Dispositionsfreiheit allein für den Bereich von Bevollmächtigung und letztwilliger Verfügung als eigenständiges Rechtsgut zu schützen – ohne, dass dies materiell-rechtlich zu legitimieren wäre, und ohne, dass nachvollziehbar monierte Probleme auf Nachweisebene dadurch zu lösen wären.

2. Täuschung zur Erlangung einer Schenkung oder eines Darlehens

10 Wer **schenkt,** mindert sein Vermögen bewusst und ohne Erwartung einer Kompensation. Dies kann einen Vermögensschaden iSd § 263 Abs. 1 StGB, der allein das Vermögen, nicht aber die Irrtumsfreiheit vermögensrelevanter Entscheidungen schützt (→ Rn. 7), grundsätzlich nicht begründen.[29] Dieser Grundsatz wird ua in der Rechtsprechung durch das Kriterium der **Zweckverfehlung** eingeschränkt: Auch die Nichterreichung bestimmter vermögensfremder Zwecke, die der Schenkende durch seine Verfügung als „in der konkreten Situation notwendig und sinnvoll" fördern will, soll schadensbegründend wirken.[30] Dieses Kriterium schillert. Da ein kompensationstauglicher Zweck indes nicht bei jedem täuschungsbasierten Motivirrtum gegeben sein soll,[31] kann jedenfalls festgehalten werden, dass § 263 Abs. 1 StGB Schenkungen aus – täuschungsbedingt irriger – Dankbarkeit oÄ nicht erfasst. Anders kann es liegen, wenn Täuschung und Irrtum etwa die Bedürftigkeit des Beschenkten betreffen und die Schenkung insofern einen sozialen Zweck verfolgt.

11 Unproblematisch greift § 263 Abs. 1 StGB ein, wenn eine Person die andere durch Täuschung über ihre Rückzahlungsfähigkeit und -bereitschaft veranlasst, ihr ein **Darlehen** zu gewähren: Der wirtschaftlich wertlose Rückzahlungsanspruch (§ 488 Abs. 1 S. 2 BGB) ist nicht geeignet, den durch die Darlehensgewährung begründeten Vermögensabfluss zu kompensieren.[32] Entsprechend den für Schenkungen geltenden Maßstäben (→ Rn. 10) kann hingegen kein Betrug angenommen werden, wenn der Handelnde das Darlehen tatsächlich zurückzahlen kann und will und die Täuschung

---

[25] BGH 2 StR 497/15, NStZ 2017, 30.

[26] Vgl. BGH 4 StR 559/04, NStZ 2005, 632; 2 StR 579/15, NStZ 2017, 351; Thomas NStZ 1999, 622 (623); die Konstellation unterscheidet sich insofern von jener „schwarzer Kassen", für die BGH 2 StR 499/05, NJW 2007, 1760 (1764) die Annahme eines Vermögensschadens auf die endgültige Entfernung von Vermögenswerten aus dem Zugriffsbereich der Berechtigten stützte.

[27] Vgl. Jünemann NStZ 1998, 393 (395).

[28] So wohl auch Kurze BtPrax 2018, 47 (51).

[29] Vgl. Fischer StGB § 263 Rn. 137.

[30] BGH 1 StR 133/92, NJW 1992, 2167; 4 StR 331/94, NStZ 1995, 134f.; krit. NK-StGB/Kindhäuser § 263 Rn. 292.

[31] BGH 1 StR 133/92, NJW 1992, 2167; 4 StR 331/94, NStZ 1995, 135.

[32] Vgl. Schönke/Schröder/Perron StGB § 263 Rn. 162ff.

lediglich andere Umstände betrifft, die nicht das Vermögen, sondern allein die Motivlage und Entscheidungsfindung des Darlehensgebers tangieren.

3. Täuschung zur Erlangung von Bankkarten und -daten

Die (erfolgreiche) Täuschung zur Erlangung von Bankkarte und PIN des Opfers 12
zur anschließenden eigen- oder drittnützigen Verwendung kann nach der Rechtsprechung des BGH den Tatbestand des Betrugs verwirklichen.[33] Zu diesem Ergebnis kommt der 2. Strafsenat durch Abgrenzung gegen den betrugsspezifisch ausgelegten Tatbestand des Computerbetrugs in der Variante der unbefugten Verwendung von Daten (→ § 263a StGB Rn. 2), ohne sie in Bezug auf § 263 Abs. 1 StGB weiter zu begründen.[34] Ob in der Überlassung von Karte und PIN eine Vermögensverfügung liegt, die zumindest einen Gefährdungsschaden begründet, ist indes zweifelhaft.[35] Zwar erlangt der Handelnde hier die Möglichkeit zum unmittelbaren Zugriff auf das Opfervermögen.[36] Doch muss ein Gefährdungsschaden in Bezug auf den Zeitpunkt der Tatbestandsverwirklichung – dh der Vermögensverfügung – konkret beziffert werden können (→ Rn. 8). Keine der denkbaren Bezugsgrößen ist jedoch unproblematisch: Das Abgreifen des auf dem Konto verfügbaren Gesamtbetrags wird oft eine Vielzahl von Abhebungsvorgängen an mehreren Tagen voraussetzen, deren Gelingen kaum gewiss ist; stattdessen auf den per Einzelabhebung oder täglich verfügbaren Maximalbetrag abzustellen, erscheint unter dem Gesichtspunkt eines Mindestschadens denkbar, verkennt aber die kaum auszuschließende Möglichkeit der Abhebung eines geringeren Betrags und verlagert die Strafbarkeit wegen vollendeten Betrugs auf spekulativer Grundlage allzu weit in den Bereich des nach Abs. 2 eigenständig strafbaren Versuchs.[37] Nach aktuellster Rechtsprechung des 3. Strafsenats soll ein Gefährdungsschaden des kontoführenden Kreditinstituts „zumindest“ in Höhe der Geldbeträge anzunehmen sein, „die durch die nachfolgenden Abhebungen erlangt wurden“.[38]

4. Täuschung durch Unterlassen des Hinweises auf handlungsbedürftige Vermögensverhältnisse

Unterlässt es der Betreuer oder Bevollmächtigte, den Betreuten bzw. Bevollmäch- 13
tigten darauf hinzuweisen, dass dessen Vermögensverhältnisse durch sein Verhalten Schaden genommen haben, und verzichtet der Betroffene infolgedessen irrig etwa auf die Geltendmachung von Rückforderungsansprüchen gegen ihn, kann dies den Tatbestand der §§ 263 Abs. 1, 13 StGB verwirklichen (zur Garantenstellung des Betreuers bzw. Bevollmächtigten → § 223 StGB Rn. 2). Im Verhältnis zu zuvor verwirklichten (meist Untreue-)Taten wird ein solcher **Sicherungsbetrug** durch Unterlassen jedoch regelmäßig als mitbestrafte Nachtat ohne eigenes Gewicht bleiben.[39]

---

[33] BGH 2 StR 16/15, NStZ 2016, 149 u.Verw. auf BGH 2 StR 553/12; die Kartenverwendung kann zudem §§ 274 Abs. 1 Nr. 2, 303a Abs. 1 StGB verwirklichen.

[34] Krit. zur Ablehnung des § 263a Abs. 1 Var. 3 StGB BeckOK-StGB/Schmidt § 263a Rn. 27 mwN.

[35] Vgl. Mühlbauer NStZ 2003, 650 (653).

[36] Fischer StGB § 263 Rn. 173.

[37] Zum Ganzen zutreffend Piel NStZ 2016, 151 (152); Schönke/Schröder/Perron StGB § 263 Rn. 61: mangels Bezifferbarkeit kein Gefährdungsschaden.

[38] BGH 3 StR 63/21, NStZ-RR 2022, 14 (16).

[39] Vgl. Lackner/Kühl StGB § 263 Rn. 69; anders bei Verjährung der Haupttat, BGH 5 StR 344/08, NStZ 2009, 203.

5. Betrug gegenüber dem Betreuer/Bevollmächtigten zum Schaden des Betreuten/Vollmachtgebers

14 Der Selbstschädigungscharakter des § 263 Abs. 1 StGB verlangt nicht zwingend, dass der Vermögensinhaber selbst die Vermögensverfügung trifft. Der Tatbestand umfasst nach allg. Auffassung mit dem sog. **Dreiecksbetrug** auch Fälle, in denen ein dem Opfervermögen besonders nahestehender Dritter täuschungsbedingt irrig schädigend verfügt.[40] Die Anforderungen an ein solches Näheverhältnis sind umstritten, im Fall von Betreuer oder Bevollmächtigtem und Betreutem bzw. Vollmachtgeber indes sowohl bei tatsächlicher Betrachtung (Lagertheorie)[41] als auch unter der Voraussetzung rechtlicher Verfügungsmacht[42] erfüllt. Täuscht jemand den Betreuer oder Bevollmächtigten, der daraufhin irrig eine das Vermögen des Betreuten bzw. Vollmachtgebers unmittelbar schädigende Vermögensverfügung trifft, ist demnach, sofern auch die subjektiven Voraussetzungen (→ Rn. 4) erfüllt sind, der Tatbestand des Betrugs verwirklicht.

III. Strafzumessung, Antragserfordernis, Versuch, Berufsverbot, Einziehung

15 Aus dem Regelbeispielskatalog des Abs. 3 S. 2 verdienen für die hier interessierenden Fälle neben der **Gewerbsmäßigkeit** (Nr. 1 Var. 1)[43] insb. die Herbeiführung eines Vermögensverlusts großen Ausmaßes (Nr. 2 Var. 1) und die Versetzung einer anderen Person in wirtschaftliche Not (Nr. 3) Aufmerksamkeit. Ein – objektiv zu bestimmender – **Vermögensverlust großen Ausmaßes** soll nach der Rechtsprechung des BGH „jedenfalls" unterhalb eines Werts von 50.000 Euro nicht vorliegen,[44] liegt bei aus der Praxis zu Vermögensdelikten gegen ältere Menschen berichteten deutlich höheren durchschnittlichen Schadenssummen[45] jedoch überaus nahe. **Wirtschaftliche Not** leidet, wer lebenswichtige Aufwendungen nicht mehr ohne fremde Hilfe bestreiten kann.[46] Soweit festgestellt wird, die „finanzielle Ausnutzung alter und pflegebedürftiger Menschen" könne diese nicht nur „um ihre Lebensersparnisse und ihr Vermögen bringen", sondern „ihrer wirtschaftlichen Grundlage berauben" und in die Altersarmut treiben,[47] kann das Regelbeispiel erfüllt sein, wobei die Anforderungen im Einzelfall hoch sind: Die Notlage muss über bloße wirtschaftliche Bedrängnis dezidiert hinausgehen.[48]

16 Nach Abs. 4 gilt ua **§ 247 StGB** entsprechend, was die Verfolgbarkeit von Taten im hier interessierenden Kontext empfindlich einschränken kann (→ § 247 StGB Rn. 1 ff.). Der **Versuch** ist strafbar (Abs. 2). Insb. in Bezug auf Betreuer ist schließlich § 70 StGB relevant, nach dem bei unter Missbrauch von Beruf oder Gewerbe oder unter grober Verletzung damit verbundener Pflichten begangenen Taten ein **Berufsverbot** ausgesprochen werden kann. Taterträge und deren Wert unterliegen nach

---

[40] Schönke/Schröder/Perron § 263 StGB Rn. 65 ff. mwN.

[41] Näher LK-StGB/Tiedemann § 263 Rn. 116 mwN.

[42] Näher MüKo-StGB/Hefendehl § 263 Rn. 358 ff.

[43] Näher BeckOK-StGB/Beukelmann § 263 Rn. 102.

[44] BGH 1 StR 274/03, NJW 2004, 169 (170); LK-StGB/Tiedemann § 263 Rn. 298a mwN.

[45] In Bezug auf beim LKA Berlin von Januar bis Oktober 2017 geführte Verfahren wegen Untreue (§ 266 StGB) berichtet Mau BABl. 2018, 131 (133) über Schäden iHv durchschnittlich 360.000 Euro.

[46] Vgl. LK-StGB/Tiedemann § 263 Rn. 300.

[47] Brucker BtPrax 2016, 221 (225).

[48] BeckOK-StGB/Beukelmann § 263 Rn. 108.

§§ 73 ff. StGB der **Einziehung,** die auch bei Entreicherung bzw. Verarmung des Einziehungsadressaten weitestgehend möglich und vollstreckbar bleibt (→ § 266 StGB Rn. 12).

§ 263a Computerbetrug

(1) **Wer in der Absicht, sich oder einem Dritten einen rechtswidrigen Vermögensvorteil zu verschaffen, das Vermögen eines anderen dadurch beschädigt, daß er das Ergebnis eines Datenverarbeitungsvorgangs durch unrichtige Gestaltung des Programms, durch Verwendung unrichtiger oder unvollständiger Daten, durch unbefugte Verwendung von Daten oder sonst durch unbefugte Einwirkung auf den Ablauf beeinflußt, wird mit Freiheitsstrafe bis zu fünf Jahren oder mit Geldstrafe bestraft.**

(2) **§ 263 Abs. 2 bis 6 gilt entsprechend.**

(3) **Wer eine Straftat nach Absatz 1 vorbereitet, indem er**

1. **Computerprogramme, deren Zweck die Begehung einer solchen Tat ist, herstellt, sich oder einem anderen verschafft, feilhält, verwahrt oder einem anderen überlässt oder**
2. **Passwörter oder sonstige Sicherungscodes, die zur Begehung einer solchen Tat geeignet sind, herstellt, sich oder einem anderen verschafft, feilhält, verwahrt oder einem anderen überlässt,**

wird mit Freiheitsstrafe bis zu drei Jahren oder mit Geldstrafe bestraft.

(4) **In den Fällen des Absatzes 3 gilt § 149 Abs. 2 und 3 entsprechend.**

§ 263a StGB zielt darauf, eine durch die stetig fortschreitende Automatisierung des Waren- und Geldverkehrs begründete Lücke im strafrechtlichen Vermögensschutz zu schließen. Wo § 263 StGB stets eine irrtumsbedingte Verfügung eines getäuschten Menschen voraussetzt, pönalisiert § 263a StGB den vermögensschädigenden Eingriff in vollautomatisierte Computersysteme.[1] 1

Der Computerbetrug setzt voraus, dass der Täter in **Bereicherungsabsicht** (→ § 263 StGB Rn. 4) einen **Vermögensschaden** (→ § 263 StGB Rn. 3) des Opfers verursacht, indem er das Ergebnis eines **Datenverarbeitungsvorgangs**[2] beeinflusst (Abs. 1) oder dies vorbereitet (Abs. 3). Besonderer Erörterung im vorsorgerechtlichen Zusammenhang bedarf aus dem Kreis der einzelnen Begehungsweisen allein die **unbefugte Verwendung von Daten**[3] iSd Abs. 1 Var. 3, die die Verwendung richtiger Daten durch Nichtberechtigte zum Gegenstand hat und nach der Intention des Gesetzgebers insb. die missbräuchliche Verwendung von Codekarten erfassen soll.[4] Unbefugtheit verlangt nach dem auf die Betrugsähnlichkeit des Tatbestands gestützten Verständnis der hM,[5] dass das Handeln des Täters gegenüber einem fiktiven Menschen Täuschungscharakter hätte,[6] dessen Prüfungsmaßstab nach ua in der Rechtsprechung favorisierter Ansicht auf jenen des Computers zu beschränken ist.[7] 2

---

[1] NK-StGB/Kindhäuser § 263a Rn. 2.

[2] Zum Begriff LK-StGB/Tiedemann § 263a Rn. 22.

[3] Zum Begriff MüKo-StGB/Hefendehl/Noll § 263a Rn. 23 f.

[4] Schönke/Schröder/Perron StGB § 263a Rn. 7.

[5] Vgl. BGH 2 StR 16/15, NStZ 2016, 149 (150 f.) mwN.

[6] Näher BGH 2 StR 260/01, BGHSt 47, 161; BeckOK-StGB/Schmidt § 263a Rn. 23 mwN.

[7] BGH 2 StR 260/01, NJW 2002, 905 (906); 2 StR 16/15, NStZ 2016, 149 (151); krit. BeckOK-StGB/Schmidt § 263a Rn. 23 mwN.

3 Bejaht wird der Tatbestand des Abs. 1 Var. 3 vor diesem Hintergrund, wenn jemand die zur **Abhebung von Bargeld** genutzte **Kredit- oder EC-Karte** eines anderen durch **verbotene Eigenmacht** erlangt hat.[8] Hat der Betroffene Karte und PIN dagegen **täuschungsbedingt ausgehändigt,** nimmt die Rechtsprechung Betrug (→ § 263 StGB Rn. 12), nicht aber Computerbetrug an: Die missbräuchliche Nutzung der durch Täuschung vom Berechtigten erlangten Karte zur Abhebung am Automaten entspreche einem Betrug am Bankschalter nach dem oben (→ Rn. 2) dargestellten Maßstab nicht. Da sich der Automat mit Eingabe der echten Karte samt PIN zufriedengebe, handle unbefugt im Grundsatz nur, wer manipulierte oder kopierte Daten verwende.[9] Der 2. Strafsenat konzediert den Bruch, der sich daraus im Verhältnis zur Annahme von Computerbetrug bei Verwendung mittels verbotener Eigenmacht erlangter echter Karten ergibt,[10] und hält fest, die Anwendbarkeit des Tatbestands sei durch eine Gesamtbetrachtung unter Einbeziehung der Umstände zu ermitteln, unter denen der Handelnde Karte und PIN erlangt hat.[11]

4 Ob die **abredewidrige Verwendung** einer mit dem grundsätzlich fehlerfreien Willen des Berechtigten erlangten Karte – etwa durch höheres oder häufigeres Abheben als vereinbart – als Computerbetrug anzusehen ist, entscheidet sich danach, ob die im Innenverhältnis fehlende Berechtigung im Außenverhältnis die Einordnung als täuschungsäquivalent begründet.[12] Die Rechtsprechung des BGH verneint das weit überwiegend.[13] Allein ein *obiter dictum* des 4. Strafsenats meldet Bedenken an: Sei eine Bevollmächtigung Dritter zwischen Bank und Kunde (wie üblich) vertraglich generell ausgeschlossen, könne ein Dritter selbst mit dem Einverständnis des Berechtigten keinen diesem gegenüber iSd § 675j Abs. 1 BGB wirksamen Zahlungsvorgang auslösen.[14] Auf dieser Grundlage den Tatbestand des Abs. 1 Var. 3 als erfüllt anzusehen, überzeugt nicht. Denn der Vorlage einer fremden EC-Karte kann schon deshalb nicht generell der täuschungsäquivalente Erklärungsinhalt beigemessen werden, selbst Karteninhaber zu sein, weil das AGB-mäßige Komplettverbot, Dritte über Bankkarten verfügen zu lassen, in der Praxis allzu häufig nicht beachtet wird.[15] Zu prüfen bleibt in dieser Konstellation regelmäßig, ob stattdessen § 266 StGB eingreift.

5 Auf die Nutzung fremder Bankkarten und/oder Zugangsdaten im **elektronischen Zahlungsverkehr** sowie im Rahmen von **Online-Banking** sind die zur Barabhebung gefundenen Ergebnisse (→ Rn. 3 f.) übertragbar.[16]

6 Nach Abs. 2 gilt neben den Regelbeispielen des § 263 Abs. 3 StGB (→ § 263 StGB Rn. 15) über § 263 Abs. 4 ua **§ 247 StGB** entsprechend, was die Verfolgbarkeit von Taten im hier interessierenden Kontext empfindlich einschränken kann (→ § 247 StGB Rn. 1 ff.).

---

[8] BGH 1 StR 482/03, NStZ 2005, 213 (Telefonkarten); 2 StR 16/15, NStZ 2016, 149 (152); Fischer StGB § 263a Rn. 12a mwN.

[9] BGH 2 StR 16/15, NStZ 2016, 149 (150 f.); 3 StR 63/21, NStZ-RR 2022, 14 (16).

[10] Näher Jäger JA 2016, 151 (152 f.).

[11] BGH 2 StR 16/15, NStZ 2016, 149 (151).

[12] Vgl. Fischer StGB § 263a Rn. 13.

[13] BGH 1 StR 482/03, NStZ 2005, 213; 1 StR 412/02, BGHR StGB § 263a Anwendungsbereich 1.

[14] BGH 4 StR 464/16, NStZ-RR 2017, 79 u.Verw. auf BGH XI ZR 91/14, NJW 2016, 2024; zust. MüKo-StGB/Hefendehl/Noll § 263a Rn. 98 ff.

[15] Vgl. Stam NZWiSt 2017, 238 (239 f.).

[16] Zur Parallelität s. auch BeckOK-StGB/Schmidt § 263a Rn. 29 ff.; Fischer StGB § 263a Rn. 16.

§ 266 Untreue

(1) **Wer die ihm durch Gesetz, behördlichen Auftrag oder Rechtsgeschäft eingeräumte Befugnis, über fremdes Vermögen zu verfügen oder einen anderen zu verpflichten, mißbraucht oder die ihm kraft Gesetzes, behördlichen Auftrags, Rechtsgeschäfts oder eines Treueverhältnisses obliegende Pflicht, fremde Vermögensinteressen wahrzunehmen, verletzt und dadurch dem, dessen Vermögensinteressen er zu betreuen hat, Nachteil zufügt, wird mit Freiheitsstrafe bis zu fünf Jahren oder mit Geldstrafe bestraft.**

(2) **§ 243 Abs. 2 und die §§ 247, 248a und 263 Abs. 3 gelten entsprechend.**

1 § 266 Abs. 1 StGB pönalisiert Schädigungen des Vermögens durch jene, die seiner Betreuung verpflichtet sind, und ist neben § 263 StGB, der die Verursachung täuschungsbedingter Selbstschädigungen betrifft (→ § 263 StGB Rn. 1), ein zentraler Grund- und Auffangtatbestand des strafrechtlichen Vermögensschutzes.

I. Tatbestand

2 § 266 Abs. 1 StGB beinhaltet einen Missbrauchs- (Var. 1) und einen Treubruchtatbestand (Var. 2). Beiden Varianten gemein ist als zentrale Voraussetzung die Verletzung einer über die bloße Befugnis, über fremdes Vermögen zu verfügen, hinausgehenden **Vermögensbetreuungspflicht** des Täters,[1] die sich auf die eigenverantwortliche Wahrnehmung fremder Vermögensinteressen von einiger Bedeutung im Interesse des Vermögensinhabers beziehen und Hauptpflichtcharakter haben muss.[2] Ob der **Vorsorgebevollmächtigte** eine solche Vermögensbetreuungspflicht innehat, richtet sich primär nicht nach seinen mit der Bevollmächtigung übertragenen Befugnissen, sondern danach, ob der Vollmachtgeber ihn – wie regelmäßig – nach Maßgabe der Rechtsbeziehungen im Innenverhältnis (→ Vor §§ 662–675 BGB Rn. 2) mit der Wahrung seiner Vermögensinteressen beauftragt hat.[3] Der **gesetzliche Betreuer** ist vermögensbetreuungspflichtig, soweit sein Aufgabenkreis die Vermögenssorge umfasst.[4]

3 Den **Missbrauchstatbestand** (Abs. 1 Var. 1) verwirklicht, wer einen Vermögensschaden (→ § 263 StGB Rn. 3) verursacht, indem er die ihm durch Gesetz, behördlichen Auftrag oder Rechtsgeschäft eingeräumte Befugnis, über fremdes Vermögen zu verfügen oder einen anderen zu verpflichten, missbraucht, also sein rechtliches Können im Außenverhältnis durch **rechtsgeschäftliches Handeln** über die im Innenverhältnis bestehenden Grenzen seines rechtlichen Dürfens hinaus ausübt.[5] Den weiter gefassten **Treubruchtatbestand** (Abs. 1 Var. 2) verwirklicht, wer einen Vermögensschaden verursacht, indem er durch **rechtsgeschäftliches, hoheitliches oder tatsächliches Tun oder Unterlassen**[6] die ihm kraft Gesetzes, behördlichen Auftrags, Rechtsgeschäfts oder eines Treueverhältnisses obliegende Pflicht verletzt, fremde Vermögensinteressen wahrzunehmen.

4 In subjektiver Hinsicht ist zumindest bedingter **Vorsatz** notwendig, der die Voraussetzungen der Vermögensbetreuungspflicht, die Tatsachengrundlage der Pflicht-

---

[1] BVerfG 2 BvR 2559/08, NJW 2010, 3209 (3214 f.).

[2] BGH 2 StR 24/16, NJW 2018, 1330 mwN; näher zu den Voraussetzungen im Einzelnen MüKo-StGB/Dierlamm/Becker § 266 Rn. 41 ff.

[3] Vgl. auch Krüger ZEV 2019, 669 (672, 675).

[4] Uneingeschränkt MüKo-StGB/Dierlamm/Becker § 266 Rn. 87; Schönke/Schröder/Perron StGB § 266 Rn. 25.

[5] Vgl. BeckOK-StGB/Wittig § 266 Rn. 8 mwN, 15.

[6] BeckOK-StGB/Wittig § 266 Rn. 50 mwN.

verletzung und den aus dieser resultierenden Vermögensnachteil umfassen muss.[7] Hier stellt die Rechtsprechung hohe Anforderungen insb. an die Annahme von bedingtem Vorsatz, um der grundsätzlichen Weite des objektiven Tatbestands Rechnung zu tragen.[8] Der Tatbestand verlangt keine Schädigungs- und – anders als etwa beim Betrug – **keine Bereicherungsabsicht.**[9]

5 In keiner Variante erfüllt sein kann § 266 Abs. 1 StGB, wenn die Vermögensschädigung mit dem – tatbestandsausschließenden – **Einverständnis** des Betroffenen erfolgt.[10] Dieses muss zuvor ausdrücklich oder konkludent erklärt worden sein; eine nachträgliche Genehmigung genügt nicht.[11] Auch unbestimmt-allgemein gehaltene Erklärungen werden regelmäßig nicht ausreichen. So hat der BGH die Äußerung, ein Bevollmächtigter solle „sich mal was gönnen", mit Blick auf den Zweck der Vorsorgevollmacht, die dauerhafte Versorgung der Vollmachtgeberin zu sichern, zurecht nicht als Einverständnis mit der Verwendung wesentlicher Vermögensbestandteile für eigene Belange des Bevollmächtigten angesehen.[12] Zudem wird die **Wirksamkeit** des Einverständnisses hier entsprechend den Kriterien zur rechtfertigenden Einwilligung davon abhängig gemacht, dass es nicht seinerseits gesetzwidrig, erschlichen oder sonst willensfehlerhaft ist;[13] der Vermögensinhaber muss einwilligungsfähig, also über Art und Tragweite seiner Entscheidung grundsätzlich im Bilde sein.[14] Auch ein nur **mutmaßliches Einverständnis** des Vermögensinhabers wird vielfach als tatbestandsausschließend,[15] teils als Rechtfertigungsgrund[16] angesehen, setzt aber in jedem Fall voraus, dass im Interesse oder bei mangelndem Interesse des Vermögensinhabers gehandelt wird und dessen Zustimmung nicht ohne Weiteres einholbar ist.[17] Die irrige Annahme des (mutmaßlichen) Einverständnisses des Geschäftsherrn lässt den Vorsatz als **Tatbestandsirrtum** iSd § 16 Abs. 1 S. 1 StGB selbst dann entfallen, wenn der Irrtum vermeidbar ist.[18] Die Einschätzung hingegen, unabhängig vom entgegenstehendem Willen des Geschäftsherrn letztlich zu dessen Vorteil zu agieren, lässt den Vorsatz unberührt,[19] solange der Täter bewusst einen Vermögensschaden begründet. Kennt der Täter die Tatsachen, die seine Pflichtverletzung begründen, führt die bloße Fehlbewertung, gleichwohl berechtigt zu handeln, zu einem **Verbotsirrtum** iSd § 17 StGB.[20]

II. Anwendungsfälle im vorsorgerechtlichen Kontext

6 § 266 Abs. 1 StGB kommt für den Vermögensschutz im Verhältnis von Betreuer oder Vorsorgebevollmächtigtem und Betreutem bzw. Vollmachtgeber wesentliche Bedeutung zu. So oft Missbrauchs- und Treubruchtatbestand verwirklicht sein kön-

---

[7] Im Einzelnen näher NK-StGB/Kindhäuser § 266 Rn. 122.

[8] BGH 1 StR 372/01, NJW 2002, 2801 (2803).

[9] BVerfG 2 BvR 2559/08 ua, NJW 2010, 3209 (3214).

[10] BGH 1 StR 668/98, NJW 2000, 154; 2 StR 111/09, NStZ 2010, 700 (702); SSW-StGB/Saliger § 266 Rn. 58 mwN.

[11] BGH 3 StR 265/14, NJW 2015, 1618 (1620 f.).

[12] BGH 5 StR 46/14, NJW 2014, 2968 (2970).

[13] BGH 2 StR 111/09, NStZ 2010, 700 (702); Fischer § 266 StGB Rn. 92; Schönke/Schröder/Perron StGB § 266 Rn. 21, 38.

[14] SSW-StGB/Saliger § 266 Rn. 59.

[15] SSW-StGB/Saliger § 266 Rn. 59 mwN.

[16] Schönke/Schröder/Perron, StGB § 266 Rn. 48.

[17] MüKo-StGB/Dierlamm/Becker § 266 Rn. 151.

[18] OLG Hamm III-4 RVs 42/12, NStZ 2012, 374 (375); Schönke/Schröder/Perron StGB § 266 Rn. 49 mwN.

[19] MüKo-StGB/Dierlamm/Becker § 266 Rn. 317.

[20] NK-StGB/Kindhäuser § 266 Rn. 122.

nen (→ Rn. 7ff.), so schwierig gestaltet sich teils die Beweislage in der Verfahrenspraxis (→ Rn. 11).

1. Verschiebung von Vermögenswerten

7 Den Tatbestand der Untreue verwirklicht, wer dem Geschäftsherrn als (Vorsorge-) Bevollmächtigter[21] oder Betreuer[22] pflichtwidrig (→ Rn. 2) und bewusst Vermögenswerte entzieht, indem er sie unter Ausnutzung einer entsprechenden Vollmacht[23] (Missbrauchstatbestand, Abs. 1 Var. 1) oder der faktisch eingeräumten Möglichkeit[24] (Treubruchtatbestand, Abs. 1 Var. 2) durch **Überweisung** oder **Barabhebung** von dessen Konten transferiert. Auf eine besondere eigen- oder drittnützige Motivation, die freilich meist vorliegen wird, kommt es dabei nicht an (→ Rn. 4). Stellt der Vermögensinhaber jemandem indes eine Kreditkarte zur eigennützigen Verwendung in vorgegebenem Umfang zur Verfügung, begründet dies bereits keine Vermögensbetreuungspflicht.[25]

2. Erbschleicherei

8 Die Erwirkung einer letztwilligen Begünstigung – auch durch Täuschung oÄ – ist isoliert betrachtet im Grundsatz straffrei (→ § 263 StGB Rn. 6); sie kann weder das Vermögen des Testierenden noch jenes etwaiger prospektiver Erben schädigen.[26] Anderes gilt freilich, wenn das Vermögen des Testierenden im Zusammenhang mit der Erwirkung der unwirksamen letztwilligen Verfügung – etwa durch die Begleichung von Notargebühren – unmittelbar gemindert wird: Dies kann den Tatbestand der Untreue verwirklichen, der im Unterschied zu § 263 Abs. 1 StGB gerade keine Absicht stoffgleicher Bereicherung voraussetzt (→ Rn. 4).

9 Nach der Rechtsprechung des BGH sind im Fall einer unwirksamen letztwilligen Verfügung auch **Handlungen nach Eintritt des Erbfalls** geeignet, eine Untreuestrafbarkeit des **Betreuers** zu begründen. Soweit der Betreuer gegenüber Erben des Betreuten gemäß § 1872 BGB zur Vermögensherausgabe (Abs. 1) und auf Aufforderung zur Rechnungslegung (Abs. 2) verpflichtet sei, bestehe seine aus dem Betreuungsverhältnis erwachsende Vermögensbetreuungspflicht diesen gegenüber fort.[27] Daran wird nachvollziehbar kritisiert, die bloße Herausgabepflicht des § 1872 Abs. 1 BGB könne nicht gerade dann eine Vermögensbetreuungspflicht tragen, wenn die zentralen, von ihr nur flankierten Hauptpflichten der §§ 1837, 1821 BGB mit dem Tod des Betreuten hinfällig geworden seien.[28] Gleichwohl wird auf Grundlage der zitierten Rechtsprechung Untreue anzunehmen sein, wenn in einem unwirksamen Testament verfügte Zuwendungen – konkret, aber nicht nur, in Form einer Testamentsvollstreckungsvergütung – nach Eintritt des Erbfalls tatsächlich vereinnahmt werden.[29] Solange dem Betreuer die Möglichkeit bewusst ist, dass die letztwillige Ver-

---

[21] S. etwa LG Limburg 4 Js 11791/13 – 5 KLs, BeckRS 2016, 8275.

[22] S. etwa LG Trier 8015 Js 14765/14.5 KLs, juris.

[23] Zur Begründung einer Treuepflicht durch Ausstellung einer Bankvollmacht s. BGH 5 StR 247/11, BeckRS 2011, 23307; Fischer StGB § 266 Rn. 39.

[24] Zur Entsprechung von Karten- und PIN-Überlassung und Bankvollmacht s. KG (3) 1 Ss 417/99 (5/00), BeckRS 2014, 11422 mwN.

[25] OLG Hamm 1 RVs 15/15, NStZ-RR 2015, 213.

[26] BGH 3 StR 132/18, ZEV 2018, 605 (606) entgegen OLG Celle 1 Ws 54/13, NstZ-RR 2013, 176 (177).

[27] BGH 3 StR 132/18, ZEV 2018, 605 (606); 3 StR 263/18, ZEV 2019, 227 (228), beide zu §§ 1908i Abs. 1, 1890 BGB aF.

[28] Krüger ZEV 2019, 669 (676f.) zu §§ 1908i, 1890, 1901f. BGB aF.

[29] BGH 3 StR 132/18, ZEV 2018, 605 (606); 3 StR 263/18, ZEV 2019, 227 (228).

fügung unwirksam ist, soll dabei gar die Feststellung obsolet sein, ob und wie er dieselbe erwirkt hat.[30] Inwieweit dies mit der begrenzenden Funktion des subjektiven Tatbestands (→ Rn. 4) im Einklang steht, ist zweifelhaft. Auf **Vorsorgebevollmächtigte** wird all dies mit Blick auf §§ 666, 667 BGB – im Fall eines Auftragsverhältnisses (→ § 662 BGB Rn. 4ff.) – zu übertragen sein.

3. Investitionen außerhalb des Interesses des Geschäftsherrn

10 Eine Strafbarkeit wegen Untreue begründen können auch Investitionen zu Lebzeiten des Betreuten oder Vollmachtgebers, die – wie etwa der Kauf eines PKW, einer Einbauküche oÄ oder die Inanspruchnahme von Dienstleistungen, die er nicht benötigt und aufgrund seiner gesundheitlichen Verfassung auch nicht nutzen kann – völlig abseits von dessen Interesse liegen. Einschränkungen ergeben sich hier auf materiellrechtlicher Ebene allenfalls insoweit, als nicht schlichtweg jede, sondern allein die **gravierende Verletzung zivilrechtlicher Pflichten** auch als Pflichtverletzung im strafrechtlichen Sinne des Untreuetatbestands anzusehen sein soll[31] und die Erfassung von Investitionsentscheidungen demnach von ihrer Vertretbarkeit abhängt. Trifft ein Betreuer oder Vorsorgebevollmächtigter eine (Kauf-)Entscheidung freilich eigennützig in dem Bewusstsein, dass ihr Erfolg dem Betreuten bzw. Vollmachtgeber in keiner Weise zugutekommt, liegt unzweifelhaft eine Pflichtverletzung vor.

11 Größere Schwierigkeiten, die die praktische Realität der Strafverfolgung im vorsorgerechtlichen Kontext generell erheblich prägen, ergeben sich auf prozessualer Ebene, wenn der **Nachweis** der Tatbestandsverwirklichung zu führen ist.[32] Denn insb. ein Einverständnis des Geschäftsherrn mit Minderungen seines Vermögens wird gerade dann, wenn ein Anfangsverdacht – wie häufig – erst nach seinem Tod entsteht, oft schwer auszuschließen sein. Vermögensverschiebungen (→ Rn. 7) können Ausdruck von Schenkungen, Anschaffungen (→ Rn. 10) auf den zweiten Blick doch plausibel begründbar sein. Abweichend von der bislang wohl überwiegenden Praxis[33] empfiehlt es sich angesichts dessen dringend, im Zusammenhang mit der Vorsorgebevollmächtigung nicht nur das rechtliche Können im Außenverhältnis, sondern auch das rechtliche Dürfen im Innenverhältnis klar und so konkret wie möglich unter Verzicht auf auslegungsbedürftige, weit gefasste Begriffe nachweisgeeignet zu regeln und überdies auch einzelne Verfügungen – insb. Schenkungen, aber auch Vergütungen – zumindest schriftlich festzuhalten. Dies wirkt in doppelter Hinsicht **präventiv,** insofern es einerseits dem Schutz des Vermögens gegen nicht konsentierte Verminderungen, andererseits dem Schutz des Bevollmächtigten gegen unnötige Strafverfolgung dient. Weder notwendig noch hilfreich erscheint hingegen die Schaffung neuer Tatbestände (→ § 263 StGB Rn. 9). Als weitere Forderungen aus der ermittlungsbehördlichen Praxis werden im Zusammenhang mit der Errichtung von Vorsorgevollmachten eine obligatorische Registrierung und Verpflichtungen zum – gemäß § 6 Abs. 2 BtBG derzeit nicht notwendigen –Nachweis der Geschäftsfähigkeit des Vollmachtgebers sowie zur Hinterlegung schriftlicher Regelungen zum Innenverhältnis diskutiert. Gleiches gilt für eine Ausweitung der Geltung von Vorschriften zur Betreuung – etwa §§ 1836 Abs. 2 S. 1, 1849 BGB – für Vorsorgebevollmächtigte.

---

[30] BGH 3 StR 263/18, ZEV 2019, 227 (228).

[31] Vgl. BVerfG 2 BvR 2559/08 ua, NJW 2010, 3209 (3215); näher u. krit. MüKo-StGB/Dierlamm/Becker § 266 Rn. 197ff.: „Die gravierende Pflichtverletzung zählt zu den schillerndsten Begriffen der jüngeren Untreuediskussion."

[32] Vgl. aus polizeipraktischer Sicht Mau BABl. 2018, 131 (133).

[33] Vgl. Kurze BtPrax 2018, 47 (50).

III. Strafzumessung, Antragserfordernis, Versuch, Berufsverbot, Einziehung

Gemäß § 266 Abs. 2 StGB gelten neben **§ 247 StGB,** der die Verfolgbarkeit von Taten im hier interessierenden Kontext empfindlich einschränken kann (→ § 247 StGB Rn. 1 ff.), ua die Regelungen des § 263 Abs. 3 StGB zum **besonders schweren Fall** (→ § 263 StGB Rn. 15) entsprechend. Der **Versuch** ist nicht strafbar. Insb. in Bezug auf Betreuer ist schließlich § 70 StGB relevant, nach dem bei unter Missbrauch von Beruf oder Gewerbe oder unter grober Verletzung damit verbundener Pflichten begangenen Taten ein **Berufsverbot** ausgesprochen werden kann.[34] Generell möglich ist die **Einziehung** von Taterträgen oder deren Wert, §§ 73 ff. StGB. Eine etwaige **Entreicherung** auf Täterseite ist dabei auf materiell-rechtlicher Ebene gänzlich, auf Vollstreckungsebene weitestgehend irrelevant: Anders als bislang soll die Vollstreckung der Einziehungsentscheidung nunmehr selbst bei genereller Verarmung des Einziehungsadressaten nicht mehr iSd § 459g Abs. 5 S. 1 StPO unverhältnismäßig, sondern allein durch die allgemeinen Pfändungsschutzvorschriften begrenzt sein.[35] 12

Dreißigster Abschnitt. Straftaten im Amt

§ 340 Körperverletzung im Amt

(1) [1]**Ein Amtsträger, der während der Ausübung seines Dienstes oder in Beziehung auf seinen Dienst eine Körperverletzung begeht oder begehen läßt, wird mit Freiheitsstrafe von drei Monaten bis zu fünf Jahren bestraft.** [2]**In minder schweren Fällen ist die Strafe Freiheitsstrafe bis zu fünf Jahren oder Geldstrafe.**

(2) **Der Versuch ist strafbar.**

(3) **Die §§ 224 bis 229 gelten für Straftaten nach Absatz 1 Satz 1 entsprechend.**

§ 340 StGB pönalisiert die durch Amtsträger iSd § 11 Abs. 1 Nr. 2 StGB während der Dienstausübung oder in Beziehung auf den Dienst begangene Körperverletzung (→ § 223 StGB) als Qualifikation mit erheblich erhöhter Mindeststrafdrohung. Dies ist zuvorderst relevant für **Betreuungsrichter,** die etwa nicht angezeigte medizinische Eingriffe, insb. entgegen dem (mutmaßlichen) Willen des Betroffenen, genehmigen.[1] **Betreuer** hingegen zählen wie auch **Vorsorgebevollmächtigte** nicht zum Kreis möglicher Täter des **Sonderdelikts,** da sie keine Amtsträger sind.[2] Im Fall ihrer Beteiligung an einer Tat nach § 340 Abs. 1 StGB gilt für sie gemäß § 28 Abs. 2 StGB nur das Grunddelikt des § 223 Abs. 1 StGB.[3] 1

---

[34] S. aus der Praxis etwa LG Trier 8015 Js 14765/14.5 KLs, juris.

[35] Krit. und mit verfassungsrechtlich begründeten Zweifeln BeckOK-StPO/Coen § 459g Rn. 20, 24 f.

[1] Vgl. GenStA Nürnberg 4 BerL 144/07, NStZ 2008, 343.

[2] Vgl. OLG München 5 St RR 134/09, NJW 2009, 2837.

[3] Vgl. Schönke/Schröder/Hecker StGB § 340 Rn. 12.

14. Zivilprozessordnung (ZPO)

In der Fassung der Bekanntmachung vom 5. 12. 2005
(BGBl. I 3202, ber. 2006 I 431 und 2007 I 1781)

Zuletzt geändert durch Art. 2 G zur Durchführung des Haager Übereinkommens über die Anerkennung und Vollstreckung ausländischer Entscheidungen in Zivil- und Handelssachen sowie zur Änd. der ZPO, des BGB, des WohnungseigentumsG und des G zur Modernisierung des Strafverfahrens vom 7. 11. 2022 (BGBl. I S. 1982)

Buch 1. Allgemeine Vorschriften

Abschnitt 2. Parteien

Titel 1. Parteifähigkeit; Prozessfähigkeit

§ 50 Parteifähigkeit

(1) **Parteifähig ist, wer rechtsfähig ist.**

(2) **Ein Verein, der nicht rechtsfähig ist, kann klagen und verklagt werden; in dem Rechtsstreit hat der Verein die Stellung eines rechtsfähigen Vereins.**

Die ZPO regelt einen **formellen Parteibegriff.** Partei ist, wer ein gerichtliches 1 Verfahren einleitet oder gegen den ein Verfahren eingeleitet wird.

Die Parteirolle setzt eine **Parteifähigkeit** voraus, die in einem Gleichlauf an die 2 Rechtsfähigkeit geknüpft wird.[1] **Rechtsfähigkeit** ist die Fähigkeit, Träger von Rechten und Pflichten zu sein.[2] Sie ist abzugrenzen von der **Handlungsfähigkeit,** die dazu führt, dass eigene Handlungen Rechtswirkungen erzeugen können.[3] Die Geschäftsfähigkeit ist ein Unterfall der Handlungsfähigkeit. Betreute sind grds. prozessfähig, soweit sie **geschäftsfähig** sind.[4] Geschäftsunfähig und prozessunfähig ist, wer die Voraussetzungen des § 104 Nr. 2 BGB erfüllt.[5] Dann muss die Person vor Gericht durch einen Betreuer vertreten sein.[6] Die Betreuerbestellung hat keinen Einfluss auf die Geschäftsfähigkeit.[7][8][9] Die Prozessfähigkeit von unter **Betreuung** stehender Personen ist seit 2023 in **§ 53** geregelt, so dass die beiden Normen im Zusammenhang zu sehen sind.

Die Parteifähigkeit ist eine **Sachurteilsvoraussetzung** und ihr Fehlen zum Zeit- 3 punkt der letzten mündlichen Verhandlung führt zur Unzulässigkeit der Klage. Dies

---

[1] Grüneberg/Ellenberger BGB Übl. vor § 1 Rn. 1.

[2] Grüneberg/Ellenberger BGB Übl. vor § 1 Rn. 3.

[3] BGH III ZB 17/93, NJW 1993, 2943.

[4] BT-Drs. 19/24445, 446ff.

[5] BGH XI ZR 283/16, BeckRS 2017, 106800.

[6] BT-Drs. 19/24445, 449.

[7] BT-Drs. 19/24445, 449.

[8] BGH XI ZR 283/16, BeckRS 2017, 106800.

[9] BT-Drs. 19/24445, 447.

ist **von Amts wegen** in jeder Lage des Verfahrens zu prüfen (§ 56 ZPO), wobei auch im **Freibeweisverfahren** entschieden werden kann.[10] Es reicht Tatsachenvortrag aus, der die Möglichkeit einer Prozessunfähigkeit begründet.[11] Bei begründeten Zweifeln an der Prozessfähigkeit müssen die zur Verfügung stehenden Aufklärungsmöglichkeiten genutzt werden und solange darf kein gegen die betroffene Person gerichtetes Versäumnisurteil ergehen.[12] Sämtliche Beweismittel sind auszuschöpfen, wobei vor einer Beweisaufnahme eine persönliche Anhörung geboten ist.[13] Wer sich auf die eigene Prozessunfähigkeit beruft, muss ausreichende Tatsachen tragen.[14] Ggf. ist Verfahrens- oder Prozesskostenhilfe zu bewilligen und ein psychiatrisches Gutachten einzuholen.[15] Das Prozessgericht hat alternativ durch Einschaltung des Betreuungsgerichts für eine verfahrensmäßige Vertretung zu sorgen[16] oder der Prozesspartei einen Verfahrenspfleger zu bestellen.[17] Ein **Betreuungsgutachten**[18] darf dann zivilprozessual verwertet werden, so dass die Einholung eines ZPO-Gutachtens idR entbehrlich sein dürfte. Verliert in einem Verfahren mit **Anwaltszwang** der anwaltliche Vertreter die Prozessfähigkeit, so tritt nach § 244 Abs. 1 ZPO eine Unterbrechung ein, auch wenn der anwaltliche Kläger sich selbst vertritt.[19] Die Beweislastregelung in § 104 Nr. 2 BGB zu Lasten des Betroffenen ist verfahrensrechtlich unanwendbar.[20] Bei hinreichenden Zweifeln an der Prozessfähigkeit gehen diese zu Lasten der betroffenen Partei.[21] Prozesshandlungen sind bei fehlender Prozessfähigkeit unwirksam. Bleibt die Parteifähigkeit streitig, so ist die Partei in dem Zulassungsstreit als parteifähig zu behandeln.[22] Es ergeht ein Zwischenurteil (§§ 280 Abs. 2, 303 ZPO). Eine Zwischenfeststellungsklage ist unstatthaft.[23] Eine Sachentscheidung darf vor Klärung der Prozessfähigkeit nicht ergehen.[24] Zuvor ist die Prozesspartei persönlich anzuhören.[25] Bleibt jedoch die fehlende Parteifähigkeit unbemerkt und wird die Klage als unbegründet abgewiesen, so ist der Kläger im Berufungsverfahren als parteifähig zu behandeln und die Klage ist als unzulässig abzuweisen.[26], Dies gilt auch für den Fall nicht ausräumbarer Zweifel.[27] Der nicht rechtsfähige Kläger scheidet als Kostenschuldner aus.[28] Wird eine fehlende Parteifähigkeit erst nach Eintritt der formellen Rechtskraft erkannt, so ist eine Nichtigkeitsklage analog § 579 Abs. 1 Nr. 4 ZPO möglich.[29]

---

[10] BGH XI ZR 283/16, BeckRS 2017, 106800; IX ZR 73/85, NJW-RR 1986, 157.
[11] BGH IX ZR 73/85, NJW-RR 1986, 157.
[12] BGH III ZR 344/20, NJW-RR 2021, 1648; IX ZR 73/85, NJW-RR 1986, 157.
[13] BVerfG 1 BvR 2509/15, BeckRS 2016, 48238.
[14] BGH IX ZR 73/85, NJW-RR 1986, 157.
[15] BGH IX ZR 73/85, NJW-RR 1986, 157.
[16] BVerfG 1 BvR 2509/15, BeckRS 2016, 48238.
[17] BGH IX ZR 73/85, NJW-RR 1986, 157.
[18] OLG Brandenburg 7 U 25/06, BeckRS 2006, 19297.
[19] BGH AnwZ (Brfg) 54/18, BeckRS 2020, 10808.
[20] BGH IX ZR 73/85, NJW-RR 1986, 157.
[21] BGH ZR 283/16, BeckRS 2017, 106800.
[22] BGH IX ZR 73/85, NJW-RR 1986, 157; OLG Frankfurt 23 U 35/02, OLGR Frankfurt 2003, 447.
[23] BGH III ZB 17/93, NJW 1993, 2943.
[24] BGH IX ZR 73/85, NJW-RR 1986, 157.
[25] BVerfG 1 BvR 2509/15, BeckRS 2016, 48238; OLG Hamm 9 U/68/15, BeckRS 2016. 114206.
[26] OLG Düsseldorf 22 U 37/77, MDR 1977, 759.
[27] BGH III ZR 306/98; NJW 2000, 289.
[28] BGH IVb ZR 707/80, NJW 1982, 2449.
[29] BGH IVb ZR 707/80, NJW 1982, 2449.

§ 51 Prozessfähigkeit; gesetzliche Vertretung; Prozessführung

(1) **Die Fähigkeit einer Partei, vor Gericht zu stehen, die Vertretung nicht prozessfähiger Parteien durch andere Personen (gesetzliche Vertreter) und die Notwendigkeit einer besonderen Ermächtigung zur Prozessführung bestimmt sich nach den Vorschriften des bürgerlichen Rechts, soweit nicht die nachfolgenden Paragraphen abweichende Vorschriften enthalten.**

(2) **Das Verschulden eines gesetzlichen Vertreters steht dem Verschulden der Partei gleich.**

(3) **Hat eine nicht prozessfähige Partei, die eine volljährige natürliche Person ist, wirksam eine andere natürliche Person schriftlich mit ihrer gerichtlichen Vertretung bevollmächtigt, so steht diese Person einem gesetzlichen Vertreter gleich, wenn die Bevollmächtigung geeignet ist, gemäß § 1814 Abs. 3 Satz 2 Nummer 1 des Bürgerlichen Gesetzbuchs die Erforderlichkeit einer Betreuung entfallen zu lassen.**

Übersicht

I. Allgemeines

Innerhalb einer Prozessführung ist zwischen der Prozessführungsbefugnis, der Prozessfähigkeit im Sinne der Vornahme von Prozesshandlungen (§ 52 ZPO) und der Person, welche diese vornimmt, zu trennen. Das kann die Partei selbst sein bzw. ein gesetzlicher oder rechtsgeschäftlicher Vertreter (Prozessvollmacht bzw. Vorsorgevollmacht Abs. 3). 1

II. Prozessfähigkeit (Abs. 1)

Die Prozessfähigkeit ist eine **Sachurteilsvoraussetzung,** so dass bei ihrem Fehlen die Klage als unzulässig abzuweisen ist. Sie ist auch Voraussetzung für eine wirksame Vornahme von **Prozesshandlungen** (vgl. → § 50 Rn. 3). Dadurch soll ein ordnungsgemäßer Verfahrensablauf gesichert und eine Prozessführung von und gegen prozessunfähige Personen gewährleistet sein. Vor einer Abweisung einer Klage als unzulässig ist der Rechtsstreit auszusetzen, bis das Betreuungsgericht über die Bestellung eines (Kontroll-)Betreuers entschieden hat.[1] 2

[1] BT-Drs. 15/4874, 28; BGH XII ZB 577/13, NJW-RR 2014, 770; OLG Karlsruhe 19 U 124/09, FamRZ 2010, 1762.

3 Da Störungen der Geistestätigkeit als zu beweisende Ausnahmen anzusehen sind (vgl. → § 104 BGB Nr. 2), ist regelmäßig von der Prozessfähigkeit auszugehen.[2]

4 Der Kläger trägt das Risiko, dass sich seine Prozessfähigkeit nicht beweisen lässt (objektive Beweislast), wobei Gerichte von Amts wegen alle in Frage kommenden Beweise, insbesondere durch Einholung von Sachverständigengutachten, zu erheben haben. Den Prozessunfähigen trifft keine subjektive Beweisführungslast.[3] Bei der Prüfung **von Amts wegen** (§ 56 ZPO) gehen verbleibende Zweifel zu Lasten der betroffenen Partei.[4] Erst nach Ausschöpfung aller Erkenntnisquellen ist eine Entscheidung nach Beweislast eröffnet.[5] Das Gericht muss aber zuvor auf Zweifel hinweisen und rechtliches Gehör dazu gewähren.[6]

5 Wer aufgrund einer geistigen Störung iSv § 104 Nr. 2 BGB geschäftsunfähig ist, bleibt bzw. wird zwar selbst Partei. Er muss aber entweder innerhalb eines auch die Prozessführung umfassenden Aufgabenkreises durch einen Betreuer (§ 1823 BGB) oder aufgrund einer schriftlichen **Vorsorgevollmacht** mit entsprechender Befugnis rechtsgeschäftlich vertreten sein (Abs. 3).

6 Die **Bestellung eines Prozesspflegers** für einen prozessunfähigen Kläger ist möglich.[7]

7 An der Prozessfähigkeit fehlt es auch, wenn ein Betroffener zwar **geschäftsfähig** ist, aber bezüglich des Aufgabenkreises „Gerichtsverfahren" unter einem **Einwilligungsvorbehalt** steht (vgl. → BGB § 1825). Zwar bleiben geschäftsfähige Betreute trotz Bestellung eines Betreuers grundsätzlich prozessfähig.

8 Der in einem **Anwaltsprozess** geschlossene **Prozessvergleich** ist nicht deshalb unwirksam, weil der Mandant bei Abschluss des Vergleichs vorübergehend oder inzwischen geschäftsunfähig war.[8] Der anwaltliche Vertreter gibt eine eigene Willenserklärung ab, so dass bei Willensmängeln auf die Person des Vertreters und nicht auf die Person des Vertretenen abzustellen ist.[9]

9 Die Geschäftsfähigkeit und damit die Prozessfähigkeit können nur für einen beschränkten Kreis von Angelegenheiten (Streitkomplexe zusammenhängender Verfahren) ausgeschlossen sein.[10] Ein Querulantenwahn besteht aber bereichsbezogen und ist unabhängig von der juristischen Schwierigkeit des Streitstoffs.[11]

10 Der Einwand einer gemäß § 51 ZPO fehlenden Prozessunfähigkeit (Unwirksamkeit der Bestellung als GmbH-Geschäftsführer) ist unbegründet, wenn sich die Gegenseite auf die positive Publizität des Handelsregister (§ 15 Abs. 3 HGB) berufen kann.[12]

---

[2] OLG Brandenburg 7 U 24/06, BeckRS 2006, 19296 mwN; BGH VI ZR 94/95, NJW 1996, 1059.

[3] BGH VI ZR 94/95, NJW 1996, 1059.

[4] BGH V ZR 199/11, FamRZ 2012, 631; BGH III ZR 306/98, NJW 2000, 289; OLG Köln 2 U 19/11, BeckRS 2014, 02954.

[5] OLG Brandenburg 7 U 24/06, BeckRS 2006, 19296 mwN; BGH VI ZR 94/95, NJW 1996, 1059.

[6] BGH V ZR 8/13, FamRZ 2014, 553.

[7] BGH XII ZB 29/15, ZEV 2015, 136, aA OLG Koblenz 1 U 1611/06, BeckRS 2010, 22051; OLG Köln 2 U 19/11, BeckRS 2014, 02954.

[8] OLG Hamm 9 U 62/18, NJW-RR 2021, 1002; 20 U 70/07, MDR 2009, 193; OLG Celle 14 U 37/09, MDR 2009, 1186.

[9] OLG Hamm 20 U 70/07, MDR 2009, 193.

[10] BGH III ZR 306/98, NJW 2000, 289; OLG Hamm 11 SchH 27/12, MDR 2014, 1044.

[11] Cording/Nedopil/Cording/Hausner Psychiatrische Begutachtungen S. 83.

[12] OLG Naumburg 9 U 5/08, OLGR Naumburg 2009, 25.

III. Verschulden des gesetzlichen Vertreters (Abs. 2)

Der Vertretene muss sich jegliches pflichtwidrige Verschulden seines Vertreters zurechnen lassen.[13] 11

IV. Vertretung eines Geschäftsunfähigen durch einen Bevollmächtigten (Abs. 3)

Die Verweisung in Abs. 3 auf § 1814 Abs. 3 S. 2 Nr. 1 BGB ist durch die Neufassung des BGB (§ 1896 Abs. 2 S. 2 BGB aF) veranlasst. § 1896 Abs. 2 S. 2 BGB regelte, dass ein Betreuer nicht bestellt werden darf, wenn die Angelegenheiten durch einen Vorsorgebevollmächtigten „ebenso gut" wie durch einen Betreuer besorgt werden können.[14] § 1814 Abs. 3 S. 2 Nr. 1 BGB hält an diesem Grundsatz des „Nachrangs der Betreuung gegenüber anderen Unterstützungsformen"[15] fest, wobei der Gesetzgeber von einer Definition der Vorsorgevollmacht bewusst abgesehen hat.[16] Mit der Formulierung „gleichermaßen" soll zum Ausdruck gebracht werden, dass eine vergleichbare Besorgung fremder Angelegenheiten ausreichend ist und es nicht anknüpfend an die bisherige Formulierung auf einen „Qualitätsaspekt" (ebenso gut) ankommen soll.[17] Hintergrund ist, dass Berufsbetreuer ehrenamtlichen Personen fachlich oft überlegen sind und es darauf nicht ankommen darf.[18] 12

Ein Vorsorgebevollmächtigter als rechtsgeschäftlicher Vertreter steht also aufgrund der gesetzlichen Sonderregelung in Abs. 3 dem gesetzlichen Vertreter eines prozessunfähigen Betreuten gleich.[19] Die fehlende Prozessfähigkeit wird im Wege der gesetzlichen Vertretung durch den Vorsorgebevollmächtigten ersetzt.[20] Die Vollmacht muss den Wirkungskreis umfassen, auf den sich der Prozess bezieht.[21] Ist eine gerichtliche Vertretung nicht von den Vollmachtsbefugnissen erfasst, dann muss ein Betreuer oder ein Prozesspfleger (§ 57 ZPO) bestellt werden.[22] Nach dem Willen des Gesetzgebers ist § 51 ZPO neben einer zur Prozessführung tauglichen Vorsorgevollmacht nicht anwendbar, so dass der Bevollmächtigte die Prozessführung statt eines Betreuers zu übernehmen hat.[23] Abs. 3 ist auch auf die Abgabe einer **Vermögensauskunft** und einer **eidesstattlichen Versicherung** durch einen Vorsorgebevollmächtigten als Vertreter für einen prozessunfähigen Schuldner anwendbar.[24] Zur einer analogen Anwendung von Abs. 3 auf das **materielle Recht.**[25]

---

[13] BGH XII ZB 46/92, NJW-RR 1993, 130.
[14] BT-Drs. 15/2494, 39f. zu § 51 Abs. 3 ZPO aF.
[15] BT-Drs. 19/24445, 232.
[16] BT-Drs. 19/24445, 150.
[17] BT-Drs. 19/24445, 233.
[18] Kurze ZErb 2021, 345.
[19] BGH XII ZB 29/15, ZEV 2015, 136; Zimmer ZEV 2021, 295.
[20] BGH I ZB 60/18, NJW 2020, 1143; XII ZB 29/15, ZEV 2015, 136.
[21] OLG Karlsruhe 19 U 124/09, FamRZ 2010, 1762, Zimmer ZEV 2021, 295.
[22] BGH XII ZB 29/15, ZEV 2015, 136.
[23] BT-Drs. 15/4874, 28 zu § 51 ZPO aF.
[24] BGH I ZB 60/18, NJW 2020, 1143.
[25] Vgl. BGH XII ZB 450/20, NJW 2021, 1455; Zimmer ZEV 2021, 295.

V. Verfahrensrecht

1. Allgemeines

13 In einem Streit über die Prozessfähigkeit ist die Partei als prozessfähig anzusehen.[26] Dies gilt auch für eine selbst erhobene **Nichtigkeitsklage.**[27]

14 Der **Anspruch auf rechtliches Gehör** (Art. 103 Abs. 1 GG) ist verletzt, wenn vor Erlass eines Beweisbeschlusses über die Erstellung eines Gutachtens zur Klärung der Prozessfähigkeit keine Anhörung des Betroffenen erfolgt.[28] Bei einem Prozessunfähigen muss der gesetzliche Vertreter angehört werden.[29] Dazu ist dem Betroffenen Gelegenheit zu geben, die Bestellung eines Betreuers zu veranlassen.[30]

15 Für die für eine Prozessfähigkeit notwendige Prüfung der **Geschäftsfähigkeit** ist die Bescheinigung eines Hausarztes nicht ausreichend, wenn der Patient im Hinblick auf eine Prozessfähigkeit nicht untersucht wurde.[31]

16 Eine Prozessfähigkeit ist Voraussetzung für einen wirksamen **Prozesskostenhilfeantrag** und bei nicht ausräumbaren Zweifeln, ist das Prozesskostenhilfegesuch bereits mangels wirksamen Antrages und nicht erst wegen fehlender Erfolgsaussichten abzulehnen.[32] Zweifel sind durch ein Gutachten auszuräumen und dann noch verbleibende Zweifel gehen zu Lasten der betroffenen Partei.[33]

17 Eine Beschwerde in einer **Handelsregistersache** setzt eine Geschäfts- und Prozessfähigkeit voraus.[34]

18 Die unbefristete einstweilige Einstellung einer **Räumungsvollstreckung** ohne Auflagen gestützt auf wahnhaften Störungen und Suizidgefahr verletzt das grundrechtlich geschützte Interesse auf effektiven Rechtsschutz (Art. 14 Abs. 1 und Art. 19 Abs. 4 GG).[35] Die Prozessunfähigkeit des Schuldners ist ein Verfahrenshindernis, so dass der Vollstreckungsschutzantrag unwirksam ist und nicht beschieden werden darf.[36] Bis zu einer Aufnahme des Verfahrens durch einen Betreuer muss eine Sachentscheidung zurückgestellt werden.[37]

2. Zustellungen in gerichtlichen Verfahren

19 Auch gerichtliche Zustellungen erfordern eine **Prozessfähigkeit** des Zustellungsempfängers: Klage und Versäumnisurteil,[38] Vollstreckungsbescheid.[39]

20 Im Rahmen einer Nichtigkeitsklage einer prozessunfähigen Partei ist der Einwand unzulässig, wonach der Verfahrensmangel durch ein Rechtsmittel geltend gemacht

---

[26] BGH V ZR 199/11, FamRZ 2012, 631; OLG Koblenz 5 W 218/12, BeckRS 2013, 02567; KG Berlin 18 UF 73/13, FamRZ 2014, 1038.

[27] BGH V ZR 199/11, FamRZ 2012, 631.

[28] BVerfG 1 BvR 1542/05, BeckRS 2005, 31096; BGH III ZR 306/98, NJW 2000, 289.

[29] OLG Koblenz 5 W 218/12, BeckRS 2013, 02567.

[30] BGH V ZR 199/11, FamRZ 2012, 631; BGH VI ZR 249/09, NJW-RR 2011, 284; OLG Düsseldorf 3 Wx 178/09, BtPrax 2010, 85.

[31] OLG Köln 2 U 19/11, BeckRS 2014, 02954.

[32] OLG Hamm11 SchH 27/12, MDR 2014, 1044.

[33] OLG Hamm 11 SchH 27/12, MDR 2014, 1044.

[34] BayObLG 3Z BR 62/03, DB 2003, 1565.

[35] BGH I ZB 15/13, NJW 2014, 2288.

[36] BGH I ZB 73/09, ZMR 2012, 264.

[37] BGH XII ZB 577/13, NJW-RR 2014, 770.

[38] BGH VIII ZR 12/07, FamRZ 2008, 680.

[39] BGH VIII ZR 68/07, NJW 2008, 2125; BGH VIII ZR 100/13, NJW 2014, 937; OLG 7 U 24/06, BeckRS 2008, 13996.

hätte werden müssen. Das gilt auch für den Fall, dass ein zunächst eingelegtes Rechtsmittel zurückgenommen wurde.[40]

Wird die Unwirksamkeit eines **gerichtlichen Vergleichs** wegen einer fehlenden **Geschäftsfähigkeit** behauptet, ist ein die Verfahrensfortsetzung ablehnender Beschluss mit der sofortigen Beschwerde anfechtbar, obwohl durch Urteil hätte entschieden werden müssen (Meistbegünstigung).[41] **21**

3. Gerichtskosten für ein Eigenverfahren des Betreuten

Unterliegt die Führung gerichtlicher Verfahren einem **Einwilligungsvorbehalt** gemäß § 1825 BGB ist bei einem dennoch eingeleiteten Verfahren auf eine Erinnerung des Betreuers hin die Nichterhebung von **Gerichtskosten** nach § 21 GNotKG zu prüfen.[42] **22**

Bei konkreten Anhaltspunkten ist die Prozessvoraussetzung von Amts wegen zu klären, wobei keine Bindung an die förmlichen ZPO-Beweismittel besteht und ein Freibeweis möglich ist.[43] **23**

Bei krankheitsbedingt überhöhten und selbstschädigenden Klageanträgen und Streitwertangaben fehlt es bei einer Streitwertbeschwerde an „nennenswerten ernsthaften Streit- bzw. Beschwerdewerten", so dass der Mindestwert für das Beschwerdeverfahren festzusetzen ist.[44] **24**

4. Finanzgerichtsbarkeit

Nach § 58 Abs. 1 Nr. 1 FGO sind die nach bürgerlichem Recht geschäftsfähige Personen prozessfähig. Durch die Verweisung in § 58 Abs. 2 S. 2 FGO ua auch auf § 56 ZPO ist klargestellt, dass in der Finanzgerichtsbarkeit eine Prüfung von Amts wegen stattzufinden hat.[45] Bis zu einer rechtskräftigen Entscheidung wird die Prozessfähigkeit vermutet.[46] **25**

5. Sozialgerichtsbarkeit

§ 71 Abs. 1 SGG ist § 52 Abs. 1 ZPO nachgebildet, so dass auf → § 52 Abs. 1 ZPO Rn. 1–3 der dortigen Kommentierung verwiesen werden kann. Die Prozessfähigkeit wird an die Geschäftsfähigkeit iSv § 104 BGB angeknüpft. § 71 Abs. 6 SGG verweist auf die §§ 53 bis 56 ZPO. Daraus ergibt sich insbesondere, dass die Prozessfähigkeit von Amts wegen geprüft werden muss. In Abweichung von § 51 ZPO iVm § 104 Nr. 1 BGB können nach § 36 Abs. 1 SGG ab dem vollendeten fünfzehnten Lebensjahr Anträge auf Sozialleistungen gestellt und Sozialleistungen entgegengenommen werden. **26**

---

[40] BGH 15.1.2014 – VIII ZR 100/13, NJW 2014, 937.

[41] OLG Koblenz 2.5.2012 – 5 W 218/12, FD-ZVR 2013, 342794.

[42] BFH Beschl. v. 5.8.2002 – VII B 56/00, BeckRS 2002, 25000919.

[43] BGH 17.11.2011 – V ZR 199/11, FD-ZVR 2012, 328618; BGH 4.11.1999 – III ZR 306/98, NJW 2000, 289; OLG Köln 7.12.2011 – 2 U 19/11, BeckRS 2014, 02954; OLG Brandenburg 16.8.2006 – 7 U 24/06, BeckRS 2006, 19296.

[44] OLG Koblenz 19.10.2006 – 5 W 624/06, BeckRS 2006, 12279.

[45] BFH 26.11.2007 – III B 3/07, BeckRS 2007, 25012833.

[46] BFH 26.11.2007 – III B 3/07, BeckRS 20007, 25012833 mwN; BFH 11.12.2001 – VI R 19/01, BeckRS 2001, 25000277.

§ 52 Umfang der Prozessfähigkeit

Eine Person ist insoweit prozessfähig, als sie sich durch Verträge verpflichten kann.

1 § 52 ZPO normiert eine Anknüpfung der Prozessfähigkeit an die Geschäftsfähigkeit iSv § 104 BGB.

2 Die Prozessfähigkeit ist eine Sachurteilsvoraussetzung, so dass bei ihrem Fehlen die Klage als unzulässig abzuweisen ist. Sie ist auch Voraussetzung für eine wirksame Vornahme von **Prozesshandlungen** (vgl. → § 50 Rn. 3). Dadurch soll ein ordnungsgemäßer Verfahrensablauf gesichert werden. Prozessfähig sind neben geschäftsfähigen Personen iSv § 104 BGB auch Betreute, deren Prozessführung nicht einem Einwilligungsvorbehalt unterliegt (vgl. BGB § 1825).[1] Anderenfalls ist eine Prozessführung ausschließlich durch Betreuer möglich (§ 53 ZPO).

3 Eine auf bestimmte Gerichtsverfahren beschränkte Prozessfähigkeit ist im Falle einer partiellen Geschäftsfähigkeit (→ BGB § 104 Rn. 13ff.) möglich.[2] Die Prozessfähigkeit hängt aber nicht von der Schwierigkeit des Streitstoffs ab (vgl. → BGB § 104 Rn. 15f.).[3]

§ 53 Prozessfähigkeit bei rechtlicher Betreuung

(1) **Bei Personen, für die ein Betreuer bestellt ist, richtet sich die Prozessfähigkeit nach den allgemeinen Vorschriften.**

(2) [1]**Wird ein Betreuter in einem Rechtsstreit durch einen Betreuer vertreten, kann der Betreuer in jeder Lage des Verfahrens gegenüber dem Prozessgericht schriftlich oder zu Protokoll der Geschäftsstelle erklären, dass der Rechtsstreit fortan ausschließlich durch ihn geführt wird (Ausschließlichkeitserklärung).** [2]**Mit Eingang der Ausschließlichkeitserklärung steht der Betreute für den weiteren Rechtsstreit einer nicht prozessfähigen Person gleich.** [3]**Der Betreuer kann die Ausschließlichkeitserklärung jederzeit mit Wirkung für die Zukunft zurücknehmen.**

I. Allgemeines

1 Nach der bisherigen Fassung des § 53 wurde eine durch einen Betreuer oder Pfleger vertretene Person trotz einer Prozessfähigkeit einer prozessunfähigen Person gleichgestellt, wobei eine Wiederherstellung der Prozessfähigkeit rechtlich nicht möglich war.[1] Das widerspricht aber dem Selbstbestimmungsrecht unter Betreuung stehender Menschen.[2] Die Norm soll nach der gesetzgeberischen Neufassung zum 31.12.2022 wie (zuvor) auch verhindern, dass ein Betreuer oder Pfleger in einem Gerichtsverfahren mit dem Betreuten dergestalt in Konflikt gerät, dass eine sachgerechte Prozessführung erschwert oder verhindert wird.[3] Andererseits ist nun aber deklaratorisch und in Abkehr von dem bisherigen Gesetzesmechanismus[4] geregelt, dass ein ge-

---

[1] BGH BLw 33/01, BeckRS 2002, 3862.

[2] BGH IVb ZB 830/81, NJW 1985, 433.

[3] BGH V ZR 97/52, NJW 1953, 1342; BGH V ZR 103/59, NJW 1961, 261; BGH IV ZR 83/69, NJW 1970, 1680.

[1] BT-Drs. 11/4528, 44; BT-Drs. 19/24445, 445.

[2] BT-Drs. 19/27287, 27.

[3] BGH IVb ZR 5/86, NJW 1988, 49 zu § 53 ZPO aF.

[4] BT-Drs. 19/27287, 27.

schäfts- und prozessfähiger Betreuer nicht durch seinen Betreuer vor Gericht gesetzlich vertreten sein muss und ein Betreuter seine Prozessfähigkeit nicht mehr automatisch verliert.[5] Darüber hinausgehend regelt § 1821 Abs. 1 S. 2 Hs. 2 BGB, dass Betreuer von der Vertretungsmacht gemäß § 1823 BGB nur Gebrauch machen dürfen, soweit dies im Einzelfall erforderlich ist.[6] Das dürfte nach dem Willen des Gesetzgebers bei unbeschränkt geschäfts- und prozessfähigen Personen nicht in Betracht kommen.[7] In Abs. 1 wird daher deklaratorisch auf die allgemeinen Vorschriften verwiesen. Danach sind Betreute grds. prozessfähig, soweit sie geschäftsfähig sind.[8] Dies ist – abgesehen von der Regelung in Abs. 2 sowie der Anordnung eines Einwilligungsvorbehalts (§ 1825 BGB) – die einzige Voraussetzung.[9] Geschäfts- und prozessunfähig ist, wer aus psychiatrischer Sicht die rechtlichen Voraussetzungen des § 104 Nr. 2 BGB erfüllt[10,11] (→ § 104 BGB Rn. 7 ff.). Dann müssen Geschäftsunfähige vor Gericht durch Betreuer vertreten sein (§ 1823 BGB).[12] Die Betreuerbestellung an sich hat keinen Einfluss auf die Geschäftsfähigkeit.[13]

§ 53 wird mit der Neufassung zur **zentralen Vorschrift für die Prozess- und Verfahrensfähigkeit unter Betreuung stehender Personen.** Die Norm soll das Selbstbestimmungsrecht Betreuter stärken und gleichzeitig einen sachgerechten Verfahrensablauf gewährleisten.[14] Es wird ein Ausgleich zwischen einer selbstbestimmten Verfahrensteilhabe und dem sich aus Art. 12 Abs. 3 UN-Behindertenrechtskonvention ergebenden Schutzauftrag (Selbstgefährdung) geschaffen.[15] § 53 gilt in den meisten gerichtlichen und behördlichen Verfahrensordnungen, insbesondere über ZPO-Einzel- oder -Globalverweisungen (VwGO, FGO, SGG, StPO und JGG). Zwar verweist § 9 Abs. 5 FamFG auf die §§ 53 ff. ZPO. § 275 FamFG enthält aber eine Spezialregelung für die Verfahrensfähigkeit in Betreuungsverfahren und § 316 FamFG für Unterbringungsverfahren. Es entsteht damit ein „Nebeneinander der Handlungsbefugnis von rechtlichem Betreuer und prozessfähigem Betreuten".[16] Im Zuge dessen wird die gerichtliche und behördliche **Zustellung von Schriftstücken** an die Vorgaben der UN-Behindertenrechtskonvention angepasst **(§ 170a ZPO),** was einen sachgemäßen Verfahrensablauf sicherstellen soll (Rechtsstaatsprinzip mit Verfassungsrang).[17] Es geht um das „Spannungsverhältnis zwischen Fürsorge und Entrechtung.[18] Im Rahmen dessen treffen § 53 und § 170a ZPO unterschiedliche Grundentscheidungen[19], da bei Zustellungen an den Betreuten dem Betreuer im Rahmen des Aufgabenkreises formlos eine Abschrift „mitzuteilen" ist und dies bei Zustellungen an den Betreuer umgekehrt für den Betreuten gilt.[20] Dies führt bei Zustellungen an Betreuer oft zu einer faktischen Prozessunfähigkeit[21], obwohl eine Betreuerbestellung 2

[5] BT-Drs. 19/24445, 449; BT-Drs. 19/27287, 27.
[6] BT-Drs. 19/27287, 28.
[7] BT-Drs. 19/27287, 27.
[8] BT-Drs. 19/24445, 446 ff.; BT-Drs. 19/27287, 27.
[9] BT-Drs. 19/27287, 27.
[10] BGH XI ZR 283/16, BeckRS 2017, 106800.
[11] KG 19 W 10/20, ErbR 2021, 854 zur Testierfähigkeit.
[12] BT-Drs. 19/24445, 449; BT-Drs. 19/27287, 27.
[13] BT-Drs. 19/24445, 449; BT-Drs. 19/27287, 27.
[14] BT-Drs. 19/24445, 445.
[15] BT-Drs. 19/24445, 446 mN Schnellenbach BtPrax 2020, 119.
[16] BT-Drs. 19/24445, 449.
[17] BT-Drs. 19/24445, 446.
[18] BT-Drs. 11/4528, 44.
[19] BT-Drs. 19/24445, 448.
[20] BT-Drs. 19/24445, 445 ff. zu § 170a idF des Gesetzesentwurfs der BReg vom 18. 11. 2020.
[21] BT-Drs. 19/24445, 447 zu § 170a idF des Gesetzesentwurfs der BReg vom 18. 11. 2020.

für sich genommen noch keinen Einfluss auf die Geschäfts- und damit die Prozessfähigkeit hat,[22] soweit nicht ein **Einwilligungsvorbehalt** die Wirksamkeit einer Willenserklärung verhindert oder eine Einwilligung vorliegt (vgl. → BGB § 1825 BGB Rn. 23).[23] Mögliche Widersprüche in dem prozessualen Verhalten sind als Ausfluss des in der UN-Behindertenrechtskonvention gewährleisteten Selbstbestimmungsrechts zu akzeptieren, was sich auch aus § 1821 BGB ergibt.[24] Sie sind nach den allgemeinen Vorschriften aufzulösen.[25]

II. Ausschließlichkeitserklärung (Abs. 2)

3 Wenn Betreute gestützt auf ihr Selbstbestimmungsrecht „aktiv in einen Prozess eingreifen“[26], muss der Betreuer im Rahmen seines Schutzauftrages (Art. 12 Abs. 3 UN-Behindertenrechtskonvention) prüfen, ob im Einzelfall trotz einer Prozessfähigkeit krankheitsbedingt eine erhebliche Selbstgefährdung eintritt.[27] Die „Wunschbefolgungspflicht“ besteht nicht, soweit die Person oder das Vermögen erheblich gefährdet wäre und der Betreute dies betreuungsbedingt nicht erkennen kann oder nicht nach dieser Einsicht zu handeln in der Lage ist (§ 1821 Abs. 1 Nr. 3 BGB).[28] Der mutmaßliche Wille bildet dann den Handlungsmaßstab (§ 1821 Abs. 4 BGB).[29] Neu geregelt ist, dass der Betreuer im Einzelfall mit dem Argument einer Schutzbedürftigkeit die Prozessführung an sich ziehen kann **(sog. Ausschließlichkeitserklärung Abs. 2),** um für die Betreuten (mutmaßlich) nicht erkennbare Gefahren abzuwenden.[30] Dies ergibt sich auch aus § 1821 Abs. 3f. BGB.[31] Der Betreute ist dann mit Wirkung für die Zukunft als prozessunfähig anzusehen.[32] Dies gilt auch für einen prozessunfähigen Betreuten.[33] Der Betreuer hat mangels einer verfahrensrechtlichen Reglung sein Handeln im Innenverhältnis grundsätzlich weiter an den Wünschen des Betreuten auszurichten (§ 1821 Abs. 2 BGB) und darf von seiner Vertretungsmacht nur im Rahmen des Erforderlichen Gebrauch machen (§ 1821 Abs. 1 S. 2 BGB).[34] Der Betreuer ist bei der Entscheidung, ob und wie lange er von der Ausschließlichkeitserklärung Gebrauch macht an § 1821 BGB gebunden.[35] Die Erforderlichkeit richtet sich jeweils nach dem konkreten Prozessgegenstand.[36] Stellt die Abgabe einer Erklärung eine betreuungsrechtliche Pflichtverletzung dar, so ändert dies nichts an der Wirksamkeit.[37] Der Betreute kann sich dann an das Betreuungsgericht wenden (Aufsichtspflicht § 1862 BGB).[38]

[22] BT-Drs. 19/24445, 447; BGH IVb ZR 5/86, NJW 1988, 49 letzteres zu § 53 ZPO aF.
[23] BT-Drs. 19/24445, 449f.; BT-Drs. 19/27287, 27.
[24] BT-Drs. 19/24445, 450.
[25] BT-Drs. 19/27287, 28.
[26] BT-Drs. 19/24445, 448.
[27] BT-Drs. 19/24445, 448, 450.
[28] BT-Drs. 19/24445, 450.
[29] BT-Drs. 19/24445, 450.
[30] BT-Drs. 19/24445, 446.
[31] BT-Drs. 19/24445, 446, 450.
[32] BT-Drs. 19/24445, 450; BT-Drs. 19/27287, 28.
[33] BT-Drs. 19/27287, 28.
[34] BT-Drs. 19/24445, 450f.; BT-Drs. 19/27287, 28; Kurze ZErb 2021, 345.
[35] BT-Drs. 19/27287, 27; BT-Drs. 19/27287, 28.
[36] BT-Drs. 19/24445, 451.
[37] BT-Drs. 19/24445, 451; BT-Drs. 19/27287, 28.
[38] BT-Drs. 19/27287, 28.

Der Betreuer kann die Erklärung nach Abs. 2 in jeder Lage des Verfahrens (also auch nach Rücknahme einer früheren Erklärung, Abs. 2 S. 3[39]) gegenüber dem **Prozessgericht** schriftlich oder zu Protokoll der Geschäftsstelle (insbesondere bei nicht anwaltlichen Betreuern in Anwaltsprozessen, § 78 Abs. 3 ZPO[40]) abgeben. Sie muss zum Inhalt haben, dass der Rechtsstreit ab sofort ausschließlich durch den Betreuer geführt wird. Die Rechtsfolge ist, dass der Betreute ex-nunc kraft Gesetzes für diesen Rechtsstreit als prozessunfähig anzusehen ist.[41] Dies ist eine weniger grundrechtsintensive sowie schnellere und daher im Regelfall damit auch gebotene Alternative zu einem Antrag auf Anordnung eines (begrenzten) **Einwilligungsvorbehalts gemäß § 1825 BGB.** Denn dort müsste auch in einem Verfahren auf Erlass einer Einstweiligen Anordnung zumindest ein ärztliches Zeugnis eingeholt werden.[42] Der Normzweck des § 53 ZPO gebietet es, dass diese Erklärung nur für dieses Gerichtsverfahren (dann aber über alle Instanzen hinweg) maßgeblich ist. Denn Maßstab ist der konkrete Prozessgegenstand.[43] Zudem sind Einschränkungen des Selbstbestimmungsrechts immer einzelfallbezogen zu prufen. Die Erklärung wird aufgrund des Schutzzwecks mit **Zugang bei Gericht** rechtswirksam. Sie **wirkt für die Zukunft,** so dass prozessuale Erklärungen eines prozessfähigen Betreuten wirksam bleiben.[44] Aufgrund des Erforderlichkeitsgrundsatzes dürfte eine Erklärung unter einer (aufschiebenden) **Bedingung** rechtlich nicht statthaft sein. Zudem muss die Eingriffsschwelle unzweifelhaft bestimmbar sein.

In Abs. 2 S. 3 ist geregelt, dass der Betreuer die Erklärung jederzeit **zurücknehmen** kann, aber aus Gründen der Rechtssicherheit und zur Gewährleistung eines ordnungsgemäßen Verfahrens nur mit **Wirkung für die Zukunft.** Dies gilt insbesondere bei wechselnden und schubweise auftretenden psychiatrischen Zuständen.[45] Die Prozessfähigkeit richtet sich dann wieder nach den allgemeinen Grundsätzen.[46] Für die Rücknahme gelten dieselben Formalien wie für die Erklärung selbst.[47] Eine erneute Erklärung ist möglich, damit der grundrechtsintensive Eingriff in das Selbstbestimmungsrecht auf das erforderliche Maß reduziert werden kann.[48]

Außerhalb eines gerichtlichen Verfahrens bleibt die Handlungsfähigkeit des geschäftsfähigen Betreuten bestehen, so dass der Betreute außergerichtlich über die Klageforderung materiell-rechtlich verfügen kann (Erlassvertrag).[49] Eine Grenze bildet eine Geschäftsunfähigkeit oder der Umfang eines Einwilligungsvorbehalts (§ 1825 BGB). **4**

Der **Schutzzweck** erfordert eine Anwendung von § 53 ZPO auf eine **partielle Geschäftsunfähigkeit.**

Zum Schutz des Betreuten ist das Verfahren **bei Zweifeln** an dem notwendigen Fortbestand der Betreuung nach § 148 ZPO bis zu einer Entscheidung des Betreuungsgerichts auszusetzen.[50] **5**

---

[39] BT-Drs. 19/24445, 451.
[40] BT-Drs. 19/24445, 451.
[41] BT-Drs. 19/24445, 450; BT-Drs. 19/27287, 28.
[42] BT-Drs. 19/24445, 450.
[43] BT-Drs. 19/24445, 451.
[44] BT-Drs. 19/24445, 451; BT-Drs. 19/27287, 28.
[45] BT-Drs. 19/24445, 450; BT-Drs. 19/27287, 28.
[46] BT-Drs. 19/24445, 451; BT-Drs. 19/27287, 28f.
[47] BT-Drs. 19/27287, 28.
[48] BT-Drs. 19/24445, 451; BT-Drs. 19/27287, 28.
[49] BGH IVb ZR 5/86, NJW 1988, 49.
[50] BGH IV ZR 165/63, NJW 1964, 1855; BGH VII ZR 5/63, BGHZ 41, 303, jeweils zur Gesetzesfassung bis zum 31.12.2022.

6 Anders als in der bisherigen Fassung der Norm enthält § 53 keine besondere Regelung für **Pflegschaften.** Der Gesetzgeber sah dies nicht als nicht erforderlich an, da bei Pflegschaften für Minderjährige nach den allgemeinen Vorschriften ohnehin eine Prozessunfähigkeit besteht und in den sonstigen Pflegschaftsfällen nach § 1888 BGB die Vorschriften über die Betreuung anwendbar sind.[51] Sollte der Betroffene in dem Rechtsstreit auftreten, so kann er ihn auch weiterführen.[52] Eine Gebrechlichkeitspflegschaft wurde durch den Gesetzgeber abgeschafft.[53]

§ 55 Prozessfähigkeit von Ausländern

Ein Ausländer, dem nach dem Recht seines Landes die Prozessfähigkeit mangelt, gilt als prozessfähig, wenn ihm nach dem Recht des Prozessgerichts die Prozessfähigkeit zusteht.

§ 56 Prüfung von Amts wegen

(1) **Das Gericht hat den Mangel der Parteifähigkeit, der Prozessfähigkeit, der Legitimation eines gesetzlichen Vertreters und der erforderlichen Ermächtigung zur Prozessführung von Amts wegen zu berücksichtigen.**

(2) **Die Partei oder deren gesetzlicher Vertreter kann zur Prozessführung mit Vorbehalt der Beseitigung des Mangels zugelassen werden, wenn mit dem Verzug Gefahr für die Partei verbunden ist. Das Endurteil darf erst erlassen werden, nachdem die für die Beseitigung des Mangels zu bestimmende Frist abgelaufen ist.**

1 Fehlt es infolge einer **Geschäftsunfähigkeit** (§ 104 BGB) an den **notwendigen Prozessvoraussetzungen,** so ist für die **Zulässigkeit der Klage** das Handeln eines Vertreters notwendig. Das Gericht hat daher in jeder Lage des Verfahrens bis hin zur Revisionsinstanz[1] die Prozessvoraussetzungen **von Amts wegen** zu prüfen.[2] Das Gericht verfügt dabei über einen weiten Ermessensspielraum, ob entsprechende Anhaltspunkte vorliegen und damit eine besondere Prüf- und Ermittlungspflicht besteht.[3] Es ist daher kein Parteivortrag in allen Einzelheiten zu den Tatbestandsvoraussetzungen des § 104 Nr. 2 BGB nötig, solange die Möglichkeit der Prozessunfähigkeit nicht von der Hand zu weisen ist[4] (→ § 50 Rn. 3). Ein Verspätungseinwand ist unerheblich.[5] Das objektive Verfahrenshindernis ist Prozesserklärungen nicht zugänglich. Die fehlende Prozessfähigkeit kann damit nicht Gegenstand eines Anerkenntnisses oder Verzichts sein.

2 Abs. 2 ermöglicht bei **Gefahr im Verzug** die vorübergehende Fortführung des Verfahrens bis zu einer Behebung des Wirksamkeitsmangels.

3 Der Gesetzeswortlaut gebietet eine **Prüfung** von Amts wegen und **keine Amtsermittlungspflicht.** Der Streitstoff ist auch ohne eine entsprechende Rüge zu berücksichtigen,[6] wenn sich für das Gericht ein entsprechender Eindruck aufdrängt. Es

[51] BT-Drs. 19/24445, 448; BT-Drs. 19/27287, 27.
[52] BT-Drs. 19/27287, 27.
[53] BT-Drs. 19/27287, 27.
[1] BGH IX ZR 73/85, NJW-RR 1986, 157.
[2] BT-Drs. 19/27287, 27; BGH V ZR 8/13; XII ZR 41/09, NJW 2011, 778.
[3] BT-Drs. 19/24445, 447; BGH V ZR 8/13, BeckRS 2014, 2944.
[4] BT-Drs. 19/24445, 447; BGH XI ZR 283/16, BeckRS 2017, 106800.
[5] BGH IX ZR 73/85, NJW-RR 1986, 157.
[6] BGH IX ZR 73/85, NJW-RR 1986, 157.

besteht dann eine Hinweispflicht auf ein mögliches Verfahrenshindernis und dessen Behebung durch Bestellung eines Betreuers.[7]

Maßgeblicher Zeitpunkt für das Vorliegen der Prozessvoraussetzungen ist grundsätzlich die letzte mündliche Verhandlung in der Tatsacheninstanz.[8] Zum Beweisverfahren und der notwendigen Anhörung wird auf die Kommentierung zu → § 51 Rn. 4, Rn. 14 verwiesen. 4

§ 170a Zustellung bei rechtlicher Betreuung

(1) **Wird an eine Person zugestellt, für die ein Betreuer bestellt ist, ist diesem eine Abschrift des zugestellten Dokuments mitzuteilen, soweit er bekannt ist und sein Aufgabenkreis betroffen ist.**

(2) **Wird nach § 170 Absatz 1 an den Betreuer zugestellt, ist dem Betreuten eine Abschrift des zugestellten Dokuments mitzuteilen.**

I. Allgemeines

Durch § 170a ZPO wird die gerichtliche und behördliche **Zustellung** von Schriftstücken an die Vorgaben der UN-Behindertenrechtskonvention angepasst, was einen sachgemäßen Verfahrensablauf sicherstellen soll (Rechtsstaatsprinzip mit Verfassungsrang).[1] Während **§ 53 ZPO** die „Prozessfähigkeit bei rechtlicher Betreuung" regelt, wird durch § 170a ZPO die „Zustellung bei rechtlicher Betreuung" normiert. Die §§ 53, 170 und 170a sind im Zusammenhang zu lesen und treffen unterschiedliche Grundentscheidungen[2], da nach den §§ 170 und 170a entweder nur an den prozessfähigen Betreuten oder an den Betreuer zustellen ist, soweit der Aufgabenkreis reicht.[3] Der jeweils andere Beteiligte erhält dann eine Abschrift des Dokuments. Dies soll einer faktischen Prozessunfähigkeit[4] eines Betreuten vorbeugen, da eine Betreuerbestellung für sich genommen noch keinen Einfluss auf die Geschäfts- und damit auf die Prozessfähigkeit hat. In § 53 ZPO wird hingegen angeordnet, dass prozessfähige Personen eigenständig vor Gericht agieren können und Betreuer im Rahmen des Aufgabenkreises aufgrund einer erheblichen Selbstgefährdung die Prozessführung trotz einer Prozessfähigkeit mit Wirkung für die Zukunft an sich ziehen können (§ 53 Abs. 2 ZPO) und dann alleine prozessfähig sind.[5] 1

Die rechtliche Ausgestaltung von Zustellungen betrifft Einleitung, Fortgang und Bestandskraft der verfahrensbeendigenden Entscheidung und ist bedeutsam für die Verwirklichung rechtlichen Gehörs (Art. 103 Abs. 1 GG), den Justizgewährungsanspruch (Art. 19 Abs. 4 GG) sowie auch die sich aus dem Rechtsstaatsprinzip (Art. 20 Abs. 3 GG) ergebenden Ansprüche auf Rechtssicherheit und „wirksamen Rechtsschutz in angemessener Zeit."[6] 2

§ 170 Abs. 1 regelt, dass bei nicht prozessfähigen Personen an ihren gesetzlichen Vertreter, insbesondere im Rahmen des Aufgabenkreises die Betreuer, zuzustellen ist und eine Zustellung an eine **prozessunfähige** Person unwirksam ist. 3

---

[7] BGH V ZR 8/13, FamRZ 2014, 553; BGH V ZR 199/11, FamRZ 2012, 631; BGH V ZR 173/87, NJW 1989, 2064; V ZR 173/87, NJW 1989, 2064.

[8] BGH VI ZR 94/95, NJW 1996, 1059.

[1] BT-Drs. 19/24445, 446.

[2] BT-Drs. 19/24445, 448; zu § 170a idF des Gesetzesentwurfs der BReg vom 18.11.2020.

[3] BT-Drs. 19/27287, 29.

[4] BT-Drs. 19/24445, 447 zu § 170a idF des Gesetzesentwurfs der BReg vom 18.11.2020.

[5] BT-Drs. 19/24445, 445ff.

[6] BT-Drs. 19/24445, 446.

4 Die Zustellung an **prozessfähige Betreute** war bislang gesetzlich nicht ausdrücklich geregelt und wurde gerichtlich so gehandhabt, dass der Betreute Zustellungsadressat war. Dies führte dazu, dass das Gericht zuvor gemäß § 56 ZPO bei erstmaligen Zustellungen an unter Betreuung stehende Personen deren Geschäfts- und Prozessfähigkeit von Amts wegen im Einzelfall prüfen musste.[7] Denn im Negativfall ist eine Zustellung an den Betreuer zwingend (§ 170 Abs. 2 ZPO). Deswegen wurde in der Praxis oft entweder nur an den Betreuer oder an Betreuer sowie den Betreuten zugestellt.[8] Im ersteren Fall führte dies dann oft zu einer faktischen Prozessunfähigkeit der Betreuten und deren Verfahrensausschluss.[9]

II. Prozessfähige Betreute (Abs. 1)

5 Nunmehr regelt § 170a, dass (im Umkehrschluss zu § 170 Abs. 1) Zustellungen an Betreute zu erfolgen haben, soweit diese **prozessfähig** sind.[10] Dem Betreuer ist dann eine Abschrift des zugestellten Dokuments mitzuteilen[11], soweit die Person bekannt ist und der Aufgabenkreis reicht **(Abs. 1).** Dadurch soll der Betreuer zu einer Prüfung in die Lage versetzt werden, ob er durch Abgabe einer Ausschließlichkeitserklärung gemäß § 53 Abs. 2 die Prozessführung alleine an sich zieht.[12] Die Mitteilung erfolgt formlos.[13] Als Ordnungsvorschrift führt eine unterbliebene Mitteilung nicht zu einer Unwirksamkeit der Zustellung.[14]

III. Prozessunfähige Betreute (Abs. 2) sowie Vorliegen einer Ausschließlichkeitserklärung gem. § 53 Abs. 2 ZPO

6 Ist ein Betreuter prozessunfähig oder hat der Betreuer durch Abgabe einer Ausschließlichkeitserklärung gemäß § 53 Abs. 2 ZPO die Prozessführung an sich gezogen, so ist nach § 170 Abs. 1 ZPO an den Betreuer zuzustellen.[15] Das Selbstbestimmungsrecht des Betreuten wird dadurch gewahrt, dass ihm das zugestellte Schriftstück (formlos) abschriftlich mitgeteilt wird.[16] Als Ordnungsvorschrift führt eine unterbliebene Mitteilung nicht zu einer Unwirksamkeit der Zustellung an den Betreuer.[17]

Für Zustellungen in **Verwaltungsverfahren** ist § 6 Abs. 1 S. 2 VwZG zu beachten, wonach an den Betreuer zuzustellen ist, soweit der Aufgabenkreis reicht.

[7] BT-Drs. 19/27287, 27.
[8] BT-Drs. 19/24445, 447.
[9] BT-Drs. 19/24445, 447.
[10] BT-Drs. 19/27287, 29; Musielak/Voit/Wittschier ZPO § 170a Rn. 2.
[11] Musielak/Voit/Wittschier ZPO § 170a Rn. 2.
[12] BT-Drs. 19/27287, 29.
[13] BT-Drs. 19/27287, 29.
[14] BT-Drs. 19/27287, 29; Musielak/Voit/Wittschier ZPO § 170a Rn. 2.
[15] BT-Drs. 19/27287, 29; Musielak/Voit/Wittschier ZPO § 170a Rn. 3.
[16] BT-Drs. 19/27287, 29.
[17] BT-Drs. 19/27287, 29; Musielak/Voit/Wittschier ZPO § 170a Rn. 3.

15. Gesetz über das Verfahren in Familiensachen und in den Angelegenheiten der freiwilligen Gerichtsbarkeit (FamFG)

Vom 17.12.2008 (BGBl. I 2586, 2587)

Zuletzt geändert durch Art. 12 Abs. 21 BürgergeldG vom 16.12.2022 (BGBl. I S. 2328)

Buch 1. Allgemeiner Teil

Abschnitt 1. Allgemeine Vorschriften

§ 11 Verfahrensvollmacht

[1]Die Vollmacht ist schriftlich zu den Gerichtsakten einzureichen. [2]Sie kann nachgereicht werden; hierfür kann das Gericht eine Frist bestimmen. [3]Der Mangel der Vollmacht kann in jeder Lage des Verfahrens geltend gemacht werden. [4]Das Gericht hat den Mangel der Vollmacht von Amts wegen zu berücksichtigen, wenn nicht als Bevollmächtigter ein Rechtsanwalt oder Notar auftritt. [5]Im Übrigen gelten die §§ 81 bis 87 und 89 der Zivilprozessordnung entsprechend.

S. 1 regelt, dass die Bevollmächtigung durch Einreichung einer **schriftlichen Vollmachtsurkunde** bei Gericht zu erfolgen hat. Ein eigenhändig unterzeichneter Vordruck ist ausreichend.[1] Dies gilt auch für eine Untervollmacht.[2] Daraus kann aber keine Verpflichtung abgeleitet werden, dass ein Bevollmächtigter unaufgefordert einen entsprechenden Vollmachtsnachweis zu erbringen hat. Die Vollmachtserteilung und das darauf basierende Grundverhältnis (zB Anwaltsvertrag) sind auch **formlos** wirksam und die Bevollmächtigung muss **nur auf** eine entsprechende **Rüge** mit Fristsetzung durch das Gericht in Schriftform nachgewiesen werden. Dies gilt nach § 11 S. 3 FamFG nicht für Bevollmächtigte, die keine Rechtsanwälte oder Notare[3] sind. Hier muss das Gericht von Amts wegen tätig werden. Dies gilt auch für den Fall, dass die Rechtsanwaltszulassung nicht mehr bestand.[4] In S. 5 wird die entsprechende Geltung der §§ 81–87 und 89 ZPO (Sicherheitsleistung für Kosten und Schäden) angeordnet. 1

Damit der Schriftform gemäß § 126 Abs. 1 BGB Genüge getan ist, muss die Urkunde von dem Vollmachtgeber eigenhändig durch Unterschrift oder mittels notariell beglaubigter Handzeichen unterzeichnet sein.

Zur **Wirksamkeit des Anwaltsvertrages** muss der Vollmachtgeber (ebenso wie der Bevollmächtigte) geschäftsfähig iSv § 104 BGB sein. In Betreuungssachen ist der Betroffene jedoch ohne Rücksicht auf seine Geschäftsfähigkeit verfahrensfähig (§ 275 2

---

[1] OLG Bremen 5 W 27/21, ZEV 2021, 765; BeckOK/FamFG/Burschel § 11 Rn. 9.

[2] BGH III ZB 50/05, NJW 2007, 772 zu § 80 ZPO.

[3] KG 1 W 229/14, BeckRS 2014, 10365.

[4] BGH IX ZR 309/00, NJW 2001, 2095.

FamFG), so dass eine Vollmachtserteilung auch durch Geschäftsunfähige möglich ist.[5]

Von der aus der unbeschränkten Verfahrensfähigkeit (§ 9 FamFG) folgenden Befugnis des Betroffenen zur Erteilung einer Verfahrensvollmacht ist die Frage zu trennen, ob der Betroffene eine Bevollmächtigungserklärung abgegeben hat. Für den Nachweis gilt § 11 FamFG.[6]

3 Eine Lesbarkeit der Vollmachtsunterschrift muss nicht gegeben sein, solange es unterscheidbare und charakteristische Merkmale gibt.[7]. Statt der Schriftform ist auch eine **notarielle Beurkundung** ausreichend (§ 126 Abs. 4 BGB). Die Schriftform kann durch die elektronische Form ersetzt werden (§§ 126 Abs. 4 BGB; 130a ZPO, 14–14b FamFG). Die Erteilung einer Anwaltsvollmacht kann nach hiesiger Auffassung auch nach Inkrafttreten der aktiven Nutzungspflicht im elektronischen Rechtsverkehr gerichtlich protokolliert werden.

Bei der **Ausschlagung eines Erbes** durch einen Bevollmächtigten sowie den Anfechtungstatbeständen der §§ 1955 f. BGB) ist eine öffentlich beglaubigte Vollmacht notwendig (§ 1945 Abs. 3 S. 1 BGB). Für **Familienstreitsachen** gibt es Sonderregelungen in den §§ 113 ff. FamFG.

Buch 3. Verfahren in Betreuungs- und Unterbringungssachen

Abschnitt 1. Verfahren in Betreuungssachen

§ 275 Stellung des Betroffenen im Verfahren

(1) **In Betreuungssachen ist der Betroffene ohne Rücksicht auf seine Geschäftsfähigkeit verfahrensfähig.**

(2) **Das Gericht unterrichtet den Betroffenen bei Einleitung des Verfahrens in möglichst adressatengerechter Weise über die Aufgaben eines Betreuers, den möglichen Verlauf des Verfahrens sowie die Kosten, die allgemein aus der Bestellung eines Betreuers folgen können.**

I. Allgemeines

1 Die Verfahrensfähigkeit Geschäftsunfähiger in **Unterbringungssachen** ist durch § 316 FamFG gewährleistet.

2 § 275 FamFG regelt für **Betreuungssachen** iSv § 271 FamFG eine **Ausnahme** von dem Grundsatz in § 9 FamFG, wonach Geschäftsunfähige nicht verfahrensfähig sind. Dies betrifft die Bestellung eines Betreuers[1] und die Aufhebung einer Betreuung (§ 271 Nr. 1 FamFG), die Anordnung eines Einwilligungsvorbehalts iSv § 1825 BGB (§ 271 Nr. 2 FamFG) sowie sonstige Verfahren, welche die rechtliche Betreuung eines Volljährigen (§ 1814 Abs. 3 S. 2 Nr. 1 BGB) betreffen (§ 271 Nr. 3 FamFG).

---

[5] BGH XII ZB 317/13, NJW 2014, 215; BGH VI ZB 71/14, NJW-RR 2015, 699; OLG Schleswig 2 W 162/06, BeckRS 2007, 5365.

[6] BGH XII ZB 317/13, NJW 2014, 215.

[7] BGH XII ZB 17/97, FamRZ 1997, 737; BGH VIII ZB 105/04, NJW 2005, 3775; OLG Hamburg 5 U 158/10, BeckRS 2014, 09380.

[1] BT-Drs. 19/24445, 234.

3 Dadurch soll die Rechtsposition der Betroffenen im Verfahrensrecht entscheidend verbessert werden.[2] Sie dürfen nicht als bloßes Verfahrensobjekt behandelt werden und sollen als Verfahrenssubjekt ihren Willen selbst im Verfahren äußern und die Interessen selbst vertreten können.[3] In allen betreuungsrechtlichen Verfahren sind Betroffene ohne Rücksicht auf ihre Geschäftsfähigkeit als verfahrensfähig zu behandeln.[4] Die Verfahrensfähigkeit des Betroffenen ist damit Ausdruck der Anerkennung seiner Menschenwürde und seines Persönlichkeitsrechts.

4 Umgekehrt kann ein geschäftsfähiger Betreuter im Rahmen des Aufgabenkreises die Abgabe einer Verfahrenserklärung dem Betreuer überlassen, sofern dies nicht gegen den Willen des Betreuten erfolgt.[5]

5 § 275 FamFG bewirkt **keine partielle Geschäftsfähigkeit** für den betroffenen Bereich.

6 In Betreuungssachen können Geschäftsunfähige ihre Verfahrensrechte selbst ausüben und Verfahrenshandlungen vornehmen bzw. einen Verfahrensbevollmächtigten beauftragen. Sie können in sämtlichen mit der Betreuung zusammenhängenden Verfahren **alle Angriffs- und Verteidigungsmittel selbst** vorbringen und von **Rechtsmitteln** Gebrauch machen.[6] Die Mitwirkung ist gerade nicht auf eine Anhörung gemäß § 278 FamFG beschränkt, sondern umfasst insbesondere auch Verfahrensanträge. Dem Betroffenen sind auch für ihn rechtlich nachteilige Rechtshandlungen wie eine Rechtsmittelrücknahme oder ein Rechtsmittelverzicht möglich.[7] Es ist dann ggf. zum Schutz des Betroffenen ein **Verfahrenspfleger** zu bestellen, so dass dann unabhängig voneinander und jeweils gegen den Willen des anderen widersprechende Rechtsmittel eingelegt werden können.[8]

7 Der Verfahrenspfleger wird lediglich neben dem Betroffenen tätig und hat dessen Interessen nach objektiven Maßstäben wahrzunehmen.[9] Geben der Betroffene und der Verfahrenspfleger in derselben Instanz sich widersprechende Erklärungen ab, hat das Gericht im Rahmen seiner Ermittlungspflicht dem nach allgemeinen Verfahrensgrundsätzen nachzugehen. Ein von dem Betroffenen selbst eingelegtes Rechtsmittel kann der Verfahrenspfleger nur mit Zustimmung des Betroffenen zurücknehmen.[10] Der Verfahrenspfleger wird dem Betroffenen zur Seite gestellt, damit dessen objektive Interessen auch dann geltend gemacht werden können, wenn er sie nicht selbst wahrnimmt.[11] Der Betreute kann wirksam Rechtsmittel einlegen, sofern er nicht gemäß § 53 ZPO an der Prozessführung gehindert ist (→ ZPO § 53 Rn. 1).[12]

8 Die gemäß § 37 Abs. 2 FamFG notwendige **Möglichkeit zur Stellungnahme zu einem Sachverständigengutachten** muss grundsätzlich auch dem Betroffenen persönlich eingeräumt und das Gutachten muss ihm in vollem Wortlaut ausgehändigt

---

[2] BGH XII ZB 632/10, NJW-RR 2011, 1011; BT-Drs. 11/4528, 170 zur Vorgängervorschrift § 66 FGG.

[3] BT-Drs. 11/4528, 89 zur Vorgängervorschrift § 66 FGG; BVerfG 1 BvR 2843/17; NJW 2021, 691.

[4] BT-Drs. 11/4528, 89 zur Vorgängervorschrift § 66 FGG; BVerfG 1 BvR 2843/17; NJW 2021, 691.

[5] OLG München 34 Wx 421/14, NJW-RR 2015, 1043; BGH XII ZB 317/13, NJW 2014, 215.

[6] BVerfG 1 BvR 2843/17; NJW 2021, 691; BGH XII ZB 632/10, NJW-RR 2011, 1011.

[7] OLG Schleswig 2 W 162/06, FamRZ 2007, 1126.

[8] OLG Schleswig 2 W 162/06, FamRZ 2007, 1126.

[9] BGH XII ZB 169/99, NJW-RR 2003, 1369.

[10] BGH XII ZB 169/99, NJW-RR 2003, 1369.

[11] BGH XII ZB 169/99, NJW-RR 2003, 1369.

[12] OLG Frankfurt 5 UF 406/13, NJW 2014, 1393 zur Gesetzesfassung bis zum 31.12.2022.

werden.[13] Davon kann nur unter den Voraussetzungen des § 288 Abs. 1 FamFG abgesehen werden, wenn ein ärztliches Zeugnis erhebliche Nachteile für die Gesundheit des Betroffenen belegt.[14] In einem solchen Fall muss jedoch für eine nicht anwaltlich vertretene Person ein Verfahrenspfleger bestellt werden, wenn zu erwarten ist, dass dieser mit dem Betroffenen über das Gutachten spricht.[15]

9 **Zustellungen** an einen Betreuer wirken wegen der unabhängig von einer Geschäftsfähigkeit bestehenden Verfahrensfähigkeit gemäß § 275 nicht gegen den Betroffenen, da die durch § 170 Abs. 1 S. 1 ZPO ermöglichte Zustellung an gesetzliche Vertreter nicht prozessfähiger Personen auf Betreuungsverfahren nicht anwendbar ist[16] (→ ZPO § 53 Rn. 2). Dies gilt auch in Bezug auf den Aufgabenkreis „Entgegennahme, Anhalten und Öffnen der Post".[17] Ansonsten wäre eine Wahrnehmung eigener Rechte des Betroffenen durch diesen selbst unmöglich gemacht.[18] Das BVerfG geht davon aus, dass die Anwendung von § 275 im Hinblick auf eine Zustellung gegenüber einem an einer krankhaften Störung der Geistestätigkeit leidenden Betroffenen diesen in seinen Rechten aus Art. 2 Abs. 1 GG iVm dem Rechtsstaatsprinzip (Art. 20 Abs. 3 GG) verletzt.[19] Vorstehendes gilt auch im Falle der Anordnung eines **Einwilligungsvorbehalts.**[20] Die Verfahrensfähigkeit hängt nicht von der Fähigkeit ab, einen **natürlichen Willen** bilden zu können oder ob der Betroffene über einen Rest intellektueller Fähigkeiten verfügt.[21] Die Schwere der physischen und psychischen Beeinträchtigungen ist nicht entscheidend. Wer krankheitsbedingt zu Willensäußerungen nicht mehr in der Lage ist oder die Bedeutung seiner Erklärungen nicht mehr ausreichend verstehen kann, benötigt einen Verfahrenspfleger (§ 276 Abs. 1 FamFG).[22]

10 Will ein unter einem Einwilligungsvorbehalt u. a. für gerichtliche Verfahren stehender Betroffener ohne Einwilligung seines Betreuers auch gegen diesem gerichtlich vorgehen möchte, so ist ein Antrag bei dem Betreuungsgericht möglich wonach für den betroffenen Aufgabenkreis die Betreuung wegen eines erheblichen Interessengegensatzes entzogen wird. Dann ist ein Ergänzungsbetreuer (§ 1817 Abs. 5 BGB) bestellen ist, der über eine Einwilligung in die Prozessführung zu entscheiden hat.[23] Ein Betreuter kann also einen Rechtsstreit gegen seinen Betreuer führen und dazu betreuungsgerichtlich beantragen, dass die Betreuung wegen eines erheblichen Interessengegensatzes teilweise entzogen wird und ein Ergänzungsbetreuer zu bestellen ist, der dann über eine Einwilligung zu entscheiden hat.[24]

Aus § 275 FamFG folgt, dass der Betroffene in Betreuungssachen einen **Rechtsanwalt** auch dann wirksam mit der anwaltlichen Vertretung beauftragen kann (§ 675

---

[13] BGH XII ZB 616/10, NJW-RR 2011, 1505.

[14] BGH XII ZB 616/10, NJW-RR 2011, 1505.

[15] BGH XII ZB 138/10, BtPrax 2010, 278.

[16] BGH XII ZB 29/19, NJW 2019, 3384; XII ZB 283/15, NJW 2016, 565; XII ZB 632/10, NJW-RR 2011, 1011, jeweils zur Gesetzesfassung bis zum 31.12.2022.

[17] BGH XII ZB 632/10, NJW-RR 2011, 1011.

[18] BGH XII ZB 632/10, NJW-RR 2011, 1011; OLG München 33 Wx 25/07, BtPrax 2007, 180.

[19] BVerfG 1 BvR 2843/17; NJW 2021, 691.

[20] BGH XII ZB 632/10, NJW-RR 2011, 1011.

[21] BGH XII ZB 317/13, NJW 2014, 215; OLG Schleswig 2 W 162/06, FamRZ 2007, 1126; OLG Koblenz 6 U 747/13, NJW 2014, 1251.

[22] BVerfG 1 BvR 2843/17; NJW 2021, 691; BGH XII ZB 317/13, NJW 2014, 215.

[23] BGH III ZB 54/20, BeckRS 2021, 1257; III ZB 100/20, BeckRS 2021, 4279 zu § 1899 BGB idF bis zum 31.12.2022.

[24] BGH III ZB 99/20, BeckRS 2021, 15300; III ZB 88/20, BeckRS 2021, 1337; III ZB 85/20, BeckRS 1261; III ZB 59/20, BeckRS 2020, 37737.

BGB), wenn nach materiellem Recht der Anwaltsvertrag wegen Fehlens der Geschäftsfähigkeit oder Anordnung eines Einwilligungsvorbehalts nicht wirksam geschlossen werden könnte.[25] Es kommt auf die Fähigkeit an, einen natürlichen Willen bilden zu können.[26]

Ein Wiedereinsetzungsgrund iSv § 17 ergibt sich wegen § 275 grundsätzlich nicht schon aus der die Betreuungsbedürftigkeit begründenden psychischen Krankheit des Betroffenen als solcher.[27] **11**

II. Unterrichtungspflicht bei Verfahrenseinleitung (Abs. 2)

Seit der Neufassung des § 275 ist in Abs. 2 geregelt, dass der Betroffene bereits bei Einleitung des Verfahrens über die generellen Aufgaben eines Betreuers, den möglichen Verfahrensverlauf sowie die allgemein anfallenden Kosten zu **unterrichten** ist.[28] Diese Hinweise sind nach dem Willen des Gesetzgebers Ausfluss der „verfahrensrechtlich gebotenen Stärkung des Selbstbestimmungsrechts".[29] Zur Unterrichtung gehört auch der Hinweis, dass das Gericht auf Verlangen der Betroffenen eine nahe stehenden Person anzuhören hat, sofern dies nicht zu einer erheblichen Verzögerung führen würde (§ 279 Abs. 3 FamFG).[30] Der Hinweis ist bei vermögenden Betreuten von besonderer Bedeutung, da diese für die Gerichtskosten und die Betreuervergütung selbst aufkommen müssen, um so späteren Konflikten vorzubeugen.[31] **12**

Die Hinweise haben **„möglichst adressatengerecht"** zu erfolgen, was auch ohne gesetzliche Regelung nach dem bislang geltenden Recht der Fall war.[32] Dem Gesetzgeber schweben „barrierefreie Informationsmaterialien" in adressatengerechter Sprache vor, wodurch ein zeitlicher Mehraufwand vermeidbar sein soll.[33] Das ist zu bezweifeln, da ohne eine individuelle Ansprache jedes Betroffenen der Gesetzeszweck schwer erfüllt werden kann. Aus dem Gesetzeswortlaut ist zu schlussfolgern, dass es auch Ausnahmen von der Pflicht zu einem adressatengerechten Vorgehen geben kann, da zu Verfahrensbeginn oft wenig Informationen über die betroffenen Personen vorliegen und keine „speziellen Ermittlungspflichten" bestehen.[34]

---

[25] BGH XII ZB 317/13, NJW 2014, 215; OLG Koblenz 6 U 747/13, NJW 2014, 1251.

[26] BGH 30.10.2013 – XII ZB 317/13, NJW 2014, 215; KG Berlin 1 W 49/09, FamRZ 2010, 835.

[27] BGH XII ZB 456/17, NJW 2021, 2890; XII ZB 78/20, BeckRS 2020, 18763.

[28] BT-Drs. 19/24445, 329.

[29] BT-Drs. 19/24445, 329.

[30] BT-Drs. 19/24445, 329.

[31] BT-Drs. 19/24445, 329.

[32] BT-Drs. 19/24445, 329.

[33] BT-Drs. 19/24445, 329.

[34] BT-Drs. 19/24445, 329.

16. Zehntes Buch Sozialgesetzbuch – Sozialverwaltungsverfahren und Sozialdatenschutz – (SGB X)

In der Fassung der Bekanntmachung vom 18. Januar 2001
(BGBl. I S. 130)

Zuletzt geändert durch Art. 19 G zu Sofortmaßnahmen für einen beschleunigten Ausbau der erneuerbaren Energien und weiteren Maßnahmen im Stromsektor vom 20. 7. 2022 (BGBl. I S. 1237)

– Auszug –

Erstes Kapitel. Verwaltungsverfahren

Zweiter Abschnitt. Allgemeine Vorschriften über das Verwaltungsverfahren

Erster Titel. Verfahrensgrundsätze

§ 13 Bevollmächtigte und Beistände

(1) [1]**Ein Beteiligter kann sich durch einen Bevollmächtigten vertreten lassen.** [2]**Die Vollmacht ermächtigt zu allen das Verwaltungsverfahren betreffenden Verfahrenshandlungen, sofern sich aus ihrem Inhalt nicht etwas anderes ergibt.** [3]**Der Bevollmächtigte hat auf Verlangen seine Vollmacht schriftlich nachzuweisen.** [4]**Ein Widerruf der Vollmacht wird der Behörde gegenüber erst wirksam, wenn er ihr zugeht.**

(2) **Die Vollmacht wird weder durch den Tod des Vollmachtgebers noch durch eine Veränderung in seiner Handlungsfähigkeit oder seiner gesetzlichen Vertretung aufgehoben; der Bevollmächtigte hat jedoch, wenn er für den Rechtsnachfolger im Verwaltungsverfahren auftritt, dessen Vollmacht auf Verlangen schriftlich beizubringen.**

(3) [1]**Ist für das Verfahren ein Bevollmächtigter bestellt, muss sich die Behörde an ihn wenden.** [2]**Sie kann sich an den Beteiligten selbst wenden, soweit er zur Mitwirkung verpflichtet ist.** [3]**Wendet sich die Behörde an den Beteiligten, muss der Bevollmächtigte verständigt werden.** [4]**Vorschriften über die Zustellung an Bevollmächtigte bleiben unberührt.**

(4) [1]**Ein Beteiligter kann zu Verhandlungen und Besprechungen mit einem Beistand erscheinen.** [2]**Das von dem Beistand Vorgetragene gilt als von dem Beteiligten vorgebracht, soweit dieser nicht unverzüglich widerspricht.**

(5) **Bevollmächtigte und Beistände sind zurückzuweisen, wenn sie entgegen § 3 des Rechtsdienstleistungsgesetzes Rechtsdienstleistungen erbringen.**

(6) [1]**Bevollmächtigte und Beistände können vom Vortrag zurückgewiesen werden, wenn sie hierzu ungeeignet sind; vom mündlichen Vortrag können**

sie nur zurückgewiesen werden, wenn sie zum sachgemäßen Vortrag nicht fähig sind. [2]Nicht zurückgewiesen werden können Personen, die nach § 73 Abs. 2 Satz 1 und 2 Nr. 3 bis 9 des Sozialgerichtsgesetzes zur Vertretung im sozialgerichtlichen Verfahren befugt sind.

(7) **[1]Die Zurückweisung nach den Absätzen 5 und 6 ist auch dem Beteiligten, dessen Bevollmächtigter oder Beistand zurückgewiesen wird, schriftlich mitzuteilen. [2]Verfahrenshandlungen des zurückgewiesenen Bevollmächtigten oder Beistandes, die dieser nach der Zurückweisung vornimmt, sind unwirksam.**

I. Anwendungsbereich

1 Die Vorschrift regelt die gewillkürte Vertretung durch Bevollmächtigte und die Hinzuziehung von Beiständen (Abs. 4) im Sozialverwaltungsverfahren. Das Sozialverwaltungsverfahren (§ 8 SGB X) betrifft dabei alle Sozialleistungsansprüche, die in den Büchern des SGB geregelt sind, zB Ansprüche gegen Sozialversicherungsträger, gegen Grundsicherungsleistungsträger oder die Träger der Kriegsopferfürsorge. Es sind auch Sozialleistungen betroffen, deren gesetzliche Grundlage noch nicht in das SGB integriert ist, vgl. § 68 SGB I, zB das Wohngeldrecht. Unter Behörde ist jede Stelle zu verstehen, die Aufgaben nach einem Buch des SGB wahrnimmt (§ 1 Abs. 2 SGB X), also auch Sozialversicherungen.

2 Zu § 13 SGB X existieren Parallelvorschriften; zunächst im allgemeinen Verwaltungsrecht in § 14 VwVfG (des Bundes) bzw. den inhaltsgleichen Bestimmungen der Bundesländer.[1] Es ist dabei lediglich ein textlicher Unterschied zu § 13 Abs. 5 und 6 vorhanden, soweit es um Verfahren vor dem Verwaltungsgericht und nicht wie hier vor dem Sozialgericht geht. Eine weitere Parallelregelung findet sich für das steuerrechtliche Verwaltungsverfahren in § 80 Abgabenordnung. Obwohl auch hier der Inhalt sehr ähnlich ist, ergeben sich mehr textliche Abweichungen durch Verweise auf das Steuerberatungsgesetz und die Finanzgerichtsbarkeit.

3 Da die größte praktische Bedeutung in der Tätigkeit von Bevollmächtigten im Sozialverwaltungsverfahren besteht, wird die Kommentierung hierauf beschränkt.

II. Stellung des Bevollmächtigten

4 Soweit Verwaltungsverfahren („Behördenangelegenheiten") allgemein oder speziell vom Inhalt der Vollmacht erfasst sind – oder auch über die Generalvollmacht –, kann der Bevollmächtigte[2] grundsätzlich anstelle des Vollmachtgebers alle mit dem Verwaltungsverfahren in Zusammenhang stehenden Verfahrenshandlungen vornehmen, insbes. Erklärungen abgeben, Anträge stellen, das Verfahren durch Rücknahme des Antrags oder Abschluss eines Vergleiches beenden sowie Erklärungen der Behörde aller Art, den in der Sache ergehenden Verwaltungsakt (Bewilligungs- oder Ablehnungsbescheid) und Erklärungen anderer Beteiligter entgegennehmen. Verfahrenshandlungen und Erklärungen des Bevollmächtigten binden den Vollmachtgeber wie wenn er sie selbst abgegeben hätte.[3]

5 Die Vollmacht kann sich allerdings nicht auf Verfahrenshandlungen erstrecken, die höchstpersönlicher Natur sind und die persönliche Anwesenheit des Vollmachtgebers

[1] Vgl. Kopp/Ramsauer VwVfG Einf. Rn. 7.

[2] Es ist nur einer zulässig, vgl LPK-SGB X/Rixen 3 b13 Rn. 4.

[3] Kopp/Ramsauer VwVfG § 14 Rn. 10.

nach Sinn und Zweck zwingend voraussetzen.[4] In der Praxis werden das Maßnahmen der Mitwirkungspflicht nach §§ 62 bis 64 SGB I sein, also die persönliche Inaugenscheinnahme des Beteiligten nach § 61 SGB I, die Teilnahme an Untersuchungen nach § 62 SGB I, an Heilbehandlungen nach § 63 SGB I und an Arbeitserprobungen nach § 64 SGB I. Die Grenzen der Mitwirkung sind in § 65 SGB I beschrieben; deren Glaubhaftmachung ist Sache des Bevollmächtigten. Die persönliche Arbeitslosmeldung (§ 141 SGB III) ist im Krankheitsfall ausnahmsweise durch einen Bevollmächtigten möglich (§ 145 Abs. 1 Satz 3 SGB III). Hierbei hat der Bevollmächtigte die Meldung ebenfalls persönlich, also insbes. nicht schriftlich, zu tätigen.[5]

Durch die Bestellung eines Bevollmächtigen wird der geschäftsfähige Vollmachtgeber (vgl. § 11 I SGB X) anders als bei einem Tätigwerden des rechtlichen Betreuers (§ 11 Abs. 3 SGB X i. V. m. § 53 ZPO) in einem eigenen Sachvortrag und eigenen Verfahrenshandlungen nicht beschränkt.[6] Widersprechen sich die Vorträge des Bevollmächtigten und des Vollmachtgebers, kommt nicht § 85 ZPO zur Anwendung, vielmehr hat die Behörde das Vorbringen selbst zu werten. Solch widersprüchliche Anträge sind wie widersprüchliche Anträge ein und derselben Person zu behandeln, idR ist also der spätere als Abänderung oder Klarstellung des vorherigen anzusehen. Diese Regeln betreffen nur das Außenverhältnis ggü. der Behörde. 6

Auch Zustellungen der Behörde können wirksam ggü. dem Bevollmächtigten vorgenommen werden (§ 7 Abs. 1 VwZG bzw. inhaltsgleiches Landesrecht). Eine erteilte Vollmacht gilt auch für das Vorverfahren (Widerspruchsverfahren), nicht jedoch für das Gerichtsverfahren, sofern sie nicht zugleich Prozessvollmacht (iSd § 81 ZPO) ist.[7] 7

III. Form und Vorlage der Vollmacht

Erst auf Verlangen der Behörde hat der Bevollmächtigte seine Vollmacht durch Vorlage der schriftlichen Vollmachturkunde nachzuweisen (§ 13 Abs. 1 Satz 3 SGB X). Dies gilt auch bei anwaltlicher Vollmacht[8]. Dabei ist das Originaldokument oder bei notariell beurkundeter Vollmacht die für den Rechtsverkehr erteilte beglaubigte Ausfertigung vorzulegen. Etwaige, für die Behörde laufende Bearbeitungsfristen (zB nach § 13 Abs. 3a SGB V) beginnen bereits mit der Antragstellung und nicht erst mit der Nachreichung der schriftlichen Vollmachtsurkunde[9]. 8

Wird der Vollmachtsnachweis trotz Aufforderung bis zur Sachentscheidung (dem Erlass des Verwaltungsaktes) nicht erbracht, kann die Behörde in Antragsverfahren diesen mangels nachgewiesener Vertretungsbefugnis ablehnen und dem Vertreter die Verfahrenskosten als Verursacher auferlegen (zB nach § 13 Abs. 1 Nr. 1 VwKostG). 9

IV. Wirkungsdauer, Widerruf der Vollmacht

Die erteilte Vollmacht gilt grundsätzlich bis zum Abschluss des Verfahrens, also der Unanfechtbarkeit des Verwaltungsaktes[10]. Sie umfasst das Vorverfahren (Widerspruchsverfahren). Die Vertretungsbefugnis besteht bis zu ihrem jederzeit möglichen Widerruf, der ggü. der Behörde erklärt werden muss, um dieser gegenüber wirksam 10

[4] LPK-SGB X/Rixen § 13 Rn. 12.
[5] BSG v. 23.10.2014 – B 11 AL 7/14 R; NZA-RR 2015, 217 = NZS 2015, 230.
[6] Kopp/Ramsauer VwVfG § 14 Rn. 8.
[7] Kopp/Ramsauer VwVfG § 14 Rn. 15.
[8] LSG Berlin-Brandenburg v. 23.09.2020 – L 7 KA 53/17, BeckRS 2020, 30255.
[9] LSG Baden-Württemberg v. 15.10.2019 – L 11 KR 2995/18, BeckRS 2019, 29278.
[10] Kopp/Ramsauer VwVfG § 14 Rn. 19.

zu sein (§ 13 Abs. 1 Satz 4 SGB X). Ein Widerruf ggü. dem Bevollmächtigten selbst reicht also für die behördliche Vertretung nicht aus. Der Bevollmächtigte kann darüber hinaus – trotz ansonsten fortbestehender Vollmacht – jederzeit die Niederlegung der Vertretung ggü. der Behörde erklären.

V. Fortbestand nach Tod des Vollmachtgebers

11 Sofern sich aus der Vollmachtsurkunde nichts Gegenteiliges ergibt (siehe §§ 672 iVm 168 BGB), besteht die Vollmacht ggü. der Behörde auch nach dem Tod des Vollmachtgebers fort[11]. Dass eine öffentliche Beglaubigung der Unterschrift (die nach dem 31. 12. 2022 erfolgte) nach § 7 I BtOG mit dem Tod des Vollmachtgebers endet, hat auf die Vertretung ggü. der Behörde keinen Einfluss. Die Vertretungswirkung endet auf jedem Fall, wenn der Rechtsnachfolger des Vollmachtgebers dies der Behörde anzeigt.

VI. Verfahrenshandlungen ggü. dem Beteiligten selbst

12 Ist der Behörde ggü. die Vollmacht nachgewiesen, muss sich die Behörde an den Bevollmächtigten wenden (§ 13 Abs. 2 SGB X; im VwVfG und der AO ist das eine Soll-Regelung). An den Beteiligten selbst kann die Behörde sich wenden, soweit es dessen (persönlicher) Mitwirkung bedarf. Über diese direkte Nachricht muss der Bevollmächtigte verständigt werden; der Grund dürfte darin liegen, dass der Bevollmächtigte die Möglichkeit haben muss, die Notwendigkeit und Verhältnismäßigkeit der geforderten Mitwirkung zu beanstanden. Auch diese Muss-Regelung ist im VwVfG und der AO lediglich eine Soll-Regelung.

VII. Beistände

13 Die Hinzuziehung eines Beistandes dient nur der Unterstützung des Beteiligten; eine eigenständige Vertretungsbefugnis ist damit nicht verbunden. Der Beteiligte soll die Möglichkeit haben, die Wahrnehmung seiner Rechte zu vereinfachen. Oft wird es dabei um die Begleitung von körperlich eingeschränkten Personen gehen, bei denen der Beistand auch Dolmetscherdienste leistet. Wird Gebärdensprache nötig, trifft § 9 BGG eine Sonderregelung.

14 Der Beistand kann nicht alleine, sondern nur gemeinsam mit dem Beteiligten auftreten.[12] Wenn er für diesen spricht, gelten seine Ausführungen als solche des Beteiligten, sofern letzterer nicht unverzüglich widerspricht (zur Unverzüglichkeit siehe § 121 Abs. 1 BGB).

VIII. Zurückweisung von Bevollmächtigten und Beiständen

1. Obligatorische Zurückweisung

15 Nach Abs. 5 hat die Behörde den Bevollmächtigten (sowie den Beistand) zurückzuweisen, wenn eine unerlaubte Rechtsdienstleistung (§ 3 RDG) zugrunde liegt[13]. Als Rechtsdienstleistung gilt dabei die eigenständige Tätigkeit in fremden Angele-

---

[11] Kopp/Ramsauer VwVfG § 14 Rn. 23.
[12] Kopp/Ramsauer VwVfG § 14 Rn. 32, 33.
[13] LPK-SGB X/Rixen § 13 Rn. 27.

genheiten, soweit sie eine rechtliche Prüfung erfordert (§ 2 Abs. 1 RDG). Diese ist grundsätzlich Personen in rechtsberatenden Berufen (Anwälte nach § 3 BRAO, Notare nach § 24 BNotO) vorbehalten; in steuerlichen Angelegenheiten auch Steuerberatern (§ 2 StBerG).

Neben den Ausnahmeregelungen (§§ 5,7 RDG) und der Möglichkeit von registrierten Personen, in bestimmten Bereichen, zB dem Rentenrecht, tätig zu werden (§§ 10ff. RDG) ist insbes. auf die Möglichkeit der unentgeltlichen Rechtsdienstleistung nach § 6 I RDG hinzuweisen. Klassische Vorsorgevollmachten erfolgen oft im Rahmen der Personenkreise, die in § 6 Abs. 2 RDG von der Aufsicht durch einen Volljuristen ausgenommen werden. Erwähnt werden im Einzelnen familiäre, nachbarschaftliche und ähnliche nahe soziale Beziehungen (zB gemeinsame Vereinstätigkeit). 16

2. Fakultative Zurückweisung

Die Behörde kann nach eigenem Ermessen den Bevollmächtigten (oder Beistand) 17
nach Abs. 6 vom schriftlichen Vortrag zurückweisen, wenn nach ihrer Einschätzung dafür ungeeignet sind.[14] Ungeeignetheit soll vorliegen, wenn der Betreffende nicht in der Lage ist, sich zum Verfahrensgegenstand klar, sachlich und ohne Weitschweifigkeiten auszudrücken, ihm offenbar die Fähigkeit fehlt, den maßgeblichen Sachverhalt und die Bedeutung von Erklärungen zu erfassen. Vom mündlichen Vortrag darf nur zurückgewiesen werden, wer dazu nicht in der Lage ist. Die Behörde soll ihrerseits alles dazu beitragen, dass ein sinnvolles Gespräch möglich ist. Nicht zurückgewiesen werden kann eine Person, die zur geschäftsmäßigen gerichtlichen Vertretung nach dem SGG (bzw. in den Parallelbestimmungen nach der VwGO bzw. der FGO) berechtigt ist. Dass ein Vorsorgebevollmächtigter nach § 51 Abs. 3 ZPO berechtigt ist, reicht allein nicht aus.

Die Zurückweisung hat, sofern nicht eine der obigen Ausnahmen vorliegt, gegen- 18
über dem Bevollmächtigten (bzw. Beistand) zu erfolgen, sie ist ein selbstständiges Nebenverfahren und kann eigenständig vom Bevollmächtigten bzw. Beistand über Widerspruch und Klage angefochten werden. Der Vollmachtgeber ist nach § 13 Abs. 7 SGB X von der Zurückweisung zu informieren. Verfahrenshandlungen, die nach der Zurückweisung erfolgen, gelten als nicht erfolgt.

---

[14] LPK-SGB X/Rixen § 13 Rn. 29.

Sachverzeichnis